C000261116

1 MONTH OF
FREE
READING

at

www.ForgottenBooks.com

By purchasing this book you are eligible for one month membership to ForgottenBooks.com, giving you unlimited access to our entire collection of over 1,000,000 titles via our web site and mobile apps.

To claim your free month visit:

www.forgottenbooks.com/free378743

ISBN 978-0-266-32534-5
PIBN 10378743

REVUE

PHILOSOPHIQUE

DE LA FRANCE ET DE L'ÉTRANGER

COULOMMIERS. — TYPOGRAPHIE P. BRODARD ET GALLOIS.

REVUE

ILOSOPHIQUE

DE LA FRANCE ET DE L'ÉTRANGER

PARAISSANT TOUS LES MOIS

DIRIGÉE PAR

TH. RIBOT

—————

ONZIÈME ANNÉE

—————

XXII

—————

(JUILLET A DÉCEMBRE 1886)

PARIS

CIENNE LIBRAIRIE GERMER BAILLIÈRE ET Cᵢₑ

FÉLIX ALCAN, ÉDITEUR

108, BOULEVARD SAINT-GERMAIN, 108

—

1886

DE LA PAROLE & DES SONS INTÉRIEURS

I. INTRODUCTION.

Qu'il y ait des cas de maladie où la faculté de comprendre les paroles entendues vient à se perdre, tandis que l'ouïe est conservée, c'est un des *faits* les mieux constatés. Comme conséquence de ce fait résulte la théorie que l'ouïe seule ne suffit pas pour la compréhension du langage; il doit y avoir dans notre conscience autre chose encore qui nous fait comprendre la parole prononcée.

Ne devrait-on pas considérer comme impossible que des hommes de science n'admettent pas la conséquence qui en découle? Mais un examen attentif nous apprend que l'apparence est en faveur de ceux qui croient qu'il suffit de l'ouïe pour que nous comprenions le langage.

Il nous semble que nous comprenons le *bruit* des paroles prononcées, parce que nous ne tenons pas compte de ce qui se passe en nous et que nous ne savons pas qu'au bruit que nous percevons, aux images auditives, s'ajoute encore un autre travail interne. Je me suis déjà occupé de ce processus dans un travail antérieur[1]; mais je reviendrai ici même sur cette question.

Ce qui se passe en nous, comme je l'ai alors prouvé, est un langage intérieur, une articulation faible si peu perceptible que, comparée aux images auditives plus vives, nous ne la remarquons pas d'habitude. Il peut être utile de comparer ce faible langage intérieur au noyau d'un fruit que sa chair recouvre et qui n'est aperçu qu'après qu'elle en a été enlevée. C'est ainsi que ce travail intérieur qui, à l'audition de la parole, était recouvert par les images auditives n'apparaît que quand celles-ci ont disparu.

Les images auditives laissent une empreinte inégale dans la mémoire selon les individus. Il y en a chez lesquels elles disparaissent au bout de quelques semaines. Ils se ressouviennent à la vérité encore pen-.

---

1. *Etude sur les représentations de la parole.* Vienne. Braumüller. 1881.

dant des années exactement de certains mots qu'ils ont entendu prononcer par un individu qui leur était inconnu, comme par exemple un mendiant, sans qu'ils aient le moindre souvenir du son de sa voix. Ces paroles, détachées des images auditives, mais restant dans notre mémoire, sont ce que j'appelle le « noyau ». Ce noyau, disais-je, dans l'ouvrage cité, doit déjà avoir été éveillé ou formé à l'audition des paroles, car autrement je ne pourrais m'en souvenir; « se souvenir » ne peut signifier autre chose que ressusciter des images qui ont déjà existé dans ma conscience.

Cette nécessité d'admettre que le bruit des paroles doit encore éveiller en nous quelque chose pour que nous puissions les comprendre a été, avant moi, reconnu par Wilhelm de Humboldt qui l'appelait la « faculté de la parole ». En reconnaissant ce fait, ce grand philosophe a devancé ses contemporains. Les sciences naturelles n'avaient alors aucun point d'appui à leur offrir, et c'est ainsi que, à ce que je suppose, il n'a pu être compris. Elles n'en eurent que quand Broca eut constaté l'existence d'un centre spécial du langage. Je dois cependant remarquer que l'idée de Broca se rattache immédiatement à celle de W. de Humboldt qui, le premier, a reconnu l'existence d'une « faculté de la parole » qui doit être éveillée pour que nous comprenions. Broca, en revanche, constata que nous perdons la faculté de comprendre la parole, quand une certaine aire du cerveau devenue malade est incapable de fonctionner. Cette « aire » doit être le siège de « la faculté de la parole ».

Mais cette découverte n'a cependant pas suffi à faire entrer dans une nouvelle voie la théorie des représentations du langage. On continua à se rattacher à l'apparence et on admit, après comme avant, que c'est au bruit de la parole que nous devons la compréhension. Moi-même, après avoir achevé les travaux préparatoires de l'opuscule cité, après avoir fourni la preuve de ma théorie, j'ai été pour ainsi dire effrayé de l'idée d'admettre que l'articulation tacite se rattache aussi à l'audition de la parole, et il m'a fallu un long exercice pour pouvoir le remarquer. Il n'y a donc pas à s'étonner que des auteurs peu au fait de la théorie que j'ai émise subissent l'influence de l'apparence, et persistent à soutenir que leur perception intérieure leur fait reconnaître les mots par les images auditives [1].

La contradiction qui en est résultée contre ma théorie n'est cependant pas de nature à l'ébranler ; car les conséquences qui découlent

---

1. Je ne puis m'abstenir de répéter la remarque que j'ai faite dans mon *Etude sur le langage*, à savoir que Ferrier a désigné avant moi les représentations du langage comme une fonction de l'aire motrice de l'écorce corticale, sans qu'il se soit exprimé explicitement à cet égard.

de l'observation des cas pathologiques ne prêtent, comme je l'ai dit, guère à la discussion. En outre, j'ai entouré toute ma théorie d'un rempart de preuves qui, jusqu'aujourd'hui, n'a aucunement souffert, malgré les attaques auxquelles elle a été en but. Si, néanmoins, j'entreprends d'y répondre, c'est surtout parce que, à cet égard, moi et ma théorie nous nous trouvons seuls et tout à fait isolés. Combien il y en a parmi mes lecteurs qui, à part eux, l'admettent, c'est ce que je ne puis savoir; mais, à conclure par les travaux qui se publient, elle ne peut être considérée comme reconnue. A cet égard, je crois pouvoir regarder M. Paulhan, contre les objections duquel j'aurai ici même à la défendre, comme mon plus fidèle allié ; car, bien qu'il la combatte encore dans les points principaux, il ne laisse pas d'en reconnaître la vérité à certains égards.

Les difficultés augmentent plus encore quand on aborde l'étude des images musicales. Il est à la vérité hors de doute que l'ouïe seule ne suffit également pas à la compréhension de la musique, car il est des cas pathologiques où, bien que l'ouïe soit restée intacte, le malade a perdu la faculté de comprendre quelque mélodie que ce soit. La difficulté de reconnaître par l'observation personnelle la coopération des deux facteurs agissant — l'ouïe et le chant intérieur — est entravée par diverses circonstances. Elle est due à deux causes essentielles. D'abord c'est l'influence des images auditives qui dominent par leur puissance, à ce que m'ont appris de minutieuses recherches, d'autant plus que grandit le talent musical, et cela à tel point qu'il y a des musiciens qui ne peuvent parvenir, lorsqu'ils les reproduisent tout bas pour eux-mêmes, que très difficilement à s'en affranchir. Ensuite, le noyau intérieur qui s'adapte aux images auditives est variable. Chez les uns, c'est un chant intérieur, semblable à la parole intérieure, qui se fait sentir par un sentiment au larynx, comme cette dernière, aux organes articulatoires. Chez d'autres, ce noyau consiste en un faible sifflement intérieur qui se fait sentir par un sentiment aux lèvres. Enfin, il y a une catégorie d'individus dont font surtout partie les pianistes qui sont incapables d'observer ce sentiment musculaire, et comme il semble naturel qu'à l'égard des images musicales on doive surtout s'en tenir au témoignage des musiciens, on concevra que la théorie dont je prends la défense se heurte à une forte opposition. A cela se joint encore que les musiciens qui exercent leur art sont d'ordinaire tout à fait étrangers aux questions de psychologie. Mais M. le professeur Stumpf, qui, en même temps que professeur de philosophie, est encore musicien de talent, fait exception à la règle, et c'est surtout contre ses attaques que j'ai à défendre ma théorie.

D'après les premières énonciations [1] par lesquelles M. Stumpf a fait connaître la position qu'il prenait à l'égard de mes assertions, j'aurais pu le compter au nombre de mes meilleurs alliés; car il les approuvait à tel point qu'il me restait à peine quelque chose à désirer. Mais, après m'être exprimé dans ce sens dans l'édition française de l'étude citée [2], M. Stumpf répondit par une note [3] dans laquelle il n'est plus question de son adhésion. Tout au contraire, elle est de nature à provoquer une vive réplique, ce à quoi je me vois forcé à mon grand regret; car les idées que j'émets sont encore si peu développées que toute attaque un peu violente doit les faire rétrograder pour de longues années. C'est pourquoi je considère comme mon devoir de leur venir en aide et d'en prendre la défense, dès qu'un homme dont la parole a du poids se déclare contre elles. M. Stumpf voudra donc bien — selon que son humeur le lui permettra — m'excuser, si je mets un peu de brusquerie dans l'analyse de s note.

II. Explication en vue d'éclairer la question.

Résumons tout d'abord l'objet des débats auxquels je consacre ces lignes. J'affirme que le langage et le chant dépendent, dans la représentation que nous en avons, de ce que nous envoyons des impulsions aux muscles au moyen desquels nous articulons les mots ou nous chantons [4] les mélodies. Nous avons, dis-je, la conscience de ces impulsions et cette conscience constitue la nature de la représentation qui est motrice.

Ces images motrices forment, dis-je, le noyau qui est recouvert par les images auditives; mais mes adversaires contestent que chaque mot ou image auditive doive nécessairement contenir une image motrice. M. Paulhan croit, par exemple, que nous pouvons nous représenter les mots comme de pures images auditives ou de pures images visuelles (de lettres). M. Stumpf, d'un autre côté, croit que nous pouvons nous représenter des sons qui ne proviennent ni d'images auditives, ni d'images visuelles, ni d'images motrices.

Si même je crois avoir, par ce qui précède, suffisamment exposé la question en principe, je ne puis cependant m'abstenir de faire une comparaison de nature à caractériser ma théorie. Dans une question aussi importante que celle de la base psychologique du langage

1. *Tonpsychologie.* Leipzig. S. Hirzel. 1883.
2. *Du langage et de la musique.* Paris. Félix Alcan. 1885.
3. *Revue philosophique*, décembre 1885.
4. Pour le chant, le sifflement peut faire agir d'autres muscles.

que discutent les auteurs les plus divers : médecins, philologues, philosophes, on ne peut guère aller trop loin dans l'examen de ce qui constitue le fond même de la question.

Représentons-nous donc une vaste maison d'habitation dont les nombreux habitants sont isolés dans des cellules. Au milieu de la façade se trouve établi un appareil qui aura autant de touches qu'il y a de sons humains. Quand on pèse sur l'une d'elles, le son correspondant est formé par une machine à parler qui est mise en mouvement par les touches. Je désignerai, pour plus de brièveté, l'appareil à touches et la machine à parler, par le terme d'appareil du langage. Imaginons ensuite deux hommes qui auraient à transmettre, du dehors, à ce dernier appareil, l'un, les signes d'un télégraphe optique, l'autre, les sons d'un téléphone. Appelons l'un de ces gardes « écouteur », l'autre, « vigie ». Qui que ce soit des deux qui agisse sur les touches, la réaction s'effectuera de la même manière. Les frappe-t-on de manière à produire le mot « pater », l'appareil répètera le même mot.

L'appareil du langage se trouve avec les habitants de la maison en relation telle que, dès que l'appareil aura articulé le mot « pater », un certain habitant de la maison sera incontinent réveillé. Mais le même habitant peut l'être également au coup de cloche de son voisin de cellule, et au même moment où il se lèvera il réagira par un certain conducteur sur les touches de l'appareil qui reproduira le même mot « pater ». Mais cet effet peut être de diverse intensité. Les touches peuvent être si fortement ébranlées que le bruit peut en être perçu au dehors. On pourra entendre le mot « pater » hors de la maison. D'un autre côté, l'effet peut en être si faible, les touches peuvent résonner si faiblement que le bruit n'en pourra être perçu que par l'observateur attentif à l'intérieur de la maison.

Je comparerai maintenant les habitants de la maison aux représentations qui, dans notre conscience, doivent se rattacher aux mots pour qu'ils puissent être compris. Quand quelqu'un me prononce un mot d'une langue qui m'est inconnue, je puis très bien le saisir comme tel, mais je ne sais pourtant pas ce qu'il représente. C'est ainsi que l'enfant, en apprenant à parler, doit saisir en même temps le mot et ce qu'il représente. On lui montre par exemple dans un livre d'images un cheval, on pose son doigt sur l'image et on prononce le mot cheval; ensuite, on lui montre un cheval vivant qu'on lui nomme également. Par là, en apprenant le mot cheval, il apprend en même temps à y rattacher l'image du cheval vivant et du cheval peint. Et c'est ainsi que nous devons *rattacher une idée à chaque mot de notre langue.* Je me suis expliqué sur ces relations dans diverses publications et, sans exception aucune, sur la base de l'observation. J'ai examiné toutes les espèces de mots de notre langue et je me suis convaincu qu'il n'y a aucune exception à cette règle. J'ai voué une attention particulière aux notions dites « abstraites » auxquelles j'aurai l'occasion de revenir plus bas.

Supposons maintenant dans tout individu normal une disposition correspondante à notre appareil à langage, de manière que ses touches se trouvent au centre du langage. C'est le centre d'où les muscles de l'organe du langage reçoivent leurs impulsions, quand nous parlons réellement. Quand nous pensons en mots, nous envoyons à ces muscles des impulsions si faibles qu'à peine en branle elles nous donnent le sentiment qu'elles sont sur le point de se mettre en mouvement. De là vient que la pensée toute en mots a été désignée par plusieurs fins observateurs (en premier lieu par Platon) comme une parole intérieure.

Retournons à notre comparaison. Quand on télégraphie du dehors, il se trouve deux gardes sur les lieux, l'un écoutant, l'autre regardant, pour transmettre ce qu'ils ont entendu ou vu à l'appareil du langage. Ces deux gardes entretiennent en outre d'autres relations avec les habitants de la maison. Quand ils aperçoivent quelque chose du dehors, ils peuvent aussi réveiller directement un certain habitant sans avoir recours à l'appareil du langage. Mais des relations aussi suivies, aussi constantes et aussi multiples que dans le langage ne peuvent être obtenues qu'en recourant aux touches et aux mille combinaisons du toucher ; elles sont impossibles sans l'appareil à langage.

D'un autre côté, les habitants de la maison ont à leur disposition des moyens de se mettre en rapport avec le dehors, sans recourir à l'appareil à langage. Il s'y trouve divers moyens de faire des signaux qui sont vus et entendus du dehors ; mais des relations suivies, comme celles qui ont lieu au moyen de l'appareil à langage, sont également impossibles sans lui. Maintenant si, à plusieurs reprises, il est arrivé que l'appareil à langage ait perdu la faculté de fonctionner, et qu'alors les fonctions que nous lui attribuons aient cessé, il n'y aura pas de contradiction qui puisse ébranler cette supposition. Les témoignages de milliers d'habitants qui diront qu'ils n'ont jamais vu l'appareil à langage, qu'ils n'ont aucune connaissance de son fonctionnement, n'auront aucun poids.

III. Un cas de pseudo-aphasie.

Reconnaissant, comme je l'ai dit en commençant, une très grande importance aux observations pathologiques, je vais mettre à profit un événement qui prête à la casuistique, pour atténuer une objection que, sur la base d'observations pathologiques, on pourrait élever contre ma théorie. Il y a des individus qui, incapables d'exprimer leurs idées en paroles, peuvent très bien les écrire. Ces cas sont rares. On peut regarder comme règle que la perte de la parole entraîne celle de la faculté d'écrire, c'est-à-dire qu'il y a tout à la fois cas d'aphasie et d'agraphie. Mais si un bon observateur me montrait un cas où l'aphasie existerait sans agraphie, cela nuirait à ma théorie. Alors il faudrait supposer que le principe qui admet l'homogénéité des centres du langage est faux; il faudrait admettre que nos images motrices peuvent aussi se rattacher aux caractères écrits, comme le soutient en effet M. Paulhan.

Je ne puis contredire ces assertions en tant qu'elles s'appuient sur l'observation de cas pathologiques qu'en examinant tous ceux qui s'offrent à moi. Je n'ai vu jusqu'à présent que deux cas où l'on pût admettre l'existence de l'aphasie sans agraphie. Dans les deux je suis parvenu à montrer que cette assertion reposait sur une observation insuffisante. Le premier cas, dont j'ai parlé ailleurs, présente un moindre intérêt que le second que je vais faire connaître.

Il y a quelque temps, on m'a communiqué qu'un étudiant en médecine s'était montré aphasique à ses examens, qu'il n'avait pu répondre verbalement aux questions, mais qu'il avait sur-le-champ écrit des réponses exactes. Pas moyen d'admettre qu'il y eût simulation, les étudiants cherchant à faire leurs examens aussi bien que possible. Il n'est pas non plus admissible que l'un d'eux voulût se permettre une plaisanterie en présence de la commission appelée à l'examiner.

Aussitôt après, le même étudiant se présenta à la commission dont je fais partie. Je lui pose une question; il garde quelques secondes le silence, prend ensuite un crayon et écrit la réponse. Je déclarai aussitôt à la commission que je reconnaissais comme légale cette manière de répondre, car la réponse était juste, si même l'étudiant était momentanément incapable de s'exprimer. Je lui adressai d'autres questions auxquelles il répondit par écrit. Enfin, quelques minutes après, quand il crut pouvoir être sûr de bien passer son examen, il commença à parler et répondit à des questions assez difficiles de manière que je dus reconnaître en lui un individu très intelligent. Après l'examen, je le priai de venir me trouver et de me donner des renseignements sur son état.

Je les reproduis ici tels qu'il me les a donnés.

M. Étienne Vamossy, étudiant en médecine, âgé de vingt-trois ans, n'a eu, en consultant ses souvenirs, d'autre maladie que la fièvre intermittente, peut-être aussi la rougeole et, à sa septième année, une pneumonie. Comme enfant et comme élève du gymnase, il a souffert de maux de tête irradiant du front et par accès. Autant qu'il pouvait s'en souvenir, cette douleur était provoquée par des causes extérieures et passait après un sommeil prolongé. La perturbation de langage dont il souffre remonte à son enfance. Ses parents lui ont dit que, alors, il avait parlé couramment et que ce n'était que plus tard qu'elle s'était manifestée. Elle s'est aggravée vers la fin de ses études au gymnase. Elle a surtout lieu quand la phrase à former requiert une attention particulière, mais non pas toujours. C'est surtout dans les moments de surexcitation qu'elle apparaît. Elle consiste en ce qu'il se représente le mot et ne peut pourtant le prononcer. Il distingue très bien l'absence de représentation de mots qui caractérise son état, de l'oubli.

Il assure qu'il innerve les mots, quoiqu'il ne puisse les prononcer. Il a suivi mes cours, lu mes écrits, il connaît ma théorie du langage, il a le sentiment des initiales à la pensée des sons, il sait donc exactement ce que cela signifie, quand il dit qu'il innerve les muscles. Il croit que c'est une lourdeur, un fonctionnement défectueux des muscles qui fait qu'ils n'obéissent pas aux impulsions. Il a un sentiment semblable au larynx.

Qu'il me soit ici permis de renouveler un argument dont je me suis déjà servi dans d'autres occasions. Par « aphasie » on entend un état dans lequel on ne peut parler, parce qu'on en a perdu la faculté, oublié les représentations des mots. Le type normal de cet état nous est fourni par les cas où nous oublions les noms des objets qui nous sont connus. Je prie le lecteur de faire une expérience, c'est qu'au cas où il ne pourrait se souvenir d'un mot, il prenne la plume pour l'écrire. Je ne doute pas un instant qu'il ne réponde sur-le-champ qu'il n'est pas besoin de faire l'expérience, que quand on a oublié un mot, on ne peut pas non plus l'écrire. L'écriture peut ici se comparer à la fonction d'un mécanisme secondaire, travaillant à côté de la machine à parler et dépendant d'elle. Quand les touches prononcent le mot « pater » il peut se faire qu'outre le fonctionnement de l'appareil à langage, qui peut agir si faiblement qu'on n'en perçoive l'action qu'intérieurement, l'appareil à écrire entre aussi en activité.

Mais cesse-t-on d'agir sur les touches, l'appareil à écrire cesse aussi de fonctionner. Le cas « Vamossy » dont nous venons de parler nous donne une explication fondée sur l'observation personnelle de l'état de pseudo-aphasie. C'est vraiment une heureuse circonstance que le pseudo-aphasique soit un *médecin* particulièrement doué, qui non seulement est capable de s'observer lui-même, mais a encore reçu une instruction appropriée à son état. Ses observations nous apprennent que, quand il perd la parole, il possède les représentations de mots, qu'il innerve les muscles du langage, mais qu'ils ne lui obéissent pas assez vite. Ce cas nous rappelle le bégaiement, car, chez lui aussi, la perte de la parole a lieu dans un état de surexcitation. Cependant je ne penche pas à l'identifier avec le bègue. Quand j'imite ce dernier, je concentre tellement mon attention sur l'ensemble des sons que je suis incapable de m'en représenter d'autres en même temps; à plus forte raison sera-ce le cas pour le vrai bègue qui, autant que mes observations personnelles me permettent de le constater, s'efforce avec une certaine hâte de vaincre les difficultés. Dans notre cas, au contraire, les représentations de mots passent par-dessus les difficultés, les idées se suivent, bien qu'elles ne puissent se faire entendre.

IV. Réponse a M. Paulhan

J'ai dit que l'appareil à touches peut être mis en activité de trois manières : 1° à l'audition des sons; 2° à la lecture des mots; 3° par les habitants de la maison. Il est clair que l'appareil ne peut parfaitement obéir aux trois facteurs à la fois, à moins que le même mot ne soit articulé des trois côtés à la fois.

Quand j'ai un texte sous les yeux et que, pendant que je le lis, on vient à me le réciter, je puis très bien suivre mon interlocuteur, le texte servant à me rendre encore plus clair ce qu'il me dit. Dans ce cas, les deux gardes ne font que répéter le même texte. Mais la chose devient bien plus difficile, quand le texte lu diffère de ce qui se dit; comme si, par exemple, je lisais un chant de l'*Iliade* en même temps que j'écouterais un drame de Skakespeare. Ce n'est pas cependant tout à fait impossible. On peut admettre que deux individus s'exercent à écrire en même temps sur la même machine. Si l'un veut écrire le mot « Roland » et l'autre le mot « Riese », ils se rencontreront à la touche R, qui ne sera frappée qu'une fois, puis l'un touchera les lettres « oland », l'autre, les lettres « iese ». Et, en effet, semblable chose se passe fréquemment en nous. Quand je pense en

mots, les sons, les syllabes et les mots se suivent dans ma conscience. Je compare ce mouvement de succession à un fil R, qui,
comme le montre cette figure, se mouvrait par-dessus une poulie C.
Je n'ai jamais devant moi, au premier plan, qu'un point (R°) du fil;
mais, tandis que R° arrive au sommet, un autre point R est sur le
point d'apparaître. Quand je répète par la pensée « Roland Riese »,
j'ai, au moment même où je prononce le mot « Roland », le sentiment, indistinct il est vrai, mais perceptible du mot « Riese ».

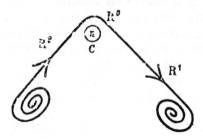

Comment se fait-il, dis-je, que je puisse me représenter les deux
mots en même temps? Un examen plus attentif m'apprend que je ne
me représente qu'un R, à savoir celui du mot « Roland »; de l'autre
mot, je n'ai pu, après un examen des plus attentifs, découvrir en moi
que « iese », qui paraissait en même temps que « Roland », mais
indistinctement et comme dans l'ombre.

Dans le texte français, le traducteur au lieu des mots « Roland
Riese» choisit « Roland recula »; sauf ce changement, le texte allemand
fut conservé. Il y avait donc dans la traduction française : Quand je
pense « Roland » et que le mot « recula » m'apparaît en même temps,
quoique faiblement; l' « r » y manque et je ne vois que « ecula ».
M. Paulhan a de suite saisi ce que cet exemple avait de faible, pour
relever que je concédais moi-même pouvoir me représenter deux a
en même temps, puisque « Roland » et « recula » ont tous les
deux « la »[1].

Mais la possibilité de se représenter deux a en même temps était
justement, comme nous allons le voir, ce qui constituait l'essence de
notre discussion.

J'ai eu tort d'avoir approuvé les mots «Roland recula» sans ajouter
qu'il en était de même de « a » et de « l » que de « r ». J'aurais dû, en
evoyant le texte français, examiner par l'observation intérieure, s'il

---

1. Il y aurait à remarquer que l'a du mot Roland cesse d'en être un, puisque, suivi de l'n, il forme un son nasal.

en est de même de « Roland recula » que pour les mots allemands
« Roland Riese » qui n'ont de semblable que l'R. Si je l'avais fait, le
choix des mots aurait été autre. Car, quand je concentre mon attention sur ce qui se passe en moi, je remarque qu'au moment où
« Roland » se présente dans mon savoir virtuel, je n'y trouve de
« recula » que « cu » et parfois « écu ». Mais l'omission que j'ai faite,
M. Paulhan aurait dû y suppléer, car tout ce qui suit et tout ce qui
précède prouve incontestablement que je n'admets aucunement la
possibilité de prononcer en même temps ces deux lettres. M. Paulhan
m'a donc spirituellement pris en faute ; mais ma théorie n'en reçoit pas
la moindre atteinte. Il en serait autrement si M. Paulhan avait déclaré
qu'il peut réellement se représenter deux « a » à la fois. Mais en ne
le disant pas, et en se contentant d'avancer que je puis personnellement saisir à la fois ces deux représentations, il me suffira de lui
dire que je regarde, moi, comme absolument exclue la représentation simultanée de ces deux lettres.

La question de la possibilité de se représenter en même temps
deux sons a, comme je l'ai déjà dit, été objet de controverse. J'ai
déclaré impossible de penser en même temps « a » et « o » ou « a »
et « u » parce que « a, o, u, » requièrent des dispositions de la bouche
qui, en partie, s'effectuent au moyen des mêmes muscles. Mais, je
ne puis innerver le même muscle de manière qu'il détermine en
même temps la disposition nécessaire pour l' « a » et celle que l' « o »
exige.

Par contre, M. Paulhan a déclaré qu'il le pouvait ; que, tandis qu'il
prononce la voyelle « a » il pouvait se représenter « e, i, o, u, [1] ». J'en
ai tout de suite reconnu la possibilité, mais j'ai relevé qu'il y avait ici
erreur. Si l'on prolonge suffisamment le son de l' « a » pour pouvoir
se représenter l'une après l'autre les voyelles « e, i, o, u », il ne faut
pas oublier que cette extensibilité n'est pas une fonction du centre
du langage. Quand on prolonge l' « a », on innerve d'abord les muscles
articulatoires, de manière à faire prendre à la bouche une certaine
disposition, et, cela fait, il suffit que le larynx résonne pour avoir le
son de l' « a ». Pendant que cela a lieu, le nerf du faisceau musculaire qui produit la disposition requise pour l' « a » n'est plus engagé,
de sorte qu'il peut coopérer à la représentation de l' « o », qui, en
partie, est produite par le même muscle qui produit l' « a ».

Pour se convaincre s'il l'on peut se représenter en même temps

---

1. M. Paulhan m'a, en son temps, reproché d'avoir rendu incorrectement son
assertion. Voici ses paroles : En prononçant la voyelle a, et j'avais traduit,
tandis qu'il se représente a ; ce n'est pas exact, mais pour ce qui concerne la discussion, il est indifférent qu'on prononce réellement a ou qu'on se le représente.

« a » et « o », il faut les imaginer brefs. S'il arrivait que quelqu'un
fût à même de se représenter réellement en même temps « a » et
« o » brefs, alors, disais-je, il aura trouvé un argument contre ma
théorie. A ma grande surprise ne voilà-t-il pas que M. Paulhan vient
déclarer dans sa dernière publication [1] qu'il est en état de le faire,
qu'il peut se représenter simultanément et brièvement « a » et « o ».
Conséquemment, je reconnais qu'il a effectivement trouvé un argument contre ma théorie.

Nous voyons au reste que dans la science il se passe les mêmes
choses que sur le marché. Quelqu'un déclare-t-il avoir l'argent nécessaire à l'achat d'un tableau, chacun trouve naturel qu'il aille à
la vente et prenne part à l'enchère. Mais, pour entrer réellement
en possession d'un tableau, son assertion ne suffit plus, il faut qu'il
exhibe son argent et qu'il soit reconnu valable.

Après que j'eus exposé ma théorie, M. Paulhan m'a contredit. Plus
tard, il a reconnu que l'élément moteur que j'attribuais aux représentations du langage était pourtant plus important qu'il ne l'avait
cru d'abord. Il va même maintenant jusqu'à dire pouvoir se former
une représentation motrice de « a ». Ce n'est que par cet aveu que
l'entente a pu se faire entre nous, par le fait que M. Paulhan peut
répéter et constater mes observations. Si j'étais venu affirmer au
marché que les représentations du langage sont motrices, sans en
donner de preuves, et seulement appuyé sur mes observations personnelles, que personne ne pourrait retrouver en lui, on n'aurait
certainement accordé aucune attention à mon assertion. Il n'en est
pas de même de l'argument de M. Paulhan. Je suis particulièrement exercé aux observations de ce genre et je m'efforce depuis des
années en vain de me représenter simultanément les deux voyelles
« a » et « o ». En outre, j'ai sur ce point examiné des centaines
d'individus, et tous ont décliné unanimement la possibilité d'une représentation double. Si l'on réfléchit que les observations objectives que
j'ai fait valoir pour ma théorie suffisent seules à la faire regarder
comme absolument positive, serait-il inadmissible de penser que
M. Paulhan a de nouveau fait une faute dans son observation ? Il nous
a dit d'abord qu'il peut se représenter « a, e, i, o, u, » pendant qu'il
prononce « a ». Puis, après que je lui eus prouvé l'inadmissibilité de
son argument, il déclare qu'il lui est difficile de se représenter
simultanément les voyelles « a » et « o » : « La représentation courte
et simultanée est difficile à obtenir, » et il nous dit qu'il ne l'avait
appris qu'après un long exercice. Par conséquent, de son propre

---

1. *Revue philosophique*, janvier 1886.

aveu, il n'a pu se représenter auparavant simultanément « a » et
« o ». Ayant, à ce qu'il semble, réussi à découvrir la première faute
de l'observation de M. Paulhan, il n'y aura peut-être pas trop de
présomption à rechercher s'il n'en aurait pas commis une autre à sa
nouvelle observation.

On ne peut proprement se représenter tacitement aucun son prolongé. Personne ne peut se représenter plusieurs minutes de suite un
« b ». Si je veux m'attacher à la représentation de « b » il me faut —
— comme je l'ai déjà relevé dans mon étude sur le langage — me
représenter plusieurs « b » l'un après l'autre. Il en est, ai-je dit, de
cette représentation comme du timbre de table, ou, pour m'en tenir
à la comparaison que j'ai faite plus haut, comme des touches : si je
veux que le son des touches se prolonge, il me faut les frapper plusieurs fois l'une après l'autre.

La représentation de l' « a » consiste précisément dans l'envoi
d'une impulsion nerveuse au faisceau de muscles qui déterminent la
disposition de la bouche propre à cette lettre. Si cette impulsion est
intense et l'expiration prolongée, nous avons un « a » prolongé qui
dure aussi longtemps que l'expiration résonnante a lieu. Pendant ce
temps, je peux, non-seulement me représenter « a, e, i, o, u », mais
même réciter par la pensée toute l'oraison dominicale. Il en est à la
vérité autrement à la pensée tacite de l' « a ». Je ne peux pas alors prononcer ce son comme quand je le prononce en effet, parce que je n'ai pas
à ma disposition le courant d'air résonnant sur lequel je fixe mon
attention, sans prendre garde que j'interromps pourtant cette attention
au moment où je me représente « e », puis au moment où je me représente « i », etc. En tout cas, il y a ici aussi, quand on pense tacitement « a » une prolongation et, implicitement, possibilité de se tromper. C'est pourquoi j'ai conseillé d'essayer de prononcer brièvement
et simultanément « a » et « o » pendant l'interruption de la respiration. Par là, la prolongation de la représentation de « a » est en tout
cas entravée, mais elle n'est pas exclue. Ceux qui n'observeront pas
exactement leurs muscles, inververont pourtant les muscles du
larynx comme si les cordes vocales devaient entrer en vibration : ce
qui nous donne la représentation d'un son prolongé. Pour s'empêcher
tout à fait de prolonger le son, il faut penser « a » plusieurs fois rapidement et de suite, de manière à ce qu'il n'y ait pas d'intervalle sensible. Pour prouver que je ne puis faire rendre qu'un son au timbre
de table, je ne dois pas laisser d'intervalle à celui qui voudrait prouver le contraire, pour qu'il ne puisse pas en profiter pour y frapper
de son côté et nous faire accroire que le timbre peut faire entendre

deux sons à la fois. Il me faut, pour éviter cette illusion, faire suivre les coups si rapidement qu'il ne reste pas d'intervalle pour un coup étranger.

Celui qui peut se maîtriser et se représenter effectivement un « a » bref, c'est-à-dire ne se représenter que l'impulsion, le sentiment initial non prolongé, n'a plus à se préserver d'aucune illusion; il trouvera sans peine que la représentation simultanée de l' « o » est tout à fait impossible. Celui qui n'est pas à même de se maîtriser suffisamment devra se représenter plusieurs « a » se succédant rapidement, et alors il reconnaîtra qu'en se représentant « o » la chaîne des « a » se brise.

Je suis naturellement bien loin de vouloir appuyer une théorie sur d'aussi délicats détails, mais je crois devoir, vis-à-vis d'attaques qui s'appuient de pareilles subtilités, montrer qu'ils peuvent reposer sur des erreurs, et que ces dernières ne suffisent pas à renverser une théorie bien fondée. Au reste, je regarde comme un progrès que M. Paulhan, après avoir essayé de se représenter simultanément « a » et « o », reconnaisse maintenant que la représentation de l' « a » est motrice, « étant fortement empreinte du caractère moteur ».

V. Contre M. Stumpf.

Comme je l'ai remarqué en commençant, j'ai avancé, *mutatis mutandis*, la même théorie pour les représentations des sons musicaux que pour celles du langage. Quand j'entends une mélodie j'y rattache des innervations musculaires qui, chez beaucoup d'individus, ont leur siège au larynx. A cet égard, on est donc en droit de parler d'un chant intérieur. Quand, plus tard, je me souviens de la mélodie entendue, il est possible qu'en même temps les images auditives s'éveillent aussi en moi; mais il peut arriver que ces dernières aient disparu et qu'il ne me reste dans la mémoire que la mélodie chantée tout bas, c'est-à-dire les images motrices.

C'est le cas, autant que j'ai pu le constater dans la société que je fréquente, pour tous ceux qui ne jouent d'aucun instrument et sont cependant capables de se représenter une mélodie; c'est de même le cas, abstraction faite de faibles divergences, pour les trois compositeurs que j'ai pu jusqu'à présent consulter et observer. De faibles divergences, en tant qu'il y en a qui innervent les lèvres au lieu d'innerver le larynx et qui éveillent la mélodie (*sit venia verbo*) par un sifflement intérieur plutôt que par un chant intérieur, et que, d'autre part, chez ceux qui sont particulièrement bien doués du

talent musical, les images auditives se conservent très longtemps.
Compositeurs et chanteurs sont cependant capables de saisir, outre
ces images auditives, les images motrices de la mélodie.

M. Stumpf s'est opposé à cette manière de voir dans sa « Tonpsychologie » et s'est, entre autres arguments, servi d'une lettre que
lui a écrite l'anatomiste Henle de Göttingue.

« M. Henle, aussi bien connu comme anatomiste que comme psycho-
« logue, et, en outre, musicien de talent, a eu la bonté de m'écrire :
« *Dans la question que vous me posez* concernant les mouvements
« musculaires qui accompagnent les représentations musicales, *mes*
« *expériences s'accordent tout à fait avec les vôtres.* Seulement,
« quand je veux me rendre compte du ton dans lequel est écrit un
« morceau de musique, je recours volontairement aux représentations
« des efforts que je devrais faire pour chanter ou, pour être plus
« exact, entonner le ton cherché. Alors je sens même parfois, quand
« il s'agit de sons élevés, mon larynx s'élever. Pour les mélodies
« reproduites volontairement, comme pour celles qui me bourdon-
« nent involontairement aux oreilles, l'idée d'une reproduction musi-
« cale est entièrement exclue. S'il s'agit de récentes réminiscences,
« je les entends, il est vrai, avec les sons des voix ou des instruments
« par lesquels je les ai perçues objectivement. D'ordinaire, cet attri-
« but manque; les mélodies se jouent d'une manière abstraite qui ne
« rappelle aucun timbre. » C'est ainsi que j'ai consulté d'autres individus, bons musiciens, et que j'ai, d'eux tous, reçu la même réponse,
excepté une demoiselle, pianiste de talent, qui m'a dit qu'elle chan-
tait toujours tout bas les mélodies.

Quand l'étude que j'ai citée en commençant a dû être traduite en
français, j'ai ajouté au texte originaire un chapitre sur les représentations musicales, où je dis que les vues que l'anatomiste de Göttingue
avaient exprimées étaient très favorables à ma théorie, attendu qu'en
reconnaissant que les représentations d'une mélodie ne dépendent
pas nécessairement du souvenir des images auditives, Henle avait
confirmé la première base fondamentale de mon assertion. A la vérité,
disais-je, il existe encore une divergence entre moi et M. Stumpf. Je
soutiens que les représentations de mélodies détachées des images
auditives sont « motrices » de leur nature, tandis que Stumpf et
Henle les déclarent « abstraites ». Puis, je cherchai à prouver que
leurs représentations musicales abstraites ne sont autre chose que des
représentations motrices. Maintenant M. Stumpf dans la note citée
plus haut s'élève formellement contre mon assertion. « D'abord, dit-il,
on ne peut savoir aujourd'hui ce que le célèbre anatomiste (mort depuis) entendait par « abstraites »; puis M. Stricker m'applique non

seulement les vues de mon correspondant, mais encore les miennes propres. Parce que Henle est d'accord avec moi (Stumpf), il (Stricker) dit que je suis d'accord avec Henle. Parce que Henle se sert de l'expression « abstraites », Stricker me l'attribue.

Je prie le lecteur d'intervenir dans cette querelle; je prends la liberté de résumer le tout.

M. Stumpf a lu mon traité sur le langage. Dans l'intention d'en réfuter la théorie, il consulte l'anatomiste de Göttingue qui lui répond : « *Dans la question que vous me posez, mes expériences s'accordent avec les vôtres.* » M. Stumpf publie cette lettre en ajoutant que, lui aussi, a consulté différents musiciens et que, de tous, il a reçu la même réponse, et se sert de cela comme d'un argument contre moi. La réciprocité de l'entente entre Stumpf et Henle n'est-elle pas par là même documentée? Et néanmoins M. Stumpf me regarde comme qui dirait un liseur de pensées, parce que j'ai pu lui expliquer qu'il était d'accord avec Henle.

Je reconnais volontiers que M. Stumpf ne s'est servi de l'expression abstraite dans la discussion dont il s'agit en aucun autre endroit, mais je le rends responsable de l'expression. Quand quelqu'un me lance une pierre, je ne m'en prends pas, dans mon accusation, au propriétaire légitime de la pierre, mais à celui qui l'a lancée. Toute la force de la lettre gît dans l'assertion que Henle se forme des représentations de sons abstraites; car il y était dit que ce qui reste dans le souvenir, après la disparition des images auditives, ne consiste pas, comme Stricker le dit, en images motrices. Et M. Stumpf s'est servi de cette lettre comme d'un argument contre moi et l'a publiée dans ce but.

Dans la même note où M. Stumpf décline la responsabilité de l'expression « abstraites », il s'en charge une seconde fois, car il s'en rapporte de nouveau à des hommes du métier en faveur de son attaque, à Ed. Gurney et à O. Jahn, qui, tous les deux, se servent de cette expression et, à ce qu'il semble, dans le même sens que Henle.

M. Stumpf s'en rapporte (dans sa *Tonpsychologie*) à Henle, comme au maître, non seulement en anatomie, mais aussi en psychologie. Cela prouve que le témoin Henle est cité comme une grande autorité. Le coup me frappe d'autant plus fortement dans la note subséquente, à mon adresse, par la remarque que je me révolte contre la sentence du maître sur le sens de laquelle il ne peut être consulté aujourd'hui.

Je ne trouve pas exagéré qu'on regarde Henle comme passé maître en fait d'anatomie. Sa grande importance comme anatomiste est incontestable; mais qu'il ait aussi été maître en fait d'observations psychologiques est chose toute nouvelle pour moi. L'histoire des sciences ne nous fournit pas la moindre preuve en faveur de cette assertion. Il n'était pas dépourvu de philosophie, c'était un spirituel critique, et si le succès de ses critiques avait répondu à l'ardeur avec laquelle elle était maniée, Henle aurait été le réformateur du siècle en médecine. Avec quelle ténacité, avec quelle ardeur n'a-t-il pas combattu quelques-unes des théories de Virchow, qui pourtant se sont maintenues, tandis que les critiques de Henle sont tombées dans l'oubli. Je ne cite que cet exemple, parce qu'il suffit à mon but; mais je pourrais, par toute une série de questions, prouver que la critique de Henle — qu'on a aussi appelée rationnelle — a été entièrement désavouée par le progrès des méthodes. Si donc ce grand maître s'est vu exposé à l'erreur dans son opposition aux innovations entreprises sur son propre terrain, où on le voyait dominer avec tant de supériorité, comment ne l'aurait-il pas été dans ses observations psychologiques, domaine qui lui était étranger? Mais s'il n'est pas une autorité en psychologie, il peut nous être bien indifférent de savoir ce qu'il entendait par le mot « abstraites ». Pour la même raison, j'aurais dû, si j'avais discuté avec lui certaines questions de géographie, me préoccuper de ce que le maître en anatomie entendait par le mot « grand'route », et cependant ce mot est loin de jouer en géographie l'important rôle qu'on attribue en psychologie au mot « abstrait ».

Les auteurs qui se servent de cette expression, quand il s'agit de questions psychologiques, nous engagent par là même à admettre qu'ils connaissent la signification qu'on lui reconnaît en effet en psychologie. Quant au professeur Stumpf, on peut d'autant plus admettre qu'il la connaît, qu'il est au fait de mes écrits psychologiques, où je me suis à différentes reprises expliqué sur la nature de ce mot. Ce que j'ai à dire sur ce point se rattache à Berkeley, et je n'ai à ajouter que peu de chose à ce qu'il a dit. Il a critiqué l'abstraction par la négation; moi, au contraire, j'y ai ajouté un corollaire. Berkeley a dit : « Qu'est-ce qu'un triangle qui n'est ni droit, ni obtus, ni aigu, ni équilatéral, ni isocèle, ni scalène, mais tout cela et rien de tout cela? » J'ai ajouté que j'adhérais entièrement à ce que dit Berkeley; nous ne pouvons nous représenter un triangle qui ait tous ces caractères et aucun d'eux. Nous nous représentons bien le *mot*, et à ce mot se rattachent à l'envi toutes les représentations que je puis avoir du triangle. Il est, soit dit en passant, bien bizarre que Berkeley ait critiqué de cette manière les idées de John Locke, qui avait plutôt répondu *in merito* à la question posée par Berkeley, en disant que toutes les idées proviennent de l'expérience. Nous n'avons certes fait aucune expérience touchant le triangle qui aurait et n'aurait pas toutes les propriétés citées; cela ne peut donc pas faire l'objet d'une représentation [1].

Pour ne pas laisser le doute sur ce que je pense à cet égard, je me suis servi, dans mon livre « Du langage et de la musique », des propres paroles de Berkeley, à l'adresse de Stumpf, et j'ai demandé ce que pourrait bien être un son qui ne proviendrait ni d'une voix humaine, ni d'un violon, ni d'un autre instrument.

Mais, avant de passer à l'examen de cette question, qu'il me soit permis de relever une querelle de mots que me fait M. Stumpf. Il nous dit : Mais le traducteur du livre de M. Stricker a rendu le mot « Klangfarbe » par nuance de sons « et a ainsi prêté la main à l'interprétation de M. Stricker », tandis qu'il aurait dû être traduit par « timbre ». La « Tonpsychologie » de Stumpf a été publiée en allemand, je ne peux guère l'avoir lue dans une autre langue. C'est de ce livre que, en vue de ma polémique, j'ai transcrit la lettre dont il a été question plus haut pour l'ajouter à mon manuscrit. Ce n'est qu'ensuite qu'elle a été traduite et je n'ai donc pas besoin de prouver qu'elle a d'abord été transcrite, puis traduite, et que, par conséquent, mon interprétation de ce mot a nécessairement dû précéder la traduction. Le reproche de M. Stumpf implique donc contradiction, puisqu'il faudrait admettre que l'effet aurait précédé la cause.

Au reste, j'assume la responsabilité de cette prétendue fausse interprétation du mot « Klangfarbe ». Lors de la revision du texte français j'ai proposé « aucune nuance réelle de sons »; par là, au dire de M. Stumpf, j'aurais péché contre l'esprit de la langue française; mais, comme on va le voir, cette expression s'adapte parfaitement à l'esprit de la psychologie.

Maintenant, avant de passer au cœur de la question, je communiquerai la phrase la plus importante de la dernière note de M. Stumpf dans le texte original (page 618) : « J'ose dire qu'il y a des sons sans Klangfarbe ». A savoir si l'on désigne avec Helmholtz les sons composés par le mot « Klang »; les sons simples ont seulement le « Tonfarbe ». Quelque valeur que l'on attache à ces expressions, la chose en elle-même ne présente aucune difficulté. A défaut d'autre, les sons représentés ont du moins la couleur ou le timbre de sons simples.

---

1. Je ne regarde pas d'ailleurs les représentations des triangles comme faisant partie des idées abstraites dans le sens que l'on donne de nos jours à ce mot; mais il n'y a pas à tenir compte de ce détail, comme le lecteur peut s'en convaincre par le texte.

Ce qui revient à dire : 1° qu'il y a des sons sans timbre; 2° qu'il n'y a que les sons composés qui aient un timbre; 3° que les sons simples n'ont pas de timbre; 4° que les sons représentés (simples) ont au moins le timbre des sons simples.

M. Stumpf se représenterait donc, d'après ce qu'il dit, les sons simples sans timbre, avec timbre.

N'est-on pas tenté d'admettre qu'un psychologue aussi distingué que M. Stumpf a dû se tromper, quand il a écrit cette phrase? Et nous, qui répondons à sa note, ne sommes-nous pas tenu d'examiner ce qu'il a vraiment eu l'intention de dire? N'est-il pas injuste envers moi, quand il m'accuse de vouloir lire les pensées, parce que je me suis donné la peine d'expliquer les siennes propres?

« J'ose dire, nous dit-il, qu'il y a des sons sans timbre. »

Tout ce que j'ai dit dans mon étude du langage et de la musique tend à prouver que nos représentations de mots et de sons ne contiennent pas *nécessairement* des images auditives. Lui, se met à réfuter ma théorie et commence par soutenir ce qui en fait l'essence et le fondement même.

Puis, après avoir tenté cette hardie démarche, après s'en être rapporté à Ed. Gurney et O. Jahn qui parlent aussi d'abstractions pour ce qui regarde les représentations de sons, il me donne une leçon dont je me souviendrai toute ma vie. « Que M. Stricker apprenne par là, dit-il, que d'après ces célèbres explications, les compositeurs se représentent les sons *avec* timbre et que d'après ce que Henle et moi (Stumpf) disons, cela a aussi lieu chez ceux qui ne sont pas compositeurs. » Mais il ajoute prudemment à cette déclaration : « ce qui d'ailleurs s'entend de soi ». S'il avait encore dit que cela se comprend aussi de soi pour M. Stricker, qui l'a répété à satiété, que cela n'est absolument pas sujet à contestation, que cela ressort de tout ce qu'il a dit et que cela n'a passé dans sa note que par un *lapsus calami*, M. Stumpf aurait alors réparé toutes les fautes qu'il a commises contre la logique et les usages qu'on est tenu d'observer quand on écrit, car il est contraire aux bonnes manières de se donner, sur des motifs défectueux, l'apparence de vouloir réprimander son adversaire, cela me semble *fortiter in modo et suaviter in re*.

La seule divergence qui nous sépare est la suivante. Je dis que la mélodie que j'ai entendue dans un certain timbre laisse en moi une image motrice de cette mélodie qui me la fait chanter intérieurement. Le timbre, dis-je, peut disparaître, mais l'image motrice reste. Je peux me représenter cette mélodie, je puis la chanter sans savoir sous quel timbre je l'ai entendue. M. Stumpf concède

maintenant aussi qu'on peut se représenter les mélodies sans
timbre, mais que la représentation se fait en sons *simples*. Mais en
quoi consistent les sons qu'il appelle simples? C'est ici que s'établit le conflit entre nous. M. Stumpf regarde probablement comme
une offense personnelle que je lui aie dit qu'il n'était pas à même de
se rendre compte par l'observation personnelle de la nature des
représentations de sons. Moi, au contraire, je regarde ce différend
comme historique de sa nature. Si, dans un débat quelconque, je
suis d'avis que mon adversaire me contredit parce que son *appareil*
lui fournit des renseignements insuffisants, comme, par exemple,
parce que son microscope ne grandit pas assez, il me faut le lui
dire; il n'a pas le droit d'en être blessé; car, avant d'avoir éclairci
cette circonstance, la cause de la différence de vues ne peut être
éliminée. Il en est absolument de même en psychologie; seulement
l'appareil d'observation est ici en nous-mêmes, et notre amour-
propre se trouve blessé quand on nous dit que notre appareil ne
convient pas à certaines expériences. Mais c'est M. Stumpf qui
m'a forcé à expliquer cette circonstance. J'ai voué pendant bien des
années la plus grande attention à l'observation personnelle et suis,
par là, arrivé à une connaissance précise de l'importance de mes
sentiments musculaires. J'ai montré qu'elle avait déjà été saisie par
quelques profonds philosophes, par Kant entre autres, si même elle
avait été exprimée en d'autres termes et circonscrite d'une autre
manière. Maintenant voilà que M. Stumpf vient déclarer que ce que
je dis des sentiments musculaires est plus que douteux. Parce qu'il
ne trouve pas en lui ce que je décris, il croit avoir le droit d'en contester l'existence! Je puis l'excuser en faveur de cette circonstance.
Il n'est pas naturaliste. Il ne pensait peut-être pas qu'il y a des
choses qu'il ne peut pas percevoir et qui, cependant, existent. Il
croyait pouvoir résoudre par des règles les questions de psychologie, et contester l'existence de choses dont la nature lui a refusé
la connaissance. Il ne me restait à moi d'autre choix que de déclarer
incompétent l'appareil de M. Stumpf, si je ne voulais pas renoncer
à prendre la défense de mes propres observations.

Voyons maintenant de quelle nature peuvent être les représentations de sons simples de M. Stumpf.

Le fait acquis pendant le cours des quinze dernières années que
différentes régions de l'écorce corticale sont douées de différentes
fonctions psychiques rentre, selon moi, dans la théorie des énergies
spécifiques. D'après cette théorie, tout nerf excité ne peut éveiller
dans la conscience que les états correspondant à la spécialité de sa
nature. Le nerf visuel ne peut transmettre que les impressions

visuelles, le nerf auditif seulement les impressions auditives. Maintenant, on est autorisé, en conséquence des travaux entrepris ces quinze dernières années, à attribuer des énergies spéciales aux diverses régions de l'écorce corticale. L'aire corticale du nerf visuel ne peut transmettre que des représentations visuelles, celle du nerf auditif ne peut nous donner que des représentations auditives; celle des nerfs musculaires, seulement des représentations motrices.

Quand donc j'entends une mélodie, l'image auditive, la représentation prend naissance dans l'aire corticale du nerf auditif. De là, d'après ma théorie, l'impression est aussitôt transmise à une région corticale motrice, et j'innerve le larynx; je chante intérieurement. Chez les individus bien doués pour la musique, le résidu des deux représentations se conserve longtemps. Quand ils se souviennent des mélodies entendues, les représentations du timbre s'éveillent en eux, et il leur faut une attention particulière pour trouver que leur larynx est aussi innervé que s'il devait chanter tout bas. Chez ceux qui sont moins bien doués, le souvenir du timbre s'évanouit plus vite; mais l'image motrice peut encore se conserver. Ils peuvent alors très bien se souvenir des mélodies, bien que le souvenir du timbre se soit éteint. Les représentations de sons qui restent sont donc, dis-je, motrices, et il est parfaitement conforme à leur nature que nous distinguions dans ces sons hauteur et rythme. Quand je pense à une série de sons sans timbre, j'innerve les muscles comme si je devais chanter des sons de différentes hauteurs.

Mais en quoi consistent, d'après M. Stumpf, ces représentations de sons? Certainement pas en représentations auditives. Il déclare expressément qu'il peut se représenter ces sons sans timbre, et je dois accepter cette assertion avec d'autant plus de confiance qu'elle répond à mes idées et se trouve d'accord avec celles des hommes compétents. Mais les idées de timbre et de « représentations auditives » ne coïncident pas entièrement; si donc une représentation n'a pas de « timbre », elle peut cependant encore contenir une image acoustique du ton simple. Par son (Klang), on ne comprend, comme M. Stumpf a la bonté de me l'apprendre, que des sons composés. Par là, on pourrait donc supposer que si même l'image auditive ne se conserve pas en entier dans la conscience, elle pourrait cependant y rester en partie. Mais cette supposition est, pour les motifs que je vais donner, absolument inadmissible.

Que les sons soient composés, c'est ce que nous avons appris par les recherches entreprises en physique et en nous servant de moyens auxiliaires particuliers. Pour notre conscience le « son » est *un tout, une image physique indivisible* [1].

Quand le souvenir des sons de l'instrument sur lequel on a entendu une mélodie a disparu, les parties dont il était composé ont de même disparu.

L'assertion de Henle que les mélodies, une fois que le timbre en a disparu (dans le souvenir), ne se jouent intérieurement que d'une manière abstraite, est donc parfaitement compréhensible. Il n'était pas exercé en psychologie; il n'aura eu dans ses vieux jours [2] ni la faculté ni la disposition nécessaire pour s'examiner si exactement. Mais, par cette observation, il a en tout cas trahi le maître; la représentation auditive privée de toute sensation était bien une chose abstraite pour lui.

Ce n'est pas à moi à m'occuper des ouvrages des musiciens. Mais, d'après les citations que nous donne M. Stumpf, de Gurney et O. Jahn, il paraît que la représentation auditive détachée des impressions sensorielles leur est connue, et qu'ils l'ont qualifiée d'abstraite.

De ce qui vient d'être dit, il ressort qu'il n'y a pas le moindre doute que Stumpf était de l'avis de Henle. Ce n'est qu'après que je lui eus fait remarquer que l'expression de « représentations abstraites » ne pouvait être employée par un psychologue, qu'après que je lui eus rappelé qu'une mélodie devait contenir des représentations de sons d'une certaine hauteur, intensité et durée, ce qui ne répond aucunement au mot abstrait, ce n'est qu'alors, dis-je, qu'il a subitement fait volte-face et qu'il a décliné la responsabilité de ce terme.

J'ai déjà montré qu'il n'a pas été très heureux dans son argumentation, qu'il s'est fourvoyé dans le cul-de-sac des sons simples sans timbre et avec timbre. Mais cela est chose bien accessoire. Cherchons à nous faire une idée claire de ce qui reste, quand une mélodie a perdu (dans le souvenir) son timbre.

Les sons des mélodies se distinguent donc dans notre représentation d'après leur hauteur, leur durée et leur intensité. Il nous a été concédé de tous côtés qu'on peut percevoir ces différences par le secours des innervations musculaires. Henle déclare donc lui-même

---

1. Il importe très peu ici que cette règle soit faussée par quelques exceptions ; que quelques individus particulièrement bien doués parviennent à force d'attention à discerner, dans un son composé, les sons constitutifs, non seulement parce que cette aptitude est rare, mais parce qu'en écoutant une mélodie, pareille décomposition n'a pas lieu. Des musiciens du plus grand talent m'ont assuré qu'ils ne saisissaient les sons de leur instrument qu'au total et qu'ils ne les font qu'ainsi revivre en eux.

2. Il pouvait avoir soixante-dix ans quand il écrivit cette lettre.

— lui qui d'après Stumpf était passé maître en fait d'observations psychologiques — que, quand il voulait se rendre compte de la nature du mode d'une mélodie, il avait recours aux efforts qu'il devrait faire pour entonner le son cherché.

Enfin, Stumpf concède lui-même qu'on peut recourir aux sensations musculaires pour déterminer la hauteur du son et surtout avec profit quand un son inaccoutumé nous rend la chose plus difficile, comme par exemple quand il s'agit de préciser les sons de bouteilles et de verres.

Nous pouvons donc déterminer les sons au moyen des innervations musculaires. Mais s'il était possible, comme le dit Stumpf, de se représenter de tels sons sans timbre et sans le secours des nerfs auditifs, il faudrait alors rechercher d'autres appareils nerveux qui pussent servir à ce but.

Mais tant qu'ils n'auront pas été découverts, l'assertion des musiciens qui me réfutent n'a aucun fondement, et l'on me permettra de supposer que les représentations auditives sans timbre sont, à la vérité, transmises chez tous les individus par les mêmes appareils nerveux — les nerfs moteurs, — mais que tous n'ont pas la même faculté de percevoir les sentiments inhérents à ces nerfs; et l'on reconnaîtra plus d'importance à l'assertion de ceux qui déclarent positivement qu'à la représentation des sons sans timbre ils ont parfaitement la conscience distincte d'un *processus* moteur.

C'est du moins ainsi que la chose devrait être jugée d'après le simple bon sens; car il est infiniment plus probable que la faculté de s'observer est variable entre les hommes que d'admettre qu'il existe des appareils nerveux dont on n'aurait trouvé trace jusqu'à ce jour, un appareil qui ne fonctionnerait que chez certains individus et si obscurément qu'ils ne pourraient avoir une conscience claire de la nature de sa fonction.

Examinons de plus près l'assertion de ceux que nous contredisons, nous verrons que leurs propres paroles renferment des arguments en faveur de notre manière de voir.

Quand un timbre inaccoutumé nous empêche d'en juger, on se sert, dit M. Stumpf, avec un vrai succès, de sentiments musculaires pour en préciser la hauteur. Cela ne permet-il pas d'admettre la possibilité que c'est justement cet « extraordinaire » qui dirige l'attention sur quelque chose qu'on ne remarque pas d'habitude? d'admettre que cela même donne l'occasion d'innervations plus intenses, qui, par cette recrudescence même, deviennent perceptibles pour ceux qui ne perçoivent d'ailleurs que les nuances de son? Henle nous dit ouvertement dans sa lettre qu'il innerve les muscles quand il veut se faire une idée claire du mode du ton, ce qui revient à dire implicitement qu'il remarque cette innervation quand il y fait plus d'attention.

Si, en présence de ce fait, nous considérons que mes représentations de sons, observées avec la plus grande attention, renferment toujours des sentiments musculaires; que j'ai la conscience de ne pouvoir me représenter le ton qu'en chantant ou en sifflant tout bas; que le timbre disparaît entièrement chez moi peu après avoir entendu la mélodie; si nous considérons ensuite que certains individus, et parmi eux quelques musiciens de remarquable talent, se prononcent dans le même sens; cette possibilité, pour toutes ces causes, ne peut être que plus admissible.

Toute cette explication ne concourt-elle pas à prouver que ce n'est pas sans motif psychologique que nous avons traduit « ohne Klangfarbe » par : « aucune nuance de son »; car nous voulions dire par là que la représentation est privée de toute image auditive, ce qui est plus compréhensible pour ceux qui ne sont pas musiciens que les mots sans timbre.

VI. Quelques nouveaux arguments.

Maintenant, je crois pouvoir alléguer encore quelques nouveaux arguments en faveur de ma théorie. C'est d'abord l'observation personnelle à la lecture de la musique sans instrument. Quand on a un certain talent musical, on voit se développer dans le cours de l'enseignement la faculté de lire la musique, comme nous lisons des livres des yeux.

Je n'ai pas la faculté de bien lire la musique, et cela surtout parce que je ne suis pas à même de chanter juste ou de me représenter par moi-même les sons écrits. Quand j'ai le premier ton, je puis à la vérité lire assez exactement quelques mesures comprises dans la portée de ma voix, mais c'est tout.

Dans ce cas, il y a exclusion absolue de toute représentation de timbre. Aussi peu qu'à la lecture tacite d'un texte *j'entends* les mots, aussi peu j'entends les sons, en lisant tacitement de la musique. Quand je lis tout bas des mots, leur image éveille en moi les muscles de la parole ou de son articulation; quand je lis tout bas de la musique, son image éveille l'innervation des muscles du larynx.

A l'égard du langage, on allègue, il est vrai, contre ma théorie, que nous comprenons les *lettres* comme telles, sans langage intérieur. Mais il ne vient à l'esprit de personne de soutenir que nous entendions les mots vus; que, quand je prends en main le journal et que je me mets à le lire tout bas, je comprends ce que je lis, parce que je l'entends. Par rapport aux sons, il ne viendra guère à l'esprit de quelqu'un d'admettre que l'on comprenne directement la musique vue, qu'on se représente les sons comme des images visuelles. Les musiciens inexpérimentés en psychologie admettent plutôt qu'ils entendent en esprit les mélodies quand ils les lisent. Et en effet, il y a quelque chose de vrai dans cette assertion. Chez les individus d'un grand talent musical, la vue de la musique éveille aussitôt des images auditives de l'instrument qu'ils manient le mieux. Mais j'ai eu l'occasion d'examiner sur ce point un jeune médecin très bien doué pour la musique, qui m'a donné des renseignements beaucoup plus exacts que je n'en ai obtenu jusqu'à présent des musiciens de vocation. M. le docteur en médecine Louis Heitzmann, de New-York, m'a dit qu'il lisait la musique comme un livre. Il a vingt-deux ans. Il fait de la musique depuis sa huitième année et joue de plusieurs instruments, surtout du violon et du violoncelle.

Au premier examen, il ne comprit pas clairement ce que je lui demandais. Ensuite, il donna plus d'attention à la chose et acquit la certitude qu'il lisait la musique au moyen des innervations du larynx ; que, sans le secours du larynx, il ne pouvait la lire. Alors, il se représente aussitôt le timbre du violon ou du violoncelle.

Après de tels cas, pourrait-il y avoir encore un doute que les sentiments musculaires, l'innervation du larynx « ne constituent la condition sous laquelle on peut lire la musique ».

Personne pourrait-il s'imaginer sérieusement que moi, qui n'ai pas de talent pour l'acoustique, j'entende les sons à la vue de la musique, bien que je m'aperçoive très exactement que je chante intérieurement sans avoir aucune image auditive?

J'ai encore à faire valoir un autre argument tiré de mes nouvelles observations.

J'ai, comme je l'ai dit, très peu de talent musical. J'ai, à la vérité, assez vite appris à accorder mon violon [1]. Je suis à même de chanter juste une mélodie qui m'intéresse et que j'ai entendue plusieurs fois. Ma faiblesse est dans l'appareil auditif. Pour les besoins de la vie journalière, j'ai, il est vrai, une ouïe extraordinairement fine. C'est ainsi qu'il y a peu de temps, j'ai sur-le-champ reconnu à la voix une personne que je n'avais pas vue depuis vingt ans, et qui, à son retour de pays lointains, m'avait appelé par derrière par mon nom ; mais mon

---

1. J'avais 46 ans quand je commençai (1880) à apprendre la musique en vue de cette étude.

appareil auditif ne fonctionne pas bien pour la musique. Il m'a fallu
un long exercice jusqu'à ce que j'aie appris à distinguer si c'étaient
deux ou trois sons qui résonnaient en même temps. Je ne puis me
souvenir d'avoir jamais rêvé d'une mélodie en images auditives,
tandis que de bons musiciens m'ont dit qu'ils rêvaient aussi vivement d'images auditives réelles, que moi d'images visuelles. Pour le
rêve, il faut avant tout que l'appareil nerveux qui y donne lieu entre
en fonctions en conséquence de certaines excitations intérieures peu
intenses. Cela n'a pas lieu pour moi. Et c'est ce qui fait que je ne
reproduis pas à l'état de veille les sons de l'instrument sur lequel j'ai
entendu la mélodie, quand un assez grand espace de temps s'est
passé entre l'audition et le souvenir.

Cependant, il y a quelque temps j'ai eu l'occasion d'étudier jusqu'à la fatigue l'accompagnement d'une chanson.

Troublé la nuit dans mon sommeil par des circonstances tout à
fait secondaires, j'ai eu pendant mon assoupissement une hallucination de ce chant. Les premiers sons (dans les limites que je puis
chanter sans aucun effort) apparurent sans difficulté; mais aussitôt
que j'arrivai à des sons plus élevés, cela recommença pour ensuite
m'éveiller dès que j'abordais des sons plus élevés. Cela continua pendant des heures entières. Nul doute que ce ne soient les grands efforts
de mon larynx en vue d'arriver à ces tons élevés pendant le rêve, qui
m'avaient réveillé. C'était ici le cas des rêves de mouvement. Je me
représente les mouvements, comme je l'ai montré dans mon étude
sur ce sujet (Vienne, Braumüller, 1882), en innervant certains muscles.
Pour me représenter ma propre course, il me faut innerver les fais-
ceaux musculaires qui me feraient courir en réalité. La même innervation m'incommode même à l'état de veille. Quand je suis tranquillement couché, il m'est assez facile de me représenter que je
cours, ce qui fait que j'en suis souvent fatigué; je rêve de quelques
pas et je me sens comme paralysé; je ne peux pas fuir et je m'éveille
quand le sommeil n'est pas profond, c'est-à-dire quand l'excitation
de la représentation de la fuite est assez forte pour troubler mon
sommeil. Les représentations sont justement dans le rêve rattachées
à la même innervation, c'est-à-dire au même appareil nerveux qu'à
l'état de veille; et les impulsions lancées dans les grandes masses
musculaires sont désagréables à l'état de repos et, pendant le rêve,
parfois irréalisables. Il en est de même des impulsions dirigées vers
les petits muscles, mais relativement trop intenses pendant le rêve
pour pouvoir être exécutées; le cours du rêve me conduit donc à la
représentation d'un ton trop haut pour moi, et cela me dérange dans
le demi-sommeil autant que la représentation d'une course rapide.

VII

Après avoir écrit cet article, j'ai eu l'occasion de soumettre le célèbre musicien Johann Strauss à un examen psychologique dont les résultats ne sont pas sans importance.

J'ai choisi M. Johann Strauss parmi les capacités de Vienne comme expert pour ou contre ma théorie, non seulement à cause de son importance comme musicien compositeur, mais à cause du caractère spécial de ses œuvres.

En m'occupant d'études antérieures, j'ai fait l'expérience qu'il existe des individus doués d'un don particulier, celui d'observer leurs sentiments musculaires. Avant tout, il faut compter parmi eux les individualités douées de facultés supérieures. Et je voudrais, dans l'intérêt du choix à faire parmi les sujets à examiner, ne pas négliger d'attirer l'attention sur ce point qu'il y a à faire ici une distinction entre ceux qu'on qualifie de gens d'esprit et ceux qui sont doués de facultés supérieures. Les gens d'esprit jugent promptement; l'innervation n'est pas en général chez eux assez intense pour qu'ils la perçoivent distinctement et pour ainsi dire isolément. Ils sont aussi plus enclins à la contradiction. Les gens à facultés supérieures ne contredisent au contraire que quand ils sont fortement convaincus; ils ne sont pas dominés par le penchant de la contradiction qui entrave la tranquille observation.

Sont particulièrement doués pour la perception des sentiments moteurs ceux qui ont des dispositions naturelles pour la gymnastique, la natation, la danse, en un mot pour les exercices corporels. Ils sentent mieux les impulsions nerveuses que les individus indolents et paresseux. J'ai donc pu admettre qu'un homme qui, comme M. Johann Strauss, nous stimule par ses compositions et nous excite au mouvement, ou tout au moins à un mouvement intérieur (à battre la mesure), devait être doué d'un sentiment musculaire-très développé. Il ne pourrait pas, pensais-je, en composant une valse, conserver le même repos qu'un peintre par exemple au moment où il étudie le caractère d'un paysage. Et je ne me suis pas trompé dans ma supposition. M. Strauss compose par le sentiment des lèvres, il ne les chante pas, mais il les sifflote invisiblement et imperceptiblement.

J'avais déjà été avant rendu attentif à la circonstance que les compositeurs se représentent leurs motifs par le sentiment des lèvres, par le fait qu'on raconte que Mozart avait travaillé à ses compositions en sifflant. Le compositeur Goldschmidt m'a d'ailleurs aussi certifié qu'il composait de même.

C'est ainsi que j'ai prié M. Strauss de lire un air en musique (écrit) et de faire attention s'il n'éprouverait pas quelque chose au larynx ou aux lèvres. La réponse'que ce maître me donna fut absolue. « C'est vraiment remarquable, me dit-il, ce qui se passe dans mes lèvres, cela saute, j'y sens toute la mesure ! » Alors il mit la musique (écrite) de côté, le sentiment des lèvres avait disparu. Il recommença à lire, aussitôt le sentiment des lèvres revint.

Persuadé de la réalité du fait, je priai M. Strauss de penser à une certaine mélodie qu'il n'avait pas entendue depuis longtemps, qu'il avait, si possible, apprise dans son enfance, et de faire attention s'il se la représentait avec le timbre d'un instrument. La réponse fut absolument négative. Il s'en était représenté une, mais sans aucun timbre; il n'avait perçu que le sentiment des lèvres. Cette assertion était d'autant plus remarquable que M. Strauss n'avait jusqu'alors eu aucune idée de ce sentiment labial, c'est-à-dire qu'il n'y avait jamais été rendu attentif.

Nous n'avons donc évidemment pas affaire à des sentiments qui coopèrent pour ainsi dire à l'exercice d'une profession, comme ceux des doigts chez un violoniste, M. Strauss n'étant pas habitué à siffler.

Ce mouvement des lèvres ne peut pas d'ailleurs être considéré comme simple habitude, attendu qu'on ne pourrait comprendre. comment cet artiste aurait pu la prendre. Enfin, il ne paraîtra pas admissible de le considérer comme accessoire, car il est absolument invraisemblable que, quand l'artiste compose, il se livre au travail compliqué des lèvres sans que cela lui soit nécessaire.

De tous côtés il est concédé qu'on peut se représenter la hauteur et le rythme des sons qui n'ont proprement pas de timbre par l'innervation des muscles. Nous ne connaissons pas d'autre appareil nerveux par lequel cela soit possible. Quel motif aurions-nous d'admettre que l'appareil nerveux par lequel on peut se représenter les sons, et qui, comme il est prouvé, agit activement pour la représentation des sons « sans timbre », soit accessoire?

Autre remarque. Il y a des individus qui se représentent les sons sans timbre par le sentiment musculaire du larynx, et d'autres par le sentiment musculaire des lèvres. J'ai déjà avancé dans mon étude sur le langage qu'il y en a peut-être qui peuvent parvenir aux représentations des sons sans timbre au moyen des muscles du *cavum tympani*. Hensen et Bockendahl ont fait sur le *tensor tympani* du chien quelques expériences dont les résultats sont en faveur de cette supposition. Mais alors déjà je déclarai que je ne pouvais étayer ma théorie sur des données que je n'avais pas examinées.

Depuis, les travaux préalables nécessaires à cette difficile expérience ont été exécutés dans mon laboratoire et j'ai eu la satisfaction de les voir couronnés de succès par M. le docteur Joseph Pollak. Je puis donc aujourd'hui constater que les affirmations de Hensen et de Bockendahl sont confirmées. Les deux premières expériences nous ont d'emblée conduits à reconnaître des faits qui sont très favorables à ma théorie. Je puis donc, dès à présent, exprimer l'espoir de réussir à dissiper dans une prochaine étude l'obscurité qui entoure encore les assertions des musiciens qui ne peuvent trouver en eux les sentiments musculaires affectés à la representation des sons sans timbre.

STRICKER,
Professeur à l'Université de Vienne.

Traduit par E. Schwiedland.

IMPUISSANCE ET PESSIMISME

J'ai déjà essayé de montrer [1] qu'il est possible d'établir expérimentalement que la sensation de plaisir se résout dans une sensation de puissance, tandis que la sensation de déplaisir se confond avec la sensation d'impuissance : on aime et on recherche tout ce qui ajoute de la force ; on hait et on évite tout ce qui en fait perdre. Les sensations visuelles ou auditives les plus agréables sont celles qui portent à leur maximum l'énergie potentielle ; on peut en dire autant des sensations gustatives ou olfactives. Il y a longtemps, d'ailleurs, que l'on a fait remarquer que presques toutes les substances à odeur désagréable sont en même temps nuisibles. Cela n'est pas moins vrai pour les sensations tactiles et pour les sensations de température. Les hystériques sont, en général, désagréablement impressionnées par les températures excessives : beaucoup craignent particulièrement le froid, et on peut constater que, chez elles, la chaleur joue le rôle de dynamogène et d'esthésiogène. Sur une hystérique complètement anesthésique, il suffit de chauffer une partie de la peau par l'approche d'un thermo-cautère rougi pour ramener la sensibilité dans cette partie ; et si on approche un membre entier d'une source de chaleur plus intense, on peut constater, en même temps que le retour de la sensibilité, une augmentation considérable de la force dynamométrique.

Lorsque la sensation de plaisir est portée à son maximum, lorsque la tension de l'énergie potentielle est devenue excessive, il se produit une décharge, sous forme de mouvements, de sécrétion, etc., déterminant un épuisement. On comprend ainsi comment telle excitation, agréable lorsqu'elle est modérée, peut être désagréable lorsqu'elle devient excessive ou lorsqu'elle se prolonge. Il est un acte physiologique qui schématise en quelque sorte cette succession de phénomènes : *Amor epilepsia brevis*, disaient les anciens, non sans quelque raison.

Les sympathies et les antipathies se réduisent aux mêmes phéno-

1. *Sensation et mouvement* (*Revue philosophique*, octobre 1885, mars 1886).

mènes physiologiques : nous préférons, en général, les personnes qui offrent les attributs de la bonne santé et de la vigueur, dont l'aspect extérieur trahit une provision d'énergie disponible, dont une partie pourra être utilisée à notre profit. La sympathie que nous avons pour les gens exubérants de santé s'explique par cette simple notion que lorsqu'on a trop on est plus en mesure de donner; que peut-on espérer au contraire d'un individu mal constitué au moral et au physique, incapable de se suffire à lui-même?

L'action tonique des individus bien constitués est utilisée dans quelques hôpitaux d'Angleterre, où l'on choisit pour infirmières les plus jolies filles que l'on peut trouver; l'exemple est bon à suivre.

Le penchant que l'on éprouve quelquefois pour des individus mal partagés tant au point de vue physique qu'au point de vue intellectuel, n'est pas contradictoire à ce que nous venons de dire. D'abord parce que ces individus peuvent posséder, parmi de nombreux défauts, une qualité ou une simple particularité qui nous flatte; et, en outre, parce que le contact des sujets faibles éveille en nous une sensation, subjective de puissance : être plus fort est agréable en soi.

Nous aimons la représentation de la force et d'autant mieux qu'elle paraît plus susceptible d'être utilisée à notre profit. Dès qu'il devient manifeste qu'elle menace notre faiblesse, notre sentiment change : le maître devient l'ennemi. Le plaisir et la douleur, ne sont que la manifestation d'états dynamiques; et les phénomènes extérieurs qui les caractérisent déterminent sur ceux qui les observent les mêmes effets que la représentation de la force ou de l'épuisement : le spectacle du plaisir ou de la douleur augmente ou diminue notre propre énergie. On peut dire sans aucune métaphore que nous prenons part à la joie ou à la peine des autres; et c'est justement pour cela que nous sommes capables de faire des efforts sincères pour leur bonheur ou pour leur soulagement. La pitié et la charité qui en découle ne sont pas pures d'égoïsme : ce sont des phénomènes physiologiques et par conséquent nécessaires.

Les sujets affaiblis, les dégénérés, les névropathes sont plus soumis que les autres aux effets dynamogènes ou épuisants des excitations venues du dehors; ils sont sans cesse dans un état d'équilibre instable, ressemblant à une balance folle, qu'un simple attouchement suffit à faire dévier dans un sens ou dans l'autre. Aussi les voit-on soumis à la contagion des émotions et à tous les phénomènes d'induction psycho-motrice. Chez eux, l'impression actuelle détermine une nécessité de réaction tellement urgente et intense que la représentation mentale des conséquences de l'acte se trouve complètement effacée; et il en résulte qu'ils sont capables des plus grands écarts.

Les sujets d'une constitution robuste au contraire, offrent, si on peut dire, une force statique plus considérable qui leur permet de résister aussi bien à l'excitation qu'à l'épuisement et de ne présenter, sous l'influence d'un agent quelconque, que des réactions modérées. L'impassibilité est un signe de force; et les anciens Égyptiens la symbolisaient parfaitement en représentant les puissants, dieux ou rois, assis, les membres dans une position intermédiaire à la flexion et à l'extension, le regard à l'horizon, prêts à tout et émus de rien.

Insistons un peu sur quelques phénomènes communs chez les *instables* qui offrent des manifestations d'excitation ou de dépression sous des influences tellement légères qu'elles échappent le plus souvent à notre observation.

Certains dégénérés, strychnisés en quelque sorte par leur hérédité morbide, offrent des phénomènes spasmodiques divers, mais que l'on a rapprochés avec raison; ce sont des mouvements spasmodiques ou tics, et des idées spasmodiques ou impulsions, suivies, lorsqu'elles sont assez intenses, d'exclamations ou d'actes impulsifs plus ou moins complexes [1]. D'autres sujets appartenant eux aussi à la catégorie des dégénérés présentent de préférence, au lieu de ces phénomènes d'excitation, des manifestations d'un ordre tout contraire et que l'on peut rattacher à l'épuisement, se produisant comme les premiers en dehors de toute lésion organique connue du système nerveux : ce sont des paralysies dites psychiques, caractérisées par l'impossibilité d'exécuter un mouvement, bien que le sujet se croie capable dans une certaine mesure de vouloir le faire, et des aboulies caractérisées par l'impossibilité absolue de vouloir exécuter un mouvement donné.

Ces aboulies et ces paralysies peuvent être rapprochées au même titre que les mouvements et les idées spasmodiques. L'aboulie est un état faible de la paralysie, tout comme l'idée spasmodique est un état faible du spasme moteur : lorsque l'idée spasmodique est très intense, l'acte impulsif qui en est la conséquence est instantané, le temps de l'idée et le temps de l'acte se confondent, il devient impossible de distinguer l'un de l'autre, le sujet n'a pas conscience d'avoir eu l'idée du mouvement avant de l'accomplir; de même lorsque l'aboulie est à son maximum d'intensité, elle équivaut à une paralysie psychique systématisée, et il est impossible de l'en distinguer. Supposons un

1. Gilles de la Tourette, *Étude sur une affection nerveuse caractérisée par de l'incoordination motrice, accompagnée d'écholalie et de coprolalie (Arch. de Neurologie,* n° 261, 885). Guinon, *Sur la maladie des tics convulsifs (Rev. de Méd.,* 1886).

aboulique qui tout d'abord a éprouvé une certaine difficulté à vouloir prendre une plume pour écrire, et qui peu à peu en est arrivé à être incapable de le faire, même lorsqu'une voix étrangère lui affirme avec insistance que ses muscles sont parfaitement en état d'exécuter le mouvement. Par quels caractères distinguera-t-on son impotence d'une paralysie par suggestion, d'une paralysie psychique des mouvements spéciaux de l'écriture? Par quels caractères même la distinguera-t-on d'une agraphie par lésion cérébrale localisée? Par la marche des accidents et les phénomènes concomitants, mais non point par la forme du trouble local.

Donc, dans les trois cas, ce trouble doit reconnaître une cause analogue par sa nature ou par son siège. L'analogie qui existe entre l'aboulie et la paralysie systématisée peut être mise en lumière par des expériences de suggestion chez des hypnotiques [1].

Si à un sujet de ce genre nous inculquons l'idée de faire des mouvements alternatifs de flexion et d'extension du pouce droit, nous le voyons effectuer cet acte automatiquement et sans interruption, jusqu'à ce que survienne une excitation périphérique capable de produire ce qu'on appelle l'inhibition, une forte constriction du bras gauche par exemple. Si nous lui demandons alors de faire le mouvement qu'il exécutait tout à l'heure, le sujet déclare qu'il sent qu'il est capable de faire ce mouvement, qu'il voudrait bien le faire, mais que quelque chose l'en empêche ; le fait est que l'on ne peut obtenir ce mouvement, bien que l'on puisse faire saisir un objet quelconque avec force, bien que l'on puisse obtenir un mouvement complexe, comprenant le mouvement impossible à exécuter isolément.

Si au lieu d'inhiber cette impulsion on provoque directement par suggestion la paralysie du même mouvement, le sujet se trouve dans un état très analogue; il répond qu'il ne sait pas qu'il ne peut pas faire ce mouvement. L'ordre se rétablit lorsqu'on a répété un certain nombre de fois que le mouvement est possible. On peut dire que le même phénomène se produit chez tel aboulique, qui est incapable de vouloir passer une porte, mais qui arrive à le faire lorsqu'une personne étrangère lui a affirmé avec autorité qu'il est capable de passer. Dans les deux cas, il est nécessaire de renforcer l'image motrice pour obtenir le mouvement. Dans l'impulsion et dans le spasme au contraire, l'image motrice est tellement intense que l'acte s'accomplit d'une manière explosive, sans que le sujet ait le temps de se sentir vouloir.

1. J'ai déjà communiqué quelques-unes de ces expériences à M. le docteur Langle, qui les a utilisées dans sa thèse inaugurale (*De l'action d'arrêt ou inhibition dans les phénomènes psychiques*, 1886, Paris).

Je rappellerai ici quelques expériences [1] qui peuvent servir à établir la relation qui existe entre la paralysie dite psychique et la soi-disant inhibition : Sur certains sujets il est possible de déterminer des paralysies de ce genre en appliquant un diapason en vibration

Fig. 1. — Effort soutenu normal (le tracé se lit de droite a gauche).

sur une zone dynamogène, céphalique ou autre. On pourrait croire que la vibration du diapason a ce qu'on est convenu d'appeler une action d'arrêt; mais si on y regarde de plus près, on s'aperçoit qu'il s'agit d'un phénomène plus complexe, en apparence du moins. En effet, si avant de pratiquer l'excitation avec le diapason on place dans la main du sujet le récepteur d'un dynamographe, et qu'on lui

Fig. 2. — Effort soutenu sous l'influence d'un diapason ou Ut [a].

fasse serrer l'instrument au moment de l'excitation, on voit qu'il y a une exagération très considérable de l'énergie de la contraction volontaire. On enregistre une secousse très haute, beaucoup plus haute que les contractions normales, et immédiatement après les contractions s'affaiblissent dans des proportions considérables; et l'expérience est complète au bout de quelques secondes, c'est-à-dire qu'on a une paralysie absolue. Par conséquent, il y a un phénomène qui précède la paralysie, et c'est une exagération de la puissance motrice, ce qui peut faire présumer que cette paralysie est en somme une *paralysie par épuisement*. Lorsque l'excitation est très forte, l'épui-

1. *Bull. Soc. de Biol.*, 1886, p. 179.

sement est très rapide et la dépression seule peut être constatée; ce qui ne modifie pas, il me semble, la nature du phénomène. On voit bien sur les figures 2 et 3 que l'effort soutenu dont la durée normale a été déterminée (fig. 1) devient d'autant plus considérable et

Fig. 3. — Effort soutenu sous l'influence de l'excitation du diapason en Ut².

d'autant moins prolongé qu'il a été produit sous l'influence de l'excitation déterminée par des vibrations plus étendues.

Ces expériences, susceptibles d'être ¡variées ¹, peuvent jeter un certain jour sur la nature des soi-disant phénomènes d'arrêt; elles

Fig. 4. — Contraction involontaire des fléchisseurs des doigts sous l'influence du bruit du tam-tam qui provoque la catalepsie ².

nous montrent que l'épuisement arrive d'autant plus rapidement que l'excitation a été plus forte et la dynamogénie plus intense. Elles nous font encore constater que les différentes excitations qui déterminent le sommeil hypnotique provoquent tout d'abord une décharge musculaire générale (fig. 4) qui permet de rapprocher ce

1. *Bull. Soc. de Biol.*, 1886, p. 195, 220.
2. J'ai montré à la Société de Biologie sur une série de tracés, qu'avec les autres procédés de production du sommeil hypnotique (pression sur les zones hypnogènes, pression sur les globes oculaires, etc., il est possible d'enregistrer le même phénomène d'excitation préalable.

sommeil du sommeil naturel en faisant intervenir la fatigue dans sa production. Elles nous conduisent enfin à interpréter aussi par l'épuisement tous les phénomènes dits d'arrêt qui se manifestent à la suite du *choc* nerveux, soit physique soit moral.

Il faut remarquer que très fréquemment les phénomènes d'excitation et d'épuisement se présentent chez le même sujet, dont l'aspect choque par son instabilité et sa variabilité pour ainsi dire infinie. Il est même vraisemblable que cette alternance est constante, mais quelquefois une des phases passe inaperçue. Chez quelques-uns la moindre influence détermine des changements à vue.

Les exemples de dynamogénie et d'épuisement que nous avons cités précédemment établissent nettement que rien ne saurait être négligé dans la recherche des modifications somatiques qui sont capables de produire ces phénomènes. Aussi bien chez les aliénés que chez les hypnotiques, l'exagération de la personnalité entraîne en général des sentiments de bienveillance et d'optimisme; la dépression s'accompagne, au contraire, de sentiments de malveillance et de pessimisme. Sur certains sujets, on peut établir avec la plus grande netteté que l'état de satisfaction s'accompagne d'une exagération de la puissance motrice, tandis que l'état de dépression coïncide avec une atténuation de la force musculaire, exagération et atténuation mesurables au dynamomètre, qui peut montrer une différence de moitié entre les deux états.

On peut dire que les individus bien portants, offrant une tension potentielle maxima, sont sans cesse en mesure d'ajouter une partie d'eux-mêmes à tout ce qu'il s'agit d'apprécier; tandis que les dégénérés, affaiblis autant au point de vue physique qu'au point de vue psychique, sont toujours en déficit en quelque sorte, ils ne peuvent qu'emprunter, et apprécient tout au-dessous de sa valeur.

Il suffit d'un jour de maladie pour pouvoir observer sur soi-même ces différences d'appréciation corrélatives à l'état somatique.

C'est à tort que Dumont [1] affirme que le plaisir et la douleur ne sont pas des phénomènes réels et qu'ils correspondent au changement et non à l'état. Les faits que nous avons rapportés indiquent bien que le plaisir et la douleur correspondent à des états dynamiques en plus ou en moins.

Nous allons rapporter maintenant quelques exemples de soi-disant inhibition d'un autre ordre, qui nous serviront à compléter notre démonstration.

Des excitations périphériques peu intenses sont capables, avons-

1. Dumont, *Théorie scientifique de la sensibilité*, p. 81.

hénomènes dits d'arrêt sur la sensibilité
certains sujets.

es présentant une anesthésie prédomi-
immobilise même imparfaitement les
s d'un côté avec une bande élastique,
le toile, enroulée autour du membre et
luit alors une modification de la sensi-
Si la compression a été un peu forte,
osition de son bras, et en même temps
ale s'affaiblit dans tout le côté du corps

lique les phénomènes d'inhibition sont
us, et leur influence est plus mani-
ur les états forts : ainsi un état hallu-
odifié qu'une sensation réelle ; un acte
acte spontané.

on lui suggère la vue d'un rat blanc
peut. On lui serre le bras gauche ; la
le rat. On lâche : l'attitude craintive
ec l'animal. Elle finit par le prendre
u'on lui serre le bras, elle cherche le
is qui reparaît sitôt que la compres-

fièvres où les sensations subjectives
faible intensité il suffit souvent pour
auditive, visuelle ou autre, de parler
n, de lui presser le front, etc. Dans les
rrêt s'obtient moins facilement ; toute-
né se livre à un acte quelconque pour
ndue : les hallucinations de l'ouïe ces-
sujet parle.

faits d'inhibition d'actes.

mbulisme une demi-douzaine de mor-
gnant de les plier en quatre : elle com-
comprime simplement la cuisse gauche.
ande pourquoi : « Je ne sais pas, répond-
ousse à plier ces morceaux de papier, mais
m'en empêche. » Si l'on cesse la com-
atiquement son travail.

ition est susceptible d'une interpréta-
que nous avons donnée précédemment.
ent épuisement, mais interférence, c'est-à-

dire que l'excitation nouvelle amène une certaine décharge de mouvement ; mais en outre elle modifie la forme de la réaction, étant différente de la première excitation à la fois par sa nature et par son siège.

Lorsqu'une excitation quelconque est portée sur une partie si limitée que ce soit du corps, il en résulte, grâce à la continuité du protoplasma, une modification universelle de l'état vibratoire et de la sensibilité du sujet. Toute excitation, toute représentation mentale fait vibrer à l'unisson le système nerveux tout entier et il en résulte un état dynamique spécial. Quand des rayons rouges impressionnent notre œil, tout notre corps voit rouge, comme le montrent les réactions dynamométriques ; lorsque nous prononçons un mot tous nos muscles ont une tension appropriée ; il en est de même dans toutes les émotions, c'est un fait que j'ai déjà rappelé précédemment. Une nouvelle excitation qui ne s'additionne pas à la première, modifie nécessairement la réaction qui en était résultée et tend à diminuer l'intensité de la sensation.

On peut citer des exemples qui montrent qu'une idée ou une volition peuvent disparaître, soit par épuisement, soit par interférence. C'est un fait bien connu que certains dégénérés, dits aliénés héréditaires, après avoir poursuivi une idée avec une énergie extraordinaire pendant des années, deviennent incapables, lorsque toutes les difficultés ont été aplanies, de saisir l'objet de leurs longues convoitises ; ils ont trop voulu, ils ne peuvent plus vouloir. Plus souvent les idées et les volitions disparaissent par interférence ; nous n'épuisons pas nos idées, nous les chassons en en évoquant d'autres.

L'effet de l'inhibition est souvent définitif. Si on a suggéré à B... la vue d'un oiseau et qu'on la soumette à une excitation cutanée un peu forte, l'hallucination disparaît pour ne plus se reproduire quand l'excitation cesse. Lorsqu'il s'agit d'une impulsion motrice, il en est de même. Je lui suggère de plier des papiers : elle se met à l'œuvre ; je lui serre fortement le genou gauche, elle s'arrête, et non seulement elle ne peut plus vouloir plier les papiers, mais au bout d'un instant elle les jette avec une expression de dégoût et refuse de les ramasser. Lorsqu'on lui demande l'explication de cet acte, elle répond : « Je ne sais pas, ils me déplaisent. »

Ce dernier mot mérite d'être relevé, car il trahit le commencement d'une idée délirante qui se développe consécutivement à l'impuissance d'agir. On voit le même phénomène se produire chez certains épileptiques qui cherchent à expliquer un acte impulsif dont ils n'ont d'ailleurs aucun souvenir [1] ; il se reproduit encore à la suite des impulsions provoquées chez les somnambules :

En compagnie de M..., qui est entré ce jour-là pour la première fois à la Salpêtrière, nous faisons des expériences d'hypnotisme sur une nommée C..., hystéro-épileptique du service de M. Charcot. La malade est en état de *somnambulisme provoqué*. Je lui donne l'ordre de poignarder à son réveil M..., avec la lame de carton que nous lui mettons dans la main. Sitôt réveillée, elle se précipite sur sa victime et la frappe dans la région précordiale; M... feint de tomber. Je demande alors au sujet pourquoi elle a tué cet homme; elle le regarde fixement un instant, puis, frappée sans doute par la physionomie égrillarde de M..., avec une expression farouche : « C'est un vieux cochon, il a voulu me faire des saletés. »

Mais revenons aux expériences relatives à la soi-disant inhibition.

X... est en somnambulisme; je lui enlève son fichu de laine que je pose sur le dossier de mon fauteuil, et je lui suggère qu'elle est incapable de le prendre et de le remettre sur ses épaules. Je la réveille, elle cherche son fichu, dit qu'elle a froid aux épaules, et elle se lève vivement pour prendre son vêtement; mais sa main s'arrête au moment de le saisir, et elle se rassoit brusquement. Je lui demande pourquoi elle ne prend pas son vêtement. « Il me dégoûte, » dit-elle. Je prends le fichu, je m'approche d'elle, et je lui offre de le mettre moi-même sur ses épaules, lui expliquant qu'il n'a rien de dégoûtant, qu'il est fort propre, même à peu près neuf : elle se recule avec une expression d'angoisse. Je m'asseois en plaçant le fichu sur mes genoux et je me mets à écrire; M. s'assoit à sa place, et, au bout de quelques minutes, dit spontanément : « J'ai froid aux épaules, je voudrais prendre mon fichu, je ne sais ce qui m'arrête; il me semble de laine grossière, d'une vilaine couleur déteinte ; il me dégoûte, je serais incapable de le toucher. » Le fait est que quand je fais mine de le jeter sur elle, elle se précipite vers la porte avec une expression de terreur, elle se raidit, et je crois qu'il est temps de la plonger en léthargie pour éviter une attaque d'hystérie.

Cette expérience est intéressante en ce qu'elle nous montre une accentuation de l'interprétation délirante qui se greffe sur l'impossibilité d'agir : tout renard trop petit pour atteindre les raisins en arrive nécessairement à dire : « Ils sont trop verts. »

Cette interprétation intervient chez les hypnotiques, soit qu'il s'agisse d'un acte exécuté en conséquence de la représentation mentale trop intense d'un mouvement (idée spasmodique, impulsion irrésistible), soit qu'il s'agisse d'une inertie résultant d'une représentation motrice insuffisante (le non-savoir, le non-vouloir, le non-

---

1. Ch. Féré. — *Note pour servir à l'histoire des actes impulsifs des épileptiques* (*Revue de Médecine*, 1885, p. 131).

pouvoir sont en réalité des équivalents de la paralysie psychique d'un mouvement adapté). Mais il faut remarquer que ces phénomènes d'excitation et de dépression, qui l'on développe expérimentalement chez les hypnotiques, existent à l'état habituel chez les dégénérés dont nous avons signalé l'instabilité; il faut par conséquent s'attendre à voir se développer chez eux, à propos des mêmes activités ou des mêmes inerties, les mêmes interprétations délirantes. C'est en effet ce que l'observation confirme.

Citons encore une expérience. C... est en somnambulisme; je détache une de ses boucles d'oreilles que je place dans le tiroir d'une table. Ce tiroir s'ouvre au moyen d'un bouton articulé en fer. J'affirme à C. qu'elle est incapable d'ouvrir le tiroir, parce qu'elle ne peut pas saisir le bouton. Réveillée, elle s'inquiète de son bijou, veut le reprendre, et elle se précipite sur le bouton du tiroir; mais elle ne fait que le toucher et se recule avec un mouvement d'épouvante. Elle reproduit plusieurs fois sa tentative, elle ne fait que toucher le bouton, qu'elle lâche aussitôt. Je lui demande pourquoi elle ne tire pas le bouton qu'elle vient de toucher; elle recommence sa tentative : « On dirait un glaçon, je frissonne de tout le corps dès que je le touche. » Elle recommence encore et dit : « Ce n'est pas étonnant, c'est du fer. » Je lui présente un compas d'épaisseur en fer; elle essaye de le prendre, elle le lâche aussitôt : « Vous voyez, dit-elle, c'est aussi froid que le bouton, je ne puis pas le tenir. »

Dans cette expérience , nous voyons l'interprétation délirante s'accentuer encore avec une tendance à la généralisation. Nous en arrivons à la reproduction expérimentale du *délire du toucher* qui se rencontre souvent chez les sujets atteints de folie du doute : et les faits de ce genre semblent même indiquer, soit dit en passant, que dans quelques cas au moins le délire du toucher fait partie de l'évolution de la folie du doute et en est la conséquence; ils viennent donc à l'appui de l'opinion de M. Legrand du Saulle sur ce point.

Représentation mentale de ce qui est capable d'augmenter la puissance au moins momentanément, le désir est le commencement du plaisir quand on se sent en mesure d'en atteindre l'objet; c'est une peine dans le cas contraire ; et toute peine engendre bientôt la répulsion.

Les désirs s'étendent en raison de la multiplicité et de l'intensité des représentations mentales, et comme les moyens de les satisfaire ne se développent pas parallèlement chez certains individus, il faut bien qu'ils reconnaissent leur impuissance; et c'est ainsi que Schopenhauer a pu croire qu'on est d'autant plus malheureux qu'on est plus intelligent. Le défaut de parallélisme entre les besoins et les moyens de les satisfaire caractérise précisément la dégénérescence;

ne voyons-nous pas que dans toutes les espèces animales les sujets ainsi constitués disparaissent parce qu'ils sont incapables de soutenir la lutte pour l'existence? Sauf des cas accidentels, on peut dire que succomber dans cette lutte est un signe de déchéance. Mais le bonheur est possible pour ceux dont le développement psychique et somatique s'est effectué de telle sorte qu'il y ait équilibre entre les désirs et les moyens de les satisfaire.

En somme le malheur est le lot des individus dont l'organisme est en déficit, tandis que le bonheur est le partage des individus bien développés et bien entretenus.

On peut dire que le bonheur individuel et le bonheur collectif se résument dans l'accumulation de la force. L'évolution progressive aboutit à multiplier la production ou, plus exactement, à augmenter le dégagement de la force, en quantité invariable dans l'univers, au profit de l'humanité. Ce dégagement progressif a pour résultat l'augmentation du bien-être général et une tendance au nivellement des conditions sociales. Toute tendance individuelle ou collective à cette accumulation constitue une vertu; toute tendance à la destruction constitue un vice; or, si toute accumulation de force constitue une satisfaction, un bonheur, si toute perte produit une peine ou le malheur, il en découle que bonheur et vertu, vice et malheur sont indissolublement liés. Il semble donc que se plaindre de tout revienne à convenir que l'on n'est bon à rien; c'est du reste ce qu'affirment les seuls pessimistes sincères, ceux qui se tuent. Le péjorisme a surtout cours parmi les improductifs de tout ordre.

Le pessimisme est un déchet de l'évolution psychique, comme le crime et la folie. Il faut remarquer, d'ailleurs, qu'aboutissant au « renoncement du vouloir vivre » il produit en fin de compte le même résultat que les dégénérescences organiques, la stérilité.

Il ne serait pas difficile d'établir historiquement que le pessimisme a subi des recrudescences à toutes les périodes de décadence sociale; et, comme le crime et la folie, il prend un nouvel essor à chaque époque de détresse publique. Il faut chercher sa cause dans la misère physiologique qui peut résulter soit d'une dégénérescence héréditaire ou connée, soit d'une déchéance liée aux progrès de l'âge, soit d'un état morbide accidentel, etc.

Ce n'est pas avec des arguments qu'on peut combattre le pessimisme, mais bien plutôt par la divulgation des bonnes conditions de l'hygiène physique et morale, et de l'économie privée et publique.

CH. FÉRÉ.

PHILOSOPHES ESPAGNOLS

OLIVA SABUCO

Le chevalier Azara, ambassadeur d'Espagne à Paris et à Rome
sous Charles III, ami des lettres et protecteur des arts, homme
d'esprit et de goût, mais un peu dédaigneux de l'érudition, disait, un
jour qu'on parlait devant lui du bénédictin Feijóo : « Eh bien, soit,
qu'on lui élève une statue, au pied de laquelle on brûlera ses écrits. »
Mot spirituel et mordant, qui a fait fortune, si bien que l'Espagne n'a
point encore acquitté sa dette envers le savant et judicieux écrivain
dont les travaux incessants rappelèrent les Espagnols à la vie intellectuelle, en plein XVIIIe siècle.

Le dernier roi de la dynastie autrichienne, infirme de corps et
d'esprit, représentait au vrai le peuple que gouvernait sa main
débile. On le vit bien lorsque la guerre de Succession rompit le
cordon sanitaire qui, depuis un siècle et demi, tenait cette nation
d'invalides en quarantaine, au nom de l'orthodoxie. Le besoin d'un
monarque sauva la monarchie du marasme et de la consomption ;
avant d'aplanir les Pyrénées, la France pénétra dans la Péninsule par
plusieurs brèches, et, depuis lors, son influence a dominé, moins par
la politique, malgré le triomphe des Bourbons sur les Habsbourg,
que par les sciences et les lettres. L'*Encyclopédie* conquit l'Espagne,
malgré l'Inquisition, grâce à ce moine qui, du fond de son couvent
d'Oviédo, avec une persévérance égalée seulement par sa curiosité
avide de tout savoir, ne cessa de répandre durant plus de quarante ans
les trésors d'une érudition abondante, variée, un peu hâtive, qu'on
admire encore dans ses deux œuvres capitales : le *Théâtre critique*,
et les *Lettres érudites*, où l'on trouve le tempérament d'un journaliste
ardent à propager les lumières, dévoué à la vérité, animé du plus pur
patriotisme et servant sa patrie de tout son pouvoir, sans complaisance ni faiblesse. Ce fut à la fois un initiateur et un restaurateur.
Non content de faire la classe à ses ignorants compatriotes, en maître
d'école supérieur, il chercha à relever leur courage en exhumant

avec un rare bonheur les gloires·nationales, non moins ignorées que les vérités scientifiques. Il leur enseignait à la fois à penser et à se souvenir.

Ce plan d'études révèle un grand jugement, s'il est vrai, comme il y a grande apparence, que le progrès consiste à suivre le courant, sans rompre la tradition. Or, la tradition ayant été brisée par un pouvoir ombrageux, qui veillait à la pureté d'une foi uniforme, par les renards de saint Ignace et les limiers de saint Dominique, par la violence et par la ruse, il fallait la renouer, pour l'honneur national, en montrant ce que l'esprit humain devait au génie espagnol dans toutes les branches de l'arbre encyclopédique des connaissances.

Il est de fait que, depuis la Renaissance jusqu'au premier quart du xvii° siècle, l'Espagne a produit un si grand nombre de talents en tous genres, et si remarquables, qu'elle ne redoute la comparaison avec aucune des nations les plus éclairées. Malheureusement, depuis qu'il n'y a plus de Pyrénées, pour rappeler un mot connu, l'Espagne a été considérée généralement comme une annexe de la France, et la plupart, car il y a des exceptions, ont continué à regarder la Péninsule avec les yeux des contemporains de Philippe V, le premier roi·de la dynastie française. Beaucoup ont pris au pied de la lettre la boutade de Montesquieu : « Les Espagnols n'ont qu'un bon livre, et c'est celui qui fait voir le ridicule de tous les autres. » Il y a dans ce jugement incisif sur *Don Quichotte* infiniment plus d'esprit que de justesse ; mais en France la justesse ne passe qu'après l'esprit, et Masson de Morvillers, un encyclopédiste, très présomptueux et très ignorant, s'avisa sottement de poser cette question impertinente : « Que doit-on à l'Espagne » ? Ce fut un Italien, l'abbé Denina, qui répondit par un mémoire en français, couronné par l'Académie de Berlin, mémoire bref et substantiel, où les faits se pressent sans développement, comme la matière d'un livre qu'un autre devait écrire ; car c'était aux Espagnols à relever le gant, et il fut relevé par un littérateur de mérite, Pablo Forner, dans une apologie en bonne forme, suivant les traditions du barreau (l'auteur était avocat), déclamation éloquente, dont les notes, très curieuses·et très savantes, valent beaucoup mieux que le texte (Madrid, 1786, in-8°).

Quelle que soit la valeur de cette pièce d'éloquence, elle ne se peut comparer aux doctes dissertations de Feijóo, qui procède dans ses érudites recherches avec le jugement et le scepticisme d'un homme familiarisé avec les écrits de P. Bayle. Aussi ne peut-on toucher à l'histoire de l'évolution du génie espagnol, sans avoir sous la main les œuvres du docte bénédictin à côté de ces grands répertoires bibliographiques qui abondent en Espagne et dont les modèles sont les deux admirables *bibliothèques* de Nicolas Antonio, ce patient et laborieux chanoine de Séville qui fit un si noble emploi des revenus de sa prébende.

Si nos philosophes dédaignaient moins l'érudition et la bibliographie, ces deux auxiliaires de l'histoire, comme si l'une et l'autre empêchaient de penser, ils seraient sans doute étonnés et à coup sur très surpris de rencontrer, dans ces catacombes où dorment les livres morts sous une simple étiquette, une centaine au moins de noms ayant appartenu à des têtes pensantes, qui philosophèrent de leur vivant avec cet esprit d'originalité et d'indépendance qui est d'obligation pour les philosophes vraiment dignes de ce nom. Et qu'on ne croie pas qu'il s'agit ici de ces esprits nés pour penser librement, qui se dérobèrent à leur vocation véritable en se plongeant les uns dans la casuistique, les autres dans le mysticisme, suivant qu'ils étaient dominés par le goût de la subtilité ou par l'élévation des sentiments. A côté des casuistes et des mystiques, qui dépensèrent misérablement leurs forces en des travaux à peu près stériles, où l'on peut encore admirer la puissance de l'esprit et la tendresse du cœur, il y en eut d'autres, en moindre nombre, il est vrai, mais enfin en grand nombre, qui contemplèrent hardiment la vérité face à face, et donnèrent congé à la théologie et à la scolastique, pour se livrer entièrement non pas au culte, mais à la culture de la philosophie naturelle. Ceux-là échappèrent plus ou moins au joug pesant de l'école, et, tout en bénéficiant des lumières de la Renaissance, ils pensèrent par eux-mêmes, comme ces Espagnols du moyen âge qui marchaient sans lisières, et dont la réputation est rehaussée par une auréole d'hérésie, par exemple, Alphonse le Sage ou le Savant, le seul roi philosophe de son pays, Ramon Lull, Arnaud de Villeneuve, Ramon de Sebunde et quelques autres d'un renom moins éclatant. Les trois derniers étaient Catalans, et, tous les quatre, d'une foi suspecte.

L'Espagne, soit dit en passant à son honneur, est de tous les pays du monde celui qui a produit le plus d'hétérodoxes, et l'histoire en trois gros volumes qu'en a faite un auteur très orthodoxe, n'en a point épuisé la liste. Terre propice à l'hérésie, terre propice à la philosophie, mère ou fille du doute. Point n'est besoin de gonfler les recueils bibliographiques de noms orientaux, musulmans ou juifs ; à ce compte il faudrait ajouter à tant d'infidèles tous les mécréants que l'intolérance religieuse obligea d'émigrer, et qui allèrent philosopher ailleurs. Seulement il convient de remarquer que l'influence de l'Orient, qui dura près de huit siècles, ne nuisit point à cet amour de la controverse et de la subtilité que le tribunal du saint-office eut tant de peine à extirper.

Après l'expulsion des Juifs et des Morisques, dont les conséquences sont bien connues, les nouveaux chrétiens — on appelait ainsi les convertis de gré ou de force — étaient mêlés aux anciens, et pour épurer le sang espagnol, il aurait fallu saigner à blanc toute l'Espagne. Sur cent Espagnols, il n'y en a peut-être pas cinq qui ne tiennent à l'Orient par leurs ancêtres. Comment l'Église ne se serait-elle pas ressentie du si long voisinage de la synagogue et de la mosquée? A l'heure qu'il est, l'Espagne musulmane et juive n'a point disparu sans retour; on la retrouve dans les types si accentués des habitants, notamment dans les parties les plus importantes du visage, l'œil noir et ardent, le nez aquilin et busqué, sans parler du teint, des cheveux, des extrémités et autres particularités qui rappellent vivement les races fines de l'Orient. C'est au point de vue ethnologique principalement que l'Espagne est pour l'observateur philosophe la première province de l'Afrique.

Alphonse le Savant, qui fit de sa cour une académie incomparable, allait chercher ses conseillers et collaborateurs jusqu'en Égypte, et il ne leur demandait point de profession de foi. Ramon Lull n'écrivait qu'en arabe et en catalan; il ne savait pas le latin; son contemporain et prétendu disciple Arnaud de Villeneuve était un médiocre latiniste et un excellent arabisant; quant à Ramon de Sebunde, médecin comme lui, la forme le préoccupait assez peu, et l'orthodoxie encore moins. Ce théologien philosophe, qui a si admirablement inspiré son traducteur Montaigne, porta dans l'examen des plus hautes questions de la métaphysique l'indépendance de vues que les médecins qui pensent acquièrent facilement par l'étude et l'exercice de leur art. Rien d'étonnant, si l'on veut bien réfléchir qu'ils sont mieux placés pour connaître à fond la nature humaine que les théologiens qui la contemplent avec les yeux de la foi, et que les philosophes purs qui ont coutume de l'isoler de tout ce qu'il est essentiel de savoir pour la bien connaître. Aussi n'est-ce point parmi les sectateurs d'Aristote ou d'Averroës que se trouvent les vrais philosophes de l'Espagne, mais parmi les médecins savants, familiers avec les Grecs et les Arabes, sans être copistes ni imitateurs.

Tel commentateur d'Hippocrate, de Galien, d'Avicenne a toute la valeur d'un auteur original, et brille par cet esprit critique et investigateur qu'avait banni la scolastique, en donnant au principe d'autorité un pouvoir qui n'appartient qu'à la libre recherche. Nos commentateurs des médecins anciens sont classiques, au sens rigoureux du mot; ils marchent à l'ombre des auteurs qu'ils commen-

tent avec un respect voisin de la dévotion ; tandis que les commentateurs espagnols, prenant avantage du climat et de la race, sont des
interprètes à la fois plus fidèles et plus émancipés qui connaissent le
fort et le faible des maîtres qu'ils expliquent avec un savoir prodigieux et pratique. On voit bien qu'ils savent autre chose que le grec,
le latin et l'arabe, et qu'en étudiant, ils ont appris à observer, à
penser par eux-mêmes, moins préoccupés de la forme, comme
disaient les scolastiques, que de la matière et de la substance.

Les grandes universités d'Espagne suivaient l'impulsion imprimée
aux études par le cardinal Ximénès de Cisneros, ce cordelier de
génie qui confia la publication de la première bible polyglotte, dite
d'Alcala, à des savants de toute provenance, qui possédaient parfaitement l'hébreu, le syriaque, le grec, et qui furent les promoteurs de
cette érudition orientale dont l'Europe savante admira l'étendue et
la profondeur dans la personne du plus illustre des orientalistes
espagnols, le candide et bon Arias Montano, qui dirigea l'édition de
la seconde bible polyglotte, imprimée chez Plantin à Anvers.

Le mouvement des esprits semblait proportionné à l'immensité de
cet empire, plus vaste que l'empire romain. Le génie espagnol, véhé-
ment et inquiet, se répandait avec un élan prodigieux sur l'ancien et
le nouveau monde. Ce dernier lui ouvrait les trésors d'une nature
inconnue, dont il fallait dresser l'inventaire. Les médecins et les
naturalistes s'élancèrent à la suite des aventuriers qui firent la
conquête de l'Amérique, et enrichirent la science de mille découvertes; tandis que les hommes d'étude s'instruisaient en Italie, en
Allemagne, aux Pays-Bas, en Angleterre, et rapportaient chez eux
les connaissances puisées dans les plus renommées des universités
étrangères. Beaucoup de savants espagnols avaient passé par Bologne,
Louvain, Oxford, Paris et Montpellier; et ce système d'études inter-
nationales explique l'état florissant des grands centres d'instruction :
Salamanque, Alcala, Valence, Valladolid, illustrés par une élite de
maîtres incomparables. Toutes ces hautes écoles rivalisaient d'émulation, et la rivalité même des principaux ordres religieux tour-
nait au profit des lumières.

Jamais nation ne fut plus favorisée par un heureux concours de
circonstances : l'Orient, l'Occident, le nouvel hémisphère semblaient
concourir à la grandeur, à la prospérité, à l'illustration de l'Espagne.
L'âge d'or du génie espagnol eût sans doute égalé et peut-être surpassé en éclat les plus brillants des siècles littéraires, sans l'intolérance religieuse qui arrêta brutalement l'élan des esprits. Après les
exécutions mémorables de Séville et de Valladolid, où périrent dans
les flammes les chefs de la Réformation, il ne fut plus permis de

penser et d'écrire que sous l'œil vigilant de l'Inquisition, dont les jésuites se firent les auxiliaires. On sait qu'ils finirent par supplanter les dominicains comme qualificateurs du saint-office, et que ce formidable tribunal ne rencontra plus d'obstacle à la persécution au nom de la foi, quand il eut osé porter la main sur l'archevêque de Tolède, primat des Espagnes. Aussi peut-on dire que la décadence date de Philippe II, ce monarque ténébreux, opiniâtre et bigot, qui faisait rôtir ses sujets suspects d'hérésie, et ne pouvait obtenir la suppression des jeux sanglants du cirque, même avec l'appui de Pie V, ce pape autoritaire et inflexible.

L'Espagne, convertie en lazaret, fut isolée du reste de l'Europe et ouverte seulement du côté de l'Amérique, où les aventuriers allaient chercher fortune et d'où les galions rapportaient périodiquement l'or qui appauvrissait la nation et enrichissait les Génois, successeurs des Juifs et non moins avides. De ce côté-là ne pouvait venir la lumière, et comme il s'agissait avant tout d'arrêter l'hérésie aux frontières, l'Espagne se vit condamnée à l'obscurantisme. Intellectuellement, elle vécut de ce qu'on savait sous Charles V ; de sorte que, lorsque s'éteignit la forte génération du XVIe siècle, la vie intellectuelle se réduisit à un faible crépuscule, et la dégradation de l'esprit suivit les progrès rapides de la décadence nationale. L'Espagne mit moins d'un siècle à descendre au dernier rang des nations.

Le grand mérite de Feijóo, qui passa presque toute sa vie dans la cellule d'un monastère, fut de comprendre que, pour réveiller ce peuple endormi dans l'ignorance d'une dévotion fanatique et l'arracher à sa torpeur, il fallait lui rappeler ses anciennes gloires et lui restituer un passé dont le souvenir même était effacé. Il fut donc, encore une fois, initiateur et restaurateur. En montrant à l'Espagne tout ce qu'avaient fait les autres nations pendant sa léthargie séculaire, il eut soin de mettre sous ses yeux ce qu'elle avait fait elle-même lorsqu'elle vivait de la vie normale et commune. Cette idée d'un relèvement sans humiliation annonce autre chose qu'un curieux érudit. Non moins que la science, ce savant homme aimait son pays, et à ce titre il doit être considéré comme un bienfaiteur. Comme il lisait beaucoup et recherchait les vieux livres, il fit de nombreuses découvertes dans le passé. C'est lui qui remit la main sur l'ouvrage à peu près oublié du médecin philosophe Huarte, plus connu à l'étranger qu'en Espagne où l'on trouvait à peine quelques exemplaires de cet *Examen des esprits*, traduit dans la plupart des langues de l'Europe, plusieurs fois en latin, et en allemand par Lessing vers la fin du XVIIIe siècle. Le docte bénédictin fut épouvanté de la doctrine peu orthodoxe d'un homme sans préjugés qui subordonnait la psychologie à la physiologie, et son jugement se ressent un peu de cette impression défavorable. Il s'accommoda mieux d'un autre livre, moins solide peut-être, mais aussi singulier dans son genre que celui de Huarte; et comme les exemplaires en étaient devenus rares, bien que l'ouvrage n'eût pas eu moins de trois éditions, il engagea son ami, le sceptique médecin Martin Martinez, à se charger d'une édition nouvelle, qui parut à Madrid, en 1728, sous ce titre un peu long : *Nueva filosofia de la naturaleza del hombre, no conocida ni alcanzada de los grandes filosofos antiguos, la qual mejora la vida y salud humana... escrita y sacada á luz por* DOÑA OLIVA SABUCO DE NANTES BARRERA, *natural de la ciudad de Alcaraz.*

Le nouvel éditeur a bien soin d'avertir que cette quatrième édition, revue et corrigée, est expurgée conformément à la censure du Saint-Office. Il y a joint une courte préface, sous forme d'éloge; on y souhaiterait un peu plus de jugement et un peu moins de galanterie; mais, comme l'auteur remis en lumière était une femme, l'éditeur mérite quelque indulgence. Une femme qui touche hardiment à la philosophie, à la médecine, à la politique, à la réformation des abus, et dont le livre est dédié à Philippe II en personne, vaut la peine qu'on la présente aux philosophes qui s'inquiètent de savoir les opinions des réformateurs de la philosophie. Peut-être ne seront-ils pas fâchés de faire connaissance avec cette réformatrice dont le programme fut soumis à un puissant monarque, et revu par l'Inquisition. Jusqu'ici l'ouvrage en question n'a été l'objet d'aucune étude sérieuse. Les panégyristes, en assez grand nombre, ne se sont pas permis la moindre critique, et, dans leur admiration enthousiaste, ils ont supposé que l'auteur et le livre étaient également connus; aussi peut-on reprendre le sujet, qui est tout neuf, sans risquer de se rencontrer avec eux.

La philosophie est-elle compatible avec le sexe féminin? Voilà une question à laquelle l'histoire seule peut répondre, car il ne semble guère possible de la résoudre *a priori*, d'après des vues purement théoriques. L'expérience des siècles répond par la négative; du moins faudrait-il beaucoup de complaisance pour découvrir dans les annales de la philosophie une femme-philosophe. Il est vrai que ces annales n'ont été écrites jusqu'ici que par des hommes, et qu'en dépit des longues listes qu'ils ont dressées scrupuleusement, on ne connaît qu'un nombre assez restreint d'esprits originaux ayant pensé par eux-mêmes, sans réminiscences ni redites, ce qui est une présomption en faveur de l'opinion, en apparence paradoxale, qu'il n'est donné qu'à peu de cervelles de philosopher avec fruit. Et, de fait, si l'on distingue entre l'élite et le troupeau, quelques noms suffisent à représenter à travers les siècles le mouvement de la pensée originale.

Cela étant, il est permis d'exclure les femmes de cette élite de penseurs, sans manquer en rien aux lois de la galanterie. Qu'elles puissent avoir des clartés de tout, comme le veut le grand comique, qui n'entend point qu'elles se rendent savantes jusqu'au point de devenir précieuses, c'est déjà leur reconnaître des aptitudes peu communes ; mais leur accorder la puissance des conceptions viriles et l'originalité créatrice, c'est méconnaître physiologiquement les attributions respectives des deux sexes, c'est confondre à plaisir ce que la nature a très nettement séparé. Et comme la confusion des sexes peut entraîner des conséquences infiniment plus graves que la confusion des langues, peut-être vaudrait-il mieux laisser les choses telles que la nature les a faites, tant au point de vue physique qu'au point de vue moral. L'histoire ne serait, en vérité, qu'une étude agréable pour la curiosité superficielle, si l'on n'y voyait pas l'expérience confirmer sans réplique les enseignements de la loi naturelle.

La femme remarquable qui fait l'objet de cette étude n'est point une exception à la règle ; malgré de précieuses qualités d'esprit et de forme qu'on ne saurait contester sans injustice ; malgré des prétentions hautement avouées et une présomption moins justifiable, elle a suivi sa nature, et tous ses efforts n'ont pu dépasser ses forces. Les Espagnols la vantent comme un prodige, et quelques-uns ont trouvé son œuvre si excellente, qu'il leur a paru qu'un homme seul était capable de l'avoir conçue. C'est ainsi qu'une admiration irréfléchie a donné lieu à des doutes sur l'authenticité du livre et sur la personne de l'auteur. Ce scepticisme peu raisonnable ne tient pas devant un examen tant soit peu sévère. Un pseudonyme, qui ne veut être connu ni deviné, prend des précautions dont on ne trouve ici aucune trace.

Et pourquoi se cacher quand rien n'y oblige, quand on revendique pour soi des idées qui ne sont empruntées à personne, qui sont réputées neuves et originales? A quoi bon ce mystère? Les novateurs et les réformateurs convaincus n'ont pas coutume de combattre sous le masque ; et pour être mieux compris ils emploient la langue commune et vulgaire, car il leur importe avant tout d'être lus, et par le plus de lecteurs possible ; ils écrivent avec une simplicité familière, qui met la nouveauté à la portée de tous, surtout quand le but qu'on se propose est d'instruire le public de ce qui l'intéresse le plus, de l'éclairer en le désabusant, de détruire les vieilles erreurs au profit des vérités nouvelles dont on se fait l'apôtre. La propagande ne déplaît point aux femmes qui ont la fantaisie de prendre la parole ou la plume, et ce ne sont pas nos contemporains qui trouveront étrange qu'une femme ait entrepris vers la fin du XVIe siècle de réformer la philosophie, la médecine, la législation et l'état social.

Le vent était alors à la réforme, et l'on ne saurait croire au nombre extraordinaire de réformateurs utopistes qui donnaient pour rien des consultations et recommandaient leurs panacées. L'un voulait réformer la politique, l'autre les lois, un autre les finances, un quatrième l'instruction publique ; chacun proposait un expédient pour sauver de la ruine imminente une société condamnée à périr par les fautes de ses gouvernants et de ses guides. C'est quand le mal est sans remède que les publicistes se multiplient ; et l'histoire de *Don Quichotte* ne parvint pas à guérir cette manie clinique. L'Espagne s'en allait en morceaux, lorsque des hommes graves composaient à son intention des traités sur la conservation des monarchies, et des devises politiques, imitées des emblèmes d'Alciat, à l'usage des princes et des hommes d'État.

La réformation religieuse, malgré la répression impitoyable qui en extermina les chefs, suscita un mouvement réformiste jusque dans le clergé séculier et régulier. Sainte Thérèse, soutenue par les mystiques, inaugura la réforme des ordres religieux, et Melchior Cano, le plus grand théologien de son temps, entreprit de réformer la théologie, dans un ouvrage devenu classique. De tous ces réformateurs, les plus patients, les plus tenaces, les plus heureux furent les jésuites, qui réformèrent si bien la morale par la casuistique, qu'ils eurent la satisfaction de façonner la conscience espagnole sur leur patron. Un membre de la Société, Mariana, l'historien national de l'Espagne, tout en dénonçant sans pitié les vices de la maison, composait avec une rare souplesse d'esprit son traité du régicide. La corruption du goût suivit de près la corruption des mœurs : Gongora fonda la détestable école du cultisme, qui fut la glorification du galimatias en vers et en prose, et le théâtre, aux mains des familiers du Saint-Office, acheva de pervertir le sens commun et le sens moral de la nation. La plupart des grands dramaturges espagnols étaient clercs ou moines, et l'immoralité la plus hideuse se couvrait sur la scène du manteau de la religion.

A partir de Philippe III, le mal était sans remède. La gloire des publicistes-philosophes de la seconde moitié du XVIe siècle, indépendamment de leur haute valeur, est d'avoir signalé les causes et les effets de la dépravation générale quand il était encore temps d'y mettre un terme. Pour être entendus, sinon écoutés, ils allaient droit au maître, dont ils se faisaient un complice, en lui dédiant leurs écrits, unique moyen de les protéger contre l'indifférence ou la persécution. Philippe II, esclave de l'étiquette et des paperasses, lisait tout, et, la plume à la main, il annotait tout ce qu'on lui présentait, imprimés et manuscrits. Il ne pouvait donc ignorer les bons avis ni les avertissements de tout genre que lui adressaient de fidèles sujets, conseillers bénévoles et désintéressés. Rien ne serait plus intéressant que de connaître son opinion sur tant de livres remarquables ou singuliers dont il accepta la dédicace et qui ne l'empêchèrent pas de lancer l'Espagne sur la pente de l'abîme où elle devait s'engloutir. Aucun des historiens de ce puissant monarque n'a songé à écrire ce chapitre tout neuf d'histoire littéraire; lacune fâcheuse dans les annales de la littérature espagnole, d'autant plus que l'authenticité de certains ouvrages ne peut guère s'établir que par ces dédicaces; car on ne plaisantait point avec ce terrible sire qui avait partout l'œil et la main, et dont la vengeance savait attendre. Il excellait à dissimuler, et l'on sait que ce verbe, cher aux diplomates, était sa devise. Ceci soit dit pour écarter toute idée de mystification.

L'auteur de la *Nouvelle philosophie de la nature humaine* capte la faveur du roi dès l'épigraphe; après avoir cité le vers d'Horace où le poète déclare aux Pisons que ses préceptes ressemblent aux feuilles de la Sibylle, il ajoute immédiatement : *Tempore Regis sapientis, veritas, non mendacium dominabitur.* Flatterie pleine d'assurance et de dignité qui fait pressentir le ton de l'épître dédicatoire « au roi notre maître ». C'est une faible femme qui ose prendre la parole, en se mettant sous la protection de la toute-puissance d'un prince chevaleresque, dont la magnanimité est comparée à celle du lion. Elle lui présente le fruit de ses entrailles, estimant que jamais aucun homme ne lui fit pareille offrande, ni lui rendit pareil service. C'est pour la première fois qu'un tel sujet est traité dans un ouvrage dont l'auteur est aussi singulier que la matière est nouvelle, *Tan astraño y nuevo es el libro quanto es el Autor.* Après en avoir résumé les qualités et les avantages, avec plus de concision que de modestie, elle déclare hardiment qu'elle compte sur l'avenir pour le succès d'un livre qui a manqué à tous les plus excellents philosophes, médecins et naturalistes de l'antiquité et qui va combler une grande lacune : *este libro faltaba en el mundo, assi como otros muchos sobran.* Cette nouvelle philosophie, utile à tous les hommes, l'est plus particulièrement aux princes qui les gouvernent : le bon berger doit commencer par bien connaître son troupeau. La vraie médecine en découle comme de sa source, et comme cette source est inconnue aux médecins, l'auteur, qui n'est point médecin, qui n'a point étudié la médecine, *no acordandome yo de medicina, porque nunca la estudie*, a dû signaler les causes d'erreur qui ont égaré les anciens et les modernes. Il suffit du simple bon sens pour en juger; et l'auteur espère que quiconque voudra apprendre à se connaître dans son livre, apprendra les secrets de la vie et du bonheur, s'initiera à la médecine solide et véritable, ne dépendra point d'autrui, et ne sera point traité par le médecin comme les bêtes brutes le sont par le vétérinaire. Elle compte sur l'adhésion des médecins sensés, qui font passer le bien commun avant leur intérêt personnel. Ils viendront à cette philosophie qui ne redoute point le contrôle de l'expérience. Qu'on la mette à l'épreuve pendant une année seulement, et l'on verra bientôt si, dans les maladies et dans les épidémies, elle est aussi impuissante que la vieille médecine qui date de deux mille ans, et qui ne sert de rien, *sin aprovechar nada su medicina antigua.*

C'est, comme on voit, un défi dans les formes, une déclaration de guerre. Jalouse de ses inventions, l'auteur de tant de nouveautés eût sollicité un brevet, mais il n'y en avait point en ce temps-là; aussi se contente-t-elle de signaler au Souverain les plagiaires qui se parent volontiers des plumes du paon, comme le geai de la fable. La dédicace se termine par une chaude recommandation de l'ouvrage qu'il .faut lire et relire plusieurs fois, à cause de tout ce qu'il renferme d'extraordinairement utile. Enfin, l'auteur espère avec confiance que les grâces et faveurs qu'elle attend seront proportionnées à l'excellence de son œuvre. Et, prenant congé du roi en lui baisant les mains, elle signe :

> *Catholicæ tuæ maiestatis Ancilla,*
> Oliva de Nantes
> Sabuco, Barrera.

Cette signature singulière soulève quelques difficultés qu'il convient d'éclaircir pour ne laisser aucun doute sur l'identité de l'auteur et l'authenticité de l'ouvrage.

Les bibliographes, se conformant au frontispice des éditions connues, écrivent les prénoms et les noms de l'auteur dans cet ordre : *Oliva Sabuco de Nantes Barrera, natural de la ciudad de Alcaraz,* où l'on voit en même temps quelle était sa ville natale. Avec cette indication, il était possible d'établir l'état civil d'une personne qui a donné lieu à tant de controverses. Des amis de Madrid ayant bien voulu faire des recherches, voici ce qu'on a trouvé dans les registres de naissance de l'église paroissiale d'Alcaraz, dans la Manche, diocèse de Tolède : « Le 2 décembre de l'année 1562 fut baptisée Louise Oliva, fille du bachelier Miguel Sabuco et de sa femme, Francisca de

Cozar. Parrains : le Dʳ Alonso de Heredia, Cebrian de Biscaya ; Catalina Cano, femme du licencié Juan Velasquez, et Barbara Barrera, femme de Rodrigo de Padilla, et Bernardina de Montes, femme de Juan Rodriguez. Signé : Miguel Lopez, licencié. » Ce dernier nom est celui du curé qui administra le sacrement.

Cette pièce authentique a toute la valeur d'un extrait de l'état civil. A cette époque, c'était l'Église qui enregistrait les naissances et les décès, et présentement elle dispute ce droit aux municipalités, qui lui cèdent en rechignant. Dans l'extrait baptistaire figurent trois des noms de la signature mise au-dessus de la dédicace au roi : Oliva, Sabuco, Barrera ; mais de Nantes n'y figure point. Or, c'est sur ce surnom problématique qu'a été fondée la conjecture, assez singulière, que l'auteur de la *Philosophie nouvelle* devait être d'origine française, bretonne de naissance ; conjecture qui ne s'accorde guère avec l'opinion émise par d'autres critiques, à savoir que ce mystérieux écrivain appartenait à une famille morisque ; or, depuis leur expulsion, les Morisques qui étaient restés en Espagne n'y jouissaient point d'une entière sécurité : suspects de rébellion et d'hérésie, ils vivaient dans des transes, exposés à la délation, sous l'œil vigilant des inquisiteurs. Il en était de même des Juifs convers, c'est-à-dire des nouveaux chrétiens convertis de gré ou de force après le décret d'expulsion des rois catholiques, Ferdinand et Isabelle.

Il se peut que la femme distinguée dont la personne est si peu connue fût d'origine orientale, mais rien n'est moins certain, tandis que sa religion est bien établie par cet extrait de baptême, où le nom du père et les noms des deux marraines certifient l'authenticité de ceux qui figurent dans la signature de l'auteur de la dédicace. Il est possible que *de Nantes* soit une erreur de transcription pour *de Montes*, le dernier nom de femme qui se trouve dans l'acte de baptême, à moins qu'il ne faille voir dans ce groupe de mots le vieil adverbe *denantes*, qui équivaut exactement au français *ci-devant*, d'un usage si fréquent sous la première République. Dans ce cas, la signature donnerait : *Oliva Sabuco, denantes Barrera*. Il n'y a peut-être que ce moyen d'expliquer raisonnablement une énigme, encore plus singulière qu'importante, puisqu'il n'y a point d'incertitude sur le prénom et le nom de l'auteur.

Ce qui vaut la peine d'être noté comme une particularité tout au moins curieuse, c'est qu'au bas de la dernière page de la seconde édition de Madrid, immédiatement au-dessous du nom de l'imprimeur et du millésime, se trouve la signature autographe, en caractères virils et très fermes. Le nom de Sabuco a un tel relief qu'il semble avoir été tracé avec un pinceau et non avec la plume. Rien n'est plus rare que la signature autographe dans la bibliographie espagnole, particulièrement à la fin du livre. Il est probable que l'auteur n'entendait point qu'on contestât l'identité de sa personne et l'authenticité de son œuvre. Bien des doutes seraient éclaircis, selon toute probabilité, si l'on connaissait la première édition de 1587 ; mais de cette première édition il ne reste aucune trace, et le diligent Nicolas Antonio n'en avait point connaissance ; bien qu'il parle de trois éditions, il place la première à la date de 1588, ce qui est manifestement une erreur, cette date étant celle de la seconde édition, revue, corrigée, augmentée et enrichie d'une table des chapitres : *Esta segunda impression va enmendada, y añadidas algunas cosas curiosas, y una tabla. Madrid, por Pedro Madrigal, año de 1588.* Le privilège ou permis d'imprimer, signé par le Roi (*Yo el Rey*) et contresigné Juan Vasquez, est daté de Saint-Laurent de l'Escurial, le 23 juillet 1586, et la taxe qui fixait le prix du volume au moment de la publication est datée de Madrid, le 12 février 1587, et signée Christoval de Leon. Et il n'y a point d'erreur, le millésime des deux pièces étant écrit en toutes lettres, selon l'usage officiel. Par conséquent il y a eu une première édition en 1587. Qu'est-elle devenue ? C'est ce qu'on ne saurait dire. Si elle a été détruite, la destruction a été complète, car il n'en reste pas un seul exemplaire, et si par hasard il s'en découvrait quelqu'un, on l'achèterait à prix d'or, comme une rareté bibliographique. On ne sait pas ce que le fanatisme religieux a détruit de livres en Espagne, désormais introuvables.

Ce qu'il est permis de supposer sans trop d'invraisemblance, c'est que la protection royale ne fut pas assez efficace pour mettre l'auteur ou du moins son ouvrage à l'abri des poursuites ; car l'Inquisition n'abdiquait point son droit de censure devant les pouvoirs civils, et il se pourrait qu'elle eût exigé la mise au pilon de la première édition. Dans la seconde, au verso de la page d'errata, on lit en lettres capitales : *Esta nueva Filosofia va dedicada al Rey Don Felipe nuestro Señor, segundo deste nombre,* comme si la dédicace n'était pas un pavillon suffisant pour garantir la marchandise

On pourrait croire, d'après ces indices, qu'une obscure persécution fut organisée contre un livre qui renfermait beaucoup de nouveautés qui parurent probablement dangereuses, soit aux gardiens de la foi orthodoxe, soit aux partisans convaincus de la tradition et de la routine. Ce qui rend cette conjecture probable, c'est que dans la troisième édition faite en Portugal, à Braga, en 1622, par Fructuoso Lourenço de Basto, l'éditeur, dans sa dédicace à l'illustre seigneur don João Lobo Barão d'Albito, etc., parle du mauvais accueil qui fut fait à la seconde édition, *pello malo sucesso da segunda impressão em que o mandarão recolher...* Il ajoute que l'ouvrage et l'auteur, qui n'était plus de ce monde (*ainda depois de morta*), semblent lui demander de mettre l'un et l'autre sous la protection d'un puissant personnage, capable de les garantir des calomnies dont ne put les défendre la faveur d'un monarque, *sem protector que com seu valor o anime et defenda das calumnias de que o favor de hũ monarcha o não pode defender.*

Il ne se peut rien de plus clair; seulement on ne sait rien de ces persécutions et de ces calomnies dont la seconde édition fut l'objet. Quoi qu'il en soit, l'édition faite en Portugal, qui est la troisième (les licences d'imprimer sont du mois d'octobre 1616, 1617), ne donne point la lettre adressée par l'auteur à l'illustre seigneur don Francisco Zapata, comte de Barajas, président de Castille et du Conseil d'État de Sa Majesté, pour obtenir faveur et protection : *Carta en que Doña Oliva pide favor y amparo contra los emulos de este libro*, et qui suit immédiatement la dédicace à Philippe II. Au dire de l'impétrante, ce grand dignitaire était, lui aussi, possédé de la passion des réformes et du désir de bien servir le roi son maître. Il lui paraît donc tout naturel de s'adresser à un protecteur si dévoué à l'intérêt public, pour recommander un livre dont l'auteur ne demande pas mieux que de soumettre ses vues à une assemblée de savants, car elle est prête à démontrer que l'erreur gouverne le monde, et que les faux principes qui prévalent depuis l'antiquité, prennent leur source dans les fausses doctrines de la philosophie et de la médecine, ignorantes l'une et l'autre de la nature humaine. Bien que se reconnaissant indigne d'une telle faveur, la gravité du sujet l'enhardit à demander la protection du roi et du personnage qui représente la majesté royale (*que representa la persona real*). Cette lettre, d'une forme assez fière, se termine par la formule de salut, *Vale*, et par cet adage latin : *Omnia vincit veritas.* Comme il n'y a point d'indication de lieu ni de temps, on ne sait pas si elle se trouvait déjà dans la première édition.

Toutes ces pièces liminaires sont suivies de deux sonnets d'une assez belle facture, *en alabanza de la autora y de la obra*, de la façon du licencié don Juan de Sotomayor, poète de la ville d'Alcaraz, qui loue dignement la beauté, la vertu, la sagesse, le talent, le savoir et la science de cette femme qui enseigne la connaissance de l'homme, et qui en sait plus que les sages les plus savants. Les épithètes louangeuses du premier sonnet ne peuvent s'entendre que d'une personne jeune et belle; d'après la date consignée dans l'extrait baptistaire, l'auteur avait vingt-cinq ans en 1587. C'est un bel âge pour entreprendre une révolution qui se proposait la réforme de tous les abus, de toutes les erreurs, et la conversion à de nouvelles doctrines de deux classes d'hommes qui ne changent pas volontiers d'opinion, les philosophes et les médecins. Quant aux théologiens, il n'y fallait pas songer, surtout depuis le concile de Trente.

Deux sonnets pour un ouvrage sans précédent, ce n'est pas beaucoup en vérité, si l'on songe que la plupart des auteurs contemporains n'osaient se présenter au public qu'avec une douzaine au moins de recommandations complaisantes en vers et en prose. Il y a tel ouvrage de cette époque qui renferme jusqu'à trente et quarante pièces élogieuses.

A la suite d'un index des matières contenues dans son ouvrage, l'auteur a soin de décliner encore une fois ses noms et prénoms, avec le lieu de sa naissance, *vecina y natural de la ciudad de Alcaraz.* Au verso du feuillet, un court avant-propos au lecteur l'avertit de ne juger l'auteur qu'après avoir lu consciencieusement son livre. Les médecins en particulier sont priés de ne point précipiter leur jugement, et de compter un peu plus qu'ils ne font sur le temps, qui découvre tant de choses inconnues ; car ce que les hommes savent est peu en comparaison de tout ce qu'ils ignorent; de sorte qu'il est bon de faire taire l'envie, la jalousie et l'intérêt, pour laisser la vérité circuler librement au profit de tous.

Voilà, à peu près, tout ce qu'il a été possible de recueillir sur la personne de l'auteur. D'après une tradition qui s'est perpétuée dans sa ville natale d'Alcaraz, on croit qu'elle y exerça le médecine, et l'on montre encore deux ou trois édifices publics qui ont été bâtis par sa famille. Son père était probablement médecin.

La question d'identité et d'authenticité étant traitée, il reste à faire l'analyse critique de la nouvelle philosophie de la nature humaine.

II

Ce n'est qu'en 1707 que l'Inquisition s'avisa de supprimer quelques passages de la *Philosophie nouvelle,* comme il appert de l'approbation donnée à la quatrième édition par le qualificateur du Saint-Office, le 24 mai 1728. La censure de la congrégation de l'index fut ponctuellement observée, si bien qu'il ne se rencontre peut-être pas en Espagne un seul exemplaire des deux éditions de 1588 et de 1622 qui ne soit couvert de ratures aux endroits marqués par la griffe inquisitoriale. L'auteur d'une étude littéraire sur Dona Oliva Sabuco, M. Julian Sanchez Ruano, a eu beaucoup de peine à rétablir

les passages biffés dans les deux exemplaires de la bibliothèque
nationale de Madrid, et ce travail ingrat est de beaucoup ce qu'il y a
de mieux dans cette monographie un peu trop enthousiaste et déclamatoire (Salamanque, 1867, broch. in-8°, pp. 33-35). Rien de plus
fréquent en Espagne que ces livres qui portent les traces ineffaçables
de l'intolérance, sans parler de ceux qui ont complètement disparu, à
moins qu'ils n'aient pu passer la frontière avant ou après la proscription. Beaucoup d'ouvrages espagnols, et des meilleurs, ne se rencontrent que hors d'Espagne, soit en Angleterre, soit dans nos riches
collections de l'Arsenal et de la Bibliothèque Mazarine. Du reste, il est
juste de remarquer ici que l'Espagne n'a pas eu le monopole de la
persécution de la libre pensée : l'inquisition protestante a rivalisé de
zèle avec l'inquisition catholique. Qui ne sait que les deux ou trois
exemplaires qui restent d'un très curieux livre de Michel Servet ont
été littéralement sauvés du bûcher, et portent encore les marques
de la flamme qui dévora l'auteur? Il est vrai que cet infortuné médecin espagnol, enragé de théologie, avait eu le malheur de déplaire
au pape de Genève, qui le fit brûler vif pour l'amour de l'orthodoxie.

L'auteur de la *Philosophie nouvelle* ne s'inquiète guère de la théologie; aussi ne porta-t-elle aucun ombrage aux théologiens, qui la
laissèrent en repos, tandis qu'elle dut mécontenter très vivement les
médecins, les légistes, les politiques et beaucoup d'autres qui
vivaient grassement des abus dont elle demandait la réforme avec
un courage et une persévérance rares, et dans la langue vulgaire et
dans la langue savante des écoles, car elle écrit pour tout le monde,
et avec le désir manifeste d'être lue et entendue de tous. C'est par là
surtout que se recommande ce code de réformes qui touche à tant
de choses, et dont la rédaction a été inspirée certainement par le
désir du bien public, car on y trouve encore plus de bonne volonté
que de science; c'est surtout par le côté moral que la réformatrice se
recommande. Aussi ne peut-on la juger équitablement qu'en ayant
égard à son sexe et à l'époque où elle écrivait.

Outre les pièces liminaires, le volume embrasse, en 420 pages,
une assez grande variété de sujets, traités d'après un principe commun et une méthode uniforme, mais avec de nombreuses redites
qui attestent une composition un peu lâche et diffuse. L'exécution
ne répond pas dans son ensemble à la conception, malgré l'excellence de la forme, car l'écrivain est de race; la langue est belle,
saine et forte, mais l'imagination l'emporte de beaucoup sur la
raison. Le lecteur est séduit plutôt que convaincu, mais il ne bâille
pas, parce que le livre, malgré ses imperfections, est écrit avec beau-

coup de naturel et d'aisance, et çà et là avec une simplicité pleine
de grâce. Il est de ceux qu'on relit volontiers, quoiqu'il soit d'une
femme savante sans doute, mais ni pédante ni précieuse.

La première partie, la plus considérable, est en castillan; on y
trouve un premier dialogue sur la connaissance de soi-même, sur la
nature humaine et sur les moyens de vivre heureux jusqu'à l'extrême
vieillesse; en second lieu, un petit traité sur la composition du
monde tel qu'il est; ensuite un essai de réforme politique et sociale;
puis après, des préceptes de santé qui résument les principes développés dans le dialogue final sur la vraie médecine et la vraie philosophie. La partie latine résume très heureusement toute la doctrine
en une soixantaine de pages, sous ce titre : *Dicta brevia circa natu-
ram hominis, medicinæ fundamentum.* Les aphorismes se mêlent à
la dissertation, mais c'est la forme aphoristique qui domine.

Dans les deux parties, les têtes de chapitre sont d'une remarquable netteté. Les questions sont toujours bien posées, et si elles
ne sont pas toujours résolues à la satisfaction du lecteur, c'est que
la matière est ardue et inépuisable. Ce qui paraît étrange, c'est que
l'auteur, qui n'allègue les anciens que pour les réfuter, les combattre ou les contredire, particulièrement Hippocrate, Aristote et
Galien, invoque volontiers l'autorité de Platon, sans servilité, il est
vrai, et trop souvent celle de Pline et d'Elien, qu'elle cite comme
naturalistes, avec une complaisance et une crédulité qui jurent avec
le ton d'indépendance et de scepticisme qu'on remarque à toutes les
pages. Écrivant pour les docteurs aussi bien que pour les simples, la
docte jeune femme a sacrifié à la manie de son siècle, qui ne pouvait
se lasser de l'érudition. Quant aux modernes, à peine en est-il question; elle ne cite guère que Acosta et Monardes, savants médecins
naturalistes qui ont décrit les animaux, les plantes et les drogues
médicinales du Nouveau-Monde; et quelques allusions discrètes, et
non sans malice, à l'adresse de Vallès, surnommé le divin, archiatre
de Philippe II, semblent inviter cet homme illustre à l'examen
approfondi de la nouvelle théorie philosophique et médicale. Du
reste, dans tout ce qui est dit des médecins et des philosophes, il y a
moins d'animosité que de commisération, et le berger qui cause
avec un docteur, dans le dernier dialogue, est familier sans impertinence. La délicatesse féminine adoucit avec beaucoup de tact le ton
de la dispute, et la plus fine ironie donne à ces entretiens une grâce
piquante. On voit bien que l'auteur n'est point de ceux qui ont
appris à déclamer et argumenter sur les bancs de l'école, bien que
les façons de la scolastique ne lui soient pas étrangères : il les a

apprises évidemment dans les livres dont la doctrine lui paraît fausse, et qui n'a rien de commun avec la sienne.

Les trois bergers qui figurent dans le premier dialogue sont beaucoup plus instruits que le commun des gens de leur profession, et l'on pourrait croire, à les entendre raisonner savamment, qu'ils ont suivi les cours des facultés, et fait ces hautes études que les Espagnols du XVIe siècle appelaient *facultades mayores*. Quiconque avait passé par là possédait un titre académique : les uns se contentaient du baccalauréat, les autres prenaient leurs licences ; les plus ambitieux ou les plus riches poussaient jusqu'au doctorat ; car il ne manquait point d'universités de second ordre qui conféraient les hauts grades à beaux deniers comptants. Cervantès, qui passait pour un talent laïque (*ingenio lego*), parce qu'il avait appris tout ce qu'il savait dans une école latine de Madrid, Cervantès, ennemi juré du pédantisme, s'est moqué sans pitié de ces docteurs à la douzaine qui sortaient avec un très léger bagage des petites universités complaisantes de Sigüenza et de Osuna, où les candidats trouvaient des diplômes à des prix très raisonnables. Et les grandes universités même n'hésitaient point à grossir leurs revenus en spéculant sur la sottise et la vanité. On connaît le mot de ce professeur de Salamanque à ses collègues qui hésitaient à recevoir un aspirant ignare, mais riche : *Accipiamus illum propter pecuniam suam, et dimittamus asinum in patriam suam*. Munis de leur diplôme, ces baudets se prélassaient sous la soutane du bachelier, la robe du licencié, la simarre et le bonnet du docteur, et hardiment briguaient des chaires, des prébendes ou des bénéfices. Ce monde de mandarins fourmillait de solliciteurs et de parasites. A défaut du savoir, ces gradués avaient la suffisance, l'arrogance et la morgue, et ils ont fourni des types immortels aux romanciers du genre picaresque, qui sont les meilleurs satiriques de l'Espagne.

Cette fausse noblesse universitaire fut une des causes les plus efficaces de la décadence des études : on ne rencontrait partout que faux savants et faux lettrés, dont le pédantisme était en raison directe de l'ignorance. Du reste, le ton doctoral, sous prétexte de gravité, ne déplaisait point aux meilleurs écrivains, voire aux poètes : les bergers des églogues de Garcilaso de la Vega, contemporain de Charles-Quint, sont infiniment plus savants que ceux des *Bucoliques* de Virgile, si éloigné déjà de la simplicité de Théocrite. Qu'on ne s'étonne donc point du savoir et des façons de ces bergers qui défendent les principes de la philosophie nouvelle et de la vraie médecine contre les suppôts de l'École.

L'étude de la nature ne suffit point pour argumenter contre les

habitués des universités : dès le début de l'entretien, on voit poindre
la vieille doctrine de l'humide radical, paraître l'inscription du temple de Delphes, et le plus savant des interlocuteurs, Antonio, allègue
à ses camarades, Rodonio et Veronio, l'autorité d'Hippocrate, de
Galien, de Platon et de Pline. A propos d'une perdrix poursuivie par
un faucon, et qui tombe morte à leurs pieds, les trois amis traitent
des effets de la peur, et conséquemment de l'influence des émotions
sur les animaux et sur l'homme. L'auteur se sépare nettement, sans
le dire, de son illustre compatriote le médecin Gomez Pereira, prédécesseur de Descartes, et le premier des modernes qui remit en
circulation et en honneur la doctrine oubliée de l'automatisme des
bêtes. Elle admet la conception des trois âmes, végétative, sensitive,
raisonnable, reconnaissant la première dans les plantes, la première
et la seconde chez les animaux, et les trois ensemble chez l'homme,
qu'elle assimile aux anges pour l'intelligence avec laquelle il se rend
compte de l'effet produit par les passions de l'âme considérée sous
ses trois formes.

Malgré d'évidentes réminiscences de Platon, cette vue assez nouvelle se rapproche beaucoup de l'opinion de Galien sur les rapports
du physique et du moral; opinion essentiellement physiologique,
d'autres diraient profondément matérialiste, développée de main de
maître par le médecin espagnol Huarte, dont le livre, fameux dès sa
naissance, parut pour la première fois en 1575 (Baeza, in-8°); mais
ce livre, dont le succès fut aussi prodigieux que rapide, est conforme à la doctrine galénique des tempéraments, aussi vieille que la
médecine grecque, tandis que la *crase* et l'*idiosyncrasie* ne tiennent
qu'une place insignifiante dans la *Philosophie nouvelle*. Preuve irré-
cusable que l'auteur ne marchait point sur les brisées d'autrui.

J. M. GUARDIA.

(*La fin prochainement.*)

REVUE GÉNÉRALE

LES ÉTUDES DE SCIENCE SOCIALE

Herbert Spencer. *Ecclesiastical institutions : being part VI of the Principles of Sociology.* London, 1885. — **A. Regnard.** *L'État, ses origines, sa nature et son but.* Paris, Derveaux. — **A. Coste, Aug. Burdeau** et **Lucien Arréat.** *Les questions sociales contemporaines.* Paris, Alcan et Guillaumin, 1886. — **Dr A. Schaeffle.** *Die Quintessenz des Sozialismus.* Achte Auflage, Gotha, 1885.

Quoique ces ouvrages soient d'origines bien différentes et en apparence bien disparates, ce n'est pas le hasard qui les a réunis dans cette étude. Ils vont en effet nous permettre de saisir et de marquer l'état où se trouvent actuellement les principales sciences sociologiques. Surtout ils nous fourniront l'occasion de dégager la manière dont la sociologie tend à se diviser et à s'organiser. L'organisation d'une science ne s'improvise pas : elle se fait d'elle-même au jour le jour et résulte en général de longs et laborieux tâtonnements. Tout ce qu'on peut faire, c'est de prendre de temps en temps conscience des résultats obtenus, et c'est ce que nous chercherons dans ce travail.

I. Après un silence de trois ans et demi, en partie dû au mauvais état de sa santé, M. Spencer vient de publier la suite de sa *Sociologie*. La sixième partie qu'il nous donne aujourd'hui est consacrée à l'étude des institutions ecclésiastiques. Conformément à sa méthode, il suit l'évolution de la vie religieuse depuis sa première et plus obscure origine jusqu'à son complet épanouissement : il essaye même d'en esquisser par avance le développement probable dans l'avenir.

La religion commence dès que l'homme s'élève à la conception d'un être surnaturel, et le premier être surnaturel qu'il ait pu concevoir est un esprit. On trouvera dans la première partie de la *Sociologie* l'histoire de cette croyance. Nos premiers ancêtres ne purent s'expliquer le double phénomène, contradictoire en apparence, du rêve et du sommeil, qu'en distinguant deux hommes dans l'homme, l'un qui restait inerte, étendu, endormi, tandis que l'autre errait librement à travers l'espace. Cet autre soi, ce double, comme dit M. Spencer, c'est l'esprit. La mort n'est qu'une dissociation plus longue de ces deux êtres : tout ce qui la caractérise c'est que la durée en est indéterminée. Le sauvage imagine donc qu'il y a tout autour de lui une multitude d'esprits errants qu'il redoute comme on craint tout ce qui est invisible et mystérieux. Pour prévenir l'effet de leur malveillance et s'assurer leur protection, il cherche à se les rendre propices au moyen d'offrandes et de sacrifices, plus tard de prières. Ainsi se fonde le culte des esprits, forme première de toute religion.

Tous les systèmes religieux si compliqués et si subtils que nous trouvons dans l'histoire ne sont que le développement de ce premier germe. Le fétichisme n'est autre chose que le culte de l'esprit transporté aux choses que l'esprit est censé habiter. Quant au naturisme, il est simplement dû à une erreur de langage, à une métaphore grossière que la naïveté de ces hommes primitifs a fini par prendre à la lettre. Par flatterie, on avait donné à certains personnages particulièrement craints et respectés les noms qui servaient à désigner les grandes forces de la nature. Mais bientôt la tradition ne distingua plus entre les hommes et les choses que le même mot désignait. C'est cette confusion qui donna lieu à une personnification de ces agents naturels, et leur fit attribuer des origines et des aventures humaines.

Naturellement les esprits que chaque famille révéra de préférence furent ceux de ses ancêtres. Mais, quand plusieurs familles se furent agrégées et soumises à la direction d'un même chef, chacune d'elles se mit à adorer, outre ses propres ancêtres, ceux du patriarche commun. Il semblait en effet que les esprits protecteurs d'un homme aussi puissant devaient être bien puissants eux-mêmes et il était dès lors prudent de se concilier leur faveur. On s'acheminait ainsi vers le polythéisme, chaque individu menant de front deux cultes à la fois, l'un strictement domestique, l'autre commun à toute la tribu. Toutefois, entre ces différents dieux, il n'y avait pas de différences qualitatives. Tous avaient le même rôle et les mêmes fonctions, et la seule chose qui les distinguait c'est qu'ils n'avaient pas tous une égale puissance. Les hommes ne parvinrent à imaginer des dieux vraiment hétérogènes que quand des sociétés différentes furent arrivées à se mêler les unes aux autres. On sait comment la guerre contribua à ce progrès : les vainqueurs s'annexaient les dieux des vaincus en même temps que les vaincus eux-mêmes. Le même phénomène se produisit toutes les fois qu'un fragment important se détacha d'une tribu trop volumineuse pour s'en aller vivre dans d'autres habitats où il se fit des dieux nouveaux dont le culte s'ajouta à celui des divinités anciennes, emportées de la mère patrie. Seulement, entre tous ces êtres surnaturels, enfantés par l'imagination populaire, des conflits devaient nécessairement surgir, puisqu'ils se disputaient tous la crédulité et la dévotion publiques. Suivant les circonstances et l'habileté des prêtres, les uns passèrent aux yeux des fidèles pour plus puissants que les autres, et de cette manière il s'établit entre eux une sorte de hiérarchie. Peu à peu même ils se subordonnèrent à un dieu suprême de qui ils étaient censés tenir par délégation leur pouvoir, et qui finit, les progrès de la réflexion aidant, par les absorber tous et par devenir l'unique et véritable dieu. Le polythéisme s'était changé en monothéisme.

Tel est ce qu'on pourrait appeler la physiologie de la religion; en voici maintenant la morphologie. De la fonction nous passons à la structure, de l'idée religieuse aux institutions ecclésiastiques. Tandis que le médecin, l'exorciste est uniquement chargé de combattre les mauvais esprits, le rôle du prêtre est avant tout de se rendre propices les esprits bienfaisants. Or ceux-ci sont pour chaque famille ceux des ancêtres. C'est pourquoi les fonctions sacerdotales sont tout d'abord privées et domestiques, et tous les membres de la famille les exercent indistinctement. Mais, comme toute masse homogène est instable, elles ne restent pas longtemps dans cet état de diffusion. A mesure que la famille se constitue, elles se concentrent entre les mains du père ou du fils aîné. En même temps elles changent de nature; de purement domestiques qu'elles étaient, elles deviennent à la fois politiques et vraiment religieuses. Ce n'est plus seulement par affection qu'on pleure le mort; c'est par devoir. Comme on ne voit dans l'héritier qu'un administrateur provisoire des biens qui lui sont laissés et dont il devra rendre compte à leur légitime propriétaire, quand l'esprit errant viendra de nouveau animer le corps qu'il a momentanément délaissé, les offrandes funéraires constituent une sorte de tribut ou de servitude légale que supporte l'héritage. D'autre part, comme elles sont destinées non plus à exprimer les sentiments personnels du survivant, mais à assurer à toute la famille la protection d'un être surnaturel, celui qui est chargé de les faire prend un caractère proprement ecclésiastique.

Le patriarche est donc investi d'un triple pouvoir : il préside à la fois à la vie domestique, politique et religieuse. Successivement, ces trois fonctions vont se dissocier, et la fonction religieuse se séparer des deux autres pour se constituer à part. Quand la famille se fut développée au point de devenir une communauté de village (*village-community*), des étrangers finirent par s'y glisser et s'y établir. Dans ces conditions le patriarche qui administrait le groupe composé, devait naturellement perdre son caractère domestique. Mais il resta le chef politique et religieux, car il servait d'intermédiaire entre les autres familles et ses ancêtres personnels que toute sa tribu adorait avec lui. A partir de ce moment il n'y a plus qu'un pas à faire pour que les fonctions ecclésiastiques deviennent tout à fait indépendantes. Que la société s'accroisse, et les soins politiques suffiront à occuper toute l'attention du chef; il déléguera ses pouvoirs religieux à un de ses proches et le sacerdoce (*priesthood*) sera définitivement constitué. Une fois qu'il s'est formé, cet organe spécial continue à évoluer comme la fonction, s'intégrant et se différenciant comme elle. En d'autres termes, il se développe en un système hiérarchique de plus en plus complexe et de plus en plus centralisé.

Toutefois, comme pendant des siècles le pouvoir religieux et le pouvoir politique ont été confondus, la séparation en est très lente et n'est jamais bien complète. Les fonctions religieuses restent longtemps mêlées à beaucoup d'autres dont elles ne se dégagent que malaisément. C'est ainsi que le prêtre avait encore en plein moyen âge de véritables fonctions militaires, dernier souvenir de ces temps où il était chargé de faire connaître et respecter les caprices d'un dieu jaloux et souvent cruel. Quant à l'action que le clergé a exercée même dans des temps récents sur l'administration civile, politique et judiciaire des. peuples, l'histoire en est toute pleine. Par cela seul qu'elle tenait dans ses mains le pouvoir surnaturel, cette caste, toujours riche et fortement organisée, ne pouvait manquer d'avoir sur les sociétés primitives une influence prépondérante. D'ailleurs le régime militaire, en comprimant les esprits, les préparait à toute espèce de servitude et ouvrait ainsi les voies au despotisme religieux. Aussi, à mesure que l'industrialisme remplace le militarisme, une révolution se fait dans les âmes; les hommes prennent l'habitude de se refuser à toute espèce de joug, au joug religieux comme aux autres. Sous le régime du libre contrat, il ne peut y avoir que des croyances librement acceptées. En même temps les progrès industriels, en vulgarisant les connaissances scientifiques, ébranlent à tout jamais le préjugé d'une causation surnaturelle. Les dissidences se produisent et vont de plus en plus en se multipliant.

Mais l'idée religieuse ne disparaîtra pas pour cela ; car elle renferme un germe de vérité que l'on découvre déjà dans les superstitions grossières des sauvages et que le temps a peu à peu dégagé et développé. En effet, le culte des esprits implique la croyance que les événements internes et les phénomènes externes manifestent deux forces différentes mais analogues, c'est-à-dire en définitive que ces deux forces ne sont elles-mêmes que deux formes différentes d'une seule et même énergie, source de toute vie et de tout changement, dont la raison conçoit clairement la nécessité, mais que l'intelligence est à jamais impuissante à se représenter. C'est cet inconnaissable auquel vient se heurter la science, mais qu'elle n'explique pas. Sans doute elle nous débarrasse des préjugés absurdes et des explications enfantines; mais il n'en reste pas moins un résidu inintelligible, qui dépasse la connaissance scientifique. Cet éternel mystère, voilà l'objet et la raison d'être de la religion. Tout naturellement, si la religion est destinée à survivre, il en est de même du sacerdoce, mais qui ira lui aussi en s'épurant et en se transformant de plus en plus. Il cessera de former une corporation fortement centralisée et soumise à un gouvernement plus ou moins autoritaire pour devenir un vaste système d'institutions locales et autonomes, comme il convient sous un régime vraiment industriel. En même temps, les fonctions de prêtre deviendront plus spirituelles et plus morales. Son rôle ne consistera plus à apaiser les dieux par des sacrifices ou autres mesures propitiatoires, mais à nous instruire de nos devoirs, à traiter devant nous les grands et obscurs problèmes de la morale, enfin à nous donner le sentiment, soit par la parole, soit par tous les moyens dont l'art dispose, des relations que nous soutenons avec la cause inconnue.

Comme on le voit, la plupart de ces idées se trouvaient déjà exposées

en germe dans les *Premiers Principes.* Mais nous les trouvons ici con-
densées en système et appuyées sur un nombre incalculable de faits
empruntés à toutes les histoires. Pour l'érudition, qui est prodigieuse,
cette sixième partie de la *Sociologie* ne le cède en rien aux autres. En
même temps tous ces faits sont groupés et organisés avec la très grande
ingéniosité que tout le monde connaît à l'éminent philosophe. C'est
merveille de voir sortir de la croyance aux revenants, idée bien pauvre
en apparence, l'idéalisme épuré de nos religions modernes, et cela
sans que l'œil aperçoive dans cette longue évolution la moindre solution de continuité. Au premier abord il semble qu'il n'y ait rien de
commun entre des dogmes aussi disparates, des cérémonies et des
rites aussi variés. Mais si, avec M. Spencer, on pénètre au delà de cette
surface, si on perce l'écorce, on retrouve partout le même développement, et à l'origine le même germe.

Naturellement, ce système a le défaut de tous les systèmes et on l'a,
non sans raison peut-être, accusé de simplisme. La formule proposée
paraît en effet bien exiguë quand on songe à la prodigieuse complexité
des phénomènes religieux. On ne peut même s'empêcher de trouver
singulièrement subtile l'explication du processus par lequel l'esprit
serait passé du culte des morts au culte de la nature. Eh quoi! le
naturisme, cette religion qui a longtemps été la source la plus riche
d'inspirations poétiques, et vers laquelle les peuples vieillis et fatigués
de toutes les autres spéculations religieuses ont comme une tendance
instinctive à revenir, aurait eu pour cause essentielle et presque unique
une figure de rhétorique et une amphibologie? On ne voit pas pourquoi
les hommes, une fois qu'ils eurent formé le concept d'un esprit distinct
du corps et l'animant, ne s'en seraient pas servis pour se rendre compte
des phénomènes naturels. De même qu'ils concevaient à l'intérieur du
corps humain une sorte d'âme, pourquoi n'auraient-ils pas imaginé sous
les eaux du fleuve une force mystérieuse qui en règle le cours, derrière
l'écorce de l'arbre une énergie secrète qui en fait la vie? Ainsi, et bien
des faits ont été cités à l'appui de cette thèse, le naturisme loin d'être
issu de l'animisme en serait tout à fait indépendant. Il y a plus, et on
s'est demandé si de ces deux religions la première n'avait pas été de
toute nécessité antérieure à la seconde. En effet, pour concevoir des
esprits qui peuvent, en intervenant dans la marche des choses, en
troubler le cours naturel, il faut déjà soupçonner qu'il existe un ordre et
une suite dans l'enchaînement des phénomènes. Or, c'est une notion
trop complexe pour n'avoir pas été très tardive : elle a donc dû être
postérieure aux premiers sentiments religieux. C'est pourquoi, suivant
M. Réville, les premières manifestations religieuses auraient consisté
dans l'adoration pure et simple des grandes forces de la nature per-
sonnifiées [1].

1. Voir à ce sujet l'intéressante discussion de MM. Harrisson et Spencer : *The
Nineteenth Century.* Janvier, juillet, mars, septembre 1884.

Mais nous avons quelque scrupule à agiter cette question où nous nous sentons incompétent : et ceci nous amène à la plus grave objection que nous oserons faire à M. Spencer. On a souvent reproché à la sociologie d'être une science bien vague et mal définie ; et il faut avouer qu'elle a plus d'une fois mérité ce reproche. Si, en effet, elle doit étudier, comme elle en a souvent l'ambition, tous les phénomènes qui se passent au sein des sociétés, ce n'est pas une science, mais la science. C'est un système complet de toutes les connaissances humaines et rien ne lui échappe. Nous croyons, quant à nous, qu'elle a une étendue plus restreinte et un objet plus précis. Pour qu'un fait soit sociologique, il faut qu'il intéresse non seulement tous les individus pris isolément, mais la société elle-même, c'est-à-dire l'être collectif. L'armée, l'industrie, la famille ont des fonctions sociales, puisqu'elles ont pour objet l'une de défendre, l'autre de nourrir la société, la troisième enfin d'en assurer le renouvellement et la continuité. Mais, si on réduit la religion à n'être qu'un ensemble de croyances et de pratiques relatives à un agent surnaturel, rêvé par l'imagination, il est malaisé d'y voir autre chose qu'un agrégat assez complexe de phénomènes psychologiques. On peut même très bien concevoir que le sentiment religieux se soit développé en dehors de toute société constituée. Voilà comment il se fait que le livre de M. Spencer contient un grand nombre de questions qui ne relèvent pas de notre science. La sociologie et l'histoire des religions sont et devraient rester choses distinctes.

Ce n'est pas à dire que la religion n'ait pas une place en sociologie. Mais le sociologue doit s'attacher uniquement à en déterminer le rôle social. Cette question, que M. Spencer a traitée en passant [1], aurait dû, croyons-nous, dominer tout l'ouvrage. Seulement si on pose le problème en ces termes, tout change d'aspect. L'idée de Dieu qui tout à l'heure semblait être le tout de la religion ne devient plus qu'un accident accessoire. C'est un phénomène psychologique qui est venu se mêler à tout un processus sociologique, bien autrement important. Une fois que l'idée de la divinité se fut formée dans un certain nombre de consciences sous l'influence de sentiments tout individuels, elle a servi à symboliser toute sorte de traditions, d'usages, de besoins collectifs. Ce qui doit nous importer, ce n'est donc pas le symbole, mais ce qu'il recouvre et traduit. On arriverait peut-être à découvrir ce qui se cache ainsi sous ce phénomène tout superficiel, si on le rapprochait d'autres qui lui ressemblent par certains côtés. En effet, quelle différence y a-t-il entre les prescriptions religieuses et les injonctions de la morale ? Elles s'adressent également aux membres d'une même communauté, sont appuyées sur des sanctions parfois identiques, toujours analogues ; enfin la violation des unes et des autres soulève dans les consciences les mêmes sentiments de colère et de dégoût. Qu'on relise les dix commandements : le repos du samedi, la proscription des idoles y sont ordonnés en termes

1. Chap. IX, p. 763-774.

aussi impérieux que le respect de la vie et de la propriété d'autrui. L'histoire des peuples sauvages fournirait à l'appui de cette thèse des exemples plus probants encore. Il est donc impossible d'étudier ces deux ordres de faits en les séparant l'un de l'autre. Ce n'est pas tout. Le droit n'est, lui aussi, qu'un ensemble de commandements, d'impératifs placés sous l'autorité d'une sanction matérielle. Voilà donc trois sortes de phénomènes dont la parenté est manifeste et qui peuvent utilement s'éclairer les uns les autres. Or, le droit et la morale ont pour objet d'assurer l'équilibre de la société, de l'adapter aux conditions ambiantes. Tel doit être aussi le rôle social de la religion. Si elle appartient à la sociologie, c'est en tant qu'elle exerce sur les sociétés cette influence régulatrice. Déterminer en quoi consiste cette influence, la comparer aux autres et l'en distinguer, voilà le problème que doit se poser la science sociale. Mais peu importe que cette action soit exercée au nom du polythéisme, du monothéisme ou du fétichisme; peu importe de savoir comment l'humanité s'est élevée d'un de ces cultes à l'autre, et ce qui se passait dans l'obscure conscience des hommes primitifs. Cela regarde l'histoire. Au reste, quand les institutions sociales que la religion couvre de son autorité viennent à changer, ce n'est pas parce que la conception populaire de la divinité s'est transformée. Tout au contraire, si cette idée se transforme, c'est que les institutions ont changé, et si elles ont changé, c'est que les conditions extérieures ne sont plus les mêmes. Toute variation dans le symbole en suppose d'autres dans la chose symbolisée.

Il est vrai que, d'ordinaire, on se représente cette évolution dans un ordre inverse. C'est ce que M. Spencer lui-même semble faire à de certains moments. Il attribue en effet à l'esprit critique un rôle assez exorbitant dans le développement de la civilisation. Suivant lui, les principaux progrès des idées religieuses seraient dus au sentiment de l'indépendance et au goût du libre examen qu'éveille et que développe le régime industriel. Nous croyons, au contraire, que le rôle de la conscience collective, comme celui de la conscience individuelle, se réduit à constater des faits sans les produire. Elle reflète plus ou moins fidèlement ce qui se passe dans les profondeurs de l'organisme. Mais elle ne fait rien de plus. Un préjugé ne se dissipe pas parce qu'on a découvert qu'il était irrationnel, mais on découvre qu'il était irrationnel parce qu'il est en train de se dissiper. Quand il ne remplit plus sa fonction, c'est-à-dire quand il n'assure plus l'adaptation des individus ou du groupe aux circonstances extérieures, parce que celles-ci ont changé, un trouble et un malaise se produisent. La conscience avertie intervient alors, aperçoit qu'un instinct social est en train de se dissoudre, prend acte de cette dissolution; mais c'est tout au plus si elle l'accélère un peu. Sans doute si la religion gréco-latine s'est transformée, c'est en partie parce que les philosophes l'avaient soumise à la critique. Mais, s'ils l'avaient soumise à la critique, c'est qu'elle ne pouvait plus assurer l'équilibre de ces grandes communautés d'hommes qu'avait suscitées la conquête romaine.

Ainsi le sociologue ne donnera que peu d'attention aux différentes manières dont les hommes et les peuples ont pu concevoir la cause inconnue et le fond mystérieux des choses. Il écartera toutes ces spéculations métaphysiques et ne verra dans la religion qu'une discipline sociale. Or, ce qui fait la force et l'autorité de toute discipline, c'est l'habitude : c'est un ensemble de manières d'agir fixées par l'usage. La religion n'est donc qu'une forme de la coutume, comme le droit et les mœurs. Ce qui, peut-être, distingue le mieux cette forme de toutes les autres, c'est qu'elle s'impose non seulement à la conduite, mais à la conscience. Elle ne dicte pas seulement des actes, mais des. idées et des sentiments. En définitive, la religion commence avec la foi, c'est-à-dire avec toute croyance acceptée ou subie sans discussion. La foi en Dieu n'est qu'une espèce de foi. Il en est bien d'autres. La plupart d'entre nous ne croient-ils pas au progrès avec la même naïveté que nos pères croyaient jadis au bon Dieu et aux saints? Au reste, nous n'entendons pas soutenir qu'il n'y ait rien de plus dans la religion. Il est trop clair que, pour un certain nombre d'esprits, elle est avant toute chose une carrière ouverte à ce besoin d'idéalisme, à ces aspirations infinies, à cette vague inquiétude qui travaille tous les cœurs généreux. Seulement, si incontestables et si élevés que soient ces sentiments, ce n'est pas la sociologie qu'ils intéressent, mais la morale intime et familière. Ce sont phénomènes qui ne sortent pas de la conscience privée, et ne produisent pas de conséquences sociales, du moins appréciables. La religion est un phénomène beaucoup trop complexe pour qu'on puisse, même dans un gros livre, en étudier toutes les faces et tous les caractères. Chacun a le droit de choisir son point de vue. Nous venons d'indiquer quel est celui qui convient, pensons-nous, à la sociologie; en d'autres termes quel est l'aspect que présente la religion quand on n'y voit qu'un phénomène social.

Si donc on regarde les choses par ce biais, l'avenir de la religion semble devoir être tout autre que ne l'annonce M. Spencer. Combien en effet il est difficile d'admettre que la représentation confuse de l'inconnaissable puisse fournir une bien riche matière aux méditations des hommes et exercer sur leur conduite une action efficace! D'ailleurs les raisons mêmes qu'on donne pour démontrer l'existence de cet inconnaissable ne sont pas toujours très probantes. Car enfin, si la raison ne peut comprendre que tout soit relatif, elle ne peut pas davantage concevoir l'absolu. Entre ces deux absurdités, comment choisir, et pour quelle raison préférer la seconde à la première? — Mais laissons toutes ces discussions logiques et revenons au point de vue qui est le nôtre. Faire de la religion je ne sais quelle métaphysique idéaliste et populaire, la réduire à n'être qu'un ensemble de jugements personnels et réfléchis sur la relativité de la connaissance humaine et sur la nécessité d'un au-delà, c'est lui enlever tout rôle social. Elle ne peut rester une discipline collective que si elle s'impose à tous les esprits avec l'irrésistible autorité de l'habitude; si, au contraire, elle passe à l'état de philosophie volontairement acceptée, elle n'est plus qu'un simple événement de la vie privée et de la conscience individuelle. Cette théorie aboutirait donc à cette conséquence que la religion tend à disparaître comme institution sociale. Mais il s'en faut de beaucoup que, comme le dit M. Spencer, la place et l'importance de la coutume aillent en diminuant avec la civilisation. Il est vraiment extraordinaire que ce grand esprit ait partagé aussi complètement l'erreur commune sur la toute-puissance croissante du libre examen. En dépit du sens courant de ce mot, un préjugé n'est pas un jugement faux, mais seulement un jugement acquis ou regardé comme tel. Il nous transmet sous une forme résumée les résultats d'expériences que d'autres ont faites et que nous ne pouvons pas recommencer à notre tour. Par conséquent, plus s'étend le champ de la connaissance et de l'action, plus il y a de choses qu'il nous faut croire d'autorité. En d'autres termes le progrès ne peut qu'augmenter le nombre de préjugés [1]; et quand nous disons qu'il a tout au contraire pour effet de substituer partout et en toutes choses la claire raison à l'aveugle instinct, nous sommes victimes d'une véritable illusion. Comme une foule de préjugés héréditaires sont en train de s'écrouler et de disparaître parce qu'ils ne sont plus adaptés aux conditions nouvelles de la vie sociale, et comme au milieu de toutes ces ruines la raison raisonnante reste seule debout, il semble que tous les efforts de l'humanité n'aient eu d'autre but que d'en préparer l'avènement et d'en assurer la suprématie. Mais ce que nous prenons pour un idéal n'est qu'un état maladif et provisoire. Une société sans préjugés ressemblerait à un organisme sans réflexes : ce serait un monstre incapable de vivre. Tôt ou tard la coutume et l'habitude reprendront donc leurs droits et voilà ce qui nous autorise à présumer que la religion survivra aux attaques dont elle est l'objet. Tant qu'il y aura des hommes qui vivront ensemble, il y aura entre eux quelque foi commune. Ce qu'on ne peut prévoir et ce que l'avenir seul pourra décider, c'est la forme particulière sous laquelle cette foi se symbolisera.

En résumé, le droit, la morale, la religion sont les trois grandes fonctions régulatrices de la société; ces trois ordres de phénomènes doivent donc être étudiés par une partie spéciale de la sociologie. Telle est la conclusion qu'il importe de retenir de toute cette discussion.

Mais quel est l'organe chargé de remplir ces fonctions? On s'entend en général pour en attribuer la majeure partie à ce qu'on appelle l'État. Qu'est-ce donc que l'État?

II. Il est peu de concepts plus obscurs. On a pu s'en apercevoir lors de la récente discussion qui fut soulevée à l'Académie des sciences morales. Les opinions les plus divergentes se firent jour sans qu'on pût aboutir à une conclusion, et pourtant toutes les doctrines n'étaient pas repré-

---

1. Les préjugés d'aujourd'hui sont peut-être plus malléables que ceux d'autrefois, voilà tout.

sentées dans la savante assemblée. Nous ne pensons pas que le livre
de M. Regnard éclaircisse beaucoup cette difficile question. Certes, on
ne saurait lui refuser une remarquable verdeur de style et une assez
grande richesse d'informations. Mais l'absence complète de toute méthode, le ton violent de la discussion en diminuent singulièrement la
valeur scientifique. Quand on veut faire œuvre de savant, on ne
traite pas ses contradicteurs de « cuistres » et de « sophistes » [1]. C'est
surtout en sociologie que la tolérance s'impose et qu'elle est facile. Car
quand on a pratiqué les problèmes qu'étudie cette science et qu'on en a
senti toute la complexité, on s'explique trop bien la diversité des solutions et on n'a aucune peine à traiter avec déférence toutes les doctrines.

L'État, suivant M. Regnard, ne se confond pas avec le gouvernement,
mais comprend à la fois les gouvernants et les gouvernés. C'est la
société organisée. Cette organisation ne s'est pas produite à la suite
d'un contrat librement débattu, mais elle résulte de la nature même
des choses. L'homme est un animal social, un être destiné par sa nature
à vivre en société. Ce n'est pas à dire toutefois que les sociétés politiques aient été contemporaines de l'humanité. L'homme a d'abord
existé à l'état de groupes isolés, familles ou clans. A cette époque le
fameux aphorisme de Hobbes s'appliquait dans toute sa rigueur.
C'était la guerre universelle de tous contre tous, *bellum omnium
contra omnes*. Enfin un jour vint où des clans sédentaires et voisins,
poussés par un intérêt commun, s'unirent d'une façon permanente.
Ainsi naquit une société nouvelle, fondée non plus sur les liens du
sang ou sur l'identité du culte, mais sur le fait de l'occupation en
commun d'un même territoire. Du même coup, la justice, la légalité, la
moralité même et le droit font leur apparition dans le monde. L'auteur
paraphrase le mot de Hegel et fait de l'État « le but suprême, la fin de
la nature humaine en son plein épanouissement. »

Ainsi conçu, l'État se distingue de toutes les sociétés inférieures par
trois caractères essentiels : 1° A la notion de consanguinité se substitue
celle de contiguïté. 2° La masse sociale se scinde en deux parties, les
gouvernants d'un côté et les gouvernés de l'autre. 3° Enfin, ce qui achève
de singulariser l'État parmi tous les autres groupes sociaux, c'est que
seul il est organisé en vue de l'utilité commune. Mais, par intérêt général,
il ne faut pas entendre, comme on fait le plus souvent, quelque chose
d'essentiellement relatif et contingent, et dont les individus sont seuls
juges. Non, l'auteur hypostasie ce concept, en fait un véritable absolu,
un être transcendant, supérieur aux individus, supérieur aux lois
mêmes, et qui plane invisible au-dessus de la société. C'est lui qui est
le véritable souverain. Sans doute la souveraineté réside dans l'universalité des citoyens. Mais leur suffrage ne peut faire que le juste soit l'injuste, et que ce qui est mauvais soit utile. Si donc le principe de l'utilité

---

1. Regnard, *L'État*, p. 28 et 20.

commune est violé, puisqu'il est la raison d'être de l'État, il n'y a plus
d'État, plus de droit, plus de suffrage, plus de souveraineté. Il ne reste
plus que la force et il faut s'en servir. Il est des violences qui sont
légitimes et des coups d'État qu'approuve la morale. Posant en axiome
que la monarchie et l'aristocratie sont par leur nature contraires à
l'intérêt général, l'auteur en conclut que sous de pareils régimes « l'in-
surrection est le premier des droits et le plus sacré des devoirs ».

Malheureusement il est assez malaisé de voir en quoi consiste cette
utilité collective que l'on divinise. Ce n'est pas l'intérêt de la majorité,
puisqu'on fait de la révolte, dans certains cas déterminés, un droit et un
devoir de la minorité. Ce n'est pas davantage la somme de tous les
intérêts particuliers, car ils se contredisent et se nient les uns les autres.
Serait-ce donc l'intérêt en soi, le bonheur *in abstracto*? Singulière conception pour un théoricien qui se pique de matérialisme! Il est probable
qu'il s'agit plutôt de l'intérêt de la société considérée comme un être
personnel. Mais cet être n'est pas une substance, une entité métaphysique; ce n'est qu'une collection d'individus organisés. De même
l'intérêt social n'est qu'une moyenne entre tous les intérêts individuels,
idée relative s'il en fût et qui n'a absolument rien de transcendant.
Bien loin que nous la recevions toute faite par une sorte de révélation,
c'est nous qui la déterminons au jour le jour, à force d'expériences et de
tâtonnements. Où est-elle donc cette vérité si lumineuse qu'elle doit
s'imposer à toutes les intelligences, si authentique qu'il faut la défendre
les armes à la main quand elle est menacée? Dans la sociologie? Hélas!
née d'hier, en train de se constituer laborieusement, la science sociale
ne renferme encore qu'un bien petit nombre de propositions qu'on puisse
regarder comme des vérités démontrées. Il se passera bien des années
avant qu'elle soit en état de nous apprendre quel est, dans une circonstance donnée, l'intérêt de la société. En attendant, le seul moyen de le
savoir est encore de consulter les intéressés. S'ils se trompent, la société
n'est pas anéantie pour cela. L'humanité compte à son actif une expérience malheureuse de plus, et c'est tout. En tout cas, personne n'a
une suffisante autorité pour reviser par la violence les jugements ainsi
rendus. Au reste, ce n'est pas seulement l'idée d'intérêt général, mais
l'idée même d'intérêt qui aurait besoin d'être précisée. On croit avoir
tout expliqué quand on a dit que les hommes avaient formé des États,
poussés par l'intérêt. Mais rien n'est plus obscur. Veut-on dire que
leur seul but était d'assurer leur sécurité et d'augmenter leur bien-
être? Toute l'histoire proteste contre une pareille interprétation. Ce sont
de tout autres causes qui rapprochent les individus et les groupes,
comme M. Espinas l'a si bien établi à propos des sociétés animales. Il
existe, ou tout au moins il se forme au cours de l'évolution un besoin
de sociabilité et des instincts sociaux qui sont absolument désintéressés. C'est pour les satisfaire que les hommes forment des sociétés
de plus en plus grandes et cela parfois au détriment de leurs intérêts
proprement dits. D'ailleurs si l'utile était l'unique lien social, les

sociétés ne seraient que des associations d'un jour, car rien n'est plus changeant que l'intérêt. Il peut opposer demain ceux qu'il unit aujourd'hui. Et encore peut-on dire qu'il unisse les hommes? Il ne fait que les les rapprocher extérieurement; mais il n'a pas de prise sur les consciences.

Il ne faut donc pas s'étonner si, dans ces conditions, la définition de l'État que nous donne l'auteur ne nous laisse qu'une idée indécise et flottante. On voit mal ce qui distingue l'État des autres sociétés. Est-ce parce qu'il agit en vue de l'utilité commune? Mais il en est de même de toutes les sociétés, si rudimentaires soient-elles. Si l'intérêt n'est pas l'unique mobile de l'humanité, il n'en est pas moins partout présent et partout agissant. Est-ce parce que la contiguïté dans l'espace a pris la place de la consanguinité et est devenue le lien social par excellence? Mais, tout au contraire, c'est dans les sociétés inférieures que l'on voit les hommes s'attacher les uns aux autres uniquement parce qu'ils coexistent sur un même point de l'espace [1]. Quant à la distinction des gouvernants et des gouvernés elle est presque contemporaine de la vie sociale. Elle devient plus claire et plus tranchée dans les sociétés supérieures, mais ce n'est qu'une différence de degrés et une question de nuances. Il est vrai que, reprenant la théorie de Bluntschli, M. Regnard estime qu'il n'y avait ni droit ni morale avant l'apparition de l'État. Malheureusement, cette doctrine scolastique n'est pas beaucoup plus intelligible chez l'écrivain français que chez le juriste allemand. Le droit et la morale ne font qu'exprimer les conditions de l'équilibre social. Il y a donc eu un droit et une morale dès que plusieurs hommes sont entrés en relations et se sont mis à vivre ensemble.

En somme, ce qui fait complètement défaut à ce livre c'est la méthode. L'auteur est beaucoup moins préoccupé d'étudier objectivement ce qui constitue l'Etat que de développer l'idée qu'il s'en fait. Les sciences sociales ne progresseront pas tant qu'elles procéderont ainsi. Ce n'est pas à la conscience individuelle que l'on s'adresse pour savoir ce que c'est que la mémoire ou ce qui constitue la personnalité. De même, la représentation populaire de l'État n'a rien à faire avec la science de l'État. Tout le service qu'elle peut nous rendre est de nous indiquer qu'il y a là un objet à étudier. Mais pour connaître cet objet il faut l'observer tel qu'il est, au lieu de se demander ce qu'il doit être. Il faut classer les phénomènes qui manifestent son activité, et de cette manière on obtiendra un certain nombre de groupes qui représenteront les fonctions de l'État. C'est ici que l'histoire pourrait fournir à la science sociale d'utiles indications, car elle nous présente pour ainsi dire des expériences toutes faites, dont il suffirait de tirer les conclusions qu'elles comportent. En effet, comme les formes supérieures des êtres renfer-

1. Summer Maine, qui voit dans la famille patriarcale la société primitive, a le droit de faire de la contiguïté un principe postérieur à la consanguinité. Mais il n'en est pas de même de M. Regnard, qui admet des sociétés anté-patriarcales.

ment tout ce que contenaient déjà les formes inférieures, l'étude des États disparus nous montrerait, naturellement isolées, quelques-unes des fonctions que nous retrouvons, mais confondues avec d'autres et difficilement discernables, dans les États contemporains. C'est seulement quand ce travail d'enquête et d'analyse serait terminé, qu'on pourrait chercher une définition générale de l'État. Mais il faut reconnaître que jusqu'ici on a bien peu pratiqué cette méthode. L'État est depuis longtemps l'objet d'une science particulière en Allemagne (*Staatswissenschaft*), mais qui n'a guère été cultivée que par des philosophes ou des juristes. Pourtant toutes les parties de la sociologie sont intéressées à ce qu'une théorie scientifique de l'État se constitue.

III. De toutes les sciences sociales, l'économie politique est peut-être celle qui en tirera le plus de profit. Telle est l'idée qui nous revenait sans cesse à l'esprit pendant que nous lisions le livre de M. Coste sur les *Questions sociales.* Ce n'est pas, il est vrai, l'impression que l'auteur voulait laisser à ses lecteurs, car il est très résolument adversaire de l'intervention de l'État dans les fonctions économiques. Toutefois il n'hésite pas à reconnaître que l'économie politique, ne voyant qu'un côté des choses, ne se suffit pas à elle-même. Appliquant à un organisme vivant, la société, les procédés des sciences mécaniques, elle simplifie artificiellement les problèmes pour les résoudre plus aisément. Éprise de liberté, elle méconnaît et nie le besoin et les avantages de la solidarité, ferme systématiquement les yeux sur les maux qu'engendre son principe, quand il est exclusif de tout autre, aime mieux flétrir le socialisme que le rendre inutile. Elle ne s'aperçoit pas qu'en procédant ainsi elle se contredit elle-même. Car l'idéal auquel elle vise, à savoir le maximum de liberté et d'initiative individuelles, l'individu isolé ne peut l'atteindre. Abandonné à lui-même, « l'individu le mieux doué n'est qu'une graine que le vent jette au hasard et qui, 99 fois sur 100, ne germe pas »[1]. Que peut le malheureux ouvrier réduit à ses seules ressources contre le riche et puissant patron, et n'y a-t-il pas une véritable et cruelle ironie à assimiler deux forces aussi manifestement inégales? Si elles entrent en lutte, n'est-il pas clair que la seconde écrasera toujours et sans peine la première? Qu'est-ce qu'une pareille liberté, et l'économiste qui s'en contente n'est-il pas coupable de prendre et de nous offrir le mot pour la chose?

Au mal, quel est le remède? Nous l'avons déjà indiqué en passant : c'est la solidarité. On reconnaît l'idée qui servait déjà de thème à l'excellent petit livre du même auteur sur les conditions sociales du bonheur et de la force. Si nous souffrons, si nous nous sentons mal à l'aise, c'est qu'un souffle de désorganisation a passé à travers la société. Les vieux liens sociaux sont brisés et rien ne les remplace. Comme les individus sont ainsi détachés les uns des autres, chacun ne sent plus son

1. *Questions sociales,* 471.

voisin et tire de son côté. De là des heurts, des froissements, des discordances douloureuses. Pour qu'il y ait plus d'harmonie dans les mouvements, il faut que les hommes se rapprochent, afin que chacun sente bien qu'il n'est pas seul au monde. Qu'ils s'unissent au sein de familles fortes et fécondes! Qu'ils s'unissent en groupes corporatifs, sociétés de secours mutuels, sociétés coopératives, sociétés d'épargne collective et de prévoyance, syndicats professionnels, où l'individu trouve à la fois l'entraînement, l'exemple et la protection dont il a besoin. Mais que ces associations restent libres! L'État est une machine trop lourde qui comprime tout ce qu'elle touche et qui ne pourrait que fausser les ressorts si délicats de l'activité individuelle. Avec les meilleures intentions du monde, l'État asservit toujours ceux qu'il protège. Mais si ce n'est pas la contrainte, qu'est-ce donc qui poussera les hommes à s'associer? Il ne reste plus que l'attrait moral. Et, en effet, avec une très grande finesse de psychologue, M. Coste énumère tous les moyens qui permettraient aux associations d'attirer à elles les individus et les capitaux isolés, de provoquer les premiers à l'épargne et de faire prendre goût à la vie corporative. Mais, pour mettre en œuvre ces différents moyens, il faut autre chose que des règlements d'administration et que les préceptes abstraits de l'économie politique. Il faut des hommes qui aient le sentiment de la délicatesse de la vie et de la complexité des mobiles qui mènent le cœur humain. C'est en effet un bien difficile problème de psychologie pratique que d'induire l'ouvrier à l'épargne. Il ne suffit pas, comme le croient économistes et socialistes, que le taux des salaires s'élève soit par l'effet d'une loi de sûreté publique, soit par suite d'un accroissement normal de la production. Il faut encore que l'épargne ait un but déterminant. « Le paysan l'a cet objectif, c'est l'acquisition du bétail ou de la terre. L'ouvrier des villes ne l'a pas; lors même qu'il trouverait le moyen de l'épargner, il n'aurait pas la faculté d'employer directement son épargne à son propre profit. Partout où cette possibilité existe, l'épargne est abondante, le travailleur est heureux : procurons-la donc aux ouvriers de l'industrie! » Or, elle ne peut leur être procurée, suivant l'auteur, que par des associations libres dirigées par des hommes de tête et de cœur.

Comme on le voit, l'auteur n'est pas un pur économiste; du moins il n'hésite pas à faire intervenir en économie politique des considérations étrangères à cette science. D'ailleurs, les économistes vraiment classiques commencent à se faire assez rares. Avec la persévérance qui la caractérise, l'Allemagne cherche depuis longtemps, à travers des doctrines assez divergentes, la méthode économique nouvelle dont elle ressent le besoin, mais qu'elle n'entrevoit encore que confusément. En Angleterre, la foi au vieux libéralisme semble être assez fortement ébranlée. En France, enfin, depuis quelques années, des dissidences assez remarquables se sont produites au sein de l'économisme. Le *Précis* de M. Cauvès, les travaux de M. Gide marquent évidemment une tendance nouvelle. Au milieu de ces néo-économistes M. Coste occupe une place tout à fait à part. Tandis que M. Cauwès par exemple s'écarte de la tradition orthodoxe parce qu'il est juriste, M. Coste s'en éloigne parce qu'il est un psychologue et un moraliste. Il comprend que la passion du bien-être et du bon marché n'est pas la seule qui mène les hommes; qu'il y a autre chose en ce monde, d'autres besoins et d'autres aspirations; que la morale n'est pas une science toute sentimentale, mais qu'elle est faite de lois objectives qui doivent pénétrer, qui pénètrent effectivement les faits économiques.

Seulement la morale, telle que la conçoit M. Coste, est tout entière ndividualiste et utilitaire. C'est pour assurer le bonheur de l'individu qu'il recommande la solidarité. Or, une morale individualiste ne peut jamais avoir qu'une valeur individuelle et subjective. Je suis seul juge de mon bonheur et de mon idéal. Chacun prend son bien matériel ou moral où il se trouve. Nous souffrons, s'écrie M. Coste, parce que nous sommes trop isolés les uns des autres. Rapprochons-nous donc et unissons-nous! — Mais, répondra un économiste, je préfère mon indépendance avec ses souffrances que je connais, avec ses luttes, avec ses risques, à ces associations que vous me vantez et où, quelque ménagement que vous preniez et quelque discrétion que vous y mettiez, je laisserai toujours quelque chose de ma personnalité. — Que répondre à ce langage? C'est une affaire de goût et de sentiment, et on ne discute pas les questions de goût. Or, en fait, n'entendons-nous pas tous les jours autour de nous quelque dialogue semblable à celui que nous venons d'imaginer? C'est qu'en effet, quand un état social, même morbide, a duré quelque temps, les esprits très souples ne tardent pas à s'y adapter : par une sorte de perversion des instincts sociaux ils finissent même par en avoir besoin comme s'il était normal et naturel.

La morale ne peut avoir une autorité objective que si elle vise à autre chose qu'au bonheur ou au perfectionnement de l'individu. Elle n'est rien si elle n'est pas une discipline sociale. Ce qu'elle exprime ce sont les conditions d'existence des sociétés. Or, ces conditions ne changent pas du jour au lendemain; elles ne dépendent pas du caprice de chacun, mais elles résultent de la nature même des choses et s'imposent à tous avec une force obligatoire. L'économiste ne peut pas en faire abstraction, et voilà pourquoi l'économie politique ne se suffit pas à elle-même et ne peut pas se passer de la morale. Le besoin d'une alimentation abondante n'est pas le seul que ressente l'organisme social. Il en est bien d'autres que celui-là et qui le rejettent parfois au second plan. Que dirait-on d'un physiologiste qui après avoir étudié l'estomac comme s'il constituait à lui seul un organisme complet, déduirait toute une hygiène de cette science tronquée? Triste hygiène assurément, et à laquelle ne résisterait guère l'organisme trop docile qui s'y serait soumis! C'est pourtant ainsi que procèdent les économistes qui réclament pour leur science et l'art qui en découle une complète indépendance. Mais d'autre part, les principes économiques ne peuvent fléchir que devant des nécessités sociales dûment constatées. Si donc la solidarité a ou doit avoir une place en économie politique, ce n'est pas parce qu'elle satisfait certaines tendances individuelles, quelque légitimes qu'elles soient; c'est parce qu'elle est la condition même de la vie sociale. En effet, une société dont les membres ne seraient pas rattachés les uns aux autres par quelque lien solide et durable ressemblerait à un monceau de poussière désagrégée que le moindre vent aurait tôt fait de disperser aux quatre coins de l'horizon.

Nous arrivons donc à la même conclusion que M. Coste, mais c'est pour de tout autres raisons; et la différence théorique qui nous sépare de lui en entraîne d'autres, d'ordre pratique. En effet, si la solidarité n'a d'avantages que pour l'individu, il est tout naturel que, comme le fait M. Coste, on refuse à l'État le droit de s'en occuper. L'État s'acquitterait mal d'une tâche qui ne l'intéresserait pas. Mais, si la solidarité est avant tout une des conditions d'existence de la société, alors la situation est intervertie. C'est l'individu qui est incompétent; car, ne connaissant du monde que le petit coin où il s'agite, il est mal placé pour juger des intérêts de la communauté. C'est à l'État que revient ce soin; et voilà pourquoi nous disions en commençant que l'économie politique ne peut se passer d'une science de l'État. Il est vrai que les économistes échappent à cette conséquence en niant les prémisses et en réduisant la société à n'être qu'une simple juxtaposition d'individus. Mais c'est là précisément la grande erreur économique. Qu'on le veuille ou non, qu'elles soient un bien ou un mal, les sociétés existent. C'est au sein de sociétés constituées que se manifeste l'activité économique. La logique ne peut rien contre un fait qui complique, il est vrai, les données du problème, mais dont il n'est pas possible de faire abstraction [1].

Si l'on veut voir ce que deviennent les questions économiques, quand on les examine du point de vue de la société plutôt que du point de vue de l'individu, on n'a qu'à lire la brochure de Schaeffle sur la *Quintessence du socialisme*. Ce petit livre, dont on connaît l'immense succès en Allemagne, a été l'objet en France d'interprétations très inexactes sur lesquelles il est bon de s'expliquer.

1. Le livre de M. Coste se termine par quelques études de MM. Arréat et Burdeau sur l'instruction publique, qui malheureusement ne peuvent trouver place dans le cadre de notre Revue. Mais il importe d'en dire un mot. Malgré quelques divergences de détail, les vues communes des deux écrivains peuvent être résumées ainsi : A la base de toute éducation un enseignement général qui menerait l'enfant jusqu'à treize ans. A ce moment, un système de bifurcation qui diviserait les enfants en deux grands courants, l'un qui aboutirait vers la quinzième année fournirait à la société les ouvriers, les contre-maîtres et commis de toute sorte; l'autre continuant jusque vers la dix-septième ou dix-huitième année, et se partageant alors en trois ou quatre branches pour jeter dans les facultés, dans les écoles de l'Etat une élite de jeunes gens munis d'une culture générale complète. A l'intérieur des lycées, suppression du grec et du latin. Les sciences, l'histoire et la philosophie seraient la base de l'enseignement. — Notons en passant une bien juste remarque de M. Burdeau, c'est que le vrai moyen de convertir les jeunes gens à la philosphie est d'en rattacher les problèmes même abstraits aux questions morales et sociales.

C'est M. Benoît Malon qui l'a introduit chez nous [1]. M. Malon crut reconnaître en M. Schaeffle, malgré quelques dissidences de détail, un collectiviste très suffisamment orthodoxe et le présenta comme tel au public français. Là-dessus M. Paul Leroy-Beaulieu, dans sa *Critique du Collectivisme*, ne put faire autrement que de ménager une place à Schaeffle dont il réfuta amplement le prétendu socialisme. Comment se fit-il que personne ne protesta, nous n'en savons rien. Toujours est-il que dans le courant de l'année dernière M. Schaeffle publia une nouvelle brochure dans laquelle il repoussait loin de lui l'accusation de collectivisme [2]. Cet ouvrage jeta économistes et socialistes dans un véritable désarroi. Un rédacteur du *Journal des Économistes*, dans un article d'une extrême violence, reprocha vigoureusement à Schaeffle la méprise dont celui-ci avait été la victime. M. Schaeffle n'était pourtant pas coupable. En supposant que son opuscule ne fût pas clair par lui-même — ce qui n'est pas — on aurait évité un aussi étrange malentendu si, avant de le louer ou de le critiquer, on avait pris le soin de lire l'un ou l'autre de ses principaux ouvrages. On ne juge pas sur une brochure de soixante pages un homme dont l'œuvre est aussi considérable.

La question qui est posée dans la *Quintessence* pourrait se formuler ainsi : Jusqu'ici la vie économique n'a été qu'un ensemble de réflexes ; que deviendrait-elle, si on la rattachait aux centres conscients de l'organisme social ? C'est donc une étude objective de l'idée socialiste. L'auteur se propose d'en constater le contenu, *den Inhalt des Socialismus zu constatiren ;* d'en faire voir les avantages et les *desiderata ;* de débarrasser le terrain des arguments mauvais et surannés que l'on échange de part et d'autre depuis si longtemps, mais cela sans se prononcer sur le fond du débat. Aussi signale-t-il à plusieurs reprises [3] dans la doctrine socialiste des lacunes dont il ne cherche pas le moins du monde à diminuer l'importance. Il a indiqué, il est vrai, dans le troisième volume de son *Bau und Leben des socialem Koerpers*, comment ces lacunes pourraient être comblées. Mais il n'est pas pour cela collectiviste. Il a trop le sentiment de la réalité et de la complexité des choses pour attribuer plus qu'une valeur logique à une simple construction de l'esprit. Sans doute il inclinerait assez volontiers à croire qu'on pourrait débarrasser la conception socialiste de toute contradiction interne, à condition toutefois de renoncer aux principes fondamentaux de la théorie de Marx. Est-ce à dire que le socialisme ainsi renouvelé pourra jamais passer dans les faits ? Question insoluble que la raison est à jamais impuissante à résoudre. Seule l'expérience peut la tran-

---

1. M. Malon donna de l'opuscule une traduction, assez imparfaite d'ailleurs, c'est ainsi qu'on y voit *Zuchtwahl* traduit par assimilation.

2. *Die Aussichtslosigkeit der Socialdemocratie.* M. Leroy-Beaulieu s'est demandé si la publication de cette dernière brochure n'avait pas été déterminée par son livre sur le Collectivisme. (V. préface de la 2ᵉ édition.) Nous sommes en mesure d'affirmer qu'il n'en est rien.

3. Pages 31 et 49 en particulier.

cher et elle ne se pique pas de logique. A tout le moins ne faut-il pas
dire que l'individualisme soit le meilleur système qu'on puisse imaginer,
et c'est ce que M. Schaeffle veut démontrer.

L'opuscule de M. Schaeffle n'est donc ni une déclaration de collectivisme, ni, comme on l'a dit bien légèrement, un simple jeu d'esprit.

Il se propose seulement de nous montrer, isolé et comme à l'état
de pureté, tout un côté des choses sur lequel les économistes ferment
trop volontiers les yeux. Il nous fait voir les questions économiques
par leur aspect social. En ué mot, et ceci résume assez nettement notre
impression, le meilleur moyen d'initier un jeune esprit aux problèmes
de l'économie politique serait de lui faire lire concurremment la *Quintessence du Socialisme* de Schaeffle et les *Harmonies économiques* de
Bastiat.

IV. Si nous ne nous trompons, de cet examen, quelque rapide qu'il ait
été, on voit dès à présent se dégager le plan suivant lequel la science
tend à s'organiser.

Il existe encore quelques penseurs qui ne croient pas à l'avenir de la
sociologie. Leur argument favori est qu'ils n'en aperçoivent nettement
ni l'objet, ni les divisions, ni le programme. Ils se défient d'une science
que l'on annonce au monde comme une nouveauté, sans antécédent
historique. Et en cela ils ont bien raison. Si vraiment, comme on l'a dit
quelquefois, la sociologie datait d'Auguste Comte. si elle était à ce
ce moment-là sortie du néant, nous partagerions cette juste défiance.
Il n'y a pas plus de révolutions et de créations brusques dans le monde
de la science que dans le monde des choses. Tout être, né viable, est
le produit d'une évolution. Mais c'est une illusion de croire que la sociologie date ₁d'hier et soit le fruit d'une brillante improvisation. Elle
existait de tout temps, à l'état latent et diffus ; le grand service qu'ont
rendu Comte et son école fut simplement de montrer l'unité de ces
recherches, en apparence incohérentes, de donner à la science sociale
un nom et une personnalité, et de l'intégrer dans le système des sciences
positives. De tout temps, les phénomènes économiques, l'État, le droit,
la morale, la religion ont été étudiés scientifiquemment, donnant ainsi
naissance à cinq sciences qu'on a le droit d'appeler sociologiques.

Seulement il faut qu'elles restent fidèles à ce titre qu'elles oublient
trop souvent. Voilà l'important progrès qui leur reste à faire. La
science sociale, dit M. Maurice Block ₁, « ne voit que les hommes, abstraction faite de ce lien extérieur qu'on appelle l'État. » En d'autres
termes, la science dite sociale devrait étudier les hommes en supposant qu'ils ne vivent pas en société. En vérité, il vaudrait mieux lui
donner un autre nom. — On nous répondra que l'État et la société sont
deux choses distinctes. — Oui, mais à une condition, c'est qu'on voie
dans l'État un lien tout extérieur, un système artificiel qui se surajoute

---

1. Article Science sociale du *Dictionnaire politique.*

à la société, mais n'en émane pas. C'est la conception simpliste de Rousseau à laquelle l'école économique s'attache opiniâtrément, et cela après un siècle d'expériences qui ne semblaient guère avoir été favorables à la théorie du *Contrat social.* Les choses sont autrement complexes. Une société n'est pas une collection d'individus qu'une machine énorme, monstrueuse tiendrait violemment rapprochés et serrés les uns sur les autres. Non, la solidarité vient du dedans et non du dehors. Les hommes s'attirent entre eux aussi naturellement que les atomes du minéral et les cellules de l'organisme. L'affinité qui les porte les uns vers les autres, c'est la sympathie, sentiment dont on aperçoit les premiers germes dans les sociétés animales, qui va croissant, se compliquant, se transformant avec le progrès, mais qui n'est pas moins naturel à l'homme que l'égoïsme, auquel les économistes voudraient, pour plus de simplicité, réduire le cœur humain. Eh bien! à chaque moment de son développement, cette solidarité s'exprime au dehors par une structure appropriée. L'État est une de ces structures. L'État, c'est la forme extérieure et visible de la sociabilité. En faire abstraction, c'est donc bien, comme nous disions, supposer que les hommes ne vivent pas en sociétés. C'est admettre comme un axiome qu'il n'y a et ne peut y avoir entre eux que des contacts extérieurs et des rapprochements passagers, déterminés par des rencontres toujours fortuites d'intérêts. — On objectera que l'abstraction est un procédé légitime de la science. — Assurément. Mais abstraire c'est découper dans la réalité une partie que l'on isole : ce n'est pas créer de toutes pièces un être de raison. Or, l'homme et la société que conçoivent les économistes sont de pures imaginations qui ne correspondent à rien dans les choses. Le sociologue devra donc considérer les faits économiques, l'État, la morale, le droit et la religion, comme autant de fonctions de l'organisme social, et il les étudiera comme des phénomènes qui se passent au sein d'une société close et définie. De ce point de vue les choses changent aussitôt d'aspect. Du coup, nous l'avons déjà vu, l'économie politique perd son autonomie, car on ne peut pas étudier une fonction sociale en l'isolant complètement des autres. L'État n'est plus une construction logique que l'on peut arranger et déranger à volonté. C'est un organe qui concentre et exprime toute la vie sociale. Le droit et la morale ne sont plus des collections de maximes abstraites et de préceptes immuables, dictés par l'impersonnelle raison; mais des choses vivantes, qui sortent des entrailles mêmes de la nation et partagent toutes ses destinées. Remarquons d'ailleurs que cette conception de la morale et du droit n'est inconciliable avec aucune métaphysique. Que les principes de l'éthique soient ou non des inductions de l'expérience, il est bien certain qu'ils ont un rôle social. C'est ce rôle seulement que la science sociale s'attache à déterminer. C'est ce qui a permis à un idéaliste comme Ahrens de se poser le problème dans les termes que nous venons de dire.

Ainsi la sociologie comprend dès maintenant trois sciences particulières, l'une qui étudie l'État, l'autre les fonctions régulatrices (droit, morale, religion), la troisième, enfin, les fonctions économiques de la société. En dehors de cette sociologie normale, il y a une sociologie pathologique, dont la criminologie est la partie la plus avancée. Les remarquables articles de M. Tarde ont fait connaître aux lecteurs de la *Revue* l'état actuel de cette science. Toutefois ces études spéciales n'épuisent pas le champ de la sociologie. On s'entend, depuis Claude Bernard, pour admettre qu'à côté des sciences biologiques particulières, il existe une biologie générale, qui recherche les propriétés générales de la vie. De même, il existe une sociologie générale qui a pour objet d'étudier les propriétés générales de la vie sociale. C'est cette science, à vrai dire, qui est d'origine récente et qui date vraiment de notre siècle. C'est d'elle que relèvent les travaux de Comte, de Schaeffle, de Spencer, de Lilienfeld, de Le Bon, de Gumplowicz, de Siciliani, etc. Mais il ne faut pas croire qu'elle ait été créée *ex nihilo*. Elle trouve au contraire des matériaux tout préparés dans les trois sciences particulières dont il vient d'être parlé et dont elle est comme la synthèse. C'est de ce côté-là, croyons-nous, que devraient se porter de préférence les esprits philosophiques qu'attire cet ordre de questions. C'est à la sociologie générale qu'il appartient d'étudier la formation de la conscience collective, le principe de la division du travail social, le rôle et les limites de la sélection naturelle et de la concurrence vitale au sein des sociétés, la loi de l'hérédité ou de la continuité dans l'évolution sociale, etc., etc. N'y a-t-il pas là matière à de belles généralisations?

C'est toujours perdre son temps que de discuter pour savoir si une science est possible et si elle vivra. Pour ce qui concerne la sociologie, la question n'est pas seulement oiseuse; elle est tranchée. La sociologie existe; elle vit et progresse; elle a un objet et une méthode; elle comprend une assez grande variété de problèmes pour comporter dès maintenant une utile division du travail; elle a suscité de remarquables travaux tant en France qu'à l'étranger, surtout à l'étranger; enfin elle est appelée à rendre dans l'ordre pratique d'inappréciables services. Elle seule, en effet, est en état de restaurer cette idée de l'unité organique des sociétés, que d'éminents doctrinaires sont en train d'ébranler à coups de logique. Seulement, comme le dit M. Schaeffle à la fin de son grand ouvrage sur la structure et la vie du corps social, il ne faut pas oublier que la sociologie, comme les autres sciences, et peut-être même plus que les autres, ne peut progresser que par un travail en commun et un effort collectif.

ÉMILE DURKHEIM.

VARIÉTÉS

LOI D'ÉVOLUTION DE LA SENSATION MUSICALE

Dans les sciences dites positives la première préoccupation du savant est d'éviter toute chance d'erreur : ainsi, pour pouvoir fixer le temps vrai d'un phénomène, les astronomes calculent leur équation personnelle. Nous n'avons point jusqu'ici pris d'analogues précautions dans l'étude des choses de l'antiquité : quand nous lisons un vieil auteur, nous ne pouvons l'interpréter qu'avec nos idées du moment et nous avons grande chance de faire, sous prétexte de grec, du pur moderne. Les monuments sont là pour corriger de leurs suggestions les textes ; la photographie nous a sauvés pour toujours des traîtrises du dessinateur ; mais les monuments n'ont pas encore été étudiés rigoureusement ; les formes n'ont pas été décomposées en leurs éléments mathématiques par une sorte de rapporteur esthétique, ni comparées en leurs formules ; on ne connaît point encore les lois de l'expression figurée des pensées, et par conséquent on n'a pu établir sur de simples observations empiriques une loi précise d'évolution des formes qui pourrait éclairer le développement des idées. Pour déterminer les erreurs que nous sommes exposés à commettre en interprétant par nos sentiments la psychologie des anciens, nous n'avons d'autre moyen que de comparer leurs associations de certaines idées bien précises et les nôtres ; si les associations sont différentes, il y a eu évolution dans un sens qu'il s'agit de préciser.

I. Deux idées bien précises sont le *son* et la *direction ;* deux associations non moins claires pour nous sont l'association du *haut* avec les sons aigus et du *bas* avec les sons graves. Nous substituons même couramment au qualificatif du son le qualificatif de la direction. L'explication physiologique de cette association est facile : on sait que l'intensité de son est en rapport avec l'amplitude des vibrations et que la hauteur ou l'acuité est en rapport avec le nombre de ces vibrations dans l'unité du temps. Mettez dans la main d'un auditeur *nerveux* un dynamomètre qui enregistre à un moment donné l'intensité de son effort de pression, faites entendre à ce sujet des sons croissant d'intensité et de hauteur, vous constaterez que ces excitations augmentent non seulement l'effort brusque, mais encore l'intensité et la durée de l'effort soutenu [1] : en un mot, plus les sont augmentent d'acuité, plus

---

1. Ch. Féré, Sensation et mouvement (*Revue philosophique*, octobre 1885).

l'auditeur sent croître sa puissance d'exécuter un travail, plus il est capable d'élever un certain poids à une certaine hauteur ; il est donc naturel d'associer l'acuité des sons avec la direction de bas en haut et la gravité avec la direction de haut en bas : c'est là une association absolument subjective, toute physiologique, et que l'on serait disposé à considérer comme ayant été constante pour tous les hommes. Cependant il n'en est rien ; elle n'a pas été générale chez les Grecs et elle n'est devenue absolue qu'à partir d'une certaine époque : tous les historiens de la musique grecque sont d'accord sur le fait.[1]

II. Disons d'abord les textes d'après lesquels les Grecs ont eu conscience de l'association, normale pour nous.

Aristoxène (320 av. J.-C.) appelle ἐπίτασις, *élévation*, le mouvement du grave vers l'aigu ; ἄνεσις, *relâchement*, le mouvement de l'aigu au grave[2].

Dans les tables d'Alypius, les trois modes primitifs : dorien, phrygien, lydien, vont du grave à l'aigu[3].

Dans ces passages d'Aristoxène le mot *hypo* (sous) marque le grave : « Chez les harmoniciens, les uns déclarent le ton hypodorios le plus grave de tous ; le dorios plus aigu d'un demi-ton que celui-ci... D'autres ajoutent dans le grave la flûte hypophrygienne[4]. »

Les Anciens, d'après Aristide Quintilien, appelaient *premier* le tétracorde *hypaton* ou le plus grave[5].

Dans l'énumération des sept tons principaux : mixolydien, lydien, phrygien, dorien, hypolydien, hypophrygien, hypodorien, *hypo* est employé dans son acception moderne, c'est-à-dire au grave[6]. Même sens dans le système aristoxénien des treize tons[7] et le système néo-aristoxénien des quinze tons[8].

Voici maintenant les textes décisifs en faveur de l'association contraire.

Au IIe siècle après J.-C., Ptolémée écrit : « Ceux qui ont introduit la doctrine des huit tons[9] employaient improprement le mot *hypo* pour

---

1. C'est à tort que Vincent a affirmé que les Grecs ont toujours associé l'aigu avec le bas, le grave avec le haut. (Notices sur trois manuscrits grecs relatifs à la musique dans *Notices et extraits des manuscrits de la Bibliothèque du roi*, t. XVI, 2ᵉ partie, p. 76.)

2. *Stoicheia*, p. 11-12 (éd. Meibom).

3. *Id.*, p. 75.

4. Aristoxène, *Stoicheia*, p. 37 (ed. Meibom). Gevaert, *Histoire et Théorie de la musique de l'Antiquité*, t. I, p. 249.

5. P. 10 (éd. Meibom).

6. Boèce, IV, 15. Bacchius, p. 12-13 (éd. Meibom). Gevaert, *Histoire de la musique de l'Antiquité*, t. I, p. 214.

7. Gevaert, t. I, p. 225. Aristide Quintilien, p. 23 (éd. Meibom).

8. Martianus Capella, p. 181 (éd. Meibom), Gevaert, t. I, p. 225.

9. Ptolémée fait allusion à l'hypermixolydien qui s'est ajouté aux sept tons ci-dessus nommés.

désigner ce qui est plus grave et *hyper* pour ce qui est plus aigu [1]. »
L'emploi dans le sens moderne des mots *hypo* et *hyper* n'était donc
qu'une exception.

Voici, d'après Bacchius le Vieux, le tableau des anciennes octaves, du
grave à l'aigu [2] : mixolydienne, lydiennne, phrygienne, dorienne, *hypo-
lydienne, hypophrygienne, hypodorienne.*

Les notes vocales, si malheureusement différentes des notes instru-
mentales, sont les 24 lettres de l'alphabet grec usuel employées tantôt
droites, tantôt modifiées et se succédant dans leur ordre alphabétique
de l'*aigu au grave* [3].

Aristoxène, d'après le grammairien Didyme, rangeait les instruments
à vent connus sous le nom d'*auloi* en cinq classes : 1° les parthéniens
ou flûtes virginales (παρθένιοι); 2° les enfantins (παιδικοί); 3° les citha-
ristériens (κιθαριστήριοι); 4° les parfaits (τέλειοι); 5° les plus-que-parfait
(ὑπερτέλειοι); or Aristoxène, suivant la remarque de Gevaert [4], nous
apprend que les plus aigus parmi les instruments à vent étaient les
auloi parthéniens; il débute donc par les plus aigus, nouvel indice que
théoriquement les Grecs procédaient ordinairement de l'aigu au grave.

III. Comment ont-ils pu oublier à ce point l'association subjective à
nous familière et non étrangère à eux? Il nous faut remonter à l'origine
même de leur principal système musical, le système parfait (τέλειον).

On sait que cette origine est la lyre octocorde, et il est bien connu
qu'avant de désigner les différents sons de l'échelle musicale, les termes
techniques s'appliquaient aux cordes : l'exécutant tenait l'instrument
sur le genou ou entre les bras, les cordes graves à gauche, les cordes
aiguës à droite.

C'est pour cette disposition et non, comme le dit Nicomaque [5], « par
analogie avec le mouvement de la planète Saturne, le plus élevé et par
conséquent le plus éloigné de nous, que le son le plus grave de l'octocorde a été appelé hypate, car ὕπατον veut dire *supérieur* ». Ce n'est
point également « par analogie avec le mouvement de la lune, le plus
bas et le plus rapproché de la terre, que le son le plus aigu a reçu le
nom de nète, en effet νέατον signifie *le plus bas* ». La raison de ces
dénominations : *hypate* et *nete*, est purement physiologique. Des expériences récentes prouvent que le temps d'exécution d'un mouvement,
comme le tracé d'un chiffre, est plus petit pour la main droite que
pour la main gauche [6]. Supposons un objet, une corde, par exemple,

1. Τὰ μὲν ὑπὸ καταχρησάμενοι πρὸς τὴν ἐπὶ τὸ βαρύτερον ἔνδειξιν· τῷ δὲ ὑπὲρ πρὸς
τὴν ἐπὶ τὸ ὀξύτερον (liv. II, ch. x).
2. Tiron, *Études sur la musique grecque*, p. 209.
3. Gevaert, *Musique de l'Antiquité*, t. I, p. 406.
4. Gevaert, *Musique de l'Antiquité*, t. II, p. 272.
5. P. 6 (éd. Meibom).
6. Voici les moyennes de temps de tracé des chiffres 1, 2, 3 pour la main
droite : 0,318; 0,343; 0,426; pour la main gauche : 0,410; 0,507; 0,689. Voir Buccola, *La legge del tempo nei fenomeni del pensiero*, Milan, 1883, p. 421.

situé à égale distance de la main gauche et de la main droite, et supposons que les deux mains se mettent en mouvement au même instant vers cet objet, la main droite le touchera plus tôt et par conséquent
l'objet paraîtra plus rapproché de la droite ; mais il est admis assez
généralement que les mouvements du côté droit du corps sont sous la
dépendance de l'hémisphère gauche du cerveau et réciproquement ;
l'objet nous paraîtra donc à la fois plus rapproché de la gauche et de la
droite, donc plus près de nous. C'est ainsi que les Grecs ont été amenés
à considérer comme plus rapprochées ou plus en bas les cordes situées
à droite. Nous ne faisons pas autrement quand nous appelons 1re, 2e,
3e les cordes les plus à droite du violon, de la guitare, etc. Les tons
de chacun des quatre tétracordes de leur échelle se succédaient dans
cet ordre : demi-ton, ton, ton : et l'ensemble se lisait de l'aigu au grave.
Ptolémée, Pachymère, Bryenne, Lucien [1] sont explicites sur ce point.

En somme, les Grecs ont associé l'aigu avec le bas, le grave avec le
haut parce que les cordes aiguës de leur lyre étaient à droite, les cordes
graves à gauche : les premières leur paraissaient à eux, comme à nous,
par une illusion dont j'ai essayé d'expliquer le mécanisme, plus près
ou perspectivement en bas ; les secondes, plus loin ou en haut. En un
mot, ils ont préféré à une association d'idées purement subjective une
association d'idées dont les éléments sont objectifs.

IV. Cette conclusion doit être approfondie. En plaçant à droite, c'est-
à-dire en bas ou près d'eux, les cordes aiguës ; à gauche, c'est-à-dire en
haut ou loin d'eux, les cordes graves, les Grecs ont-ils obéi à l'influence
d'un phénomène psychologique ou d'un fait physique ? Dans le premier
cas l'évolution ne serait qu'apparente, puisque finalement leur association de l'aigu avec le bas, du grave avec le haut, serait subjective.

Les textes sur l'acuité et la gravité sont obscurs. Ce n'est qu'assez
tard dans les écrits de Ptolémée, de Porphyre et de Bryenne qu'on voit
apparaître l'idée d'un rapport entre la hauteur, le nombre des vibrations
et les longueurs des cordes [2]. Aristote avait observé le phénomène de
la résonance ; il savait qu'un son se termine à l'aigu, et il se pose ces
questions : pourquoi est-il plus convenable d'aller de l'aigu au grave
que du grave à l'aigu ? est-ce parce que c'est commencer par le commencement ? la plus aiguë est en effet la corde moyenne (μέση) et mai-

---

1. Ptolémée (liv. II, ch. III et VI) appelle ἡγούμενοι φθόγγοι, *sons directeurs*, les
sons aigus ; chez Pachymère (ms. gr. 2536 de la Bibl. nat.), λόγος ἡγούμενος, le
rapport directeur, est le rapport des sons aigus par opposition à λόγος ἑπόμενος,
rapport séquent. Bryenne dit que le son le plus aigu de tout le système du tétracorde est nommé le premier. Lucien compare un dialogue à des sons tirés deux
fois de l'aigu au grave (ed. Didot, p. 7). Vincent cite encore un texte où Cicéron
parle des tragédiens qui passent des années à déclamer assis et chaque jour
avant de jouer excitent leur voix peu à peu, et, après avoir joué, la font redes-
cendre du son le plus aigu au son le plus grave comme pour la recueillir, *ab
acutissimo sono usque ad gravissimum recipiunt* (de Oratore, I. 59). Il me paraît
difficile d'y voir autre chose que l'indice d'un exercice particulier de la voix.

2. Vincent, *Notices*, p. 174.

tresse du tétracorde : or ce n'est pas commencer par le commencement mais par la fin; ou est-ce parce que le grave après l'aigu est plus
puissant et plus mélodieux [1]? Il ne résout point ces problèmes.

Toutefois la critique d'une théorie qu'on rencontre dans Platon,
Aristote, Plutarque me paraît décider la question. D'après ces auteurs,
l'aigu serait dû à la rapidité du mouvement [2]. Évidemment ils ne voulaient pas dire que les sons aigus se propagent plus vite que les sons
graves : dans ce cas on ne pourrait attribuer aux sons de hauteur différente des durées respectives quelconques, comme le fait le compositeur: ils étaient trop profondément mélodistes pour ne point sentir que
la mélodie suppose la vitesse constante de propagation pour des sons de
hauteur différente. Leur explication de l'acuité par la rapidité du mouvement et de la gravité par la tardiveté ne visait donc que le mouvement du corps sonore, qui en effet rend des sons *apparemment* plus
élevés s'il se rapproche vite de l'auditeur que s'il s'en rapproche lentement. A plus forte raison, si le corps sonore s'éloigne de nous, les
sons paraissent-ils plus graves. C'est un fait bien connu que la note du
sifflet d'une locomotive étant un *la*, un observateur placé sur la voie
croira entendre un *la♭* quand la locomotive s'éloigne, et un *la♯* quand
elle s'approche. Le même phénomène a lieu, cela va sans dire, si l'auditeur s'éloigne ou se rapproche du corps sonore [3].

Censorinus raconte que le monocorde a été inventé par Apollon qui,
pour plaire à sa sœur Diane la chasseresse, lui donna la forme d'un
arc : c'est la forme en laquelle les bas-reliefs le représentent. Il a suffi
d'éloigner un peu vivement de l'oreille le monocorde vibrant pour
sentir le son devenir grave, et de rapprocher l'instrument pour sentir
le son augmenter d'acuité; j'ai fait l'expérience sur le *sol* d'un violon
et chacun peut la répéter.

Quand le pseudo-Olympe l'Ancien reconnut la nécessité du *dicorde*,
le pseudo-Mercure du *tricorde*, les légendaires Orphée et Amphion du
tétracorde, ils attribuèrent donc forcément les notes graves aux cordes
nouvelles, aux cordes plus éloignées d'eux, c'est-à-dire aux cordes de
gauche; la note aiguë à la corde la plus rapprochée : et ils furent amenés à cette disposition, non par un phénomène subjectif comme celui
qui nous fait placer l'aigu en haut et le grave en bas, mais par un phénomène rigoureusement objectif.

Je suis donc autorisé à conclure : la sensation musicale, avant de se
projeter, comme il nous arrive, en directions *subjectives*, c'est-à-dire en

---

1. *Problèmes*, XIX, n° 33 (éd. de Berlin, t. II, p. 920, 1re col.).
2. « Le son rapide devient aigu, le son lent devient grave : c'est pourquoi les
sons aigus mettent en mouvement la sensation plus vite. » (Plutarque, *Questions
platoniciennes*, VII, 9.) « Le grave consiste dans la tardiveté du mouvement,
l'aigu dans la rapidité. » (Aristote, *Traité de la génération des animaux*, V, 7.)
« Le rapide dans l'impulsion dans la voix est l'aigu » (*Id.*, *Problèmes*, XI, 21), etc.
3. Voir Jamin, *Cours de physique de l'École polytechnique*.

directions dont le sens est déterminé par le plus ou moins de travail que nous sommes capables d'exécuter sous l'influence des différentes excitations acoustiques, s'est projetée en directions *objectives*, c'est-à-dire en directions marquant le degré de distance du corps sonore à l'observateur; les sons graves se projetant en directions de bas en haut, car le corps sonore paraît donner des sons graves en s'éloignant ou en montant; les sons aigus se projetant en directions de haut en bas, car le corps sonore paraît donner des sons aigus en se rapprochant ou en baissant. On peut donc formuler brièvement cette loi : il y a eu évolution de l'objectif au subjectif pour la sensation musicale.

Des publications ultérieures prouveront l'entière généralité de cet énoncé et préciseront son importance en philosophie naturelle.

V. Quand triompha définitivement l'association moderne? Il serait difficile de le marquer. Deux fois dans Boèce les lettres A, B, C, D, E, F, G représentent une échelle ascendante de sons [1]. André, archevêque de Crète, au commencement du VIIIe siècle, dans son traité manuscrit de l'*Hagiopolite*, appelle grave le ton mixolydien et ajoute un huitième ton, l'hypomixolydien (ὑπομιξολύδιος), encore plus grave [2]. Au IXe siècle, Hucbald de Saint-Amand commence comme les Grecs par les notes les plus élevées, mais emploie une notation qui va du grave à l'aigu [3] : même direction dans son tableau des notes initiales des quatre modes principaux avec exemples tirés du chant grégorien [4]. Oddon de Cluny emploie les sept premières lettres : pour les sons graves les majuscules, pour les sons aigus les minuscules, exprimant le *la* grave par la lettre A [5]. On peut affirmer que l'association de l'aigu et du haut, du grave et du bas s'est développée avec le christianisme, comme l'association contraire s'était développée dans les temps antérieurs avec les inévitables hésitations de l'intuition et de l'hérédité.

VI. Est-il nécessaire de dire que cette loi d'évolution éclaire vivement les différentes phases et caractéristiques du développement de la musique? Plusieurs critiques de haute valeur, Westphal entre autres, ont insisté sur le caractère objectif de l'esprit grec; mais leur point de vue exclusivement philosophique les a empêchés de prouver et d'appliquer cette caractéristique. Intelligences éminemment objectives, les Grecs ne purent point attribuer à la musique ces changements de direction de la force disponible qui sont la base du système musical moderne et que l'esthétique scientifique analyse et catalogue [6] : ils y virent des directions concrètes, relatives et limitées et ne purent la considérer que comme un *assaisonnement* d'un autre art essentiellement concret, de la poésie :

1. *De Institutione musica*, livre IV, 14 et 17.
2. Ms. grec 360 de la Bibliothèque nationale. Ducange, *Glossarium mediæ et infimæ græcitatis*, au mot : ἁγιοπολίτης.
3. Lambillotte, *Esthétique théorique et pratique du chant grégorien*, p. 111.
4. *Id.*, p. 113-114.
5. *Id.*, p. 125.
6. Voy. l'exposé populaire de l'introduction à mes *Principes d'esthétique mathématique et expérimentale* (*Revue contemporaine*, 25 août 1885).

ce n'est que très tard, vers la guerre du Péloponèse, après la période classique, qu'apparaissent dans la tragédie les chants monodiques, les airs.

La perception de phénomènes simultanés, qu'il s'agisse de lignes ou de sons, ne se fait point sans un effort d'adaptation du sujet : les natures objectives sont par définition incapables de ces efforts proportionnés d'adaptation : nos volontés particulières sont pour elles un vaste désir d'embrasser successivement chaque chose : d'où l'impuissance harmonique et instrumentale des Grecs.

Mais les êtres objectifs, par là même qu'ils sont essentiellement concrets, poussent le souci des détails à des raffinements inouïs pour longtemps aux natures subjectives, inquiètes de l'abstrait : de là, chez les Anciens, cette richesse de rythmes et de mesures, cette variété de modes de transposition, cette complexité de gammes que la musique de l'avenir envahira forcément et fondra dans sa synthèse progressive.

Un problème considéré comme insoluble est le caractère, l'*éthos* que les Grecs attribuent au mode mineur, et l'universalité de son emploi : c'est pour eux le mode viril, grandiose, joyeux : « les rapports réciproques du majeur et du mineur, dit M. Gevaert, semblent intervertis. » La loi d'évolution de la sensation musicale nous l'explique. La direction idéale de la vie, c'est la direction de bas en haut ; c'est la direction que prend notre force disponible dans le plaisir. Réciproquement la perception de toute direction dans ce sens nous fait plaisir. Ces assertions que vérifient l'observation de chaque instant et le langage populaire peuvent être facilement prouvées par l'expérimentation physiologique. Souvenons-nous que dans la gamme mineure la médiante et la sus-dominante sont bémolisées ; pour une nature subjective, ces deux bémols sont, relativement aux notes naturelles, dépressifs, puisqu'ils sont des excitations diminuées ; pour une nature objective qui se représente les sons graves comme se dirigeant vers le loin ou vers le haut, ces bémols sont, relativement aux notes naturelles, excitants, comme toutes directions de bas en haut : d'où une interversion nécessaire de sentiments.

Le concret a sur l'homme une tout autre et bien supérieure influence que l'abstrait ; c'est là la raison de l'extrême importance morale politique et sociale attribuée par les Grecs à la musique. Nous ne défendrions pas comme Lycurgue, pendant la guerre, l'emploi de certaines combinaisons mélodiques ; nos gouvernants ne songent point à compléter le code pénal par quelques articles sur les musiciens, et nous ne comprenons plus cette pensée de Platon : « On ne saurait toucher aux règles de la musique sans ébranler les lois fondamentales du gouvernement. » Au récit des merveilleux effets de la musique, fallait-il accuser d'exagération les historiens les plus graves ? Fallait-il en quelque sorte déifier l'art grec ? Il fallait se souvenir que dans le temps et l'espace il n'y a point deux êtres semblables, et que dans l'histoire et dans la vie sociale, sous peine des plus grossières erreurs, chacun doit déterminer son équation personnelle.   CHARLES HENRY.

ANALYSES ET COMPTES RENDUS

G. **Ballet**. — LE LANGAGE INTÉRIEUR ET LES DIVERSES FORMES DE L'APHASIE. 1 vol. in-18. *Bibl. de philosophie contemporaine.* Paris. F. Alcan, 1886. 172 p.

L'ouvrage de M. Ballet a été, l'auteur nous l'apprend dans une note, présenté comme thèse au concours de l'agrégation de médecine. Le sujet et le titre avaient été arrêtés par le jury. Il y a là un fait d'une importance remarquable, en ce qu'il montre l'alliance de plus en plus étroite des sciences de la vie et de la science de l'esprit. Pendant que des philosophes traitent avec dédain, dans le *Journal des savants*, « les anecdotes apocryphes, les historiettes individuelles et acciden-telles sur lesquelles se fonde la psychologie empirique », cette psycho-logie entre de plus en plus dans la classe des sciences positives. Si quelques métaphysiciens s'éloignent d'elle, les physiologistes et les cliniciens contribuent à la fonder. Ils se mettent ou se tiennent au courant des recherches de la psychologie, comme les psychologues se renseignent sur les résultats de la physiologie et de la pathologie, et l'on peut espérer que ce concours fera rapidement progresser la science; les résultats acquis sont un garant des résultats futurs.

Si du reste la psychologie et les sciences positives ont été longtemps séparées, ce n'était pas seulement la faute des psychologues. Les savants qui réclamaient pour la biologie le domaine de l'esprit met-taient souvent dans leurs revendications plus de chaleur et de dédain que de perspicacité et de netteté. Le sens psychologique leur faisait par trop défaut, et il est tel livre, récent encore et bien connu, où l'on pourrait relever, à côté de documents et de vues fort intéressants, des fantaisies psychologiques qui, pour être plus mal écrites que les théories des spiritualistes, n'en sont pas pour cela plus probantes. Mais un changement peut s'être fait à la fois chez les biologistes et chez les psychologues. M. Ballet qui, dans une intéressante introduc-tion, étudie ce changement montre au contraire beaucoup de netteté et de largeur d'esprit. « L'intime union, dit-il, qui tend à s'établir entre la pathologie cérébrale et la psychologie, chacune de ces sciences venant en aide à l'autre, est appelée, si je ne m'abuse, non seulement à nous donner la clef des phénomènes de l'esprit et des relations qui les unissent entre eux, mais à nous permettre de démêler d'une façon plus complète le mécanisme des divers troubles psychiques. » La psychologie expérimentale ou physiologique comporte « deux méthodes, ou plus justement deux procédés de recherche : elle est à la fois *subjective* et *objective*, ou comme on dit encore, *idéologique* et *biologique*. En tant que science subjective, elle fait appel à l'observation intérieure et repose sur la réflexion et l'analyse ; en tant que science objective, elle recourt aux renseignements qui lui sont fournis par l'anatomie, la physiologie, et surtout par la pathologie du système nerveux.... » « En face de cette tendance générale à rapprocher, pour les faire concourir au même but, les méthodes subjective et objective et à les utiliser toutes les deux parallèlement dans l'étude des phénomènes intellectuels, on ne s'étonnera pas du titre de ce travail où figurent, côte à côte, des expériences empruntées au vocabulaire de la psychologie et d'autres appartenant plus spécialement à la nomenclature pathologique. Ce titre constitue, si je ne m'abuse, l'affirmation de la révolution dont j'ai parlé plus haut, et la consécration officielle de l'étroite et intime union qui doit désormais relier la psychologie à la pathologie cérébrale. »

L'auteur appliquant ensuite sa théorie à l'histoire des théories du langage trouve une confirmation de ses idées dans les progrès qu'ont fait faire à la question, en combinant les enseignements de la psychologie à ceux de la clinique, Broadbent, Bastian, en Angleterre, Kussmaul, en Allemagne, et en France M. Charcot, à qui « le mérite de la tentative revient surtout » et dont la préoccupation a été « de mettre en relief le précieux concours que l'observation intérieure vient apporter aux recherches anatomo-cliniques ». Et ce que M. Ballet se propose dans son ouvrage, c'est de « montrer les résultats de cette heureuse entente de la psychologie et de la pathologie, faire ressortir les éclaircissements que la clinique apporte à l'étude de la fonction du langage, rechercher surtout les interprétations des diverses formes de l'aphasie telles que les rend aujourd'hui possible l'analyse psychologique. »

M. Ballet a par conséquent essayé, lui aussi, d'interpréter par la psychologie les troubles du langage. « L'aphasie, dit-il, n'est pas autre chose qu'une altération complète ou incomplète de l'une ou de plusieurs des modalités du langage intérieur. » Il a fait de ces troubles du langage intérieur une très bonne monographie. Il est difficile de l'analyser ici à cause de la place qu'y tiennent un très grand nombre d'observations intéressantes. Le plan est simple et logique. Après un aperçu sur la formation et le développement de la fonction du langage chez l'individu, M. Ballet examine les différentes formes de la représentation des mots et les différents types, auditif, visuel [1] et

---

1. Je me permettrai de relever ici une inexactitude de l'auteur, inexactitude qui n'a d'ailleurs aucune importance. M. Ballet cite, en me l'empruntant, une note d'une personne du type visuel et l'attribue par erreur à M. Montchal, bibliothécaire de la Société de lecture de Genève. M. Ballet a confondu cette note avec

moteur, qui résultent de la prépondérance de l'une de ces formes, ainsi que le type indifférent qui résulte de plusieurs représentations différentes. Vient ensuite l'étude des troubles du langage intérieur, et nous trouvons d'abord un chapitre sur l'aphasie en général, puis des études sur la surdité verbale, l'aphasie motrice et l'agraphie, enfin les chapitres consacrés aux aphasies combinées et aux aphasies de conductibilité, aux localisations corticales des centres du langage et au diagnostic de différentes formes de l'aphasie. Dans la conclusion qui termine le livre, M. Ballet rappelle brièvement les progrès qu'a accomplis depuis vingt ans la question du langage et de ses altérations, ainsi que les méthodes qui ont permis de les réaliser.

Il n'est que juste de louer, dans le travail de M. Ballet, l'abondance des renseignements, la précision des exposés et des discussions, la clarté, l'intérêt, le souci de la méthode générale, de cette interprétation des phénomènes morbides à l'aide des phénomènes normaux. Ce travail s'imposera évidemment à quiconque voudra étudier le langage intérieur.

Mais il ne termine pas cette étude, et sans doute ce n'était pas là d'ailleurs la prétention de l'auteur. Je veux dire que si M. Ballet s'est habilement servi de la psychologie, la psychologie n'est pas complète encore en ce qui concerne le langage intérieur, et même que peut-être lorsque la psychologie aura atteint un état plus parfait, certaines interprétations devront être remplacées. Je voudrais indiquer quelques-uns des points sur lesquels je crois qu'il y aura à revenir.

D'abord M. Ballet me paraît négliger toute une classe importante de phénomènes, en ne disant rien des images abstraites. Je ne pense pas que l'on doive admettre que toutes les représentations de mots soient des représentations concrètes, auditives, visuelles ou motrices. Les images abstraites sont une sorte d'idée des mots; de même que l'idée d'un cheval n'est pas l'image concrète d'un cheval, de même l'idée d'un mot n'est pas l'image concrète d'un mot. C'est là du moins ce que l'expérience me paraît montrer [1]. Je ne pourrais affirmer d'ailleurs qu'il existe un type abstrait comparable aux types *visuel*, *moteur* et *auditif* et aussi tranché que ceux-ci : les images abstraites paraissent se mêler aux images concrètes et les suppléer de temps en temps, quand par exemple l'esprit est en même temps occupé d'une autre chose que de l'image.

Une question qui se rattache à celle-là, c'est celle de la complexité des images concrètes. C'est un beau résultat de l'analyse clinique que d'avoir décomposé le souvenir d'un mot en quatre souvenirs différents, l'image visuelle, l'image auditive, l'image motrice d'articulation et l'image motrice graphique, mais peut-être l'analyse peut-elle être

une lettre de M. Monichal adressée à la *Revue philosophique* et que j'avais reproduite aussi dans mon article.

1. J'ai examiné cette question dans mon article sur *Le langage intérieur et la pensée*. *Revue philosophique*, janvier 1886.

poussée encore plus loin. Chaque catégorie de souvenir peut être décomposée elle-même en de nouveaux éléments. J'ai dit ailleurs que chez moi la parole intérieure auditive est généralement sans timbre, le timbre est donc un élément de l'image auditive et l'image auditive dont le timbre paraît nul est évidemment plus abstraite que l'autre. Si d'ailleurs on prend la série des images auditives en partant de l'image abstraite pour aboutir à l'image hallucinatoire, on remarque que de nouveaux caractères viennent, à mesure qu'on parcourt la série, s'ajouter à ceux qui se trouvent dans les images abstraites. Ce que l'on sait de la complexité des sensations peut s'appliquer aussi aux images et une image auditive est une synthèse d'éléments multiples. Il en est de même pour les images visuelles et probablement aussi pour les images motrices. Une recherche sur la composition des images ne serait pas d'ailleurs sans intérêt pour la pathologie et la physiologie. On y trouverait peut-être des éclaircissements sur la nature, le fonctionnement et les troubles des centres du langage et de leurs relations mutuelles.

Peut-être serait-on amené, par exemple, à multiplier le nombre des troubles venant d'un défaut de conductibilité, si chaque centre apparaissait lui-même comme une organisation de centres secondaires. Mais je n'insiste pas sur ces hypothèses, et je termine en recommandant le livre de M. Ballet aux amis de la psychologie qui ne l'auraient pas encore lu.

Fr. Paulhan.

———

Denys Cochin. L'ÉVOLUTION ET LA VIE. Paris. G. Masson, 1886, 1 vol. in-18, 306 pages.

Le travail de M. Cochin est une critique de la théorie évolutionniste, dirigée contre M. H. Spencer, le plus illustre représentant de cette doctrine. M. Cochin n'a pas fait une critique très détaillée du système, il a surtout concentré ses efforts sur un seul point, celui qu'il était le mieux préparé à examiner, je veux parler de la difficulté qu'il y a pour la théorie évolutionniste à faire sortir la matière vivante de la matière inanimée. L'auteur a clairement exposé les faits et adroitement critiqué la théorie qu'il attaque. Pour lui la science positive s'oppose absolument à ce qu'on fasse sortir la vie de ce qui ne vit pas ; il est parfaitement au courant des travaux modernes qui intéressent à la fois la chimie et la biologie et qui peuvent éclairer jusqu'à un certain point les rapports de ces deux sciences. Peut-être abuse-t-il parfois de son érudition, par exemple, lorsqu'il écrit trente pages pour donner un compte rendu intéressant et bien fait, mais qui n'apprend rien de nouveau des travaux de M. Pasteur sur les ferments, le virus et la vaccination. Ce qu'il faut louer dans le travail de M. Cochin, c'est, outre le style clair, net, agréable et l'abondance des informations, la précision de la pensée et le soin avec lequel il s'attache à distinguer des faits et des produits proprement externes les phénomènes et les corps qui s'en rapprochent et peuvent être confondus avec eux. M. Cochin admire beaucoup les synthèses chimiques de M. Berthelot, mais ses convictions n'en sont nullement ébranlées. Il ne considère pas ces expériences comme prouvant réellement la synthèse de la matière organique. Voici d'ailleurs des passages de son livre qui donneront une idée de la façon dont il entend la question :

« Il nous semble que dans les recherches entreprises à ce sujet beaucoup de savants ont fait fausse route et qu'ils ont été victimes d'un malentendu. Trouvant dans les organes de l'être vivant un certain nombre de réactifs chimiques, qu'ils pouvaient isoler, ils ont cru que ces réactifs étaient les agents mêmes des phénomènes vitaux : ils n'avaient affaire qu'à des auxiliaires de la vie. Que la véritable action vitale soit entourée d'actions chimiques, physiques, mécaniques, personne n'en doute. L'être vivant, placé au milieu de la matière morte, est soumis comme elle aux lois générales qui régissent l'univers; on voit seulement en lui outre l'effet, si je puis ainsi m'exprimer, des lois usuelles, l'effet d'une loi qui lui est particulière et qui le distingue de tous les autres êtres. » (C., p. 148-149.)

M. B. Cochin rapporte ensuite, pour expliquer sa pensée, les expériences de M. Pringsheim sur la chlorophylle et son rôle dans la nutrition des plantes.

« Ainsi, dit-il, la sécrétion de la matière colorante, hypochlorine et chlorophylle, ne sert qu'à préparer à la substance vivante un abri contre les ardeurs du soleil.

« La chlorophylle n'est destinée qu'à modifier, à atténuer le rayon lumineux. Elle n'a en réalité ni une fonction vitale, ni même une fonction chimique. Ce n'est ni une matière vivante, ni un puissant réactif, ce n'est qu'un parasol. Où donc, dira-t-on, est la matière vivante, celle qui s'enrichit du carbone pris à l'acide carbonique de l'air? Ce sont ces grains vus par M. Pringsheim, véritables cellules, douées, tant que leur vie dure, de la propriété de se réunir et de se reproduire, et exerçant leur action en dehors de toutes les lois de la physique et de la chimie dont on voudrait en venir chercher ici des applications. » (C. p. 157-158.)

« Le germe, dit l'auteur à un autre endroit, là est le recueil de la vie et là doit être restreint le problème. Sans le germe, nous le verrons plus loin, les matières les plus fécondes, les plus semblables à celles où la vie réside, le lait ou le sang eux-mêmes, restent éternellement inertes et stériles; au contraire, dès qu'un germe est présent, les matières minérales les plus inertes, les plus stériles, rompent les alliances formées par une affinité naturelle, obéissent à des lois nouvelles et se groupent en des combinaisons tout à fait inusitées, qu'aucune force chimique n'aurait provoquées. Le corps vivant sort de la poussière et il retournera à la poussière, mais il est pétri d'un limon particulier, que la vie seule a su composer. » (p. 134-135.)

Je citerai encore un autre passage où le problème de la vie est peint avec beaucoup de netteté et qui montre aussi que M. Cochin n'abuse pas des entités métaphysiques.

« Voici donc deux phénomènes opposés, la construction et la destruction, le synthèse et l'analyse; par le premier, les matériaux tirés du monde minéral, eau, acide carbonique, ammoniaque, ont formé les substances organiques supérieures : les albumines et les sucres; par le second, les substances organiques ont fait retard au monde minéral, l'eau, l'acide carbonique, l'ammoniaque ont reparu.

« Nous devons établir ici une distinction essentielle. Quand nous disons que la vie est une force unique en son genre, dont aucun artifice chimique ne saurait contrefaire l'ouvrage, nous ne parlons que du premier phénomène, le phénomène de synthèse. Faire la synthèse de la substance organique, emmagasiner la chaleur et la force à l'état latent, voilà qui n'appartient qu'à la vie. Mais la combustion de la substance avec dégagement de chaleur et production d'acide carbonique et d'eau est un phénomène chimique, ce n'est plus un acte vital : l'usure de ce que la vie a créé ne lui appartient plus et n'est plus de son fait, il faut reconnaître là des effets chimiques et mécaniques.

« On pourrait donc déterminer à proprement parler, dans l'être vivant, le domaine de la vie et le domaine de la machine.

« La synthèse appartient à la vie; il faudrait dire les synthèses, car il y en a deux : celle de la substance, celle dont nous nous sommes occupé seulement jusqu'ici; puis celle de la forme. La première déjà est inimitable : on ne fabrique ni albumine ni sucre. La seconde, celle de la forme héréditaire, celle qui fera que du germe microscopique sortira un être semblable à ses parents, confond encore plus la raison.. Il ne faut rien voir là de mystérieux et de supérieur à la nature; mais il faut bien constater des phénomènes étranges, et toutes les lois de la physique et de la chimie. » (P. 294, 295.)

« Dans la vie même, dit l'auteur à un autre endroit, tout est matière et mouvement. Seulement le mouvement est particulier, et la matière, soumise à ses vibrations, se constitue suivant des lois nouvelles. Elle produit des molécules sans pareilles parmi les combinaisons du monde minéral, et revêt des formes héréditaires qui n'appartiennent qu'aux êtres vivants. » (P. 286.) La force vitale est donc réduite à être simplement une loi, peut-être cela est-il sinon impossible, du moins difficile à concilier avec le passage où nous lisons à propos du germe : « Cette parcelle de matière contient en puissance tout un être et toute une race. Qu'est-ce que cette force insensible, cette force immatérielle qui est en elle? » (P. 281.) Faut-il entendre que cette « force immatérielle » est simplement une loi du mouvement?

On voit les raisons que M. Cochin peut trouver pour soutenir sa théorie, il fait un appel habile aux expériences de M. Pasteur sur les cristaux dissymétriques, sur la génération spontanée et les germes vivants. Ces expériences invoquées contre la théorie de l'irréductibilité de la vie à la physique et à la chimie, il les expose aussi et tâche de les interpréter de manière à ce que sa théorie n'en souffre pas. Je pense que les évolutionnistes lui reprocheraient de déclarer impossible ce qui n'a pas encore été accompli et de fonder ses convictions sur une impossibilité relative due à notre ignorance actuelle. Ils feraient remarquer que bien des choses ont paru impossibles, jusqu'à ce qu'elles aient été accomplies et montreraient que le domaine de la force vitale se réduit de plus en plus et qu'on espère le voir disparaître un jour. Quoi qu'il en soit, cette partie du volume de M. Cochin me semble aussi intéressante que bien menée.

L'auteur m'a paru beaucoup moins heureux en ce qui concerne la philosophie générale. Ici, il n'est plus sur son terrain, mais comme il a voulu manifestement faire œuvre de philosophe, nous avons à examiner et à critiquer sa philosophie. M. Cochin ne se contente pas de séparer absolument le règne organique du règne inorganique, il sépare non moins résolument l'âme de la vie. « Matière pondérable, germe vivant, âme intelligente : ces trois éléments dans notre univers ont été l'objet de trois créations spéciales et ne sauraient dériver les uns des autres, ils nous apparaissent comme trois mondes associés mais distincts, et comme une sorte de trinité dans la nature créée. Chacun de ces trois mondes est soumis à des lois particulières que l'expérience et l'observation nous permettent de connaître. » Il n'est pas nécessaire sans doute de discuter ici l'hypothèse peu utile du Dieu créateur. M. Cochin ne fait rien ni pour donner de nouvelles raisons en faveur de cette théorie, ni pour écarter les objections qu'elle soulève. En matière de philosophie générale d'ailleurs, M. Cochin discute assez peu et prouve beaucoup moins encore. Il paraît d'ailleurs beaucoup moins au courant du mouvement philosophique que de la science chimique, et s'il reproche à Spencer de parler « de la philosophie en chimiste et de la chimie en philosophe », peut-être pourrait-on dans un autre sens, lui adresser une partie du même reproche. On peut remarquer d'abord que faire de Spencer un positiviste n'est pas parfaitement exact : je sais bien que le mot de positivisme a pour le public un sens très étendu, mais dans un ouvrage philosophique, il vaut mieux marquer les nuances, surtout si l'on se rappelle que des positivistes comme Littré ont toujours repoussé la théorie évolutionniste surtout appliquée à l'univers en général — celle que combat M. Cochin, et ont vu une tentative malheureuse dans le fait de chercher à ramener une science supérieure à la science qui la précède dans la hiérarchie positiviste, soit la sociologie à la biologie ou la biologie à la chimie. Cette tentative était pour les positivistes le vice du matérialisme. On se demande aussi ce que vient faire une citation de Comte sur l'impossibité de l'observation intérieure , personne aujourd'hui, que je sache, ou presque aucun philosophe n'ayant adopté les idées de Comte sur ce sujet, et ceux-là surtout s'en

séparent qu'on appelle et que M. Cochin appelle les positivistes
anglais. Au surplus, la psychologie que M. Cochin juge irréductible à la
physiologie n'est point pour lui une chose bien nette. Il dit quelque
part : « La science se contente d'observer des faits matériels et de
déterminer les conditions des phénomènes » (p. 67), et deux pages
avant nous trouvons le passage suivant qui paraîtra étrange à n'importe
quel psychologue. Il s'agit de la pensée de la science. M. Cochin observe
non sans raison d'ailleurs que « la certitude des notions acquises
décroît à mesure que l'intérêt des problèmes augmente. » Ainsi, « la
certitude des mathématiques est absolue ». « Si, montant plus haut, je
veux étudier les corps vivants, il me faut convenir que le résultat de
mes travaux est encore moins précis. Les phénomènes deviennent très
complexes et leurs conditions déterminantes souvent très obscures... »
Enfin, « si je veux m'élever plus haut encore, m'apercevant que j'ai une
âme, éclairée par quelque lueur mystérieuse et tourmentée par beaucoup de passions, j'encours aussitôt les anathèmes de M. Comte, car
je veux forcer la porte du monde supérieur dont il me croit exclu et
pénétrer l'incognoscible. L'observation scientifique proprement dite, la
méthode expérimentale, ne m'apprendraient rien de moi-même. Leur
puissance a diminué à mesure que ma curiosité croissait, et elles me
taisent ce que je tiendrais le plus à connaître. » Ainsi toute la psycho-
gie scientifique de notre temps est peu connue par M. Cochin, et les
observateurs travaillent en vain. Voilà qui est bien rigoureux.

Je pourrais relever çà et là un certain nombre d'autres détails dont la
critique serait fondée, à mon avis. La théorie générale de M. Cochin sur
la triple création de la matière, de la vie et de l'âme me paraît également inacceptable. Je ne voudrais pas qu'on conclût de mes critiques
que l'auteur a fait un livre insignifiant; loin de là, je lui crois une
importance philosophique sérieuse en ce qui concerne le point spécial
de l'irréductibilité de la vie aux forces physico-chimiques, et j'ajouterai
qu'il y a autant d'agrément que de profit à le lire. Il faut également
reconnaître que M. Cochin ne fait pas usage d'autres arguments que
ceux qu'il tire des sciences positives et des expériences des savants :
il ne fait intervenir ni Dieu, ni la métaphysique, et s'il repousse des
théories qui sont actuellement en faveur, il n'y fait paraître aucune
étroitesse d'esprit. Ainsi, sans se prononcer catégoriquement pour le
darwinisme et l'évolution appliquée au règne de la vie, il est loin d'être
opposé à cette théorie. Tout cela n'est pas peu de chose.

FR. PAULHAN.

W. Wundt. Essays. — Leipzig, W. Engelmann. 1885, IV-386 p., in-8°.
Des quatorze essais compris en ce volume, six sont déjà connus de
nos lecteurs [1]. Je parlerai seulement des huit autres, qui portent les

1. En voici les titres, avec le numéro d'ordre : IV. *Cerveau et âme.* — V. *Les*

titres suivants : I. *Philosophie et science.* — II. *La théorie de la matière.* — III. *L'infinité du monde.* — VIII. *Sentiment et représentation.* — IX. *L'expression des émotions.* — X. *La langue et la pensée.*
— XI. *Le développement de la volonté.* — XIV. *Lessing et la méthode
critique.*

Le premier de ces essais, *Philosophie et science*, répond indirectement à cette question, qu'il peut sembler étrange au public d'entendre poser par les philosophes : qu'est-ce que la philosophie? Mais
Wundt ne la pose pas d'emblée et il s'attache à cette question plus
particulière, qui dépend de l'autre :

Quels rapports doivent s'établir aujourd'hui (car les rapports anciennement établis ne sont plus tenables) entre les sciences spéciales et la
philosophie?

Chez les anciens, la philosophie a été d'abord la science elle-même.
Cette situation se modifie au temps de l'école d'Alexandrie, alors que
les sciences spéciales, se développant, se confinent aux détails et laissent la philosophie en dehors d'elles, comme suspendue en l'air. Au
sortir du moyen âge, celle-ci perd, à fur et mesure du progrès plus considérable de ces sciences, la suprématie apparente qu'elle avait reprise,
et elle échafaude des systèmes qui restent au hasard des démentis que
le savant leur infligera.

Ni les tentatives métaphysiques de Descartes, de Spinoza, de Leibniz, ni les travaux des maîtres de l'école anglaise ne changent sensiblement les rapports de la philosophie avec les sciences spéciales,
bien que ces nouveaux penseurs aient cherché un premier fondement,
les uns sur les mathématiques, les autres sur la psychologie et les faits
sociaux. Après même l'œuvre de Kant, lequel imagine, tout en voulant
ruiner la métaphysique ancienne, cette distinction du phénoménal et du
nouménal grâce à laquelle il sauve momentanément les idées de la
liberté, de Dieu et de l'immortalité, mais ouvre la route à l'esprit spéculatif au delà du monde des « apparences », à la recherche de ce qui
est antérieur à l'expérience et apparaît nécessaire logiquement et moralement, après Kant lui-même la position de la philosophie reste ce
qu'elle était, et la débauche de ses successeurs a pour conséquence de
poser une philosophie des philosophes en contradiction avec celle des
spécialistes.

En est-ce donc fait de la philosophie? Il s'en faut bien. Nos spécialistes sont pris aux filets de ses spéculations, dans le moment même où
ils affectent de se dégager d'elle, et le malheur est plutôt qu'on aborde
encore prématurément les questions dernières.

Le plan tracé par Wundt tient en peu de lignes. La philosophie, telle
qu'il l'entend, s'instruit aux sciences spéciales, dont elle n'est plus le
tronc, et elle en pousse plus loin la recherche. Elle trouve encore sa

problèmes de la psychologie expérimentale. — VI. *La mesure des actes psychiques.*
— VII. *La psychologie des animaux.* — XII. *La superstition dans la science.* — XIII.
Le spiritisme.

raison d'être dans le besoin que ces sciences ont l'une de l'autre, et la dépendance où elles sont entre elles exige des concepts généraux, qui forment l'objet d'une métaphysique. De la métaphysique se détachent, comme répondant à des aspects particuliers du contenu du monde, l'éthique et l'esthétique, et ce sont là les trois formes supérieures de la connaissance humaine. Mais cette connaissance, ajoute Wundt, est aussi quelque chose qui se fait. Il nous faut donc une science qui complète la métaphysique, et ce sera la logique, en tant que théorie de la connaissance, ou étude des conditions, des fondements et des limites de notre savoir.

La grande autorité de l'auteur ne peut sauver ce plan, à mon avis, de quelques corrections. Si le bien et le beau sont deux aspects du monde, les sciences qui y répondent sont d'abord les sciences du sujet même qui a créé ces aspects. Je poserais donc la psychologie, assise sur la physiologie, comme science générale, et la logique, l'éthique et l'esthétique seraient l'étude, prise par le détail, de la même activité psychique considérée eu égard à ses objets. Quant à la métaphysique, elle reste cette vue de l'esprit qui dépasse les données positives, ou plutôt qui les interprète pour en composer un système d'ensemble. Aux systèmes proposés par la métaphysique s'applique maintenant cette fonction proprement philosophique, qui est de critiquer et de classer les résultats de toute recherche spéciale au point de vue de la certitude. Il me paraît que ces résultats peuvent être classés en trois groupes concentriques, celui des faits acquis, celui des hypothèses positives, et celui des hypothèses arbitraires ou merveilleuses, où nous reléguons aujourd'hui, d'ordinaire, les théodicées avec les métaphysiques. En tout cas, cette critique supérieure dont Wundt comprend toute la valeur ne saurait plus s'entendre au sens kantien d'une théorie de la connaissance. Elle ne s'inspire plus d'à *priori* avoués ou cachés, elle s'instruit des sciences spéciales, principalement de la psychologie, et nous avons ici la raison de ce fait que la philosophie, après avoir été d'abord tout le savoir, se confond de nos jours, en quelque sorte, avec les sciences du sujet. Elle est pourtant quelque chose d'autre qu'elles ; mais elle ne peut marcher sans elles, ni remplir sans leur appui immédiat cet office de haute discipline intellectuelle que, d'accord enfin avec Wundt, si je ne me trompe, je lui ai attribuée.

La théorie de la connaissance, entendue comme Wundt le fait peut-être, quelquefois, sous l'influence de Kant, n'est pas une science à part ; elle n'est qu'une suite de problèmes particuliers dont la solution dépendrait d'éléments étrangers. Les deuxième et troisième essais de ce volume portent précisément sur des problèmes de cet ordre, l'*unité* de la matière et l'*infinité* du monde.

La *théorie de la matière* est une pierre de touche, écrit Wundt, pour l'état général de la science. Les Grecs pensent les éléments matériels comme des qualités, et ils prennent l'une ou l'autre de ces qualités pour principe explicatif (le *nombre* de Pythagore). Mais l'échange des quali-

tés exige quelque support permanent, et la vérité entrevue de la persistance de la matière se trouve vérifiée en effet par les travaux des chimistes, de Robert Boyle à Lavoisier. La question a pour nous changé
de face; il ne s'agit plus des changements qualitatifs de la matière, mais
bien du rapport originaire des éléments matériels. Wundt fait ici une
revue intéressante et précise, où je ne peux pas le suivre, des hypothèses proposées pour définir ce rapport : celle du contact, due à Navier
et à Poisson, celle du double milieu, due à Cauchy, celle des atomes mobiles, qui est sortie de l'étude faite par Young et par Fresnel des phénomènes d'interférence et de polarisation. La théorie atomique prend
désormais des formes différentes entre les mains des physiciens et
celles des chimistes. Cependant les chimistes tendent à accepter
l'unité de la matière, tandis que les physiciens (Clausius et Kronig)
rejettent le double milieu, et la physique moderne est cartésienne, ainsi
que M. Bertrand l'a montré de son côté (*Journal des savants*). Si le philosophe était satisfait de la conception de l'atome comme point de force,
celle du double milieu l'embarrassait. La physique vient enfin au-devant
de son dernier désir et lui permet de concevoir la simplicité absolue,
aussi bien que l'uniformité absolue des éléments derniers de la matière.

Cela est-il vraiment de nécessité philosophique? Wundt distingue,
dans le but d'échapper au fameux dilemme — fini ou infini, — les deux sens
sous-entendus sous le terme d'infini, et il écrit : « La difficulté n'est pas
de continuer en pensée l'espace ou le temps, indéfiniment, au delà de
l'expérience , mais de penser des déterminations dans l'infini. Le
monde ne peut être considéré ni comme limité dans le temps et dans
l'espace, ni comme un tout infini donné d'emblée; les déterminations
sont relatives, l'infini *devient*, et notre vue est bornée aux infiniment
petits de ce devenir. » Bref, l'incommensurabilité est une chose, l'infinité totale est une autre chose. Si l'incommensurable peut être sujet
d'étude, en tant que le cours où il est ne s'arrête pas, l'infinité se dérobe
à notre examen. Nous avons beau nous détacher de l'expérience pour
saisir l'infini, le fini est la sentinelle qui nous garde étroitement, et
l'*infinité du monde* n'est jamais qu'un postulat-concept (*Begriffspos-
tulat*).

Ce concept, observerai-je maintenant, semble de nécessité logique ;
mais le concept d'unité de la matière prétend à une valeur systématique
et nous sommes conduits à distinguer si nous avons affaire, avec ces
abstractions *unité*, *infinité*, à une condition de l'esprit ou seulement à
une vue de l'esprit. Or, il paraît bien que notre esprit a une tendance
à simplifier toute explication, à réduire les faits en des données toujours
plus simples; mais cette tendance n'exige pas plus le concept objectif
de l'uniformité et de la simplicité des éléments matériels, que l'infinité conventionnelle des géomètres n'exige l'infini divin de Spinoza, et
quant aux modernes théories simplistes, elles ne sont que des hypothèses. Le même traitement , ajouterai-je, que Wundt applique au
dilemme : fini ou infini, ne convient-il pas encore au dilemme : unité

ou pluralité, un ou multiple? Est-ce même là des dilemmes où il faille nécessairement choisir? Toutefois la question (car c'est au fond celle-là) des rapports de notre logique avec la réalité phénoménale n'est pas ici posée expressément et l'éminent auteur laisse maintenant les problèmes cosmologiques pour passer à ceux de la psychologie scientifique.

Il ouvre l'essai *Sentiment et représentation* par quelques définitions intéressantes. Le *Gemüth*, nous apprend-il, n'avait pas encore son sens mystérieux et tout allemand dans la langue de Kant et de Schiller; il y était pris pour synonyme de conscience. Il signifie aujourd'hui la qualité d'être affecté, de sentir; les dispositions individuelles sont les *Gemüthsanlagen*, et les émotions s'appellent *Gemüthsbewegungen*. De même on a longtemps confondu le sentiment (*Gefühl*) avec la sensation (*Empfindung*). Puis le mot *Gefühl* s'est attaché aux états subjectifs de plaisir et de douleur, et il a signifié enfin la plus élémentaire des émotions. Le sentiment s'oppose donc en un certain sens à la sensation (impressions sensorielles directes), et il se distingue, comme partie subjective de la conscience, des représentations, *Vorstellungen*, qui en sont la partie objective.

Du sentiment et de la représentation, lequel précède? L'un de ces éléments se peut-il ramener à l'autre, ou sont-ils tous deux premiers et indépendants? A l'encontre de Herbart, par exemple, qui tire le sentiment de la représentation, Wundt se décide pour l'hypothèse la plus simple et il les présente comme les phénomèmes coordonnés d'un seul et même procès interne. L'abstraction psychologique, dit-il, les a séparés, parce que la qualité du plaisir et de la douleur apparaît surtout attachée aux émotions; mais elle est une qualité essentielle de la conscience, et le ton, le *Gefühlston* d'une représentation en est un élément aussi original que sa force ou sa qualité. Il n'existe, d'autre part, aucune preuve de la priorité du sentiment, sinon le témoignage d'une observation menteuse, et l'on abuse des données de la physiologie, quand on suppose, par exemple, dans le but d'expliquer le sentiment du rythme, des vibrations nerveuses qui doivent être senties immédiatement pour pouvoir imposer leur propre rythme à la représentation.

A la vérité, il faut bien admettre quelque précédent psychique de la représentation, mais ne rien préjuger sur la nature de ce précédent indistinct. On le qualifierait mieux (Wundt ici passe trop vite) une sensation qu'un sentiment.

Si d'ailleurs nous séparons fictivement de la conscience ses deux contenus, le sentiment et la représentation, c'est que chaque représentation est accompagnée d'un état différent du sentiment, — ce qui nous porte à éviter ou à provoquer, à désirer la représentation. Or, tout dépend ici des dispositions précédentes, qui font que la représentation peut éveiller des états différénts du sentiment. Si elle nous donne l'expression immédiate du rapport de la conscience avec le monde extérieur, seul le sentiment nous révèle comment la conscience reçoit cette action du dehors en vertu de ses dispositions constantes et accidentelles. Chez l'enfant, les sentiments dépendent immédiatement de la qualité et de l'intensité des impressions sensorielles; mais nos sentiments complexes, nos états intellectuels, moraux et esthétiques supposent un riche fonds de représentations ordonnées et élaborées par la pensée. Ces états ne dérivent donc pas d'emblée du sentiment : ils dépendent du rapport où les représentations nouvelles se trouvent avec les anciennes dans la conscience. Une certaine préparation est nécessaire, on le sait, au plaisir esthétique. Bref, il nous faut admettre des précédents psychiques, et la tâche du psychologue, à l'égard des sentiments, est d'essayer une reconstruction de ces états précédents (*Vorgänge*), états qui ne sont pas tout à fait inconscients, mais fondus dans le résultat.

L'étude des sentiments est difficile à cause de leur complexité. De là, nos classifications artificielles. Aucune de ces trois formes, sentir (*fühlen*), désirer (*begehren*), vouloir (*wollen*), ne peut exister sans les autres qu'on en voudrait tirer. Le vouloir, surtout, apparaît l'état central, loin d'être l'état final; il est une fonction aussi primitive que la représentation. Les deux moments de la volonté, direction vers le représenté, au dedans, et vers l'acte au dehors, se confondent chez les animaux inférieurs, et chez l'homme l'exécution, après exercice, suit aussitôt le choix représentatif. Nos sentiments intellectuels, moraux et esthétiques échappent en apparence à cette relation avec le vouloir; ils y rentrent aussitôt que, ne limitant plus la volonté à l'acte extérieur, on la considère comme une activité fondamentale en face des représentations. Wundt laisse le soin aux psychologues de développer ce point de vue.

Un mot encore. Tout sentiment se passe entre le plaisir et la douleur. Or, plaisir et douleur se laissent ramener aux deux directions opposées du vouloir, qui est toujours positif ou négatif. De plus, la volonté est *une*; l'acte externe est une simple réaction de l'acte interne.

On déduirait donc plutôt du vouloir, vu ces avantages, les autres formes des émotions, qu'on ne déduirait du sentiment la volonté. Il ne s'agit pas ici, du reste, de formes diverses, mais d'états qui se croisent et s'enchaînent. La distinction du sentiment et de la représentation n'est pas davantage radicale, et l'usage que nous faisons nécessairement de ces termes, comme des termes classiques *vorstellen, fühlen, wollen*, ne doit pas nous faire oublier que nous avons affaire à des concepts créés par nous-mêmes.

Passons à l'*expression des émotions*. Wundt fait une revue rapide des travaux plus ou moins sérieux dus à Porta, à Lavater, à Gall, à Harless, à Piderit, à Gratiolet, et il arrive enfin au récent ouvrage de Darwin. Darwin, dit-il, a mis en lumière ces deux faits : qu'une expression pareille s'observe chez les différentes classes d'hommes et chez les animaux, et qu'il est des formes héritées d'expression. Mais les principes auxquels il rapporte les formes d'expression ne sont pas satisfaisants. Les deux premiers reposent sur un même fondement psychologique, l'habitude : or, l'habitude explique tout et n'explique rien; manger et boire, parler et agir, sont des habitudes; l'habitude témoigne d'une certaine liaison et ne nous dit pas pourquoi cette liaison existe. Le troisième rattache les expressions à des mouvements du système nerveux provoqués par les excitations. Il conviendrait de formuler plus nettement ce principe, et il est trop commode d'en appeler à la « constitution du système nerveux », qui est une quantité inconnue.

Wundt relève ce fait d'expérience intime : que des sentiments et des sensations semblables se lient. La langue consacre cette liaison; nous parlons de mélodies douces, d'amère nécessité, de lourd souci, etc. Ces métaphores ont leur raison dans nos sensations. Les mouvements qui expriment la réponse naturelle des organes des sens aux impressions extérieures répondent en même temps aux états de l'âme, en vertu de la relation de ces organes avec les muscles moteurs. Chaque mouvement se traduit aussitôt, en notre conscience, en sensation de tension musculaire, et cette sensation nous donne la mesure exacte, qu'il nous importe tant de connaître, du mouvement exigé pour l'exécution des actes volontaires. Les mouvements mimiques sont dans le même cas; c'est pourquoi ils éveillent en nous la sensation qu'ils figurent et la peuvent aussi communiquer à autrui. Le mouvement mimique n'exprimait d'abord que l'impression des sens; il devient l'expression générale de nos sentiments et de nos émotions. Dans la colère et le chagrin, notre bouche trahit par sa grimace le dégoût d'une saveur amère ou acide. En un mot, le mouvement mimique du visage est le réflexe d'un état de l'âme; il entretient cet état et il y rappelle, en vertu d'une même loi.

La mimique du corps, les gestes sont une deuxième forme qui répond aux représentations (états de conscience). Pourtant la source de cette mimique des bras et des mains est dans les émotions liées à nos représentations. Chaque représentation éveille, plus ou moins faiblement, un sentiment; et ce sentiment peut s'exprimer par un mouvement mimique de la première classe, qui figure le réflexe d'une impression sensorielle analogue, ou bien il peut indiquer et figurer après coup une représentation par les gestes. Certains gestes sont convenus, ou empruntés aux émotions de la première classe pour passer dans la deuxième. L'orateur anglais ramasse le poing comme dans la boxe; le conférencier allemand reproduit en parlant le geste d'écrire.

Il est une série de mouvements qui ne se ramènent pas au même principe. Le fait d'aller et venir avec agitation n'apprend rien sur l'émotion qui vous affecte. Chaque émotion, en effet, est accompagnée d'un ébranlement du système nerveux qui se réfléchit dans les organes du mouvement, et cet ébranlement peut s'étendre jusqu'à les paralyser. Plus modéré, il est une résolution de l'état émotif; la joie chante et la douleur pleure. C'est une troisième classe de mouvements, qui est la plus soustraite à la volonté. La honte et les larmes y appartiennent. Notre visage rougit, observe Wundt, peut-être parce que nous savons qu'on le regarde. Quant aux larmes, Darwin en attribue l'origine à une pression exercée par les muscles de l'œil dans les cris. Mais l'enfant crie et ne pleure pas, et l'on peut simuler les larmes. Il est plutôt vrai, selon Wundt, qu'une émotion pénible nous fait pleurer comme une excitation douloureuse sur l'œil en tire des larmes, et les larmes seraient encore une autre forme de la loi d'expression des impressions semblables.

Cette étude introduit naturellement à celle du rapport qui lie *la langue et la pensée*. Comme les mines de notre visage et les gestes de nos mains, la langue n'est, en effet, à son origine, qu'une forme spontanée d'expression des états internes de l'âme par des mouvements extérieurs. Mais ce don de la nature a semblé si merveilleux qu'on y a voulu voir un don de Dieu. Herder hésite entre ces deux origines. Guillaume de Humboldt touche juste, le premier, estimant que la langue est à la fois une cause et un effet de la pensée, et si les physiologistes ont tenté de ramener ce phénomène du langage aux actions réflexes, les philologues n'ont pas cessé d'y découvrir encore une création originale.

L'origine du langage dans l'espèce humaine échappe à l'expérience directe; du moins nous avons la ressource d'étudier l'enfant et le sourd-muet, ces créateurs toujours à l'œuvre du son et du geste.

Les premiers sons articulés de l'enfant ne sont pas un langage, ils sont des matériaux qui serviront au développement du langage. On a eu tort de ne pas tenir compte de l'imitation réciproque de l'enfant et de son éducateur. Les onomatopées sont différentes chez les enfants de langue différente. L'enfant allemand dit *tuck-tuck* ou *hû-hû* pour *coqs* et *poules;* il dirait *kok-kok* comme le petit français, si *coq* était un mot allemand. L'enfant ne crée pas l'onomatopée, il l'applique même à l'animal qu'il ne connaît pas encore. Il serait donc puéril d'y chercher la racine des mots, de reconnaître *stellen* dans *st*, par exemple. L'enfant crée le son, mais la signification est donnée (le *da* pour le démonstratif allemand, le *tem* pour le *tiens* français). *Mum* et *ham*, pour *manger*, ne sont que des gestes articulés.

L'enfant redouble volontiers les sons qu'il s'exerce à reproduire (*lulu* pour *rollen*, rouler). Il reproduit le rythme plus fidèlement que la hauteur des sons; il comprend le geste plutôt que les mots : ce geste est si spontané, qu'on ne sait si l'enfant le crée ou si l'éducateur le donne. Le mot prend plus tard sa valeur abstraite, et le concept se lie au mot étroitement. Parler ne s'apprend pas, en définitive, à la manière d'une science, mais comme on apprend à manger, à boire, à marcher, et s'apprendrait toujours de quelque manière. Les sourds-muets répètent sous nos yeux l'expérience de Psammétique. Le premier langage de l'homme est aussi le leur; il est fait de mouvements articulés, et non pas de sons. Le geste a un caractère psychologique aussi bien que la parole.

Engel, qui a étudié les gestes au point de vue de la diction, a négligé la classe si importante des gestes intermédiaires, ceux qui désignent un objet par une qualité (l'action de saluer signifiant *homme*, par exemple), ou qui empruntent au monde sensible un signe pour être le symbole d'une abstraction sans figure (ligne droite pour *vérité*, ligne oblique pour *mensonge*). Ces gestes, ces signes ont leur syntaxe. L'ordre logique y remplace la flexion comme dans le chinois; le sujet y est d'ordinaire placé avant l'attribut, l'adjectif avant le substantif, etc. Le sourd-muet joint au geste des sons qu'il n'entend pas; ces sons prendraient la primauté, si l'ouïe lui était rendue. Le langage sans sons est donc possible; le langage articulé sans gestes ne l'est peut-être pas, parce que le fait de traduire nos états internes par des mouvements est une propriété plus générale que la parole.

Si nous revenons maintenant aux deux hypothèses, l'une qui réduit le langage au pur réflexe, l'autre qui le tient pour une invention géniale, nous les trouverons toutes deux insuffisantes. La dispute vient de ce qu'on laisse au terme de volonté sa signification populaire.

La théorie des réflexes ne permet pas de concevoir la volonté comme un fruit de la réflexion; la réflexion arrive longtemps après que le premier pas dans la voie du langage a été fait. D'ailleurs le langage, parce qu'il est communicatif, se distingue du pur réflexe, lequel reste indépendant de toute réception par autrui. La théorie des réflexes exigerait secondairement la réflexion; mais le signe ne manifeste-t-il pas immédiatement l'idée de communiquer? La volonté précède le choix, voilà ce qu'il faut bien voir; elle est une manifestation immédiate de la conscience. Le langage, par conséquent, est une action volontaire liée au procès intime de la pensée; dans le langage, la volonté individuelle passe les bornes du moi et s'associe à la volonté de l'espèce.

Si le langage manque aux animaux, remarque Wundt, c'est qu'il leur manque cette forme supérieure de l'action volontaire, ce *Denken*, qui est de même espèce que le langage. On s'est étonné encore, ajoute-t-il, de la diversité des langues. Le langage se développe, en effet, sous la condition générale de la logique; mais il obéit d'abord à des lois psychologiques, qui souffrent des variétés.

L'école anglaise veut expliquer par l'association toutes les formes de l'activité intellectuelle. L'association n'est pourtant pas identique au *Denken;* elle fortifie seulement les impressions sensibles qui sont le matériel de la pensée. Les lois de la pensée ne sont pas celles de l'association. Chez l'aliéné, les associations qui se présentent troublent le cours de la pensée, faute d'être maîtrisées par la volonté; et de plus, l'association paraît sans règle, tandis que l'évolution du langage démontre les lois de l'activité intellectuelle. La variété des langues n'empêche pas que cette évolution offre des traits généraux. Et, par exemple cette représentation : *la maison brûle,* est assurément entière dans la conscience ; mais notre pensée analyse cette représentation, et les formes synthétiques ont précédé en effet les formes analytiques dans les langues. D'ailleurs ce travail de la pensée produit des arrangements réguliers qui sont distincts des associations ordinaires tout accidentelles. Celles-ci président à la formation des sons simples et composés, et les lois de l'aperception et de la volonté commandent au développement syntaxique du langage. En définitive, le procès associatif nous offre la partie aveugle, involontaire ; l'autre, le côté volontaire, et le langage est en même temps une œuvre de l'art et un produit de la nature.

Wundt a touché, ici et là, à la question de la volonté. Il la traite plus à fond en son onzième essai, *Le développement de la volonté.* Il combat les théories qui tiennent le vouloir pour une sorte de force nouvelle et surajoutée, distincte de la représentation et du sentiment, qui puiserait dans le magasin à provisions de l'inconscient. On part, dit-il, de cette fausse vue, que la conscience est comme la scène où agit le comédien. Mais elle est la comédie elle-même. Chaque représentation, chaque sentiment est un événement psychologique, et cet événement possède, pour ainsi parler, une énergie de position qui en permet le retour. Il est douteux que des représentations existent sans sentiment, plus douteux encore qu'il existe des sentiments sans quelque représentation. Cette division nouvelle des facultés a faussé surtout notre intelligence de la volonté. Il est impossible de la concevoir sous la figure d'un pouvoir qui se développerait à mesure que des mouvements, d'abord sans règle, seraient aperçus par hasard, puis observés et enfin volontairement utilisés. Comment la volonté remarquerait-elle sa domination, si elle ne l'avait déjà exercée ? On peut montrer bien des cas où l'activité volontaire devient mécanique ; on ne peut montrer des cas inverses. Et c'est même cette nécessité de l'*exercice*, chez l'homme, qui a trompé. Le monde animal nous montre la volonté plus visiblement liée aux premiers mouvements ; dans les animaux inférieurs, où toute trace d'apprentissage disparaît, on voit tout à fait clairement que la volonté est déjà là avec la sensation et la conscience.

Lorsque Schopenhauer prétend que la pierre qui tombe a une volonté, il donne à ce mot une fausse attribution. Sa volonté inconsciente est aussi un non-sens psychologique, et l'inconscient tient ici la place des états premiers d'où les vieux théoriciens tiraient la volition. La volonté nous est connue comme événement intime, et elle possède comme telle ces deux caractères, qui sont liés aussitôt à la conscience : la sensation de notre propre activité ; la représentation, accompagnée d'un sentiment, de la suite de l'action.

On a eu tort d'attacher le vouloir au *choix*, lequel suppose au moins deux motifs. Un seul motif suffit pour établir le fait de la volonté. Elle est d'abord l'impulsion instinctive, elle est ensuite l'impulsion volontaire. Notre jugement ne porte que sur les motifs et la conscience de notre liberté répond au fait de *choisir*. Cette conscience empirique suffit au monde moral. Il ne faut pas confondre la conscience pratique de la liberté avec la liberté métaphysique. C'est une chose étrange, remarque Wundt en terminant, qu'on ait déclaré irréligieux le déterminisme. Nous nous sentons libres, tandis que nous sommes les agents de l'évolution morale, et dépendants, au contraire, quand notre personnalité disparaît dans l'infini divin d'un ordre moral de l'univers.

Ce volume se ferme, on l'a vu, par un essai sur *Lessing et la méthode critique*. Wundt considère la critique dans son rapport avec l'induction dans les sciences de la nature, et la critique, en effet, dès qu'elle ne fonde plus ses jugements sur l'autorité d'un législateur ou d'un modèle, devient une sorte de recherche méthodique des lois de la composition dans l'art et des caractères généraux de la beauté. Les faits interrogés sont cette fois les œuvres mêmes du génie humain, bonnes ou mauvaises. Un fait mal vu trompe le physicien, une œuvre manquée instruit le critique, et c'est un avantage que ce dernier a sur l'autre. Un autre avantage est que les objets de la critique sont la création de l'esprit même et que l'activité qui les a produits existe en chacun de nous. Ceci, pourtant, a ses dangers, et le préjugé gâte souvent le critique, quand il ne possède pas la pénétration du psychologue.

Wundt fait honneur à Lessing d'avoir été un pénétrant psychologue, d'avoir renouvelé la critique étroite de ses devanciers au point d'en faire une méthode, et il n'hésite point à placer sa *Dramaturgie* au rang des *Discorsi* de Galilée et des *Méditations* de Descartes. Mais il n'exagère pas l'éloge et avoue que Lessing, pour avoir donné un bel exemple de la méthode d'induction en critique, n'a pourtant pas donné les règles de ce *goût* qu'il laissait planer au-dessus de la critique.

Je ferais volontiers une réserve, et peut-être faut-il attendre de a critique des conseils plutôt que des lois. En tout cas, il convient de distinguer entre cette branche de la psychologie, qui est l'esthétique, et l'*histoire naturelle* des productions du génie humain dans l'art. La critique puise à ces deux sources; elle s'instruit auprès de l'esthéticien et auprès de l'historien; elle leur emprunte et elle leur fournit en même temps. L'esthéticien en reste à l'analyse des conditions les plus générales; l'historien est entraîné au cours de l'évolution, et la critique courante, celle souvent de Lessing lui-même, ne dépasse pas beaucoup l'étude des circonstances variables et actuelles de la production artistique ou littéraire.

LUCIEN ARRÉAT.

REVUE DES PÉRIODIQUES

Philosophische Studien.
3e vol., fascicules 1 et 2.

FECHNER. *Sur le sens du temps et la méthode des cas vrais et faux.*
Cet article de l'auteur des *Elemente der Psychophysik* est consacré à
des objections de Estel et de Lorenz qui ont paru antérieurement dans
ce recueil. Le premier soutient, d'après ses recherches, que la loi de
Weber n'est pas applicable au sens du temps ; le second, que la loi de
Gauss ne concorde pas avec les résultats qu'il a obtenus pour le son.
Ce dernier avait attaqué la méthode des cas vrais et faux à propos de
la loi de Gauss qui établit un rapport entre le nombre des observations
et la grandeur moyenne de l'erreur.

O. BERGER. *Influence de la force de l'excitation sur la durée des
phénomènes psychiques simples, en particulier sur les excitations
lumineuses.* L'auteur, suivant une méthode dont il donne la description,
détermine d'abord le temps de la réaction simple, du discernement et
du choix. Puis, dans des recherches spéciales, il étudie les questions
suivantes : I. Influence de l'intensité de l'excitation sur la durée de la
réaction simple. Les résultats obtenus par Wundt pour les excitations
sonores, par Kries et Auerbach pour les excitations électriques, sont
les mêmes pour les excitations lumineuses, c'est-à-dire que le temps
de la réaction croît en raison inverse de l'intensité de l'excitation. —
Même résultat pour le temps du discernement. — En ce qui concerne
le temps du choix, il est indépendant de l'intensité de l'excitation.

II. Influence de la qualité de l'excitation lumineuse sur le temps de
réaction simple et de discernement (il s'agit ici de la qualité et non
plus de l'intensité). Kunkel avait déjà montré que les diverses parties
du spectre ont besoin de temps différents pour produire le maximum
d'excitation. Le temps pour le rouge était toujours le plus court. Mais
si l'on réduit toutes les couleurs du spectre à la même intensité, la
réaction pour la couleur rouge est la plus longue ; ce que l'auteur
explique par ce fait, qu'en pareil cas, il est devenu plus sombre que
les autres couleurs.

J. MAC KEEN CATTELL. *Sur l'inertie de la rétine et du centre visuel.*
L'auteur continue des recherches dont il a été déjà rendu compte.

Il étudie d'abord la sensibilité de la rétine pour les couleurs, puis sa
sensibilité pour percevoir les lettres et les mots. Il a fait une étude
particulière de la *lisibilité* relative (*relative Lesbarkeit*) des lettres,
c'est-à-dire du temps nécessaire pour les reconnaître, et il en a tiré des

conclusions pratiques. Les signes de ponctuation en usage qui sont peu visibles, devraient, d'après l'auteur, être remplacés par des blancs (des espaces vides) plus ou moins grands suivant la pause à faire. Il a constaté aussi la grande infériorité de l'alphabet allemand (gothique) à l'égard des lettres romaines. Le K majuscule notamment demande un temps relativement grand pour être reconnu. L'auteur termine par des considérations sur l'étendue de la conscience : on peut voir de 3 à 5 lettres à la fois, suivant les personnes, quelquefois même 6 lettres = deux mots. Les esprits peu cultivés mettent à lire un mot un temps triple ou quadruple.

O. FISCHER. *Analyse psychologique des phénomènes stroboscopiques.* Tout le monde connaît ce jouet inventé simultanément par Plateau à Bruxelles et par Stampfer à Vienne, et qui consiste en ce que des formes indécises à l'état de repos, par suite d'un mouvement de rotation, représentent une course, un jeu quelconque où des hommes et des animaux se poursuivent. L'auteur, d'après ses expériences, l'explique par l'action combinée des images consécutives. Il les résume ainsi : Pour imiter artificiellement le mouvement d'un objet, il faut et il suffit qu'on reçoive en une succession rapide de courtes impressions lumineuses, différentes, également distantes entre elles, sans trop grand éloignement, et que l'œil, dans l'intervalle, ne soit affecté d'aucune autre impression lumineuse. — O. Fischer combat la théorie émise par Stricker dans ses *Studien über die Bewegungsvorstellungen* dont il a été rendu compte ici (août 1885) et qui explique l'illusion du stroboscope par une association entre les sensations musculaires et les sensations spécifiques, et soutient que l'image visuelle est produite par les efforts musculaires de l'œil pour suivre le mouvement d'un objet comme s'il était réel.

NEDICH. *La théorie de la quantification du prédicat dans la logique anglaise.* L'auteur reprend pour son compte la célèbre thèse de Hamilton sur ce sujet, vivement attaquée par Stuart Mill.

WUNDT. *Le concept de loi et la question de l'absence d'exception dans les lois phonétiques.* La nouvelle science du langage a changé l'acception que le mot loi avait dans l'ancienne grammaire, pour se rapprocher de celle qui est admise par les sciences naturelles. Il existe sur ce point, parmi les linguistes, des débats qui ont un intérêt logique. L'auteur montre que le sens du mot loi a été à l'origine moral ou social. Même au commencement des temps modernes, Copernic, Kepler, Descartes, Newton, emploient, pour les phénomènes naturels, les mots axiomes, règles, postulats, hypothèses. Ce n'est que successivement que le concept de « loi naturelle » s'est formé. Mais les savants ne prennent ce mot que comme une métaphore, comme un moyen abrégé de décrire les phénomènes. Ils ne connaissent que les faits qu'ils ont à décrire le plus exactement possible. — Tout autre est le point de vue en histoire, sociologie, linguistique. Là, le mot *loi* exprime une liaison constante de causes et d'effets; mais cette liaison est difficile à trouver. Aussi quand les linguistes disent que les lois phonétiques sont sans exception, ils mêlent deux choses : l'idée de loi empruntée aux sciences naturelles et l'idée d'exception dérivée de l'ancienne grammaire. — On a transporté le concept de loi dans le domaine psychologique en partant d'hypothèses (Herbart) ; mais il est clair qu'on ne peut trouver en psychologie que des lois empiriques, comme l'a très bien montré Stuart Mill (ex. la loi d'association). Ce qui donne aux lois psychologiques un caractère d'indétermination, c'est le grand nombre de conditions requises, et, de plus, ce fait que la prépondérance de certaines conditions met à néant les autres (ex. si une association a lieu par ressemblance, toutes les autres lois sont sans action). — Dans le domaine de la linguistique, il ne peut y avoir de même que des lois empiriques et soumises à des exceptions, parce que le langage a un caractère psychophysique qui le fait rentrer dans le cadre des phénomènes psychiques ordinaires. Ainsi, on parle beaucoup des formations par analogie ; mais l'analogie est un procédé de l'esprit dont les conditions sont toujours difficiles à trouver. Pour nier les exceptions, il faudrait pouvoir déterminer toutes les conditions des phénomènes suivants : déplacements phonétiques, formation par analogie, accent, mélange dialectal et autres faits ou facteurs encore inconnus.

P. STARKE. *La mesure de l'intensité des sons.* Ce problème n'est pas moins important pour la psychophysique que pour la physique. Cette dernière, s'appuyant sur des considérations théoriques, admet que l'intensité du son est proportionnelle à la force vive employée à produire le son. Vierordt a contesté cette formule et soutient que si l'on considère l'intensité comme fonction de la hauteur (d'où tombe une bille sur un plateau mobile), la proportionnalité se rapprocherait plutôt de la racine carrée de cette hauteur. L'auteur a fait sur ce point quatre groupes d'expériences avec une boule de plomb, d'autres avec une boule d'acier, placées à des hauteurs variables, et il arrive aux conclusions suivantes : 1° l'intensité du son est proportionnelle à la force vive ; 2° sous ce rapport, la loi de Weber est valable dans les limites de l'expérience.

SELVER. *Développement de la monadologie de Leibniz jusqu'en 1695.* Influence de la scolastique et de l'atomisme de Démocrite et Gassendi. Recherche d'une preuve de l'existence de Dieu du point de vue de l'atomisme. La méthode mathématique de Descartes. Sur le principe du mouvement. Influence de la physique cartésienne. La continuité et la théorie de l'infini.

MAC KEEN CATTELL. *Recherches psychométriques.*

Dans une perception il faut distinguer le temps nécessaire : 1° pour que l'excitation agisse sur l'appareil périphérique ; 2° pour la transmission par les nerfs jusqu'au cerveau ; 3° pour les changements cérébraux consécutifs ; 4° pour la réaction motrice. En dehors du temps nécessaire pour les processus cérébraux, il n'y en a pas qui soit requis pour une sensation ou une perception (prise en elle-même). Les changements chimiques produits dans une batterie électrique prennent du temps ; mais, pour produire le courant électrique, il n'y a pas besoin d'un temps additionnel. Il y a un rapport analogue entre les changements produits dans le cerveau et les états de conscience. — Après ces préliminaires, l'auteur expose son dispositif et sa méthode expérimentale; il critique les moyennes obtenues par Kries et Auerbach. Le temps de la réaction peut être déterminé avec facilité; mais il est difficile de faire la part de chacune des opérations comprises dans le temps total. En prenant le nombre moyen de 150 σ (mill. de seconde), l'auteur croit qu'il doit être partagé par moitié entre les processus qui se passent dans le cerveau et ceux qui se passent dehors. Ceux-ci comprennent : 1° la période latente dans l'organe sensoriel; 2° le temps de transmission dans le nerf afférent; 3° le transmission dans la moelle et le nerf afférent; 4° la période latente dans le muscle. Les physiologistes ont essayé de déterminer ces temps séparément. L'auteur pense qu'en prenant le nombre ci-dessus 150 σ (temps pour la réaction lumineuse) 75 σ sont pris par les opérations cérébrales, le reste par la transmission et les périodes latentes (en adoptant 33 m. par seconde comme vitesse moyenne de transmission).

Les expériences pour les sensations lumineuses ont été faites en réagissant d'abord avec la main droite ou gauche (différence insensible entre les deux); moyennes : 150, 151, 146 ; puis, en réagissant avec les organes vocaux: dans ce cas la réaction est plus longue : 168, 170, 188, 176, etc. — Il a aussi étudié l'influence de l'attention ; il la ramène à trois formes : concentrée, normale, distraite. Voici une moyenne pour les trois cas : 189, 201, 245.

Brain.

A Journal of Neurology. 1885, october. — 1886, january.

MACKEEN CATTELL : *L'inertie de l'œil et du cerveau.* L'auteur donne le résultat de certaines expériences faites au laboratoire psychophysique de Leipzig et qui ont été résumées ici (tome XX°, p. 448), d'après les *Philosophische Studien.* Dans sa conclusion, il insiste sur « les limites de la conscience », c'est-à-dire sur la question débattue du nombre d'états qui peuvent exister simultanément dans la conscience. Après avoir décrit les expériences de Wundt sur ce sujet, il soutient que la question peut être tranchée d'une manière plus nette, en ayant recours aux impressions visuelles. Il a trouvé que l'on peut percevoir simultanément de 3 à 5 lettres (le nombre varie suivant les personnes). De même aussi pour la perception simultanée de lignes, distantes chacune de 2 millimètres : en une seconde, on en perçoit de 4 à 6 suivant les personnes.

DODDS : *Sur quelques affections centrales de la vision.* L'auteur continue ce sujet, en étudiant la localisation des divers réflexes visuels et les tractus sensori-moteurs qu'ils mettent en jeu : Examen des

réflexes lumineux, des objets fixés et suivis par les yeux, de l'hémi-
anopsie, de l'amaurose, des objets vus et touchés, de la cécité verbale.

DINGLEY : *Sur un cas d'amnésie*. Observation d'un cas d'amnésie
paralytique avec lésions du centre auditif des mots et du centre visuel
des mots.

HUGHLINGS JACKSON : *Étude comparative des convulsions*. De cette
étude d'un caractère surtout médical, nous extrayons les considérations suivantes sur les trois degrés de l'évolution du système nerveux
central : 1° le plus bas degré ou série des centres inférieurs sensori-
moteurs (moelle, bulbe et protubérance) représente les combinaisons
les plus simples du corps tout entier, animal et organique ; 2° le degré
moyen (centres moteurs de Hitzig et Ferrier et région sensorielle de
Ferrier) représente toutes les parties du corps en combinaisons plus
complexes ; 3° le plus haut degré (lobes frontaux et occipitaux et centres moteurs supérieurs) représente des combinaisons encore plus
complexes. Le sommet de l'évolution, « l'organe de l'esprit », consiste
dans ces centres supérieurs, dont la nature est sensori-motrice.

Annales médico-psychologiques.

1885, Novembre. — 1886, Janvier, mars, mai.

AZAM : *Le caractère dans les maladies*. L'auteur, qui a exclu de son
sujet les changements du caractère chez les aliénés, rapporte un grand
nombre de faits d'où il tire les conclusions suivantes : Le caractère
varie dans certains états physiologiques qui sont les périodes mens-
truelles, la grossesse, la maternité, le rut humain, la digestion. — Les
états morbides dans lequel il varie, sont les maladies chroniques, les
fractures, le cancer, la phtisie, les infirmités, les traumatismes cérébraux, l'hystérie, l'épilepsie, les névralgies, la rage, l'ivresse, l'angine
de poitrine, les troubles de la digestion et des voies urinaires. D'après
l'auteur, le caractère « peut être localisé dans les régions de la base
du cerveau qui reçoivent les irradiations du cervelet ».

CAMUSET ET PLANÈS : *Note sur un cas de sommeil d'une durée de
trois mois*.

ROUILLARD : *Observation d'amnésie traumatique*. A la suite d'une
chute, une sage-femme perd complètement la mémoire pendant cinq
heures et demie ; durant ce temps, elle pratique un accouchement avec
un automatisme complet et une correction irréprochable.

BOURRU ET BUROT : *Observation in extenso du cas de personnalité
multiple déjà plusieurs fois mentionné dans la Revue* (octobre 1885
et janvier 1886).

MOTET : *Compte rendu du congrès d'anthropologie criminelle tenu
à Rome en novembre 1885*.

CULLERRE : *Des perversions sexuelles chez les persécutés*.

HOSPITAL : *Des eunuques volontaires.* (Étude en grande partie historique.)

Archives de Neurologie.
1885, novembre. — 1886, janvier.

SÉGLER : *La thérapeutique suggestive.* Observation intéressante pour l'histoire de la « médecine d'imagination » qui souvent peut guérir le malade en agissant seulement sur son moral.

HUBLÉ : *Observations pour servir à la détermination des zones cérébrales motrices et à la pathogénie des dégénérescences secondaires de la moelle.*

LEGRAIN : *Un cas d'inversion du sens génital avec épilepsie.*

Dans le compte rendu du congrès de phréniatrie d'Anvers, nous trouvons un cas de personnalité triple observé par le Dr Verriest (de Louvain). Il y a « trois états divers de la conscience, avec intelligence nette, vive et bien équilibrée ». « Que devient en pareil cas, dit l'auteur, l'hypothèse sur l'alternance fonctionnelle des deux hémisphères cérébraux ? »

JENDRASSIK : *De l'hypnotisme.* Premier article consacré à exposer les diverses hypothèses faites sur ce phénomène. Nous rendrons compte de ce travail, quand il sera complet.

L'Encéphale.
1885. — Septembre à avril 1886.

GIRAUDEAU : *De l'audition colorée.* L'auteur résume les documents existant sur ce sujet dont nous avons déjà parlé. Il croit que Meyerbeer, qui désigne sous le nom de [pourprés certains accords de Weber, était peut-être un auditeur des couleurs. Th. Gautier, après avoir pris du haschisch, disait aussi « entendre le bruit des couleurs ». Ce phénomène n'est pas expliqué. Pouchet et Tourneux supposent des communications anormales entre les fibres nerveuses venant de l'oreille et se rendant aux centres perceptifs affectés d'ordinaire par le nerf optique. Nuel n'admet que des irradiations nerveuses, une action à distance. Pedrono admet des anastomoses normales entre le centre cérébral auditif et le centre cérébral optique.

RÉGIS : *Les aliénés peints par eux-mêmes.* Un cas de manie raisonnante ou de folie morale.

SOURY : *Les fonctions du cerveau, doctrine de Goltz.*

DESCOURTIS : *Contribution à l'étude de la thermométrie céphalique.*

Archives slaves de Biologie.
Fascicule II, 1886.

GALEZOWSKI : *De l'érythropsie ou vision colorée des opérés de la cataracte.* Ces sujets voient rouge pendant quelque temps : cette vision est due à la perception du rouge rétinien par l'œil lui-même.

Archives italiennes de Biologie.
Tome VII, fasc. I.

LUSSANA : *Physio-pathologie du cervelet.* L'auteur maintient ses conclusions antérieures : que la lésion du *sens musculaire* reste toujours le point cardinal des lésions du cervelet comme celles des cordons postérieurs. Il examine les objections les plus importantes qui ont été soulevées contre sa théorie. Le cervelet « est le centre nerveux du sens musculaire ».

La Critique philosophique.
Novembre 1885 à mai 1886.

RENOUVIER : La morale criticiste et la critique de M. Fouillée. — Examen des *Premiers principes* de Herbert Spencer. — Le christianisme et la doctrine de l'évolution. — De la morale religieuse.

PILLON : L'anatomie et physiologie d'Aristote (*Bibl.*). — Théorie religieuse de l'éducation d'après les principes de Herbart. — Les origines de l'alchimie de Berthelot.

DAURIAC : Du critérium de la vérité selon Herbert Spencer. — Un livre récent sur le stoïcisme. — Différence de degré et différence de nature. — Déterminisme et dogmatisme.

MONIN : De la notion abstraite de force divine dans l'*Iliade.*

Archives d'anthropologie criminelle.

N° 2. V. LISTZ : Répartition des crimes et délits dans l'empire allemand. — MANOUVRIER : Les crânes des suppliciés. — Compte-rendu du congrès d'anthropologie criminelle de Rome. — N° 3. BERTILLON : De l'identification par les signalements anthropométriques. — BOURNET : La criminalité en Sicile.

Dans sa séance du 31 mai dernier, la *Société de psychologie physiologique* a élu membres titulaires : MM. BEAUSSIRE (de l'Institut), FALRET, médecin de la Salpêtrière, Dr MAGNIN, SULLY-PRUDHOMME (de l'Académie française); — membre correspondant, M. LECHALAS, et membre associé étranger, M. GURNEY. — Elle a perdu l'un de ses membres titulaires par suite du décès de M. LEGRAND DU SAULLE.

M. J.-A. CANTACUZÈNE, qui avait déjà traduit plusieurs ouvrages de SCHOPENHAUER, vient de publier la traduction française de l'œuvre capitale de ce philosophe : *Le Monde comme volonté et comme représentation.* Cette traduction forme deux volumes in-8° de 662 et 980 pp., publiées à Bucarest, chez Sotschek et Cie.

Le propriétaire-gérant : FÉLIX ALCAN.

Coulommiers. — Imp. P. BRODARD et GALLOIS

LA SENSIBILITÉ ET LE MOUVEMENT

La sensibilité et le mouvement sont deux modes de la vie que l'on ne conçoit guère l'un sans l'autre. « Partout où il y a mouvement, dit Claude Bernard (en parlant bien entendu des corps vivants), il y a sentiment. L'esprit peut sans doute, par abstraction, séparer les deux propriétés; mais dans la réalité ils sont inséparables... Un phénomène de sentiment ne se manifestera jamais que par le mouvement [1] ».

En effet, sans être physiologiste, tout homme comprend aisément que pour jouir et souffrir il faut vivre : or la vie est un ensemble de mouvements qui tendent à entretenir, à renouveler, à faire agir au dehors, dans des relations de tous les instants, un ensemble harmonieux dont toutes les parties sont solidaires les unes des autres. Chacun comprend de même qu'à leur tour le plaisir et la douleur sollicitent en nous le mouvement, l'encouragent, le redoublent, l'exaspèrent, ou d'autres fois le calment, le découragent, l'épuisent et l'arrêtent, que le plus souvent ils l'avertissent, l'orientent et le guident. Qui ne sait aussi que le plaisir et la douleur s'expriment et se représentent par le mouvement, et que ces impressions réagissent ensuite sur la sensibilité pour l'entretenir, l'exalter, la divertir ou l'apaiser?

Quand on sort de ces généralités et qu'on demande aux biologistes des renseignements « positifs » sur cet ensemble de questions, il faut traverser d'abord certaines obscurités. Les mots ne sont pas pris partout dans le même sens. Dès lors, comment s'éclairer si, en questionnant sur une chose, on obtient des réponses sur une autre?

Tous les savants et tous les philosophes, par exemple, connaissent aujourd'hui cette définition que Claude Bernard, à plusieurs reprises, a donnée de la sensibilité. « C'est, dit-il [2], l'aptitude de l'être vivant

---

1. Claude Bernard, *Leçons sur la physiologie et la pathologie du système nerveux.* 2 vol. in-8. B. Baillière, tom. I, leçon II.
2. Particulièrement dans son étude sur *la Sensibilité dans le règne animal et dans le règne végétal.* — Voyez *la Science expérimentale.* 1 vol. in-24, pag. 218 et suivantes. — Voyez aussi les *Leçons* citées plus haut, tom. I, leçon II.

à répondre aux sollicitations du dehors par des modifications qui lui sont propres ». Les réactions automatiques, ajoute-t-il, loin d'être la partie accessoire du phénomène, en sont au contraire l'élément essentiel et persistant, survivant aux autres réactions chez l'homme même, et seul saisissable chez les animaux. C'est donc à celui-là que doit s'attacher presque uniquement le physiologiste, puisqu'il étudie les phénomènes objectivement. Quant à la sensibilité avec conscience, autrement dit, au plaisir ou à la douleur, ce n'est là qu'une des formes, la plus élevée, si l'on veut, du phénomène : elle s'ajoute ou elle ne s'ajoute pas aux formes précédentes; mais qu'elle se développe ou qu'elle s'efface, la sensibilité proprement dite ne disparaît qu'avec les réactions motrices de l'organisme, en un mot qu'avec la vie.

Si l'on prend ces définitions pour point de départ, la question des rapports de la sensibilité et de mouvement est plus que préjugée : elle est tranchée, ce semble, aux trois quarts, puisque la sensibilité n'est plus considérée que comme un mode du mouvement ou comme l'un des états par lesquels passe accidentellement la puissance active de l'être vivant.

Claude Bernard, il est vrai, paraît en d'autres endroits retourner sa définition et faire du mouvement un fait secondaire, postérieur à la sensibilité et issu d'elle. « En résumé, dit-il à la fin d'une de ses *Leçons* [1], s'il était prouvé que la volonté n'est qu'une transformation de la sensibilité, il faudrait arriver à cette conclusion, que tout mouvement a pour point de départ un phénomène de sensibilité, qui tantôt se passe à la surface encéphalique sous l'influence d'un souvenir, d'une sensation antérieure, d'une impression causée par l'afflux du sang ou par une autre cause, tantôt se passe à la périphérie du corps sous l'influence d'une excitation extérieure.... L'anatomie, continue l'illustre physiologiste, donnerait un appui à cette manière de voir; car à l'extrémité des nerfs de sensibilité périphérique on a trouvé, dans un très grand nombre de cas, des cellules nerveuses terminales analogues à celles qui se rencontrent dans l'encéphale. »

D'autres textes enfin nous ménagent, au moins dans les termes, une nouvelle contradiction : car ailleurs Claude Bernard dit formellement : « Le mouvement paraît donc indépendant de la sensibilité, et un membre insensible peut encore se mouvoir [2] ».

Au fond cependant, ces différentes définitions ou assertions sont moins contradictoires qu'elles ne le semblent. Si la sensibilité n'est

---

1. *Leçons sur le système nerveux* (déjà cité), tom. I, leçon XVIII.
2. *Ibid.*, tom. I. leçon XIV, pag. 247.

que l'aptitude à réagir, on comprend sans peine que le mouvement soit dit provenir de la sensibilité ainsi comprise : les deux phénomènes n'en font plus qu'un, et l'on peut les ramener indifféremment l'un à l'autre. Quant à la sensibilité dont le troisième et dernier texte cité nous dit que le mouvement est indépendant, il est clair (et le contexte le prouve) qu'il faut y voir la sensibilité avec conscience, la sensibilité constituée par le plaisir et la douleur.

C'est celle-là que nous avons en vue dans la présente étude. Nous ajouterons que, malgré l'exemple et l'autorité de Claude Bernard, c'est celle-là qu'ont en vue presque tous les physiologistes, expérimentateurs et cliniciens de l'époque actuelle, quand ils traitent des rapports de la sensibilité et du mouvement (on le constatera facilement par toutes les citations que nous aurons à faire) [1]. Nous définirons donc la sensibilité, non pas simplement l'aptitude à réagir...., mais le plaisir ou la douleur dont a conscience l'être vivant, quand il réagit contre les excitations extérieures par des modifications qui lui sont propres. Nous partons ainsi d'un fait psychologique ou de conscience. Quant aux rapports qui unissent ce fait de conscience aux différentes formes du mouvement, c'est aux observations que nous allons recueillir à nous les faire connaître; nous ne voulons pas les préjuger davantage.

II

Posons-nous d'abord cette question : *La sensibilité et le mouvement sont-ils unis d'une manière indissoluble, et varient-ils toujours l'un comme l'autre, dans les mêmes proportions?*

Tous les faits qu'il nous est donné de relever chez les observateurs compétents nous obligent à répondre *non !*

La clinique est ici particulièrement précieuse, puisqu'elle nous fait voir de quelle manière ces deux manifestations de la vie physique se comportent dans un péril commun de l'économie, autrement dit dans les maladies.

Supposons un nerf blessé par une cause quelconque, compression, refroidissement, blessure par arme tranchante ou arme à feu. La sensibilité et le mouvement y sont habituellement lésés l'une et l'autre; mais ils peuvent l'être aussi indépendamment l'un de l'autre. On le voit assez souvent, même pour les nerfs mixtes. Puis, quand

---

1. Pour les psychologues, c'est chose jugée. Nous n'avons pas besoin de renvoyer au livre si connu de M. F. Bouillier: *le Plaisir et la Douleur* (V. ch. 1 et 11).

la lésion a entraîné des troubles communs, le retour de chacune des deux facultés n'est pas simultané : l'une des deux peut reparaître seule, ou du moins reparaître plus facilement et plus vite [1]. On nous dit en particulier que la compression des nerfs, à moins d'être très prononcée, n'entraîne pas la perte du sentiment. Très souvent la motilité est abolie dans les muscles desservis par le nerf comprimé, tandis que la sensibilité n'y a subi aucune atteinte. Dans les paralysies dites périphériques, et plus précisément dans la paralysie du nerf mixte appelé nerf radial, « la plus importante et la mieux étudiée des paralysies du bras [2] », la sensibilité n'est pas aussi atteinte que la motilité. Si les observateurs discutent sur la cause, ils sont d'accord sur le fait.

Allons des nerfs à leurs centres et des troubles périphériques aux maladies des parties centrales du système nerveux. On peut poser d'une manière générale que la paralysie de la sensibilité et la paralysie du mouvement sont loin de toujours coïncider. Aussi la plupart des auteurs ont-ils pris le parti de définir la paralysie par les troubles du mouvement. « Nous laisserons de côté, dit l'un d'eux [3], les troubles de la sensibilité, les considérant comme des épiphénomènes, des détails symptomatiques qui peuvent, dans certains cas, accompagner les paralysies, en même temps que les troubles trophiques, sécrétoires et autres.... » Assurément quand il y a « paralysie complète, la sensibilité est presque entièrement abolie. » Mais dans les paralysies incomplètes, il s'en faut de beaucoup que les deux puissances subissent exactement les mêmes destinées.

Dans les paralysies d'origine spinale ou médullaire, les fonctions de la sensibilité sont presque toujours modifiées profondément, tantôt par hyperesthésie, tantôt par anesthésie. Toutefois la motilité y est encore plus malade. Il est même une maladie qualifiée de paralysie spinale de l'adulte, causée par le refroidissement ou le surmenage, et dans laquelle « la sensibilité est respectée. » Cette maladie est purement motrice et « laisse toujours intactes les facultés intellectuelles, la sensibilité... [4] » Il peut y avoir des exceptions : mais c'est là la règle.

Dans les maladies du mésocéphale (bulbe, protubérance, pédoncules cérébraux), les désordres de la sensibilité sont de beaucoup

---

1. Voyez *Nouveau Dictionnaire de médecine et de chirurgie pratiques* (ou *Dictionnaire Jaccoud*), art. NERFS par Mathias Duval, pag. 678. 742. — Voyez même dictionnaire, art. SENSIBILITÉ par Gilbert Ballet, pag. 100, 104, et Grasset, *Traité pratique des maladies du système nerveux*, 3e édition, pag. 857.
2. Grasset, *loc. cit.*
3. *Dictionnaire Dechambre*, art. PARALYSIE.
4. *Dictionnaire Dechambre*, art. cité.

dominés en importance par ceux du mouvement et de la nutrition [1].

Lorsqu'on arrive aux paralysies d'origine cérébrale, les controverses sont plus embrouillées. Pourtant il semble bien établi que là l'anesthésie est encore moins accusée que dans les paralysies d'origine spinale et qu'elle y a moins d'importance. On va jusqu'à dire que la sensibilité y est ordinairement conservée, excepté quelquefois au début de l'attaque et dans les quelques heures qui la suivent [2]. Plus tard on ne remarque guère qu'un certain ralentissement dans la transmission des impressions sensitives et souvent un peu d'hyperesthésie liée à l'irritation des parties voisines du foyer malade.

On sait qu'il est des lésions cérébrales, provenant d'hémorrhagies, tumeurs, ramollissements, qui affectent profondément la motilité. « La doctrine classique, écrit M. Charcot [3], veut que les lésions soient sans influence sur la sensibilité du sujet. » Et il est de fait, ajoute-t-il, que quoiqu'à la paralysie du mouvement s'ajoute alors la paralysie des vaso-moteurs, la sensibilité n'en est pas modifiée d'une manière appréciable et surtout d'une manière durable. Il est vrai qu'à côté de ces cas qui sont de beaucoup les plus nombreux, on en cite un très petit nombre où la sensibilité est affectée d'une manière prédominante et dans lesquels l'anesthésie persiste, même après la restauration du mouvement [4]. Mais alors même, le mal n'est point égal des deux côtés.

Dans les paralysies qu'on appelle psychiques, parce qu'elles sont amenées par des causes morales, telles que la frayeur, la contagion..., l'anesthésie prend aussi plus d'importance [5]; et très souvent dans l'hystérie ce sont de même les désordres de la sensibilité qui dominent [6]. Ils dominent d'ailleurs dans la plus grande partie des maladies qu'on appelle névroses et qui probablement n'atteignent que la région périphérique du système nerveux. Ils dominent encore dans la névropathie cérébro-cardiaque où tout le système sensitif est en proie à une perversion générale, tandis que les symptômes relatifs à la motilité n'apparaissent que comme des accidents tout secondaires.

Enfin dans l'ataxie locomotrice, il a semblé à beaucoup d'auteurs

1. Gilbert Ballet, art. SENSIBILITÉ dans le *Dictionnaire Jaccoud*. Voyez Rendu, *Thèse d'agrégation*, pag. 51.
2. *Dictionnaire Jaccoud*, art. PARALYSIE.
3. Charcot, *Leçons sur les maladies du système nerveux, professées à la Salpêtrière*, tome II, pages 307 et suivantes.
4. *Ibid.*
5. Voyez Lober, *Thèse d'agrégation*, 1886.
6. Voyez une leçon de M. Charcot dans la *Semaine médicale* du 31 mars 1886.

que l'incoordination des mouvements était liée à l'insensibilité cutanée ou musculaire qui laissait la motilité privée de tout avertissement et livrée en quelque sorte au hasard. Mais Trousseau [1] et d'autres cliniciens ont démontré par quelques exemples authentiques comment l'ataxie locomotrice peut exister sans aucun affaiblissement de la sensibilité.

En résumé, tout concourt à nous faire croire que la sensibilité et le mouvement ne varient pas absolument l'un comme l'autre et qu'ils ne sont jamais affectés dans les mêmes proportions.

III

Posons-nous maintenant une deuxième question : *De ces deux modes de la vie, quel est celui dont les troubles ont le plus de gravité, et quel est celui dont les maladies, toutes choses égales d'ailleurs, se guérissent le plus aisément?*

Les faits cités plus haut et quelques autres que nous allons ajouter nous permettront de répondre avec la même précision.

Toutes choses égales d'ailleurs, ce sont les troubles de la motricité qui risquent d'être les plus profonds, les plus graves et les plus difficiles à guérir : c'est la sensibilité qui résiste le mieux et qui revient le plus fréquemment. Sans doute, nous l'avons vu, M. Charcot a observé plusieurs hémiplégiques chez lesquels l'anesthésie avait persisté, même après la restauration du mouvement; et l'on peut rappeler à ce propos que déjà, au siècle dernier, les médecins citaient un malade qui, trois mois après avoir été frappé d'apoplexie, se trouvait encore en état d'anesthésie, bien que la motilité fût revenue chez lui [2]. Mais ce sont là, de l'aveu général, des cas tout à fait exceptionnels.

Remontons graduellement, comme nous l'avons fait tout à l'heure, des lésions périphériques aux lésions des parties centrales. Les observateurs qui font autorité sont pleinement d'accord. Le célèbre chirurgien américain Weir Mitchell [3] qui, lors de la guerre de sécession, fit des observations si nombreuses et si intéressantes sur les lésions des nerfs chez les soldats blessés, dit formellement : « Lorsque la motilité et la sensibilité sont affectées l'une et l'autre,

---

1. Voyez *Dictionnaire Jaccoud*, art. ATAXIE LOCOMOTRICE par Trousseau.
2. Voyez Charcot, *Leçons*, tom. II, pag. 307.
3. Voyez Weir Mitchell, *Lésions des nerfs et leurs conséquences*, trad. en français par Dastre, avec préface de Vulpian. Paris, 1874.

cette dernière est celle dont le rétablissement est le plus précoce. »

Dans son *Manuel de pathologie et de clinique infantiles*, M. le Dr Descroizilles [1] nous décrit ainsi les symptômes divers et la marche de la paralysie des petits enfants. La motilité est atteinte la première. Presque en même temps se manifeste une certaine hyperesthésie, soit parce que la neurilité subsistante se réfugie en quelque sorte tout entière dans les nerfs sensibles, soit parce que la sensibilité est encore assez forte pour sentir l'effet douloureux des spasmes et des contractures. L'anesthésie succède bientôt : toutefois elle n'est jamais complète et elle n'est pas longue à disparaltre : il est très fréquent que la peau recouvre sans grand délai sa sensibilité normale.

Dans les myélites, dit de son côté le Dr Rendu [2], il faut que la lésion soit extrêmement étendue pour que la sensibilité soit atteinte; mais, même dans les cas de lésions très profondes, la sensibilité, un instant obscurcie ou pervertie, tend vite à reparaltre et à reprendre à peu près complètement son intégrité primitive. — Tels sont les faits. On les interprète de plusieurs manières.

Lorsqu'une fonction a été entravée par suite de quelque désordre anatomique, il faut sans doute que ces désordres se réparent pour que la fonction recommence. Mais il faut aussi que la fonction soit provoquée par différentes excitations qui la réveillent. Or la peau, qu'on le veuille ou non, reçoit des stimulations continuelles qui ravivent de proche en proche la sensibilité des tissus; tandis que la reprise des mouvements exige au moins un commencement d'effort presque volontaire. On observe aussi que les impressions motrices se transmettent par des voies déterminées. Si ces voies sont interrompues sur un point quelconque de leur parcours, il s'ensuit une paralysie motrice très prononcée. Les impressions sensitives au contraire semblent cheminer à peu près indifféremment au travers de la substance grise. L'interruption de quelques tubes nerveux centripètes rend-elle la transmission ordinaire impossible, les impressions se frayent une autre route. Elles vont, par les cellules ganglionnaires liées entre elles, aboutir aux fibres restées saines; et finalement l'impression est sentie au prix d'un léger retard et quelquefois aussi d'erreurs de localisation [3]. Bref, les suppléances paraissent plus faciles pour les organes de la sensibilité que pour les organes du mouvement.

Une autre raison, qui tient de près à celle-là, c'est que la motilité

---

1. Médecin de l'hospice des Enfants-Malades. Voyez son très intéressant volume paru chez Delahaye en 1884 (V. pag. 512).

2. Thèse citée. pag. 77.

3. Voyez Rendu, endroit cité, et Charcot, *Leçons...*, tom. I, pag. 116.

suppose non pas simplement un état perçu avec plus ou moins d'intensité, mais un développement successif d'actions matérielles enchaînées les unes aux autres par un mécanisme complexe. Elle peut donc être atteinte par un plus grand nombre de lésions : lésions du système musculaire, lésions du système nerveux; et parmi ces dernières figurent les lésions des nerfs moteurs et celles des nerfs sensitifs, qui soit isolément, soit ensemble, peuvent également gêner ou arrêter le déploiement de la puissance motrice.

Tout ceci posé, faut-il croire que la séparation de ces deux grandes manifestations de la vie soit chose toute mécanique? Tels organes sentent, dirait-on alors, tels autres meuvent : les premiers sont plus résistants et plus faciles à guérir; les seconds, une fois démontés, ne se réparent qu'avec beaucoup de peine, et ainsi les uns et les autres suivent, chacun de leur côté, les destinées particulières que leur font leur mode de structure ou la nature de leur substance. Une telle explication négligerait la partie la plus considérable et la plus intéressante du phénomène qui nous occupe.

Sans aucun doute, la division du travail est la loi de tout organisme; mais cette division n'empêche pas l'unité du fond commun qui alimente les travailleurs, l'unité du capital qui leur fournit incessamment leurs moyens d'action et qu'ils accroissent ensuite à leur tour. Elle n'empêche pas davantage la solidarité des actions et la connexion nécessaire des instruments mis en œuvre. A l'acte complexe où la conscience nous fait apercevoir une sensation et un mouvement liés l'un à l'autre, l'expérimentation physiologique et la clinique nous montrent que deux systèmes d'organes sont nécessaires. Ils fonctionnent chacun de leur côté, et ils fonctionnent ensemble : c'est là du moins la loi, et ce qui le prouve, c'est que la rupture de ce concours est précisément un état de maladie. Mais dans la maladie même il y a très souvent effort pour rétablir l'harmonie par l'entrée en action d'autre organes s'offrant pour suppléer à ceux qui manquent. Assurément l'introdction de ces « fonctions vicariantes [1] », comme dit Wundt, est elle-même soumise à la loi de la division du travail et de la connexion des parties. Les suppléances ne réussissent que graduellement, et à la condition de pouvoir établir entre les parties intéressées des combinaisons appropriées qui restaurent, dans une mesure suffisante, l'union détruite ou ébranlée. Mais tout cela montre que la localisation des fonctions et la spécificité de leurs organes ne sont qu'une partie de la vérité, et qu'après avoir rappelé ce que les deux

---

1. Voyez, sur ce point si intéressant, ses *Éléments de psychologie physiologique;* trad. française. 1886. F. Alcan, tom. 1, ch. vii.

modes de la vie dont nous nous occupons ont de spécial, de séparé, d'indépendant, il faut s'appliquer à mettre en lumière les rapports qui les unissent.

IV

Des deux facultés en question, la sensibilité et le mouvement, quelle est celle des deux qui est antérieure à l'autre et qui fait en quelque sorte le fond de notre vie ?

En présence de cette nouvelle question, ne peut-on invoquer, comme chose acquise, que tout plaisir et toute douleur sont essentiellement les modes d'une fonction s'accomplissant avec facilité ou avec peine, et que par conséquent tout phénomène de sensibilité suppose un mouvement antécédent? Cela nous paraît d'abord évident pour les jouissances et les douleurs physiques qui, nul ne le contestera, sont les premières en date.

Toute fonction peut être considérée comme comprenant quatre phases successives : 1° la préparation à l'action, ou l'action naissante et ébauchée; 2° l'action développée et en cours d'accomplissement; 3° l'action aboutissant à un résultat, c'est-à-dire faisant perdre ou gagner quelque chose à la fonction et à son organe; 4° le rayonnement de l'action produite et accomplie, allant de l'organe le plus immédiatement intéressé à tous ceux qui en sont solidaires, c'est-à-dire de proche en proche à l'organisme tout entier. L'imagination, cela va de soi, prolonge ce rayonnement, et la délicatesse du système nerveux peut encore en augmenter l'intensité.

Or, quels sont les plaisirs et les douleurs physiques (encore une fois il faut bien commencer par ceux-là) qui se rapportent à l'une ou à l'autre de ces phases? Nous jouissons déjà si nous sentons en nous une réserve de force disponible nous paraissant suffire à l'action que nous nous proposons. Et pourquoi nous paraît-elle suffire? Parce que nous l'avons déjà expérimentée ou tout simplement parce que nous la sentons qui s'agite et qui se remue avec une vivacité dont nous nous figurons aisément par avance le développement imminent. Nous jouissons ensuite quand notre action se développe avec facilité. Nous jouissons de la plénitude ou de la liberté, de l'accroissement de force ou du soulagement que nous a valu l'action menée à sa fin. Nous jouissons encore de l'entraînement qu'elle communique ou du repos qu'elle apporte aux parties les plus éloignées et les plus étrangères en apparence à celle qui a été la première émue et satisfaite.

Prenons le contrepied de cette description et nous avons toute la gamme de la douleur. Nous souffrons quand l'engourdissement, la lourdeur, l'appauvrissement matériel de l'organe ou sa déformation mettent un obstacle au commencement même de la fonction. Nous souffrons quand nous faisons un effort violent et difficile pour surmonter cette gêne ou cette paresse, soit que notre activité refoule avec peine l'obstacle qui comprime l'organe où elle se meut, soit qu'elle travaille à contresens, sur des matériaux insuffisants ou rebelles, ou sans obtenir des autres organes le concours dont elle a besoin. Dans ces divers cas, nous sentons tout à la fois et l'excès de notre effort et l'affaiblissement des moyens dont il dispose ; car il est hors de doute que la douleur enveloppe en même temps une exagération dans le mouvement [1] et un commencement de désorganisation physiologique [2]. Nous souffrons enfin quand l'action étant accomplie tant bien que mal et la lutte terminée, nous avons conscience de ce qu'elles nous coûtent pour le présent et pour l'avenir.

Toute sensation suppose donc nécessairement une fonction, donc une action et des mouvements antécédents.

M. Fouillée, il est vrai, nous objectera que le fond de la vie psychologique doit être quelque chose d'absolu, c'est-à-dire un état subsistant par lui-même, indépendamment de tout rapport soit réalisé par le mouvement, soit conçu par l'intelligence. C'est là en effet une thèse soutenue par l'éminent philosophe, que l'absolu qui constitue le fond cherché de notre vie n'est autre que la sensibilité [3]. Il étaye son argumentation de cette idée que la sensibilité, quoi qu'en disent les psychologues anglais et M. Bouillier, n'implique nullement relation, comparaison, conscience ou représentation d'une différence. Nous croyons que cette théorie vaut la peine que nous l'examinions un instant, sous celui du moins de ses aspects qui nous intéresse ici.

M. Fouillée pense que pour sentir un état quelconque il n'est nullement besoin d'éprouver ni de constater aucune différence entre l'état actuel et un état antécédent. « Si par hypothèse, dit-il, un être, depuis sa naissance jusqu'à sa mort, éprouvait une douleur continue, comme celle d'une pression ou d'un écrasement, une brûlure uniforme et monotone, une chaleur toujours la même, telle qu'une céphalalgie continue, à qui persuadera-t-on qu'il ne sentirait rien et que la brûlure reviendrait à la même chose qu'à une absence de sentiment? »

---

1. Comme le veulent Weir Mitchell (ouvrage cité, page 39), Vulpian (*Diction.naire Dechambre*, art. MOELLE, page 415) et quelques autres.
2. Comme le veut Maudsley (dernières lignes de *la Physiologie de l'esprit*).
3. Voyez la *Revue des Deux-Mondes* du 15 octobre 1883.

Très certainement celui qui éprouve une douleur éprouve une douleur. Ainsi présentée l'assertion est irréfutable. Mais n'est-ce pas une vraie pétition de principe que nous trouvons dans l'hypothèse sur laquelle elle s'appuie? On parle de brûlure, de pression, d'écrasement... Toutes les douleurs liées à ces accidents supposent, comme les autres, une fonction gênée ou arrêtée, conservant sa tendance, donc avec elle un effort réel et une obscure représentation de ce qu'elle cherche. Si tout effort de poussée ou de résistance s'arrête, si la fonction meurt avec le tissu qui lui servait d'instrument, la douleur cesse par là même. Supposer une brûlure continue, c'est supposer une reconstitution également continue de l'organe destiné à être détruit, un recommencement perpétuel de la tendance destinée à être combattue, donc toujours un conflit et toujours le sentiment d'une différence qui, même avant d'être perçue, existe positivement. La douleur pourrait toutefois disparaître dans un cas facile à expliquer. Si l'organe réussissait à opérer une sorte d'ajustement, comme ceux qui nous permettent de supporter la pression de l'atmosphère, d'être emporté par le mouvement de la planète ou de ne sentir que très légèrement la combustion perpétuelle que la nutrition entretient dans nos tissus, alors la douleur ferait place à l'indifférence. Mais entre ces deux termes extrêmes, extinction de la fonction ou ajustement parfait de la fonction, est le domaine de l'effort et du conflit; c'est aussi et par cela même celui de la sensibilité [1].

La sensibilité n'est donc nullement cet état absolu que l'on cherche. On dira que le mouvement l'est moins encore? Mais qui nous oblige à nous arrêter au mouvement proprement dit, au lieu de remonter jusqu'à la force, ou, plus simplement, jusqu'à l'activité dont il émane? Quoi qu'il en soit de cette question ultérieure, ce que nous voulons retenir ici, c'est que la sensibilité suppose une motricité qui la précède et qui lui prépare, pour ainsi dire, ses conditions.

Mais il faut entrer ici dans plus de détails et insister sur des distinctions qui, quoique fort simples, semblent avoir été assez souvent oubliées.

Le mouvement a des formes variées, puisqu'il met en jeu plusieurs facteurs qui peuvent agir isolément ou agir ensemble, être lésés ensemble ou séparément. Vient d'abord l'irritabilité musculaire, puis l'excito-motricité des nerfs ou l'action réflexe, puis le mouvement coordonné qui est ou instinctif ou volontaire. La première espèce de mouvement peut se manifester indépendamment de la seconde, et les deux premières peuvent être indépendantes de la troisième; mais la

1. Voyez *Le Plaisir et la Douleur*, ch. v et ix.

troisième suppose les deux autres, comme la seconde enveloppe la première. Tout cela est acquis et ne soulève aucune difficulté. Il était toutefois nécessaire de rappeler ces distinctions pour expliquer la suite de notre plan.

V

Entre ces trois formes de mouvement, quelle place tient la sensibilité? une place intermédiaire entre les deux formes inférieures et la forme supérieure : elle est postérieure aux deux premières, elle devance, prépare et guide la troisième.

L'activité coordonnée que manifestent les actes extérieurs des êtres vivants est un fait très complexe. Il y a là une force appelée, non seulement à faire effort et à réagir, mais à se diriger dans un certain sens, à faire converger plusieurs mouvements vers un même but, à modifier enfin, selon les circonstances, l'énergie des efforts et la composition de ses mouvements. Il lui faut pour cela des stimulants et des avertissements; c'est la sensibilité qui les lui donne, et Claude Bernard a eu le droit de dire [1] : « La sensibilité et le mouvement volontaire paraissent liés physiologiquement; à mesure qu'on détruit la sensibilité, il semble qu'on enlève le mouvement volontaire. »

En effet, au fur et à mesure de ses expériences, le grand physiologiste ne manque pas de faire remarquer à quel point les mouvements sont vagues, mal coordonnés, incertains, dès que la sensibilité est abolie. L'animal n'a plus rien qui lui permette d'apprécier l'énergie de ses actions musculaires et la portée d'un effort donné. Il ne semble plus avoir conscience de ce qui se passe dans ses muscles, et, par conséquent, il est hors d'état d'en assurer les mouvements. Les membres s'agitent convulsivement et sans but. Si l'une des deux parties du corps a gardé la sensibilité, tandis que l'autre l'a perdue, la première peut encore entraîner la seconde dans une action commune; mais la seconde reste en quelque sorte passive, et sa coopération machinale se fait sans un véritable concours, c'est-à-dire sans harmonie [2].

1. *Leçons sur le système nerveux*, t. I, leçon xiv.
2. « Lorsque je tenais par le tronc entre deux doigts les grenouilles sur lesquelles je voulais experimenter, ces animaux faisaient, pour se debarrasser de l'étreinte qu'ils subissaient, des efforts dans lesquels les pattes postérieures pendantes se soulevaient pour venir s'arc-bouter contre les doigts et les repousser. Or, chez les grenouilles que la section des racines lombaires postérieures d'un

L'observation clinique dit de même avec Trousseau [1] : « La sensibilité cutanée et la sensibilité profonde jouent ici (dans le jeu combiné des muscles) un rôle très important. C'est cette sensibilité qui est le régulateur des mouvements, en ce sens que, par la sensibilité, c'est-à-dire par l'impression produite d'abord sur la peau, puis sur les surfaces articulaires, nous apprécions la forme, le poids, la résistance. Cette double sensibilité, cutanée et profonde, est le moniteur de l'intelligence et par conséquent de la volonté... L'individu qui, privé de cette sensibilité, va exécuter des mouvements, est dans un cas analogue au sourd qui va parler. L'éclat de notre voix est généralement proportionné à la nécessité de nous faire entendre. Or, si nous sommes sourds, nous n'avons plus de moyen de juger de l'intensité de notre voix : nous l'élevons de la manière la plus inopportune, ou nous l'abaissons de telle sorte que nous ne sommes plus entendus. »

Tout cela est parfaitement clair et définitif. Mais faisons attention aux traits saillants des deux descriptions que nous venons de résumer. Si la destruction de la sensibilité rend les mouvements incertains, maladroits, décousus.., elle ne les supprime pas. « Un membre insensible peut encore se mouvoir », dit Claude Bernard. Parmi les expériences destinées à le montrer, voici l'une des plus connues :

« On fit sur un épervier la section des filets cutanés de la serre : la section fut faite en haut et en dehors du métatarse. Le nerf se trouve logé entre le tendon des muscles et l'artère qui se trouve au-dessous. En soulevant le nerf avec un petit cordon, on en fit la section. Avant l'opération, l'animal avait naturellement les deux serres sensibles et les retirait lorsqu'on les pinçait. Aussitôt après l'opération, il y eut insensibilité complète de toutes les parties situées au-dessous de la section du nerf. Cependant l'animal saisissait énergiquement les objets avec les serres de cette patte, et il se tenait également bien avec les deux pattes sur le barreau de sa cage. Quand on pinçait la patte opérée sans qu'il le vit, il ne faisait aucun mouvement [2]. »

La clinique pourrait fournir beaucoup de faits tendant à la même conclusion. Ainsi M. Gley rapportait récemment ici même [3], d'après le Dr Block, l'exemple d'une malade hémi-anesthésique gauche. Elle n'avait plus la notion de la position de sa main, et elle était incapable

---

côté avait rendues partiellement insensibles, une patte seulement se relevait pour écarter mes doigts : c'était la patte qui avait conservé la sensibilité ; l'autre s'agitait sans but. » *Ibid.*

1. *Dictionnaire Jaccoud*, art. déjà cité sur l'ataxie locomotrice.

2. Claude Bernard, *leçon citée.*

3. Voyez le numéro de la *Revue philosophique* de décembre 1885 et les comptes rendus de la *Société de Biologie* du 1er mars 1884.

d'exécuter avec ce membre un mouvement précis. On lui disait de
se boucher l'oreille gauche avec ses doigts : elle n'y réussissait pas ; sa
main se portait sur un autre point du visage. Elle exécutait donc
mal son mouvement, mais enfin elle en exécutait un. La paralysie
même, qui est l'abolition ou la diminution de la contractilité des
muscles par leur stimulant normal, n'est pas nécessairement l'ai-
nésie, et le membre paralysé peut encore être mis sous l'action d'une
cause artificielle.

Mais ici nous devons essayer de creuser davantage : il nous faut
étudier de plus près les rapports spéciaux de la sensibilité avec
chacune de ces deux formes inférieures de la motilité : le pouvoir
excito-moteur musculaire et le pouvoir des réflexes. Que fait ici la
sensation? Est-elle antérieure à chacune de ces deux formes du
mouvement? En est-elle une condition? Ou bien ne fait-elle que
succéder à ces mouvements et contribue-t-elle simplement, par des
sensations surajoutées, à faciliter la coordination qu'en fait la
volonté? C'est le même problème que tout à l'heure, mais étudié séparément dans chacune des deux difficultés spéciales qu'il enveloppe.

VI

Nous ne voulons pas exposer ici toutes les controverses auxquelles
la question du sens musculaire a donné lieu ; il faudrait d'ailleurs pour
cela un article spécial et assez long. Disons tout de suite que la difficulté n'est pas de savoir si nous avons la sensation du mouvement
exécuté par nos divers membres. Il y a ici question jugée, nous le
croyons, pour les physiologistes, pour les médecins, pour les psychologues. Chacun de nous a de son corps propre une perception vague,
mais réelle, qui ne lui vient ni de la vue, ni du tact extérieur ; et cette
perception lui fait connaître à peu près la position et l'état de ses
divers membres par les accidents mêmes de leurs mouvements, par
le degré de contracture et de relâchement de leurs muscles. Si l'on
se borne à nommer ce sens sens du mouvement, encore une fois on
ne soulève aucune objection. Ce sens est plus ou moins incertain, plus
ou moins sujet aux illusions (comme les autres d'ailleurs) ; il a ses
conditions d'exercice, qui peuvent manquer quelquefois ; il a ses
régions obscures : il n'en existe pas moins. Mais ce mot, *sens de
mouvement*, a deux synonymes qui ne sont pas tout à fait choisis au
hasard et qui engagent déjà l'un et l'autre des questions plus délicates : ce sont les mots, *sens de l'effort* et *sens musculaire*. Le pre-

mier est plutôt celui des psychologues, qui cherchent dans les faits de conscience l'origine hyperorganique du mouvement : le second est plutôt celui des physiologistes qui étudient de préférence la manifestation concrète et mesurable du mouvement. Cette diversité de points de vue n'a rien d'étonnant ni d'inconciliable : le mouvement proprement dit, la cause intime du mouvement, l'instrument physique du mouvement, sont même trois termes difficiles à séparer. Aussi les trois mots sont-ils pris souvent l'un pour l'autre. Beaucoup de physiologistes discutent, comme ils en ont le droit, sur l'effort et son élément psychique; beaucoup de psychologues, d'autre part, raisonnent sur le sens musculaire, à l'exemple de Maine de Biran.

La difficulté commune aux uns et aux autres est de savoir si le sentiment qui constitue ce sens précède le mouvement ou le suit. L'effort se sent-il avant que le mouvement qu'il commande soit exécuté et que son exécution ait donné lieu, si peu que ce soit, à du plaisir ou à de la douleur transmis par les nerfs sensitifs qui entourent l'élément musculaire? L'individu sent-il son muscle se préparer à l'action et donner son mouvement, ou ne sent-il que les résultats produits sur les régions environnantes, et, une fois le travail exécuté, par le travail aisé ou difficile, excessif ou modéré du muscle? Tous nos lecteurs savent que finalement c'est bien là le problème posé et agité à propos du sens dont nous parlons, qu'on l'appelle sens du mouvement, sens de l'effort ou sens musculaire. C'est un point trop important dans la question qui nous occupe pour que nous puissions l'éluder [1].

1. Si nos lecteurs veulent recourir aux sources de cette question, telle du moins qu'elle est agitée dans ces derniers temps, nous signalerons quatre groupes d'écrivains ou de chercheurs qui l'ont traitée à des points de vue spéciaux.

1° Il y a ceux qui parlent du sens musculaire sans s'inquiéter de savoir si les sensations qu'il donne sont antérieures ou postérieures, ou contemporaines. Il y a un sens musculaire, cela leur suffit pour ce qu'ils ont à établir : ils n'en sont pas moins précieux à consulter, à cause des faits qu'ils apportent et qu'ils analysent. Tel est le point de vue de Claude Bernard (*Leçons sur le système nerveux* t. I, leçon xiv, p. 247 et suivantes), de Gilbert Ballet (dans son article Sensibilité du *Dictionnaire Jaccoud*), de Mathias Duval (dans son article Muscle du même dictionnaire), de Georges Pouchet (*Revue philosophique* de novembre 1878).

2° Il y a ceux qui croient et cherchent à démontrer que ce sens est un sens « d'innervation centrale », donc, suivant eux; antérieur au mouvement exécuté par les muscles. On peut se contenter de citer ici Jean Müller, Bain et Wundt. Mais Wundt seul (*Éléments de Psychologie physiologique*, t. I, ch. vi) essaye de donner autre chose qu'une assertion et s'efforce de justifier sa théorie. On peut peut-être rattacher encore à ce système la thèse brillante de M. A. Bertrand : *Sur l'aperception du corps humain par la conscience*, ch. vii.

3° Il y a ceux qui croient que les sensations musculaires sont centripètes et non centrifuges, autrement dit que les sensations musculaires sont résultats et non causes du mouvement exécuté. Ils ne nient pas, cela est clair, que la sensation, résultat d'un premier mouvement, n'influe sur la production d'un second,

Commençons par l'observation pure et simple. Avec son coup d'œil dirigé par un bon sens lumineux, Trousseau nous expose le fait bien vulgaire que voici [1]. On a rapporté récemment des expériences très ingénieuses qui ont commenté ce fait, pour ainsi dire, mais qui n'y ont rien ajouté de bien important, et on a eu le tort de ne point le citer. Prenez, dit Trousseau, une personne aussi intelligente que vous le voudrez, mais ignorante de la physiologie et de l'anatomie et demandez-lui où est le siège de la flexion et de l'extension des doigts. Elle le placera dans la main (où ces actions se terminent), jamais dans l'avant-bras (où elles commencent). Elle a donc une sensation du mouvement résultant de la contraction du muscle, mais non de la contraction elle-même qui est cause du mouvement. C'est là du moins ce qui se passe à l'état normal. La contraction des muscles peut être en effet sentie si cette contraction est excessive ou si le muscle est douloureux, par suite d'une extrême fatigue ou d'une contusion; mais même alors, c'est bien une sensation afférente, résultat et non cause des efforts accomplis, des mouvements exécutés.

Trousseau complète cette observation par une petite expérience qui y touche de près. Si, dit-il, nous imprimons à la main, aux doigts et aux membres d'une personne saine une série de mouvements, elle apprécie à merveille l'étendue et la variété de ces mouvements.

mais cette sensation est le résultat d'un mouvement. Le public savant a justement attaché à cette théorie le nom de William James, qui l'a soutenue avec beaucoup de vivacité et de profondeur (Voyez la *Philosophie critique* d'octobre-décembre 1880). Mais il faut citer avant lui (: Vulpian (art. MUSCLE du *Dictionnaire Dechambre*, notamment p. 472); Jaccoud (*Des paraplégies et de l'ataxie du mouvement*, 1 vol. in-8, Paris, 1864, voy. p. 591); Trousseau, art. cité sur *l'ataxie*, p. 774 et suivantes (le volume du Dictionnaire a paru en 1865); Ch. Bastian (*Le Cerveau et la Pensée*, t. II, p. 105 de l'édition française, F. Alcan); Ferrier (*Les fonctions du cerveau*, p. 80, 349, 350, 355 de l'édition française, F. Alcan). William James a résumé la plupart des observations présentées par ces auteurs et il en a ajouté un certain nombre qui lui sont personnelles. M. Delbœuf s'est rangé à cette opinion (V. *Éléments de psychologie physique*, théorie générale de la sensibilité, ch. II), ainsi que M. Th. Ribot (voy. la *Revue philosophique* d'octobre 1879) et M. Rabier (dans ses *Leçons de philosophie*, t. I, liv. II). Voyez enfin le récent article déjà cité de M. Gley (*Revue philosophique* de décembre 1885).

4° Viennent enfin ceux qui s'appliquent à distinguer le sens physique de l'effort de la conscience psychologique de cet effort et du *fiat* qui la précède. Voyez Lasègue (*Études médicales*, t. II, *Anesthésie et ataxie hystérique*, extrait des *Archives générales de médecine* de 1864). Tel semble être aussi le point de vue de Bernstein, de Ludwig, de Bernhardt; et c'est une opinion à laquelle W. James lui-même fait sa part d'une manière très intéressante. Le travail spécial de M. Féré sur la sensation et le mouvement (dans la *Revue philosophique* d'octobre 1885) paraît encore ouvrir de côté, comme nous le rappellerons tout à l'heure, une voie très féconde.

On trouvera d'autres indications et une autre classification des doctrines dans une note étendue de Ch. Bastian à la fin de son second volume sur *Le Cerveau et la Pensée*.

1. Art. cité.

Mais bien que ces muscles demeurent tout à fait inactifs (c'est-à-dire sans action personnelle et sans efforts) elle n'a pas plus la conscience de cette inaction que tout à l'heure elle n'avait la conscience de son activité. Elle ne connaît que le mouvement exécuté : elle ne sait pas où sont les instruments de ce mouvement.

Si ces faits élémentaires et journaliers prouvent que la sensibilité musculaire, quand elle existe, est postérieure au mouvement, il y a des faits cliniques très importants qui prouvent que l'absence totale de cette sensibilité musculaire n'empêche pas le mouvement des muscles. Nous ne pouvons nous dispenser de rappeler ici les faits de cette nature, ou du moins les plus saillants.

Les auteurs anglais citent eux-mêmes une observation tout à fait décisive d'un médecin français, Deneaux [1]. Il s'agit d'une femme qui était atteinte d'une perte complète de la sensibilité, à la fois superficielle et profonde, dans un membre qu'elle mettait toutefois en mouvement. Voici le texte de Deneaux : « Elle mettait ses muscles en jeu sous l'influence de la volonté, mais elle n'avait pas conscience des mouvements qu'elle exécutait. Elle ne savait pas quelle était la position de son bras, il lui était impossible de dire s'il était étendu ou fléchi. Si l'on disait à la malade de porter sa main à son oreille, elle exécutait immédiatement le mouvement; mais lorsque ma main était interposée entre la sienne et son oreille, elle n'en avait pas conscience. Si j'arrêtais son bras au milieu du mouvement, elle ne s'en apercevait pas. Si je fixais, sans qu'elle pût s'en apercevoir, son bras sur le lit, et lui disais ensuite de porter sa main à sa tête, il y avait un moment d'effort : puis elle restait tranquille, croyant avoir exécuté le mouvement. Si je lui disais d'essayer encore, elle essayait avec plus de force de le faire ; et aussitôt qu'elle était obligée de mettre en jeu les muscles du côté opposé du corps (elle n'était frappée que d'hémianesthésie) elle reconnaissait qu'on s'opposait au mouvement. » Ainsi chez cette femme les centres volitionnels, les centres moteurs et les muscles pouvaient être mis en jeu : cependant le sens musculaire était aboli dans les membres anesthésiés, et il ne se réveillait que lorsque le côté demeuré sensible était entraîné dans l'effort.

A côté de ce fait, plaçons celui que depuis longtemps aussi donnait Ch. Bell, et qui s'est certainement renouvelé dans plus d'une clinique. « Une mère nourrissant son enfant est atteinte de paralysie ; elle perd la puissance musculaire d'un côté du corps et en même temps la sensibilité de l'autre côté. Circonstance étrange et vraiment alarmante, cette femme ne pouvait tenir son enfant au sein

avec le bras qui avait conservé la puissance musculaire qu'à la condition de regarder son nourrisson. Si les objets environnants venaient
à distraire son attention de la position de son bras, ses muscles fléchisseurs se relâchaient peu à peu, et l'enfant était en danger de
tomber [1]. »

Les phénomènes de ce genre ne sont pas rares non plus chez les hystériques. Lasègue, dans l'étude que nous avons déjà signalée, en rapporte plus d'un, et dans ces accidents si curieux il y a plusieurs choses
à remarquer. La première, c'est que la sensibilité n'est pas indispensable au mouvement et que dans les cas d'anesthésie complète le
muscle peut encore se mouvoir. C'est un signe évident que quand la
sensibilité dite musculaire est intacte, elle n'est que la conséquence
du mouvement affectant les nerfs sensitifs de la région où il a opéré
des déplacements de diverse nature. Si en effet le sens musculaire
précédait le premier [2] mouvement, s'il le devançait en quelque sorte
comme un éclaireur par des avertissements préventifs, nous devrions
conclure de la seule production du mouvement que la sensibilité
musculaire s'est manifestée. Or, cette conclusion serait erronée, les
faits rapportés le prouvent sans réplique. L'activité musculaire ne
se sent donc qu'après s'être exercée, qu'après avoir produit sur les
membres intéressés une action positive; de même que nous n'entendons notre voix qu'après l'avoir émise et que la glace ne nous renvoie notre image qu'après l'avoir reçue. Si nous pouvons croire quelquefois à une simultanéité , nous savons cependant que cette
simultanéité n'est qu'apparente: les moyens d'analyse dont la science
expérimentale dispose aujourd'hui rétablissent aisément l'ordre de
succession.

Il y a une seconde circonstance à noter. A l'état normal, l'activité
musculaire se guide elle-même par les sensations qu'elle provoque
et qui suivent son effort avec une très grande rapidité : mais elle
peut aussi apprendre à se conduire par des impressions d'une autre
nature, comme un homme qui, frappé tout d'un coup de cécité,
n'oserait plus bouger, mais peu à peu se hasarderait à marcher et à
agir en se conduisant par l'ouïe et par le tact. Or, les impressions qui
encouragent nos malades de tout à l'heure à agir sont bien afférentes,
centripètes, postérieures, de si peu que ce soit, au mouvement lui-
même. On a constaté dans les exemples précédents que l'anesthé-

1. Reproduit par Trousseau (*art. cité*, p. 776). Ch. Bastian cite un cas tout
semblable.
2. Car n'oublions pas qu'en toute hypothèse le second est précédé par une
sensation qui le guide et l'avertit : nous l'avons déjà reconnu plus d'une fois et
cela ne peut pas être nié. Mais cette sensation-là est le résultat d'un mouvement
antécédent.

sique peut accomplir des mouvements, exercer une pression, faire
un effort efficace, quand il est guidé par la vue ou par le tact extérieur. Nous trouvons dans Lasègue [1] des faits du même ordre. Plusieurs de ses hystériques affectés d'anesthésie arrivaient à exécuter
des mouvements fort compliqués, comme ceux qu'exigent la bro-
derie, la couture, les ouvrages de femmes, mais à la condition de
suivre attentivement des yeux leurs doigts et leur travail. Elles pouvaient se nouer les brides de leur bonnet sous le menton, mais en se
plaçant devant un miroir; autrement, non. Les plongeait-on dans
l'obscurité, elles paraissaient ramenées subitement à un état de catalepsie complète et absolue. Au fur et à mesure qu'on mettait plus à la
portée de leur vue ou de leur toucher les mouvements qu'on leur proposait, elles essayaient ces mouvements avec plus de confiance, et
elles réussissaient à les effectuer. « L'une d'entre elles a les deux
bras placés sous la couverture qu'on a eu soin de remonter jusqu'au
cou : elle peut, guidée par les mouvements du drap, sortir les bras
hors du lit. Il en est de même des jambes qu'elle remue sous la couverture, à la condition qu'elle voie l'édredon superposé s'agiter en
raison de l'exercice qu'elle a la volonté d'accomplir : le mouvement
s'arrête dès que les yeux cessent de le diriger. »

Voulons-nous encore étendre et varier l'expérience (du moins
cette expérience toute faite qu'étudie la clinique)? Revenons à
cette maladie si curieuse dont nous avons déjà parlé plus d'une
fois, l'ataxie locomotrice progressive. Ici, le phénomène saillant
n'est pas l'anesthésie ; c'est l'incoordination des mouvements.
L'harmonie nécessaire entre les muscles antagonistes (extenseurs
et fléchisseurs) est rompue; l'association régulière des muscles
qui d'habitude concourent à l'exécution d'un mouvement d'ensemble
est également rendue difficile. Tels sont les deux symptômes essentiels de la maladie.

La première idée qui vint à l'esprit des premiers observateurs (nous
avons déjà eu occasion de le dire en passant) fut que ces troubles du
mouvement devaient tenir à des troubles antécédents de la sensibilité
profonde ou musculaire, ou de la sensibilité cutanée. Duchenne de
Boulogne qui a non seulement découvert, mais étudié très profondément cette maladie, le crut tout d'abord; mais il changea promp-
ment d'avis. Il ne tarda pas à constater que les troubles moteurs et
les troubles sensitifs n'étaient pas toujours liés l'un à l'autre.
Cette seconde opinion a été partagée depuis par Jaccoud, par Trousseau, par Grasset, par la plupart des hommes compétents, qui l'ont

---

1. *Mémoire cité.*

appuyée de faits très précis. D'abord, dit le professeur Grasset [1] résumant les observations de plusieurs cliniciens allemands fort connus, l'ataxie n'est pas toujours en rapport avec l'anesthésie. Tel malade a une sensibilité plus développée que son incoordination, et réciproquement. De plus, l'anesthésie peut n'exister qu'aux membres inférieurs, alors que l'incoordination a déjà envahi les membres supérieurs... Il y a même des cas dans lesquels les troubles de la sensibilité sont presque nuls, et où l'ataxie cependant est très marquée. On signale enfin des cas authentiques où l'anesthésie disparaît à un certain moment de la maladie, malgré la continuation et même l'aggravation progressive de l'ataxie. La sensibilité redevient normale, et cela non seulement à la peau, mais dans les parties profondes; et cependant la maladie suit son évolution.

La théorie « sensitive », comme on l'appelle, c'est-à-dire celle qui subordonne l'ataxie à une lésion de la sensibilité, n'en a pas moins été soutenue par deux hommes éminents: Vulpian en France, Leyden en Allemagne [2]. Mais outre que leurs théories, fondées sur des analyses d'anatomie pathologique très difficiles à vérifier, ne tiennent guère contre les faits cliniques, voici ce qu'à notre point de vue nous avons ici à observer. Supposons que ce soient les altérations de la sensibilité qui amènent ou qui aggravent cette maladie des organes moteurs. Notre thèse n'en est pas atteinte. Dans cette maladie en effet la motilité est troublée et pervertie, elle n'est pas abolie. La force musculaire est conservée; elle y garde même une puissance de résistance ou d'action remarquable, les malades pouvant fournir une longue course, soutenir des fardeaux pesants, remuer leurs membres avec facilité, avec violence même, dépassant le but assigné.

Que conclure de tous ces faits? Que le mouvement volontaire ou coordonné compte, sans aucun doute, les sensations parmi les avertissements dont il a besoin pour organiser ses efforts, et que ces avertissements lui sont donnés avec une promptitude merveilleuse, mais que le mouvement musculaire simple subsiste et demeure intact, malgré les troubles ou la suppression de la sensibilité dite musculaire : cela prouve apparemment qu'il lui est antérieur et qu'il en est, au fond, indépendant.

A l'ensemble de cette théorie cependant il a été fait deux objections qui se touchent d'assez près et que nous ne pouvons pas ne pas mentionner. Malgré tous les arguments de William James, mal-

---

1. *Traité pratique des maladies du système nerveux*, 3e édition, p. 364.
2. En 1862 et 1863, il est vrai ; les travaux que nous venons d'analyser sont postérieurs.

gré un grand nombre de faits identiques à ceux que nous venons de
passer en revue, Wundt persi-te à croire à l'existence d'un sens
antérieur, efférent, centrifuge. Sans doute, dit-il [1], le sens musculaire est quelque chose de complexe et qui résulte de plusieurs facteurs différents. Qu'on fasse d'abord la part des sensations de pression de la peau, des parties sous-cutanées, puis celle des sensations
résultant de la contraction des muscles, on a raison. Mais il y a
un troisième facteur constitué par les sensations « d'innervation centrale ». Comment isoler cette dernière sensation ? Dans la vie normale
il faut y renoncer : l'analyse est impossible. Mais Wundt croit que ce
sont précisément les cas invoqués de paralysie qui fournissent ce
moyen d'analyse et d'isolement. Il prétend que le paralytique qui
cherche à soulever sa jambe absolument inerte a une sensation très
nette de l'effort et de la force qu'il déploie. Il manque assurément à
ce malade tous ces éléments de la sensation de mouvement qui ont
pour origines la contraction des muscles, les déplacements et la pression des parties cutanées, et il acquiert ainsi l'idée que son effort est
vain. « Cependant ce n'est pas un motif pour nier qu'il ait une sensation de cet effort. »

« Ce n'est pas un motif pour nier » ? Ce n'est pas non plus, ce
semble, un motif pour affirmer : l'argument est plus négatif qu'autre
chose ; il ne contient guère, en somme, qu'une assertion. Mais admettons que dans les cas étudiés d'impuissance à réaliser un mouvement
perceptible, il y ait quelque sentiment positif lié à l'effort vain et
inefficace. La très délicate analyse de Ferrier [2] nous donne de ce fait
une explication dont il est difficile de ne pas se tenir pour satisfait.
La paralysie, d'abord, n'est jamais tout à fait complète. A l'effort imaginaire et inexécuté correspondent toujours de petits efforts réels
sur quelque point de l'organisme, et l'individu en est averti par voie
centripète. Ainsi on dit à une personne paralysée de la main gauche
de se servir de la main gauche ; elle fait un effort et serre la main
droite (on l'a vu dans l'exemple de Deneaux). C'est de ce dernier
mouvement qu'elle est affectée, et c'est par ce mouvement qu'elle
est avertie. Puis il y a toujours un effort des organes de la respiration,
« la fixation des muscles respiratoires constituant la base du sentiment général de l'effort à tous les degrés ». Or, voilà bien une autre
sensation afférente ou centripète, c'est-à-dire postérieure au mouvement. Que reste-t-il encore ? Une représentation faite du souvenir
des efforts passés, une sorte d'illusion de l'imagination ? S'il y a là

1. *Eléments de psychologie physiologique*, édit. française, t. I, p. 421, 424.
2. *Les fonctions du cerveau*, édit. française, pag. 355.

un élément sensitif, il n'est que de formation ultérieure, et il suppose
toujours l'expérience de mouvements accomplis. Si l'on veut y voir
enfin quelque chose de tout mental, la conscience de la volonté proprement dite et de son *fiat*, il s'agit alors d'un phénomène d'un
autre ordre et où la sensibilité n'a rien à voir. Bref, entre la conscience d'une détermination de la volonté et le sentiment des conséquences du mouvement, une fois le mouvement accompli, où trouver
un fait de sensation qui tienne le milieu? On ne le voit pas.

C'est encore un physiologiste cependant, ou du moins un médecin,
Lasègue[1], qui s'obstine à vouloir cet intermédiaire. Il est vrai qu'il le
taxe avec raison de mystérieux. C'est pour lui un sens initial, un
sens instinctif, et il le désigne ainsi par opposition au sens secondaire
qui avertit du mouvement exécuté. Est-ce là autre chose que le mystère même de la motilité spontanée ou le mystère même de la vie?
Sans doute, quand le malade frappé d'anesthésie remue ses bras et
ses jambes à la seule condition de les voir ou de les toucher avec la
main, quand il réussit à substituer la direction de la vue et du tact
aux avertissements du sens musculaire, ce n'est ni la vue ni le toucher qui président à l'origine du mouvement : ce ne sont pas eux
qui donnent à l'individu la faculté de se mouvoir. Il n'y a rien de plus
évident. Mais la sensibilité musculaire qui est le guide normal et
habituel des mouvements de l'organisme, est, sous ce rapport, dans
les mêmes conditions que les deux autres : elle non plus ne préside pas
à l'origine. Au delà donc de cette faculté motrice dont elle enregistre
les résultats avec une rapidité presque instantanée, il n'y a plus rien
à chercher pour nous qui étudions les phénomènes de sensibilité
proprement dite. Invoquer un sens mystérieux ou instinctif, ce qui
signifie ici un sens qui ne sent pas comme les autres ou, plus brièvement, un sens qui ne sent pas, c'est en vérité ne rien dire. Il est
très possible, comme l'a montré un intéressant article de M. Féré[2],
que l'énergie de l'effort soit en rapport avec l'énergie habituelle des
facultés intellectuelles, que l'attention exagère la puissance du mouvement, etc. Mais le jeu des représentations cérébrales n'est pas un
fait du même ordre que les faits de sensibilité dont nous parlons.

Il ne nous reste qu'à conclure définitivement. S'il y a un sens
qu'on peut appeler indifféremment sens de l'effort, sens musculaire
ou sens du mouvement, ce sens n'est nullement initial et préventif,
et il ne se confond pas avec le sentiment tout à fait hypothétique
de ce qu'on nomme l'innervation centrale; il est le sens du mou-

1. *Etude citée.*
2. Voyez la *Revue* d'octobre 1885.

vement exécuté. L'individu se meut, puis il sent, puis il perfectionne ou non ses mouvements, selon l'expérience qu'il en a faite ;
le tout avec une rapidité prodigieuse, mais qui ne peut nous faire
illusion sur l'ordre véritable dans lequel se succèdent les deux phénomènes.

VII

Nous venons maintenant à l'acte réflexe et au pouvoir excito-
moteur auquel on le rapporte. Quel est ici encore le rôle de la sensibilité, nous voulons dire de la sensibilité consciente, caractérisée par
un degré quelconque, très faible ou très violent, de plaisir ou de
douleur ?

Une idée très répandue et que favorise le vague ordinaire des définitions courantes, c'est que dans les actes réflexes il y a une sensation transformée ou réfléchie en un mouvement. S'il en était ainsi,
la sensation précéderait bien le mouvement et le produirait : la vivacité du second phénomène serait toujours proportionnée à celle de
l'autre. Il faudrait prendre au pied de la lettre et dans un sens tout
condillacien la phrase de Claude Bernard que nous avons citée plus
haut, et dans laquelle le grand physiologiste, on s'en souvient, disait
que peut-être tout mouvement a pour point de départ un fait de sensibilité. Cette opinion vaut donc la peine qu'on l'examine de près et,
disons-le tout de suite, qu'on la réfute.

Il est d'abord constant que les définitions réfléchies et étudiées des
physiologistes ne confirment nullement cette idée banale qu'on se fait
de l'acte réflexe. « Nous entendons par acte réflexe, dit Maudsley,
l'activité des centres nerveux accomplie, autant que nous pouvons
en juger, sans volonté ni conscience, mécaniquement [1]. » Ne nous
arrêtons pas au mot « mécaniquement »; réservons la question de
savoir si le mécanisme vital n'est pas distinct du mécanisme des corps
bruts. Retenons seulement que l'acte réflexe nous est donné ici
comme s'accomplissant sans conscience, c'est-à-dire sans vraie sensibilité. Mathias Duval [2] dit plus brièvement et plus clairement encore :
« Le phénomène réflexe est un mouvement qui succède à une impression non sentie. » Cela veut-il dire qu'il faut que l'impression ne soit
pas sentie pour qu'il s'ensuive un acte réflexe? Non. La sensation qui

1. Maudsley, *Physiologie de l'esprit*, édit. française, p. 151.
2. *Dictionnaire Jaccoud*, art. Nerfs, pag. 533.

s'ajoute très souvent à l'excitation prête à devenir une impulsion motrice n'arrête pas nécessairement cette excitation, elle n'en supprime pas nécessairement la vertu; mais ce n'est pas elle qui en est la cause; ce n'est pas elle précisément qui provoque cette impulsion, et en s'y ajoutant elle risque beaucoup plutôt de la diminuer. L'excitation primitive est donc un phénomène qui peut donner lieu à des effets de deux ordres : d'un côté l'acte réflexe qui met surtout en jeu la moelle épinière; d'un autre côté, la sensation avec conscience, source des représentations cérébrales, puis des mouvements pré-imaginés, et ainsi de suite. Ces deux ordres d'effets s'accordent le plus souvent, et ils concourent ensemble à assurer l'exécution harmonieuse des actions complexes de notre vie. Mais en sommeils restent distincts; ils le sont même à ce point que l'excessif développement de l'un des deux peut arrêter celui de l'autre.

Reprenons ces différentes assertions et résumons brièvement les démonstrations qu'on en peut donner.

Dans l'état normal et dans l'état de veille, quand toutes nos fonctions marchent d'accord, il se passe en nous un nombre considérable d'actes réflexes que nous sentons : ainsi l'éternuement, le clignement des yeux, le frissonnement subit de la peau sous l'action d'un jet d'eau froide ou d'eau chaude, et beaucoup d'autres. Il en est même qui ne peuvent régulièrement s'accomplir sans amener dans les organes qu'ils remuent les sensations les plus vives : il n'est pas besoin de parler plus amplement de la volupté. Mais la séparation est possible, et elle se réalise assez souvent. Elle est en quelque sorte normale dans un certain nombre de fonctions : les réflexes de la déglutition et de la digestion, par exemple, ceux qui assurent la tonicité des sphincters et les différentes phases de l'acte locomoteur ne sont habituellement pas sentis quand l'organisme est dans un état de santé satisfaisant. Dans le sommeil il est certain que la sensibilité s'émousse beaucoup, et cependant « le sommeil est par excellence la période de l'irritabilité réflexe [1] ». Claude Bernard nous dit qu'on peut observer des mouvements réflexes dans un certain nombre de circonstances où, soit à cause de la légèreté de l'excitation ou de l'affaiblissement des propriétés nerveuses, l'animal ne perçoit plus de douleur [2]. On a observé ainsi des hystériques chez qui le clignement par acte réflexe persistait, bien qu'on pût constater sûrement l'anesthésie de la sensibilité spéciale de la conjonctive [3]. Une

---

1. Ferrier. *Les fonctions du cerveau*, édit. française, pag. 429.
2. *Leçons sur le système nerveux*, t. II, leçon XVI, page 549.
3. Liegeois, *Société de Biologie*, 1859, pag. 209 et 261. Cf. Ch. Richet, *Recherches expérimentales et cliniques sur la sensibilité*, pag. 211.

excitation qui ne suffit pas pour éveiller la sensibilité suffit donc pour provoquer un mouvement réflexe. Et d'autre part, si l'excitation a provoqué une sensation trop énergique de plaisir ou de douleur, c'est le mouvement réflexe qui en est appauvri d'autant. « Les excitations très vives et plus ou moins prolongées du système nerveux central, dit Vulpian [1], peuvent diminuer ou même faire disparaître momentanément le pouvoir réflexe de la moelle épinière. » Qui ne sait enfin que les actes réflexes sont d'autant plus intenses et d'autant plus nets que la moelle seule entre en jeu, indépendamment des centres supérieurs encéphaliques? La décapitation augmente les réflexes [2]; aucun physiologiste cependant ne croit que la sensibilité survive à la séparation du tronc et de l'encéphale.

On peut donner encore d'autres preuves tirées soit de la clinique, soit des expériences faites avec des agents toxiques ou médicamenteux. Certes, s'il est un cas où les actes réflexes semblent bien être le résultat d'une sensation et d'une sensation voluptueuse, c'est l'ensemble des actes qui concourent aux fonctions de génération. Là cependant il est des faits prouvant que les actes réflexes qui produisent soit les mouvements préparatoires, soit les mouvements définitifs de la fonction, sont encore possibles avec une sensibilité ou pervertie ou même supprimée. Lasègue [3] a étudié un malade atteint d'une anesthésie partielle d'origine encéphalique : les mouvements préparatoires dont nous parlons restaient possibles chez lui, et cette aptitude contrastait singulièrement avec une insensibilité complète de l'organe et de toute la région environnante. Il est de même des cas où les derniers actes qui, eux aussi, sont évidemment réflexes, s'accomplissent comme d'habitude, et où cependant la sensation spéciale qui paraît en être la cause est remplacée par « une sensation âpre, irritante, véritablement douloureuse »; quelquefois même cette sensation s'émousse, « devient nulle » ou indifférente [4].

Voici enfin les faits expérimentaux. Les bromures sont au premier rang des substances qui diminuent le pouvoir excito-moteur des réflexes. « Mais il faut bien remarquer que si le pouvoir excito-

---

1. *Dictionnaire Dechambre*, art. MOELLE ÉPINIÈRE.
2. La plus vraisemblable des explications, celle qui paraît telle à Vulpian et à Maudsley, c'est que les excitations qui ne peuvent plus se continuer dans la direction de l'encéphale (où se trouvent les conditions physiologiques de la sensibilité consciente et de la représentation) se portent, par trajet récurrent, sur les cellules postérieures, et de là sur les cellules motrices.
3. *Études médicales*, tom. II, pag. 31.
4. Leçon du professeur Fournier à la clinique de l'hôpital Saint-Louis, insérée dans la *Semaine médicale* du 11 décembre 1884. Elle a dû être reproduite dans son volume sur la *Période préatarique du tabès*.

moteur est diminué, la sensibilité n'est pas pour cela abolie. C'est ce dont il est facile de se convaincre chez les sujets auxquels on administre le bromure à haute dose. Vient-on à titiller la luette de ces individus saturés, pour ainsi dire, de bromure, le contact est senti, mais il ne produit pas ces réactions convulsives, ces efforts de vomissements, en un mot ces réflexes violents qu'on observe en pareil cas chez les sujets normaux et que la volonté elle-même est impuissante à arrêter. Ainsi le bromure est un modérateur du pouvoir excito-moteur, mais il n'est pas, à proprement parler, un anesthésique; il n'est pas, à plus forte raison, un hypnotique. Son influence hypnotique, qui n'est que très secondaire, est le résultat de la sédation exercée sur les fonctions indépendantes de la volonté et tributaires du mécanisme réflexe : en agissant sur ces fonctions, le bromure supprime les réactions produites par les impressions du monde extérieur ; il prépare au sommeil, il y invite, il ne le produit pas [1]. »

Mais, en sens inverse, il y a des anesthésiques qui, à une période où l'insensibilité à la douleur est déjà tout à fait notoire, laissent subsister les réflexes. Ainsi on voit des évacuations de diverse nature, des vomissements chez des sujets chloroformisés.

Concluons donc qu'on voit tour à tour : 1° les réflexes atteints, diminués ou suspendus pendant que la sensibilité demeure ; 2° la sensibilité suspendue pendant que les réflexes persistent. La sensibilité et le pouvoir excito-moteur manifesté par les réflexes sont deux fonctions étroitement associées dans l'état normal, et cependant distinctes au fond l'une de l'autre. Il n'est plus besoin de démontrer que, de ces deux puissances, la plus fondamentale, la plus ancienne et, dans l'immense majorité des cas, la plus persistante, c'est la puissance excito-motrice.

VIII

Nous venons de donner la preuve complète (à ce qu'il nous semble) que la sensation succède aux deux formes inférieures ou élémentaires du mouvement : le mouvement musculaire et le mouvement réflexe. Dans l'exposé sommaire par lequel nous avions débuté, nous avons indiqué comment elle est, d'autre part, antérieure à la coordination volontaire de ces premiers mouvements. Ici, la preuve ne paraît pas difficile à donner, et il suffit d'en appeler en passant à

---

1. Mathias Duval. *Dictionnaire Jaccoud*, art. NERFS.

l'expérience universelle , car la réalité de cette influence ne fait aucun doute pour personne. Il y a lieu cependant, sinon de l'établir, au moins de l'étudier, de la décrire et d'en discerner les lois principales. *Comment le plaisir, comment la douleur influent-ils sur nos mouvements?* Voilà ce que nous voudrions maintenant nous demander.

Ici, la sensation physique n'est plus seule en jeu , et il est impossible, quand on parle des mouvements coordonnés sous l'influence du plaisir ou de la douleur, de se borner à la seule impression du moment. Le sentiment général de l'existence et de ses conditions de toute nature s'éveille. L'imagination rappelle et groupe avec rapidité de nombreuses représentations de douleurs ou de jouissances passées. L'intelligence aussi entre en scène, et le sentiment vient à chaque instant se mêler à la sensation : tous deux forment promptement un tout complexe qui devient comme indissoluble, et dont la physionomie change à chaque instant, selon que varient les proportions dans lesquelles se combinent les deux éléments. Il y a ici, comme partout, gradation, continuité. Donc, tout en réservant la question des différences plus ou moins profondes qui séparent la sensibilité physique et la sensibilité morale, nous pouvons considérer tout d'abord leurs ressemblances et les rapports qui les unissent. Or, ces ressemblances sont évidentes. Si, par exemple, nous souffrons d'un effort violent et difficile que l'un de nos membres est obligé d'accomplir parce que son action se trouve gênée ou entravée, ne souffrons-nous pas aussi à l'idée de tous les efforts que réclame de nous, soit un ennemi, soit encore une œuvre épineuse où nous nous croyons exposés à des contrariétés de toute sorte? Mais cette souffrance ne doit-elle pas ensuite réagir de la même manière sur notre activité pour la surexciter ou pour l'abattre? Entrons sans plus tarder dans ce nouvel ordre de questions.

M. Mantegazza, dont les ouvrages sur la sensibilité ont été traduits en français, expose ainsi, dans l'un de ses livres [1], l'action du plaisir et de la douleur sur le mouvement en général : « Le premier mouvement de plaisir est expansif, centrifuge; le premier mouvement de douleur est centripète, comme si l'on rentrait en soi-même. La joie nous fait courir hors de la maison, la douleur nous y fait rentrer; la joie nous fait ouvrir la fenêtre, la douleur nous la fait fermer. Joyeux, nous cherchons la lumière, le mouvement, le bruit, les hommes ; malheureux, nous voulons les ténèbres, le repos, le silence, la solitude. C'est une loi générale qui admet des exceptions comme toutes les

---

[1]. Mantegazza. *La physionomie et l'expression des sentiments.* 1 vol. de la Bibliothèque phil. internat. F. Alcan. Pag. 96 et 97.

autres; mais ces exceptions s'expliquent facilement par l'action des causes perturbatrices. C'est une loi qui gouverne les individus et les sociétés et qui devrait inspirer l'art. Mettez-vous à la fenêtre; regardez ce groupe d'hommes, de femmes, d'enfants qui font cercle autour de quelque chose que vous ne voyez pas. Ils sont mornes, immobiles... C'est qu'il est arrivé un malheur : ils regardent le cadavre d'un suicidé. Une autre fois, de la même fenêtre, vous voyez un tumulte, des gens qui crient et qui dansent; tout est mouvement, tout est tapage. C'est qu'ils sont en fête, et la joie les emporte tous ensemble dans un tourbillon tumultueux d'expansion musculaire..... Le plaisir a engendré la musique; la musique, par un merveilleux retour, fait naître le plaisir, et celui-ci à son tour s'exprime par des mouvements musculaires rythmiques qui sont l'alphabet de la danse... »

Cette brillante description paraît complètement exacte au premier abord. En y regardant de près, on la trouve un peu superficielle, et on s'aperçoit qu'elle appelle un assez grand nombre d'objections et de réserves.

Le plaisir est-il toujours, même à l'état normal, expansif et agitant? Il l'est tant qu'il lui manque ou qu'on croit qu'il lui manque quelque chose, et que la jouissance déjà goûtée surexcite et encourage. Il ne l'est pas quand il est lié à un acte parfait ou estimé tel. Rien de plus aisé que de s'en rendre compte. Oui, nous nous sentons actifs et entraînés, pour ainsi dire, hors de nous, quand un premier plaisir s'est fait sentir à nous et qu'il est encore assez incomplet pour nous en faire présager d'autres à sa suite; nous nous efforçons alors de le prolonger, de l'accroître, de le diversifier. Mais le plaisir qui satisfait pleinement les sens, le cœur ou l'esprit, semble appeler une sorte d'immobilité qui tend à se rapprocher de l'extase.

Supposons un homme qui a eu froid et qui est en train de se réchauffer, lui-même, par son propre mouvement. Celui-là sans doute se frotte les mains; il se remue, il marche le plus vite qu'il peut. Une première sensation de chaleur renaissante l'a fait sortir de son engourdissement; il s'agite donc avec d'autant plus de vigueur qu'il sent mieux son activité, sa force, son entrain lui revenir degré par degré. Mais supposons ce même homme assis dans un fauteuil commode devant un bon feu, bien alimenté, qui ne fume pas et ne le grille pas trop. Il s'étale le plus qu'il peut pour offrir aux rayons bienfaisants une large surface : les mains devant les yeux ou les yeux levés au plafond, pour préserver sa prunelle, il ne souhaite plus qu'une seule chose : ne pas être dérangé.

Voyez le chat qui est assez familier avec nous pour désirer que vous le « flattiez ». D'abord il ondule sous votre main, comme pour activer et multiplier vos caresses. Mais bientôt il se raidit et devient immobile. Ainsi fait le dégustateur qui voudrait retenir dans son palais le liquide embaumé et qui boit lentement, respectueusement : ainsi fait l'amateur de fleurs penché devant la tulipe ou devant la rose préférée. Vous promenez-vous dans une exposition, dans un musée où vous voyez des choses qui vous plaisent, regardez-vous avec votre lorgnette des objets ou des personnes qui vous agréent ; vous commencez, je le veux, par aller et venir avec une certaine vivacité ici et là. Mais, quand tout à coup vos yeux ont rencontré quelque chose ou quelqu'un qui vous paraît plus joli, plus beau, plus intéressant, plus agréable que tout le reste, est-ce qu'il n'y a pas alors chez nous un temps d'arrêt, une sorte de repos dans la contemplation? Vous n'êtes non pas seulement « ravi », vous êtes « pris »; vous avez senti « le charme qui arrête ». Ainsi encore quand vous lisez un livre qui vous amuse ou qui vous plaît, vous tournez vite les pages, avec l'espoir d'y trouver toujours du nouveau. Mais quand vous rencontrez enfin l'un de ces passages rares qui contentent les plus chers désirs de votre imagination et de votre goût, est-ce que vous ne ralentissez pas la lecture pour prolonger votre émotion et pour être plus sûr de la perpétuer par le souvenir?

Quelle que soit la forme qu'il revête d'abord, qu'il débute par l'entraînement sensuel ou par les imaginations tendres et innocentes, l'amour jeune est toujours enivré de lui-même, toujours avide de nouvelles émotions, toujours impatient de précipiter le mouvement de son plaisir. Ici la peinture que Mantegazza fait [1] de l'enthousiasme érotique et des convulsions amoureuses est à sa place. Mais le mot d'extase n'a-t-il pas été employé mille fois pour désigner une autre phase de l'amour dans laquelle on peut dire que la volupté ou le bonheur sont à leur comble?

L'auteur italien parle, nous l'avons vu, de la musique, dont le propre est, dit-il, de provoquer la danse et les jeux. C'est en effet l'une de ses vertus : mais ce n'est ni la seule ni la meilleure. On ne demande plus seulement à la musique, dans les pays civilisés, de régler la marche et l'action par un rythme agissant sur l'imagination sensitive. Il est certain que les belles compositions symphoniques nous font aimer le plus souvent un silence méditatif et profond, qu'elles nous disposent à une rêverie intense où la pensée et le sentiment se recueillent, se condensent en quelque sorte et nous font vivre beaucoup en peu de temps. Ce n'est pas, je le veux, un idéal qui épuise toute beauté musicale. Mais il s'agit ici de plaisir; et les beaux airs

1. Quelques pages plus loin.

qui nous entraînent à l'action éveillent peut-être en nous un autre
écho que celui de la jouissance. Qu'on fasse attention, par exemple,
au rythme et au mouvement des grands airs patriotiques : ne répon-
dent-ils pas à quelque sublime besoin de colère et par conséquent
de douleur ? Et n'est-ce pas pour cela qu'ils nous entraînent d'un
élan si impétueux à l'action et à la lutte?

Réfléchissons enfin que, d'une manière générale, tout plaisir
enveloppe deux phénomènes psychologiques unis, mais distincts :
l'amour et le désir. Le désir stimule le mouvement, ou, si l'on veut,
c'est le mouvement même; mais l'amour, quand il se trouve ou se
suppose satisfait, jouit en paix de sa possession. Mantegazza nous
dit très bien que toutes les tendances affectives de la vie sont dominées par ce principe fondamental : se rapprocher de ce qu'on
aime. On travaille donc à s'en rapprocher tant qu'on ne l'a pas, et
ce rapprochement est agréable, et le plaisir que l'on pressent et celui
que l'on goûte déjà ne peuvent que hâter le mouvement même. Mais
quand on a ce que l'on aime, pourquoi le mouvement continuerait-
il ? Ou, s'il est impossible qu'il cesse complètement dans les conditions de notre vie, pourquoi ne tendrait-il pas à se pacifier? L' « acto »
de la vieille métaphysique aristotélicienne, qui caractérise si profondément le souverain bonheur, n'est pas la même chose que le mouvement.

Est-il vrai, d'autre part, que la douleur ait continuellement pour
effet de suspendre ou d'arrêter le mouvement? Cela est vrai dans
beaucoup de cas, et nous en apercevons, quant à nous, trois principaux.

D'abord, si la douleur a été assez prolongée ou assez forte pour
nous épuiser, il est certain que nous succombons sans résistance à
l'abattement qui nous envahit. Or, toute douleur tend à l'épuisement :
c'est là son terme, ou du moins l'un des deux termes où elle about-
tit, l'autre pouvant être la restauration des forces qu'elle a usées,
ou une espèce d'ajustement qui représente la résignation de l'organisme, plus brièvement enfin la guérison.

La douleur arrête encore en nous le mouvement quand nous sentons que le mouvement l'avive, la redouble ou même simplement
l'entretient. Un homme encore fatigué d'une longue course, et qui
est bien assis ou bien couché, ne bouge plus. Un rhumatisant qui
sait bien que, s'il remue le bras ou la jambe, il va souffrir à en crier,
a soin de prendre toutes les précautions nécessaires pour que les
membres atteints demeurent dans l'immobilité. Ainsi encore nous
écartons souvent les idées qui nous attristent, et, dans certaines circonstances de la vie, si nous pouvons physiquement ou moralement

nous endormir, nous acceptons volontiers le narcotique qui doit fermer nos sens ou notre esprit à la vue de notre malheur.

Enfin, si nous sentons intimement (comme dit avec justesse le vulgaire) que nul effort ne peut plus rien contre l'irréparable dont nous souffrons, nous perdons naturellement tout courage et nous suspendons tout mouvement. Dans les exemples de Mantegazza, qu'on vient de lire, il est question de la foule qui entoure le cadavre d'un suicidé. C'est bien là, je pense, du définitif et de l'irréparable. Que faire alors, sinon se taire et s'avouer, pour ainsi dire, vaincu par le sort? On pourrait citer bien des cas analogues. Telle est la foule qui entoure les ruines d'un édifice pulvérisé par l'incendie, celle qui apprend la nouvelle d'un dernier, d'un décisif et complet désastre, et qui se dit : il n'y a plus rien à faire! Je me souviens (qui n'a, hélas! de tels souvenirs parmi nous) du silence profond qui, dans une réunion patriotique et bruyante pourtant jusqu'alors, accueillit la lecture de cette dépêche : « Notre armée a subi un grand revers. » C'était la nouvelle de Sedan. Nulle plainte, nulle parole, nul geste : tout le monde avait les yeux fixés à terre ou au mur ou perdus dans le vague de l'espace. Si, peu de temps après, l'on cria, l'on s'agita, l'on mit en mouvement tout ce qu'on avait d'idées et d'énergie, c'est qu'on se reprit à espérer. Ainsi est-on quand on voit passer, non le cadavre d'un suicidé, mais un blessé qui crie au secours d'une voix déchirante. Mais alors nous sortons des cas que nous venons de réserver : nous entrons dans ceux où la douleur cesse absolument de nous inviter ou de nous contraindre à l'immobilité.

En effet, tant que la douleur ne nous a pas découragés ou affaiblis, tant qu'elle n'a pas, par son intensité même, épuisé notre capacité de souffrir, nous résistons, nous luttons, nous nous irritons, nous essayons, par tous les moyens en notre pouvoir, de secouer la cause de la souffrance et d'éloigner de nous l'objet douloureux. Or, si l'on y regarde bien, c'est là la vraie essence de la douleur, puisque par l'épuisement elle cesse en même temps que la lutte. Nous l'avons définie plus haut un effort violent et difficile. Est-ce que cette définition, tout ne la justifie pas? Quand nous redoutons l'asphyxie et que nous la sentons qui nous gagne, nous faisons des efforts réitérés pour parvenir à respirer. Nous faisons de même des efforts énergiques pour nous réchauffer tant que le froid ne nous a pas trop engourdis dans une somnolence voisine de la mort. Nous avons des crachements violents et même des efforts de vomissement pour rejeter une substance nauséabonde et dégoûtante. Nous souffrons, il est vrai, par suite de l'affaiblissement d'un organe ou de la suspension d'une fonction. Mais ce n'est pas cet organe-là qui est alors le siège

de la souffrance : c'est la partie de l'organisme qui, plus spécialement
affectée de ce manque de concours, est condamnée par là même à
« peiner » davantage. Dans la mort par suite de chlorose ou d'anémie
comme dans la mort par inanition, les symptômes décrits par tous
les médecins sont les mêmes, « pouls fréquent, chaleur fébrile,
sécheresse de la peau, soif, anhélation, palpitation du cœur, dyspep-
sie, pyrosis, diarrhée [1] ». Affaiblissement des moyens d'action et
exaltation désordonnée de l'action des organes vont donc là de concert. Ainsi encore, à propos de l'asphyxie [2], on nous signale « cette
importante loi de physiologie générale, que les propriétés des éléments s'exagèrent avant de disparaître, et qu'un nerf qui va mourir,
par exemple, devient à un certain instant plus irritable que jamais ».
Les angoisses de la mort, les épouvantes, les affres de l'agonie n'ont
pas non plus d'autre cause que le sentiment d'une gêne contre laquelle la vie n'a pas cessé encore de lutter. « Les mouvements des
viscères étant suspendus, l'organisme entier veut y suppléer par des
mouvements accessoires des muscles périphériques... » De là « une
dyspnée intense et une extension convulsive du corps... L'angoisse
pousse les moribonds à se dépouiller de leurs vêtements, bien
qu'alors la peau soit le plus souvent glacée. Souvent, presque au
moment de mourir, ils veulent se lever et changer de lit [3]. »

Mais allons, pour terminer, aux douleurs les plus fortes qu'ait à désigner la langue humaine et qui sont, pour notre race, depuis qu'elle
existe, le type même de la souffrance. Dans l'enfantement, les douleurs « atroces » (c'est, je crois, un de leurs noms techniques) sont
aussi les dernières douleurs, les « expultrices ». « Avoir des douleurs »
ou faire des efforts pour expulser le fardeau vivant qui se fraye sa
voie, c'est tout un dans la langue populaire comme dans la langue
médicale. Il est vrai que les femmes qui ont eu plusieurs enfants
préfèrent encore ces douleurs à celles qu'on appelle passives et qui
n'avancent point le travail libérateur. Mais c'est précisément qu'il se
mêle à ces dernières un sentiment d'impuissance et la crainte, grossie
par l'imagination malade, que le travail infructueux ne dure, pour
ainsi dire, indéfiniment. Quant aux autres efforts, il n'est nullement
contradictoire de poser qu'ils redoublent la douleur ou qu'ils sont le
signe d'une souffrance portée à son paroxysme, et que cependant ils
éveillent dans l'imagination de la patiente l'espoir si attendu d'une
délivrance plus rapprochée.

1. *Dictionnaire Jaccoud*, art. ANÉMIE.
2. *Même dictionnaire*, art. ASPHYXIE, par Paul Bert.
3. Gratiolet. *De la Physionomie*, pag. 339.

En résumé, il n'est pas exact de dire d'une manière absolue que le plaisir développe le mouvement et que la douleur l'arrête. Se donner beaucoup d'action et de remuement dans le plaisir est un signe qu'on n'a pas encore atteint et goûté le plaisir parfait. Cesser d'agir dans la douleur est un signe qu'on va cesser de souffrir, parce qu'on n'a plus la force ou la volonté de résister.

Avons-nous achevé par ces analyses d'expliquer (autant du moins que nos connaissances personnelles nous le permettaient) les rapports de la sensibilité et du mouvement? Non. Nous avons encore à aller à la principale source sensible du mouvement, le besoin : nous devons étudier les rapports du besoin avec les mouvements de l'appétit, de l'émotion, de la passion, et avec les mouvements expressifs.

(*A suivre.*)   HENRI JOLY.

DE L'INFLUENCE
DE L'ÉDUCATION ET DE L'IMITATION
DANS LE SOMNAMBULISME PROVOQUÉ

Tous ceux qui s'occupent du somnambulisme provoqué connaissent le curieux débat qu'il a fait naître entre l'école de la Salpêtrière et celle de Nancy. Les hypnotisés de l'une ne ressemblent pas aux hypnotisés de l'autre. Les hystériques de la Salpêtrière endormis par M. Charcot et ses élèves passent par trois états bien distincts et bien caractérisés, la léthargie, la catalepsie, le somnambulisme proprement dit, dont voici en peu de mots la description. Lorsque les manœuvres magnétiques, passes, fixation du regard ou d'un point brillant, serrement des pouces, etc., ont amené le sommeil du sujet, ses yeux se ferment, ses paupières sont animées de battements réguliers, ses muscles sont relâchés, et ses membres, devenus souples et inertes, obéissent à la seule action de la pesanteur : soulevés, ils retombent d'eux-mêmes, comme ceux d'un cadavre. En outre, « l'hyperesthésie musculaire est tellement développée qu'il est possible de faire, par le simple contact, une exploration musculaire aussi délicate qu'on pourrait le faire au moyen de l'électrisation localisée [1] ». A cet état, on a donné le nom de *léthargie*.

Pour faire tomber le sujet dans la *catalepsie*, il suffit de lui ouvrir les yeux. Il existe des procédés qui la suscitent directement et du premier coup, mais nous n'avons pas besoin d'en parler. Ce qui définit la catalepsie, c'est la singulière propriété des membres de conserver la position qu'on leur donne. Le sujet catalepsié est un véritable mannequin, mais un mannequin intelligent, dont les poses se conforment non seulement aux lois de l'équilibre, mais encore à celles de la passion, tout en étant susceptibles de se conserver pendant un temps indéfini. La personne en expérience n'accuse

---

1. *Iconographie de la Salpêtrière*, t. III, p. 171.

d'ailleurs ni douleur ni fatigue. On peut ainsi lui suggérer des attitudes plastiques admirables de vérité et d'expression, lui faire rendre à volonté l'amour, l'extase, la colère, la crainte, l'épouvante. Par exemple, vous lui fermez le poing, et à l'instant l'œil s'ouvre et lance des éclairs, les sourcils se froncent, le corps se soulève en se ramassant sur lui-même, les bras se projettent en avant de la poitrine; en un mot, elle prend un air d'agression et de menace bien capable d'inquiéter et de faire reculer un spectateur non prévenu. Elle n'a, d'ailleurs, l'air de rien voir et de rien entendre.

Chose curieuse, on peut la mettre dans un état composé mi-partie de catalepsie et de léthargie. Il suffit pour cela de ne lui ouvrir qu'un œil. La moitié du corps à laquelle appartient l'œil fermé restera en léthargie, l'autre moitié entrera en catalepsie. On peut enfin, chose plus étrange encore, lui faire exprimer deux sentiments contradictoires, par exemple, l'amour à droite et la haine à gauche.

Différent est le troisième état, celui de *somnambulisme*. Pour le produire, on replace la personne en léthargie par l'occlusion des paupières, et on lui frictionne légèrement le sommet de la tête en passant la main sur ses cheveux. Alors elle ouvre d'elle-même les yeux, entre en communication avec l'extérieur, écoute, répond, va, vient, obéit aux injonctions qu'on lui donne, écrit, raisonne, fait preuve d'une certaine spontanéité, et quelquefois de plus d'intelligence et d'habileté que dans son état normal. De la même manière qu'on peut produire l'hémicatalepsie, on peut produire l'hémisomnambulisme. A cet effet, on n'a besoin que d'exciter le vertex, non plus sur la ligne médiane, mais un peu à droite ou à gauche; le sujet devient somnambule du côté droit ou du côté gauche.

Voilà ce qui s'observe régulièrement et communément à la Salpêtrière. Ajoutons que là les somnambules ne font aucune difficulté de s'entretenir avec les assistants et d'en recevoir des suggestions [1].

---

1. Voici trois faits à l'appui de l'intelligence et de la spontanéité du sujet, de son commerce avec l'extérieur, et de sa disposition à recevoir des suggestions du premier venu.

La C... a été endormie par M. Charcot. M. Taine lui met en main un journal italien. Elle le lit en essayant de traduire et de deviner le sens d'après les mots qui ressemblent au français. Exemple : *Gazetta di Venezia?* c'est pas du français. De l'italien! *Gazetta,* Gazette; *di,* de; mais *Venezia?* que peut bien être *Venezia?* C'est pas du français. Ah! Venise! *Gazetta di Venezia,* c'est ça : *Gazette de Venise.* »

M. Charcot lui a fait voir son portrait sur une carte de service dont il a une douzaine en main; elle la retrouve. Je passe mon portrait à M. Féré, en le priant de le lui montrer, et je me tiens à l'écart derrière les autres spectateurs assez nombreux. « C'est une personne qui était tantôt ici ». Je mets mon chapeau pour la dérouter; elle jette un regard rapide autour d'elle et elle me reconnaît à l'ins-

Tout autres sont les phénomènes qu'on observe à Nancy. Voici le résumé qu'en donne M. Beaunis :

« ... Dès que le sujet est endormi, il est en état de somnambulisme ; les membres conservent la situation que leur donne l'hypnotiseur, et les mouvements qu'il leur imprime se continuent automatiquement.

« Le sujet n'est en rapport qu'avec la personne qui l'a mise en état de somnambulisme, pourvu que le sommeil soit assez profond ; il n'entend que lui et ne répond qu'à lui. Il obéit passivement à son hypnotiseur et à lui seul, et il peut en recevoir des suggestions (hallucinations ou actes) qui se réalisent au réveil.

« Pendant son sommeil, l'hypnotisé se rappelle parfaitement ce qui s'est passé, soit pendant l'état de veille, soit pendant les sommeils provoqués antérieurs ; à son réveil, il a tout à fait oublié ce qui s'est passé pendant le sommeil provoqué.

« Ces caractères essentiels du sommeil provoqué, je les ai constatés chez tous mes sujets ; *chez tous, il y a eu ressemblance parfaite sur tous ces points* [1] ; les seules différences ont été des différences de degré portant sur le plus ou moins de profondeur du sommeil et sur l'intensité plus ou moins grande de l'état somnambulique.

« A ce propos, je dois dire que je n'ai pas constaté dans les caractères du somnambulisme provoqué de différences réelles entre les sujets hystériques et les sujets non hystériques.

« Je n'ai pu, du reste, pas plus que mes collègues de Nancy, retrouver chez mes sujets les trois états décrits par Charcot et ses élèves chez les hystéro-épileptiques de la Salpêtrière. Je ne veux pas entrer ici dans la discussion de cette question ni essayer d'expliquer la contradiction qui existe entre ces faits et ceux que nous observons journellement. Il y a là le sujet d'une étude qui devra se faire ultérieurement, mais pour laquelle je ne pourrais jusqu'ici apporter que des documents insuffisants [2] ».

Comme on le voit, l'antagonisme entre les deux écoles est complet et porte sur tous les points. L'étude que M. Beaunis n'a peut-

---

tant. Par parenthèse, on n'a pu lui reprendre mon portrait que par surprise : la C... n'est guère docile.

Je lui présente un verre soi-disant de champagne. Elle voit la mousse, sent le parfum, demande la permission de le boire. Je lui accorde, en la prévenant qu'elle va s'enivrer, elle s'enivre et tombe dans les bras d'un spectateur ; une autre personne la désenivre avec de l'ammoniaque imaginaire.

1. Non souligné dans le texte.

2. *Recherches expérimentales sur les conditions de l'activité cérébrale*, etc. II. *Études physiologiques et psychologiques sur le somnambulisme provoqué*. **Paris,** 1886.

être pas encore entreprise, je l'ai faite, et j'apporte aujourd'hui aux lecteurs le résultat de mes recherches.

Beaucoup d'hypnologues ont déjà émis l'idée que les habitudes des sujets leur sont inculquées par leurs hynoptiseurs et n'ont ainsi rien que d'artificiel. C'est aller trop loin. Certaines d'entre elles — les expériences faites avec les novices en font foi — ont une origine naturelle.

Sans doute il y a une action indéniable de l'hypnotiseur sur l'hypnotisé — tel maître, tel disciple. Mais les sujets eux-mêmes, le premier en date principalement, façonnent, si je puis ainsi parler, celui qui les manie, et lui commandent, à son insu, sa méthode et ses manœuvres. De sorte que, retournant le proverbe, on pourrait dire : tel disciple, tel maître. Cette action du premier disciple sur le maître se reporte alors, par son intermédiaire, sur les autres disciples qui adoptent ses allures, et ainsi se créent des écoles qui ont le monopole de phénomènes spéciaux.

Telle est la manière de voir que j'ai pris le parti de vérifier par l'expérience.

II

Ayant visité la Salpêtrière tout à la fin de l'année 1885 et ayant *de visu* observé les fameux trois états, objet principal de la controverse, j'avais une foi absolue dans leur réalité, et je me demandais s'ils ne se retrouveraient peut-être pas chez les hypnotisés de Nancy, mais sous une forme latente. Je me proposais en conséquence de me rendre dans cette ville pour recueillir des documents, lorsque les circonstances me mirent sur la voie que je viens d'indiquer et qui pourrait bien être celle de la vérité.

De retour à Liège, je m'étais déterminé à expérimenter par moi-même. Je ne l'avais pas encore fait pour des motifs suffisamment exposés dans un article antérieur [1].

Le premier sujet qui me fut offert était une jeune servante de vingt ans, campagnarde, à l'apparence robuste, entrée à la clinique du professeur Masius pour se faire soigner d'une aphonie de nature hystérique, contre laquelle, depuis six mois, s'escrimaient en vain tous les docteurs. Je pensais que peut-être, en l'hypnotisant, il y aurait moyen de la guérir par suggestion.

----

1. Voir livraison de mai : *La mémoire chez les hypnotisés.*

Dire pourquoi, après trois ou quatre séances, je renonçai à mon idée, serait trop long et ne présenterait nul intérêt scientifique.

Le premier jour (18 janvier), après quelques essais infructueux, elle fut endormie par deux fois en huit minutes au moyen de la contemplation d'un point brillant. Chez elle, les paupières se mettaient à trembloter, exactement comme je l'avais vu à la Salpêtrière; puis les yeux se fermaient d'eux-mêmes, et elle tombait en léthargie, c'est-à-dire dans cet état où les membres ne présentent aucune tonicité et prennent la position que leur imposent les lois de la pesanteur. Mais aucune trace d'hyperesthésie neuro-musculaire.

M. Masius et moi songeâmes naturellement à la faire tomber ensuite en catalepsie. Mais les deux fois, quand nous lui entr'ouvrîmes les paupières, elle s'éveilla.

Le lendemain elle fut hypnotisée cinq fois, dont trois fois par le regard. Les tentatives de la faire tomber en catalepsie ou en somnambulisme échouèrent, sauf la cinquième. Je venais de l'endormir en quatre minutes; je lui passai légèrement la main sur le vertex en l'invitant à s'éveiller; et voilà qu'après deux ou trois passes, elle ouvre enfin les yeux en leur donnant une expression de vague étonnement et de fixité dans l'infini qui ne nous permit pas de douter de notre succès.

J'avais donc fait une somnambule. A cette idée — qu'on me pardonne ce détail futile — j'éprouvai une émotion indicible. Ce fut avec une espèce de recueillement religieux que je lui donnai des hallucinations de la vue et de l'ouïe, et que je récoltai ses impressions. Je la fis assister à une représentation théâtrale : elle vit des fleurs et des oiseaux dont l'un vint se percher sur sa main; elle s'en empara; rentrée chez elle, elle trouva le souper servi, enferma son oiseau dans une cage, mangea une bouchée, puis monta à sa chambre pour se coucher.

Tout marchait à souhait et je me félicitais de pouvoir mettre mes projets à exécution. Malheureusement, la nuit de ce même jour, une malade qu'on venait d'amener, une vieille femme, fut prise de délire, sauta sur son lit, proféra contre elle des cris injurieux, et se livra dans la salle commune à des scènes scandaleuses. La brave fille en fut tellement terrifiée que le lendemain, quand nous voulûmes la faire passer du sommeil léthargique au somnambulisme, après une résistance notable, elle tomba en une crise délirante, qui dura près de trois heures, et où l'image de la vieille femme occupait le premier plan.

A partir de ce jour, mille accidents vinrent se mettre à la traverse de nos expérience, sans compter les difficultés tenant à des préjugés régnant chez les autres malades et leur entourage, et d'autres raisons encore. Bref, j'abandonnai cette intéressante malade et me tournai ailleurs.

Il résultait toutefois de nos essais, si peu nombreux qu'ils fussent, qu'il ne nous avait pas été possible de provoquer chez elle une hyperesthésie neuro-musculaire, ni de la placer en catalepsie par l'ouverture de yeux. Mais, d'un autre côté, ses paupières clignotaient; elle avait été mise en léthargie et était tombée en·somnambulisme à la suite de légers attouchements pratiqués sur le vertex. Nous avions donc rencontré quelques-uns des phénomènes ordinaires de la Salpêtrière.

On m'offrit de faire des essais sur une jeune fille de vingt-neuf ans en pension à l'hôpital pour se faire soigner, entre autres, d'une rétention d'urine de nature hystérique, sujette à des crises depuis une dizaine d'années, grande liseuse de romans, peu de sommeil. Elle désirait beaucoup être hypnotisée, et se prêta de bonne grâce· à toutes mes tentatives. Mais ni les passes, ni le contemplation d'un point brillant, ni la fixation du regard, ne parvinrent à l'endormir. Tout son corps finissait par être le siège de secousses et de tremblements nerveux qui m'inquiétaient un peu; quant au sommeil, il ne venait pas.

Comme je viens de le dire, elle dormait peu d'ordinaire, lisant toute la nuit, circonstance défavorable à la production de l'hypnotisme. Puis j'expérimentais à côté d'une église dont les cloches se mettaient à tinter toutes les dix minutes, je ne sais pour quelles raisons, au coin d'un carrefour où retentissaient à tout moment le passage des voitures et des chariots et les coups de fouet, de sorte que, attribuant une partie de mon insuccès à ces causes qu'il n'était pas en mon pouvoir d'écarter, je perdis patience.

Les hystériques ne me réussissaient pas, et pourtant l'*Iconographie* [1] contenait ce passage formel : « Il y a peu de femmes que l'on ne puisse hypnotiser... Mais on va plus vite et plus sûrement en prenant une hystérique. — De celles-là, les jeunes seront préférables; elles sont plus sensibles, plus impressionnables. Certaines sont grandes liseuses de romans, elles ont un caractère qui ne manque pas d'une certaine sentimentalité : on les préférera à celles qui sont brutales, franchement lascives et ordurières. »

Heureusement, il me revint en mémoire que M. Beaunis [2] soutenait,

---

1. T. III, p. 162.
2. *Recherches expérimentales.* p. 2.

lui, l'avis opposé : « Le somnambulisme artificiel, dit-il, s'obtient avec la plus grande facilité chez un grand nombre de sujets, chez lesquels l'hystérie ne peut être invoquée, enfants, vieillards, hommes de toute constitution et de tout tempérament. Bien souvent même l'hystérie, le névrosisme, sont des conditions défavorables à la production du somnambulisme, probablement à cause de la mobilité d'esprit qui les accompagne et qui empêche le sujet qu'on veut endormir de fixer son attention assez fortement sur une seule idée, celle du sommeil; au contraire, les paysans, les soldats, les ouvriers à constitution athlétique, les hommes peu habitués à laisser vagabonder leur imagination et chez lesquels la pensée *se cristallise* facilement, si j'ose m'exprimer ainsi, tombent souvent avec la plus grande facilité dans le somnambulisme, et cela quelquefois dès la première séance. »

III

Je me tournai donc du côté des paysans, sans trop d'espoir, je l'avouerai. J'avais justement sous la main deux sœurs, de la campagne, fortes, l'une surtout, bien portantes, et de mœurs excellentes.

Je commençai par la plus jeune, dix-neuf ans, taille 1 m. 55. Plusieurs jours de suite j'entrepris de l'endormir, me servant pour cela d'un point brillant; j'obtins chaque fois de l'engourdissement dans les jambes et les bras, mais rien de plus.

Un soir, j'essayai des passes, et à ma grande joie elle s'endormit au bout de 10 à 12 minutes. Après quelques jours d'exercice, la moitié de ce temps suffisait. Seulement son sommeil était des plus légers. Si j'essayais de lui entr'ouvrir les paupières pour la mettre en catalepsie, ou de lui passer la main sur le vertex pour produire le somnambulisme, elle s'éveillait. Elle s'éveillait de même si je lui demandais de se lever, ou si, lui parlant, j'insistais pour qu'elle me répondît. Elle se réveillait encore si, pour constater son état de léthargie, je laissais retomber ses bras de trop haut, ou si, pour juger de son insensibilité, je la pinçais un peu fort. Ce n'était guère encourageant, mais je tenais bon.

Un soir, sa sœur vint dans l'appartement où la cadette était endormie. Je m'avisai de l'entreprendre, persuadé pourtant qu'elle me donnerait encore plus de difficulté que l'autre, étant quelque peu plus âgée, et beaucoup plus robuste (taille 1 m. 65). J'ai relaté dans l'article précédent comment J... fut endormie en sept minutes, et plongée dès l'abord en l'état de somnambulisme. Elle put me suivre dans la chambre, les yeux ouverts. Le jour suivant, endormie une seconde fois en cinq minutes, je lui donnai des hallucinations de la vue, de l'ouïe et de l'odorat.

Enfin deux autres jours furent consacrés à renforcer chez elle la faculté imaginative, à lui faire exécuter, à ce que je croyais alors être l'état de veille [1], des ordres donnés pendant le sommeil; enfin à provoquer en elle des phénomènes d'oubli, de paralysie, de contracture, de catalepsie, d'insensibilité.

Bien que j'aie l'air de répéter des choses connues, je dois entrer en quelques détails à l'occasion de ces derniers phénomènes. On n'a pas oublié que je désirais uniquement explorer la mémoire des hypnotisés.

C'est pourquoi j'avais cru devoir m'abstenir avec J... d'expériences de simple curiosité, et mes exercices préliminaires n'eurent d'autre but que de l'assouplir, et, si je puis ainsi dire, de l'amener au point requis pour mes expériences ultérieures. Je les ai donc gradués systématiquement à ma façon, et j'ai porté mon attention sur le procédé qui me servait à obtenir les effets désirés. Ce procédé a été uniformément le même : la suggestion, sous une forme plus ou moins patente ou déguisée.

S'agissait-il, par exemple, de produire de la paralysie, je lui tiraillais le bras et passais ma main d'un bout à l'autre, en lui disant qu'elle ne pourrait plus le remuer. S'il lui arrivait néanmoins de réussir à le mouvoir encore un peu, je réitérais et la pression et la suggestion avec une assurance plus marquée. L'effet était finalement obtenu.

De même pour les contractures : « Ne vous laissez pas abaisser le bras, ouvrir le poing, etc. »

De même pour les poses cataleptiques: « Gardez votre bras dans cette position, ne bougez pas ! »

Au bout de deux ou trois exercices qui ne prenaient chacun que quelques minutes, les ordres n'eurent plus besoin d'être donnés avec la voix. J... reconnut de plus en plus rapidement, d'après la qualité de la manœuvre, ce que je voulais, si c'était une paralysie, une contracture, ou une simple figure. Et aujourd'hui son intelligence — il me semble que c'est le mot propre — est tellement affinée qu'un spectateur — la preuve en a été mainte fois faite — ne peut

_____

1. J'ai, dès la première fois, conçu des doutes à ce sujet. Ces doutes sont actuellement chez moi changés en certitude. Ce soi-disant état de veille est bel et bien du sommeil. A bientôt les preuves.

découvrir ni deviner par quelle particularité de toucher j'amène la paralysie, la contracture, la catalepsie d'un membre.

Moi-même, si mes études psychologiques ne me mettaient sur mes gardes, *je pourrais croire que j'agis sur elle par la simple pensée.* Mais les fameuses expériences de Cumberland nous ont fait voir que la pensée se trahit *involontairement* dans les mouvements musculaires. Si donc J... a l'air de pressentir ce que je désire, c'est que, rien que par la manière dont je lui prends le bras, je lui manifeste déjà ce que je désire. On s'expliquera par là peut-être l'illusion — si illusion il y a — de ceux qui croient que les somnambules devinent la volonté de leur hypnotiseur.

De même, c'est par des signes de jour en jour moins marqués que j'obtenais des phénomènes d'oubli ou d'insensibilité.

A ce propos, je tiens à dire dès à présent que l'amnésie, comme cette espèce d'anesthésie apparente qui consiste dans l'impossibilité pour la somnambule de voir une personne présente, sont, à mes yeux, des effets beaucoup moins extraordinaires que la véritable insensibilité corporelle.

Au fond, ce sont de simples phénomènes psychiques suscités par la parole, l'excitant psychique universel. Tandis que l'insensibilité implique à un degré et à une profondeur quelconques une modification organique. L'insensibilité suggérée me semble, au point de vue de l'étrangeté, devoir être mise sur la même ligne, ou, si l'on veut, un peu plus bas, que les troubles vaso-moteurs, brûlures, vésications. Je reviendrai un jour sur ce sujet.

Je n'ai donc, comme il a été dit plus haut, utilisé J... que pour des expériences de mémoire, du 23 février au 6 mars, et *toutes* les expériences que j'ai faites avec elle sont relatées dans mon article précédent. Tout au plus m'est-il arrivé une ou deux fois d'en répéter l'une ou l'autre, devant une personne désireuse de me voir opérer; car je tenais avant tout à ne pas la surmener ni à lui donner des habitudes.

IV

Voici, à la date présente du 25 mars, les caractères que son sommeil présente :

J... s'endort *instantanément* sur la plus faible injonction de ma part, prononcée de la manière la plus indifférente, et à voix basse, même sans la regarder; sur un simple coup d'œil, un simple mouvement de la main ou de tête à peine perceptible; au premier, au second, au dernier coup d'une heure déterminée qu'elle entend sonner; en touchant un objet; en essayant de prononcer un chiffre; au bout d'un nombre déterminé de pas; en lisant un papier présenté *par moi* sur lequel est écrit ce mot *dormez*. Mais si l'écrit est présenté par une autre personne, il est sans pouvoir. Il en serait autrement, j'en suis convaincu, si je lui certifiais que la vue de l'écrit l'endormira. Ce genre de fait a été observé dès l'origine du magnétisme. On aurait dit alors que le papier était imprégné de fluide magnétique.

Elle s'endort assise, debout, en marche; elle ferme les yeux, et le plus grand calme se répand à l'instant sur son visage.

J...., sans avoir de beaux traits, a une physionomie avenante. Mais quand elle dort, elle est presque belle, tant elle rend bien l'image du repos absolu. C'est ce que M. Beaunis relève expressément dans son livre déjà cité : « Le corps est immobile, le masque impassible; la figure a même une expression de calme et de tranquillité qu'elle atteint rarement dans le sommeil ordinaire [1] ». M. Beaunis part de là pour avancer que le sujet ne pense probablement à rien : « D'après ce que j'ai observé, dit-il, je serais porté à croire qu'il y a un repos absolu de la pensée, tant que les suggestions ne leur sont (aux sujets hypnotisés) pas faites. Quand on demande à un sujet placé dans le sommeil hypnotique, et j'ai fait cette demande bien des fois : A quoi pensez-vous? presque toujours on a cette réponse : *A rien*. Il y a donc un véritable état d'inertie ou plutôt de repos intellectuel, ce qui s'accorde bien, du reste, avec l'aspect physique de l'hypnotisé » [2].

Je n'oserais *hic et nunc* souscrire sans réserve à ces paroles. Car J... n'est certainement pas indifférente à tous les bruits qui se font autour d'elle. Une preuve entre cent : si je lui dis qu'elle doit se réveiller, par exemple, à la demie, ou à tel coup d'une heure déterminée, elle n'y manquera pas. L'expérience en a encore été faite dimanche, 21 mars, en présence de M. le D[r] Ch. Mathieu et des professeurs Masius et L. Frédéricq, de l'université de Liège.

J... est en communication avec toute l'assistance. Quelle que soit la personne qui lui parle, elle lui répond, et elle peut en recevoir des suggestions comme de moi-même. J'en rapporterai à une autre occasion un curieux exemple. La jeune fille aphone que M. Masius et moi avons hypnotisée nous écoutait aussi l'un et l'autre indifféremment.

J... peut être réveillée par n'importe qui, à moins que je ne le lui

---

1. *Recherches*, etc., p. 89.
2. *Ibid.*, *loc. cit.*

défende expressément. L'assertion de M. Beaunis, rapportée plus haut, que le sujet n'est en rapport qu'avec son hypnotiseur, est donc tout au moins trop absolue; on verra qu'elle est fausse en principe. Je dois dire pourtant qu'elle est généralement acceptée et qu'elle est même fondée sur des observations communes.

Ceux qui ont lu mon premier article se rappelleront que les sujets de M. Ch... ne pouvaient pas être éveillés par lui lorsqu'ils avaient été hypnotisés par moi, et réciproquement.

On réveille J... par des procédés semblables à ceux qui l'endorment. On peut lui souffler légèrement dans la figure, lui dire tout doucement *Eveillez-vous!* ou lui présenter ces mots écrits, ou bien encore lui annoncer qu'elle s'éveillera en disant tel mot ou en touchant tel objet; ou en entendant tel signal; l'effet est immanquable. Elle s'éveille instantanément, sans secousse, en ouvrant les yeux, si elle a les yeux fermés; en faisant un mouvement des paupières à peine perceptible, si elle les a ouverts. Généralement elle sourit.

J... sait quand elle dort. Au commencement, quand je l'endormais par le regard suivi de passes, j'avais pris l'habitude de lui demander si elle dormait — parce qu'au moment des passes, elle fermait les yeux — et elle me répondait par un *non* ou par un *oui*, suivant l'occurrence. On voudra bien se rappeler que les jeunes sujets de M. Ch... (article précédent) ne voulaient pas admettre qu'ils dormaient quand ils étaient hypnotisés.

Ici cependant doit prendre place une remarque importante. Si je commande à J... un acte qu'elle doit accomplir après son *réveil*, quand je la réveillerai, elle me dira qu'elle est éveillée, et pourtant je suis aujourd'hui certain qu'elle est dans l'état hypnotique, ce que je vois bien d'ailleurs à son air. Mais, quand elle a accompli l'acte, alors il lui arrive ordinairement de s'éveiller tout de bon, et, dans ce cas, elle me dit qu'elle est *bien* éveillée. J'ai donc, rien que de ce chef, lieu de croire qu'elle ne l'est pas quand la première fois elle me répond qu'elle l'est, et, partant, cette réponse doit être une réponse dictée ou suggérée.

Ce drôle d'air, dont j'ai déjà parlé dans le précédent article, est caractérisé par une certaine fixité dans le regard, un certain sérieux dans la physionomie, une expression de résolution et d'entêtement qu'on peut noter même dans sa parole, plus nette, plus brève, plus précise, ou bien de lutte contre une impulsion intérieure. Mais la différence n'apparaît guère qu'à mon œil ou à mon oreille, et elle ne sera pas saisie facilement même par ceux qui ont l'occasion de la voir tous les jours. Lui ai-je, par exemple, suggéré d'être très gaie au moment d'aider ma femme à se déshabiller pour se mettre au lit, elle se mettra à rire devant elle à propos de tout, et cherchera des motifs pour expliquer sa gaieté : « Ne trouvez-vous pas, madame, que vos manches sont si drôlement attachées? [1] » et autres balivernes semblables. Eh bien ! ma femme elle-même, malgré son expérience, ne distingue pas toujours ce rire suggéré d'un rire naturel.

Méprise semblable est arrivée au docteur L. de R..., qui s'est entretenu longuement avec J... hypnotisée, sans s'en douter.

Mais J... sait qu'elle rit ; et, quand l'accès est passé, elle se rend compte qu'elle a ri sans motif. Et elle se doute alors que je lui ai fait *une farce*, comme elle dit. Je reviendrai tantôt sur ce point.

J... ne peut être endormie que par moi. Dès le premier jour que je l'ai endormie, je lui ai répété à plusieurs reprises et pendant sa veille que moi seul avait ce pouvoir sur elle. Le 21 mars, M. Masius a en vain essayé par tous les moyens de l'hypnotiser, et cela pendant toute une demi-heure. Je suis convaincu qu'aujourd'hui plus que jamais, elle serait absolument réfractaire à n'importe quelle tentative — à moins que je ne lui en donne la permission, auquel cas, au fond, c'est moi qui l'endormirais.

Je ne fascine pas J... ; hypnotisée, elle n'est pas portée à me suivre, même du regard. Elle va de ci de là, suivant son idée, et de l'un à l'autre sans préférence, selon qu'on l'appelle.

Chez elle, les hallucinations suggérées ne subsistent pas un seul instant après le réveil ; elle ne continuera pas à voir un portrait sur une carte blanche, ni une brûlure dans son tablier. Mais aussi je n'ai pas cherché à obtenir d'elle cette espèce de prolongation de l'état hypnotique.

Elle tient les yeux ouverts ou fermés au commandement ; elle peut, les yeux fermés, avoir des hallucinations de la vue ; elle sait se conduire et exécuter les ordres qu'on lui donne, seulement elle marche avec plus de précaution, et, s'il s'agit de prendre un objet ou d'ouvrir une porte qui ne lui est pas familière, elle tâtonne.

Elle ne sait pas tenir un œil ouvert, l'autre fermé. Donc pas d'états dimidiés. Au reste, appliqué à elle, le terme de semi-somnambulisme n'aurait pas de sens.

Elle ne reçoit pas de suggestions par des mouvements passifs imprimés à ses membres ; j'ai eu beau lui fermer le poing, son visage n'a pas marqué la colère. Mais on lui donne facilement des sugges-

---

1. MM. Binet et Féré rapportent aussi que la W..., faisant des pieds de nez au buste de Gall, et comme honteuse de ses gestes, les justifiait en disant que *cet homme était dégoûtant. (Revue phil.*, janv. 1885, p. 9.)

tions par imitation : elle pleure, rit, prend un air fâché, etc., dès que je pleure, que je ris, que je prends un air fâché.

Enfin elle ne continue pas d'elle-même un mouvement indiqué. Je lui dis de moudre le café ou de pétrir de la pâte; elle fait le mouvement, mais s'arrête bientôt, si je ne réitère l'ordre ou la suggestion.

Tels sont les caractères de l'hypnotisme de J..... Ils diffèrent, comme on le voit, en beaucoup de points de ceux que présentent et m'avaient présentés les sujets de M. Charcot et de ses élèves; en plusieurs points aussi, de ceux des sujets de l'école de Nancy d'après l'énumération qu'en fait M. Beaunis.

V

A mesure que j'avançais dans mes observations, ces différences me frappaient et m'intriguaient. Mais ce fut bien autre chose quand, le 22 février, je vis chez M. Ch..... deux de ses sujets. Une fois *pris*, comme ils disent, ils ne quittent pas des yeux le magnétiseur, et pour peu que celui-ci fasse mine de ne plus vouloir les regarder, ils lui bourrent la poitrine de coups de poing formidables. Ils entrent en fureur contre tous les obstacles physiques ou vivants qui s'interposent entre eux et lui; ils ne voient que lui, n'entendent que lui, et ne se laisseront réveiller que par lui, et encore pourvu que l'envie ne leur vienne pas de mettre opposition à leur réveil: de vrais sauvages.

Conformément à ce qui est dit dans l'*Iconographie* [1], M. Ch..... peut transmettre leur regard à une autre personne ou à un autre objet, et il peut le reprendre, mais seulement par le procédé dont il s'est servi pour le transmettre et non par un autre. C'est ainsi que s'il a passé leur regard à l'aide de son index placé d'abord au-devant de ses yeux, puis dirigé vers les yeux d'une autre personne, il ne le ressaisira qu'en faisant le geste inverse. J'en donnerai plus loin un exemple.

Le visage des sujets est comme pétrifié — tel devait être le masque de la Gorgone, — l'œil est d'une fixité horrible — ainsi je me représente celui de la pieuvre guettant une proie. La physionomie est stupide et bête; le corps, sans souplesse; la voix, rauque et inarticulée; les mouvements, brusques et violents; la force déployée, étonnante. Ce sont des gamins de moins de quatorze ans, dont l'un est d'apparence chétive, et un homme serait dans l'impuissance de les

1. T. III, p. 180.

maintenir. Ils rient, ils pleurent avec des démonstrations exagérées, et il faut user de la plus grande prudence dans les suggestions qu'on leur donne. Ils sont prompts à l'action. Si on leur dit de se jeter à l'eau, de danser, de chanter, ils le font à l'instant; mais si on veut leur faire avoir une hallucination comme d'un portrait, d'un oiseau, d'un bateau, etc., ils se montrent récalcitrants, et ne l'ont qu'à force de répétitions.

Tous les sujets de M. Ch..... sont modelés sur ce type. Ils ont passé par les mains de Donato. Cette circonstance nous donne l'explication de ce type.

Quand Donato arrive dans une ville, son premier soin est de rechercher des sujets disposés à se donner en spectacle. Pour cela il organise des séances dites privées et gratuites auxquelles viennent des gens curieux d'éprouver les effets du magnétisme, surtout des adolescents, voire des enfants. Il y en a qu'il « prend » dès la première fois; mais, pour la plupart, quelques jours d'entraînement sont nécessaires. Quand il en « a fasciné » un nombre suffisant, il ouvre ses séances payantes. Naturellement il dresse ses sujets en vue des exhibitions publiques, et de manière à procurer de l'amusement en provoquant l'étonnement et surtout le rire. Je suppose même qu'il en a quelques-uns à sa suite ou à sa disposition qui servent d'appeaux pour les autres [1]. Toujours est-il que tous ceux qui, dans notre ville, se sont produits sur son théâtre, se connaissent tous. Ils forment une espèce de franc-maçonnerie; ils ont tous le même répertoire peu étendu d'extravagances; ils sont tous coulés dans le même moule. M. Ch....., qui en tient une bonne demi-douzaine sous sa domination, n'a pas — cela va de soi — cherché à les refondre dans un autre moule.

Ils sont intraitables, désobéissants, et ne se prêtent pas toujours à être réveillés. Il faut alors procéder par la surprise ou par la force. A l'un d'eux, A..., je fais voir l'autre jour, non sans peine, le portrait de son père; il s'en empare à l'instant, et il n'y a pas eu moyen de le lui reprendre pour parfaire l'expérience; il est allé le fourrer dans la poche de ma fille, avec recommandation expresse de ne pas le livrer (voir plus haut semblable aventure arrivée à la Salpêtrière). Au même, je suggère qu'il est dans une foule d'émeutiers, que les gendarmes font une charge; à l'instant il se saisit d'une chaise pour jeter à la tête des gendarmes ou des émeutiers, je ne sais lesquels, et trois d'entre nous durent employer toute leur force pour la lui

---

1. J'ai appris depuis du sujet B... qu'il en serait ainsi et qu'il hypnotiserait en présence des futures recrues un nommé Ramon qui l'accompagne.

arracher, le maintenir, et arriver à lui souffler dans la figure. Si,
quand il a vu un oiseau, il se met à le poursuivre, il fait des bonds
désordonnés, grimpe sur les meubles sans regarder à rien, et l'on
a toute la peine du monde à le remettre dans son état normal. Si
vous lui persuadez qu'il a froid, il arrachera littéralement les habits des
assistants ; si vous ne vous hâtez de le maîtriser et de le réveiller,
ils risquent fort d'être mis en pièces. Aussi ces enfants, à l'état
fruste, sont-ils peu propres aux expériences de salon paisibles et
suivies, parce qu'à chaque instant ils vous échappent. J'en ai vu
trois et il n'y a entre eux que des différences de tempérament.

VI

Voilà donc, à côté de ceux de la Salpêtrière et de ceux de Nancy,
une troisième catégorie d'hypnotisés dont les mœurs sont bien définies ; et encore devrais-je mettre J... dans une quatrième classe à part.
En les voyant, je fus dérouté, je l'avoue. Je ne cessais de manifester à M. Ch..... l'étonnement dans lequel me jetaient leurs façons
d'agir. C'est alors que l'idée me surgit tout à coup qu'elles tenaient
peut-être au genre d'éducation qu'ils avaient reçue. D'induction en
induction, j'en vins à me dire que si les sujets de la Salpêtrière et
ceux de Nancy présentent des différences si remarquables, elles
étaient vraisemblablement venues à la suite d'un certain genre d'entraînement en partie voulu, en partie inconscient, en partie accidentel. Les opérateurs auraient, comme je l'ai dit plus haut, été
inspirés par les premiers résultats obtenus et se seraient attachés à
les obtenir dans la suite, les croyant essentiels et caractéristiques ;
les sujets, ainsi influencés et presque guidés, auraient, à leur tour,
servi de modèles aux nouveaux-venus qui les voyaient ou en entendaient parler ; il se serait, de cette manière, institué un enseignement
latent appuyé sur des traditions différentes suivant les milieux, et
ainsi auraient pris naissance ces espèces d'écoles aujourd'hui en
conflit.
Cette idée du rôle joué par l'éducation et l'imitation dans la formation des habitudes propres aux diverses catégories d'hypnotisés
me parut digne d'être soumise au contrôle de l'expérience. Ce contrôle m'était rendu facile par un hasard dont j'eus tout lieu de me
féliciter.
J'avais rencontré en J.... un sujet si docile, que, du 16 au 21 février,

je ne m'occupai que d'elle, et je négligeais totalement M...., sa
sœur, que, par comparaison, j'estimais par trop obtuse. Celle-ci
était restée absolument fruste : je savais l'endormir, non sans peine,
mais c'était tout. Il se trouvait ainsi qu'elle pouvait devenir entre
mes mains une excellente pierre de touche. Je me hâtai de terminer
avec J... les expériences sur la mémoire que j'avais en vue, et
réservai avec soin M... pour des expériences sur l'influence de
l'imitation. Dans ce dessein, je ne lui laissai pas voir sa sœur avant
d'avoir mené à bonne fin ma première tâche. On le sait, cette tâche
ne fut pas longue. Le 6 mars, c'est-à-dire en quelques jours, elle
était terminée.

A partir de cette date, je mis M... en rapport avec J... Je consacrai
à cet objet trois ou quatre séances, de quinze à vingt minutes
chacune au plus.

Je montrai à M... comment J... s'endormait à la parole; M...
s'endormit à la parole.

Je lui fis voir ce que c'était que la léthargie, la contracture, la
catalepsie. M... comprit parfaitement, et elle fut bientôt aussi susceptible que sa sœur.

M..., comme J..., se souvient de ses rêves hypnotiques lorsqu'elle
est réveillée dans certaines conditions. Que dis-je? Conformément
à ce que j'énonçais dès le premier jour que je fis des expériences
de mémoire avec J... [1], elle se rappelle parfois des rêves uniquement pour la raison qu'ils l'ont tant soit peu agitée, et que l'agitation
persiste au réveil [2]. Un seul exemple : Je lui donne un jour la suggestion qu'elle est tourmentée par des puces. Je la touchais légèrement avec une aiguille à bas. Je fis cesser le martyre après deux ou
trois minutes, et je la laissai se reposer quelques instants. Je la
réveille. Sa première parole à elle, quand elle n'a aucun souvenir
immédiat, c'est un *Eh bien?* Elle désire savoir ce qui lui est arrivé.
« C'est à vous, lui dis-je, que je poserai la question. Vous ne vous
souvenez de rien? — Je ne me souviens de rien, répondit-elle; il
me semble cependant que j'ai été tourmentée par les puces. »

Pas plus que chez J..., les hallucinations de M... ne se prolongent au delà du réveil.

J... ne s'éveille pas d'elle-même, mais seulement à mon ordre.
M... a cessé de s'éveiller, sinon à mon ordre. Seulement, au
moment du réveil, elle a — ce que n'a pas J... — une légère
secousse des épaules. J... a une conscience obscure de son som-

---

1. Voir *La Mémoire*, etc., *Revue philosophique*, page 459.
2. Voir plus bas cependant le rêve des hannetons.

meil hypnotique, comme aussi de cette espèce de veille hypnotique distincte de la veille normale et sur laquelle je m'expliquerai une autre fois; de même M... distingue parfaitement ces trois états, surtout les deux derniers. Bref, qui voit J... voit M...; ce que l'une fait, l'autre peut le faire [1].

Si maintenant on met en regard la rapidité avec laquelle M... a parfait son éducation, et la lenteur des débuts, on est forcément amené à attribuer ce changement à l'influence de l'exemple. Bien mieux, il ne paraît même pas douteux que la promptitude qu'a mise J... à s'endormir ce soir où elle a vu sa sœur endormie — promptitude qu'on aurait pu mettre et que j'ai mise longtemps tout entière sur le compte de dispositions natives, — il n'est pas douteux, dis-je, qu'il faut l'attribuer, en grande partie tout au moins, à l'imitation, en d'autres termes, à la conviction, suggérée par cette vue, que j'avais le pouvoir de la plonger dans le sommeil comme j'avais fait sa sœur.

Les seules différences qui subsistent entre elles et que je ne ferais certainement pas disparaître, tiennent à leurs tempéraments, l'aînée étant plus vive, plus expansive, plus sensible; la cadette plus lourde, plus en dedans, plus indifférente.

Comme j'aurai probablement plusieurs fois l'occasion de les présenter à mes lecteurs, ils ne trouveront pas mauvais que j'insiste sur ces différences.

J... voit instantanément ce qu'on veut lui faire voir, et va même au-devant des désirs; M... commence par s'y refuser, et il faut insister, quelquefois longtemps, pour que l'hallucination se produise.

Si J... joue un personnage qui réclame de l'agilité, la vivacité de ses gestes et de ses mouvements est merveilleuse et amusante; M... ne bouge pas de place, ou, quand elle se met en mouvement, c'est toujours avec lenteur.

J... répond tout de suite à une question, cause, fait des réflexions presque toujours originales; à M... il faut arracher les réponses.

J... accepte d'emblée les plus étranges métamorphoses; elle ne voit aucune difficulté à prendre une paire de pincettes pour un parapluie, ou un tire-bouchon pour une bêche. M... doit être retournée de bien des façons pour qu'elle voie un châle dans un tablier, un bonnet dans un chapeau d'homme.

Je donne ici un exemple qui m'a été fourni le 28 avril. Elle a horreur des hannetons. Endormie, je lui ai mis un hanneton sur la

---

1. Depuis la fin d'avril, M..., à l'instar des sujets de M. Ch..., se frotte les yeux.

main; elle a persisté à le reconnaître et à le secouer avec la répugnance la plus marquée. Elle le reconnaissait même les yeux fermés. Ça gratte! s'écriait-elle avec dégoût. Puis je l'excitai avec un bout de cuir. Elle crut encore sentir des pattes de hanneton. Son agitation était très grande (par parenthèse, réveillée, quand elle fut tranquille, elle n'a gardé aucun souvenir de son rêve. Voir plus haut). J... ne se refuserait nullement à prendre un hanneton pour ce qu'on voudrait. J'en fis l'épreuve le lendemain : « Une grosse bête, J... — Oui, monsieur, et bien lourde! C'est un chardonneret! » — exemple de réminiscence lointaine. Le même jour, un bouton de bretelle noir lui apparaît d'un blanc bleu, grand comme une assiette, puis comme une cuvette : « On pourrait y faire la lessive ».

VII

Il me restait à éprouver la puissance de l'imitation sur des habitudes prises, et à voir dans quelle mesure elle pourrait les modifier. Ne perdons pas de vue qu'elles sont dues, tout au moins en partie, à l'action du premier hypnotiseur. Il s'agit par conséquent de vérifier si un second hypnotiseur peut détruire ce que le premier a édifié. Les sujets de Donato me parurent tout indiqués pour cette vérification.

Le dimanche 21 mars, je réunis chez moi MM. Masius et L. Frédéricq, professeurs à l'Université, et M. Ch. Mathien, docteur. J'avais fait venir les jeunes A et B [1], et prié M. Ch..... de vouloir bien les accompagner. B ne vint pas, et M. Ch..... fut empêché par les devoirs civiques que lui imposèrent les graves événements dont Liège venait d'être le théâtre.

Je commençai par montrer à l'assistance comment A se conduisait. Je l'hypnotisai, à l'instar de M. Ch...., par le regard. Tout de suite il s'attacha à moi, tenant sa figure tout contre la mienne. Ayant eu la malencontreuse idée de tourner les yeux vers mes invités pour leur faire remarquer sa physionomie, il se rua sur moi les poings en avant avec une telle violence que la chaise sur laquelle j'étais assis craqua, et que je manquai de rouler par terre. Je passai son regard à M. Ch. Mathien, qui, à l'instant, fut partout suivi par ce forcené sans qu'il pût s'en débarrasser. Personne ne put lui

---

1. Voir mon article sur *la mémoire*, etc. C'est par ces lettres que je désigne G. D. et P. O.; C, dont on va parler, est E. R.

reprendre le regard, moi-même pas davantage. Je pensai alors à lui présenter le doigt dont je m'étais servi pour l'attacher sur M. Mathien, et de cette façon je le repris non sans peine.

J'omettrai de mentionner quelques expériences de souvenir que je fis avec lui ; elles n'apprendraient au lecteur rien de nouveau ; elles réussirent toutes, les positives comme les négatives, c'est-à-dire celles qui avaient en vue le rappel comme celles qui avaient en vue l'oubli. J'aborde celles qui eurent pour but d'obtenir de lui un changement d'allures. Le récit en sera court.

Je lui montrai M..., comment elle s'endormait, sans bouger de sa chaise, et sans me regarder. A s'endormit, resta sur sa chaise et consentit du premier coup, mais non sans hésitation, à ne pas attacher sur moi son regard.

Je commandai ensuite à M... de s'endormir en comptant jusqu'à sept. Ce qu'elle fit ; et je fis remarquer à A qu'elle avait les yeux fermés et que ses membres étaient inertes. A s'endormit au chiffre prescrit de huit, tint les yeux fermés, et fut plongé en léthargie. On le laissa dans cet état plus de dix minutes, M. Masius ne cessant de lui soulever les membres.

Réveillé, je voulus lui faire voir un portrait sur une carte de visite — ce devait être le portrait de M. Ch..... A ce nom, A se lève, cherche partout, pénètre de force dans les appartements voisins, regarde sous les meubles, ouvre les fenêtres pour voir dans la rue, dévisage tout le monde à plusieurs reprises. Ce ne fut qu'à grand'peine que je parvins à le faire rasseoir ; mais dorénavant il se tint tranquille. Il décrivit le portrait et le retrouva d'emblée, bien qu'il fût retourné, au milieu de six cartes semblables. Ce jour-là, je n'allai pas plus loin avec lui, la soirée étant trop avancée. Mais la suite se présumait.

En effet, le lendemain, *en moins d'un quart d'heure*, il imitait de point en point M..., copiait ses gestes, son attitude, son air calme et placide, se laissait manier comme cire, causait, dans son sommeil, avec tout le monde et se laissait réveiller par la première personne venue. Plus de trace de sauvagerie ni de violence.

Le débat, me parut-il, était vidé. Cependant il me convenait de soumettre B à la même épreuve. C'est pourquoi je priai M. Ch.... de venir chez moi avec A et B. Il y vint, mais il n'avait pas encore, cette fois-ci, pu avoir B, et, en son lieu et place, il m'amenait un autre petit jeune homme, que je désignerai par la lettre C, encore un sujet de Donato, âgé d'un peu plus de treize ans, délicat, figure sympathique et intelligente, et « très sensible ».

Ce n'en était que mieux. M. Ch... l'hypnotisa à sa façon ; et il présenta exactement les mêmes phénomènes que les autres. Il fascina aussi A, qui retomba dans ses vieilles manières. Puis je mis J... en leur présence et la fis « travailler ».

Je fis encore bien remarquer à A, ainsi qu'à C, la tranquillité de son air et de ses mouvements. Ensuite, plaçant A debout, comme j'avais fait J..., je répétai avec lui les mêmes exercices, qu'il exécuta sans rien manquer.

Après quoi je vins à C et l'engageai à se conduire comme ces deux modèles. Il était assis, je l'endormis par le regard. Pendant la demi-minute que dura la fascination, je ne cessai de lui recommander de se tenir tranquille.

Une fois hypnotisé, je lui enjoignis de fermer les yeux; et alors j'obtins de lui, et presque sans nouvelle injonction, les phénomènes de léthargie, de catalepsie, de somnambulisme dont il venait d'être par deux fois le témoin.

VIII

Je pouvais légitimement considérer la démonstration comme achevée. Mais le 10 avril, il m'a été permis de la fortifier en opérant avec B devant mes élèves.

Il faut savoir qu'on a institué à l'université de Liège un cours d'*exercices spéciaux sur des questions de philosophie*. dont je suis chargé. N'y sont admis que les étudiants par moi autorisés. Ils ne sont pas simples auditeurs. Le sujet des leçons une fois déterminé, je leur désigne quelques ouvrages dont ils auront à rendre compte en chaire, et l'exposé qu'ils font est l'objet d'une discussion générale.

Cette année, le deuxième sujet choisi fut l'hypnotisme.

Bien que la nature même de cet enseignement n'exige pas toujours des démonstrations expérimentales, je tenais cependant à rendre ces jeunes gens témoins des faits que j'avais moi-même observés, et à les mettre à même de contrôler les théories émises à leur occasion. Mon auditoire compte, à côté des élèves du doctorat en philosophie, des physiciens, des aspirants docteurs en médecine, des futurs ingénieurs.

Le malheur veut qu'à l'heure de mon cours, A, B et C soient retenus par leurs patrons. Ce fut grâce à une démarche de M. Ch... que je pus, le 10 avril, avoir à ma disposition le jeune B.

B allait avoir ses quatorze ans au mois de mai. Il est petit, trapu; il a l'œil très intelligent; il a obtenu des prix à l'école primaire; il est maintenant dans la carrosserie. Il n'a été « pris » par Donato qu'à la quatrième séance. A l'en croire, il en était « le meilleur sujet ». C'est lui qui, si on se le rappelle, n'a pas voulu consentir à voler et qui nous a fait, à M. Ch... et à moi, une si belle peur [1].

Je relaterai par le menu presque toutes les expériences que j'ai faites avec lui [2], parce qu'elles viennent à l'appui de la plupart des idées que j'ai émises dans cet article et le précédent.

B n'a été l'objet d'aucune pratique depuis le jour où je l'ai vu pour la première fois; mais il a pu savoir, et je crois qu'il a su par A et C, ce qu'ils ont fait chez moi.

M. Ch... l'hypnotise, pour montrer quelles sont ses allures, que j'ai suffisamment décrites plus haut. Après quoi j'essaye sur lui le pouvoir de l'imitation.

Faute de modèle, je dois bien me borner à lui expliquer comment J... et M... se comportent, et, à leur exemple A et C. Toutefois je crois prudent de commenter mon instruction par une représentation fictive. M. Ch... est censé prendre mon rôle, et moi, celui de J... On m'hypnotise, je ferme les yeux; je me montre en léthargie, en catalepsie avec ou sans contracture. B est des plus attentifs à mon jeu.

Après quoi j'hypnotise B.

Du premier coup, B m'imite de point en point, et obéit au commandement.

1. *Contracture*. Il tient les bras étendus; on lui pend au bras gauche une chaise qu'on avance de plus en plus vers l'extrémité; à un certain moment il incline et se renverse sans changer d'attitude, par le seul déplacement du centre de gravité.

2. *Poses cataleptiques.* Paralysie suggérée de la jambe gauche, persistant après le réveil.

3. *Hallucination et mémoire.* Je lui fais voir le paradis : des anges jouant du violon, il les entend; Dieu le père « en blanc », la Vierge « en noir »; n'aperçoit pas qu'elle est sur un globe, le pied appuyé sur un serpent. Moi : « Des anges vous cachent le globe. » Il change de place et le voit distinctement. Je lui fais tirer son mouchoir de sa poche pour se mettre à genoux. Je le réveille dans l'action, souvenir intégral.

4. *Le portrait.* Difficile de lui donner l'hallucination du portrait de son frère, à moi inconnu; il s'obstine longtemps à ne voir qu'un papier blanc. Je dois inventer les moindres détails et insister. Enfin

---

1. Voir *la Mémoire*, etc., p. 456.
2. Je laisse de côté notamment des expériences faites avec l'hypnoscope de M. Ochorowicz, dont je parlerai un jour.

l'image finit par se fixer; et, dès ce moment, sa spontanéité est éveillée. Exemple : — Moi : « Votre frère tient une canne à la main ». — Lui, d'un air rogue : « Vous voyez aussi bien que moi, sans doute, qu'il n'a pas de canne ».

Offre à mes auditeurs d'assurer le souvenir de ce rêve. Acceptation. Moi, lui désignant un élève : « Prenez garde, en voilà un qui veut vous prendre votre portrait. » B jette sur lui un regard plein de défiance et de colère. L'élève fait mine de s'approcher en avançant la main; à l'instant, B se précipite sur lui comme une bête fauve. Je le réveille non sans peine. Le souvenir porte sur les moindres détails.

5. *Couleurs complémentaires.* Je lui fais voir une croix rouge. L'image successive est *bleue.* Il est vrai que le temps est sombre, et l'heure déjà avancée (6 h. 1/4 du soir).

6. *Seconde vue.* L'expérience que je vais relater peut servir à expliquer bien des miracles. B est endormi; il s'agit de lui donner un ordre singulier à accomplir après son réveil, sur un signal donné. Le signal sera un coup frappé par moi sur le pupitre; l'ordre, de porter un verre d'eau (un verre et une carafe sont sur la chaise) à l'élève *Eucher.* Il ne connaît aucun des quinze élèves présents et n'en a pas entendu prononcer le nom. Les élèves se rangent au hasard, les uns debout, les autres assis. B est réveillé. Nous causons. Je donne le signal. B se lève, remplit un verre, et, *sans la moindre hésitation,* le porte à l'élève désigné, assis sur l'un des derniers bancs à côté d'un de ses condisciples.

Nous nous regardons tous avec stupéfaction. Le but de l'expérience était de voir comment il obéirait à un ordre obscur. Or, parmi mes auditeurs, il y en avait d'assez disposés à croire à la seconde vue. Le résultat était de nature à renverser toutes mes convictions.

Je le rendors, et lui enjoins de porter un verre d'eau à l'élève *Gérard.* Nous sommes tous debout, attendant avec une curiosité impatiente ce qui va se passer. B remplit le verre, et, cette fois-ci, interroge du regard tous les spectateurs, présente le verre à l'un, puis à l'autre. Bref, je dus lui désigner l'élève Gérard, qu'il força de boire.

Je le rendors de nouveau et lui demande à qui il a porté le premier verre d'eau. — « A Monsieur Eucher. — Le connaissiez-vous? — Non. — Comment l'avez-vous reconnu? — A sa pose; il avait l'air de se dissimuler. »

Et voilà comment le mystère fut éclairci. Nous avions inconsciemment arrangé la scène, et c'est l'arrangement qui nous avait trahi. Ce n'en est pas moins un remarquable exemple de la perspicacité déployée par les somnambules.

7. *Spontanéité.* Voici un exemple de la spontanéité de B. On lui

suggère d'effacer, dès qu'il sera réveillé, ce qui est écrit sur le tableau. C'est ce qu'il s'empresse de faire. Il efface d'abord le dessous, puis, comme il est trop petit, il s'en pare du tabouret professoral, sur lequel il grimpe pour effacer le reste. Pendant qu'il est absorbé dans sa besogne, un étudiant — jeune homme de près de six pieds — lui fait la niche de barbouiller le côté qui vient d'être nettoyé. B s'en aperçoit, descend d'un air furieux qui fait reculer l'étudiant, d'une main lui présente l'eponge, et, de l'autre main, lui désigne le tableau avec un geste impératif admirable d'énergie et de majesté. L'élève obéit; c'est ce qu'il y avait de mieux à faire; et au moment où il monte les marches, B lui assène au derrière le plus vigoureux des coups de pieds, et ne le quitte des yeux que lorsqu'il a fait disparaître jusqu'à la dernière trace de son méfait.

J'omets quelques autres expériences qui furent faites ce jour-là devant mon auditoire, mais qui n'offrent rien de neuf. Je mentionne seulement que, dans cette même séance, j'ai appris à B graduellement à s'endormir, par exemple, quand il arrive, en comptant lui-même, au nombre dix, puis au nombre sept, puis au nombre trois; ensuite au bout d'un certain nombre de coups frappés par moi; enfin à l'audition du simple mot *dormez*.

Je le ramène chez moi. Je lui montre M... et comment elle s'endort sur mon ordre, même quand elle est en marche. Je lui dis de faire de même. En effet. Mais il s'endort si bien et si brusquement qu'il tombe comme une masse. Je le réveille et lui montre comment M... garde l'équilibre. Il pousse la docilité jusqu'à se tenir sur un pied, un bras étendu horizontalement et l'autre en l'air.

Pour épuiser ce que j'ai à dire sur la puissance de l'imitation, j'insère ici la relation de ce que, huit jours plus tard, le 17 avril, j'obtenais du même B convoqué chez moi pour d'autres expériences. Comme je l'ai dit, B, en état de somnambulisme, ne parle que d'une manière indistincte. J'avais besoin qu'il me parlât distinctement et sans effort. Je fais venir devant lui J.. , qui, elle, s'exprime avec la plus grande netteté et d'une voix bien claire. *Dès le premier essai*, B parla d'une voix aussi nette et aussi claire.

Je reviens au 10 avril. Il s'agissait d'expérimenter les pouvoirs des magnétiseurs. Les sujets de Nancy ne se laissent réveiller que par celui qui les a magnétisés. Je ne sais pas ce qui en est des sujets de la Salpêtrière. Je crois cependant que le premier venu, ou, sinon, les élèves de M. Charcot ont ce pouvoir. J'ai dit que les sujets de M. Ch... n'obéissaient qu'à leur hypnotiseur. On se rappelle que B, fuyant en moi un voleur, ne se laissa pas éveiller par M. Ch..., mais seulement par moi. Pouvait-on changer ce pli? Je voulus le voir.

I. Ch... l'endort et lui intime la défense de se laisser endormir par
. B répond plusieurs fois à cette injonction par un *non* formel. De
rre lasse, il finit cependant par dire *oui*. Réveillé, je l'ai *immé-
tement* rendormi. Mais, chose curieuse, quand j'ai voulu le
eiller, il a résisté. Le souffle et la parole restèrent sans effet. Je
geai alors à le distraire; je lui parlai de différentes choses à mi-
t, selon mon habitude; il me répondait à sa façon (d'une voix mal
culée), puis à un certain moment, je l'ai éveillé sans peine par la
ole.

a scène avait, comme on le voit, présenté quelques particularités
ressantes. C'est pourquoi je voulus la recommencer avec varia-
ıs. M. Ch... endort B. Il s'agit de savoir s'il se laissera éveiller par
.

les tentatives échouent d'abord. M. Ch... pense que je ne réussirai
, mais j'ai confiance dans le pouvoir de l'association des idées. Je
sse B, qui semble éprouver à mon contact un vif plaisir; il appuie
ligure contre ma main à la façon d'un chat; je lui lève les bras, ils
on bent; il est en catalepsie. A ce moment je m'écrie: Il est à moi!
effet, il s'est réveillé à la simple parole.

)n peut, comme on le voit, détourner l'attention du somnambule.
ces faits, il résulte encore qu'on peut, chez lui, modifier même
vieilles habitudes, à moins qu'on n'ait soin de les renforcer de
ipe à autre.

lernière expérience. Endormi, je lui suggère d'aller donner des
ps de poing à M. Ch... Je croyais qu'il n'irait pas. Je me trompais.
lui fis alors une morale : il n'aurait pas dû frapper un ami. —
ous me l'aviez dit. — Il ne faut pas toujours faire ce qu'on vous
eille ». Quelques instants de silence. « Allez donner un coup de
ıg à M. Ch... » B se lève d'un air agressif, puis se rassied sans
t dire; sa figure exprime la ferme résolution de ne plus bouger;
ffectivement il ne bougea plus.

)n peut maintenant, sans trop de témérité, je crois, avancer que
contradiction signalée par M. Beaunis est expliquée et levée.

l résulte des expériences qui viennent d'être exposées, que les
motisés sont éminemment faciles à conduire par l'exemple, par
arole, par le simple désir. Qu'y a-t-il à cela d'étonnant, puisque
lus légère indication leur donne des suggestions d'une précision
l'une force étonnantes? L'existence de plusieurs écoles d'hypno-
ne n'a donc rien que de naturel et de facilement explicable.
s doivent leur naissance à l'action réciproque des hypnotisés sur
hypnotiseurs. Seulement leur rivalité n'a aucune raison d'être :
s sont toutes dans le vrai. Jamais on ne pourra appliquer à meil-

leur propos l'axiome éclectique que la vérité est relative aux temps et aux lieux. Nous pouvons ajouter : et aux personnes.

Il y aurait peut-être à compléter la démonstration de ma thèse en faisant prendre à J... ou à M... les habitudes des malades de la Salpêtrière, telle que la W.... J'ai l'intime conviction qu'il me suffirait de la leur faire voir, on peut-être même simplement de leur raconter ce qui se passe avec elle pour qu'elles l'imitent, sauf peut-être en ce qui a rapport avec l'hyperesthésie neuro-musculaire et les états dimidiés. Mais, comme je l'ai dit, je veux les conserver aussi intactes que possible en vue d'expériences ultérieures.

IX

Je ne puis pas clore mon sujet sans faire part au lecteur d'une réflexion qui surgissait dans mon esprit à chacun de mes essais sur l'instinct d'imitation et la puissance du souvenir chez les hypnotisés. L'âme de l'hypnotisé, en tant qu'hypnotisé, est comme une *tabula rasa*, et les moindres impressions y font une marque nette profonde. C'est par là que s'expliquent en partie les phénomènes étranges de l'hypnotisme. Mais l'âme de l'enfant n'est-elle pas aussi une espèce de *tabula rasa* ? Au moment où il entre au monde, n'est-il pas comparable à un hypnotisé ? Tout ce qu'il va voir, tout ce qu'il va entendre, tout ce qu'il va sentir sera donc indubitablement la source d'*hallucinations* et de *suggestions* ultérieures. J'emploie ces mots à dessein. Une bonne ignorante lui a inspiré la peur du loup ; il aura peur du loup toute sa vie.

Des premières impressions qu'il recevra va, en grande partie, dépendre, si je puis ainsi dire, son individualité intellectuelle et morale. On s'explique ainsi, autant par l'influence des exemples que par l'hérédité, qu'il y ait des races d'alcooliques, de délinquants, de criminels et de fanatiques.

Qui n'a pas eu l'occasion de rencontrer dans le monde tel ou tel cerveau, admirablement organisé d'ailleurs, mais qui, sur un point déterminé, battait la campagne ? Je connais un brillant avocat, doué d'une belle intelligence, en passe de devenir un personnage, et qui croit aux miracles de Lourdes, que dis-je ? aux miracles opérés par une simili-vierge installée dans une grotte artificielle aux portes d'une grande ville de Belgique, la grotte d'Oostacker. S'il est dans les environs du sanctuaire, il sent déjà l'action divine de la mère du

Christ; en face de la grotte, il est ravi en extase. N'est-ce pas là de l'hypnotisme? Tout jeune, il a été mis entre les mains des prêtres, et ils l'ont façonné comme pâte molle à leur usage. Ah! les partis ne savent pas encore à quel point ils ont raison de se disputer l'éducation de l'enfance! Mais laissons ce sujet.

Peut-être l'hypnotisme, qui, jusqu'à présent, a été principalement affaire de pure curiosité scientifique, pourra-t-il devenir un jour un instrument puissant d'éducation et de moralisation ; peut-être pourrait-on en faire application dans les maisons de correction et de réforme pour les jeunes malfaiteurs. Évidemment, un pareil sujet est trop grave pour être traité incidemment et en appendice. Je n'ai pu toutefois m'empêcher de signaler cette vue à ceux qui se préoccupent de l'avenir de la société, minée aujourd'hui par tant de forces destructives.

A la suite des tristes événements dont notre pays a été le théâtre, M... avait une peur effroyable de sortir vers la brune ; elle redoutait la rencontre d'anarchistes, et chaque coup de sonnette la faisait tressaillir. Je l'hypnotise, la rassure, et lui enjoins d'être dorénavant plus courageuse et moins craintive ; ses terreurs ont disparu comme par enchantement. On peut juger par là de la profondeur à laquelle pénètrent les influences hypnotiques, et quelles traces, pour ainsi dire ineffaçables, elles laissent dans l'âme [1].

Ne pourrait-on pas inspirer aux jeunes délinquants l'horreur de la paresse, le respect du bien d'autrui, l'amour de l'ordre, l'obéissance à la loi? Pour moi, j'ai de sérieuses présomptions de le croire. Cette puissance nouvelle qui nous est révélée peut semer dans l'âme de l'enfant de bons germes, elle peut y stériliser les mauvais. Dans tous les cas, ce serait œuvre à tenter. Elle ne présente aucun danger, et il est possible qu'elle soit féconde en excellents résultats. Avis aux criminalistes.

J. DELBŒUF.

---

1. M. Beaunis, ouvrage cité, p. 64 et suiv., rapporte quelques cas semblables.

L'IDÉE DE NOMBRE ET SES CONDITIONS

Le nombre dont nous allons nous occuper ici est le nombre arithmétique proprement dit ou le nombre entier. La notion ordinaire du nombre a une plus grande extension. Elle comprend en effet les nombres fractionnaires et les incommensurables. Ces deux dernières espèces de nombres dérivent de la mesure des quantités continues. A proprement parler, leur origine est géométrique. Mais, comme la mesure peut, dans certains cas, donner naissance à des nombres entiers, les arithméticiens définissent volontiers le nombre par la mesure, enfermant ainsi dans une même formule toutes les espèces du genre. Cette définition a l'avantage incontestable de la généralité. Néanmoins, au point de vue philosophique, elle a le défaut de dissimuler la véritable origine des concepts. Le concept unique dans lequel elle les enferme tous est le produit d'une généralisation tardive. L'idée de nombre est logiquement et chronologiquement antérieure à celle de mesure ou de rapport. L'homme a compté avant de mesurer et n'a pu songer à mesurer que parce qu'il savait compter. Mesurer, n'est-ce point, en effet, introduire au sein de la quantité continue une discontinuité artificielle et, par cet artifice, rendre nombrable ce qui ne l'est pas de sa nature?

Le nombre peut se définir une collection d'unités équivalentes. J'entends ici par collection une totalité formée de parties indépendantes, capables d'exister en dehors de la totalité qu'elles constituent, d'y entrer ou d'en sortir sans éprouver aucune altération. Si l'on conçoit ainsi la collection, le nombre en est une. La collection est un genre dont le nombre est une espèce. Cette espèce a sa différence spécifique. C'est l'équivalence absolue de ses unités. Il faut d'abord qu'elles soient homogènes, qu'elles ne se distinguent les unes des autres par aucun caractère intrinsèque. Il faut, en outre, qu'elles n'aient pas dans la collection de places déterminées ou qu'il puisse être fait abstraction de ces déterminations, c'est-à-dire qu'elles puissent changer sans que la collection soit détruite.

Telles sont les propriétés essentielles du nombre. On pourra sans doute appeler nombres des collections qui ne les posséderont pas toutes, mais on devra reconnaître que c'est là une extension du terme; que les démonstrations de l'arithmétique ne s'appliquent plus rigoureusement aux concepts ainsi formés; que, par suite, ces concepts diffèrent du celui du nombre tel qu'il figure dans cette science.

Nous nous proposons de rechercher ici les conditions psychologiques de la conception du nombre. La question n'est pas nouvelle et les philosophes modernes l'ont souvent traitée. La solution que nous en donnons n'est pas non plus nouvelle de tout point. Nous croyons cependant que tout n'a pas été dit sur ce sujet; que même toutes ses difficultés n'ont pas été aperçues. En un mot, malgré les nombreux travaux qu'a suscités jusqu'ici l'idée de nombre, certains de ses aspects nous ont paru mériter un nouvel examen. Il nous a semblé en particulier que ses rapports avec l'idée d'espace ont été jusqu'ici trop négligés. Ces rapports, à notre avis, sont essentiels et l'idée de nombre est inséparable de la représentation de l'espace. Mais, quelle que soit la valeur de cette opinion, nous n'avons pas cru inutile d'attirer sur la question l'attention des lecteurs de cette *Revue*.

Le nombre n'est pas une donnée immédiate de l'expérience. Aucun groupe d'objets réels ne répond rigoureusement à la définition que nous en avons donnée. Aussi les règles de l'arithmétique appliquées aux choses concrètes ne conduisent-elles jamais qu'à des résultats approchés. C'est un point universellement admis. Beaucoup de philosophes n'en soutiennent pas moins que cette idée a une origine purement empirique. Elle est pour eux un simple extrait des expériences concrètes, un résidu que laissent ces expériences après certaines éliminations.

Cette thèse est loin d'être absolument fausse, mais elle renferme une équivoque. Sans doute si, considérant un groupe d'objets, je fais abstraction des caractères par lesquels ces objets diffèrent l'un de l'autre, ainsi que de leur mode de groupement, les caractères du groupe que ces éliminations laisseront subsister seront purement numériques. Mais il reste à rechercher comment ces éliminations sont possibles. Répondre qu'elles sont des effets naturels de notre faculté d'abstraire, c'est ne pas entendre la question. Ce que nous demandons, en effet, c'est pourquoi cette faculté s'exerce précisément dans cette direction déterminée. Le travail d'abstraction n'est plus ici simple, mais complexe. Pour penser le groupe comme nombre, il ne suffit pas d'éliminer d'un coup, soit certains caractères du groupe,

soit certains caractères des unités qui le composent. Les caractères
à éliminer, qualités ou relations, diffèrent d'une unité à l'autre. Il
faut qu'une pluralité d'abstractions, indépendantes les unes des autres,
concourent à donner un résidu final d'une nature particulière. On
n'a donc pas expliqué la formation du concept de nombre quand on a
dit sans plus qu'il est un produit de l'abstraction.

Est-ce à dire que ce concept préexiste dans l'âme à tout rapport
avec les objets, qu'il soit à proprement parler une idée innée ? Prise
à la lettre, cette théorie est insoutenable et même inconcevable. Le
nombre ne peut pas être le nombre de rien. Certes, on peut appliquer
ce concept à des objets imaginaires aussi bien qu'à des objets réels ;
mais avant l'expérience l'imagination est vide, et c'est précisément
l'expérience qui la remplit.

Ce qui préexiste à l'expérience c'est seulement la faculté de nom-
brer. Encore ne faut-il pas entendre par là une faculté toute développée et prête à fonctionner à la première occasion. C'est plutôt, selon
nous, un ensemble d'aptitudes irréductibles qui apparaîtront une à
une, puis, confirmées par leur exercice même, et devenues conscientes, concourront à former en nous le concept de la pluralité
numérique.

Si le nativisme pur avait raison, la question d'origine ne se pose-
rait même pas, ou plutôt sa solution serait tout entière dans la réfutation de l'empirisme. A notre point de vue, au contraire, cette
question s'impose. Le nombre ne nous est pas donné tout fait avec
l'intelligence ; c'est nous-mêmes qui le faisons en exerçant nos aptitudes ou dispositions natives. Il nous faut donc rechercher d'une part
en quoi consistent précisément ces aptitudes, et d'autre part à quelles
conditions elles peuvent s'exercer.

Le nombre est formé d'unités. Il faut donc nous demander d'abord
comment nous concevons l'unité. Il est clair qu'il ne s'agit point ici
de l'unité métaphysique, de l'unité absolument indivisible, du point
mathématique ou de la monade de Leibniz. Pour l'arithméticien un
tas de cailloux est une unité au même titre qu'une monade. Dirons-
nous avec M. Taine que le caractère essentiel des unités est l'aptitude à entrer dans des collections. Cette définition a au moins l'apparence d'un cercle vicieux. Il semble que l'unité doive être pensée
comme telle avant la collection dont elle fait partie. C'est un caractère particulier de ces synthèses que nous appelons nombres ou
plus généralement collections que leurs matériaux aient en dehors
d'elles une existence indépendante. D'ailleurs, l'unité étant un caractère commun à tous les objets réels ou simplement possibles, le

mieux est sans doute de ne pas chercher à la définir. Il y a lieu
néanmoins de rechercher d'où vient aux objets ce caractère ou comment le contenu de la conscience s'individualise en objets distincts.

A notre avis cette individualisation est l'effet d'une propriété irréductible de l'attention. Si nous pensons l'unité c'est que nous la faisons, c'est que notre attention a le pouvoir de découper dans la totalité indéterminée de nos états psychiques simultanés certaines parties
auxquelles elle confère arbitrairement une sorte de cohérence. La
forme de l'unité est ainsi en nous-mêmes non pas, il est vrai, en tant
qu'idée ou prototype, mais en tant que pouvoir de faire une telle ou
telle portion du contenu donné dans la conscience. Sans doute la
constitution même de ce contenu peut et doit, au moins au bout
d'un certain temps, nous induire à faire de cette forme un usage
déterminé. Si nous en venons à ériger en objets distincts telle ou telle
portion de ce contenu, nous avons pour cela des raisons. Mais si ces
raisons expliquent l'emploi particulier que nous faisons de notre
faculté, elles n'expliquent pas et ne sauraient expliquer son existence même. L'unité n'est pas, et ne saurait être une donnée de
l'expérience.

Sans doute l'ensemble des sensations qui constituent pour nous la
perception ou la représentation d'un objet nous semble actuellement
former une totalité cohérente. Mais ce n'est évidemment pas un fait
primitif. Un être qui pour la première fois voit un oiseau sur un arbre n'a aucune raison de distinguer l'oiseau de l'arbre. Primitivement
nos sensations se mêlaient dans un chaos informe que nous avons
dû apprendre à débrouiller. C'est grâce aux lois de l'association que
nous avons pu y parvenir. A force de se présenter ensemble certaines sensations en sont venues à former des groupes définis et co-
hérents; quand un de ces groupes nous est actuellement donné nous
pouvons désormais le reconnaître facilement et le dégager sans effort
de la masse indistincte des sensations concomitantes. Mais pour que
l'association ait pu produire ce résultat, l'attention a dû lui venir en
aide; à elle seule l'association ne pouvait suffire. L'association est
bien, il est vrai, une synthèse des sensations associées, mais cette
synthèse, en tant que telle, échappe entièrement à la conscience.
Elle a pour effet direct et exclusif la reproduction simultanée de
certaines sensations, mais ces sensations, quoique reproduites en
même temps, se confondent fatalement dans la cohue d'états psychiques qui forme à chaque instant le contenu de la conscience. Aucun lien perceptible ne les unit; aucun signe commun ne leur permet
de se rallier. Il n'y a d'autre rapport entre elles que la nécessité où
elles sont de réapparaître ensemble. Or, de cette nécessité, la con-

science ne sait rien et ce n'est que tardivement qu'elle se révèle à l'analyse du psychologue.

Une comparaison rendra la chose plus sensible. Vous habitez une rue fréquentée. Dans la foule qui passe journellement sous vos fenêtres figurent fréquemment certains groupes de personnes, par exemple certaines familles. Il est clair que ce fait ne s'imposera pas de lui-même à votre perception. Pour vous en rendre compte il vous faudra remarquer d'abord les figures des individus, les particularités de leurs costumes, le fait qu'ils marchent habituellement ensemble ou d'autres indices de cette sorte.

Il en est évidemment de même de mes sensations. Pour que je reconnaisse les groupements auxquels l'association donne naissance, il faut avant tout que je sache distinguer ces sensations les unes des autres et les grouper en totalités synthétiques. Par suite, l'association n'explique point ces formes primitives de l'activité mentale. Ce n'est pas elle qui les crée ; elle se borne à en régler l'emploi. Je possède primitivement, antérieurement à toute expérience, la faculté de répartir mes sensations en groupes distincts, de découper des figures définies dans la trame continue qui se déroule sous le regard de ma conscience ; mais, tant que cette faculté s'exerce d'une façon arbitraire, ces figures sont inconsistantes et n'apparaissent que pour s'évanouir aussitôt. Alors l'expérience intervient pour endiguer en quelque sorte le cours de notre activité aperceptive. Si certaines sensations se trouvent en fait toujours présentes ensemble tandis que certaines autres ne le sont que rarement, le groupement des premières sera toujours possible, celui des secondes ne le sera presque jamais. Notre faculté de groupement aperceptif, s'exerçant plus fréquemment sur les premières, contractera certaines habitudes et il nous deviendra plus facile de former certaines représentations que certaines autres. Ainsi s'explique la formation de représentations déterminées et stables. C'est bien, en un certain sens, l'expérience qui leur donne naissance, mais non sans le concours de la faculté aperceptive. L'expérience explique pourquoi nous formons telle ou telle synthèse, mais non, d'une manière générale, pourquoi nous formons des synthèses. Cette forme synthétique par laquelle nous érigeons nos sensations en représentations, c'est de nous-mêmes que nous la devons tirer. C'est au fond l'expression d'une loi mentale, de la loi qui régit le phénomène de l'attention.

Il est néanmoins deux expériences où l'on a soutenu que l'unité nous est immédiatement donnée : la conscience du moi comme tel et la conscience de la sensation simple. La première opinion, indiquée par Leibniz, a été souvent reprise depuis ; la seconde est celle de Condillac.

La première nous semble la moins soutenable. Sans doute le moi est un, mais son unité ne peut être le prototype de l'unité arithmétique. L'unité du moi est tout à la fois unité et totalité, et de ces deux déterminations c'est sans doute la première qui prédomine d'abord. Le moi qui comprend tout ne peut faire nombre avec rien et il lui manque précisément l'aptitude à entrer dans une collection. Sans doute de très bonne heure nous apprenons à reconnaître des *moi* différents du nôtre et que nous pouvons compter avec lui ; mais. quelque précoce que soit cette connaissance, elle a dû être précédée par d'autres. Nous avons appris à distinguer les corps les uns des autres avant de pouvoir comprendre qu'il existe d'autres personnes que nous. Or, dès que nous pouvons nous représenter *un* objet, nous avons tout ce qu'il faut pour penser l'unité.

La théorie condillacienne semble d'abord plus admissible. Pourtant, pour la rendre exacte, il faut restituer à l'aperception ses droits. Quelle est cette sensation *une* qui deviendrait pour nous le prototype de l'unité ? Est-ce une sensation assez intense pour absorber la conscience tout entière ? Elle est une, sans doute, mais son unité ne peut pas mieux être reconnue que l'unité même du moi avec laquelle elle se confond. Est-ce une sensation quelconque mêlée à la masse de nos sensations ou un souvenir particulier de sensation parmi tous nos souvenirs ? Alors, n'est-ce point l'attention qui tire de la foule cette sensation particulière et qui ; en l'isolant, lui confère le privilège de représenter pour nous l'unité. En général, l'attention unit en même temps qu'elle sépare. Elle détache plusieurs états psychiques de la masse des états concomitants et les agrège momentanément en un seul état complexe. De ses deux effets ordinaires le premier seul se produit ici. Néanmoins, son intervention n'est pas niable et si Condillac ne l'a pas aperçue, c'est qu'il refuse systématiquement à l'attention toute existence en tant que mode spécial d'activité.

D'ailleurs les théories qui cherchent dans quelque objet simple en soi ou indécomposable pour nous le prototype de l'unité mathématique ont toutes un grave défaut. Elles sont forcément incomplètes. Elles n'expliquent pas comment ce concept est étendu par la suite à tout objet quel qu'il soit, ou, ce qui revient au même, comment nous en venons à nous représenter des objets. Qu'il existe ou non des unités simples et qu'elles nous soient ou non immédiatement données, c'est un fait que nous pensons des unités complexes. Or, pour celles-ci du moins, il faut bien en venir à notre explication.

Le nombre est une collection d'unités, mais toute collection d'unités n'est pas un nombre. Il y a à cela une condition que nous avons déjà indiquée. Les unités groupées ensemble doivent être absolument équivalentes. Or cette équivalence implique d'abord leur identité spécifique. Les unités du nombre sont strictement des indiscernables.

A s'en tenir aux apparences, nous passons souvent sur cette condition; souvent nous formons des nombres avec des unités très diverses. Ainsi un pommier, un prunier, un chêne feront pour nous trois arbres. Mais il faudra pour cela que, par une sorte de fiction momentanée, nous négligions les particularités qui les distinguent, que nous supprimions volontairement du concept de chacun d'eux ce qui nous empêche de le compter avec les autres. Cette fiction, cette mutilation arbitraire des représentations ou des concepts a visiblement pour fin de nous permettre l'application de l'idée de nombre. Elle présuppose donc cette idée et ne peut servir à expliquer en aucune manière comment nous l'avons formée.

Cette conclusion est indépendante du degré de ressemblance des choses nombrées. Sans doute la nature nous montre souvent des groupes dont les unités diffèrent fort peu; mais, petite ou grande, tant que la différence subsiste elle s'oppose à ce que la collection soit un vrai nombre. Or, en fait, elle existe toujours et jamais nous n'avons perçu d'indiscernables. L'identité spécifique, indispensable au concept du nombre, est un idéal que l'expérience nous suggère peut-être, mais qu'elle ne nous montre jamais pleinement réalisé.

Est-ce à dire que nous portions en nous-même cet idéal tout formé, attendant l'occasion de l'appliquer aux phénomènes? Cette explication platonicienne ne nous semble pas nécessaire et la conscience ne nous révèle rien de tel. Cet idéal peut être et il est réellement pour nous une création spontanée de l'esprit.

Ce n'est pas que nous le considérions, avec l'empirisme vulgaire, comme le résultat d'une simple abstraction. Si, de plusieurs représentations individuelles, j'abstrais ou je retranche les particularités qui les distinguent, je détruis ces représentations comme telles. Il ne me reste plus qu'un concept générique incapable d'être individualisé. Or avec l'individualité des représentations a disparu la possibilité de les compter. Au lieu de rendre mes unités homogènes, je les ai réellement anéanties au profit d'une vague universalité dans laquelle elles se confondent toutes.

Mais peut-être forçons-nous le sens des mots? Il ne s'agit pas ici, nous dira-t-on, de l'abstraction proprement dite, de ce processus qui transforme le concret en abstrait et l'individuel en universel. L'esprit n'abandonne pas la représentation des unités pour se limiter à la considération de leur forme générique commune. Il continue à les imaginer et à les traiter comme des individualités distinctes. Seulement il néglige leurs différences et opère comme si ces différences n'existaient pas. Tout ceci est exact, mais revient à dire simplement qu'aux unités hétérogènes nous substituons mentalement des unités homogènes, ou que la représentation d'une collection qui n'est pas un nombre nous suggère la représentation d'un nombre. En un mot, on nous offre comme explication le fait même qu'il faudrait expliquer.

L'idée d'une pluralité d'homogènes n'est pas un produit de l'abstraction. C'est plutôt une construction mentale d'ailleurs très simple et très facile à expliquer. Penser plusieurs objets identiques n'est pas en soi plus difficile que de penser plusieurs fois le même objet. Si les objets ne pouvaient être distingués que par des caractères intrinsèques, sans doute la première opération serait radicalement impossible, précisément parce qu'elle se confondrait avec la seconde. Mais il n'en est pas ainsi. En dehors des différences de nature, il y a les différences de temps et de lieu. C'en est assez pour différencier l'un de l'autre deux objets conçus d'ailleurs comme identiques. Rien ne s'oppose, par exemple, à ce que nous imaginions en des lieux distincts deux objets aussi pareils que possible. Que de tels objets existent ou non, peu importe. Il s'agit ici d'imaginer et non de croire.

On voit comment nous pouvons construire l'idée d'une pluralité d'indiscernables. Cette construction peut prendre la forme d'une rectification de représentations données. Peut-être même est-ce sous cette forme qu'elle se produit d'abord. Nous pouvons sans danger faire cette concession à l'opinion commune. Mais, même dans ce cas, cette opération ne doit pas être confondue avec l'abstraction. Tandis que l'abstraction se borne à retrancher, l'opération présente ajoute autant qu'elle retranche. Elle remplace les caractères discordants par des caractères concordants, implicitement sinon expressément.

Cette opération, qui a pour effet et pour fin de simplifier le travail de la pensée, n'est pas sans analogue. La formation des idées géométriques a lieu de la même manière. L'esprit construit les lignes, les surfaces à peu près comme il construit les nombres. Toutes les idées des sciences mathématiques ont une origine à peu près semblable. Elles sont abstraites, sans doute, mais procèdent de l'imagination autant que de l'abstraction. La synthèse y a autant de part que l'analyse.

Le nombre se forme par la répétition de l'unité et chaque nombre particulier se définit par l'addition d'une unité nouvelle au nombre précédent. Deux est un plus un, trois est deux plus un et ainsi de suite. Sans doute, dans la pratique, l'idée des grands nombres

n'est plus directement obtenue par ce procédé élémentaire ; l'art de
la numération, en nous apprenant à traiter comme les unités des
groupes numériques de plus en plus considérables, vient simplifier
la besogne. Des nombres qui, sans son secours, confondraient la
pensée, nous deviennent aisément concevables. Nous ne nous attar-
derons pas à décrire après tant d'autres cet ingénieux artifice. Il
n'est d'ailleurs qu'une simplification du procédé fondamental de la
formation des nombres, et ce procédé fondamental est l'addition.
Tout nombre, quel qu'il soit, est le résultat d'une addition possible et
se définit par elle. L'idée d'addition est inséparable de celle de nombre.

S'il en est ainsi, l'idée de nombre présuppose la succession et le
temps. Toute addition comprend au moins deux moments distincts,
l'un où les unités sont données, l'autre où elles sont réunies. Les unités
du nombre existent par elles-mêmes, indépendamment du nombre.
C'est là le caractère essentiel de ces synthèses que nous nommons
collections. Les éléments doivent être conçus d'abord avant que leur
réunion devienne concevable. Sans doute les éléments du nombre
peuvent être, en fait, simultanément donnés à la conscience. Mais
on aurait tort de croire que leur nombre est donné avec eux. Le
nombre n'est à aucun titre objet d'intuition. Pour qu'il soit connu
de nous, il faut que nous l'ayons compté. L'intuition simultanée du
groupe doit d'abord être analysée. L'intelligence détruit le Tout
donné, quitte à le reconstituer ensuite. Les diverses unités apparaissent tour à tour dans leur indépendance et c'est seulement quand
notre attention, s'appliquant à chacune d'elles en particulier, aura
épuisé le contenu primitif de l'intuition que commencera le processus inverse et que la synthèse succédera à l'analyse. Alors
reprenant une à une, pour les grouper de nouveau ensemble, les
unités isolées, nous reconstruirons mentalement la totalité que nous
avions d'abord détruite. Alors seulement cette totalité nous apparaîtra comme nombre, parce qu'alors seulement nous pourrons la
considérer comme le résultat d'une synthèse additive ou, en d'autres
termes, parce que nous aurons pris connaissance de l'indépendance
réciproque de.ces parties.

Personne ne contestera qu'il en soit ainsi pour les grands nombres. Il suffit d'un peu de réflexion pour prendre conscience de
l'opération décrite. Quand nous sommes brusquement placés en face
d'une multiplicité confuse d'objets, il est de toute évidence que nous
n'apercevons pas d'abord le nombre qu'ils forment et que, pour le
connaître, il nous faut recourir à un double travail d'analyse et de
synthèse. Sans doute, si nous ne voyons pas tout de suite à quel
nombre nous avons affaire, au moins savons-nous qu'il y a devant

nous un certain nombre de choses. Mais cette connaissance, si vague qu'elle soit, est déjà un premier résultat de l'analyse. Si la foule d'objets qui se présente à nous ne nous apparaît pas comme un objet unique, c'est que nous avons déjà réussi à y distinguer des parties, et cela implique que notre attention s'est arrêtée sur quelques-unes de ces parties et les a pour un instant isolées du tout.

Mais lorsque l'on considère les plus petits nombres et spécialement le plus petit d'entre eux, la dyade, il semble qu'on embrasse immédiatement et par une simple inspection de l'esprit les unités composantes et la totalité qu'elles composent. C'est là une allusion d'ailleurs facilement explicable. La succession des moments est si rapide qu'elle nous échappe ; mais il y a succession, ici comme ailleurs, et il n'en saurait être autrement. Lorsque nous apercevons deux objets, ou l'un d'eux est aperçu d'abord et l'autre ensuite, et nous avons deux moments distincts, ou les deux objets apparaissent tous deux simultanément et sont englobés dans un acte unique d'aperception. Alors le groupe qu'ils forment est d'abord reconnu comme objet, comme existant ou donné avant d'être reconnu comme groupe, comme décomposable en deux parties, et l'acte par lequel nous reconnaissons une dyade comme telle comprend encore deux moments successifs. L'idée de temps n'est pas moins impliquée dans l'idée des petits nombres que dans celle des grands et elle constitue, à proprement parler, une condition fondamentale de notre conception du Nombre.

Ainsi l'intuition de la succession est impliquée dans le concept du nombre ; elle en est la condition nécessaire. Cette condition est-elle en même temps suffisante ? La succession contient-elle le nombre et l'esprit peut-il l'en faire sortir ? Un être ignorant de l'espace réduit à l'expérience d'événements internes successifs, de sensations par exemple, pourrait-il s'élever à la conception d'une pluralité numérique ? La pluralité existe déjà en lui, mais sous une forme déterminée et toute particulière. Saura-t-il la dégager de cette forme ? Ne lui manque-t-il rien pour y réussir ?

Presque tous les philosophes qui se sont posé la question l'ont résolue affirmativement. On sait, il est vrai, qu'en fait les premiers substituts des nombres ont été pour l'homme des objets matériels : les doigts par exemple, plus tard, des cailloux. Mais cela ne préjuge rien sur le fond des choses. L'homme a d'abord compté des corps ; s'il n'en eût pas connu, peut-être eût-il pu néanmoins en venir à compter des événements. Condillac croit la chose possible. Réduite au seul odorat, sa statue peut déjà former des idées de nombre. Il n'imagine pas sans doute qu'elle soit en cela tout à fait à notre niveau ; mais elle a les éléments dont toute l'arithmétique n'est que le développement. Ce qui l'empêche de s'élever à cette science, c'est uniquement la faiblesse de sa mémoire. C'est en effet à la mémoire et non au sens que nous devons l'idée de nombre. « Elle (la statue) ne les doit (les idées de nombre) qu'à la mémoire. Elle ne peut pas distinguer deux odeurs qu'elle sent, à la fois. L'odorat par lui-même ne saurait donc lui donner que l'idée de l'unité et elle ne peut tenir les idées des nombres que de la mémoire. » S'il en est ainsi, elle ne pourra évidemment connaître d'autres nombres que ceux dont sa mémoire sera capable de lui représenter distinctement et à la fois les diverses unités. Condillac estime qu'elle s'arrêtera au nombre trois. « En disant un et un, j'ai l'idée de deux. En disant un, un et un, j'ai l'idée de trois. Mais si je n'avais pour exprimer dix, quinze, vingt, que la répétition de ce signe, je n'en pourrais jamais déterminer les idées, car je ne saurais m'assurer par la mémoire d'avoir répété un, autant de fois que chacun de ces nombres le demande. Il me paraît même que je ne saurais par ce moyen me faire l'idée de quatre et que j'ai besoin de quelque artifice pour être sûr de n'avoir répété ni trop ni trop peu le signe de l'unité. Je dirai, par exemple, un, un, puis, un, un. Mais cela seul prouve que la mémoire ne saisit pas distinctement quatre unités à la fois. Elle ne présente donc, au delà de trois, qu'une multitude infinie... C'est l'art des signes qui nous a appris à porter la lumière plus loin. »

En fait, cet art des signes a eu pour point de départ des intuitions spatiales, puisque c'est en comptant sur ses doigts que l'homme a appris à distinguer et à comparer les nombres. Mais il n'est pas évident que la numération n'aurait pu se constituer autrement. Dès qu'on accorde à un esprit dépourvu de ces intuitions le pouvoir de penser des nombres simples on ne peut lui refuser absolument celui d'en penser de compliqués. On peut croire aussi que Condillac s'exagère l'infirmité de la mémoire, et qu'avec l'habitude l'homme aurait pu élever ses conceptions au-dessus du niveau qu'il leur assigne. Mais là n'est pas la vraie question. Que l'homme, tel que nous le connaissons, ait eu besoin des intuitions spatiales pour construire l'arithmétique, cela ne préjuge rien sur les rapports intrinsèques des idées de nombre et d'espace. Si notre impuissance tient à la débilité de notre mémoire, d'autres êtres, mieux doués sous ce rapport, quoique privés des intuitions que nous avons, auraient peut-être réussi à s'en passer. Dès qu'un être peut compter jusqu'à trois il n'y a aucun empêchement absolu à ce qu'il pousse plus loin. Il possède la faculté de compter. Les développements ultérieurs que pourront prendre les opérations de cette faculté ne changeront rien à sa nature. Dès qu'elle existe elle existe tout entière.

C'est bien ainsi que l'entend Condillac, et pour lui la faculté de compter ne requiert pour apparaître que des expériences de successions. « *Elle (la statue) a des idées de nombre.* Puisqu'elle distingue les états par où elle passe, elle a quelque idée de nombre. Elle a celle de l'unité toutes les fois qu'elle éprouve une sensation ou qu'elle se souvient, elle a les idées de deux ou de trois toutes les fois que sa mémoire lui rappelle deux ou trois manières d'être distinctes, car elle prend alors connaissance d'elle-même comme étant une odeur ou comme en ayant été deux ou trois successivement. »

Cette opinion de Condillac est celle de presque tous les philosophes postérieurs. Il serait trop long de rapporter ici les formules dans lesquelles ils l'expriment et cela n'est pas indispensable, car aucun ne nous semble avoir prévu l'objection que nous y faisons. Pour nous, cette manière de voir repose sur la confusion de deux notions, très analogues sans doute et aussi voisines que possible, mais malgré tout essentiellement distinctes : la notion de nombre et celle de série.

Je suppose que j'entende deux sons consécutifs ; je suppose même que le second soit l'exacte répétition du premier, cela suffira-t-il pour me donner l'idée du nombre deux ? Non, croyons-nous, si l'on prend ce mot dans son sens exact, dans celui que lui donne l'arithmétique. J'ai, à proprement parler, perçu un premier son, puis un second ; j'ai perçu une suite ou série binaire et non un nombre. Sans doute, comme le veut Condillac, cette suite de sons n'est donnée que dans la mémoire, et, dans le souvenir, les deux sons en un certain sens deviennent simultanés, mais, simultanés ou non, ils gardent leur ordre. Le souvenir n'est après tout que l'audition reproduite, et l'ordre dans lequel les sensations sont apparues y est conservé avec elles. Dira-t-on que, cet ordre, l'imagination peut l'intervertir. Soit, mais ce sera pour y substituer l'ordre inverse. De toutes façons je me représenterai toujours un premier son et un second ; j'aurai l'idée d'une série et non d'un nombre. Nous avons, il est vrai, reconnu que pour penser un nombre il faut le compter, et que compter un nombre, c'est en définitive réunir une à une ses unités. Par cette opération les unités se trouvent en un certain sens disposées en série. Il y en a une première, une seconde, etc. Mais, si le nombre se forme par l'addition, dans le nombre une fois formé, les traces de sa formation sont effacées. Le nombre est conçu comme restant le même dans quelque ordre que ses unités intégrantes se soient rassemblées. Une fois réunies, elles sont toutes équivalentes. Non seulement elles sont identiques en nature, mais elles le sont aussi en fonction. Aucune n'a de rang particulier. Aucune n'est première ni dernière. Par là le nombre se distingue de la série. Il ne s'agit pas, d'ailleurs, d'une vaine subtilité. L'équivalence absolue des unités entre elles est un caractère essentiel du nombre, et c'est sur elle que se fondent toutes les démonstrations de l'arithmétique.

Or, les expériences de succession nous donnent bien l'idée de série, mais elles ne sauraient nous donner celle de nombre, au moins d'une manière directe. Sans doute il y a des suites binaires, ternaires, etc., correspondant aux nombres deux, trois, etc. Mais ces suites ne sont pas ces nombres. Dans les suites, les unités ont un certain ordre linéaire; dans les nombres, elles n'en ont plus. N'ayant pas de noms spéciaux pour désigner les suites, nous leur appliquons les noms des nombres et dans la plupart des cas cette métonymie est sans danger. Mais elle doit être évitée à tout prix dans la question qui nous occupe. Il faut se garder d'arguer de la confusion des noms à l'identité des choses.

Dira-t-on que, d'après nos définitions mêmes, la série est une espèce dont le nombre est le genre et que de l'idée de l'espèce on peut tirer celle du genre en faisant abstraction de la différence spécifique? Si, en particulier, dans la série, je néglige l'ordre des termes, ne reste-t-il pas leur nombre? C'est là, croyons-nous, une illusion. Le concept de nombre est plus pauvre en apparence que le concept de série, mais en apparence seulement. Dans toute pluralité les termes doivent différer les uns des autres. Si je considère une série successive de termes et que, par une première fiction, je suppose ces termes tous semblables, ils ne différeront plus que par leur rang; si, maintenant, je tiens ce rang pour non avenu, j'efface toute différence, je rends toute distinction impossible et les termes cessent d'être plusieurs. Ce qui crée l'apparence contraire c'est que nous savons qu'en fait des objets peuvent différer autrement que par la nature ou par le temps; qu'ils peuvent aussi se distinguer par le lien. Mais, dans l'hypothèse où nous nous plaçons, nous n'en saurions absolument rien; les qualités intrinsèques et l'ordre dans le temps seraient les seuls facteurs possibles de la diversité, et la diversité s'évanouirait si l'on faisait à la fois abstraction des unes et de l'autre.

Cette conclusion semble contredite par certaines expériences. Dans une série de sensations successives, il semble que nous puissions changer à notre gré l'ordre des termes sans détruire pour cela toute représentation. Or s'il en est ainsi, il devient possible de faire abstraction de cet ordre.

Examinons de près cette objection. Soit une certaine série de sons : *tic, tac, toc*. Je puis, semble-t-il, intervertir l'ordre des sons et former les séries *tac, tic, toc; toc, tac, tic*, etc., composées des mêmes éléments différemment disposés. Le fait est incontestable, mais il importe de l'exprimer avec rigueur en des termes d'où soit exclue toute connotation indirecte des rapports spatiaux.

Il est de toute évidence que nous ne pouvons disperser et réunir les éléments d'une suite de sons comme un sergent disperse et réunit les hommes qu'il commande. Nous supposons que le contenu de l'âme est uniquement composé d'événements successifs. Or, le caractère général de pareils événements, c'est de ne pouvoir être séparés de leur place dans le temps, de faire pour ainsi dire corps avec elle. Un son n'est pas entendu deux fois. A la rigueur il ne se répète pas; un son répété n'est autre chose qu'un son *spécifiquement* identique à un autre son. Dès lors, quand je dis que je puis intervertir l'ordre dans lequel certains sons ont été entendus ou imaginés, je veux dire seulement que je puis imaginer une série de sons dont les termes successifs, *spécifiquement identiques* à ceux de la première, affectent un ordre différent. Une semblable interversion diffère du tout au tout d'une transposition dans l'espace où les termes transposés demeurent *numériquement* identiques.

S'il en est ainsi, pour que les termes d'une suite de sons puissent être intervertis, il faut qu'ils diffèrent qualitativement. Une série de sons identiques ne saurait se prêter à cette opération. Je puis l'imaginer répétée, mais je ne puis imaginer un changement dans l'ordre de ses termes. Ce qui dans le cas général permet de dire que cet ordre est changé c'est que, dans la série reproduite, les termes qui sont de même nature que dans la proposée diffèrent par le rang ou inversement. Quand de part et d'autre ces termes ont la même nature, un terme de rang quelconque dans la seconde série ne diffère par rien du terme de même rang de la première, et la seconde série reproduit simplement la première sans aucune altération.

Mais si la transposition des termes n'est concevable que pour des séries d'événements hétérogènes, elle ne saurait conduire à la conception du nombre. La série transposée n'est plus du tout identique à la série primitive, et la transposition ne manifeste nullement l'indifférence de l'ordre où les termes sont donnés. Sans doute, entre la série proposée et la série transformée, il y a certaines ressemblances persistantes ; mais ces ressemblances tiennent d'une part à la nature des termes, de l'autre à l'analogie de leur ordre sériel. Nous ne sortons en aucune manière du cercle où nous sommes enfermés. L'ordre et la qualité restent les seuls fondements concevables de la ressemblance comme de la différence.

Ainsi les expériences de succession ne suffisent point à expliquer l'idée de nombre. Cette idée ne peut être immédiatement abstraite de la représentation des séries ni résulter de leur comparaison. Concluons qu'elle requiert l'intuition de l'espace, que seuls les objets juxtaposés dans l'espace peuvent constituer la matière à laquelle nous appliquons la forme du nombre. On pourrait, il est vrai, prétendre que nous avons des sensations multiples simultanées et que ces sensations pourraient nous fournir une matière nombrable. Mais d'abord cette simultanéité a été contestée; ensuite et surtout elle est incompatible avec l'identité spécifique. Deux sensations spécifiquement identiques se confondent forcément dès qu'elles sont données ensemble, et il semble impossible de faire abstraction de leur différence qualitative sans, par cela même, détruire leur distinction.

Comment, maintenant, la représentation d'une pluralité d'objets étendus comporte-t-elle l'application d'un concept qu'on ne saurait appliquer directement à une pluralité d'événements successifs? Cette question mérite que nous nous y arrêtions. En effet, à première vue, il semble que les raisons données contre la seconde application s'opposent également à la première. On peut, semble-t-il, *mutatis mutandis*, répéter des groupes d'objets ce que nous avons dit des séries de faits. Pas plus que les séries de sensations, les groupes de corps ne sont de purs nombres. Leurs parties, elles aussi, affectent nécessairement un certain ordre. Ce n'est plus, il est vrai, un ordre de succession, mais un ordre de position. Dans le temps il y a l'avant et l'après; dans l'espace il y a la droite et la gauche, le haut et le bas, etc. Pour penser le nombre pur il faut éliminer ces déterminations. En quoi est-ce plus facile que d'éliminer celles de la succession ?

La réponse est bien simple. Les objets sont ordonnés dans l'espace comme les événements dans le temps; les uns et les autres ont une place déterminée, mais les objets peuvent sortir de leur place et les événements ne le peuvent pas. Les corps quittent leur lieu sans perdre leur identité; séparé de sa place dans le temps un événement n'est plus qu'une forme générique. Par suite, les deux cas ne sont plus du tout comparables. Le déplacement, la transposition, l'interversion sont, dans le temps, radicalement inconcevables. C'est seulement par métaphore que l'on en peut parler. Dans l'espace, ces opérations deviennent possibles. Une pluralité de corps m'est donnée dans un certain ordre, mais je puis facilement imaginer que cet ordre soit changé, quoique les corps et par suite le groupe qu'ils forment restent identiquement les mêmes. Les propriétés du groupe qui survivent à la permutation sont précisément les propriétés numériques.

Il est vrai qu'une fois formée l'idée de nombre s'applique aux événements comme aux objets et ce fait, à première vue, semble contredire nos conclusions. Mais un peu de réflexion fait voir que la contradiction n'est qu'apparente. Nous pouvons arbitrairement établir des associations entre les diverses parties d'un groupe et les divers termes d'une suite, et les lier mentalement chacune à chacun. C'est ce qui a lieu par exemple quand nous marquons avec des jetons les points d'une partie. Par cet artifice, à la série, nous substituons un nombre. Puis, comme à chaque série ne peut correspondre qu'un nombre déterminé, nous en venons à confondre ensemble le nombre et la série, et à les désigner par le même terme. En fait il n'y a que deux manières de compter une suite d'événements. L'une consiste à former avec des objets matériels un groupe que l'on accroît d'une unité lorsque se produit un événement nouveau. L'autre consiste à prononcer mentalement les noms des nombres à mesure que les événements se succèdent. Or, de ces deux façons de compter, la première est certainement la plus ancienne, et la seconde a prévalu lorsqu'on est arrivé à reconnaître qu'elle conduisait aux mêmes résultats. En fait l'homme a d'abord compté des corps et si, dans la suite, il a pu étendre la notion de nombres aux choses les plus hétérogènes, compter des événements, des sentiments ou des idées, c'est grâce à la faculté qu'il possède d'établir des corrélations arbitraires entre des objets quelconques.

En résumé, la conception du nombre a quatre conditions fondamentales hors desquelles elle devient impossible. Penser un nombre c'est d'abord se représenter des unités, c'est ensuite se les représenter comme spécifiquement identiques; puis les réunir mentalement en un tout; enfin, reconnaître l'indifférence de l'ordre dans lequel cette réunion s'est produite. La première de ces opérations a sa condition dans la propriété essentielle de l'aperception; la seconde exige qu'une même représentation puisse être rapportée à plusieurs objets; par suite, elle exige que nous puissions concevoir des différences soit de temps, soit de lieu. La troisième opération exige spécialement la notion de temps, et la dernière la notion d'espace. Sans la première condition il nous serait impossible de penser des collections. L'absence de la troisième, pour une autre raison d'ailleurs, entraînerait la même conséquence. La seconde et la quatrième condition sont plus spécialement requises pour que les collections deviennent des nombres. Si la seconde seule était remplie, nous n'aurions encore que des séries, des pluralités très analogues au nombre, mais qui en différeraient essentiellement en ce que leur mode de formation serait nécessairement unique et donné avec elles. Les nombres véritables doivent au contraire se concevoir comme susceptibles d'être formés de diverses manières, et c'est par cela que deviennent possibles les opérations de l'arithmétique. Par suite, les quatre conditions que nous avons reconnues sont toutes également indispensables. Toutes, à des titres différents, concourent à rendre le nombre possible et, avec lui, toute la mathématique. GEORGES NOEL.

ANALYSES ET COMPTES RENDUS

Alfred Binet. — LA PSYCHOLOGIE DU RAISONNEMENT. RECHERCHES EXPÉRIMENTALES PAR L'HYPNOTISME. 1 vol. in-18, Félix Alcan. Paris, 1886.

Depuis que l'on s'occupe scientifiquement de l'hypnotisme, beaucoup d'expérimentateurs et en particulier M. Beaunis [1] ont signalé le parti que l'on pouvait en tirer pour les études de psychologie. Grâce à ce procédé, on peut pratiquer une véritable expérimentation psychologique et, comme on l'a dit, une vivisection morale ; on peut donner aux phénomènes les plus fugitifs le degré de force et de précision nécessaire pour les observer à loisir, on peut même paralyser des facultés et observer comme par la méthode de différence les résultats de ces suppressions. La méthode était indiquée, il restait à en tenter l'application : M. Binet a l'honneur d'avoir écrit le premier ouvrage de psychologie fondé sur des recherches expérimentales par l'hypnotisme, et cette première application de la méthode ne peut qu'encourager les espérances qui avaient été fondées sur elle. L'auteur en effet a su en tirer un grand nombre de faits exacts et de notions précises sur la nature des images, leur association avec les sensations et le mécanisme de la perception extérieure. Il a été moins heureux peut-être quand il a voulu dépasser les résultats immédiats de l'expérience et appliquer ces premières découvertes à la théorie du raisonnement. Si nous exprimons quelques réserves sur ces derniers résultats très intéressants encore, c'est que par la même méthode appliquée avec plus de précision au raisonnement lui-même, l'auteur pourrait peut-être les compléter encore.

M. Binet analysant la perception des objets extérieurs en distingue bien le caractère principal : « C'est, dit-il, un état mixte formé par le concours des sens et de l'esprit... c'est le processus par lequel l'esprit complète une impression des sens par une escorte d'images », et pour la comprendre il est nécessaire d'étudier les images et le lien qui les unit ainsi aux sensations.

Il est maintenant admis après les travaux de MM. Taine et Galton que

---

1. L'expérimentation en psychologie par le somnambulisme provoqué (*Revue philosophique*, juillet et août 1885).

chaque image est une sensation spontanément renaissante et en général plus simple et plus faible que la sensation primitive, mais capable d'acquérir dans des conditions données une intensité bien plus grande. Il y a autant d'espèces d'images que d'espèces de sensations, et chaque personne, suivant ses habitudes et la nature de son organisme, se sert plus particulièrement de telle ou telle sorte d'images. C'est là ce qui donne naissance aux différents types sensoriels étudiés par M. Charcot, les indifférents, les visuels, les auditifs, les moteurs. M. Binet, dans les recherches qu'il a faites avec M. Féré sur des individus hypnotisés, a réussi à montrer que l'image ou plutôt le processus nerveux correspondant a un siège fixe dans le cerveau et que ce siège est le même pour l'image et pour la sensation. Il faut étudier dans l'ouvrage même tous les détails que donne M. Binet sur la nature des images et qui serviront à faire plus tard une théorie complète de cet important phénomène. M. Binet étudie ensuite les propriétés des images qui sont associées à des sensations. Ce phénomène très délicat et peu visible à l'état normal peut être considérablement agrandi par la suggestion hypnotique. Les lecteurs de la *Revue* connaissent les expériences célèbres du portrait, du miroir, du prisme, de la lorgnette qui nous montrent l'hallucination hypnotique comme soudée à une sensation réelle et se modifiant avec elle.

Quel est ce lien qui unit ainsi la sensation à l'image et fait du tout une sorte de synthèse? L'auteur remarque avec raison qu'il y a là un travail de l'esprit plus ou moins compliqué suivant les circonstances. Tantôt à la sensation visuelle on associe quelques images très simples du toucher ou du sens musculaire, tantôt à la sensation primitive on joint une foule de souvenirs compliqués qui permettent de reconnaître l'objet ou la personne. Ce n'est d'abord qu'une reconnaissance générique de l'objet extérieur, puis c'est une reconnaissance particulière de tel ou tel objet déterminé. M. Binet illustre ces remarques par un exemple très frappant emprunté à l'anesthésie systématisée des somnambules. Un sujet à qui on a défendu de voir une personne ne recouvre que peu à peu d'abord la vision, puis la reconnaissance de cette personne. Je pourrais signaler à M. Binet un exemple du même genre que j'ai pu observer moi-même. Si je défendais à un sujet de voir une personne, ma suggestion ne réussissait pas entièrement : il continuait à voir la personne, mais ne la reconnaissait plus. La reconnaissance individuelle étant plus compliquée et postérieure était plus facilement détruite que la vision générique. Mais sur la nature même du lien qui unit la sensation à l'image M. Binet passe, à mon avis, beaucoup trop vite. Ce lien, dit-il, qu'il soit conscient ou non, est toujours un jugement, puis citant à ce sujet un mot de M. Paulhan au moins discutable : « tout jugement se réduit à une association d'images momentanément indissoluble », l'auteur nous renvoie aux philosophes anglais pour une démonstration plus complète.

Il est heureusement plus complet lorsqu'il étudie les lois qui règlent cette synthèse. C'est d'abord la *loi de la ressemblance* : « Les actions, les sensations, pensées ou émotions tendent à raviver celles qui leur ressemblent parmi les impressions ou états antérieurs. » Puis la *loi de fusion* par laquelle l'auteur veut avec raison compléter la loi précédente : « Lorsque deux états de conscience semblables se présentent à notre esprit simultanément ou dans une succession immédiate, ils se fondent ensemble et ne forment qu'un seul état. » La démonstration de cette loi nouvelle et, à ce propos, la discussion des expériences de Weber sur la délicatesse du toucher, forment, si je ne me trompe, une des parties les plus intéressantes et les plus durables de l'ouvrage. Ce chapitre est terminé par une hypothèse assez vraisemblable sur la raison physiologique de cette association mentale. L'action d'un élément nerveux unique peut expliquer comment une ressemblance entre deux idées est efficace alors même qu'elle n'est pas reconnue par l'esprit. D'ailleurs, il en est toujours ainsi, car la ressemblance ne peut être perçue par l'esprit que lorsque les deux idées sont présentes, lorsque en un mot l'association est déjà faite. On s'explique mal comment après ces remarques fort justes l'auteur persiste encore à confondre l'association et le jugement.

Ainsi étendues, les lois de l'association nous permettent d'expliquer le mécanisme de la perception extérieure. Dans les hallucinations hypnagogiques, dans certain délire, nous voyons nettement les images se joindre à la sensation réelle : il en est de même dans toute perception normale. A la simple vue d'un livre, je pense à son poids, à sa résistance, à son contenu. Cette association se fait par l'intermédiaire d'une ancienne sensation visuelle ressemblant à celle-ci et qui a été associée autrefois à des sensations musculaires et tactiles. « L'aspect actuel du livre ressemble en partie ou en totalité à l'aspect antérieur de ce livre dont le souvenir persiste dans mon esprit; l'apparence qui s'offre actuellement à ma vue fusionne avec ce souvenir visuel qui, à son tour, amène dans le champ de la conscience le cortège des souvenirs tactiles ou musculaires auxquels il est lié. » A, vision actuelle, fusionne avec B, vision passée, et par son intermédiaire est associé à C, l'ensemble des autres souvenirs. L'opération se décompose ainsi : une association par ressemblance qui a pour but d'introduire une association par contiguïté.

M. Binet n'hésite pas à généraliser cette théorie de la perception extérieure : il retrouve les mêmes procédés dans d'autres opérations en apparence très différentes et plus compliquées, en particulier dans le *raisonnement*. On peut en effet relier la perception au raisonnement par une série d'intermédiaires : « La perception se confond d'un côté avec les actes les plus élémentaires et les plus automatiques, et de l'autre elle confine au raisonnement conscient formé de trois propositions verbales : « Quand nous reconnaissons à la simple inspection d'une feuille qu'une plante est de la saponaire ou du lilas, quand nous arrivons à comprendre une écriture, il y a dans notre esprit non pas sans doute un raisonnement en forme, mais tous les éléments d'un véritable raisonnement qui reste inconscient. » Nous pouvons donc comparer la perception d'une orange à ce syllogisme banal : Tous les hommes sont mortels, Socrate est homme, donc il est mortel. Ces deux actes appartiennent à la connaissance indirecte et médiate, ils ont pour trait commun de supposer l'existence de certains états intellectuels antérieurs qui d'un côté complètent la vue de l'orange par l'image de la saveur, du poids, etc., de l'autre ajoutent à l'idée de Socrate celle de la mortalité. Dans les deux cas, la transition du fait connu au fait inconnu se fait au moyen de la ressemblance : « nous passons d'un fait connu, la mortalité des hommes, à un fait inconnu, la mort de Socrate, grâce à la relation de ressemblance que nous découvrons entre les deux faits et qui fait l'objet d'une proposition spéciale : Socrate est homme. De même dans la perception d'une orange, il faut que le morceau de couleur que je vois me rappelle par ressemblance les oranges identiques que j'ai goûtées. » Nous ne songeons pas en général à nous assurer de cette ressemblance par un acte volontaire de comparaison, mais il n'en est pas moins vrai qu'elle doit exister. Ainsi la perception n'est qu'un raisonnement moins conscient et l'illusion des sens est un sophisme.

On peut donc établir un parallèle plus complet entre la perception extérieure et le syllogisme et appliquer à celui-ci les résultats des études précédentes sur la première. La majeure d'un raisonnement exprime qu'il existe dans notre esprit une association entre deux groupes d'images, un groupe d'images qui représentent l'homme et un autre qui représente la mort ; ces deux images se produisent simultanément, c'est une association par contiguité. La mineure est d'une autre nature, elle est un acte d'assimilation, de fusion entre l'image de certains attributs de Socrate et ceux de l'homme. Enfin la conclusion est l'association finale entre Socrate et les images de la mort. C'est exactement la suite des opérations déjà constatée dans la perception extérieure. « Le raisonnement est donc l'établissement d'une association entre deux états de conscience au moyen d'un état de conscience intermédiaire qui ressemble au premier état, qui est associé au second et qui en se fusionnant avec le premier l'associe au second. »

Ce résumé rapide ne peut rendre compte qu'imparfaitement d'un ouvrage intéressant surtout par les détails : réduite ainsi à ses termes essentiels, la théorie de M. Binet peut paraître sinon inexacte, du moins incomplète. L'auteur, il me semble, n'a étudié qu'une seule partie du raisonnement, il la décrit fort bien, mais, comme il arrive souvent, il a le tort de la prendre pour le tout. Ce n'est pas le lieu de reprendre cette discussion difficile, je voudrais seulement signaler le point à compléter.

La pensée humaine, surtout lorsqu'elle est élevée et complexe, renferme plusieurs sortes d'éléments, des matériaux d'abord, si l'on peut ainsi dire, les sensations et les images juxtaposées, et, en second lieu, l'intelligence de leur disposition, l'idée du rapport qui les unit. Dans un jugement par exemple, il y a évidemment les termes, homme, mortel, chien, mammifère, mais il y a plus que cela ; car, si ces termes se succèdent simplement dans la pensée sans que je puisse voir entre eux aucun rapport, il n'y a pas de jugement. Entendons-nous : des termes successifs sont toujours rattachés par quelque chose, dira M. Binet, une association par contiguïté ou par ressemblance, une habitude, une vibration commune qui les fait naître l'une à la suite de l'autre. Sans aucun doute il y a une raison qui fait naître dans un esprit B à la suite de A, mais tant que cette raison n'est pas connue par moi, tant qu'elle ne se présente pas à moi comme la conscience d'un rapport entre A et B, il y a dans mon esprit simple juxtaposition des termes par association, il n'y a pas jugement. Ce n'est pas du tout la même chose, et M. Binet l'a parfaitement compris, que l'association par ressemblance et le jugement de la ressemblance. Il y a donc quelque chose de nouveau dans mon esprit quand je conçois ce rapport de ressemblance, et l'association mécanique des termes n'en était que la préparation.

Pour beaucoup de psychologues cette différence ne paraît pas très importante, car ils considèrent la conscience comme un épiphénomène dont la présence ou l'absence ne modifie pas la nature des phénomènes. J'avoue ne pas bien comprendre comme une école positive, c'est-à-dire préoccupée avant tout des faits et de leurs plus petits détails, peut négliger ainsi un fait capital comme la présence ou l'absence de la conscience. Quand on fait de la psychologie, quand on analyse les idées de l'homme, on ne doit pas trouver indifférent que l'homme pense ou ne pense pas, comprenne ou ne comprenne pas. Il n'y a donc jugement que lorsque je comprends le rapport de ressemblance entre Pierre et Paul, et expliquer simplement la juxtaposition des idées de Pierre et de Paul dans mon esprit ce n'est pas du tout expliquer le jugement.

Eh bien, ce que je viens de dire du jugement s'applique exactement au raisonnement qui n'en est qu'une complication. Il y a sans doute dans le raisonnement des matériaux, c'est-à-dire les sensations, les images, les souvenirs. Ces matériaux doivent même être présentés, être disposés d'une certaine manière pour que le raisonnement puisse s'effectuer : la plus grande intelligence ne découvrira pas un théorème nouveau si l'association n'évoque pas d'abord les termes qui doivent être comparés. Personne, je crois, n'a exposé aussi bien que M. Binet ce mécanisme indispensable, personne n'a mieux indiqué le rôle des prémisses et la nature des associations qui rendront le raisonnement possible. Mais tout cela n'est pas l'essentiel du raisonnement, car un syllogisme n'existe pas s'il n'est pas compris. L'association des trois termes de la façon la plus ingénieuse n'amène dans l'esprit que les trois termes et rien de plus; pour raisonner, il faut encore avoir dans la conscience la notion de certains rapports entre ces termes. Socrate, dites-vous, éveille l'idée d'homme parce qu'il *ressemble* à cette image; l'idée d'homme fait penser à l'idée de la mort parce que ces deux termes sont *coexistants*. Mais il ne suffit pas, pour qu'il y ait syllogisme, que cette *ressemblance* et cette *coexistence* existent entre les termes, il faut encore que, par des jugements, j'aie compris *les idées de cette ressem-blance et de cette coexistence.* Cela montre bien que le raisonnement ne consiste pas uniquement dans l'association des termes si compliquée qu'elle puisse être.

M. Binet lui-même a bien souvent senti cette grande difficulté : ici, il reconnaît l'immense supériorité du raisonnement conscient sur ce qu'il appelle le raisonnement inconscient [1] ; là, il avoue qu'une association ne suffit pas pour faire un raisonnement, que tout dépend *de l'attitude de l'esprit, de l'attitude du moi* [2]. Le mot n'est pas bien clair, mais il signifie sans doute que l'esprit dans le raisonnement attache plus d'importance à la relation entre les termes qu'aux termes eux-mêmes. Si l'auteur n'insiste pas, c'est que sans doute il n'a voulu faire qu'une analyse des conditions dans lesquelles le raisonnement peut apparaître; il ferait certainement une œuvre bien intéressante si, avec les mêmes méthodes et la même précision, il étudiait un fait qu'il a un peu négligé, celui du jugement [3].

PIERRE JANET.

A. Bellaigue. — LA SCIENCE MORALE, ÉTUDE PHILOSOPHIQUE ET SOCIALE, in-8°. Plon, 1885.

Nous traversons, dit M. Bellaigue, une crise décisive moins violente en la forme, mais aussi redoutable au fond que celle qui a ébranlé la fin du siècle dernier. Les masses populaires ne sont plus dominées par l'autorité politique ou religieuse, elles se perdront nécessairement si, dans l'aveuglement de leur ignorance ou dans l'entrainement de leurs passions, elles se heurtent à des lois inconnues de l'ordre moral ou économique qui, comme toutes les lois naturelles, brisent tout ce qui tente de leur résister.

Connaitre la loi morale, s'efforcer de s'y accommoder, au lieu de se révolter contre elle, tel est le seul but raisonnable de l'homme. Mais

---

1. P. 148.
2. P. 157-159.
3. Nous avons reçu de M. Stricker la lettre suivante : « Il est dit dans l'ouvrage de M. Binet, *La psychologie du raisonnement* (p. 30), que d'après mon opinion « on ne peut pas penser à la lettre B qui est une labiale en tenant la bouche ouverte, position qui supprime le mouvement des lèvres. » Dans mon ouvrage : *Du langage et de la musique* (trad. fr., p. 15), je dis au contraire : « Si je pense à B, P, M, en ouvrant la bouche, le sentiment initial se fait sentir dans les deux lèvres, en haut et en bas ». Je vous serais reconnaissant de vouloir bien insérer cette rectification dans la *Revue philosophique* en ajoutant qu'elle n'implique aucun reproche à l'égard de M. Binet. Mais il arrive souvent que les monographies ne sont pas lues avec assez de soin, et parmi les nombreuses citations inexactes qui ont été faites de mon écrit : *Du langage.* etc., j'ai choisi l'une de celles qui se laissent le plus facilement rectifier. (*Note de la Direction.*)

« STRICKER. »

quelle est donc cette loi morale? Il faut la distinguer des préceptes par lesquels on la résume ordinairement. On peut la formuler ainsi : *Les biens ou les maux de l'humanité sont proportionnels à ses vertus ou à ses vices*; en d'autres termes : *Plus les hommes se conformeront aux préceptes de justice et de charité, plus ils seront heureux; plus les hommes s'écarteront de ces préceptes, plus ils seront malheureux.*

Cette formule ne s'applique pas à l'individu, car la morale n'est possible qu'avec la société, et l'équation du bonheur et de la vertu n'est vraie que pour la société. Elle reste encore sensiblement ou suffisamment vraie pour toute société d'hommes ou pour toute nation prise isolément, à condition bien entendu qu'on ait en vue le bonheur qui résulte de l'ordre moral et non celui qui résulte de l'ordre matériel.

Cette loi est rigoureusement vraie. Elle l'est *à priori*, car la vertu étant le bien, et le vice étant le mal fait à autrui, plus il y aura d'hommes vertueux, plus l'humanité sera heureuse; elle sera au contraire d'autant plus malheureuse qu'il y aura plus d'hommes vicieux. Elle est vraie *à posteriori*, mais la vérification historique de cette loi, qui exige une connaissance approfondie de l'histoire universelle, sera l'œuvre de savants dégagés des préoccupations métaphysiques et religieuses.

Une telle morale se distingue de la morale indépendante, puisqu'elle n'a rien de métaphysique ou de transcendant. Elle touche de près à la théorie utilitaire de Stuart Mill, dont l'étude consciencieuse et profonde a donné à l'auteur la révélation de la science morale. Sans doute, elle substitue *la règle des choses*, la loi naturelle et positive aux prétendus principes supérieurs, universels, absolus, sacrés; mais c'est justement là sa force et son mérite. Elle ne cherche pas d'ailleurs ses fondements dans les ruines des idées religieuses ou métaphysiques; elle n'exclut ces idées ni ne les invoque; elle s'en passe, comme la géométrie et la physique.

Il serait trop facile de refaire à M. Bellaigue les objections qu'on a faites à Stuart Mill; mais outre que beaucoup d'entre elles ne portent pas et qu'il n'y a pas de système de morale auquel on ne puisse en adresser un certain nombre, nous croyons beaucoup plus intéressant d'appeler l'attention sur un opuscule qui tente de faire de la morale une science positive, sans prendre contre la métaphysique et la religion une position agressive.

F. PICAVET.

Dr Janvier. *Les constitutions d'Haïti* (1801-1885). Paris, **Marpon et Flammarion**, 1886.

Ce livre intéressant mériterait une analyse plus longue que celle que comporte le cadre de la *Revue philosophique*. L'auteur, qui est un noir d'Haïti, est bien connu déjà par plusieurs ouvrages où il a défendu avec autant d'ardeur que de talent sa race et sa patrie. Celui-ci est un exposé des constitutions qui se sont succédé en Haïti depuis le commencement du siècle, avec des aperçus historiques et des considérations sociologiques.

« De même que l'organisme humain, dit M. Janvier, l'organisme social obéit à des lois rigoureuses. Le peuple haïtien appartient à la race noire; il habite une île montagneuse qui, quoique située dans la zone torride, jouit d'un climat marin relativement tempéré. Il ne lit que les livres français; il aime le mouvement, les institutions démocratiques. Etant jeune, il a les défauts et les qualités de la jeunesse, l'enthousiasme et l'impatience, la pétulance et la candeur. De là ses agitations, son ardent désir du mieux... »

De là la douzaine de constitutions qu'il s'est données ou qu'on lui a données depuis 1801. Nous n'en avons pas changé beaucoup moins souvent en France. On dirait même, à première vue, que les noirs d'Haïti s'amusent à copier les Français. Mais ce serait là une courte vue, ainsi que s'attache à le montrer, en divers endroits de son livre, le Dr Janvier. Ces ressemblances s'expliquent bien par la similitude ou l'analogie des situations. Mais un fait particulier a causé ou aggravé plus d'une révolution haïtienne : c'est le « préjugé de couleur », le sot et ridicule mépris de certains mulâtres à l'égard des noirs qui, tout naturellement, y répondent par une défiance trop légitimée. M. Janvier flétrit courageusement ces demi-noirs dont la supériorité intellectuelle et morale sur les nègres n'est rien moins que démontrée; il s'en moque avec esprit. C'est avec non moins de courage et d'indignation qu'il flétrit les ambitieux, les exploiteurs et les faiseurs de coups d'État. Il se déclare partisan d'une politique vraiment nationale, d'une démocratie véritable, d'une république gouvernée par ceux qui travaillent, y compris les paysans.

L. M.

Andrew Seth. SCOTTISH PHILOSOPHY, A COMPARISON OF THE SCOTTISH AND GERMAN ANSWERS TO HUME. 1 vol. in-8°, W. Blackwood and Sons. Edinburgh and London, 1885.

Pendant l'hiver de 1882-1883, nous dit l'auteur dans une courte préface, le sénat de l'université d'Edimbourg songea à établir des chaires pour différentes branches d'étude, mais il ne crut pas avoir le droit de dépenser pour un tel objet les fonds de l'université, M. A.-J. Balfour offrit alors la somme nécessaire à la constitution, pour trois ans, d'une chaire de philosophie. Il désirait que les leçons ne fussent pas purement consacrées à l'histoire de la philosophie, mais qu'elles fussent une contribution à la philosophie. Tel était aussi le désir de M. A. Seth, qui publie aujourd'hui, telles qu'il les a prononcées, les leçons de la première année.

L'ouvrage comprend six leçons : I. *Les présuppositions philosophiques : Descartes et Locke;* II. *Le scepticisme philosophique de Hume;* III. *Thomas Reid, Sensation et Perception;* IV. *Reid et Kant;* V. *La relativité de la connaissance : Kant et Hamilton;* VI. *La possibilité de la philosophie comme système; la philosophie écossaise et Hegel.*

Le premier chapitre débute par l'énumération des raisons qui ont porté l'auteur à choisir pour sujet la philosophie écossaise et à traiter théoriquement plutôt qu'historiquement la question choisie. A première vue, nous dit-il, il peut sembler superflu de parler de philosophie écossaise devant un auditoire écossais. Il n'en est rien cependant.

Les productions philosophiques de la jeune génération sont marquées plus profondément par l'influence allemande que par l'influence écossaise. On a dit fréquemment qu'elles représentent une culture exotique, destinée à disparaître comme une mode éphémère; on parle de leur faiblesse mortelle (*mortal weakness*), de leur jargon embarrassé. On raille l'attachement servile de leurs auteurs à des phrases et à des formules, leur peu d'habileté à les interpréter et à les appliquer d'une manière intelligente et vivante. En faisant la part de l'exagération, il y a du vrai dans ce qu'on dit ainsi des penseurs anglais et écossais qui relèvent de l'idéalisme allemand. Malgré le nombre de leurs adhérents, qui n'est dépassé que par celui des Empiriques agnostiques, leurs doctrines conservent toujours un certain caractère d'ésotérisme. Elles paraissent demeurer sans action sur l'école opposée et n'avoir qu'une influence limitée sur le développement général de la pensée anglaise. Les Idéalistes déchargent sans cesse leur artillerie contre les Empiriques et les Agnostiques, mais la canonnade semble passer, sans lui faire aucun mal, au-dessus de la tête de l'ennemi. Et comme rien n'est plus clair, à la surface tout au moins, que le langage par lequel les Agnostiques établissent leur position, on en a conclu que ce manque de résultat était dû aux défauts des expositions idéalistes. A coup sûr, la difficulté de se comprendre les uns les autres est augmentée par l'attention trop exclusive que l'école idéaliste a habituellement accordée à un seul groupe de penseurs étrangers : Kant et Hegel sont sans doute, de tous les philosophes modernes, ceux qui méritent et qui exigent surtout d'être longuement étudiés. Mais c'est à l'esprit d'exclusivisme que provoquent de semblables études qu'il faut attribuer cet isolement des partis qui caractérise actuellement le monde philosophique. En portant notre attention plus près de nous, vers les choses de notre pays, nous pourrons, dit M. Seth, amener les armées ennemies à se mêler l'une à l'autre. L'Empirisme moderne repose sur Hume, et la philosophie allemande se présente tout d'abord comme une réponse à Hume. Mais dix-sept ans avant Kant, un homme avait déjà répondu à Hume dans son propre pays, c'était Reid. Les meilleurs historiens de la philosophie sont allemands et n'accordent que fort peu d'attention à Reid, qui d'ailleurs, au point de vue spéculatif, ne peut entrer en comparaison avec Kant. Mais Reid peut être en Écosse un meilleur guide pour les recherches philosophiques, surtout après qu'on y a, pendant longtemps, suivi l'Allemagne. Exposer les critiques, souvent mal comprises, de Reid contre Hume, les comparer avec la réponse de Kant et celle qu'a donnée après lui l'idéalisme allemand, traiter quelques-unes des questions fondamentales de ce débat philosophique, tel est le but que s'est proposé M. Seth.

L'auteur expose, d'après Reid, le développement de ce que Reid appelle l'idéalisme sceptique. Le germe de cet idéalisme apparait chez Descartes, se transmet en s'accroissant de Locke et de Berkeley à Hume, avec lequel il arrive à son complet épanouissement. M. Seth connait bien Reid, et il fait même quelquefois des additions heureuses à son modèle. C'est ainsi qu'il remarque avec raison deux directions dans la philosophie de Berkeley, l'une qui en fait le prédécesseur de Hume, l'autre le précurseur de l'Idéalisme que de nos jours on peut appeler rationnel ou spirituel (p. 43). Citons encore ce qu'il dit de Hume : « En somme Berkeley n'a fait que servir d'appui et suggérer quelques idées à Hume. Ce dernier se rattache directement à Locke... il est même merveilleux de voir combien peu il a dû transformer la théorie de Locke. Il lui suffit de placer les pensées de Locke d'une autre manière pour que la théorie prenne une face entièrement nouvelle. »

M. Seth adopte complètement sur Hume le jugement de Reid : « Reid, dit-il (p. 66), partage avec Kant le mérite d'avoir fait du scepticisme le véritable caractère de Hume, et de traiter strictement son système comme une *reductio ad impossibile* des principes philosophiques acceptés... Il eût ouvert de grands yeux, si on lui avait dit que des générations de penseurs anglais prendraient Hume au *grand sérieux* [1] et accepteraient ses spéculations comme une théorie inductive (a *constructive theory*). En cela Reid juge mieux que Huxley dont l'étude sur Hume, pleine de talent et d'éclat, est tout à fait insuffisante (*extremely unsatisfactory*). Il ne faut pas supposer toutefois, ajoute M. Seth, que Hume ait vu la fausseté ou l'insuffisance des principes de Locke et qu'il se soit proposé de les réfuter laborieusement en les amenant à leurs dernières conséquences... Le scepticisme universel est une maladie incurable; c'est en même temps une position intenable pour l'esprit humain; il ne peut que servir de transition d'un système à un autre. »

M. Seth est-il bien sûr que Hume ait professé un scepticisme universel? Et d'abord ne conviendrait-il pas de s'entendre sur le sens de ce mot, qui est devenu, dans les écrits de certains philosophes, une appellation injurieuse qui trop souvent dispense de donner des raisons pour condamner des adversaires? Il faudrait, une fois pour toutes, reconnaitre que jamais un philosophe n'a nié les phénomènes, et dès lors ne plus parler de scepticisme *universel*. Il faudrait aussi éviter, tout en remarquant que le scepticisme porte uniquement sur

---

1. Ces mots sont en français et en italique dans le texte.

la métaphysique, de ne pas le confondre avec l'acatalepsie. **Berkeley** remarquait avec raison, dans les dialogues d'Hylas et de Philonoüs, que celui qui nie l'existence de la matière ne saurait être appelé *sceptique*, puisqu'il n'a aucun *doute*. Reid a eu à cet égard une influence déplorable, et il est regrettable que M. Seth le suive dans cette voie. On peut n'être pas de l'avis de Hume sur la métaphysique ; il nous semble que personne n'a ni le droit de le juger aussi sommairement ni celui de lui imposer une doctrine qui n'est pas la sienne en lui·appliquant un nom devenu injurieux et équivoque.

Nous ne dirons rien du chapitre consacré à l'exposition de la théorie sur la sensation et la perception, substituée par Reid aux théories qu'il juge ou entachées de scepticisme ou complètement sceptiques ; car, depuis Royer-Collard, Cousin, Jouffroy et Garnier, elle est bien connue en France. Le chapitre où sont comparés Reid et Kant est plus original ; la conclusion mérite d'être citée : « Nous ne devons pas hésiter, dit l'auteur (p. 143), à proclamer que nous sommes tous des expérimentalistes, des évolutionnistes... Si nous prouvons que la sensation est une abstraction impossible *in natura rerum*, l'expérientalisme est du même coup dépouillé de tout ce qu'on lui suppose d'effroyable. Et c'est là ce qu'ont prouvé Kant et Reid... Reid a distingué la perception et la sensation ; il a nié qu'il fût possible de faire sortir l'une de l'autre ; il a indiqué au moins quelques-unes des principes impliqués par la première... Kant a démontré que la constitution essentielle des objets suppose l'espace, le temps et les catégories que la sensation en tant que sensation ne peut donner... Ils se séparent sur la question de la réalité de notre connaissance : pour parler comme Hamilton, Reid est un *réaliste naturel* qui croit à la connaissance immédiate du monde extérieur... Kant est un représentationiste... Il a donné à la théorie une dernière forme qui se dissout au contact de la critique. »

Le monde de Kant est, en effet, aussi peu que celui de Hume, le monde réel que nous cherchons ; Hume et Kant nous laissent agnostiques. C'est ainsi que Lange, suivi par beaucoup de néo-kantiens allemands, a pu dire que l'œuvre capitale de la critique a été de donner le dernier coup aux chimères de la métaphysique, en fixant les limites de notre nécessaire ignorance. Sans aller aussi loin, Hamilton nous montre un mélange d'éléments kantiens et écossais. Il n'y a pas fusion réelle de ces éléments divers et il n'y a pas à s'en étonner, si l'on considère l'incompatibilité des deux doctrines. Tout essai pour greffer la relativité agnostique de la Critique sur le réalisme naturel de la philosophie écossaise est contraire au génie de cette dernière. Hamilton veut que la philosophie, là où elle finit, fasse place à la théologie ; Mansel dit que, par l'impuissance de la raison, nous sommes poussés à chercher un refuge dans la foi. D'autres philosophes passent des mêmes prémisses à une conclusion tout autre : après avoir abaissé la raison, ce n'est pas à la foi théologique, mais à un complet agnosticisme qu'ils font appel. Ils abandonnent les déductions kantiennes de la raison pratique, et conservent son criticisme négatif. Kant est ainsi la source première de l'agnosticisme très éclairé de nos contemporains, et les arguments de Hamilton sont au premier plan dans les *Premiers Principes* de Spencer. On peut donc dire que Hamilton et Mansel se sont écartés de la doctrine écossaise, telle qu'elle a été comprise avant et après eux. Reid n'aime pas les arguments qui ont pour but d'exalter la révélation aux dépens de la raison, car on peut les employer tout aussi bien contre la religion. Sans doute, on peut trouver chez Reid lui-même et surtout chez Dugald Stewart des textes qui, examinés à part, les feraient considérer comme des relativistes (p. 180 à 182), mais ce ne sont que des passages isolés. L'école a protesté d'ailleurs, aussitôt qu'elle a vu la doctrine de la relativité mise en lumière par Hamilton et Mansel. Mansel lui-même s'est écarté, pour le moi, de la doctrine soutenue par Kant et Hamilton, qui en font l'objet d'une connaissance purement phénoménale. La vraie tradition de l'école a été conservée par Calderwood, Flint, M'Cosh, qui tous ont réagi contre le relativisme.

Les Écossais s'accordent donc avec Hegel pour répudier le phénoménisme et le relativisme. Mais doivent-ils être appelés comme lui des absolutistes? Il faut remarquer d'abord que l'absolu, combattu par Hamilton, n'est nullement celui dont Hegel a affirmé l'existence. L'absolu de Hegel est l'intelligence, que Hamilton, à cause de la différenciation intime qui est en elle, déclare incapable de percevoir son absolu abstrait. Hamilton n'a donc fait, comme dans bien d'autres cas, que confondre les questions. L'absolutisme est la vraie doctrine (p. 190), si l'on entend par là que notre connaissance est, aussi loin qu'elle s'étend, la connaissance d'une chose réelle. Après avoir écarté le spectre de la relativité, il ne reste qu'à appliquer la notion d'absolu au système. Un système absolu est celui qui prétend *démontrer* la rationalité de l'existence. Le seul moyen de donner une telle démonstration, c'est d'embrasser tous les éléments de l'existence dans une synthèse finale, de marquer à chacun sa place dans le système, de montrer leur relation avec le tout. Mais possédons-nous un tel système?

Que nous soyons repoussés par les synthèses prématurées et par la présomptueuse confiance de quelques faiseurs de systèmes, on le comprend; mais désespérer des systèmes, c'est désespérer de la philosophie, qui n'est pas autre chose. Les premiers représentants de l'école écossaise s'accordent pour le fond et dans le domaine où portent leurs affirmations avec Kant et avec Hegel; mais ils n'ont pas donné au sujet la forme qui lui convient; ils n'ont pas enchaîné leurs principes les uns avec les autres, ils les laissent, semble-t-il, suspendus en l'air, comme des intuitions isolées, au lieu de les constituer en système. Hegel nous offre une méthode qui prétend garantir tout à la fois l'enchaînement de toutes les conceptions et l'intégrité du système qui en résulte. Sans nier la subtilité et la profondeur du métaphysicien, on peut se demander ce que valent la prétention d'offrir un système complet (*the claim to completeness*) et la méthode dialectique sur laquelle il est fondé. Cette méthode constitue, à vrai dire, sa philosophie et lui donne un avantage signalé sur tous ses modernes prédécesseurs. Le principe logique qui fonde la pensée sur la différence au lieu de faire appel à l'identité, *le dieu de l'idolâtrie logicienne*, est tiré du cœur même des choses, de la nature de l'esprit qui prend conscience de lui-même. Un principe puisé à une telle source se vérifiera, à n'en pas douter, dans une variété infinie de directions. C'est parce que le principe de la méthode hégélienne est dérivé directement de la conscience réfléchie (*self-consciousness*) que les résultats obtenus par Hegel sont incomparablement plus riches que ceux qui ont été obtenus par Kant. Les principes de Reid et de Kant paraissent suspendus en l'air; ceux de Hegel se groupent autour du principe central dont ils tirent leur existence.

On comprend souvent fort mal l'idéalisme sous toutes ses formes; on le soupçonne de vouloir enlever à l'objet sa substance pour en enrichir le sujet; on accuse en particulier l'idéalisme absolu d'en détruire la réalité en lui enlevant sa solidité et en le réduisant à une *danse des idées* ou des relations de la pensée. Telle ne saurait être l'intention d'aucun homme sérieux. L'idéalisme absolu ne supprime ni la réalité de l'objet ni celle du sujet : il soutient uniquement que le réel est, en dernière analyse, rationnel, c'est-à-dire que ses différents éléments constituent un système dans lequel, et dans lequel seul, ils peuvent être compris. Hegel toutefois a donné prise à ces accusations en nous demandant, pour ainsi dire, de croire que l'enchaînement des *déterminations-pensées* développées dans la logique est réellement la vie du monde, comme si la réalité de Dieu, de l'homme et des choses consistait dans de telles abstractions!

Pour atteindre une conclusion vraie, il faut nous placer à ce point de vue que le réel ou ce qui existe véritablement (*actually*), c'est l'individu. L'univers peut être regardé lui-même comme un vaste individu. Or le propre de l'individu c'est de ne pouvoir être épuisé par ses qualités ou ses prédicats : cela est vrai surtout de l'univers. La connaissance que nous en avons est vraie, mais nous ne pouvons le connaître complètement et d'une manière adéquate. L'unité dernière des choses est ce que nous cherchons, ce que nous devinons, mais ce que nous n'atteignons jamais complètement (p. 215) : c'est le *terminus ad quem* qui n'est jamais si complètement en notre pouvoir que nous puissions en faire le *terminus a quo*.

Nous avons indiqué rapidement quelques-unes des idées exposées dans ce livre, en laissant à peu près de côté toute critique. Tous ceux qui s'intéressent aux questions métaphysiques, y trouveront des appréciations curieuses fort clairement exprimées sur la philosophie écossaise, sur les philosophies qui font appel à la foi ou à la croyance, sur l'alliance de l'hégélianisme et des doctrines de Reid. On comprend que M. Seth ait parlé favorablement de Hegel dont beaucoup de métaphysiciens disent aujourd'hui trop de mal; on eût souhaité qu'il se montrât plus juste pour Hume.   F. PICAVET.

A. Harpf. — Die Ethik des Protagoras und deren zweifache
Moralbegrundung kritisch untersucht, Heidelberg, G. Weiss, 1885.

Comme au temps de Protagoras, dit l'auteur dans sa préface, la
croyance religieuse a perdu une grande partie de sa force, les questions morales sont devenues pour nous un grave sujet de préoccupa-
pation. En essayant de jeter une nouvelle lumière sur la morale de
Protagoras, il espère du même coup fournir d'utiles indications à ceux
qui aspirent à fonder une morale scientifique.

L'ouvrage est divisé en deux parties : dans la première, l'auteur
s'occupe d'établir les théories morales de Protagoras ; dans la seconde,
il compare quelques autres doctrines à celle de Protagoras.

La première partie débute par une introduction. Le naturalisme et
le subjectivisme se distinguent essentiellement du normalisme et de
l'objectivisme. Le naturalisme suppose que le fondement d'une bonne
action, c'est-à-dire d'une action conforme au principe moral, se trouve
dans le sujet lui-même, et qu'il y est ou inné, ou acquis. Pour le normalisme, ce fondement est le commandement d'une puissance terrestre
ou supra-terrestre, c'est une chose donnée du dehors à celui qui agit,
pour régler ses actions.

Or si l'on prend le Mythe du *Protagoras*, le sophiste est un défenseur
du naturalisme moral ; si, au contraire, on se reporte au *Théétète*
(p. 166, sqq), on devra le considérer comme un partisan du normalisme.
Pour établir qu'il y a lieu de rapporter à Protagoras les doctrines que
lui attribue Platon, M. Harpf pose en principe que, partout où Platon
introduit expressément un de ses adversaires en lui faisant prononcer
un long discours apologétique, il convient de considérer comme authentique la doctrine qu'il lui attribue.

L'introduction est suivie de deux chapitres dans lesquels M. Harpf
expose successivement ce qu'il a appelé le naturalisme et le normalisme
moral de Protagoras.

Nous indiquerons dans la seconde partie les passages où l'auteur
essaye de montrer que la morale de Kant a, comme celle de Protagoras,
un double fondement, où il rapproche la croyance de Socrate à son
démon du naturalisme de Protagoras, etc...

Remarquons qu'il y aurait bien des critiques à présenter sur la
manière dont M. Harpf semble entendre l'histoire de la philosophie.
Qu'on veuille faire servir ses études historiques à établir une doctrine
spéculative ou qu'on se propose uniquement de faire revivre les anciens
systèmes, il est toujours nécessaire de commencer par une exposition
fidèle. Or, pour qu'une exposition soit exacte, il faut avant tout laisser les doctrines dans leur milieu, leur conserver l'ordre et les divisions qu'elles avaient chez leur auteur, sans leur imposer la solution de
questions auxquelles celui-ci n'a jamais pensé. Et nous ne sachions
pas qu'aucun Grec ait jamais songé à diviser les doctrines morales en
naturalisme et en normalisme. Que si l'on passe par-dessus ce premier point d'importance capitale, il nous semble difficile de rapprocher

le démon de Socrate du sentiment moral de Protagoras; il nous paraît également peu sûr d'admettre d'une manière générale que Platon met toujours dans la bouche des adversaires qu'il fait longuement parler, leurs propres doctrines. Dans le Théétète même, dans le Discours attribué à Protagoras (p. 166 B, 168 B), la doctrine de Protagoras n'est-elle pas rattachée à celle d'Héraclite, quoiqu'on ait pu nier, avec raison ce semble, la filiation des deux doctrines? En outre, il nous paraît peu aisé de faire un *normalisme* de la doctrine morale attribuée à Protagoras dans le Théétète et nous ne croyons pas que M. Harpf y ait réussi.

En résumé, le premier chapitre de l'ouvrage, celui qui traite de ce que l'auteur appelle le naturalisme de Protagoras, nous paraît le plus intéressant. On y trouvera spécialement des rapprochements ingénieux et suffisamment exacts entre le sentiment moral (*Aidos*) de Protagoras et le sens moral des Écossais.

F. PICAVET.

SOCIÉTÉ DE PSYCHOLOGIE PHYSIOLOGIQUE

MOUVEMENTS DIVERS ET SUEUR PALMAIRE CONSÉCUTIFS A DES IMAGES MENTALES [1]

M. Ch. Richet nous a dernièrement communiqué (séance du 25 janvier) plusieurs expériences intéressantes montrant qu'une personne à qui on affirme qu'elle est en présence d'un certain objet, peut faire des gestes en rapport avec l'impression produite ordinairement par la vue de cet objet, sans être nullement convaincue de la véracité de l'affirmation, et alors même qu'elle en connaît parfaitement la fausseté. M. Richet a interprété les gestes ainsi provoqués par lui en disant qu'ils étaient l'expression d'une « conviction superficielle », d'une « croyance limitée au geste ».

Je crois que des faits du même genre peuvent être observés fréquemment. En voici un pris au hasard.

M. D..., intendant d'un château, avait une horreur extrême des rats. On s'amusait quelquefois, étant à table, à lui dire : M. D..., voici un rat. Aussitôt, cet homme, qui savait fort bien qu'on voulait plaisanter, faisait de violents gestes de dégoût et cessait de manger. Bien plus, si l'on continuait à parler de rats, il quittait la salle à manger pour se soustraire à l'image odieuse qu'on avait éveillée dans son cerveau. J'ai été témoin de ce fait à plusieurs reprises. J'ajoute que la personne en question avait le geste facile, et que les traits de son visage présentaient une grande mobilité quand il parlait ou qu'on lui racontait quoi que ce fût. Je le soumis un jour à l'influence du haschich. Pendant plusieurs heures il eut des hallucinations variées qu'il traduisit par une pantomime des plus animées.

Il m'est arrivé, plusieurs fois, à table, de provoquer l'expression prolongée du dégoût en disant à des amis qu'il y avait une araignée dans le potage ou quelque saleté dans le pain, et cela même après avoir prévenu que j'allais faire une mauvaise plaisanterie. Il est inutile d'insister sur ces exemples qu'il est très facile de reproduire à volonté.

Je suis même persuadé que chacun de nous pourrait citer des faits analogues. Je n'ai cité les précédents que pour indiquer la véritable nature de ceux observés par M. Ch. Richet, et pour classer ces derniers. On vient de voir, en effet, que des gestes, des mouvements d'ex-

1. *Séance du 29 mars 1886.* (Présidence de M. Charcot.)

pression très accentués peuvent se produire indépendamment de toute conviction même superficielle. Ces mouvements se produisent à la façon de réflexes tout à fait inconscients et consécutivement à la formation ou au réveil d'une image mentale suffisamment vive.

De tels mouvements réflexes sont associés intimement aux images mentales comme aux impressions vives. Or, on sait qu'un mot suffit souvent pour produire ces images et ces impressions, non seulement chez celui qui écoute, mais encore chez celui qui parle. Les mouvements réflexes consécutifs se produisent déjà, et peut-être plus facilement, dès le premier âge. Les enfants qui commencent à parler accompagnent toujours leurs narrations de jeux de physionomie. Il y a des personnes qui ne peuvent parler d'un objet agréable ou répugnant sans que leur physionomie revête des expressions appropriées. Les peuples méridionaux de l'Europe semblent être particulièrement dans ce cas. Il me semble que certaines personnes se représentent mentalement d'une façon très vive les choses dont elles parlent, d'où une tendance plus forte au geste. Cette tendance est peut-être diminuée par l'habitude de parler sur des sujets peu émotifs, sur des questions scientifiques par exemple. Elle est également atténuee par l'éducation. Il y a beaucoup de personnes qui, lorsqu'elles sont seules, se laissent facilement absorber par leurs pensées. Des images mentales vives se forment alors, comme dans le rêve, et se traduisent par des mouvements d'expression plus ou moins accentués. C'est ainsi que l'on voit des promeneurs solitaires faire des grimaces, parler, brandir leur canne, menacer des ennemis imaginaires comme s'ils avaient sous les yeux les objets auxquels ils pensent. Ils ne croient certainement pas, même superficiellement, à la présence de ces objets, mais ils exécutent des mouvements inconscients associés à des images mentales qu'ils se sont suggérées à eux-mêmes.

En résumé, toute image mentale tend à produire un courant nerveux centrifuge associé, uu courant moteur, indépendamment de la croyance à la réalité objective de la chose imaginée.

Ce courant moteur peut se produire inconsciemment, par exemple dans le cas où l'on se surprend soi-même à faire un geste en rapport avec une pensée; il peut être supprimé par l'attention; il peut se produire consciemment, par exemple quand un narrateur se sert de ses mouvements d'expression et les calcule même, dans le but d'émouvoir ou de convaincre ses auditeurs.

Le fait que je vais rapporter et que j'ai observé sur moi-même est peut-être plus difficile à interpréter que les précédents, bien qu'il s'agisse également d'un phénomène réflexe immédiatement consécutif à une image mentale. Songeant, un soir, sur un balcon de sixième étage, je vins à penser au parti que j'aurais à prendre pour fuir si le feu prenait à l'escalier de la maison. Je jugeai qu'il n'y avait d'autre moyen que d'atteindre le balcon de la maison voisine, et je me représentai les mouvements assez périlleux nécessaires pour cela. Ce faisant, je sentis

que la face palmaire de mes mains se mouillait de sueur. Ce fait m'étonna
parce que j'ai habituellement les mains sèches, et que je n'étais nullement effrayé de la situation que je m'étais représentée sans savoir
pourquoi. J'ai déterminé depuis la reproduction du même phénomène
un grand nombre de fois, en me plaçant dans la même situation d'esprit.
Je puis le faire à volonté pour peu que je puisse songer tranquillement
à cette situation ou à une autre analogue.

Deux ou trois fois, j'ai eu cette transpiration palmaire en racontant
mon cas à diverses personnes, parce que dans le courant de ma narration, l'image de la situation périlleuse dont j'ai parlé se reproduisait
avec une vivacité suffisante. Le phénomène vient de se produire pendant que j'écrivais les lignes qui précèdent, ce qui prouvera bien, je
pense, qu'il n'est pas imputable à une émotion.

Il s'est produit maintes fois, d'ailleurs, alors que la situation périlleuse
représentée dans mon esprit était non seulement purement imaginaire
mais ne m'intéressait en rien personnellement — par exemple en regardant un aéronaute qui se suspendait à un trapèze attaché sous sa na-
celle pendant l'ascension de son ballon — ou en regardant un couvreur
qui marchait sur le bord d'un toit, et encore en écrivant les lignes ci-
dessus. Je le répète, cette transpiration palmaire est, pour moi, un état
tout à fait anormal, et je puis la produire à volonté alors que mes mains
sont parfaitement sèches, à la condition que celles-ci ne soient point
froides et à la condition que je pense à de certaines choses d'une certaine façon.

Je distinguerais à ce propos deux modes de pensée différents : la pensée abstraite et la pensée concrète; la première consistant en idées
« pures », la seconde en images. Le premier mode est plutôt celui du
raisonnement; le second est plutôt celui de la narration et surtout du
rêve. Peut-être n'y a-t-il pas de ligne de démarcation bien nette entre
ces deux modes de pensée, mais je crois les distinguer l'un de l'autre
en comparant les cas où je réussis à produire le phénomène que je
viens de rapporter aux cas où je ne réussis point.

Quant à l'interprétation du phénomène lui-même, il ne me paraît pas
douteux qu'elle doive être rattachée à celle des mouvements d'expression immédiatement et inconsciemment consécutifs aux images mentales. Ces mouvements résultent d'une réaction centrifuge des centres
nerveux supérieurs sur différentes parties du corps et sont associés
d'une façon si intime à certains états d'esprit qu'ils en constituent
de véritables signes extérieurs. Mais la réaction des centres nerveux
peut être la cause de bien d'autres sortes de modifications organiques dont beaucoup, tels que les mouvements fibrillaires, commencent à peine à être aperçues, et dont beaucoup d'autres, certainement,
sont encore absolument inconnues. Il n'est pas téméraire de soupçonner
que toute modification cérébrale retentit plus ou moins, d'une façon ou
d'une autre, sur quelque partie du reste du corps.

La transpiration palmaire dont je viens de parler ne se produit pas chez tout le monde dans les circonstances que j'ai indiquées, car plusieurs personnes, interrogées à ce sujet, m'ont répondu négativement, mais elle n'est probablement qu'une exagération d'une action cérébrale centrifuge constante, trop faible ordinairement pour se traduire par un effet appréciable.

La représentation mentale d'une situation périlleuse est acccompagnée, chez moi, d'un courant nerveux centrifuge qui, on peut le remarquer en passant, est dirigé vers les organes les plus aptes à rendre service dans les situations imaginées. Toutefois, ce courant nerveux ne produit aucun mouvement musculaire. Est-ce parce qu'il se produit dans un état d'esprit parfaitement calme où une action musculaire n'aurait aucune utilité et parce que, dans ce cas, le courant nerveux. inutilisé par les muscles, produit seulement un effet thermique d'où résulte la sueur? Je rappelle à ce propos que cette sueur ne se produit pas si j'ai les mains froides; dans ce cas, en effet, l'augmentation de température peut exister sans que la chaleur normale de la main soit dépassée.

Le hasard vient de me présenter un cas analogue au mien et dans lequel une émotion vive ou une surprise a provoqué à la fois des mouvements involontaires et la sueur palmaire. Ayant poussé une exclamation brusque très près d'une dame occupée à causer, celle-ci eut un soubresaut; ses deux mains se portèrent en avant comme par un mouvement instinctif et elle me dit : Oh! monsieur, vous m'avez fait peur, tenez! j'en ai les mains toutes mouillées. Tout en m'excusant, je me félicitais d'avoir observé ce fait que je considère comme une exagération du fait observé sur moi-même. Chez cette dame, il s'agit, il est vrai, d'une émotion véritable, d'une excitation cérébrale beaucoup plus considérable que celle qui peut être provoquée par une simple image mentale évocable à loisir et ne troublant point la tranquillité, comme dans mon cas. Aussi cette excitation a-t-elle été suivie d'un effet « libéromoteur »'intense. Une partie du courant nerveux centrifuge consécutif a produit des mouvements de diverses parties du corps, et la portion inutilisée par les muscles a produit un effet thermique, je suppose, d'où la sueur palmaire que seule j'ai observée sur moi-même à la suite d'une excitation minime.

Un cas plus semblable au mien est celui de M. Pierre B..., étudiant en médecine. Ayant demandé à ce jeune homme, qui est robuste et d'apparence très calme, s'il lui arrivait d'avoir un peu de transpiration sur la face palmaire des mains en songeant à quelque situation un peu périlleuse, par exemple au passage d'une fenêtre à une autre sur le bord d'un toit : « Certes! me répondit-il, cela m'arrive très souvent et vient de m'arriver à l'instant même pendant que vous me parliez. » Il ne s'agit pas non plus ici d'une émotion, évidemment, car M. B... ne pouvait être ému par l'image passagère que je venais d'évoquer dans son esprit d'un façon aussi rapide, image assurément fort indifférente en pareille circonstance. Il m'assura qu'il éprouvait ce phénomène sous la plus légère influence et que, pendant une discussion, il sentait à chaque instant la paume de sa main devenir humide. La plus légère émotion produisait le même effet. Il m'assura cependant qu'il s'effrayait très difficilement, que la surprise la plus vive ne le faisait jamais tressaillir et que ses émotions se trahissaient très exceptionnellement par des gestes. La sueur palmaire en est le seul indice extérieur extrêmement fréquent chez lui. Il a observé aussi que non seulement ses mains, mais encore d'autres parties du corps et notamment la région lombaire sont le siège d'une transpiration passagère sous l'influence des excitations cérébrales les plus banales. Peut-être y a-t-il lieu d'établir un rapprochement entre la féquence de ce phénomène chez M. B... et son impassibilité motrice, si l'on peut s'exprimer ainsi. Chez lui, le courant nerveux centrifuge, consécutif à une émotion ou à une simple image mentale, ne produisant aucune contration musculaire, produirait d'autant plus facilement un effet thermique ou vaso-moteur aboutissant à la sueur.

Quand les courants nerveux centrifuges consécutifs à des émotions ou à de simples images mentales ne sont suivis que d'effets de ce genre, ils n'ont d'utilité que comme moyens de décharge cérébrale. Mais lorsqu'ils déterminent presque incessamment des contractions des muscles de la face, comme chez l'homme et les singes, ou des mouvements de la queue, comme chez le chien, ils ont en outre une utilité au point de vue de l'expression mimique. Les mouvements d'expression constituent plus spécialement la représentation externe de l'idéation par images, de même que le langage articulé traduit extérieurement l'idéation plus abstraite. Les images mentales concrètes seraient suivies de courants centrifuges plus subits, souvent inconscients, et produisant des effets divers tels que les cris, les exclamations involontaires, les contractions des muscles de la face et autres muscles servant à l'expression mimique, des phénomènes vaso-moteurs (rougeur, pâleur), des mouvements fibrillaires, des effets thermiques dont la sueur palmaire, dans les circonstances citées plus haut, ne serait qu'un résultat, et probablement d'autres effets encore inaperçus.

Ces réflexes d'origine cérébrale constituent, pour la plupart, un véritable langage inférieur correspondant à l'idéation inférieure. Les animaux ne possèdent peut-être pas d'autre idéation que celle par images concrètes comme ils ne possèdent pas d'autre langage que l'expression mimique; mais ils paraissent utiliser ce dernier mieux que nous qui le négligeons parce que nous en possédons un plus parfait. Le langage articulé correspondrait à une zone cérébrale plus élevée que celle des images concrètes et dans laquelle les courants de réaction centrifuge se produiraient moins subitement, plus volontairement, c'est-à-dire plus consciemment [1], et constitueraient des résultantes de courants psychiques plus compliqués.　　　　L. MANOUVRIER.

1. Voir : *La fonction psychomotrice*. (*Revue philosophique*, mai et juin 1884.)

SUR LE PROBLÈME DE LA SUGGESTION MENTALE [1]

I. *La suggestion mentale apparente.*

Avant d'aborder le problème de la suggestion mentale, il faut éliminer tout ce qui peut la simuler, afin d'être sûr que le phénomène a lieu indépendamment des moyens connus de perception.

Or la suggestion mentale peut n'être qu'apparente, étant causée :

1º Par le *hasard*, qui peut s'exercer dans une très large mesure;

2º Par une *perspicacité automatique* du sujet, perspicacité qui résulte d'une certaine « harmonie préétablie » entre deux cerveaux, exposés aux mêmes sensations, et présentant un mécanisme associationiste analogue;

3º Par une *suggestion verbale involontaire* de l'expérimentateur, qui n'a pas l'habitude de s'observer bien soi-même;

4º Par l'*attitude réflexe* des personnes qui doivent contrôler les expériences, qui en connaissent d'avance les résultats à obtenir, et qui ne savent pas bien s'observer;

5º Par *suggestion musculaire* de l'expérimentateur, imperceptible pour lui-même;

6º Par l'*hyperesthésie olfactive*, qui permet au sujet de distinguer les personnes et les objets touchés par elles;

7º Par l'*hyperesthésie du toucher*, qui produit le phénomène de l'attraction par des gestes et quelques autres;

8º Par l'*hyperesthésie de l'ouïe*, qui permet au sujet d'entendre des mots à peine prononcés et autres signes auditifs, comme le bruit des respirations, des déplacements, des gestes, etc.;

9º Par un *développement exceptionnel de la mémoire* qui, coïncidant avec une certaine inconscience, peut imiter en même temps la vision à distance et la transmission de pensée;

10º Par une *association accidentelle*, inconsciente pour l'expérimentateur, et une habitude, également inconsciente du sujet, qui fait que le phénomène *A* est suivi du phénomène *B*, ce que l'on attribue faussement à la suggestion, alors que c'est un fait d'association.

Par conséquent, n'ont pas une valeur scientifique suffisante toutes les expériences de suggestion mentale, dans lesquelles :

1º Le nombre des échecs n'est pas indiqué aussi exactement que celui des succès;

2º Les objets pensés n'ont pas été fixés par avance, mais *choisis au* dernier moment, au fur et à mesure des expériences ;

3º On a parlé inutilement et devant le sujet, sous l'influence de l'objet déjà choisi, et qu'on a dans l'esprit ;

[1]. Extrait de deux communications faites à la Société de psychologie physiologique le 25 janvier et le 19 avril 1886.

4° Les personnes qui doivent observer le sujet de près, connaissent tous les détails ou le moment exact de l'expérience;

5° L'expérimentateur touche le sujet, dans une expérience où les mouvements et leurs directions entrent en jeu;

6° L'on ne tient pas compte de l'influence possible des émanations matérielles, là où il s'agit de trouver une personne ou un objet;

7° La pensée est accompagnée de gestes attractifs;

8° La pensée est accompagnée de bruits qui peuvent indiquer les intentions, les moments donnés, les approbations ou les dénégations;

9° Il est impossible de s'assurer que le sujet a eu une connaissance antérieure des détails qu'on lui demande;

10° On a affaire à un sujet éduqué, habitué à un certain *ordre* dans les essais *répétés*, ou dans les circonstances plus ou moins inaperçues, qui accompagnent invariablement certains essais.

II. *La suggestion mentale vraie.*

Ce phénomène existe. Il a une base physique, et présente plusieurs degrés d'évolution, à savoir :

1° Transmission des maladies;

2° Transmission des douleurs;

3° Transmission des sensations objectives;

4° Transmission des sentiments;

5° Transmission des idées;

6° Transmission de la volonté.

L'évolution commence par une action proche, palpable et assez commune, et arrive à son point culminant dans une communication à distance, phénomène très rare, mais constaté dernièrement dans une série d'expériences [1] par MM. Gibert, Pierre Janet, F. Myers, A. Myers, Marillier et le soussigné.

Vu l'étrangeté du phénomène de la suggestion mentale en général, qui se trouve momentanément en opposition apparente avec les lois physiologiques admises, il est à désirer que les observateurs prennent des précautions exceptionnelles, non seulement par rapport aux expériences à faire, mais aussi *dans les comptes rendus* des expériences. Il est à désirer :

1° Que les détails des expériences soient toujours fixés *au sort;*

2° Qu'on note soigneusement les *caractères* physiologique, psychologique et pathologique des sujets avec lesquels les expériences réussissent et de ceux sur lesquels elles ne réussissent jamais. Il est surtout absolument nécessaire qu'on indique à l'aide de l'hypnoscope si la personne est hypnotisable et à quel degré;

3° Qu'on décrive également l'*état momentané* du sujet pendant l'expérience;

---

1. Les expériences ont eu lieu au Havre les 21-24 avril 1886.

4° Qu'on décrive également la nature de l'intelligence de l'expérimentateur (si elle se sert principalement des images, des paroles, ou des mouvements intérieurs; si la pensée peut être soutenue longtemps et de quelle façon, etc.), et les *incidents psychiques* durant les essais;

5° Qu'on cite, aussi exactement que possible, les *conditions extérieures* des expériences.

III. *Expériences de suggestion mentale vraie.*

Je crois pouvoir dire que toutes les précautions indiquées ont été prises dans une série d'expériences commencées l'année dernière et continuées pendant onze mois. Elles feront l'objet d'un livre qui doit paraître prochainement, et ici je me bornerai à en citer quelques-unes à titre d'exemples.

6° série : transmission de la volonté.

Le sujet, Mlle M... a, âgée de vingt-sept ans, forte et bien constituée; apparence d'une santé parfaite. Hystéro-épilepsie très grave et ancienne, basée sur des influences héréditaires très fortes. Outre les attaques, accès d'aliénation. Une seule zone hystérogène au-dessous de la clavicule gauche; pas d'anesthésie; une zone *délirogène* à l'occiput droit, à l'endroit de la fosse occipitale supérieure. La pression ovarienne arrête l'attaque.

A l'hypnoscose on constate :

1° Insensibilité ;

2° Contracture du bras entier;

3· Il n'y a aucune sensation subjective.

Sensible à l'*étain*, puis à l'acier, mais aussi à d'autres métaux à des degrés moindres, différents et inconstants. Tempérament actif et gai, uni à une extrême *sensibilité intérieure*, c'est-à-dire sans signes extérieurs. Caractère véridique, bonté profonde, tendance au sacrifice. Intelligence remarquable; sens de l'observation; *compassion psychologique*, basée sur l'observation inconsciente. Par moment : manque de volonté, indécision pénible, puis une fermeté exceptionnelle. La fatigue intellectuelle, et surtout une impression inattendue, même de peu d'importance, agréable ou pénible, se porte (lentement) sur les vaso-moteurs de a tête et produit une attaque, un accès ou un évanouissement nerveux.

Le 2 décembre. La malade repose, comme d'habitude, demi-couchée sur un canapé.

Personne ne s'attend à une expérience quelconque.

Je continue à prendre mes notes, tête baissée, tout le corps immobile, sauf la main droite qui simule l'écriture; je me trouve à quatre mètres de la malade et en dehors de son champ visuel; elle a d'ailleurs les yeux fermés et dort, plongée dans un somnambulisme, sans idée et sans mouvement (*aidéie paralytique*); l'habitude, contractée pendant deux mois, semble assurer son « inconscient » qu'on la laissera tranquille au moins un quart d'heure.

PREMIÈRE EXPÉRIENCE

Lève la main droite !

(Je concentre ma pensée sur le bras droit de la malade, comme s'il était le mien ; je m'imagine son mouvement à plusieurs reprises, tout en voulant contraindre la malade par un ordre intérieurement parlé ; je regarde la malade à travers les doigts de ma main gauche sur laquelle repose la tête.)

1re *minute* : action nulle ;

2e *min.* : agitation dans la main droite ;

3e *min.* : l'agitation augmente, la malade fronce les sourcils et *lève la main droite* qui retombe quelques secondes après.

DEUXIÈME EXPÉRIENCE

Lève-toi et viens à moi !

(Même attitude de ma part.)

1re *minute* : elle fronce les sourcils et s'agite ;

2e *min.* : elle se lève lentetement, avec difficulté, et *vient à moi*, le bras tendu. Elle a une respiration accélérée ; le froncement des sourcils persiste. Je la reconduis à sa place sans rien dire.

DIXIÈME EXPÉRIENCE
(Le 7 décembre.)

La malade est dans l'état d'*aidéie tétanique* (les bras contracturés, les jambes un peu raides).

Lève-toi, va au piano, prends la boîte aux allumettes, apporte-la-moi en allumant l'une d'elles, puis retourne à ta place !
Retourne !
Encore en arrière !
(En ce moment, je l'arrête par la main, je la reconduis au milieu de la chambre où je romps le contact et retourne à ma place.)
Plus bas !
Plus bas !
Prends la boîte !

Prends la boîte !

Elle se lève avec une grande difficulté, s'approche de moi (c'est-à-dire avance dans un sens contraire) ;

Elle revient ;
Elle va en avant vers la porte ;
Elle va au piano, cherche quelque chose au-dessus de la boîte ;

Sa main s'abaisse ;
Elle touche la boîte, mais retire la main ;
Elle la touche de nouveau et la prend ;

Viens à moi !	*Elle vient à moi ;*
Allume !	*Elle veut me passer la boîte ;*
Allume !	*Elle retire une allumette ;*
Allume !	*Elle l'allume et me la donne ;*
Retourne à ta place !	*Elle retourne à sa place.*

TRENTIÈME EXPÉRIENCE
(Le 31 décembre.)

Va à ton frère et embrasse-le !	*Elle se lève. s'avance vers moi, puis vers son frère.*
	Elle tâte l'air près de sa tête, mais ne le touche pas, s'arrête devant lui en hésitant :
	Elle se rapproche lentement et l'embrasse sur le front en tressaillant.

J'ai fait sur cette malade quarante et une expériences ; puis encore un certain nombre d'autres sur trois personnes hypnotisables et magnétisées, et je crois être arrivé à *préciser les conditions physiologiques dans lesquelles la transmission psychique est possible.* Elle n'est possible que dans un état intermédiaire entre le sommeil aidéique et le monoidéisme naissant.

Elle devient de plus en plus difficile dans le somnambulisme proprement dit, c'est-à-dire dans un état *polyidéique passif* ou *actif*; elle est tout à fait impossible dans l'*aidéie* profonde (léthargique ou cataleptique), lorsque le sujet n'entend pas l'expérimentateur, et dans la *monomanie somnambulique*, où le sujet est trop absorbé dans ses propres idées.

Elle réussit au contraire *quelquefois* à l'état de veille, lorsque la nature, pour ainsi dire élastique, du cerveau, permet la production momentanée du monoidéisme naissant.

Les caractères extérieurs des états hypnotiques n'ont que peu d'influence sur la production du phénomène.

J. OCHOROWICZ.

DEUXIÈME NOTE SUR LE SOMMEIL PROVOQUÉ A DISTANCE ET LA SUGGESTION MENTALE PENDANT L'ÉTAT SOMNAMBULIQUE [1]

L'attention que la Société de psychologie physiologique a bien voulu accorder aux observations de somnambulisme que M. le docteur Gibert et moi lui avons présentées, l'obligeance avec laquelle MM. Richet,

---

1. Séance du 31 mai 1886 (Présidence de M. Charcot.)

Beaunis et Héricourt ont répondu à notre demande et ont communiqué des observations du même genre, nous obligeaient à vérifier de nouveau les mêmes faits et à rendre compte à la Société de nos expériences nouvelles.

C'est surtout sur le sommeil provoqué à distance, qu'ont porté ces nouvelles recherches, car ce fait est de la plus grande importance et semble assez facile à vérifier. Comme je tenais à m'assurer de la réalité de ce phénomène, j'ai cherché à le produire moi-même à plusieurs reprises et avec toute la précision possible, et c'est sur le récit de ces expériences que nous insisterons tout d'abord.

Mme B... était de retour au Havre depuis le 10 février; elle était restée en très bonne santé et n'avait éprouvé depuis son dernier voyage aucun accident nerveux. Une seule fois elle avait été indisposée, disait-elle, et dans les circonstances que voici. Une personne du pays où elle se trouvait et qui l'endormait autrefois avec la plus grande facilité avait essayé de produire de nouveau sur elle le sommeil magnétique. Elle s'y prit à plusieurs reprises, fit tous ses efforts pendant trois heures consécutives et ne parvint pas à l'endormir. Mme B..., à la suite de cette tentative, eut une forte migraine et une indisposition de quelques jours; d'ailleurs elle ne comprenait point ce qui s'était passé; elle croyait naïvement que personne ne pouvait plus l'endormir et que nous-mêmes nous n'y réussirions plus. Nous n'avions cependant aucune inquiétude à ce sujet, car nous nous souvenions que la veille de son départ du Havre, pendant la dernière séance de somnambulisme du 14 octobre, M. Gibert lui avait défendu d'être endormie par personne en dehors du Havre. La suggestion avait été faite mentalement, c'est-à-dire que M. Gibert n'avait fait que penser ce commandement en approchant son front de celui de la somnambule. Cependant je ne puis pas rapporter ce fait comme un exemple précis de suggestion mentale, car je ne suis pas certain que nous n'ayons pas discuté devant elle pendant son sommeil la possibilité d'une pareille suggestion. En tous les cas, on voit qu'elle avait parfaitement réussi pendant quatre mois. Dès que Mme B... fut avec nous, sans lui rien expliquer, M. Gibert lui pressa la main comme autrefois et elle s'endormit en deux minutes; je l'endormis moi-même le lendemain avec la plus grande facilité en quelques minutes.

J'ai essayé en l'endormant souvent moi-même d'acquérir sur cette femme une sorte d'influence assez grande pour pouvoir tenter avec quelques chances de succès le commandement du sommeil à distance. Pendant les premières séances, j'ai donc endormi Mme B... en lui tenant la main ou le pouce, sans essayer d'autres procédés. L'état hypnotique une fois produit, je l'ai étudié et analysé afin d'en distinguer autant que possible les caractères et les phases, et c'est le résumé de ce travail que M. Ch. Richet a eu l'obligeance de recevoir à la *Revue scientifique* [1].

1. J'ai pu vérifier dans ces recherches l'existence des *états mixtes* de l'hypnotisme déjà signalés dans la thèse de M. le Dr Magnin.

Au bout de quelques jours je parvins à produire le sommeil beaucoup plus rapidement. Il me fallait autrefois trois à quatre minutes et quelquefois plus pour endormir Mme B..., maintenant je produisais le sommeil en moins d'une demi-minute. Il n'était plus non plus nécessaire de fixer sa pensée sur l'ordre du sommeil pour endormir Mme B...; l'action physique exercée sur son point hypnogène au pouce remplaçait toute autre influence. Le commandement mental conservait son importance quand on ne touchait pas le sujet, quand on l'endormait par suggestion mentale en se plaçant dans la même chambre. Cette expérience réussissait encore très facilement, mais il n'était pas certain que l'attitude du magnétiseur ne jouât pas dans la production du sommeil un plus grand rôle que sa pensée.

Après une dizaine de séances, pendant lesquelles j'avais endormi moi-même six fois Mme B..., j'ai essayé de lui commander le sommeil sans être auprès d'elle, mais en me tenant dans une chambre voisine. L'expérience réussit bien; après avoir pensé cinq minutes à l'endormir, j'entrai dans sa chambre et je la vis complètement endormie; la tête et le corps penchés fortement du côté où je me trouvais précédemment. L'expérience n'est cependant pas concluante, car Mme B... se doutait évidemment de mon intention.

Le 22 février, après 14 séances de somnambulisme et après l'avoir endormie moi-même 8 fois, j'ai essayé pour la première fois de lui commander le sommeil de loin [1]. J'étais chez moi, à une distance de quatre ou cinq cents mètres du pavillon où se trouvait Mme B... quand j'ai essayé de concentrer ma pensée sur l'ordre du sommeil, comme je l'avais fait souvent devant elle. Je n'y mis peut-être ni la conviction ni le temps nécessaires, car je n'y pensai guère plus de cinq minutes. D'ailleurs je n'allai auprès d'elle qu'une heure plus tard, persuadé d'avance du peu de succès de mon entreprise. A mon grand étonnement, les personnes de la maison m'avertirent que Mme B... était fort indisposée depuis une heure : elle avait été prise d'étourdissements, et forcée d'interrompre son travail; elle avait dû pour se remettre boire un verre d'eau et se laver la figure et les mains. Mme B... me raconta elle-même son indisposition qu'elle ne s'expliquait pas; il est bon de remarquer à ce propos qu'à l'état de veille Mme B... ne soupçonne pas du tout que l'on puisse l'endormir de loin. Cette coïncidence au moins singulière montrait deux choses : 1º que j'avais peut-être une certaine action sur cette femme, même de loin, et qu'il y avait lieu de recommencer plus sérieusement; 2º que, pour une raison quelconque, soit par défaut d'accoutumance, soit grâce à l'action de l'eau froide, Mme B... pouvait résister encore à cette action et ne s'endormait pas.

Pendant deux jours encore je l'ai endormie de près en la touchant, sans qu'il y eût d'autres incidents. Je lui ai demandé, pendant son état

1. Pour étudier le sommeil provoqué à distance, il n'y a pas d'expérience plus simple que celle-ci : commander le sommeil de l'endroit où l'on se trouve à une heure quelconque de la journée.

de veille, de ne plus mettre ainsi ses mains dans l'eau ; sans lui rien expliquer, je lui ai persuadé, ce qui n'était pas sans vérité, qu'elle se faisait grand mal en luttant ainsi contre un étourdissement passager. Je lui fis même cette défense pendant l'état somnambulique, accentuant ainsi mes recommandations par la force de la suggestion, et le 25 février, sans prévenir personne, je recommençai la même expérience. Dans les mêmes conditions, vers cinq heures du soir, je pense à l'endormir ; j'y pense le plus fortement possible et à peu près sans distraction pendant 8 minutes, puis je me rends immédiatement auprès d'elle. Elle était étendue sur un canapé et plongée dans le plus profond sommeil ; aucune secousse ne peut la réveiller. Mais si je lui serre les doigts ou si je lui touche légèrement la peau du bras, les muscles sous-jacents se contracturent fortement ; si je lui ouvre les yeux à la lumière, elle entre en catalepsie vraie avec l'immobilité caractéristique des attitudes ; si je lui referme les yeux, elle retombe dans l'état précédent. Elle était donc bien en état de sommeil hypnotique qui avait commencé par une coïncidence des plus étranges, justement quelques minutes avant mon arrivée. D'ailleurs, elle ne tarde pas à s'agiter et à parler dans le somnambulisme lucide : elle manifeste une grande joie de me sentir près d'elle et sait très bien que c'est moi qui l'ai endormie à cinq heures.

Deux nouveaux essais, l'un le 26 février et l'autre le 1er mars, ne réussirent pas complètement. Mme B... n'éprouva qu'une indisposition et fut distraite par des personnes qui lui parlaient au moment où elle allait s'endormir.

Mais, le 2 mars, je recommence le même commandement chez moi à trois heures de l'après-midi. Je ne la rejoins qu'une heure après, et je la trouve dans une singulière attitude. Elle était assise et cousait une serviette ; les yeux étaient ouverts, les mouvements continuaient à se produire très régulièrement, mais avec une lenteur extraordinaire : elle cousait à peine trois ou quatre points par minute. Je lui prends le bras sans rien dire et le mets en l'air ; il reste immobile : elle était en véritable catalepsie et cet état durait au grand étonnement des personnes présentes depuis une heure. Elle avait peu à peu cessé de répondre aux questions et était restée ainsi immobile. Je lui baisse les paupières, aussitôt elle tombe en arrière et, dans cet état de somnambulisme à forme léthargique, elle ne cesse de répéter : « Oh, j'ai sommeil... vous me faites mal de me réveiller... j'ai sommeil, je vais tomber... vous me faites mal de me parler... M. Janet ne veut pas... quand est-ce qu'il va venir?.. » Dans un instant de lucidité, elle me reconnaît, me saisit la main avec un cri de satisfaction et alors se rendort paisiblement et sans rêver.

Le lendemain, 3 mars, Mme B... ne fut pas endormie et se porta très bien.

Le 4, il faut signaler un incident assez curieux. Je voulais endormir Mme B... de chez moi par le commandement mental ordinaire et j'y pensais depuis trois ou quatre minutes quand plusieurs personnes entrant chez moi vinrent interrompre ma singulière occupation. Il me fut impossible de la reprendre, et, quand une heure plus tard, je pus aller au pavillon où Mme B... se trouvait, je croyais l'expérience absolument manquée. Mme B... était sur une chaise, endormie en apparence depuis plus de trois quarts d'heure; sur ma recommandation, personne ne l'avait dérangée. Je voulus lui prendre la main pour provoquer les contractures caractéristiques, mais elle tressaillit immédiatement, ouvrit les yeux et se leva en disant qu'elle ne dormait pas du tout. Cependant, le regard était hagard, la démarche titubante, et je dus même la soutenir pour la mener dans une autre pièce. D'ailleurs, elle se rendormit bientôt complètement en me touchant la main. N'y a-t-il pas quelque chose de curieux dans cet étourdissement, ce demi-sommeil se produisant exactement le jour et l'heure où moi-même j'avais songé à l'endormir sans y mettre le temps suffisant?

Le 5 mars, d'ailleurs, dans les mêmes conditions et cette fois vers cinq heures du soir, je pensai à l'endormir pendant 10 minutes et je la trouvai peu d'instants après dans le même état de catalepsie déjà décrit.

Le 6 mars, ce fut M. Gibert qui essaya de l'endormir ainsi de chez lui et à une heure toute différente, à huit heures du soir. Il y réussit parfaitement, quoiqu'il n'eût pas endormi le sujet depuis huit jours. Remarquons que ce jour-là une tierce personne avait réglé sa montre sur celle de M. Gibert et observait de très près Mme B... On la vit s'endormir exactement à huit heures trois minutes. Une pareille précision rend toute coïncidence fortuite bien difficile à supposer.

Les jours suivants, nous n'avons pas essayé de sommeil à distance et le 9 mars, quand j'ai voulu recommencer, j'ai échoué.

Le 10 mars, c'est M. Gibert qui endort le sujet de chez lui ; il fit même ce jour-là une expérience des plus intéressantes. Mais, comme je n'ai pas pu y assister et qu'elle fut recommencée plus tard, j'en retarde la description. Point de tentative le 11 ni le 12. Le 13, je l'endors de chez moi à quatre heures et je le trouve à quatre heures un quart en état de catalepsie. Ce jour-là encore elle cousait du même mouvement automatique un ouvrage qui paraissait compliqué et qu'elle exécutait assez bien, mais très lentement. Sans rien dire, sans la toucher, par conséquent sans la prévenir de ma présence, je me contente de lui commander par la pensée qu'elle doit dormir encore et plus profondément. Elle pousse un soupir, les mouvements des mains s'arrêtent et elle reste immobile dans la dernière position. J'insiste encore et elle retombe en arrière dans la plus complète résolution musculaire. Le choc sur les tendons du poignet produisait maintenant les contractures particulières à la léthargie. C'est là un exemple de cette augmentation du sommeil par le commandement mental que nous avons signalée avec plus de détails dans l'article envoyé à la *Revue scientifique* sur les phases intermédiaires de l'hypnotisme.

Le 14 mars, à trois heures, je l'ai encore endormie de la même manière et je l'ai trouvée dans un état de somnambulisme léthargique sans aucun mouvement.

Enfin le mardi 16 mars, M. Gibert l'endormit de chez lui à huit heures du soir dans des conditions particulièrement intéressantes sur lesquelles nous aurons à revenir à propos d'autres phénomènes.

Tel est le récit des expériences qui ont été tentées sur le sommeil à distance pendant cette seconde série de recherches. Mme B... nous avait quittés le 18 mars. Mais plusieurs personnes, entre autres mon oncle, M. Paul Janet, M. le Dr Charles Richet, MM. Myers de Cambridge, M. le docteur Ochorovicz, M. Marillier, nous ayant exprimé le désir de voir quelques-unes de ces expériences, nous l'avons fait revenir au Havre le 13 avril. M. Marillier va sans doute faire à la Société le récit des expériences qui ont été tentées devant ces messieurs; je voudrais seulement indiquer dans quelles conditions elles ont été faites, ce qui les a précédées et suivies.

J'étais fort inquiet sur le succès de ces expériences parce qu'elles se présentaient à mon avis dans de mauvaises conditions. Je n'avais réussi le sommeil à distance auparavant qu'après un assez long exercice du sujet : 14 ou 15 séances au moins convenablement espacées, c'est-à-dire à peu près une par jour. Or ces messieurs devaient arriver au Havre deux ou trois jours à peine après l'arrivée de la somnambule qui devait avoir perdu depuis un mois une grande partie de son habitude hypnotique. Pour remédier à cet inconvénient, j'ai endormi le sujet plusieurs fois par jour. Je suis ainsi parvenu à mon but, c'est-à-dire à produire une plus grande sensibilité, mais en même temps j'ai produit un résultat fâcheux. Mme B... était extrêmement fatiguée; elle avait à de fréquentes reprises des maux de tête qui troublaient complètement les phénomènes normaux. Enfin il lui arriva au bout de quelques jours d'être dans une sorte de somnolence presque continuelle. Ainsi une fois elle tomba spontanément en catalepsie sans suggestion aucune, deux heures après avoir été réveillée. Mon avis est que ce jour-là, après deux séances d'hypnotisme fort longues, elle avait été mal réveillée.

En tous les cas voici simplement la statistique des expériences sur le sommeil à distance pendant ce troisième séjour de Mme B... au Havre. Le 14 avril, étant seul avec elle, je l'ai endormie sans la toucher, mais en me tenant dans la même chambre qu'elle. Le dimanche 18, j'étais encore seul; j'ai essayé pour la première fois dans cette série de l 'endormir de chez moi : j'y ai parfaitement réussi; elle s'est endormie dix minutes après l'instant où j'avais commencé à y penser. Le lundi 19 mon oncle, M. Paul Janet, venait d'arriver au Havre; je voulais lui montrer d'abord la somnambule avant de tenter une expérience; il préféra, personne ne pouvant être prévenu, prier M. Gibert de l'endormir immédiatement de chez lui. Pris ainsi à l'improviste, M. Gibert essaya ce commandement à quatre heures: nous avons trouvé Mme B... complètement endormie à quatre heures un quart. Le mardi 20, M. Gibert l'a encore endormie de loin à huit heures du soir devant M. Paul Janet et

l'a fait venir chez lui par suggestion mentale comme je le raconterai tout
à l'heure. Malheureusement, les deux jours suivants, le 21 et le 22, pour
différentes raisons dans lesquelles la fatigue du sujet et ses maux de
tête entrent pour beaucoup, deux essais de sommeil à distance tentés
par M. Gibert, ne réussirent qu'incomplètement : le sujet ne s'endormit
qu'une demi-heure plus tard après une longue résistance. Mais le même
jour, 22 avril, M. Gibert l'endormit avec bien plus d'exactitude dans la
soirée, et le vendredi et le samedi suivants, à deux heures différentes
choisies par MM. Myers, Ochorovicz et Marillier, j'ai endormi le sujet de
loin avec un plein succès et une grande précision.

Ces messieurs nous quittèrent le dimanche de Pâques et il était fort
nécessaire de laisser reposer le sujet. Je n'ai repris ces recherches que
le 4 mai où j'ai endormi le sujet de près; mais les deux jours suivants,
5 et 6, j'ai encore obtenu deux fois le sommeil à distance. Le récit de
ces expériences n'aurait aucun intérêt, car il serait identique aux précédents.

Une question que l'on se posera sans doute en lisant le récit de ces
expériences est la suivante. Est-ce qu'il n'arrive jamais à Mme B... de
s'endormir spontanément en dehors des heures où on lui commande le
sommeil de loin? si cela lui arrive souvent, les coïncidences deviendront
moins merveilleuses.

Il est facile de répondre. Je ne parle pas du sommeil naturel qui s'est
produit une fois après une promenade fatigante; mais, pendant toute la
durée de son séjour au Havre, je l'ai trouvée *deux fois* en état d'hypnotisme qui n'avait point été provoqué par notre commandement. Un
jour, elle trouva vers onze heures du matin un album de photographies;
s'étant amusée à le feuilleter, elle s'arrêta devant la photographie de
M. Gibert, puis elle ne bougea plus. Personne ne put la tirer de cet état
qui était une catalepsie complète. Je ne fus prévenu du fait que trois
heures plus tard et étant dans l'impossibilité de me rendre auprès d'elle
je conseillai simplement qu'on lui fermât les yeux. A quatre heures
et demie, je la retrouvai encore en somnambulisme. Elle fut très heureuse de me voir, mais ne voulut pas d'abord être réveillée par moi, elle
retombait en arrière dès que je commençais à la réveiller et appelait
M. Gibert. Au moyen de quelques suggestions, je lui persuadai que
c'était moi qui l'avais endormie le matin et je pus la réveiller, non sans
peine. Le réveil d'ailleurs a toujours été difficile.

Un autre jour, ainsi que je l'ai déjà dit, elle se rendormit spontanément deux heures après avoir été réveillée, mais elle était dans une
période où je l'endormais tous les jours plusieurs fois et elle avait
simplement été mal réveillée. D'ailleurs, pendant ces deux heures d'intervalle, elle n'avait pu ni parler ni manger : elle était donc restée
malheureusement dans un état de demi-sommeil. Voilà certes deux cas
où elle est tombée spontanément en hypnotisme, mais le sommeil n'a-
t-il pas ici une explication claire et précise quoique curieuse, dans le
premier cas, et peut-on complètement comparer ces deux faits avec les

autres accès d'hypnotisme survenant sans cause apparente juste au moment où nous lui commandions de loin le sommeil.

Faisons le résumé des expériences sur le sommeil à distance que j'ai rapportées aujourd'hui. Je ne parle pas des expériences qui ont été faites en se tenant dans la même chambre ou dans une chambre voisine et qui ont toujours réussi, mais je tiens compte de toutes les autres qui ont été tentées de loin, sauf une cependant que l'on essaya la nuit pendant le sommeil naturel du sujet. Elle n'eut aucun résultat, mais elle n'était pas faite dans des conditions normales. Je compte comme échecs toutes les expériences incomplètes où le sommeil a trop tardé à se produire. Voici la statistique définitive. Il y eut en tout vingt-deux expériences faites soit par M. Gibert soit par moi, sur lesquelles il faut compter six échecs, trois tout au début quand l'habitude somnambulique n'était pas encore assez forte, un plus tard également après une interruption de quelques jours dans les séances, et deux quand le sujet fatigué a résisté plus d'une demi-heure avant de s'endormir. Il y eut d'autre part seize succès précis et complets. Faut-il croire qu'il y a eu seize fois une coïncidence fortuite quoique exacte? La supposition est peut-être un peu invraisemblable; y a t-il eu toutes les fois suggestion involontaire de notre part? Je ne puis répondre qu'une chose, c'est que très sincèrement nous avons pris toutes les précautions possibles pour l'éviter. Ne concluons donc qu'une chose, c'est que de pareils faits méritent d'être reproduits et étudiés, et à ce point de vue les expériences suivantes ont encore leur intérêt.

Dans ma première note à la Société de psychologie physiologique j'ai signalé un autre fait qui se rattache évidemment au précédent : ce sont les suggestions d'actes faites par la pensée. Je n'ai pas eu le temps de m'en occuper aussi sérieusement que du sommeil provoqué à distance et je n'ai pas obtenu moi-même de résultat bien net. Si j'approche mon front du sien pendant le somnambulisme léthargique, Mme B... paraît ressentir une impression pénible, et éloigne sa tête le plus possible. Si je lui donne alors un commandement par la pensée, elle me prend la main et la serre comme pour indiquer qu'elle a compris. Le lendemain, à l'heure exacte que je pensais la veille, elle est prise de grands troubles, de maux de tête, de tremblements et de sueurs froides; elle sait, dit-elle, qu'elle a quelque chose à faire, mais elle ne sait pas quoi et n'exécute pas la suggestion. En somme, elle ne comprend de mon commandement que l'heure et non pas l'acte à exécuter. En présence de cette indisposition pénible que la suggestion provoquait on comprend que je n'aie pas recommencé souvent cette expérience. Une seule fois j'ai obtenu un résultat assez curieux. Je lui avais suggéré par la pensée de prendre une lampe à onze heures du matin et de la porter au salon. A onze heures elle prit des allumettes et les enflamma les unes après les autres en étant d'ailleurs dans la plus grande agitation. Je l'endormis pour la calmer et ses premiers mots furent ceux-ci : « Pourquoi voulez-vous me faire allumer une lampe ce matin; il fait grand jour. » C'était un succès presque complet qui ne s'est pas reproduit dans le petit nombre d'expériences que j'ai faites dans ce sens.

Mais M. Gibert a essayé trois fois ces suggestions mentales et avec plus de succès. Le 19 avril il lui suggère par la pensée de venir au-devant de nous à trois heures le lendemain. A l'heure dite, elle se tenait près de la porte et s'avança vers moi, mais elle s'enfuit à la vue d'autres personnes. La suggestion fut bien plus curieuse le 22 avril devant MM. Myers, M. Ochorovicz et M. Marillier. Ces messieurs la choisirent eux-mêmes et en virent le lendemain l'exécution complète. M. Marillier va la raconter, je ne ferai qu'une observation. Le sujet, ce jour-là, s'endormit après l'exécution de la suggestion, c'est qu'il tenait à la main un album de photographies qui lui rappelait le portrait de M. Gibert et l'a fait penser à dormir. Quelques jours plus tard, ces messieurs étant partis M. Gibert suggéra de même à Mme B... d'arroser le jardin; le lendemain, à deux heures vingt, elle prit un seau, le remplit d'eau et arrosa le bas du jardin. Après l'acte. elle se retira et ne s'endormit pas, le trouble se dissipa peu à peu.

Nous avons découvert une autre action de la pensée sur Mme B... pendant son sommeil, d'un effet beaucoup plus certain. Le sommeil hypnotique de ce sujet est maintenant assez compliqué; il se compose d'un grand nombre de phases qui ne sont probablement que des degrés de sommeil. Une influence très minime, un léger souffle suffit pour faire passer le sujet d'une phase dans l'autre. M. Gibert était persuadé dès le début que le commandement mental pourrait amener le même résultat, et il fit même parcourir au sujet plusieurs phases par ce moyen : ainsi, il la réveillait facilement des phases léthargiques et la faisait entrer dans le somnambulisme lucide. Ce n'est qu'assez tard vers le 12 mars que j'ai réussi à produire ainsi le cycle complet des états. Sans toucher Mme B... le moins du monde, en me tenant à deux mètres d'elle, je pensais qu'elle devait se réveiller et elle parcourait toutes les phases consécutives en poussant un soupir caractéristique à chaque changement. Mais il faut faire à ce propos plusieurs remarques. D'abord le phénomène est devenu de moins en moins net, car les phases qui primitivement duraient chacune fort longtemps deviennent maintenant très courtes et changent spontanément. Ensuite le parcours commandé par la pensée se fait presque toujours dans le même sens de la léthargie à la catalepsie avant d'arriver au somnambulisme : ce n'est que rarement qu'on a pu par le commandement mental faire parcourir les phases en sens inverse. Enfin, il est presque impossible de réveiller entièrement Mme B... par ce procédé; le plus souvent elle recommence indéfiniment la série des phases. Une fois cependant M. Gibert réussit ainsi à la réveiller complètement : c'est un fait très intéressant, car il est l'inverse du commandement mental du sommeil, mais il est difficile à reproduire.

Vers la fin de ces séances, j'ai obtenu une autre action encore par le commandement mental. J'ai pu, en me tenant près d'elle, la faire lever entièrement et marcher en travers de la chambre rien qu'en y pensant; mais M. Gibert a réussi dans ce sens une très belle expérience à laquelle j'ai déjà fait allusion et qui est bien plus concluante. Le 16 mars, il fut convenu entre nous que M. Gibert endormirait Mme B... par la pensée, de chez lui, et qu'il essayerait en restant toujours chez lui de la forcer à se lever et à venir nous rejoindre. Mon frère, Jules Janet, interne des hôpitaux de Paris, se trouvait alors au Havre et devait venir avec moi chez M. Gibert avant huit heures du soir, moment où nous avions l'intention de commencer l'expérience. Un retard inattendu nous empêcha de rejoindre M. Gibert assez tôt et l'expérience ne put commencer qu'à neuf heures. Je signale cet incident insignifiant : car si, par extraordinaire, Mme B... avait pu être prévenue de notre intention, elle se serait endormie et se serait mise en marche à huit heures et non pas à neuf heures. Or, voici ce qui arriva. Ne voulant pas laisser cette femme endormie marcher au travers des rues sans précautions, j'ai quitté M. Gibert et j'ai été vers le pavillon où se trouvait Mme B. Je ne suis pas entré, de peur de produire quelque suggestion par ma présence, mais je suis seulement resté assez loin dans la rue. A neuf heures et quelques minutes, Mme B... est sortie brusquement de la maison; elle ne s'était pas couverte et marchait à pas précipités; je me suis mis auprès d'elle et j'ai vu qu'elle avait les yeux entièrement fermés et qu'elle avait tous les signes que je connaissais bien de son état somnambulique : elle évitait tous les obstacles avec une adresse qui me rassura, mais elle fut très longue à me reconnaître. Au début, elle me repoussait et ne voulait pas, disait-elle, être accompagnée; au bout de deux cents mètres, elle sut qui j'étais et parut satisfaite de ma présence. D'ailleurs à plusieurs reprises, je fus très inquiété par des hésitations de sa marche; elle s'arrêtait et se balançait en avant et en arrière comme si elle allait tomber. Je craignais beaucoup qu'elle n'entrât brusquement dans une période de léthargie ou de catalepsie qui aurait rendu le voyage difficile : il n'en fut rien; elle se redressa et arriva sans encombre. A peine arrivée, elle tomba sur un fauteuil dans la léthargie la plus profonde. Cette léthargie ne fut interrompue qu'un instant par une période de somnambulisme où elle murmura : « Je suis venue... j'ai vu M. Janet... j'ai réfléchi qu'il ne faut pas que je prenne la rue d'Étretat, il y a trop de monde... (elle a pris d'elle-même une autre rue). Un homme s'est jeté devant moi... il a dit que j'étais aveugle, est-il bête... » et elle resta longtemps endormie. Plus tard elle revint au somnambulisme et raconta qu'elle avait éprouvé beaucoup de fatigue et d'hésitation pendant la route, parce que, croyait-elle, M. Gibert n'avait pas pensé asez continûment à la faire venir. Elle s'était endormie, comme on me le raconta ensuite, quelques minutes avant neuf heures, c'est-à-dire à l'heure où M. Gibert y avait pensé, mais elle ne s'était mise en marche que cinq ou six minutes plus tard.

Cette expérience fut recommencée avec le même succès une fois devant M. Paul Janet le 20 avril et une autre fois devant MM. Myers, Marillier et Ochorovicz le 22. Notons que jamais Mme B... ne s'endort ainsi le soir et ne se met en route en somnambulisme.

Je dois pour être complet ajouter certains faits du même genre qui se

rapporten aux hallucinations. Il est facile de donner à Mme B... des hallucinations, soit en les lui commandant immédiatement pendant le somnambulisme les yeux ouverts ou somnambulisme cataleptique : Voici une
fleur rouge, lui dit-on, et elle la voit, soit en lui commandant l'hallucination pendant les périodes léthargiques du somnambulisme, et alors
cette suggestion se réalise plus tard lorsque le sujet entre dans la phase
de somnambulisme proprement dit. Mais, chose curieuse dans les deux
cas, l'hallucination n'existe que lorsque la personne qui l'a suggérée
touche la main du sujet. Je lui ai dit de voir un beau bouquet ou des
oiseaux multicolores; tant que je lui tiens la main elle est enchantée de
ce beau spectale; elle sent même le bouquet et caresse les oiseaux ; mais
dès que j'écarte ma main, la voici qui gémit, car tout a disparu. Si je la
touche si peu que ce soit sur la main ou sur la figure, elle rit, car tout
revient. Il faut noter que ce fait n'est pas le résultat d'une suggestion;
il s'est toujours produit et j'ai été fort étonné de le constater. Si une
autre personne que moi lui touche la main, l'hallucination que j'ai suggérée ne se produit pas; mais voici qui est plus extraordinaire : si je touche moi-même cette seconde personne, même à l'insu de la somnambule, l'hallucination réapparaît aussitôt comme si une action quelconque exercée par moi avait passé au travers du corps de la personne
que je touche. Si on fait une sorte de chaîne avec plusieurs personnes
intermédiaires, le phénomène n'est plus aussi constant. Je me contente
de signaler ce fait qu'il faut peut-être rapprocher des phénomènes si
curieux d'électivité que l'on a déjà observés.

Il y a aussi chez Mme B... une sorte d'hallucination produite, on peut le
dire, par suggestion mentale. Elle paraît éprouver les mêmes sensations
que j'éprouve moi-même ou qui sont ressenties par quelqu'une des personnes présentes avec laquelle elle semble plus particulièrement en
relation. J'ai déjà dit qu'elle croit boire et manger quand je le fais pendant son sommeil ; nous avons remarqué cette fois que le phénomène se
passe encore même si je me trouve dans une autre chambre. On voit
sur sa gorge les mouvements de déglutition ; peut-être devrais-je essayer
d'enregistrer ces mouvements pour voir s'ils sont bien parallèles à ceux
qui se passent en moi-même. Si, même dans une autre chambre je me
pince fortement le bras ou la jambe, elle pousse des cris et s'indigne
qu'on la pince aussi au bras ou au mollet. Enfin, mon frère qui assistait
à ces expériences et qui avait sur elle une singulière influence, car elle
le confondait avec moi, essaya quelque chose de plus curieux. En se
tenant dans une autre chambre, il se brûla fortement le bras pendant
que Mme B... était dans cette phase de somnambulisme léthargique où
elle ressent les suggestions mentales. Mme B... poussa des cris terribles et j'eus de la peine à la maintenir. Elle tenait son bras droit au-dessus du poignet et se plaignait d'y souffrir beaucoup. Or je ne savais pas
moi-même exactement l'endroit où mon frère avait voulu se brûler. C'était
bien à cette place-là. Quand Mme B... fut réveillée, je vis avec étonnement
qu'elle serrait encore son poignet droit et se plaignait d'y souffrir beau-

coup sans savoir pourquoi. Le lendemain elle soignait encore son bras avec des compresses d'eau fraîche, et le soir je constatais un gonflement et une rougeur très apparents à l'endroit exact où mon frère s'était brûlé, mais il faut remarquer qu'elle s'était touché et gratté le bras pendant la journée. L'expérience n'est pas amusante à recommencer, mais il est bien probable qu'en prenant plus de précautions on provoquerait ainsi par suggestion mentale ou par communication de sensation une véritable brûlure : ce serait un singulier moyen de vérifier l'action de la pensée. Ce phénomène de la communication des sensations ne se produit qu'après une longue suite de séances et à la fin d'une séance qui a duré elle-même plusieurs heures : ainsi ne l'ai-je pas revu une autre fois avec la même netteté.

Telles sont les expériences nouvelles que je voulais raconter à la Société de psychologie physiologique. Les faits que j'ai rapportés en premier lieu ont été vérifiés fréquemment et avec beaucoup de précision. Les derniers sont plus rares, difficiles à reproduire à volonté et je ne les ai signalés que comme des faits curieux qui peuvent se rattacher aux premiers. Mais ni les uns ni les autres ne se rapportent à ce qu'on est convenu d'appeler à tort ou à raison la lucidité des somnambules. Il y aurait sans doute une étude psychologique intéressante à faire sur l'état moral singulier qu'on est convenu de désigner par ce nom; mais je ne l'ai pas faite. J'espère simplement que les observateurs qui ont eu l'obligeance de confirmer mon premier récit sur la suggestion mentale voudront bien signaler encore les résultats de leurs recherches. Il faut recueillir encore des faits plus précis et plus nombreux sur ce sujet délicat qui intéresse autant la physiologie que la psychologie.

Le Havre, 25 mai 1886.

PIERRE JANET.

LIVRES DÉPOSÉS AU BUREAU DE LA REVUE

E. CLAY. *L'alternative : contribution à la psychologie*, trad. de l'anglais, par A. BURDEAU, in-8°. Paris, Alcan.

SCHOPENHAUER. *Le monde comme volonté et comme représentation*, traduit pour la première fois en français par J.-A. CANTACUZÈNE, 2 vol. in-8°. Bucarest, Sostchek.

HORION. *Les partis politiques*, in-8° (brochure). Liège, Decq.

STOLTPINE. *Essai de philosophie des sciences*, in-8° (brochure). Genève, Cherbuliez.

A. HERZEN. *Les conditions physiques de la conscience*, in-8°. Genève, Stapelmohr.

MAUREL-DUPEYRÉ. *Le Procès-verbal de la vie*, in-8°. Paris, Quantin.

PEREZ (Bernard). *L'enfant de trois à sept ans*, in-8°. Paris, Alcan.

MASSEBIEAU (E.). *Du principe de la morale d'après la philosophie de l'évolution*, in-8°. Alençon, Guy.

ALLIOT. *La suggestion mentale et l'action des médicaments à distance*, in-12. Paris, J.-B. Baillière.

SCHELLWIEN. *Optische Häresien*, in-8°. Halle, Pfeffer.

KŒGEL. *Lotzes Æsthetik*, in-8°. Göttingen, Vandenhœck.

ZIEGLER. *Geschichte der christlichen Ethik*, in-8°. Strasbourg, Trübner.

BASTIAN. *Die Seele indischer und hellenischer Philosophie in der Gespenstern moderner Geisterseherei*, in-8°. Berlin, Weidmann.

BENDER. *Zur Lösung der metaphysischen Probleme*, in-8°. Berlin, Mittler.

Denkmünze zum Centenarium Schopenhauer's : ein Appell an die Presse, in-18. Leipzig (brochure).

LESSONA. *L'utilità e il senzo morale*, in-8°. Torino, Roux et Favale.

LESSONA. *Saggio d'estetica*, in-8°. Torino, Casanova.

FERRI (E.). *Lavoro e celle dei condannati*, in-8°. Rome.

LOMBROSO, FERRI (E). GAROFALO, FIORETTI. *Polemica in difesa della scuola criminale positiva*, in-8°. Bologna, Zanichelli.

CESCA. *La morale della filosofia scientifica*, in-8°. Verona-Padova, Drucker e Tedeschi

A. CHIAPELLI. *La dottrina della realtà del mondo esterno nella filosofia moderna prima di Kant*. Parte prima, in-8. Firenze.

A. CHIAPELLI. *Il naturalismo di Socrate e le prime nubi d'Aristofane*, in-4°. Roma, Salviuin.

LAVI (L.). *Estetica : Lezioni*, in-8°. Bari. Canone.

FISICHELLA. *Dei rapporti tra morale e diritto*, in-8°. Catania, Martinez.

BARZELLOTTI. *Santi, solitari e filosofi : saggi psicologici*, 2ᵉ édiz. in-12. Bologna, Zanichelli.

VIDA (Jer.). *La familia como célula social*, in-8°. Madrid, Fernandez.

Notre collaborateur M. G. TARDE dont les études de psychologie criminelle ont été si remarquées, vient d'en recueillir une partie en un volume publié sous ce titre : *La criminalité comparée*, dans la « Bibliothèque de philosophie contemporaine ».

Nous signalons la publication d'une *Revue de l'hypnotisme* dirigée par M. le Dʳ BÉRILLON, dont le premier numéro a paru le 1ᵉʳ juillet : nous rendrons compte ultérieurement de ce périodique.

Le Propriétaire-Gérant : FÉLIX ALCAN.

LA SENSIBILITÉ ET LE MOUVEMENT

(Fin [1].)

La première source sensible du mouvement est évidemment le besoin. Nous disons : la première source sensible; car il est avéré pour nous qu'il y a des mouvements élémentaires et simples précédant la sensibilité. Mais quand la sensibilité nous met, pour ainsi dire, en demeure d'agir pour fuir une douleur et en écarter la cause, ou pour prolonger et accroître un plaisir déjà goûté, elle ne le fait qu'en réalisant en nous cet état bien connu de tous, quoique difficile à définir, qu'on nomme le besoin. Il y a sans doute un certain nombre de mouvements que nous accomplissons au hasard ou par le fait d'une impulsion étrangère n'ayant produit en nous aucun état général, aucun effet durable et persistant. Il faudrait de la bonne volonté, par exemple, pour rattacher à un besoin les mouvements d'accommodation accomplis en présence d'un obstacle ou d'un danger subit, les mouvements d'imitation contagieuse ou bien encore ceux qu'exécute un enfant qu'on mène à la main. Il y a d'autre part des mouvements intimes et silencieux que la vie accomplit généralement sans nous, et qui ne font naître le besoin proprement dit que lorsqu'ils sont arrêtés par une gêne exceptionnelle : c'est entre ces mouvements constants et ces mouvements tout à fait accidentels et fortuits que s'organisent les mouvements dont nous sentons le besoin.

Cherchons maintenant une définition plus précise. Littré, dans son Dictionnaire, nous donne la suivante : « manque de, avec désir ou nécessité d'avoir ». Cette définition embrasse toutes les acceptions du mot, même celles qui sont métaphoriques, comme lorsqu'on dit que la terre a besoin d'eau ou que le raisin a besoin de soleil. Notre organisme a certainement de ces besoins-là, que la physiologie, aidée de la physique et de la chimie, nous explique : nous les tenons ici pour connus. Pour avoir le fait qui nous préoccupe avec ses conditions, mais aussi avec tout son développement psychologique, il

1. Voir le numéro précédent de la Revue.

nous faut, ce semble, réunir ces trois termes : nécessité, manque et enfin, sinon le désir, au moins un état de sensibilité qui le prépare et qui l'annonce. Il y a de faux besoins : ce sont des phénomènes intéressants que nous nous garderons d'oublier; mais le vrai besoin d'une chose suppose : 1° Qu'elle est nécessaire; 2° qu'on ne l'a pas du tout ou qu'on ne l'a pas en quantité suffisante; 3° que l'on sent tout à la fois ce manque et cette nécessité, d'où résulte qu'on est travaillé par une sollicitation qui développe une tendance plus ou moins confuse. Qu'est-ce que cette sollicitation sentie par l'individu? Qu'est-ce que cette tendance, et quelle en est exactement la nature?

Horwicz dit quelque part [1] que, si l'appétit est la forme première et en même temps la plus générale du désir, la première phase de l'appétit est l'acte réflexe. M. Ch. Richet dit de son côté [2], avec plus de précision : « Un besoin n'est autre chose qu'un réflexe sollicité avec énergie par la sensibilité. » Voilà une considération bien mécaniste et qui ne donne pas du besoin une idée fort satisfaisante. Tout réflexe n'est pas un besoin et ne suppose pas nécessairement un besoin. Il faut qu'il soit senti, ajoutera M. Richet. Mais il y a des réflexes énergiques, incoercibles, très douloureux, évidemment contraires aux nécessités de l'organisme, et à propos desquels on n'éprouve qu'un seul besoin, celui de les voir cesser au plus tôt. Il suffit de citer les réflexes de l'épilepsie, du tétanos, ceux qui sont produits par la présence de vers intestinaux, les accès convulsifs de l'hystérie, ceux de la chorée, etc. Tout besoin d'autre part provoque-t-il nécessairement des réflexes [3]? Je veux bien que la sensation de la toux

---

1. Voyez la *Revue philosophique* de mai 1876.
2. Voyez Ch. Richet, *Recherches expérimentales et cliniques sur la sensibilité,* page 201.
3. Mathias Duval cite, d'après Kuss, de Strasbourg, un cas fort curieux où le besoin sollicite et obtient des efforts volontaires, quoique les réflexes soient presque entièrement abolis ou devenus insuffisants. « Dans nos grandes brasseries, il n'arrive que trop souvent qu'un garçon brasseur tombe dans une des immenses chaudières des établissements; retiré très vite, il n'en présente pas moins une brûlure, parfois légère, mais en tout cas très étendue, et qui a profondément modifié la peau au point de vue nerveux, comme cela arrive pour la sensibilité de toutes les surfaces dont l'épithélium est altéré.

Dans quelques cas de ce genre, nous avons pu observer que la respiration ne se continue, avec son ampleur et son intensité normales, que grâce à l'intervention de *la volonté*. Le patient respire alors parce qu'il veut respirer, et, le réflexe physiologique étant insuffisant par un défaut dans les voies centripètes, les mouvements du thorax ne présentent plus ni leur forme rythmique, ni leur apparente spontanéité normale ; mais si le malade *oublie de respirer*, les mouvements du thorax deviennent lents et faibles comme chez les animaux enduits d'un vernis : la température du corps s'abaisse et n'est maintenue que par l'action de la volonté sur la respiration. Il est évident que si une des sources, la *source cutanée*, si l'on peut ainsi s'exprimer, du réflexe respiratoire, a été sup-

soit « un véritable besoin, en ce sens qu'elle commande énergiquement l'acte musculaire qui doit expulser des bronches le corps étranger ». Je veux bien encore qu'on puisse trouver des réflexes accompagnant la sensation de divers autres besoins, puisqu'il y a des réflexes partout. Mais comment leur attribuer une part prépondérante dans les besoins de la faim et de la soif, dans le besoin du sommeil et surtout dans les besoins moraux? car enfin il faut bien tenir compte aussi de ces derniers et trouver ce qu'ils ont de commun avec les autres. Force est donc de remonter·plus haut.

Le sentiment que nous éprouvons de la nécessité d'un acte quelconque peut être agréable ou pénible; le plus souvent il est à la fois l'un et l'autre, quoique à des degrés très divers et dans des proportions fort inégales.

Il y a d'abord des besoins modérés qui ne procurent guère que du plaisir; on est heureux de se sentir ce qu'on appelle proprement de l'appétit; on est heureux, quand on s'est reposé, de sentir que les jambes et le corps tout entier demandent à marcher. On éprouve malgré soi un plaisir réel quand on se sent capable d'une fonction quelconque : tel est le jeune homme qui commence à s'apercevoir de sa virilité. Est-ce uniquement parce que l'imagination se représente par avance les satisfactions qui vont suivre et en donne une espèce d'anticipation? C'est d'abord parce que cette agitation et ce remuement donnent à l'individu le sentiment de sa force et de ses aptitudes. « Il est doux, dit Malebranche [1], de suivre les inspirations et les mouvements de la passion », et il entend par là que la passion est agréable en elle-même, en raison de ce qu'elle dégage en nous d'activité et d'énergie.

Ce que M. Bouillier, dans sa belle et classique étude sur le plaisir et la douleur [2] appelle (avec Malebranche et le P. Tournemine) « le plaisir prévenant », est tout simplement le plaisir qui s'attache au sentiment d'une activité déjà toute prête à s'exercer. On ne comprendrait pas d'ailleurs un état de sensibilité qui ne dépendrait pas de nous-même et dans lequel aucun de nos organes ne se sentirait intéressé. Ce serait quelque chose d'analogue à la sensation de Condillac venant du dehors et ne devant rien ni à l'activité spirituelle ni à l'activité physiologique. La mise en éveil, la mise en train d'une fonction ne peuvent se passer du concours de la fonction même.

---

primée, et que l'action du pneumo-gastrique seul est devenue insuffisante pour provoquer l'action du système nerveux central, la volonté supplée à ce manque d'impulsion extérieure... » (*Dictionnaire Jaccoud*, art. RESPIRATION, p. 292.)

1. Malebranche, *Traité de la morale*, I, V, 4.

2. Voyez F. Bouillier, *Le plaisir et la douleur*, ch. VII.

L'excitation extérieure peut bien hâter ce réveil, elle ne suffit pas à le produire, si elle ne trouve pas un organe préparé à la recevoir et capable d'y correspondre. Lorsque la « délectation prévenante » opère, c'est que cette première ébauche, tout intérieure encore de la fonction, s'assurant de son organe, mesurant ses forces disponibles et commençant à les développer, provoque un ensemble de mouvements nécessairement agréables. L'individu en effet s'y sent lui-même et il s'y sent capable d'action. Cette capacité n'est pas une abstraction pure, puisque la sollicitation qui commence à en faire l'épreuve vient généralement à l'heure où, l'organe s'étant reconstitué par l'assimilation de matériaux utiles et l'élimination de déchets nuisibles ou superflus, cette force emmagasinée demande à s'employer [1]. On dira qu'il est des besoins où domine de beaucoup le sentiment passif d'un déficit à combler ou d'une superfluité embarrassante à rejeter. Il y a en effet des diversités dans les besoins, et nous ne tarderons pas à y revenir. Mais dans ceux même qu'on serait tenté de nous opposer il y a une action qui est nécessaire, il y a un travail exigeant encore une certaine force dont nous avons le sentiment net ou confus. Autrement, nous en sommes réduits à l'un de ces états de paresse et d'indifférence pour lesquels la médecine a un luxe bien connu de termes expressifs : inappétence, anorexie, marasme dyspeptique ; là les fonctions somnolentes s'engourdissent peu à peu, et le malade finit par perdre, avec la force, non seulement le besoin de la vie, mais la vie même.

Tout sentiment agréable (à moins d'être arrivé à son terme, c'est-à-dire à sa perfection) enveloppe un effort destiné à le continuer. Or le plaisir dont nous parlons n'en est qu'à son premier début : il est donc inévitable qu'il y ait ici un mouvement de plus en plus prononcé pour en assurer la durée et en accroître la vivacité.

Mais aucune de nos fonctions ne suffit à son propre travail : aucune ne s'accomplit, pour ainsi dire, toute seule. A la faim et à la soif il faut des aliments et des boissons, parce que nous n'entretenons notre organisme qu'avec des matériaux appropriés tirés du dehors. A l'exercice du sommeil il faut une situation convenable où le corps soit étendu, où les membres n'aient qu'à se laisser aller, où les sens puissent se clore contre les impressions des agents externes. A la satisfaction génésique il faut le concours d'un individu d'un autre sexe. C'est l'insuffisance, c'est le retard, c'est le manque prolongé

---

1. Nous avons déjà exposé cette même thèse dans un chapitre de notre ouvrage sur *L'homme et l'animal*. Il s'agissait d'expliquer l'origine de l'instinct. C'est à un autre point de vue et avec des faits beaucoup plus nombreux que nous y revenons ici.

de ce concours qui éveille en nous la douleur, à l'occasion du besoin. C'est alors en effet que notre effort devient violent et difficile. Il devient difficile parce qu'il lui manque une de ses conditions essentielles : il devient violent en raison même de la difficulté qu'il éprouve et de l'espèce d'impatience irréfléchie qui en est la conséquence. On sait comment dans la soif le chien tire la langue. Nous-mêmes nous cherchons à provoquer des sécrétions qui humectent au moins notre bouche, et nous essayons des mouvements de déglutition qui dérouillent notre gosier desséché. Quand le sommeil attendu tarde à venir, nous nous retournons de tous les côtés pour trouver une situation plus commode. Tant que cette souffrance n'a pas atteint ce degré que nous expliquions dans notre dernier article, elle enveloppe donc un effort par lequel nous essayons de la faire cesser. Ce mélange d'effort et de douleur caractérise la seconde phase du besoin. Mais nous n'étonnerons aucun psychologue en disant que les deux phases empiètent souvent l'une sur l'autre, de telle sorte que l'effort pour obtenir une satisfaction agréable et l'effort pour faire cesser une privation douloureuse se mélangent : l'un et l'autre concourent à nous expliquer la nature vraie du besoin, en même temps que la diversité fréquente de ses symptômes.

Pour mieux marquer la valeur générale de cette explication du besoin, reprenons celui qui de prime abord semble demander qu'on le mette à part : le besoin de sommeil. Les conditions ne sont-elles pas ici tout opposées à celles que nous indiquions tout à l'heure? N'y a-t-il pas tout simplement suspension de fonctions, refus d'agir et de penser? Non, ce n'est pas ainsi que la physiologie moderne nous l'explique [1]. Elle n'admet sans doute pas sans restriction cet aphorisme un peu exagéré d'Hippocrate : *somnus labor visceribus*. Mais elle voit dans le sommeil « une fonction ». Ce n'est pas seulement pour elle une simple réaction, réparant les forces épuisées par cela seul qu'elle ne les emploie pas. Le sommeil est un « accumulateur de forces », dit Lasègue. Et comment cela? Le travail qui s'accomplit dans l'état de veille produit, on le sait, deux sortes d'effets, surtout pour les organes de la vie de relation : d'abord il épuise la provision de matériaux par lesquels l'organisme alimente ses fonctions, car il les désassimile; puis il encombre les tissus de certains produits que cette désassimilation même a rendus nuisibles ou inutiles [2]. Parmi ces

1. Voyez sur ce sujet Preyer : *Les causes du sommeil* (*Revue scientifique* du 9 juin 1877) ; Mathias Duval, art. SOMMEIL du *Dictionnaire Jaccoud* ; et Lasègue, *Études médicales*, tome I, p. 429.

2. C'est là, comme on sait, l'objet des beaux travaux et des récentes découvertes de M. Armand Gautier.

produits gênants que cette fatigue engendre, les travaux de Preyer
ont signalé l'acide lactique qui s'empare de l'oxygène du sang et contribue par cette soustraction à ralentir les fonctions cérébrales.
L'état de repos a précisément pour objet : 1° Le renouvellement des
matériaux nutritifs par assimilation, 2° l'enlèvement des déchets.
L'organe ne peut en même temps fonctionner au dehors et se réparer en dedans : ce sont là deux espèces d'efforts qui se contredisent
et qui par conséquent doivent alterner. C'est pourquoi, selon les
expressions de Claude Bernard, la circulation nutritive, qui accumule et organise les matériaux nécessaires à la vie, vient remplacer
dans le sommeil la circulation fonctionnelle qui les consume. Le
sommeil est donc bien, comme le disent nos physiologistes, une
fonction. Nous éprouvons une jouissance positive quand nous pouvons préparer cette fonction à notre gré, c'est-à-dire quand nous
sentons que le travail réparateur qui commence ne rencontre aucun
obstacle dans la persistance importune d'un travail fonctionnel in-
cohérent et saccadé. Notre jouissance s'accentue encore quelque peu
quand nous sentons que nos membres peuvent prendre et garder
facilement l'attitude qui leur convient, que nos organes splanchni-
ques, débarrassés de tout lien et de tout fardeau, ont la liberté qu'ils
réclament. N'est-ce pas là pour tout le monde ce *prima quies* dont
Virgile a dit en termes si expressifs : *dono divum gratissima serpit?*

Ainsi, tout besoin est accompagné de mouvements naissants
ébauchant déjà la fonction dont l'organisme a senti la nécessité. Le
plaisir et la douleur qui se mêlent ou se succèdent dans le sentiment
du besoin accélèrent ou calment les mouvements, selon les lois que
nous avons étudiées dans le chapitre précédent.

II

Si nous voulons être aussi complet que possible, il faut nous demander maintenant comment, dans quels organes, par quelles sympathies ou par quelles actions locales se groupent les mouvements liés
au besoin.

On sait qu'il ne faut tenir qu'un compte très secondaire de l'organe
où s'exécutent les mouvements les plus apparents de la fonction. Ce
n'est pas que l'estomac, le palais, les poumons n'aient un rôle très
important de l'acte final auquel chacun d'eux concourt; mais ils ne
sont que les serviteurs de l'organisme total, et c'est celui-ci qui, dans
presque toutes les fonctions, fait sentir ses exigences. C'est l'orga-

nisme entier qui a faim, c'est l'organisme entier qui a soif. Qui ne connaît toutes les expériences qui le prouvent, en montrant la soif irritée ou apaisée suivant que le milieu supérieur manque d'eau ou qu'il en reçoit une quantité suffisante par une voie quelconque, de même que l'on calme la faim par une ingestion directe dans les veines de matières immédiatement assimilables? Il est encore évident que si l'on pouvait introduire artificiellement dans le sang l'oxygène qu'il lui faut et lui retirer son excès d'acide carbonique, les mouvements respiratoires cesseraient d'être un besoin. Ce serait la prolongation de cet état passager que les physiologistes appellent *apnée*.

Jusqu'où faut-il étendre la sphère de ces besoins généraux? Le besoin sexuel en est-il un? Il paraît difficile de le nier, puisque après la puberté tout change dans l'individu, sa voix, sa taille, la forme de sa poitrine et jusqu'au tour de ses idées. Des besoins beaucoup plus spéciaux en apparence, comme la défécation, la miction, le besoin de tousser ou de bâiller sont-ils absolument locaux? Et est-il difficile de les rattacher soit aux grandes fonctions qu'ils terminent, soit aux états plus généraux dont ils sont de simples symptômes? Les tics mêmes, qui sont des besoins maladifs produisant de petits mouvements dans des régions très déterminées, accusent un état de santé causé par la préoccupation, l'excès de travail, le surmenage intellectuel ou enfin une prédominance presque pathologique de l'élément nerveux, donc en tous cas, une prédisposition de l'organisme tout entier.

Cette participation de toute l'économie au développement des besoins n'empêche pas que, dans l'analyse des divers mouvements ainsi groupés, on ne compte d'abord celui de l'organe local. Y tout rapporter serait excessif; ne lui attribuer aucun rôle serait singulier. Tantôt en effet c'est à lui qu'aboutira une excitation née ailleurs; tantôt c'est de lui que l'excitation partira pour provoquer un besoin prêt à naître. Il n'y a pas ici à insister.

Au mouvement local correspondent presque immédiatement les mouvements sympathiques d'autres organes associés. Quand la faim commence à se faire sentir spontanément ou qu'elle est hâtée par quelque sensation accidentelle, tous les organes qui doivent contribuer à la fonction désirée sont en éveil. « Toutes les puissances digestives, disait Brillat Savarin, se mettent sous les armes, comme des soldats qui n'attendent plus que le commandement pour agir. » Les physiologistes n'ont pas dédaigné [1] de recueillir cette ingénieuse formule et de la démontrer expérimentalement : ils ont établi que depuis les

---

1. Voyez dans le *Dictionnaire Jaccoud* l'article DIGESTION, par P. Bert.

sucs buccaux jusqu'aux sucs intestinaux, toutes les sécrétions nécessaires se préparent déjà ou même commencent à donner quelques
signes d'intervention au moindre signal qui leur annonce que la
fonction est commencée. Nous avons entrevu quelque chose de tout
semblable dans le besoin du sommeil : tous les organes des sens
veulent se fermer, tous les organes de locomotion cesser d'agir et se .
détendent. Voyez par contre l'homme qui combat le besoin du sommeil : il dresse la tête, il raidit ses bras et ses jambes, il abandonne le
fond du siège où il est assis et il se penche en avant, il érige en quelque sorte tout son corps pour le tenir bon gré mal gré dans une attitude d'activité plus attentive.

Mais au-dessus de tous ces organes sympathiques il faut toujours
faire la part de celui qui régit tous les autres, le centre nerveux et
particulièrement l'encéphale. Les localisateurs à outrance ont voulu
trouver des centres spéciaux pour chacune de nos fonctions et pour
chacun de nos besoins. Ainsi le besoin de respirer a été localisé par
Bell et par Schiff dans les cordons latéraux de la moelle et dans la
partie cervicale de la moelle épinière [1]. Pour Ferrier, les centres du
besoin sexuel sont localisés dans les régions qui unissent les lobes
occipitaux à la région inféro-interne du lobe temporo-sphénoïdal; la
faim vient des lobes occipitaux, etc. Nous n'avons point à prendre
parti dans ce débat toujours ouvert et où les divergences sont si
accusées. M. Charcot estime que le cerveau est un ensemble d'organes distincts et que chacun de ces organes est doué de propriétés
spéciales, de telle sorte que la lésion d'une partie déterminée entraîne
la suppression de la fonction à laquelle elle préside. M. Brown-Séquard
juge plus conforme aux faits la théorie qui pose que les cellules nerveuses exerçant les fonctions primaires du cerveau sont disséminées
dans tout cet organe, de telle sorte qu'une lésion ou irritation locale
ne saurait atteindre qu'une partie des cellules douées de la même
activité fonctionnelle [2]. Malgré des tentatives ingénieuses de localisation qui peuvent être interprétées de plusieurs manières, Ferrier [3]
fait une distinction qui lui assigne entre M. Charcot et Brown-Séquard
une place intermédiaire. Il distingue les fonctions physiologiques et
les fonctions psychologiques du cerveau. En tant qu'organe de sensibilité, de mouvement et de conscience *présentative*, le cerveau est
un seul organe composé de deux moitiés : qu'une moitié soit détruite
ou lésée, le mouvement et la sensation sont abolis ou altérés d'un

1. Voyez Ferrier, *Les fonctions du cerveau*, p. 43.
2. Société de biologie, 1881.
3. Voyez *les Fonctions du cerveau*, p. 112.

côté. En tant qu'organe « d'idéation » ou de conscience *représentative*, il est un organe double : chaque hémisphère est complet en lui-même, et l'hémisphère demeuré intact peut suffire à toutes les opérations mentales. C'est ainsi qu'un individu sera paralysé de tout un côté du corps dans sa sensibilité et sa motilité physiologiques, et que néanmoins il ne sera pas paralysé mentalement.

Sans prendre parti, encore une fois, dans ces controverses, on peut observer (en se couvrant de l'autorité de Wundt) que tout acte psychique (et le besoin certes en est un) est « un produit extrêmement complexe qui nécessite très probablement la collaboration compliquée de nombreux éléments centraux [1] ». Cette assertion est entièrement d'accord avec les faits cliniques. Rarement l'organisation atteinte montre dans ses lésions la simplicité qu'offre une montre ou une machine quelconque dont tel ou tel ressort est cassé. Quelles nuances innombrables dans les altérations de ces fonctions! Et particulièrement quelles bizarreries dans les variations qui affectent les besoins!

Mais tenons-nous-en, pour le moment, à notre analyse et à ce qu'elle nous a donné d'acquis et de certain. Si tout besoin suppose, avec l'effort naissant d'un organe local, tout un groupement d'efforts sympathiques dans un nombre considérable d'autres organes, il paraît évident que chacun de ces organes a de son côté un lien qui le rattache au centre général. Que les fonctions du cerveau soient diffuses ou qu'elles soient rigoureusement localisées, il n'est donc, pour ainsi dire, aucun besoin qui se puisse rattacher exclusivement à l'une ou à l'autre des petites régions encéphaliques.

Prenons le besoin sexuel, comme étant l'un des plus connus et des plus clairs. Il faut d'abord faire la part de l'organe ou de l'appareil spécial. L'ablation qui en est opérée chez certains animaux et chez les eunuques laisse-t-elle encore subsister, pendant quelque temps, des traces de besoin? Cela est possible : mais il est plus probable encore qu'elle ne tarde pas à les supprimer complètement [2]. Qu'on dise que cette ablation, entraînant l'impossibilité de la fonction, décourage, réduise à l'inaction, fasse en quelque sorte mourir la région des centres nerveux à laquelle elle se rattachait; c'est une façon comme une autre d'expliquer la vertu de l'organe local. Mais cela n'en supprime nullement le rôle et l'importance. Il en est d'autres

---

1. *Ouvrage cité*, tome I, p. 239.
2. Voyez dans les *Annales médico-psychologiques* de mai 1886 une étude du Dr Hospital sur les Eunuques volontaires. « La survivance des désirs dans l'imagination et dans la sensibilité générale est en proportion avec l'âge auquel la mutilation a été pratiquée. »

cependant qui viennent mêler à cette première sollicitation leurs besoins particuliers, car la sensibilité olfactive, la sensibité cutanée, la nature de la circulation sanguine, son rythme général et son mode de distribution dans les régions diverses du corps ont ici une importance que chacun sait. Si l'on dit que chacune de ces sensibilités a un centre local, distinct de tous les autres, il faut bien avouer par là même que le besoin complexe qu'elles alimentent n'a pas un centre unique. Ce n'est pas l'action d'un mécanisme isolé qu'il faut invoquer ici : c'est le concours harmonique de plusieurs fonctions associées pour une même fin.

Mais, ces fonctions, les avons-nous toutes examinées? Chacun répondra négativement, puisqu'il faut encore faire la part de l'imagination. Nous ne savons dans quelle mesure il convient de distinguer avec Ferrier des centres représentatifs et intelligents en opposition avec des centres présentatifs ou émotionnels. Mais, en tout cas, la psychologie est obligée de faire la distinction de ces deux ordres de faits, quelle que soit dans l'organisme la séparation ou la fusion des centres nerveux qui leur correspondent. Que serait en effet le besoin sans l'intervention continuelle de l'image qui le prépare, l'organise et le prolonge? Elle le prépare en développant une certaine attente, en accroissant, comme par une série d'ondulations intérieures, l'effet d'une excitation subie, en réveillant les diverses tendances qui, au signal de cette excitation, se réunissent pour se coaliser ou pour se combattre. Elle l'organise en soumettant tous les petits états qui le composent à l'action d'une image dominante qui prévient les hésitations, surmonte les dégoûts, s'il y en a, réunit toutes les énergies dans une sorte d'entraînement général où elles se renforcent l'une l'autre, en convergeant vers un même but. Elle en favorise la survivance, en assurant la durée des représentations qui rappellent les sensations déjà goûtées, et elle le tient ainsi toujours plus prêt à répondre à de nouvelles excitations.

III

Ce sera compléter et vérifier tout à la fois cette analyse du besoin que de décomposer pareillement ce qu'on peut appeler le faux besoin qui n'en est qu'une reproduction artificielle et maladive, puis le dégoût qui en est, pour ainsi dire, l'ennemi.

Tout le monde connaît ces besoins factices qu'on appelle de noms si divers, boulimie (ou excès d'appétit pour les aliments), dipsomanie,

nymphomanie, satyriasis, priapisme, etc. Ce sont ici les médecins
qui ont le plus de compétence, puisqu'il s'agit de véritables maladies. Or, si nous cherchons comment ils en expliquent les causes,
voici ce que nous trouvons : ils font une part, très petite, aux causes
locales; ils voient presque toujours dans le besoin pathologique le
signe d'une maladie plus générale, et ils accordent fréquemment un
rôle considérable à quelque trouble du cerveau. Plusieurs même
ne craignent pas d'invoquer en différentes circonstances des causes
d'ordre moral, dépendant beaucoup plus de la volonté que d'une
lésion encéphalique. En résumé, c'est bien là où nous avons vu
naître le vrai besoin qu'agissent aussi les causes accidentelles qui
préparent le faux.

« La boulimie, nous dit Lasègue, ne se lie en général à aucune lésion
stomacale, grave ou superficielle[1]. Si l'on en croit d'autres cliniciens, les organes digestifs des boulimiques ont été quelquefois
trouvés énormes à l'autopsie. Mais c'était sans doute là un effet plutôt qu'une cause de l'exagération du besoin. Le plus souvent, cette
exagération est présentée comme un trouble fonctionnel, comme
une névrose se rattachant à l'aliénation mentale ou à l'hystérie. Quelquefois enfin, c'est presque une création de l'imagination égarée
par l'obscur sentiment d'un mal dont le vrai remède lui est inconnu[2]. »

La dipsomanie[3] est rarement un mal isolé. C'est un symptôme
qui, ajouté à beaucoup d'autres, sert à caractériser certaines affections générales et telle ou telle variété de manie instinctive. Mêmes
conclusions pour les faux besoins qu'on appelle nymphomanie chez
les femmes, satyriasis chez les hommes. On ne nie pas que certaines
excitations locales, nées de causes accidentelles, ne puissent les
entretenir quelque temps; mais, dès qu'on les voit persister et
prendre plus de violence, il faut en chercher la cause dans des
lésions plus profondes, et c'est dans l'état des centres encéphaliques
que les hommes compétents s'accordent à la trouver.

Si le besoin exagéré et maladif tient surtout à des désordres géné-

---

1. En général, car ailleurs Lasègue signale certaines affections stomacales
faisant naître « des sensations appétives illusoires ».

2. Chez les hystériques on observe ces faux appétits exigeants, impérieux, au
même degré que chez certains diabétiques. Presque toujours les malades, *obéis-
sant à une hypothèse théorique, partent de l'idée que leur malaise est dû à l'inanition* et qu'ils réussissent à le conjurer à l'aide d'une nourriture si réduite
qu'elle soit. L'expérience montre que deux gouttes de laudanum servent mieux
à apaiser la faim imaginaire que l'ingestion des aliments. (Lasègue, *Études*,
t. II, p. 47.)

3. On sait qu'il ne faut pas la confondre avec l'ivrognerie, faux besoin né peu
à peu d'habitudes volontaires.

raux et à des lésions centrales, il paraît que l'absence apparente de besoins, le manque d'appétit tient au contraire à des affections locales plus ou moins circonscrites. Il est clair que si l'organe spécialement chargé de la fonction ne peut l'accomplir sans souffrance, l'individu recule devant l'accomplissement de cette fonction; il s'en détourne même le plus qu'il peut. Le besoin doit dès lors se calmer de plus en plus et finir par cesser de se faire sentir. Ainsi un cancer à l'estomac produira de l' « anorexie [1] ». Si la cause locale paraît ici prépondérante, elle n'est cependant pas seule à être invoquée [2]. « L'anorexie, dit un savant professeur, tient aussi très souvent au mal de quelque organe étranger en apparence au travail de la digestion, reins, vessie, utérus. » Et un autre [3] dit de son côté : « On peut trouver dans la *vue*, l'odorat, la bouche, les dents, la langue, la cause du manque d'appétit. »

Enfin si, à l'inverse de ce que nous avons vu pour les faux besoins, la cause d'ordre cérébral est moins souvent signalée, elle ne laisse pas que de l'être encore quelquefois, l'anorexie étant souvent le « prodrome d'une méningite tuberculeuse [4] ».

Le dégoût, quand il est à son plus bas degré, n'est guère autre chose que cette indifférence à la fonction ou de crainte de la fonction. Mais il peut prendre un caractère plus violent; et alors, au fur et à mesure que cette violence s'accuse davantage, nous voyons le foyer du phénomène s'étendre graduellement depuis l'organe local jusqu'aux centres nerveux et de là à la totalité de l'économie. Si l'excitation (de la substance qui dégoûte) est faible, dit M. Ch. Richet [5], elle n'agit que sur le pneumo-gastrique : il y a dégoût sans nausée ni vomissement. Si l'excitation est plus forte, au lieu de se borner au pneumo-gastrique, elle s'irradie et se porte sur presque tout le système nerveux de la vie organique. La face pâlit, les muscles lisses de la peau se contractent, la peau se couvre d'une sueur froide, le cœur suspend ses battements. En un mot, il y a perturbation organique générale, consécutive à l'excitation de la moelle allongée, et cette perturbation est l'expression suprême du dégoût.

---

1. Il faut ranger dans la même catégorie le priapisme, non tel que se l'imagine le vulgaire, mais tel que le définissent les médecins. Le priapisme est une phlegmasie aiguë de la membrane muqueuse vésico-uréthrale qui amène, dans les circulations locales et par suite dans les tissus érectiles de ces organes, des troubles considérables. Mais loin que le patient soit pris alors, ainsi que dans le satyriasis, d'une sorte de fureur sauvage, il redoute au contraire un acte qui accroîtrait encore sa souffrance.

2. Behier, art. ANOREXIE du *Grand Dictionnaire Dechambre*.

3. Lasègue, *Études*, t. I, p. 419.

4. Behier, *article cité*.

5. Ch. Richet, *L'homme et l'intelligence*, t. II.

Ainsi à tous ses degrés, dans ses formes normales et dans les perturbations qu'il subit, le besoin est un phénomène auquel l'économie tout entière participe. Elle y participe d'une manière active, par des mouvements dont le plaisir et la douleur contribuent tour à tour, et quelquefois en même temps, à modifier l'intensité et les allures. Il y a cette différence entre le vrai besoin et le faux que le vrai correspond à une fonction normale, nécessaire à l'intégrité de l'organisme, constante et universelle, tandis que le faux besoin correspond à une fonction accidentelle, irrégulière ou parasite. Quant à l'affaiblissement du besoin, à l'indifférence ou au dégoût qui le remplacent, ils tiennent à des troubles équivalents survenus dans la fonction et la rendant accidentellement pénible ou difficile.

IV

Mais une explication du besoin doit comprendre, avons-nous dit, l'explication des besoins moraux. Sont-ils d'une nature toute différente, et alors que devient l'unité de l'être humain? Sont-ils absolument du même ordre, et alors se réduisent-ils à des mouvements tout physiques? Il y aurait là une question fort intéressante. Nous savons dès à présent comment se crée un besoin physique, car il y a un besoin distinct partout où il y a une fonction caractérisée, ayant son organe terminal, son organe central et ses connexions avec toutes les autres grandes fonctions de l'économie. Comment se constitue le besoin moral? Il semble qu'ici la réponse soit moins facile, car les fonctions essentielles de l'esprit ne paraissent point liées à un organe ou à un appareil circonscrit : mais nous n'avons pas à traiter à fond cette question. Chacun sait ce que c'est que le besoin de la sociabilité, le besoin de liberté, le besoin d'affection, le besoin de connaître; il n'y a aucun doute sur leur existence; et ce qui ne fait également aucun doute, c'est qu'ils sont surtout constitués par des croyances, c'est-à-dire par des représentations et des idées qu'élabore l'activité propre de l'esprit. Cet élément intellectuel intervient déjà dans les besoins physiques à quelque degré : il y intervient à titre de cause secondaire, aidant ou contrariant le mouvement déjà commencé, mais ne présidant point à l'origine de ce mouvement. Peu à peu, il se dégage et vit de sa vie propre, en gardant cependant quelque chose du ton que chacun des organes de l'économie contribue pour sa part à lui donner. Quand des ensembles plus ou moins bien groupés, d'idées et d'images, indiquent à l'être total une fin qui l'intéresse, mais qui ne peut être atteinte directement par l'exercice d'aucune fonction physiologique, alors il s'opère, par ce groupement même, une coalition de tendances et d'efforts qu'on a bien le droit d'appeler une force. Au sentiment de cette force, heureuse, elle aussi, de s'exercer, est lié un véritable besoin. Cela nous suffit ici, sans que nous soyons obligés d'entrer plus avant dans la partie métaphysique de la question. Montrons, en quelques mots, comment ces besoins d'un genre nouveau se mêlent aux besoins primitifs et comment ils s'en séparent graduellement, au point d'en arriver quelquefois à les combattre.

D'abord l'idée se mêle aux besoins physiques préexistants. Elle leur demande en quelque sorte de faire jouir l'individu d'une façon plus conforme aux exigences acquises de son esprit. L'homme sociable et l'homme ombrageux, l'avare et le prodigue, l'indifférent et l'ambitieux, l'homme inculte et l'homme de goût, ami des jouissances esthétiques, l'homme qui ne tient qu'au plaisir physique et celui qui porte en toutes choses le souci de la bienséance et de la moralité ne se laissent pas toujours entraîner également par les mêmes besoins. Les uns s'y abandonnent sans réflexion : les autres les arrêtent, au moins quelque temps, les tempèrent ou les rectifient, les assujettissent à certaines conditions, leur font contracter des habitudes qui corrigent la première nature. Ces habitudes ne changent pas tout, assurément; mais, si le fond reste identique, les actions qui en émanent ne gardent pas les mêmes caractères. et le rythme même de leurs mouvements sensibles et organiques est modifié.

En second lieu, ces besoins nouveaux déterminés par des imaginations et des croyances provoquent des mouvements qu'aucun besoin physiologique n'eût fait naître. Ils réclament en effet des satisfactions : si ces dernières sont impossibles sans divers actes physiques, il faut bien que l'organisme se mette en mouvement pour exécuter les actes voulus. Ce n'est pas par suite des exigences d'une fonction physique que l'astronome a besoin d'aller à son télescope, le savant à ses appareils, le peintre à son atelier, le musicien à son piano, que le curieux descend dans la rue, que l'homme charitable et courageux court à l'incendie au moment où l'égoïste poltron s'en détourne le plus vite possible, que l'homme d'affaires veut absolument sortir à l'heure de la Bourse, que l'amoureux ne peut plus tenir en place quand il sait l'heure venue de trouver en tel endroit l'objet de sa passion.

Mais ces besoins peuvent mettre surtout en mouvement des craintes, des espérances, des vœux, c'est-à-dire encore des représentations diversement combinées : ils n'en impriment pas moins à l'organisme un mouvement particulier. Ils ne demandent plus aux fonctions de relation d'efforts spéciaux ; mais la plupart des autres fonctions, par exemple les fonctions circulatoires, se ressentent de l'agitation ou de l'intensité qu'ils imposent aux actes cérébraux. Le cœur bat d'une autre manière, le pouls s'accélère ou se ralentit, et les mouments de la physionomie révèlent les divers accidents de la vie intérieure.

Supposons enfin que ces représentations ne mettent en mouvement que les organes les plus indispensables à l'exercice de la pensée et de la conscience : on peut dire que c'est alors un besoin purement idéal qui est en jeu. Toutefois la formule du besoin reste la même. Il y a là une force spirituelle, née d'une heureuse combinaison d'idées donnant à l'esprit une conscience claire de ce qu'il peut. A peine cette force commence-t-elle à s'exercer, à sa manière, qu'elle aussi veut s'employer de plus en plus : elle redouble ses invisibles efforts, à mesure qu'elle entrevoit des résultats plus satisfaisants. Pour qui est-ce un besoin de trouver une nouvelle solution de tel ou tel problème de mathématiques, sinon pour celui qui possède bien les données de ce problème, qui a vu le bon et le mauvais des solutions proposées, en un mot qui a déjà, comme on dit, une certaine force en mathématiques? On peut généraliser sans crainte, car c'est bien là la loi de tous les besoins intellectuels et de ce qu'on appelle les besoins du cœur. Pour avoir besoin d'un ami, il faut être soi-même capable d'amitié.

Un des chefs d'une des institutions charitables les plus populaires de Paris nous disait avoir constaté bien des fois chez les enfants abandonnés un besoin d'une autre nature : il l'appelait le besoin de l'aveu. Il faut qu'il y ait là une force bien irrésistible, car à chaque instant la maison hospitalière voit arriver quelque adolescent qui, par hasard, en a appris l'existence. Il vient demander asile sans doute, et protection contre la violence des autres, ou contre les poursuites de la justice ou peut-être encore contre lui-même et ses coupables habitudes. Mais il demeure embarrassé, taciturne, maladroit, tant qu'il n'a pas été de lui-même confier le secret qui l'obsède ; et il n'est pas rare que le secret soit quelque meurtre inconnu. Une fois l'aveu fait, il y a une sorte de soulagement ; l'enfant ne sent plus l'obstacle redoutable qui arrêtait comme au passage les bonnes intentions, le désir de renouvellement, la volonté d'apprendre et d'agir. Tout cela se remet, pour ainsi dire, en mouvement, et toutes les facultés alléguées retrouvent leur entrain et leur gaieté.

S'il s'agissait ici d'une étude complète de la sensibilité, nous devrions parler maintenant du désir. Mais le désir qui est, comme

dit Gœthe, le pressentiment des facultés qui sont en nous, le précurseur des choses que nous sommes capables d'exécuter, enveloppe deux éléments : 1° un besoin, soumis aux lois que nous venons
d'analyser; 2° une image plus développée et plus active des satisfactions nécessaires à ce besoin. Nous avons achevé l'étude du premier de ces deux éléments. L'étude du second relève d'un autre
ordre de problèmes, nous voulons dire de celui qui a pour objet,
non plus le mode affectif, ni le mode réactif ou moteur, mais le
mode représentatif de la sensibilité. Si étroitement que se tiennent
en réalité tous ces modes de notre vie psychologique, nous sommes
donc obligé de les séparer dans notre travail [1]. Mais il est un phénomène de la sensibilité qui exerce sur le mouvement une influence
beaucoup plus directe et qui tient plus étroitement encore au besoin :
c'est l'émotion. Il convient de nous y arrêter.

V

Disons tout de suite que nous n'entendons pas le mot *émotion*
dans le sens très général où le prend M. Bain, au cours de son livre
intitulé : *les Émotions et la Volonté*. Il s'agit dans ce vaste ouvrage
de tous les sentiments de l'âme humaine, et l'auteur en étudie le
développement complet. Nous prenons le mot émotion dans le sens
étymologique du mot français [2] : *un trouble subit qui excite ou
ralentit pour quelque temps le mouvement ordinaire de notre vie
physiologique ou de notre vie mentale*. Dans l'ordre physiologique,
c'est, disent nos grands dictionnaires, « une altération, un trouble,
un mouvement excité dans les humeurs, dans l'économie [3] ». Dans
l'ordre psychique, c'est, dit Littré, « un mouvement moral qui trouble
et qui agite, et qui se produit sous l'empire d'une idée, d'un spectacle, d'une contradiction, quelquefois spontanément sous l'influence
d'une perturbation nerveuse ».

Les exemples à citer ne manquent pas. Un froid subit produit à
la peau une émotion qui se produit par un frissonnement plus ou

1. De même l'appétit est un phénomène qui touche de très près au besoin,
c'est un besoin périodique ou rendu tel par l'habitude.
2. C'est d'ailleurs l'acception que le Dictionnaire de l'Académie et celui de
Littré s'accordent à lui donner.
3. On ajoute, comme exemple : émotion de pouls, état d'un pouls qui s'écarte
un peu, pour la vivacité et la fréquence de l'état normal.

moins vif. Une dissonance ou une fausse note au milieu d'un morceau de musique ou simplement une détonation inattendue produisent aussi une émotion sur le système auditif, comme une mauvaise odeur en produit sur le système olfactif, etc. Il n'est pas difficile de voir l'analogie qui existe entre ces états et celui que provoquent dans le moral une nouvelle bonne ou mauvaise, un affront immérité, le manque de respect d'un inférieur, la découverte d'un secret, l'arrivée d'une personne aimée ou haïe, l'approche d'une opération douloureuse ou d'un acte important de la vie, l'attente nouvelle encore d'un résultat espéré ou redouté, l'imminence d'une résolution grave, et ainsi de suite.

Nul n'a montré mieux que Sénèque [1] la différence qui sépare ces états subits et passagers des états plus prolongés qu'entretient la passion. Il nomme les premiers des mouvements (*motus*) et les seconds des affections ou maladies (*affectus*). Il appelle aussi les premiers *ictus animi* ou bien encore *hæ quæ animum fortuitu impellunt*. Il ne méconnaît pas que ces secousses soudaines soient quelquefois les signes d'une passion naissante; mais ce n'est encore, dit-il, qu'une première agitation à laquelle on peut s'arrêter, *prima agitatio animi*, ou un simple prélude, *principia præludentia affectibus*, distinct du mouvement violent qui peut le suivre, *ille sequens impetus*. Voilà bien l'origine de notre mot français, et en voilà le commentaire instructif, fondé sur une très exacte et très fine psychologie.

Tous nos lecteurs connaissent l'admirable étude de Claude Bernard [2] sur la physiologie du cœur, où il explique l'influence réciproque du cœur et du cerveau l'un sur l'autre. Cette influence se manifeste, dit-il, de deux manières, par l'*émotion* et par la *syncope*. L'une fait affluer le sang artériel au cerveau, l'autre en suspend momentanément l'arrivée et arrête ainsi pendant quelque temps les fonctions cérébrales. Mais les intermédiaires [3] sont nombreux entre ces deux états principaux, et on peut dire qu'en somme c'est toujours là d'une émotion qu'il s'agit. L'émotion proprement dite ou simple commence par surprendre et par arrêter très légèrement le cœur. De là, une faible secousse cérébrale qui amène une pâleur fugace; « mais aussitôt le cœur, comme un animal piqué par un aiguillon, réagit, accélère ses mouvements et envoie le sang à plein

---

1. Voyez le *De Ira*.
2. Ch. Bernard, *La Science expérimentale*, 1 vol. in-24.
3. L'un de ces intermédiaires est la *commotion*. Il y en a peut-être un autre dans ce que Preyer appelle la *cataplexie*. Voyez le volume, traduit en français, de Mosso, *La peur*, 1 vol. in-18, F. Alcan, page 152.

calibre par l'aorte et par toutes les artères ». Les termes mêmes de
cette belle description montrent bien qu'il n'y a là que deux degrés
d'un même phénomène. La syncope est une émotion plus violente;
au lieu de provoquer une réaction après un léger temps de surprise
et d'arrêt, elle frappe avec une violence qui ne permet pas cette
reprise vigoureuse de la fonction [1]. Ce qui ne produira qu'une émotion simple sur une nature donnée produira une syncope chez une
autre. Ajoutons avec Claude Bernard que le même résultat peut être
amené par des sensations d'extrême volupté comme par des impressions très douloureuses.

Prenons donc l'émotion en général, et demandons-nous quels
liens la rattachent aux phénomènes précédemment étudiés [2].

Il est des émotions auxquelles toute sensibilité est toujours prête :
on sera toujours saisi par la nouvelle d'une grande catastrophe ou.
par l'imminence d'un péril physique. Il en est d'autres qui supposent
un certain état mental particulier; mais, dans les deux espèces de
cas, l'émotion semble liée très étroitement au besoin, qu'il s'agisse
des besoins fondamentaux, permanents, universels de l'être humain,
ou des besoins propres à telle ou telle personne dans un moment
donné de sa vie.

Et, en effet, c'est quand un besoin se manifeste d'une manière
plus pressante que nous sommes plus accessibles et plus sensibles
aux émotions. N'est-ce pas quand nous avons faim que nous sommes
plus faciles à émouvoir, soit agréablement par la vue, le parfum et

---

1. Kant, dans son *Anthropologie*, fait de même une distinction entre les émotions sthéniques et les émotions asthéniques.

2. Tout se passe-t-il, dans l'émotion, entre le cœur et le cerveau? Ces deux
organes sont-ils les seuls intéressés dans les mouvements que l'émotion provoque? Évidemment non. Il est impossible que deux organes aussi importants
soient affectés, sans que le contre-coup s'en fasse sentir dans presque toutes les
fonctions de l'économie. Mais comme l'ont fait remarquer presque tous ceux qui
se sont occupés de la question, ce sont les organes déjà malades ou affaiblis
qui sont les plus atteints par les suites du trouble général. C'est ainsi qu'une
émotion de même nature produira chez dix personnes dix effets de nature
différente. Elle rendra l'un sourd, l'autre muet, paralysera le mouvement chez
celui-ci, provoquera chez celui-là un commencement de diabète. Tantôt elle
arrêtera complètement les fonctions digestives et l'appétit; tantôt (même si elle
a été douloureuse) elle développera une faim extraordinaire (voyez de très nombreux exemples dans Hacke-Tuke, *L'esprit et le corps*, notamment pour le dernier fait cité, pages 103 et 104 de l'édition française, 1 vol. in-8, J.-B. Baillière;
voyez encore l'ouvrage déjà cité de Mosso). L'émotion rend aussi plus accessible
à l'épidémie régnante. On pourrait continuer longtemps l'énumération. Il sera
plus exact et plus philosophique de dire simplement : *Point de maladie, locale ou
générale, qui, lorsqu'elle est préparée par quelque faiblesse ou quelque diathèse,
héréditaire ou autre, ne puisse faire explosion sous le coup d'une émotion quelconque.* Le choc moral agit comme le choc physique du traumatisme qui est si
souvent le point de départ de quelque grave maladie.

le goût d'un bon plat, soit désagréablement par l'aspect d'un mets mal préparé ou par l'annonce subite d'un retard inaccoutumé dans l'heure de notre repas? N'est-ce pas quand nous nous apprêtons à entendre de la bonne musique qu'un bruit discordant ou qu'une fausse note nous irrite le plus? N'est-ce pas quand nous tenons à regarder attentivement une chose qui nous intéresse, que les brusques variations de lumière et d'obscurité nous agacent? Ainsi l'émotion suppose une certaine prédisposition créée par le besoin.

Les lois de la vie et les lois de l'esprit se ressemblent ici comme ailleurs. C'est quand nous voulons absolument trouver la solution d'un problème, que les lacunes ou la mauvaise exposition des données, que les difficultés imprévues et les contradictions nous exaspèrent. C'est alors aussi que la découverte ou la révélation soudaine d'un élément caché jusque-là et promettant une solution plus élégante ou plus prompte vient redoubler nos forces avec notre joie. Songeons à la suite des émotions d'un homme de police qui est sur la piste d'un crime et qui voit tour à tour briller et pâlir les lueurs révélatrices. Songeons aux émotions d'un juge d'instruction ou d'un avocat étudiant le dossier d'une grande affaire, au patriote qui attend la nouvelle d'une victoire et qui lit l'annonce d'une défaite. Partout la vivacité de l'émotion est en raison de l'intensité du besoin. Le besoin mort, l'émotion disparaît aussi, à moins qu'une influence extraordinaire ne rouvre la source cachée de l'un et de l'autre. Les prisonniers de la Bastille ne furent, dit-on, pas émus quand on les délivra, parce qu'ils avaient perdu jusqu'au besoin de la liberté. Il faut la beauté d'une Hélène pour émouvoir un vieillard ou un blasé. Mais des émotions plus soudaines peuvent réveiller un besoin que celui-là même qui l'éprouve encore croyait à jamais éteint. N'est-ce pas un moyen bien connu des romanciers et des dramaturges, que d'annoncer brusquement la mort d'un amant à celle qui se flattait de l'avoir oublié et chez qui l'amour va renaître de plus belle? Si une telle épreuve ne provoquait qu'une émotion superficielle, ce serait un signe évident que tout est bien fini.

L'émotion suppose donc un besoin dont elle hâte ou dont elle arrête la satisfaction. Mais elle suppose encore deux autres choses, c'est d'abord ce qu'on appelle l'impressionnabilité du sujet, terme que chacun comprend aisément. C'est ensuite, comme on a pu le voir dans tous les exemples cités, l'inattendu et la soudaineté de l'événement. Une longue attente, à force de nous faire anticiper la jouissance ou la douleur prévue, nous la fait, pour ainsi dire, user peu à peu. Lorsqu'arrive enfin ce qui était craint ou désiré, la sensibilité a épuisé, par la voie de l'image, tout ce qu'elle avait en réserve, et la dernière secousse ne suffit plus à l'ébranler. Prenons enfin les cas où il y a réellement émotion ; il faut, pour qu'elle provoque au mouvement, qu'elle soit relativement modérée : si elle atteint un certain degré de violence, elle frappe d'immobilité. La colère même, quand elle est à son paroxysme, suffoque, étrangle, paralyse. Nous savons d'ailleurs, d'une manière générale, que toute émotion violente aboutit à la commotion ou à la syncope. Si l'émotion réussit à mettre vraiment en mouvement l'individu et à le faire agir au dehors, c'est qu'elle ne l'a pas assez ébranlé pour lui enlever son énergie ; mais elle l'a stimulé assez vivement pour qu'il se soit porté immédiatement à l'action avec une rapidité qui a devancé le raisonnement et par conséquent la volonté.

Tout ce que nous venons d'observer nous permet de répondre à deux dernières questions.

Comment la faculté d'être ému diminue-t-elle dans l'homme, même quand les besoins subsistent encore? Et quels sont, d'autre part, les rapports précis de l'émotion et de la passion?

L'émotion s'affaiblit en nous pour deux raisons principales : ou parce que les facultés qui doivent concourir à achever le mouvement où elle nous pousse refusent leur concours, ou au contraire parce que des facultés plus élevées sont toutes prêtes à entrer en exercice et que le sentiment de l'énergie qu'elles mettent à la disposition du besoin a aussitôt fait d'apaiser le trouble naissant. Il y a en effet deux manières de ne douter de rien et de ne rien craindre : l'une est l'effet de la stupidité, l'autre est l'effet de la supériorité du génie. A Austerlitz, il y avait deux hommes qui n'étaient pas plus émus l'un que l'autre, le général russe Buxhæwden et Napoléon : le premier, parce qu'il croyait que sa supériorité le dispensait de rien concerter, le second parce qu'il savait avoir mathématiquement tout concerté et tout prévu. Quand un homme avance dans la vie, le nombre et la force des émotions vont presque toujours en diminuant, pourquoi? Tantôt les progrès qu'il a pu faire dans la science des hommes et des affaires lui donnent promptement les moyens d'écarter l'obstacle et de parer au danger ; tantôt, beaucoup de ses illusions étant tombées, il n'y a pour ainsi dire plus rien d'imprévu pour lui ; rien ne lui paraît plus ni si beau, ni si laid, ni si bon, ni si méchant : souvent même il cesse de lutter, et la résignation l'emporte chez lui de plus en plus sur le penchant à la colère.

On peut dire brièvement que l'émotion est la monnaie de la passion. Or, quelquefois la monnaie s'accumule pour former un capital qui dure ; mais souvent aussi elle se dépense au détriment d'un capital déjà formé. Ainsi arrive-t-il qu'une succession d'émotions produit une passion quand c'est un même objet qui réussit à la provoquer souvent. Vous pouvez être ému passagèrement à l'aspect d'un joli visage que vous rencontrez par hasard et qui vous surprend tout à coup au milieu d'une foule indifférente. Si la même personne vous fait éprouver plusieurs fois une émotion de même nature, vous êtes tout près de la passion. Il n'est pas besoin d'être un avare pour être ému en apprenant qu'on a une obligation sortie à quelque tirage avec une prime de cent mille francs, ou qu'on vient au contraire de perdre une somme importante dans une affaire mal conduite. Mais si l'on ne peut s'empêcher d'être ému tous les jours en voyant la hausse ou la baisse des valeurs que l'on possède, c'est un signe que l'on a la passion de l'argent [1]. Dans ces divers cas, c'est parfois la fréquence et la régularité des émotions auxquelles on s'est exposé qui se tourne en habitude et qui produit la passion; mais c'est d'autres fois la passion qui persiste, parce qu'elle tient à des causes plus profondes, et, alors, c'est elle qui ouvre des sources d'émotions là où il n'y en aurait pas pour les autres. Un verre d'eau répandu, une épingle perdue, une allumette brûlée inutilement suffisent à émouvoir un Harpagon : la moindre parole et le moindre regard émeuvent jusqu'à la fureur un Othello.

Comme l'émotion est subite, elle porte vite au mouvement, avant que la réflexion ne soit intervenue. La passion fausse la réflexion, la trouble et l'égare : mais ce serait une erreur singulière de croire qu'elle la supprime. Le passionné ne pense qu'à l'objet de sa passion et à cet objet vu sous un aspect unique; mais il y pense à toute minute et il y pense prodigieusement, car il combine une multitude incroyable de projets, discours, récits, démarches et mouvements de toute espèce. S'il se laisse emporter tout à coup (ce qui lui arrive) à quelque mouvement non préparé, c'est qu'une circonstance particulière a provoqué en lui quelque émotion plus brusque et plus vive; mais la répétition fréquente des émotions finit par user la sensibilité. Si la passion persiste avec l'habitude, elle peut amener peu à peu un état d'obstination aveugle et d'hébétement, comme on le voit dans certaines passions des vieillards.

---

1. Ceux qui arrivent à *mesurer* les faits psychologiques ont même ici une mesure toute trouvée : c'est le nombre exact de francs ou de centimes de hausse ou de baisse nécessaire pour émouvoir le détenteur des titres ou le joueur.

VI

Parmi les mouvements que les divers états de sensibilité provoquent et qui réagissent à leur tour sur la sensibilité, on sait qu'il faut placer les mouvements d'expression. C'est là un sujet très vaste et sur lequel on a déjà beaucoup disserté. Nous ne pouvons l'aborder ici que de biais; mais nous voudrions, à cette occasion, montrer deux choses : 1° comment toutes les lois importantes que nous avons rappelées tout à l'heure se retrouvent encore ici, car le mouvement expressif n'est que la continuation et le développement des phénomènes que nous venons d'étudier; 2° comment les mouvements d'expression réagissent sur la sensibilité de celui qui les produit. Peut-être aurons-nous, à ces deux points de vues, quelques aspects intéressants à signaler.

Les mouvemens d'expression expriment plus d'un phénomène sensible. Ils expriment d'abord le besoin, puis la passion durable, et enfin l'émotion, quels que soient d'ailleurs les nuances et les degrés de ces divers faits psychologiques. Le besoin est ce qui s'exprime avec le plus de vague. En effet, le besoin est la fonction naissante, ébauchée, se préparant en dedans : il est plus difficile au spectateur d'en suivre les manifestations et surtout de les démêler. L'homme habitué à l'analyse des symptômes de tout état pathologique verra bien les signes de la faim et ceux de la soif ou ceux de maint autre besoin physique ou moral : mais il lui faut pour cela une certaine science et de l'habitude. Aux yeux du vulgaire, les besoins ne se manifestent guère que par les signes connus de la souffrance ou de la joie. Souvent, il est vrai, les circonstances extérieures, le lieu où l'on se trouve, la nature spéciale de l'acte qui s'y accomplit [1], nous aident à interpréter plus sûrement les signes donnés. Le convive qui a de l'appétit se reconnaît vite dès les premiers moments du festin, car on sait pourquoi il est à table et l'on sait ce que veut dire son air de gaieté. Quand ces indications supplémentaires font défaut, l'expression reste beaucoup plus confuse. Les gens que nous rencontrons dans les rues, par exemple, ont pour la plupart quelque préoccupation

---

1. C'est ce qui fait que, dans les tableaux, l'expression des attitudes et des physionomies a besoin d'être commentée par la mise en scène et par les indications que fournissent les accessoires.

entretenue par un besoin particulier. Celui-ci a besoin de se promener pour sa santé, celui-là a besoin de marcher vite pour se
rendre à ses affaires. Celui-ci a besoin d'oublier sa demeure et les
soucis qu'il y a laissés : un autre a besoin d'y rentrer pour y retrouver
les joies qui l'y attendent, pour y achever le travail interrompu,
pour y apporter quelque heureuse nouvelle ou quelque aide nécessaire à l'un des siens. Regardez tout ce monde de votre mieux : vous
verrez peut-être si telle personne que vous venez de rencontrer est
satisfaite ou non ; mais vous serez bien habile si vous devinez la cause
exacte du plaisir qu'elle manifeste et le terme précis des mouvements plus ou moins empressés qu'elle exécute.

La passion est un ensemble de mouvements qui ont pris l'habitude
de se porter vers un même but et d'y faire converger toutes les
pensées et toutes les énergies de la personne. Toute passion imprime
donc à l'organisme et à la physionomie un certain caractère d'ensemble et un caractère permanent, qui est à l'expression générale
ce que la composition et le style sont au discours ou à l'œuvre d'art.
Un orgueilleux a sa manière à lui de se lever, de s'asseoir, de marcher,
de s'arrêter, de regarder, d'interroger, d'écouter, de répondre, de
donner tort ou raison. Il a des mouvements familiers qui reviennent
dans ses attitudes et dans son maintien, comme le *je* ou le *moi* dans
ses paroles. Il voudrait donner de l'ampleur à sa personne physique
comme il s'efforce d'en donner à ses périodes ; bref, il se met en
avant, comme l'humble s'efface, en toute occasion et de toute
manière, depuis les pieds jusqu'à la tête, et depuis son premier mot
jusqu'au dernier. Ainsi peut-on trouver un air caractéristique à
l'avare, à l'amoureux, au jaloux, etc., etc.

L'émotion, avons-nous dit, suppose soit un besoin, soit une passion,
auxquels un événement subit vient apporter ou une satisfaction ou
une menace également inattendues. Tantôt elle provoque un mouvement rapide allant au-devant de la jouissance annoncée, cherchant
à écarter la douleur pressentie ; tantôt elle détermine une cessation
subite de mouvements annonçant que l'individu ne croit plus rien
pouvoir, ni pour accroître l'une, ni pour essayer d'éviter l'autre. Dans
ces divers cas, elle sème de traits saillants et lumineux l'expression
générale du besoin ou celle de la passion ; elle a des signes révéla-
teurs qui éclatent avec une éloquence contagieuse, puisque, à son
tour, le spectateur en est « ému ». Ce sont comme les apostrophes et les
interjections du discours. Plus soudains, plus vifs, plus extérieurs,
tranchant davantage avec l'attitude générale et l'attitude habituelle,
ces mouvements achèvent d'exprimer les états sensibles et de faire
saillir au dehors ce qui se passe au dedans de l'individu.

Que ce soit le besoin, la passion ou l'émotion qui s'expriment ainsi par les mouvements, il y a lieu de distinguer différentes phases, ici plus lentes, là plus promptes à se succéder. Ce sont celles-là mêmes que nous avons signalées à plusieurs reprises : rappelons-les ici brièvement.

Dans toute fonction qui, cherchant à se développer, doit donner lieu à du plaisir ou à de la douleur, il faut, disions-nous, noter : la préparation à l'acte; — l'acte lui-même se développant; — le résultat de l'acte, qui fait sentir à l'individu sa propre existence avec plus de plénitude ou de liberté, dans les organes qui viennent d'achever leurs fonctions; — enfin le rayonnement général de cet état de plénitude ou de liberté dans les parties les plus reculées de l'économie. C'est ainsi que partout, dans le plaisir et la douleur proprement dits, dans le besoin, dans l'émotion, nous avons distingué : la préparation ou le début par l'entrée en scène de quelque organe particulier; — le concours sympathique des autres fonctions et de leurs organes; — puis le rôle des centres nerveux qui assurent la rapidité plus ou moins grande de ce rayonnement universel.

On voit aisément par là que ce qui fait les nuances innombrables du plaisir et de la douleur dans notre espèce fait aussi la variété inépuisable des mouvements qui les expriment. Si notre système nerveux n'avait d'autre fin que d'assurer strictement l'exécution de chacune de nos fonctions essentielles, toutes nos sensations seraient bien plus simples et les mouvements expressifs le seraient également. Chacun de nos besoins nous ferait toujours jouir ou souffrir exactement en proportion de son importance physiologique, du degré de force mesurable que nous aurions mis à son service et de la dose à laquelle nous seraient accordées les satisfactions nécessaires. On ne verrait pas des individus jouir ou souffrir alternativement pour une vétille, et les uns manifester les plus vives émotions pour des faits qui en laissent tant d'autres à peu près indifférents. Mais le système nerveux ne se borne pas à assurer l'intégrité de chacune de nos fonctions organiques, ni même à garantir la solidarité harmonieuse de leur ensemble. Le développement qu'il reçoit dépasse de plus en plus ce qui suffirait pour cette partie de son rôle. De plus en plus, il s'habitue à reproduire et à combiner mille représentations qui, à la sensibilité fruste, superposent ou plutôt mêlent une sensibilité imaginaire. C'est par ces représentations qu'il devient accessible à des influences de toute nature, à l'imitation, à la sympathie, à l'illusion, et surtout à ces influences immatérielles de la vérité et de la beauté, telles que les voit l'intelligence, de la volonté une fois formée et affermie, de l'amour, de la croyance et de l'idée. C'est aussi par ces représentations qu'il renforce, puis renvoie et distribue dans toute la personne les résultats accumulés de ces influences. Ainsi varie indéfiniment la force ou la faiblesse avec laquelle notre sensibilité répond aux excitations du dehors : ainsi varient les mouvements expressifs que ce rayonnement va mettre en jeu ici ou là, dans les parties profondes ou dans les parties superficielles, allant par les voies les plus ouvertes, réveillant, érigeant, troublant ou frappant d'immobilité et de stupeur les organes les plus accessibles et les mieux préparés à répondre de telle ou de telle manière à cette action.

Comment ces mouvements expressifs réagissent-ils ensuite sur nos états de sensibilité? Tel est le point qui nous reste à élucider pour achever le cercle d'études que nous nous sommes tracé ici.

Décomposons encore le phénomène et distinguons-en les phases principales. Prenons, par exemple, le besoin senti, puis le besoin satisfait, ou bien la fonction dans son exercice et dans son cours, puis la fonction arrivée à son terme. On peut poser que l'expression involontaire de la première phase du phénomène modifie la nature de la seconde, en faisant arriver plus aisément le phénomène total dans la conscience.

Le mouvement expressif est en effet si mêlé à la fonction, qu'il ne peut faire autrement que de l'aider et de l'encourager. La tension en avant des organes des sens, la direction imprimée à la vue, la fixité prolongée du regard sont autant de mouvements qui expriment l'attention; mais ils ne l'expriment que parce qu'ils en font partie. Qui marque ainsi son attention la redouble. C'est une observation souvent renouvelée que les expressions motrices des émotions sont l'ébauche des mouvements qui s'achèveraient si les émotions réussissaient à obtenir complètement l'acte capable de les satisfaire. Or, commencer seulement à se procurer une satisfaction quelconque, c'est s'entraîner soi-même. Quand nous avons distingué les circonstances où le plaisir accélère et celles où il apaise le mouvement, nous avons posé la loi générale dont cette action des mouvements expressifs n'est qu'un cas particulier. Les gestes de l'avare, les mouvements convulsifs de l'homme qui veut se venger et qui, parlant de son ennemi, s'écrie : Si je le tenais! les attitudes de la personne pieuse en prière, les mouvements onduleux et caressants de l'ami qui sollicite des preuves analogues de tendresse, sont comme autant de préparations de l'acte voulu ou imaginé. Les sentiments qui se manifestent ainsi ne peuvent qu'en être avivés.

Dans les exemples que nous venons d'invoquer, l'émotion était déjà forte, et l'individu en avait une conscience parfaitement claire. En beaucoup d'autres circonstances, des mouvements expressifs

involontaires et plus faibles servent à révéler une émotion
de même que la surprise d'une émotion trahit souvent u
encore vague, une passion encore cachée [1]. Une jeune fille
ne s'aperçoit pas tout à fait impunément qu'elle a rougi d
jeune homme : un certain sentiment qu'elle ignorait s'est d
à elle, et il ne lui est plus permis de le négliger. Ce sont de
nouvelles qui vont venir troubler de temps à autre la qui
son innocence, en attendant peut-être qu'elles l'obsèdent. (
rappelle pas facilement les états purement affectifs qu'on a é
car le plaisir et la douleur ne se renouvellent pas à volonté.
mouvements qui ont suivi et qui ont, en conséquence, exp
états sensibles, se retracent plus aisément dans nos représen
nous pouvons les évoquer à notre gré ; des associations
taires nous les rappellent aussi bien souvent. Or, c'est grâ
c'est à leur occasion et comme à leur suite que nous re
quelque chose des plaisirs et des douleurs auxquels ils on[
Voilà la vertu de l'image expressive et du souvenir que
gardons. Des enfants qui ont joué ensemble s'aiment da
parce qu'ils se rappellent leurs joyeux ébats, et que cette rep
tion qui survit renouvelle, autant qu'il est possible, le pla
ces mouvements communs furent la cause. Lorsque no[
serré la main d'un homme (autrement que d'une façon b
insignifiante), il nous est moins étranger ; car nous nous souv
la preuve d'amitié que nous avons volontairement donnée.
pouvons continuer à ressentir la même colère contre quelq
nous a fait rire ; car nous sommes obligés de nous redire
mêmes : J'ai ri, me voilà désarmé. Supposez que vous vo
laissé aller devant une personne à quelque manifestation ■
de soumission et d'humilité : il vous serait difficile de rede[
avec elle. L'irritation même que vous éprouveriez secrète
sa présence, le désir que vous auriez peut-être de vous ve
elle de votre bassesse regrettée, ne feraient qu'attester la
d'un sentiment ravivé par les images indiscrètes de votre
d'autrefois. Ainsi, encore, quand vous lisez un livre ou q
entendez un discours peu récréatif, vous pouvez rester quelq[
dans un état d'indifférence. Mais si vous sentez quelque b[

---

1. On dira que parfois cette révélation inattendue d'une passion
nous afflige, nous rend honteux, nous alarme et que nous nous mettons [
de la combattre. Cela est possible, mais c'est alors la volonté qui inte[
elle n'a besoin d'intervenir ainsi que parce que la sensibilité livrée à [
s'était spontanément placée dans un certain état d'excitation, selon
nous exposons.

involontaire, alors vous ne doutez plus : vous êtes averti authenti-
quement de votre ennui, et la conscience que vous en avez l'accentue.
Une fois qu'un mets vous a fait vomir, il vous dégoûte bien plus
encore, et vous n'y pensez plus sans répugnance. Comme le souvenir
des caresses données entretient l'amitié, ainsi l'image de la lutte
augmente la colère presque autant que la lutte même. On dit que
la vue du premier sang irrite encore davantage celui qui frappe, et
qu'elle va quelquefois jusqu'à l'affoler complètement et à le transformer en un meurtrier féroce. Nul doute que la criminalité toujours
croissante des récidivistes ne soit un effet de la même loi.

Supposons maintenant le plaisir ou la douleur arrivés à peu près
à leur comble ou à leur terme : les mouvements expressifs achèvent de les y porter, car ils aident l'individu à se placer dans cet
état définitif au delà duquel, pendant quelque temps au moins, il n'y
a de possible que le repos. Tant que le plaisir et la douleur ne sont
pas exprimés, tant qu'ils n'ont pas trouvé l'attitude, les mouvements,
les mots qui doivent en consacrer le souvenir, ni l'un ni l'autre ne
sont pleinement satisfaits. Il faut que le plaisir soit sûr de pouvoir
contempler à jamais dans le passé le témoignage visible de son
triomphe. Il faut que la douleur puisse se remettre éternellement
sous les yeux tout ce qui a servi à l'exaspérer, tout ce qui lui rap-
pellera le plus éloquemment ce dont elle veut se lamenter et se
plaindre; car il faut à la personne qui a souffert une preuve décisive
de l'injustice du sort à son égard, une preuve attestant qu'elle a
raison de s'écrier :

Grâce au ciel, le malheur passe mon espérance!

et de réclamer enfin une équitable réparation de la destinée. Non!
ce n'est pas assez pour elle de nous dire qu'elle est malheureuse;
elle tient à nous le montrer; elle y tient aussi énergiquement que
la personne heureuse tient à nous étaler les marques de sa prospérité. Ainsi tout état de l'âme, quand il y a dans l'âme un certain
fond d'énergie et de vivacité, veut aller, pour ainsi dire, à son terme,
et le mouvement expressif l'aide toujours à s'y placer. Qu'il s'agisse
du théâtre ou des drames réels de la vie, nous ne sommes contents
d'une comédie que si elle a pu nous faire réellement rire, et nous
ne sommes contents d'une tragédie que si elle a pu nous faire battre
des mains spontanément ou nous faire pleurer malgré nous. Rires
et larmes nous soulagent également à leur manière.

Souvent, il est vrai, la faiblesse de la sensibilité se refuse à aller
si loin. La vie d'ailleurs est pleine de situations indécises que notre
amour-propre complique ou rend à nos propres yeux plus obscures

encore. Nous hésitons entre le besoin de nous plaindre et celui de nous parer d'un bonheur apparent qu'on pourra croire obtenu par notre énergie et notre mérite. Mais la lutte même de ces deux tendances prouve la réalité de chacune d'elles. Quand aucune n'est assez forte pour l'emporter, elles se neutralisent l'une l'autre, ou bien elles ne se révèlent tour à tour que par une expression plus insignifiante : elles n'en existent pas moins toutes les deux.

Cette liaison des signes expressifs aux sentiments et cette propriété qu'ont les premiers de ramener les seconds par réaction, ont été examinées sous bien des rapports. C'est une étude que nous n'avons point le désir de recommencer ici, car elle est vaste. Rappelons seulement qu'elle peut avoir à embrasser trois cas principaux.

Tantôt il s'agit de la reprodution imposée et docilement subie de signes expressifs provoquant dans toute leur vivacité les sentiments qui y sont liés : c'est le cas de l'hypnotisme et de tous les états analogues.

Tantôt il s'agit de mouvements expressifs qui nous sont proposés, auxquels nous sommes comme invités à nous associer, si nous le voulons, car on désire faire naître en nous certains sentiments, ceux-là précisément qu'on croit avoir rendus : c'est le cas de l'art et des beaux-arts.

Tantôt, enfin, c'est nous-mêmes qui, en possession de notre liberté, reproduisons spontanément les signes d'une émotion naissante ou d'une émotion jadis épuisée dans sa totalité : c'est le phénomène de tous les jours, c'est le jeu incessant de la vie.

Dans le premier de ces trois cas, le sujet n'oppose aucune résistance : son imagination est surexcitée, mais enchaînée, elle est prête à tout ; c'est pourquoi l'expression artificielle des sentiments développe en lui, dans toute leur naïveté et toute leur violence, ces mêmes sentiments.

Dans le second cas, les mouvements représentés visent souvent à · exprimer des sentiments personnels, des états d'âme fugitifs ou rares ou compliqués. Quand ils s'offrent à nous, ils peuvent donc nous surprendre dans une série d'émotions et de représentations d'une nature assez différente. C'est ce qui fait que tout le monde ne correspond pas également aux intentions de l'artiste et à celles du poète, et qu'il y a quelque chose de relatif, parfois même de conventionnel, dans la vertu émotive des signes expressifs propres aux beaux-arts.

Dans le dernier cas, enfin, c'est l'individu qui se replace lui-même dans l'état où il s'était déjà trouvé : ce sont ses propres mouvements qu'il se représente ; ce sont ses propres signes qu'il reproduit. Il se retrouve donc plus aisément, et la représentation imaginaire de ses mouvements lui ramène plus fidèlement ses émotions personnelles. Néanmoins, il garde une liberté que l'hypnotisé n'a pas. La comparaison involontaire et incessante qu'il fait du présent et du passé se mêle à ses impressions renouvelées et les modifie, changeant souvent, comme on sait, le souvenir des douleurs en joie et le souvenir du plaisir en cuisants chagrins.

Mais, encore une fois, nous touchons ici à un nouveau, à un dernier mode de la sensibilité, à la sensibilité organisée, tempérée, raffinée ou exaltée par l'imagination et l'intelligence. Il est donc temps de nous arrêter.

VII

Concluons toutefois en peu de mots. Faire tout partir et tout procéder de la sensation dans le développement de la nature humaine est impossible; car tout plaisir et toute douleur, tout sentiment de nos mouvements musculaires, toute excitabilité, tout appétit, toute émotion supposent une activité préexistante.

Le fond de notre être est donc une activité, destinée si l'on veut à être éprouvée, avertie, guidée par la souffrance plus encore qu'elle ne doit être stimulée par le plaisir, mais qui, préexistant à la douleur, peut espérer de pouvoir la dompter et lui survivre.

Cette activité est avant tout celle de la vie. Mais n'est-elle qu'une résultante accidentelle d'activités élémentaires, dépendant des propriétés d'une portion quelconque de matière et soumises, chacune de leur côté, à un mécanisme indépendant? On a vu que non. Tous les phénomènes de la sensibilité se tiennent étroitement, et tous supposent au fond le besoin. Or, tout besoin est expression du développement harmonieux de l'être total. A la spontanéité qui est dans chaque partie répond donc la finalité qui est la loi supérieure de l'ensemble et la première condition de sa durée.

D'où vient cette flexibilité des besoins qu'éprouve la personne humaine? D'où vient la variété si grande des plaisirs et des douleurs qui l'affectent et les nuances innombrables des émotions qu'elle se plaît tant à exprimer? Tout cela tient à ce que l'homme ne laisse pas cette spontanéité première se développer seule, même sous la loi de finalité qui la régit. Il modifie sa propre vitalité de mille manières par les tentatives que lui suggèrent ses idées, ses constructions d'images et ses croyances : au lieu de se laisser vivre au jour le

jour, il expérimente, il cherche le progrès ou tout au moins le changement : il fait effort.

L'explication qu'avec beaucoup d'autres nous avons adoptée pour la sensibilité musculaire supprime-t-elle la réalité ou l'importance de l'effort? Une telle opinion, bien qu'elle ait été exprimée par des hommes de talent ou d'avenir, nous semble bizarre. Que cette activité fondamentale et originelle soit avertie sensiblement de son effort avant ou après l'éxécution des mouvements qu'elle a conscience de vouloir, que nous importe? L'effort en est-il moins réel? La persévérance que notre activité met au service de notre raison, malgré les obstacles pénibles qu'elle a sentis, après en avoir éprouvé la résistance, en a-t-elle moins de signification? Nous ne le croyons pas, quant à nous. L'élément sensible de ce complexe phénomène est postérieur au premier déploiement de l'activité qui s'y exerce : c'est là un cas de la loi générale de l'antériorité de l'action sur la sensation, que nous avons tenu à établir. Que la conscience de cette activité doive ensuite plus ou moins aux sensations issues de ce développement même, elle demeure toujours la partie, sinon la plus apparente, à coup sûr la plus essentielle de l'effort, et celui-ci est toujours la condition permanente de la réflexion, du progrès, de la raison et de la libre volonté.

HENRI JOLY.

LA THÉORIE DE LA MATIÈRE D'ANAXAGORE

Anaxagore de Clazomène fut, comme on sait, le premier *physiologue* qui vint s'établir à Athènes; il ouvrit ainsi la série de ces hôtes illustres, qui, non moins que ses propres enfants, devaient faire de l'antique ville de Cécrops, pendant près de deux siècles, la capitale scientifique du monde ancien.

Anaxagore est aussi le premier dont la vie ait pleinement présenté le type du dévouement absolu à la science, de la recherche désintéressée de la vérité pour elle-même; c'est sur ce modèle qu'a été conçu l'idéal de la vie contemplative, tel qu'il brillait devant Platon et Aristote, tel qu'il est encore digne de guider nos pas. Sans doute, toutes les légendes qu'on raconte sur le Clazoménien, ne méritent pas une aveugle confiance; mais leur accord unanime atteste l'impression profonde que laissa son noble caractère.

Né d'une famille riche, il abandonne son patrimoine à ses parents et se voue tout entier à l'étude; toute sa vie, il néglige ses intérêts, il attend même qu'on lui offre le nécessaire; la persécution ne lui manque pas, tous les malheurs le frappent; il restera supérieur aux événements. Il se peut qu'il n'ait pas traité de l'éthique [1], mais il fut une morale vivante.

Il vit la science devenir une carrière lucrative [2]; il ne chercha pas à en profiter; heureusement il trouva un protecteur dans le grand homme d'État qui dirigeait alors les destinées d'Athènes; plus tard,

---

1. Favorinus (*Diog. L.*, II, 11) dit qu'il fut le premier à voir dans les poèmes d'Homère des allégories concernant la vertu et la justice, et qu'il ouvrit ainsi la voie à son disciple Métrodore; mais celui-ci semble avoir plutôt recherché dans Homère des allégories physiques.

2. Quand Anaxagore vint à Athènes (vers 456), Protagoras allait commencer à professer; c'est aussi l'époque où Hippocrate de Chios enseigne la géométrie à Athènes et où des Pythagoriciens, pour se faire de l'argent, publient les travaux mathématiques de leur maître.

jour, il expérimente, il cherche le progrès ou tout au moins le changement : il fait effort.

L'explication qu'avec beaucoup d'autres nous avons adoptée pour la sensibilité musculaire supprime-t-elle la réalité ou l'importance de l'effort? Une telle opinion, bien qu'elle ait été exprimée par des hommes de talent ou d'avenir, nous semble bizarre. Que cette activité fondamentale et originelle soit avertie sensiblement de son effort avant ou après l'exécution des mouvements qu'elle a conscience de vouloir, que nous importe? L'effort en est-il moins réel? La persévérance que notre activité met au service de notre raison, malgré les obstaces pénibles qu'elle a sentis, après en avoir éprouvé la résistance, en a-t-elle moins de signification? Nous ne le croyons pas, quant à nous. L'élément sensible de ce complexe phénomène est postérieur au premier déploiement de l'activité qui s'y exerce : c'est là un cas de la loi générale de l'antériorité de l'action sur la sensation, que nous avons tenu à établir. Que la conscience de cette activité doive ensuite plus ou moins aux sensations issues de développement même, elle demeure toujours la partie, sinon la apparente, à coup sûr la plus essentielle de l'effort, et celui-c toujours la condition permanente de la réflexion, du progrès . raison et de la libre volonté.

HENRI JOLY .

LA THÉ...

cette
oscurs
ôté, les
ayant
e vers le
Anaxagore
, tel que le
e son éclai-
nomènes des

nique, un Agathar-
279.

17

jour, il expérimente, il cherche le progrès ou tout au moins le changement : il fait effort.

L'explication qu'avec beaucoup d'autres nous avons adoptée pour la sensibilité musculaire supprime-t-elle la réalité ou l'importance de l'effort? Une telle opinion, bien qu'elle ait été exprimée par des hommes de talent ou d'avenir, nous semble bizarre. Que cette activité fondamentale et originelle soit avertie sensiblement de son effort avant ou après l'éxécution des mouvements qu'elle a conscience de vouloir, que nous importe? L'effort en est-il moins réel? La persévérance que notre activité met au service de notre raison, malgré les obstaces pénibles qu'elle a sentis, après en avoir éprouvé la résistance, en a-t-elle moins de signification? Nous ne le croyons pas, quant à nous. L'élément sensible de ce complexe phénomène est postérieur au premier déploiement de l'activité qui s'y exerce : c'est là un cas de la loi générale de l'antériorité de l'action sur la sensation, que nous avons tenu à établir. Que la conscience de cette activité doive ensuite plus ou moins aux sensations issues de ce développement même, elle demeure toujours la partie, sinon la plus apparente, à coup sûr la plus essentielle de l'effort, et celui-ci est toujours la condition permanente de la réflexion, du progrès, de la raison et de la libre volonté.

HENRI JOLY.

l'amitié de Métrodore de Lampsaque remplaça pour lui celle de Périclès, et une petite ville de l'Hellespont s'honora d'offrir un asile au proscrit accusé d'athéisme [1].

Anaxagore nous apparaît ainsi comme le premier exemple d'un savant subventionné par un chef d'État ou par de riches particuliers, tout en gardant son entière indépendance, ce que ne feront guère, plus tard, ceux qui accepteront ou brigueront des situations analogues. En tout cas, une ère nouvelle est désormais ouverte; jusqu'alors la science était uniquement œuvre de loisir; maintenant, en se répandant et en élargissant le cercle de ses adeptes, elle en acquiert d'assez peu fortunés pour qu'ils soient obligés de songer non seulement à ses progrès, mais encore à leur propre pain quotidien.

J'ai parlé de l'homme, disons quelques mots du savant.

Anaxagore devait avoir déjà acquis une certaine notoriété quand il vint à Athènes [2], et sans doute il avait déjà publié une partie de ses opinions ou de ses découvertes. Le témoignage de Diogène Laerce, d'après lequel il n'aurait laissé qu'un seul écrit [3], n'exclut pas des publications purement mathématiques ou astronomiques, et, de ce qu'Hérodote, par exemple, rapporte l'opinion d'Anaxagore sur la cause des inondations du Nil, nous n'en pouvons conclure que les *Histoires* soient postérieures au *Traité sur la nature*.

Cependant ce dernier ouvrage est, sans contredit, le véritable titre de gloire d'Anaxagore, car il y avait évidemment réuni l'exposé de ses diverses idées scientifiques, et il doit, avant tout, être considéré comme un *physiologue*.

Sa réputation comme géomètre n'est pas suffisamment assise : elle repose surtout sur un passage du dialogue platonicien *les Rivaux*, où il est parlé de lui et d'Œnopide, mais à propos d'une discussion en réalité astronomique; c'est d'après ce passage (et non pas d'après Eudème) qu'il figure, à côté d'Œnopide, dans la liste des géomètres

1. Lampsaque était une colonie de Milet, où, après la ruine de la métropole en 496, purent se conserver les traditions de la patrie de Thalès et d'Anaximandre; Archélaos semble y avoir succédé à Anaxagore comme chef d'école. Au siècle suivant, une autre cité voisine, également colonie de Milet, Cyzique, possédera une école de mathématiciens et d'astronomes (Eudoxe, Hélicon, Polémarque, Callippe) de la plus haute importance; mais de Lampsaque sortirent encore plusieurs personnages remarquables, notamment le rhéteur Anaximène, maître d'Alexandre-le-Grand, et le péripatéticien Straton, successeur de Théophraste.

2. La chute de la pierre météorique d'Ægos-Potamos dont on lui attribua plus tard la prédiction, a eu lieu dès 468/7.

3. Divise d'ailleurs en plusieurs livres, puisque Simplicius cite : ἐν τῷ πρώτῳ τῶν Φυσικῶν.

de Proclus, avec la mention vague : « il a abordé beaucoup de points géométriques ». Évidemment on ne peut traiter de l'astronomie sans avoir des connaissances géométriques assez étendues, mais il ne s'ensuit pas de là qu'Anaxagore ait fait faire des progrès à la géométrie proprement dite.

D'après Vitruve (VII), il aurait écrit sur la scénographie, c'est-à-dire sur la perspective appliquée à la décoration théâtrale, question particulièrement intéressante à Athènes [1] ; c'est certainement à tort que l'on a voulu faire rentrer un traité aussi technique dans l'ouvrage *sur la Nature* ; il est problable au contraire que ce traité était conçu sous forme géométrique, et que ce fut un des prototypes du livre assez imparfait qui nous reste d'Euclide sous le nom d'*Optiques*. Anaxagore aurait donc été le créateur de cette branche de la géométrie appliquée, mais le niveau très inférieur où elle restait encore, très longtemps après lui, montre assez qu'il ne s'éleva guère au-dessus des notions les plus élémentaires, et que Démocrite, qui reprit la même question après lui, ne dut pas faire beaucoup mieux.

Enfin Plutarque (*De exilio*) nous le montre s'occupant, dans sa prison, de la quadrature du cercle : mais ce peut être une légende sans authenticité ; cette question était certainement à l'ordre du jour parmi les géomètres de ce temps, et dans une prison, la science pure est encore l'occupation la plus facile. La légende semble donc habilement conçue d'après le caractère d'Anaxagore ; en tout cas, ce travail prétendu n'a laissé aucune trace, n'a exercé aucune influence saisissable.

Pour l'astronomie, les titres d'Anaxagore sont mieux établis : il a l'immortel honneur d'avoir le premier donné l'explication véritable des éclipses et des phases de la lune ; mais il convient de remarquer que cette explication fut une hypothèse de physicien, non pas le résultat des observations d'un astronome.

J'ai déjà expliqué [2] comment Anaxagore avait été conduit à cette hypothèse : d'une part, Anaximène avait imaginé des astres obscurs dont l'interposition pouvait produire les éclipses ; d'un autre côté, les Pythagoriciens (Parménide) regardaient déjà la lune comme ayant une partie obscure et une partie lumineuse toujours tournée vers le soleil, ce qui est l'explication chaldéenne des phases. Anaxagore n'avait donc qu'à remarquer qu'un corps solide obscur, tel que le supposait Anaximène, devait naturellement, par suite de son éclairement pour le soleil, présenter précisément les phénomènes des

---

1. Déjà, du temps d'Eschyle, l'auteur de la décoration scénique, un Agatharchos, avait écrit un commentaire sur ce sujet.

2. *Revue phil.*, déc. 1883, p. 631-2. — Sept. 1884, p. 276-279.

phases, et que la lune, considérée dès lors comme opaque, suffisait pour expliquer les éclipses du soleil. L'idée de tenir compte de l'éclairement l'amenait à tenir également compte des ombres, et il rencontra ainsi de la sorte l'explication des éclipses de lune.

Comme physicien, il alla plus loin, trop loin même : il conclut que la lune est une terre semblable à la nôtre et habitée comme. elle, que tous les astres, le soleil lui-même sont des solides incandescents. Ces hardis paradoxes attirèrent sur lui la première accusation d'impiété qui ait atteint les novateurs scientifiques; mais comme astronome, malgré sa découverte capitale, il resta relativement arriéré, et maintint malheureusement contre les doctrines pythagoriciennes les antiques croyances ioniennes.

Il croit encore la terre plate; tous les astres ont pour lui la même forme, en sorte que son explication des phases reste, en réalité, tout à fait insuffisante; il conserve l'hypothèse d'Anaximène sur l'existence de corps célestes obscurs qu'il croit encore nécessaire pour expliquer en partie, soit ces phases, soit certaines éclipses lunaires; son explication des mouvements propres du soleil et de la lune revient également à celle d'Anaximène.

Il suppose ces deux astres très rapprochés de la terre, et même à une distance si faible qu'il est difficile d'expliquer comment il n'a pas reconnu son erreur.

On ne peut guère non plus se rendre bien compte de la singulière hypothèse qu'il émettait relativement à la voie lactée : d'après lui, le soleil, étant plus petit que la terre, l'ombre de celle-ci devait s'étendre indéfiniment; la trace de cette ombre sur le ciel serait précisément la voie lactée, parce que, disait-il, les étoiles situées en dehors, se trouvant, même pendant la nuit, dans la partie du ciel où parviennent les rayons solaires, leur lumière propre en est offusquée, tandis que dans le cercle d'ombre, la lueur des astres apparaît sans aucune diminution; c'est dire que, si le soleil disparaissait, le ciel tout entier nous présenterait la même apparence que la voie lactée.

Cette conjecture, au point de vue purement physique, est certainement ingénieuse pour l'époque; elle montre en tout cas combien Anaxagore se préoccupait des lois de l'éclairement dont il avait fait une première et heureuse application; mais elle semble en même temps prouver qu'il ne se préoccupait nullement d'une observation tant soit peu exacte; autrement il aurait immédiatement reconnu que la voie lactée garde toujours la même situation par rapport aux fixes, tandis qu'une trace de l'ombre terrestre sur le ciel aurait à se déplacer singulièrement en même temps que le soleil; d'autre part, la lune aurait dû s'éclipser toutes les fois qu'elle traverse la voie

lactée, conséquence dont il était également facile de vérifier la fausseté.

Ainsi Anaxagore nous apparaît plutôt comme un hardi constructeur
d'hypothèses scientifiques que comme un véritable astronome,
sachant observer et contrôler ses hypothèses [1].

Comme météorologiste, il ne se montre pas en avance sur
Anaximène; comme naturaliste, il aborde un terrain que les premiers physiologues ioniens avaient négligé, mais on ne voit pas qu'il
ait dépassé Alcméon et Parménide, quoiqu'il ait pu s'écarter d'eux.
Somme toute, les services qu'il a rendus à la science sont d'ordre
secondaire [2], et ne s'élèvent nullement à la hauteur de son rôle
philosophique.

II

La distinction entre l'esprit et la matière, introduite par Anaxagore, a été l'origine d'une révolution métaphysique trop connue pour
qu'il soit nécessaire que je m'y arrête; je n'en parlerai donc qu'incidemment et autant qu'il sera indispensable pour le sujet que je me
propose d'étudier spécialement, je veux dire la théorie de la matière
d'après le Clazoménien.

Cette théorie ne me semble pas en effet attirer toute l'attention
qu'elle mérite; quoique les expositions qu'on en donne soient assez
fidèles au fond, grâce à l'importance considérable des fragments
authentiques que l'on possède, il ne me semble pas qu'on l'ait
jusqu'à présent parfaitement comprise, ni surtout qu'on se soit

---

1. Je m'arrête à une opinion assez singulière, qui ne nous est, à proprement
parler, conservée que sous le nom de son disciple Archélaos, mais qu'il a probablement déjà professée: la surface de la terre serait concave, et ce serait ainsi
qu'on devrait expliquer que le jour et la nuit ne se produisent pas immédiatement sur toute la surface.

Comment, d'un fait dont les circonstances ne pouvaient être absolument
méconnues, a-t-on pu tirer précisément la conséquence opposée à celle à
laquelle il doit conduire? Les Grecs ne pouvaient ignorer que pour les Perses,
par exemple, le soleil se levait plus tôt; Anaxagore devait donc supposer les
Perses sur le plateau entourant la concavité, l'Asie Mineure sur le versant vers
le creux intérieur, la Grèce encore plus bas sur ce même versant (convexe);
passé un certain point vers l'occident, il n'avait plus de notions exactes, et
supposait les faits contraires à ce qu'ils sont en réalité.

On sait au reste que Platon, dans le Phédon, essayait encore de concilier cette
singulière hypothèse avec la doctrine de la sphéricité de la sphère.

2. Même l'explication des éclipses, puisqu'il n'a pas eu l'idée mère, et que sa
théorie est restée absolument insuffisante.

rendu compte du rôle capital qu'elle a rempli dans l'histoire philosophique. On la considère plutôt comme un accident singulier, qui n'a pas été déterminé par le développement logique des conceptions antérieures, qui n'a pas exercé d'influence marquée sur la constitution des systèmes suivants. Je voudrais essayer de montrer que, si étrangère qu'elle soit aux représentations avec lesquelles nous sommes familiers, cette théorie n'en correspond pas moins à une hypothèse toujours possible, que cette hypothèse s'est produite précisément à son heure, qu'enfin elle constitue un élément essentiel dans les concepts de Platon et d'Aristote, à ce point qu'il est difficile, en la négligeant comme on le fait, d'arriver à posséder l'intelligence parfaite des systèmes les plus importants de l'antiquité.

Rappelons d'abord les circonstances au milieu desquelles se produit la doctrine d'Anaxagore : le monisme naïf des premiers Ioniens a abouti à Héraclite, c'est-à-dire à la négation du problème posé par Anaximandre : déduire l'évolution de l'ensemble des phénomènes d'une seule cause, en prenant d'ailleurs pour cette cause le phénomène qui apparaît comme le plus général et en même temps le plus régulier, c'est-à-dire la révolution diurne. Et tandis que l'Éphésien, pour expliquer les phénomènes célestes, revient à des hypothèses grossières et surannées, à l'autre pôle du monde hellène, Parménide déclare qu'ils ne peuvent être qu'une illusion, que l'univers est nécessairement immobile; cette doctrine gagne du terrain, et elle va trouver des partisans jusque sur les côtes de l'Ionie, puisqu'à Samos Mélissos se l'approprie.

Faut-il donc définitivement abandonner la thèse d'Anaximandre et d'Anaximène? Il faut au moins la transformer, car un nouveau concept s'est désormais introduit, qui ne permet plus de la maintenir. L'espace est infini, et comme on n'est point encore arrivé à le concevoir sans matière, comme la notion du vide absolu n'est pas encore formulée, il s'ensuit que l'univers est conçu comme infini; il est donc impossible de se le représenter, ainsi que le faisaient les Milésiens, comme animé, dans son ensemble, d'un mouvement de rotation autour de l'axe du monde.

Pour reprendre le problème d'Anaximandre, il fallait donc commencer par avouer que cette rotation était limitée, et distinguer la partie de l'univers qui y est soumise de l'infini qui reste immobile. Le mouvement de circulation n'est donc pas inhérent à la matière; il apparaît dès lors comme dû à une cause distincte de celle-ci.

Anaxagore donne à cette cause le nom de νοῦς [1]; il imagine

1. De l'ordre d'idées que j'expose, dérive naturellement le caractère mécanique de la cosmogonie d'Anaxagore, caractère que lui reprochera Platon; je

qu'à un moment déterminé, elle a commencé à mettre en branle un petit noyau central ; de là son action s'est étendue progressivement et a successivement organisé une partie de plus en plus grande de la matière inerte ; mais, puisque le champ dans lequel cette action peut s'exercer est infini, elle continue à gagner toujours du terrain, et l'on ne peut assigner une limite où elle doive s'arrêter.

Cette conception nous montre pour la première fois, le concept de l'infini rigoureusement employé dans son véritable sens mathématique. Le monde est une grandeur qui croît indéfiniment et peut dépasser toute limite assignable, de même que la série des nombres. Nous reconnaissons là une pensée de vrai géomètre, et nous pouvons nous attendre à le retrouver aussi rigoureux et aussi éloigné des idées vulgaires, quand il s'agira non plus de l'infiniment grand, mais bien de l'infiniment petit. Revenons donc sur cette autre face de la question de la matière, et demandons-nous d'abord si Anaxagore pouvait conserver la thèse moniste, et aussi à quelles difficultés il avait à parer en produisant une thèse pluraliste.

Il me semble difficile que du moment où il distinguait de la matière la cause du mouvement, et où, en même temps, il considérait à peu près exclusivement celle-ci comme produisant une rotation d'où résultait secondairement l'organisation du monde, Anaxagore ait pu avoir la pensée de conserver l'unité de la matière ; celle-ci devait lui apparaître comme un mélange mécanique, dont le mouvement de circulation séparait les divers éléments. C'est bien ainsi en fait qu'il se représente l'organisation du monde.

Mais ses idées cosmogoniques n'en sont pas moins, par la force même des choses, tout à fait analogues à celle des Milésiens, puisque le problème général est le même, soit pour eux, soit pour lui ; or les maîtres sur les traces desquelles il marchait, tout en affirmant l'unité de la matière, n'avaient pas suffisamment approfondi une question encore nouvelle, et les expressions qu'ils avaient employées pouvaient souvent, surtout pour Anaximandre, s'entendre d'un mélange mécanique actionné par la circulation générale, plutôt que d'une masse susceptible de se transformer dynamiquement sous cette même action ; Héraclite, le premier peut-être, fut un dynamiste absolument conséquent avec lui-même, mais il avait dû précisément concevoir tout autrement la cause des mouvements.

Anaxagore pouvait donc croire possible de reprendre la vraie tra-

crois inutile, comme je l'ai dit, d'insister sur l'ordre d'idées tout différent par lequel le Clazoménien a été conduit à attribuer à sa cause motrice le caractère intelligent ; il suffit de remarquer que cette conséquence dérivait naturellement de la façon dont ses divers précurseurs avaient entendu la thèse hylozoïste.

dition milésienne, en adoptant pour la matière un concept précis et scientifique ; mais il devait écarter l'hypothèse du mélange d'un certain nombre déterminé d'éléments non transformables les uns dans les autres — hypothèse qui fut celle d'Empédocle — car en entrant dans cette voie, qui pouvait paraître la plus naturelle, la plus conforme aux opinions vulgaires, il lui aurait fallu rompre complètement avec la tradition. Ainsi il avait à résoudre le difficile problème de constituer un concept qui permît la conciliation effective de la thèse moniste et dynamiste, à peu près universellement reconnue jusqu'à lui, et des idées pluralistes et mécaniques qu'il introduisait dans la cosmogonie.

Du côté de l'Italie, il avait connaissance d'un essai dualiste, le vide [1] et les monades des premiers Pythagoriens ; mais cette première et grossière tentative n'avait pu résister à l'argumentation de Zénon sur la divisibilité à l'infini. Elle allait se transformer et donner naissance au vide absolu et aux atomes de Leucippe, c'est-à-dire à la conception qui, après être finalement échue dans l'antiquité aux mains de l'école la moins scientifique de toutes, devait reparaître dans les temps modernes et devenir le pivot fondamental sur lequel roulent désormais toutes les hypothèses physiques.

Anaxagore rejette la notion de vide et cherche une autre voie ; mais il doit tenir compte des difficultés soulevées par Zénon et son école. En divisant indéfiniment la matière, si elle n'est pas absolument une, vous arriverez à séparer ses éléments constitutifs ; comment leur pluralité peut-elle faire l'unité ? Comment l'être peut-il être à la fois ἕν et πολλά ?

La réponse d'Anaxagore est simple ; c'est celle du géomètre que nous avons déjà reconnue. Oui, la matière est divisible à l'infini ; mais la difficulté n'existe pas ; car le mélange que j'aperçois dans les grandes parties, subsiste également dans les petites, si minimes qu'on les suppose ; il n'y a entre les unes et les autres qu'une différence de dimension qui n'a rien à faire avec la question de composition ; jamais donc la division n'atteindra les éléments ultimes, et la matière est partout et toujours, à la fois une et composée [2].

---

1. Voir mon article *Histoire du concept de l'infini au vi° siècle av. J.-C.*, dans la *Revue phil.* de déc. 1882. — Je rappelle que le vide des Pythagoriciens est un véritable élément, non pas le vide absolu. C'est d'ailleurs le seul concept du vide que connaisse Anaxagore, comme le prouve bien la nature de sa polémique, ainsi qu'en témoigne Aristote (*Physique*, IV, 6, 2) ; il arrivait seulement à prouver expérimentalement que le vide apparent est rempli par un corps sensible ; de telles objections supposent bien qu'il n'avait pas à réfuter l'hypothèse du vide absolu.

2. Fragm. 15 et 16 (Mullach). — J'insiste sur les deux éléments essentiels de cette réponse : ἴσαι μοῖραί εἰσι τοῦ τε μεγάλου καὶ τοῦ σμικροῦ — οὔτε τοῦ σμικροῦ ἐστὶ τό γε ἐλάχιστον, οὔτε [τοῦ μεγάλου] τὸ μέγιστον.

III

Nous sommes tellement assujettis aux habitudes d'esprit qu'entraîne la conception atomique, que la thèse d'Anaxagore, telle que je viens de l'énoncer, apparaîtra à beaucoup comme un simple paradoxe dont il n'y a pas lieu de tenir compte; et cependant, elle est, à *priori*, parfaitement légitime, et, si négligée qu'elle puisse être aujourd'hui, elle n'en garde pas moins toute sa valeur.

Je n'ai nullement l'intention de combattre ici la conception atomique; je crois au contraire qu'elle est encore loin d'avoir rendu à la science tous les services que peut en attendre celle-ci, que le moment n'est donc nullement venu de discuter s'il ne serait pas temps de rejeter cette conception comme désormais épuisée et incapable de permettre de nouveaux progrès; mais, au point de vue philosophique, la question doit se poser sur un terrain tout autre.

Prétend-on par cette conception atteindre la réalité absolue, l'inaccessible *chose en soi?* Évidemment non, et les arguments de certains physiciens ou chimistes ne peuvent que faire sourire, alors qu'ils prétendent démontrer comme faits l'existence du vide ou des atomes. Il s'agit simplement d'obtenir une représentation scientifique; il ne suffit pas qu'elle satisfasse l'esprit, il faut encore qu'elle se prête à des combinaisons logiques permettant d'établir quelque unité entre les lois des phénomènes naturels.

Que la conception atomique satisfasse à cette condition, que par exemple elle donne immédiatement une explication commode des lois qui président aux combinaisons chimiques, ces confirmations *a posteriori* sont à écarter; quand elles seraient beaucoup plus nombreuses et beaucoup plus importantes, elles resteraient absolument insuffisantes, tant que l'explication intégrale de l'univers demeurera incomplète : autant dire toujours. La question est de savoir si cette conception atomique est la seule possible, la seule admissible pour le rôle scientifique qu'elle remplit.

Or je dis que la thèse d'Anaxagore peut conduire à une conception qui, comme aptitude à se prêter aux combinaisons logiques, ne le cède en rien à la représentation aujourd'hui dominante.

Il n'y a pas à s'arrêter à l'apparent paradoxe qu'elle renferme; c'est la rigoureuse application d'une vérité logique sur laquelle reposent toutes les mathématiques : « que les raisons du fini réussissent à l'infini » pour employer la formule de Pascal. L'imagination seule peut soulever quelque objection, mais elle ne doit pas avoir voix au chapitre.

Développons donc les conséquences de la thèse posée, et voyons où elle conduit logiquement; nous examinerons ensuite si Anaxagore avait effectivement tiré les mêmes conclusions, ou s'il avait suivi quelque voie particulière.

Ce que nous regardons comme les éléments des corps, ne peut être distingué que par des qualités différentes, et par qualités nous entendons des conditions déterminées de phénomènes tombant sous les sens. Dire que la division des corps n'arrivera jamais jusqu'à isoler les éléments, n'a donc qu'un sens possible, c'est que dans la partie, si minime qu'elle soit, on retrouvera les mêmes qualités que dans le tout, c'est-à-dire les mêmes conditions capables de produire des phénomènes du même genre.

A ceci nulle difficulté, étant admis, bien entendu, que d'une part, le degré des qualités, leur valeur intensive, peuvent être très différents dans le tout; que d'autre part, les phénomènes produits peuvent n'être plus susceptibles d'être perçus, ce qui arrive naturellement, soit parce que la quantité de matière devient trop faible, soit parce que le degré de la qualité n'est pas assez élevé.

Nous voyons dès lors que pour l'objet de la science, c'est-à-dire l'explication de telle ou telle classe de phénomènes, nous n'avons pas à considérer ces éléments insaisissables sur laquelle notre attention se portait à tort, mais bien des qualités; ces qualités, pour l'abstraction scientifique, nous apparaissent, d'après les phénomènes auxquels elles correspondent, comme déterminées pour chaque corps de la nature et pour chacune de ses parties, mais aussi comme variables d'un corps à l'autre, et d'une partie à l'autre, en telle sorte néanmoins que, pour chaque point déterminé, elles aient une valeur précise qui sera la limite vers laquelle tendra la qualité de la molécule enveloppant ce point, alors que l'on en fera décroître indéfiniment les dimensions.

A chaque point de la matière se trouvera donc attaché un coefficient pour chaque qualité considérée (densité, température, état électrique, etc.); le nombre de ces qualités, qui sont de pures abstractions, peut d'ailleurs être indéfini, mais on conçoit que, d'après les lois naturelles reconnues ou à reconnaître, la connaissance de telle qualité peut être liée à la connaissance de telles autres, en sorte que, pour l'étude, il suffira de choisir un certain nombre de qualités que l'on considérera comme primordiales et auxquelles on rattachera les autres.

De la sommation des valeurs d'une même qualité pour les divers
points d'un corps (suivant les règles du calcul intégral), dépendra la
qualité de ce corps pour son ensemble, c'est-à-dire la façon dont il
se comportera par rapport aux sens pour le phénomène considéré.

Il est clair qu'une pareille conception de la matière se prêtera
parfaitement en principe à tous les calculs mathématiques, à toutes
les combinaisons logiques nécessaires pour l'explication des phénomènes; c'est tout ce que j'ai voulu affirmer, car je ne veux point
examiner quels seraient ses inconvénients ou ses défauts, si elle
serait plus ou moins commode, il suffit qu'elle soit possible.

Si j'ajoute que la théorie que je viens d'ajouter est en somme celle
de Kant, je n'aurai pas besoin d'invoquer de nouveaux arguments [1].
Je n'ai plus qu'à examiner jusqu'à quel point elle diffère de celle que
professait Anaxagore.

IV

Nous n'avons certes pas à attendre du Clazoménien toute la
rigueur des concepts du philosophe de Kœnigsberg : nous pouvons
sans doute accorder que quelques écarts de doctrine, justifiés par
l'état de la science à son époque, ne constitueront pas une divergence irrémédiable. Nous devons surtout ne pas exiger de lui qu'il
ait conçu, dans toutes ses conséquences, l'application mathématique
de ses principes; personne alors n'avait l'idée des règles à suivre
dans l'objet, pas plus que personne ne pouvait soupçonner de quelle
façon la mécanique des atomes de Leucippe devait être traitée.

Or si l'on fait ces concessions, et si l'on étudie avec soin les textes
d'Anaxagore, on sera étonné de voir à quel point il semble être resté
fermement attaché à l'ordre d'idées que nous avons développé.

Le point capital est la question de savoir comment il considérait
ses éléments, soit comme des parties d'un mélange, soit comme des
qualités inhérentes à la matière, mais variables en degré d'un corps
à l'autres.

A la façon dont on expose d'ordinaire son système, avec le terme
d'*homéomères* inventé par Aristote et avec les explications dont celu-
ci l'accompagne, la question semble tranchée d'un coup en faveur
de la première alternative; mais si l'on examine les fragments, on y

---

1. Voir *La théorie de la matière d'après Kant*, dans la *Revue phil.* de janvier 1885.

voit rien de semblable; Anaxagore ne parle que de qualités : l'humide, le sec, le chaud, le froid, le brillant, l'obscur, le dense, le ténu, et il énonce formellement (fr. 8) que c'est par la concentration relative de ces qualités que se produit, d'une part la terre, de l'autre l'éther.

Il ajoute, il est vrai, à cette énumération de toutes les choses mélangées (σύμμιξις ἀπάντων χρημάτων), des semences (σπέρματα) en nombre indéfini dont aucune ne ressemble à aucune autre (fr. 4). Il est clair que ces *semences* devaient lui servir, par leur réunion, à former des êtres présentant les qualités prédominantes dans leur ensemble, et c'est de là sans doute qu'Aristote a tiré ses explications; peut-être d'ailleurs empruntait-il à Anaxagore lui-même quelques exemples que donnait celui-ci pour faire comprendre en gros sa pensée, sans la préciser dans toute sa rigueur.

Mais lorsque le Clazoménien insiste sur ce fait qu'aucune de ces *semences* n'est semblable à aucune autre, il nous est impossible d'accepter sans plus les grossières images d'Aristote (la chair, les os, etc.), alors surtout qu'il avoue que c'est lui-même qui les choisit. Pourquoi cette différence entre les *semences*? C'est que précisément elles présentent, de même que les corps de la nature, toutes les variations possibles dans leurs qualités; mais sont-elles des éléments? non pas; elles sont décomposables au même titre que tous les corps, et présentent comme eux, à divers degrés, la même union du froid et du chaud, de l'humide et du sec, du brillant et de l'obscur, du dense et du ténu. Anaxagore au reste, et avec grande raison, n'a pas voulu préciser le nombre de ces qualités élémentaires, il l'a laissé indéterminé, ce qu'il est vraiment.

Mais ce qu'il a voulu faire ressortir surtout, c'est que, dans son mélange primitif, il fallait déjà considérer ces qualités comme mélangées si intimement et jusque dans les plus petites particules de la matière, que celles-ci offraient déjà les mêmes combinaisons qui se présentent dans les corps de la nature.

Par suite du mouvement imprimé par le ·νοῦς, les *germes* ou *semences* se déplacent et se réunissent à leurs similaires, en sorte que le monde s'organise; Anaxagore s'en tient donc à une explication mécanique, mais il insiste sur ce point que l'exclusion complète d'une qualité ne peut se faire en aucun point de l'univers; le feu est ce qu'il y a de plus brillant, de plus chaud, de plus sec, de plus ténu, il contiendra néanmoins toujours de l'obscur, du froid, de l'humide, du lourd; il présente donc ainsi tout ce qu'il faut pour constituer de la chair ou des os; mais dire avec Aristote que le feu est constitué de particules *homéomères*, semblables à celles de la chair ou des os, c'est évidemment défigurer du tout au tout la pensée du Clazoménien.

Quels défauts trouvons-nous d'ailleurs à sa conception? il suffit de la comparer à celle de Kant.

En premier lieu, nous ne pouvons plus admettre ces oppositions du froid et du chaud, etc., « qu'on ne séparera jamais avec la hache en aucun point du monde ». Pour nous, le froid et le chaud apparaissent comme deux degrés éloignés sur l'échelle intensive d'une même qualité. Mais après l'abus encore bien récent des fluides de nom contraire, nous devons être indulgents; d'ailleurs Anaxagore n'avait pas inventé ces oppositions, il les trouvait dans les opinions du vulgaire, il les voyait systématiquement employées par les Pythagoriciens; il s'en est donc servi à son tour; alors que l'antiquité n'a jamais su s'en débarrasser, on ne peut sérieusement l'en blâmer.

En second lieu, Anaxagore se représente les choses comme si les qualités ne pouvaient varier que par un déplacement mécanique des particules de la matière auxquelles il les a attachées. C'est dire qu'il ignore toute la physique et toute la chimie modernes, mais au moins a-t-il fait le premier pas indispensable pour l'abstraction de ces qualités; le second ne sera pas difficile, car du moment où il s'agira d'étudier les phénomènes, si peu que ce soit, on laissera naturellement de côté les déplacements mécaniques qui ne peuvent être soumis à la théorie, et l'on s'attachera aux modifications dans l'échelle intensive des qualités, c'est-à-dire au point de vue dynamique.

Si donc entre la théorie de Kant et la conception d'Anaxagore il y a de graves différences, la dernière n'en est pas moins tout aussi avancée, tout aussi satisfaisante qu'on pouvait l'espérer pour une époque aussi reculée, et alors que la science de la nature était aussi imparfaite.

Je crois inutile de montrer davantage comment cette conception satisfaisait heureusement aux conditions du problème tel qu'Anaxagore le voyait posé devant lui, à quel point elle conciliait harmonieusement la croyance monistique des Ioniens et le pluralisme des oppositions pythagoriciennes; son plus grave défaut était la subtilité d'esprit qu'elle exigeait, surtout à son époque, pour être parfaitement comprise, dans sa rigueur géométrique et sa nécessité logique; si elle n'offrait pas prise aux arguments d'un Zénon, elle n'en était pas moins exposée à être bientôt méconnue, et c'est ce qui lui arriva sans contredit. Il nous reste à examiner si néanmoins, avant de disparaître, elle n'a pas joué un rôle considérable, et influé d'une façon décisive sur les conceptions qui devaient lui succéder.

V

Reprenons la théorie d'Anaxagore, et cherchons à répondre d'après elle aux questions qui se poseront dans l'âge suivant.

Pourquoi telle chose est-elle dite être ce qu'elle est? C'est parce qu'elle *participe* à telle *espece;* elle est dite chaude parce qu'elle participe du chaud, etc.; mais le chaud y est seulement présent, il est loin de la constituer tout entière.

Tout au contraire la même chose participe également au froid; elle est donc chaude ou froide relativement aux termes de comparaison choisis; le chaud absolu ou le froid absolu n'existent pas dans la nature, mais tous les corps naturels participent à ces deux espèces.

Bien plus, les corps se forment et se détruisent, les êtres naissent et meurent, le chaud et le froid échappent au devenir; ces espèces subsistent éternellement sans altération.

Ces formules diverses ne se trouvent point dans les fragments d'Anaxagore, et il n'y a pas à les lui attribuer : mais c'est seulement parce qu'il n'avait pas à répondre aux questions indiquées; autrement, pour tout esprit non prévenu, c'est bien ainsi qu'il y eût répondu. Lorsque ces questions furent soulevées, ce fut donc là la doctrine qu'on trouva implicitement dans ses écrits.

Or que sont ces formules? Ai-je besoin de dire que je les emprunte à Platon, et que j'aurais pu multiplier les rapprochements?

Sans doute, il y a toute autre chose dans le platonisme : les espèces d'Anaxagore sont des qualités physiques, les εἴδη du Maître peuvent être purement abstraites ou correspondre à des qualités morales; les unes sont nettement immanentes à la matière, pour les secondes on peut soutenir qu'elles sont transcendantes (χωριστά).

Mais si la théorie des Idées est incontestablement une création originale, où trouvera-t-on, dans les doctrines antérieures, quelque chose qui en soit réellement plus voisin que la conception d'Anaxagore? Il est vraiment singulier qu'Aristote, voulant nous éclairer sur le développement de la pensée de Platon, nous renvoie aux formules pythagoriciennes sur les nombres comme essences des choses, et que nous répétions encore cette explication plus obscure que la théorie à expliquer. La doctrine d'Anaxagore au contraire, bien conçue par un esprit philosophique, c'est-à-dire capable d'abstraction et de généralisation, si cet esprit se trouve en présence des problèmes soulevés par l'âge des sophistes, aboutit naturellement à la constitue tion de la théorie des idées platoniciennes.

L'évolution était d'autant plus naturelle qu'Anaxagore avait moins limité le nombre des espèces qu'il concevait comme correspondant aux phénomènes; étendre son explication à tous les domaines de la pensée, au lieu de la restreindre aux faits de la sensation, voilà ce que fit Platon.

Je ne crois donc pas m'être trop avancé en disant que la doctrine d'Anaxagore sur la matière est un facteur essentiel de la théorie des Idées, et qu'il est indispensable d'en tenir compte pour envisager cette théorie sous toutes ses faces.

Les indications que j'ai essayé de donner, suffiront, je l'espère, à mes lecteurs, et je crois inutile d'insister. Toutefois je ne dois pas dissimuler, et ceci prouve précisément l'originalité de Platon, que tandis qu'il extrayait de la doctrine d'Anaxagore ce que celle-ci pou-vait lui donner, il entrait dans de tout autres voies pour élaborer sa propre conception de la matière.

La science du Clazoménien fut bien vite surannée; Platon d'ailleurs subit incontestablement l'influence des Pythagoriciens, mais moins sous le rapport de la doctrine générale que des théories particulières; dans son *Timée*, il a essayé un très curieux compromis entre la négation du vide et l'hypothèse des atomes.

Les deux sortes de triangles dont il compose les éléments [1], amenés au nombre fixé par Empédocle, sont en réalité de véritables atomes; seulement au lieu de les concevoir, ainsi que Leucippe, sous forme de petits sphéroïdes isolés, il les représente comme ayant une dimension négligeable par rapport aux deux autres, assimilables par suite à des plans de formes géométriques et de diverses grandeurs, en sorte qu'on puisse se figurer qu'ils remplissent tout l'espace. On sait que son disciple Xénocrate transforma cette conception en subs-tituant aux surfaces atomes de son maître, des lignes atomes; mais il est bien clair, en tout cas, que l'insécabilité de ces lignes ou de ces surfaces doit être conçue au point de vue physique, nullement au point de vue géométrique.

Si le *Timée* était perdu, on s'en ferait une singulière idée en étudiant la polémique d'Aristote, et cependant c'est le disciple de Platon; et si, sur bien des points, il n'a pas suivi les évolutions du Maître, il nous a souvent gardé, en se l'appropriant, un moment de sa pensée.

---

1. Par un reste assez singulier du dualisme pythagoricien primitif, Platon admet en effet que trois des éléments peuvent se convertir les uns dans les autres; la terre au contraire, l'élément solide par excellence, reste toujours telle.

C'est dire qu'il ne fallait pas s'attendre à voir Anaxagore mieux expliqué par Aristote que ne l'est Platon, quand même le **Stagirite** lui eût fait des emprunts directs; à quel point il a défiguré sa conception de la matière, on l'a vu; et pourtant dans la théorie propre d'Aristote, on reconnaît encore un écho très affaibli de la doctrine du Clazoménien; mais elle intervient avec deux autres éléments distincts et prépondérants : d'une part, les déterminations d'Empédocle, de l'autre, des concepts purement platoniciens. Le compromis entre ces trois facteurs garde d'ailleurs la marque du disciple de Socrate, et quoiqu'Aristote y ait apporté sa précision ordinaire, cette combinaison peut bien sembler une de celles où il répétait surtout les paroles du Maître.

Les quatre éléments d'Empédocle sont éternels et inaltérables; ceux d'Aristote au contraire se transforment les uns dans les autres, ce ne sont donc point des principes; comme ἀρχαί, Aristote énonce trois véritables abstractions : la matière (ὕλη), l'espèce (εἶδος) et la privation (στέρησις).

Si le dogme ionien de l'unité de la matière se retrouve en fait derrière ces abstractions, il y a opposition flagrante avec le principe d'Anaxagore, puisque celui-ci n'admet pas la *privation* comme possible, en quoi il a d'ailleurs théoriquement raison; mais si nous nous demandons quelles *espèces* par leur présence ou leur privation constituent les diverses formes élémentaires, nous retrouverons ces mêmes couples de qualités qui jouaient le principal rôle pour le Clazoménien : le chaud et le froid, le sec et l'humide, etc.

Ainsi le feu est chaud et sec; l'air froid et sec; l'eau chaude et humide; la terre froide et sèche; c'est par les échanges de ces qualités que la transformation des éléments peut se faire; mais elles sont tout abstraites et d'ailleurs aucune loi de ces transformations ne se trouve indiquée.

On sait le long triomphe de cette théorie formée d'éléments disparates; il suffit de remarquer qu'au point de vue scientifique, elle est très inférieure à celle d'Anaxagore; aussi doit-on regretter que ce ne soit pas cette dernière que la science de l'antiquité ait eue à mettre à l'épreuve, au lieu de se mouvoir dans le cadre étroit de la symétrique construction d'Aristote.

Cette dernière ne permet aucune combinaison mathématique effective; son infécondité à cet égard est malheureusement trop démontrée *a posteriori* pour que j'aie à insister sur ce point.

La réunion constante des qualités opposées, telle que la professait Anaxagore, satisfaisait aux conditions scientifiques, car elle a pour conséquence qu'il faut toujours uniquement considérer la résultante des deux tendances contraires, et l'on se trouve dès lors bientôt aux mêmes points de départ que la science moderne pour l'explication des phénomènes.

La séparation absolue des qualités opposées et leur association arbitraire avec telles ou telles autres, était un retour, avec de nouvelles erreurs en sus, aux premières ébauches des théories pythagoriciennes. C'était la consécration du système d'explications vagues et illusoires déjà en vigueur chez les médecins de l'époque; car ce sont eux qui ont, les premiers, abusé des qualités élémentaires, comme on devait si longtemps continuer à le faire d'après Aristote. Avec la théorie de ce dernier, ces qualités élémentaires deviennent de véritables êtres de raison, auxquels on attribue les propriétés les plus diverses et le mode d'action le plus fantastique. Le nombre des combinaisons logiques possibles se réduit au minimum, et comme elles doivent suffire à expliquer l'infinie variété des phénomènes, on a recours à d'étranges artifices en s'écartant de plus en plus de l'observation et de l'expérience.

Mieux eût valu, certes, au lieu de ce bizarre compromis entre des conceptions essentiellement différentes, s'en tenir fidèlement au pluralisme décidé professé par Empédocle, et ne pas chercher, dans les accouplements arbitraires des qualités élémentaires, une preuve *a priori* qu'il doit y avoir quatre éléments et qu'il ne peut y en avoir davantage. Si grossière que fût la première approximation d'Empédocle, il y avait dans ses idées un point de départ pour l'étude des combinaisons chimiques; les éléments d'Aristote, avec leurs propriétés prétendûment immuables, ne sont plus un sujet d'expériences, mais de véritables fictions dont le fantôme hantera pour des siècles le cerveau des pionniers de la science.

Quand enfin celle-ci aura pu s'en débarrasser, après quelques tâtonnements incertains, l'antique doctrine de Leucippe apparaîtra comme le seul port de salut; le trait de génie d'Anaxagore restera oublié, et ses idées seront condamnées à attendre dans l'oubli qu'on tente de les soumettre à leur tour à l'épreuve de nos théories.

PAUL TANNERY.

PHILOSOPHES ESPAGNOLS

OLIVA SABUCO

(Suite [1].)

———

On voit dès à présent qu'elle n'a de commun que la hardiesse des vues et l'indépendance de l'esprit avec les deux plus illustres médecins-philosophes espagnols du xvie siècle; mais elle se tient beaucoup plus près de Huarte que de Gomez Pereira, en tant qu'elle considère les animaux comme des êtres sensibles et passionnels. C'est avec ces idées, alors assez peu communes, qu'elle aborde la grosse question des passions dont le premier dialogue, et le plus important, sur la nature humaine, est un véritable traité, d'autant plus remarquable qu'il n'a rien de dogmatique dans la forme.

Pourquoi les passions, considérées comme causes de maladie et de mort, sont-elles plus fréquentes et plus intenses chez l'homme que chez les animaux? Curieux problème de psychologie et de pathologie comparatives, qui sera résolu, un siècle après, par Stahl, avec une rare supériorité, dans une thèse mémorable. La solution de l'auteur espagnol est de tout point conforme à la théorie animiste, que Stahl, le plus profond des médecins-philosophes, appelle fièrement *la vraie théorie médicale*, pour rappeler le titre de l'ouvrage immortel qui renferme toute sa doctrine. Il est étonnant que ce rapprochement ne se soit pas présenté à l'esprit des historiens et des critiques espagnols qui ont bénévolement attribué à dona Oliva Sabuco une influence qu'elle n'a jamais eue, quoi qu'ils prétendent, sur la production et le développement de certaines doctrines philosophiques et médicales, dont les auteurs et les partisans n'eurent jamais connaissance de son ouvrage. L'influence de cet ouvrage, minime en Espagne même, a été nulle à l'étranger.

C'est à l'âme raisonnable et à ses facultés, dont le siège est dans la tête, que l'homme doit le triste privilège de ressentir les funestes

———

1. Voir le numéro de juillet de la *Revue philosophique*.

effets des passions. Il est le seul des êtres vivants qui souffre du présent, qui se ¡chagrine du passé, qui s'inquiète de l'avenir. De là tant de maladies et de morts subites, car le chagrin tue, et rien que l'imagination peut produire les plus pernicieux effets. Des exemples pris dans l'antiquité ou dans l'histoire nationale sont allégués comme preuves; d'autres sont empruntés de la vie ordinaire pour montrer que les suites du chagrin ou du désespoir sont les mêmes dans toutes les classes sociales. Le chagrin met la discorde entre l'âme et le corps; il en résulte la maladie, la mort ou la folie; ce désaccord suspend les fonctions de la partie végétative, *cessa la vegetativa, y hace defluo, y les da una calentura*, etc. Cette étiologie de la fièvre consomptive, dite nerveuse, n'est point vulgaire.

Les femmes, en général, particulièrement dans l'état de grossesse, sont beaucoup plus sensibles que les hommes aux suites du chagrin et de la moindre contrariété. Combien d'enfants à la mamelle qui meurent victimes des peines de leur mère! Il n'est pire ennemi de l'humaine espèce que le chagrin, qui mène toujours avec lui sa fille, la tristesse; de cent hommes qui meurent, il en tue quatre-vingts, *mueren los ochenta de enojo*. Quand il frappe chez vous, fermez-lui la porte, puisque vous savez ce qu'il veut, et tenez-le à distance, de peur qu'il ne vous consume à petit feu. Il suffit de connaître l'instabilité de la fortune pour se prémunir contre ses revers, et ne pas souhaiter d'être toujours heureux, car il n'y a point de bonheur parfait et constant. Suivez l'exemple de Job, les préceptes de Sénèque et les bons avis du livre de l'*Imitation*. Le rapprochement de ces trois noms montre bien l'esprit de tolérance de l'auteur. Les bonnes paroles produisent aussi d'excellents effets, et les médecins ne savent pas de quelle ressource ils se privent, en renonçant à consoler ceux qui souffrent de ces maladies morales.

On voit que l'auteur ne partageait point le préjugé des médecins empiriques, ennemis de la méthode thérapeutique inaugurée par l'orateur Antiphon, lequel eut la singulière idée d'ouvrir à Corinthe un bureau de consolation pour le traitement des maladies morales. Cet essai ne réussit point, et l'inventeur fit à la tribune un emploi plus fructueux de son éloquence. Leuret n'est donc pas le premier qui ait conçu et appliqué le dessein de traiter les malades d'esprit par la logique et la morale.

La colère est une passion qui doit être traitée en douceur, par des moyens analogues; en s'insinuant dans le cœur de la personne offensée, irritée, qui ne respire que la vengeance, la persuasion opère à peu près à la façon de Molière, lequel, comme on sait, arrêta ses amis décidés au suicide, au moment où ils voulaient s'aller noyer dans la Seine. En pareil cas, il ne s'agit que de gagner du temps; la nuit porte conseil, et il n'y a plus rien à craindre quand la réflexion a remplacé l'emportement. Sénèque ne dit pas mieux en son classique traité *De la colère*. Un bon ami, la promenade au grand air, l'eau froide, la vue des champs, le bruit des arbres agités par le vent, le murmure d'une eau courante, la musique enfin sont aussi des remèdes très efficaces. Isménias, médecin de Thèbes en Béotie, appliquait la musique au traitement de toutes les maladies. Comme la colère n'est qu'une courte folie, il faut attendre pour agir que l'attaque soit passée, de peur de se préparer des regrets par trop de précipitation. La colère est une passion déprimante, en ce sens qu'elle produit une réaction inévitable, qui a pour effet d'abattre l'organisme et de le mettre en décroissance par suite de l'effort que fait l'âme pour se débarrasser de cet ennemi de la vie et de son cortège habituel; car le cerveau où réside l'âme perd une partie de son suc, et le liquide cérébral s'écoulant goutte à goutte, le cerveau s'affaiblit, s'épuise, si bien que la discorde qui règne entre le corps et l'âme finit par avoir raison de la vie, *sacudiendola y arrojandola de sí el ánima, y con ella el jugo del celebro donde se assentó*. C'est ainsi que se consument dans le marasme les envieux, les mécontents, les malheureux que ronge la tristesse; les uns sans fièvre, les autres en proie à la phthisie et à des éruptions graves de la peau, incommodes ou hideuses. Le besoin de réparer la perte du liquide cérébral pendant la veille fait que les gens tristes dorment plus que les autres, *los tristes duermen mas que los alegres*. L'espérance est le seul remède qui puisse guérir les maux nés du désespoir.

La crainte et la peur ne sont pas moins redoutables que le chagrin et la colère. Nombre de condamnés à mort meurent avant l'exécution; et la peur tue aussi bien les animaux que les hommes. Beaucoup de femmes enceintes meurent victimes d'une peur imaginaire, ou avortent. C'est la peur qui engendre la mélancolie, laquelle atteint le cerveau et le cœur, et engendre à son tour le désespoir. La paralysie qui en résulte est un effet de l'écoulement abondant de l'humeur liquide du cerveau, laquelle produit le relâchement des sphincters. Voir les choses telles qu'elles sont, c'est le meilleur moyen de prévenir par la raison les suites d'une imagination déréglée.

L'amour tue de deux façons, soit par la perte de l'objet aimé, soit par l'impossibilité de l'atteindre. D'après l'auteur, nombre de veuves, en ce temps-là, ne pouvaient survivre à leurs maris; la douleur les tuait. On a vu des animaux, notamment des chevaux et des chiens, se laisser mourir après avoir perdu leur maître. Les oiseaux qui vivent par couples meurent de chagrin après la séparation : *esto se ve cada dia, aunque los naturales no lo escriven.* Nombre d'oiseaux meurent de faim en captivité. L'amour non satisfait tue aussi, d'autant mieux que la raison ne peut rien contre cette passion, *este afecto de amor no se rige por razon.* Dans ce cas, la mort se produit par dessèchement ; les fonctions de l'organisme sont suspendues, et l'absorption de l'âme, tout entière à l'objet de ses désirs, entrave les opérations du corps. Le remède consiste à prévenir la passion ou à la remplacer par une autre : c'est la méthode substitutive.

Le plaisir et la joie peuvent tuer, quand ils sont excessifs ou soudains. L'auteur assure que des sujets, admis à la table du roi, sont morts de plaisir, *y por aver cenado á la mesa del Rey nuestro señor, se han viston morir de placer.* Ce fait n'étonnera point ceux qui connaissent la ridicule étiquette de la maison d'Autriche. L'expérience prouve qu'il y a péril à donner une bonne nouvelle sans préparation ; les vieillards surtout veulent être ménagés. Du reste, c'est la joie qui entretient la vie et la santé, tandis que l'ennui et le chagrin produisent la maladie et la mort.

L'espérance et le désespoir ont des effets analogues. Beaucoup de gens désespérés finissent par le suicide ; et l'on a vu même des animaux mourir ou se tuer de désespoir. La haine est aussi l'ennemie de la vie ; rien de plus juste ; mais l'auteur se trompe évidemment en soutenant que, de tous les êtres, l'homme est le seul qui haïsse son semblable, selon le vieux proverbe, que les loups ne se mangent pas entre eux ; il reconnaît d'ailleurs qu'il y a des haines naturelles entre espèces différentes ; les exemples qu'il emprunte à Pline sont sujets à caution.

La honte paralyse aussi les facultés ou les fonctions en soutirant une partie du liquide cérébral ; elle peut tuer, quand la perte est excessive ; on voit souvent dans les actes publics des universités, des candidats réduits à l'impuissance par ce sentiment qui fait monter le rouge au visage, chez beaucoup d'enfants et de jeunes gens. L'auteur croit que quelques animaux, par exemple l'éléphant, sont susceptibles de honte.

L'angoisse et le souci n'ont pas des effets moins funestes, bien qu'ils le soient moins que ceux de l'oisiveté : mauvaises digestions, fatigue du corps, vieillesse anticipée. C'est un mauvais bagage qu'il faut déposer avec les vêtements, quand vient l'heure du sommeil. A chaque jour suffit sa peine ; il est imprudent de trop surcharger l'avenir.

La compassion, qui est la sympathie qu'on ressent pour les souffrances du prochain, se traduit par des larmes, par l'évanouissement, par des faiblesses dans les membres inférieurs, suite de l'écoulement du liquide cérébral. La perte de la liberté occasionne le même dommage : l'écoulement du liquide cérébral produit des éruptions cutanées, la phthiriase, ou production de vermine, la jaunisse et même la mort. La captivité agit de même chez beaucoup d'animaux. Comme l'auteur est un moraliste, il considère les passions au point de vue de la conscience, et ne manque point de relever les suites désastreuses des inclinations violentes connues sous la rubrique des sept péchés capitaux, mais en·physiologiste bien plus qu'en théologien. Il s'arrête particulièrement à considérer les effets de la luxure; il n'est point de pire ennemi de la vie. L'acte vénérien consume l'humide radical de deux façons : en épuisant la moelle épinière, et en débilitant l'estomac, de telle sorte que le cerveau se trouve lésé directement par la perte de sa substance, et indirectement par un vice de la nutrition. Quantité de maladies n'ont point d'autre origine. L'abus du plaisir entraîne souvent la mort.

L'oisiveté et la paresse ont des suites fâcheuses. Les habitants des champs sont plus sains et vivent plus longtemps que les citadins, qui se fatiguent à ne rien faire. L'air pur de la campagne et l'exercice matinal entretiennent la santé et prolongent la vie, tandis que l'abus du repos et du sommeil ramollissent le cerveau : de là tant de maladies qui tourmentent les grands et les princes, et particulièrement la goutte, qui est proprement le mal des riches. Ni les rois ni les nobles n'entendent la vie. La jalousie, pernicieuse chez les hommes, est encore plus funeste aux femmes, et n'épargne point les animaux. On souhaiterait un peu plus de discernement dans le choix des exemples : ici, comme ailleurs, l'érudition fait tort au jugement.

L'homme partage aussi avec les animaux le sentiment de la vengeance, cher aux femmes et aux natures pusillanimes. L'indulgence et le pardon sont propres aux grandes âmes. A la suite de ce chapitre remarquable surtout par l'excellence de la forme, l'auteur passe des émotions qui débilitent l'organisme en soutirant au cerveau l'humide radical, et à l'estomac la chaleur nutritive, par ce qu'il appelle *defluxo, decremento*, aux émotions salutaires, qui sont, comme il dit, les colonnes de la vie. Il en reconnaît trois : l'espérance, la joie, le contentement; y joignant la chaleur de l'estomac qui maintient la bonne harmonie des parties, *el calor concertado del armonia segunda del estomago*. C'est par le concours de ces facteurs que l'âme et le corps vivent dans une concorde parfaite, et que le principe de vie se fortifie, à savoir la substance du cerveau et le liquide cérébral, *la medula del celebro y su jugo*, et la pie-mère est tout entière à son office, lequel consiste à favoriser la végétation de la peau, assimilée à l'écorce de l'arbre.

On voit ici un autre élément qui joue un rôle considérable dans la physiologie de l'auteur. Ce chapitre est fondamental et d'une grande netteté. C'est à partir de cet endroit qu'on voit nettement se dessiner la division des passions en deux classes : celles qui sont favorables, et celles qui sont contraires à la santé et à la vie. On ne saurait mieux établir l'étiologie morale des phénomènes vitaux. C'est la joie qui fait vivre ; c'est le chagrin qui tue. Les passions salutaires produisent la concorde des deux éléments, corporel et spirituel ; les autres produisent la discorde et ouvrent la porte aux maladies et à la mort. Platon le savait bien, mais les médecins n'ont rien compris à cette étiologie, *aunque los medicos no lo entendieron*. Cette manière de voir n'a rien de commun avec les théories humorales qui régnaient alors en tous lieux, et principalement en Espagne, où l'abrégé de Galien de l'illustre médecin et profond helléniste Laguna avait remis en honneur la doctrine galénique, commentée et propagée par les Arabes durant tout le moyen âge.

Sans doute, dit l'auteur, le cerveau prend sa part des aliments que l'estomac lui prépare, notamment pendant le sommeil ; mais les maladies produites par les excès de table ne sont rien en comparaison de celles qu'engendre le chagrin, en allant troubler l'âme même dans le cerveau où elle réside ; ce qui signifie que les désordres de l'innervation sont bien plus graves que ceux de la nutrition ; car le cerveau est le premier principe de l'harmonie entre l'âme et le corps, tandis que l'estomac n'est que le second. L'humeur qui s'écoule du cerveau sous forme de catarrhe est la cause principale des maladies et de la mort ; de sorte que, catarrhe vaut autant que décroissance du cerveau, *catarro ó decremento del celebro, que todo es uno*. Beaucoup d'épidémies n'ont point d'autre cause.

Il y a trois formes ou plutôt trois degrés de la matière catarrhale : partie venteuse (gazeuse), partie aqueuse, partie visqueuse ou flegme. C'est ce flegme qui se détache en dernier lieu, et qui, tombant sur divers organes intérieurs, produit les maladies ; ce qui veut dire que la plupart des maladies internes localisées sont du fait de l'innervation. Cette manière de considérer les désordres, altérations et lésions des viscères, était alors à peu près nouvelle, car il faudrait remonter jusqu'au médecin grec Arétée, pour trouver dans l'antiquité une doctrine analogue. On voudra bien remarquer, en passant, que ce grand peintre des maladies n'était ni solidiste ni humoriste ; il appartenait à la secte pneumatique, illustrée par Archigène, un des hommes qui ont fait le plus d'honneur à l'art médical.

Qu'importe, ajoute l'auteur, que les anciens médecins aient vu autrement? La nature demeure, et ce n'est point pour se conformer à leurs dogmes qu'elle changera : *su dicho no forzó à la nàturaleza à que fuesse aquello que dixeron, antes ella se quedó, y està en lo que fué, y es; y su dicho no la mudó, antes sus dichos se mudarán.* Le propre du cerveau, qui est, avec la moelle, la racine de la vie, est de prendre et de donner, *que es tomar y dar;* et tant qu'il fonctionne normalement avec la pie-mère pour distribuer le suc, le chyle, la substance vitale, c'est la santé. C'est de cette source que dérive la vie : d'où l'on voit quelle est la cause des maladies. Si l'écoulement de l'humide radical, à la suite d'un grand chagrin, est considérable, il peut causer la mort subite, en éteignant la chaleur de l'estomac. De quelque manière qu'on veuille interpréter cette curieuse théorie, on est obligé de reconnaître qu'elle subordonne la nutrition à l'innervation. Le liquide froid qui tombe du cerveau éteint également le calorique du cœur, *sufoca y apaga el calor nativo del corazon y estómago.* C'est la réaction de l'âme, faisant effort pour rejeter au loin les images déplaisantes que lui apportent les sens, qui provoque cette perte de substance, par l'entremise de la pie-mère, qui est comme le bras droit du cerveau : *esto hace el ánima con el movimiento de la pia madre, que es la mano del ánima.* C'est à cet écoulement excessif du liquide cérébral, à la suite d'un accident quelconque, par exemple, d'un coup d'air sur la nuque, qu'est attribuée la perte subite de la mémoire, par cette singulière femme qu'on pourrait croire animiste. L'humidité du cerveau, en s'écoulant, entraîne les images que conservait la mémoire, *fué que se les cayó y corrió la humidad del celebro, y con ella todas aquellas especies que en ella estaban situadas.* Voilà une psychologie on ne peut plus physiologique et un chapitre tout neuf de l'histoire des maladies de la mémoire.

Après un tableau très brillant des bons effets de l'espérance, vient un remarquable éloge de la tempérance, soutien de la santé et de la vie, panacée de tous les maux de l'homme, tant spirituels que corporels. C'est elle qui doit régler tous les exercices, le sommeil et la veille, les sentiments, les émotions, les passions, qui agissent toutes plus ou moins sur le cerveau. La tempérance est propre à l'homme et lui seul peut jouir de ses bienfaits, car elle dérive de l'entendement et de la volonté. C'est une grande dame qui a placé son trône assez bas pour être à la portée de tous, *esta gran señora, la qual puso su silla en lugar bajo, para que todos la pudiessen alcanzar.* Esclaves de leurs appétits, les animaux s'y livrent sans réagir, faute de pouvoir délibérer. L'homme étant un être sociable, l'amour et la sympathie lui sont naturels; mais il convient de modérer les affections et les désirs, de peur que l'excès ne gâte ce qui est bon en soi. Les animaux connaissent aussi ces sentiments de sympathie, que l'on remarque même entre individus d'espèces différentes, et l'on en voit qui déploient une merveilleuse industrie pour sauver leur progéniture. Il est regrettable que ce beau chapitre abonde en exemples fabuleux ou suspects empruntés à Pline, le grand ramassier de tant de sornettes.

De l'amour à l'amitié, la transition est naturelle : l'auteur en parle avec une originalité charmante et un rare bonheur d'expression. Il n'y a point de meilleur remède à l'isolement et à l'égoïsme. Posséder un ami véritable, c'est doubler sa vie, et du même coup doubler son bonheur, car c'est l'existence qui rend heureux, tandis que cesser de vivre est le pire malheur. Avec un ami, la félicité croît, et le mal diminue. Entre amis, tout doit être commun; entre amis, point de secrets. Il faut se donner tout entier et sans réserve. Passant ensuite au recueillement et à la solitude, l'auteur en montre finement les inconvénients et les avantages; on voit qu'il savait faire la différence entre la vie organique et la vie de relation, et c'est à lui qu'appartient parmi les modernes cette distinction ingénieuse dont on fait généralement honneur à Bichat. Si les historiens des sciences remontaient aux sources, au lieu de se copier les uns les autres et de compiler servilement, ils rendraient à chacun ce qui lui revient et porteraient moins de jugements téméraires. Ce n'est pas la curiosité seule qui gagne à remuer les cendres des morts, l'équité y trouve aussi son compte.

Jusqu'ici l'auteur a cherché l'étiologie des maladies dans les passions; dans ce qui suit, il passe en revue les autres causes qui nuisent à la santé et à la vie par la décroissance de l'humide radical, et dont les effets sont aussi pernicieux. Il commence par la peste, qui est contagieuse ou infectieuse, car l'air suffit pour la communiquer; elle entre dans le corps par la respiration, par l'odorat, et bientôt le cerveau s'en ressent dans ses fonctions, car le cerveau respire tout ainsi que le cœur, et l'effort qu'il fait pour se débarrasser de l'élément délétère entraine une si grande perte de liquide, que l'estomac en perd sa chaleur, d'où résulte un trouble profond de l'harmonie organique qui peut produire la mort. C'est un empoisonnement qu'il faut combattre par les moyens les plus énergiques, par les antidotes et les contre-poisons. Avec un peu d'enthousiasme il serait facile de dire que c'est là une vue de génie, car il n'y a pas bien longtemps que l'on sait que l'action des poisons sur le système nerveux peut être immédiate et directe. Évidemment l'auteur en savait infiniment plus que ses contemporains, les docteurs galénistes et arabistes, sur l'étiologie et la pathogénie des épidémies et des fièvres par intoxication ; et l'on voit qu'il n'admettait point l'essentialité que Broussais a eu tant de peine à détruire. Il a bien vu aussi que la plupart des épidémies, connues autrefois sous le nom générique de peste, suivent, comme on [dit, le cours du soleil, allant de orient vers l'occident.

Après des considérations très justes sur les nombreuses causes qui peuvent altérer la pureté de l'air, et sur la marche des épidémies : Fuyez, dit-il, du côté d'où elles viennent et non du côté où elles vont, comme s'il connaissait l'itinéraire habituel de ces sinistres voyageurs.

Après ces pages admirables de bon sens et de justesse, l'auteur paye tribut à son temps, en exposant très ingénieusement une théorie du mauvais œil, laquelle n'a rien de commun avec la suggestion, et il indique les remèdes propres à combattre les mauvais effets de cette influence : aspirer l'odeur du vin pur dont on s'est frotté les mains, de l'encens, du coing, et vomir au besoin. L'effet du mauvais œil se fait sentir de préférence chez les personnes faibles, maladives, les femmes et les enfants malingres.

Les poisons et les venins n'ont d'action efficace qu'en atteignant le cerveau. Pour arrêter les suites d'une morsure venimeuse, le plus sûr est de couper la partie mordue ou de l'isoler par la ligature, pour empêcher le venin d'arriver au cerveau, car le cerveau une fois atteint, il ne sent point son mal, et n'a point conscience de ses propres sensations, bien qu'il soit le principe et la cause du sentiment, *porque el celebro tiene sensacion de todos los daños y noxas del cuerpo, y no de si mismo, porque es el principio y causa del sentimiento, y siente todas las cosas, y no á sí mismo.* Voilà certes une femme qui en savait long, et peu disposée sans doute à croire à cette autopsie interne, où le moi chimérique des philosophes classiques, à la fois sujet et objet, produit et facteur, représente un peu les trois personnes distinctes et consubstantielles de la Trinité.

Parmi les aliments vénéneux, l'auteur ne manque point de compter la cervelle des bêtes malades et la chair des animaux en rut. Après avoir ingéré des aliments suspects ou de mauvaise qualité, le mieux est de vomir.

L'homme devient malade par le changement de climat, parce que son organisation dépend du sol qu'il habite, de l'air qu'il respire et de l'eau qu'il boit, et que tout cela influe sur ses aliments animaux et végétaux. De là les différents caractères des peuples, et mille particularités qui tiennent aux circonstances extérieures. Le micro-

me (c'est l'homme) ressent aussi les effets du changement de
ips, d'air et de lune. A propos des quartiers de la lune et de leur
uence sur la santé, l'auteur se livre à des considérations fantas-
1es qui font sourire. Il est plus raisonnable, sinon beaucoup plus
ir, en parlant des inconvénients de l'embonpoint. En ce temps
scétisme, de famine et de misère, on ne prévoyait point qu'il y
·ait un jour des concours et des prix pour les hommes gras. Au-
t qu'il est possible de comprendre, il y a là une vague réminis-
ce des justes réflexions d'Hippocrate sur les inconvénients du tem-
·ament athlétique. Une remarque très exacte, c'est que dans cer-
1es épidémies, les personnes maigres courent moins de risques,
el *tabardillo passado vimos por experiencia que ningun gordo
apaba*. Ces observations assez nombreuses semblent annoncer un
decin ou tout au moins un philiatre.

propos du travail et de la fatigue qui le suit, l'auteur recom-
nde la devise : *Festina lente*, et remarque fort bien que la sueur,
larmes et les excrétions en général sont comme des exutoires
urels qui maintiennent l'équilibre de l'économie; c'est par là que
erveau se décharge de ses impuretés. Le travail engourdit l'in-
ligence et favorise les opérations de la vie végétative; tandis
e le loisir développe l'entendement; voilà pourquoi les princes
ivent se livrer au repos qui assagit l'âme, car leur force est dans
conseil; et le conseil du sage vaut mieux que les forces de plu-
urs milliers d'hommes.

Ayant parlé des effets du bruit sur le cerveau et des suites fâ-
auses que peut produire un son excessif et subit, notamment chez
femmes enceintes, l'auteur est amené à traiter de la bienfaisante
luence de la musique. Il n'est point de remède plus efficace pour
1tes les maladies du cerveau, c'est-à-dire pour toutes les affections
toute nature qui atteignent les centres nerveux, et, à l'appui de
tte théorie, il raconte fort agréablement la guérison des piqûres
la tarentule par la musique et la danse, et cite des faits très con-
us des anciens qui traitaient par la musique la plupart des maladies
mentales, et les douleurs intolérables du rhumatisme et de la scia-
ïque. La musique apaise et réconforte; et son efficacité peut être
avantageusement secondée par les odeurs agréables et les bonnes
paroles qui relèvent le moral. Énumérant tous les avantages de
l'harmonie, l'auteur s'étonne qu'une médication aussi puissante soit
tombée en désuétude, *y assi me maravillo no estar en uso tan alta
medicina*. Les animaux sont sensibles aux enchantements de la
musique, et par conséquent à la cacophonie. Parmi les sons désagréables, l'auteur signale le hoquet, le bruit de la lime sur une

plaque métallique, les cris perçants de la douleur, la voix fausse, la lecture mal faite, les paroles d'un sot importun.

Les mauvaises odeurs peuvent occasionner la maladie ou la mort. Les bonnes odeurs, au contraire, entretiennent la santé et la vie, et ne sont pas moins efficaces que la musique. Les odeurs agréables d'aliments substantiels ont des propriétés nutritives; il ne faut pas s'en priver pendant les maladies, car elles sont cordiales et réconfortantes.

Après les odeurs, les couleurs. Les impressions de la vue sont salutaires ou funestes : le blanc, le vert et le rouge sont agréables; le noir est triste comme les ténèbres; il est contre la raison de se vêtir de noir, comme on le voit en Espagne, *contra la razon humana es el comun uso de vestir de negro, que tanto agrada á España.*

Le goût des aliments a une grande importance, car le cerveau réagit contre les aliments de mauvais goût, et l'humeur qu'il laisse tomber sur l'estomac trouble la bonne harmonie des organes, en éteignant la chaleur nutritive; l'excès de nourriture, la mauvaise qualité des aliments, produisent des effets analogues. Il faut donc choisir avec discernement les aliments salutaires, et rejeter les autres. La faim, la soif non satisfaites, le manque de sommeil, l'étude après le repas, troublent les fonctions cérébrales; mais la sobriété dans le boire, le manger et le dormir a d'excellents effets. A ce sujet, l'auteur fait des réflexions très sages sur le régime, et condamne énergiquement les aliments trop mêlés, comme les médecins expérimentés condamnent le mélange de beaucoup de drogues. Il est essentiel de savoir régler et varier sa manière de vivre, selon les circonstances. Les préceptes donnés à cette occasion sont conformes aux règles de l'expérience et de l'hygiène. La boisson doit être réglée avec beaucoup de soin, et le repas du soir doit être léger, car c'est pendant la nuit que le cerveau s'occupe du travail de la nutrition; surcharger l'estomac d'un second repas plantureux, c'est augmenter en pure perte la besogne du cerveau. Par conséquent, manger peu le soir, c'est se mettre dans les meilleures conditions pour conserver la santé, l'intelligence, les mœurs et la vie, *Si disminuyes las cenas, disminuirás tus enfermedades, aumentarás el ingenio, evitarás la luxuria, alargarás tu vida.*

Le sommeil doit être réglé en raison de son importance, car il préside à la nutrition; excessif, il a les mêmes inconvénients que l'oisiveté. Pendant le sommeil, l'estomac doit être tenu chaudement, ainsi que la poitrine; on usera au besoin de frictions à la région épigastrique, pour favoriser la nutrition. C'est pendant le sommeil qu'opère la vie organique, et pendant la veille, la vie animale, *En el sueño obra la natural, y en la vigilia, la animal y intelectiva.* Quand on va se coucher, il faut déposer ses soucis en même temps que ses vêtements. Les crudités et les mauvaises digestions viennent, pour la plupart, de ce que, contrairement aux lois de la nature, le cerveau est obligé de travailler lorsqu'il devrait se reposer. Le repos est de rigueur après le repas : repos d'esprit et de corps. Beaucoup de maladies n'ont d'autre cause que la violation des lois du régime.

La douleur locale, à la suite d'un coup, d'une blessure, d'une tumeur, peut avoir les plus fâcheuses conséquences. Comme le cerveau est le centre des sensations, dès qu'une partie du corps souffre, il y envoie ses messagers, ce sont les esprits, et de l'humeur qui gonfle et endolorit la partie, si bien que la mort peut s'ensuivre. Un bon remède de précaution, c'est de mettre une ligature au-dessus du point douloureux, pour couper le chemin à l'humeur. Il y a là une théorie assez singulière de l'inflammation et de la fluxion, sur lesquelles les médecins sont encore loin d'être d'accord.

Broussais eût été content du très curieux et intéressant chapitre qui traite du froid, qu'il a appelé l'ennemi de la vie. L'auteur l'appelle encore plus énergiquement l'ennemi de la nature, *este es gran enemigo de la naturaleza.* Il tue soit immédiatement, soit indirectement, selon la quantité du suc cérébral qui tombe du cerveau sur l'estomac. C'est de ce liquide que se nourrissent les animaux bibernants, et de l'humidité qui pénètre par les pores. Le surplus de ce liquide non évacué par les voies ordinaires sort par les pieds, car il y a communication entre la tête et les extrémités inférieures : il faut donc tenir chaudement la plante des pieds, et se garder de trop chauffer le front, et surtout de passer brusquement de l'air chaud à l'air froid, et enfin de changer d'habitudes sans ménager les transitions. C'est le soleil qui, après Dieu, rend la vie aux plantes et aux animaux engourdis par le froid. Les bêtes à moitié mortes de froid ont perdu la vitalité de la peau, *y pierden la vida del pellejo.* La chaleur excessive agit à peu près comme le froid rigoureux, le cerveau étant naturellement froid. L'air ambiant, qui est de l'eau raréfiée, *que es agua rara,* est le principal aliment de la racine vitale, des centres nerveux, aliment absorbé à l'intérieur par la respiration et à l'extérieur, par la peau; c'est ainsi que se nourrissent les animaux et les plantes, quand l'air est à la température normale. Les poissons, les animaux et les plantes vivent, meurent ou sont malades, suivant la qualité de l'atmosphère ambiante, eau ou air. Pour maintenir la bonne température et les qualités vitales de l'air, il le faut renouveler, comme on renouvelle l'eau qui dort par un courant d'eau vive. Rien n'est plus pernicieux que l'air croupi dans la chambre d'un malade. L'air renouvelé, tempéré par la fraîcheur de l'eau, imprégné de senteurs salutaires, nourrit, vivifie, rajeunit et alimente le cerveau.

Après avoir parlé des effets du soleil et du serein, et donné à ce sujet d'utiles préceptes d'hygiène, l'auteur passe en revue d'autres causes moins importantes de la santé et de la maladie, en tenant toujours compte des rapports de l'homme avec le monde extérieur, et il revient ensuite à l'étiologie morale. Le dégoût produit l'ennui, qu'il faut absolument repousser, en variant les occupations et les exercices, car c'est la variété qui plaît. Le travail qui est accompagné de dégoût ne produit que de la fatigue; c'est une faute que de s'obstiner à poursuivre une tâche ingrate. Il y a là d'excellents avis pour les hommes d'études.

L'imagination est comme un moule vide qui donne la forme à tout ce qu'on y jette. Rien ne ressemble davantage à la réalité, car elle en tient lieu, et les images que reflète ce miroir agissent en raison de sa puissance. C'est par elle surtout que les passions agissent efficacement. La peur imaginaire peut donner la mort; l'auteur en cite des exemples, et remarque à propos, que les effets de l'imagination ne sont pas moindres durant le sommeil que pendant la veille, *ora sea en vigilia, ora sea en el sueño, obra lo mismo que la verdad.* L'imagination opère chez les animaux, puisqu'ils rêvent, et chez l'homme, elle tient souvent lieu de bonheur; beaucoup de gens ne sont heureux qu'en imagination, et à défaut de la réalité, se contentent de son image.

L'auteur lui-même a mis sans doute un peu trop d'imagination dans le chapitre suivant où il traite de l'action du soleil comme agent de vie; mais il fait d'excellentes remarques sur la migration des oiseaux, et développe une comparaison qui lui est chère. A ses yeux, l'homme est un arbre renversé, dont les racines sont en haut (le cerveau et la moelle) et les rameaux en bas, ce sont les membres. C'est du cerveau que vient toute vie, c'est le cerveau qui est la source de la vitalité. L'estomac ne vient qu'en second ordre.

Il y a aussi beaucoup d'imagination dans le chapitre consacré à l'influence de la lune, et l'autorité d'Avicenne, renforçant quelques citations de Pline, ne peut donner consistance et crédit à de pures hypothèses astrologiques. Si la lune influe sur les marées, sa croissance et sa décroissance ne semblent pas influer sensiblement sur les phénomènes de la vie organique et animale; et il y a longtemps que physiologistes et médecins ont renoncé à ces chimères des astrologues, presque toutes d'origine orientale, arabe ou chaldéenne. Suivant l'auteur, appuyé d'Avicenne, la lune en croissance fait croître le cerveau dans le crâne, comme l'eau des fleuves et de la mer; car c'est par l'eau, qui est son lait et le chyle du monde, qu'opère cette mère-nourrice : *Los humores crecen con el aumento de la luna, y crece el celebro en el craneo y el agua en los rios y mar. Esto todo lo hace la luna, madre nutriz con su leche, chilo del mundo, que es el agua.*

Ce qui semble infiniment plus juste, c'est ce qui vient après, à savoir que le contentement et la joie accompagnent la croissance des êtres vivants, tandis que la décroissance produit la tristesse. Voilà une notion assez nette de la conscience organique ou vitale, trop négligée par·les psychologues classiques, bien que cet élément essentiel soit de rigueur dans l'analyse des sensations internes et des principes de la connaissance.

C'est à la fin de ce chapitre, que l'un des interlocuteurs, Veronio, se plaignant de la complaisance avec laquelle Antonio (c'est le berger savant) répond à Rodonio, au sujet de la croissance et de la décroissance du cerveau, c'est-à-dire de la vie et de la mort, lui rappelle sa promesse de traiter de la connaissance de soi-même. A cette interpellation, le protagoniste répond fort sensément qu'il est parfaitement dans la question, car une bonne partie de la connaissance de soi-même consiste dans la connaissance des passions et des causes de la santé et de la maladie. Aussi se borne-t-il à indiquer sommairement les quatre vertus cardinales et toutes celles qui en dérivent. La matière est trop connue. Toutefois, pour complaire à son ami, il consent à traiter en moraliste de la reconnaissance, laquelle n'est pas étrangère aux animaux; puis de la grandeur d'âme, compagne du génie, sœur de la prudence et de la générosité, avec un très beau portrait de l'homme magnanime, et quelques réflexions très fines au sujet de la force morale et de la haute intelligence. Vient ensuite un éloquent éloge de la prévoyance et de ses bienfaits. L'auteur en accorde aux animaux dans une juste mesure; mais il pense qu'en tant que fille de la raison, elle ne se trouve pleinement que chez l'homme. Son image est.le soleil, qui voit tout et qui est, après Dieu, la source de toute vie. Après avoir développé cette comparaison, l'auteur se plaît à rapporter de nombreux exemples de la sagacité des animaux, dont deux très curieux empruntés à Christoval Acosta au sujet des éléphants. L'éloge de la sagesse lui fournit ensuite la matière de quelques pages vraiment éloquentes avec simplicité, car le style est digne du sujet, et le lieu commun de la félicité du sage est traité avec une rare supériorité d'esprit. On remarquera surtout l'endroit où l'on voit le mal naître du bien; les réflexions morales y abondent; et la forme aphoristique, nette et concise, leur donne un puissant relief. Le bonheur est relatif et peu durable, et la mort n'est pas si affreuse que le vulgaire se l'imagine, *no es gran cosa vivir*, et la brièveté de la vie n'est point un malheur.

Un des plus longs chapitres est celui qui traite de la félicité compatible avec la nature humaine. Le bonheur parfait, la béatitude, *bienaventuranza*, consiste dans la sagesse, dans la connaissance des causes et de toutes les choses de ce monde, telles qu'elles sont, *como son*, et dans la prudence qui sait en toute occasion se tenir à distance des extrêmes. C'est ce juste milieu dans le choix de tout ce qui aide à vivre, qui rend l'homme heureux par la joie d'une bonne conscience. Pour être heureux, il faut être sage et bon. Du développement de cette thèse il résulte que la sagesse, condition du bonheur, se contente de peu. La grande science n'est point nécessaire, et l'auteur recommande trois ou quatre livres d'auteurs mystiques, en même temps que le sien, la contemplation intérieure et l'observation des phénomènes de la nature. Il est de fait que beaucoup de savoir épuise l'esprit et dessèche le cœur. Les types les plus achevés de l'égoïsme se rencontrent parmi les savants qui ne vivent que par la tête. Rarement l'érudition se rencontre avec l'originalité, et les purs érudits, bien que n'ayant pas de plus grande passion que la curiosité, ne connaissent point les plus exquises jouissances de l'esprit. Penser et savoir sont deux, et les plus gros savants saisissent rarement les rapports des choses.

A propos des avantages de la médiocrité, l'auteur cite d'admirables vers de Garcilaso et quelques distiques latins de Politien, et il répond finement à son interlocuteur, qui lui demande de citer d'anciens auteurs : *Poco va en la antiguedad de los autores, cuando la cosa está bien dicha*, et là-dessus il cite des poètes populaires, Juan de Mena, Hernando del Pulgar, Fray Luis de Léon, opposant les modernes aux anciens. Le meilleur usage qu'on puisse faire de la fortune, c'est de l'employer au soulagement des pauvres. Le vrai bonheur naît d'une conscience pure, *con el alegria verdadera de la buena conciencia serás felice*.

A mesure qu'il superpose un étage à sa construction, l'auteur reprend l'édifice par les fondements, n'épargnant ni les répétitions ni les résumés. Si cette manière de composer n'est point conforme aux règles d'un art raffiné, elle a du moins l'avantage de la sincérité la plus parfaite, et de la clarté nécessaire en un sujet nouveau. On se défie moins de l'artiste qui dédaigne l'artifice, et la simplicité un peu naïve de l'exposition gagne les sympathies du lecteur. Évidemment il y a là un effort constant vers un but très louable, qui est de rendre accessibles au plus grand nombre les vérités fondamentales, sans appareil ni apparat; précaution que ne prenaient guère les philosophes en ce temps où l'érudition plantureuse rendait encore plus pesant le pédantisme scolastique.

La comparaison du microcosme et du macrocosme sert ingénieusement à mettre en pleine évidence les rapports de l'homme avec le monde extérieur, conformément aux principes de la philosophie naturelle. Ce chapitre renferme toute la psychologie de l'auteur, sensualiste en somme, car il rend les facultés tributaires des sens, puisque le sensorium ne peut rien par lui-même sans les sensations externes. Le sens commun siège dans la région frontale, avec l'entendement et la volonté, qu'il ne sépare pas plus que Spinoza; l'imagination et la conception occupent le département intermédiaire; et à l'arrière a son siège la mémoire qui conserve les images du passé. L'entendement prononce, la volonté ordonne, et les organes exécutent. Pour rendre ses explications plus claires, l'auteur expose brièvement le mécanisme de la vision; et comme il touche à des matières délicates, il a soin de déclarer qu'il se soumet d'avance aux décisions de l'Église, *todo lo qual se ha dicho sub correctione sanctæ Matris Ecclesiæ y lo que se dird.*

Le principe de tous les actes, de tous les sentiments, de tous les mouvements, de tous les phénomèues vitaux, réside dans la tête. Les vapeurs de la terre et de la mer s'élèvent, se condensent en nuages et retombent en pluie : il en est de même des vapeurs de l'estomac, qui montent au cerveau et produisent le sommeil. C'est là que, transformées en chyle, elles retombent, dans les maladies, sous la forme de bile et de flegme; les ventosités précèdent cette sorte de pluie. Croissance et décroissance, telle est la formule de la santé et de la maladie, de la vie et de la mort, applicable aussi aux plantes et aux animaux. Sans les passions qui le tuent, l'homme serait sujet aux lois de la nature, comme tous les êtres vivants, à un petit nombre de maladies, comme les bêtes, et il mourrait de mort naturelle, après avoir parcouru les deux périodes de croissance et de décroissance, sauf les accidents imprévus.

Les changements qui s'opèrent avec les progrès de l'âge, l'homme n'en a ni conscience ni connaissance, parce qu'il est un et identique, et que l'entendement, qui connaît toutes choses, ne se peut connaître soi-même, comme l'œil qui voit tout et ne peut se voir lui-même. La vie monte et descend par deux pentes opposées : la montée est agréable, la descente, triste. Tout ce qui vit est en mouvement et se transforme. Le péril n'est pas tant dans le déclin que dans l'ascension. Combien d'hommes sains, forts et robustes sont terrassés soudainement par la mort, soit à l'âge florissant, soit en pleine maturité! C'est que le flux du cerveau se précipite comme une pluie d'orage; tandis qu'il se fait tout doucement chez les natures maladives, dont la vie précaire se prolonge indéfiniment. Ce flux lent et continu rend les hommes plus sages et intelligents, en desséchant progressivement le cerveau, d'où vient le jugement dans la vieillesse, tandis que les jeunes gens ont peu de jugement et que les enfants n'en ont point, à cause de l'humidité de leur cerveau. Cette théorie est de tout point contraire à celle de Cervantès, suivant lequel la folie de don Quichotte fut le résultat des veilles prolongées, qui desséchèrent à tel point le cerveau du bon chevalier, qu'il en perdit la raison. Ce rapprochement n'étonnera point ceux qui savent que les médecins espagnols considèrent Cervantès comme une autorité en pathologie mentale.

L'auteur ne met point en doute la bonté de sa doctrine, puisqu'il va jusqu'à prétendre que les vieillards engendrent des enfants très intelligents, *y por esto los hijos de los viejos son mas hábiles.*

L'antithèse du sec et de l'humide a soutenu pendant vingt siècles la médecine humorale, avec celle du chaud et du froid : les qualités premières répondaient aux quatre éléments. Au lieu de s'aventurer en des explications subtiles, l'auteur remarque finement que les fruits produits par des terres humides ont moins de saveur et de durée. Du reste, il se moque agréablement des rêveries des anciens sur les années climatériques et de leurs combinaisons de chiffres cabalistiques (49 et 63 $= 7 \times 7$; 7×9). Et au sujet de la croissance et de la décroissance du cœur, selon les Égyptiens, il se sert d'une formule qui revient souvent, notamment contre les médecins : *Cuncta errore plena.* Ce qu'il a fort bien vu, c'est qu'en tout la période d'état est de beaucoup la plus courte, et que les changements insensibles qui se font dans les périodes ascendante et descendante de la vie, transforment profondément le tempérament, le caractère, les mœurs, les passions et toutes les fonctions de l'organisme, bref, le physique et le moral.

Le tableau de ces changements insensibles est digne d'un médecin physiologiste, d'un moraliste observateur et d'un peintre de sentiments et d'idées. L'auteur n'a rien emprunté aux peintures classiques des divers âges de la vie, et les siennes sont si vraies, si ressemblantes, si vivantes, qu'elles échappent à l'analyse; il faudrait les reproduire avec cette vigueur de pinceau qui n'est point donnée aux plus habiles copistes. Ce que cette femme supérieure a supérieurement compris, c'est que les sentiments et les idées de l'homme sont en raison de ce sens intime de la vie qu'il faut appeler la conscience organique ou vitale, et qui est le fondement de toute la psychologie.

Au milieu des explications d'une physiologie fantastique, le cerveau n'abdique point sa suprématie ; il règne en souverain sur tous les organes, sur tous les appareils, y compris l'estomac et le cœur, de sorte que c'est lui qui préside à tous les phénomènes vitaux, à la nutrition générale et à la sanguification. Dans la description de l'homme, faite un peu au point de vue des causes finales, il est dit que le cou, qui unit la tête au tronc, sert à tenir l'âme éloignée de la cuisine et à conserver le froid du cerveau, malgré la chaleur du cœur et de l'estomac. De même le diaphragme sert à isoler le cœur et à le tenir à distance des aliments. L'homme est double, c'est-à-dire composé de deux moitiés, droite et gauche, de manière que l'une étant lésée, l'autre reste saine. Bien qu'ayant connaissance de la division du cerveau, l'auteur ne semble pas se douter de la solidarité des deux parties, tant il est pénétré de l'unité de la machine, unité représentée par le système cérébro-spinal et ses membranes ; unité qu'il exagère, au point de faire dériver les voies digestives de ces membranes ou méninges, et la peau, des nerfs ; si bien que les enveloppes cutanées, interne et externe, ne sont, d'après lui, que des expansions nerveuses.

L'estomac, considéré comme le réservoir des aliments, est comparé à une marmite placée sur un trépied, à savoir le foie, la rate et le cœur ; la substance alimentaire est extraite par compression, décoction et évaporation. C'est par les vapeurs des aliments que les centres nerveux se nourrissent durant le sommeil, l'âme étant alors inactive, faute d'images ou de sensations qui la sollicitent, *assi entonces el intellectus agens y ratio (que es el ánima) se están quedos, sin accion ninguna, faltando el instrumento de las especies por estar cubiertas y atapadas de aquella niebla y escuridad.* Les vapeurs nutritives, converties en chyle par la froideur du cerveau, nourrissent cet organe et toutes les branches dont il est le tronc. La moelle, qui est la continuation du cerveau, fait exactement le même travail par les rameaux nerveux qui se distribuent à toutes les parties. Plus d'un point de cette exposition prouve que l'auteur connaissait l'anatomie du système nerveux, soit d'après Valverde, élève de Realdo Colombo et correcteur de Vésale, soit d'après Charles Estienne, dont les beaux travaux sur la structure de la moelle et le grand sympathique étaient connus depuis plus de quarante ans. Ce qu'il y a de particulièrement remarquable dans ce chapitre, c'est l'importance accordée aux enveloppes du cerveau et de la moelle, et la conception singulière qui assimile la peau à l'écorce des arbres et à une expansion nerveuse, *Por esta corteza ó cuero, que es un nervio que cubre todo el cuerpo...*

Après avoir traité de la nutrition, l'auteur parle de l'effet des ali-

ments sur l'économie, et, à ce sujet, il prescrit un régime spé
femmes grosses et aux mères nourrices, régime essentiel, par
dans la première enfance, c'est surtout le système nerveux
qui croît et se développe. L'alimentation est étudiée simulta
au triple point de vue de la santé, de la maladie et de la mo
faim et la soif sont des sensations du système nerveux, lequel
les aliments solides ou liquides, selon qu'il est à l'état d'hum
de sécheresse. La vieillesse et la mort sont les conséquences na
de l'épuisement du liquide nourricier par la sécheresse des
nerveux, des nerfs qui en émanent et des expansions nerve
la périphérie, c'est-à-dire de la peau qui recouvre tout le c
partie végétative fonctionne mal, et l'harmonie entre l'âm
corps va diminuant jusqu'à la séparation finale, la répara
compensant plus les pertes. La décroissance de l'influx ne
lieu à l'intérieur aussi bien qu'à l'extérieur. *Cessa la vegetativ
su oficio de raíz, y secanse ella y sus ramas, y assi muere por se
el hombre, animal y planta, porque la sequedad vaganan
humidad radical va perdiendo.*

Le dernier chapitre, d'un ton un peu différent, est une in
éloquente contre les passions favorites de l'humaine espèce : l
formidable qui rend l'homme cruel et méchant; la sotte va
sacrifie tout aux apparences trompeuses et à l'amour de p
la coquetterie féminine qui se pare sans discernement, et s
pour se mettre à la gêne sous prétexte d'élégance. L'auteur
à montrer à l'homme son néant et la fragilité d'une existence épl
en rappelant de nombreux exemples de mort subite, et entr
coup d'autres ceux qu'on a vus à Alcaraz, *pues bastan los
nuestros dias hemos visto en Alcaraz caerse muertos sin
ninguna, que no es menester nombrarlos, todos ricos y co
ninguno pobre.* L'homme est un mélange de grandeur et de fai
la modestie et la bonté lui siéent par-dessus tout. L'auteur
ingénieusement en finissant qu'on ne peut mieux travailler
salut, qu'en observant ces lois naturelles dont la connaissan
servir principalement à mener une vie paisible, heureuse, e
de maux. Puis, résumant en termes généraux toute la doc
· ajoute : « Quand vous irez à la ville, avertissez les médecins c
trompent du tout au tout, et vous ferez œuvre méritoire, » *y s
á la ciudad, avisad los médicos, que su medicina está er
sus fundamentos, porque es obra meritoria.* Ces derniers mo
vent clairement que la *Philosophie nouvelle* avait pour but
parer la rénovation de la médecine par la réforme radicale
science de l'homme.

Pour détrôner la vieille théorie médicale, c'est-à-dire le galénisme et l'arabisme, fortifiés depuis la Renaissance par le culte d'Hippocrate, surnommé le Divin, encensé comme une idole par le troupeau servile des commentateurs, il fallait renouveler la philosophie naturelle et fonder la connaissance de la nature humaine sur une base plus solide et plus large que l'hypothèse orientale des quatre humeurs, des qualités premières correspondantes, des trois âmes et des trois sortes d'esprits. En autres termes, il fallait commencer par démolir de fond en comble l'imposant édifice de la médecine grecque, commencé par Hippocrate, continué par les Alexandrins, achevé par Galien, conservé par les Arabes, restauré par les érudits, fréquenté comme un temple par la quasi-totalité des médecins élevés dans le respect superstitieux de la tradition classique et de l'orthodoxie. Entreprise ardue, presque surhumaine, car le travail de démolition demandait plus de courage et d'énergie que l'œuvre même d'édification. Paracelse, et plus tard Van Helmont, démolisseurs incomparables, y usèrent leur raison, et ne purent qu'ébranler, entamer la vieille forteresse, qui mit encore près de deux siècles à s'écrouler. L'usage veut que l'on traite de fous, d'hallucinés, tout au moins de visionnaires, ces deux grands révolutionnaires et réformateurs ; car, en médecine, comme en politique, il n'y a que le succès immédiat, incontesté, qui absolve et justifie les coups d'État.

L'échec de cette femme vaillante, qui la première imagina de réduire la nature animale en général, et la nature humaine en particulier, à l'unité souveraine du système nerveux, fut complet. Une pareille tentative ne pouvait réussir dans un pays dont les universités perdaient leurs franchises et renonçaient forcément aux traditions libérales et à la tolérance, sous un pouvoir ombrageux qui rendait l'orthodoxie obligatoire par la force et la persécution. Les docteurs orgueilleux et infaillibles n'admettaient point qu'on enseignât hors des écoles et sans s'être assis sur les bancs. Il ne fut tenu nul compte de ce manifeste féminin, renforcé d'un traité de physique générale et de cosmographie, d'un projet de réforme de la police civile et sanitaire, utile à consulter pour l'hygiène privée et publique, et d'une théorie nouvelle de la médecine, remplie de choses curieuses et intéressantes pour les médecins jaloux de connaître le passé, et même pour les philosophes en quête de vieilles nouveautés.

L'exposition complète des vues, des aperçus, des réflexions et paradoxes de cette doctoresse sans diplôme, savante, spirituelle, éloquente, fournirait ample matière à une étude sérieuse, à une thèse académique, à quelque docte mémoire. En attendant une réhabilitation éclatante, cette simple notice, accompagnée d'une analyse fidèle du plus important de ses écrits, montrera peut-être au lecteur l'utilité de l'histoire de la médecine, si négligée par la plupart des médecins, qu'on peut dire que cette partie, la plus générale de l'art, est devenue une spécialité, à peine connue de quelques rares curieux. Si elle pouvait tenter quelques-uns des philosophes que la médecine attire, ils y trouveraient bien des surprises et de quoi ajouter un volume au moins à l'histoire à peine ébauchée de la philosophie naturelle ; car les annales de la médecine ancienne et moderne renferment les noms d'un assez grand nombre de philosophes inconnus.

Grâce à Feijóo et à son ami Martin Martinez, les Espagnols sont rentrés en possession d'un auteur qui n'est pas une de leurs moindres gloires ; et l'enthousiasme succédant à l'indifférence de l'oubli, des panégyristes outrés, non contents de faire galamment de doña Oliva Sabuco un prodige sans pareil, lui ont attribué gratuitement une influence chimérique. Ni George Ent, ni Willis, ni Charles Lepois, pour ne rien dire de quelques autres médecins célèbres, si légèrement accusés d'emprunt ou de plagiat, ne doivent rien aux écrits d'une femme remarquable, à la vérité, mais à peu près inconnue hors d'Espagne et médiocrement connue en Espagne même, malgré la quatrième édition d'un ouvrage précieux à tant de titres, mais devenu aujourd'hui introuvable. Un médecin philosophe, *rara avis*, qui serait assez habile pour remettre en circulation la *Philosophie nouvelle de la nature de l'homme*, en l'accompagnant d'un bon commentaire et de notes utiles, aurait bien mérité des lettres espagnoles, de la médecine et de la philosophie.

J.-M. Guardia.

VARIÉTÉS

UNE LETTRE INÉDITE DE DESCARTES

La lettre ci-après est la douzième d'un recueil de seize lettres de Descartes à Mersenne copié au XVIIe siècle et faisant partie d'un manuscrit appartenant au prince Boncompagni, qui l'a généreusement mis à ma disposition pour la publication des œuvres de Fermat [1].

Les quinze autres lettres sont connues et en voici la concordance [2] :

	Ed. Clerselier		Ed. Cousin		Dates [3]
1•	(latin) III, 29		VIII, p. 448	(version française)	[21 janvier 1641]
2°	II, 40	(fin)	» p. 314		[30 juillet 1640]
3•	III, 59		VII, p. 35		[11 avril 1638]
4°	» 74		• p. 40		[11 avril 1638]
5•	II, 104		VI, p. 99		15 avril 1630
6°	III, 84		VIII. p. 112		30 avril 1639
7°	II, 34		» p. 177		25 décembre 1639
8•	» 106		VI, p. 257		15 mai 1634
9°	III, 109		VIII, p. 498		18 mars 1641
10°	» 114		• p. 564		9 janvier 1642
11°	• 113		IX, p. 70		17 mai 1642
13•	II, 107	(fin)	» p. 116		30 mai 1643
14°	» 109	(comm.)	• p. 73		7 décembre 1642
15°	» 109	(fin)	» p. 78		2 février 1643
16°	• 108		» p. 110		23 février 1643

Il est à remarquer que la concordance avec l'édition de Cousin a été inscrite (par Libri?) sur le manuscrit pour dix lettres, mais cinq fois d'une façon erronée; notamment pour la seule lettre inédite, on trouve l'indication VIII, 609, rayée, et remplacée par IX, 70, également fausse; en fait, on retrouve à ces deux endroits des lettres à Mersenne datées

1. Ce manuscrit, in-4°, relié à la fin du siècle dernier, porte au dos l'inscription : *Copies de lettres de Fermat, de Descartes, et Traduction d'un discours de Galilée*. Il provient des papiers d'Arbogast achetés par Libri.

2. L'intérêt de cette concordance consiste en ce que le manuscrit fournit des leçons et même des additions dont il y aurait lieu de tenir compte dans une réédition de la Correspondance de Descartes.

3. Les dates entre crochets sont celles qu'indique l'édition de Cousin et que ne donne pas le manuscrit.

des 10 mars et 17 novembre 1642 [1] et entre lesquelles aucune autre connue ne vient s'intercaler. La lettre inédite est intermédiaire (du 20 octobre) et n'a au reste nullement été utilisée.

Je la publie en respectant l'orthographe, mais en introduisant des alinéas et en ajoutant la ponctuation et les accents, qui font défaut assez souvent.

MON RÉVÉREND PÈRE,

On a divers moyens pour empescher les cheminées de fumer selon les diverses causes de la fumée, et la cause la plus commune est que souvent il ne vient pas assés d'air de dehors en la chambre pour y remplir la place de la fumée qni en doit sortir. Car il faut remarquer que la force du feu chasse une grande quantité d'air, avec les petites parties du bois, lesquelles, meslées avec cet air, composent la fumée, comme les plus grosses partyes de ce bois composent les cendres; et que, n'y ayant point de vuide en l'univers, il est nécessaire qu'il rentre tousjours autant de nouvel air dans la chambre comme il en sort de fumée : comme on voit manifestement en certains fourneaux d'alchymistes, au bas desquels il y a un trou par lequel il entre continuellement un grand vent qui soufle vers le feu, car ce vent n'est autre chose que l'air chassé de la place où entre la fumée, qui sort du feu : de façon que, lorsqu'une chambre est bien fermée, il faut nécessairement qu'il y fume, c'est-à-dire que la fumée qui sort du feu entre dans la chambre, à cause qu'il n'y a que l'air de la chambre qui puisse retourner vers le feu.

A quoy on a accoustumé de remédier en ouvrant quelque porte ou quelque fenestre; mais, pour ce que cela donne de l'incommodité, on peut l'éviter en faisant des ouvertures au derrière de la cheminée, qui ne regardent que vers le feu, et mesme on peut cacher ces ouvertures sous les pieds de ces gros chenetz de cuivre dont on se sert d'ordinaire : Comme sy A est la cheminée [2], B l'un des chenetz, D le feu, C le trou qui vient de derrière la muraille et conduit l'air vers le feu D, à mesure que ce feu chasse la fumée par A vers E.

Une autre cause de la fumée, qui est aussy fort ordinaire, est que le vent ou le soleil, qui donne dessus la cheminée, l'empesche d'en pouvoir sortir, et principalement les vents de pluye, qui souflent de haut en bas, ainsy que j'ay remarqué en mes *Météores*. A quoy on peut remédier en couvrant tout le haut de la cheminée et n'y laissant d'ouverture que par les costés, entre des planches mises de biaiz, ainsy que vous voyez vers E, ou bien avec un tourniquet, dont l'usage est, ce me semble, commun à Paris.

1. Cette dernière est datée de *mai* dans notre manuscrit : la suivante connue dans l'ordre chronologique, est celle du 7 décembre 1642 (II, 109).

2 Le manuscrit donne un croquis d'une cheminée en coupe, que je crois inutile de reproduire. Le trou C passe sous le foyer.

Mais sy le haut de la cheminée est plus bas que quelques autres bastiments qui repoussent le vent vers elle, ces remèdes ne sont pas suffisans, sy on ne la hausse davantage ou qu'on la ferme entièrement du costé de ces bastiments.

Enfin, en abaissant fort le manteau de la cheminée, ou mesme la fermant, quasi jusques au bas, de lames de cuivre ou autre matière, qui, estans eschaufées, rendent mesme chaleur dans la chambre que feroit le feu, c'est-à-dire en convertissant les cheminées en poesles, on peut remédier à tous ces inconvénients.

Voylà tout ce qui m'est tombé sous la plume touchant ceste matière, et je n'ay pas voulu diférer de vous l'escrire à cause que c'est pour M. Desargues, que je serais très aise de pouvoir servir; mais je m'asseure que je ne vous mande rien icy qu'il ne sçache desjà mieux que moy.

Pour ceux qui reprenent les figures de ma *Dioptrique*, je vous ay desjà mandé, il y a 8 jours [1], ce que j'en pensois, à sçavoir que j'ay parlé de la proportion double dans le discours des pages 17 et 18, pour le rendre plus intelligible, à cause qu'elle est la plus simple, mais que j'en ay fait exprimer une moindre dans la figure, pour monstrer que le mesmo discours se doibt entendre de toutes sortes de proportions, et aussy afin qu'elle ne parust pas sy esloignée de l'expérience. C'est monstrer puérilement qu'on a envye de reprendre et qu'on n'en a aucune matière, que de s'arrester à reprendre do telles choses.

Pour ce que vous me demendez du ject des eaux, je ne vous en puis rien déterminer, car cela dépend de quelques expériences que je n'ay jamais faites, et il me faudroit avoir plus de revenu que le roy de la Chine, si je voulois entreprendro de faire toutes celles qui me pourroient estre utiles à la connoissance de la vérité. Il faut que je me contente de faire les plus nécessaires, et que je me mesure selon mon pouvoir.

Vous ne m'avés encore rien mandó du Père Bourdin, ny de ce qui se dit à Paris de mes 1mes objections, despuis qu'elles y sont arrivées.

Je viens de recevoir une lettre de M. de Caudissch [2], mais il n'y met rien des lunetes; ce n'est qu'un compliment pour me convier de publier ma Physique.

On m'a dit aussy que M. Digby estoit remis en liberté, dont je suis fort aysc. Je suis,

> Mon révérend père,
>> Votre très humble et très affectionné serviteur,
>>> DESCARTES.

D'Endegeest, ce 20 octobre 1612.

Je crois utile d'ajouter une remarque relative au nombre des lettres de Descartes encore inédites qu'il serait possible de publier. D'après

1. Indication d'une lettre perdue.
2. Cavendish.

l'appendice que M. Liard a ajouté à son remarquable volume sur notre grand philosophe [1], il n'y en aurait que trois dans la collection que possède encore lord Ashburnham. Mais le seul dossier dépouillé à sa prière par M. le marquis de Queux de Saint-Hilaire est le n° 1860 du fonds Libri ; or il reste encore à Ashburnham-Place (sous le n° 1843 du même fonds) les trois premiers tomes de la correspondance du père Mersenne, contenant, d'après le catalogue, six cents lettres antographes de Hobbes, Campanella, Descartes, Cavalieri, Digby, Gassendi, Huyghens.

Sans parler de l'intérêt qui s'attacherait à la publication intégrale de cette correspondance, je remarque seulement, en ce qui concerne Descartes, que si bon nombre des lettres de ce recueil sont connues, sans aucun doute, il doit y en avoir une certaine proportion d'inédites. Il ressort en effet de ce que raconte Clerselier que, pour son édition, il n'a pu disposer des lettres écrites à Mersenne, dont Roberval s'était emparé, et qu'il fait sa publication d'après les copies gardées par Descartes. Or que ces copies aient été incomplètes, c'est ce qui résulte non seulement de l'existence des quatre lettres inédites reconnues jusqu'à présent, mais encore des très nombreuses lacunes chronologiques qu'offre la correspondance de Descartes à Mersenne, lorsqu'on la dispose par ordre de temps.

PAUL TANNERY.

---

1. *Descartes (Biblioth. de philos. comtemp.).* Paris, Germer Baillière, 1882.

ANALYSES ET COMPTES RENDUS

Intelligence des animaux : anecdotes et faits, in-12. Paris, 1886.

La *Revue scientifique* avait, comme on le sait, ouvert une enquête sur l'intelligence des animaux, et elle a eu l'excellente idée de réunir en un volume élégant les documents qu'elle a recueillis. Ainsi que le dit la préface, ce volume n'a pas de prétentions philosophiques. C'est un recueil de fait personnels, peut-on dire, bien observés et simplement racontés. Beaucoup de monde y a collaboré. A côté de noms plus ou moins inconnus, voire de simples initiales, on y voit des membres de l'Institut comme M. De Lacaze-Duthiers, des médecins, des naturalistes, des philosophes, des chasseurs, des touristes. N'y cherchez pas de l'unité ni un système. — Je me trompe : on y démêle visiblement une tendance commune à rapprocher les animaux de l'homme : tendance inconsciente, mais bien naturelle. La plupart des signataires relatent les faits et gestes de leurs commensaux, qui de son chien, qui de son chat, qui de son perroquet; et quiconque vit avec les bêtes et les aime, leur prête infailliblement le sentiment, l'intelligence, même un langage, et, en manière de conclusion, finit toujours par assurer qu'il ne leur manque que la parole.

A ce titre, ce petit livre concourt, dans une mesure, si faible soit-elle, à battre en brèche « le règne humain ». Car tout est dans tout. Cet axiome n'a jamais été plus vrai qu'aujourd'hui, principalement dans le domaine philosophique. Y avait-il au monde une question en apparence mieux circonscrite que celle de savoir si les animaux pensent? Il semblait, quand on y avait répondu par un oui ou par un non, qu'il n'y avait plus rien à ajouter. Ainsi avait-on fait depuis l'antiquité jusqu'à nos jours. Mais, dans la seconde moitié du xixᵉ siècle, s'est définitivement établie sur des bases scientifiques une doctrine qui a fait rapidement son chemin, la doctrine de l'évolution. Suivant elle, toutes les espèces animales dériveraient d'un petit nombre de types, sinon d'un type unique; et l'homme lui-même ne serait que le descendant perfectionné d'un singe anthropomorphe.

S'il en est ainsi, force est bien d'accorder ou de refuser l'intelligence à tous les animaux, y compris l'homme. Ne se développe en effet que ce qui est en germe. Or, si nous descendons des monères, nous ne pouvons nous dire intelligents qu'à condition de reconnaître la même qualité à ces ancêtres éloignés — à moins de considérer l'intelligence comme le produit d'une combinaison. Mais une combinaison de quoi ! C'est que, quoi qu'en pensent Büchner et Vogt, la pensée n'est pas facilement assimilable à une propriété résultante, soit physique, soit chimique, non plus qu'à une sécrétion. De sorte que, dans la question de l'intelligence des animaux, sous le règne du darwinisme comme sous celui du cartésianisme, reste impliqué le problème par excellence, le problème unique après tout, celui de l'origine de l'homme.

Un point toutefois est acquis. Si, à la rigueur, étant donné le courant moderne, on peut, avec quelque couleur scientifique, avancer que les êtres sensibles ne sont que des cristaux d'une grande complication, on n'oserait plus aujourd'hui soutenir que ce sont des mécaniques. Étranges mécaniques, en effet, susceptibles d'éducation, et qui, non seulement marchent quand on tourne la manivelle, et changent d'allure quand on déplace certain bouton, mais qui, sur un signe, meuvent d'elles-mêmes boutons et manivelle. Ces mécaniques ont si bien l'air de jouir ou de souffrir et de comprendre que Leibniz leur accordait le sentiment et une certaine faculté de raisonner, celle de passer d'une imagination à une autre et de tirer des conséquences : « Quand le maître prend un bâton, le chien *appréhende* d'être frappé. »

Bossuet (*De la connaissance de Dieu et de soi-même*, chap. V) douait les animaux d'un instinct qui « était non mouvement semblable à celui des horloges et autres machines », mais bien « sentiment ». A son avis, ils sont dirigés par le plaisir et la douleur, et, s'ils semblent raisonner, c'est parce que ce sont des créatures divines, et que la raison de l'ouvrier se retrouve dans l'ouvrage. Ils ont une âme; mais cette âme, sans être matérielle, n'est cependant pas absolument immatérielle en ce qu'elle n'est pas indépendante de la matière.

Les idées de Buffon sur l'âme des bêtes furent comme le dernier écho du cartésianisme. Ce n'est pas qu'elles soient bien faciles à démêler, et, si l'on ne craignait de parler irrévérencieusement du grand naturaliste, on risquerait d'insinuer qu'il ne les démêlait pas lui même. Les animaux seraient pure matière ; et cependant ils auraient des sensations; mais leurs sensations différeraient des nôtres et ils seraient incapables de connaissance. A quoi Condillac (*Traité des animaux*) objecte avec raison que si les animaux sont sensibles, ils le sont à notre manière, ou bien les mots n'ont plus de signification fixe; et que, s'ils veillent véritablement à leur conservation, ils comparent, jugent, ont des idées et de la mémoire.

La doctrine de l'automatisme des bêtes eut à peine un siècle d'existence. Déjà le même Condillac se croyait en droit de dire, dans l'ouvrage précité (1re partie, 1er chapitre), que « le sentiment de Descartes sur les bêtes commence à être si vieux, qu'on peut présumer qu'il ne lui reste guère de partisans ».

On en revint ainsi peu à peu au bon sens ou plus exactement à l'opinion vulgaire, si bien défendue par La Fontaine, dans sa fable des *Deux Rats, le Renard et l'Œuf;* c'est-à-dire qu'à côté de l'instinct, on fit en eux une place à l'intelligence.

Seulement qu'est-ce que l'instinct? qu'est-ce que l'intelligence?

L'instinct est aveugle, inflexible, infaillible, exactement approprié à sa destination; l'intelligence est réfléchie, dirigeable, sujette à se tromper et à manquer son but. Plus les instincts sont puissants et étendus, plus est réduite la part de l'intelligence.

Mais si les définitions sont faciles, la distinction entre les choses ne l'est pas toujours autant. Déjà Milne Edwards (*Eléments de zoologie, les poissons,* 906) n'hésitait pas à assimiler l'instinct d'imitation que les poissons manifestent « à un raisonnement simple, il est vrai, mais suivi ». Je cite le passage tout au long : « Ne peut-on pas supposer, dit-il, que ces animaux attribuent la course rapide de leur compagnon à quelque circonstance de nature à les intéresser aussi, à la découverte de quelque danger qu'il veut fuir, ou de quelque appât qu'il court dévorer, et que c'est pour cela qu'ils se précipitent aussitôt à sa suite? Du reste, n'en est-il pas ainsi partout, même parmi les hommes, et l'instinct d'imitation, qui produit tant de bonnes et de mauvaises actions, n'est-il pas une suite de cette tendance à mettre à profit les résultats des observations ou du jugement d'autrui, et à attribuer aux actions de ceux qui paraissent mus par une impulsion puissante, un but que l'on serait également désireux d'atteindre? »

C'est là mettre l'instinct sur la même ligne que l'expérience. Dites que c'est de l'expérience accumulée, et vous serez sur les confins du transformisme.

Certes, à parler d'une manière générale, l'instinct est ignorant de son but et absolument déterminé dans sa marche comme dans ses moyens. Mais entre lui et l'intelligence, viennent s'intercaler les mouvements machinaux qui participent de l'un, en ce qu'ils se font sans conscience, de l'autre, en ce qu'on les a appris. Et de là on arrive sans trop de peine, étant donnés les axiomes darwiniens sur l'hérédité, à regarder l'instinct comme une sorte d'habitude transmise par voie de génération.

Voilà l'instinct défini d'une façon à peu près satisfaisante. Reste l'intelligence. L'intelligence des animaux est-elle semblable à la nôtre à tous égards? Ici les divergences recommencent.

Le petit livre que nous avons sous les yeux n'a pas pour but ni pour résultat de trancher cette question. Il nous montre que les animaux, généralement ceux qui nous sont le plus familiers, le chien, le chat, l'âne, le mulet, les oiseaux, les fourmis, voire les tritons et les mouches, placés dans des circonstances données, se conduisent avec un semblant de calcul et de raisonnement, en un mot, agissent ou semblent agir comme nous le ferions nous-mêmes en pareil cas. On peut dire qu'il défend une thèse chère à tous ceux qui sont susceptibles d'affection pour les bêtes, et qui voient en eux, suivant l'heureuse expression de Michelet, des frères inférieurs.

Il ne m'appartiendrait pas d'affirmer qu'il n'y ait point parfois un peu de poésie, de poésie du cœur bien entendu, mêlée à ses récits. A cela rien d'étonnant. Ce sont des notices biographiques; et quel est le biographe assez maître de sa pensée et de son jugement, assez indifférent et assez froid pour ne pas placer son héros dans le meilleur jour? Doit-on pour cela suspecter sa sincérité? Nullement. Je dirai plus : Au fond, la meilleure preuve de l'intelligence présumée des bêtes est moins dans les actions qu'elles font que dans la manière dont ceux qui les observent, les interprètent. En réalité, en dépit des systèmes, tous ceux qui sont en rapport avec les animaux leur attribuent un caractère et une volonté — je ne mentionne plus la sensibilité. Malebranche marche sur la queue du petit chien favori de la marquise. Le chien hurle, la marquise est tout émue; et Malebranche de lui dire : « Madame, ça ne sent pas ». Ces paroles n'ont ni calmé, ni convaincu la marquise. De même ceux qui viendront soutenir à MM. Fontaine et Porchon, qui ont vu le chien Clyde dans l'exercice de ses fonctions, ou à M. Lindsay, son maître, que cet animal n'est néanmoins qu'un dérivé de protoplasme sans cœur et sans raison, risquent d'en être pour leurs frais de dialectique et d'érudition.

Clyde est un chien quêteur; il a appris à distinguer les gens qui ont le sou de ceux qui ne l'ont pas. Il sait, pour se payer de ses peines, demander chez un pâtissier un petit pain d'un demi-penny. Bien mieux, s'il n'a pas faim, il économisera (que d'ouvriers n'en savent pas faire autant!); il poussera même l'économie jusqu'aux limites de l'indélicatesse, en retenant sur l'argent des pauvres au delà de ses besoins. Indélicatesse — le mot est juste, car Clyde sait que ce qu'il fait n'est pas bien; et, pour donner le change et cacher le trouble de sa conscience, il prend un air innocent qui, malheureusement pour lui, mais heureusement pour la morale, le trahit [1]. Il est impossible de ne pas établir une ligne de démarcation tranchée entre ces sortes d'actions et les impulsions instinctives. Ainsi que M. Hermann Fol nous le fait toucher du doigt dans la *Revue scientifique* de février 1886, rien n'est plus stupide que l'instinct pour peu qu'il soit dérangé dans sa marche; tandis qu'ici, c'est justement dans les actes antagonistes des instincts que se révèle l'initiative de l'intelligence.

1. Mon chien Mouston — j'en parle dans mes articles sur Lewes (*Revue philosophique*, avril 1881, — était un caniche des plus intelligents, mais fripon. Je n'ai jamais pu le corriger de son penchant au vol. A la campagne, il dérobait tout, plus volontiers chez les voisins que chez moi. Pâtées pour les bêtes, œufs, lard, jambons (quelquefois entiers), laissés à sa portée, étaient par lui emportés et dévorés dans des cachettes où il ne se faisait jamais pincer deux fois. Il s'arrangeait toujours pour que ses méfaits n'eussent pas de témoin. Aussi je ne doute pas qu'on ait mis sur son compte plus d'un délit qu'il n'avait pas à se reprocher. Quant à nous, nous devinions à coup sûr s'il était en faute, à l'air hypocritement tranquille qu'il savait se donner en venant à notre appel.

Mais voici M. F. Musany qui, dans un petit livre tapageur [1], attaque Darwin et nos anecdotiers.

Ni celui-là ni ceux-ci n'ont, d'après lui, étudié de près la manière dont on *dresse* les animaux; sinon, ils auraient compris que « le dressage se fait par les *sensations* et qu'il est impossible de rien obtenir autrement ». M. Musany nous explique comment on fait des chevaux ou des chiens savants. Ses explications sont très claires, et il y a tout lieu de les croire exactes. Je me suis informé près des dresseurs de chevaux qui m'ont confirmé ses dires.

On pourrait répondre que les faits dont il est question dans le petit volume sur l'intelligence des animaux, et dont je viens de rapporter un spécimen, ne sont pas des faits de dressage et qu'on y voit au contraire les animaux se dresser eux-mêmes — si je puis ainsi dire — et se mettre en mesure de répondre à des exigences contraires à leur nature. Mais il n'est pas besoin de se donner si beau jeu; il suffira d'analyser la méthode du dressage.

Soutiendra-t-on qu'on peut dresser une machine, un automate? Non. Et comment dresserait-on un animal qui n'aurait que des instincts? Le dressage n'est applicable qu'aux êtres ayant mieux que des instincts et pour des actes seulement où ceux-ci n'interviennent pas exclusivement. Tout dressage revient en somme à empêcher l'animal de faire une chose dont il a envie, ou à lui faire faire une chose pour laquelle il a de la répugnance.

A cet effet on a recours aux corrections et aux récompenses. Nous acceptons comme juste le précepte de Franconi : « Corrigez l'animal pendant la défense, il cédera »; ou cet autre de Pellier : « La correction qui vient après la défense manque d'à-propos. »

Mais peu nous importe qu'elle vienne pendant ou après la défense, du moment qu'elle est efficace, et demandons-nous comment elle agit. Or, puisqu'un temps vient où elle n'est plus nécessaire, n'est-ce pas parce qu'elle est devenue l'objet d'une certaine représentation mentale qui a le même pouvoir que la chose même? L'animal a été frappé du bâton pendant qu'il faisait une chose défendue; comment l'effet de la correction s'étend-il à l'avenir, sinon de cette façon-ci? Au moment où l'envie lui en prend, il se représente cette action et le coup qui l'a suivie, et il conclut qu'il doit résister à son envie. Peu à peu sans doute il finit par perdre même cette envie; mais il est un temps pendant lequel elle existe et est maîtrisée.

Il y a là une anticipation évidente, et pour la comprendre, rien de mieux que de faire un retour sur nous-même. Voyons donc comment nous nous corrigeons.

Un de mes intimes amis avait contracté le tic de faire précéder d'un *Ah!* retentissant tout bonjour qu'il adressait : Ah! bonjour, Monsieur! Ah! bonjour Pierre! Ah! bonjour, mon ami! Averti, il résolut de s'en

[1]. *A vous, Messieurs les savants! Homme ou singe?* Paris, Dentu, 1880.

défaire. La première difficulté qu'il eut à vaincre, ce fut de le remarquer. Il laissait échapper ses *Ah!* sans y penser, et il y pensait même si peu qu'il ne se les rappelait pas après. Grâce cependant à la complaisance de son entourage, il regagna la faculté de s'en apercevoir : « J'ai encore une fois lâché mon *Ah!* » songeait-il, et cela le vexait. Ce premier pas fait, il lui restait à faire le second, il lui fallait prévenir et arrêter cet *Ah!* en d'autres termes, passer du *par après* au *par avant*. C'est la manière dont se fit le passage qui nous donnera la clef des anticipations.

L'expression articulée de la pensée est précédée de la conscience de cette pensée. Avant de dire : *Ah! bonjour!* on commence par penser qu'on a à dire : *Ah! bonjour!* L'habitude tend à raccourcir l'intervalle entre la pensée et la parole, et elle le raccourcit si bien que les deux actes ont bientôt l'air d'être simultanés et de n'en faire qu'un. C'est contre cette habitude qu'il dut entamer la lutte. Ceci donna lieu à un travail régressif de désintégration au bout duquel mon ami, chaque fois qu'il avait à saluer quelqu'un, ressentit se former en lui l'idée des mots : *Ah! bonjour!* Mais comme il s'était habitué à les faire suivre du regret d'avoir dit *Ah!* l'idée même des mots appelait l'idée de ce même regret. En d'autres termes moins analytiques, mais plus compréhensibles, mon ami, au moment de l'abord, pensait à ne pas dire le fameux *Ah!* et, dès ce moment, il fut tout près d'être corrigé; pour l'être tout à fait, il n'eut qu'à le retenir *sans y penser*.

Comme on le voit, l'*anticipation* est une *consécution* mentale, pour servir d'un terme qui appartient, je crois, à Leibniz. Les choses ne se passent pas autrement chez le chien : l'idée d'une certaine action amène l'idée de coups, parce que les coups ont suivi l'action faite, ou mieux, arrêté l'action sur le point d'être faite; et cette idée des coups finit par agir de la même façon que les coups, c'est-à-dire par empêcher l'action.

Tirons maintenant la conclusion : Si mon ami n'était pas parvenu à se corriger de son tic malgré les avertissements, nous pourrions à bon droit le qualifier de stupide, en admettant bien entendu qu'il y eût mis du bon vouloir. Puisqu'il s'est corrigé, nous sommes tenus de reconnaître qu'il a fait preuve d'intelligence et de volonté. Pour qu'un animal se corrige, il ne peut que suivre la même voie. Donc, quand vous vous mettez à le corriger, vous lui supposez déjà et de l'intelligence et de la volonté. Vous n'essayerez pas d'habituer la pierre à ne pas tomber, ou l'eau à ne pas suivre les pentes. Lorsqu'il se montre rétif à tous les encouragements comme à toutes les remontrances, vous le jugez borné et inintelligent; lorsque, au contraire, il s'amende, vous reconnaissez implicitement qu'il est intelligent, c'est-à-dire capable de se gouverner par des *images* et non par des *sensations*.

La démonstration est un peu laborieuse, mais peut-être était-il nécessaire de la développer. Cependant je ne voudrais pas terminer ce compte rendu par cette simple conclusion.

On peut lire dans le volume que je n'ai jamais pu apprendre à des chiens ni à des oiseaux à compter jusque quatre et j'insinuais que je doutais qu'on y parvînt jamais. J'ai rappelé, dans un article de la *Revue scientifique* (3 janvier 1886), les insuccès des tentatives analogues de sir John Lubbock. Il y a donc peut-être une différence entre l'intelligence humaine et l'intelligence animale, celle-ci ayant en moins quelque chose d'essentiel. Nous voilà ainsi ramenés au point où en étaient Descartes, Leibniz, Bossuet, Buffon et Condillac; mais nous avons une tâche plus lourde qu'eux à remplir. Il ne suffirait plus, et je l'ai annoncé plus haut, d'accorder à l'homme une âme propre; il nous faut concilier l'absence de ce quelque chose d'essentiel avec la théorie de l'évolution qui veut que l'homme descende des animaux. Darwin s'y est essayé. A-t-il réussi lui et ceux qui l'ont imité? je n'oserais répondre affirmativement. Nous ne voyons jamais les animaux rien inventer. Leur intelligence est la même que du temps d'Ulysse; et si le chien du prince d'Ithaque pouvait renaître, il ne se sentirait pas dépaysé, ni humilié, au milieu de ses confrères actuels. Pourrait-on en dire autant de son maître?

Comment sortir de là? Je l'ai dit dans l'article précité et dans mon travail sur *l'Origine de la vie et de la mort* [1], je crois que les espèces ont débuté par être aussi nombreuses que les individus; que le nombre en est devenu plus restreint, en même temps que leurs différences devenaient plus profondes; que sous l'impulsion des causes évolutives, la plupart s'aventurent dans des chemins qui, après des détours plus ou moins longs, aboutissent toujours à des sortes d'impasses, et que, de même que la vérité est une et l'erreur légion, de même la voie du progrès et de la perfectibilité indéfinie est unique. L'espèce animale qui semble s'être engagée dans cette voie est l'espèce humaine, et encore certaines races de l'espèce humaine. Ces races finiront par ne plus reconnaître leur espèce dans les autres races. Que dis-je? c'est déjà fait : dans la lutte, nombre des unes et des autres ont disparu à jamais.

Nous voilà bien loin, et bien haut; et nous sommes partis de près et de bas. C'est que la publication due aux soins de la *Revue scientifique*, tout en amusant, instruit, donne à réfléchir et invite à méditer; elle pourrait prendre pour devise banale, mais juste : *utile dulci.*

J. DELBŒUF.

P. A. Bertauld. — INTRODUCTION A LA RECHERCHE DES CAUSES PREMIÈRES. MÉTHODE SPINOZISTE. MÉTHODE HÉGÉLIENNE. MÉTHODE SPIRITUALISTE. Paris, Germer-Baillière, 3 volumes, 1876-1883.

Nous venons bien tard annoncer à nos lecteurs trois volumes écrits dans une langue souple, claire, d'une lecture agréable et d'un intérêt

---

1. *Revue philosophique* : *La matière brute et la matière vivante.* t. XVI et XVIII.

que bien peu contesteront malgré la tendance aujourd'hui dominante à se détourner des questions insolubles. La théodicée n'est plus en crédit, M. Bertauld le sait mieux que personne, et c'est pour expliquer ce discrédit, qu'il se livre à une vaste enquête sur les preuves de l'existence de Dieu.

Mathématicien distingué, l'auteur de cette *Introduction* ou plutôt de cet essai de métaphysique réserve aux seuls mathématiciens l'emploi du raisonnement déductif. Il en reproche l'usage à Spinoza, à Hegel, à Descartes, en un mot à tous ceux qui ont entrepris de démontrer leur système. Ce reproche, que d'autres ont fait avant M. Bertauld, et dont les arguments ont fixé parfois l'attention des critiques, est-il mérité? N'est-il pas évident que le génie métaphysique est essentiellement déductif? — C'est donc à la métaphysique que s'en prend M. Bertauld?

Point. La métaphysique reste à ses yeux ce qu'elle était aux yeux d'Aristote, la science première, celle qui domine toutes les autres sciences. Mais elle ne peut se constituer qu'après elles. Or celles-ci ne le sont pas encore. Un vaste champ reste abandonné à l'hypothèse. Donc, a *fortiori*, la science métaphysique devra faire une large part à l'hypothèse. On le voit, M. Bertauld entend rapprocher la science métaphysique des autres sciences.

En a-t-il le droit? Toute science est dogmatique; alors c'est le dogmatisme qui va triompher en métaphysique. D'où vient donc que M. Bertauld se montre si accommodant envers elle et qu'au lieu de lui demander des preuves démonstratives, il se contente d'un ensemble de raisons, suffisantes pour motiver une conviction? C'est n'être pas exigeant. Mais ne lui demander que cela, n'est-ce point lui contester *ipso facto* le droit de se présenter comme science? — Le physicien croit à l'éther comme le métaphysicien à l'immortalité de l'âme! — D'accord; mais ne faut-il pas distinguer entre une croyance autorisée par des faits et une foi commandée ou justifiée par des motifs d'ordre moral? Le physicien qui croit à l'éther y croit une fois pour toutes et jusqu'au jour où des faits nouvellement découverts lui sembleront incompatibles avec le maintien de sa croyance. La croyance à l'immortalité de l'âme est une conviction qui repose elle-même sur des convictions. Or, l'intensité d'une conviction est sujette à des mouvements de hausse et de baisse, et cela sans que les faits sur lesquels on la fonde aient changé. Les arguments de la physiologie matérialiste contre la vie future ont été pressentis par Lucrèce : les raisons de l'affirmer ou de la nier sont aujourd'hui sensiblement les mêmes qu'autrefois, et selon nos dispositions d'esprit, variables d'un jour à l'autre, elles nous semblent plus ou moins persuasives.

M. Bertauld n'aurait-il pas été dupe d'une équivoque? Aurait-il négligé de s'apercevoir qu'il est certaines croyances scientifiques, nullement incompatibles avec le dogmatisme, et qu'elles diffèrent profondément des convictions morales et religieuses?

J'aurais voulu analyser les nombreux chapitres où sont franchement et parfois fortement critiquées les preuves spiritualistes de l'existence de Dieu. L'auteur, soucieux d'être clair et d'être lu, même par les simples amateurs de philosophie, s'est imposé la tâche d'analyser, presque de disséquer les arguments de ses adversaires. Son expérience de professeur de mathématiques lui a sans doute appris qu'un bon maître peut redire deux et plusieurs fois les mêmes choses sans se répéter exactement. Dans un enseignement bien fait, toute répétition nouvelle n'équivaut-elle pas à un commentaire nouveau?

Voilà donc les preuves de l'existence de Dieu mises en déroute, mais Dieu ne s'en porte pas plus mal. « L'hypothèse spiritualiste [1] est actuellement, selon nous, la meilleure des hypothèses. Sans doute, nous ne l'acceptons qu'à titre d'hypothèse probable, et sous réserve de l'avenir; mais nous devons aussi le dire pour mettre à nu notre pensée : le vide immense que nous laisserait la négation de Dieu ne nous attire pas; notre esprit y répugne, n'ayant pas le goût du vertige; et nous estimons qu'il serait toujours temps de nous y résigner, si jamais tout motif de foi venait à disparaître devant quelque révélation inattendue de la science. »

Toutefois M. Bertauld refuse à son Dieu d'être créateur; il voudrait qu'on acceptât, comme élément du concept divin, l'idée de l'immanence comprise à la façon d'Aristote. Il ne craint pas le reproche de dualisme, et il estime que « l'unité absolue posée *à priori* n'est qu'une vue arbitraire de l'esprit, vue qui peut lui plaire, mais qui ne s'impose nullement à lui; n'étant point marquée du caractère de nécessité, elle ne constitue qu'un possible, et l'étude seule de l'Univers peut nous renseigner sur sa réalité : or, tant que dans son état présent, l'Univers semblera contenir des natures d'êtres essentiellement différentes, il nous sera permis de penser qu'il en a toujours été de même à un moment quelconque de l'éternelle durée, et par suite de ne voir dans l'unité du cosmos qu'une unité purement harmonique [2]. »

De toute éternité existent l'espace, la matière, coéternelle à l'espace, l'éther, l'esprit. « Enfin il est des faits [3], particulièrement les faits vitaux, dont l'esprit et la matière ne suffisent pas, selon nous, à rendre compte, et pour l'explication desquels il nous semble indispensable de recourir à la conception d'Anaxgore, à l'idée d'un Νοῦς organisateur, d'une intelligence ordonnatrice de l'univers ».

Je ne pense guère, ni M. Bertauld non plus, que tous les philosophes accepteront cette doctrine cosmogonique. D'abord les monistes lui opposeront une fin de non-recevoir, et la raison, c'est qu'ils sont monistes. Les autres le presseront de définir l'espace et de les convaincre que l'espace n'est ni un corps, ni un esprit, et qu'il n'en existe

1. T. III, p. 118.
2. P. 424.
3. P. 425.

pas moins objectivement. Ils lui sauront gré cependant d'avoir fait des
efforts, et des efforts souvent heureux pour sortir de l'ornière commune.
La métaphysique que l'auteur nous propose est franchement pluraliste;
il est plus frappé des différences qui séparent les phénomènes que des
ressemblances qui les rapprochent. Certaines tendances lui sont donc
communes avec les représentants du nouveau criticisme. Pourtant
M. Bertauld est encore loin d'adhérer à cette philosophie. D'abord il est
substantialiste. Les *principes* qu'il invoque pour expliquer le monde,
sont des *essences*, des entités. En outre, il n'admet d'autre certitude
que la certitude scientifique, fondée sur l'évidence objective, d'autre
probabilité que la probabilité scientifique, d'autres hypothèses que les
hypothèses scientifiques. A ses yeux, la méthode de la métaphysique
ne diffère pas sensiblement de la méthode des sciences positives.
Les réalités métaphysiques étant les plus difficiles à connaître, les
inductions métaphysiques sont affectées d'un coefficient d'incertitude
qui les fait descendre au rang d'hypothèses. On croit à l'existence
de Dieu comme à celle des atomes; ce sont là deux croyances du
même genre. Un jour viendra-t-il où ces probabilités se changeront
en certitude? M. Bertauld n'ose l'espérer, mais il n'en désespère pas
non plus. Le dogmatisme philosophique, attitude condamnée dans le
présent, sera donc celle des philosophes de l'avenir? Là-dessus M. Bertauld évite de se prononcer et c'est parce qu'il évite de se prononcer
qu'il nous est impossible de savoir exactement quel est le groupe de
penseurs auxquels il se rattache. Pour si autodidacte que l'on soit, on
est toujours d'une école, on procède toujours d'un ou de plusieurs maîtres. M. Bertauld dissipera sans doute nos incertitudes quand il pu-
bliera son quatrième volume.

LIONEL DAURIAC.

Le P. André. LA VIE DU R. P. MALEBRANCHE, *publiée par le*
P. INGOLD. Paris (Bibliothèque oratorienne), Poussielgue, 1886, in-18, XVIII-
430 p.

Victor Cousin, dans son introduction aux *Œuvres philosophiques du
P. André*, puis MM. Charma et Mancel, dans leur grand ouvrage sur le
célèbre jésuite, ont publié de nombreux documents sur la *Vie de Malebranche* qu'avait écrite son fidèle disciple. On savait ainsi que, après la
dissolution de son ordre, André était rentré en possession de ses papiers
et avait pu reprendre son œuvre favorite, et que, après sa mort en 1764,
son ami M. de Quens avait trouvé la Vie de Malebranche, écrite en
entier de sa main. Confié à M. Coquille, bibliothécaire de la Mazarine,
l'ouvrage du P. André fut donné par lui, en 1807, à l'abbé Hemey d'Auberive, qui devait en faire la publication : celle-ci n'eut pas lieu, et toute
trace du manuscrit disparut.

Cependant M. l'abbé Blampignon eut le bonheur de reconnaître, dans

un manuscrit de la bibliothèque de Troyes, une copie incomplète
Vie de Malebranche, et il mit cette découverte à profit, dans son
bien connue sur le grand oratorien. On put regretter alors qu[il]
pas cru devoir publier le texte même, quelque incomplet qu'il fût
en 1873, M. Bertrand, alors professeur de philosophie au lycée d[e]
annonça à M. Ollé-Laprune qu'il avait entre les mains le manus[crit]
P. André, lequel allait être mis en vente à Paris. M. Ollé-L[aprune]
reconnut que l'écriture n'était pas celle d'André, et le manus[crit]
trouva pas acquéreur, lors de la vente de la bibliothèque de [la]
Cessole et de Châteaugiron (mai 1874) ; proposé ensuite à la Biblio[thèque]
nationale, il fut acquis par cet établissement, où il est inscrit
n° 1038 des nouvelles acquisitions du fonds français.

Quelle est la valeur de ce manuscrit ? deux inscriptions indique[nt]
c'est celui qui fut envoyé par M. de Quens à M. Coquille, puis re[mis]
celui-ci à l'abbé Hemey d'Auberive ; en outre, le R. P. Ingold, de
toire, a pu reconnaître qu'il est de la main de M. de Quens. On e[st]
en présence d'une copie présentant les garanties les plus sér[ieuses]
aussi, dans l'ignorance où l'on est du sort de l'original, le P. In[gold]
t-il eu bien raison de publier un ouvrage depuis si longtemps
Nous devons ajouter toutefois que le manuscrit n'est pas tout-à-fai[t com]
plet : outre quelques lacunes, on y regrette l'absence de la plup[art des]
lettres de Malebranche qui devaient y être insérées. Notons enfin
P. Ingold a supprimé, sauf exceptions, dans sa publication, les
analyses que le P. André avait faites des œuvres de Malebranche,
aux notes qui remplissent parfois les marges du manuscrit, le P.
y a fait un choix ; quelques-unes d'entre elles sont, non du P.
mais de M. de Quens ou de l'abbé Hemey d'Auberive. D'autres,
guées par des caractères italiques, sont dues à l'éditeur lui-mêm[e]
souvent pour objet de signaler des erreurs qui seraient échap[pées à]
M. l'abbé Blampignon : nous n'insisterons pas sur les petits faits
riels, mais nous devrons faire nos réserves au sujet de deux cr[itiques]
assez vives que le P. Ingold adresse à M. l'abbé Blampignon, da[ns son]
Introduction.

Venue après l'étude rédigée par ce dernier d'après le manus[crit de]
Troyes, la publication de l'œuvre du P. André nous apprend peu
nouveaux de quelque importance, mais cette œuvre n'en prése[nte pas]
moins un vif intérêt, car elle est, en général, fort bien écrite, e[t le]
détail a perdu de son originalité en passant dans le livre de M. [Blampi]
gnon. Le P. Ingold l'accuse même d'avoir complètement trav[esti le]
caractère de Malebranche, faisant du plus doux des hommes un
absolu, facile à s'aigrir et à s'irriter. En fait, si l'on a exagéré par[t des]
emportements de Malebranche au milieu des polémiques, le P.
nous paraît bien exagérer en sens inverse, car si Malebranche ne
che pas querelle, il a, quand on l'attaque, des reparties souven[t]
vives : tous ceux qui ont jeté un coup d'œil sur ses réponses à A[rnauld]
peuvent en porter témoignage. Du reste, le P. André, toujours

de la modération de son maître, nous fournit lui-même un exemple bien
caractéristique des qualités opposées : à la suite de la publication de
lettres qu'Arnauld venait d'écrire contre lui au moment où il mourut,
Malebranche composa un petit traité qu'il intitula *Contre la prévention*
et où il prétendit démontrer qu'on a tort d'attribuer à Arnauld les ouvrages
parus sous son nom et dirigés contre lui Malebranche. Arnauld étant un
homme plein d'équité, de bonne foi, d'esprit et de vertu, on ne saurait,
en effet, lui imputer des écrits dont l'auteur ne peut être qu'un chicaneur
outré, un citateur infidèle, un faiseur d'écarts fort malins, etc. Il est vraiment difficile de ne pas trouver un peu vive une plaisanterie de ce
genre, dirigée contre un mort : il est vrai, hâtons-nous de le dire, que
Malebranche hésita avant de lui donner une demi-publicité. Tout autre,
du reste, était sa conduite quand sa personne seule, et non ses doctrines, était en jeu. La première édition des *Conversations chrétiennes*,
parue sans nom d'auteur, étant épuisée, un ecclésiastique de province
vint s'offrir à Malebranche pour en faire faire une seconde édition, puis
lui soumit une lettre destinée à servir de préface. Malebranche, « encore
qu'il ne la trouvât pas fort bonne, lui permit de la mettre à la tête de son
livre, de peur de lui déplaire. Mais il ne laissa pas d'être un peu étonné
quand il apprit que son ouvrage paraissait à Lyon sous le nom de
l'abbé de Vaugelade, qui en recevait les compliments, sans les vouloir
partager avec personne. Voyant toutefois que la vérité n'en souffrait
point, et que son livre, quoique sous un étendard étranger, lui faisait
chaque jour de nouvelles conquêtes, il demeura dans le silence. » Un
libraire de Bruxelles ayant ensuite publié une troisième édition avec
la mention : *par l'Auteur de la Recherche de la Vérité*, Vaugelade n'osa
s'inscrire en faux. André remarque que cet imposteur était *binôme*,
c'est-à-dire avait un nom pour Paris et un autre pour la province : Littré
n'a pas noté ce sens du mot *binôme*, bien que parlant du terme bas-
latin *binomius*, qui a cette acception.

Nous avons dit que M. l'abbé Blampignon n'a pas toujours tiré du texte
du P. André tout le parti possible : nous en donnerons deux exemples.
Parlant des conférences de l'abbé de Cordemoi, qui avaient lieu chez
Mlle Vailly, nièce de Malebranche, il passe sous silence un détail
bien cartésien : « Il s'y trouvait aussi, dit André, de célèbres anatomis-
tes qui disséquaient tantôt un œil, tantôt une oreille et d'autres parties, etc. » Voici, d'autre part, une scène tragi-comique, qui perd bien de
sa saveur sous la plume de M. Blampignon : nous sommes malheureusement obligé de l'analyser. Fénelon ayant, dans son traité de l'*Existence
de Dieu*, qui fut imprimé à son insu, dit André, développé avec de fort
beaux traits les preuves de Descartes et de Malebranche, les jésuites,
qui s'appuyaient sur ce prélat, se trouvèrent fort embarrassés, étant
engagés dans une véritable guerre contre Malebranche. Ils imaginèrent
alors de faire écrire par le P. de Tournemine une préface qu'ils firent insérer en tête d'une seconde édition du traité de Fénelon. Il y est dit que
« l'auteur ayant proposé dans les articles précédents des preuves uni-

verselles et propres à tout le monde, en propose dans cet article de
ticulières, de respectives, de ces arguments qu'on appelle *ad homi*
fondés sur les principes reçus par les adversaires contre qui on disj
Ce sont des démonstrations pour les cartésiens et les malebranchi
L'auteur n'a pas dû les oublier, etc. » L'impertinence était un peu f
car Fénelon avait déclaré que les preuves métaphysiques sont les
parfaites. Blessé jusqu'au vif, Malebranche ne voulut pas en venir
débat public, craignant d'attirer de nouvelles persécutions à ses
frères de la part des jésuites, qui poursuivaient auprès de Louis
la destruction de l'Oratoire. Il prit le parti d'écrire à Fénelon,
P. André donne une longue analyse de sa lettre dans laquelle,
qu'ignorant l'auteur de la préface, il se plaint vivement de la con
des jésuites et conjure Fénelon de défendre la vérité sans bless
charité. La lettre écrite, Malebranche, ne voulant pas l'adresser d
tement à un prélat que ses attaques contre le pur amour avaien
indisposer, la fit remettre par un magistrat au cardinal de Poligna
avait promis de l'envoyer bien accompagnée à Fénelon ; mais, sai
frayeur à son tour après l'avoir lue, le cardinal prend le parti d'é
lui-même à ce dernier, pour savoir son sentiment sur la préface. A
reçu une réponse courte, mais substantielle, désavouant la préfa
alla voir le P. le Tellier. « Il n'arrive guère, dit André, qu'on se
craindre des hommes, sans les craindre beaucoup soi-même... Il
pour lui le roi, mais il avait contre lui tout le public, ennemi tou
formidable aux rois mêmes... Il conclut à une prompte satisfacti
Nous nous arrêterons là sans entrer dans le détail des tiraille
auxquels donna lieu cette satisfaction.

Pour achever de donner une idée de l'œuvre du P. André, nous
drions montrer son esprit de haute impartialité, du moins dans les
ments d'ensemble, car, dans les récits de détails, il a souvent
expressions très vives. Notons d'abord qu'il sait, à l'égard des au
Malebranche, glisser l'épine sous la rose. *Grand esprit et plus g*
mémoire, l'archevêque de Paris, de Harlay, est connu et adoré
toute la France. « Les refus de M. de Harlay valent mieux que le
ces de M. de Noailles : celui-ci avait un air sérieux. Il y a une
dans le *Festin de Pierre* de Molière où M. Dimanche vient demand
l'argent, laquelle, disait-on, peint à merveille M. Harlay. »

De toutes ses critiques des jésuites, la meilleure est celle qui résu
l'éloge de l'Oratoire. « Tout y est fondé sur le bon sens. On y
honnête liberté, et pourvu qu'on y soit régulier pour les mœurs et
lique pour la foi, on n'a droit, selon les règlements, de vous contre
sur rien : institut en cela plus sage que les autres sociétés régul
où les particuliers sont obligés de suivre des opinions qui n'ont se
d'autres preuves, sinon que l'ordre les soutient. » En ce qui concer
individus, le P. André leur attribue bien l'importance qu'ils mé
Foucher et le P. le Valois, qui se dissimulait sous le pseudony
Louis de la Ville, sont de faibles ennemis : « un bon chanoine d

force ne consistait que dans l'obscurité de ses raisonnements, et un jésuite qui n'était à craindre que par l'autorité de son corps. » C'est en
d'autres termes qu'il parle d'un Bossuet ou d'un Arnauld. « Le prélat, dit-
il du premier, était un homme d'un génie rare, d'un savoir profond, connu
par divers ouvrages, histoires, controverses, pastorales, oraisons funè-
bres, etc., dans lesquels on admire, avec une grande politesse, un bon
sens toujours soutenu et une majesté naturelle où l'art ne saurait atteindre. » Il loue d'ailleurs, à plusieurs reprises, sa bonté et sa droiture.

Avant de reproduire l'appréciation du P. André sur Arnauld, nous
devons signaler une insinuation infamante du P. Ingold contre ce dernier.
Il s'agit de la fameuse rétractation que Malebranch eaurait faite de la signature qu'il avait donnée au formulaire d'Alexandre VII et que M. l'abbé
Blampignon a prise au sérieux après bien d'autres. On sait qu'on n'a
qu'une copie de cette rétractation, donnée dans la relation de la captivité de la sœur Sainte-Eustochie de Brégy : la pièce n'a donc aucun
caractère d'authenticité, et l'on est parfaitement autorisé à la contester ;
mais il nous semble que le P. Ingold s'appuie sur de bien faibles arguments pour établir qu'on est certainement en présence d'*une imposture*.
Il se fonde, après l'abbé Hemey d'Auberive, sur ce que Malebranche a
toujours été hostile aux doctrines des jansénistes sur la grâce ; cette raison n'a de valeur que si la rétractation porte sur la doctrine : or il n'en est
rien [1]. « Je rétracte donc par cet écrit, dit Malebranche, le témoignage que
j'en ai rendu par ma signature contre ce prélat (Jansénius), en le con-
fessant auteur des cinq propositions condamnées par le pape et les
évêques, défenseur des hérésies qu'elles renferment et corrupteur de la
doctrine de saint Augustin. » Est-ce là le langage d'un partisan des
cinq propositions ? Que signifient dès lors les arguments invoqués, puisqu'on est simplement en présence des remords extrêmement honorables qu'aurait éprouvés Malebranche pour avoir imputé des *erreurs en
la foi* à un évêque dont il n'avait pas lu l'ouvrage ? La rétractation se
trouvant insérée dans une lettre d'Arnauld, l'abbé Hemey d'Auberive
admet qu'elle l'a été après coup, ne croyant pas Arnauld complice de
cette supercherie ; quant au P. Ingold, il n'a pas aussi bonne opinion du
grand janséniste.

Bien qu'ami de Malebranche, le P. André professe pour Arnauld une
très sincère estime, et nous terminerons notre étude par la reproduction abrégée du portrait qu'il en donne : « Antoine Arnauld, docteur
de Sorbonne, d'une famille illustre dans la robe et dans l'épée, avait
hérité de ses ancêtres un grand esprit et un grand cœur. Né avec un génie vif, étendu, pénétrant, soutenu d'une vaste mémoire et d'une imagination forte, il apprit toutes les sciences avec une rapidité inconcevable... Se trouvant du talent pour écrire, il consacra sa plume à la religion...
On ne peut nier sans injustice qu'il n'ait rendu à l'Église des services très

---

1. Voir le texte complet de la rétractation dans l'introduction aux œuvres
philosophiques du P. André par Victor Cousin, p. XLIII.

importants. Heureux s'il n'en eût point diminué le prix par les trou
dangereux qu'il y a excités au sujet de Jansénius. Ce qui fut pour lui
source de fautes et de chagrins qu'il aurait bien pu s'épargner ; '
il fallut satisfaire son naturel bouillant et impétueux, amateur de la
pute, ennemi de son propre repos, perturbateur de celui des autre
est pourtant à croire que ce fut toujours avec de bonnes intenti
car on ne se fait point juge de son cœur, et d'ailleurs il est certain
avait beaucoup de piété... Enfin, on n'en peut disconvenir, M. Arn
était un grand homme; mais, on me permettra de le dire, sans d
qu'il eût été encore plus grand, s'il eût été plus modéré et plus m
des saillies de son imagination un peu fougueuse. » Quand le vieil at
meurt *les armes à la main contre le P. Malebranche*, André com
son jugement : « Il était extrême dans ses sentiments, trop enclin à
penser de ses ennemis, trop prompt à divulguer ce qu'il en pen
vain, hardi, présomptueux jusqu'à la témérité, imaginatif et un peu vi
naire. C'est la seule chose qui puisse excuser les faits faux don
écrits polémiques sont remplis. Mais après tout il avait de la religi
des mœurs très pures, avec beaucoup de zèle pour la pureté de la
rale chrétienne, ce qui lui attira un si grand nombre de persécutior
la part de ceux qu'on accuse de la corrompre. C'est une folie de c
que ce fut un homme dangereux à l'État, ni même à l'Église, à laq
il a tenu toujours inviolablement, malgré toutes les traverses q
souffertes avec un courage héroïque. En un mot, s'il est fort à blâmer
certains sentiments dangereux qu'il a soutenus avec trop d'opiniâ
il faut convenir qu'il est un peu à plaindre. On l'a tellement pe
qu'il était bien difficile qu'on ne le rendit ce qu'on voulait qu'il f
veux dire hérétique. Pour ne pas l'exposer à un si grand malhe
semble qu'il fallait le combattre moins par la force que par la
raison. »

Puisse ce rapide coup d'œil sur l'œuvre du P. André inspirer le
de la mieux connaître : nous sommes certain que sa lecture assure
R. P. Ingold la reconnaissance de tous les amis de la philosophie

GEORGES LECHALAS.

Ch. Bénard. — LA PHILOSOPHIE ANCIENNE; HISTOIRE GÉNÉRAI
SES SYSTÈMES. 1re partie, Paris, Félix Alcan, 1885, 1 vol. in-8° (CX
400 pages).

M. Ch. Bénard, le traducteur de l'*Esthétique*, de la *Poétique* de F
et des *Écrits philosophiques* de Schelling, l'auteur du *Précis e*
Questions de philosophie qui ont rendu de si grands service
élèves de l'enseignement secondaire, est bien connu des lecteurs
Revue philosophique par ses articles sur l'esthétique allemande co
poraine. Il s'est proposé, dans l'ouvrage dont nous annonçons la pre

partie, de mettre le lecteur instruit qui s'intéresse à ces matières au courant de la science actuelle et de ses plus récents travaux, en ce qui concerne les principaux systèmes de la philosophie ancienne. Il ne s'est pas proposé de faire connaître et d'*apprécier* les divers systèmes qui se sont produits aux époques antérieures à celle où nous vivons, de retracer la marche et les procédés de la raison spéculative qui les a créés, de déterminer les lois de leur développement. On peut regretter que M. Bénard ait ainsi limité, de propos délibéré, le champ de ses recherches : des travaux de l'érudition moderne lui auraient permis, croyons-nous, de faire à propos de la philosophie grecque et latine une œuvre originale et intéressante. Grâce au progrès des études historiques et mythologiques, grâce aux renseignements incessants que l'archéologie nous fournit sur le monde gréco-romain; en utilisant en outre les principaux travaux publiés en France depuis le commencement du siècle, en se proposant de faire *connaître* plutôt que d'*apprécier* les doctrines philosophiques, en cherchant à les replacer dans leur milieu scientifique, historique, religieux, politique, littéraire et artistique, on pourrait composer peut-être un ouvrage plus exact, plus vivant et aussi savant que celui de M. Zeller. Mais nous aurions mauvaise grâce à critiquer M. Bénard de ce qu'il n'a pas fait; il sera beaucoup plus utile de faire connaître d'abord quelques-unes des idées que nous rencontrons dans l'Introduction par laquelle s'ouvre le volume.

Selon M. Bénard, la base de tout système philosophique est métaphysique. Aussi combat-il avec vivacité deux opinions qui lui paraissent ôter à l'histoire de la philosophie son véritable intérêt, son importance et son utilité : le positivisme qui retranche de la philosophie la métaphysique, la recherche des causes premières ou des premiers principes; et une doctrine qui, acceptée par les esprits les plus différents, Cournot, Renan, Ravaisson, Renouvier, Ribot, ne fait pas de la philosophie une science, mais un produit spécial de l'esprit humain, analogue à l'art, à la religion, à la poésie, pour laquelle un système est une création mixte de la pensée, due à la fois à la raison, à l'imagination, au sentiment, et n'ayant qu'une valeur personnelle. M. Bénard proteste énergiquement aussi contre la méthode qu'il appelle l'*art d'accoucher les grands esprits* : elle n'est propre, dit-il, qu'à défigurer et à falsifier les systèmes en prêtant à des esprits très différents de celui de l'historien, placés dans des circonstances différentes, une manière de voir et de juger semblable à la nôtre. On ne peut qu'applaudir à cette critique, et il serait à souhaiter que beaucoup de bons esprits, qui ont été séduits par le talent de M. Fouillée, renonçassent à cette méthode de conciliation qui nous a donné un Platon dont toutes les doctrines paraissent former un système comparable par la rigueur au Spinozisme, mais absolument différent du Platon que révèle la lecture attentive et désintéressée des textes. L'historien de la philosophie est chargé, avant tout, comme le dit très bien M. Bénard, de faire connaître les systèmes, sauf à lui ensuite de les

expliquer et de les apprécier. Il ne doit pas mêler à l'exposition
doctrines des termes nouveaux et des formules modernes, signalei
tout des analogies avec nos idées, nos mœurs et nos institutions ;
doit pas introduire un ordre d'exposition différent de celui de l'au
quoiqu'il lui paraisse plus logique; il ne doit pas, enfin, lui poser
questions auxquelles il n'a pu songer, lui demander la solutio
problèmes qui n'ont été soulevés que plus tard.

Nous ne voulons que signaler les chapitres sur les limites et les i
cédents de la philosophie ancienne, sur la philosophie orientale, s
Védisme, le Brahmanisme et le Bouddhisme, sur les Chinois, les (
déens, les Assyriens, les Egyptiens, etc. Nous présenterons ceper
à l'auteur quelques observations sur des points qui ne nous parai
pas sans importance. Il croit que la table de Pythagore ou toute ;
invention de ce genre, la prédiction d'une éclipse par Thalès
théories physiques, chimiques et la physique mathématique du T
ne présentent que fort peu d'intérêt pour l'historien des systèm
nous semble, au contraire, que les connaissances positives des anc
ou, si on l'aime mieux, la manière dont ils expliquaient les phénom
dont ils se représentaient l'état actuel de l'univers, peut nous faire l
coup mieux comprendre les théories par lesquelles ils ont essa;
se rendre compte de l'origine des choses. L'histoire des sciences, à
cune des époques de l'histoire de la philosophie, est absolument n
saire pour distinguer les systèmes qui, dans la succession des siè
font appel aux mêmes principes, pour demeurer fidèle à l'histoire
pas transporter dans le passé des conceptions absolument mode
Il est assez surprenant, d'un autre côté, que l'auteur qui parle de la
losophie des Pères de l'Eglise (p. 6) ne veuille voir aucune philoso
dans l'Inde : le Bouddha lui-même n'est pour lui qu'un sage et no
philosophe. Nous le trouvons aussi bien sévère pour la morale t
dhique et pour la morale de Confucius, que M. Janet a appréc
croyons-nous, avec beaucoup plus d'indulgence et de vérité. Sans d
on peut citer de *hideuses*, d'*absurdes* superstitions; mais outre q
nombre de ces pratiques honteuses et dégradantes a été sou
exagéré, il n'y a pas une religion, pas une doctrine philosopl
même qu'on ne pourrait condamner en se plaçant à un point de
aussi étroit : comment jugerait, par exemple, le Platonisme ou le C
tianisme celui qui ne connaîtrait que la communauté des enfan
des femmes prêchée dans la République ou les actes des Convul
naires ?

L'auteur distingue dans la philosophie grecque trois époques
première qui se termine avec les sophistes, la seconde qui comp
Socrate, Platon, Aristote, Pyrrhon, Zénon, Epicure; la troisième qu
surtout représentée par Plotin et Proclus. N'y a-t-il pas cependant
de différence entre Socrate, Platon et Aristote d'un côté, Pyrrhon, Zé
Épicure et Arcésilas de l'autre pour qu'on puisse les réunir? Le m
politique et religieux, qui a disparu vers l'an 320 avant J.-C., n'a-t-i

entraîné la disparition de la philosophie à laquelle il avait donné nais-
·sance? Nous aurions également des réserves à faire sur le caractère
original et autochthone que M. Bénard, après MM. Zeller et Janet,
attribue à la philosophie grecque. On connaît trop mal jusqu'ici, ce
semble, les rapports des Grecs avec les autres peuples pour affirmer
ou nier, en complète connaissance de cause, quoi que ce soit en cette
matière.

Nous signalerons, dans la première section consacrée aux écoles
ionienne, éléate, pythagoricienne et atomistique, la partie consacrée à
cette dernière où il combat la théorie, soutenue par MM. Zeller, Liard et
surtout par M. Lévêque, d'un atomisme ou rationalisme métaphysique.
Socrate est longuement étudié (p. 110 à 186) et défendu contre ceux qui,
exagérant certaines idées de Rousseau, l'ont présenté comme *ayant
posé devant ses contemporains et devant la postérité, comme ayant
arrangé sa mort*. Sur certains points, M. Bénard s'accorde avec
M. Fouillée, sur d'autres (p. 155) il le combat comme ayant appliqué à
Socrate lui-même sa méthode d'accoucher les esprits. Les écoles
socratiques sont brièvement traitées (187 à 244) et les anecdotes un
peu suspectes empruntées à Diogène Laerce y tiennent peut-être une
place trop considérable : le Mégarisme eût pu être exposé d'une façon
plus intéressante et plus complète si l'auteur eût tiré parti du passage
célèbre du *Sophiste* qui ne saurait s'appliquer qu'aux Mégariques et
qui jette sur leur doctrine une lumière suffisante. Notons une comparaison intéressante entre le pessimisme grec et les idées bouddhistes
(p. 241), entre le pessimisme grec, le pessimisme indou et la doctrine
de Schopenhauer (cxxvi).

Mais la partie la plus considérable de ce volume (plus de 180 pages)
est consacrée aux sophistes. L'auteur donne d'abord (80 à 110) les caractères généraux de la sophistique, cite les principaux sophistes, expose
leur philosophie, enfin apprécie la sophistique. Puis, dans des études
critiques placées à la fin du volume, il procède d'abord à la révision
des thèses soutenues par les deux écoles que l'on dit avoir réhabilité
les sophistes. Il présente et discute successivement la thèse hégélienne telle que Hegel l'a exposée dans sa *Logique,* dans sa *Philosophie de l'histoire,* dans son *Histoire de la Philosophie;* il traduit un
certain nombre de passages intéressants et soutient que la thèse allemande est une *réintégration,* non une *réhabilitation* de la sophistique. Hegel a trouvé que la sophistique avait joué un rôle important dans l'histoire en général et dans celle de la philosophie grecque
en particulier, qu'elle formait un élément [nécessaire dans le développement de la pensée humaine; mais il a écarté à peu près le côté moral
et n'a jamais songé à dire que Platon, Aristote et Xénophon les ont
calomniés.

La thèse anglaise, au contraire, est une *réhabilitation,* un plaidoyer
en règle en faveur des sophistes ; l'idéalisme allemand fait de la sophistique un moment de transition, le positivisme s'y arrête. Démontrer

l'honorabilité des sophistes et la *moralité* de leurs doctrines, tel est
le but que se sont proposé MM. Grote et Lewes. Selon le premier, les
sophistes ont fait de la philosophie une profession rétribuée, et leurs
adversaires se sont emparés de ce fait pour les combattre. Platon surtout, par ses écrits qui sont de véritables satires, a donné au nom de
sophiste un sens qu'il n'avait pas auparavant. Les sophistes ont été
des professeurs qui n'avaient en commun ni doctrines, ni principes, ni
méthode qui leur appartinssent. Ils n'ont rien enseigné de nouveau en
fait de morale; ils recommandaient, au contraire, une morale pratique,
de tout point conforme à celle qui répond à la conscience publique, aux
mœurs, aux traditions reçues. Enfin leur conduite et leur caractère furent des plus honorables. M. Lewes dit de son côté que les
sophistes étaient riches, puissants, brillants, beaux discoureurs : de là
le dédain de Platon, le penseur solitaire, pour ces hommes qui ne
savaient que jouer de la dialectique et de l'éloquence. En eux, nous
voyons la première protestation énergique contre la possibilité d'une
science métaphysique.

M. Bénard croit que ces deux écoles n'ont pas réformé l'opinion
ancienne, mais seulement ajouté des vues nouvelles. Le rôle de la
sophistique et des sophistes dans l'histoire est mieux connu, mieux
déterminé et mieux apprécié. Mais les côtés qui ont été ainsi éclairés
et mis en relief par la critique moderne sont des côtés accessoires purement historiques qui ne concernent en rien le caractère réel, la nature
et l'essence de la sophistique, la valeur et la légitimité de ses doctrines.
Non seulement il trouve insuffisants les arguments de l'école allemande
et de l'école anglaise, mais il pense que Platon, le véritable historien
de la sophistique, a respecté la vérité historique, la vérité poétique et
la vérité philosophique, lorsqu'il a dans ses dialogues mis en scène les
sophistes; il suit l'idée de la sophistique dans l'histoire et pense que
Platon, Xénophon, Aristote et Isocrate s'en sont fait la même idée.
Il ne croit pas que le jugement défavorable qu'ils ont porté sur les
sophistes ait été infirmé par les écoles grecques postérieures, par
les Épicuriens, les Stoïciens, les Pyrrhoniens, les nouveaux Acadé-
miciens, non plus que par les philosophes romains ou alexandrins. Il
retrouve également des marques de réprobation contre la sophistique
chez les scolastiques, les hommes de la Renaissance, les philosophes
du XVIIᵉ siècle. Les encyclopédistes, auxquels depuis Hegel on a coutume de comparer les sophistes, n'ont pas même parlé des sophistes [1].
Brucker reproduit à leur sujet le jugement de l'antiquité. Tiedemann
voit dans la sophistique un jeu frivole de l'esprit, Buhle, une corruption de la philosophie, Barthélemy appelle les sophistes de vils merce-
naires, Tennemann ne les juge guère plus favorablement, quoiqu'il
remarque déjà qu'ils ont forcé l'esprit humain à porter un regard péné-

---

1. Remarquons toutefois que Voltaire se sert des noms de Platon et de Protagoras, qu'il met ainsi sur la même ligne, pour désigner Diderot et d'Alembert.

trant au-dedans de soi afin de chercher un point d'appui solide à la philosophie. Si Hegel et les positivistes les ont remis en honneur, c'est qu'ils suppriment la liberté ; c'est que les positivistes en outre soutiennent, comme les sophistes, la relativité de la connaissance et dédaignent ou rejettent la métaphysique. L'école spiritualiste française a maintenu l'ancienne opinion et M. Bénard espère lui avoir donné une force nouvelle.

Il y a lieu de remercier l'auteur des renseignements précieux qu'il nous a fournis sur l'état de la question, des passages traduits de Hegel et des autres auteurs allemands que bon nombre de philosophes français n'ont ni le temps ni les moyens de lire dans le texte. Les arguments sur lesquels il revient à plusieurs reprises nous paraissent résumer à peu près tout ce qu'on peut dire en faveur de l'ancienne opinion et pourront être consultés à la fois par les adversaires et par les partisans des sophistes. Cependant il y aurait bien, pour un spiritualiste, quelques circonstances atténuantes à invoquer en faveur des sophistes. Sans rappeler le mythe de Prodicus sur Hercule et la Vertu, dont personne n'a jamais contesté la valeur morale, on peut remarquer que Protagoras a donné avant Aristote les preuves ordinaires du libre arbitre, qu'il a fait appel à un sens de la justice, à un sentiment de l'honneur (δίκη et αἰδώς), donné à l'homme par les dieux, qui n'est pas sans analogie [1] avec le sens moral des Écossais ; que Gorgias protestait contre l'exclusivisme de l'esprit de cité ; qu'Hippias appelait les Grecs venus de tous les pays, ses parents, ses alliés, ses concitoyens selon la nature sinon selon la loi, qu'un autre sophiste dont Aristote ne nous dit pas le nom, combattait l'esclavage comme une institution contraire à la nature ; qu'Alcidamas enfin déclarait inconnue à la nature l'opposition de l'homme libre et de l'esclave.

En résulte-t-il que nous devions, avec Hegel et Grote, devenir les admirateurs des sophistes ? Nous ne le croyons pas : il nous semble que la question a soulevé de nos jours de vifs débats, parce que les éléments qui nous permettraient de la résoudre dans un sens ou dans un autre font absolument défaut. La description que font du sophiste Platon et Aristote est-elle un vrai portrait ou une de ces caricatures comme Aristophane les aimait ? Il faudrait connaître, pour résoudre cette question, les noms, la vie et les ouvrages d'un certain nombre de ceux qu'ils ont attaqués. Or, nous connaissons les noms de Protagoras, de Gorgias, de Prodicus et d'Hippias, de Polus et de Lycophron qu'on présente cependant aussi comme des rhéteurs ; d'Evenus de Paros, d'Antiphon, de Calliclès, de Gritias. Nous savons que le nom s'est appliqué à d'autres personnages : Eschine le donne à Socrate, Isocrate à Platon, Aristote à Aristippe, Timon à tous les philosophes. Si l'on suit Timon, il devient impossible de distinguer les sophistes des autres philosophes ; si nous nous en tenons aux noms ordinairement cités, les sophistes sont trop peu

---

1. A. Harpf, *Die Ethik des Protagoras.* Voir le numéro précédent de la *Revue.*

nombreux et trop peu connus pour que nous puissions dégager les caractères qui leur sont communs. On peut chercher à l'aide des textes ce qu'il convient de penser de Protagoras, de Gorgias, peut-être même d'Hippias et de Prodicus; nous n'avons pas de renseignements suffisants pour déterminer ce qu'ont été les sophistes.

F. Picavet.

Pietro Siciliani. La Nuova Biologia. *La Nouvelle Biologie*, essai historico-critique. 1885, Dumolard, Milan, in-8, 408 p.

M. Siciliani était un de ces esprits singulièrement ouverts, alertes, curieux, enthousiastes, et en même temps pondérés, moins novateurs que vulgarisateurs, moins profonds en général que justes et lucides, mais doués au plus haut point de la faculté d'assimilation et de transmission. En psychologie, en biologie, en pédagogie, en sociologie, il cherchait, pour les autres autant que pour lui-même, à tout comprendre, à tout concilier, quand la chose était possible. Rien chez lui d'exclusif; des hommes et des systèmes, il prenait le bien et laissait le mal. Tel est le caractère scientifiquement et largement éclectique du dernier livre, signé de son nom, que nous analyserons. Compilation, si l'on veut, mais n'en fait pas qui veut de faciles et d'utiles à lire.

Ce livre est, comme l'auteur nous en avertit, un essai destiné à préparer l'esprit des jeunes gens aux discussions si vives qui s'agitent sur le terrain si encombré de dangers de l'anthropologie, de la psychologie comparée et de la sociologie. La composition de cet essai ne répond pas exactement à son titre. La moitié en est consacrée à l'histoire de la biologie depuis les premiers penseurs grecs jusqu'aux temps modernes. Je ne vois nul inconvénient à ce que l'on montre ainsi aux jeunes gens la genèse et l'évolution des systèmes; et l'histoire de la biologie antérieure à notre époque est, assurément, un préambule utile, et d'ailleurs très intéressant, à l'histoire de la biologie contemporaine. Je critiquerais plutôt la manière dont l'auteur a compris cette utilité. Partant de ce principe que « la formation des idées biologiques est indissolublement liée à la formation de la pensée philosophique », ce qui n'est vrai que relativement, et « que l'histoire des principes biologiques se présente aujourd'hui comme un des grands rameaux de la philosophie », il a consacré cent cinquante pages de la première partie, qui en compte deux cents, à l'exposition critique des systèmes philosophiques. En regard de cette exposition, d'ailleurs très claire et instructive, les cinquante pages d'histoire biologique paraissent d'autant plus à l'étroit qu'elles nous intéresseraient davantage. Cette disproportion a été sans doute amenée par la préoccupation très légitime qui animait l'auteur à l'endroit des relations de la philosophie, et surtout de la psychologie, avec la biologie. Il trouvait avec raison que les naturalistes, en général, ne savent pas assez de bonne philosophie, et que la méta-

Veut-on encore quelques preuves du progrès incontestable et accepté par toutes les écoles, qu'elles ont toutes séparément contribué à assurer? En voici deux, au hasard. L'une est relative au principe de la descendance biologique. Quelques différences qui existent entre « l'hypothèse dérivative » d'Owen, la « descendance adaptative » de Lamarck, la « descendance modifiée » des darwinistes, la « descendance reconstructive » des physio-philosophes et celle des biologistes idéalistes, la genèse unitaire des vivants est une exigence vivace et commune à toutes les écoles modernes, et même aux néocuvéristes. Quant aux lois concernant la spécification, « l'adaptation » de Lamarck, la « sélection naturelle » de Darwin, « l'isolement et la ségrégation » de Wagner, « l'émigration et l'association pour la lutte dans la vie » de Lamarck, le « milieu ambiant » de G. Saint-Hilaire, la « capacité de reproduction et la force expansive et essentiellement plastique des espèces », défendues par quelques savants, l'idée de la graduelle complication soutenue avec de légitimes inductions par les zoonitistes, la « transmission héréditaire » universellement admise, quoique dans une mesure variable; toutes ces lois se réclament les unes des autres, toutes concourent au fait de la spécification, toutes paraissent nécessaires pour commencer, consolider, compléter la genèse et la constitution des types organiques.

Enfin, pour citer, une dernière fois, les propres paroles de l'écrivain regretté : « Dans la nouvelle biologie, le point de vue mécanique et le point de vue idéal, par eux-mêmes imparfaits, abstraits, unilatéraux, insuffisants, ne s'excluent pas, mais bien s'impliquent, se réclament, s'intègrent tour à tour par une inévitable nécessité. Si la biologie mécanique étudie la vie de l'extérieur, et la biologie idéaliste de l'intérieur, elles seront et pourront être deux recherches distinctes, mais inséparables. Entre le mécanisme bien entendu et l'idéalisme bien entendu (quoi qu'en disent ceux qui prétendent inféoder la science à des noms propres), il n'y a ni antithèse invincible, ni antagonisme radical, ni contradiction réelle. Pourquoi? Parce que tous deux tendent à une fin commune, parce que tous deux défendent l'idée souveraine de l'évolution, parce que tous deux s'évertuent à légitimer cette idée. Qu'il y ait dans tous les deux le ver rongeur et venimeux de la métaphysique, qui ne le sait? Mais devrons-nous déprécier la perle à cause de la coquille qui l'enferme? » (p. 406).

Une dernière conclusion de l'auteur, et celle-ci tout à fait pratique, concerne le rôle à prendre par la nouvelle biologie. Elle a, selon lui, deux fonctions à remplir : corriger et concilier ces deux points de vue essentiels, « ces deux fécondes intuitions que la pensée philosophique poursuit de siècle en siècle, avec une ardeur infatigable, à partir des écoles présocratiques jusqu'au criticisme anglais et allemand de nos jours ».

Ces judicieux et sages conseils sont à l'honneur de l'écrivain distingué qui les donnait, et qui cherchait lui-même à s'y conformer. Mais ils ne suffisent peut-être pas. Ce dont la biologie nouvelle, comme la nouvelle psychologie, doit, par-dessus tout, se préoccuper, c'est d'amasser le plus de faits possible, et de les généraliser avec la plus rigoureuse méthode. C'est là le vrai but, l'objet le plus réel de la science. Un des mérites incontestables des ouvrages comme celui de M. Siciliani, c'est d'éclairer les esprits sur les avantages de la méthode scientifique et d'en inspirer le culte, c'est d'exciter le zèle des observateurs et des expérimentateurs. Il n'y en aura jamais assez, tandis qu'il y a eu et qu'il y aura toujours trop de généralisateurs des faits observés par les autres.

BERNARD PÉREZ.

J. Armangué. — MIMICISMO O NEUROSIS IMITANTE. Barcelone, Ramirez, 1884, 48 p., in-8.

L'auteur décrit, sous le nom de mimicisme, une curieuse névrose dont il a été cité ici quelques exemples [1]. Certains malades reproduisent irrésistiblement les actes dont ils sont témoins, les sons et les bruits qui frappent leurs oreilles. D'autres exécutent, sur un ordre qu'ils répètent oralement, les actes les plus dangereux, les plus violents, les plus obscènes. Cette maladie porte le nom de *myriachit* en Sibérie, de *latah* en Malaisie, de *jumping* (sauteur) dans l'Amérique du Nord. Une variété en a été décrite en Allemagne sous le nom de *Schlaftrunkenheit* ou *ivresse du sommeil.* Dans cet état maladif, une sentinelle, brusquement réveillée par l'officier de garde, se précipite sur lui, le sabre levé, et l'aurait tué, si les circonstances ne s'y étaient opposées. Un individu, réveillé par sa femme qui s'était figuré qu'on frappait à la porte, saisit un drap de lit, et le coupe en bandes, qu'il ajuste bout à bout, comme si la maison brûlait.

L'auteur croit que cette névrose, plus ou moins caractérisée, est fréquente dans notre société. Il en a, pour son compte, découvert souvent des vestiges ou des éléments. Il cite, entre autres, l'exemple d'un avocat très intelligent, mais très excitable, qui ne peut s'empêcher de suivre à voix basse tout ce que disent ses interlocuteurs, et qui répète à haute voix les deux ou trois derniers mots de la phrase. Il a fait aussi des observations curieuses sur une petite fille, qui répétait sans les comprendre tous les mots qu'on lui disait. L'auteur remarque qu'avant que les faits de cette nature fussent médicalement connus, les littérateurs les avaient pressentis, et avaient basé sur eux des situations dramatiques. On voit, par exemple, dans un des *Contes populaires* d'Erckmann-Chatrian (l'*Œil invisible* ou l'*Auberge des trois pendus*), l'histoire d'une maudite vieille, qui, en faisant exécuter à sa fenêtre, au plus profond de la nuit, des gestes variés à un mannequin représentant

---

1. Mai 1885, p. 590.

l'aspect des étrangers logés en face d'elle, les amenait à un état de
trouble, de vertige, et enfin d'impulsion imitative, qui en avait fait
pendre trois. Un autre voyageur, prévenu, lui appliqua la même loi
fatale de suggestion imitative, et la força à se serrer le cou dans son
propre lacet.

Si le *myriachit* est une névrose complètement neuve, au moins
comme elle a été décrite, on peut pourtant, dit M. Armangué, en partant de cet état et passant par des états analogues, tels que le *jumping*,
le *latah* et le *Schlaftrunkenheit*, arriver sans transition brusque à des
névroses déjà connues, telles que la folie contagieuse (folie à deux) et la
suggestion pathologique. Ce qui distingue cette espèce morbide, c'est
l'exécution d'actes de circonstance, avec conservation de l'intelligence,
mais en dépit de ses indications, et contre la volonté même du sujet.
L'auteur ne voit d'ailleurs dans le mimicisme qu'un réflexe d'imitation,
qui, pour des causes encore inconnues, est soustrait à l'influence modératrice de la volonté. La tendance à ce réflexe existe, dit-il, chez tous
les hommes. Il est plus propre aux races inférieures qu'aux races supérieures. Il est constant qu'il se produit la plupart du temps par hérédité. Il est très probable aussi qu'il apparaît en bien des cas par contagion. En tout cas, cette névrose, dont l'existence et les caractères
doivent être confirmés par de nouvelles observations, mérite d'être
soigneusement étudiée au point de vue psychologique et au point de
vue médico-légal.

BERNARD PEREZ.

A. Berra. — LOS PREMIOS Y EL VEREDICTO ESCOLAR, 32 p. in-12. Montevideo.

On a beaucoup écrit pour et contre le système des récompenses sco-
laires. Je n'en suis guère partisan. Il me semble que, sans faire fi de
l'émulation, la première vertu sociale à cultiver, c'est la justice. Le
système adopté pour les écoles de Montevideo remplace-t-il avec avantage celui des classiques distributions des prix? Il faut l'espérer, puisqu'il est patronné par un homme de savoir et de tact comme M. Berra.
C'est pourtant la substitution d'une récompense morale à une récompense avant tout matérielle. Elle résulte d'un verdict constitué par les
jugements réunis des examinateurs, des maîtres et des élèves. C'est le
suffrage universel à l'école.

Plus d'un illustre pédagogue avait déjà réclamé pareille innovation.
L'abbé de Saint-Pierre, entre autres, voulait que les élèves décidassent
à l'égard de récompenses et de punitions exceptionnelles [1]. Golsmith
estimait que l'enfant ne saurait être mieux jugé que par ses pairs [2].

---

1. G. Compayré, *Hist. critique des théories de l'éducation*, t. II.
2. Champfleury, *Les enfants.*

Mme Mary Godwin voyait dans cette pratique un moyen de graver profondément dans les cœurs les principes de la justice [1].

On peut prévoir quelques objections sérieuses à l'établissement de l'électorat écolier. Est-il utile que l'école ait une sanction publique? L'enfant peut-il, en aucun cas, voir son jugement mis sur le pied d'égalité avec celui des adultes? Peut-il tenir compte des principaux facteurs d'un produit moral? M. Berra nous répond au nom de l'expérience : « Que les enfants soient capables d'agir avec conscience et liberté, c'est prouvé par les coïncidences qui se sont montrées entre leurs jugements et ceux des maîtres et des examinateurs. » Le fait a besoin d'être confirmé par de nouvelles expériences. J'en pourrais, quant à moi, citer deux en faveur de l'opinion de M. Berra. On avait institué, dans un pensionnat de garçons, un prix de sagesse décerné à la majorité des suffrages : tout alla d'abord fort bien ; mais bientôt la brigue, la séduction, l'intimidation, la vénalité, en un mot, la corruption électorale s'établit là comme ailleurs. On arrêta là l'expérience, et l'on eut tort. Ce qui le prouve, c'est le fait quelque peu différent qui s'est passé dans une pension de demoiselles. Elles avaient à désigner les deux plus sages pour porter le produit d'une collecte à un haut personnage : deux modèles de perfection furent élus. On découvrit cependant qu'une petite vaniteuse avait essayé d'entamer l'intégrité du suffrage universel : elle avait écrit en cachette à quelques-unes de ses compagnes leur promettant des cadeaux en échange de leurs voix. Nous savons tous que le suffrage universel est susceptible d'éducation. Rangeons-nous par provision à l'opinion de M. Berra, tout en maintenant nos modestes réserves.

Cet estimable pédagogue nous affirme qu'il y a tout avantage à accoutumer l'enfant à manifester publiquement son opinion, à agir avec indépendance, à attribuer un caractère de haute moralité au plus sérieux office du citoyen moderne. Sur tout cela je pense comme lui. Mais il me reste toujours quelque méfiance à l'endroit des distinctions honorifiques dans l'école. Les prix supprimés, je serais désolé de les voir revenir sous une autre forme.

BERNARD PEREZ.

1. Mⁱˡᵉ de La Force, *Revue polit. et litt.*, n° 9, 1885.

REVUE DES PÉRIODIQUES ÉTRANGERS

Rivista pedagogica italiana,
Diretta dal Prof. Francesco Veniali, in-8°, Torino-Roma.

Nous avons sous les yeux les huit premiers numéros d'une grande *Revue pédagogique italienne*, qui paraît le 15 de chaque mois depuis le mois d'octobre dernier, et dont nous croyons devoir signaler au moins l'existence. En Italie, comme chez nous, les journaux spéciaux d'enseignement ne manquaient point ; mais leur caractère technique et, en quelque sorte, professionnel, les empêchait à la fois de se faire lire de toutes les personnes qui s'intéressent aux questions d'éducation, et de traiter ces questions dans toute leur variété et toute leur ampleur, en remontant aux principes philosophiques. Telle est précisément la tâche que s'est donnée la *Rivista pedagogica*. Elle a pour rédacteurs, non seulement des éducateurs de profession, directeurs d'écoles normales, proviseurs, inspecteurs, professeurs, rompus aux difficultés de la pratique, mais des théoriciens de l'éducation, des philosophes et des savants. Dans la liste des collaborateurs, en effet, outre les noms plus ou moins connus chez nous de MM. Angiuli, Ardigo, Bertolini, de Dominicis, Latino, professeurs de pédagogie ou de philosophie dans les universités de Naples, Padoue, Bologne, Pavie et Palerme, on relève ceux de M. Sergi, professeur d'anthropologie à l'université de Rome, et de M. Morselli, professeur de clinique des maladies mentales à l'université de Turin. — Un des collaborateurs les plus considérables était le regretté Siciliani, qu'une mort cruelle a frappé en pleine activité au mois de décembre 1885. On peut dire que la *Revue* reçoit de tous les points de l'Italie, sur toutes les questions qui intéressent l'éducation publique, l'avis de tous les hommes compétents. Je dis l'éducation et non l'instruction seulement ; car une des choses qui frappent quand on parcourt les numéros parus jusqu'à ce jour, c'est un certain effort pour sortir de l'ornière où risque de se traîner et de retomber sans cesse la pédagogie, laquelle oublie trop souvent la fin supérieure de l'éducation et son œuvre la plus délicate, la formation du caractère, pour discuter à satiété sur ces questions si secondaires, au fond, et souvent si oiseuses, les méthodes d'enseignement, les matières à mettre ou à ne pas mettre dans les programmes. Nous avons remarqué notamment des articles sur « la science de l'éducation et la psychologie moderne », « le sentiment dans l'éducation », « les rapports de l'éducation et de la politique » : cela d'ailleurs, sans préjudice d'une ample information sur les choses de l'enseignement proprement dit en Italie et à l'étranger, sur les lois et règlements constituant ou modifiant le régime scolaire dans les principaux États de l'Europe. **II. M.**

SOCIÉTÉ DE PSYCHOLOGIE PHYSIOLOGIQUE

UNE OBSERVATION DE SOMNAMBULISME

(Note de M. Charles Richet.)

L'observation dont je présente ici la relation succincte est intéressante à divers points de vue. Dans la première partie de mon étude, je décrirai d'une manière générale les phénomènes observés sur cette personne; dans la seconde partie, je donnerai le récit de quelques expériences qui, si elles ne démontrent pas en toute rigueur la suggestion mentale, au moins indiquent la méthode à suivre pour la constater ou la repousser.

I. Il s'agit d'une femme de vingt-cinq ans, qui n'avait jamais assisté à aucune expérience de somnambulisme. Jusqu'à l'âge de douze ans, elle avait habité la campagne (Creuse). Elle a été ensuite en service à Limoges, jusqu'à vingt ans; puis elle est venue à Paris. La seule somnambule qu'elle ait vue, c'est dans un cirque de foire, où l'on faisait, sur une acrobate endormie, des expériences de catalepsie, de contracture, en plaçant la femme endormie sur une chaise de manière à lui faire supporter des poids considérables. Elle ne connaissait que cela en fait de somnambulisme, et encore, avait-elle mal vu cette scène d'acrobatie. Elle est entrée en service chez moi, en janvier 1885, ma première expérience date du 14 février 1886 et pendant cette année (1885) je n'avais jamais songé à faire sur elle d'expériences. Sa bonne foi et sa sincérité pendant cette période d'une année m'ont paru incontestables. Elle n'a jamais eu aucun phénomène d'hystérie ; elle est bien portante, grande, très brune, les cheveux très noirs, les yeux très noirs aussi, de sorte que c'est à peine si l'on peut distinguer sa pupille, qui tranche peu sur l'iris. Elle est vive, gaie et impressionnable; son instruction est des plus élémentaires, car elle ne lit pas facilement et sait à peine écrire; mais elle est adroite et intelligente.

Le premier fait sur lequel j'appellerai spécialement l'attention, c'est l'aptitude croissante au sommeil à mesure que les expériences se succèdent.

Première expérience. Dimanche 14 février. — Passes pendant 15 minutes et serrement des pouces; nul effet. Je n'aurais pas recommencé si, le lendemain, à la même heure, elle ne s'était senti une céphalée assez forte, ce qui m'a engagé à tenter une deuxième expérience.

Deuxième expérience. Lundi 15 février. — Passes et serrement des pouces pendant 15 minutes. Très rapidement, lourdeur dans la tête avec tendance à la clôture des paupières; mais nul autre phénomène.

Troisième expérience. Mardi 16. — Même état que la veille, nul résultat.

Quatrième expérience. Mercredi 17. — Au bout de quelques minutes, les yeux se ferment sans qu'elle puisse les ouvrir. Elle résiste bien aux ordres que je suggère verbalement; mais cette résistance produit une sorte de suffocation et d'angoisse respiratoire assez pénible.

Ce jour-là, malgré mes efforts, il m'a été difficile de lui faire ouvrir les yeux; dès qu'ils étaient ouverts ils se fermaient de nouveau avec un tremblement fibrillaire et de petites contractures dans les orbiculaires. Quelque temps après, l'œil est encore un peu égaré et la tête lourde. Ni les insufflations, ni les passes en sens inverse ne la dégagent rapidement; il faut près d'une demi-heure pour qu'elle revienne à son état normal.

Cinquième expérience. Jeudi 18 février (5 heures 3/4). — Dès que je lui touche les mains, les yeux papillotent. Passes pendant un quart d'heure environ. Alors les yeux sont fermés, cependant elle dit qu'elle ne dort pas. (De fait, elle n'a jamais dit qu'elle dormait, car, pour elle, dormir signifie ne pas entendre ce qu'on dit et ne pas pouvoir répondre.) État de demi-somnambulisme qui dure une demi-heure environ. La suggestion réussit assez bien, en ce sens que si je lui dis de ne pas donner à la personne qui est avec moi un objet qu'elle tient à la main, elle essaye de le donner, mais ne le peut pas, par suite d'une contracture que cet acte provoque dans le bras et d'une sorte d'angoisse respiratoire. « Ce n'est pas moi qui ne le veux pas, dit-elle alors, c'est mon bras qui se prend. »

Elle cherche à me toucher la main quand elle souffre; le contact des autres personnes lui est désagréable.

Nul autre phénomène psychique appréciable.

Il faut près d'une demi-heure pour qu'elle revienne complètement à son état normal. Elle ne conserve, étant tout à fait réveillée, qu'un souvenir confus de ce qui s'est passé pendant son demi-sommeil.

Sixième expérience. Samedi 20 février (5 heures 3/4). — Mêmes phénomènes, survenant plus rapidement et plus complètement.

Je note qu'il faut une certaine similitude dans les conditions extérieures. Elle ne subit l'action que si les volets des fenêtres sont fermés, et que si l'on a apporté la lampe.

J'essaye de provoquer des hallucinations, mais sans succès.

La suggestion réussit bien, mais toujours par le même mécanisme, c'est-à-dire en déterminant de l'angoisse respiratoire et une sorte de contracture des membres.

Le souvenir est à peu près aboli, mais quelques traces de mémoire persistent.

Septième expérience. Lundi 22 février (5 heures 3/4). — Phénomènes plus rapides et plus nets. Cependant, il faut toujours faire des passes pendant un quart d'heure pour obtenir le sommeil complet.

La suggestion réussit bien, sans être automatique. Les changements de personnalité sont incomplets; il y a un commencement d'hallucination provoquée.

Le souvenir, au réveil, est presque nul, mais le réveil est toujours assez difficile.

A partir de cette expérience, les phénomènes deviennent de plus en plus nets. Ils ne se sont guère modifiés depuis lors. L'état somnambulique a été complètement obtenu à la huitième expérience (mardi 23 février), et une hallucination complète, détaillée, dont je donnerai peut-être le détail, est survenue à la neuvième expérience (mercredi 24 février).

Depuis le mercredi 24 février jusqu'à aujourd'hui (juin), les phénomènes, au point de vue de la provocation du sommeil magnétique, de ses symptômes et du réveil n'ont pas varié.

Il m'a paru bon de donner cet exemple pour montrer avec quelle régularité vont en progressant les symptômes observés. Il a fallu quatre expériences pour obtenir un phénomène de suggestion, sept expériences pour voir un commencement d'hallucination, et neuf expériences pour que l'hallucination soit complète.

Comme dans mes expériences je ne cherchais pas à observer de phénomènes physiques, tels que contracture, anesthésie, catalepsie, etc., j'ai pris soin, dès le début, d'indiquer que je ne voulais pas voir de pareilles manifestations, et je me suis opposé à tout ce qui ressemble à une crise nerveuse quelconque. C'est à cela sans doute que j'attribue l'absence presque complète de tout phénomène physique appréciable. Je n'ai guère noté que des phénomènes psychiques, car c'est sur ceux-là seulement que j'ai insisté.

Je m'imagine que, dans ces conditions, l'éducation a une influence prédominante. Je ne doute pas qu'on peut, chez A..., obtenir des phénomènes physiques ordinaires, mais, mon intention étant uniquement d'étudier les phénomènes psychiques, j'ai développé ces derniers autant que possible, alors que j'ai presque complètement négligé les phénomènes physiques.

Elle semble donc, dans l'état de somnambulisme, être dans son état normal, à cela près que son caractère a changé. Éveillée, elle est gaie, vive; mais endormie, elle est grave, sérieuse, presque solennelle, ne répondant pas aux questions qu'on lui fait : elle devient d'une grande susceptibilité; son intelligence semble s'être accrue; sa sensibilité affective est très vive.

Contrairement à ce qui se passe chez les hypnotisées, elle ne se prête pas facilement aux expériences de suggestion, elle n'y croit pas et se rend compte de la réalité qui l'entoure.

Je n'ai jamais pu lui faire perdre la notion du monde extérieur réel. Quand l'hallucination provoquée est très forte, peut-être y a-t-il une

diminution dans la notion des choses qui l'entourent. Mais la limitation exacte de ce qu'elle croit vrai et de ce qu'elle ne croit pas vrai, de
la notion du réel et de la notion de l'imaginaire, m'a paru jusqu'ici à
peu près impossible à faire.

Peut-être dira-t-on qu'il s'agit là, en somme, d'un hypnotisme incomplet, d'une période de *somnambulisme* qui précède les périodes de
catalepsie et de *léthargie*, qu'on voit chez les hystéro-épileptiques. Cela
est possible, et j'admets qu'en poussant plus loin que je n'ai pu le faire
(et même plus loin que je n'ai voulu le faire), on obtiendrait peut-être
les phénomènes de catalepsie et de léthargie; mais, au fond, je ne
crois pas qu'il s'agisse là d'un sommeil incomplet, c'est un état de
somnambulisme très fortement caractérisé avec des hallucinations très
vives et un certain degré d'automatisme, les deux symptômes fondamentaux que j'ai pu décrire en 1875, comme constituant le caractère
fondamental de l'*état somnambulique*.

Je n'ai cherché à produire qu'une seule phase, c'est au moment du
réveil. En effet, j'ai pu obtenir ainsi, en portant mon attention sur ce
point et en dissociant les phénomènes créés dans le réveil, deux phases
qui paraissent bien distinctes : une première phase, pendant laquelle les
yeux sont fermés; une seconde phase, pendant laquelle les yeux sont ouverts, tant que je lui tiens la main. Alors, si je lâche sa main, les yeux
se ferment aussitôt. Cette seconde phase, qui est la transition entre le
sommeil proprement dit et le réveil, me paraît tout à fait artificiell
et, je le répète, je crois bien l'avoir créée de toutes pièces en répétan
tout haut qu'elle existait et en m'attachant à la bien distinguer du sommeil complet et du réveil complet.

La signification de l'automatisme mérite une mention spéciale. En
effet, ce n'est pas l'automatisme aidéique absolu des hypnotisées, c'est
un automatisme relatif, où il y a persistance d'une partie de la volonté.
Si A... m'obéit, c'est par un mécanisme tout à fait spécial que j'appellerai *anxiété respiratoire*. Je lui dis : Venez ici. Alors elle peut ne pas
venir. Mais elle éprouve, en me résistant ainsi, une telle douleur
une telle suffocation qu'elle se décide à marcher en avant et à veni
vers moi, ce qui la calme aussitôt.

Les hallucinations semblent avoir aussi un caractère tout à fai
spécial.

En effet, les hallucinations qu'on observe chez les aliénés ou dan
divers états morbides ont toujours un caractère de spontanéité, de sou
daineté irrésistible, subite, indépendante de la volonté. L'objet qu
forme le sujet de l'hallucination apparaît immédiatement dans tou
sa netteté avec une force extraordinaire. Il est difficile à l'individu halluciné de se soustraire à l'impression qu'il s'agit là d'une réalité, tellement apparaissent en traits nets et indépendants les images halluci-
natoires. Sur ce point, il est inutile d'insister; toutes les observations
pathologiques font foi de cette violence de l'hallucination.

Or, chez A, l'hallucination a un tout autre caractère; elle ne se produit qu'après un grand effort.

Ainsi, ce n'est pas tout de suite que l'objet de l'hallucination apparait. C'est après des efforts extrêmes que la somnambule arrive d'abord à voir une forme confuse. Elle ne voit pas, elle cherche à voir. Il semble que l'objet est là devant ses yeux, voilé et indistinct. Et alors elle ferme les paupières avec force l'une contre l'autre et en portant la tête en avant comme si l'objet était devant elle. D'abord, elle ne voit presque rien; puis elle finit par avoir une image confuse, qui, souvent, n'arrive pas à s'éclaircir; et alors, constamment elle s'indigne du nuage, du brouillard qui est devant ses yeux comme un voile. Elle se trouve constamment dans une obscurité profonde, et l'hallucination lui apparait ordinairement comme par éclairs, qui, venant subitement et disparaissant ensuite, ne lui permettent pour ainsi dire pas de la voir.

En même temps qu'il y a hallucination de la vue, il y a aussi hallucination du toucher. Elle cherche à savoir si elle a monté un escalier, par exemple, en tâtant avec ses pieds; ou bien elle dit qu'il y a un tapis, parce qu'elle n'entend pas de bruit en marchant. Ou bien encore, si elle s'imagine avoir un objet quelconque devant elle, c'est en le pesant qu'elle peut avoir quelque notion sur sa nature.

Toutes ces hallucinations du sens musculaire, de l'ouie, du toucher, complètent celles de la vue qui sont, en somme, les plus riches en détail; mais les unes et les autres sont très imparfaites.

Si nous cherchons le caractère différentiel de ces hallucinations et des hallucinations ordinaires, il nous semble que la différence est principalement dans l'effort, nul dans un cas, considérable dans l'autre. En général, l'hallucination jaillit tout entière, spontanée, involontaire, éclatante; elle s'impose à l'esprit, tandis que, dans le cas actuel, ce n'est pas l'hallucination qui s'impose à l'esprit, c'est l'esprit qui s'impose une hallucination.

Il y a donc, parait-il, des hallucinations *volontaires* qui contrastent avec les hallucinations involontaires qui sont dans l'état hypnotique classique.

Distinguons bien l'hallucination volontaire de l'hallucination provoquée; l'hallucination, provoquée par suggestion chez les hypnotisés, apparait comme une image qui se produit, sans aucun effort de la part de l'hypnotisé. Celui-ci ne cherche rien, il subit. Tandis que là, il y a une sorte de recherche, de tendance à la recherche, de poursuite d'un but. Rien d'analogue dans l'hallucination hypnotique ordinaire qui se déroule avec la fatalité d'un mécanisme sur lequel la volonté n'a aucune prise.

Nous pouvons résumer ainsi les caractères différentiels du sommeil somnambulique de A... et du sommeil hystéro-épileptique, tel qu'il est décrit dans les ouvrages classiques de M. Charcot et de ses élèves :

1° Difficulté plus grande du sommeil;

2° Difficulté et lenteur du réveil;

3° Absence d'anesthésie, de catalepsie, de léthargie, de contracture;

.4° Persistance et même acuité de l'intelligence;

5° Automatisme incomplet;

6° Hallucination volontaire.

A quoi tiennent ces différences? Est-ce au mode d'action, puisqu'aussi bien les passes que j'ai constamment employées, diffèrent notablement des violentes excitations qui agissent sur les hystériques. Est-ce à l'état du sujet, qui n'est atteint d'aucune affection nerveuse et qui est tout à fait normal? Est-ce à l'éducation, qui m'a fait, dès le début, proscrire pour ainsi dire tous phénomènes autres que les phénomènes psychiques? Il me paraît que la question est entièrement à résoudre.

Peut-être devrait-on tenter une sorte de classification entre ces diverses variétés de sommeil, et, puisque le mot « hypnotisme » est consacré par l'usage, séparer l'*hystéro-hypnotisme* des phénomènes de fascination, tels que les pratiquent Donato, Hansen, phénomènes qu'on pourrait appeler le *petit hypnotisme*, ou mieux le *braido-hypnotisme*, du nom de Braid, qui l'a pratiqué le premier. Le somnambulisme, tel qu'il se présente chez A...., pourrait être alors appelé le *vigil-hypnotisme;* dans cet état, il y a conservation complète (et même acuité) de l'intelligence. Nulle anesthésie, nul phénomène d'excitabilité musculaire. Symptômes physiques presque nuls et activité psychique exagérée; influence marquée de l'éducation progressive. Sans doute, il faudra soumettre à un examen sévère tous les cas qu'on aura l'occasion d'observer, afin de savoir s'ils rentrent dans l'un ou l'autre de ces grands groupes : l'*hystéro-hypnotisme,* le *braido-hypnotisme* et le *vigil-hypnotisme* (ou somnambulisme), si l'on me passe ce néologisme.

Cette classification n'est évidemment qu'une tentative, un point de repère pour les observations futures; car vraisemblablement il n'existe pas de différence essentielle entre ces divers états, et même, suivant la méthode employée, on pourra observer l'un ou l'autre.

Probablement peu d'individus présentent ce que nous appelons le *vigil-hypnotisme;* de plus, il n'y a guère que les hystériques atteintes de grande hystérie qui puissent présenter la succession régulière des phases observées. Le cas le plus fréquent semble donc être ce que nous avons plus haut appelé le petit hypnotisme, c'est-à-dire l'automatisme, la suggestion, l'amnésie avec anesthésie plus ou moins marquée.

(*A suivre.*)   CH. RICHET.

GRAPHOLOGIE ET PERSONNALITÉ.

L'étude d'une importance capitale publiée par MM. Ferrari, Héricourt et Richet dans le numéro d'avril de la *Revue*, demande un commentaire.

L'expérience que je proposais en février, se trouvait, par une heureuse concordance, avoir déjà reçu une solution à cette époque, et cette solution concluante ne donne prise à aucune critique en raison tant de la qualité des expérimentateurs que de la bonté de leur méthode.

Dès 1879, je m'étais préoccupé d'arriver à ce résultat, atteint en partie, avec le concours d'un sujet que j'hypnotisais par la pression des paupières. Depuis cette époque, l'isolement de la vie de province, la difficulté de retrouver un sujet, et surtout mes notions très incomplètes sur l'hypnotisme m'ont empêché de réitérer mes expériences, sur la valeur desquelles j'attendais confirmation. Cette confirmation est venue, décisive. L'article de MM. Ferrari, Héricourt et Richet vaut baptême scientifique pour la graphologie.

Les observations qui en font l'objet peuvent être classées en deux catégories.

Dans la première sont comprises les suggestions suivantes : *Harpagon, Paysan madré et retors, Homme extrêmement vieux, Petite fille de douze ans.*

Dans la seconde se trouve uniquement classée la suggestion faite à une dame *d'être Napoléon.*

Ces deux divisions, bien distinctes quant à leurs termes opposés, n'ont, bien entendu, rien de contradictoire. Leurs limites, circonscrites avec précision dans certains cas, finissent par se confondre, et l'on passe insensiblement de la première à la seconde.

Harpagon, le paysan, le vieillard, la petite fille sont des types généraux ; chaque sujet qui en endossera le vêtement acquerra en même temps la caractéristique scripturale du genre.

Par contre, et c'est ce qui justifie l'hypothèse de ma seconde catégorie, chaque sujet modifiera les contours du type prévu d'après sa personnalité particulière.

M. X... et Harpagon ne forment bien qu'une seule personne; leur personnalité et leur écriture est identique, sinon sur un point : l'avarice. Tous les éléments graphiques de l'écriture normale se retrouvent dans l'écriture suggérée; cette dernière ne fait qu'amplifier à la dernière puissance et jusqu'à la transformation, l'*économie* contenue dans la première. Si M. X... eût été foncièrement et normalement prodigue, la suggestion n'aurait peut-être pas abouti, ou elle aurait mis au jour un Harpagon expansif et généreux sous l'empire d'une fantaisie ou d'une passion; c'est-à-dire un Harpagon monomane.

Même remarque peut s'appliquer au paysan madré. M. X... est un crédule, un naïf même. Comment s'est-il incarné dans la peau du paysan madré et retors? Non pas en employant la finesse, l'acuité de la pénétration, mais bien par la réserve, par la dissimulation, par la diplomatie de l'avocat de village, toutes manières d'être dont on peut suivre la marche exagérée, en partant de l'écriture normale.

Même remarque encore pour le vieillard. Les années et l'expérience de la vie ont amené quelques finesses parmi les crédulités natives, ont agacé la volonté, déséquilibré le tempérament et mis en plein jour la désillusion, mais en opérant toujours sur les données primitives.

Ne serait-il pas intéressant de voir l'écriture suggérée reproduire par anticipation la forme scripturale du sujet devenu vieux?

La comparaison faite entre l'écriture de Mme····, telle qu'elle était réellement à l'âge de douze ans, et l'écriture actuelle suggérée, ne serait pas moins curieuse. Les traits caractéristiques de l'enfance n'y sont cependant pas très accentués; il ne serait pas facile, dans la circonstance, de diagnostiquer la personnalité obtenue. L'hésitation serait, d'ailleurs, légitime. Le type de l'avare se présente presque identiquement à l'esprit de tout le monde. On est avare ou on ne l'est pas. Si oui, le manque d'expansion sera affirmé dans toutes les manifestations de l'existence, aussi bien dans l'écriture, la physionomie, le geste en général, que dans l'entrebâillement du porte-monnaie.

Le type du paysan retors est déjà plus élastique; chacun en crée le concept un peu à sa fantaisie. Cette élasticité devient plus grande encore lorsqu'il s'agit du type du vieillard ou de celui de l'enfant

Mme····, à douze ans, était une enfant précoce, très intelligente; actuellement elle est plus rassie, moins follette, mais toujours enfant, cela dit en très bonne part. Le type bien défini n'existe pas; chacun est enfant à sa manière, et la différence spécifique entre tel et tel enfant est considérable.

Toutefois, pour entrer dans la peau d'un vieillard ou d'un enfant, on n'a qu'à s'écouter vivre, et d'après les incitations du tempérament et les souvenirs, parfois inconscients, emmagasinés dans la mémoire, on joue son personnage au naturel. Il n'en est plus de même lorsqu'il s'agit d'une personnalité qui a eu son existence propre; il est difficile de s'incarner dans le monsieur qui passe. On a grande tendance à créer son personnage de chic. La suggestion faite à Mme···· est celle-ci : Vous serez Napoléon. Que s'est-il produit dans son entendement à l'instant de la suggestion? Rapidement elle a battu le rappel des lectures, des conversations, des anecdotes disséminées dans les dessous de son souvenir et relatives à la guerre. On lui parle de Grouchy, de l'ennemi qui déborde les lignes; l'imagination crée de suite en son entendement les concepts de lutte, de fermeté, de désespoir. Mme···· a les cheveux châtains, plus ou moins foncés; pour mieux lutter, elle fabrique un Napoléon à cheveux plus noirs que plats; elle le doue avec raison d'une volonté de fer, mais en même temps elle le gratifie de sa mobilité d'impression et d'une vivacité qui laissent percer le bout de l'oreille féminine. En un mot, elle s'est dit : Grouchy, l'ennemi qui déborde les lignes, c'est grave. Dans les circonstances graves, on s'exaspère, on perd la tête; elle a fait perdre un peu la tête à Napoléon.

On voit donc que, même lorsque la personnalité est créée de chic, le scripteur ne se sert pas d'éléments autres que ceux qui se trouvent dans son caractère, dans son tempérament et dans sa mémoire; que le *moi* n'est jamais absolument supplanté ou métamorphosé; sinon, peut-être, dans le cas de dédoublement de personnalité tel que celui signalé par MM. Bourru et Burot dans un précédent numéro de la *Revue*.

L'écriture varie suivant la sensation ou la pensée imposées au scripteur; le fonds disparaît presque sous les fioritures et les arabesques

CORRESPONDANCE

Liége, le 5 juillet 1886.

Monsieur le Directeur,

J'ai lu tardivement le remarquable article de M. Paulhan su
gage intérieur. Il m'a suggéré quelques réflexions que vous i
peut-être dignes de paraitre dans la *Revue philosophique*.

D'une manière générale, j'abonde dans la manière de
M. Paulhan, mais j'y mets quelques restrictions.

M. Paulhan a une tendance à rapetisser le rôle des images
dans le langage intérieur. Il cite, en faveur de sa thèse, un
ressant de Kussmaul ; il s'agit ici de cécité verbale, et cette ob
ne prouve qu'une chose, mais elle la prouve bien : c'est l'indé
parfaite du mécanisme visuel et de l'auditif.

L'importance de l'image visuelle est en raison directe de
dont nous avons appris et emmagasiné les mots d'une langue ;
la langue maternelle, nous procédons par images auditives,
langues étrangères ou mortes que nous étudions dans les liv
dant les années de l'adolescence, notre procédé est *mixte*. (
apprennent, au contraire, une langue étrangère par la conv
continuent à se servir de la manière auditive pour le langage i
quand les idées se formulent en cette langue. Ainsi j'ai toujou
coup plus lu l'allemand que je ne l'ai parlé ou écrit : quand
en allemand, j'entends les mots, et je les vois en caractères
phiques ; il en est que je n'entends pas du tout [1].

Voici une remarque qui confirme mon appréciation, en i
l'importance et le rôle des images visuelles dont beaucoup
sonnes se servent plus inconsciemment que des images auditi
tains mots que nous n'avons jamais prononcés, ni haut ni bas,
nous les ayons rencontrés plus d'une fois dans nos lectures, n
tent court dans la conversation quand nous voulons les empl
sont devant notre esprit ; car, pour arriver à les prononcer,
épelons visuellement et nous en hasardons alors une prononci
peut faire l'expérience de ceci avec des noms russes, qu'on
généralement pas de prononcer, quand on les déchiffre somm
des yeux.

Je dirai, sous forme de parenthèse, que le mouvement de
nous remémore parfois l'orthographe d'un mot ; ce qui prouv
la persistance des images visuelles ; car pendant le mouvem
main, ce que nous voyons intérieurement, c'est le mot écrit.

1. M. Ballet a déjà indiqué ces différences ; je l'ai su après avoir e
lettre.

Maintenant que l'on en arrive à changer totalement son procédé intellectuel, je l'admets jusqu'à un certain point ; mais je crois plutôt que les diverses images coïncident et que le procédé est mixte dans toute sa plénitude.

Le psychologue, analysant ces phénomènes, ne distingue pas toujours cette simultanéité ; et c'est ainsi que M. Paulhan avoue avoir été quelque temps à retrouver nettement les images motrices à côté des images auditives ; je crois qu'il néglige souvent aussi les images visuelles pour les mêmes causes. Ces causes sont que toute opinion préconçue change le cours des phénomènes psychologiques et, en second lieu, que l'observation après coup laisse quelque chose d'incertain en nous. En effet, nous devrions être observateurs attentifs de nos actes inconscients ; cela est contradictoire.

Aussi me suis-je demandé si la théorie de Stricker est vraisemblable. N'est-elle pas une illusion ou une anomalie ? Si son langage intérieur se compose d'images motrices pures, c'est l'assemblage des sensations qu'un aveugle éprouve en gesticulant. Ce résidu du sens musculaire doit être désespérant de monotonie. Quand M. Stricker pense avec des images auditives ou visuelles, il doit y trouver une singulière jouissance, un charme inusité pour lui : sans compter que la précision doit s'en accroître considérablement. Comment alors l'évolution logique, la sélection dans les moyens n'amènent-elles pas à délaisser un procédé incomplet et à employer une méthode mixte, supérieure en résultats, en agrément ? Le cas de M. Stricker est peut-être pathologique. Il y a peut-être des sourds chez ses ascendants. Son procédé intellectuel est-il un fait d'atavisme ?

M. Paulhan se demande (p. 46) si l'image motrice est suffisante pour constituer un langage intérieur. Il est vraiment permis de se le demander.

Représentons-nous ce qui se passe prétendûment dans l'esprit de M. Stricker et employons une comparaison pour préciser. Supposons un pianiste (un violoniste, un violoncelliste, etc., seraient dans le même cas), un pianiste, dis-je, jouant beaucoup de morceaux de mémoire et connaissant parfaitement tous leurs doigtés, sachant aussi se servir des lois de l'harmonie ; il peut, sur un clavier muet, enchaîner des accords et des phrases en n'imaginant que les gestes nécessaires pour les exécuter. Eh bien, cela dépasse encore la nudité du système intellectuel de M. Stricker, car les images tactiles et les images visuelles du clavier devraient être éliminées.

Qu'on me dise cependant où est le sourd (d'*oreille* ou d'*esprit*) qui ait jamais pu songer à mettre en œuvre ce procédé exclusif ? [1]

1. Pour montrer que M. Stricker se fourvoie parfois, il suffirait de citer les pages 52 et suiv. de son livre (éd. fr.). L'image des consonnes pures ne peut être qu'une image motrice et je la prolonge aussi bien que celle d'une voyelle (prolongation courte, du reste). Il est donc illogique d'y ajouter le son *e*, si l'image auditive n'intervient pas à l'insu de l'expérimentateur. Or, M. Stricker commet cette erreur.

J'ai lu dans un article de M. Dauriac (*Revue philosophique*, ma.
p. 238) que les mêmes réflexions lui sont venues à l'esprit.
théorie de M. Stricker est absolument exacte, dit-il, les sourds p
chanter juste. » Je l'aurais dit, si M. Dauriac ne l'avait pa
avant moi.

Que M. Paulhan me permette de lui dire qu'en combattant la
de Stricker, il a parfois employé de mauvais arguments. Ainsi
de Bouillaud et de Bolnet (cités p. 40-41) ne sont pas proba
l'image motrice auditive a disparu ici, il reste l'image motrice 1
et tactile, puisque ces individus écrivent.

La partie faible du beau mémoire de M. Paulhan, c'est celle co
aux images abstraites. Cela reste dans le vague, et pour cau:
images de cette sorte ne dériveraient d'aucun sens, ce qui est
sible. Je comprends ici les images motrices, issues du sens mus

Je crois, pour ma part, que M. Paulhan trouvera, au lieu
images *qui n'en sont pas*, des images motrices, visuelles ou 1
ne se rapportant qu'à une qualité, une fraction des objets et f
dans l'acception réaliste du mot, des images abstraites (c'es
extraites).   Dr G. JORISSENNE

P.-S. On verra que je ne suis pas d'accord avec M. Stricker
prologation des sons (et il parle encore de sons à propos de con:
sur la possibilité d'écrire un mot qu'on ne sait plus prononcer et
points qu'il a repris dans l'article paru, il y a quelques jo
même, après l'envoi de ma lettre.

LIVRES DÉPOSÉS AU BUREAU DE LA REVU!

BERNHEIM. *De la suggestion et de ses applications à la th*
tique, in-12. Paris, Doin.

NADAILLAC (Mis de). *Affaiblissement de la natalité en Frar*
causes et ses conséquences, in-12. Paris, Masson.

PERRONNET. *Force psychique et suggestion mentale*, in-8.
Lechevalier.

TARDE. *La criminalité comparée*, in-18. Paris, Alcan.

GREEF (Guil. de). *Introduction à la Sociologie* (1re partie), in-
xelles. Mayolez.

LECHALAS (G.). *La connaissance du monde extérieur*, in-8. Pa

HARMS. *Logik, aus dem handschriftlichen Nachlasse der Verj*
in-8. Leipzig. Grieben.

LESSONA. *La libertà et l'utilità*, in-18. Torino, Boca.

LESSONA. *La morale e il diritto in Socrate*, in-18. Torino, Bo

FANO. *Sulle oscillazioni del tono auricolare del cuore*, in-4. F
Cennini.

Le propriétaire-gérant : FÉLIX ALCAN.

Coulommiers. — Imp. P. BRODARD et GALLOIS.

L'ORIGINE ET LES DESTINÉES DE L'ART

Notre époque a ceci d'étrange que jamais l'homme n'a mieux connu son histoire et que jamais il n'a éprouvé de telles incertitudes sur sa nature et sur ses destinées. Jusqu'ici, il croyait se connaître, parce qu'il croyait exister. On disait hardiment : le genre humain. Il n'y a plus de genres ni d'espèces. L'homme, être moral, religieux, artiste, est une invention des psychologues. Il n'était qu'un moment de l'évolution nécessaire de l'humanité : l'homme véritable va naître. Des prophètes, dont la médiocrité parfois inquiète, se donnent comme les exemplaires de cet homme définitif. Le rêve de Dupont, calomnié par un poète, peu à peu se réalise. L'esprit humain, toutes ses hauteurs nivelées, tous ses sommets aplanis, trouvera la fécondité dans la platitude. Nous étions des enfants, nous entrons dans l'âge viril. Nous nous éveillons de nos illusions. La religion, la métaphysique et l'art sont condamnés.

Si nos descendants s'occupent de nous, s'ils ne préfèrent pas la vie et la création à l'histoire, ils auront la solution du problème, ils la trouveront en eux-mêmes, dans leurs besoins, dans leurs idées et dans leurs actes. Pour moi, je ne prétends pas au don de prophétie, je ne nie pas que certaines sociétés puissent s'épuiser de sève et mourir dans le désespoir et l'imbécillité. J'ignore ce que nous réserve l'évolution, de quel singe ou de quel ange nous préparons l'avènement. Je voudrais seulement, prenant l'homme tel qu'il nous est donné, me poser avec M. Guyau ce qu'il appelle *les Problèmes de l'Esthétique contemporaine*. Quel est le principe de l'art? Quelles destinées peut-on espérer pour lui? L'homme a des sensations et des idées; par suite, il apparaît comme esprit et corps; l'art n'est-il pas une des vocations légitimes, nécessaires, d'un être ainsi composé de deux natures qui, à tort ou à raison, semblent se distinguer et s'opposer en lui?

I

L'école critique et l'école empirique, Schiller et Herbert Spencer, opposant l'utile et le beau, s'accordent à faire de l'art une forme du eu. M. Guyau rejette cette théorie comme dangereuse et fausse. Elle justifie le dédain des hommes positifs, qui ne voient dans l'art qu'un enfantillage, elle donne raison à ces virtuoses de la palette ou de la plume qui ne veulent être que les plus étonnants des acrobates. « En voulant désintéresser l'art du vrai, du réel, de l'utile et du bien, en favorisant ainsi une sorte de dilettantisme, cette théorie n'a-t-elle point méconnu le caractère sérieux et pour ainsi dire vital du grand art? » Il semble que M. Guyau veuille séduire les adversaires de la beauté, et, de gré ou de force, les envelopper en elle. Il fait d'abord comme ces moralistes qui, pour tenter l'égoïsme humain, affirment que le bien se confond avec l'intérêt individuel. « Beau et bon ne font qu'un, répète-t-il sans cesse ; ce qui est beau est désirable sous le même rapport; l'agréable est le fond même du beau, l'utile ne peut en être séparé. » N'est-ce pas là de quoi réconcilier avec la beauté les Philistins les plus endurcis, les gens sérieux qui ne veulent pas être dupes ni perdre leur temps aux bagatelles? S'ils résistent encore, M. Guyau ne les laisse pas échapper; il insiste, il insinue que la beauté n'est pas si fière qu'on l'a voulu dire, qu'il n'est pas besoin de se guinder pour s'élever jusqu'à elle, qu'elle est partout, qu'elle se donne à tous, dans l'utile, dans le désir, dans les sensations, jusque dans le bouquet du bourgogne et l'arome de la truffe. Voilà la beauté bonne fille, à la portée de tout le monde, s'imposant malgré qu'on en ait.

Donnons-nous le plaisir de suivre l'argumentation de M. Guyau, qui va d'une allure un peu capricieuse peut-être, et sans qu'on aperçoive toujours assez la progression des idées qui la composent. Avant tout, il cherche à réconcilier le beau et l'utile. « Dans les objets extérieurs — par exemple un pont, un viaduc, un vaisseau — l'utilité constitue toujours, comme telle, une certaine beauté. Un voiturier passant sur un chemin s'écriera avec enthousiasme: La belle route! » On apprend bien des choses avec les voituriers; leur psychologie même n'est pas à dédaigner, mais à la condition de ne pas les croire sur parole. « Pour qu'un édifice nous plaise, il faut qu'il nous paraisse accommodé à son but, qu'il justifie pour notre esprit l'arrangement de ses parties; une maison ornementée avec beaucoup d'élégance, mais où rien ne semblerait fait pour la commodité de l'habitation, où les fenêtres seraient petites, les portes étroites, les escaliers trop raides, nous choquerait comme un non-sens esthétique » (p. 16). M. Guyau préfère sans doute nos grands cubes de pierre, avec ascenseur, eau et gaz à tous les étages, aux palais de la Loire et de l'Italie. « Le Vatican, cet incomparable sanctuaire du grand art, est, sous le rapport du confortable, le plus triste palais du monde, nu, délabré,

inhabitable, ouvert à tous les vents. Il n'est pas de parvenu qui
voulût, de nos jours, habiter les chambres du cardinal Bibbiena,
avant de les avoir rendues dignes de lui et de sa fortune [1]. » — Mais
n'aimons-nous pas à retrouver dans les choses la manifestation de
notre intelligence, à y voir la trace de ce qu'il y a de supérieur en
nous? » — A la bonne heure, mais ce qu'il y a de supérieur en nous, ce
ne sont pas nos besoins, ce n'est pas ce qui nous humilie, ce qui nous
fait esclaves des choses. La beauté, dans l'architecture, c'est l'idée
vivante et visible ; l'idée modelant à son image un corps de pierre élégant ou grandiose, pénétrant la matière assouplie jusqu'à ne s'en plus
distinguer. Pour reconnaître l'appropriation des moyens à la fin, il
faut raisonner, calculer; ce n'est pas le plaisir esthétique, cette joie
instantanée, à la fois intellectuelle et sensible, où l'on jouit de la
pensée dans une sensation.

« A l'utilité répond chez l'être sentant un besoin; ce besoin, devenu
conscient, donne lieu à un désir : cherchons donc si le désir peut être
par lui-même la source d'émotions esthétiques » (p. 17). La question
est de savoir si le désir, sans l'addition d'aucun élément étranger,
donne naissance à une émotion esthétique. « Bien avant la danse et
les mouvements rythmés, la simple action de se mouvoir a pu fournir
à l'homme des émotions d'un genre élevé. Le libre espace a lui-
même quelque chose d'esthétique, et un prisonnier le sentira bien.
On se rappelle ces vers de V. Hugo :

> Oh! laissez, laissez-moi m'enfuir sur le rivage,
> Laissez-moi respirer l'odeur du flot sauvage!
> Jersey rit, terre libre, au sein des sombres mers...

Il y a dans ces vers une sorte d'épanouissement physique; c'est
l'ivresse de la liberté en son sens à la fois le plus élevé et le plus matériel, l'ivresse de la fuite, de la course en plein vent, du retour à la vie
presque sauvage des champs et des grèves. » — Cela prouve-t-il que
le désir de marcher soit en lui-même esthétique? On saisit le procédé
de l'auteur; il fait de la poésie à propos d'un désir, et il conclut que
le désir est une poésie. Le poète respire poétiquement, mais parce
qu'il est poète. La vérité est que le désir soulève autour de lui un flot
de sentiments et d'images : sous son action se construit un poème fu-
gitif, qui pour un instant nous charme et s'évanouit dès qu'il est satisfait. Ce qui est beau, ce n'est pas le désir même, c'est cette harmonie
intérieure, c'est le concert d'images expressives dont il est l'unité. —
Et l'amour? « Le type de l'émotion esthétique n'est-il pas l'émotion

---

1. E. Renan. *Essais de Morale et de Critique*, p. 360.

de l'amour toujours mêlée d'un désir plus ou moins vague e[
finé? » (p. 22). — Soit, mais est-ce le désir qui est beau dans l'a[
Rien de plus faux. Pour vous en convaincre, isolez-le. Je vous
de rendre poétique l'amour d'une femme pour son valet d'écur[
désir est là tout pur, dans ce qu'il a de bestial et d'immon[
nous inspire une sorte d'horreur esthétique. Le désir ne nou[
que quand il s'ignore ou se dissimule ; nous n'aimons de lui q[
images charmantes dont il s'enveloppe. Si les poètes ne se la[
pas de chanter l'amour, c'est qu'en tout homme il est un chant[
tinu, d'un rythme tour à tour puissant et doux. Force mystéri[
il engage tout l'être; il ne sait plus où commence le corps, o[
l'esprit. Et si l'amour heureux devient comme le type de toute [
tion esthétique, c'est que la sensation y devient le symbole,
pression, plus encore, la réalité même du sentiment dont elle p[
la délicatesse en lui prêtant son intensité. M. Guyau conclut :
beau semble en grande partie dérivé du désirable et du profit[
pour faire la genèse des sentiments esthétiques, il faut faire l'hi[
des besoins et des désirs humains. » Nous pensons, au contr[
qu'isolés les besoins et les désirs n'ont ni beauté, ni poésie,
faire la genèse des sentiments esthétiques, ce serait montrer c[
ment de plus en plus la sensation se pénètre, s'enrichit de s[
ments, comment dans l'homme l'animal même devient humain.

Préoccupé de rapprocher le beau de l'utile et du réel, de le m[
à la vie, M. Guyau va jusqu'à soutenir que la fiction, loin d'êtr[
des caractères essentiels de l'art humain, en marque seuleme[
limite et l'impuissance. « Supposez les grandes scènes d'Euripi[
de Corneille vécues devant vous au lieu d'être représentées;
posez que vous assistiez à la clémence d'Auguste, au retour hér[
de Nicomède, au cri sublime de Polyxène : ces actions ou ces pa[
perdront-elles donc de leur beauté pour être accomplies ou pro[
cées par des êtres réels, vivants, palpitants sous vos yeux? » —
doutez pas. Le plus souvent, la beauté disparaîtrait. La terreu[
la pitié m'étoufferaient. L'indignation me jetterait au milieu du d[
et j'en troublerais l'économie. Je crierais à Britannicus que
cisse le trahit, et j'arracherais de ses mains la coupe empoison[
Ajoutez que l'hypothèse est contradictoire. Une scène de Corneil[
peut être donnée dans la réalité, précisément parce qu'elle est
œuvre d'art. Le génie du poète, dominé par une émotion puiss[
exclusive, a négligé tous les détails superflus, concentré tou[
traits expressifs. De quel droit supposer dans la réalité ce qu'el[
donne pas, ce qu'elle ne peut donner, ce qui n'existe qu'à la co[
tion qu'elle traverse une âme d'artiste?

« Mais la fiction, loin d'être une condition du beau dans l'art, en est une limitation. La vie, la réalité, voilà la vraie fin de l'art ; c'est par une sorte d'avortement qu'il n'arrive pas jusque-là. Les Michel Ange et les Titien sont des Jéhovah manqués ; en vérité, *la Nuit* de Michel-Ange est faite pour la vie ; profonde était cette parole inscrite au bas par un poëte : Elle dort » (p. 32). Faite pour la vie! cette femme qui, dressée de toute sa hauteur, ferait reculer le plus hardi, cette femme dont le corps souple et puissant ne semble rien que l'expression d'une âme héroïque! Est-ce qu'elle voudrait de nous et de notre monde? On est épouvanté à la seule pensée de la nostalgie de grandeur, qui la tuerait. Michel-Ange le savait bien ; la sottise de Pygmalion n'était pas pour le tenter. « Dormir m'est doux et plus encore d'être de pierre, tant que dure la misère et la honte. Ne pas voir, ne pas sentir, voilà ma joie. Ainsi ne m'éveille pas ; ah! parle à voix basse. » Faire d'un chef-d'œuvre une femme, un être infirme et vieillissant! Comme il faudrait la supplier, si son dédain ne la défendait : O Nuit, toi qui donnes de nobles pensers, ne t'éveille pas, dors ton sommeil de pierre, ton âme est faite des hauts sentiments qu'inspire ta forme divine, et ta vie, sans cesse renouvelée en ceux qui te contemplent, a l'immortelle jeunesse de l'héroïsme et de l'enthousiasme humains. — Mais si l'art pouvait produire des êtres vivants, au lieu de peindre la vie, « il deviendrait ce qu'il aspire à être, une sorte d'éducation de la nature ». M. Guyau se trompe, un personnage de Shakespeare ne peut vivre que dans un drame de Shakespeare : la Joconde ne peut respirer que l'atmosphère étrange qui l'enveloppe. Une œuvre belle est un monde. L'art n'a que faire du jardin d'acclimatation que lui offre M. Guyau.

L'auteur est-il plus heureux, quand il étudie la beauté des mouvements, des sentiments, ou ce qu'il appelle la beauté des sensations? Ne retrouvons-nous pas ici les mêmes confusions et les mêmes procédés? Tel acte utile est beau, donc le beau est l'utile ; la sensation est un élément du plaisir esthétique, donc la sensation est belle ; les beaux sentiments sont les sentiments « utiles au développement de la vie dans l'individu et dans l'espèce », donc le beau et le bien se confondent. Mais, prenez garde, le beau se rencontre avec l'utile et avec le bien ; il ne peut exister sans l'agréable ; est-ce à dire qu'il soit l'utile, le bien, la sensation? Ne négligez-vous pas précisément ce qui caractérise la beauté, ce qui, par suite, la distingue et la spécifie?

L'homme qui travaille est beau, et cependant il ne joue pas ; c'est le but à atteindre qui détermine tous ses mouvements, leur rythme et leur concert. — Certes, le forgeron soulevant son lourd marteau

ne joue pas, mais vous qui le regardez, que faites-vous donc? Ce
est beau dans le travail, ce n'est pas le travail même, ce ne :
pas ses résultats utiles, c'est sa forme et c'est ce qu'elle expri
c'est l'âme rude et puissante de l'homme courageux et fort, vis
dans la saillie des muscles contractés, dans le soulèvement d
poitrine qui gémit, dans le frémissement du corps, tout entier
nétré d'énergie et de volonté.

Comme celle des mouvements, la beauté des sentiments «
faite de force, d'harmonie et de grâce, c'est-à-dire qu'elle ré
une volonté en harmonie avec son milieu et avec les autres volon
Or, ce sont là des caractères qui conviennent au bien en même te
qu'au beau. » — Que le beau puisse se rencontrer avec le bien
ne le nie pas; mais n'y a-t-il pas des cas nombreux où le bon c
d'être beau, où même les deux termes, loin de se concilier, s'op
sent? Faut-il rappeler Othello, Macbeth, Phèdre, tant d'autres,
portés d'un élan furieux, lancés d'une course droite à traver
drame, sans souci d'eux-mêmes ni des autres, jusqu'à ce q
tombent au dénouement, épuisés, mourants, comme la bête traq
tombe dans les lueurs sanglantes d'un crépuscule d'hiver? Dira-t
« que les sentiments énergiques, que la volonté tenace, viol
même, ont quelque chose de bon et de beau, même quand
objet est mauvais et laid »? Soit, mais la moralité virtuelle,
découvre une psychologie subtile dans les grands crimes, ne s
pas à expliquer l'émotion poignante que me fait éprouver la per
savante d'Yago, la vengeance patiente, lente et boiteuse, comn
justice, de la cousine Bette.

Parlons franc; il y a des sentiments esthétiques, j'entends
sentiments qui ne peuvent s'exprimer, se réaliser, qu'en s'envo
pant d'une forme harmonieuse et riche, qu'en organisant un c
puissant et beau, qu'ils animent et transfigurent. Mais il n'y a p
beaux sentiments en eux-mêmes, parce que la beauté incorpo
simple, toute pure, la beauté sans forme, invisible, n'existe que
les dialogues de Platon. Pour comprendre la beauté des mouvem
nous avons dû les considérer comme expressifs; pour compre
la beauté des sentiments, il faut les supposer exprimés. La f
sans laquelle il n'y a pas de beauté, rétablie, tout devient
Pourquoi certains bons sentiments ne sont-ils pas esthétiques?
qu'ils sont simples, modestes; c'est qu'ils s'expriment par des ac
sans éclat, peu nombreuses, toujours les mêmes. La forme
pauvre d'une vie honnête et médiocre n'est pas pour tenter l'a
Shakespeare préfère Macbeth, Racine, Néron. Pourquoi la pe
est-elle une poésie? C'est qu'elle a l'impétuosité, l'imprévu

force de la nature déchaînée, et, dans ses désordres apparents, un rythme d'une logique inflexible; c'est qu'elle prend tout l'être, concentre toutes ses pensées, toutes ses forces, pour en composer la forme redoutable et grandiose qui, seule, peut l'exprimer. La valeur esthétique d'un sentiment ne se mesure pas à sa moralité, mais à la richesse et à l'harmonie du corps d'images qu'il peut organiser.

On ne peut pas plus parler de la beauté des sensations que de la beauté des sentiments. Si le beau est la pénétration réciproque de la sensation et du sentiment, s'il résulte de leur concours en un tout naturel, on le détruit par l'analyse, quand on isole les éléments dont il est l'unité. M. Guyau pénètre l'agréable de sentiments et d'idées, quand il veut l'identifier avec le beau. Un exemple suffira. Il s'agit de prouver que les jouissances du goût sont esthétiques. « Un jour d'été, après une course dans les Pyrénées, poussée jusqu'au maximum de la fatigue, je rencontrai un berger et lui demandai du lait; il alla chercher dans sa cabane, sous laquelle passait un ruisseau, un vase de lait plongé dans l'eau et maintenu à une température presque glacée : en buvant ce lait frais, où la montagne avait mis son parfum, et dont chaque gorgée savoureuse me ranimait, j'éprouvai certainement une série de sensations que le mot agréable est insuffisant à désigner. C'était comme une symphonie pastorale saisie par le goût, au lieu de l'être par l'oreille. » Un critique répond avec esprit : « On surprend ici en plein l'ingénieux malentendu où se complaît M. Guyau. Assurément, ce n'était pas la fraîcheur du lait qui était belle, mais les idées évoquées par cette sensation et les perceptions qui l'accompagnaient, toutes ces choses dont il nous parle : la cabane, le ruisseau, la montagne parfumée. Si le berger a pris la tasse après M. Guyau, je ne pense pas qu'il ait bu, lui, une symphonie de Beethoven. » Il faudrait dire : les idées et les sentiments qui vivaient en cette sensation, dont elle était comme le corps et la réalité palpable; mais l'argument est irréfutable.

Réserve faite que l'agréable n'est pas le beau, j'accorde volontiers à M. Guyau que toutes les sensations peuvent devenir esthétiques. Je crois toutefois que Kant, Maine de Biran, Jouffroy ont exprimé une distinction utile, en réservant le nom d'esthétiques aux sens de la vue et de l'ouïe. La symphonie pastorale qu'a bue M. Guyau dans les Pyrénées n'a pu être qu'instantanée; et le ruisseau eût été de lait, et M. Guyau eût eu la capacité d'y boire sans fin, que la saveur monotone, sans nuances, sans rythme, n'eût pu suivre les sentiments qui se succédaient en lui, moins encore les varier en les renouvelant. Un parfum aimé, une senteur printanière peut soulever tout un monde de souvenirs, mais, si la rêverie se prolonge, le

parfum bientôt n'est même plus senti. Les sensations vra
esthétiques restent celles qui peuvent se combiner, se gradu
par leurs nuances, leurs mouvements, leur concert, donner ■
timent humain un corps souple, vivant, mobile comme lui.

Tout ce que l'auteur démontre, c'est que dans le beau I
l'agréable, ce que personne ne nie. Aussi bien, après avoir pa
la beauté des sentiments, de la beauté des sensations, il en ■
se réfuter lui-même et à dire aussi nettement que possible q
beau n'existe que par la synthèse de ces deux termes. Au p■
moment, la sensation est un choc fort ou faible; au second mo
elle est agréable ou douloureuse. « Enfin, lorsque la sensatic
douleur ou de plaisir ne s'éteint pas immédiatement pour li
place, soit à une action indifférente, soit à une autre sensati
survient un troisième moment, appelé par l'école anglaise la i
sion nerveuse : la sensation, s'élargissant comme une onde, i
sympathiquement tout le système nerveux, éveille par associ
ou suggestion une foule de sentiments et de pensées compl■
taires, en un mot, envahit la conscience entière. A cet instal
sensation, qui ne semblait d'abord qu'agréable ou désagréable,
à devenir esthétique ou anti-esthétique. L'émotion esthétique
semble ainsi consister essentiellement dans un élargissement,
une sorte de résonance de la sensation à travers tout notre
surtout notre intelligence et notre volonté! *C'est un accord, u■
monie entre les sensations, les pensées et les sentiments* » (p. 7:
plus loin il ajoute : « Si le plaisir reste purement sensuel, san
venir en même temps intellectuel, il n'a pas cette complexi
résonances, ce timbre qui caractérise, selon nous, la jouissance (
tique (p. 76). Un plaisir qui, par hypothèse, serait ou puremen
suel, ou purement intellectuel, ou dû à un simple exercice
volonté, ne pourrait acquérir de caractère esthétique (p. 77
général, tout chef-d'œuvre d'art n'est autre chose que l'expre
dans le langage le plus sensible, de l'idée la plus élevée. Plus
est haute et intéresse la pensée, plus l'artiste doit s'efforcer
téresser aussi les sens : rendre l'idée sensible et concrète, et, d'
part, rendre la sensation féconde et en faire sortir la pensée, t
donc le double but de l'art. » (p. 84) Rien de plus juste, mais
beau est cette rencontre heureuse, cette pénétration du senti
et de l'image, de la sensation et de la pensée, est-il légitime
confondre avec l'agréable, avec l'utile, avec le bien? Il est in
sible d'avoir plus raison contre soi-même.

II

Pour déterminer le principe de l'art, il faut définir le besoin qui lui donne naissance. Si le beau se confondait avec l'agréable, avec l'utile, avec le bien, l'art n'existerait point, parce qu'il n'aurait pas de raison d'être. L'homme agit sous l'impulsion de désirs que l'action développe en les satisfaisant. Quel est donc le désir qui donne naissance à l'art? L'homme tend vers la plénitude de l'existence. C'est le mouvement même de la nature en lui : il va vers l'être, comme la plante se tourne vers le soleil. Tous ses penchants sont des formes de cet amour primitif, tous ses actes l'expriment, la beauté seule l'apaise. C'est que la beauté lui donne ce qu'il cherche : la vie complète. Loin de dire que l'art naît de l'agréable, qu'il le continue et l'achève, bien plutôt dirais-je qu'il naît de la douleur, comme l'espérance [1]. Si nous vivions dans le paradis terrestre, si nos sentiments les plus élevés trouvaient leur expression dans un monde de justice et d'amour, la nature ne s'opposerait plus à l'esprit, la sensation au sentiment, le réel à l'idéal. L'art, n'étant plus un besoin, disparaîtrait. L'unique poème serait la réalité. Le principe de l'art est l'insuffisance de ce qui est, l'inquiétude de l'âme éprise de la vie meilleure. L'homme est tenté de créer à son tour, d'opposer au grand monde un petit monde tout pénétré d'humanité, dont la contemplation le charme et le rassérène. La vie est harmonie, plus elle enveloppe d'éléments en accord, plus elle est riche; toute dissonance qu'elle ne peut résoudre en elle l'amoindrit et la fausse. Le penchant primordial, l'amour de l'être, s'exprime en nous par le perpétuel effort pour organiser nos sensations, nos sentiments, nos idées et nos actes. C'est là un labeur immense. Dans l'esprit se représente le monde : pour s'entendre avec soi-même, pour coordonner tous ses éléments intérieurs, il faudrait s'accorder avec les autres hommes, avec la nature entière, trouver partout en soi et hors de

---

1. M. Eugène Véron, dont nous avons analysé ici même la très remarquable esthétique, oppose à cette théorie que l'art n'a pu naître « d'une depression vitale » (*Courrier de l'art*, 15 janvier 1886). Aussi n'est-ce pas là ce que j'ai dit. La douleur n'est le principe de l'art qu'en tant qu'elle est le plus puissant stimulant de l'activité. L'art n'est pas l'esprit humilié, mais l'esprit triomphant. « Il naît, selon les propres expressions de M. Véron, de l'effort que fit l'homme pour réaliser en dehors de lui les rêves d'amour, de joie, de grandeur, d'héroïsme intellectuel et moral qui font battre son cœur et enflamment son imagination. » Mais pourquoi réaliser un rêve dans une apparence? et qu'est-ce que le rêve lui-même?

soi la raison triomphante. Il n'en est pas ainsi; vivre, c'est lutter; « cesser de lutter, c'est commencer à mourir » (Maudsley). N'est-il pas naturel que l'homme cherche à se donner ce que la réalité lui refuse? Esprit et corps, il veut éprouver toute sa vie à la fois, voir l'esprit, jouir de l'idée par les sens.

Le problème semble insoluble. Nous ne sommes pas maîtres de nos sensations, elles s'imposent. Le monde n'a pas pour loi notre rêve. Oui, mais la sensation survit dans l'esprit; elle y devient l'image. L'image est encore la sensation, elle est le son, la forme, la couleur; en même temps, elle est un élément intérieur, comme une matière toute spirituelle. Tout sentiment puissant qui s'empare de l'esprit, qui pour un instant est l'esprit même, en vertu des lois mêmes de la vie, s'enveloppe d'un corps d'images qu'il organise pour s'exprimer. De là, dans les esprits les plus humbles, ces poèmes éphémères, ces petits mondes d'images créés spontanément par le sentiment pour s'y voir réalisé, pour y jouir de lui-même. Mais cette poésie cachée n'est pas l'art encore. Il faut que l'image soit arrêtée au passage, qu'elle vive dans une apparence qui la reproduise; il faut que, née du sentiment, elle redevienne sensation, montrant l'esprit dans une matière transfigurée. Le rapport de l'image au mouvement fait le passage de la conception à l'exécution. L'homme tend à exécuter les mouvements qu'il imagine : c'est le principe de l'instinct d'imitation. Plus d'un sera tenté peut-être de trouver dans cet instinct une origine de l'art beaucoup plus simple et moins quintessenciée. L'origine de l'art, c'est l'imitation, c'est le mammouth, le renne gravé sur la pierre par l'homme des cavernes. L'image guidait sa main, la conduisait. Je ne m'attarderai pas à discuter le rôle de l'imitation dans l'art. Qu'il suffise de remarquer à quelles conditions l'image devient mouvement. Si toute image suscitait le mouvement qui lui répond, l'homme serait le plus détestable des singes, le plus pitoyable des somnambules. L'image ne devient un principe d'action que quand elle s'impose à l'esprit, et si ce n'est dans les cas morbides, elle ne s'impose que sous l'action du désir et du sentiment. Cet amour de l'image, qui en obsède l'esprit, est d'autant plus nécessaire à la naissanc de l'art que l'image ne représente pas ici le mouvement à accomplir, qu'elle pose seulement devant l'esprit la fin à atteindre. C'est cette fin qui suscite les moyens propres à la réaliser. Quand un peintre conçoit un tableau, il ne conçoit pas les coups de pinceau, mais seulement l'œuvre faite, et c'est pour ainsi dire l'œuvre faite qui, voulue, aimée, pressentie, suscite les mouvements qui mènent vers elle. Du mouvement, nous sommes ainsi ramenés à l'image, et de l'image au sentiment qui la fait naître et

l'impose. Mais pourquoi cet amour de l'image? Sans doute, l'imagination est intimement liée au sentiment : c'est aux poèmes qu'il
crée, aux scènes mouvantes qu'il agite en nous que nous reconnaissons le désir, c'est leur obsession qui nous révèle son intensité.
Mais est-ce que nous nous attarderions à ces poèmes éphémères,
est-ce qu'ils auraient même l'occasion de naître, si la réalité ne
nous opposait son indifférence tranquille? Supposez que le désir se
satisfasse en naissant, l'art est inutile : l'esprit présent au monde le
crée, puisqu'il le modifie à son gré; il se voit en lui, il s'y réfléchit;
toutes les puissances de l'âme sont accordées. Si nous aimons
l'image, c'est que seule elle est assez légère, assez souple pour suivre
toutes les métamorphoses du sentiment, pour lui donner un corps
qui le traduise sans le trahir. Et si de cette image nous voulons faire
une sensation, si nous voulons qu'elle entre ainsi dans la réalité,
c'est qu'en faisant du sentiment dont elle est née une sensation, en
donnant un corps à l'esprit, elle nous donnera l'illusion d'un monde
sympathique, d'une nature toute spirituelle.

Ainsi, la douleur n'est le principe de l'art que comme l'obstacle
est le principe de l'élan par lequel on le franchit. La douleur se nie
elle-même, elle n'existe que par la volonté de s'anéantir. Le monde
s'oppose à la pensée, le corps à l'esprit. L'art est l'effort pour se
pacifier soi-même, en apaisant les discordes douloureuses. Il est la
forme la plus haute de l'instinct de conservation; il continue le mouvement spontané de la nature vers la vie. Il naît, non pas de la réflexion, du calcul, mais de la tendance vers l'être, du vouloir vivre.
Il est bien un jeu; il commence avec le loisir; il suppose que
l'homme n'est plus l'animal affamé, trop heureux de l'ivresse de la
brute repue. Il est un luxe, l'ambition d'un être affranchi du besoin
qui s'éprend de la liberté d'une existence divine, sans lutte et sans
obstacles. Il est la création d'un monde artificiel, né du sentiment,
fait pour l'exprimer; il n'est que l'image d'un rêve réfléchi dans une
apparence qu'il a créée et qui le reproduit. Il multiplie les puissances
de l'homme en les accordant; il confond la jouissance et la joie,
l'esprit et son objet, la matière et la pensée.

Mais si l'art est un jeu, s'il n'ajoute à la réalité qu'un monde
d'apparences, est-ce à dire qu'il soit un pur enfantillage? qu'il reste
en dehors de la vie et de la pensée? Si le beau n'était que l'agréable,
il en pourrait être ainsi. Les virtuoses de la forme n'auraient pas
tort; l'art serait une cuisine raffinée de sensations délicates. Mais le
charme de la beauté est qu'elle comprend tout l'homme, qu'elle fait
la sensation intelligente en la faisant expressive, qu'elle n'est ni
esprit, ni corps, mais leur harmonie. Le sentiment est comme l'âme

du corps qu'il crée : plus il est fécond, plus il soulève d'idées, d'émotions, d'images en accord, plus est riche l'harmonie sensible qui lui répond et l'exprime. L'art ne peut donc pas plus se détacher du sentiment que s'affranchir de la sensation. Il est un jeu, mais digne de l'homme, puisqu'il est l'homme même; mais sérieux comme la vie, puisqu'il en est la forme la plus haute. Si l'art est un jeu, la beauté n'est-elle qu'une illusion subjective? la bulle de savon qui se colore, brillante et légère, flotte un instant devant les yeux, mais, fragile et chimérique, s'évanouit dès qu'on la veut saisir? Les faits ne répondent pas à cette question, ils la posent; c'est à nous d'oser les interpréter et les comprendre. Si la beauté achève l'esprit, et si c'est la nature qui, devenue en nous le génie, la cherche et la trouve, peut-être n'est-elle pas aussi étrangère à la réalité qu'il le semblait d'abord? Peut-être l'art, par la réconciliation et comme la fusion de la nature et de la pensée, nous donne-t-il le sens de ce qui est? Peut-être le plus grand poète sera-t-il toujours celui qui, plus que tout autre, convaincu de l'unité, voilée pour nous, de l'esprit et des choses, croira prendre conscience en lui de l'esprit même des choses, le plus audacieux dans son amour de la beauté, le plus hardi affirmateur de l'absolu, le plus fervent dévot à l'Espérance, cette Aphrodite de l'âme, qui ne naît pas, dans la blancheur de l'écume, du baiser des flots, mais sans cesse renaît des larmes des choses.

L'histoire est d'accord avec la psychologie. L'art commence au moment où l'homme, comme impatient de la réalité, lui substitue une apparence que crée le sentiment pour s'exprimer. Déjà l'animal cherche la beauté, la réalise. La sélection sexuelle implique qu'il l'aime, qu'il sait en jouir. Mais choisir ainsi, c'est déjà s'élever au-dessus du pur besoin, y mettre quelque chose d'un sentiment plus délicat. Schiller a raison : « Ce n'est pas du cri du désir qu'est fait le chant de l'oiseau. » Le chant est un luxe, un jeu. Le désir n'a pas le temps d'attendre. N'y a-t-il pas déjà quelque chose de moral, un sentiment véritable dans le chant du rossignol, dans cette caresse ailée tour à tour plaintive et triomphante? Le paon ouvre sa queue, en étale les fleurs éclatantes, se promène superbement, pour faire montre de sa parure, pour créer, si j'ose dire, avec son propre corps, une apparence qui le dépasse. Mais n'est-ce pas l'art véritable, un effort pour faire apparaître son sentiment dans les choses, que l'architecture de certains oiseaux du paradis? L'*amblyornis ornata* construit, pour abriter ses amours, une petite hutte conique, devant l'entrée de laquelle il ménage une pelouse tapissée de mousse et dont il relève la verdure en y semant des objets de couleurs vives : des baies, des graines, des fleurs, des cailloux, des coquillages. « Puis,

son paradis terrestre achevé, il y conduit sa femelle, afin de la cap-
tiver par le plaisir des yeux. » (Letourneau, *Sociologie*, p. 48-70.) Ici
peut-être pour la première fois la beauté se détache de l'être qui la
crée.

Chez l'homme, l'art commence avec la parure. Nous trouvons
dans les cavernes de la préhistoire des colliers, des bracelets, des
anneaux de pierre et d'os. Les sauvages nous montrent encore l'humanité à ses débuts. La première œuvre d'art de l'homme est son
propre corps : il le peint, il le sculpte. La peinture commence par
les tatouages, le dessin par les arabesques de lignes compliquées
qui couvrent la face, parfois le corps tout entier. La sculpture, ce
sont les déformations du crâne, les mutilations bizarres, les coiffures
échafaudées, tous les efforts pour modifier la forme naturelle du
corps humain. Les ornements achèvent cette métamorphose. On en
accroche partout où l'on peut: on en charge la poitrine, le cou, les
bras, les jambes. Ce n'est pas assez, on perce la cloison du nez, on
élargit au-dessous de la lèvre inférieure une seconde bouche, on
ouvre les joues, on perfore les dents, pour que la parure, comme
incrustée au corps, ne s'en distingue plus. Le sentiment qui crée
cet art de la parure n'est pas l'amour, mais l'orgueil. « Dans les
races très inférieures, les femmes n'ont pas d'ornements : la raison
en est très simple; les hommes gardent pour eux tous ceux qu'ils
peuvent se procurer. » (J. Lubbock, *Origines de la Civilisation*, p. 51.)
Certes, c'est là une origine bien humble pour l'art, dont nous tirons
une si grande vanité, et cependant déjà dans cette expression souvent ridicule d'un orgueil brutal, nous retrouvons les caractères que
nous présentent nos chefs-d'œuvre les plus admirés. Le sauvage est
mécontent de son propre corps ; il le transforme, il lui substitue dans
la mesure du possible une apparence qui réponde à l'idée qu'il a et
qu'il prétend qu'on ait de lui-même. Il veut être beau, faire mieux
que la nature. Il veut faire entrer dans la réalité un sentiment dont
elle ne lui donne pas l'expression. Ses tatouages, aussi bien que les
fresques de Michel-Ange, sortent de l'instinct du mieux, du besoin
de l'idéal, de la nécessité pour l'homme, esprit et corps, de regarder
ses sentiments, d'en jouir avec ses sens, pour cela de les réfléchir
dans une apparence qui, créée par eux, les reproduise. L'art naît
spontanément de la nature humaine. Le sentiment tient à l'image
et l'image au mouvement : voilà le principe de l'art, c'est la force du
sentiment qui le crée. La première beauté, c'est la première passion : pour être beau, le sauvage se déchire, se mutile, endure sans
se plaindre de cruelles souffrances. L'art n'a de limites que celles
du sentiment. L'homme primitif est un enfant; son univers, étroit

comme son égoïsme, ne dépasse pas son propre corps : la parure suffit à l'expression de cette vanité puérile. C'est toujours lui-même que l'homme aime et cherche dans l'art. Mais peu à peu il prend conscience des liens mystérieux qui l'unissent à ses semblables, à tout ce qui est. L'illusion de l'individualité solitaire tombe. Le moi s'agrandit, l'art tient toujours à lui, mais le moi tient à tout, à la famille, à la cité, aux dieux, à l'humanité. Il multiplie ses rapports, il étend ses sympathies. Le cœur, comme l'esprit, s'universalise. C'est ainsi que l'art se détache de l'individu sans jamais se détacher de l'homme.

Les armes, les instruments font partie du corps; les orner, c'est encore se parer soi-même. De même, on décore les vases, les ustensiles de ménage : toujours on fait vivre ses sentiments dans les choses. Ulysse abat un vieux figuier, et, des planches qu'il a taillées lui-même, il édifie son lit nuptial. Le besoin satisfait, le sentiment s'exprime. Dès qu'on habite une hutte, on lui donne une forme régulière, symétrique, conforme aux lois de la vision et de l'esprit. L'autorité du chef est visible dans sa hutte plus haute, décorée de *taboux* plus nombreux (photographies canaques). L'homme joue avec tous ses sentiments : la guerre, la chasse, l'amour, toutes les émotions se représentent dans les danses des sauvages. Ici, comme dans la parure, c'est le corps qui, par ses mouvements, crée l'apparence, expression du sentiment. Les dieux de la Grèce sont les lois et la force de la cité : ils habitent les temples harmonieux des acropoles. Leurs statues et leurs demeures sont finies, calmes, mesurées, comme le sentiment qui les crée. Dieu devient infini, la religion universelle, le temple grandit, la cathédrale n'est plus la demeure du dieu, du premier des citoyens, elle ne se mêle plus à la cité qu'elle domine, elle sort géante des maisons basses, elle anéantit tout autour d'elle, elle semble s'ouvrir à l'humanité tout entière, et par ses tours, par ses flèches, vouloir monter jusqu'au ciel.

La dernière forme du sentiment esthétique est le sentiment des beautés naturelles. (Grant Allen : *l'Evolution esthétique chez l'homme*, Mind, oct. 1880.) Le sauvage et l'enfant admirent le caillou brillant, la fleur, la plume dont ils se parent; le plus beau coucher du soleil est un spectacle muet qui les laisse indifférents. C'est l'art qui fait l'éducation esthétique de l'homme : l'art est humain, il est créé par le sentiment, il parle un clair langage. Certes, ce n'est pas lui qui fait l'unité du sentiment et de l'image, de l'image et du mouvement, puisqu'il en naît. Mais, par l'habitude, il rend plus délicate et plus subtile la conscience de ces rapports. Toute la vie de l'homme, qui est un perpétuel langage, contribue à développer cette valeur expressive des sensations, qui résulte et de leurs caractères communs avec les sentiments (plaisir, douleur, intensité, mouvement, etc.), et des idées que l'expérience leur associe (ligne verticale, horizontale; couleur bleue, rouge, etc.). Chez l'homme cultivé, il n'est pas une sensation qui ne tende à envahir la conscience tout entière, à évoquer « par association ou suggestion une foule de sentiments et de pensées » dont elle est devenue comme le symbole naturel. Dès lors le monde s'anime, prend un sens, se pénètre d'humanité. Pour nous, l'univers n'est plus muet; les sensations qu'il nous envoie de toutes parts sont comme les mots d'un langage, les confidences d'un esprit : il n'y a plus de choses. Le costume de plus en plus se simplifie et s'appauvrit; nous ne connaissons plus les velours brodés d'or, les satins chatoyants, les lourdes moires, les couleurs éclatantes; mais l'âme humaine, d'abord emprisonnée dans son égoïsme étroit, se retrouve et s'aime en tout. Elle n'en est plus au pauvre langage de son corps; ses sentiments l'unissent à tout, tout parle pour elle et tout parle d'elle; c'est l'univers tout entier qui l'exprime. L'erreur d'un esprit élevé ne peut être que la vision trop intense d'une vérité partielle. C'est la conscience très nette de ces rapports de plus en plus intimes de la sensation et du sentiment qui a trompé M. Guyau. C'est une vérité qu'il exagère, c'est une vérité qui a fait son livre et qui s'en dégage. L'agréable n'est pas le beau, l'art est bien un jeu; mais, de plus en plus, l'agréable tend à devenir le beau, et le jeu de l'art à se mêler à la vie. « La jouissance, même physique, devenant de plus en plus délicate et se fondant avec des idées morales, deviendra de plus en plus esthétique; on entrevoit donc, comme terme idéal du progrès, un jour où tout plaisir serait beau, où toute action agréable serait artistique. Nous ressemblerions alors à ces instruments d'une si ample sonorité qu'on ne peut les toucher sans en tirer un son d'une valeur musicale : le plus léger choc nous ferait résonner jusque dans les profondeurs de notre vie morale... L'art ne sera plus qu'un avec l'existence; nous en viendrons, par l'agrandissement de la conscience, à saisir continuellement l'harmonie de la vie, et chacune de nos joies aura le caractère sacré de la beauté » (p. 84-86).

III

Après avoir cherché quel est le principe de l'art, M. Guyau s'interroge sur ses destinées. Peut-être les deux problèmes n'en font-ils

qu'un? L'art durera par les raisons mêmes qui l'ont fait naître.
M. Guyau préfère une méthode moins abstraite, plus vivante. C'est
pour les hommes de ce temps qu'il écrit. Il répond aux questions
que chacun de nous se pose. Est-il vrai que l'art soit un jeu d'enfants? que tout ce qui fait la vie moderne, la science, l'industrie, la
démocratie, soit la négation de l'art? « M. Spencer compare la
science à l'humble Cendrillon, restée si longtemps au coin du foyer,
pendant que ses sœurs orgueilleuses étalaient « leurs oripeaux » aux
yeux de tous : aujourd'hui, Cendrillon prend sa revanche; un jour
la science, proclamée la meilleure et la plus belle, régnera en souveraine. Il viendra un temps, dit à son tour M. Renan, où le grand
artiste sera une chose vieillie, presque inutile; le savant, au contraire, vaudra toujours de plus en plus » (p. 90).

La poésie est une plante délicate; pour fleurir, il lui faut un milieu
favorable. Ce milieu, de plus en plus, lui sera refusé. Les hommes
perdront, avec le souci de la beauté, le génie de la produire. Telle est
la conclusion que semblent imposer les lois de la physiologie, de la
psychologie et de l'histoire.

L'art suppose autour de l'artiste, comme chez l'artiste même, le
culte de la beauté. Les Grecs aimaient les beaux corps d'éphèbes. Le
gymnase et la palestre préparaient les modèles de Phidias. De nos
jours, la force physique est dédaignée. Le corps n'est plus sculpté
par une éducation savante; il est une machine qui répète toujours
les mêmes mouvements : ce qui ne s'exagère pas s'atrophie. Ajoutez
que, de plus en plus, le système nerveux attirera à lui toutes les puissances de l'être, ramenant pour ainsi dire la vie en elle-même, affais-
sant les muscles, dont les saillies par les lignes vibrantes révèlent
l'intensité harmonieuse de la force intérieure. « La beauté, dit
M. Renan, disparaîtra presque à l'avènement de la science. » Diderot
nous avait déjà prédit l'homme de l'avenir : une citrouille portée sur
deux pattes. Je pense, avec M. Guyau, que, jusqu'ici, nous n'avons
pas lieu d'être trop inquiets. Cet argument physiologique m'a l'air
d'un paradoxe. Pour vivre, il faut rester dans les conditions de la
vie : voilà qui interdira à l'homme de descendre au delà d'une certaine laideur. Si nous devons renoncer « aux Vénus fortes comme des
chevaux » (on reconnaît la mesure de M. Taine), nous trouverons
autre chose. L'art vit d'invention. Certes, c'est quelque chose d'admirable que la beauté plastique, dans sa sérénité divine, mais ne
peut-il y avoir une beauté de l'expression et du mouvement, une
beauté plus émue d'une grâce nouvelle? L'amour aussi est dieu,
jusque dans ses souffrances. « Si c'est surtout par l'expression que
peuvent vivre l'art moderne et la poésie, si la tête et la pensée pren-

nent déjà, dans les œuvres de notre époque, une importance croissante, si le mouvement, signe visible de la pensée, finit par y animer
tout, comme chez les Michel-Ange, les Puget, les Rude, l'art, pour
s'être transformé, sera-t-il détruit? » (p. 97).

Après la physiologie, l'histoire. Selon M. Taine, il est plusieurs arts,
dès aujourd'hui languissants, « auxquels l'avenir ne promet plus
l'aliment dont ils ont besoin ». « Le règne de la sculpture est fini, dit
M. Renan, le jour où l'on cesse d'aller à demi-nu. L'épopée disparaît
avec l'âge de l'héroïsme individuel ; il n'y a pas d'épopée avec l'artillerie. Chaque art, excepté la musique, est ainsi attaché à un état du
passé ; la musique elle-même, qui peut être considérée comme l'art
du XIXᵉ siècle, sera un jour faite et parachevée. » Nul n'étant pro-
phète, il est bien difficile de répondre à ces affirmations. A toutes les
époques de fatigue ou de décadence, on eût pu trouver d'excellents
arguments pour prouver la fin prochaine de l'art. On compte
sans le génie. Ce qui peut nous rassurer, c'est que la sculpture, paraît-il, est morte depuis près de deux mille ans. L'avenir n'étant à personne, il est à tout le monde. M. Guyau le voit tout autre que
M. Renan. « Les artistes anciens étaient plus savants, dans la technique de leur art, que nos artistes modernes. A la Renaissance, les
Léonard de Vinci et les Michel-Ange étaient de puissants génies scientifiques... La plastique et la science ne s'excluent donc point. Quant
au changement de mœurs, qui ne date pas d'hier, il n'a point entraîné et n'entraînera pas sans doute la disparition de la statuaire. On
ne refera pas la Vénus de Milo ou l'Hermès de Praxitèle ; mais qui
sait si le statuaire ne deviendra pas capable de fixer dans la pierre
des idées, des sentiments poétiques que les Grecs, avec toute la perfection plastique à laquelle ils étaient arrivés, n'auraient pu rendre
ni peut-être concevoir? Praxitèle n'eût pas imaginé la *Nuit* ou l'*Au-
rore* de Michel-Ange ; Michel-Ange, ce poète de la pierre — et ce
penseur — n'eût pu exécuter telle ou telle œuvre de Praxitèle »
(p. 99). La peinture va-t-elle mourir, quand l'œil est plus sensible
que jamais à la délicatesse des nuances? La musique est née d'hier !
Elle est « aussi jeune que l'était la peinture au temps de Protogène
et d'Apelle ». Que sera la poésie de demain? je l'ignore. C'est au
génie de la découvrir en lui-même. « Mais du continuel dépérissement des formes particulières de la poésie, l'historien n'a pas le droit
de conclure, avec M. Renan, au dépérissement de la poésie elle-
même » (p. 103). Tant que dans la passion le sang montera en bouil-
lonnant du cœur au cerveau, il ne faudra pas désespérer d'elle.

Sans doute, l'art durera autant que le génie, mais c'est le génie
même qui est condamné et va disparaître. Qui ne prévoit aujourd'hui

l'universel triomphe de la démocratie? Les organes devenus inutiles
s'atrophient; le génie est aussi inutile, à la démocratie que les ma-
melles aux mâles. Bien plus, il la contredit, il la nie, il a l'odieux du
monopole et du privilège. « L'idéal de la démocratie, c'est l'égalité
politique et même économique entre les hommes; cette égalité politique et économique tendra à produire une égalité intellectuelle, une
élévation des petits esprits compensée par l'abaissement des grands;
cette universelle médiocrité tuera l'art, qui ne peut vivre que par la
supériorité du génie et qui est ainsi, par essence, aristocratique »
(p. 106). Tout à l'heure on nous montrait dans l'avenir un peuple de
savants à têtes énormes, espèces d'araignées tout en cervelle; maintenant le décor change pour les besoins de la cause; c'est la douce
bêtise d'une démocratie sommeillante. Voilà qui va peut-être arrêter le grossissement des têtes, rendre au corps son harmonie. Qui
sait si la démocratie n'est pas une ruse de la nature qui tient à la
forme humaine et veut sauver son chef-d'œuvre ?

Et cependant, pourquoi le nier? ceux mêmes qui refusent de désespérer ont parfois éprouvé cette angoisse. Que sera la démocratie?
Aurons-nous l'énergie, la force et l'élan nécessaires pour soulever
cette masse? assez d'âme pour l'animer? Ou roulera-t-elle lourdement
jusqu'au bas de la pente, que depuis tant de siècles gravit l'humanité,
en écrasant ceux qui voudraient la pousser vers les sommets? Problème douloureux, que M. Guyau résout noblement par l'espérance.
La démocratie ne tuera pas le génie, parce que du même coup elle
se tuerait elle-même. La lutte pour la vie est la loi des peuples; la
force la plus nécessaire dans cette lutte est l'intelligence. Un peuple
ne s'abaissera pas impunément. Si la démocratie fatalement tue le
génie, fait reculer l'humanité dans l'homme, nous payerons notre
erreur de notre vie nationale, et nous devrons être heureux de mourir. Par bonheur « la vérité est que la forme des gouvernements n'a
pas d'influence sur le cerveau de l'artiste ».

Mais l'artiste a besoin d'encouragements, de protection, d'un public
que la démocratie ne saurait lui fournir. Pour être tenté de parler, il
faut savoir qu'on sera entendu. — L'artiste a besoin, avant tout, de
liberté; voilà un bien qui, du moins, ne lui sera pas refusé. — Il n'aura
plus la protection des Médicis, des Louis XIV. — Il s'en passera :
Victor Hugo ne s'est-il pas mieux trouvé de l'indifférence prétendue
de la démocratie que jamais Corneille, Racine et Molière de la protection dédaigneuse de Louis XIV? — Mais, obligé de plaire à tous,
l'artiste devra être banal comme la foule; plus il sera vulgaire, mieux
il sera compris. — Il en a toujours été ainsi. Le génie est d'abord
compris de quelques-uns, cela lui suffit; s'il n'a pas le présent, l'ave-

nir est à lui. — Mais ce qui manquera, ce sont précisément ces
quelques hommes qui, par leur enthousiasme, soutenaient l'artiste
méconnu en même temps qu'ils le signalaient à la postérité. — Ici on
raisonne sur des abstractions; on parle d'une société qui n'existe
pas, qui n'existera jamais; c'est de la géométrie; on tire de la définition de la démocratie une médiocrité égale en tout à elle-même.
Comme si la nature allait suspendre ses lois pour se conformer aux
exigences logiques de nos théoriciens! La vérité est que, dans une démocratie, il y aura toujours une élite de gens de goût. Reste un dernier argument. L'art ne peut s'accommoder de l'amour du bien-être
qui nous envahit aujourd'hui. « L'américanisme » l'emportera. L'industrie tuera l'art. — La science mourra du même coup; elle ne vit
que par l'amour désintéressé du vrai. « Un grand peuple est plus que
jamais aujourd'hui incapable de se passer de la science, qui est une
condition de vie dans la sélection nationale; d'autre part, la science
ne peut se passer de la théorie pure, et enfin, partout où il y aura de
la science pour la science, aucune considération morale ou historique
ne peut faire prévoir que l'art pour l'art ne puisse apparaître » (p. 113).

On pourrait l'admettre s'il n'y avait pas entre la science et l'art un
antagonisme nécessaire. Mais l'esprit scientifique, qui, de plus en
plus, devient l'esprit humain, détruira à la longue l'imagination, l'instinct créateur et le sentiment. La beauté ne mourra pas de froid en
naissant, qu'importe? Elle ne naîtra plus, elle sera tuée dans le génie
qui la crée. Objection suprême qui remet tout en question. « L'imagination poétique semble avoir besoin d'une certaine superstition,
au sens antique du mot, qui lui permette de ne pas toujours expliquer les événements par leurs raisons froides, et d'une certaine ignorance, d'une demi-obscurité qui la laisse se jouer plus librement autour des choses... Le charme indéfinissable du soir, c'est de ne montrer
les objets qu'à demi. Au clair de lune, qu'ont chanté Beethoven et
toute l'Allemagne, les choses se transforment, les chemins les plus
vulgaires se remplissent de poésie, les objets dont on ne distingue
plus les contours nets prennent une beauté faite de mollesse : l'ombre est la parure des choses. Les rayons de la lune semblent faire
flotter tous les objets dans une nuée transparente et douce : cette
nuée, c'est la poésie même, cette nuée fine est dans l'œil du poète,
et c'est au travers qu'il voit toute la nature. Dissipez-la; vous ferez
peut-être fuir ses rêves, et, parmi eux, ce rêve divin, la beauté »
(p. 124). La lumière de la science a quelque chose de brutal, de
cru; elle décompose ce qu'elle éclaire. De l'harmonie vivante elle
ne laisse que les formules abstraites qui expriment les rapports des
éléments. Ose te tromper et rêver, disait Schiller. L'imagination a

besoin de l'ignorance qui permet le rêve. Où la science a passé, la poésie ne fleurit plus, et la science envahit tout l'univers, jusqu'à notre âme qu'elle épouvante de la connaissance d'elle-même.

L'opposition qu'on se plaît à établir entre l'imagination poétique et la science, répond M. Guyau, est plus superficielle que profonde. La poésie aura toujours sa raison d'être à côté de la science. « La poésie, comme la science, est une interprétation du monde ; mais les interprétations de la science ne nous donneront jamais ce sens intime des choses que nous donnent les interprétations de la poésie, car elles s'adressent à une faculté limitée, non à l'homme tout entier. Voilà pourquoi la poésie ne peut pas périr. » (Matthew Arnold, *Essai sur Maurice de Guérin.*) Le savant n'a d'autre souci que de ne rien mettre de lui-même dans les choses qu'il observe ; « mais, après tout, le cœur humain est une partie maîtresse du monde ; entre lui et les choses doit exister une nécessaire harmonie : le poète, en prenant conscience de cette harmonie, n'est pas moins dans le vrai que le savant... Nous ne pouvons pas plus abstraire notre cœur du monde, que nous ne pourrions arracher le monde de notre cœur » (p. 126). Le besoin de mystère et d'inconnu qu'éprouve l'imagination humaine n'est-il pas une forme déguisée du désir de connaître? Et, d'ailleurs, avons-nous à redouter que l'ignorance nécessaire à la poésie soit jamais dissipée? Toutes nos connaissances accumulées ne font que rendre plus profond et plus irritant le mystère métaphysique. Même quand nous saurions tout, nous ne saurions le tout de rien. Les audaces du sentiment et du rêve seules nous ouvrent sur la réalité cachée des perspectives mobiles comme l'âme du poète.

Mais la science détruit le merveilleux, chasse les dieux du monde, partout ne laisse que la loi abstraite et nécessaire. Nous ne voyons plus les formes charmantes qui troublaient délicieusement les imaginations naïves. Le mystère métaphysique ne se résout plus en ces légendes, en ces récits pleins de grâce, dont la poésie sollicitait le poète. La science brise la forme des dieux, c'est vrai ; mais, reliant chaque phénomène à tous les autres, le présent à tout le passé, à tout l'avenir, elle ouvre à l'esprit des perspectives immenses. Dans le plus humble des êtres apparaît l'univers entier ; chaque phénomène est un centre d'où partent en tous sens des rayons qui vont à l'infini. Il n'est plus rien dans la nature qui ne parle au poète; il n'a que faire d'aller dans les vieux temples recueillir les débris des cultes désertés : à quoi bon les dieux, quand on a le divin? Toute l'immensité

Traverse l'humble fleur du penseur contemplée.

(V. II.)

Mais l'instinct créateur, le génie ne sera-t-il pas de plus en plus affaibli par l'habitude du calcul et de la réflexion? L'antinomie de l'art et de la science semble si profonde qu'à peine y a-t-on échappé elle se pose sous une forme nouvelle. Qui sait si l'art, ce produit spontané des premiers âges de l'humanité, ne tombera pas peu à peu, comme tout le reste, « de la catégorie de l'instinct dans la catégorie de la réflexion? » (E. Renan). De plus en plus, la méthode, le calcul se substituera au génie, jusqu'à ce que par degrés, comme tant d'autres instincts primitifs, il disparaisse. C'est ainsi que déjà, dans la musique, l'harmonie se substitue à la mélodie, la réflexion à l'inspiration, la science à l'art. La raison, répond M. Guyau, ne détruit jamais un instinct que dans le cas où elle peut le remplacer avec avantage. Or, la science et le raisonnement peuvent-ils avec avantage remplacer le génie dans l'art? Ce serait possible si l'art avait un objet parfaitement déterminé qu'on pût réaliser par des procédés fixes. Mais l'art n'a d'autre objet que celui qu'il se donne à lui-même; il ne le trouve pas devant lui, il le crée. La science décompose par le raisonnement un objet qu'elle ne fait pas, l'analyse dissout ce qui est; il n'y a que la nature, vivant en nous sous la forme du génie, qui puisse poursuivre dans l'esprit ses créations. L'instinct du poète ne peut pas plus être remplacé par la raison du savant que le monde qui s'ouvre à l'imagination ne peut être brutalement fermé par la science. Aussi bien la science, pas plus que l'art, ne peut se passer du génie. « Il y a quelque chose d'instinctif et d'inconscient dans la marche de l'esprit, toutes les fois que son objet n'est pas déterminé d'avance ; or, la science, en sa partie la plus haute, ne vit, comme l'art même, que par la découverte incessante. C'est la même faculté qui fit deviner à Newton les lois des astres et à Shakespeare les lois psychologiques qui régissent le caractère d'un Hamlet ou d'un Othello... L'hypothèse est le poème du savant. Entendu de cette manière, l'instinct du génie n'est plus que la raison en son principe le plus profond et se retrouve à la source de la science même. Ce n'est pas le progrès de la raison et de l'intelligence qui peut le faire disparaître » (p. 140-141).

En avons-nous fini avec l'antinomie sans cesse renaissante de la sience et de l'art? Peut-être. Pour produire la beauté, l'imagination a besoin d'être fécondée par le sentiment? Or, n'est-ce pas une banalité que l'analyse tue le sentiment? Le génie sans l'amour, c'est l'activité sans but. Une puissance qui ne s'exerce pas s'affaiblit, tôt ou tard disparaît. De nouveau, tout semble compromis. Il est vrai que, chez quelques-uns, la réflexion tend à suspendre le mouvement et la vie. Le sentiment, décomposé par l'analyse, se détruit en se formant.

Le ressort de l'activité se brise. Mais l'impuissance de vouloir et d'aimer n'est pas un progrès, elle est une maladie de l'intelligence : la science n'en est pas responsable. Ce qui est vrai, c'est que les sentiments, spontanés d'abord et irréfléchis, deviennent par degrés plus conscients et réfléchis. Ils n'ont pas besoin, pour être excités, d'objets extérieurs présents et tangibles ; ils ont un objet plus général, plus abstrait ; ils peuvent s'appliquer à de pures idées, à une doctrine religieuse, politique. Le sentiment tend ainsi à se fondre avec la pensée, à n'être que la pensée même vue sous un autre aspect. Notre sensibilité s'intellectualise : la science la modifie, la transforme, elle ne la détruit pas. Prenez tous les grands sentiments, le sentiment de la nature, le sentiment du divin, le patriotisme, la pitié, l'amour, vous verrez qu'ils sont devenus plus rationnels, plus philosophiques, sans rien perdre de leur force ni de leur poésie. « De même qu'à l'origine l'intelligence semble être sortie du pouvoir de sentir ; de même, par une évolution en sens inverse, une sensibilité plus exquise sort de l'intelligence même : dans chacun de nos sentiments se retrouve notre être tout entier, si complexe aujourd'hui, et qui essaie de rendre sa pensée égale au monde ; dans chacun de nos mouvements, nous sentons passer un peu de l'agitation éternelle des choses, et dans une de nos sensations, quand nous prêtons l'oreille, nous entendons la nature entière résonner, comme nous croyons deviner tout le murmure de l'Océan lointain dans une des coquilles trouvées sur sa grève » (p. 156).

IV

Tout ce que dit M. Guyau de l'avenir de l'art me charme. On est heureux qu'il ait tout à fait raison ; on jouit de son talent sans inquiétude. Ce n'est pas que, plus que ses adversaires, il force pour nous les portes de l'avenir. Le secret de l'avenir heureusement est inviolable. Mais ce qu'il démontre, c'est d'abord que ni la démocratie ni la science n'ont pour conséquence nécessaire la suppression de l'art ; c'est en second lieu que, quels que soient les progrès de la science, l'art ne perdra pas sa raison d'être parce que la science, loin de répondre aux besoins que l'art satisfait, ne peut que les rendre plus impérieux.

On est étonné d'avoir à redire cette banalité. Il y a deux démocraties possibles : l'une jalouse, niveleuse, faisant à l'intelligence un milieu de froideur et d'indifférence qui la tue ; c'est ainsi que la conçoivent tous ses adversaires; l'autre, jeune, active, éprise du mieux, agitée, mais à la façon du corps vivant, dont les éléments circulent pour s'organiser; c'est ainsi que la veulent les meilleurs de ses partisans. Il en est de même de la science. Elle relie l'homme à tout ce qui est, la pensée à la vie, la vie au milieu qui la rend possible; elle ne connaît qu'un monde où tout se tient et s'enchaîne; elle ruine les distinctions radicales; elle abolit les privilèges dont nous flattions notre orgueil; elle nous unit à la nature entière, dont les lois sont vivantes en nous. De là deux interprétations possibles. Le réel, c'est la chose, l'élément; toute forme est éphémère; la plus belle est la plus fragile, la combinaison la plus complexe étant la plus instable. Ce qu'il y a de réel dans l'homme, c'est l'animal, plus encore la plante, plus encore les lois physico-chimiques, condition de tout le reste. L'esprit n'est qu'un luxe, une fleur délicate que le moindre souffle flétrit à jamais. La réalité de la pensée se mesure à la place qu'occupent dans l'espace les cerveaux des quelques hommes qui pensent. Certes, une telle conception de l'univers est faite pour décourager les audaces de la poésie. Mais la science a-t-elle pour conséquence nécessaire cette humiliation de l'esprit, cet anéantissement de la personne devant la chose grandie jusqu'à l'immensité? L'homme n'est pas un empire dans un empire; il n'est pas séparé de ce qui est; fait des mêmes éléments, il est soumis aux mêmes lois. Dès lors, la pensée n'est plus une étrangère dans le monde; la nature lui est présente; elle est la nature même. Ce n'est pas unir l'esprit au monde que le réduire à un accident heureux ou déplorable; bien plutôt est-ce briser la continuité qu'on affirme. L'esprit s'unit plus vraiment au monde, quand, le pénétrant, il se cherche et se retrouve en lui. La science constate ce qui apparaît, elle ne se prononce pas sur ce qui est. Elle est indifférente à la poésie, elle ne lui est point hostile; elle ne la détruit pas dans l'âme même de l'artiste; elle ne lui enlève pas toute sincérité, en la réduisant à un mensonge volontaire; peut-être même, multipliant les rapports des êtres, autorise-t-elle les illusions fraternelles du poète, qui mêle à tout ses sentiments et ses espérances?

Mais si la science ne rend pas l'art impossible, ne le rendra-t-elle pas superflu, en supprimant les besoins mêmes auxquels il répond? La science dépouille le monde de tout ce qui, pour nous, est sa parure et son charme; elle ramène le son, la chaleur, la lumière au mouvement; des sensations elle fait les idées générales; entre les idées générales elle cherche des rapports qui les réduisent à des conceptions plus abstraites et plus simples; au terme, elle aurait transposé l'univers en un système de formules décolorées, silencieuses, toutes reliées entre elles et à un axiome suprême. Certes, ce monde [raréfié est fait pour séduire l'intelligence; elle s'y meut sans obstacles; elle en suit d'un mouvement libre et continu déductions enchaînées. Mais l'homme n'est pas pure intelligence; il est un être complexe, esprit et corps, sensation, idée et sentiment. La science ne satisfait pas l'homme tout entier, elle l'inquiète, elle le tourmente, par ce qu'elle supprime de lui; elle ne lui donne pas la vie complète, le concert de toutes ses puissan intérieures dans un acte qui, pour un instant, les accorde et les concentre. L'art ne doit pas mourir, parce qu'il exprime toute la nature humaine, parce qu'il en respecte, parce qu'il en fait conspire tous les éléments. L'art est' plus vraiment humain que la science : pénétration du corps et de l'esprit, de la sensation et du sentiment fondus « en un tout naturel », il est l'homme même. La science ne voit dans le monde que des éléments de plus en plus généraux, de plus en plus simples, que combinent des lois nécessaires. Elle n'admire dans les harmonies réalisées que des rencontres aussi fortuites que fatales. A ce monde abstrait, mécanique, où la conscience est une sorte de monstre, l'homme ne sera-t-il pas plus que jamais ten d'opposer un monde humain? Le sentiment n'aura-t-il pas plus que jamais besoin de créer une apparence qui l'exprime? de se donne par la beauté l'illusion d'une nature sympathique? Chassé de l'univers par la science, l'homme y rentrera par l'art et par la poésie.

Mais la science, en nous révélant les lois de la nature et ses éléments, nous donnera la possession du monde, elle fera de nous des dieux. Pouvant transformer son milieu, de plus en plus l'adapter à besoins, l'homme n'aura plus à s'inquiéter du mystère des choses, se repaître d'illusions. A quoi bon l'apparence, quand on a la réalité? Le paradis terrestre rend inutile l'art comme la morale. La science ne mettra pas fin à tous les désaccords de l'homme avec l'univers, avec ses semblables, avec lui-même. Elle ne supprimera pas la mort, elle laissera la douleur. Qu'elle fasse seulement la lutte pour la vie moins âpre, qu'elle permette le loisir et la paix! Les progrès matériels ne vaudront que par le progrès moral qu'ils rendront possible. Satisfaire les désirs n'est rien, si on les multiplie. L'homme heureux est l'homme meilleur. Si la science diminue l'homme, le rapproche de la bête, elle se tuera elle-même, en tuant le désintéressement et le génie. Si elle l'élève , si elle le fait plus humain, elle aura préparé, sans l'avoir voulu, une renaissance de l'art. L'humanité nouvelle aura besoin d'un art nouveau. Dans une âme supérieure naîtront des sentiments in primés : le génie n'est que leur agitation féconde. Du même cou comme l'homme, par un instinct irrésistible, recrée le monde à s image pour l'accorder avec lui-même et le fondre dans l'unité de pensée, la nature transfigurée deviendra l'expression d'un rêve nouveau de bonheur et de beauté. La science ne sera vraiment féconde pour l'esprit que si, par son progrès même, renouvelant l'homme, elle renouvelle l'art et la philosophie.

L'art ne doit point mourir, est-ce à dire qu'il ne mourra pas? L'avenir n'a dit à personne son secret. Qui sait quel est de tous les possibles, celui qui demain sera le réel? Peut-être nos pessimistes ont-ils raison? La vieillesse va venir et la décrépitude. Sans vastes ambitions, sans espérances lointaines, l'homme, tout occupé à prolonger sa vie, ne sera que le plus subtil et le plus ingénieux des animaux. Plus de rêves, plus de jeux divins, plus d'emportement loin de la douleur réelle dans un monde créé par la fantaisie; l'égoïsme, la prudence, l'inquiétude des vieux; une morale d'hôpital, faite de prévoyance et de précautions, et dans l'universelle médiocrité la platitude s'étendant morne jusqu'aux dernières limites des horizons de l'esprit. Je ne crois pas l'humanité si vieille. L'enthousiasme pour la science est légitime. Elle est née d'hier, elle a le charme de cette poésie qu'elle s'imagine avoir tuée. On la croit inépuisable et sans limites; on attend tout d'elle. Elle fera beaucoup encore. Mais plus on ira, plus on multipliera les vérités de détail, plus on comprendra ce qu'est la science et ce qu'elle peut donner, plus on verra qu'elle ne répond pas à tout l'homme, qu'elle le laisse curieux et non satisfait. Peut-être aussi l'humanité est-elle sujette à de longues lassitudes périodiques? Peut-être la civilisation a-t-elle ses hivers? Peut-être ce qui s'est passé pour la logique se passera-t-il pour la science? Avec Socrate, avec Platon et Aristote, la logique est une science vivante. Son histoire est la lutte dramatique de la pensée pour ses droits. Peu à peu l'entente se fait : la scolastique commence avec les stoïciens pour se prolonger durant des siècles. Mais les vérités ressassées pénètrent les esprits jusqu'à en devenir la substance. Peut-être au grand mouvement de la science contemporaine succédera une scolastique scientifique, éprise du détail, dédaigneuse des idées nouvelles, enfermée dans des théories invariables; une scolastique plus froide et plus ennuyeuse que celle du moyen âge, une scolastique sans cathédrales. Peut-être, pour que la ressemblance soit plus parfaite, le rêve d'Auguste Comte sera-t-il réalisé; peut-être verra-t-on une inquisition de membres de l'Institut [1], une inquisition sans pompe, sans décor, sans cérémonie, sans flamme ni bûcher, plus ennuyeuse que terrible. Cette période de manuels mnémotechniques aura son rôle dans l'his-

---

1. Je crains fort que les membres de l'Institut ne répugnent toujours à cette besogne : on les remplacerait avantageusement par des conseillers municipaux.

toire de l'humanité. En même temps que l'esprit se reposera da
demi-sommeil, il se pénétrera des vérités de la science, de la co
tion de l'univers. Puis, après un temps plus ou moins long, de
veau on reconnaîtra la joie de la révolte, la joie de briser les
rières et d'ouvrir l'espace devant soi. Ce sera la Renaissance. L'
rajeuni soulèvera la multitude des faits observés et classés po
construire quelque nouveau palais d'idées d'une architectu
connue.

Au fond du trou noir de l'avenir, chacun ne discerne peut-êtr
les images que lui suggère son attente. Au lieu de nous tourmer
savoir comme on a vécu, comme on vivra, vivons. Soyons bon
pour cela ne dédaignons rien de ce qui est humain. Toutes le
mes du génie sont légitimes, achèvent l'une par l'autre de de
la grande figure de l'humanité. Par la science, par l'art, par les
taphysiques et par les religions, la nature poursuit en nou
œuvre. Acceptons l'homme tout entier ; c'est la diversité d
efforts, ce sont les contrastes de sa nature qui font sa grandeu
science n'est qu'une de ses fonctions : supprimez tout ce qui
pas elle et imaginez l'histoire! Aimons l'homme dans ses temp
dans ses dieux, dans ses désirs infinis, dans l'audace de ses
rances, dans ses sacrifices de la vie présente à l'idéal incertain,
le poète qui crée la beauté comme dans le savant qui la décom
L'individu n'a de sens que par ceux qui diffèrent le plus de lui.
bitude, en nous spécialisant, nous déforme. L'orgueil qui nous
nous abêtit. Seule, la sympathie est intelligente ; elle rétablit l'é
bre et l'harmonie ; en nous donnant l'esprit des autres, elle nou
une âme vraiment humaine. La tolérance n'est qu'un mot, si el
le dédain substitué à la violence. Le simplificateur à outrance
après avoir supprimé en soi tout ce qui est l'humanité mêm
superbement : « L'homme de l'avenir, c'est moi ! » me fait son
quelque oison déplumé qui pavanerait tout fier son pauvre
frileux, grelottant, dépouillé de tout ce qui faisait sa force
beauté.

GABRIEL SÉAILLES.

SUR LES APPLICATIONS DE LA PSYCHO-PHYSIQUE

Depuis quelques années il s'est produit un nouveau corps de doctrines qui préoccupe singulièrement les chercheurs : on s'est demandé s'il ne serait pas possible de déterminer nos actes psychiques par les dimensions des excitations. La psycho-physique a de nombreux partisans et ses adversaires ne sont pas sans admettre implicitement bien de ses doctrines. La grande difficulté est de bien définir son champ d'action et la portée des résultats.

Souvent on semble renfermer toute la psycho-physique dans la discussion de la loi de Fechner, que quelques esprits un peu aventureux voudraient élever au rang des lois newtoniennes ; en sorte que toute cette science devrait en dériver de la même manière que l'astronomie dérive de la gravitation.

Avant d'étudier la formule de Fechner, il semble nécessaire de chercher quels sont les cas où le besoin de lois psycho-physiques s'est fait sentir et quels résultats on a obtenus. Cet examen préliminaire montrera que la science en discussion est de date bien ancienne et qu'elle a un champ bien vaste pour ses applications.

Je crois que les premières recherches de ce genre sont celles qui se rapportent à la perspective linéaire. Les premiers artistes ont dû se préoccuper des moyens de rendre par le dessin l'impression que produit sur nous la vue des monuments ou des paysages. Le problème était des plus difficiles surtout à une époque où l'on n'avait pas de bonnes études physiologiques pour servir de bases aux recherches. Les géomètres ont fait de la perspective une science bien combinée et parfaite qui peut résoudre tous les problèmes qu'on lui propose, mais ils n'ont guère discuté ses principes.

On a d'abord remarqué que les objets nous paraissent d'autant plus petits qu'ils sont plus éloignés, et que les verticales ne semblent en général pas dévier de leur aplomb ; par suite, si l'on observe une longue rue droite bordée d'édifices de même hauteur, les corniches

sont alignées et paraissent tendre à la rencontre de la ligne du sou-
bassement des maisons : les rangées d'édifices parallèles semblent
également converger. Ces observations traduites en formules géométriques définissent la perspective ordinaire qu'on peut appeler centripète en raison de la convergence des parallèles.

Ce système de représentation devenu classique n'est pas entièrement satisfaisant. Il ne faut pas beaucoup d'attention pour voir que
l'on arrive fréquemment à des impossibilités : ainsi, les verticales
étant maintenues d'aplomb, deux fenêtres égales seront représentées
identiques, qu'elles soient au rez-de-chaussée ou au 5e étage, bien
qu'elles soient à des distances fort inégales de l'observateur et qu'en
réalité elles paraissent par suite fort différentes ; une sphère paraît
toujours ronde, tandis que la perspective la représente sous la forme
d'une ellipse plus ou moins déformée ; si même elle était très près
de la verticale passant par l'observateur, elle pourrait être transformée
en hyperbole. On pourrait multiplier les exemples qui auraient pour
résultat de montrer que la perspective n'est pas fondée sur des
axiomes géométriques, mais qu'elle donne seulement des solutions
convenables dans des limites déterminées. Elle rend en réalité de
grands services et peut utilement être employée par l'artiste pour se
rendre compte de l'effet que produira sa conception après l'exécution ; elle représente assez convenablement les relations dans lesquelles nous mettons les parties d'une vaste construction. C'est une
géométrie psycho-physique, puisqu'elle figure par des constructions
enchaînées les jugements que nous portons sur les objets.

On a imaginé d'autres systèmes destinés à satisfaire, d'une manière
plus simple et suffisamment exacte, à la représentation des objets
dans des cas où les constructions classiques sont jugées inutiles ;
lorsqu'il s'agit par exemple de dessiner une façade élevée, on s'abstient généralement de faire converger les corniches vers le sol ; on
se contente de la perspective cavalière qui dans ce cas est moins
désagréable que l'autre, parce qu'il y a quelque chose de choquant
à réduire les dimensions en raison de l'éloignement dans le sens de la
longueur, sans leur faire subir la même déformation dans le sens de
la verticale, quand la hauteur est considérable. La perspective classique ou centripète ne s'applique avec un réel avantage qu'au cas où
les objets sont peu élevés et à une distance notable de l'observateur :
la perspective cavalière ou parallèle n'est qu'un mode de représentation simplifié très convenable pour les objets ayant beaucoup d'élévation, mais qui a le grave défaut d'être encore plus arbitraire que
l'autre : elle s'appuie sur cette observation que les angles droits
sur le plan horizontal sont déformés, et ne tient pas compte de la

réduction des dimensions apparentes en raison de l'éloignement.

En résumé, nous n'avons aucune formule permettant de déterminer d'une manière mathématique la représentation des objets tels que nous les voyons, mais on s'est contenté depuis des siècles de méthodes approximatives qui suffisent d'ailleurs à la pratique de l'artiste et du dessinateur.

L'antiquité avait fait des illusions de la vue une étude très approfondie, mais dont il reste peu de traces dans les livres classiques. Les mesures très exactes prises durant ce siècle sur les monuments grecs ont démontré que les architectes faisaient subir à leurs lignes des déformations très savantes et très étudiées en vue d'améliorer l'effet esthétique. On n'a jamais mis en doute que ces altérations de l'ordre ne fussent le produit d'un art savant. Nous sommes si peu habitués à trouver dans nos monuments pseudo-grecs des recherches de ce genre qu'il nous est difficile d'en découvrir toujours la raison véritable. Il est clair que les artistes grecs ont cherché à éviter des erreurs d'optique faciles à commettre sous un ciel très clair, lorsqu'on est en présence de matériaux très éclatants : dans ces conditions, les vraies relations des parties de figures sont difficiles à apprécier : si les marches du Parthénon avaient été rectilignes, il est probable qu'elles eussent paru ventrues : en leur donnant une courbure inverse suffisante, on évite cet effet désagréable (parce qu'il rappelle un édifice ébranlé et prêt à s'écrouler). Il est clair que l'esprit éminemment méticuleux des architectes grecs avait dû s'exercer de bonne heure sur tous ces sujets, et comme nous savons qu'ils soumettaient toutes leurs constructions à des relations numériques, il est certain qu'ils avaient formulé des règles pour déterminer les déformations de l'édifice. Ces règles avaient bien le caractère de formules psycho-physiques, puisqu'elles étaient basées sur la détermination des erreurs commises par notre jugement en présence d'objets soumis à nos sens.

Je vais énumérer maintenant quelques problèmes intéressants qui se présentent dans la pratique et qui dépendent de la psycho-physique : on verra par là combien cette science a d'applications utiles.

Lorsque deux excitations sont très voisines en position, il se produit une fusion partielle ou totale. On a souvent établi sur les côtes des phares conjugués ; les marins apprécient beaucoup ce système, mais pour qu'il soit efficace, il faut que les feux soient parfaitement distincts dans tout le cercle où les navigateurs ont intérêt à les voir. On a dû chercher une relation entre la puissance des feux et l'angle sous lequel on les voit distincts à la limite du cercle utile. On n'a pas de formule précise ; on se contente d'une règle empirique que les

constructeurs n'ont pas cherché à perfectionner, parce que ce caractère est de moins en moins employé. Ce qui complique la question
c'est qu'il faudrait connaître avec précision l'intensité des lumières
au point où est l'observateur, problème de physique bien mal résolu
encore.

Ou emploie dans les phares des feux scintillants tournant avec des
vitesses de plus en plus grandes : l'éclat varie très vite, mais l'œil
ne saurait saisir le maximum; l'impression qu'il reçoit est celle d'un
feu d'une intensité un peu plus petite que s'il était produit par une
lentille fixe. M. Allard, dans un mémoire sur l'intensté et la portée
des phares, a essayé de résoudre théoriquement cette question; mais
il a voulu poser le problème sans aucune donnée expérimentale; il
est donc obligé de se baser sur des formules arbitraires.

L'établissement des phares électriques à éclats de courte durée soulève d'autres questions scientifiques très intéressantes : ainsi, par
exemple, on s'est demandé quelle est la relation qui doit exister entre
la dimension de l'objet et sa clarté, pour que la vue en soit distincte
à une distance déterminée, ou encore quelle durée minimum doit
avoir un éclat pour qu'il soit nettement aperçu à la bonne distance.
Ce sont là des problèmes de sensation et, par suite, exigeant des
expériences de psycho-physique : je ne crois pas qu'on ait fait des
recherches précises dans ce sens.

Pour diriger les navigateurs à l'entrée des rivières, on emploie des
feux de direction : le pilote se trouve dans le bon chenal, tant qu'il
projette les deux feux sur une même verticale : l'application de
ce système exige que l'on connaisse une loi déterminant le maximum de l'erreur qui peut être commise dans l'appréciation de la
direction. A la suite d'expériences convenables, M. Reynaud a
donné une formule assez simple et remarquablement exacte pour
résoudre ce problème.

C'est l'optique qui offre le plus grand champ aux applications de
la psycho-physique. Les contrastes des couleurs sont le produit
d'une erreur de jugement et n'ont rien à voir avec la physique proprement dite. Les expériences de M. Delbeuf ne peuvent laisser
aucun doute sur ce sujet et cette manière de voir est admise, je crois,
par tous les physiologistes. Deux couleurs influent l'une sur l'autre,
non seulement en raison de leurs teintes, mais encore de leur intensité et de leur saturation : le clair à côté du foncé paraît plus clair,
et le sombre est renforcé.

On doit encore rattacher à la psycho-physique la notion des couleurs saillantes ou rentrantes; habituellement on dit que le rouge
paraît en saillie sur le bleu, parce que les rayons rouges étant plus

réfrangibles forment leur image en avant de celle des rayons bleus. Il y a autre chose, car il serait, dans ce système, impossible d'expliquer comment le rouge peut être quelquefois employé avec avantage pour faire ressortir les creux. Dans le temple de Minerve Poliade à Priène (publié avec un très grand soin par la mission envoyée par M. de Rothschild), on voit que les creux sont accusés en bleu quand les ornements reçoivent la lumière directe, et en rouge quand ils sont éclairés par reflet, comme cela a lieu par exemple pour les caissons du portique. Cet exemple est d'autant plus précieux que ce temple est remarquablement étudié dans ses détails et que la polychromie y est employée avec un extrême ménagement.

Tout le monde connaît les couleurs larges et les couleurs étroites : le blanc paraît toujours plus grand qu'en réalité, tandis que le noir semble plus petit qu'il n'est : il y a là un effet qui ne saurait être expliqué ni par la physique ni par la physiologie; il y a une erreur de jugement, et, par suite, l'étude de ces phénomènes rentre dans la psycho-physique.

L'une des grandes difficultés de la construction des verrières réside dans le rayonnement des couleurs translucides : M. Viollet-le-Duc a très habilement analysé ce phénomène et il a posé quelques règles pratiques. L'explication de ces effets n'a pas été encore donnée, à ma connaissance : on peut bien admettre qu'il y a sur la rétine diffusion de l'excitation lumineuse; mais ce fait physiologique devrait se produire avec toutes les couleurs; or, le rouge se rétrécit au lieu de s'élargir, le jaune n'empiète pas, tandis que le bleu colore ses contours et salit les couleurs voisines. Il y a là des phénomènes très complexes qui paraissent tenir à des causes physiologiques et surtout à des erreurs de jugement. Il ne se produit pas un contraste de couleurs; mais, au voisinage du bleu, les couleurs apparaissent modifiées comme si la lumière bleue prenait la place de la lumière blanche : le rouge devient violacé et le noir, qui n'est jamais un noir absolu, apparaît bleuâtre au lieu d'être gris foncé. Ces modifications se rapprochent beaucoup du système de combinaisons colorées appelé mérochromie par M. E. Brücke [1].

La construction des théâtres donne lieu, on le sait, à des questions fort délicates, qui ne sont pas encore résolues : aussi le public a-t-il tort, en général, de s'en prendre aux architectes quand une salle est médiocre; car ceux-ci devraient trouver dans la science un secours qui leur manque. On demande avec raison que le théâtre

---

1. *Des couleurs au point de vue physique*, etc., par E. Brücke, traduit par Schutzenberger.

soit sonore, que le chant soit renforcé, car autrement autant
drait chanter en plein vent; mais d'autre part, il faut que les
résonnants ne troublent pas l'audition. Dans une pièce trop so
un professeur, en parlant bas et lentement, peut se faire ente
sans fatigue : dans un théâtre lyrique, on ne peut pas recourir
subterfuge; il faut qu'un son ne produise pas de résonances ve
troubler le son suivant. Pour traiter à fond ce problème il faud
connaître non seulement très bien l'acoustique physique, mais en
les lois de nos sensations.

L'orchestre n'est qu'un immense instrument produisant un gi
nombre de sons simultanés qui doivent se fondre dans notre se
tion. L'auditeur étant à des distances différentes des divers ins
ments ne saurait percevoir les sons mathématiquement réunis, i
les lois de notre constitution permettent une certaine tolérance.
musiciens luttent depuis longtemps contre la tendance que l'on
élargir continuellement la scène, parce qu'ils ont bien reconnu l
possibilité qui en résulte pour un certain nombre de spectat
d'entendre convenablement l'orchestre.

La finesse de notre organe auditif paraît singulièrement dimii
lorsque l'œil est vivement excité et surtout qu'il arrive près d
fatigue. Gœthe propose, dans *Wilhem Meister*, de dissimuler
chestre, afin que l'auditeur ne soit pas distrait par les mouvem
des exécutants; R. Wagner non seulement cache l'orchestre, i
encore réduit l'éclairage de la salle afin de donner plus de vig
à nos jugements auditifs.

Lorsque l'orchestre est enfermé dans une boîte sonore (on
voir une disposition de ce genre aux Bastions, à Genève), il se
duit un son résonnant qui se superpose à tous les autres et
donne du moelleux : la fusion de l'orchestre est plus parfaite
s'il jouait en plein vent. Je pense qu'à Bayreuth les exécutants
dans des conditions à peu près analogues. Cet effet me paraît i
plicable par la physique seule.

Chaque fois qu'on ouvre un théâtre nouveau, il s'élève de n
breuses discussions sur la valeur de la salle : les arguments
sentés de part et d'autre sont en général extrêmement vagues
ne semble pas qu'on ait soumis jamais à une étude complète
effets du son dans un théâtre; le problème n'est donc pas en
résolu au point de vue de la physique; je crois avoir montré, pa
exemples ci-dessus, qu'il faudrait également tenir compte des
sensorielles.

II

Les discussions sur la psycho-physique roulent généralement sur les lois de Weber et de Fechner. On sait que d'après Weber les erreurs relatives maxima commises dans l'appréciation d'égalité de deux excitations sont constantes : c'est la généralisation de la règle du comma en musique : cette formule a été beaucoup attaquée et, de fait, elle ne peut être absolument générale en raison de l'existence des limites de nos perceptions ; mais, dans les sciences physiques, on doit bien moins chercher à trouver des lois rigoureusement exactes que des lois relativement simples, suffisamment approchées dans les limites des applications usuelles. La loi de Mariotte est un exemple remarquable de cette méthode : personne ne doute de l'inexactitude de cette formule, mais on n'en continue pas moins à en faire constamment usage ; on l'applique journellement à la détente dans les machines à vapeur, bien qu'elle soit faite pour les gaz éloignés de leur point de saturation et que durant la détente la vapeur soit toujours en contact avec du liquide. Il existe bien peu de lois en physique qui puissent être considérées comme rigoureusement exactes : alors même que l'on possède des tableaux ou des formules empiriques représentant très bien les observations faites avec précision, les nécessités de la pratique obligent à faire usage de relations approchées et simples, seules capables d'entrer dans les calculs et de servir à la solution des problèmes journaliers.

Pour la lumière et le son, la loi de Weber paraît se vérifier convenablement : les autres excitations sont beaucoup plus difficiles à étudier, et les expériences ont été d'autant moins nombreuses que les besoins de la pratique étaient moins marqués. Dans cette loi on fait entrer des éléments fort complexes et il y a fort à parier que la formule exacte devrait être extrêmement compliquée ; elle serait probablement inutile en raison même de sa complication. Le plus sage est donc de se borner à perfectionner la loi de Weber et de déterminer les limites de ses applications légitimes. M. Charpentier a communiqué à l'Académie des sciences en 1883 des expériences faites dans des limites fort étendues, ayant pour objet de donner pour la vision une formule plus exacte que celle de Weber ; elle pourrait, d'après lui, être appliquée aux lumières faibles.

Quand on discute la loi de Weber, il faut observer qu'elle ne fixe que la limite de l'erreur commise dans l'appréciation ; dans cette

limite l'erreur peut prendre toutes les valeurs possib
encore observer que la valeur constante de l'erreur re
suivant les individus et, sur chaque individu, suivant
fatigue ou d'excitation. Si on possédait une formule exacte
tions amèneraient à se contenter d'une approximation, et
dès lors se borner à une expression simplifiée.

La loi de Fechner présente un caractère tout différent
Weber : dans cette dernière, on compare deux excitati
sensation juge égales, tandis que dans la première on
sensation même. On objecte que cette quantité n'est pas
ni même définissable, d'une manière mathématique. Cett
n'a pas l'importance qu'on y attache habituellement. Tou
reconnaît que l'on a des sensations fortes ou faibles, par
y a là un élément susceptible de recevoir un qualificatif d
des grandeurs. Si la loi de Fechner était en concordance
avec les faits, si elle offrait un intérêt pratique considér
serait quitte pour définir la sensation par sa valeur tirée
mule; pareil procédé a été employé bien des fois dans la
seule précaution à prendre serait de ne plus employer le
sation dans un sens différent de celui qui résulterait de la
mathématique.

Fechner a déduit sa loi de celle de Weber d'une mani
recte, mais cela a peu d'importance, et dans bien des
arrivé par des méthodes aussi mauvaises à d'excellents ré

La formule de Fechner ne me paraît pas avoir été dis
qu'ici au véritable point de vue auquel il faut se place
semble née logiquement de l'observation des intervalles
il faudrait nier l'évidence pour soutenir que depuis tant
en basant le système musical sur des intervalles, on n'a
une loi de notre jugement; la formule logarithmique rend
ment compte de ce fait que la différence musicale corres
rapport entre des quantités physiques; elle exprime s
algébrique le système qui sert de base à l'esthétique de l'o

C'est seulement dans la musique qu'il existe une échell
ment déterminée pour classer les perceptions. Partout
est difficile de dire avec précision ce qu'on entend par
rence de sensation. Cependant la lumière présente quel
d'analogue dans le système des couleurs. Newton avait
les classer suivant une formule empruntée à l'acoustique;
n'est plus admise, mais de nombreux efforts ont été tentés
duire des catégories utilisables dans la pratique des arts.

Les couleurs nous impressionnent d'une manière beau

complexe que les sons; il faut faire entrer en ligne de compte leur nature, leur saturation, leur intensité, et tous ces éléments sont souvent difficiles à définir avec précision. On sait, par exemple, que l'étendue donnée aux diverses teintes d'une décoration joue un rôle considérable dans la valeur de l'œuvre. Un auteur anglais célèbre, Field, a l'un des premiers fait des expériences sur ce sujet. On lira avec fruit les fines observations de M. Viollet-le-Duc à l'article *Peinture* de son *Dictionnaire d'Architecture*.

La peinture des tableaux n'est guère susceptible d'être soumise à une analyse scientifique : il n'en est pas de même de la peinture ornementale qui, généralement, ne reproduit rien de réel. Il y a une époque où l'on se bornait à de fades assemblages qui produisaient un ensemble toujours médiocre, mais presque toujours supportable. Depuis que l'habitude de voyager dans les montagnes et sur le bord de la mer a fait naître le goût des harmonies fortes et des couleurs saturées, l'art ornemental a dû complètement se transformer et revenir aux anciens modèles; malheureusement, depuis le moyen âge, toute tradition solide avait été perdue et on n'avait plus aucune idée des méthodes suivies à cette grande époque. Il ne semble pas douteux que les artistes devaient se borner la plupart du temps à diriger les grands travaux d'ornementation et qu'ils avaient été obligés d'adopter des méthodes précises qu'on enseignait dans les ateliers. M. Viollet-le-Duc a très clairement expliqué la manière dont on dessinait les personnages d'après des règles géométriques; l'album de Villars de Honnecourt montre quelle importance ce système avait pris à son époque (XIIIᵉ siècle). Il est clair que pour la coloration, on devait procéder d'une manière assez analogue. M. Viollet-le-Duc dit « qu'il suffisait de trouver des ouvriers habiles de la main et assez imbus des procédés traditionnels pour peindre sur les verres coupés le modelé convenable. Nous ne comprenons pas l'art de la peinture de cette manière aujourd'hui, et il ne faut pas le regretter, s'il s'agit de tableaux faits pour être placés en dehors d'un effet décoratif général...; mais, si la peinture participe d'un ensemble, elle est nécessairement soumise à des lois purement physiques qu'on ne peut méconnaître et qui sont supérieures au talent et au génie de l'artiste... Ce qui a été oublié pendant des siècles, ce sont les seuls et vrais moyens qui conviennent à la peinture sur verre, moyens indiqués par l'observation des effets de la lumière et de l'optique. » Tout cela est magistralement écrit; il n'y a qu'à faire une observation, c'est que l'étude de ces effets est du domaine de la psycho-physique. Les peintres avaient d'ailleurs pour se diriger l'étude approfondie qu'ils avaient faite des enluminures

sur parchemin, qui ont joué un rôle capital dans l'histoire d
Notre siècle est devenu trop savant et trop encyclopédiste po
nous ayons la finesse de perception des harmonies colorées
retrouve si fréquemment chez les peuples primitifs, tant q
sont pas en contact avec les Européens. Cette grossièreté d
goût apparaît d'une manière bien frappante dans les mon
pseudo-grecs élevés en si grand nombre depuis le moyen âge
sont à l'art grec ce qu'est l'eau-de-vie de betterave au vin de
gogne. Aujourd'hui nous ne pouvons plus nous contenter d
instinct artistique.

Pour raisonner d'une manière utile de l'art ornemental,
évidemment pouvoir définir exactement les sensations produi
les différentes parties : dans ce but, on a fait beaucoup de te
pour constituer une bonne nomenclature des teintes; comme
dit plus haut, il faut pouvoir faire entrer en ligne de compte l'é
donnée à une couleur, ce qui exigerait la connaissance d'u
mule reliant la sensation à l'importance de l'excitation. Je
pas que la loi de Fechner puisse s'appliquer ici utilement,
question n'est pas de défendre l'expression logarithmique, n
montrer qu'elle correspond à un problème réel et dont la s
importe grandement à l'esthétique.

M. Viollet-le-Duc a traité magistralement dans son dictionn
question des proportions en architecture; il a montré quel
rôle capital attribué par l'art du moyen âge aux méthodes g
triques, non seulement pour tracer les profils et détails, mai
pour déterminer les principaux éléments de la construction.

Les Grecs paraissent avoir suivi des méthodes analogues, n
semblent avoir donné une importance toute particulière au
ports numériques. A diverses reprises, on a cherché à remet
méthodes en honneur. On a objecté que notre œil était inc
de sentir les rapports de proportion comme notre oreille re
les intervalles musicaux. Il est facile de répondre qu'en m
notre oreille n'est pas d'une justesse mathématique et que l'
du comma est toujours supposée; en architecture, il y a enc
peu plus de liberté pour la détermination des proportions, par
nous ne sommes pas constitués pour mesurer les dimensions
simple vue. Il n'en est pas moins vrai qu'il faut généraleme
de chose pour qu'une construction paraisse trop élevée ou tro
sée; notre œil est si fin connaisseur dans certains cas qu'un
très léger peut déshonorer un portique : il suffit quelquefoi
très léger galbe dans une colonne pour en changer complèt
l'aspect. Lorsque l'étude des chefs-d'œuvre de l'antiquité

moyen âge démontre que les constructeurs se sont guidés par des procédés géométriques, il y a mieux à faire que de nier la valeur de la théorie ; il faut produire d'autres méthodes. Ce ne sont pas assurément les œuvres contemporaines qui sont de nature à ébranler le système si bien développé par M. Viollet-le-Duc.

Ce court exposé nous conduit à dire que dans toute composition architecturale les harmonies de formes et de couleurs ne sont pas le produit du hasard et qu'elles sont soumises à des règles. Ce résultat serait inadmissible, s'il n'y avait des lois déterminant nos sensations. Je conclus en conséquence que le principe des recherches de Fechner est légitime, et qu'il est nécessaire pour soumettre à l'analyse nos jugements esthétiques.

Beaucoup d'artistes n'aiment pas que les philosophes parlent de leurs affaires : aussi je me suis continuellement appuyé sur l'autorité d'un maître dont la science et le goût sont également incontestables ; je veux maintenant montrer qu'il y a des problèmes commerciaux dans lesquels ces considérations ont de la valeur. On discute souvent sur la comparaison de la lumière électrique, agissant sous forme de gros foyers, et du gaz. Beaucoup de personnes se plaignent du mauvais effet produit par l'électricité qui aveugle d'un côté et jette de l'autre des lueurs blafardes. Il est impossible de s'entendre, parce que la question est mal posée : un ingénieur justement renommé dans l'industrie du gaz, M. Servier, a essayé de résoudre le problème de l'éclairage des grandes surfaces sans tenir compte de la psycho-physique : il n'a pu arriver à des résultats concluants ; il ne s'agit pas en effet seulement d'obtenir un éclairage minimum déterminé, mais surtout de réaliser une harmonie dans l'éclairage. Tout le monde comprend que, pour atteindre ce but, il faut dépenser beaucoup plus de lumière avec les gros foyers qu'avec les petits, mais je ne sache pas qu'on ait encore fait des études pour arriver à déterminer la loi de l'éclairage.

Je me sépare complètement des partisans de Fechner quand ils admettent que toutes nos sensations sont soumises à une seule loi. Cela me paraît absolument contraire aux véritables principes ; les phénomènes étudiés sont extrêmement complexes, et on ne peut espérer posséder qu'une loi empirique, applicable dans les limites où les besoins de la pratique en rendent l'usage utile ; dans ces conditions il doit exister autant de formules différentes qu'il y a d'ordres de sensations. En physique, on trouve les mêmes difficultés lorsque, par exemple, on veut exprimer la tension des vapeurs en fonction de la température ; il ne suffit pas de modifier les coefficients, il faut au moins une formule par liquide.

La loi de Fechner ne met pas en évidence les erreurs commises dans l'appréciation des intervalles sensitifs; la sensation croîtrait d'une manière continue. Cette observation suffirait à elle seule à montrer que la formule de Fechner est complètement indépendante de celle de Weber : la première donne la valeur moyenne de la sensation et l'autre indique les erreurs en plus ou en moins qui peuvent être commises dans l'appréciation des deux excitations égales. En musique, malgré la finesse de l'oreille la plus exercée, il y a toujours une légère erreur commise dans l'appréciation des accords.

On objecte à la loi de Fechner que la sensation pourrait devenir négative et on a discuté sur la correction à apporter; à vrai dire on fait dans ce cas un usage tout à fait vicieux de la formule. Dans toutes les sciences physiques il y a des limites pour l'usage des formules; si, par exemple, on suppose un gaz refroidi à pression constante à une température inférieure à 273° au-dessous de zéro, son volume devient négatif; je ne sache pas que l'on ait jamais objecté cette absurdité à la loi de Gay-Lussac sur la dilatation des gaz. Le principe même de la loi de Fechner s'oppose à ce qu'on l'applique aux sensations très petites, parce qu'on néglige l'erreur d'appréciation, ce qui ne peut être admissible que dans le cas où l'excitation est importante. Pour trouver le mode d'action d'excitations très petites ou rapidement variables, il faut faire de nouvelles expériences qui ont été à peine commencées.

III

On pourrait multiplier beaucoup les exemples de problèmes appartenant à la psycho-physique; mais il semble que ce qui est dit plus haut suffit à montrer l'étendue de cette science.

Jusqu'ici on a le plus souvent rattaché les questions psychophysiques à la physiologie : il est facile de comprendre qu'il y a là une erreur de classification. La physiologie étudie le mécanisme des sens, comme la physique étudie la dynamique des corps extérieurs; mais ni l'une ni l'autre ne peuvent discuter les jugements portés sur les excitations.

La psycho-physique ne doit pas se borner à décrire et mesurer les phénomènes; elle serait incomplète si elle n'en cherchait pas le mécanisme. La plupart de nos illusions et de nos jugements sensoriels sont basés sur des associations d'idées; depuis bien longtemps on a signalé l'influence des spectacles naturels sur l'art des diffé.

rents peuples. La psycho-physique, qui analyse les effets esthétiques et les étudie dans leurs éléments simples et mesurables, est bien armée pour rechercher l'origine des associations d'idées qui déterminent la plus grande partie de nos jugements esthétiques.

Il faut bien répéter en terminant que la psycho-physique n'a pas la prétention de donner des formules du beau, grâce auxquelles on ferait de belles œuvres, comme on fait de la pâtisserie; elle se borne à un rôle infiniment plus modeste, comme je crois l'avoir suffisamment montré; elle cherche à déterminer nos sensations pour donner une base scientifique aux raisonnements esthétiques. D'ordinaire, rien n'est plus difficile à suivre que ces discussions, parce que les contradicteurs ne peuvent s'entendre sur la signification exacte des termes et qu'ils ne peuvent exprimer les relations que par des formules prodigieusement vagues : ce défaut provient de l'absence de toute étude vraiment scientifique des jugements; la psycho-physique comblant cette lacune mérite d'être accueillie avec faveur et étudiée par les artistes.

La formule de Fechner ne semble pas devoir rendre de grands services pour l'avenir de la science : mais le grand observateur aura eu du moins le mérite d'avoir familiarisé les esprits avec l'idée de la mesure de la sensation. Cette notion paraît tout d'abord si paradoxale qu'on est tenté de la rejeter. Cela tient un peu à notre éducation psychologique, car nos anciens n'en auraient pas été autant choqués que nous. Leibniz s'est permis de comparer la sensation à l'excitation comme la projection à l'objet, ce qui comprend implicitement l'existence d'une formule mathématique reliant la sensation à l'excitation. L'utilité de ces recherches a été peu remarquée tout d'abord, parce que c'est depuis peu de temps seulement qu'on a cherché à discuter l'esthétique comme une science susceptible de précision. Je crois avoir bien démontré que l'on ne pourra avancer dans cette voie sans admettre l'existence des lois psychophysiques.

Georges Sorel.

LA PHILOSOPHIE RELIGIEUSE

DE BERKELEY

Nous n'avons pas l'intention d'exposer ici dans son ensemble la philosophie de Berkeley. C'est un travail qui a été fait et bien fait ; l'excellent ouvrage de M. Penjon, les études si complètes de M. Fraser sont connus de quiconque s'intéresse à l'histoire de la pensée philosophique en Angleterre. Notre but est plus modeste : dégager de l'œuvre de Berkeley les doctrines proprement religieuses, les présenter sous une forme systématique, en apprécier les conséquences et la valeur.

En réalité, ces doctrines constituent la philosophie tout entière de notre auteur. La vie intellectuelle de Berkeley est absorbée par cette tâche unique : mettre au-dessus de toutes les négations, soit directes, soit détournées, l'existence de Dieu. Les matérialistes et les athées la nient directement ; les libres penseurs et les sceptiques, indirectement. Berkeley ne cesse de combattre pour cette cause sacrée ; il réfute et démontre en même temps ; il est un polémiste plein de ressources, un dogmatique plus enthousiaste que rigoureux. Et il lui est arrivé ce qui arrive souvent : ses réfutations ont eu meilleure fortune que ses démonstrations. On n'a vu en lui que l'habile adversaire de la substance matérielle, le père de l'idéalisme moderne. Les positivistes l'ont aussi revendiqué pour un des leurs : les sceptiques mêmes se réclament de lui. Hume et Stuart Mill prétendent le continuer. Je sais qu'il est toujours possible, au nom de la logique, d'imposer à un philosophe les conséquences qu'il eût le plus énergiquement repoussées : c'est un procédé de discussion aussi commode que peu charitable. On réussit par là, presque à coup sûr, à précipiter un système du subjectivisme dans le scepticisme, du scepticisme dans le nihilisme, du nihilisme dans l'athéisme et dans l'immoralité la plus noire. Les médecins de Molière nous ont familiarisés avec ces enchaînements de conséquences effroyables. Berkeley a nié la matière ; donc il devait, d'accord avec ses principes, nier l'esprit,

extérieures, s'appellent, s'enchaînent, se groupent selon un certain ordre que nous ne faisons pas plus que ces idées mêmes; les perceptions de la vue sont signes des perceptions du toucher, sans qu'il y ait entre le signe et ce qu'il signifie aucun rapport nécessaire; la nature visible tout entière est ainsi un langage dont l'expérience et l'expérience seule nous enseigne peu à peu l'interprétation. Ces idées, cet ordre, ce système de symboles dont nous avons conscience de n'être pas cause, toute cette part de moi que je ne reconnais pas comme mienne, toute cette intelligence parlant à mon intelligence par une nature qui ne saurait avoir d'existence substantielle; — tout cela n'est-il pas dans mon esprit l'œuvre d'un esprit qui le pénètre, l'instruit, l'illumine, le dépasse et l'a créé?

Comme dès lors tout est simple! Le cartésianisme, condamné à expliquer l'union de deux substances aussi différentes que la pensée et l'étendue, le corps et l'âme, avait échoué. Ni les esprits animaux de Descartes, ni les causes occasionnelles de Malebranche, ni l'harmonie préétablie de Leibniz, n'avaient satisfait à toutes les exigences du problème. Avec Berkeley, le problème a disparu : il ne reste plus en présence que l'esprit humain et l'esprit divin. Au fond, c'était bien là qu'aboutissait Malebranche ; mais il s'embarrassait encore d'un reste de matière : l'étendue intelligible, l'étendue créée, les traces imprimées ou réveillées dans le cerveau.

Berkeley exorcise tous ces fantômes. L'étendue sensible va rejoindre dans l'âme la forme et la couleur; l'étendue intelligible est une abstraction, comme telle, n'est rien qu'une idée d'étendue particulière prise pour signe de toutes les autres étendues particulières; quant au cerveau, lui aussi, il est idée. Je ne pense pas parce que j'ai un cerveau; mais l'idée que j'ai d'un cerveau est toute la réalité de ce cerveau.

Dès 1710, lady Percival faisait à Berkeley une grave objection. « Ma femme, lui écrivait lord Percival, désire savoir ce que vous faites, s'il n'y a rien que l'esprit et les idées, de cette partie de la création en six jours qui a précédé l'homme [1]. »

Berkeley répondait, comme il répondra plus tard dans les *Dialogues d'Hylas et de Philonoüs*, que la réalité des choses dont nous n'avons pas actuellement l'idée, ou dont aucun esprit humain n'a pu avoir l'idée, a son fondement dans la pensée divine. Les choses sont véritablement en Dieu en tant qu'idées et l'histoire du monde avant la création de l'homme s'est déroulée tout entière dans l'entendement divin. Et il ajoute, dans les Dialogues : « j'imagine que si j'avais été pré-

1. Fraser, *Berkeley*, in-18, p. 70.

sont à la création, j'aurais vu les choses être produites à l'existence, c'est-à-dire devenir perceptibles dans l'ordre indiqué par l'historien sacré..... Quand les choses sont dites commencer ou finir leur existence, nous n'entendons pas cela au regard de Dieu, mais à celui de ses créatures. Tout les objets sont éternellement connus par Dieu, ou, ce qui est la même chose, ont une existence éternelle dans son intelligence, mais quand les choses, auparavant imperceptibles aux créatures, leur deviennent perceptibles par un décret divin, alors on dit qu'elles commencent une existence relative, à l'égard des esprits créés. Donc, en lisant le récit de Moïse sur la création, je comprends que les différentes parties du monde sont devenues graduellement perceptibles à des esprits finis, en sorte que partout où ces esprits furent présents, elles furent réellement perçues par eux. » (Dial. III, Fraser, I, p. 348.)

De là une nouvelle preuve, et plus décisive peut-être, de l'existence de Dieu. Les choses qui n'existent pas parce que nous ne sommes pas là pour les penser, doivent exister quelque part, soit dans d'autres entendements finis, soit, au défaut de tout entendement fini, dans l'entendement divin.

M. Leslie Stephen se demande si Berkeley a le droit de tirer cette conséquence. « Si, dit-il, par la perception d'une chose, je voulais dire que je perçois aussi que quelqu'un d'autre que moi la perçoit, il s'ensuivrait qu'en mon absence la chose subsisterait en effet dans cet autre esprit. Mais une telle signification est impossible, et Berkeley lui-même nous dit que nous ne pouvons percevoir directement une autre conscience. Nous ne sommes informés de l'existence de consciences différentes de la nôtre que par une interprétation de signes extérieurs. Et cependant l'argument de Berkeley semble impliquer qu'un esprit est nécessaire à l'existence d'une idée, non seulement, pourrait-on dire, au dedans de nous, mais aussi au dehors. Nous admettons qu'il doit y avoir un esprit qui reçoive l'impression. Mais pourquoi y aurait-il un esprit qui la produit ? N'est-ce pas confondre le sujet et l'objet, et supposer tacitement qu'une idée est une sorte de chose séparable qui peut disparaître d'un esprit et être conservée dans un autre ? De plus, si nous admettons qu'un certain substratum est nécessaire pour assurer la continuité du monde extérieur, échappons-nous, en appelant ce substratum un esprit, à toutes les difficultés impliquées, selon Berkeley, « dans la conception de la matière [1] ? »

L'objection ne manque pas de force ; il nous semble cependant que

1. *History of the english thought in the eighteenth century*, t. I, p. 41.

Berkeley aurait de quoi répondre. On n'a pas assez remarqué peut-être le rôle que jouent dans sa philosophie le principe et la notion de causalité. Il ne cesse d'affirmer que l'activité véritable appartient aux seuls esprits; les esprits sont seuls causes, seuls moteurs, les idées ou choses sensibles ne sauraient donc être causes ni d'elles-mêmes ni de ; rien. D'autre part, comme notre esprit a conscience de n'être pas cause de toutes ses idées, mais qu'il prend en soi-même et immédiatement le sentiment de sa propre causalité, il conclut nécessairement à l'existence d'autres causes spirituelles, analogues à lui. Cette nécessité, qui fonde à nos yeux l'existence de l'esprit divin, fonde aussi la permanence du monde extérieur; car les idées ne peuvent rester suspendues dans le vide ; l'absence de mon esprit qui les perçoit ne peut pas plus les anéantir que sa présence leur donner l'être : mon esprit ne produit, encore une fois, que des idées dont il a conscience d'être cause. Le principe de causalité exige donc que les choses non perçues par moi, ou par mes semblables, le soient par Dieu, et si Dieu est éternel, elles sont éternellement idées de Dieu. C'est une induction, soit; mais une induction nécessaire, et je ne vois pas qu'on puisse logiquement contester à Berkeley le droit de la faire.

Ce qu'on pourrait plus justement lui reprocher, c'est de n'avoir pas déterminé plus nettement l'origine et les caractères de l'idée de cause, la valeur du principe de causalité. La notion du *moi* demeure assez obscure chez Berkeley. Dans le *Common place Book*, il va jusqu'à dire que l'âme n'est rien que ses manières d'être [1]. Il semble qu'alors il ait eu peur, même pour l'âme, de la notion de substance, qui implique quelque chose de passif, analogue à la matière en soi. Plus tard, dans les *Principes de la connaissance humaine*, il identifiera la cause et la substance, et l'esprit seul est cause ou substance parce qu'il est essentiellement activité, volonté. Mais il n'est que par la conscience qu'il a de percevoir et d'agir : alors que devient-il quand la conscience est suspendue? Berkeley ne s'explique pas sur ce point, ou plutôt il affirme, contre toute évidence, que l'esprit pense toujours, et il s'agit ici d'une pensée réfléchie (*cogitation*) [2]. Il ajoute que nous avons du *moi*, non une idée mais une *notion*, ce qui veut dire que le moi se saisit non comme chose étrangère, comme

---

1. « The very existence of ideas constitute the soul. — Mind is a congeries of perceptions. Take away perceptions, and you take away mind. Put the perceptions and you put the mind. — The understanding seemeth not to differ from its perceptions or ideas. » (Fraser, p. 438, 439.)

2. *Princ. of Human Knowledge*, sect. 98.

objet de perception, mais par une réflexion immédiate [1]. Cela est vrai, profond même, mais voudrait être plus solidement établi. Il n'aborde nulle part, que nous sachions, le problème du libre arbitre; il se contente d'affirmer la liberté comme une condition de la morale [2]. L'activité même du moi, qui est son essence, ne consiste qu'à « percevoir des idées, — c'est l'entendement à produire des idées ou à opérer sur elles, — c'est la volonté [3] ». Enfin dans la *Siris* il fera de l'unité le fond le plus intime de notre être, ce qui est encore peu clair et bien abstrait. Il lui manque une psychologie, surtout une psychologie de la volonté.

Sa situation d'ailleurs était embarrassante. Il s'agissait de faire évanouir la matière en soi, pour établir plus solidement l'existence de Dieu. La réalité prétendue de la matière devait faire retour aux esprits. Mais il n'était pas prudent de donner trop à l'esprit humain; car s'il fait, en tant qu'il les perçoit, tout l'être des choses; s'il produit certaines de ses modifications; si, en un mot, il manifeste une causalité véritable, n'est-il pas à craindre que cette activité, débordant les limites de la conscience, ne soit la raison secrète et des mouvements instinctifs, et des lois que nous découvrons dans la nature, et des rapports qui unissent entre eux les différents ordres de perceptions ? Dès lors que resterait-il pour la causalité divine et quelle valeur conserverait notre prétendue preuve de l'existence de Dieu ? Le *moi* de Berkeley deviendrait quelque chose d'absolu, comme le *moi* de Fichte.

Il fallait donc, tout en laissant à l'âme l'activité, renfermer rigoureusement celle-ci dans les limites de la conscience, c'est-à-dire du présent. Le temps d'ailleurs n'existe que dans l'esprit, il n'y a d'autre durée que celle de la conscience [4]. Tout ce qui n'est pas présent n'existe pas, qu'il s'agisse de notre vie interne, ou des idées que nous appelons des objets. Une étendue trop petite pour être vue n'est rien [5]; les phénomènes inconscients du dedans ne sauraient exister. Ce n'est pas l'âme qui meut les membres du somnambule ou du dormeur, les doigts du musicien exercé : c'est Dieu [6]. La part d'activité qui nous est propre est donc à chaque instant déter-

1. *Princ. of hum. Knowledge*, sect. 2, 27, 142. — *Dial.*, *Hyl. et Phil.*, III. — Fraser, I, p. 328.
2. *Commonplace Book*. Fraser, p. 430.
3. *Princ. of Hum. Knowl.*, sect. 27.
4. *Princ. of Human Knowledge*, sect. 98.
5. *An Essay towards a new theory of vision*, sect. 80. — *Princ. of human Knowledge*, sect. 124.
6. *Siris*, sect. 257.

minée par la conscience distincte que nous avons d'être cause de certaines modifications internes : le reste est la part de la causalité divine. Le sens intime révèle à la fois la limite et les rapports entre Dieu et nous.

Mais c'est là un des points faibles du système. Il est aujourd'hui démontré qu'une perception se compose d'une multitude de perceptions insensibles, que de la conscience à l'inconscience, il y a, non pas un abîme, mais une infinité de transitions ; on ne saurait plus dire où commence, où finit le domaine de l'activité psychique proprement dite. Dès lors, comment déterminer avec rigueur ce qui, dans le *moi*, est de nous, ce qui n'en est pas ? Je veux que Berkeley ait prouvé la non-existence de la matière en soi : c'est la distinction entre l'âme et Dieu qui devient difficile. La conscience n'étant plus une quantité fixe ni un critérium suffisant, qui nous assure que ce nous rapportons à Dieu n'est pas encore en nous l'œuvre d'une activité qui est nôtre sans que nous le sachions ? La difficulté d'ailleurs n'est pas particulière au système de Berkeley ; elle est commune à toutes les philosophies qui admettent à la fois entre Dieu et l'homme un rapport et une distinction. Ni Descartes, ni Malebranche, ni même Leibniz, ne l'ont résolue. Berkeley a sur eux cet avantage d'avoir affirmé, sinon démontré, l'existence d'une causalité propre à l'âme humaine et du libre arbitre.

II

Connaître que Dieu existe, est peu de chose, si l'on ignore quel il est. Berkeley est un prédicateur et un apôtre, la spéculation qui ne se tourne pas à bien faire n'a nul prix à ses yeux. Évêque, il voit les progrès de l'athéisme, et suit avec angoisse la décadence des mœurs, dont pour lui l'irréligion est la cause ; patriote, il veut guérir une corruption qui menace la prospérité, la grandeur, l'existence même de son pays. La croyance en Dieu qu'il s'agit de ressusciter dans les âmes doit être telle qu'elle ait une influence pratique ; il faut donc avant tout que ce Dieu, l'homme soit capable de s'en faire une idée.

Philosophes et théologiens, par crainte de l'anthropomorphisme, ont souvent insisté sur l'incompréhensibilité de la nature divine. Au temps de Berkeley, paraît-il, les libres penseurs s'en faisaient une arme contre la religion. Ils invoquaient l'autorité du prétendu Denys l'Aréopagite pour qui Dieu est au-dessus de toute essence et de toute vie, de toute sagesse et de toute connaissance (ὑπὲρ πᾶσαν οὐσίαν καὶ ζωὴν, ὑπὲρ πᾶσαν σοφίαν καὶ σύνεσιν); supérieur à toute négation comme à toute affirmation (ὑπὲρ πᾶσαν καὶ ἀφαίρεσιν καὶ θέσιν). Sa sagesse est sans raison, sans intelligence; elle est folie (τὴν ἄλογον καὶ ἄνουν καὶ μωρὰν σοφίαν). Pour d'autres Pères, Dieu est sans existence et sans essence (ἀνύπαρκτος, ἀνούσιος), il est plus qu'inconnu (ὑπεράγνωστος). On voit que l'Inconnaissable ne date pas d'hier; c'est même l'*Hyperinconnaissable* que nous avons ici. Au commencement de XVIII° siècle, Peter Brown [1], depuis évêque de Cork et de Ross, et l'archevêque de Dublin King [2], avaient soutenu une théorie semblable; selon eux, nous ne connaissons Dieu que par analogie. Mais ils entendaient par là que toutes nos affirmations relativement à la nature et aux attributs divins ne sont au fond que des métaphores et n'expriment aucune vérité.

Le Lysiclès de l'*Alciphron* insiste sur les conséquences d'une telle doctrine. Pratiquement elle revient à l'athéisme, car qu'est-ce qu'un Dieu dont nous ne savons rien? Aussi Anthony Collins, désigné dans le Dialogue sous le nom de Diagoras, disait-il que si cette doctrine était généralement admise, il ne se serait pas donné la peine d'inventer sa fameuse démonstration pour prouver que Dieu n'existe pas [3].

Berkeley rétablit donc la vraie signification de la méthode analogique appliquée à la connaissance des attributs divins. Il y distingue deux sortes d'analogie : l'analogie métaphorique et l'analogie propre (*analogia proprie facta*, dit Cajetan). C'est conformément à la première que nous parlons du doigt de Dieu, de la colère de Dieu, etc. Mais en vertu de l'*analogie propre*, nous rapportons à Dieu, avec le caractère de l'infinité, les perfections relatives que l'observation constate dans la nature de l'homme. Ainsi la connaissance, la sagesse, la bonté en tant que telles ne renferment pas d'imperfection; nous avons donc le droit de les attribuer à Dieu « proportionnellement, c'est-à-dire en tenant compte de la proportion à l'infinie nature de Dieu [4]. » Si les mots par lesquels on exprime ses attributs n'étaient pas pris dans leur acception véritable et formelle, il est évident que tout syllogisme employé pour prouver ces attributs, ou, ce qui revient au même, pour prouver l'existence de Dieu, comprendrait quatre termes, et par suite, on ne pourrait rien conclure. »

1. *Alciphr.*, IV, sect. 22.
2. Lettre en réponse à l'ouvrage de Toland, *Christianity not mysterious*, 1690. — Et aussi, *Procedure, Extent, and Limits of Human understanding*, 1728.
3. *Sermon on consistency of Predestination and Foreknowledge with the Freedom of Man's Will*, 1709.
4. *Alciphr.*, IV, sect. 16 à 19.

Ainsi la connaissance de Dieu nous est donnée de la même manière que celle des autres esprits. L'univers est conçu comme une hiérarchie d'intelligences, avec l'intelligence divine au sommet.

Les apparents désordres de ce monde ne peuvent être invoqués contre Dieu. Juge-t-on de l'administration d'un État, des mœurs des citoyens qui l'habitent par ce qui se passe dans les prisons? La terre, avec ses misères et ses péchés, est à l'univers des esprits ce qu'un cachot est à un royaume. Tout porte à croire qu'il existe d'innombrables ordres d'intelligences plus heureuses et plus parfaites que l'homme. Notre vie est un moment, notre globe est un point dans le système total de la création divine. Nous admirons pourtant la splendeur des choses d'ici-bas : c'est que nous ne connaissons rien de mieux; « mais si nous savions ce que c'est que d'être un ange pendant une heure, nous reviendrions en ce monde, fût-ce pour y occuper le trône le plus éclatant, avec beaucoup plus de répugnance et de dégoût que nous n'en aurions maintenant à descendre dans le cachot le plus horrible ou dans la tombe [1] ».

Cet optimisme, qui n'est d'ailleurs pas fort original, a chez Berkeley une portée pratique plus grande que chez Leibniz, car il ne s'embarrasse d'aucune considération métaphysique. Leibniz suppose une infinité de mondes possibles, distingue la nécessité géométrique de la nécessité morale, parle de volonté antécédente et de volonté conséquente, prétend concilier la prescience et la providence divine avec une liberté humaine que sa théorie supprime : c'est un imposant appareil de spéculations profondes dont s'enchante la pensée pure, mais qui n'ont, je le crains, que peu d'action sur la conduite. Berkeley, pour qui la philosophie a comme unique objet de rendre les hommes meilleurs, l'allège et la simplifie à l'excès. Il a déjà fait l'économie de la substance matérielle; il a réduit la psychologie à ce qui est essentiel pour que l'homme trouve dans la conscience de son activité et de ses perceptions la preuve de la causalité et de l'intelligence divines; il se borne à constater en Dieu même ce qui seul nous importe réellement pour bien vivre : la puissance, la sagesse, la justice, la bonté. Il n'en faut savoir davantage pour la pratique. Dieu est infini, sans doute, mais cette notion d'infinité est pleine d'embûches, de contradictions; en elle-même, elle est une abstraction inintelligible [2], comme la matière-substance, comme le temps et l'espace. Elle a peuplé de chimères les mathématiques et la géométrie. Gardons qu'elle n'embrouille aussi la théologie naturelle; il sera

1. *Alciphr.*, IV, 23.
2. *Princ. of Human Knowledge*, sect. 130, 131, et *Analyst*.

même le dynamisme de Leibniz. Le mouvement n'est que dans l'esprit [1], la gravitation n'explique rien; loin d'être une cause, elle n'est qu'une induction fondée sur un certain nombre d'expériences, un symbole qui ne représente même pas tous les faits; « les étoiles fixes ne s'attirent pas réciproquement; la croissance perpendiculaire des plantes, l'élasticité de l'air, s'expliquent par un principe entièrement contraire à celui de la gravitation [2] ». « La nature n'est autre chose qu'une série d'actions libres, produites par un agent très sage et très bon [3]. » Ces actions sont réglées par certaines lois générales, mais ces lois peuvent être suspendues, non par caprice, mais par sagesse encore, et il y a place pour les miracles [4].

Dieu est le législateur universel; et comme sa sagesse, sa bonté, sa liberté fondent l'ordre du monde sensible, elles fondent aussi l'obligation des lois morales. L'éthique de Berkeley est une sorte d'utilitarisme religieux.

III

On admet généralement qu'il y a certaines règles morales ou lois de nature éternellement et rigoureusement obligatoires; mais on diffère quant aux moyens de les découvrir, et de les distinguer de ces prescriptions uniquement fondées sur l'humeur et le caprice des hommes. Les uns nous invitent à les chercher dans les idées divines; les autres soutiennent qu'elles sont naturellement gravées dans nos âmes; d'autres encore les fondent sur l'autorité des sages et le consentement de tous les peuples. Il en est enfin qui prétendent que pour les connaître il faut les déduire en prenant pour point de départ les données de la raison. C'est cette dernière méthode que Berkeley considère comme la moins sujette aux difficultés; mais personne ne l'a jusqu'ici complètement appliquée : il se propose de le faire [5].

1. Voy. la De motu.
2. Princ. of Human Knowledge, sect. 106.
3. Discourse on passive obedience, § 11.
4. Princ. of Human Knowledge, sect. 106.
5. Passive obedience, § 4. — Fraser, t. III, p. 110

L'amour de soi est de tous les principes le plus universel et le plus profondément imprimé dans nos cœurs. Ce qui augmente notre bonheur, nous l'appelons bien; mal, ce qui le diminue ou le détruit. Le jugement s'emploie uniquement à distinguer l'un de l'autre, et nos facultés n'ont d'autre objet que de fuir celui-ci, de rechercher celui-là. Au début, le plaisir sensible immédiat nous paraît le seul bien; nous le poursuivons uniquement. Plus tard, à mesure que les facultés supérieures se développent, nous découvrons des biens qui l'emportent de beaucoup sur les satisfactions de la sensibilité physique. Dès lors, nos jugements se modifient, nous apprenons à considérer les conséquences éloignées d'une action, les biens ou les maux futurs que peut nous apporter le cours des événements. Nous devenons capables de sacrifier des plaisirs présents et fugitifs à des biens plus grands et plus durables, fussent-ils trop éloignés ou d'une nature trop raffinée pour affecter nos sens.

Mais la terre, la durée et tout ce qui s'écoule dans son sein ne sont rien en comparaison de l'éternité. La raison nous dicte que nous devons diriger notre conduite uniquement en vue de nous assurer un bonheur éternel. « Et puisqu'il est évident par la lumière naturelle qu'il y a un esprit souverain qui sait tout, et peut seul nous rendre pour toujours heureux ou misérables, il s'ensuit que c'est seulement en se conformant à sa volonté, non en se proposant n'importe quel avantage temporel qu'un homme agissant selon les principes de la raison devra régler ses actes. La même *conclusion* résulte avec évidence des rapports qui existent entre Dieu et les créatures. Dieu a créé toutes choses et les conserve. Il est, de droit indiscutable, le grand législateur de l'univers, et non moins que l'intérêt, tous les liens du devoir imposent au genre humain l'obéissance à ses lois [1]. »

Déterminer ce que peut vouloir la volonté divine, quels sont et le dessein général de la Providence à l'égard de l'humanité, et les voies les plus propres à l'accomplissement de ce dessein, — voilà par où seulement nous pourrons découvrir les lois de la nature. Les lois étant en effet les règles directrices de nos actions en vue de la fin que s'est proposée le Législateur, pour connaître les lois de Dieu, il faut d'abord rechercher la fin qu'il veut atteindre par le moyen des actions humaines. Or Dieu étant l'infinie bonté, la fin qu'il poursuit ne peut être que bonne. Comme il jouit en lui-même de toute la perfection possible, cette fin est nécessairement, non son propre bien, mais celui de ses créatures. Mais les actions des hommes se termi-

1. *Passive obedience*, § 6.

nent à eux, elles n'ont aucune influence sur les autres ordres d'intelligence ou de créatures raisonnables; la fin qu'elles doivent réaliser ne peut donc être que le bien des hommes. Mais à ne considérer que sa condition naturelle d'être créé, aucun homme n'a plus droit qu'un autre à la faveur de Dieu; le seul titre à une préférence est la bonté morale, laquelle consiste dans la conformité de la conduite aux lois de Dieu, et présuppose l'existence de ces lois. La loi supposant la fin vers laquelle elle dirige nos actions, il est clair qu'aucune distinction entre les hommes ne peut être antérieure à cette fin, qui, par suite, ne peut être déterminée ou limitée par aucune considération de personnes. « Ce n'est donc pas le bien particulier de tel ou tel homme, de telle nation, de tel siècle, mais le bonheur général de tous les hommes de toutes les nations, de tous les âges, que Dieu a dessein d'assurer par les actions concordantes de chaque individu [1]. »

Pour assurer le bonheur du genre humain, Dieu pouvait imposer à chacun, dans chaque occasion particulière, l'obligation de considérer le bien public et de faire ce qui lui semblerait être, à ce moment même et dans les circonstances présentes, le plus utile en vue de cette fin. Il pouvait aussi commander l'obéissance à quelques lois fixes, déterminées, dont la pratique universelle aurait pour conséquence nécessaire, conformément à la nature des choses, le bonheur de l'humanité, alors même que par suite d'accidents, ou des perturbations résultant de la perversité des volontés humaines, elles devaient être l'occasion de cruelles infortunes pour un grand nombre de gens de bien.

De ces deux voies, la première était impraticable. Calculer toutes les conséquences prochaines ou éloignées de chaque action est impossible; en tout cas, ce calcul exigerait un temps et une peine qui le rendraient de nul usage dans la vie. De plus, chacun agissant d'après l'idée qu'il se ferait de ce qui est le plus utile au bien public, quelle diversité dans la conduite des hommes vertueux! Leurs opinions sur les conditions du bonheur universel seront loin d'être d'accord, et comme les intentions restent cachées dans le for intérieur, on ne saura jamais si tel assassinat, par exemple, est criminel ou non. Ajoutez que la règle, pour le même homme, variera selon les circonstances. Un critérium invariable des actions humaines est, dans cette hypothèse, de toute impossibilité.

Il reste donc que Dieu ait imposé l'observation de règles déterminées, de préceptes moraux « qui, par leur nature, aient une tendance nécessaire à accroître le bonheur du genre humain, considéré dans

1. *Passive obedience*, § 7.

la totalité des nations et des siècles, depuis le commencement jusqu'à la fin du monde [1]. »

Qui veut la fin veut les moyens ; toute maxime de conduite qui aux yeux de la droite raison a une connexion nécessaire avec le bonheur de l'espèce humaine, doit être considérée comme un décret de Dieu, partant comme une loi pour l'homme.

« De telles propositions sont appelées lois de nature, parce qu'elles sont universelles et qu'elles dérivent leur caractère obligatoire non de quelque sanction civile, mais immédiatement de l'auteur même de la nature. On dit qu'elles sont imprimées dans l'âme, gravées dans les cœurs, parce qu'elles sont bien connues du genre humain, suggérées et inculquées par la conscience. Enfin on les appelle lois éternelles de la raison, parce qu'elles résultent nécessairement de la nature des choses et qu'elles peuvent être démontrées par les infaillibles déductions de la raison [2]. »

Ces lois, ni l'intérêt privé, ni l'amitié, ni l'amour du bien public ne doivent nous en affranchir. La bienveillance même et la charité ne sauraient être des motifs suffisants pour nous dispenser jamais de les suivre ; car la passion n'est pas une règle fixe et peut conduire à tous les excès ; le danger est même d'autant plus grand que la passion est plus généreuse et qu'un poison plus doux s'insinue par elle dans le cœur.

Dieu ne dérange pas les lois du monde parce qu'elles produisent des maux particuliers et transitoires : qui niera pourtant qu'elles n'aient pour but et pour effet le plus grand bien de l'univers ? De même l'homme n'a pas le droit de suspendre les lois morales pour se dérober ou soustraire quelques-uns de ses semblables aux maux qu'elles peuvent accidentellement produire. Elles sont vérités éternelles et immuables au même titre que les propositions de la géométrie. Elles ne dépendent d'aucune circonstance ; « elles sont vraies partout et toujours, sans limitation, sans exception [3]. »

Telles sont les règles : « Tu ne te parjureras pas, tu ne commettras pas d'adultère. Tu ne prendras pas le bien d'autrui. » Rien de plus évident que le rapport de ces préceptes avec le bonheur du genre humain. La déduction est à peine nécessaire.

Berkeley observe que les lois morales, celles du moins qui ont le caractère d'obliger universellement et sans condition, s'expriment toujours sous une forme négative. En effet, il arrive souvent, soit

---

1. *Passive obedience*, § 10.
2. *Passive obedience*, § 12.
3. *Passive obedience*, § 14, 53.

parce que les actions morales sont nombreuses et difficiles à accomplir, soit parce qu'elles s'excluent mutuellement, qu'il n'est pas possible d'en accomplir plusieurs en même temps : « tandis qu'il est toujours possible de s'abstenir simultanément de toutes les actions positives. Voilà pourquoi, sinon les lois positives elles-mêmes, au moins leur application, comporte suspension, limitation, diversité de degrés [1]. »

On objectera qu'il en est de même de certaines lois négatives, celle-ci, par exemple : Tu ne tueras point. Le magistrat met justement à mort le criminel, et c'est un devoir pour le soldat de tuer l'ennemi dans la bataille. Mais c'est qu'alors ou bien la loi est exprimée en termes trop généraux, et dans l'exemple cité, *tuer* doit être pris pour *commettre* un meurtre; — ou bien la proposition étant maintenue avec toute son extension, on doit en excepter les cas précis qui ne rentrent pas dans les conditions de la loi. Ainsi, tous les cas où l'action de tuer ne se confond pas avec celle de commettre un meurtre, sont légitimement exceptés. « Ce n'est donc pas la loi même de la nature qui comporte des exceptions; c'est une proposition plus générale, qui, outre la loi, enveloppe quelque chose de plus; et ce quelque chose doit être supprimé, pour que la loi devienne par elle-même claire et déterminée [2]. »

L'expression : *loi de la nature*, peut aussi prêter à équivoque. C'est, dira-t-on, en vertu d'une loi de la nature que tout animal a l'instinct de la conservation et cherche par tous les moyens possibles à éviter la mort qui le menace. Mais une telle loi ne ressemble en rien à celles qui expriment une obligation morale. Elle ne s'adresse pas à la volonté; elle agit en nous sans notre aveu. La confondre avec un des préceptes de la moralité, c'est excuser par avance tous les crimes qu'un homme pourra commettre pour sauver sa vie.

La morale de Berkeley se rattache, on le voit, de la manière la plus étroite, à sa philosophie religieuse. Ce qui fait proprement le caractère obligatoire et sacré de la loi, c'est qu'elle est un décret de la volonté divine, et qu'elle a pour sanction des récompenses et des peines éternelles. Aussi combat-il avec force, non seulement le paradoxe impie de Mandeville, que les vices sont plus utiles au genre humain que les vertus, mais encore la morale tout esthétique de Shaftesbury. Pratiquer la vertu uniquement parce qu'elle est belle, et pour donner satisfaction au sentiment délicat et impérieux que nous avons du bien; la flétrir comme mercenaire dès qu'elle cherche

---

1. *Passive obedience*, § 25.
2. *Passive obedience*, § 32.

quelque appui dans l'espérance d'un bonheur ou la crainte de peines à venir : n'est-ce pas chasser Dieu de la morale, en la réduisant à des motifs purement humains et en l'enfermant dans les limites étroites de cette vie [1]?

Tel est dans ses traits essentiels l'utilitarisme religieux de Berkeley. Il est remarquable par sa grandeur et sa précision. Berkeley s'inspire de Locke, anticipe Butler et Paley, mais il est supérieur à Locke, pour qui l'obligation morale se fonde uniquement sur la toute-puissance divine; à Paley, qui ne mesure la valeur morale des règles de conduite que par les conséquences des actes. Il n'est inférieur qu'à Butler, dont la doctrine incline parfois aussi vers l'utilitarisme, mais s'en dégage en affirmant le caractère immédiatement et inconditionnellement obligatoire des ordres de la conscience.

Mais la doctrine de Berkeley pourrait bien n'être pas elle-même à l'abri de toute objection. Je n'en veux pour preuve que la théorie de l'obéissance passive. C'est, à l'en croire, un décret divin qui impose une soumission absolue, inconditionnelle, au pouvoir établi. Jamais, dans aucun cas, à quelque excès que puisse se porter le souverain légitime, la rébellion ne cesse d'être un crime contre Dieu. Bossuet, sur ce point, n'est pas plus excessif que Berkeley. Comme la thèse est visiblement fausse, j'en conclus qu'il est dangereux de fonder la morale sur la volonté divine. On risque à rendre celle-ci complice de regrettables erreurs. On revêt d'un caractère sacré les préjugés politiques d'une époque ou d'une caste, on transforme en loi éternelle et universelle les rêves insensés du despotisme. Je rends justice à l'habileté que déploie Berkeley pour soutenir une mauvaise cause; je reconnais qu'il est désintéressé, car on ne saurait le soupçonner d'avoir voulu flatter les sentiments torys de la reine Anne. Mais jusque dans les théories libérales de Locke, de Grotius et de Puffendorf, c'est encore la libre pensée et l'athéisme que Berkeley se croit obligé de combattre.

IV

Un vrai philosophe a beau vouloir simplifier les questions dans l'intérêt de la pratique; il ne réussit pas, s'il est sincère, à fermer toujours les yeux sur une complexité et des difficultés inévitables. Les problèmes sont ce qu'ils sont; ils ne se laissent pas ramener aux termes et à la mesure où il nous serait le plus avantageux de les réduire. L'auteur de la *Nouvelle théorie de la Vision*, des *Dialogues*

1. *Alciphron, Dial.* II et III.

d'Hylas et de Philonoüs, de l'*Alciphron* pouvait être satisfait de son œuvre : au moment d'écrire la *Siris*, il ne l'était plus. Non que l'immatérialisme eût succombé sous les coups de ses adversaires : ceux-ci étaient réduits au silence. C'est Berkeley lui-même qui dut apercevoir les lacunes et les points faibles de sa propre doctrine. Elle n'était pas fausse, mais incomplète. Il avait eu trop aisément raison, il avait arbitrairement éliminé tout ce qui pouvait embarrasser l'élégante et quelque peu superficielle ordonnance d'un système où la métaphysique devait tenir aussi peu de place que possible.

Deux points essentiels avaient été omis, sur lesquels il fallait s'expliquer, sous peine de laisser l'immatérialisme sans réponse en face des exigences les plus pressantes et les plus légitimes.

Qu'est-ce que la vie? Quelles en sont l'origine et la cause suprême?

Qu'est-ce que la vie? — L'immatérialisme triomphait facilement de la prétendue substance en soi des objets inanimés; toutes les qualités par où ils se manifestent devenant nos idées, que reste-t-il d'eux? Ils ne sauraient évidemment exister pour eux-mêmes : leur *esse* est *percipi*. Quand il s'agit de notre esprit, l'activité qui lui est essentielle s'oppose si nettement à la passivité de la matière brute, que la définition de l'existence devient précisément l'inverse de ce qu'elle était tout à l'heure; pour l'esprit, *esse* est *percipere*. Mais n'y a-t-il donc rien entre ces deux extrêmes? Et les animaux? Et les plantes? Les animaux, surtout les animaux supérieurs, ne sont-ils pas, en quelque mesure, *percevants*? N'y a-t-il pas activité, force, donc esprit, partout où il y a instinct, mouvement spontané, croissance, vie, en un mot? Que sont alors ces êtres qui pour nous n'existent qu'en tant que groupes d'idées, mais qui, s'ils sont capables de perception, existent aussi pour eux-mêmes? Tout leur être c'est d'être perçus, et cependant ils perçoivent; bien plus, ils nous perçoivent, et alors, pour être conséquent avec le principe de l'immatérialisme, il faudra dire que tout notre être consiste à être perçus par eux! Mais si notre être, à nous, n'est pas dépendant de la perception que les autres esprits ont de nous, qui ne voit qu'il en doit être de même au moins des animaux supérieurs, supposé qu'ils soient plus que de simples machines?

Mais rien ne devait répugner davantage à Berkeley que l'automatisme cartésien. Lui qui ne voulait pas du mécanisme dans le monde de la matière brute, comment l'aurait-il accepté dans celui de la vie et de l'animalité? Quoi! le plus simple mouvement supposera un moteur spirituel, et la matière, qui n'est rien que nos idées, pourrait produire ces complexités merveilleuses des mouvements adaptés qui constituent la vie instinctive de l'animal! Tout idéaliste

qu'on se le représente d'habitude, Berkeley a un sentiment très vif
de la réalité; il est de plus un poète, à sa manière; dès sa jeunesse,
il s'est nourri de Platon, dont le culte s'était conservé intact, depuis
le milieu du XVIIᵉ siècle, dans les universités anglaises et notamment à Cambridge. Ce n'est pas lui qui se résoudra jamais à voir
dans la nature, surtout dans la nature vivante, un théorème glacé
de mécanique.

C'est l'explication de la vie qui sera tentée dans la *Siris*. Mais le
souffle platonicien qui n'a jamais cessé d'inspirer Berkeley [1], et qui
l'anime plus visiblement encore à partir de sa retraite en Irlande, ne
devait pas l'abandonner à moitié route. Il l'élèvera, sur les ailes de
la dialectique, jusqu'à la cause première de toute vie, jusqu'à la
contemplation de l'essence même de Dieu.

Avant la *Siris*, Berkeley, tout entier à sa lutte contre le scepticisme
et l'athéisme des libres penseurs, s'est uniquement préoccupé d'établir qu'il y a un Dieu qui gouverne le monde et l'humanité avec
sagesse, bonté, justice; un Dieu rémunérateur et vengeur, tel que
l'exige l'ordre moral du royaume des esprits. Les rapports de ce
Dieu avec les âmes humaines ont été suffisamment déterminés; il
leur donne les idées qu'elles ne produisent pas d'elles-mêmes, et les
règles générales de la conduite. Mais dans quelle relation est-il avec
le monde? Dira-t-on que cette question n'existe pas, puisque le
monde n'existe que comme perception des esprits? Mais nous
venons de voir que le problème de la vie déborde les solutions trop
étroites et trop simples de l'immatérialisme antérieur à la *Siris*. La
vie aura Dieu pour cause, bien entendu; mais la vie dans son
essence, échappant à la formule : *esse est percipi*, il faudra que la
causalité divine intervienne ici autrement qu'elle ne le fait quand elle
suscite et unit en nous des idées; il faudra, si les êtres vivants sont
quelque chose pour eux-mêmes, déterminer comment Dieu peut être
à la fois le principe de la vie et s'en distinguer; il faudra, en un mot,
pénétrer plus avant dans la nature de la cause première pour constituer, sans tomber dans l'hylozoïsme stoïcien, une philosophie de la
vie universelle qui nous sauve des systèmes mécanistes, si favorables aux doctrines athées.

On le voit : la *Siris* n'est qu'un développement plein de grandeur
de ce que nous ont révélé les premières œuvres. Berkeley est arrivé
au seuil de la vieillesse, il a lutté jusqu'ici contre ce qu'il croit le mal
et l'erreur; nul polémiste n'a été plus ardent, plus souple, plus infatigable; il a poursuivi dans tous ses retranchements successifs la

---

1. *Lettre à Prior*, sect. 16.

matière en soi; il a réfuté Collins, Mandeville, Shaftesbury, combattu l'étendue-substance de Descartes, la monade de Leibniz, l'attraction newtonienne et jusqu'au principe du calcul infinitésimal; c'est encore en soldat de la vérité qu'il est parti pour les Bermudes. Le voilà dans sa retraite de Cloyne : sa philosophie, comme sa vie, a cessé d'être militante, il lit et médite, laisse sa pensée poursuivre son ascension de principe en principe, jusqu'à l'Un suprême, peu soucieux des objections et des preuves, s'enchantant, sans trop s'interroger sur l'authenticité des textes, des échos de la sagesse antique, où il croit surprendre comme le souffle affaibli d'une inspiration sacrée. C'est ainsi que Platon, parvenu au bout de ses jours et au sommet de son génie, laisse à de plus jeunes les procédés de réfutation, les armes de la dispute, et ressuscitant les vieilles doctrines pour leur donner un plus beau sens, expose plus qu'il ne démontre dans ces œuvres magistrales et sereines, le *Timée*, les *Lois*. Une critique exigeante peut les traiter de romans philosophiques, comme la *Siris* : nous croyons qu'elle aurait tort. Quand une grande intelligence a pensé toute sa vie, ce qu'elle a pensé à la fin, en pleine possession d'elle-même, est ce qui doit nous intéresser le plus, et qui, dans la mesure où les productions humaines en sont capables, doit contenir le plus de vérité.

On connaît le point de départ de la *Siris*, le premier anneau de *cette chaîne de réflexions et de recherches*. Berkeley prétend expliquer les propriétés merveilleuses qu'il attribue à l'eau de goudron. L'huile ou baume que sécrètent les arbres résineux, purifiée à travers les pores des racines, raffinée encore par l'action de l'air et du soleil, retient plus aisément l'esprit acide ou âme végétale. Cette étincelle de vie, cette âme des plantes (*spark of life, spirit or soul of plants* [1]) est beaucoup trop subtile pour être sensible, elle est contenue virtuellement ou éminemment dans la lumière solaire, « comme les couleurs dans la lumière blanche »; et ce sont les organes capillaires des plantes qui, attirant, absorbant certains rayons, en extraient, pour ainsi dire, certaines saveurs et qualités.

Le soleil est ainsi le principe générateur; de sa lumière la terre reçoit la vie; il est vraiment, comme dans l'hymne homérique, l'époux céleste qui la féconde : Διος ουρανου αστεροεντος [2].

L'âme des plantes est identique à l'esprit acide, ou sel volatil, à qui Newton, Boerhaave, Homberg, paraissent attribuer un rôle considérable dans les combinaisons ou dissolutions chimiques. C'est

1. *Siris*, sect. 40.
2. *Siris*, sect. 43.

encore l'*archée*, l'*ens primum*, l'*esprit natif*. Si la lumière en est le principe, l'air en est le réceptacle universel.

« Ces esprits natifs ou âmes des plantes sont respirés ou exhalés dans l'air qui paraît être le réceptable aussi bien que la source de toutes les formes sublunaires, la grande masse, le chaos qui les distribue ou les reçoit. L'air ou atmosphère qui entoure la terre contient un mélange de toutes les parties volatiles actives du monde habitable, c'est-à-dire de tous les végétaux, minéraux, animaux. Toute émanation, toute corruption, toute exhalaison imprègne l'air qui, étant mis en action par le feu solaire, produit dans son sein toutes sortes d'opérations chimiques, et distribue en des générations nouvelles ces sels et esprits qu'il a reçus des putréfactions [1]. »

L'atmosphère est vivante; « partout il y a de l'acide pour corrompre, de la semence pour engendrer. » Les minéraux mêmes n'échappent pas à la loi et à l'action de la vie universelle : *ils se corrompent*, et l'esprit acide les ronge sous forme de rouille; ils se nourrissent, pourrait-on dire, et l'air leur restitue ce qu'il leur prend. Boyle n'a-t-il pas constaté que les mines de fer et d'étain, épuisées, se reforment à l'air libre [2]?

L'air n'est donc pas un élément simple, il est un mélange des choses les plus hétérogènes, les plus contraires, devenues élastiques et volatiles par l'action d'une substance infiniment subtile. Par elle s'alimentent à la fois le feu vital et la flamme commune, par elle *tout* fermente et s'agite; par elle sont produits les météores et les tempêtes, les tremblements de terre, les maladies, les transmutations des éléments dissous et comme suspendus dans l'atmosphère. Cette partie plus vivante et plus active de l'air, c'est l'éther.

« Cet éther ou feu pur invisible, le plus subtil et le plus élastique de tous les corps, semble s'insinuer et se répandre à travers tout l'univers. Si l'air est l'agent ou l'instrument immédiat dans les choses naturelles, c'est le feu pur invisible qui est le premier moteur naturel, la source première d'où l'air dérive sa puissance.

« Cet agent puissant est partout présent, toujours prêt à se déchaîner avec impétuosité, s'il n'était retenu et gouverné avec la plus grande sagesse. Toujours en mouvement, jamais en repos, il *actualise* et vivifie la totalité de la masse visible; également apte à produire et à détruire, il distingue les uns des autres les différents étages de la naure, et gros, pour ainsi dire, des formes qu'il produit au dehors et résorbe constamment, il entretient le cycle perpétuel des généra-

---

1. Sect. 137.
2. Sect. 138 à 142.

tions et des corruptions; si vif dans ses mouvements, si subtil et si
pénétrant dans sa nature, si varié et si multiple dans ses effets, il
semble n'être autre chose que l'âme végétative ou l'esprit vital de
l'univers [1]. »

Cette âme du monde, ce feu invisible, cet éther infatigable et partout répandu, est le principe commun de ces énergies vitales particulières que renferment virtuellement les rayons du soleil, de ces
étincelles de vie qui constituent les âmes des plantes. Elle est chez
l'homme l'esprit animal [2], l'instrument par lequel l'intelligence
active et libre se manifeste dans les mouvements du corps. Seulement l'esprit de l'homme agit par cet instrument nécessairement,
l'esprit divin, librement. Dans le gouvernement de l'univers, il n'y a
véritablement qu'une cause, l'esprit de Dieu : le feu ou l'Ether est
son premier ministre; le feu agit sur l'air, volatilisant les particules
des choses terrestres qu'il contient. Les agents mécaniques ou causes
secondes ne méritent pas, à proprement parler, le nom de causes,
ils sont en réalité des effets; leur régularité atteste la sagesse et la
bonté de l'agent suprême qui, sans être enchaîné à cet ordre, a
voulu, par lui, rendre l'univers intelligible et profitable aux esprits
créés. Ce sont des signes nécessaires « pour assister, non le gouver-
neur, mais les gouvernés [3]. »

Aussi, dans le monde, la variété, la diversité sont-elles irréductibles à l'unité de force et de loi. « L'éther pur contient certaines
parties de différentes espèces, qui sont pénétrées par des forces
différentes ou soumises à des lois différentes de mouvement, attraction, répulsion, expansion, et douées de dispositions et habitudes
distinctes relativement aux différents corps [4]. » Ces différences
toutes dynamiques des modes de cohésion, attraction, répulsion, sont
la source d'où dérivent les propriétés spécifiques, beaucoup plutôt
que la diversité des formes et figures. — Berkeley va jusqu'à prétendre, nous l'avons déjà remarqué, que tout n'obéit pas dans le
monde inorganique à la seule loi de la gravitation : les particules de
l'eau s'attirent; mais celles de l'huile et du vinaigre se repoussent [5].
Sa physique fait aujourd'hui sourire; mais il a bien compris que le
déterminisme et la pure quantité géométrique ne peuvent rendre
compte ni de la variété, ni du mouvement, ni de la vie de l'univers.

1. Sect. 152.
2. Mélangée à l'air et comme fixée par lui, elle est contenue dans le cerveau
et peut quelquefois devenir visible (sect. 205).
3. *Síris*, sect. 160, et *Princip. of Human Knowledge*, sect. 60 à 62.
4. *Síris*, sect. 162.
5. Sect. 235.

La nécessité, c'est, au fond, l'identité et l'immobilité de toutes choses. La véritable raison des phénomènes est dans les causes finales, lesquelles excluent le mécanisme, et le ramènent à des considérations de convenance et de sagesse. Socrate critique justement Anaxagore : le bien est la suprême explication. Dans les masses considérables et les mouvements apparents, la régularité des lois de la nature revêt un caractère de rigidité inflexible; mais elle n'empêche pas que l'agent suprême ne puisse librement communiquer une impression particulière au milieu subtil, de même que l'âme humaine imprime des mouvements volontaires à l'esprit animal. Le miracle n'est ainsi qu'une touche délicate du doigt divin sur l'Ether universel.

Moteur de toutes choses, et mû lui-même par Dieu, le feu élémentaire est comme le véhicule de l'intelligence souveraine. Il transmet et reçoit son action partout où se manifeste une pensée inconsciente, un art irréfléchi. C'est ainsi que l'intelligence divine dirige les mouvements instinctifs de l'homme, gouverne les araignées et les abeilles [1]. Car le feu n'est lui-même ni intelligent ni divin ; en cela seul, les anciens se sont trompés. Ils ont confondu l'âme du monde avec Dieu même; mais leur erreur est moins grave que le mécanisme et l'athéisme modernes. Dire que Dieu est tout, que Dieu est dans tout, ce n'est pas être athée. Le nombre n'est rien en soi, l'unité, c'est nous qui la faisons, et la même chose considérée à des points de vue différents est une ou plusieurs. La faute est donc légère, d'enfermer en une seule notion Dieu et les créatures, pourvu que l'intelligence soit regardée comme souveraine (ἡγεμονικὸν) [2]. Dieu est sagesse, ordre, loi, vertu, bonté; mais il est permis de pénétrer plus avant dans sa nature. Non que ses attributs intellectuels et moraux soient de simples entités, des produits de notre faculté d'abstraire. De telles notions sont des *idées*, au sens platonicien; des idées, c'est-à-dire des réalités intelligibles, des causes, dont l'intuition, en quelque sorte innée, illumine et gouverne la partie la plus élevée de l'intellect [3]. — Mais au-dessus de l'esprit et de l'intelligence universels, de l'activité et de la pensée divines, la raison entrevoit l'Unité ou le Bien. C'est là la première hypostase, la source même de la Divinité (fons Deitatis). Elle est, en un sens, supérieure à l'Etre, comme le voulaient Parménide, Platon, les

---

1. Sect. 257. — Berkeley ne s'inspire-t-il pas ici, sans le dire, d'Aristote (*De gener. anim.*, III ; *Métaph.*, I, 1) et de Virgile (*Géorg.*, IV, 220), qui attribuent aussi aux abeilles quelque chose de divin?
2. Sect. 288.
3. Sect. 335.

Alexandrins ; elle échappe à la durée, car ce qui existe dans le temps est à la fois plus jeune et plus vieux que soi-même ; on ne peut donc dire d'elle qu'elle a été, qu'elle est ou qu'elle sera. Mais, dit encore Parménide, le τὸ νῦν est partout présent au τὸ ἔν : la réalité de l'Un est un éternel maintenant (*one eternal now*), un *punctum stans*, selon l'expression des scolastiques.

Que l'Un soit sans intelligence, ἄνους, on doit entendre par là qu'étant par essence toute perfection, il est supérieur à l'intelligence et la contient éminemment. De même celle-ci est essentiellement pensée et, par participation, bonté et vie ; et la troisième hypostase, qui est en soi la vie, est, par participation encore, intelligence et bonté.

Toutes ces distinctions sont d'ailleurs purement logiques ; il n'y a entre les trois personnes divines aucune priorité d'existence. Mais ce dogme de la Trinité, qu'une tradition aussi ancienne que le monde semble avoir maintenu à travers toute l'antiquité païenne, comme un pressentiment du christianisme ou l'écho affaibli d'une révélation primitive, loin d'être le produit d'un jeu arbitraire de dialectique, est confirmé par l'observation de notre propre nature. Ce qui constitue le fond le plus intime de notre être, l'essence de notre personne, c'est l'unité. L'unité que nous sommes impose une forme à la pluralité fuyante des impressions sensibles ; penser, c'est unifier. Philosopher, par suite, ce n'est pas se disperser dans le torrent des apparences : c'est se recueillir en l'unité fondamentale de son être et se rattacher, par la raison et par l'amour, à l'unité suprême : φυγὴ μόνου πρὸς μόνον. Le sens est aveugle et ne saisit que des ombres : la vraie science est celle qui s'élève par la seule vertu de la raison, jusqu'à l'être véritable, les idées, et leur principe suprême, Dieu.

Que sont donc ces idées, si différentes de celles que nous ont rendues familières la *Nouvelle Théorie de la Vision* et les *Dialogues entre Hylas et Philonoüs?* Berkeley n'en dit presque rien. Ce sont, outre les attributs divins, les rapports universels qui, établis par l'intelligence de Dieu, constituent l'ordre général des phénomènes, la beauté et l'intelligibilité de la création. Les choses sensibles, simples modifications des esprits, n'ont d'existence qu'en eux ; ce qu'il y a d'actif et de vivant dans la nature s'explique par l'éther, principe des raisons séminales que l'intuition pure découvre sous le voile des phénomènes : l'éther lui-même est mû par Dieu et comme pénétré de sa pensée. Des esprits créés, des lois, une activité impalpable et invisible que dirige la cause souveraine, voilà tout le réel de la nature, et cette réalité même, si l'on excepte les âmes des hommes, se résout : celle des lois, dans l'intelligence qui les pense; celle de l'éther, dans la puissance qui le meut.

La philosophie de Berkeley aboutit donc à un dualisme spirituel : les esprits finis, l'Un ou le Bien. L'être du monde se partage, si l'on peut dire, entre ces deux termes : aux esprits finis, les apparences phénoménales; à Dieu, l'activité et la raison diffuses dans le Cosmos. Mais les esprits finis sont eux-mêmes les créatures de Dieu, ils sont réels, actifs, pensants, par l'unité, la causalité, les idées et les liaisons d'idées qu'ils tiennent de lui. Une critique superficielle pourrait accuser Berkeley d'incliner au panthéisme; de fait, il a négligé de marquer profondément la limite qui sépare les âmes créées de leur auteur. Ne lui en faisons pas de reproche : cette démarcation précise, nulle métaphysique religieuse n'est en état de la faire. Il y a du divin dans l'homme : voilà ce qu'il faut affirmer; mais la mesure en est variable, et l'homme peut augmenter ou dominer cette part de divinité. Disons même avec Berkeley qu'il y a du divin dans le monde, que la nature est divine. Mécanisme et matière sont un rideau d'apparences que la vue de l'esprit perce et dissipe : au fond, l'esprit ne pense, ne reconnaît, n'accepte que soi. La philosophie de l'esprit, c'est proprement la philosophie.

Nous ne pouvons songer à discuter dans le détail les théories de la *Siris;* ce serait entreprendre l'examen du platonisme, du néoplatonisme, de presque toute la philosophie grecque. Quant à l'hypothèse du feu pur invisible, si l'on écarte les applications particulières que Berkeley en a faites, elle ne paraît pas entièrement méprisable. On admet aujourd'hui un fluide qui n'est pas l'atome et qui seul explique les phénomènes de chaleur et d'affinité [1]. Ce fluide, Berkeley l'appelle, comme nous, l'éther. Peut-être est-ce à lui qu'il faudra demander aussi le secret des faits biologiques de l'énergie vitale, et de ces mystérieuses communications psychiques actuellement étudiées sous le nom de suggestion. Quoi qu'il en soit, le mécanisme atomistique ne suffit pas à rendre compte de la multiplicité des apparences qui constituent le monde sensible, de la diversité des forces que ces apparences manifestent, ni surtout de la vie. Aura-t-on recours à l'homogène primitif d'Herbert Spencer? La difficulté sera encore de faire sortir la différence, la variété, les formes et qualités spécifiques, l'organisation, le progrès en un mot, de ce qui ne les contient pas.

La nécessité de concevoir une sorte d'intermédiaire entre la cause suprême et l'infinie multitude des êtres et des faits passagers a d'ail-

---

1. V. La matière, les forces et l'affinité, par A. Gautier, *Revue scientifique,* 19 déc. 1885.

leurs été plus ou moins nettement aperçue par nombre de grands esprits, et il est permis de croire que sans elle toute philosophie de l'univers est incomplète. Depuis l'âme du monde de Platon, jusqu'à la *nature* de Lamarck, elle tient une place assez importante dans l'histoire de la pensée métaphysique pour qu'on sache gré à Berkeley d'avoir renoué sur ce point le fil de la tradition qu'avait brisé Descartes.

La philosophie religieuse de Berkeley a cette force et cette faiblesse qu'elle prête peu à la discussion. Elle se maintient, comme à dessein, dans les termes les plus généraux. Dieu est unité, intelligence, vie : une telle formule concilie à la fois les Alexandrins, les Stoïciens et même, quoi qu'en dise Berkeley, Spinoza. Dieu est le principe de l'ordre universel : les partisans seuls de l'aveugle nécessité refuseront d'y souscrire. La large tolérance de Berkeley n'excommunie pas le panthéisme, bien qu'elle affirme que le fond de l'être, en Dieu comme en nous, c'est l'indivisible unité de la personne. Elle vise les preuves trop scolastiques, les précisions qui provoquent la réfutation ou conduisent aux antinomies. Elle n'est pas mystique, car elle prétend tenir compte et des faits de la science et des intérêts supérieurs de la pratique; et si, à la suite des Alexandrins, elle essaye de pénétrer jusqu'au fond de la nature divine, elle ne s'abîme pas, avec eux, dans l'extase. Elle ne dissipe pas tous les doutes, elle ne convaincra certes pas l'incrédulité endurcie d'un Collins; mais à celui que son éducation, les tendances de sa nature morale, un commencement de réflexion personnelle ont détourné de l'athéisme, elle fournira peut-être de nouveaux et sérieux motifs de croire philosophiquement en Dieu.

L. CARRAU.

AVENIR DE LA MORALITÉ

Nous nous sommes demandé ici même il y a quelques mois quelles seraient les transformations probables du crime. A cette question s'en rattache une autre qui s'impose aujourd'hui, anxieuse et obscure, à toute conscience, à savoir : que deviendra la moralité? ou, pour préciser, quel sera désormais son appui? Ce sera l'intérêt bien entendu, répondent les utilitaires, Bentham et Stuart Mill, répétés par cent autres, et l'on semble croire que cette réponse suffit. Or, je n'ai pas à faire une critique en règle de l'utilitarisme, je dois me borner à dire un mot du problème qu'il prétend résoudre et qu'il ne m'est permis ni d'éluder ni d'épuiser en courant. Mais je dois remarquer d'abord qu'il est étrange de voir l'utilitarisme proclamé comme une découverte par ceux qui reprochent précisément aux sectateurs de toutes les religions de faire le bien par intérêt, pour gagner le ciel. Non, cette doctrine n'a rien de neuf, et il est certain que toutes les morales du monde, en tout temps et en tout lieu, ont été utilitaires. Il s'agit seulement de savoir si elles n'ont été ou sont destinées à n'être que cela. Je le nie, et je vais plus loin : plus la civilisation progressera, avec son double effet parallèle, la centralisation socialiste des sociétés grandissantes et la pulvérisation individualiste des individus rapetissés, plus l'écart s'élargira entre l'intérêt social, dont la morale est l'expression, et l'intérêt individuel. De moins en moins donc, il sera loisible au bien de s'appuyer sur un calcul. La moralité, qu'est-ce? C'est la force qui rend capable des privations, des sacrifices et des dévouements imposés à l'individu par l'intérêt commun de ses compatriotes non seulement présents, mais futurs même (à moins de renoncer à toute prévoyance et à toute vie nationale), et conformément aux volontés, aux maximes et aux convictions de ses compatriotes présents et passés (à moins de dépouiller toute tradition nationale, ce qui, d'ailleurs, serait impossible). Cette force, où l'individu la puisera-t-il?

Il fut un temps où une nation se composait, non d'individus détachés et éphémères, comme maintenant, mais de familles très compactes et très vivaces indéfiniment, véritables unités sociales indécomposables, indissolubles à l'égard du législateur et du moraliste antique [1], notam-

---

1. Voir, à ce sujet, *Sumner-Maine*, que je ne me lasse pas de citer quand il s'agit d'archéologie morale et juridique (*Ancien droit et Institutions primitives*) . Voir aussi *Lyall*, *Mœurs religieuses et sociales de l'Extrême-Orient*.

ment hébreu, hindou, celtique, romain et grec aussi. Toute la solidité
sociale de l'Extrême-Orient et de la moitié du monde repose encore sur
cette solidarité familiale, dont quelque chose est resté dans notre Occident même jusqu'à nos jours, grâce à la perpétuité traditionnelle du
droit romain et à la préservation exceptionnelle de la famille romaine,
et n'est pas le moindre fondement de notre moralité actuelle. La statistique montre éloquemment les bons effets du mariage et de la paternité à ce point de vue [1]. Léguer à ses enfants un nom sans tache : cette
préoccupation du père, même en nos familles presque dissoutes, est
une sauvegarde de premier ordre ; et, à voir ce qu'elle conserve d'efficacité, on peut deviner l'énergie de conservation civique qu'elle eut
jadis, et par elle-même, et par cet autre grand mobile qui s'y joignait :
respecter et faire respecter le nom de ses pères, si humble fût-il. La
famille alors, personne immortelle à laquelle l'individu s'identifiait,
paraissait digne de toutes les immolations et permettait à l'individu
sacrifié volontairement en vue des générations à venir, de croire qu'il
s'immolait en quelque sorte à lui-même. C'est réellement à ce point de
vue qu'il faut se placer pour comprendre les anciennes mœurs. Par
exemple, je serais disposé à ne voir dans les *vendettas*, dans les haines
séculaires de famille qu'une espèce de légitime défense appliquée à la
famille : de même que l'individu a le droit, fondé sur l'utile, de riposter
à un coup par un autre coup porté un instant après, de même la famille,
être permanent à qui les années sont ce que les secondes sont aux individus, poursuit sa propre utilité en ripostant à un meurtre par un autre
meurtre accompli dix ans, cinquante ans après le premier. Rien ne se
justifie mieux utilitairement, malgré le mal sans compensation personnelle qui en résultait pour tel ou tel membre de chaque famille. La
morale pouvait être utilitaire dans ces conditions, jusqu'à un certain
point du moins ; la nation, faisceau assez lâche d'ailleurs des familles,
pouvait n'avoir pas un intérêt distinct de l'intérêt de celles-ci, douées
comme elle, en apparence, d'immortalité, et susceptibles, par suite,
d'étendre aussi loin qu'elle leur prévoyance, d'attendre aussi longtemps
qu'elle la récompense de leurs efforts, le dédommagement de leurs
sacrifices, ce qui est interdit à l'individu. La morale pouvait encore
être utilitaire plus tard, quand, les liens du sang commençant à se
détendre, l'immortalité de l'âme individuelle, illusion pieuse, vint à
propos prêter secours à l'immortalité de la famille comme soutien du
devoir, et, par degrés, se substituer à elle. C'est en Égypte que nous
voyons pour la première fois, et avec une incomparable énergie, se
produire ce nouveau mobile de la conduite honnête [2], parce que la civi-

---

1. J'ai eu quelque part le tort de me moquer de la statistique à cet égard, et je
m'en accuse.
2. Je dis nouveau, quoiqu'il ne fût qu'un développement du premier. L'adoration
des ancêtres, en effet, dans la famille primitive, supposait déjà la foi en la survivance de certaines âmes privilégiées.

lisation de cette contrée est la plus antique de toutes, à notre connaissance, et que là, plutôt qu'ailleurs, le relâchement de l'union consan-
guine a dû commencer. Nous devons penser que l'illusion souveraine
dont il s'agit est née là, d'où elle a rayonné dans le monde entier à travers la Judée et la Grèce.

Mais, à mesure que le cours inexorable de la civilisation a rompu
l'une après l'autre toutes les attaches des parents et réduit l'homme à
lui-même; à mesure aussi que le progrès des sciences a ébranlé ou
expulsé des consciences la foi en une rémunération posthume, et limité
aux termes ridiculement étroits de la vie organique le champ de ses
prévisions et de ses espoirs; n'est-il pas clair que la morale a cessé de
pouvoir se fonder sur l'utilité, et que la prétention de voir ou de faire
coïncider dorénavant l'intérêt futile et fugace de chacun de nous avec
l'intérêt grand et durable de la patrie, avec l'intérêt grandiose et impé-
rissable du genre humain, est une duperie ou un sophisme? Oui, cela
ne peut se contester s'il est vrai que la raison d'être de la morale soit
d'être utile, c'est-à-dire d'assurer à chacun la plus grande somme de
bonheur possible, à savoir le maximum de plaisirs et le minimum de
douleurs. Mais il en sera tout autrement si nous reconnaissons qu'il
s'agit ici de desseins, de désirs déterminés à réaliser, non de sensations
indéterminées, agréables ou non désagréables à rencontrer, et qu'il
s'agit avant tout de jugements d'approbation ou de blâme à mettre
d'accord entre eux. Le remède, nous allons le voir, sort du mal même,
et sous deux formes différentes qui nous permettent de pressentir les
métamorphoses futures ou prochaines de la moralité.

En premier lieu, l'écart est devenu énorme entre l'individu annihilé
et la patrie prodigieusement agrandie; tant mieux, ce que l'homme
cherche, ce n'est pas son intérêt, c'est un but, un grand but qui vaille
la peine de vouloir et de vivre, et le propre de la civilisation est d'offrir
à l'ambition, à l'activité individuelle, des centaines, des milliers de buts
pareils, à côté desquels l'individu se sent si peu de chose qu'il lui en
coûte moins enfin de se soumettre à leur écrasante supériorité. A la
vérité, il semble bien parfois, aux époques de défaillance, que l'instinct public cherche à remédier d'une autre façon beaucoup moins heureuse à la disproportion signalée entre l'intérêt collectif et l'intérêt
particulier. On dirait que les nations, composées d'unités plus nombreuses, mais plus fugitives qu'autrefois, cherchent à se faire instinctivement un intérêt général à courte portée comme l'intérêt particulier
de celles-ci. Quelle que soit la forme de leur gouvernement, par exemple,
les hommes d'État qui les dirigent diffèrent des hommes d'État anciens
à la fois par l'horizon très élargi de leur surveillance sur un plus grand
nombre d'intérêts similaires simultanément régis par des lois identiques, et par le regard très raccourci de leur prévoyance. Leurs desseins
sont plus vastes que jadis, puisqu'ils ont pour objet la mise en mouvement de plus énormes masses d'hommes, mais plus étroits en ce sens
qu'ils ont des visées bornées à un avenir plus rapproché. On a vu jadis

le roitelet de la petite Prusse sacrifier dans ses calculs le présent à un avenir très éloigné que ses petits-neveux, hélas! ont vu luire. Jamais, de nos jours, n'importe en quel pays, à commencer par l'Allemagne même, une assemblée politique consentirait-elle à sacrifier un intérêt actuel en vue d'un bénéfice dont la seconde ou la troisième génération après nous devrait seule profiter? Loin de là, c'est sur nos descendants que nous rejetons la carte à payer de nos emprunts. Ce contraste frappant, cette sorte de compensation entre l'extension en surface et en nombre et l'abréviation en durée, est une anomalie, momentanée, je crois, qui trouve son explication immédiate dans les progrès de l'individualisme; mais la cause profonde en est dans un phénomène général dont l'individualisme est un effet : je veux dire la substitution graduelle de l'imitation des étrangers, des modèles extérieurs et contemporains (en fait de vêtements, d'armes et de meubles, d'industries et d'arts, de besoins, d'idées et de sentiments), à l'imitation exclusive des pères, des anciens, des modèles intérieurs et traditionnels [1]. De là, sur un territoire donné, cet effacement des diversités en tout genre d'un lieu à l'autre, et cette différenciation croissante, accélérée, d'une année à l'autre, qui caractérise la montée de la civilisation. Par suite, le regard du politique, et aussi bien du législateur, plonge de moins en moins dans un avenir qu'on sait de plus en plus fertile en surprises.

Or, s'il devait en être toujours ainsi, il faudrait croire que la morale, écho tardif, mais fidèle de l'intérêt général tel qu'il est compris et voulu, pourrait s'attendre à des transformations de fond en comble. Ses prescriptions ou ses interdictions finiraient par ne plus porter du tout sur les actes utiles ou préjudiciables à nos seuls neveux, notamment sur certains faits de continence ou d'infidélité conjugale, de piété filiale ou d'indiscipline domestique, de lâcheté ou de bravoure patriotique, regardés jadis comme des vertus cardinales ou des crimes capitaux, mais dont l'effet salutaire ou désastreux ne se fait sentir aux peuples qu'à la longue. Après moi le déluge, dirait la société. Le malheur est qu'elle mourrait de cette parole. Aussi y a t-il lieu de penser qu'inévitablement, après un temps de myopie progressive, mais passagère, la prévoyance collective s'étendra dans le temps comme dans l'espace et que les nations prendront conscience avec la même ampleur de leurs intérêts futurs et permanents et de leurs intérêts actuels. La civilisation ne monte pas toujours; elle ne monte que pour atteindre un haut plateau où elle se repose, et où l'imagination épuisée restitue sa force première, sous de nouvelles formes, à l'imitation intérieure et traditionnelle. Quand ce moment viendra aussi pour notre civilisation occidentale, l'abîme, je le répète, sera immense entre l'intérêt social et l'intérêt individuel. Et comment cet abîme sera-t-il comblé?

Sera-ce par un retour à la vie de famille, au culte du foyer et du nom?

1. C'est ce que j'appelle, en un seul mot, la substitution de l'*imitation-mode* à l'*imitation-coutume*.

C'est possible, probable même, et il serait imprudent de rien faire pour empêcher cette utile réaction. Mais cela ne suffira pas. Je dis qu'en outre, et d'abord, la grandeur même des services à rendre au pays amplifié dans tous les sens subjuguera toute âme assez éclairée pour les apercevoir et lui imposera ou lui facilitera l'abnégation. De cette élite peu à peu descendra l'exemple régénérateur. En dehors de sa tribu, seule chose durable et considérable au-dessus de lui, à qui l'homme primitif se serait-il dévoué? Mais dès à présent que de feux sacrés à adorer et à entretenir, à faire rayonner pour une postérité indéfinie, autres que le feu du foyer inventé par un grand inconnu! Découvertes et inventions merveilleuses à comprendre, à aimer et servir, à déployer dans leurs conséquences, à attiser dans leur rayonnement et leur diffusion à travers le monde. Et que d'efforts surhumains suscités par là : isthmes et montagnes à percer, frontières à niveler, injustices à détruire, pyramide des sciences à achever ou thèmes éternels de l'art à rajeunir, entreprises colossales à poursuivre ou inspirations toutes-puissantes à exprimer! Est-il possible que devant la majesté de ces choses conçues et voulues, voulues aussitôt que conçues, l'homme ne sente pas l'inanité des petites choses désirées par lui qui leur font obstacle? Tel sera donc, tel est déjà le premier appui nouveau du devoir.

En second lieu, il ne se peut que le sentiment de l'honneur ne se répande, ne se généralise, et même ne se fortifie au cours de la civilisation grandissante. J'entends le sentiment de l'honneur, non au sens ancien, familial et aristocratique du mot, mais au sens moderne, démocratique et individuel. Ce dernier date à peine de la Renaissance, de la Renaissance italienne, si j'en crois Burckardt. Pourquoi, demandera-t-on, ce besoin de considération personnelle doit-il grandir pendant que les antiques bases de la morale, la famille et la religion, ne cessent d'être sapées? Parce que la cause même de la destruction de celles-ci est propre à consolider et à étendre la nouvelle : je veux dire la densité croissante de la population, le progrès des communications et la circulation indéfiniment accélérée des idées dans un domaine indéfiniment étendu par-dessus toutes les barrières de familles, de castes, de cultes, d'États. La substitution de l'imitation-mode à l'imitation-coutume a eu pour effet d'abattre l'orgueil du sang et la foi au dogme, mais en même temps elle a eu pour effet de susciter, par l'assimilation progressive des esprits, la puissance devenue irrésistible de l'opinion, d'où ce respect inconscient et profond de l'opinion qui se trahit dans les actes des plus solitaires penseurs, en dépit de leurs illusions sur eux-mêmes. Or, qu'est-ce que l'honneur, sinon l'obéissance héroïque, irréfléchie et passive, à l'opinion?

La succession des appuis différents de la moralité, telle que je viens de l'exposer dans ce qui précède, s'accomplit au cours des siècles avec une solennelle lenteur, depuis la barbarie encore à demi sauvage jusqu'à la civilisation consommée. Mais on en voit l'image réduite et fort

nette dans le contraste presque subit qui se produit quand un jeune
conscrit passe de la cabane paternelle au régiment. Au bout de peu de
temps, il ne pense guère plus à son père qu'il craignait si fort, au
champ qu'il convoitait, à la jeune fille qu'il courtisait en vue de fonder
une nouvelle famille, et il songe encore moins au catéchisme de son
curé : toutes les sources de son honnêteté laborieuse et de sa pureté de
mœurs relatives sont taries. Mais, loin d'avoir déchu, sa moralité s'est
élevée, et ce qu'il a perdu en continence peut-être et en amour du travail, il l'a bien regagné en courage et en probité, parce que, outre la
pensée du conseil de guerre, il a eu pour le soutenir dans sa vie disci-
plinée à la caserne, pour le maintenir ferme au poste sur le champ de
bataille, ces deux grands mobiles nouveaux : d'une part, l'idée de la
victoire à gagner, du but patriotique pour lequel l'armée s'exerce ou
combat; d'autre part, l'idée de la dégradation, de l'humiliation devant
les camarades, à éviter même au prix de la mort. Nous sommes autorisés, ce me semble, à voir dans la moralité militaire actuelle la peinture anticipée de la moralité sociale future, si nous considérons qu'une
armée est, avec une congrégation religieuse, l'expression à beaucoup
d'égards la plus pure, la plus forte, de l'organisation sociale, d'aucuns
disent socialiste, c'est-à-dire artificielle au plus haut degré, mais conforme à ce qu'il y a de plus naturel et de plus essentiel dans l'homme,
le goût de la coordination. Qu'est-ce que l'armée? C'est un milieu
social extrêmement dense, excessivement assimilé, quoique hiérarchisé
très fortement, et où l'imitation-mode se propage avec une rapidité
inconnue partout ailleurs; de plus, un milieu social exclusivement
masculin et où l'individu est aussi détaché que possible de sa corporation physiologique qui est la famille, aussi incorporé que possible à
sa corporation politique, qui est le régiment. Or, il n'est pas difficile
de voir que les sociétés en progrès marchent dans un sens très propre
à les rapprocher de ce type militaire. Tout les y pousse : la population
qui va se condensant partout et s'assimilant très vite, en attendant
qu'elle se classe et s'hiérarchise de nouveau; les voies de l'imitation-
mode qui se multiplient, s'aplanissent et s'étendent; et le caractère
essentiellement masculin, comme je l'ai dit plusieurs fois, de la civilisation qui force les hommes, par leur culture à part, à se séparer politiquement, scientifiquement, artistiquement même des femmes, à
exclure les femmes de leur caserne à eux, c'est-à-dire de leurs administrations, de leurs coteries, de leurs cercles, de leurs corps électoraux,
à creuser entre eux et les femmes, sous tous les rapports d'origine
sociale, un abîme toujours plus profond, nullement comblé ni diminué
par la licence toute *soldatesque* ou *chevaleresque* des mœurs; d'où un
grand relâchement des liens de famille.

Il ne faut pas se le dissimuler, une telle transformation ne saurait
être compatible avec la moralité que si le frein de l'opinion se fortifie;
et il se fortifiera sûrement si cette transformation est poussée à bout.
L'honneur retrempé sortira de là plus puissant que jamais, comme

peut nous le faire pressentir déjà l'hypertrophie maladive des amours-propres et des vanités. Car, de même que l'on commence à imiter le voisin ou l'étranger en copiant ses vêtements et ses meubles avant de copier ses titres et ses décorations, ainsi la vanité, sorte d'honneur superficiel, est le premier pas vers l'honneur, vanité profonde, et le besoin d'être regardé, de paraître, aboutit au besoin d'être considéré. Par suite, ne raillons pas trop amèrement la contagion du luxe vulgaire et de l'étalage vaniteux qui pourra porter de bons fruits. Et, pareillement, ne nous affligeons pas trop quand nous assistons, dans nos grands débordements de démocratie, à certains aplatissements individuels qui sont peut-être la promesse de relèvements futurs. Si triste qu'il soit de voir se propager l'esprit de populacerie intellectuelle, qui sait si cette humiliation n'est point le nivellement nécessaire sur lequel l'avenir s'apprête à ériger l'autel de l'honneur, dont la première condition est un conformisme intense, très intense, afin qu'il soit très inconscient et très sincère comme dans l'armée ? Mais n'oublions pas non plus que l'honneur vaudra moralement ce que vaudra l'opinion, et que l'*opinion* vaut ce que valent ses sources, les maximes et les exemples édictés par quelques individus, vulgarisés ensuite dans le public. Dans l'armée, corps très discipliné, maximes et exemples descendent de l'état-major, et non des derniers rangs de la troupe. Aussi l'honneur spécial qui y règne est-il d'une trempe forte et d'un métal pur. S'il n'en était pas de même dans nos sociétés nouvelles, s'il cessait d'y avoir un état-major, ou si l'élite dominante n'y brillait que par l'intelligence et l'ambition, nullement par le caractère et l'amour du bien, du bien moral senti et goûté pour lui-même, l'opinion dépravée ou amollie, indulgente à trop de vilenies, ne tarderait pas à engendrer un pseudo-honneur à son image. On voit donc la nécessité, je ne dis pas certes de rebrousser chemin vers l'aristocratie ancienne, mais de ne pas chercher à abaisser, d'aider au contraire à croître, en son libre recrutement, l'aristocratie nouvelle, composée avant tout de savants et d'artistes, et de favoriser par suite le développement esthétique de l'instruction, de l'éducation supérieures.

En résumé, n'avais-je pas raison de dire en commençant que la morale devient et deviendra de moins en moins utilitaire, sous peine de cesser d'être ? De moins en moins elle peut être une conformité de moyens à des fins individuelles, une industrie ; de plus en plus elle doit être une conformité de principes individuels aux principes reconnus dans le public, et des actes de l'individu à ses principes. Par ces deux derniers caractères elle se rattache à la logique, dans le double sens que je donne et qu'il faut, je crois, donner à ce mot : à la logique sociale, qui consiste à supprimer les contradictions d'idées d'homme à homme et se satisfait de la sorte par le conformisme croissant des esprits et des consciences, et à la logique individuelle, qui consiste à supprimer les contradictions d'idées dans le même cerveau, genre d'accord essentiellement esthétique, comme le prouve la beauté de tout système cohérent. L'accord des actes aux idées n'est qu'une variété de celui-ci, car l'homme qui agit contrairement à ses principes est forcé de se mésestimer d'abord en se les appliquant, ce qui provoque aussitôt en lui quelque fin de non-recevoir exceptionnelle et sophistique qui commence à battre ses principes en brèche et introduit dans sa conscience un germe de contradiction. Or, la contradiction est un état d'équilibre cérébral instable qui tend toujours à se résoudre en un accord. Toutefois, remarquons en finissant que, dans un milieu très *socialisé*, où l'attention des individus, tout extériorisée, n'est préoccupée que d'autrui, on est bien moins choqué de se contredire soi-même qu'on ne l'est d'être contredit par les autres ou qu'on ne souffre à être obligé de les contredire par ce genre particulier *d'inconséquence sociale* appelé dissidence. Et, de fait, combien de maximes excellentes circulent à leur aise de par le monde, sans qu'on s'aperçoive même qu'elles sont à chaque instant violées par la conduite habituelle et uniforme des gens! C'est qu'ici la logique *sociale* est satisfaite, grâce à cette double uniformité des pensées et des actions, d'ailleurs contradictoires *individuellement*. La contradiction, en effet, qui existe si souvent entre nos désirs et nos croyances, entre nos actions et nos maximes, provient de ce que nos actes et nos désirs sont formés à l'instar des actes et des désirs d'autrui, tandis que nos maximes et nos croyances sont la répétition des paroles d'autrui [1]. Or, les gens ont fréquemment intérêt à ne pas agir comme ils parlent, car, en parlant, ils cèdent au besoin d'émettre des propositions générales sans prévoir d'ordinaire qu'ils seront un jour entravés par elles, comme il arrivait à Napoléon lui-même de se garrotter par ses propres décrets. Il n'est pas de source plus intarissable de la moralité publique que ce besoin de généralisation. En effet, quoique fréquente, la scission entre le courant des principes professés de bouche et celui des actes suggérés ne saurait durer longtemps; et, signalée bientôt par les consciences les plus hautes, les plus soucieuses de leur intégrité, les plus éprises du bien moral pur, elle ne tarde pas à disparaître.

G. TARDE.

---

1. Aussi, quand on agit mal, on se dérobe aux regards de ses semblables, bien qu'on sache que ceux-ci, s'ils étaient eux-mêmes isolés, se conduiraient semblablement.

REVUE GÉNÉRALE

TRAVAUX RÉCENTS SUR LA PSYCHOLOGIE D'ARISTOTE

I. A. Ed. Chaignet, *Essai sur la Psychologie d'Aristote, contenant l'histoire de sa vie et de ses écrits.* — II. Dᵣ Vincenz Knauer, *Grundlinien zur Aristotelisch-tho-mistischen Psychologie.* — III. Edwin Wallace, *Aristotle's Psychology, in greek and english, with introduction and notes.*

Le progrès, le mouvement du moins de la pensée philosophique, modifie chaque jour le point de vue d'où l'on étudie les anciennes doctrines et en renouvelle constamment l'intérêt. L'occasion est peut-être plus favorable que jamais pour examiner les théories psychologiques d'Aristote [1]. La psychologie traverse chez nous une crise. Cette partie

[1]. La liste est longue des ouvrages consacrés à l'étude de ces théories. On connaît, chez nous, ceux de MM. Ravaisson, Barthélemy Saint-Hilaire, Wadding-ton-Kastus, Denis, Gratacap, etc. Je cite, en tête de cet article, ceux qui ont paru le plus récemment, si je suis bien informé, en France et au dehors. *L'Essai* de M. Chaignet, couronné par l'Académie des sciences morales et politiques, a toutes les qualités des œuvres de cet érudit si compétent dans les questions de philosophie ancienne. Mais c'est un bien gros livre. Il contient l'histoire de la vie et des écrits d'Aristote, un commentaire de son *Traité de l'âme*, de ses opuscules, et une étude critique. Le commentaire est savant, consciencieux, un peu lourd peut-être ; l'étude critique énumère surabondamment les difficultés que soulève la pensée d'Aristote : je ne sais s'il s'en dégage une idée assez nette de la doctrine péripatéticienne et surtout de la doctrine de l'auteur. M. Chaignet nous promet, il est vrai, un second volume dont les conclusions seront sans doute plus arrêtées. — Le savant bibliothécaire du couvent des bénédictins écossais, à Vienne, M. Knauer, a composé un parallèle intéressant d'Aristote et de saint Thomas, considérés l'un et l'autre comme psychologues. Ce parallèle est d'autant plus naturel que la psychologie de saint Thomas, comme on le sait, est celle d'Aristote, telle du moins qu'il la comprend. Il est facile de voir, par les nombreuses citations que M. Knauer a groupées dans ses dix-sept chapitres, comment il l'interprète et se l'approprie. Le seul reproche à faire à M. Knauer serait, peut-être, de ne s'être jamais permis de comprendre Aristote mieux que saint Thomas ne l'a fait. — Enfin, l'édition nouvelle du Περὶ ψυχῆς, publiée par M. Wallace, est une de ces belles et savantes éditions que les universités anglaises nous donnent, depuis quelques années, en assez grand nombre. Le texte est établi avec une sage méfiance des excès de la critique allemande ; la traduction a les allures et la liberté d'un commentaire ; l'introduction, dans sa brièveté (128 pages), me paraît une des meilleures études qu'on ait faites du *Traité de l'âme*. Je m'en suis beaucoup servi, et je l'ai simplement traduite en plusieurs endroits.

réputée essentielle de la philosophie, on veut la détacher de la philosophie, l'élever ou la rabaisser au rang d'une science particulière. N'est-ce pas le cas, au risque de substituer parfois notre pensée à la sienne, d'en appeler à celui qui a véritablement fondé la psychologie, comme il a fondé la logique, la métaphysique et la morale?

Au premier abord, il semble bien qu'Aristote ait conçu la psychologie à la façon de quelques penseurs contemporains, comme une dépendance de la biologie, comme une science naturelle. Mais il ne faudrait pas, nous espérons bien le prouver, se fier à ces apparences.

Dès les premières lignes du Περὶ ψυχῆς, le plus important de ses traités psychologiques, il annonce le projet d'écrire une « histoire de l'âme » (ἱστορία ψυχῆς). Il entend par là, il est vrai, une description, une explication. Ce ne sera pas une science, à proprement parler, mais plutôt une simple collection d'observations. Et nous verrons cependant qu'il a traité son sujet de telle sorte que les résultats de ses observations ont une valeur toute différente. Tout le commencement de ce traité marque bien les tâtonnements de ce grand esprit, qui entreprend un premier essai régulier de psychologie, qui cherche sa voie dans ce champ d'études encore à peu près inexploré. Il se montre incertain sur la méthode à suivre. Il s'interroge, sans trouver immédiatement une réponse satisfaisante, et c'est en traitant son sujet qu'il résoudra ce problème logique. C'était d'ailleurs son avis qu'il faut déjà connaître une science pour savoir quelle méthode lui convient. Or celle-ci est si nouvelle, ses devanciers l'ont si peu cultivée pour elle-même, qu'il y rencontre, se pressant à la fois, une foule de questions (les *apories*) dont il doit s'occuper tôt ou tard et qui forment comme le programme, d'abord confus, de ses recherches. Les unes sont maintenant surannées, les autres sont encore débattues aujourd'hui. A quelle classe d'êtres l'âme appartient-elle? Est-elle une qualité ou une substance? Est-elle seulement en puissance, ou en acte et pleinement réalisée? Est-elle homogène en toutes ses formes, ou bien y a-t-il plusieurs âmes et diffèrent-elles par le genre ou l'espèce? Quels sont surtout les rapports de l'âme et du corps? La pensée, la raison elle-même semble dépendre de l'imagination, et supposer ainsi, comme sa condition, quelque fonction corporelle; est-ce vrai cependant? Enfin, il faudra examiner les relations de la faculté ou de l'organe aux opérations de la faculté, et décider si c'est la raison ou le fait de penser, les sens ou le fait de percevoir qu'il convient d'abord d'étudier.

Mais ce qui préoccupe par-dessus tout Aristote, c'est l'étroite et manifeste liaison des faits physiologiques et des faits psychologiques. Il regarde comme nécessaire de ne pas séparer, dans la recherche, ces deux ordres de phénomènes, et il fait rentrer, du moins en grande partie, la psychologie dans le domaine de la physique. Ce nom de physique, il est vrai, n'a pas pour lui le même sens que pour nous; la physique, comme il l'entend, est la science des qualités des corps, non dans leur abstraction, mais dans leurs manifestations concrètes. Tandis que la métaphysique a pour objet ces attributs de l'être qui sont immuables et ne trouvent jamais leur expression dans la matière (ἀκίνητα, χωριστά); tandis que les mathématiques se rapportent aux attributs qui sont également invariables, mais qui sont plus ou moins exprimés dans la matière (περὶ ἀκίνητα μὲν οὐ χωριστὰ δέ); la physique traite, au contraire, de ceux qui sont changeants et inséparables de quelque matière (περὶ ἀχώριστα μὲν ἀλλ' οὐκ ἀκίνητα, *Mét.*, E., 1); elle s'occupe des phénomènes qui ne sont pas indépendants de la matière, elle est surtout la science du mouvement. Or c'est un fait que l'esprit et le corps sont intimement unis, et l'âme doit être expliquée *physiquement* (φυσικῶς), c'est-à-dire avec une méthode concrète qui permette d'en connaître complètement toutes les relations. Comme Platon, Aristote est d'avis qu'il est impossible de l'étudier sans tenir compte de ses rapports avec tous les êtres de la nature. Mais il ne faut pas perdre de vue que cette physique n'a rien de commun avec le matérialisme. Elle suppose elle-même la recherche des quatre principes sans lesquels on ne peut expliquer aucune existence, et elle ne doit pas manquer, dans l'étude des êtres vivants, de faire intervenir l'esprit comme leur forme (εἶδος) constitutive.

L'âme, en effet, aux yeux d'Aristote, n'est pas seulement un principe de mouvement. Comme telle, elle relève sans doute de la physique; mais il y a une philosophie supérieure à la philosophie de la nature et l'âme relève aussi de la métaphysique. En réalité, ni le physiologiste, ni le métaphysicien ne peuvent séparément la connaître tout entière. Il faut qu'ils réunissent leurs efforts. C'est le caractère propre de notre nature psychique de rendre cette collaboration nécessaire. Les sentiments, par exemple, ces idées matérialisées (λόγοι ἔνυλοι), ne peuvent être compris qu'autant que l'on considère à la fois leur aspect suprasensible et leurs antécédents physiologiques. Aristote donne un exemple (*De An.*, I, 1, § 11) de ces deux interprétations qu'il faut réunir pour obtenir une explication vraiment psychologique : « S'agit-il de définir la colère? Le métaphysicien, dit-il, l'expliquerait en disant que c'est le désir de rendre le mal pour le mal, et le physicien en disant que c'est un bouillonnement, dans le cœur, de la chaleur ou du sang. L'un s'attache à la matière, l'autre à la forme. » Il faut saisir ces deux aspects d'un seul et même phénomène et en voir l'influence réciproque. Il ne nous suffirait pas de proclamer que l'âme est une substance; nous devons encore étudier ses attributs. Sans cette connaissance des phénomènes variés dans lesquels l'âme se manifeste, par lesquels s'exerce son activité, nous en serions réduits à une vaine phraséologie. Une histoire naturelle de l'âme qui la suit depuis sa forme la plus élémentaire jusqu'à la plus développée, est indispensable à toute théorie psychologique. Mais le psychologue doit, en même temps, dépasser le fait immédiat, se rappeler que le tout précède la partie, la substance les accidents, et une science de l'âme digne de ce nom ne manquera pas plus de rechercher en quoi consiste l'être auquel les attributs appartiennent, que d'expliquer ces attributs dont nous devons la connaissance à l'observation.

On voit, par cette analyse des premières pages du Περὶ ψυχῆς, comment le sujet que se propose Aristote se précise peu à peu et se détermine devant lui. On peut aussi indiquer dès maintenant quelle méthode il va, sans l'avoir d'avance reconnue, appliquer à ses recherches : ce sera surtout la méthode inductive. Ici, comme en morale, ce sont les faits qui lui serviront de point de départ. La revue, à laquelle il ne manquait jamais, des opinions de ses devanciers, l'amène à éclairci r encore mieux ses propres idées, à reconnaître mieux encore que la psychologie ne peut pas être une théorie purement abstraite, qu'elle ne doit pas être bornée à l'étude des faits psychiques dans l'homme, qu'il y faut tenir compte des conditions physiologiques et affirmer avant tout l'unité des facultés mentales. La fameuse définition de l'âme qu'il donne au début du second livre de son *Traité*, résume, en grande partie, ces différentes propositions.

II

Pour bien comprendre cette définition, il est nécessaire, comme nous allons le voir, d'être au courant de la terminologie d'Aristote dans sa *Métaphysique*. Nous pouvons dire déjà qu'il regarde l'âme et le corps comme les deux termes d'une antithèse dans laquelle ces termes n'existent véritablement qu'en combinaison l'un avec l'autre. Il part de ce fait qu'il existe des êtres naturels)vivants. Les êtres naturels s'opposent aux choses artificielles, aux produits de l'industrie humaine. Parmi ces êtres naturels, les uns ont la vie, les autres en sont privés. La vie elle-même se définit par la nutrition, l'accroissement ou le dépérissement, sous l'influence d'un principe interne. Nous trouvons donc dans les êtres naturels vivants une réalité concrète, qui nous présente comme deux faces ou deux aspects : l'âme et le corps. Le corps lui-même n'est pas l'âme; l'âme serait plutôt un attribut du corps; elle est la forme dont le corps est la matière. L'âme est donc, au point de vue d'Aristote, plus ou moins dépendante du corps; mais, d'un autre côté, c'est seulement dans l'âme que le corps atteint sa véritable réalité. Le corps n'est donc pas tant le fondement physique de l'âme que l'âme n'est la cause ou la raison du corps. Les phénomènes physiologiques du corps trouvent, en fait, leur *vérité* dans l'âme. Dans le langage d'Aristote, l'âme est la réalité substantielle ou l'essence (οὐσία) du corps.

Mais que signifie, dans ce langage, le mot substance? Il n'est pas toujours pris dans la même acception. En logique, il désigne l'individuel, le particulier (τόδε τι); en métaphysique, il s'emploie souvent pour l'universel, la notion générique, non pas tel ou tel homme, telle ou telle plante, mais l'homme ou la plante en général. Il n'est pas impossible cependant de concilier ces deux sens du même mot pour Aristote. Il est toujours l'adversaire décidé de Platon, qui prenait pour la réalité l'*idée*, c'est-à-dire ce qui ne se trouve en aucun être individuel, mais donne la vie et l'existence à tout ce qui est. Pour lui, au contraire, l'être réel, la vérité substantielle, la vérité essentielle des choses, consiste dans l'union de deux éléments, qui peuvent être séparés par l'analyse, mais qui, en toute chose, forment deux aspects complémentaires. Nous pouvons donner différents noms à cette synthèse de deux termes opposés : ou bien c'est une matière indéterminée (ὕλη), d'une part, et, de l'autre, une forme créatrice (εἶδος); ou bien nous dirons que chaque chose est à la fois particulière et universelle. Les choses sont ainsi, dans le langage d'Aristote, des combinaisons (σύνολον) dans lesquelles la matière se mêle à la forme et la forme prend une réalité, grâce à cette matière qui était encore sans forme. A l'entendre ainsi, l'âme est la substance, c'est-à-dire la réalité concrète ou la vérité substantielle du corps; elle en est la réalisation (ἐνέργεια σώματος). Cette idée de réalisation occupe une place importante dans la philosophie d'Aristote. Il conçoit le monde comme dans un progrès continu, par la transformation incessante en ce qui est actuellement de ce qui n'est d'abord qu'en puissance. Ainsi deux aspects inséparables et corrélatifs de tout développement d'existence, la puissance et l'acte, l'acte lui-même n'étant à son tour que puissance par rapport à un nouveau développement de la réalité. On comprend par là en quel sens l'âme est la réalisation du corps. Sans elle, il n'a qu'une existence potentielle; il n'est rien d'actuel ou de réel. C'est elle qui lui donne sa véritable signification, qui est, en un sens, sa fin et son terme. Quand un organisme s'est assez développé pour avoir une âme, il a atteint, en quelque sorte, son plus haut degré de développement.

Aussi Aristote emploie-t-il, pour désigner l'âme, le mot *entéléchie* (ἐντελέχεια), qui est assez clair par lui-même, mais auquel il substitue quelquefois le mot *énergie* (ἐνέργεια), bien que celui-ci n'exprime plutôt qu'un degré pour arriver à l'entéléchie. L'entéléchie, en effet, est la réalisation qui contient la fin (τέλος) d'un développement, l'expression complète d'une fonction, la perfection d'un phénomène, le dernier pas dans le progrès de la puissance à l'acte. L'âme n'est donc pas la réalisation du corps seulement, mais sa réalisation parfaite, ou son entier développement. Il y a cependant encore une explication plus complète à donner du mot entéléchie, quand il est ainsi employé à la définition de l'âme. Ce plein développement d'un objet ou d'une idée peut être implicite ou explicite. Nos facultés de connaître, par exemple, trouvent leur achèvement, d'une part, dans la possession des vérités scientifiques, et, de l'autre, dans l'application de ces vérités à de nouvelles recherches. En d'autres termes, la connaissance qui fait atteindre à l'homme, considéré comme être raisonnable, la réalisation complète de ses facultés, peut sommeiller dans l'âme ou s'employer, en pleine conscience, à diverses applications. Or c'est dans le premier de ces sens que l'âme est l'entéléchie du corps, et ainsi s'explique la formule d'Aristote : « Si nous voulons, dit-il, donner de l'âme une définition qui convienne à toutes les âmes, nous dirons qu'elle est l'entéléchie première d'un corps naturel organisé (ἐντελέχεια ἡ πρώτη σώματος φυσικοῦ ὀργανικοῦ) ». Elle est, en outre, la réalisation du caractère général de ce corps, l'expression de ce qu'il était et de ce qu'il est (τί ἦν εἶναι), l'idée du corps. C'est par elle qu'il peut être défini lui-même, par elle seule que nous pouvons l'expliquer et le comprendre. Et ainsi Aristote prend le contre-pied de la psychologie physiologique moderne, qui cherche dans l'étude des processus matériels l'explication de l'esprit.

Beaucoup de commentateurs et, parmi eux, M. Barthélemy Saint-Hilaire, comme le fait remarquer M. Wallace, s'y sont trompés. L'auteur du Περὶ ψυχῆς n'a pas confondu l'âme et le corps : il les a considérés comme deux facteurs d'un tout, nécessaires l'un à l'autre, de telle sorte cependant que l'âme fait la vérité de leur union. Il ne nie pas un seul instant, et nous le verrons bien à propos de la raison, qu'il puisse y avoir des actes de pensée indépendants de l'organisation matérielle. Ce qu'il soutient, c'est que l'âme représente le vrai sens du corps, de telle sorte qu'on peut dire hardiment du corps qu'il n'existe pas sans l'âme, et que par l'âme seule les processus corporels atteignent leur véritable signification. « Nous ne devons pas plus nous demander, dit-il, si l'âme et le corps sont un seul et même être, que nous demander si la cire et l'empreinte du cachet ne font qu'un, ou rechercher d'une manière générale si la matière se confond avec ce dont elle est la matière. » Dans ces différents cas, nous avons affaire aux deux aspects complémentaires d'un seul et même objet. Ce n'est pas qu'Aristote se fasse ici le devancier de Spinoza qui ne verra dans le corps et l'âme que des modes de deux attributs différents d'une substance unique; il ne dirait pas non plus, avec certains philosophes anglais de nos jours, qu'un processus mental n'est qu'un autre aspect d'un processus physique. Pour lui, le corps n'a de réalité que dans l'âme, et les fonctions mentales, tout en étant le terme de certaines fonctions physiques, sont cependant présupposées par ces dernières, et, sans elles, il n'y aurait pas d'organisation à proprement parler. Nous trouvons, dans le *Traité de l'âme*, des comparaisons très claires pour expliquer cette subordination : l'âme d'une hache (si toutefois on peut parler d'une âme quand il s'agit d'un objet artificiel) est dans le pouvoir que cet instrument a de couper, et une hache qui ne pourrait pas couper n'aurait de la hache que le nom. Ce qui est vrai, d'ailleurs, du corps tout entier, l'est aussi des parties du corps, et un œil, par exemple, n'est vraiment un œil qu'autant qu'il peut voir ; la vision est son âme, en quelque sorte, et un œil incapable de vision n'est un œil que par synonymie. Or la raison d'être, l'explication de la hache et de l'œil ne sont que dans ces fins, ou de couper, ou de voir ; il en est de même des rapports de l'âme et du corps.

Quelle que soit encore l'insuffisance, peut-être, de cette théorie, telle que nous pouvons déjà la résumer, n'est-elle pas aussi bonne que l'occasionalisme ou l'harmonie préétablie ? Elle a le mérite de ne pas détruire ce « tout naturel » que forment les êtres vivants, de ne pas distinguer, du moins en certains d'entre eux, deux substances que l'on ne sait ensuite comment rapprocher. Elle repose sur un senti-ment très vif de l'union de ces deux termes qui apparaissent comme essentiellement corrélatifs. « L'âme, dit M. Wallace, dont j'ai repro-duit les principales explications, est la fin immanente ou la détermi-naison immanente du corps ; le corps n'est que l'expression ou la réalisation de l'âme ; l'âme est l'idéalisation des organes du corps, tandis qu'ils réalisent les pouvoirs de l'esprit. Ou bien, si l'on considère l'âme comme la perfection et l'achèvement de ce qui répond à l'orga-nisation du corps, le corps, d'un autre côté, est l'explication, ou le développement de la nature de l'âme. »

III

Mais l'important n'est pas de s'attacher à la nature abstraite de l'âme, nous le savons déjà ; il nous faut surtout, d'après Aristote, étudier les pouvoirs ou les facultés où se manifeste son activité ; nous y trou-verons la confirmation de la théorie dont la définition de l'âme est le résumé.

Ces diverses facultés, en effet, constituent chacune comme une âme d'un certain degré, et dans l'être, comme l'homme, où elles sont réu-nies, chacune d'elles doit être considérée comme un « moment » du développement total. La psychologie d'Aristote, on le voit ici, se relie étroitement à la biologie. Personne, peut-être, n'a eu, même dans les temps modernes, une idée plus claire de la continuité (συνέχεια) de la vie sous toutes les formes où elle se manifeste. Il avait remarqué que la nature s'élève, par un progrès ininterrompu, des êtres ina-nimés aux êtres animés, en passant par ces êtres qui vivent sans être encore des animaux, comme les zoophytes. Il avait aperçu les analo-gies des différentes espèces d'animaux ; il ne voyait pas, au point de vue biologique, autre chose qu'une différence de degré entre l'animal et l'homme. Dans l'homme fait, seulement, qui est comme le but et le centre de la création, les formes jusqu'alors implicites et imparfaites prennent leur entier développement. Au point de vue psychologique, il y a, comme nous l'avons dit, autant d'âmes différentes qu'il y a de

degrés bien marqués dans cette échelle qui va de la plante aux êtres
capables de penser et de vouloir. Aristote en distingue quatre sortes
qui répondent à quatre degrés du développement physique. La première et la plus simple se révèle dans les êtres qui n'ont d'autre fonction que de se nourrir, croître et se reproduire. C'est la fonction de se
nourrir qui constitue la vérité, la véritable signification de la plante.
La première *entéléchie* est donc la parfaite réalisation de la vie nutritive et végétative. La seconde est dans l'exercice de la perception sensible, qui distingue les animaux; la troisième, dans le fait de désirer
et de se mouvoir, qui est le propre des animaux supérieurs; enfin la
quatrième implique l'action de l'intelligence et de la raison. En résumé,
l'âme végétative, l'âme sensitive, l'âme motrice et l'âme pensante. Elles
sont réunies dans l'homme.

Mais dirons-nous qu'elles sont, dans l'homme, des parties (μόρια) différentes, et qu'il n'y a pas d'unité dans l'âme humaine? Ce sont plutôt,
pour Aristote, des aspects différents que des parties. C'est par abstraction seulement que nous pouvons distinguer en nous ces facultés, ou
ces âmes; elles ne sont que des faces diverses de l'action mentale.
C'est le même esprit qui subit des sensations et qui forme des jugements, et ces distinctions ne correspondent qu'aux différentes manières
dont ce même esprit se comporte avec la matière de la connaissance.
Aussi, l'auteur du *Traité de l'âme* n'attache-t-il pas beaucoup d'importance à sa classification des facultés dont il ne donne pas toujours
exactement la même liste. Mais l'âme en fait l'unité. Elles forment
ensemble une série ascendante, de telle sorte que les supérieures supposent nécessairement les inférieures. Il n'y a pas de perception sans
nutrition, pas de pensée sans perception. « Nous devons nous rappeler,
d'une part, dit M. Wallace, qu'aucune fonction élevée de l'âme ne peut
s'exercer sans présupposer un développement inférieur. Mais, d'autre
part, nous devons aussi nous rappeler que chacune de ces facultés est
une faculté de l'*âme*, et que c'est seulement par rapport à l'unité de
l'âme que nous pouvons bien les comprendre. Nous n'oublierons pas
non plus la distinction établie par Aristote entre ce qui est premier
dans l'ordre du temps et ce qui est premier dans l'ordre de la pensée.
Si, dans certaines théories modernes, on a souvent négligé la distinction entre la *nature* et l'*histoire*, il insiste à plusieurs reprises sur ce
principe que l'acte précède la puissance et que, si dans le temps la
forme la plus élémentaire a la priorité, pour la pensée, au contraire, et
dans la réalité, la plus élevée, la plus développée est toujours la première. En lisant son histoire naturelle de l'âme, comme nous pouvons
l'appeler, ayons toujours présente à l'esprit la recommandation qu'il
nous a faite de distinguer entre l'étude du développement chronologique d'un être et celle de son essence. »

Aristote étudie successivement ces différentes facultés. Nous ne
dirons rien de la faculté végétative, condition de toutes les autres, qui
donne lieu cependant à d'assez curieuses questions dans le *Traité de*

l'âme. Il est à remarquer seulement que l'assimilation e⟨t⟩
essentiel de l'exercice de cette faculté inférieure, et, dans un⟨e⟩
mesure, c'est sur ce modèle, en quelque sorte, que s'exercer⟨t⟩
les autres activités. De même que la plante, a-t-on dit, s'a⟨ssimile la⟩
matière matériellement, les sens s'assimilent immatériel⟨lement la⟩
matière, et l'immatériel est assimilé par la pensée d'un⟨e⟩ ⟨façon⟩
immatérielle. Au moins est-il vrai que la sensation et la pensé⟨e sont, en⟩
un sens, des formes de réceptivité qui ne sont pas, à ce po⟨int,⟩
sans analogie avec la faculté nutritive.

La sensation distingue l'animal. C'est pour Aristote le fait⟨ d'être mû⟩
ou affecté par un objet extérieur. Elle implique une altér⟨ation, une⟩
modification qualitative. Il se produit un changement dans la⟨ nature ou⟩
la qualité de l'organe qui perçoit, et qui prend, pour ainsi di⟨re, la qua-⟩
lité de l'objet perçu; mais sa qualité seulement, comme l⟨a cire⟩
reçoit l'empreinte du sceau sans en prendre le fer ou l'or d⟨ont il est⟩
fait. Aussi la faculté de percevoir par les sens est-elle défini⟨e la faculté⟩
de recevoir les objets sensibles sans leurs concomitants mat⟨ériels. A⟩
premier abord, c'est là une théorie mécanique : les objets ⟨extérieurs⟩
s'impriment sur l'organisme matériel et donnent ainsi nais⟨sance aux⟩
diverses perceptions. Mais ce n'est pas, il s'en faut, toute ⟨la pensée⟩
d'Aristote. Loin d'être purement passive, l'affection, qu'envelo⟨ppe la⟩
sensation, est aussi active. Être mû (κινεῖσθαι) et agir (ἐνερ⟨γεῖν⟩) ⟨sont⟩
synonymes. En même temps qu'il reçoit l'impression, le ⟨sens réagit⟩
comme une impression à son tour, et fournit cette *idée* de ch⟨oses sen-⟩
sibles, sans laquelle il n'y aurait pas de perception, à propre⟨ment par-⟩
ler. Il est vrai que nous ne trouvons, pas plus ici qu'ailleurs, ⟨une déli-⟩
mitation exacte de ce qui appartient aux sens et de ce qui ⟨appartient⟩
à l'intelligence, et nous ne voyons pas comment s'opère le p⟨assage de⟩
l'individuel au général, de la sensation à la perception. Mais ⟨l'ana-⟩
lyse pénétrante à laquelle Aristote soumet les termes dont ⟨il se sert⟩
ici nous fait voir que le mot *altération* a deux sens : ou bie⟨n c'est la⟩
destruction d'un état par son contraire, comme lorsque l'ign⟨orant, qui⟩
est sans doute un savant en puissance, devient savant en ⟨acte, ou⟩
bien le passage de la puissance à l'acte, comme lorsque l⟨e savant⟩
applique sa science à quelque sujet. En ce dernier sens s⟨eulement⟩
l'être pensant est *altéré*, quand il pense, ou le constructeur, ⟨quand il⟩
construit. De même, outre cette altération de la faculté de ⟨percevoir,⟩
par laquelle la pure condition d'une faculté devient une facult⟨é prête à⟩
agir, comme au moment de la naissance, nous pouvons parler⟨ d'une⟩
autre altération, bien différente, qui fait passer de la simple ⟨puissance⟩
à l'acte, cette faculté de percevoir, alors qu'elle est déjà dévelo⟨ppée.⟩

Il n'y a donc pas, dans la sensation, une réaction seule⟨ment du de-⟩
dedans au dehors. Il y a aussi réalisation d'une faculté inte⟨rne, dès⟩
que se présente l'objet qui lui est approprié, et cet objet est⟨ moins la⟩
condition que l'occasion de la sensation. La faculté est en ⟨puissance⟩
ce que l'objet est en acte. Elle est déjà semblable à cet objet av⟨ant⟩

pression, et, après, elle lui est en quelque sorte identique, ou plutôt nous devons encore ici recourir à une manière de parler que nous avons employée déjà : sans doute la faculté et l'objet diffèrent par leur manière d'être (τῷ εἶναι); mais dans l'acte de la perception, ils coïncident et sont alors comme les deux aspects ou les deux faces d'un même phénomène. Il semble qu'il n'y ait qu'un pas de cette doctrine à la négation de toute réalité extérieure. Aristote se borne à constater la relativité de la connaissance. Il emploie des termes qui lui sont propres : il faut, dit-il, que le sujet, dans la perception, occupe un point moyen (μεσότης) par rapport aux objets de la sensation. « La sensation consiste dans la détermination du rapport entre le plus et le moins, dans la mesure de l'excès et du défaut. Mais si la différence est trop grande entre la forme de l'agent et celle du patient, le rapport n'est plus possible, l'équilibre n'est plus possible, et la violence du mouvement détruit le sentiment. La sensation est le milieu entre deux extrêmes, commensurables l'un avec l'autre, c'est le moyen terme, et par conséquent la mesure de l'opposition des qualités sensibles [1]. » Les sens sont essentiellement une faculté critique; leur office est de distinguer entre les qualités des objets, et pour cela ils doivent être également éloignés eux-mêmes de toutes ces qualités, ocouper, comme en équilibre, cette position moyenne, d'où les dérange, en les rendant incapables de sentir et de percevoir, tout excès dans la qualité des objets. Enfin la perception n'a pas, à proprement parler, le particulier pour objet. Elle dépasse le fait immédiat, et saisit en lui l'universel. Pour rappeler l'exemple d'Aristote, ce n'est pas Callias, mais Callias comme homme que nous percevons.

L'étude spéciale des différents sens dans le *Traité de l'âme* est à la fois physiologique et psychologique. Dans un passage, d'ailleurs inintelligible, du troisième livre, Aristote démontre qu'il n'y a pas plus de cinq sens. Il les a passés en revue dans le second livre, s'occupant tour à tour de l'organe, de l'objet propre à chacun, et de l'intermédiaire par lequel l'objet fait impression sur l'organe. Il découvre entre eux une hiérarchie analogue à celle des différentes formes ou facultés de l'âme. Le toucher est présupposé par tous les autres sens, comme les capacités végétatives sont le fondement sur lequel reposent les autres facultés. C'est le sens le plus nécessaire. Le goût vient ensuite. Ils sont l'un et l'autre indispensables à la vie de l'animal; deux autres, la vue et l'ouïe, servent plutôt au progrès moral, au développement intellectuel ; ils ne sont plus seulement τοῦ ζῆν ἕνεκα, mais τοῦ εὖ ζῆν. L'odorat est plus difficile à classer; il se rapporte sans doute lui aussi à la nutrition; mais il est moins nécessaire que le toucher et le goût. Aristote les étudie en suivant, non pas l'ordre historique, mais l'ordre de la nature, c'est-à-dire en allant du plus élevé, la vue, au plus répandu, le toucher.

1. Voir le résumé magistral de ces théories dans l'*Essai sur la Métaphysique d'Aristote*, T. I, livre 3, chap. II. Les conclusions idéalistes de M. Ravaisson ne sont pas très différentes de celles de M. Wallace.

Parmi beaucoup d'observations intéressantes, cette étude contient, comme on peut s'y attendre, d'assez nombreuses erreurs, surtout en ce qui concerne les explications physiologiques. Ainsi, ce n'est pas du cerveau, mais du cœur que dépend la vision, dont l'organe immédiat, l'œil, est cependant assez bien décrit; mais on n'avait aucune connaissance, à cette époque, des nerfs optiques. Il y a toutefois, au point de vue des connaissances physiologiques, un grand progrès depuis le *Timée*, dans lequel Platon se fait une si fausse idée du rôle des organes; les sens étaient pour lui de simples passages ouverts aux impressions du dehors, plutôt que des organes proprement dits. Cette analyse des sens, dans le *Traité de l'âme*, se complète dans les chapitres du troisième livre où Aristote traite du sens commun. Il examine, dans ces chapitres, des questions qui nous intéressent encore aujourd'hui : Comment des sensations de *qualités* nous donnent-elles la connaissance de choses *concrètes?* Comment distinguons-nous entre les rapports d'un sens et ceux d'un autre? D'où viennent les erreurs des sens? etc. C'est à les résoudre que sert la théorie du sens commun.

Chaque sens particulier perçoit des qualités particulières. Or, il n'y a pas de perception proprement dite si les sens restent isolés. La perception est un mouvement de l'*esprit* à travers le corps et c'est seulement par rapport à cette union de tous les sens dans une faculté mentale commune que nous pouvons percevoir. On prouverait l'existence de ce sens supérieur (χύριον αἰσθητήριον) par ce fait seul que certains de nos sens, la vue, l'ouïe, l'odorat, ont deux organes, tandis que nous ne percevons cependant qu'une couleur, qu'un son, etc.

Le sens commun a deux fonctions : il nous permet de distinguer nos sensations, et c'est à lui que nous devons la conscience de la sensation. Pour distinguer des qualités différentes comme le blanc et le noir, et surtout le blanc et le doux, il faut un acte de comparaison. Cet acte ne peut être accompli par deux facultés distinctes. Il est l'œuvre d'une faculté centrale qui est une, quant au temps, au lieu et au nombre, mais différente dans son usage et ses applications (τῷ εἶναι) : ainsi le point, qui est un et deux à la fois, suivant qu'on le considère en lui-même, ou comme la fin d'une ligne et le commencement d'une autre. Le sens commun peut également embrasser deux qualités contraires et les comparer, sans perdre lui-même son unité. Nous avons vu plus haut que chaque perception particulière enveloppait aussi la mesure de l'opposition des qualités sensibles. Le sens commun ne se borne pas à cet acte de comparaison qui lui fait distinguer les qualités différentes que rapportent les sens. C'est à lui aussi de percevoir les sensibles communs (κοινὰ αἰσθητά), que nous percevons en même temps que les diverses qualités des corps; tels sont le mouvement, la grandeur, le nombre, la figure. On ne peut les rapporter à aucun sens en particulier. Si ces qualités communes en effet étaient perçues par un seul sens, ce serait ou bien à la façon dont la vue, par exemple, nous fait connaître le doux avec telle ou telle couleur, c'est-à-dire en vertu d'une

association d'idées, parce que nous avons une fois déjà perçu ces deux
qualités ensemble; ou bien par accident, de même que nous percevons
accidentellement (κατά συμβεβηκὸς) le fils de Cléon en percevant la couleur blanche. Or, ce n'est pas par accident que ces qualités communes
s'ajoutent aux qualités perçues par chaque sens particulier. Il est facile
de s'en rendre compte. Reste la première hypothèse. Même en l'admettant, il faut supposer un sens commun. Car pour percevoir maintenant,
au moyen d'un sens, la qualité qui est l'objet d'un autre sens, comme
l'amer à propos du jaune, il faut que ces deux sens aient d'abord perçu
ensemble ces deux qualités, comme une sorte de faculté complexe
(οὐχ ᾗ αὐταί, ἀλλ' ᾗ μία), et les sensibles communs ne peuvent pas davantage être perçus par un sens spécial. Sans doute, la vue et les autres
sens particuliers peuvent contribuer beaucoup à nous les faire connaître; mais c'est en définitive le sens commun qui en est la source
première. Ce même sens, qui a le pouvoir de comparer des sensations séparées, a aussi le pouvoir de nous rapporter à nous-mêmes
ces sensations, de nous les présenter comme nôtres. Par lui, nous
percevons que nous percevons. Et, en effet, comment, par exemple,
avons-nous conscience de la vision? Par la vue, ou par un autre
sens. Si c'est par un autre sens, nous aurons donc deux sens se rapportant au même objet, ce qui est excessif; ce sera donc par la vue
elle-même. Mais il faut entendre par là, moins la vue proprement dite,
que ce sens central dont l'exercice se lie intimement à l'exercice de
tous les sens particuliers, ce qui est le fondement de toute notre capacité de percevoir, où se trouve le commencement, le principe de
toute sensation. Comme les autres sens, il doit avoir un organe, ou du
moins un corrélatif dans l'organisme. Ce n'est pas le cerveau, qui est
trop froid, mais le cœur. Le cœur en est, en quelque sorte, le siège,
sans se confondre avec lui, comme quelques commentateurs l'ont pensé.

Il est à remarquer que Platon n'avait pas admis l'existence de cette
espèce de sixième sens que nous voyons conserver jusqu'au xviie siècle.
Pour lui, c'est l'esprit lui-même qui en exerce les fonctions. Au fond,
nous croyons l'avoir assez indiqué, Aristote n'en juge pas autrement;
sa doctrine du sens commun, comme le dit M. Wallace, est un exemple
des entités que peut créer une analyse psychologique poussée à l'excès.

La perception sensible est, d'après le *Traité de l'âme,* une sorte de
mouvement excité dans l'organe corporel de la sensation par un intermédiaire (que ce soit la chair même, l'air ou l'eau) entre cet organe et
la qualité qui est l'objet de la sensation. De là, cette analyse des sens
où la physiologie est intéressée presque autant que la psychologie. Ce
mouvement ne s'évanouit pas toujours avec la cause qui l'a produit.
Lorsque ce mouvement subsiste, survit à la présence de l'objet qui a
fait impression sur nos organes, il devient un fait d'imagination. L'imagination est en effet, pour Aristote, dans le sens restreint où il prend ce
mot, « un mouvement qui résulte d'une sensation produite en acte ». Il
la définit plus clairement encore en l'opposant aux autres opérations

mentales, telles que la sensation elle-même, l'opinion, la pensée, la connaissance scientifique. Elle est sans doute très étroitement associée à la sensation, puisqu'elle résulte de la sensation. Mais, tandis que la sensation a besoin d'un objet pour se produire, l'imagination s'exerce en l'absence de tout objet actuel. Tous les animaux sont [capables d'éprouver, à des degrés différents, des sensations; il n'est pas sûr qu'ils aient tous de l'imagination. Enfin, l'activité des sens et celle de l'imagination sont souvent en raison inverse l'une de l'autre, et la dernière se manifeste fréquemment lorsque nous avons les yeux fermés. Il est très important, en second lieu, de ne pas confondre l'imagination et l'opinion. L'opinion peut être trompeuse, comme l'imagination, mais elle a pour caractère distinctif de produire la croyance (πίστις), et la croyance implique un acte de pensée ou de raison dont tous les animaux sont incapables, alors qu'ils ne sont pas tous incapables d'avoir de l'imagination. Dira-t-on que l'imagination vient d'une combinaison de la sensation et de l'opinion? Le résultat de cette théorie serait d'identifier l'imagination avec la conception immédiate d'une sensation. Mais ce n'est pas la même chose d'imaginer et de concevoir. Pour l'imagination proprement dite, le soleil n'a pas plus d'un pied de diamètre; nous le concevons cependant comme plus grand que la terre. Il reste que l'imagination dépend de la sensation, et elle nous fournira des images plus ou moins exactes de la réalité, suivant qu'elle sera comme la persistance dans notre esprit de quelque sensation déterminée, ou qu'elle en reproduira seulement la trace plus ou moins affaiblie et déformée.

L'imagination ainsi définie, l'explication du rêve, de l'hallucination et des illusions de toutes sortes est un corollaire naturel de la théorie d'Aristote. C'est dans ses opuscules psychologiques surtout qu'il s'en est occupé. L'illusion en général résulte, selon lui, de ce fait que la faculté de former des images et celle de porter des jugements sont différentes et suivent des règles différentes. Mais la seconde peut réagir sur la première : un sens corrige souvent les illusions d'un autre sens. Les rêves, en particulier, sont l'effet d'un mouvement excité dans l'organisme ou du dehors ou du dedans. Il s'ensuit que les conditions de nos rêves sont aussi bien présentes le jour que la nuit; l'activité des sens et de l'intelligence nous empêche de nous en apercevoir. « In die repellitur, dit saint Thomas, motus simulacrorum propter motus majores et excellentiores, dum operantur sensus... necnon operatur intellectus, *sicut minor lux non apparet juxta magnam* t. » M. Knauer fait suivre cette citation de remarques ingénieuses pour expliquer pourquoi nous ne sommes pas plus surpris dans nos songes des changements à vue qui s'y produisent si facilement. Nous connaissions déjà et ces paysages et les personnes que nous y rencontrons, mais d'une connaissance inconsciente, comme on voit les étoiles en plein jour sans

1. Knauer, *Grundlinien*, p. 153.

s'en douter. Nous n'en sommes pas moins familiarisés à notre insu avec ces objets de nos rêves, car nous rêvons toujours [1].

Cette théorie de l'imagination, et l'on en dirait autant de celle de la perception même, n'est pas pour déplaire aux matérialistes, puisque, d'après Aristote, les images résultent de mouvements excités dans les organes; mais en lisant le Περὶ ψυχῆς il ne faut jamais oublier la définition de l'âme; il faut se rappeler que c'est l'âme qui donne au corps et à ses mouvements toute leur signification. Avec cette réserve et celles que nous aurons bientôt l'occasion de faire, les explications les plus matérialistes ne le sont qu'en apparence et n'ont rien qui doive nous rebuter : l'idéalisme est au bout.

IV

Nous arrivons en effet à la partie la plus difficile et aussi la plus intéressante du *Traité de l'âme*, à celle qui traite de la Pensée, de la Raison, et où nous pourrons peut-être, malgré ses obscurités, trouver de quoi éclairer tout le reste. Ici encore, et surtout, c'est l'interprétation de M. Wallace qui me séduit. M. Chaignet y manque de hardiesse et se heurte à mille difficultés ; je ne dis pas qu'il les crée à plaisir et je ne m'étonne pas trop de sa prudence; je comprends mieux, cependant, la prudence de saint Thomas.

Les motifs ne manquent pas pour expliquer l'embarras des commentateurs au point où nous en sommes. Les chapitres qui traitent de la raison, dans le Περὶ ψυχῆς, semblent un peu faits de pièces et de morceaux. La théorie tout entière de la connaissance paraît contradictoire, en ce sens qu'Aristote semble exagérer tantôt le rôle des sens et tantôt celui de la raison, dans l'acquisition de la vérité. Bien plus, toute cette doctrine de la raison a l'air de venir par surcroît, comme une pièce de rapport. Les psychologues modernes attribueraient à la pensée les fonctions que remplit ici le sens commun dont nous avons parlé. Que reste-t-il donc à la raison? Les difficultés sont en partie résolues, en partie augmentées par la distinction d'une raison passive et d'une raison créatrice. Nous y prendrons le point de départ de nos éclaircissements, et nous dirons, pour faire comprendre tout de suite le sens de notre interprétation, que nos facultés intellectuelles sont, d'un côté, purement réceptives, qu'elles élaborent simplement et systé-

---

1. La mémoire se distingue de l'imagination en ce qu'elle implique un objet auquel les souvenirs correspondent et qui occupe dans le passé un moment déterminé. Elle est définie : « la possession permanente d'une image sensible prise pour la copie de l'objet dont elle est l'image. » Aristote, qui lui a consacré un traité spécial, en parle peu dans son *Traité de l'âme.* On voit cependant, par un passage du premier livre, qu'elle périt avec le corps. Mais ses variations suivant l'âge et le tempérament, ses conditions physiques, et l'utilité des lois de l'association des idées pour retrouver un souvenir, sont particulièrement l'objet du Περὶ μνήμης καὶ ἀναμνήσεως.

matisent les matériaux de la pensée, tandis que ces matéri
autre côté, sont formés dans un monde intelligible par un acte
qui se poursuit depuis l'origine des choses et dont chacun de
pose à son tour. La raison créatrice, en un mot, est la faculté
prête constamment et soutient en quelque sorte un monde inte
s'exerce ensuite l'expérience, tandis que la raison passive ou
est le même intellect se manifestant par ces opérations variée
fournissent par degrés tous les matériaux de la connaissance.

La raison, dit Aristote, est la faculté qui rend l'âme raiso
permet de former des opinions (λέγω δὲ νοῦν ᾧ διανοεῖται καὶ ὑ
ἡ ψυχή), la faculté de connaître et de comprendre. Elle est
lui l'antithèse, la contre-partie des sens. Les anciens psycho
sont trompés en identifiant la perception et la pensée, en re
pensée comme un processus matériel. La possibilité même
de la part de la pensée montre bien qu'il faut la distinguer de
des sens spéciaux qui sont, comme telles, toujours vraies.
correspondent à des objets extérieurs et en dépendent ; la ra
objet, pour ainsi dire, en elle-même, et elle est ainsi libre d'a
gré. Elle traite plutôt de l'universel et de l'abstrait ; les sens
au concret et au particulier. Les sens et la raison ont, en fait
rapport que le concret et l'abstrait, le phénomène immédi
essence. Certaines choses, il est vrai, sont tout d'abord si abs
nous ne pouvons y distinguer deux aspects : l'esprit, par ex
l'idée de l'esprit sont identiques ; mais, ailleurs, il est facile d
l'eau et l'idée de l'eau, par exemple, la chair et l'idée de la
sont les sens qui nous font connaître les choses concrètes, le
particulières du chaud et du froid, tandis que la raison nous
nature abstraite, l'idée réelle. Mais Aristote ne tire pas une
démarcation bien nette entre ces deux applications de nos fa
connaître. Entre le concret et l'abstrait, entre le particulier et l'
il n'y a pas autant d'intervalle que Platon l'a supposé. Et alors
tés qui saisissent ces deux aspects des choses ne doivent pas
se distinguer tout à fait l'une de l'autre. C'est plutôt la mêm
qui s'exerce de deux manières ; c'est comme une ligne, droite
qui reviendrait ensuite sur elle-même. La connaissance sen
semble à la partie droite de cette ligne ; elle est directe et in
La connaissance rationnelle ressemble plutôt à la portion de c
qui est repliée sur elle-même. En d'autres termes, lorsque
prend conscience des idées essentielles des phénomènes
retrouve, pour ainsi dire, elle-même dans les choses. Mais il
les deux connaissances qu'une différence de point de vue ;
facultés ne diffèrent pas plus que les deux faces, les deux a
l'objet qu'elles saisissent l'une et l'autre.

Non content d'établir cette relation entre la connaissance s
la connaissance rationnelle, Aristote se sert des sens pour
comment s'exerce la raison. Nos plus hautes fonctions intellect

cette analogie avec nos capacités inférieures que notre raison doit être affectée (πάσχει) par l'objet comme les sens par les qualités des choses extérieures. L'idée d'*assimilation* que nous avons fait intervenir quand nous parlions de l'âme végétative reparaît ici. Mais si les sens eux-mêmes n'étaient pas purement passifs, s'il fallait supposer en eux un pouvoir capable de séparer la forme de la matière, à plus forte raison devons-nous reconnaître cette activité lorsqu'il s'agit de la pensée. Aussi, à peine avons-nous constaté la première ressemblance des sens et de la raison que nous devons, avec Aristote, proclamer la supériorité de la raison sur ses objets. En réalité, suivant les expressions d'Anaxagore, elle est indépendante de la matière, elle est distincte du monde sensible et le domine en le connaissant.

La difficulté même que ces expressions soulèvent est, pour Aristote, une occasion d'expliquer plus clairement le rôle de la raison dans la connaissance. Si la pensée est distincte des choses, si elle est en dehors du monde, comment peut-elle connaître (εἰ ὁ νοῦς μηθενὶ μηθὲν ἔχει κοινόν, πῶς νοήσει)? La pensée, avons-nous dit, est une sorte de réceptivité. Mais si c'est une chose de subir une action, et si c'est une autre chose de la produire, il doit y avoir un élément ou un facteur commun pour les relier l'une à l'autre. Nous éclaircirons peut-être cette question en examinant celle de savoir comment la raison elle-même peut devenir un objet de pensée. Si la raison est un objet de pensée précisément parce qu'elle est la raison, il faut supposer que les autres choses aussi, pour être pensées ou connues, doivent être douées de raison; ou bien si ce n'est pas précisément parce qu'elle est la raison que la raison est un objet de pensée, il faut admettre qu'elle le devient grâce à quelque élément qui est aussi commun aux autres choses et la rend connaissable comme elles le sont elles-mêmes. Nous ne devons ni spiritualiser la matière, ni matérialiser l'esprit. Il vaut mieux supposer un facteur commun au sujet et à l'objet, dire que la raison contient implicitement en elle le monde entier de l'expérience, que le microcosme contient implicitement le macrocosme. Mais ce monde subjectif de la pensée commence par une pure possibilité *a priori*; c'est une pure forme tant que l'expérience actuelle ne lui a pas donné la réalité. La relation de la pensée et du monde est donc semblable à celle d'une table rase et de ce que l'on pourrait y graver. Il ne faut cependant pas prendre cette métaphore au sens de Locke. Tout ce qu'Aristote veut nous dire, c'est que, de même qu'une feuille de papier contient *a priori* et implicitement tout ce que l'on voudra y écrire, la raison contient implicitement ses objets, qui sont rationnels comme elle-même.

Ainsi, à cette question, comment la connaissance est-elle possible? comment pensons-nous les choses? Aristote répond que nous les pensons dans la mesure seulement où l'objet de notre expérience est raisonnable, et il explique cette réponse en distinguant deux sortes d'objets de pensée auxquels la raison peut s'appliquer : l'abstrait ou l'immatériel, le concret ou le matériel. Dans le premier cas, cette correspondance entre notre pensée et la pensée des choses est complète : u. dans le cas des conceptions abstraites, dit-il, le sujet et l'objet de la pensée sont identiques. » Mais comment connaissons-nous les choses matérielles? Même en ces choses, qui composent le monde sensible, notre pensée parvient à se retrouver elle-même. La connaissance présuppose donc un univers déjà pensé comme un monde intelligible. Or, ce monde intelligible, la raison doit l'avoir créé de toutes pièces, se l'être donné à elle-même comme la matière première de ses opérations discursives.

Les termes dont se sert Aristote, dans sa théorie de la raison créatrice, semblent bien autoriser cette interprétation. L'esprit humain, dit-il, doit contenir les différences que l'analyse métaphysique découvre dans les êtres naturels. Nous devons distinguer en lui deux formes ou deux aspects de la raison, dans la même relation que la *matière* et la *forme*. D'une part, la raison *devient* toutes choses ; de l'autre, elle *fait* toutes choses, comme la lumière crée les objets de la vision. En disant que la raison « devient » toutes choses, Aristote veut dire qu'elle est capable de s'appliquer à tout le domaine de l'expérience, qu'elle peut soumettre chaque chose aux formes d'une connaissance rationnelle. Mais, en outre, elle *fait* toutes choses, c'est-à-dire qu'elle crée un monde intelligible sans lequel l'expérience elle-même serait impossible. Le soleil communique aux objets sensibles cette lumière sans laquelle ils n'existeraient pas pour la vue ; de même, la raison créatrice communique aux choses ces idées, ou ces catégories, peu importe le nom, qui les transforme en objets, sur lesquels la pensée, considérée maintenant comme faculté passive, réceptive, trouve à s'exercer. Or, cette raison, en communiquant l'intelligibilité aux choses, leur donne leur réelle existence, et il est évident qu'elle est indépendante du corps (καὶ οὗτος ὁ νοῦς χωριστὸς), puisque ce corps lui-même est un objet de pensée, une chose intelligible en vertu précisément de cet acte de raison créatrice. Ainsi le fait de penser le monde est en réalité l'acte de le créer. Ce n'est pas que nous ayons tous les jours conscience de ces catégories fondamentales de l'être ; il faut, au contraire, pour y atteindre, un suprême effort d'analyse. Longtemps avant de parvenir à cette explication dernière de la réalité, l'individu s'est appliqué inconsciemment à construire sa propre expérience ; il se peut même qu'il n'arrive jamais à concevoir ces idées. Mais ce fait de penser le monde, et de le créer en même temps, ne s'interrompt jamais entièrement, et, si nous laissons l'individu pour considérer le sujet pris absolument, nous comprendrons que cette pensée en puissance n'est pas réellement antérieure, même dans le temps, à la raison créatrice. Cette raison en fait est toujours implicitement présente dans le monde ; elle ne pense pas un moment pour se reposer de penser le moment d'après, parce qu'elle est la condition même de toute expérience. Mais, s'il en est ainsi, cette pensée est vraiment éternelle et immortelle (καὶ τοῦτο μόνον ἀθάνατον καὶ αἴδιον) ; un monde intelligible a toujours enveloppé ces formes qui expliquent encore aujourd'hui, pour l'analyse mentale, notre connaissance de l'univers.

M. Wallace reconnaît lui-même que cette interprétation pourrait passer pour le résultat d'une tendance, assez répandue, à faire d'un problème ancien un problème moderne. Il se défend d'avoir cédé à cette tendance et d'avoir dénaturé la pensée d'Aristote, en s'appuyant sur les textes mêmes de ce philosophe. Il fait remarquer l'erreur que l'on commet d'ordinaire d'étudier séparément le quatrième et le cinquième chapitre du troisième livre, dans le *Traité de l'âme*, comme si l'auteur parlait dans l'un d'une raison et d'une autre raison dans le second. La vraie question, dans les deux livres, est de savoir comment la raison pense le monde, et la réponse est que c'est seulement en vertu d'une *communauté* entre la raison et les choses, ce χοινόν est la raison créatrice elle-même, qui, étant à la fois dans nos esprits et, d'une manière immanente, dans les choses, comble l'abîme entre les objets extérieurs et l'intellect passif.

Il n'est pas de théorie, peut-être, dans l'histoire de la philosophie, qui ait donné lieu à des explications plus différentes. Les anciens commentateurs et les plus récents l'ont entendue presque chacun à sa manière. Ils peuvent cependant se diviser, d'une manière générale, en idéalistes et en empiriques. M. Knauer défend la thèse plutôt empirique de saint Thomas : la raison créatrice n'est guère pour celui-ci que la faculté d'abstraire des individus concrets les formes générales [1]; l'intellect agent et l'intellect passif sont des parties ou des aspects de l'âme humaine; mais, tandis que l'esprit considéré sous son aspect passif est une pure possibilité de recevoir des formes, l'intellect agent éclaire, illumine les données de l'imagination, qui sont elles-mêmes individuelles, et en sépare par abstractions les espèces intelligibles [2]. La préoccupation des perfections divines devait prédisposer, il me semble, le docteur angélique à se contenter de cette doctrine : « Intellectus humanus, qui est infimus in ordine intellectuum et maxime remotus a perfectione divini intellectus, est in potentia respectu intelligibilium, et in principio est sicut tabula rasa, in qua nihil est scriptum, ut dicit philosophus. Quod manifeste apparet ex hoc quod in principio sumus intelligentes solum in potentia, postmodum autem efficimur intelligentes in actu [3]. » Mais il ne pouvait l'adopter sans se séparer du *philosophus*, qui attribue expressément, et en plusieurs passages, à l'intellect agent l'immortalité et même l'éternité. M. Chaignet résume sommairement les interprétations de ses devanciers. Ses études personnelles le conduisent à une

1. « Oportet igitur ponere aliquam virtutem ex parte intellectus, quæ faciat intelligibilia in actu per abstractionem specierum a conditionibus materialibus ; et hæc est necessitas ponendi intellectum agentem. » (Summa theol., quæst. 79, cité par M. Knauer, *Grundlinien*, p. 193.)

2. « Phantasmata et illuminantur ab intellectu agente, et iterum ab eis per virtutem intellectus agentis species intelligibiles abstrahuntur. » (Summa theol., quæst. 85, art. 1, *Grundlinien*, p. 192.)

3. Summa theol., quæst. 79, *Grundlinien*, p. 193.

conclusion plutôt idéaliste ; mais il craint que l'unité de l'âme
compromise ¹, et il se plaint avec raison d'hésitations et d'ob
qui justifient du moins l'embarras des commentateurs. Cet
autorise aussi toutes les tentatives d'explication, et celle de M.
me paraît réunir ce qu'il y a de meilleur dans toutes celles
avait déjà proposées.

« L'intellect agent, dit-il en résumé, n'est pas l'intelligence
puisque, suivant les déclarations expresses d'Aristote, c'est di
humaine qu'il se distingue de l'intellect passif. Mais si la rai
trice est l'acte de l'esprit qui, pour chacun de nous, trans
monde de phénomènes en un monde d'objets réels, qui rend
purement sensible capable d'entrer dans une expérience ratio
elle est précisément la condition de la pensée discursive, p
sans elle nos facultés intellectuelles n'auraient aucun objet o
cer, — il s'ensuit qu'elle n'est pas particulière à tel ou tel indiv
commune à tous les hommes, qu'ils en aient conscience ou non
l'acte qui appelle à l'existence le monde en tant qu'objet de
sance ; elle nous ramène au temps où l'homme *pensa* pour la
fois l'univers ; et elle ressemble à cette pensée universelle, à
« qui était au commencement », comme la condition a *pri*
expérience rationnelle, et qui est Dieu même.

Remarquons, en outre, la lumière qui rejaillit de cette inter
et sur la définition de l'âme, et sur la théorie de la connaissan
que les propose Aristote. C'est comme une vérification par l
quences. « Tant que l'âme était simplement l'entéléchie du co
plication de leur union et de leur coopération n'était donnée qu
il était malaisé de comprendre comment des phénomènes
matériels devenaient des conditions de connaissance. Mais
seulement par un acte de pensée que le corps peut être cor
corps est un corps à la condition seulement d'être interprété
intelligence, l'antithèse que la définition de l'âme avait laissé
en partie se résout finalement dans l'unité. » Mais cette inter
éclaire surtout la théorie de la connaissance. Au premier a
prendrait Aristote pour un sensualiste ; plusieurs passages,
derniers *Analytiques* en particulier, sont propres à confirmer
nion : il y explique l'origine des idées générales par l'induction q
de la perception sensible, et les sens lui apparaissent en dernie
comme la source unique de toute connaissance. Et cependant i
à la raison la connaissance des principes. Une théorie exacte
son créatrice peut seule résoudre cette contradiction. Cette r
fait les objets est nécessairement supposée par la perception
elle-même. Sans doute il est impossible de penser sans le sec
images, et l'on connaît assez la fameuse proposition : νοεῖν οὐκ
φαντάσματος. Mais il n'est pas contradictoire d'affirmer, d'un cô

---

1. *Essai*, p. 526 et sqq.

pensée a besoin pour s'exercer d'un objet suggéré par les sens, et, de
l'autre, que la raison doit mettre cet objet en lumière pour pouvoir le
penser. Ce sont deux degrés différents de l'œuvre de la connaissance.
« En disant que c'est la pensée qui donne à la pensée son objet, Aristote fait allusion à l'acte premier et fondamental par lequel un esprit
conscient interprète l'univers; en disant que la pensée trouve son objet
dans les images sensibles et qu'elle ne peut pas s'exercer sans ces
images, il fait allusion à la mise en œuvre par la pensée discursive des
matériaux que la raison a déterminés... Sans doute, c'est seulement
dans les faits sensibles que nous découvrons les formes de la raison
— ἐν τοῖς εἴδεσι τοῖς αἰσθητοῖς τὰ νοητά ἐστι — mais cette expression est
pour bien marquer que les phénomènes sont intelligibles aux sens à la
condition seulement qu'ils soient *pensés*, et que les idées ont leur véritable importance seulement parce qu'elles s'appliquent et s'incorporent
à l'expérience sensible. Bien que les formes de la raison soient ainsi
contenues dans les données des sens, c'est à la raison qu'il faut les rapporter comme à leur source; c'est elle qui les met dans les choses, car
elle est elle-même la forme constitutive qui détermine et applique les
formes et les catégories d'existence, comme la main est l'instrument
des instruments, l'instrument qui fabrique et qui emploie les autres
instruments. »

Cette raison est l'essence même de l'individu; elle ne dépend pas,
comme les autres éléments intellectuels ou émotionnels de notre nature,
des conditions physiologiques; elle leur est supérieure, elle nous met
en relation avec Dieu même. Aussi n'avons-nous pas à rechercher
quand elle a commencé d'être; elle est coéternelle au monde. C'est seulement dans son application à l'expérience que nous pouvons faire intervenir les catégories d'avant ou d'après. Par rapport à elle, prise en elle-
même, les questions de temps n'ont aucun sens.

Cette théorie de la raison est le point culminant de la psychologie
d'Aristote. C'est en effet la théorie de la connaissance qui semble surtout
l'avoir préoccupé. Ni dans le *Traité de l'âme*, ni même dans ses traités
de morale, il n'a donné à l'étude de la sensibilité les développements que
nous aurions voulu. Mais il a reconnu que le plaisir et la douleur font
passer l'homme de l'état d'être purement intelligent à celui d'être actif et
moral. Ni les processus de la vie animale, qui n'implique aucune conception de fin à atteindre, ni les facultés de perception, qui s'exercent
souvent sans que se manifeste aucune tendance à agir, ni la raison elle-
même, ne suffisent pour expliquer aucune activité proprement dite.
C'est l'appétit, le désir, la volonté qui sont causes de l'action, et constituent, à ce point de vue, le fond même de l'être. Dans l'exercice de la
volonté, qui est propre à l'homme, les sens et la raison interviennent.
Seul, suivant une remarque profonde d'Aristote, l'homme peut avoir des
motifs, seul il peut être dit cause et principe de ses actes [1] (αἴτιος καὶ ἀρχὴ

1. Voy. Renouvier, *Esquisse d'une classification des Doctrines philosophiques*, t. I,
p. 240.

τῶν πράξεων). Il est libre, en un mot, et, avec cette liberté, capable de traduire le sensitif en rationnel, de construire un monde moral.

Les partisans d'une psychologie purement empirique ne peuvent donc pas se réclamer d'Aristote. Sans doute, l'auteur du *Traité de l'âme* n'était pas d'avis, comme nous l'avons vu, de négliger l'étude des faits physiologiques, et il était aussi frappé que n'importe quel psychologue contemporain de l'importance des relations du physique et du moral. S'il vivait aujourd'hui, il apprécierait à sa valeur cet immense progrès des sciences d'observation qui lui permettrait d'aborder, bien mieux qu'il ne l'avait fait, une foule de questions qu'il s'était déjà proposées et d'en soulever d'autres qu'il n'avait même pas soupçonnées. Il profiterait, en maître, de toutes ces ressources de laboratoire, de toutes ces informations cliniques ou autres, ignorées de son temps. Il y trouverait un admirable moyen de poursuivre cette histoire naturelle de l'âme, indispensable, il le disait il y a déjà plus de deux mille ans, à toute théorie psychologique. Mais aux résultats de ces recherches expérimentales, ce puissant génie ajouterait, pour les transformer, les vivifier, sa théorie de la raison, et le fait seul d'avoir tenté autrefois ce mode de philosopher écarte jusqu'à l'idée de voir en lui le précurseur de ces psychologues, gagnés au positivisme, pour qui les questions de métaphysique n'existent pas.

C'est même dans le Περὶ ψυχῆς, il me semble, plutôt que dans le Περὶ τῶν μετὰ τὰ φύσικα, qu'il faut chercher la véritable philosophie première d'Aristote. Dans sa *Métaphysique*, en effet, il traite déjà des objets de la pensée, et cette pensée a été, dans cet ouvrage même, et depuis, en philosophie, trop sacrifiée à ces objets quels qu'ils soient. La première réalité, pour nous, dans l'ordre de l'être, est le fait de penser, cette raison créatrice, qui est nous-mêmes en tant que nous sommes intelligents, et dont la collection de faits psychiques, prise pour l'âme, par quelques psychologues contemporains, quand ils daignent encore prononcer ce nom d'âme, est l'œuvre immédiate. Dans cette œuvre, parmi ces faits, se rencontrent les idées des choses qui composent notre monde sensible, celles des autres hommes, celle de Dieu, qui, au point de vue de la connaissance, est subordonnée, elle aussi, au fait de penser. Les idées que nous avons de notre propre corps viennent peu à peu se placer comme au premier plan parmi nos idées sensibles; les autres, par degré, se répartissent et se distribuent sous les formes de l'espace et du temps, dont l'idéalité doit être désormais le pivot de la philosophie. L'âme, à proprement parler, est ce foyer d'où tout part, où tout revient, l'acte de penser, l'acte créateur de la raison, sans lequel pour nous rien ne serait.

S'appliquer à l'étude de tels ou tels groupes d'idées systématiquement distingués, et, par abstraction, détachés de la cause qui les produit, c'est faire œuvre de science. La science oublie le sujet pour l'objet, l'acte qui crée ce qu'elle étudie au moment même où elle étudie pour considérer seulement le résultat de cette création. Mais cette abstraction, cet oubli sont-ils possibles en psychologie? La psychologie peut-elle se réduire à une étude scientifique, c'est-à-dire purement objective, des faits? Ce ne serait, il me semble, qu'au prix d'un effort d'esprit en quelque sorte contradictoire. Le psychologue devrait se mettre à la torture pour rester fidèle à cet étrange parti pris. Sans doute, la psychologie rationnelle, identique à la philosophie première que je viens d'esquisser, ne supposerait pas un parti pris moins violent, si l'on prétendait en faire la psychologie tout entière. Cette métaphysique, isolée par hypothèse, réduite à elle-même, serait bientôt dite, ou ses partisans s'exposeraient au reproche qu'Aristote faisait déjà au pur métaphysicien, celui de parler pour ne rien dire (κενολέγειν). L'auteur du premier essai régulier de psychologie, dans cette fraîcheur d'une époque où l'étude de l'homme n'avait pas encore été obscurcie par de trop nombreuses contradictions, nous a indiqué la marche à suivre : unir la psychologie rationnelle à la psychologie empirique, celle-ci cessant, par cela même, d'être empirique. En un mot, rien de mieux que toutes ces recherches scientifiques, que toutes ces observations biologiques et pathologiques, pourvu que les résultats en soient constamment transposés, en quelque sorte, grâce à la reconnaissance de la véritable cause qui les produit : l'acte de penser, qui est, à la fois, suivant le point de vue où l'on se place, raison et volonté.

A. PENJON.

ANALYSES ET COMPTES RENDUS

Bernard Pérez. — LA PSYCHOLOGIE DE L'ENFANT. L'ENFANT DE TROIS
A SEPT ANS. F. Alcan, 1886 (*Biblioth. de philos. contemp.*) 310 p. in-8°.
M. B. Pérez ajoute à sa *Psychologie de l'enfant* un second volume.
Il a suivi, dans le premier, l'enfant jusqu'à la troisième année; il le
suit, dans le second, jusqu'à la septième. Du reste, même méthode
soit d'exposition, soit de discussion. Certains critiques lui avaient demandé plus de généralités, et il nous semblait, à première vue, avoir
trop cédé peut-être à leurs exigences. Somme toute, ce second volume
contient à peu près autant que le premier d'anecdotes psychologiques,
et la plupart des considérations qui y paraissent purement générales
ne sont que l'abrégé d'une série d'observations comparatives.

Les travaux de M. Pérez, on le sait d'ailleurs, se distinguent des travaux analogues par la méthode de comparaison qu'il y a appliquée. Il
a eu, le premier, la hardiesse de porter son étude sur un grand nombre
de sujets, sans pour cela manquer d'être l'observateur exact et sagace
de chacun de ces sujets, et il a su mettre à profit pour son interprétation les données si variées de la biologie, de l'anthropologie, de la sociologie, sans en abuser plus que de la théorie. Bain et Wundt, Spencer
et Ribot ont été surtout consultés par lui dans les questions de psychologie générale; MMmes Necker de Saussure et Guizot, MM. Marion
et Compayré dans celles de pédagogie ou théorique ou pratique.

La doctrine du transformisme a pénétré un peu tous les domaines
et la psychologie de l'enfant doit aussi compter avec elle. M. Pérez a
pris à son endroit une position attentive et indépendante, en quoi je
l'approuve grandement. L'enfant, selon M. James Sully [1], nous offre
avant tout un intérêt ethnologique et historique; nous voyons en lui
comme un *raccourci* de la vie de nos ancêtres : et c'est un point de
vue que certains partisans immodérés du transformisme n'ont pas
manqué d'exagérer. M. Pérez se renseigne plutôt qu'il ne se dirige
sur cette grande hypothèse et il ne l'accepte pas sans bien des réserves. Il n'a garde, par exemple, d'assimiler l'enfant, soit à l'homme
préhistorique, c'est-à-dire à un adulte déjà civilisé, soit à l'animal,
inférieur à l'enfant sous bien des rapports inhérents au degré d'évo-

1. Voir l'introduction écrite pour l'édition anglaise des *Trois premières années.*

lution, soit au dégénéré ou au criminel-né, atteints de causes particulières d'hérédité régressive ou morbide. Ses études et celles du même
genre n'en offrent pas moins, sous le rapport de l'évolution, un intérêt
tout spécial que certains philosophes ont trop négligé de faire valoir.
La psychologie de l'enfant ne peut se passer, et tout le monde l'accorde, de celle de l'adulte; mais cette dernière resterait incomplète
et ne nous fournirait aucune information sur la *race*, si elle n'empruntait à celle-là des données particulières, et « ce que la nature de
l'homme a d'universel » se révèle dans l'enfant comme dans l'adulte,
dont on ne disjoindrait pas l'étude sans grave dommage.

L'intérêt de ce genre de travaux sera donc de nous mieux instruire
du fonctionnement de nos facultés, en nous montrant comment elles
se forment, dans la mesure où l'observation extérieure, bien entendu,
nous permet de le comprendre. La matière de l'ouvrage de M. Pérez est
distribuée en effet de manière à répondre à cet intérêt plus général.
La *mémoire* et l'*association*, l'*imagination*, l'*attention*, l'*abstraction*
et la *généralisation*, les *inférences* (jugement et raisonnement), les
sentiments, la *volonté* y sont les grands faits inscrits en tête des chapitres. Ce sont là, du reste, de simples formules de classement, auxquelles M. Pérez n'attribue pas une valeur strictement scientifique. Il
serait porté plutôt à restreindre le nombre des facultés mentales, loin
de l'accroître, et nous le voyons déjà, dans cette table des matières,
réunir la mémoire à l'association des idées, la généralisation à l'abstraction, le jugement au raisonnement. Le lecteur lui saura gré de
mettre la question d'ordre et de clarté avant ses préférences de philosophe évolutionniste. Imitons-le et demandons nous-même au lecteur
la permission de glisser, sous chacune de ces rubriques répondant à
ce qu'on appelle les facultés de l'esprit, des notes courantes, qui donneront une idée exacte, sinon complète de l'ouvrage.

Mémoire et association. — La mémoire, a dit M. Ribot, a pour condition l'oubli, et M. Pérez ajoute : un oubli plutôt apparent que réel.
Qu'advient-il de ces souvenirs supplantés de mois en mois, de semaine
en semaine, par de nouvelles impressions? Il faut avoir suivi de près
le développement mental d'un enfant pour les reconnaître dans leurs
brusques réapparitions.

M. Pérez cite ce cas de reviviscence singulière : Une fillette de trois
ans et demi, revenant au village de sa nourrice, qu'elle avait quitté à
l'âge de vingt mois, se rappelle fort bien l'aspect et l'emplacement de
la maison; à un second voyage, trois ans après, elle hésitait à la reconnaître, mais ce souvenir local se trouva fixé ensuite dans sa mémoire. De même un autre enfant, âgé de six ans, se souvenait d'événements de la seconde année, qu'à l'âge de quatre ans il paraissait avoir
oubliés.

M. Pérez pense pouvoir rapporter à la première année ou au commencement de la seconde le souvenir pour lui terrifiant d'une ignorante
et grossière bonne qui le tint un moment suspendu en dehors de la

fenêtre et fit mine de vouloir le jeter en bas. Un fait, même peu
douteux, est remémoré plus facilement quand une émotion en y
y a été associée, à défaut d'impressions répétées, et M. Pérez e
d'ailleurs d'une façon générale ces récurrences étonnantes du s
par le simple développement de l'intelligence, qui fournit par
à nos souvenirs les circonstances nécessaires pour faire image.

M. Pérez observe très justement que « la mémoire intégr
formée de mémoires partielles, qu'elle embrasse tout à la fois
moire des mots, celle des formes, celle des conceptions, des jug
et des liaisons d'idées, » p. 13. Ce fait m'a souvent frappé,
mémoire musicale, chez l'adulte, est plus apte à retenir, soit le
soit la hauteur des sons, soit l'enchaînement des sons, et qu'
nisation musicale n'apporte pas d'emblée une complète mémoir
cale. Sous quelles espèces abstraites pourrait-on ranger les
diverses d'une telle mémoire concrète (M. Pérez m'eût fait
citer de nouveaux exemples)? Peut-on même parler d'une
générale? On le peut, sans doute, en ce sens que nos
diverse sorte deviennent le véhicule l'une de l'autre en vertu de
ciation des idées, et, jusqu'à un certain point, il est donc une
comme il est incontestablement des mémoires spéciales.
pense pouvoir conclure que « de cinq à sept ans, ou plutôt à
la mémoire, ou l'ensemble des mémoires propres à chaque
prend en général un accroissement notable, » p. 19. C'est
ajoute-t-il, la facilité et la ténacité qui progressent à cette époqu

Après MM. Delbœuf, Brochard et Rabier, M. Pérez achève
le principe d'association trouvé par Bain dans la « similarité
seulement, écrit-il, « quand la loi de contiguïté ou d'habitude a f
office, quand deux idées se sont succédé de façon à former un
dans la conscience », que « nous pouvons juger qu'elles sont s
bles ou dissemblables, » p. 30. Il adopte, sauf sur un point, le
de M. James Sully sur le rôle du contraste. Tandis que, selon
nent psychologue anglais, le contraste aurait moins d'influen
l'acquisition que sur le développement des idées, il aurait pou
selon notre auteur, « de mettre en relief, non seulement l'extraor
et le démesuré, mais aussi l'ordinaire et le banal, » p. 34.

Bain a dit qu'on peut apprendre utilement sans comprendre
fait. M. Pérez, sans la repousser, reproche à cette doctrine « de
pas assez indiqué la part qu'on peut faire à l'intelligence dans l'
tion des formules, » p. 41. Il conseillerait de cultiver d'abord la m
verbale pour elle-même, et la récitation des fables, pour laqu
s'est montré très sévère, lui semblerait justifiée à ce point de
mémoire verbale de l'enfant, observerai-je, emmagasine aussi ce
ne comprend pas bien. Le signe même d'un concret ne donne
tous ceux qui ont retenu le signe le même concret, et le sign
fait s'entendent assez différemment selon la quantité de relation
soutiennent, pour chacun de nous, avec d'autres signes et d

faits. Il convient de ne pas se faire d'illusions sur le *comprendre*, quand il s'agit des enfants.

Imagination. — La mémoire a des rapports si étroits avec l'imagination, qu'on pourrait renoncer à distinguer l'une de l'autre. La représentation mémorielle n'est pas une copie exacte du passé; cela résulte de la condition première de la mémoire, qui est l'oubli des plus nombreuses parties d'une représentation. L'imagination reste une forme tout à la fois inférieure et supérieure de la mémoire, si l'on conserve ce mot *imagination* pour lui rapporter « les souvenirs les plus vifs, les idées-images, qui ont pour contre-coup des émotions intenses et, par suite, des combinaisons psychiques ou musculaires compliquées ou variées, » p. 59.

L'imagination à tout degré s'applique à des combinaisons pratiques. Elle serait essentiellement « la faculté de produire certaines réactions psychiques et musculaires à la suite de certaines excitations éprouvées ou pensées, utiles ou nuisibles, agréables ou pénibles, » p. 59. La sensibilité, il est vrai, « se charge à elle seule de faire mécaniquement l'application », et cette circonstance est cause, ajouterai-je, qu'on ne met pas habituellement au compte de la mémoire « l'habileté du coup d'œil, du coup de main »; il y faut pourtant la mémoire des mouvements exécutés, la mémoire de l'intensité des perceptions, etc., et M. Pérez avait raison de recommander (p. 18) l'exercice de cette mémoire pratique autant que celui de la mémoire scolaire.

La sensibilité influe sur l'imagination, et celle-ci influe sur « notre réaction habituelle au plaisir et à la douleur ». La question du bien et du mal de la vie était toute voisine, et M. Pérez n'a pu se défendre de pousser sa pointe contre les pessimistes, sincères ou non. Le fait à retenir, c'est que l'enfant est un optimiste. Si maintenant tous les hommes ne restent pas l'optimiste qu'a été l'enfant, cela vient de diverses causes, variables selon les individus, plutôt, à mon avis, que selon les races. M. Pérez n'a-t-il pas remarqué lui-même avec quelle facilité les enfants s'accommodent à l'existence pénible créée par une infirmité accidentelle? L'accommodation aux choses, d'une manière générale, est pour l'homme beaucoup plus difficile, et cela suffirait à justifier les tristes. Au demeurant, il ne faut pas prendre si grand souci des gens de système qui crient après le moulin à vent pour l'empêcher de tourner. Le même vent qui les fait crier continue à faire aller le moulin, et c'est là l'éternelle histoire de la vie.

Après avoir étudié les sentiments comme causes, M. Pérez les étudie comme objets de réminiscences. Ici apparaît encore la diversité de ce que Bain appelle les tempéraments émotionnels. Cette diversité est surtout due à des causes héréditaires. C'est une disposition native à s'assimiler les impressions, soit agréables, soit pénibles, à renouveler les émotions tendres ou haineuses. Mais il ne faut voir toujours là que les grandes lignes du caractère. Les germes les moins apparents sont souvent ceux qui prendront plus tard, selon les circonstances, la plus

vigoureuse poussée. Il sera donc curieux d'étudier jusqu'à quel point
le tempérament dépend de l'éducation, quelles différences la mémoire
émotionnelle comporte quant aux sexes, etc. Il semblerait que l'élément affectif de la perception, et partant de la réminiscence, domine
chez la femme, et en général aussi chez l'enfant. En tout cas, je suis
d'avis avec M. Pérez que l'éducation doit tenir compte de la tendance
héritée, sans jamais désespérer de lutter contre elle avec succès.

Quant à l'influence de l'imagination sur les vocations, soit artistiques, soit scientifiques, soit industrielles et mécaniques, l'observation
pure et simple de l'enfant n'a pas grand'chose à nous apprendre.
On recherchera avec plus de profit, quand une aptitude est formée de
toutes pièces, quels faits dans le passé ont révélé, excité, combattu ou
modifié la vocation naturelle. Aussi M. Pérez emprunte-t-il cette fois
des exemples à l'histoire. Et certes, les anecdotes relatives à Arago, à
Edmond About, au jeune Olivier Madox Brown, ne manquent pas d'intérêt. Je n'en dirai pas autant de la citation biographique relative à
Victor Hugo, empruntée par l'auteur à Paul de Saint-Victor.

Attention. — Chez l'enfant de quatre à cinq ans, comme chez l'animal
adulte, une sélection naturelle, dit M. Pérez, opère sur les sentiments
qui servent de stimulants à l'attention. Il signale l'action soudaine,
mais passagère, de l'attention chez un chat âgé de deux à cinq mois,
tandis que, vers l'âge d'un an, l'attention se règle souvent d'après la
valeur attribuée à quelques mobiles. Ceux qui se rattachent à l'instinct
de conservation arrivent premiers, et il les note dans l'ordre suivant,
qui du reste est souvent modifié : la peur, la faim, la convoitise sen-
suelle, la jalousie, le jeu, les caresses des protecteurs.

Dès l'âge de trois ans, les sentiments de l'enfant sont organisés en
une hiérarchie utilitaire. « La sociabilité, cette seconde forme de
l'égoïsme, prime toujours le mobile de la curiosité désintéressée,
qu'elle concourt d'ailleurs si puissamment à développer, » p. 107. Ici
M. Pérez donne des exemples intéressants du soutien que prêtent à
l'attention soit la sociabilité, soit la sympathie. Il n'a pas négligé non
plus de noter les rapports de l'attention avec les mouvements (Gratiolet admirait l'heureux choix de ce mot, *tendere ad*). J'ai noté moi-
même deux séries de mouvements, les uns concomitants et dont l'effet
paraît être de favoriser l'attention en faisant dériver, pour ainsi dire,
un courant nerveux qui la viendrait traverser, les autres qui relèvent
directement du fait d'être attentif et participent du courant moteur de
l'attention. Je citerai, en exemple des premiers, le cas d'un collégien
distrait de sa lecture par un mal de tête et qui fournit à son mal une
sorte d'écoulement en frappant la table à coups rythmés du plat de son
couteau à papier; en exemple des seconds, le cas d'un myope dont le
clignement habituel des paupières s'accélère extraordinairement dès
qu'il s'applique à suivre une explication verbale un peu difficile. Un
observateur aussi sagace que M. Pérez pourrait recueillir chez les
enfants nombre de faits de cet ordre.

Sur les qualités de l'attention, aptitude à se fixer, à se concentrer sur un objet, à varier ses objets, etc., il nous donne du moins, après James Sully, des avis très utiles, qu'il a su mettre en saillie et comme en action par quelques exemples.

Abstraction et généralisation. — Je ne trouve rien à reprendre aux vues de M. Pérez, quand il nous montre l'abstraction commune à l'animal et à l'homme, sauf la différence de degré, « ce qui est bien quelque chose »; quand il nous montre d'ailleurs l'enfant généralisant à outrance par « pauvreté d'idées vraiment générales », c'est-à-dire sans avoir l'idée nette que le terme appliqué par lui en un cas donné peut aussi s'appliquer à d'autres cas; quand il réfute la théorie de Rosmini, ce philosophe idéaliste qui voulait dire à l'enfant les noms d'espèce et de genre avant les noms individuels, et n'en retient que le conseil de faire entendre souvent le nom de *fleur* à côté des noms de *rose*, d'*œillet*, celui d'*animal* à côté de ceux de *chat*, de *chien*, etc. Il nous donne, ici encore, de nouvelles raisons d'accepter que l'abstraction portant sur ses actions, ses sentiments, ses idées et ses mouvements développe chez l'enfant, ce psychologue sans le savoir, la connaissance qu'il a de soi-même. Ce qui contribue à lui faire distinguer, peu à peu, les plus saillants de ses états mentaux, c'est la distinction de plus en plus abstraite et précise qu'il fait chez les autres des mouvements exprimant les émotions spéciales. Et plus l'observation objective a fait de progrès, plus l'observation introspective en peut faire.

L'enfant s'attache d'ordinaire, par faiblesse d'abstraction (p. 166), aux signes émotionnels les plus communs. Il saisit plus d'un détail que l'homme n'a pas comme lui intérêt à observer, parce qu'il est futile. Il lui arrive de tomber juste sur quelque signe auquel nous attachons moins de valeur, préoccupés que nous sommes de ce qui est au delà des apparences. Et c'est aussi pourquoi l'enfant, dont l'imagination constructive est en réalité fort pauvre, fort limitée, a paru à beaucoup d'auteurs avoir une faculté d'imagination supérieure même à celle de l'homme.

Nos diverses émotions s'alimentent d'abord des perceptions les plus caractéristiques de nos premières années (nous leur devons l'attrait, par exemple, de telle ou telle couleur), qui leur sont un support « d'abstractions sensibles ». Mais l'abstraction faible encore reste à la merci du sentiment, et cela se voit chez les femmes en général, aussi bien que chez les enfants. Ils ont de la peine à se détacher des états actuels pour les juger, et c'est plutôt quand ces états sont passés ou affaiblis qu'ils y peuvent porter une attention impartiale. « Quand il s'agit des femmes et des enfants, écrit M. Pérez, c'est presque toujours du premier mouvement qu'il faut se défier, car il peut n'être pas le bon, » p. 177. — Que cette pensée est piquante et juste !

Inférences. — M. Pérez refuse à l'enfant de raisonner par concepts généraux; il ne pense pas que la tendance à généraliser manifestée parfois par ce petit être soit chez lui l'indice d'une inférence du particulier au général et du général au particulier. Il retire sa main de la bougie parce que la bougie brûle, et non parce que le feu brûle. C'est une vague tendance à saisir une analogie entre des cas particuliers, et pas davantage. M. Janet a donc eu tort de voir un passage du particulier au général dans les cas où le passage du particulier au particulier « se trouve vrai », car ce qu'il appelle ici le général n'est que le *semblable*, « dont il a été fait un plus ou moins grand nombre d'expériences, mais qui ne cesse pas d'être unilatéral ou particulier, en tant qu'élément d'association ou d'inférence, » p. 205. Bain n'a pas moins tort, lorsque, au lieu de s'en tenir à l'association des idées ou des expériences, il donne au raisonnement pour fondement un instinct primitif, qu'il appelle croyance à l'uniformité des lois de la nature.

M. Pérez montre quelles restrictions souffre cette croyance chez les ignorants, et même chez des personnes cultivées qui raisonnent de sciences leur étant étrangères. Sans aucun doute, et ce n'est pas croyance en une loi toute faite qu'il faudrait dire. Il reste seulement cette tendance caractéristique de notre esprit, en dépit de nos jugements d'ignorance, à prendre pour substitut d'un universel, quand le véritable universel nous échappe, un particulier qui y a plus ou moins de titres. Et vraiment la certitude de toute inférence scientifique dépend de la base plus ou moins étendue de nos expériences; elle dépend de raisonnements supérieurs, dont très peu d'hommes sont capables.

Si maintenant l'inférence à l'universel n'est chez un être rudimentaire et même chez l'homme, comme le veut Spencer, qu'«un ajustement des rapports internes aux rapports externes », et si une vague tendance à l'universel ne saurait se confondre avec un concept général, la psychologie de l'enfant aura pour tâche de décrire la transformation par laquelle la tendance devient concept, et comment « le processus mécanique » des expériences fournit enfin une base suffisante à l'inférence. Mais il existe un lien de parenté entre ces deux états extrêmes de la série, c'est-à-dire l'ajustement mécanique de l'être rudimentaire et l'ajustement intellectuel, tout logique en apparence, de l'homme arrivé à une pleine culture.

Quant à l'influence de nos sentiments sur nos raisonnements, que M. Pérez ne manque point à relever, elle est bien certaine, et je me permets d'ajouter aux exemples cités par lui un autre exemple, où l'on aura occasion de voir aussi l'établissement fragile de nos inférences.

Un enfant de trois à quatre ans est fortement ému; une voisine est morte, il n'a pas vu la morte et il n'avait pas pour elle d'affection singulière, mais l'apprêt lugubre des funérailles l'a frappé. Il pleure, réfugié entre les genoux de son grand-père, et finit par lui demander avec angoisse : « Est-ce que je mourrai, moi aussi? — Toi, jamais ! » répond avec assurance le bon grand-père. Je note, en passant, que cet enfant devenu homme est resté très peureux de la mort et de ce qui la rappelle. Voilà donc mise en défaut la majeure du plus classique des syllogismes! Sans doute cet enfant sait déjà vaguement que tout le monde meurt; il l'a entendu dire cent fois; il a vu périr au moins des bêtes et en a tué plus d'une; mais une exception à la règle lui paraît encore possible, dès qu'elle le concerne, ou du moins ce fait de la mort ne le touche plus, dès que s'est évanoui le sentiment d'effroi mal défini qui le faisait s'y intéresser. Et partant son ébauche syllogistique demeure à moitié chemin.

Sentiments. — On lira avec intérêt, dans ce chapitre, les pages où M. Pérez nous montre comment l'émotion, par le fait de l'habitude, tend à s'abstraire du moment présent, et comment les représentations s'en prolongent. L'enfant de cinq ans éprouve souvent des plaisirs ou des peines par anticipation. Mais il ne faut pas que le moment lui en paraisse bien éloigné. « Les mots *demain, après-demain*, rapprochent la distance presque jusqu'à aujourd'hui, quand il s'agit de plaisirs; les mots *la semaine prochaine* jetteraient un froid considérable, » p. 233.

Les différences individuelles s'accusent beaucoup plus, a observé M. Pérez, entre cinq et sept ans, et l'expression plus parfaite des sentiments nous permet alors de juger mieux du caractère véritable de l'enfant. La part est ici difficile à faire entre ce qui est hérité et ce qui est acquis, et les transformistes n'ont pas hésité, comme on sait, à rattacher tel ou tel genre de crainte, par exemple, à des expériences ancestrales. Plus réservé, M. Pérez consent à dire que « la crainte est évidemment une émotion primitive et universelle, mais non pas... tel ou tel genre de crainte », p. 234. Le transformisme, en effet, nous fournit avec complaisance une sorte d'explication générale de tout ce qui, dans nos sentiments, apparaît primordial et irréductible; mais cette explication où l'hypothèse parle mille langues ne fait souvent que nous délivrer du souci d'impuissance, et pour ma part, si j'approuve qu'on essaye de faire valoir ces importants facteurs de l'hérédité, de la sélection, etc., au delà du monde où s'en observent directement les effets, je ne me résigne pas à affirmer tout uniment que « l'enfant a peur du loup qui a mangé grand-papa ».

Tout ce qui accroît, chez l'enfant, la perception des émotions sociales, accroît du même coup l'amour de soi. Je ne sais pas si M. Pérez n'est pas le premier à l'avoir si bien montré. Il a su faire encore, après Bain, une analyse intéressante du sentiment de la protection, qu'il compte avec la pitié pour les deux éléments principaux des sentiments humains chez l'enfant.

Parmi les « sentiments supérieurs » il étudie en premier lieu l'émotion esthétique. Un des éléments principaux en serait « cette transformation idéale que l'éloignement produit dans nos souvenirs de toute sorte », p. 254. Si sa mémoire est meublée d'impressions variées et de réminiscence facile, un enfant de trois ans possède déjà l'essentiel de l'émotion esthétique, puisqu'il voit son passé et qu'il en est à demi désintéressé. Ici encore, tout en faisant voir combien cette émotion complexe enferme d'éléments empruntés à la vie animale, intéressée, agissante de l'homme, M. Pérez ne fait pas fond aveuglément sur les tendances ancestrales invoquées par Spencer et par Schneider, et il porte de préférence son attention sur les impressions individuelles de tout genre qui ont pu s'ajouter à celles héritées de nos pères.

Si la morale est une manière d'esthétique et la conduite humaine une œuvre d'art plus ou moins bien réussie, on comprend que le psychologue étudie les rapports étroits de l'émotion esthétique avec la décence et la pudeur. Houzeau a conclu un peu légèrement, de ce que les fonctions sexuelles ne commencent pas à la naissance, que les affections mentales se rapportant à l'instinct sexuel ne se manifestent pas non plus chez l'enfant. « Je pourrais citer, écrit à l'encontre M. Pérez, plusieurs exemples d'enfants des deux sexes, qui éprouvèrent réellement, dès l'âge de quatre ou cinq ans, des affections inconsciemment amoureuses, non seulement pour des enfants, mais pour des adultes de l'autre sexe, » p. 253. Il est vrai qu'il faut toujours s'enquérir, en de pareils cas, si l'on a affaire à des sujets dégénérés ou présentant accidentellement, temporairement, un des syndromes de la folie des dégénérés. En tout cas , l'attribution faite par l'aliéniste de toute impulsion sexuelle précoce au domaine de la pathologie n'empêcherait pas le psychologue d'interpréter les faits de cet ordre contrairement au sens de Houzeau et favorablement à celui de M. Pérez. Sujet intéressant, que j'ai dessein de reprendre en un article spécial.

Volonté. — M. Ribot a établi que la volonté est un jugement pratique accompagné de tendances à l'action, et par conséquent d'émotions excitatrices. « Il n'y a pas, conclura tout à l'heure M. Pérez, à proprement parler, une volonté, mais des tendances à vouloir dont la force varie suivant les objets, les circonstances et les différents états de l'organisme,» p. 307. Étudiant donc chez l'enfant les progrès de l'élément moteur, de l'élément intellectuel et de l'élément émotionnel de la volonté, il note d'abord comment, par le fait de l'imitation et de l'habitude, les mouvements s'abstraient des diverses fins concrètes auxquelles l'enfant les dirigeait; comment l'imitation, malgré Romanes (souvent cité par M. Pérez), n'est pas en raison inverse de l'intelligence ; comment d'ailleurs le choix des objets d'imitation est une marque du caractère de l'enfant, bien qu'elle agisse d'ordinaire à la manière d'un réflexe; en second lieu, comment « toute adaptation une fois faite peut laisser un germe quelconque de réminiscence, » p. 284 ; comment aussi la ténacité d'une habitude dépend de la force du sentiment qui lui est associé, et non pas de la réflexion, à laquelle Mme Guizot donnait le premier rôle. Il nous montre l'enfant se dégageant de l'impulsivité originelle, de la tyrannie des désirs, grâce à l'intervention de la conscience et de l'attention directrice ou modératrice, à mesure surtout que l'intervalle, si court soit-il, entre l'idée, le désir et l'acte laisse place au jeu des motifs et des mobiles; la volonté s'achevant à la faveur des actes nouveaux ou peu habituels qui amènent en général une suspension toute mécanique des mouvements et préparent ainsi la délibération, et enfin devenant la bonne volonté quand, la faculté d'apprécier ses motifs (très limitée chez l'enfant même de sept ou huit ans) s'étant développée, notre morale sociale se sera surajoutée aux impulsions primitives.

Entre cinq et sept ans se manifestent plus clairement les qualités héréditaires de la volition, promptitude, énergie, fermeté. Autres sont les tempéraments émotionnels. L'éducation a-t-elle quelque puissance pour exercer la volonté dans le sens de l'énergie, ou de la patience, ou de la répression des signes de la douleur? M. Pérez cite de bons exemples d'une telle puissance. Et j'ajoute que vraiment nulle éducation de l'individu ou de l'espèce ne serait possible, si l'expérience de la vie ne modifiait sans cesse notre volonté en modifiant nos tendances. Cette action de la vie, elle apparaît en gros dans la famille ou la race; mais on ne la peut voir qu'à la longue dans l'individu.

Voilà tout le livre. Pour le bien louer il le fallait seulement analyser; et j'ai le regret pourtant de n'avoir pas laissé deviner le charme pénétrant de certaines pages où le philosophe s'est montré aussi écrivain ému et délicat. On reconnaîtra plus tard toute l'importance de ces travaux sur l'enfant, quand les psychologues en seront venus à instituer une étude comparative plus systématique de l'animal, de l'enfant et de l'adulte. L'enfance est un état plutôt qu'un âge, a fort bien dit Mme Necker de Saussure. Ces travaux souffriront sans doute beaucoup d'amendements. Mais notre sévérité envers les premiers et patients observateurs ne serait pas juste; car cette sévérité, eux-mêmes ils nous l'ont apprise.

LUCIEN ARRÉAT.

Beaunis. RECHERCHES EXPÉRIMENTALES SUR LES CONDITIONS DE L'AC-TIVITÉ CÉRÉBRALE ET SUR LA PHYSIOLOGIE DES NERFS. — II. *Études physiologiques sur le somnambulisme provoqué.* Brochure in-8°, 106 p. Paris. J.-B. Baillière, 1886.

M. Beaunis peut être considéré comme le représentant le plus autorisé de l'école de Nancy, qui a fait un certain bruit depuis quelques années, et qui s'est engagée dans l'étude des phénomènes du magnétisme animal, en profitant de la voie tracée par l'école de la Salpêtrière. Nous trouvons donc quelque intérêt à analyser avec soin le nouveau travail de M. Beaunis; c'est pour nous une occasion de caractériser l'esprit et la méthode de l'école à laquelle il appartient, de comparer les expérimentateurs de Nancy à ceux de la Salpêtrière, et de voir en quoi ils diffèrent. Dès les premiers mots de cette brochure, l'opposition des deux écoles se manifeste, et, à chaque page, elle s'accusera de plus en plus. « Dans ces dernières années, dit M. Beaunis, la question du somnambulisme provoqué est entrée dans une nouvelle phase, grâce aux travaux de Charcot, Richet, Dumontpallier, etc., grâce *surtout* aux recherches de Liébeault... » Nous soulignons le petit mot « surtout » qui est gros de sous-entendus. Il semblerait que la prétention des expérimentateurs de Nancy est de se rattacher à Liébeault, dont les travaux, datant de 1864, sont bien antérieurs à ceux de Charcot, qui ne remontent qu'à 1878. Cette revendication de priorité vaudrait celle des médecins de Montpellier relativement à l'aphasie. Rappelons en passant que sans l'intervention de Charcot dans cette question, le magnétisme animal serait encore au ban de la science officielle; et ce n'est qu'après les travaux de Charcot que les expérimentateurs de Nancy se sont aperçus des faits intéressants qu'ils avaient sous les yeux depuis 1864.

La brochure de M. Beaunis se divise en deux parties. La première, exclusivement physiologique, comprend les questions suivantes :

I. Caractères généraux de l'hypnotisme.

II. Procédés employés pour déterminer le sommeil hypnotique et le réveil.

III. Modification de la fréquence des battements du cœur par suggestion hypnotique.

IV. Production de rougeur et de congestion cutanée par suggestion hypnotique.

V. Vésication par suggestion hypnotique.

VI. Recherches dynamométriques.

VII. Recherches sur l'acuité auditive.

VIII. Recherches sur le temps de réaction des sensations auditives.

IX. Recherches sur le temps de réaction des sensations tactiles. Ne pouvant analyser toutes ces questions, nous nous bornons aux plus importantes.

On a souvent reproché aux expérimentateurs de Nancy de n'avoir pas su donner les caractères somatiques du somnambulisme qu'ils provoquent sur leurs sujets; à cette objection ils ont répondu, avec une raison apparente, qu'ils ne pouvaient pas décrire ce qu'ils n'observaient pas, et que leurs sujets n'avaient jamais présenté les phénomènes physiques si caractérisés qu'on rencontre chez les grandes hypnotiques et qui ont été décrits pour la première fois par l'école de la Salpêtrière. Mais de ce défaut de signes objectifs résulte une grave conséquence; c'est que, bien que personne aujourd'hui ne doute plus de la réalité du somnambulisme en général, on peut toujours douter de l'existence de cet état dans tel cas particulier; et les expérimentateurs de Nancy ne peuvent pas prouver péremptoirement que l'un quelconque de leurs sujets est réellement endormi. En effet, tous les caractères du somnambulisme provoqué qu'ils ont décrits peuvent être simulés, l'oubli au réveil, la sensibilité à la suggestion, la conservation des attitudes communiquées, etc. Le mérite de M. Beaunis est d'avoir compris qu'il fallait chercher des preuves de l'état somnambulique chez les sujets qui appartiennent au *petit hypnotisme*. Les preuves qu'il nous expose aujourd'hui dans sa brochure consistent dans des modifications produites par suggestion sur des fonctions qui, à l'état normal, sont soustraites à l'empire de la volonté. On lira donc avec intérêt les trois paragraphes consacrés à *la modification de la fréquence des battements du cœur par suggestion hypnotique* (p. 17), à *la production de rougeur et de suggestion cutanée par suggestion hypnotique* (p. 29), *et à la vésication par suggestion hypnotique* (p. 30). A notre avis, M. Beaunis est ici dans la bonne voie; il a compris le côté faible des recherches de Nancy, qui échappait à M. Bernheim, et il a fait effort pour trouver le critérium nécessaire du petit hypnotisme.

La modification du rythme du cœur par suggestion est d'autant plus intéressante à étudier qu'elle se traduit par des chiffres. Ainsi, sur un de ses sujets, M. Beaunis trouve, comme moyenne de pulsations par minute :

Avant le sommeil hypnotique................ 96
Pendant le sommeil hypnotique................ 98,4
Avec suggestion de ralentissement.............. 92,4
Avec suggestion d'accélération................. 115

Des tracés pris avec le sphygmographe à transmission montrent que la forme de la pulsation est altérée, en même temps que le nombre, par la suggestion hypnotique [1].

Les expériences sur l'acuité auditive, sur le temps de réaction des sensations auditives et tactiles, quoique moins topiques que les précédentes, peuvent servir également de critérium au petit hypnotisme. M. Beaunis a constaté d'une manière générale que l'hypnotisme augmente l'acuité auditive; ses expériences, faites avec un audiomètre ingénieux (composé de l'appareil de glissement de Dubois-Reymond, mis en rapport avec un téléphone), lui ont donné les résultats suivants :

Les chiffres que nous citons représentent l'intensité du bruit le plus faible entendu par le sujet.

		ÉTAT DE VEILLE	SOMNAMBULISME	SUGGESTION DE FINESSE DE L'OUÏE
Mlle A. E.	Oreille droite	20	13	11
	— gauche	25	13	13
Mlle L. X.	— droite	28	9	2
	— gauche	31	28	27
Mlle Hu	— droite	13,5	6	4
	— gauche	16,5	11	8

On voit donc que, d'une manière générale, le somnambulisme augmente l'acuité auditive; la suggestion pendant le somnambulisme l'augmente encore, mais très peu.

Nous n'insisterons pas longuement sur la seconde partie de cette brochure, consacrée à la psychologie de l'hypnotisme; les lecteurs de la *Revue* en ont eu la primeur. Nous présenterons simplement une critique de détail. Quelques-unes des expériences ne nous paraissent pas suffi-

---

1. Il est seulement à regretter que M. Beaunis n'ait pas eu le soin de prendre en même temps le tracé respiratoire de ses sujets, car l'on sait fort bien qu'un individu normal peut arriver *indirectement* à modifier les battements de son cœur, en agissant sur sa respiration. M. Beaunis se borne à dire que dans ses expériences « l'effet suivait *immédiatement* la suggestion; il n'y avait ni modification émotionnelle du sujet, ni altération du rythme respiratoire: les phénomènes étaient évidemment subordonnés à l'influence pure et simple de la suggestion ». Cette affirmation nous paraît un peu hasardée; l'emploi de la méthode graphique aurait seul pu lever tous les doutes.

samment précises. Par exemple, M. Beaunis voulant démontrer que
l'*articulation des mots* peut, comme l'attitude des membres, déterminer une suggestion, dit à un de ses sujets : A votre réveil, vous direz à
Madame X... : Je voudrais bien manger des cerises. — A son réveil, le
sujet exécute l'ordre donné, et, en revenant chez lui, il achète des cerises. A notre avis, cette expérience n'est pas aussi probante que
M. Beaunis l'imagine. Est-il bien sûr d'avoir suggéré *seulement* l'articulation de la phrase? Le sujet n'a-t-il pas compris qu'on lui suggérait
en même temps le désir? Il nous semble que l'expérience repose sur
une pointe d'aiguille. Si nous présentons cette critique, c'est qu'elle
peut s'appliquer à un grand nombre d'autres expériences de M. Beaunis.

En terminant, nous souscrivons à la conclusion de l'auteur : l'hypnotisme est une véritable méthode de psychologie expérimentale. Cette
idée n'est pas neuve, mais il est bon de la répéter, et, pour être juste,
il faudrait ajouter que c'est à la Salpêtrière qu'ont été faites les premières applications de l'hypnotisme à la psychologie.

A. BINET.

Dr Berjon. LA GRANDE HYSTÉRIE CHEZ L'HOMME, *d'après les travaux
de MM. Bourru et Burot*, brochure in-8°, 78 pages, 10 planches. Paris,
1886.

Le Dr Berjon a eu l'heureuse idée de réunir les articles que ses maîtres ont fait paraître pendant ces deux dernières années sur l'action
des médicaments et des substances toxiques à distance, sur les changements de personnalité, et sur des phénomènes divers qui se rattachent
plus ou moins directement à l'hypnotisme. La plupart des expériences
ont été faites sur un sujet hystérique mâle, dont on nous donne ici
l'observation clinique très détaillée (p. 7 à 16). Nous ne reviendrons
pas sur les changements de personnalité; ce sont là des faits que les
lecteurs de la *Revue* connaissent déjà (voir les numéros d'octobre 1885
et de janvier 1886). L'action des médicaments à distance a aussi fait
l'objet de communications qui ont été publiées à leur date dans la
Revue. Les expériences d'hypnotisme contiennent quelques faits nouveaux. Les observateurs ont constaté que leur sujet présentait certains
points d'inhibition; ce sont des régions du corps, dont l'excitation
suspend toutes les fonctions de la vie de relation. Le sujet ne voit
plus, n'entend plus; tous ses sens sont abolis; il reste immobile et
tomberait bientôt si le contact se prolongeait un peu. A peine le doigt
est-il enlevé du point d'inhibition que le malade fait une profonde inspiration avec bruit pharyngien et continue le geste et le mot commencés
au moment de l'expérience. Ces zones d'inhibition doivent être rapprochées des zones hystérogènes (Charcot), hypnogènes (Pitres), dynamogènes (Féré), érogènes (Chambard), réflexogènes (Heideinhain), etc.
On trouve aussi dans la brochure de M. Berjon le récit complet des
hémorrhagies provoquées et des stigmates sanguinolents, faits qui

tiennent une place importante dans l'histoire des perturbations organiques créées par suggestion. On sait que jusque dans ces derniers temps différents auteurs avaient cru que la suggestion ne peut produire que des effets psychiques. Le premier exemple scientifiquement constaté d'une modification organique produite sous l'influence d'une *idée* appartient à M. Focach on, auteur d'une expérience de vésication par suggestion. MM. Bourru et Burot arrivent ensuite, avec leurs expériences de sueurs de sang. Ils disent, par exemple, à leur malade en traçant son nom sur son avant-bras : « A quatre heures, ce soir, tu saigneras sur les lignes que je viens de tracer. » A l'heure dite, les caractères se dessinent en relief et en rouge vif; on voit même perler quelque s gouttes de sang (p. 36). Il est peut-être intéressant de rappeler que Puységur avait obtenu un résultat analogue; son meilleur sujet, le paysan Victor, lui annonça un jour, pendant le sommeil, que le lendemain entre midi et une heure, il saignerait du nez, ce qui eut lieu en présence de nombreux témoins, parmi lesquels Berthollet, qui crut à la fraude et se moqua de Puységur[1].

A. B.

G. **Campili.** IL GRANDE IPNOTISMO E LA SUGGESTIONE IPNOTICA, NEI RAPPORTI COL DIRITTO PENALE E CIVILE (*Le grand hypnotisme et la suggestion hypnotique dans leurs rapports avec le droit criminel et civil*), un vol. in-8 de la *Bibliothèque anthropologico-juridique*, p. VIII-172. Turin, 1886.

La médecine légale de l'hypnotisme a déjà fait l'objet de nombreux mémoires en France et à l'étranger : mais c'est une question qui est loin d'être épuisée. M. Liégeois a simplement montré, dans sa brochure, la *possibilité* de faire servir la suggestion hypnotique à un but criminel, il a posé le problème sans le traiter. MM. Binet et Féré, dans un article publié ici même (février 1885), se sont attachés à déterminer les conditions auxquelles la réalité de la suggestion hypnotique peut être admise par un tribunal; en d'autres termes, ils se sont occupés de la question de la *preuve judiciaire*. Le Dr Campili, qui connaît à fond tous ces travaux, a voulu pousser plus avant l'étude de cette question médico-légale, et il a écrit un livre très curieux et très approfondi, digne d'un jurisconsulte qui est du pays de Beccaria. On sait qu'il règne en ce moment en Italie deux écoles principales de criminalistes : l'école classique ou spiritualiste, et l'école anthropologique. L'auteur s'est placé successivement au point de vue de ces deux écoles, qui ne diffèrent pas seulement, comme on pourrait le croire, par leurs conceptions théoriques, mais aussi par leurs conclusions pratiques sur l'application des peines.

---

1. Puységur, *Mémoires pour servir à l'histoire et à l'établissement du magnétisme animal*, p. 199 à 211.

Il semble cependant que sur cette question de l'hypnotisme les deux écoles admettent la même solution. M. Campili examine quelle est la responsabilité civile et pénale de l'hypnotisé à l'occasion des actes criminels commis ou des obligations assumées sous le coup d'une suggestion hypnotique. D'après l'école juridique classique, l'hypnotisé n'est pas responsable, parce qu'il n'a pas agi comme une cause volontaire et consciente ; il n'y a pas de peine là où il n'y a pas eu de faute. L'école anthropologique, qui ne se place pas à ce point de vue subjectif, mais qui considère les institutions judiciaires comme ayant à remplir une simple fonction de conservation et de défense sociale, arrive à la même conclusion, quoique par une voie différente ; dans une discussion très détaillée, l'auteur établit que les besoins de la défense sociale ne demandent la répression des actes criminels que lorsque ces actes sont l'expression de la personnalité de l'agent ; or, chez l'hypnotique, la réaction individuelle est abolie ; les actes qu'il accomplit sous le coup d'une suggestion, il les accomplit comme un automate. Même en admettant ces conclusions, qui, d'ailleurs, sont fort discutables, nou-croyons qu'elles reposent sur des prémisses qui contiennent une erreur de fait. On croit aujourd'hui trop facilement qu'on peut caractériser l'état psychique de l'hypnotisé avec un mot sommaire, et dire : c'est de l'automatisme. Dans un nombre immense de cas, le sujet conserve son identité intellectuelle et morale ; quand on lui donne une suggestion d'acte, si l'acte est en contradiction avec son caractère, il peut résister, discuter l'ordre et même refuser absolument d'obéir. L'auteur semble avoir vu la difficulté, car il rappelle que, dans un ingénieux article, M. Bouillier a admis une responsabilité morale dans les rêves, mais il repousse cette opinion par ce motif peu sérieux que l'hypnotique ne conserve pas sa personnalité comme le dormeur. Nous croyons, au contraire, qu'il existe le rapport le plus étroit entre les effets produits par suggestion et l'état de rêve. La suggestion n'est pas autre chose qu'un rêve provoqué et dirigé par les assistants.

En somme, le somnambule n'est pas un automate, c'est une *personne*, et l'on conçoit qu'au point de vue purement théorique et moral, on pourrait le rendre partiellement responsable de ses actes. Les conclusions de M. Bouillier sont directement applicables à notre espèce.

Que faudra-t-il dire au point de vue pratique? La société a-t-elle, oui ou non, le droit de se défendre contre le crime hypnotique? Suffit-il qu'un assassin prouve qu'il a agi sous l'empire d'une suggestion pour que les juges aient le devoir de le faire mettre en liberté, et lui permettent de recommencer? Évidemment, une pareille tolérance est inacceptable. Jusqu'ici, l'hypnotisme n'a figuré que très accidentellement dans les drames judiciaires. Mais demain, les choses peuvent changer, et la suggestion peut entrer couramment dans la pratique criminelle. C'est précisément ce qui arrive à Turin, où, dit Lombroso (*Revue scientifique*, 19 juin 1886), règne en ce moment une véritable épidémie d'hypnotisme. Il n'est pas possible que la société reste désarmée contre un pareil danger.

Garofalo, dans son remarquable ouvrage sur la *Criminologie*, conseille d'appliquer au criminel qui a agi dans un état d'hallucination ou de somnambulisme le même traitement qu'à ceux qui ont commis un délit dans un accès épileptique ou hystérique, ou par l'effet d'une manie impulsive ; c'est-à-dire la réclusion dans un hôpital-prison pendant un temps indéterminé, jusqu'à complète guérison, ou jusqu'à la transformation de la maladie en un autre état rendant absolument improbable la répétition du délit (p. 449). M. Campili pense qu'il serait difficile d'appliquer la même peine à l'hypnotique criminel ; car il n'agit pas de son propre mouvement, mais sous l'impulsion d'un tiers qui est le véritable coupable ; l'hypnotique est entre les mains de l'opérateur un moyen, un instrument de crime, quelque chose comme une arme à feu ou un couteau. C'est donc l'opérateur qui doit porter la responsabilité entière de l'acte. Distinction subtile. L'hypnotisable est, comme l'épileptique, un malade dangereux, puisqu'il suffirait d'une manœuvre très simple pour lui faire commettre un crime. Il est absolument nécessaire de le mettre hors d'état de nuire. D'ailleurs, il est probable que la menace d'une punition exercerait une action préventive sur l'esprit des personnes qui se soumettraient volontairement aux pratiques de l'hypnotisation ; nous croyons, en effet, que beaucoup de personnes qui sont peu hypnotisables peuvent résister avec succès à l'hypnotisation et doivent être rendues responsables du consentement qu'elles donnent à l'expérience.

A plus forte raison devrait-on conclure en ce sens si l'hypnotique savait d'avance, avant d'être endormi, la suggestion criminelle qu'on doit lui donner. Il y a là une hypothèse curieuse que M. Campili n'a pas prévue, et que certains faits de nous connus rendent assez vraisemblables. On trouvera peut-être un jour dans quelque bande d'escrocs ou d'assassins un sujet hypnotisable, qui, de son plein gré, se prêtait aux suggestions criminelles ; l'utilité de la suggestion, en pareille circonstance, se comprend, car les personnes qui agissent sous l'empire d'une suggestion ont plus d'audace, de courage, et même d'intelligence que lorsqu'elles agissent de leur propre mouvement. Nous connaissons des malades qui, redoutant d'être endormis par un individu qu'ils détestent, demandent à une suggestion hypnotique faite par un de leurs amis une force de résistance qu'ils n'ont pas naturellement. D'autres voulant accomplir tel acte, telle démarche, et craignant que le courage ne vienne à leur manquer au moment suprême, se font suggérer d'avance l'acte qu'ils désirent accomplir. Dans ces circonstances, l'hypnotique devrait être puni à titre d'auteur principal, et l'opérateur ne serait qu'un complice.

A. B.

Ch. Féré. TRAITÉ ÉLÉMENTAIRE D'ANATOMIE MÉDICALE DU SYSTÈME
NERVEUX. 1 vol. in-8°, 495 pages. Paris, Delahaye, 1886.

Nous ne faisons que signaler aux lecteurs de la *Revue* cet important
ouvrage, dû à la plume autorisée du Dr Féré ; l'auteur a voulu présenter,
comme il le dit lui-même, un résumé d'anatomie descriptive et topographique comprenant les applications médicales les plus importantes et
les mieux établies. Les services rendus par les traités d'anatomie topographique chirurgicale l'ont engagé à écrire cet ouvrage, qui a le mérite
d'être le premier dans son genre. Bien que ce traité paraisse spécialement destiné aux physiologistes, les psychologues pourront le lire
avec profit ; l'auteur, qui est bien connu du monde philosophique par
ses importants travaux de psycho-physiologie, dont la plupart ont été
publiés ici même, a eu soin de relever en passant toutes les dispositions anatomiques qui ont été mises en rapport avec une fonction
psychique déterminée. Les psychologues auront intérêt à consulter les
pages consacrées à la topographie cranio-cérébrale, aux circonvolutions
cérébrales et aux fameuses théories des localisations cérébrales.
L'auteur, sans s'attarder outre mesure sur ces questions, résume
tous les travaux substantiels dont elles ont été l'objet, et conclut
en donnant sa propre opinion, qui a d'autant plus de valeur qu'elle
s'appuie presque constamment sur des recherches personnelles. On ne
saurait souhaiter un guide plus circonspect et plus sûr. Un grand
nombre de dessins, dont la plupart sont originaux, illustrent le texte ;
l'auteur s'est fréquemment servi, dans la description topographique du
cerveau, de la méthode des *coupes*.

A. B.

REVUE DES PÉRIODIQUES ÉTRANGERS

Mind.

April. July. 1886.

J. DEWEY. — *La psychologie comme méthode philosophique.*

Cet article complète celui que l'auteur a antérieurement publié sous
ce titre « Le point de vue philosophique ». C'est la psychologie et non la
logique qui est la méthode de la philosophie, parce que, dans la psychologie, la science et la philosophie, le fait et la raison ne font qu'un.
« L'homme, par là même qu'il a conscience de soi, est un univers individualisé ; par suite sa nature est la matière propre de la philosophie
et, prise dans sa totalité, sa seule matière. La psychologie est la science
de cette nature, et aucun dualisme en elle ou dans la manière de la considérer, n'est soutenable. »

LLOYD MORGAN. — *Sur l'étude de l'intelligence animale.* L'auteur

s'attache à montrer, par une analyse très minutieuse, toutes les difficultés de cette étude. Il y a à distinguer d'abord les faits, ensuite les inductions. Les inductions elles-mêmes sont de deux sortes : 1° objectives,
celles qui concernent la nature, la cause, l'origine de certaines habitudes des formes d'activité ; 2° subjectives (ou mieux, suivant l'expression
de Clifford, éjectives), celles qui concernent les sentiments, motifs, etc.,
qui servent de base aux actes. Ce sont naturellement les inductions de
ce dernier genre qui sont le plus suspectes. L'auteur en donne quelques
exemples. Il est donc désirable d'éliminer autant que possible l'élément
éjectif. L'étude de l'intelligence animale est à peine sortie de la période
métaphysique, malgré les travaux importants publiés sur ce sujet dans
ces derniers temps.

FULLERTON. *Concevabilité et infini.* — L'infini n'est pas connu par
une synthèse successive de parties, c'est-à-dire en épuisant une quantité :
ce n'est pas une notion quantitative, mais qualitative. Ce mot ne dénote
pas une quantité, mais le rapport à une quantité. Cette question : Pouvons-nous concevoir une ligne infinie, est simplement un cas de cette
question plus complexe : Comment est-il possible de concevoir une
notion générale ? — Sur ce point, trois opinions bien connues : 1° réaliste,
qui est à peu près abandonnée ; 2° conceptualiste ; 3° nominaliste.

L'auteur expose et examine la doctrine de quatre nominalistes bien
connus : Berkeley, Hume, Stuart Mill et Bain. Il conclut qu'il nous est
parfaitement possible de concevoir une ligne infinie : elle ne peut certainement pas être connue comme quantité, comme formant un tout;
tout objet vu ou imaginé a nécessairement des limites ; mais il ne s'ensuit pas que je ne puisse appeler une ligne particulière infinie, pourvu
que je ne la conçoive pas sous les conditions de la quantité.

H. SIDGWICK. *La méthode historique.* — Cette méthode n'a pas
lieu de s'introduire dans les sciences mathématiques. Quand nous considérons l'univers comme fait concret particulier, elle joue un certain
rôle, mais subordonné. Quant aux sciences de la vie organique, il suffit de rappeler l'importance capitale de la théorie darwinienne pour
juger de l'influence de cette méthode. Controverse entre la psychologie
introspective et la psychologie historique que l'on pourrait appeler aussi
psychogonie. Mais c'est surtout dans la morale, la politique et la théologie que cette méthode s'est introduite de nos jours, où elle tend à
s'associer à un scepticisme général, quant à la nature des doctrines
étudiées.

MAC KEEN CATELL publie sous ce titre : *Temps requis par les opérations cérébrales*, le travail publié dans les « Philosophische Studien »
que nous avons analysé (juillet 1886, p. 109).

B. BENN dans un court article : *Habitude et progrès*, critique une
théorie de Sumner Maine qui soutient que le progrès, loin d'être une loi
de l'histoire, n'est qu'un phénomène local et temporaire.

BRADLEY. *Y a-t-il une activité spéciale de l'attention ?* — Est-elle un
élément original ? Y a-t-il une fonction spécifique de l'attention ? Le

strict résultat des analyses de l'école anglaise se traduit par une réponse négative à ces questions. L'auteur adopte ce résultat négatif. Pour lui l'attention (quelle qu'elle soit) se traduit par une prédominance dans la conscience. Il considère que si l'activité musculaire se rencontre dans certains cas d'attention, elle n'est pas essentielle à ce phénomène. D'une manière générale, il semble faire peu de cas des éclaircissements que la physiologie peut produire sur ce sujet, il ne croit pas que l'attention doive avoir toujours un concomitant musculaire. Dans toutes les formes de l'attention, il n'y a besoin d'aucun événement intercurrent, et un sentiment d'énergie, en supposant qu'il existe, n'est pas essentiel ni probablement efficace; c'est plutôt un concomitant ou un résultat plus ou moins constant.

S. Coit. *Le but final de l'action morale*. — Toutes les questions de morale se résolvent pratiquement en deux questions : Quel doit être pour moi le but final de la vie? Que dois-je faire pour l'atteindre? La notion du but final de la conduite n'a pas de signification seulement pour chaque individu pris séparément. Elle est également importante pour la solution des questions sociales. L'idéal social est un état de bonheur universel et de vertu universelle.

Ritchie. *Sur le Phédon de Platon*. — (Lu devant la Société aristotélique de Londres.) L'auteur examine ces trois questions : quels sont les arguments de Platon sur la nature de l'âme et sa destinée? quel est le rapport de l'une à l'autre? quelle est la valeur de ces arguments?

Stevens. — *Sur le sens du temps*. — Recherches faites au laboratoire psychophysique de Baltimore. L'auteur a voulu contrôler les expériences faites sur ce sujet par Vierordt, Mach, Kollert, Estel et Mehner. — Vierordt se servait d'un métronome et, au bout d'un court laps de temps, essayait d'en reproduire les battements de mémoire : quand le temps type était court, la reproduction était plus longue et inversement. Entre les deux extrêmes, il y a un point d'indifférence où la reproduction est exacte. Ce point d'indifférence varie selon les individus entre 1, 5 sec. et 3, 5 sec. Les expériences postérieures à Vierordt donnent des résultats analogues. — L'auteur arrive à des conclusions contraires : dans la reproduction, il y a une tendance à la soustraction pour les longs intervalles, à l'addition pour les courts intervalles. Il donne ses résultats, sans prétendre infirmer ceux de ses devanciers.

***

The Journal of speculative Philosophy.
January 1886.

Blood. *Rêveries philosophiques*. — Butler. *Le problème de la Critique de la raison pure de Kant*. — Riggs. *Les qualités premières de la matière*.

Le propriétaire-gérant : Félix Alcan.

Coulommiers — Imp. P. Brodard et Gallois

LA CONSCIENCE DE SOI

On a appelé conscience le pouvoir que nous aurions de nous connaître nous-mêmes.

Avons-nous réellement un tel pouvoir ? — A en croire certains psychologues, cela ne fait pas question. La conscience me donne immédiatement connaissance de tout ce qui se passe en moi. Quand j'éprouve une souffrance, je sais que je l'éprouve; et il y aurait contradiction à ce que cette souffrance passât inaperçue : si elle n'était pas connue, elle ne serait pas sentie, elle n'existerait pas. Les phénomènes psychologiques sont donc conscients par nature, on pourrait dire par définition. — Ce n'est pas tout. Avant même d'accomplir un acte, je sais que je vais l'accomplir. Qu'est-ce que cette prévision de mes actions futures, si ce n'est l'intuition du pouvoir dont je dispose actuellement? Ainsi mon âme a conscience, non seulement de ses actes, mais encore de ses facultés. Et cela est encore nécessaire; car si je ne me connaissais pas ce pouvoir, je ne l'exercerais pas. — Enfin il est impossible que le Moi ne connaisse pas sa propre essence. Quand il s'agit des objets extérieurs, on comprend que je n'en prenne qu'une connaissance incomplète et superficielle. Mais quand il s'agit de moi-même, ce n'est plus la même chose. Ici, le sujet pensant ne se met pas seulement en rapport avec l'objet pensé : il ne fait qu'un avec lui; il est cet objet même. La connaissance que nous avons de nous-mêmes est donc la plus intime, la plus profonde, la plus certaine qu'il nous soit possible d'acquérir. Si je connais quelque chose au monde, c'est moi.

Il est pourtant permis de conserver quelques doutes. Si la conscience nous parle si nettement, s'il nous est si facile de savoir ce que nous sommes, comment expliquer que la science de l'âme humaine soit encore si peu avancée? Bien des problèmes psychologiques attendent encore une solution. Sommes-nous matière ou esprit? Sommes-nous vraiment libres? Y a-t-il des phénomènes psychologiques inconscients? Tous les philosophes ne sont pas d'accord à ce sujet, et pourtant, pour appuyer leurs théories, tous se réclament de cette conscience qu'on nous présente comme infaillible.

De plus, on pourrait demander aux partisans de l'intuition immédiate un peu plus de clarté dans leurs définitions. Ils s'écrient qu'ils voient l'âme distinctement; et quand nous leur demandons de nous la décrire, ils répondent par quelques mots vagues et abstraits, comme ceux de force, de cause, de substance; ou bien ils disent que la chose est trop simple pour être définie. Le seul moyen de savoir s'ils aperçoivent véritablement quelque chose dans le moi, c'est d'y regarder nous-mêmes.

En ce moment, je suis assis devant ma table de travail, occupé à m'observer en dedans. Mais j'ai beau faire, je ne puis ramener à moi mon attention. Ce sont les bruits de la rue qui viennent me distraire, une charrette qui passe, des enfants qui jouent avec un chien. — Essayons de nous mieux isoler. Je m'enfonce dans un fauteuil, je me bouche les oreilles, je ferme les yeux. Me voici à l'abri des impressions extérieures; et de nouveau je fais un effort pour rentrer, comme on dit, en moi-même. Immédiatement, le cours de ma pensée se ralentit, et, à vrai dire, je ne pense plus à rien. « Moi... Moi... Je suis... Je suis moi! » Je me répète ces mots à moi-même, machinalement, et sans leur donner aucun sens. Plus j'essaye d'y réfléchir, moins je les comprends. — Au bout de quelque temps, fatigué de regarder ainsi dans le vide, je recommence à penser. Alors, ce sont de vagues rêveries, des scènes de mon enfance qui se représentent à mon esprit; je pense à ce que j'étais autrefois, à ce que je suis devenu; je me rappelle quelques jugements que j'ai entendu porter sur mon caractère; j'arrive ainsi, tant bien que mal, à ébaucher mon propre portrait. — Et voilà ce que l'on appelle prendre conscience de soi!

Nous pouvons varier cette expérience de mille manières. Nous pouvons nous promener de long en large dans notre chambre, ce qui facilite, comme chacun sait, le travail de la réflexion; nous pouvons nous prendre la tête à deux mains et froncer les sourcils comme lorsqu'on fait un grand effort d'esprit : peine inutile. Jamais notre moi ne se présentera à nous comme un objet d'intuition. On nous donne d'excellentes raisons pour prouver que le moi devrait connaître parfaitement sa propre essence. C'est bien possible. Mais ce que j'affirme, c'est qu'en fait il ne la connaît pas. La force qui crée nos idées et les porte dans la conscience reste inconsciente elle-même. Pour savoir ce que nous sommes et ce que nous valons, pour connaître nos facultés, nos aptitudes, nos aspirations véritables, nous en sommes réduits à des conjectures; et bien souvent il arrive qu'un étranger, ami ou ennemi, nous connaît et nous juge mieux que nous ne faisons nous-mêmes. De là cette ardente curiosité qui nous porte à nous enquérir de ce que les autres hommes pensent de nous, dût leur témoignage coûter à notre amour-propre. Nous avons beau affecter le dédain de l'opinion : nous ne serons pas moins rassurés par un éloge, inquiétés par une critique; nous ne prêterons pas moins avidement l'oreille à une conversation où, par hasard, nous aurons entendu prononcer notre nom. Irions-nous ainsi chercher au dehors des renseignements sur notre compte, s'il suffisait, pour savoir ce que nous sommes, de consulter notre conscience? Notre être est pour lui-même une énigme. On ne peut se regarder longtemps dans un miroir sans éprouver une sorte d'inquiétude. Un être est là devant moi, qui fixe ses yeux sur les miens comme pour y lire ma pensée, et qui ne me laisse pas pénétrer la sienne; et cet être mystérieux, dont le regard trop attentif me pèse, c'est pourtant moi-même. Ma conscience est comme ce miroir; elle ne me donne qu'un reflet, qu'une image purement virtuelle de ma personne morale. Elle ne me fait pas davantage pénétrer dans ma nature intime. Elle me présente un personnage que j'appelle Moi, mais qui n'est pas Moi, puisque je cherche encore à le deviner, puisqu'il m'apparaît comme quelque chose d'extérieur. Qu'on ne s'y trompe pas, en effet. Quand on parle de contemplation intérieure, quand on s'imagine regarder en soi-même, s'observer en dedans, on se laisse abuser par des mots. En réalité, je ne me vois jamais que du dehors. Cette conscience, dont on parle comme d'une faculté à part, n'est, au fond, que mon imagination; et ce Moi, dont on prétend que j'ai l'intuition immédiate, n'est qu'un produit de mon esprit; l'acte par lequel je crois prendre connaissance de lui n'est autre chose que l'effort que je fais pour l'imaginer. Ce que je connais, ce n'est pas le Moi sujet, mais le Moi objet. — Il est certain que j'existe, disait Descartes, puisque je pense. Descartes allait trop vite. Le fait d'évidence première, le fait certain, indéniable, ce n'est pas que je pense, c'est que je suis pensé.

Mais cette pensée du Moi, qui l'a conçue, si ce n'est Moi? Le Moi idéal ne suppose-t-il pas un Moi réel? Le Moi pensé, un Moi pensant?

Peut-être. Une théorie idéaliste de la connaissance n'exclut pas la conception réaliste des choses. Après avoir démontré, par exemple, que le monde matériel, tel que je le conçois, est un produit de mon imagination, je puis très bien supposer qu'il y a un monde réel, et même que ce monde ressemble à l'image que je m'en fais. De même, après avoir constaté que le Moi qui m'est donné par la conscience est un objet idéal, j'ai le droit d'affirmer un Moi réel, un Moi sujet,

auquel j'attribuerai la conception du moi idéal. Mais, si le moi pensé
est un fait premier, le Moi pensant n'est qu'une hypothèse métaphysique, ultérieurement conçue. Et il importe de faire cette distinction. En effet, du moment que le Moi réel n'est plus que la cause
inconnue à laquelle nous attribuons la conception du Moi idéal, il
reste à se demander s'il est bien nécessaire de lui accorder les mêmes
attributs. Je me conçois comme simple et identique : cela prouve-t-il
que je le sois réellement? Je ne le crois pas pour mon compte. Je me
défie des arguments ontologiques qui concluent de l'idée d'un être à
l'existence de cet être. De ce que j'ai l'idée du Moi, il s'ensuit que
je suis quelque chose : mais quoi? Je l'ignore. Ce serait donc trop
avancer que de dire : *Je pense, donc je suis.* La seule induction qui ·
me paraisse rigoureuse est celle-ci : je pense, donc quelque chose est.

J'accorde donc que la conscience me prouve que je suis, comme
la perception sensible me prouve qu'il existe un monde; mais elle
ne me révèle pas plus la nature intime du Moi que les sens ne me
font connaître la nature intime de la matière. — J'admets que je suis
un être réel, distinct de mes propres idées; mais par cela même, je
suis contraint d'avouer que l'essence de cet être m'est inconnue. Je
ne le connais, en effet, que par la représentation que je m'en fais.
Puisque le Moi réel n'est pas l'idée du Moi, et que je ne connais que
cette idée, il est évident que je ne connais pas le Moi réel.

Il ne resterait aux partisans de la conscience intuitive qu'un moyen
d'échapper à cette argumentation : ce serait de protester contre la
distinction que j'ai établie entre le Moi réel et le Moi idéal. Ne me
suis-je pas laissé égarer par l'analogie, en assimilant la perception
interne à la perception extérieure? Les corps matériels existent alors
même que je n'en prends pas connaissance; ils sont indépendants de
mon esprit et peuvent être distingués de l'idée que je m'en fais.
Mais, pour le Moi, il n'en est pas de même. Je ne suis Moi qu'autant
que je prends conscience de Moi; le Moi idéal ne fait qu'un avec le
Moi réel. C'est bien gratuitement que tout à l'heure on imaginait, en
dehors du Moi qui m'est donné par la conscience, une sorte de monade métaphysique que l'on déclarait inconnaissable. Si cette monade
existait, elle ne serait pas Moi. Le Moi connaît forcément sa propre
essence, puisque son essence est d'être conscient.

Cette définition du Moi est parfaitement admissible. Mais alors, il
faut s'entendre. Ce que l'on entend par le Moi, ce n'est plus ce que
chacun de nous entend par soi. On prend ce mot dans un sens tout
particulier, qui ne sera bien compris que des esprits familiarisés de
longue date avec le vocabulaire philosophique. Ce n'est plus l'homme
parlant de lui-même : c'est l'esprit faisant réflexion sur soi. Prenant

pour un instant le mot dans ce sens, je dirai : oui, le Moi sait parfaitement ce qu'il est ; il connaît immédiatement sa propre essence. Mais il ne s'explique pas davantage son existence. D'où vient que je me dis Moi ? D'où est sortie cette pensée, qui me donne l'être ? Mon existence date de mon premier acte de conscience : je commence d'être à l'instant où je m'aperçois que je suis. Pour mon esprit, tout commence à ce moment. Mais ce ne peut être un commencement absolu. Dire que le Moi se crée lui-même en se pensant, ce serait admettre qu'il est créé, non seulement de rien, mais encore par rien ; et que ce miracle se renouvelle à tous les moments de notre existence. Hypothèse incompréhensible. Nous sommes donc bien forcés d'admettre, antérieurement au Moi conscient, quelque chose qui explique l'apparition simultanée du Moi et de la conscience. Ainsi, même en admettant cette nouvelle manière de concevoir le Moi, nous voyons reparaître, sous une autre forme, toutes les questions que nous nous posions précédemment. Que le Moi qui nous est donné par la conscience soit le mode d'une substance inconnue ou le produit d'une cause également inconnue, dans les deux cas il est pour lui-même incompréhensible. Quelque chose est, qui se dit Moi. Mais quelle est cette chose ? En d'autres termes, que suis-je ? C'est ce que la conscience ne m'apprend pas ; c'est ce que nul ne saura jamais.

II

Pour ce qui est de nos facultés, il est plus évident encore que nous n'en pouvons prendre conscience. Avoir une faculté, c'est être capable de faire une chose ; et comment peut-on en juger, si ce n'est par expérience ? Mes facultés commencent par s'exercer spontanément : l'acte une fois accompli, je me juge capable de l'accomplir une seconde fois, c'est-à-dire que je ne vois pas de raison pour qu'il me soit impossible de le faire ; mais ce n'est là qu'une induction qui peut me tromper, et qui a besoin d'être soumise de temps à autre au contrôle de l'expérimentation. — J'ai franchi, il y a quelque·temps, un fossé de deux mètres de large. En serais-je encore capable aujourd'hui ? C'est probable, mais ce n'est pas certain. Je puis me trouver fatigué ; je puis m'être affaibli : il faut que j'en fasse l'essai. On dit bien qu'en pareil cas on consulte ses forces ; mais cela signifie seulement qu'on fait appel à ses souvenirs pour voir si l'on ne s'exagère pas sa vigueur ; ou bien encore qu'on se représente fortement l'action à accomplir, pour en mieux apprécier la difficulté.

Il est pourtant un cas où il semble bien que nous prenons véritablement conscience de notre force disponible : c'est quand nous mesurons d'avance l'effort musculaire nécessaire pour obtenir un effet donné. Je puis, à volonté, sauter à la distance d'un pied, de deux pieds, de trois pieds; quand je lance une pierre contre un but, je lui donne une impulsion plus ou moins forte, selon la distance. Puisque je sais d'avance ce que je vais dépenser d'énergie, n'est-il pas nécessaire d'admettre que j'ai conscience de cette énergie? — Toute la question est de savoir si vraiment nous mesurons d'avance notre effort. En y regardant de plus près, on reconnaîtra que nous ne commençons à l'évaluer qu'au moment où commence la contraction musculaire; nous sommes avertis, par des sensations spéciales, de l'intensité de cette contraction, et nous l'arrêtons quand nous jugeons qu'elle a atteint le degré voulu. Nous ne mesurons donc pas d'avance ce que nous allons donner d'effort, nous ne faisons qu'apprécier à chaque instant ce que nous venons d'en donner. Il ne m'est même pas prouvé que nous ayons la sensation d'effort musculaire : ce qu'on appelle ainsi me semble bien plutôt consister dans une sensation de résistance. Quand je bondis, je sens la pression de mes pieds sur le sol; quand je lance une pierre, je sens la pression de cette pierre sur ma main : et c'est par cette pression que je mesure l'énergie de mon mouvement. Il faut encore remarquer que, lorsque nous voulons mesurer avec plus de précision l'énergie d'un mouvement, nous commençons toujours par l'essayer. Avant de sauter, je fléchis une ou deux fois les jarrets; avant de lancer une pierre, je la soupèse et la balance dans ma main ; par ces mouvements préliminaires, je me rends mieux compte de la vitesse et de l'amplitude qu'il convient de donner au mouvement final. Dans tout cela, je vois des expériences que je fais, des conjectures et des tâtonnements : rien qui ressemble à une conscience directe de ma faculté motrice.

Je pourrais faire des remarques analogues sur toutes nos autres facultés. Si je me sais capable de sentir, de penser, de vouloir, c'est que j'ai déjà eu des sensations, des idées, des volitions, et que je m'attends à en avoir encore. Ce que l'on appelle la conscience d'un pouvoir actuel n'est que le souvenir d'actions antérieures et la représentation d'actions futures, une induction par laquelle je conclus du passé à l'avenir. Je n'insiste pas sur ce sujet, car le problème que nous examinons en ce moment peut se ramener à celui que nous venons d'étudier. Qu'est-ce, en effet, qu'une faculté? Une activité purement virtuelle, qui ne s'est encore déterminée en aucun acte particulier; une cause qui n'a pas encore produit son effet. Pour me donner une connaissance immédiate de mes facultés, il faudrait que ma conscience pût atteindre directement cette substance active dont mes actes ne sont que les modes, cette cause qui produit ma pensée; et nous avons vu qu'elle en était incapable.

III

Jusqu'ici, notre tâche a été relativement facile. En nous attachant à prouver que le Moi n'a conscience ni de son essence ni de ses facultés, nous ne faisions que rejeter une théorie particulière ui déjà, on peut le dire, a fait son temps. Nous nous proposons maintenant de montrer que le Moi ne peut même pas prendre conscience de ses propres modifications; ou, en d'autres termes, qu'on a tort de prétendre que les phénomènes psychologiques sont directement et certainement connus.

Cette fois, nous devons le reconnaître, notre théorie va contre l'opinion générale des psychologues, et je pourrais même dire contre le sens commun : aussi ne devons-nous nous avancer qu'avec prudence dans notre démonstration.

Nous est-il possible de fixer notre attention sur les faits qui s'accomplissent en nous, au moment même où ils s'accomplissent? On ne saurait, évidemment, trancher une pareille question d'un seul coup. En effet, il se pourrait que, parmi les diverses modifications de notre état de conscience, les unes fussent observables, et non les autres. — Examinons d'abord ceux de nos actes qui ont un caractère objectif, tels que la perception, la conception des images et des idées. Nous passerons ensuite à l'étude des phénomènes qui sont plutôt subjectifs, tels que la sensation, le sentiment et la volition.

Un objet lumineux est placé devant moi; j'ai les yeux ouverts et dirigés sur lui : je le vois. Ai-je conscience de le voir? Non, la vision est un acte absolument inconscient. Pendant que je perçois l'objet, toute mon attention est fixée sur lui, et il m'est impossible d'en détourner la moindre part sur l'acte par lequel je le perçois. L'objet m'apparaît comme quelque chose d'étranger à mon esprit, qui a sa réalité propre, qui existerait alors même que je n'y penserais pas. — Pourtant, quand cet objet m'apparaît, je dis que *je le vois*. Je sais donc que la vision est quelque chose d'actif. Et comment le saurais-je, si je ne pouvais, de quelque manière, prendre conscience de cette activité? — Il y a là une confusion. Pour voir un objet, vous êtes obligé d'exécuter un certain nombre de mouvements, comme de tourner vers lui la tête et les yeux, de contracter plus ou moins le cristallin, etc. Vous intervenez donc d'une manière active dans la vision, et c'est pour cela que vous êtes en droit de vous l'attribuer. Vous accommodez votre œil à la vision distincte : aussitôt l'objet vous apparaît; c'est donc bien vous qui avez provoqué son apparition. Mais il ne s'ensuit nullement que vous ayez conscience de la perception de l'objet. L'acte dont vous prenez connaissance est celui qui prépare la vision, qui la rend possibe : ce n'est pas celui qui constitue la vision même. — Peut-être, il est vrai, cet acte n'échappe-t-il à l'observation intérieure que par défaut d'énergie. Ne pourrai-je en prendre conscience en lui donnant plus d'intensité? Voici un livre sur cette table. Je le considère avec toute l'énergie d'attention dont je suis capable : cette fois, je sens bien que je le regarde. — Même confusion toujours. Ce que vous sentez, c'est l'effort d'accommodation de votre œil; comme cette sensation accompagne la vision, vous croyez qu'elle en fait partie; en réalité, elle lui est complètement étrangère, et plutôt nuisible qu'utile. Quant à l'acte même de la vision, il n'a pris ni plus ni moins d'énergie par l'effort que vous avez fait; ce n'est donc pas sur lui qu'a porté cet effort. Le seul résultat que vous ayez obtenu, c'est de rendre plus distincte l'image de l'objet. Ses contours sont plus nets, son relief est plus accusé, mais vous ne le voyez pas davantage : vous le voyez, purement et simplement : le changement que vous constatez est objectif, non subjectif. Et votre perception, pour être plus instructive, n'en est pas plus consciente qu'auparavant.

Ce que je viens de dire de la vue s'appliquerait tout aussi bien aux autres sens. Toutes les perceptions vraiment objectives sont inconscientes; si nous croyons pouvoir les observer en elles-mêmes, c'est qu'elles sont accompagnées de sensations subjectives auxquelles nous pouvons faire attention, et dont notre attention même augmente l'intensité.

Cette illusion de l'observation intérieure, qui se méprend ainsi d'objet, vaut, ce me semble, la peine d'être signalée. Elle est surtout remarquable dans l'observation des perceptions tactiles, parce que, de tous nos sens, le toucher est celui qui nous donne le plus de sensations subjectives mêlées à ses perceptions pures. Il en résulte un singulier changement d'apparences. Dans la pratique de la perception, les sensations tactiles me paraissent plus objectives que toute autre; mais, dès que je les observe en elles-mêmes, elles prennent un caractère subjectif très nettement accusé. Tout à l'heure, pendant que je palpais ce corps, je croyais sentir l'objet en contact avec ma main : maintenant que je fais attention à cette perception, je ne sens plus que ma main en contact avec l'objet. Pour avoir voulu me rendre

compte de la manière dont je percevais, je cesse de percevoir, je ne
fais plus que sentir.

Si un fait aussi solide, aussi concret, aussi tangible que la perception échappe à l'observation, à plus forte raison devons-nous être
incapables d'observer en nous la conception des images, qui ne sont,
pour ainsi dire, que le fantôme de nos perceptions. Quand j'imagine
une chose, je puis faire attention à la chose, mais non à l'acte par
lequel je l'imagine. — Le plus souvent, les images apparaissent et
disparaissent d'elles-mêmes, sans que j'intervienne en rien dans leur
succession. Je pensais à une chose ; voici que je pense à une autre :
comment cela s'est-il fait? Je n'en sais rien. Comme le batelier qui
se laisse aller à la dérive sur un fleuve, mon esprit, en s'abandon-
nant au cours de ses pensées, perd jusqu'à la conscience de son
propre mouvement : il lui semble qu'il reste immobile et que ce
sont les objets mêmes qui passent devant lui. La conception des
images n'est même pas accompagnée, le plus souvent, de ces sensations subjectives qui se mêlent presque toujours à nos perceptions :
aussi perdons-nous bien plus conscience de nous-mêmes dans la
simple rêverie que dans la perception la plus attentive.

On voit que lorsque notre imagination fonctionne spontanément, rien
ne peut nous faire prendre conscience du travail qui s'opère en nous
Et, si réfléchis que nous soyons, c'est en rêveries de ce genre que
nous passons presque toute notre vie intellectuelle. — Quelquefois, il
est vrai, nous faisons un effort pour nous représenter un objet donné,
ou pour considérer plus attentivement une image. Ne sentons-nous
pas cet effort? Je l'admets ; mais je ne crois pas que ce soit un effort
d'esprit.

Voyons, en effet, comment je m'y prends pour évoquer une image.
Je me propose, par exemple, d'imaginer l'arc de triomphe de l'Étoile .
Je commence par me dire en moi-même : il faut penser à l'arc de
triomphe ; puis je prends l'attitude physique de la réflexion, et j'attends. L'image alors se présente à moi ; d'abord assez pâle et confuse, elle prend des teintes plus vives, des contours plus nets, et
brusquement, comme une bulle de savon qui éclate, elle disparaît.
Voici l'expérience terminée : quelles ont été mes impressions? Avant
de concevoir l'image, je n'ai éprouvé qu'une sensation d'effort physique, accompagnée d'un sentiment d'impatience qui allait devenir
pénible quand l'image m'est apparue : pendant que je la concevais,
j'ai complètement perdu conscience de moi-même. Où trouve-t-on,
dans cette série de faits psychiques, la conscience d'un effort intellectuel?

Quant à la sensation d'effort que j'éprouve quand je considère très attentivement un objet imaginaire, je crois qu'elle se réduit à une sensation de tension dans les yeux, analogue à celle qui accompagne les perceptions visuelles. Pour apercevoir plus distinctement une image, j'essaye de la *regarder*, comme si c'était un objet réel. Cet effort d'accommodation de mon œil est une simple action réflexe provoquée par la conception de l'image, c'est-à-dire un phénomène physiologique qui n'a rien de commun avec ma représentation mentale.

Je ne crois pas nécessaire de continuer plus longtemps ces analyses. Si l'on m'a accordé ce que j'ai dit de la perception et de l'imagination, on devra admettre avec moi, *a fortiori*, que la pensée pure est inconsciente. Quand je conçois une idée, quand je juge, quand je raisonne, je ne pense et je ne puis penser qu'à mon idée, à mon jugement, à mon raisonnement, c'est-à-dire à ce qu'il y a d'objectif dans mon acte.

En définitif, je considère comme démontré que notre esprit, au moment où il s'applique à prendre connaissance d'un objet, ne peut prendre en même temps conscience de sa propre activité ; et comme cette activité n'existe qu'autant que je pense à l'objet, il s'ensuit qu'elle ne peut non plus être observée isolément : de sorte que les actes intellectuels sont nécessairement inconscients.

Une seule objection sérieuse pourrait être adressée à notre théorie. Qu'avez-vous prouvé? dira-t-on. Que lorsque nous prenons connaissance d'une chose, nous nous oublions nous-mêmes pour ne songer qu'à la chose. Mais qu'est-ce, au fond, que cet objet qui nous apparaît comme extérieur à nous? Une simple modification du Moi. Ce corps, que je perçois, n'est que le groupe de mes sensations présentes : percevoir un corps, c'est donc prendre conscience de soi. Cette idée, que je conçois, n'est que la forme, que la détermination de mon activité intellectuelle : concevoir une idée, c'est donc, encore une fois, prendre conscience de soi.

Tout à l'heure, je m'évertuais à prouver qu'il est impossible d'observer la pensée indépendamment de son objet, et j'en concluais que la pensé est inconsciente : mon tort était de chercher la pensée ailleurs que dans l'objet même, et l'objet ailleurs que dans le moi.

J'accorderai sans difficulté que les idées ne sont que la forme de ma pensée : penser à quelque chose, c'est penser d'une certaine manière. Mais c'est justement sur cette identité de la pensée avec son objet que je m'appuie pour déclarer que la pensée est nécessairement inconsciente. — Je pense à une chose : puis-je en même temps penser que j'y pense? Cela serait possible, à la rigueur, si la pensée était distincte de son objet; car alors ma pensée actuelle pourrait être prise comme objet d'une autre pensée. De la sorte, j'aurais à la fois deux pensées différentes, dont l'une aurait pour objet la chose, et l'autre l'acte de la concevoir ; et comme ce qui existe subjectivement dans la première serait représenté objectivement dans la seconde, on pourrait dire que, par la seconde, je prends conscience de la première. On pourra même supposer que, par une troisième pensée, je prends conscience de la seconde, et ainsi de suite. Toutes ces pensées édifiées les unes sur les autres seront conscientes, et il n'y aura d'inconscient que l'acte de pensée final.

— Mais si l'on reconnaît que l'idée n'est que la forme de la pensée, toute cette construction s'écroule. Penser à une chose, avons-nous dit, c'est penser d'une certaine manière : penser à cette pensée, ce sera donc penser de la même manière, et la pensée de ma pensée se ramènera à la pensée de la chose.

J'accorderai également que les phénomènes qui m'apparaissent comme objectifs sont subjectifs en réalité, et que toute observation extérieure peut se ramener à une observation interne. Maintenant cela prouve-t-il que les phénomènes objectifs soient conscients? Oui, s'il est établi que nous pouvons prendre conscience des phénomènes subjectifs. Mais c'est ce que nous aurons à examiner tout à l'heure.

IV

Quelques-uns de mes lecteurs, je n'en doute pas, ont dû parcourir des yeux le précédent chapitre avec une certaine méfiance, soupçonnant un sophisme, bien décidés à ne pas se laisser convaincre. Quand on démontrerait qu'une chose est inintelligible, illogique, absurde, qu'importe, si elle est? Aucun raisonnement ne peut prévaloir contre l'expérience. Or, l'expérience ne prouve-t-elle pas que cette réflexion, si difficile à expliquer, est un procédé usuel de l'esprit? En fait, je sais que je pense : comment ma pensée connaîtrait-elle sa propre existence si elle ne pouvait de quelque manière prendre conscience de soi? En fait, j'ai l'idée de la pensée : quand je conçois cette idée, l'objet de ma pensée n'est-il pas ma pensée même? Chacune des phrases que j'écrivais tout à l'heure ne se donnait-elle pas à elle-même un démenti? N'était-elle pas un exemple de cette réflexion, que je déclarais impossible? Et tous les livres de psychologie, dans lesquels on décrit jusque dans le plus menu détail nos diverses opérations intellectuelles, ne démontrent-ils pas d'une manière évidente que l'esprit humain peut se rendre compte de ses actes, les observer, en prendre connaissance? La réflexion de la pensée sur soi est incompréhensible pour vous; il faut bien pourtant qu'elle soit possible en soi, puisqu'elle est réelle. Si spécieuse que puisse être votre théorie, nous devons l'abandonner sans plus ample examen, puisque la pratique la contredit formellement.

Heureusement, cette contradiction n'est qu'apparente. Je ne nie, en effet, ni la réflexion ni l'observation intérieure; mais je nie qu'elles puissent être expliquées par un retour réel de la pensée sur elle-même, par une intuition immédiate des opérations de notre esprit. On m'objecte les résultats obtenus au moyen de la conscience : je ne conteste pas ces résultats; mais je les attribue à un autre moyen.

La réflexion, je crois pouvoir l'expliquer par l'emploi du langage; l'observation intérieure, par la mémoire.

On sait que nous pouvons nous servir d'un mot et le faire entrer dans une phrase sans prendre la peine de penser réellement à l'objet qu'il désigne : dans ce cas, le sens de notre phrase, ou notre idée, reste à l'état virtuel. Il est même des idées dont la définition est telle qu'elles ne sauraient être actuellement conçues : telles sont toutes les idées abstraites et générales, et notamment l'idée même de la pensée. Il est inutile, je crois, d'insister plus longtemps sur cette théorie, que l'on peut supposer acquise à la psychologie. — Ainsi, ce retour de la pensée sur elle-même, que l'on croit opérer réellement et en acte, ne s'opère que logiquement et en idée, au moyen du langage. Par exemple, j'imagine une chose, puis je me dis que je l'ai imaginée; en prononçant ce mot, je n'imagine plus la chose; elle n'entre dans mon esprit qu'à l'état d'idée, étant virtuellement contenue dans le mot que je prononce. On peut expliquer de la sorte cette espèce d'emboîtement des pensées les unes dans les autres que suppose le travail de la réflexion. On ne comprendrait pas qu'une pensée impliquât réellement en elle-même une autre pensée : mais on comprend parfaitement qu'elle implique l'idée de cette pensée; il suffit, pour cela, que je voie, ou que j'entende, ou que j'imagine le mot qui l'exprime.

Par un artifice analogue, mon esprit pourra se reporter à ses pensées antérieures. Si, pour penser à une chose, il me fallait la concevoir réellement, l'acte du souvenir serait inexplicable. En effet, je ne saurais concevoir réellement ma pensée passée qu'en la reproduisant intégralement, c'est-à-dire en concevant de nouveau une pensée semblable; et, comme nous l'avons déjà remarqué, avoir deux fois de suite la même pensée, ce n'est pas penser à sa pensée. La difficulté n'existe plus, du moment qu'on admet que je puis parler d'une chose sans y penser réellement.

L'emploi du langage nous a donc expliqué le souvenir. Le souvenir

pouvons l'observer, par cette bonne raison qu'elle n'existe pas à titre
de phénomène spécial. Que le Moi ait un certain pouvoir de se déterminer par lui-même, qu'on appellera volonté, c'est possible : je n'ai
pas à discuter ici ce problème. Mais ce que j'affirme, c'est qu'en tout
cas ce pouvoir ne se manifeste que par ses effets moraux ou physiques; qu'il est objet d'induction et non de conscience. Les phénomènes que l'on nous cite comme des volitions se réduisent, quand on
les analyse de plus près, à des sensations, des sentiments ou des
idées : idée qu'il est temps d'en finir, sentiment d'impatience et de
désir, sensation d'effort musculaire. Mais tout cela n'est pas vouloir.
Le véritable moment de la volition est celui où l'on cesse de délibérer
pour commencer à agir; et la volition n'est que ce moment même :
entre la délibération qui finit et l'acte qui commence, il m'est impossible de trouver place à un état de conscience intermédiaire.

Passons à l'étude des sentiments. — Avant de donner les raisons
théoriques qui me font croire qu'on ne peut en prendre conscience,
je commencerai par constater une chose, c'est que pour mon
compte, et après mainte tentative, je m'en suis reconnu tout à fait
incapable : quand je fais un effort pour m'observer moi-même, jamais
à ce moment même je ne trouve en moi quoi que ce soit qui ressemble à un sentiment. — Le fait, sans doute, pourrait m'être personnel : mais les raisons par lesquelles je l'explique étant d'ordre
général et tenant à la nature même des phénomènes en question, je
suis autorisé à admettre que tous les psychologues, et ceux même
qui croient à la conscience intuitive, sont dans le même cas que moi.

On a souvent signalé les difficultés particulières que doit présenter
l'étude d'un sentiment. Lorsque nous sommes fortement émus, nous
ne songeons guère à faire sur nous-mêmes des analyses psychologiques, à exploiter notre émotion dans l'intérêt de la science. L'idée ne
pourra nous venir d'observer nos sentiments que lorsqu'ils seront
notablement affaiblis : mais alors ce ne seront plus que des phénomènes très instables, que la moindre cause suffira pour faire disparaître. A l'instant où nous voudrons les étudier, et par cela même que
nous y penserons, ils se modifieront nécessairement. Les sentiments
forts sont donc trop exclusifs pour provoquer notre attention, et les
sentiments faibles trop instables pour la soutenir.

Ces considérations, il est vrai, ne tendent encore qu'à restreindre
le nombre des phénomènes dont nous pourrions prendre conscience.
Restent les sentiments d'intensité moyenne, auxquels ne s'appliquent
peut-être pas les remarques que nous venons de faire. L'attention
elle aussi, a ses degrés et peut ne pas toujours altérer autant les phé-
mènes sur lesquels elle se porte. Enfin, si la préoccupation que nous

avons d'observer nos sentiments actuels les modifie, c'est qu'elle en provoque d'autres, et ceux-là du moins, à ce qu'il semble, pourraient être observés. — Mais poussons plus loin notre analyse, et nous allons voir que le sentiment et la conscience ne sont pas seulement choses très difficiles à accorder, mais encore absolument incompatibles.

Les sentiments sont des phénomènes complexes, dans lesquels on peut distinguer un élément intellectuel et un élément sensible.

L'élément intellectuel consiste dans les pensées qui provoquent le sentiment et l'entretiennent. Ces pensées ont rarement une forme abstraite : elles consistent surtout en images. Le sentiment ne réfléchit guère : il ne juge de la vraisemblance des événements que par la force avec laquelle il se les représente ; toute sa logique est dans les lois de l'association mentale. — Or, nous avons vu que la pensée en général et les images en particulier étaient forcément inconscientes : il est donc déjà établi que tout ce qu'il y a d'intellectuel dans le sentiment échappera à l'observation. L'effort que nous ferons pour prendre conscience de ces pensées qui se succèdent dans notre esprit n'aura qu'un effet : c'est de leur donner un cours nouveau. Tout à l'heure, par exemple, j'éprouvais un sentiment de contrariété : c'était du bruit qui se faisait dans la chambre voisine, et que je ne pouvais m'empêcher d'écouter ; à ce moment, je pensais à la personne qui faisait ce bruit, je l'accusais d'y mettre de la mauvaise volonté, je me disais que si elle continuait, je ne pourrais jamais me remettre au travail. L'idée me vint, pour ne pas perdre tout à fait mon temps, d'étudier au moins ce sentiment d'irritation. A l'instant, mes pensées changèrent de nature : je me demandai ce que c'est que d'être irrité, si cet agacement était bien raisonnable, etc. Et pendant que je pensais à tout cela, je ne pensais plus à me fâcher. Les images qui tout à l'heure entretenaient ma contrariété en provoquant sans cesse de nouvelles réactions sensibles avaient disparu, et, en même temps, ma colère s'était évanouie. C'est ce qui nous arrive chaque fois que nous voulons étudier un sentiment : nos pensées changent d'objet et de caractère ; aux images que nous concevions succèdent des idées sèches, abstraites, incapables de nous émouvoir ; nous cessons de sentir, nous ne faisons plus que raisonner. Si notre sentiment était peu énergique, il disparaîtra définitivement, la réflexion l'aura tué. S'il est très intense ou si nous avons des raisons permanentes de l'éprouver, il reparaîtra, mais seulement au moment où nous n'y penserons plus.

Reste l'élément purement sensible. Abstraction faite de toutes les pensées qui entrent dans un sentiment, qu'y trouvons-nous encore ?

1o du plaisir ou de la douleur ; 2o de l'amour ou de la haine ; 3o de simples sensations. Passons en revue ces divers genres de faits, en nous posant, pour chacun d'eux, la question de conscience ou d'inconscience.

Certaines sensations me donnent du plaisir ou de la douleur : qu'est-ce à dire, sinon seulement qu'elles me plaisent ou me déplaisent, qu'elles ont un caractère agréable ou désagréable? Le plaisir et la douleur ne sont pas des phénomènes distincts qui pourraient, par eux-mêmes, constituer ma manière d'être, mon état de conscience ; ils ne sont que la qualité particulière de nos sensations; de sorte que la question de savoir s'ils sont conscients ou non revient à celle de savoir si les sensations mêmes sont conscientes. — J'irai même plus loin : est-il bien prouvé qu'entre une sensation agréable et une sensation désagréable il y ait nécessairement une différence de qualité? La même sensation ne pourrait-elle pas être agréable à une personne, désagréable à d'autres; me plaire dans certains cas, me déplaire dans d'autres? Certaines sensations, telles que les sensations lumineuses, ne peuvent-elles pas, sans changer de qualité, me faire passer du plaisir à la douleur, par une simple augmentation d'intensité? La seule différence positive que j'aperçoive entre les sensations agréables et désagréables, c'est la tendance que nous avons à rechercher les unes, à fuir les autres : une vive douleur, par exemple, ne me semble être qu'une sensation quelconque contre laquelle nous réagissons fortement; et ce qui nous détermine à réagir, ce n'est pas la qualité intrinsèque de notre sensation, mais son incompatibilité avec l'état présent de notre organisme : de sorte que des sensations identiques pourront, selon les circonstances, nous paraître agréables ou douloureuses. — J'ajoute que ce n'est *jamais* par réflexion que l'on juge de l'opportunité de cette réaction. Elle se produit d'elle-même, instinctivement, alors même que la réflexion tendrait plutôt à la condamner; elle ne suppose donc aucune conscience des sensations qui la provoquent.

Mêmes remarques pour l'amour et la haine, le désir et l'aversion. Je n'y vois pas des actes particuliers dont nous pourrions prendre conscience, mais seulement une tendance à accomplir certains actes; et cette tendance elle-même n'est connue que par ses effets. Qu'est-ce, par exemple, qu'aimer? A quoi reconnaît-on qu'on aime? Avec quelque attention qu'on s'étudie, jamais on ne pourra apercevoir en soi un état de conscience particulier, une émotion spéciale, quoi que ce soit qui serait justement de l'amour. Mais on remarquera qu'on pense bien souvent à certaine personne, qu'on éprouve une violente émotion quand on la rencontre, qu'on l'associe à tous ses rêves de bonheur, etc., et, de tout cela, on conclura qu'on aime. Cette découverte est toujours une surprise : l'amour, à ses débuts, était forcément inconscient, non parce qu'il était trop faible, mais parce qu'il n'avait pas eu encore le temps de produire des effets appréciables. Faible ou intense, il ne peut nous révéler son existence que par les actes qu'il nous inspire, ou tout au moins par le plaisir que nous avons à les accomplir en imagination.

Enfin, avons-nous dit, il entre dans tout sentiment un certain nombre de sensations. — Pendant que nous pensons, la vie physiologique suit son cours; nous continuons de recevoir les impressions du dehors : de là un certain nombre de sensations et de perceptions, dont la série se développe parallèlement à celle de nos pensées, et contribue à déterminer leur caractère. Les pensées, à leur tour, réagissant sur notre organisme, y produisent des modifications auxquelles correspondent des sensations nouvelles. — Ces sensations, de nature fort diverse, ont pourtant ce caractère commun, d'être vagues et mal localisées.

C'est parce qu'elles sont vagues qu'elles ont tant d'influence sur notre humeur. Quand nous ressentons une souffrance vive, notre attention est éveillée : nous pouvons nous rendre compte de ce que nous éprouvons, réagir contre cette douleur, nous en isoler. Au contraire, des sensations telles que l'anxiété nerveuse, l'oppression, la lourdeur de tête, etc., nous affectent beaucoup; elles nous envahissent à notre insu : nous nous sentons tristes, mécontents de nous-mêmes et des autres, inquiets de l'avenir; et nous attribuons cet état moral à quelques idées qui viennent de nous passer par l'esprit, sans nous apercevoir que ces idées mêmes nous ont été inspirées par notre disposition physique. — C'est parce qu'elles sont mal localisées et comme diffuses dans l'organisme que nous leur attribuons un caractère idéal, que nous les associons si naturellement à nos pensées, et même que nous les prenons quelquefois pour des pensées. — Maintenant, ces sensations peuvent-elles être conscientes? La description que nous venons d'en donner tend déjà à prouver le contraire. L'étude que nous ferons tout à l'heure de la sensation proprement dite achèvera la démonstration. En effet, s'il est établi que les sensations nettes, stables, intenses qui correspondent à une impression physique ne peuvent être observées au moment où nous les éprouvons, à plus forte raison en sera-t-il de même des sensations si faibles, si vagues, si fugitives dont nous venons de parler. Enfin, pour continuer de raisonner a fortiori, je dirai que, quand bien même les idées et les sensations seraient observables chacune de leur côté, le sentiment, par sa complexité même, échapperait à l'observation. En effet, il ne consiste ni dans l'un ni dans l'autre de ces éléments, mais justement dans leur ensemble. Or, nous ne pouvons faire attention à tout, ce qui reviendrait exactement au même que de ne faire attention à rien. Quand nous voudrons observer un sentiment, notre attention se portera, soit sur les sensations, soit sur les idées qui en font partie, et, à aucun moment, le sentiment même ne sera observé. Il est facile de s'assurer qu'en fait les choses se passent bien ainsi : nos sentiments ne subsistent dans leur intégrité que lorsque nous ne songeons pas à les observer; dès que nous fixons sur eux notre attention, ils se dissocient : l'un ou l'autre de leurs éléments essentiels disparaît, et nous ne trouvons plus en nous-mêmes que des idées ou de simples sensations.

VI

Nous voici arrivés au moment critique de notre discussion. De réduction en réduction, nous avons fini par ramener tous les problèmes que nous nous étions posés à cette question finale : la sensation est-elle consciente?

Elle l'est, dit-on, nécessairement. Une sensation que je n'aurais pas conscience d'éprouver ne me concernerait pas, n'existerait pas pour moi, ne serait pas *mienne* : il est donc prouvé déjà que mes sensations à moi sont nécessairement conscientes. Existe-t-il d'autres sensations que les miennes? Sans doute. Mais il faut bien admettre que ce sont les sensations de quelqu'un, d'une autre personne, d'un être quelconque; et le même raisonnement, que je viens d'appliquer à mes sensations, vaudra pour les siennes. Donc la conscience est la condition nécessaire de toute sensation.

Que devons-nous penser de cette argumentation? Au premier abord, nous serions tentés de la soumettre au contrôle de l'expérience. La science moderne est devenue très prudente et très positive : si excellentes que soient ses méthodes de spéculation, elle ne s'y fie jamais absolument; elle garde un doute provisoire sur ses calculs et ses raisonnements les mieux établis tant qu'elle n'a pu les soumettre au contrôle du fait, qui est devenu son véritable criterium. Mais ici nous sommes bien obligés de renoncer à nos habitudes, et de faire de la psychologie suivant l'ancienne méthode, car l'hypothèse en question a justement cette particularité, de ne pouvoir être soumise à la vérification expérimentale.

En effet, si la conscience est la condition nécessaire des sensations, elle ne pourra ni les précéder, car alors elle n'aurait pas encore d'objet, ni les suivre, car alors il faudrait admettre que la sensation existait avant d'être connue, ce qui est contraire à l'hypothèse. Elle ne pourra donc être observée à part. Toutes deux se produiront en même temps, l'une par l'autre, et ne pourront être distinguées que par abstraction. Si encore la conscience était susceptible de plus ou de moins, ses variations seraient un fait indépendant et pourraient être remarquées. Mais le principe même par lequel nous avons prouvé la conscience nous empêche d'admettre qu'elle ait des degrés. En effet, puisque la sensation n'existe qu'à la condition d'être connue, et autant qu'elle est connue, il est impossible qu'une sensation quelconque ou même qu'un élément quelconque de la sensation échappe à la conscience. Celle-ci ne peut donc être ni plus restreinte ou plus complète, ni plus claire ou plus obscure. Elle nous fait constater purement et simplement l'existence des faits, et c'est dans les phénomènes dont elle nous donne connaissance, non dans la connaissance que nous en avons, qu'il peut y avoir des différences et des variations. Dès lors, elle pourra être invoquée comme explication de l'observation intérieure en général, mais ne pourra être l'objet d'une observation particulière ni d'une expérimentation quelconque. Si la lumière ne faisait pas d'ombre et éclairait uniformément tous les objets, son existence ne pourrait être établie que par le raisonnement pur : il en est exactement de même de la conscience.

Raisonnons donc. Pourquoi la sensation n'existerait-elle qu'à la condition d'être connue? N'est-elle donc par elle-même rien de réel, et la connaissance, qui, d'ordinaire, ne fait que constater l'existence de son objet, a-t-elle ici la propriété de le créer? Sans peut-être s'en rendre compte, les partisans de la conscience raisonnent comme les idéalistes absolus, qui prétendent que les choses n'existent qu'à la condition d'être pensées, et que le soleil s'éteint quand je ferme les yeux. — Pourquoi serait-il contradictoire d'admettre que l'on peut sentir à son insu? Sentir et savoir que l'on sent, est-ce donc la même chose? Pour moi, quand je dis d'une sensation qu'elle est consciente, il me semble bien que j'ajoute quelque chose à l'idée que je m'en faisais tout d'abord; la connaissance m'apparaît comme un acte de surcroît : dès lors, pourquoi ce surcroît viendrait-il nécessairement? Une sensation dont personne n'aurait conscience n'existerait pour personne; sans doute; cela ne l'empêcherait pas d'exister en soi.

En fait, la sensation se trouve chez des animaux à peine individualisés, et qui, certainement, n'ont pas l'idée de leur Moi; elle apparaît chez les enfants avant qu'on soit en droit de leur attribuer la

moindre activité intellectuelle. J'ai donc de fortes raisons pour croire
qu'elle est bien antérieure à la connaissance; et, en outre, je n'ai
aucune peine à concevoir cette antériorité.

Soit, répondra-t-on. J'admets qu'il puisse y avoir hors de Moi des
sensations inconscientes. Mais ce que je maintiens, c'est qu'il ne
peut y en avoir en Moi.

Tout d'abord, je demanderai dans quel sens on prend ce mot de
moi. Il a fait, à lui seul, tant de mal à la psychologie, qu'on ne saurait prendre trop de précautions contre lui. — Si vous parlez bien de
vous, de votre être tout entier, de l'homme que vous êtes, alors
votre assertion est toute gratuite, car je ne vois pas pourquoi vous
connaîtriez nécessairement tout ce qui se passe en vous. S'il peut
y avoir quelque part des sensations inconscientes, pourquoi n'y en
aurait-il pas également dans l'homme, et en vous aussi bien que
chez un autre. — S'agit-il de votre Moi, au sens philosophique du
mot? ce Moi-là n'étant que ce que vous connaissez de vous-même, il
est trop clair que vous ne pouvez rien ignorer de ce qui se passe en
lui. Mais il resterait à savoir si tous les faits qui s'accomplissent en
vous sont bien représentés dans votre Moi, autrement dit si vous
vous connaissez parfaitement vous-même : et nous avons vu que
rien n'était moins certain.

VII

La conscience ne nous apparaît déjà plus comme nécessaire. Maintenant, doit-elle être admise comme un fait? Pour répondre à cette
nouvelle question, il nous faut abandonner les arguments *a priori*, et
revenir à l'observation, aux analyses de détail, comme nous avons
fait en étudiant la pensée et les sentiments.

Heureusement, la sensation possède une particularité qui nous facilitera singulièrement notre étude : c'est qu'elle se prête mieux que
tout autre phénomène psychologique à l'expérimentation. Il ne m'est
pas facile de fixer ma pensée sur un objet, ni de provoquer en moi
des sentiments déterminés. Mais rien ne m'est plus commode que de
me donner à volonté des sensations. Je n'ai qu'à me pincer le bras,
à approcher ma main du feu, etc. : voilà des sensations bien nettes,
bien intenses, que je pourrai retrouver chaque fois que j'en aurai
besoin, et dès que la fantaisie me prendra de les étudier. Elles ont,
de plus, l'avantage de me laisser l'esprit libre. Quand j'éprouve un
sentiment, je ne songe guère à le raisonner; quand je raisonne, j'ai
assez à faire de bien enchaîner mes idées, sans m'inquiéter encore

de rechercher comment je m'y prends pour cela. Il n'en est pas de
même des sensations : je puis les étudier sur le vif, et sans que ce
travail de réflexion les altère; il me sera donc bien plus aisé de me
rendre compte de leur nature et des conditions dans lesquelles elles
se produisent.

Puis-je faire attention à mes sensations? Cela est indiscutable.
Mais à quel moment? Pendant que je les éprouve? Avant? ou après?
La question doit être posée : car l'attention ne pourrait être considérée comme un acte de conscience que dans le cas où elle aurait
pour objet une sensation actuelle.

Dans certains cas, les sensations ne sont remarquées qu'après
coup. C'est ce qui arrive notamment quand nous recevons quelque
impression brusque et inattendue. Avant même que nous ayons eu le
temps d'en être surpris, car on ne s'étonne jamais que par réflexion,
la sensation a disparu; et ce n'est que par un effort de mémoire
que nous pouvons nous rendre compte de ce que nous venons
d'éprouver. La sensation vient d'abord, l'attention ensuite; mais
comme les deux faits se succèdent immédiatement, on pourra croire
qu'ils sont simultanés.

D'autres fois, et plus souvent encore, notre attention s'adresse aux
sensations que nous allons avoir. Écouter un bruit, par exemple,
c'est se préparer à en recevoir l'impression, l'imaginer d'avance,
l'attendre avec anxiété. Dans ce cas, l'attention précède évidemment
la sensation; si les deux faits semblent simultanés, c'est par une illusion analogue à celle que nous signalions tout à l'heure : ils se succèdent sans interruption, en sorte que, même dans cet intervalle de
temps infinitésimal que nous appelons un instant, nous pouvons les
trouver tous les deux. Mais dès que le bruit se produit, notre curiosité n'a plus de raison d'être; si nous écoutons encore, c'est qu'il
peut se répéter; c'est donc toujours au phénomène à venir que
s'adresse notre pensée. Cette antériorité de l'attention, manifeste
quand le phénomène observé est intermittent, peut être également
établie quand il s'agit d'un phénomène continu. Dans ce cas, les
deux faits, considérés dans leur ensemble, sont bien simultanés;
mais chaque moment de l'un est antérieur à chaque moment de
l'autre, en sorte que l'attention garde toujours son avance.

On voit comment il nous est possible, quand nous ne faisons que
penser à une sensation passée ou future, de croire que nous observons une sensation actuelle. Nous avons insisté sur cette méprise :
c'est qu'on la commet fréquemment. On dira, par exemple, que
lorsque nous éprouvons à la fois un certain nombre de sensations,
nous pouvons nous distraire volontairement des unes, et porter notre

attention sur les autres. En parlant ainsi, on se figure que l'attention nous fait seulement apercevoir les sensations : on ne voit pas qu'elle les produit, qu'elle en détermine l'apparition, et, par conséquent, qu'elle leur est antérieure. Faire attention à une sensation donnée, c'est se mettre dans une disposition physique ou morale telle qu'on ne puisse en éprouver d'autres, ou du moins que celle-là devienne dominante. — Mais, dans un groupe de sensations d'intensité inégale, ne puis-je faire attention à la plus faible? Quand, par exemple, j'entends jouer un morceau de violon, si je viens à remarquer le petit grincement de l'archet sur les cordes, je ne pourrai m'empêcher de l'écouter; et ce bruit si faible m'occupera plus que le son principal émis par l'instrument. — Le fait est exact, mais mal interprété. Dans l'ensemble de mes sensations sonores, j'ai remarqué, après coup, ce grincement : cela m'a déterminé à l'écouter, c'est-à-dire à accommoder mon oreille de façon à le mieux entendre. A l'instant où j'ai commencé à l'entendre plus distinctement, il était devenu dominant en réalité. Sans doute, les autres vibrations de l'air font sur mon tympan une impression plus forte; mais elles me donnent des sensations plus faibles[1]. Le fait que l'on allègue pour prouver que parmi diverses sensations nous pouvons distinguer la moins intense, ne prouve donc qu'une chose : c'est que, par un effort d'attention préalable, nous pouvons disposer notre système nerveux et les organes de nos sens de manière que l'excitation la moins intense nous donne la sensation la plus forte. — Que l'on cherche d'autres exemples : on reconnaîtra qu'ils peuvent toujours être interprétés de même, et que, lorsqu'on s'imagine faire un effort d'esprit pour percevoir plus distinctement ses sensations, on ne fait, en réalité, que se mettre dans une situation physique et morale telle que l'on éprouve des sensations plus distinctes.

Non seulement je ne puis faire attention aux sensations que j'ai; mais je ne puis même y penser. — Qu'est-ce, en effet, que penser à

---

1. L'excitation étant la même, la sensation peut passer par une infinité de degrés, depuis zéro jusqu'à son maximum, selon que nous sommes plus ou moins éveillés, plus ou moins attentifs. Cela n'infirme pas le principe même de la psycho-physique, à savoir qu'il doit y avoir un rapport entre la sensation et l'excitation; mais nous voyons que dans les expériences imaginées pour déterminer ce rapport, on n'a pas tenu compte d'un élément très important, et qu'il reste de nouvelles recherches à faire pour mesurer les effets de l'attention. En fait, dans toutes les expériences établies jusqu'ici, le sujet sur lequel on opère reçoit le maximum de sensation correspondant à une excitation donnée : son attention étant toujours éveillée au plus haut point, elle peut être, sans inconvénient, regardée comme une constante, et la sensation n'est plus fonction que de l'excitation. Cela simplifie beaucoup le problème. Au reste, il est heureux qu'on n'en ait pas vu tout d'abord les difficultés, car on n'eût jamais entrepris de le résoudre, si on les avait seulement soupçonnées.

une sensation? C'est se la représenter, l'imaginer, faire comme si on l'éprouvait. Cela se comprend quand il s'agit d'une sensation passée ou future; mais s'il s'agit d'une sensation présente, à quoi bon me la représenter? Et comment le pourrais-je? Voici un fauteuil devant moi : pendant que je le regarde, je puis imaginer une statue, un arbre, un vaisseau, tout ce que je voudrai, hormis ce fauteuil même. De même pour les sensations : pendant que j'en ai une, je pourrai bien en imaginer d'autres; mais celle que j'ai, précisément parce qu'elle est réelle, ne peut être imaginée. Si l'image était identique à la réalité, elle ne ferait qu'un avec elle. Pour s'en distinguer, il faut qu'elle en diffère; et alors elle n'en sera plus la représentation. Ainsi donc, quand je voudrai fixer ma pensée sur les sensations que j'éprouve, ou je penserai, sans m'en douter, à autre chose; ou je ne penserai plus à rien.

Faisons-en l'expérience. Je me pince fortement le bras. Voilà une sensation que j'ai. Maintenant, je cherche à l'observer. A quoi donc s'occupe présentement mon esprit? D'abord à localiser cette sensation, c'est-à-dire à se représenter l'organe où elle se produit; puis à la décrire, à la commenter, à l'expliquer. Ce sont là des pensées qui se rapportent bien à ma sensation, mais seulement d'assez loin : la preuve en est dans leur diversité même. Ma sensation étant simple et permanente, si c'était bien à elle que je pensais, je ne devrais avoir qu'une idée; mais j'en ai plusieurs : c'est donc qu'en réalité je pense à autre chose.

Ne puis-je pourtant réprimer ces digressions de ma pensée? Je vais faire un effort d'esprit pour chasser toute idée accessoire et ne penser qu'à ce que je ressens; plus simplement encore, je vais augmenter la pression de mes doigts jusqu'à ce que ma sensation devienne douloureuse, exclusive, absorbante. Maintenant, je suis sûr de ne pas penser à autre chose.

Oui, mais il ne suffit pas, pour penser à une chose, de ne pas penser à une autre; il faut encore avoir une idée positive, et ce que je crois, c'est que, dans le cas présent, je ne pense plus à rien. A l'instant où ma pensée s'est fixée sur ma sensation, elle s'est confondue avec elle; je n'ai plus fait que sentir. — Cependant, autre chose est de souffrir, autre chose de penser qu'on souffre. Pourquoi donc ne pourrions-nous faire les deux à la fois? — Qu'on essaye; car nous n'avons plus ici à juger qu'une question de fait. Pour moi, quand j'éprouve une souffrance, il m'est absolument impossible d'en avoir en outre l'idée. Je puis bien me dire que *je souffre*; mais ce n'est pas là une pensée; ce ne sont que des mots que je prononce en moi-même. — Mais ces mots ont pour vous un sens; en les prononçant, vous avez donc une idée; et comme c'est de votre sensation que vous parlez, il faut bien que vous ayez l'idée de cette sensation. — Pourquoi veut-on que les mots ne s'appliquent aux choses que par l'intermédiaire d'une idée? Les mots désignent les choses mêmes. Sans doute, quand je parle d'un fait extérieur, il faut bien, pour le décrire, que je me le représente; mais, quand je parle d'un fait intérieur, ce qui correspond en moi aux phrases que je prononce, c'est mieux que l'idée du fait, c'est le fait même. Je vous dis que *je souffre*: vous qui m'écoutez, vous avez l'idée de ma sensation; moi qui parle, j'en ai la réalité. Ces deux mots expriment immédiatement ma souffrance, comme le ferait un gémissement ou un cri.

Il nous est donc impossible, quand nous éprouvons une sensation, de découvrir en nous une idée, une image, une opération intellectuelle quelconque qui aurait justement cette sensation pour objet.

Les sensations sont donc, de leur nature, inconscientes. A la question finale que nous nous étions posée, nous ne pouvons répondre que par la négative : et la conclusion de toute cette étude, c'est que la conscience n'existe pas. On peut, si l'on veut, continuer à se servir de ce mot pour désigner la connaissance que nous avons des phénomènes psychiques; mais il doit être bien entendu que cette connaissance n'est ni complète, ni immédiate, ni infaillible.

Telles sont mes objections à la théorie de la conscience. — J'avoue que cette étude toute négative ne peut satisfaire complètement l'esprit, et qu'il reste encore bien des questions à résoudre. Mais c'est déjà quelque chose d'avoir montré qu'on avait tort de les croire résolues. — Si mon lecteur a eu la patience de suivre jusqu'au bout cette longue réfutation, peut-être aura-t-il aussi trouvé que je me servais parfois d'arguments bien subtils. Mais à qui la faute? A des subtilités on ne peut répondre que par des subtilités. Pour sortir d'un labyrinthe, on est bien obligé d'en suivre de nouveau tous les détours. — Enfin, on pourra me faire un procès de tendances. Certains philosophes suivent avec inquiétude les progrès de la psychologie de l'inconscient. La conscience était la barrière la plus forte qu'ils eussent à opposer à la théorie de l'évolution, puisque dans la sensation la plus élémentaire, aux débuts même de l'activité psychique, ils pouvaient déjà montrer un acte de connaissance parfait, intégral, absolu. C'est pour cela qu'ils tiennent tant à conserver la conscience : mais c'est justement pour cela que je tenais à montrer qu'elle n'existe pas. Tout mon espoir est que cette étude puisse être regardée comme un nouvel appoint, si faible qu'il soit, à la théorie de l'évolution.

PAUL SOURIAU.

LE DEVOIR ET LA SCIENCE MORALE

(1er ARTICLE.)

Le sentiment de l'obligation morale, l'idée du devoir, et l'influence que ce sentiment et cette idée exercent sur nos actes sont des phénomènes psychologiques que l'on peut étudier comme tels, et dont on peut rechercher scientifiquement la nature et l'origine, l'évolution et la disparition. A côté de cette recherche qui concerne la science du réel, il y a place pour une autre qui relève de la science de l'idéal, c'est-à-dire, ici, de la morale. Il ne s'agit plus, en ce cas, de savoir ce qu'est notre idée du devoir ou notre sentiment de l'obligation, mais de savoir quel est réellement le devoir, et quel rôle peut jouer la représentation mentale de ce devoir, ou les sentiments qu'il inspire, dans la construction idéale d'une humanité morale.

Les deux problèmes sont complètement différents bien qu'ils soient étroitement reliés. La science morale est à la psychologie de la volonté, ce que la logique est à la psychologie du raisonnement, ce que l'hygiène est à la physiologie. Ici, il s'agit de rechercher ce qui est réel, là de rechercher ce qui est bon. C'est pourquoi, ni la psychologie, ni ce qu'on a appelé la physique des mœurs ne suffisent pour constituer une morale. Je ne crois pas devoir donner une démonstration bien longue de ce fait qui ne me paraît présenter aucune difficulté, bien qu'il paraisse encore ne pas être universellement reconnu.

De même une théorie du réel, si vaste qu'elle soit, par exemple la théorie de l'évolution, ne peut, à elle seule, constituer une morale. Une philosophie et une morale sont des choses tout à fait différentes; une conception du monde, tel qu'il est, ne peut nous renseigner pleinement sur ce qu'il devrait être, pas plus qu'une connaissance complète de l'anatomie et de la physiologie ne nous dirait si nous devons ou non nous bien porter. La science du réel fournit des indications pour atteindre le but proposé par la science de l'idéal, mais c'est tout ce qu'elle peut faire. L'anatomie, la physiologie, la pathologie, peuvent nous renseigner sur les circonstances qui peuvent favoriser ou entraver les fonctions de notre organisme, elles ne nous disent pas si nous devons entraver ou favoriser ces fonctions, mais, si nous admettons un but quelconque, celui de nous conserver bien portants ou celui de nous tuer, elles pourront nous fournir les moyens d'atteindre ce but et nous livrer des faits qui se combineront et se systématiseront de manière à former soit un traité d'hygiène, soit un manuel du suicide.

De même la psychologie peut fournir des faits que la science de l'idéal arrangera en systèmes combinés en vue d'une fin morale ou immorale; car l'immoralité, en un sens, n'est qu'une sorte de moralité retournée, une sorte de moralité conditionnelle, une solution particulière du problème de l'arrangement et de l'organisation de l'existence, qui, si les données du problème étaient quelque peu changées, se trouverait être la vraie solution, et qui quelquefois ne se peut humainement distinguer de la solution exacte, à cause du vague et de l'insuffisance des données. Ainsi, nous avons à décider dans quel sens nous devons combiner les éléments psychiques que nous offre l'expérience, c'est-à-dire quelle est la meilleure organisation intellectuelle et sociale, le meilleur système de vie.

La recherche du bien est difficile, quand il s'agit d'un bien absolu, et qu'on cherche une loi générale qui puisse s'appliquer à tous les hommes. On peut dire assez facilement quel est le devoir d'un soldat considéré uniquement comme soldat, mais si on le considère à la fois comme soldat et comme citoyen, ou comme homme, on trouve des difficultés sans nombre; mais décider quel est le devoir de l'homme en tant qu'être raisonnable ou qui devrait l'être, c'est là une tâche presque impossible à définir, parce que nous ne connaissons pas suffisamment ce que c'est qu'un homme. Et si l'on veut combiner ensemble toutes les lois morales qui peuvent être prescrites à chacun de nous, et arriver à une résultante qui tienne compte de tous ces éléments, et nous indique la route à suivre en chaque circonstance, on verra combien il est actuellement impossible de faire une morale, et combien l'on agit à tâtons, aveuglément, et sous l'empire d'instincts dont ce que l'on peut dire de mieux est qu'ils ne font peut-être pas commettre tant de sottises ni de si graves que l'on serait porté à le croire, par rapport à celles que ferait commettre un exercice réfléchi du degré de raison dont l'homme est généralement doué.

D'ailleurs, ce que je veux rechercher ici, ce n'est pas précisément l'idéal humain, et la conduite rationnelle que chacun de nous devrait tenir, recherche qui me paraît prématurée et impossible à mener à bien. Je voudrais étudier ce qu'est le devoir en lui-même, et quel que soit l'objet auquel il s'applique, au point de vue psychologique d'abord, au point de vue moral ensuite, en conservant seulement cette vue générale, assez abstraite pour ne pas dépasser les bornes de notre savoir actuel, que l'objet de la morale et l'idéal du bien sont une systématisation complète ou aussi complète que possible de la vie et de la conduite.

PSYCHOLOGIE DE L'OBLIGATION

Je voudrais étudier comment se forment et en quoi consistent psychologiquement l'idée et le sentiment d'une obligation qui nous incombe d'agir dans tel ou tel sens. Il faut d'abord bien délimiter l'objet de notre recherche : quand on parle de l'obligation, en général on ne parle que de l'obligation qui a un caractère moral, soit aux yeux du sujet, soit aux yeux de l'observateur qui l'étudie, mais cette obligation morale n'est qu'un cas de l'obligation en général, l'idée de la moralité d'un acte que nous nous croyons tenu d'accomplir est une idée qui vient se joindre aux autres phénomènes psychologiques.

Nous aurons donc à étudier l'obligation en général et à voir ensuite quelles circonstances particulières, quels caractères précis peuvent donner naissance à l'obligation morale. De plus, comme ce chapitre ne comprendra que de la psychologie, nous considérerons comme obligation morale toute obligation qui paraît morale à celui qui la ressent, sans nous occuper de savoir si cette opinion n'est pas une erreur.

Si l'on place une grenouille sur la paume de la main, après lui avoir enlevé les hémisphères cérébraux, et si l'on retourne doucement la main, la grenouille peut exécuter des mouvements coordonnés entre eux et avec les impressions venues du dehors, de manière à se retrouver sur le dos de la main, quand la main est complètement retournée. Nous assistons ici à une combinaison remarquable de sensations et de mouvements, à une systématisation de phénomènes par lesquels les centres nerveux de la grenouille maintiennent intact l'accord des phénomènes qui constituent l'animal, accord qui serait en danger si la grenouille tombait. Les actes réflexes composés offrent de nombreux exemples de coordinations analogues, sur lesquels je n'insisterai pas, on peut les trouver dans tous les traités de physiologie, mais je les signale parce qu'ils fournissent à mon avis le type de l'action arrivée à sa perfection imaginable la plus grande, et parce que tous nos sentiments, toutes nos idées, toutes nos volitions peuvent se ramener à un acte réflexe composé et systématisé, arrêté dans son exécution, et que par conséquent l'idée et le sentiment de l'obligation en général et de l'obligation morale en particulier doivent se ramener à l'arrêt d'une tendance, c'est-à-dire d'un réflexe composé et systématisé dans des conditions particulières, et avec des caractères particuliers qu'il s'agit de déterminer. Le type idéal de l'activité est l'activité qui présenterait au plus haut degré le caractère de la systématisation, c'est-à-dire les caractères de la complexité, de la finalité et de la rapidité que l'inconscience accompagne inévitablement quand ils arrivent à un certain degré d'élévation. Cet idéal, l'homme ne l'a pas atteint encore pour beaucoup de ses actes, et les actes même, qui sont d'ordinaire purement réflexes, peuvent en certaines circonstances dégénérer en actes réfléchis et conscients : il n'y a dégénérescence, bien entendu, que quand la conscience est produite par l'intervention de facteurs inutiles, comme lorsque l'attention portée sur un acte empêche de l'accomplir facilement, et non lorsque l'acte réflexe devient conscient par suite de l'association de nouveaux éléments psychiques qui, mal coordonnés encore, augmentent pourtant d'une manière utile la complexité de l'acte, et peuvent donner lieu plus tard, théoriquement du moins, à un acte réflexe plus complexe et aussi unifié que le premier. Nous avons donc à rechercher, en prenant l'acte réflexe comme type et comme idéal, les caractères propres du fait psychologique du sentiment et de l'idée d'obligation. Je fais remarquer une fois pour toutes que j'étudie indifféremment l'idée de l'obligation ou le sentiment de l'obligation, le sentiment et l'idée ne différant que par des caractères dont il importe peu de tenir compte dans un travail comme celui-ci.

On considère en général l'obligation morale, et l'obligation pour ainsi dire nécessaire, résultant de la domination exercée par une tendance quelconque, un désir, une passion, une idée même, comme des choses entièrement différentes, et même opposées. A mon avis c'est une erreur; ces deux phénomènes, quelles que soient d'ailleurs les différences qui les séparent, ont plusieurs caractères essentiels en commun, l'obligation morale n'étant que la forme la plus haute de l'obligation en général. Ce sont ces caractères communs que nous allons essayer de retrouver.

Nous recherchons ainsi les origines de l'obligation et du devoir en dehors de toute expérience de plaisir ou de peine, et seulement dans le fait le plus général de la vie, dans la loi même de l'organisation. Nous n'aurons pas même recours aux tendances sociales dont Darwin a fait un des principaux facteurs du sens moral et de la série de phénomènes psychiques qui s'y rattachent. Ce n'est pas que je méconnaisse l'importance du plaisir, de la douleur, et de la vie sociale dans le genèse du sens moral, mais, à mon avis, tous ces phénomènes ne sont pas essentiels. Ils indiquent comment le sentiment moral s'est développé et non quelle en est la racine dans l'homme même et dans l'animal. Ils nous indiquent plutôt pourquoi les impulsions morales ont pris telle ou telle forme, qu'ils ne nous indiquent pourquoi il y a des impulsions morales et un sentiment d'obligation.

L'obligation d'une manière générale me semble être le résultat de la pression exercée sur l'esprit par une tendance quelconque très forte, alors que cette tendance est momentanément arrêtée dans son évolution par une tendance généralement plus faible qu'elle et qui se manifeste même peut-être plus faiblement à la conscience, mais à laquelle les circonstances permettent momentanément de l'emporter sur la première ou du moins de lui faire équilibre. Des exemples nous permettront à la fois de préciser cette définition abstraite et de la développer.

Toute tendance assez forte qui n'est pas satisfaite, ou qui ne l'est qu'incomplètement, la faim, la soif, le besoin sexuel, le besoin d'exercice physique, la religiosité, le besoin d'exercice intellectuel, toute tendance nous fait sentir une certaine pression qui s'accompagne de phénomènes variés, affectifs et intellectuels; cette pression est une sorte d'impulsion à l'acte, une impulsion à commettre un acte qui complète le système, dont la tendance arrêtée comprend les premiers éléments : cette pression, commencement de la volition, est très nettement sentie quand elle est forte. Je ne crois pas avoir besoin d'en donner des exemples, le fait de l'impulsion, de la tendance ressentie étant très commun. On a confondu cette impulsion avec les phénomènes affectifs, il faut au contraire l'en distinguer, l'impulsion n'est ni un phénomène affectif, ni un phénomène intellectuel, bien que les uns et les autres puissent l'accompagner, et qu'elle accompagne souvent certains états affectifs comme le désir. A mes yeux, l'impulsion, l'impulsion sentie est un des éléments originaux de la volonté.

Si l'impulsion est très fréquente à l'état normal, elle est peut-être encore plus visible à l'état morbide : grâce au grossissement qui se manifeste souvent dans les phénomènes pathologiques par rapport aux phénomènes de l'état normal : on en trouvera des cas nombreux et intéressants dans tous les recueils des aliénistes, ils abondent dans les ouvrages de Marc, Esquirol, Maudsley, Griesinger [1]. Je n'in-

1. Voir une exposition du sujet dans *Les maladies de la volonté*, de M. Ribot, ch. II.

siste pas sur ce sujet, qui ne peut être développé que dans une étude complète sur la volonté.

Quand cette sorte de tension nerveuse, dont l'impulsion est la manifestation psychologique, atteint un certain degré de force, elle aboutit à un acte, le sujet est alors obligé de donner satisfaction à la tendance, même malgré lui et sinon contre sa volonté, très souvent au moins contre ses désirs les plus vifs. On trouvera des faits de ce genre dans les observations sur ce qu'on a appelé la monomanie homicide, ou bien sur la dipsomanie, l'hystérie, la folie du doute, et en général toutes les formes de l'aliénation mentale dans lesquelles le malade garde encore des restes considérables de sa personnalité normale contre laquelle lutte le système morbide.

Toute impulsion est le résultat d'une synthèse qui tend à se compléter; de même que nous avons vu dans l'acte réflexe une coordination d'impressions et de sensations s'établir, de même une tendance résulte de la coordination d'un certain nombre d'éléments psychiques : images, désirs, crainte, idée de la sensation future, souvenir des sensations passées, idées accessoires qui viennent se joindre aux idées principales, ce tout s'accroît et s'organise en une tendance dont l'expression complète s'achèverait par des actes déterminés qui pareraient le système. L'impulsion est donc le résultat d'une systématisation psycho-organique qui tend à s'achever.

Si nous prenons l'impulsion comme un élément psychique dont nul ne contestera la réalité, nous voyons que, quand elle atteint un certain degré de force, elle détermine normalement l'acte. Ceci, sauf pour quelques cas que les partisans du libre arbitre voudront réserver, ne sera contesté par personne. Il y a en ce cas une obligation d'agir qui n'est pas l'obligation normale, mais qui se manifeste par la nécessité où se trouve le sujet d'obéir à l'impulsion. Ce fait d'ailleurs s'exprimerait mieux en disant que, en ce moment-là, le sujet conscient est l'impulsion même.

Mais l'impulsion n'aboutit pas toujours à l'acte, nous la ressentons souvent sans lui obéir; en ce cas, nous ne sommes pas physiquement obligés, déterminés à agir dans le sens de la tendance qui nous presse; nous sommes même déterminés à ne pas agir, puisque nous n'agissons pas. Cependant, dans certains cas, nous avons très bien la notion d'une sorte d'obligation qui nous incombe d'agir selon la tendance à laquelle pourtant nous n'obéissons pas. Cette obligation peut être d'ailleurs une obligation morale ou non morale. Ici, par conséquent, l'obligation se distingue nettement du déterminisme et même, en quelque mesure, s'oppose à lui. Analysons les conditions qui la produisent et les caractères qu'elle présente, nous verrons qu'elle n'en est pas moins l'expression d'un certain déterminisme d'espèce particulière, d'un déterminisme systématisé.

Nous avons déjà rencontré ce déterminisme dans l'acte réflexe composé, nous trouvons dans les faits de ce genre une combinaison de finalité inconsciente, immanente, si l'on veut, et de déterminisme rigoureux. Mais nous trouvons une combinaison semblable dans bien des actes plus compliqués qui s'accompagnent de conscience ou dans des tendances qui n'aboutissent pas à l'acte. L'acte par lequel nous mangeons, de manière à permettre à notre organisme de continuer ses fonctions, est un acte de cette nature où se rencontrent encore ces caractères de finalité et de déterminisme, car le déterminisme et la finalité ne s'excluent pas, et la finalité n'est qu'un mode du déterminisme. De même, tout acte par lequel nous employons un moyen en vue d'obtenir une fin quelconque peut s'exprimer par la même formule abstraite : peu importe que la conscience de la fin, du moyen et de l'acte vienne se joindre à l'acte lui-même. Les caractères essentiels de l'acte n'en sont pas changés, et la logique d'un acte et la moralité d'un acte ne sont que l'expression de la réunion dans cet acte d'un haut degré de finalité et de causalité, que cette finalité et cette causalité soient aperçues par nous ou qu'elles ne le soient pas.

Mais ces systèmes d'éléments dynamiques nerveux et psychiques, qui se complètent par des actes, ne se complètent pas toujours, et bien souvent la première partie du système apparaît seule et tend seulement à se compléter sans pouvoir y parvenir. Cela peut arriver pour diverses causes intérieures ou extérieures, soit pour un vice d'organisation du système lui-même, soit à cause des obstacles qu'il rencontre dans l'organisme ou dans le milieu. Un enfant très jeune, par exemple, a de la peine à porter un verre à sa bouche : ici, les divers éléments organico-psychiques ne sont pas encore suffisamment coordonnés ; un homme a envie de manger, se sentant de l'appétit, mais il a l'estomac en mauvais état, craint de se rendre malade et s'arrête : ici le système est empêché de se compléter par un obstacle rencontré à l'intérieur de l'organisme et constitué par un autre système psycho-organique; je veux écrire une lettre, je prends ma plume, je la plonge dans l'encrier et je ne trouve point d'encre. Ici le système est entravé par un obstacle extérieur.

C'est dans la mécanique des systèmes psycho-organiques que nous trouvons les conditions d'apparition du phénomène de l'obligation en général et de l'obligation morale en particulier. Ils apparaissent de temps en temps et dans des circonstances que l'on peut préciser, dans le jeu compliqué des forces psychiques organisées en complexus différents qui s'harmonisent ou s'entravent. Nous avons été amenés déjà à constater que ce sont les cas où l'harmonie n'est pas complète qui amènent l'apparition de tous les faits de conscience [1]. C'est donc dans ces cas que nous avons à chercher les conditions particulières des faits que nous étudions ici.

Il est facile de voir que toutes les fois qu'une tendance est entravée par une autre, il ne se produit pas un sentiment d'obligation; ainsi nous ne nous sentons pas obligés, quand nous écrivons et que nous commençons à avoir faim, de nous lever pour satisfaire notre appétit, ou, pour qu'une pression de ce genre devienne obligatoire, il faut identifier l'obligation et la contrainte et admettre que l'impulsion devient très forte, mais ce n'est pas de ce mode d'obligation que nous devons nous occuper à présent.

Il n'est personne qui, à une proposition quelconque, concernant par exemple l'emploi d'une soirée, n'ait entendu répondre ou n'ait répondu : « Je ne puis, je suis obligé de faire autre chose »; il ne s'agit ici à proprement parler ni d'une contrainte irrésistible, ni d'une obligation morale. Il peut très bien arriver dans certains cas que la personne qui se dit ainsi « obligée » ne considère pas précisément comme un devoir moral l'acte qu'elle va accomplir, et que d'un autre côté les raisons qui la déterminent à agir comme elle l'a projeté ne soient pas suffisamment fortes pour résister à toutes les tentatives; il n'y en a pas moins un certain sentiment d'obligation plus vague que l'obligation morale, et qui ne ressemble guère à la conscience d'une nécessité.

Toutes les idées, toutes les images, toutes les résolutions qui traversent notre esprit ne lui appartiennent pas également et ne s'associent pas de la même manière avec les tendances qui constituent notre personnalité. Sans doute un phénomène quelconque est toujours en quelque sorte l'expression de la personnalité au sein de laquelle il apparaît, et qu'il aide pour sa part à constituer; mais quelques-uns de ces phénomènes sont le produit de la rencontre de tendances superficielles et de circonstances rares, et d'autres au contraire résultent de la mise en jeu de tendances fortement systématisées, et sont le produit direct et particulier d'une organisation psychologique permanente et tenace. Certaines associations systématisées, croyances, habitudes, etc., sont si solidement nouées que rien ne peut les détruire qu'une ruine complète des centres nerveux. Elles sont ce qu'il y a en nous de plus permanent, de plus durable et de plus unifié, on pourrait presque les appeler l'essence du moi. Quand d'autres phénomènes psychiques apparaissent et

---

1. J'ai appliqué cette loi aux phénomènes affectifs dans mon volume *Les phénomènes affectifs*.

s'associent à leur tour avec ces tendances fondamentales, ils participent à leur ténacité et à leur importance. Si nouveaux qu'ils semblent, et si peu importants qu'ils puissent paraître, ils correspondent à des tendances qui ne cèdent pas facilement et qui leur donneront toujours une force considérable.

C'est dans l'existence de ces systèmes psychiques permanents, de
ces tendances persistantes qui restent parfois à l'état latent pendant
un temps assez long, de ces modes d'associations particuliers, qu'il
faut chercher ce qu'on désigne en général sous le nom de personnalité ou de caractère. Il sortirait du plan de ce travail d'étudier ici
les éléments du caractère, très difficiles d'ailleurs à constater et à
analyser. Mais c'est un fait reconnu, que le même acte, par
exemple, accompli par des gens de caractère différent, diffère profondément malgré des apparences identiques, et que la même
pensée, la même idée, le même sentiment, ou du moins des sentiments analogues, diffèrent énormément d'un individu à l'autre, non
pas tant par leurs caractères propres que par leurs causes psychologiques et par leurs effets, par les tendances qui les produisent, et
par les images, les idées, les actes, les habitudes qui les accompagnent ou qui les suivent.

Il s'établit ainsi des associations selon un mode unique et tendant
vers une même fin, entre plusieurs tendances, plusieurs systèmes
psychiques qui se réunissent en un système supérieur. Nos actes,
nos idées, les plus insignifiants en apparence, sont souvent rapportés à ce système et déterminés par lui, et cela se fait la plupart
du temps sans que nous nous en rendions compte. Schopenhauer a
par exemple exposé dans sa remarquable théorie de l'amour le rôle
joué par l'instinct héréditaire de l'espèce qui, la plupart du temps,
n'est nullement reconnu pour ce qu'il est par les individus. On
reconnaîtra facilement la grande part de vérité que sa théorie renferme si on la débarrasse des formes métaphysiques qu'il lui a données, ou si on les interprète. Ces systèmes permanents, ces
« facultés maîtresses », tendent naturellement à envahir les parties
encore relativement incoordonnées de l'individu ; nos tendances
dominantes s'emparent peu à peu de nous et chacune se coordonne
de plus en plus avec un nombre de faits le plus considérable possible. Nous retrouvons ici cette finalité immanente, c'est-à-dire cette
tendance à la systématisation que j'ai signalée tout à l'heure et qu'une
psychologie positive ne peut s'empêcher de reconnaître.

C'est le rapport plus ou moins perçu entre une ou plusieurs de
ces tendances fondamentales et un acte dont l'idée se présente à
nous, qui donne naissance au phénomène de l'obligation en général.

Il se produit quand un acte se rattache, se lie étroitement à ces tendances et que cependant il est plus ou moins empêché par d'autres tendances moins profondément ancrées. Remarquons que l'obligation n'est pas proportionnelle au désir ou à une émotion quelconque que nous ferait éprouver la mise en jeu du système psychique fondamental; elle n'est pas due non plus uniquement aux conditions d'existence, comme la vie sociale. Les tendances profondes, qui constituent notre personnalité, ne donnent lieu à des phénomènes de conscience un peu vif que lorsqu'elles sont fortement contrariées; on sait, ce qui s'accorde avec ceci, que l'habitude tend à émousser les sentiments tout en facilitant les actes. Souvent aussi, on peut le remarquer, la perception de l'obligation n'est accompagnée d'aucun sentiment bien vif; c'est une sorte d'idée qui accompagne la représentation plus ou moins symbolique des actes qu'il faut accomplir.

Ces actes nous apparaissent comme obligatoires; s'ils nous paraissent tels, ce n'est pas que nous nous croyions déterminés irrésistiblement à les accomplir, puisque, quelquefois, on se sent obligé à une chose et que c'est une autre chose que l'on fait; mais nous les considérons comme convenant à la fois à notre personnalité et aux circonstances. Si l'on y réfléchit, on verra, je crois, que ce mot de *convenance* ne désigne pas autre chose qu'un accord, une harmonie, un rapport de finalité entre différentes choses. Ici la convenance d'un acte signifiera l'harmonie de cet acte avec les circonstances et avec l'ensemble des tendances qui constituent le moi. C'est toujours d'une systématisation qu'il s'agit, et c'est de l'importance de la systématisation qu'il s'agit d'établir, c'est-à-dire de la puissance, de la complexité et de l'unité de la tendance avec laquelle s'harmonise l'acte qui nous paraît obligatoire, que cet acte tire précisément ce caractère d'obligation qui lui donne une marque propre.

L'obligation nous apparaît ainsi comme une sorte de logique; nous considérons comme obligatoires les actes qui nous paraissent dériver logiquement d'une idée ou d'un sentiment qui s'impose à nous et que nous acceptons après l'avoir plus ou moins critiqué ou même sans critique aucune, les actes qui s'harmonisent avec un état de conscience plus ou moins vif, plus ou moins net, mais qui indique une orientation durable de l'esprit, une de ces tendances fondamentales que j'indiquais tout à l'heure.

Nous arrivons à cette constatation que l'obligation consiste en ceci: que l'idée de l'acte qui se présente comme obligatoire est dans un rapport d'association systématique avec une tendance fondamentale, et que c'est cette association systématique qui donne à l'idée de l'acte le caractère obligatoire qui lui est particulier. Les idées d'au_

tres actes, si elles présentent à l'esprit, restent sans lien étroit avec
la tendance qui donne à l'esprit en ce moment son orientation générale, bien qu'elles puissent s'associer étroitement avec d'autres tendances et acquérir ainsi le caractère obligatoire quand ces autres
tendances auront, à leur tour, pris pour un temps plus ou moins
long la direction de nos forces psychiques. Aussi des actions tout à
fait différentes et même opposées peuvent-elles, à des moments
divers, nous apparaître comme également obligatoires.

Parmi les nombreuses tendances, les nombreux systèmes psychiques, réels ou virtuels qui existent en nous à chaque instant, quelques-uns s'emparent de notre esprit et déterminent les idées, les
sentiments, les actes et leur mode de groupement, c'est-à-dire que,
une fois que nous sommes sous l'empire d'une idée, d'une passion,
d'une tendance quelconque, les autres phénomènes psychiques sont
influencés dans leur apparition, dans leur nature propre et dans
leur évolution, par la tendance dominante, à moins qu'ils n'éveillent
d'autres tendances qui remplacent la première et modifient le procédé momentané de l'association. Nous avons ainsi, à chaque
moment, un état d'esprit composé de plusieurs tendances plus ou
moins harmonieusement associées qui déterminent les relations des
phénomènes psychiques. Ainsi quand, par exemple, nous sommes
sous l'impression d'une grande joie, le système psychique qui
domine en nous nous fera accepter certaines petites contrariétés
sans presque nous en apercevoir. Je n'insiste pas sur ces faits
connus, mais je crois devoir faire remarquer la portée exacte de
l'analyse que j'essaye de faire ici, de la notion d'obligation; pour moi
l'obligation en général et l'obligation morale en particulier trouvent
leur type dans l'acte réflexe composé, dans l'association systématique, harmonieuse, des fonctionnements de plusieurs organes. C'est
donc à ce type que j'essaye de ramener les formes supérieures qui
me paraissent en dériver, tout en tenant compte des différences. Mais
ce groupement harmonique lui-même, ce fait de la finalité présentée
soit par l'organisme sentant et pensant, soit par l'organisme ne sentant ni ne pensant, je ne cherche pas, pour le moment du moins, à
en donner une explication.

L'obligation morale est un cas particulier de cette sorte d'obligation logique qui n'est que l'expression de l'organisation inhérente à la vie, et qui nous fait considérer dans une certaine mesure comme devant être accomplis par nous les actes qui dérivent
logiquement des idées acceptées par nous. On a fait remarquer
déjà que nos actes peuvent être assimilés à des conclusions de raisonnements dont les prémisses existent en nous sous forme d'idées,

de passions ou de tendances inconscientes. Mais si les actes au lieu d'être accomplis sont seulement imaginés, ils apparaissent comme devant être accomplis; si nous acceptons les prémisses, ils se présentent à nous avec un caractère d'obligation tout à fait analogue à celui que revêt une simple conclusion logique.

Nous avons vu, il me semble, le phénomène général d'où dérive l'obligation morale. On remarquera qu'il ne s'agit ici ni de la pression d'un instinct comme l'instinct social dont Darwin fait dériver la conscience morale et le remords, ni d'une abstraction des expériences de plaisir et de peine, ni des influences de l'autorité qui s'exerce dans une tribu. Il ne s'agit que du corrélatif psychique d'un cas particulier de cette tendance que possède l'organisme d'offrir un fonctionnement harmonique. tendance qui est la base même et le fondement essentiel de la vie. Il n'y a pas de vie sans une certaine organisation, et il n'y a pas d'organisation sans une certaine systématisation plus ou moins compliquée, plus ou moins permanente, des parties de l'être. L'esprit reposant sur l'organisme présente de même forcément une certaine organisation plus ou moins développée qui se traduit subjectivement par des phénomènes psychiques plus ou moins logiquement enchaînés. C'est là ce qui permet de trouver un certain mode de raisonnement, de raison, si l'on veut, dans toutes les manifestations de la vie psychique. C'est cette tendance à l'organisation qui, lorsqu'elle est aperçue par le sujet, donne lieu selon le caractère plus ou moins réfléchi du sujet au sentiment ou à l'idée de l'obligation. Ce sentiment et cette idée sont unis sans doute à la pression exercée par un sentiment ou une tendance, mais à condition que ce sentiment ou cette tendance se rattachent logiquement à des tendances acceptées par le sujet, à des tendances qui font partie intégrante de sa personnalité, et qui ont une certaine activité plus ou moins reconnue, au moment où le sujet éprouve le sentiment de l'obligation.

La preuve se trouve facilement dans un grand nombre de faits que l'on peut journellement observer. Quand nous nous trouvons dans certaines circonstances, ces circonstances réveillent en nous certaines tendances combinées, et, s'il se présente une occasion d'agir nous nous sentons obligés d'agir conformément aux tendances principales qui ont été mises en jeu.

Si, dans d'autres circonstances, ces tendances disparaissent et sont remplacées par d'autres, nous nous considérons comme obligés d'agir d'une manière tout à fait différente. De même des personnes différentes en qui dominent des tendances opposées se sentent obligées d'agir de manières différentes. Remarquons qu'il ne s'agit

serons plus surpris que charmés, alors même que nous eussions été assez disposés à applaudir à un acte semblable commis par une personne dont les sentiments et la manière d'être habituelle auraient été mieux en harmonie avec cette manière de recevoir un affront.

C'est que nous imposons aux autres les actions qui nous semblent en harmonie avec leur nature propre ou avec celles que nous semblent exiger d'eux les circonstances de leur vie. Nous attribuons à un général d'autres devoirs qu'à un orfèvre; nous leur imposons des pensées et des actes qui forment un système coordonné avec les circonstances dans lesquelles ils sont placés, et, en même temps, nous attendons d'eux ces actes, parce que nous supposons qu'il y a déjà une certaine harmonie entre leurs dispositions, leurs facultés naturelles ou acquises et la position qu'ils occupent en ce monde. En ce cas, les apparences extérieures sont pour nous une marque des tendances internes, et l'on conclut des unes aux autres, bien que souvent l'on soit dupe d'une illusion. D'autres fois, au contraire, c'est sur les actes mêmes de l'individu, sur ce qu'on a pu observer de lui, qu'on se fonde pour attendre de lui des actes d'une certaine nature et pour le déclarer obligé de les accomplir.

Qu'on remarque encore ici le rôle joué par cette systématisation spontanée des phénomènes qui s'impose à l'esprit et dont nous trouvons la trace dans les phénomènes réflexes les plus simples. Si nous sommes conduits à attendre des individus une conduite en harmonie avec ce que nous savons de leur caractère par les actes antérieurs que nous avons pu observer, ou avec les conditions d'existence dans lesquelles ils ont été placés, c'est parce que les idées de ces actes futurs et les idées des actes passés et des tendances auxquelles nous les attribuons se systématisent dans notre esprit et s'imposent à nous précisément à cause de cette systématisation.

On voit comment l'attente, l'obligation sentie par le sujet et l'obligation qui nous paraît incomber aux autres êtres se ramènent à ce même fait général que les idées, les sentiments et les tendances s'agglomèrent et se coordonnent en un système. Quant il s'agit d'envisager le rapport de nos propres actes à nos idées et aux caractères fondamentaux de notre personnalité, c'est l'obligation personnelle qui se manifeste; l'individu se sent obligé (non contraint) à faire telle ou telle chose. Quand il s'agit du rapport des sentiments des autres et des caractères de leur personnalité ou de leurs conditions d'existence avec leurs actes, c'est une obligation imposée qui se manifeste, et l'obligation que nous imposons mentalement aux autres d'agir de telle ou telle manière est la mesure de l'obligation que nous avons nous-mêmes de les concevoir comme agissant de cette manière, à cause de la logique de cette conception et de l'ordre qu'elle introduit dans notre esprit. Enfin, si les actes sont simplement regardés au point de vue de leur possibilité future, c'est l'attente qui se manifeste dans certains cas, quand les exigences de la logique et celles de l'observation, qui est une logique aussi, nous semblent être d'accord, ou que du moins nous n'avons pas lieu de croire qu'elles ne le sont pas.

Il nous reste à parler de l'obligation morale proprement dite et à voir comment elle se rattache à la forme d'obligation précédemment examinée. Elle en est à mon avis un cas particulier. Une action considérée comme obligatoire prend un caractère moral quand elle se rapporte comme élément d'un système à l'ordre général du monde, et non pas à un système particulier, individu ou association d'individus; on peut encore la considérer comme morale quand elle se rattache non pas à l'ordre général du monde, qu'il est impossible probablement de déterminer, et qui peut même ne pas exister, mais au système le plus complexe et le plus vaste que nous puissions concevoir, à celui qui tend à embrasser et à synthétiser le plus de systèmes particuliers.

Il y a des raisons de croire que l'on comprend souvent ainsi l'obligation morale, mais je veux prévenir l'objection que l'on pourrait me faire en prétendant que certaines actions passent généralement pour morales sans qu'elles soient rapportées consciemment, ou même sans qu'il soit possible de les rapporter à l'ordre général du monde ou à quelque chose qui s'en rapproche. Sur le premier point, il faut dire qu'une action n'en est pas moins morale parce que, en la faisant, on ne pense point explicitement qu'elle l'est; il suffit que l'on puisse le penser, et que, en ce cas, l'action se présente avec le caractère obligatoire et moral. Sur le second point, je ne prétends pas donner une définition de l'obligation morale qui s'accorde pleinement avec les idées que chacun peut s'en faire, puisque je cherche à donner une définition qui soit, dans la mesure du possible, rigoureuse et précise, et que les croyances spontanées et les appréciations spontanées d'un fait psychique ou d'une idée philosophique sont en général tout autre chose que précises et rigoureuses. Il me suffit que mon système soit d'accord avec lui-même et avec les faits bien interprétés; or, la bonne interprétation des faits en ce cas où il n'y a pas à parler de vérification par l'expérience, puisque la vérification expérimentale supposerait que la théorie est acceptée, ne peut être appréciée que par la cohérence de la théorie, non par son accord avec les croyances ordinaires. On peut certainement reconnaître certaines ressemblances avec la morale dans les actes les plus immo-

raux, par exemple l'acte d'un assassin qui, pour préserver
plices, calomniera un innocent ou commettra un meurtre;
dire qu'il est moralement obligé envers ses compagnons à
de même on peut reconnaître de la logique dans des théo
plètement erronées; mais si, quittant le point de vue
bande de voleurs ou de la théorie particulière, nous
au point de vue de la systématisation générale des phéno
premier fait nous apparaîtra comme un crime, le
une erreur. Et le crime sera d'autant plus grand et l'
considérable qu'il y aura plus de logique dans l'une et pl
ralité relative dans l'autre, car l'une et l'autre étant conçu
un mal, au point de vue général où nous nous plaçons,
qualités qui constituent leur excellence propre, et qui font,
dire, leur valeur esthétique, les rendent d'autant plus
l'idéal moral et logique. Le crime et l'erreur sont le mal,
est d'autant plus considérable que ses formes sont plus p
elles-mêmes.

Nous nous plaçons ici dans l'hypothèse où l'on pourrait
idéalement ce qui est bien et ce qui est mal, ce qui est vra
est faux. Nous aurons occasion de revenir plus loin sur
d'être peut-être plus sceptique, mais nous devons rester
ment dans cette supposition provisoire qui est au moins
que nous retenons à ce titre, puisque, en somme, c'est
que se font les recherches de la morale.

D'ailleurs, si l'on donne quelquefois la qualification de
des actions qui ne paraissent nullement en rapport avec
ception générale du monde, il me semble que presque t
donne cette qualification aux actes qui dérivent logiquem
conception de cette nature. Il y a un rapport très étroit
idées générales que l'on se fait sur la nature de l'homme et
et les principes que l'on veut donner à la conduite. Et
vons toujours ici le même procédé à l'œuvre; les actions
raissent comme moralement obligatoires sont celles qui ap
comme formant un système capable de s'harmoniser, de
dans une unité supérieure avec les lois générales du m
qu'on se représente ces lois comme des rapports abstraits
de la nature des choses, soit qu'on les rapporte à une
supérieure et qu'on veuille en faire la volonté d'un Dieu
facilement comment ce cas se ramène au précédent (au
fait peut se ramener à un autre fait). En effet, l'harmonie
tématisation qu'il s'agit d'accomplir se trouvent indiquées
conditions d'existence les plus permanentes, et par les ph

psychologiques qui sont le plus profondément ancrés, ou que l'on juge tels. Nous avons vu que l'obligation en général et l'attente avec elle étaient amenées par la tendance générale de l'esprit à systématiser, quand cette tendance se manifeste à propos des conditions plus ou moins importantes externes ou internes de notre expérience personnelle. Il est évident que l'obligation paraît d'autant plus forte et d'autant mieux fondée que l'acte considéré comme obligatoire se rattache logiquement à une condition d'existence plus fondamentale ou à une tendance psycho-physiologique plus importante. Aussi l'obligation morale est-elle le phénomène d'obligation le plus caractéristique. Ici, en effet, il s'agit de conditions d'existence qui ne changent guère puisqu'elles sont déterminées par les lois les plus générales du monde ou de la pensée. Aussi les prescriptions que l'on tire de conditions d'existence fondamentales sont-elles applicables à tous les hommes, soit dans leur forme concrète quand il s'agit de morale générale, soit quand il s'agit de morale particulière dans leur forme abstraite qui est la même pour tous, mais que chacun applique différemment selon sa position particulière. Si nous considérons par exemple la morale chrétienne telle qu'elle est acceptée actuellement par la plupart de ses partisans, nous y trouvons des préceptes généraux dont l'application est obligatoire pour tout le monde, comme celui-ci : « Tu ne déroberas point », et d'autres qui peuvent varier d'un individu à l'autre, tout en pouvant s'exprimer par la même formule abstraite, ou bien les principes particuliers se rattachent aux principes généraux et forment un corps de règles de conduite adapté aux idées générales fournies par la philosophie ou la religion.

Il résulte évidemment de la nature de l'obligation morale, telle que je la comprends, que l'idée que l'on se fait du devoir change avec l'idée que l'on se fait du monde. Et, en effet, il est facile de remarquer que la morale et la philosophie ou la religion ont entre elles certains rapports qui seraient beaucoup plus étroits d'ailleurs si la tendance à la systématisation que nous reconnaissons dans l'homme était beaucoup plus forte qu'elle ne l'est en réalité. Il n'en est pas moins vrai que les actes regardés par les uns comme étant d'une immoralité frappante, sont regardés par d'autres, grâce à des idées différentes sur le monde et sur l'homme, comme des pratiques vertueuses. Il est inutile de rappeler ici les pratiques qui nous paraissent aujourd'hui bizarres et qu'ordonnaient des religions abandonnées maintenant. On peut se convaincre d'ailleurs que le sens de l'obligation est tout aussi fort dans les cas où les actes qui paraissent obligatoires peuvent raisonnablement passer pour moraux et dans les cas où il est réellement impossible d'admettre la moralité réelle « objective » de l'acte accompli par devoir. Darwin a raconté le fait suivant qui est caractéristique : « Le Dr Landor qui faisait fonction de magistrat dans une des provinces de l'Australie occidentale raconte qu'un indigène employé dans sa ferme vint à perdre une de ses femmes par suite de maladie; il alla trouver le Dr Landor et lui dit qu'il partait en voyage; il allait visiter une tribu éloignée dans le but de tuer une femme, afin de remplir un devoir sacré envers la femme qu'il avait perdue. Je lui répondis que, s'il commettait cet acte, je le mettrais en prison, et je l'y laisserais toute sa vie. En conséquence, il resta dans la ferme pendant quelques mois, mais il dépérissait chaque jour et se plaignait de ne pouvoir ni dormir, ni manger. L'esprit de sa femme le hantait perpétuellement, parce qu'il n'avait pas pris une vie en échange de la sienne. Je restai inexorable et tachai de lui faire comprendre que nul ne pourrait le sauver s'il commettait un meurtre. Néanmoins l'homme disparut pendant plus d'une année et revint en parfaite santé. Sa seconde femme raconta alors au Dr Landor qu'il s'était rendu dans une autre tribu et qu'il avait assassiné une femme, mais il fut impossible de le punir, car on ne put établir légalement la preuve de cet assassinat [1]. » On pourrait citer un assez grand nombre de faits semblables ou analogues. Cependant, il semble bien que, si l'idée du devoir ne devient pas plus forte, elle devient plus nette et plus définie à mesure que les théories elles-mêmes se systématisent, se coordonnent, sont mieux comprises et soumises à une critique plus sévère, à condition bien entendu que cette critique ne les renverse pas.

On peut remarquer, d'ailleurs, sans beaucoup voyager et observer de nombreux peuples, que la façon de concevoir le monde et la façon de concevoir la conduite idéale et obligatoire varie beaucoup, même pour des personnes qui sont censées avoir des opinions philosophiques et religieuses communes; c'est que, en somme, chacun interprète à sa façon les données de la religion ou de la philosophie. Parmi les croyants, les uns se représentent surtout un Dieu bon, les autres un Dieu juste, et, d'ailleurs, les contradictions de la théologie offrent une pâture à tous les goûts. De même pour les enseignements que le fidèle puise dans les livres qu'il considère comme sacrés; il y prend ce qui s'adapte à son tempérament et à ses goûts, et néglige le reste ou l'interprète et se plaint même de l'étroitesse de vues de ceux qui veulent prendre au pied de la lettre les préceptes auxquels il n'accorde lui-même qu'une valeur purement symbolique. Nous voyons reparaître ici pour la détermination de l'idéal

1. Darwin, *La descendance de l'homme*, p. 123.

moral et du devoir ces facteurs personnels, ces tendances fondamentales qui constituent la personnalité de chacun de nous et que nous
avons vus à l'œuvre pour la formation de cette idée d'obligation qui s'applique à des actes si divers. Au reste, ce n'est pas seulement d'une
personne à l'autre que les idées varient, et l'on peut observer chez
un même sujet bien des variations analogues. Tel homme s'impose
comme père de famille des devoirs qu'il repousserait comme chrétien,
si le père et le chrétien se rencontraient en lui, au lieu de se produire alternativement. C'est que, bien que la systématisation soit
réelle dans l'homme, comme dans tout organisme, elle est bien
imparfaite cependant. On en trouve une autre preuve dans l'adoption
théorique presque générale de la morale chrétienne par les hommes
qui ont cependant abandonné le dogme religieux, et même la philosophie spiritualiste. Les inconséquences de ceux qui ont abandonné
toute religion ne sont pas moins fréquentes que regrettables. On est
même allé jusqu'à dire que tous les honnêtes gens devaient s'entendre
sur la morale pratique. Mais qui sont les honnêtes gens? Ceux qui
s'entendent? Alors on a une tautologie. Veut-on dire que le devoir est
le même quelle que soit l'opinion que l'on se fasse sur la nature du
monde? Il n'y a pas d'erreur plus considérable. S'il était prouvé que
le monde est mauvais, le suicide serait un devoir, ou du moins l'abs-
tention du mariage. S'il était prouvé que nous sommes gouvernés
par un Dieu bon qui nous a donné le précepte : « Croissez et multi -
pliez », avoir des enfants serait un devoir. Il n'y a pas de morale indépendante, et toute morale implique une solution avouée ou non de
problèmes qui sont peut-être insolubles.

Il est bien évident d'ailleurs, que si l'homme éprouve ce sentiment
de l'obligation et s'il se fait une idée du devoir, c'est parce qu'il offre
une certaine systématisation et que cette systématisation est incomplète. Quand la coordination des actes s'effectue mécaniquement,
comme dans les réflexes simples et composés, nous ne nous sentons
nullement obligés et nous ne nous attribuons pas un devoir. L'obligation suppose que l'organisation complète rencontre des obstacles,
en même temps qu'elle suppose cette organisation commencée. D'un
côté, en effet, nous ne ressentons jamais d'obligation, cela est trop
évident, sans avoir en nous au moins le germe des sentiments et des
idées nécessaires pour accomplir les actes que nous regardons comme
obligatoires. Si ces sentiments et ces idées ne se produisent pas,
l'obligation ne se produira pas non plus. Un idiot qui n'a ni l'idée, ni
l'amour de la science ne se sentira nullement obligé à la servir.
D'autre part, si l'organisation est complète et parfaite, les actes

tendent à devenir réflexes, et la notion de l'obligation disparaît également pour faire place à une autre forme de déterminisme.

Il n'y a donc rien de bien surprenant à ce que l'on trouve assez fréquemment des gens à qui manque absolument ou presque absolument à ce que l'on appelle en général « le sens du devoir ». Ce sont des êtres qui, ne possédant pas quelques-unes des tendances importantes qui se trouvent en général chez l'homme, ne se croient pas obligés à leur donner satisfaction. Il s'agit ici d'un véritable cas de monstruosité morale qui empêche les fonctions sociales de s'accomplir, comme une difformité physique peut empêcher la course ou la marche. M. Despine a cité un certain nombre d'exemples de cette monstruosité. Un assassin disait : « Je voulais bien tuer ; cela m'était absolument égal puisqu'on me promettait de me récompenser, mais je voulais que Joseph fît le coup avec moi, afin que, si j'étais pris, je ne tombasse pas seul dans le malheur [1]. »

Un jeune ministre méthodiste empoisonne sa femme. « C'est en témoignant des sentiments d'affection à sa femme, qu'il tente de l'empoisonner ; le coupable avoue que, pendant ce long assassinat, il ne lui vint pas un seul remords, pas un seul sentiment de pitié pour sa femme, pas une seule crainte des conséquences de son crime : il avait la conscience aussi légère que s'il avait fait la chose la plus naturelle du monde..... Cet exemple, ajoute M. Despine, est bien celui d'une absence complète de sens moral, et même des sentiments généreux et des sentiments inspirateurs de l'intérêt personnel bien entendu. Il ne s'agit point ici d'un individu possédant ces facultés à un faible degré, facultés dont les faibles germes auraient été étouffés dès l'enfance par un milieu pervers et par l'ignorance, car il s'agit d'un personnage qui a reçu une éducation soignée, qui a de l'instruction, et qui a vécu dans un milieu moral et religieux. Nous trouvons donc en lui un exemple d'idiotisme moral complet chez un homme parfaitement doué d'intelligence et intellectuellement instruit [2]. »

Il paraît assez bien établi que l'on trouve chez certains criminels un manque complet de « sens moral » au sens où ce mot est pris d'ordinaire. Cependant, je crois qu'on peut découvrir encore chez eux le procédé psychologique qui donne naissance à cette forme générale d'obligation dont nous nous sommes précédemment occupés et dont l'obligation morale est un cas particulier ; on peut du moins interpréter dans ce sens les remarques suivantes que j'emprunte encore à M. Despine. « Les criminels comprennent par leurs senti_

---

1. Despine, *De la folie au point de vue philosophique ou plus spécialement psychologique*, p. 189.
2. Despine, ouvr. cit., p. 587, 588.

ments égoïstes que la société ne peut pas tolérer des actes qui la blessent si profondément. Quelques-uns comprennent même que l'on inflige des peines par représailles et que l'on applique la loi barbare du talion, loi fondée sur la vengeance. Aussi, l'aveu fait par un criminel qu'il mérite la mort, n'est point un signe de remords moral, de sensibilité morale [1]. » Nous retrouvons bien ici cette idée, ce sentiment de la convenance et de la disconvenance entre les actes et leurs conditions ou leurs suites. Le criminel, on peut le dire, comprend que la société doit se défendre contre lui. Ce qui paraît manquer en lui, ce n'est pas la possibilité abstraite de l'idée de quelque chose qu'il convient de faire, mais bien les tendances concrètes qui indiquent généralement aux hommes que ce qu'il convient de faire est telle chose, et non telle autre chose.

Dans la majeure partie des cas, le sentiment du devoir se fait jour en cas de conflit et lorsque les actes que les tendances morales tendent à faire accomplir ne peuvent être accomplis très facilement. En ce cas, l'obligation morale est le résultat de la pression exercée sur nous par notre conception abstraite et idéale de l'univers et de l'homme et des tendances qui s'éveillent en nous et agissent dans le même sens que cette conception, ainsi que j'ai tâché de l'établir. Sans doute, cette idée ou ce sentiment de l'obligation n'est pas toujours très puissant ; il a une force très variable selon le degré d'organisation qu'ont acquis nos idées sur le rôle de l'homme et aussi selon la force des impulsions qui nous portent à agir naturellement dans le sens du devoir, puisque ce sentiment de l'obligation morale ne peut se manifester que si les tendances qui correspondent aux principales conditions d'existence ont acquis un certain degré de développement. Je n'ai pas à insister ici sur les phénomènes bien connus de la lutte entre le devoir et les passions ; ils n'ont rien de particulièrement difficile à expliquer, non plus que le remords, dont la théorie de Darwin, en la complétant un peu, rend compte d'une manière satisfaisante.

Il me paraît que l'explication donnée ici de l'obligation en général, et de l'obligation morale, peut permettre de trouver une réponse à une objection faite à toute théorie de l'obligation morale qui ne repose sur aucun principe transcendant. Cette morale, dit-on, réduit l'obligation à n'être qu'une hallucination utile, et la théorie, en donnant à l'individu la conscience de son hallucination, l'en débarrasse par cela même. Il y a d'ailleurs une grande part de vrai dans la critique de M. Guyau ; sans doute, la réflexion, en s'appliquant à l'instinct

[1]. Despine, ouvr. cit., p. 592.

moral tel qu'il se manifeste actuellement, le soumettra à une critique sévère, et fera sans doute rejeter bien des prescriptions actuellement acceptées; sans doute, un grand nombre des habitudes, des associations d'idées regardées actuellement comme morales peuvent être ainsi obligées de disparaître; peut-être aussi ce que l'on entend en général par l'obligation morale, et la portée métaphysique qu'on attribue à ce phénomène doivent-ils s'évanouir : mais cela signifie-t-il que toute obligation morale doive disparaître? Je ne le pense pas — en tant du moins que l'on suppose que l'homme restera ce qu'il est à présent, un être conscient ou raisonnant — car l'obligation pourrait disparaître par un progrès qui aboutirait à l'automatisme. En dehors de ce cas, désirable, mais hors de toute vraisemblance, l'idée du devoir ne peut guère disparaître.

En effet, comme nous l'avons vu, elle n'est pas simplement un produit plus ou moins fixe de l'esprit, ni même un instinct, elle est l'expression du mode de fonctionnement de tout esprit qui réfléchit. Elle a pour base, comme sentiment d'obligation, la systématisation spontanée des actes psychiques et nerveux, c'est-à-dire le phénomène essentiel sans lequel l'esprit même et la vie n'existeraient pas. Comme sentiment d'obligation morale, elle repose sur cette coordination particulière au moins ébauchée des actes de l'homme avec les conditions sociales et générales de son existence. Par conséquent, en tant que l'homme réfléchira sur sa nature et sur la nature du monde, il sera bien obligé de concevoir un idéal, et en tant qu'il sentira en lui la pression de certains instincts, quels qu'ils soient, et qu'il en apercevra les conséquences logiques, il se sentira obligé à les accomplir. Alors même, supposons-le, que l'homme, sous l'influence des théories naturalistes, deviendrait absolument égoïste et détruirait tous ses anciens instincts altruistes ou désintéressés, alors qu'il s'imposerait comme loi de ne rechercher que son propre plaisir, il me paraît évident que nous trouverions encore en ce cas des phénomènes d'obligations et des idées de devoir tels que nous les avons définis. Remarquons, en effet, que l'homme qui chercherait à se débarrasser de certains instincts altruistes, par exemple, qui le gêneraient, obéirait encore à un idéal et rechercherait encore l'harmonie et la coordination des actes et des sentiments. Seulement cette coordination et cette harmonie s'effectueraient dans un autre sens que celui que nous sommes habitués à considérer comme le meilleur. Mais, si nous faisons abstraction de ce qu'il y a de concret dans nos croyances morales, qui sont peut-être des préjugés, nous verrons que le procédé de l'esprit est toujours le même, et que, dans le cas que nous envisageons, certainement l'acte de se débarrasser des instincts altruistes qui nuisent à la systématisation complète des actes et des sentiments en vue de la recherche du plaisir, serait considéré comme un devoir par ceux qui réfléchiraient sur la question, et ferait l'objet d'un sentiment d'obligation morale plus ou moins nettement perçu et senti. Le procédé de l'esprit serait d'ailleurs exactement le même ; il s'agirait encore ici de la direction donnée à la conduite de l'homme en adaptant cette conduite à des vues générales sur l'homme, la société et le monde. C'est encore le bien et l'idéal que recherche- rait un égoïste philosophe ; seulement ce bien et cet idéal ne seraient pas les mêmes que ceux qu'on nous a habitués à considérer. Mais, alors même que nous admettons qu'il se tromperait et qu'il aurait tort, nous ne pouvons nous empêcher de reconnaître que son procédé est semblable au nôtre, et que le résultat seul est différent parce que le point de départ n'est pas le même. Nous reviendrons dans le cha- pitre suivant sur la valeur de l'obligation morale, et nous aurons alors à discuter le problème à un autre point de vue ; pour le moment, il ne peut être question que de la possibilité psychologique de l'idée du devoir et du sentiment d'obligation.

On peut sans doute trouver quelques éclaircissements à la ques- tion en comparant les faits de l'activité aux faits intellectuels, et en comparant le devoir et la croyance. Dans le domaine intellectuel aussi, nous avons des croyances irrésistibles et que l'on peut com- parer aux réflexes composés ; ce sont des associations d'idées à peu près indissolubles [1]. Ainsi, je ne puis réellement pas croire que le porte-plume que je tiens à la main n'est pas un porte-plume. En écartant bien entendu la question de l'existence du monde matériel et en m'en tenant au phénoménisme subjectif, ma perception se compose de sensations et d'images associées d'une manière telle que je ne puis les séparer. Dans d'autres cas, la croyance n'est pas aussi nvariable et aussi fixe ; ainsi, dans un cube dessiné sur le papier, on peut se représenter à volonté que telle ou telle face est en avant des autres [2]. Dans bien des cas, cependant, bien que l'évidence ne soit pas absolument irrésistible, nous sentons que nous *devons* croire à telle ou telle chose plutôt qu'à telle ou telle autre. C'est lorsque les faits qu'il s'agit de croire nous paraissent se rattacher logiquement aux faits que nous admettons. C'est sur des croyances de cette nature que la plupart de nos opinions sont fondées. Nous sentons très bien que nous pourrions résister à certaines croyances et cependant que nous devons les accepter. De même, nous sentons que nous ne devons

1. Voyez Binet, *La psychologie du raisonnement*, p. 2.
2. C. J. Sully, *Les illusions des sens et de l'esprit*, et Egger, *Revue philosophique*.

pas en accepter certaines autres. Je ne pense pas qu'il faille en conclure à l'indéterminisme de la croyance; pour moi, l'obligation est une forme du déterminisme; c'est la pression exercée par la tendance de l'organisme et de l'esprit à la systématisation, si l'on veut, par la finalité immanente à tout organisme vivant. Eh bien, il me semble impossible que, dans le domaine de l'intelligence, comme dans le domaine de l'activité, cette obligation puisse disparaître. Certainement, certaines formes concrètes de l'obligation peuvent disparaître; il se peut que je me sois cru autrefois obligé logiquement à croire à de certaines choses, et que je n'y croie plus à présent; seulement cette obligation a été remplacée par celle de croire autre chose sur le même sujet, à savoir que ma croyance d'alors n'était pas aussi certaine que je le croyais. Nous trouvons toujours ici, comme tout à l'heure, une disposition fondamentale sans laquelle l'esprit ni le corps ne pourraient exister. L'état de scepticisme absolu auquel aboutirait la suppression de toute obligation intellectuelle ne peut pas même se concevoir. Il s'agirait ici d'un scepticisme dans lequel toute association d'idées serait détruite; une proposition quelconque ne pourrait même s'y produire; bien plus, aucune représentation, aucune image ne pourrait être admise, car une image, comme telle, suppose un raisonnement, une conclusion, toute une logique. Un tel état serait à la lettre la mort de l'esprit. La logique est un de ces procédés vitaux essentiels de l'esprit humain, une catégorie, si l'on veut, une condition de toute expérience et de toute pensée, et l'on ne peut la supprimer.

De même, on ne peut pas supprimer le devoir. En résumant tout ce qui a été dit dans ce chapitre, nous voyons que l'obligation est la manifestation de la tendance organisatrice de l'esprit qui repose elle-même sur le fait de la coordination des parties de l'organisme. Il s'agit ici d'un fait primordial qui est la condition de toute vie et de tout esprit. Cette coordination tend à s'effectuer, c'est-à-dire qu'elle n'est pas complète; la force avec laquelle elle s'impose à nous, et la pression mentale que nous éprouvons constituent l'obligation et le devoir, quand cette systématisation correspond à des tendances fondamentales dans l'organisme et à des conditions d'existence permanentes dans le milieu. Ce phénomène d'obligation est permanent et sera durable tant que l'homme restera à peu près dans les conditions où nous le voyons aujourd'hui. Il ne peut disparaître que par la coordination complète qui mène à l'automatisme, ou par la décoordination complète qui supprimerait la vie elle-même. L'obligation morale peut donc en ce sens et comme phénomène psychologique se ramener aux lois de la vie consciente.   FR. PAULHAN.

LE CONCEPT DE CAUSE

Il peut paraître superflu de revenir une fois encore sur le concept de cause, aujourd'hui surtout que les admirables analyses de Hume, l'assentiment de la presque totalité des philosophes, et enfin les méthodes scientifiques de mieux en mieux comprises semblent avoir consacré définitivement la théorie d'après laquelle la causalité se réduirait à un rapport de succession constante entre deux phénomènes. Cependant, à y regarder de près, on s'aperçoit vite que cette théorie, de quelque crédit qu'elle jouisse dans le monde savant, laisse subsister des scrupules dans un bon nombre d'esprits. Sans compter les dissidents, qui se rattachent presque tous à la scolastique ou à Maine de Biran, beaucoup se demandent si la conception généralement adoptée au sujet de la causalité est vraiment satisfaisante, et surtout si elle est complète. Un doute à cet égard nous est venu, comme il est venu à tant d'autres, et nous prenons la liberté de soumettre aux lecteurs de la *Revue* les efforts que nous avons faits pour le lever.

Nous eussions dû peut-être nous borner à l'examen du concept de causalité tel que nous venons de l'exposer : on nous permettra pourtant de passer en revue d'autre théories qui comptent encore aujourd'hui des partisans, et particulièrement celle de la causalité métaphysique. Du reste nous serons très court sur ces préliminaires.

Qu'est-ce donc qu'une cause ? On conçoit d'abord que, sur une question de cette nature, le sens commun doive avoir une opinion : et en effet, le sens commun n'est pas embarrassé pour y répondre. Une cause, aux yeux du sens commun, c'est un individu, c'est un être corporel ou spirituel, plutôt corporel puisque les êtres spirituels ne sont point perçus par nous, mais, dans tous les cas, c'est un être réel. Par exemple il semble de toute évidence que la cause de la construction de cette maison, c'est Pierre qui l'a bâtie, que la cause du mouvement de cette voiture, c'est le cheval qui la traîne, et ainsi de suite.

Toutefois, à la réflexion, cette solution si simple du sens commun au sujet de la nature des causes doit paraître suspecte. Il en résulterait en effet que tel événement déterminé pourrait provenir de l'action d'une multiplicité indéfinie de causes diverses. Ainsi la maison construite par Pierre aurait pu l'être par Paul; la voiture traînée par ce cheval le serait également bien par un autre cheval, ou même par un mulet ou par un âne. Il y a là certainement une conséquence de nature à effrayer, non pas le sens commun sans doute, mais l'esprit scientifique; car enfin, si un même effet peut être produit indifféremment par une infinité de causes, il semble naturel d'admettre qu'une même cause puisse produire indifféremment une multitude infinie d'effets; et alors que devient la science [1]?

De reste il est facile de comprendre que les expressions que nous venons de rapporter ne peuvent pas être prises au pied de la lettre, et que le sens commun, lorsqu'il les profère, use, sans s'en douter, de ce genre de métonymie qui consiste à prendre le tout pour la partie. Ce qui a construit la maison, ce n'est pas tout l'homme qu'on appelle Pierre : la pensée, par exemple — car nous n'envisageons ici que l'acte matériel de la construction — n'y a aucune part : une multitude même de phénomènes et de fonctions organiques n'y ont eu qu'une part indirecte et plus ou moins éloignée. L'agent véritable et immédiat a été une certaine quantité de force musculaire que possédait Pierre, et que Paul du reste possédait aussi bien que lui, ce qui le rendait également capable d'accomplir l'œuvre en question. Il en est de même pour la traction de la voiture, qu'il faut attribuer, non pas au cheval lui-même, ni au mulet, mais à la force musculaire emmagasinée dans le corps de ces animaux. Seulement, comme pour arriver à cette détermination précise de la vraie cause un peu d'analyse est nécessaire, et que la plupart des hommes en sont incapables, ou ne s'en mettent pas en peine, tout le monde coupe au plus court et attribue sans hésiter l'action causale à ce qui apparaît

---

1. Stuart Mill dit pourtant « qu'il y a souvent pour un même phénomène plusieurs modes de production indépendants ». (*Logique*, trad. Peisse, t. I, p. 485.) Mais ce dissentiment de Stuart Mill avec la totalité des philosophes et des savants est plus apparent que réel; car il dit lui-même plus loin (p. 491), que si plusieurs antécédents produisent un même conséquent, c'est que *souvent* ces antécédents ont une circonstance commune qui est la cause véritable; et, s'il ne dit pas *toujours*, c'est que, dans le passage que nous rappelons, il est placé au point de vue de la méthode expérimentale, et par conséquent obligé de ne tenir compte que des antécédents déterminables par l'expérience.

ration, la nutrition, et autres phénomènes physiologiques, n'est qu'un simple phénomène, et que, par conséquent, les causes en général appartiennent à l'ordre phénoménal et ne sont rien d'absolu.

Du reste, à la réflexion, on reconnaît bientôt que, parmi toutes les chimères qu'a enfantées l'imagination des philosophes, il n'en est guère de plus creuses et de plus décevantes que celle qui consiste à inventer des choses en soi permanentes pour expliquer les phénomènes. Admettons pour un moment tout ce que l'on voudra sur l'existence permanente des choses en soi : toujours est-il que l'action par laquelle elles ont donné naissance à tel phénomène a dû commencer; autrement ce phénomène eût été éternel comme elles; donc, à supposer que ces prétendues *causes* soient absolues, toujours est-il que leur *causalité* est phénoménale; du moins si, avec tous les philosophes modernes, on désigne par le mot de *phénomène*, non pas précisément tout ce qui apparaît (φαινόμενον), mais bien plutôt tout ce qui commence à exister, tout ce qui devient, tout ce qui occupe une portion du temps ou de l'espace, qu'il se manifeste ou non. Aussi, disons-nous, ce qui rend compte des phénomènes de ce monde, ce ne sont pas les prétendues substances qu'on imagine *ad hoc;* ce ne pourrait être tout au plus que l'action causale de ces substances, laquelle n'est elle-même qu'un phénomène; de sorte que l'on n'a rien fait en inventant des substances qui soient causes et causes absolues, puisque le problème après cela se retrouve exactement le même qu'il était auparavant. Dira-t-on que du *moins* l'action de la cause absolue a son explication dans cette cause, et que nous trouvons là une base à la causalité en dehors de l'ordre phénoménal? Mais il est facile de répondre que l'action de la cause absolue étant, en vertu de sa nature phénoménale, soumise aux conditions essentielles de tout ce qui est phénomène, exigera pour se produire, au même titre que n'importe quel autre phénomène, une action antérieure de la cause absolue; cette action antérieure, pour la même raison, exigera une action antérieure encore, et ainsi de suite à l'infini. On voit donc bien que la supposition de causes métaphysiques complique la question de la causalité sans la faire avancer d'un pas, et que, d'une manière générale, vouloir expliquer les phénomènes par des principes transcendants est une illusion pure.

Ainsi le sens commun et la réflexion sont pleinement d'accord pour repousser l'hypothèse des choses en soi productrices de phénomènes. L'esprit scientifique est encore du même avis. Oui ou non tous les phénomènes de cet univers sont-ils reliés entre eux par des rapports de dépendance? Tout est là aux yeux du savant, et, il faut ajouter, aux yeux du philosophe. S'ils ne le sont en aucune façon, le monde ne peut être qu'un chaos, et toute science est impossible, puisque, dans ce cas, la production des phénomènes dépend de l'action imprévisible d'entités inconnues : s'ils le sont, au contraire, c'est dans ces rapports de dépendance que nous devons chercher les raisons de leur apparition, c'est-à-dire leurs causes véritables. Quant à leurs relations métaphysiques avec de prétendues substances, la science et la philosophie n'ont aucun compte à en tenir, puisque, d'une part, nous ne pouvons en avoir aucune expérience, et que, d'autre part, chaque phénomène s'explique suffisamment par l'ensemble de ses relations empiriques. D'où il suit que la cause de chaque phénomène — s'il est vrai que chaque phénomène ait une cause — ne peut être qu'un autre phénomène, ou, pour mieux dire, un ensemble de relations phénoménales.

Du reste on peut dire que c'est là une vérité consacrée aujourd'hui par l'assentiment quasi unanime des philosophes. Les kantiens sont, au sujet de la nature phénoménale des causes, du même avis que les empiristes, et quiconque croit à la relativité de la représentation sensible, est ou doit être d'accord avec les unes et les autres. Tant qu'on a pu considérer les phénomènes du monde extérieur comme subsistant indépendamment du sujet qui les perçoit, il était naturel que l'on cherchât dans l'intervention d'entités métaphysiques l'explication des transformations qu'ils subissent. Du jour au contraire où l'on a bien compris que tous ces phénomènes ensemble sont une construction, légitime d'ailleurs, de la pensée, et une simple *représentation* dont l'esprit est l'auteur, en même temps que le spectateur, c'est uniquement les uns par rapport aux autres qu'il a fallu les concevoir ordonnés, pour comprendre les conditions nécessaires à leur production, c'est-à-dire en définitive pour leur assigner des causes.

II

Ainsi, et c'est un point que nous croyons être en droit de considérer désormais comme acquis, les causes ou conditions objectives de chaque phénomène doivent être recherchées, non pas dans l'action inconnue de prétendues choses en soi, mais bien dans l'ensemble des circonstances de l'ordre phénoménal qui l'ont précédé ou qui l'accompagnent. Mais est-il vrai que, même en l'entendant ainsi, on puisse affirmer l'existence de causes véritables? Est-il vrai que les phénomènes se déterminent et se conditionnent les uns les autres, ou ne devons-nous pas penser plutôt qu'ils se suivent dans un ordre qui, à la vérité, est régulier, sans que pour cela l'on puisse dire que les antécédents sont effectivement causes des conséquents?

Hume a formellement adopté la seconde opinion et rejeté la première, et les raisons qu'il a données en faveur de sa thèse méritent une sérieuse considération. Ces raisons peuvent se résumer en cette proposition simple : qu'il nous est impossible de nous faire aucune idée d'un rapport quelconque de dépendance entre deux phénomènes, et que, par conséquent, affirmer l'existence d'un tel rapport, c'est parler pour ne rien dire. Partant de là, Hume a réduit toutes les relations qui peuvent exister entre les phénomènes à une simple connexion toute subjective de leurs idées, connexion créée en nous par l'habitude de les voir se reproduire dans un certain ordre, c'est-à-dire qu'il a fait de la causalité une pure illusion de nos esprits. Voyons ce que nous devons penser de son argumentation et des conclusions qu'il en tire.

La raison pour laquelle, d'après Hume, nous ne serions point en droit de parler d'une dépendance objective des phénomènes entre eux, c'est, ainsi que nous venons de le rappeler, que nous n'avons aucun concept de cette dépendance, et nous n'en avons aucun concept parce qu'il n'y a aucune impression qui y corresponde. Qu'il n'y ait point de concept, du moins de concept positif et déterminé, sans une impression correspondante, et qu'il n'existe aucune impression correspondante à la dépendance objective des phénomènes, voilà deux points que nous devons accorder; mais, pour que Hume eût définitivement raison, il faudrait qu'il pût établir que nous n'avons le droit d'exprimer par le langage que des concepts plus ou moins déterminés et positifs. Or c'est ce dernier point qui nous paraît contestable. Nous soutenons qu'en dehors de nos concepts il est encore toute une catégorie d'objets que nous exprimons par le langage, et cela très légitimement, à savoir les tendances et les besoins de notre esprit. Pour le prouver, nous n'irons pas chercher loin des exemples; nous en trouvons un, et des plus décisifs, dans la philosophie de Hume lui-même.

On sait que si les phénomènes ne sont pas liés objectivement les uns aux autres, suivant Hume, leurs idées au moins sont liées dans nos esprits par ce qu'il appelle une *connexion nécessaire*. Or qu'est-ce que Hume prétend désigner par ce mot? Est-ce un concept positif? Nullement, puisqu'il déclare lui-même à plusieurs reprises qu'il nous est impossible de nous représenter d'aucune manière le mode d'association des idées dans nos esprits. Qu'est-ce donc? Une tendance ou disposition à penser que crée en nous l'habitude, et en vertu de laquelle, lorsque nous avons perçu un certain nombre de fois la succession de deux phénomènes *A* et *B*, la perception de l'antécédent *A* produit en nous l'idée avec l'attente du conséquent *B*. Cette tendance est-elle représentable? Fait-elle l'objet d'un concept? Non, encore une fois, et de l'aveu même de Hume. Faudra-t-il pour cela accuser de psittacisme le philosophe qui parle d'une *connexion nécessaire* entre nos idées? Point du tout, et l'on ne peut nier au contraire qu'il ne parle très clairement, puisque ce mot de connexion nécessaire éveille dans nos esprits l'idée d'un fait bien connu, à savoir que deux souvenirs s'évoquent l'un l'autre dans notre conscience, bien qu'il nous soit impossible de concevoir comment ils y sont associés. Que faut-il d'après cela pour que nous soyons en droit de parler d'une dépendance objective des phénomènes entre eux, quoique nous n'ayons aucune conception de la nature de cette dépendance? Une seule chose, à savoir que cette affirmation soit l'expression d'une tendance ou d'un besoin de notre esprit. Or peut-on nier l'existence en nous d'une pareille tendance? Quand nous demandons *pourquoi B* succède à *A* plutôt que *C* ou *D*, ou, ce qui revient au même, quand nous affirmons qu'il doit y avoir un rapport de dépendance objective entre *A* et *B*, que faisons-nous, sinon d'exprimer la tendance naturelle qu'a notre esprit à chercher les *raisons* et les *causes*? Que l'empirisme n'explique pas cette tendance, c'est possible, mais il ne doit pas refuser de la reconnaître, et si Hume a bien pu désigner par le mot de *connexion nécessaire* la tendance irreprésentable en vertu de laquelle l'esprit passe fatalement de telle idée à telle autre idée associée avec la première, nous devons avoir un droit égal à désigner par les mots *dépendance*, *connexion objective*, *causalité*, la tendance tout aussi irreprésentable mais non moins constatée à chercher le *pourquoi* de la succession constante de tels et tels phénomènes. — Mais, dira un partisan de Hume, vous n'avez pas le droit d'objectiver cette tendance. Si le sens commun l'objective, il a tort; et ce qui ressort d'une analyse sérieuse du concept de causalité, c'est précisément que l'idée de la dépendance effective des phénomènes entre eux est une illusion : donc parlez de cette dépendance comme d'une tendance toute subjective de votre esprit, mais non pas comme d'un principe présidant effectivement à la production successive des phénomènes. — Fort bien, répondrons-nous, mais la question n'est pas là. Nous ne discutons pas en ce moment pour savoir si en réalité les phénomènes dépendent les uns des autres, mais uniquement pour savoir si, en affirmant qu'il en est ainsi, on dit quelque chose ou rien du tout. Or ce que nous soutenons, c'est qu'on dit quelque chose, autrement Hume lui-même ne dit rien quand il parle de la connexion néces-

saire des idées dans notre esprit. Ce que Hume entend par
connexion nécessaire, c'est une *nécessité* en vertu de laquelle il
que telle idée succède à telle autre idée dans notre conscienc
que nous appelons action causale et dépendance des phénon
entre eux, c'est une *nécessité* en vertu de laquelle il faut qu
phénomène succède à tel autre dans le monde extérieur. Où
différence entre les deux cas, et pourquoi, si la première ma
de parler est légitime, la seconde ne le serait-elle pas?

Il est donc certain que Hume a tort de vouloir nous interdi
parler de l'action des phénomènes les uns sur les autres sous
texte que nous n'en avons aucune impression et conséquem
aucune idée. Quant à la question de savoir si cette action existe
lement ou non, c'est autre chose, et nous reconnaissons qu
charge de prouver qu'elle existe nous incombe tout entière. L'a
mentation de Hume tendait à nier d'avance la possibilité d'une
cussion sur ce point en posant en quelque sorte la *question
lable:* Nous nous sommes efforcé d'écarter cet obstacle, voilà
Mais avant d'aborder ce qui fait le fond du débat, nous ne de
pas négliger de tirer des admirables analyses de notre auteur
conclusion importante qu'elles contiennent, et qui reste vraie ma
tout, c'est que l'action causale, à supposer qu'elle soit réelle,
pas une de ces choses dont nous puissions jamais nous faire un
cept positif, encore moins une représentation imaginative.

On pourrait d'abord alléguer en faveur de la dépendance des
nomènes, que la doctrine contraire, qui est celle de Hume,
laisse en présence du retour régulier des phénomènes comm
face d'une énigme insoluble; car enfin, si les phénomènes n
déterminent en aucune façon les uns les autres, d'où vient qu'e
les mêmes conséquents se soient partout et toujours montrés
suite des mêmes antécédents? Il faut convenir que cette régu
de leurs successions devient dans ce cas quelque chose de
étrange [1]. Et pourtant nous devons reconnaître que cette réfle

[1]. M. Rabier a exprimé avec une précision originale et forte l'une des p
pales objections que l'on puisse opposer à la thèse de l'indépendance absolu
conséquents par rapport à leurs antécédents phénoménaux.

« L'idée de connexion nécessaire, dit-il, si l'on n'y fait pas entrer l'idée
cacité causale, est une idée positivement contradictoire, car elle se résout en
idées dont chacune renferme une contradiction : l'idée d'une cause qui est
saire tout en ne servant à rien, et l'idée d'un effet qui *apparaît nécessaireme
le moyen d'une cause, sans que pourtant rien dans cette cause le détermine à
raître.* En deux mots, l'idée de connexion nécessaire sans celle d'efficacité
sale, c'est l'idée d'une *liaison nécessaire,* qui se trouve être en même temp
indépendance absolue. (Leçons de philosophie, t. I, p. 285.)

Cela est fort bien dit, et pourtant il ne semble pas que cela porte direct
contre Hume, qui accordait bien qu'il existe *dans l'esprit* une connexion

porterait médiocrement contre cette sorte de nihilisme philosophique où se réfugie Hume et dont il s'enveloppe. Vous demandez, nous dirait-il, *pourquoi* les mêmes antécédents sont partout et toujours suivis des mêmes conséquents; je nie la légitimité de la question. Le *pourquoi* répond à une nécessité de notre nature : en affirmant qu'il répond également à une nécessité des choses, vous résolvez la question par la question même. La succession régulière des phénomènes est un fait que nous pouvons constater, mais dont il est inutile et vain de demander une explication.

Il est certain que, lorsqu'il prend une position pareille, le scepticisme est bien fort. Comment en effet passer sans pétition de principe du subjectif à l'objectif, et ériger les lois de notre esprit en lois des choses mêmes? Nous pensons cependant qu'en donnant à la preuve un tour un peu différent on arriverait à la rendre absolument concluante, sinon aux yeux d'un sceptique obstiné qui se cantonnerait résolument dans l'argumentation de Hume sans en vouloir sortir, du moins aux yeux de quiconque envisage les choses de bonne foi, et ne prétend pas demander à la dialectique au delà de ce qu'elle peut donner. Si un antécédent *A*, dirons-nous, ne déterminait en aucune façon son conséquent *B*, il n'existerait aucune raison pour que *B* succédât à *A* plutôt que *C* ou *D*, ou tout autre phénomène. L'univers dans ce cas serait inintelligible, non pas seulement par rapport à nous, mais radicalement et en soi, c'est-à-dire pour toute pensée quelle qu'elle pût être. Ce ne seraient pas seulement les lois de notre esprit qui seraient inapplicables à l'ordre phénoménal, ce seraient encore les lois de tout esprit, puisque évidemment c'est le caractère essentiel de tout esprit d'établir entre les choses des rapports, quoique peut-être d'après de tout autres principes que ceux qui président aux démarches de notre pensée à nous. Donc, en niant toute espèce de rapports entre les phénomènes, on proclame l'inintelligibilité absolue de l'univers à l'égard de tout entendement quel qu'il soit. De bonne foi, cela est-il acceptable, et ce scepti-

saire entre l'idée de l'antécédent et celle du conséquent, connexion due à l'habitude et résultant de la loi d'association, mais qui niait énergiquement que nous soyons en droit d'affirmer une telle connexion entre les phénomènes eux-mêmes. Aussi ce que l'on peut reprocher légitimement à Hume, à notre avis, c'est, comme nous le disons plus haut, d'avoir laissé sans explication le fait de la succession régulière des mêmes antécédents et des mêmes conséquents, mais non pas d'avoir affirmé entre les premiers et les seconds une connexion nécessaire qui serait en même temps une indépendance absolue.

Du reste il convient de faire remarquer que ce n'est pas Hume que M. Rabier prétend réfuter dans le passage que nous venons de citer, mais bien les philosophes, s'il y en a, qui croient à une connexion nécessaire des phénomènes eux-mêmes sans croire à leur dépendance les uns à l'égard des autres, et il faut avouer que, contre ceux-là, son argumentation est décisive.

cisme-là n'est-il pas un dogmatisme beaucoup plus tranchant ¡
celui qu'il prétend exclure? Ainsi il faut admettre, au moins à t
de possibilité, l'existence de rapports de dépendance entre les p
nomènes, sous cette réserve expresse que nous ne pouvons n
faire de ces rapports aucune idée déterminée, et, si nous l'adn
tons à titre de possibilité, nous ne pouvons pas refuser de l'adme
à titre de réalité, puisque l'existence de ces rapports nous fou
une explication, et la seule qui soit possible, du retour constant
mêmes conséquents à la suite des mêmes antécédents.

Mais ce passage du subjectif à l'objectif que nous ne pouvons
opérer d'une manière absolument décisive par l'analyse des conce¡
la philosophie transcendantale l'opère en se plaçant à un point de
diffèrent, celui des conditions que le monde phénoménal doit rem¡
pour pouvoir devenir un objet pour nous. C'est donc à Kant que n
devons demander et que nous demanderons la démonstration déf
tive de l'existence de certains rapports de dépendance entre
phénomènes. Cette démonstration bien connue [1] peut se résun
dans les termes suivants : Toutes nos perceptions nous sont natur
lement données en succession les unes par rapport·aux autres, qu
que soient leurs objets, permanents ou successifs. Par exemple,
je considère une maison, je suis obligé d'en examiner les différen¡
parties les unes après les autres, tout de même que, si je regarde
bateau descendre le courant d'une rivière, je vois successivement
différentes positions qu'il occupe, d'abord en amont d'un po¡
donné, puis en aval. D'où vient donc la différence qui existe en¡
ces deux sortes de perceptions, et comment se fait-il que les dif
rentes positions du bateau sur la rivière ne m'apparaissent occupé
par lui que successivement, alors que je juge que toutes les part¡
de la maison existent en simultanéité? C'est que mes perceptio
de la maison peuvent se faire sans aucun ordre, puisque je p¡
porter mes regards à volonté du faîte aux fondements ou des fond
ments au faîte, tandis que mes perceptions du bateau se suive
d'après un ordre régulier, puisque je le vois toujours de plus en pl
bas en· suivant le fil de l'eau, sans pouvoir jamais l'apercevoir
amont du point où je l'apercevais tout à l'heure. Cet ordre réguli
de mes perceptions que je constate dans ce second cas, et que je
constatais pas dans le premier, implique une nécessité object¡
dans le déroulement successif des phénomènes eux-mêmes, et ce¡
nécessité est un caractère inhérent à tout ce qui *arrive*, à tout ce
devient, à tout ce qui *commence à être*. Il est donc certain que

---

1. 2ᵉ *Analogie*, tome I, p. 249.

phénomènes, considérés dans leur devenir, ne peuvent se succéder les uns aux autres que suivant un ordre régulier c'est-à-dire d'après une loi, et que, par conséquent, chaque moment d'un phénomène dépend en quelque manière de celui qui le précède.

Kant ajoute que cette nécessité dans la succession de nos perceptions est la seule chose qui puisse nous déterminer à leur attribuer des objets réels en dehors de nous, au lieu de les considérer comme de purs rêves : la causalité serait donc le seul fondement de notre croyance à l'objectivité du monde extérieur. Il se peut qu'en effet cette attribution d'un caractère objectif à nos perceptions tienne à quelque cause du genre de celle que Kant signale, mais il semble difficile de croire qu'elle tienne expressément, comme il le veut, à la nécessité d'un ordre régulier dans la succession des choses qui arrivent, car en fait nous attribuons constamment l'objectivité à des choses qui n'arrivent pas, mais qui sont permanentes, comme l'est une maison, par exemple. Nous garderons donc la première partie de la démonstration de Kant sans adopter la seconde.

On nous pardonnera d'avoir tant insisté sur ce point, parce qu'il est capital, et qu'il est le pivot sur lequel repose toute l'argumentation qui va suivre. Du reste nous pensons l'avoir établi suffisamment pour pouvoir nous y appuyer désormais, et dès maintenant nous considérons comme une vérité acquise que les phénomènes de cet univers dépendent les uns des autres, de quelque façon d'ailleurs que ce puisse être.

III

Les phénomènes de cet univers dépendent les uns des autres : mais de quels phénomènes chaque phénomène dépend-il ? Il est clair qu'à cette question deux réponses, et deux réponses seulement, peuvent être faites : ou bien l'on admettra que chaque phénomène dépend d'un ensemble déterminé de conditions phénoménales nécessaires et suffisantes pour le produire, c'est-à-dire, suivant l'expression de Stuart Mill, d'un *antécédent inconditionnel ;* ou bien au contraire l'on admettra que chaque phénomène dépend à la fois de la totalité de ses antécédents dans le temps, et probablement aussi de ses coexistants dans l'espace, de sorte que la totalisation complète de ses conditions ne pourrait plus être faite. C'est donc entre ces deux conceptions du rapport de causalité que nous avons à choisir.

La première est celle de tous les savants et de la très grande majorité des philosophes. Cependant nous devons avouer qu'elle nous paraît erronée, et nous allons en donner de suite une raison simple.

Considérons, pour abréger, l'ensemble des conditions d'un phénomène donné comme un phénomène unique, et soit B un phénomène quelconque, A son antécédent inconditionnel. Nous ███ maintenant que l'antécédent A ne peut pas produire, de quelque façon d'ailleurs qu'il convienne de l'entendre, le conséquent B. ██ effet ces deux phénomènes, en raison même de ce qu'ils sont ███ cessifs, sont non seulement divisibles, mais encore actuellement █ effectivement divisés à l'infini par le temps dans lequel ils s'écoulent. On peut donc, à bon droit, leur appliquer ce que Leibniz dit ██ corps, que ce sont des totaux, des agrégats, par conséquent de ███ êtres de raison, non des choses réelles. Et, s'ils ne sont rien en eux-mêmes, comment admettre que le premier puisse produire le second, et le second être produit par le premier?

Mais il nous faut envisager la chose d'un peu plus près. Comment peut-on concevoir le rapport de deux phénomènes A et B dont l'un est censé être la cause de l'autre? Il faut évidemment de deux choses l'une : ou bien que ces deux phénomènes aient lieu simultanément, ou bien que celui des deux qui est effet, succède à l'autre qui est cause. S'ils sont rigoureusement simultanés — et c'est ce qui arrive lorsque de certains mouvements intestins de la matière se manifestent à nos sens par des apparences telles que lumière, chaleur ou son — alors il est clair qu'il n'y a plus, en réalité, qu'un seul et même phénomène que nous appelons un peu arbitrairement cause en tant qu'il se manifeste, et effet en tant qu'il est manifesté [1]; et par conséquent il n'y a plus véritablement de causalité. S'ils sont successifs, comme aucune des phases de A ne peut rien produire après qu'elle a cessé d'exister, et que d'autre part aucune des phases de B ne peut être produite avant le moment où elle commence d'être, nous serons réduits à dire que le dernier moment de A produit le premier moment de B, ce qui est absurde, puisque ce dernier et ce premier moment ne sont que des limites, et ce qui, de plus, est tout autre chose que de dire : A produit B.

Pour mettre, s'il est possible, ce dernier point en plus complète évidence encore, laissons de côté définitivement toutes ces apparences auxquelles nous sommes accoutumés à donner le nom de

---

1. « Les qualités secondes, dit M. Lachelier, ne sont point des phénomènes, quoiqu'elles soient des apparences bien fondées et non de vains rêves : elles existent, non en elles-mêmes, mais dans le mouvement sur lequel elles reposent, et dont elles suivent fidèlement toutes les vicissitudes : elles sont en nous par elles-mêmes, et hors de nous par ce qu'elles expriment. Le mouvement est le seul phénomène véritable, parce qu'il est le seul phénomène intelligible. » (Du fondement de l'induction, p. 65.)

phénomènes, mais qui ne sont en réalité que des modes de notre sensibilité : suivons les indications que nous fournit la science, d'accord en cela avec la plus saine philosophie, et attachons-nous à la considération du phénomène par excellence, du phénomène unique, à proprement parler, le mouvement. La question de la production de *B* par *A* devient alors celle de la génération d'un mouvement par un autre, ou, plus simplement encore, en ne considérant qu'un mouvement unique, celle de la génération de l'une des phases de ce mouvement, de telle amplitude que l'on voudra la concevoir, par la phase immédiatement précédente. Cette génération est-elle intelligible et peut-elle être admise? Nous répondons : non, et cela pour deux raisons :

1° Il convient de rappeler, et c'est Kant lui-même, dont pourtant nous combattons ici les idées, qui nous y invite, qu'aucun phénomène, qu'aucune portion de phénomène ne peuvent être causes après le moment où ils ont eux-mêmes cessé d'exister. « Dans le moment où l'effet commence à se produire, dit Kant, il est toujours contemporain de la causalité de sa cause, puisque, si cette cause avait cessé d'être un instant auparavant, il n'aurait pas eu lieu lui-même [1]. » Cela posé, qui ne voit que les différentes phases d'un même mouvement, précisément parce qu'elles sont successives et jamais simultanées, ne peuvent être causes les unes des autres? Pour rendre la chose en quelque sorte sensible, divisons par la pensée en un très grand nombre de parties la trajectoire d'un corps en mouvement. Ces parties très petites ont nécessairement une certaine extension, mais nous pouvons faire abstraction de cette extension et les traiter comme des indivisibles, parce que nous n'aurons pas à raisonner sur l'indivisibilité que nous leur aurons ainsi attribuée, et que nous n'avons besoin que de ne pas nous embarrasser mal à propos de leur divisibilité. La trajectoire ainsi divisée est la représentation schématique tout à la fois du mouvement du corps et du temps pendant lequel ce mouvement s'effectue. Or n'est-il pas évident que toutes les parties qui la composent sont données en succession, non en coexistence, de sorte qu'il est impossible qu'aucune d'elles détermine ou produise en quelque manière que ce soit celle qui la suit? On dira peut-être : l'extrémité finale de chaque partie et l'extrémité initiale de la suivante coexistent, puisqu'il n'y a pas entre elles d'intervalle. Nous répondons qu'il y a succession *immédiate*, et non pas coexistence; autrement les parties de l'espace et du temps ne seraient pas en dehors les unes des autres, et par conséquent il

---

1. *Critique de la raison pure,* trad. Barni, t. I, p. 262.

n'y aurait plus ni temps ni espace. Mais comment comprendre une contiguïté parfaite qui ne soit pas en même temps une certaine coexistence? Cela est vrai, mais cette incompréhensibilité est inhérente aux continus lorsqu'on les considère en eux-mêmes, abstraction faite de leur principe, c'est-à-dire de leur mode de génération. La continuité du temps et de l'espace n'est que l'expression dans le langage de notre sensibilité de la vie de l'esprit imparfait et multiple : il est donc inévitable qu'envisageant ces continus en eux-mêmes, comme s'ils étaient des choses subsistant par soi — et c'est précisément là le point de vue auquel nous sommes placés en ce moment — on y doive rencontrer des caractères qui « mettent au rouet » notre entendement. On est donc, quoi qu'on fasse, obligé de reconnaître que deux phases successives d'un même mouvement ne remplissent pas la condition essentielle pour que la première puisse être dite cause de la seconde, à savoir que la seconde soit simultanée avec la première, ne fût-ce qu'un seul instant.

2° Si une phase d'un mouvement donné pouvait déterminer la suivante, comme par hypothèse elle la déterminerait seule, celle-ci devrait suivre infailliblement par le fait même que la première a précédé; une autre encore suivrait pour la même raison, et le mouvement s'achèverait de lui-même, ou plutôt se perpétuerait tant qu'il ne rencontrerait aucun obstacle. La conséquence, c'est que chaque mouvement se produirait d'une façon en quelque sorte autonome, et aurait lieu comme s'il était absolument isolé dans le temps et dans l'espace. En d'autres termes, le mouvement devrait être considéré, non plus comme un changement continu de relations dans l'espace, mais bien comme quelque chose d'indépendant en soi et d'absolu; de sorte que, par exemple, s'il n'y avait dans toute l'immensité de l'espace qu'un seul corps, ce corps pourrait s'y mouvoir et s'y déplacer réellement : conception absurde, à laquelle l'imagination populaire croit pouvoir donner un sens, parce qu'elle se représente l'espace, à la manière des anciens atomistes, comme une chose en soi et comme une capacité vide contenant tous les corps, mais dont Leibniz a bien démontré l'inanité dans sa grande controverse contre Newton et Clarke. Ainsi, pour nous résumer sur ce point, la génération des phases successives d'un mouvement les unes par les autres, c'est la possibilité d'un mouvement isolé et par conséquent absolu, c'est-à-dire une absurdité.

Laissons maintenant de côté le mouvement phénomène élémentaire, et revenons à la théorie de l'*antécédent inconditionnel*, c'est-à-dire à la théorie d'après laquelle tout phénomène serait indissoluble-ment lié à un groupe déterminé d'antécédents. Il n'est pas bien difficile de voir que ce qui, dans cette théorie, rend inexplicable l'action des phénomènes les uns sur les autres, c'est le caractère d'homogénéité absolue et même d'indétermination totale qu'on y attribue au temps et à l'espace. Niera-t-on que la théorie de l'*antécédent inconditionnel* implique cette conception du temps et de l'espace comme absolument indéterminés? Mais il est évident que l'on n'est pas en droit de le faire, puisque l'*antécédent inconditionnel* d'un phénomène c'est, par définition même, un ensemble de conditions nécessaires et suffisantes pour produire ce phénomène, et qui par conséquent le produiront *partout* et *toujours*, c'est-à-dire indépendamment du temps et de l'espace; d'où il résulte que le temps et l'espace sont totalement indéterminés, au moins quant à l'action causale.

Cela même est si vrai que M. Taine, voulant prouver que le même groupe d'antécédents qui une fois déjà a donné lieu à tel conséquent, y donnera lieu nécessairement toutes les fois que lui-même se retrouvera constitué, fonde précisément sa démonstration sur ce que « l'espace pris en lui-même, du moins l'espace tel que nous le concevons, est absolument uniforme, et la durée prise en elle-même, ou du moins la durée telle que nous la concevons, est absolument uniforme; d'où il suit que chaque élément de l'espace est rigoureusement substituable aux autres, et chaque élément de la durée est rigoureusement substituable aux autres [1] ». D'après M. Taine, comme du reste d'après tous les partisans de l'antécédent inconditionnel, c'est l'homogénéité parfaite du temps et de l'espace qui fonde la légitimité de notre attente des mêmes conséquents à la suite des mêmes antécédents. La connexion absolue de ces deux points de la théorie n'est donc pas une chose qui puisse être contestée.

Nous avons ajouté que là est le vice radical de la théorie de l'antécédent inconditionnel, et que c'est cette homogénéité absolue du temps et de l'espace qui rend l'action causale inintelligible et la détermination des conséquents par les antécédents impossible. Et en effet comment ne pas voir que comprendre ainsi le temps et l'espace c'est en faire des principes de multiplicité absolue excluant toute synthèse et toute unité, de sorte que les phénomènes sont condamnés à s'y diluer et à s'y dissoudre en quelque sorte? Comment ne pas voir qu'un phénomène ainsi désagrégé et réduit à l'état de poussière infinitésimale perd toute consistance, toute individualité même, et par conséquent tout pouvoir de déterminer un autre phénomène? Donc, on peut dès maintenant se rendre compte que, si

1. *De l'Intelligence*, t. II, p. 456 et 457.

nous voulons pouvoir comprendre la détermination des phénomènes les uns par les autres, il est indispensable que nous concevions le temps et l'espace comme des principes d'unité en même temps que de multiplicité, c'est-à-dire que nous nous les représentions comme absolument divers et partout hétérogènes, mais non plus comme homogènes, puisque l'homogénéité absolue c'est évidemment la multiplicité absolue excluant radicalement l'unité.

La même chose peut se prouver d'une autre manière encore. Supposons deux phénomènes dont l'un soit la condition nécessaire et suffisante de l'autre. Ces deux phénomènes occupent naturellement des positions contiguës mais différentes dans le temps et dans l'espace. Considérons une portion du premier, c'est-à-dire de l'antécédent, qui soit distante du conséquent et quant au temps et quant à l'espace. Comment veut-on que cette portion de l'antécédent concoure pour sa part à la production du conséquent, à moins que son action ne se transmette tout à la fois à travers le temps, puisqu'elle-même meurt avant que le conséquent naisse, et aussi à travers l'espace, puisque entre elle et le conséquent un certain espace s'étend? Il est donc bien certain que le temps et l'espace sont des véhicules de l'action causale. Mais, s'il en est ainsi, nous n'avons plus le droit de les considérer comme indéterminés et homogènes; ils sont, au contraire, absolument hétérogènes, et ce qui constitue le *quid proprium* de chacune de leurs parties, c'est la somme des actions causales qu'elle sert à transmettre.

Il paraît donc certain que cette conception d'après laquelle le temps et l'espace seraient absolument homogènes et indéterminés rend inexplicable toute espèce de rapport de causalité, puisqu'elle exclut radicalement toute action des phénomènes les uns sur les autres : cette action nécessaire à admettre, ainsi que nous l'avons fait voir, ne peut se comprendre que si l'on considère au contraire le temps et l'espace comme déterminés dans toutes leurs parties, et par conséquent comme hétérogènes et concrets.

Mais, si cette dernière conception du temps et de l'espace est adoptée, il est évident qu'il faut renoncer à la théorie de l'antécédent inconditionnel, puisque, comme nous l'avons dit plus haut, cette théorie est liée indissolublement à la conception opposée. Nous pouvons même aller plus loin, et conclure dès maintenant que chaque phénomène dépend en réalité de la totalité de ses antécédents dans temps et de ses coexistants dans l'espace, puisque, d'une part, cette seconde thèse s'impose évidemment dès que la première est écartée; et que, d'autre part, le temps et l'espace une fois reconnus comme étant les véhicules de l'action causale, il n'y a plus aucune raison de

faire partir cette action de tel moment déterminé du temps passé
plutôt que de tout autre, ni de tel point particulier de l'espace plutôt
que de tout autre, ce qui oblige à en faire remonter l'origine à
l'infini dans le temps comme dans l'espace.

A cette conclusion, on peut il est vrai opposer deux objections.
La première, c'est qu'en considérant le temps et l'espace comme
déterminés, concrets et hétérogènes, nous leur donnons beaucoup,
et nous nous mettons en opposition formelle avec le sentiment de la
presque totalité des philosophes de nos jours, et même avec un bon
nombre de ceux du passé, qui n'ont point voulu que le temps et
l'espace fussent des absolus et des choses subsistant en soi, encore
moins des choses déterminées et hétérogènes. La seconde, c'est que
la principale raison sur laquelle nous appuyons cette théorie étrange,
à savoir la nécessité d'expliquer la transmission de l'action causale,
n'est pas bonne, puisque évidemment cette transmission doit se
faire, non pas à travers le temps et l'espace, mais bien à travers les
phénomènes eux-mêmes. Ces deux objections sont justes assurément, ou plutôt elles le seraient si les conclusions auxquelles nou
nous sommes arrêté comportaient l'attribution au temps et à l'espace d'une existence absolue et indépendante de celle des phénomènes. Mais il s'en faut de beaucoup qu'il en soit ainsi. L'effort que
nous faisons pour montrer la nécessité où l'on est de considérer le
temps et l'espace comme des principes d'unité en même temps que
de multiplicité, comme hétérogènes dans toutes leurs parties, et
par suite comme concrets et vivants en quelque manière, ne tend
au contraire qu'à leur identification avec les phénomènes eux-mêmes.
On nous dit que c'est à travers les phénomènes ultérieurs ou concomitants que s'exerce l'action causale de tel phénomène sur tel
autre : nous en sommes d'accord, et c'est pour cela précisément que
nous refusons de reconnaître l'existence d'un temps et d'un espace
qui, homogènes et indéterminés, seraient en soi autre chose que les
phénomènes qui les remplissent, ou pour mieux dire qui les constituent. On dit encore qu'en concevant le temps et l'espace comme
déterminés et concrets, nous leur donnons beaucoup. C'est une
erreur; nous ne leur donnons rien du tout, au contraire, puisque
nous les identifions avec les phénomènes et les y absorbons. A notre
sens, le temps et l'espace ne sont que deux formes de la vie du
monde phénoménal, mais c'est le monde phénoménal qui est réel,
non le temps et l'espace. Une seule chose est donnée primitivement
et absolument, les phénomènes; mais il est de la nature des phénomènes de se développer sous deux aspects et en deux directions différentes. Envisagés sous l'un de ces aspects, les phénomènes cons-

tituent le temps; envisagés sous l'autre aspect ils constituent l'espace.
Il est donc juste de dire tout à la fois que le temps et l'espace sont
concrets, puisqu'ils sont les phénomènes eux-mêmes, et qu'ils ne
sont rien comme nature et comme essence propre, puisque toute
leur réalité est dans les phénomènes qui les constituent. Que si, au
contraire, on veut leur conserver une nature et une essence propres,
il est évident qu'on est obligé de les réduire, l'un à la pure et simple
extension sous forme trilinéaire, l'autre à une extension de forme
différente et unilinéaire : mais nous disons qu'alors on confond le
concret avec l'abstrait, l'être avec ses propriétés et ses déterminations; l'espace réel dont nous sommes une partie, et dans lequel nous
occupons une place, avec l'espace vide et mort des géomètres qui
n'existe et ne peut exister que pour nos imaginations; et enfin le
temps véritable, ce temps *qui nous emporte,* comme dit le sens
commun populaire, ce *Saturne qui dévore ses enfants,* comme
disaient ingénieusement et poétiquement les Grecs, avec la durée
abstraite qui s'exprime en heures, en jours et en années, et qui n'est
qu'une conception de nos esprits, utile seulement pour la mesure du
temps réel. Ainsi nous ne pouvons admettre qu'un temps et un
espace concrets, très différents par conséquent de la pure et simple
extension trilinéaire ou unilinéaire, et par là nous revenons tout à
fait, il faut bien en convenir, à la vieille conception d'Aristote et des
scolastiques, aux yeux de qui l'étendue d'un corps n'était que l'une
de ses propriétés, propriété tout abstraite d'ailleurs, et logiquement postérieure au corps lui-même. Du reste il convient d'ajouter
qu'entre l'opinion des scolastiques et la nôtre, demeure toujours
cette différence importante, qu'aux yeux des scolastiques les corps
avec leur étendue, ou pour mieux dire leur extension, avaient une
existence absolue indépendamment de tout sujet pensant, tandis que
nous sommes persuadé avec Kant que leur existence est tout idéale.

Ainsi l'opposition entre la théorie de l'antécédent inconditionnel
et celle de la dépendance universelle des phénomènes les uns par
rapport aux autres, se ramène analytiquement à l'opposition existant entre deux conceptions de la nature du temps et de l'espace;
l'une qui est celle de Kant, présente le temps et l'espace comme
logiquement au moins antérieurs aux phénomènes, et les phénomènes comme donnés *dans le temps* et *dans l'espace :* la seconde, au
contraire, revendique pour les phénomènes eux-mêmes la priorité
logique, et présente le temps et l'espace comme donnés *dans les
phénomènes.* Nous avons essayé de montrer pourquoi la seconde des
deux théories de la causalité nous paraît préférable à la première. Il
nous resterait, pour être complet, à reprendre la question sous la

seconde forme que nous venons d'indiquer, et laissant de côté com_
plètement le point de vue propre de la causalité, à discuter intrinsè_
quement et pour elles-mêmes la conception kantienne du temps et de
l'espace à laquelle correspond la théorie de l'antécédent incondi_
tionnel, et la conception opposée que nous avons cru devoir adopter,
et à laquelle correspond la théorie de la dépendance universelle des
phénomènes entre eux. Nous ne le ferons pas, parce que nous l'avons
fait ailleurs[1]. Qu'on nous permette seulement de résumer en quelques
mots notre discussion à ce sujet.

Kant, on le sait, pose en principe que l'expérience étant impuis_
sante à nous révéler l'universalité et la nécessité de quoi que ce soit,
nous ne pouvons jamais considérer aucun des caractères appartenant
aux phénomènes comme nécessaire et universel, à moins qu'il n'y
ait là pour nous une condition formelle et *a priori* de l'expérience
même. Cela posé, Kant, considérant que les phénomènes sont tous
donnés nécessairement dans le temps et dans l'espace, sous peine de
cesser d'être pour nous des objets d'expérience possible, en conclut
que le temps et l'espace sont des formes que leur impose *a priori*
notre sensibilité, ce qui implique évidemment l'antériorité logique du
temps et de l'espace par rapport aux phénomènes. Mais, pour que
ce raisonnement fût pleinement concluant, il faudrait qu'il fût établi
que les caractères de l'étendue et de la durée que doivent posséder
effectivement tous les phénomènes, n'ont pas leur principe dans un
processus de l'esprit logiquement antérieur et plus fondamental,
lequel seul serait vraiment la *forme a priori* de notre sensibilité,
tandis que la durée et l'étendue seraient des caractères nécessairement inhérents sans doute à tout phénomène, mais pourtant dérivés.
Or nous sommes convaincu pour notre part que ce processus existe,
et nous nous sommes efforcé même de le dégager. Quoi qu'il en soit,
nous ne pouvons pas songer à rouvrir pour le moment une discussion pareille. Notons seulement deux petits points qui ne peuvent
guère échapper à la sagacité même la moins attentive : c'est que
d'abord concevoir le temps et l'espace comme logiquement antérieurs aux phénomènes, c'est être bien près d'en faire des absolus,
de sorte que Kant n'était peut-être pas aussi éloigné à cet égard de
Démocrite et d'Épicure qu'il le supposait lui-même, et ensuite qu'il
est bien difficile de comprendre comment le temps et l'espace, n'ayant
point d'existence effective indépendamment des phénomènes, peuvent
ne participer en rien à la nature phénoménale et conserver, comme
le veut Kant, une essence vide et indéterminée, alors que des phénomènes sont le concret et la vie même.

1. *Essai sur les formes a priori de la sensibilité.* Alcan, 1884.

D'après ce qui vient d'être dit, on voit que la théorie de la causalité que nous avons exposée et soutenue ruinerait, si elle était vraie, la doctrine kantienne du temps et de l'espace *formes a priori* de la sensibilité. Ajoutons pour mémoire, et tâchons de montrer en deux mots qu'elle ne ruinerait pas moins la doctrine de l'irréductibilité des trois catégories de relation, à savoir la permanence ou substantialité des phénomènes, la réciprocité d'action et la causalité. Il est clair en effet que ce que Kant appelle la partie permanente ou la substance des phénomènes n'est rien autre chose que l'indéfectibilité de leur action à travers le temps, c'est-à-dire la causalité sous l'une des deux formes que nous lui avons reconnues. Du reste, à quelque point de vue qu'on se place, il ne paraît pas possible de se refuser à reconnaître que la partie permanente des phénomènes doive exercer quelque influence sur leur production, et par conséquent en soit cause à quelque titre. Il est plus clair encore peut-être que ce que Kant appelle l'action réciproque des phénomènes simultanés n'est rien autre chose que leur dépendance universelle à travers l'espace, seconde forme de la causalité. Les deux catégories de la permanence et de la réciprocité d'action, loin d'être irréductibles à celle de la causalité, s'y ramènent donc, et l'on peut ajouter qu'elles en épuisent le contenu; car où trouverait-on un rapport de causalité en dehors de ceux qui unissent les phénomènes entre eux dans le temps et dans l'espace? Si maintenant l'on veut bien se rappeler que, d'après ce qui a été dit plus haut, le temps — nous parlons bien entendu du temps réel et concret, non du temps abstrait qui s'exprime en heures, en jours et en années, et qu'on appelle la *durée* — n'est rien autre chose que la permanence même des phénomènes, et que l'espace — nous voulons dire l'espace réel, non l'*extension* abstraite qui s'exprime en mètres cubes ou en fractions de mètre cube — n'est rien de plus que la simultanéité des phénomènes ou leur réciprocité d'action; il en résultera que ces cinq idées : temps, espace, permanence, réciprocité d'action, causalité, que Kant déclare irréductibles entre elles et dont il veut faire autant de conditions *a priori* de l'existence des phénomènes comme de leur intelligibilité, peuvent se réduire à trois, puis à une seule qui les comprend et les résume toutes, l'idée de causalité.

V

Tous nos efforts dans la discussion précédente ont eu pour objet de prouver que la théorie qui prétend rattacher chaque phénomène

est absurde, c'est que le temps n'étant rien par lui-même, et n'ayant aucune réalité en dehors des phénomènes qui le remplissent, puisse néanmoins, en vertu de sa nature propre, donner lieu à un ordre déterminé des phénomènes, et les constituer en séries. Par conséquent, le fait que tel événement est arrivé à telle époque, c'est-à-dire en réalité tant de temps après tel autre événement, ne peut pas consister en autre chose qu'une relation, c'est-à-dire une dépendance par rapport à cet autre événement, puisque, comme nous venons de le rappeler, il ne saurait consister dans une relation avec le temps lui-même, et qu'en dehors du temps et des phénomènes qui le constituent il n'y a rien. Ajoutons que cet autre événement par rapport auquel nous assignons une date à l'événement considéré est absolument quelconque, et peut être pris à volonté parmi tous ceux qui ont précédé celui-là. Nous sommes donc en droit de dire que tout événement dépend, plus ou moins directement, peu importe, mais dépend d'une manière réelle de la totalité des événements qui l'ont précédé dans le temps.

En d'autres termes, tout phénomène doit occuper une place dans la série successive des événements. Cette place, ce n'est pas le temps qui la lui assigne ; donc ce ne peuvent être que les phénomènes eux-mêmes. Ainsi le fait de venir en succession après tel événement constitue, pour le phénomène que vous considérez, un rapport, et par conséquent une dépendance à l'égard de celui auquel il succède : et, comme il est clair que chaque phénomène vient *après* tous ceux qui l'ont précédé, il s'ensuit qu'il dépend d'eux tous, et non pas seulement de son antécédent immédiat. De plus, on voit sans peine que le concept de l'*avant* et de l'*après*, ou de la succession, présuppose logiquement la dépendance des phénomènes entre eux ; ce qui revient à dire que le temps n'est pas une *forme a priori* que doivent prendre les phénomènes pour pouvoir se constituer, mais qu'il en est au contraire un caractère ultérieur et dérivé.

A ces considérations, on en peut ajouter d'autres, plus simples peut-être, et non moins décisives contre la théorie de l'antécédent inconditionnel, et en faveur de celle qui admet la dépendance universelle des phénomènes les uns par rapport aux autres, dans le temps.

Si l'on admet qu'un phénomène N dépend de son antécédent immédiat M, comme celui-ci dépend à son tour de son antécédent L, il est clair que N ne peut pas dépendre de M sans dépendre en même temps de L et de tous les antécédents de ce dernier ; car dépendre d'une chose, c'est évidemment dépendre de tout ce dont cette chose elle-même dépend. Donc, entre la thèse de Hume qui niait toute dépendance des phénomènes entre eux, et celle que nous défendons, il n'y a pas de milieu. Si l'on admet un rapport de dépendance du conséquent à l'antécédent, il faut en faire remonter le principe jusqu'à l'origine idéale des choses, c'est-à-dire à l'infini ; mais vouloir limiter la dépendance de chaque phénomène à son antécédent immédiat, c'est prendre une position intenable.

De plus, quand même on nierait qu'un phénomène, par cela seul qu'il dépend de son antécédent immédiat, dépende également de tous les antécédents de celui-ci, il resterait toujours que lui-même dépend de son propre conséquent ; car enfin, si relation (et dépendance sont, comme il est évident, deux termes d'extension rigoureusement égale et pouvant être pris l'un pour l'autre, comme toute relation est nécessairement réciproque, il faut bien reconnaître que toute dépendance l'est également. Donc, c'est une vérité incontestable, en dépit des protestations irraisonnées du sens commun, que toute dépendance d'un conséquent B à l'égard de son antécédent A est en même temps une dépendance de l'antécédent A à l'égard du conséquent B : ce qui ruine manifestement la théorie de l'antécédent inconditionnel. On objectera qu'il est impossible qu'un phénomène actuel dépende de son conséquent qui n'est pas encore ; mais parler ainsi c'est faire du moment présent quelque chose d'absolu, ce qui est absurde, si l'on reconnaît, comme il le faut bien, que le temps en général est purement relatif. Notre observation subsiste donc tout entière.

Si maintenant l'on veut bien prendre garde que tous les phénomènes sensibles occupent une situation dans l'espace, de la même manière qu'ils arrivent dans le temps à une certaine époque, et que l'espace, pas plus que le temps, n'est une chose en soi qui puisse constituer à chaque phénomène sa situation propre, on reconnaîtra que tous les raisonnements que nous venons de tenir par rapport au temps pourraient être repris mot pour mot par rapport à l'espace. Il suit de là qu'à l'ensemble des relations dans le temps auxquelles est soumis chaque phénomène, nous devrons ajouter un ensemble de relations analogues dans l'espace, et la formule définitive de la causalité à laquelle nous devrons nous arrêter sera celle-ci : Tout phénomène dépend à la fois de la totalité de ses antécédents dans le temps et de ses coexistants dans l'espace : σύμπνοια πάντα.

VI

Nous devons pourtant reconnaître que cette conception de la causalité et aussi l'identification du temps et de l'espace avec les

phénomènes eux-mêmes qui en est la conséquence, soulèvent des
difficultés réelles. L'induction, il ne faut pas l'oublier, est la condition de la science, ou plutôt elle est la science même. Or l'induction
consiste à ériger en loi, c'est-à-dire à universaliser dans le temps et
dans l'espace un rapport constaté entre deux phénomènes. Si donc
chaque phénomène dépend, non pas d'un antécédent unique, ni
même d'un groupe déterminé d'antécédents, mais d'une série sans
fin, et par conséquent non totalisable, de conditions antécédentes
dans le temps et concomitantes dans l'espace, aucun phénomène
ni aucun groupe de phénomènes ne peuvent suffire à déterminer un
conséquent, et alors que devient l'induction, que devient la science?
D'un autre côté, il est incontestable que l'induction réussit, que la
science se fait, et alors que devient la théorie?

La réponse pourtant est aisée. Il est certain que, si l'induction
devait être quelque chose d'absolu, s'il fallait qu'elle consistât dans
une détermination rigoureuse et totale des phénomènes, tant en
qualité qu'en quantité, et cela en vertu du rapport qui les lie à leurs
antécédents, l'induction serait impossible. En fait, il en est autrement : si nous déterminons les phénomènes en qualité et en quantité,
ce ne peut jamais être que d'une manière approximative. Bien loin
donc de demander à l'induction des résultats d'une précision idéale,
nous nous contentons parfaitement de solutions par à peu près suffisantes pour la pratique. Or il est clair que l'induction ainsi entendue
n'exige pas une totalisation entière des conditions de chaque phénomène. Pour que nous soyons en droit de considérer un rapport de
dépendance entre deux phénomènes A et B comme constituant ce
que nous appelons une *loi*, il n'est nullement nécessaire que A soit la
condition unique et totale de B; il suffira qu'il en soit la condition
prédominante, mais prédominante à tel point que toutes les autres
influences qui concourent à la production de B disparaissent devant
celle-là; de sorte que, A étant connu, il soit possible de déterminer
B par avance en qualité et en quantité, avec une approximation suffisante, eu égard à la perfection des moyens de vérification dont nous
pouvons disposer : et si, en fait, l'induction est praticable, c'est
qu'apparemment la condition que nous venons d'indiquer se trouve
réalisée dans la nature. Par exemple, quand M. Le Verrier calcula
a priori la masse, l'orbite, et la position dans le ciel à un moment
donné de l'astre hypothétique qui devait d'après lui donner lieu aux
déviations constatées d'Uranus, il dut, pour déterminer la position
théorique de cette dernière planète, tenir compte de l'action qu'exer-
çaient sur elle le soleil et quelques-uns des astres les plus voisins:
le résidu de l'action exercée, constituant justement la déviation

d'Uranus, fut attribué à la planète hypothétique. Or il est évident que les influences des astres connus qui composent le système solaire n'étaient pas les seules que subit Uranus. Une infinité d'autres astres perdus dans l'immensité de l'espace agissaient également sur cette planète; seulement toutes ces actions prises ensemble formaient un contingent si faible que l'astronome put les négliger pour s'en tenir à la détermination des causes prédominantes, et ses calculs se trouvèrent si exacts que l'on put, peu de temps après, constater l'existence de Neptune au point précis du ciel que lui-même avait d'avance désigné. On le voit, la possibilité d'une solution du problème dépendait de l'isolement du système solaire par rapport à ce que nous appelons les étoiles fixes, c'est-à-dire de l'existence d'un petit nombre de conditions ayant une action prédominante sur la marche du phénomène. Heureusement pour nous, les choses se passent d'une manière analogue dans une multitude de cas, et la plupart des phénomènes dépendant d'une façon extrêmement étroite d'un petit nombre d'antécédents que nous pouvons assigner, il nous est permis de les subordonner à des lois. Mais, ne nous y trompons pas, il n'y a là qu'une faveur de la nature, non une nécessité des choses. Du reste, la nature ne s'est pas engagée à nous accorder toujours cette faveur; elle nous la refuse quelquefois au contraire. Par exemple, un homme et une femme s'unissent pour l'acte de la génération : qui pourrait décrire d'avance avec précision la figure, le tempérament, les aptitudes intellectuelles, les dispositions morales du sujet qui naîtra de cette union? C'est qu'ici les causes prédominantes de toutes ces particularités sont extrêmement complexes, plongeant par leurs racines bien avant dans le passé, et remontant souvent jusqu'à plusieurs générations d'ancêtres. Puis, entre ces deux cas extrêmes, il y a une multitude de cas intermédiaires. Par exemple, l'effet d'un remède à prendre si l'on est malade est tout à la fois beaucoup moins déterminé que la marche d'une planète ou la forme cristalline que prend un sel en se solidifiant, et beaucoup plus aisé à prévoir que les traits d'un enfant encore à naître, mais dont on connaît le père et la mère. La théorie que nous soutenons rend compte de tout cela, tout aussi bien au moins que celle de l'antécédent inconditionnel. Elle permet même d'aller plus loin et de comprendre, par exemple, que les effets de ce phénomène étrange qui s'appelle la génération demeurent d'autant plus mystérieux que l'organisme procréateur et l'organisme procréé sont plus délicats et plus complexes. C'est ainsi que la prévision relativement à certains détails de structure, impossible s'il s'agit d'un homme, devient au contraire assez aisée s'il s'agit d'un cheval, et bien plus encore s'il

s'agit d'un insecte. On comprend même qu'un organisme trè
plexe comme celui de l'homme renferme des parties plus esse
et tout à fait constitutives, dont l'action sera particulièrement
minante dans la procréation d'un homme nouveau, et qui do
lieu à un ensemble de caractères invariables à travers tou
générations qui se succèdent, constituant par là la perman
moins relative de ce que l'on appelle l'espèce.

Donc, disons-nous, la théorie de la connexion universelle d
nomènes n'est pas contraire aux faits ; elle n'implique pas la n
de la science : et pourtant il est certain qu'elle contient un
quence que beaucoup de savants peut-être seraient peu dis
accepter, à savoir que la science n'a pas le droit de se donner
l'expression adéquate et totale de la réalité. Dans la réalité, l
plexité des causes va jusqu'à l'infini ; la science, sous pein
pas être, est contrainte de ramener, d'une façon quelque peu
cette complexité à l'unité. Il résulte de là que la science
nature à peu près ce que le portrait est à la personne qu'il repr
Dans la figure d'un homme il y a un relief véritable ; dans le
il n'y a qu'un plan : dans cette figure, la vue et le toucher
guent des chairs, des poils, des dents ; dans le portrait, il n'
des matières colorées d'une nature toute différente de celles-l
est la fidèle représentation de l'autre, et pourtant quiconque
jamais vu de physionomies d'hommes autrement qu'en pein
aurait à coup sûr une idée fort inexacte. De même la conna
scientifique, quoique représentant la nature très exacteme
manière, n'en est pourtant qu'une sorte de schème : c'est
chose comme une projection de la réalité avec son relief et sa
deur sur le plan uniforme de la pensée abstraite. Faut-il s'en é
Faut-il s'en plaindre ? Nullement ; reconnaissons seuleme
vérité, dont nous devions bien nous douter un peu, que l'e
l'homme, au moins quant à sa pensée discursive et conscient
pas adéquat à la nature, et que la science, produit du génie
au même titre que l'art, est en un sens aussi subjective, aus
tive, aussi *humaine* en un mot que l'art lui-même.

Notre siècle a poussé jusqu'à l'idolâtrie l'amour de la s
C'est là une erreur et une illusion qu'expliquent assez les tri
de toutes sortes que la science a de nos jours remportés sur la
mais que la réflexion doit guérir. La véritable valeur de la
est surtout une valeur pratique. Tant qu'il ne s'agit que de r
positifs à obtenir, nous ne sortons pas de l'ordre purement s
et représentatif ; le but à atteindre et les moyens dont nous
sons pour y parvenir sont sur le même plan : on ne voit donc

qui pourrait mettre des bornes à la puissance du génie de l'homme, et limiter l'adaptation faite par lui des forces naturelles à ses vues ou à ses besoins. Dans l'ordre théorique il en est tout autrement. Ici l'objet nous dépasse, et prétendre enfermer soit dans les catégories d'un entendement qui est ce qu'il y a en nous de plus limité, soit surtout dans des formules algébriques, qui n'ont de valeur qu'au regard de la fonction tout abstraite et purement logique de notre pensée, l'infinité réelle qui est dans la nature ou plutôt dans l'esprit de l'homme, c'est une entreprise vaine et qui ne saurait aboutir. Si jamais il nous est donné de pénétrer au sein des choses, ce sera, on peut en être sûr, par une autre voie que la science, et par une autre faculté que l'entendement. C'est pour cela que le déterminisme philosophique ou scientifique — nous voulons dire ce déterminisme qui rattache exclusivement chaque phénomène à un groupe déterminé d'antécédents — rapetissant la nature afin de l'enserrer s'il se pouvait dans les cadres étroits et tout unis de nos catégories, ou, ce qui est pis encore, dans la loi toute formelle de la pure identité, est une doctrine qu'il est permis de trouver pauvre et stérile, et qui même devrait faire horreur à quiconque est tant soit peu pénétré de la présence de l'infini dans la nature et dans l'homme.

De là une grande différence entre la manière dont le savant comprend sa tâche et celle dont le philosophe doit comprendre la sienne. Le savant, lorsqu'il agit en tant que savant, n'a rien autre chose à faire que d'établir des lois. Or la nature, ainsi que nous l'avons dit plus haut, se prête, du moins en général, à l'accomplissement de cette entreprise du savant. Celui-ci peut donc se renfermer strictement dans l'étude du fait particulier qui l'intéresse et fermer les yeux sur tout le reste; son objet se suffit à lui-même et ne suppose rien en dehors de lui. En même temps, à moins de s'être trompé, il a fait une œuvre définitive que personne après lui ne pourra plus contester : il opère donc en quelque manière dans le domaine de l'absolu. Pour le savant qui veut généraliser et par conséquent faire œuvre de philosophe, ou pour le philosophe lui-même, il en est autrement. Au lieu de s'en tenir à un objet limité ou à un point de vue restreint, le savant philosophe doit s'efforcer de tenir compte de tout, d'embrasser tout, de systématiser tout. Sans doute, même en philosophie, il a bien fallu simplifier au début pour s'orienter, pour pouvoir présenter des solutions dont il resterait à examiner le fort et le faible. Si l'on avait voulu tout dire à la fois pour commencer, il est clair que l'on n'eût rien dit. Mais aujourd'hui il semble que le temps soit venu pour le philosophe de se bien pénétrer de l'infinie complexité des choses, afin de ne point s'exposer à présenter comme définitives des solutions du problème universel qui ne peuvent *être* qu'incomplètes. Prendre les limites d'un système pour les colonnes d'Hercule de la vérité est une illusion qui n'est plus pardonnable. Ce que nous disons là a l'air d'une vérité banale; en fait c'est une vérité qu'on méconnaît constamment. L'empirisme prétend ramener à l'association des idées toutes les opérations de l'intelligence, ou plutôt tout l'esprit, parce qu'il réussit à montrer comment on peut trouver dans l'association le principe de certains jugements, de certains raisonnements ; le matérialisme, parce qu'il a pu rattacher à l'organisme, avec quelque apparence de raison, les fonctions sensitives de l'âme, veut aussitôt, et [sans désemparer, y rattacher ses fonctions supérieures; et ainsi du reste. Généraliser trop et trop vite, voilà le grand écueil pour le philosophe; mais, dans tous les cas, on peut tenir pour faux *a priori* tous les systèmes, toutes les doctrines qui, méconnaissant le caractère relatif de notre entendement, prétendent ramener à ses lois et réduire à ses données les principes ultimes des choses.

CHARLES DUNAN.

que celui de nous deux qui les avait endormis; aujourd'hui, quoiqu'ils obéissent à celui-là seulement de nous deux qui vient de les hypnotiser, il leur arrive d'entendre l'autre. Je signalerai même à ce propos un fait curieux, et dont je ne trouve pas d'exemple chez les auteurs. Le jeune L...e étant endormi par M. Robinet, si, à ce moment, je lui saisis brusquement la tête en plongeant mon regard dans le sien comme pour l'hypnotiser à nouveau, il vient se greffer sur le premier sommeil une espèce d'hypnotisme au second degré, où la congestion de la face est si accentuée, la contraction générale des muscles si effrayante, que nous n'avons pas encore osé prolonger l'expérience pendant plus de cinq à six secondes. Si je réveille alors notre sujet, il se retrouve dans l'état où M. Robinet l'avait mis d'abord, et il faut que celui-ci lui souffle sur les yeux à son tour pour le ramener à l'état normal. Je ne sais ce qui se passerait si, au second sommeil ainsi provoqué par moi, M. Robinet essayait d'en superposer un troisième. Mais j'arrive à ce qui fait l'objet spécial de la présente communication.

Un de nous deux, M. Robinet, par exemple, se met devant une fenêtre, debout, le dos presque tourné à la lumière; il endort L...e et le place vis-à-vis de lui; puis il ouvre un livre au hasard et le tient à peu près verticalement à 10 centimètres environ de ses yeux, mais un peu au-dessous, de manière à pouvoir toujours fixer son regard sur le sujet endormi; il ordonne alors à celui-ci d'indiquer le numéro de la page droite par exemple. A supposer que L...e se trompe la première fois, il rectifie aussitôt son erreur si l'on a soin de déplacer le livre de quelques centimètres dans un sens ou dans l'autre jusqu'à ce qu'il déclare lire distinctement. Même succès quand on lui fait deviner les mots placés en tête de la page, les titres de chapitre par exemple, pourvu qu'ils se détachent du reste du texte. Nous avons répété l'expérience plusieurs fois sur les trois autres sujets; mais, à l'exception de P...r, qui devinait à peu près une fois sur deux, ils étaient loin de donner des résultats aussi satisfaisants.

Si je demande à l'un quelconque de ces quatre sujets, une fois endormi, comment il s'y prend pour deviner le nombre ou le mot, il répond invariablement : « Je le vois. » — « Où le voyez-vous? » — « Là. » Et, passant un doigt sous le livre, de manière à pouvoir toucher la page que je regarde, il le pose avec une étonnante précision sur le numéro ou le titre qu'il s'agissait de deviner. Je m'étonne alors qu'il puisse lire à travers l'épaisseur du livre et de la couverture, et j'ajoute : « Montrez-moi donc la couverture du livre. » — « La voici. » Et, en même temps qu'il prononce ces mots, il passe la main sous le livre. la porte en avant de la page, et m'indique, non pas la place réelle de la couverture, mais le plan symétrique de cette couverture par rapport à la page ouverte. Bref, à l'en croire, c'est devant ses yeux que le livre est ouvert, et non devant les miens; il s'imagine lire, et place naturellement la couverture derrière la page ouverte.

Ce fut pour nous un trait de lumière. Déjà nous avions remarqué que, si nos jeunes gens se trompaient sur le numéro de la page, l'erreur portait moins sur les chiffres mêmes que sur leur ordre : il arrivait souvent à P...r de lire le nombre retourné, de dire 213 pour 312, 75 pour 57, etc. Bref, tout se passait comme si le sujet endormi lisait pour tout de bon, mais lisait dans un miroir, où il eût aperçu les images symétriques des objets réels. En présence de ces observations, il nous parut naturel de supposer que la lecture se faisait sur la cornée du magnétiseur, jouant le rôle de miroir convexe. Sans doute, l'image réfléchie devait être d'une petitesse extrême, étant donné que les chiffres ou lettres à deviner n'avaient guère plus de 3^{mm} de hauteur. En supposant alors à la cornée un rayon de courbure de $7^{mm},8$, un calcul fort simple montre que cette cornée, agissant comme miroir convexe, présentera une image des chiffres et des lettres dont la hauteur sera un peu inférieure à $0^{mm},1$. Toutefois, une pareille hypothèse n'avait rien d'invraisemblable, vu l'hyperesthésie singulière que l'on a pu constater dans l'état d'hypnotisme, et que l'on provoque par suggestion dans bien des cas. Nous recommençâmes donc nos expériences, en ayant soin de regarder d'abord en cachette le numéro de la page, puis de fermer les yeux au moment où nous interrogerions notre sujet. Nous eûmes beau concentrer toute l'énergie de notre attention sur les chiffres pensés : le nombre des réussites, même partielles, devint si insignifiant que l'expérimentateur le plus crédule n'eût pas hésité à les mettre, comme nous, sur le compte du pur hasard. Ainsi, il n'y avait pas trace de suggestion mentale. Nous passâmes à une troisième série d'expériences, ouvrant les yeux cette fois, mais faisant varier l'éclairage de la page ouverte et de la cornée aussi, de manière que l'image fût plus ou moins nette sur la cornée. Nous constatâmes que la lecture se faisait distinctement : 1° lorsque nous tournions à moitié le dos à la lumière, de manière que celle-ci éclairât le plus possible la page du livre sans que la cornée fût pour cela dans l'obscurité; 2° lorsque l'image se formait sur la partie de la cornée qui fait face à la pupille : cette image, se détachant alors sur un fond noir, acquiert son maximum de netteté. Il ne restait plus, pour s'assurer que la lecture pouvait bien se faire sur la cornée, qu'à vérifier si des chiffres ou lettres dont la hauteur est inférieure ou égale à $0^{mm},1$ deviendraient distincts, à la suite d'une suggestion, pour un sujet endormi; et le plus simple eût été de lui présenter une page imprimée, réduite par la photographie à 1/33 environ de sa longueur. Nous n'avions pas à notre disposition une photographie de ce genre, mais des expériences au moins aussi concluantes qu'eût été celle-là sont venues nous révéler chez le jeune L...e (le plus habile de nos sujets à deviner les nombres) une hyperesthésie si remarquable de la vue que nous sommes décidés à la mettre à profit pour des recherches ultérieures. Nous lui avons montré d'abord une photographie microscopique représentant les membres d'une société savante d'Angleterre. Cette photographie a la forme d'un rectangle dont le plus grand côté mesure 2^{mm} environ; une douzaine de personnes y figurent, assises ou debout autour d'une table. L...e a pu nous les décrire l'une après l'autre et mimer leurs attitudes; j'avais commencé par lui suggérer cette idée que la photographie en question avait la dimension d'une feuille de papier ordinaire, et il la voyait très grande en effet. Nous lui mettons ensuite entre les mains une préparation de tissu épidermique d'orchis, dont les cellules ont été colorées, ainsi que leurs noyaux, au rouge d'aniline. Le diamètre de ces cellules ne dépasse pas $0^{mm},06$; c'est dire qu'elles ne sauraient devenir visibles, ni surtout présenter une forme distincte, sans un grossissement considérable. Nous nous abstenons naturellement de fournir à notre sujet la moindre indication sur ce que porte la plaque de verre; nous nous bornons à lui ordonner de regarder attentivement l'image, de la voir très grande, et de la reproduire ensuite sur une feuille de papier. Après un examen minutieux, L...e dessina des cellules à peu près hexagonales, telles qu'on les voit au microscope, un peu plus régulières cependant. Ces expériences n'ont pas été assez précises pour nous permettre de déterminer le grossissement maximum dont notre sujet est capable, mais elles prouvent surabondamment que la lecture d'un chiffre d'une hauteur de $0^{mm},1$ environ est une opération qui ne présente aucune difficulté pour lui dans le sommeil hypnotique. Nous croyons donc avoir démontré que la prétendue lecture du livre ou de la pensée se fait en réalité sur la cornée de l'hypnotiseur.

Or, voici le point sur lequel nous désirons attirer l'attention de ceux qui s'occupent d'hypnotisme en général, et de suggestion mentale en particulier. Dans le cas que nous venons de citer, les sujets lisaient sur notre cornée les nombres ou les mots qu'ils étaient chargés de deviner, et affirmaient néanmoins qu'ils les voyaient dans le livre, où M. V... leur avait primitivement ordonné de lire.

qu'én un autre. Mais ce qui nous paraît à peu près démontré, c'est
que, dans les premières expériences, P...r *voyait* les mouvements de
M. B..., non pas ceux de la main, sans doute, ni même peut-être ceux
de l'avant-bras, mais tout au moins ceux du coude et de la partie
supérieure du bras et du corps; avec ces éléments, il reconstituait
la direction de la main et devinait avec une grande sagacité le point
où elle allait toucher. Et pourtant de ce travail intellectuel si délicat
rien n'arrivait peut-être à la conscience; ou plutôt cette opération
se traduisait à la conscience du sujet endormi sous forme de piqûre
sentie au point même où, selon ses calculs, l'épingle de M. B... avait
dû se poser.

Je ne sais maintenant si je dois rapporter l'expérience suivante,
qui a été conduite avec trop de légèreté pour qu'on puisse en tirer
une conclusion positive. Le jeune P...r étant endormi par moi, je
lui prends la main, j'approche mon front du sien, et je lui ordonne
de deviner le mot sur lequel je vais fixer mon attention. C'est M. B...
qui doit chaque fois écrire au crayon sur une feuille de papier le
mot auquel j'aurai à penser; il écrit d'abord « livre ». Au bout de
quelques instants, P...r déclare sans la moindre hésitation que je
pense à un livre. — Avec le mot « soufflet », pas de succès. — A la
troisième épreuve, M. B... m'indique, toujours par le même procédé,
le mot « chapeau ». P...r hésite un peu; puis, comme s'il éprouvait
de la peine à articuler le mot, il balbutie : « Ch... cha... chapeau ».
Nous recommençons l'expérience, mais, cette fois, on se borne à me
montrer du doigt, dans un livre ouvert au hasard, un mot simple
auquel je devrai penser : P...r n'a jamais pu deviner, malgré la multiplicité des expériences; et c'est en vain que, pour faciliter sa tâche,
je l'invitais à désigner une à une les lettres du mot au lieu de le
prononcer tout de suite en entier. Quoique nous n'ayons pas eu le
temps de faire varier suffisamment les conditions de cette expérience, on peut admettre, je crois, que, dans les premiers cas, P...r
avait suivi des yeux le crayon de M.B..., et que, malgré la distance qui
l'en séparait, malgré l'impossibilité où il eût été, à l'état de veille, de
deviner aux mouvements d'un crayon le mot que l'on traçait, il était
pourtant arrivé à le lire. Si c'est bien ainsi que les choses se sont
passées, n'est-ce pas un cas vraiment curieux de « simulation
inconsciente » que celui de ce sujet qui, connaissant fort bien le
mot qu'il devra prononcer, s'y reprend cependant à deux ou trois
fois avant de le faire, comme s'il se livrait à un pénible travail de
divination? Et pourtant on ne saurait lui en faire le moindre reproche; il exécute de son mieux l'ordre qu'on lui donne, et tous les
moyens lui sont bons parce qu'il est incapable de désobéir.

Je lis dans la *Revue Philosophique* de février 1886 (page 204) une intéressante communication de M. Beaunis. Il s'agit d'un cas de suggestion mentale. Le sujet endormi avait deviné, sans l'exécuter il est vrai, un ordre écrit sur une feuille de papier par un des assistants. M. Beaunis se demande lui-même si le jeune homme n'avait pas trouvé moyen de lire à distance sur la feuille de papier. Les expériences que je viens de citer tendraient à confirmer cette hypothèse.

Et, à ce propos, je rappellerai des expériences bien extraordinaires faites par la *Society for psychical Research* et rapportées, non sans une certaine pointe de scepticisme, par M. Charles Richet, dans un très remarquable article sur la suggestion mentale (*Revue Philosophique*, décembre 1884). L'opérateur tenant un jeu de cartes à la main et concentrant toute son attention sur celle qu'il regarde, un sujet en état d'hypnotisme est chargé de la deviner. L'expérience aurait réussi 9 fois sur 14 d'abord, puis 8 fois sur 27. A-t-on pris toutes les précautions nécessaires pour que le sujet ne pût apercevoir l'image de la carte sur la cornée de l'opérateur qui la regardait? — Même question pour l'expérience des portraits citée par M. Pierre Janet dans sa communication si neuve et si intéressante du mois de février (*Revue philosophique*, 1886, page 198). Il n'est nullement nécessaire de regarder un portrait qu'on tient à la main pour que, dans certaines positions, la cornée en reflète l'image.

Je ne veux tirer aucune conclusion de ce qui précède. Des cas de suggestion mentale ont été observés par des expérimentateurs si habiles et d'un sens critique si exercé qu'il me paraît difficile d'en contester l'existence; les observations contraires ne prouveront rien, tant qu'elles n'auront pas été faites sur les mêmes sujets. Mais je tiens à attirer l'attention sur ce fait qu'un sujet hypnotisé, lorsqu'il reçoit l'ordre d'exécuter un tour de force tel que la lecture de la pensée, se conduira de très bonne foi comme ferait le moins scrupuleux et le plus adroit des charlatans, qu'il mettra inconsciemment en œuvre des moyens dont nous soupçonnons à peine l'existence, une hyperesthésie de la vue par exemple ou de tout autre sens, et que, inconsciemment aussi, nous lui aurons suggéré nous-mêmes cet appel à des moyens illicites en lui donnant un ordre qu'il est incapable d'exécuter d'une autre manière.

H. BERGSON.

Clermont-Ferrand, 9 juillet 1886.

NOTES ET DISCUSSIONS

LES DIVERSES ÉCOLES HYPNOTIQUES.

L'autorité du nom de M. Delbœuf et l'intérêt qui s'attache à tout ce qu'il écrit me déterminent à compléter par quelques observations son dernier article sur l'Hypnotisme [1], dont certains points pourraient donner lieu à des interprétations inexactes. En essayant de concilier les expérimentateurs de la Salpêtrière avec ceux de Nancy, l'auteur n'a pas signalé, selon moi, la question qui les divise. Il faut tout de suite mettre hors de cause les phénomènes de suggestion; car les sujets de la Salpêtrière sont susceptibles de présenter tous les effets de suggestion qu'on a décrits à Nancy, et qui d'ailleurs avaient été signalés pour la plupart, antérieurement aux travaux de MM. Liégeois, Bernheim et Beaunis, par mon excellent ami M. Ch. Féré, médecin de la Salpêtrière. A mon avis, le dissentiment des deux écoles porte principalement sur les phénomènes physiques de l'hypnose, tels que les contractures léthargiques, les attitudes cataleptiques, etc. Les expérimentateurs de Nancy ne retrouvent pas chez leurs sujets ces phénomènes physiques qui ont été décrits avec tant de soin par M. Charcot et ses élèves. D'où vient une différence aussi capitale?

M. Beaunis pose la question, mais il s'abstient de la résoudre, faute de documents suffisants. M. Bernheim, moins prudent, affirme sans aucune preuve que les trois états décrits par M. Charcot et les signes physiques qui les accompagnent sont de simples produits de la suggestion. M. Delbœuf, examinant à son tour cette grave question, essaye de la résoudre par la voie expérimentale. Mais les faits qu'il nous rapporte nous paraissent insuffisants; en effet, ces faits démontrent seulement que l'exemple, l'imitation d'un malade par un autre, — c'est-à-dire *la suggestion*, — a pour résultat de changer certaines *habitudes psychiques* du sujet. A la vérité nous nous en doutions un peu. Qu'on relise avec soin son article : on y verra simplement que trois sujets, façonnés par Donato, prenaient une attitude agressive pendant le sommeil, s'attachaient à l'opérateur, le bourraient de coups de poing quand il détournait la tête, et accomplissaient avec violence toutes les suggestions d'acte, comme de marcher, de danser, etc. L'auteur met ces sujets turbulents en présence d'une jeune fille qui, pendant son sommeil provoqué, restait tranquillement sur sa chaise (p. 165); il fait remarquer aux sujets de Donato la tranquillité de la jeune fille, puis il les engage à se conduire comme ce modèle; et ceux-ci l'imitent de point en point, en ne donnant plus aucun signe de sauvagerie ni de violence. On voit

1. *Revue philosophique,* août 1886.

qu'il ne s'agit dans tout ceci que d'habitudes psychiques. M. Delbœuf ne s'est point occupé des phénomènes physiques de l'hypnose, que d'ailleurs il paraît ne pas avoir rencontrés chez ses sujets[1]. Il n'a donc pas pu démontrer que ces phénomènes physiques ont été inventés par suggestion et propagés d'un sujet à l'autre par la contagion de l'exemple.

Pour résoudre le débat actuel, il faut d'abord faire l'expérience suivante, à laquelle nous convions M. Delbœuf :

Prendre un sujet neuf, chez lequel on ne réussit pas à provoquer sans suggestion les trois phases physiques de l'hypnose, ni aucun phénomène purement physique, et essayer de reproduire à l'aide de la suggestion verbale seule : 1° l'hyperexcitabilité neuro-musculaire de la léthargie, avec sa localisation d'une précision anatomique; 2° l'hyperexcitabilité cutano-musculaire du somnambulisme; 3° la conservation des attitudes, sans tremblement du membre étendu et sans modification du rythme respiratoire; 4° les divers états dimidiés de l'hypnotisme.

Nous n'avons sur ces questions aucun parti pris. Nous ne sommes nullement certains qu'on ne puisse pas reproduire par la voie de la suggestion les symptômes énumérés ci-dessus. Le fait fût-il exact, il n'en résulterait pas le moins du monde que la suggestion fût le seul moyen capable de produire ces effets; il y aurait encore lieu de rechercher si les malades de la Salpêtrière, dans les conditions où ils ont été placés, ont été soumis à l'influence de la suggestion. De toute façon, il y a là de nouvelles recherches à faire, et bien dignes de tenter l'initiative de M. Delbœuf.

En terminant, nous pouvons nous approprier les paroles très justes de M. Delbœuf lorsqu'il dit que les résultats acquis de part et d'autre, par des écoles opposées, quoique contradictoires en apparence, n'en sont pas moins réels. La réalité des phénomènes hypnotiques n'est plus en cause aujourd'hui. C'est l'École de la Salpêtrière qui a découvert la première les signes objectifs permettant d'exclure complètement le danger de la simulation. La question qui s'élève maintenant est tout à fait différente; elle est de savoir par quel mécanisme sont produits certains phénomènes de l'hypnose, si c'est par suggestion ou par des manœuvres purement physiques.　　　　ALFRED BINET.

———————

Mon cher Directeur,

Je commence par remercier M. A. Binet d'avoir bien voulu me communiquer ses observations à propos de mon dernier article sur l'hypnotisme, pour que je puisse y joindre au besoin mes réflexions.

[1]. Il est vrai que l'auteur dit avoir obtenu par suggestion des phénomènes de léthargie, de catalepsie et de somnambulisme (p. 165), mais il n'attache malheureusement pas un sens précis à ces termes, qui sont cependant techniques; comme exemple d'attitude cataleptique, il cite une paralysie suggérée de la jambe (p. 166); plus loin, il écrit en propres termes : « Je lève les bras du sujet, ils retombent; il est en catalepsie » (p. 169); or la catalepsie se caractérise précisément par le phénomène inverse, la conservation des attitudes communiquées, etc.

J'en suis d'autant plus heureux que l'occasion m'est par là offer
corriger un lapsus du typographe dont je ne me suis sans dout
aperçu sur l'épreuve, et qui m'a sauté aux yeux quand je me sui
en volume. Il me vaut le reproche assez inattendu de ne pas att
un sens précis aux termes de catalepsie et de léthargie, lorsque,
sieurs reprises, notamment p. 146, 150 et 153, je prends la peine
définir. Je vois que j'ai eu tort de croire que le lecteur répareralt
peine mon inadvertance. Je rétablis le texte, en rappelant briève
ce dont il s'agit. « M. Ch.... a interdit à B. endormi de se laisser end
par moi. Sa défense reste sans effet ; B. réveillé s'endort immédiate
à ma parole. Mais, chose curieuse, j'éprouve de la difficulté pc
réveiller. Je m'avise alors de *le distraire* en parlant de choses et d'au
et, à un certain moment, je le réveille sans peine. La scène ayant
senté quelques particularités intéressantes, je juge bon de la re
mencer avec une variante. M. Ch.... endort B. et lui intime la dél
de se laisser réveiller par moi. Mes tentatives échouèrent d'abo
mais j'ai confiance dans l'association des idées. Je caresse B...
lui lève les bras, ils retombent; [il est en léthargie. Je les lui coa
ture par le geste qui m'est familier;][1] il est en catalepsie. A ce mon
je m'écrie : *Il est à moi!* En effet, il s'est réveillé à la simple pa
On peut, comme on le voit, *détourner l'attention* du somnambu
J'ai remplacé entre crochets la lacune. On voit que ma *ruse* a con
tout simplement à faire repasser le sujet par un certain cycle de
nomènes à lui connus et se terminant par le réveil. Telle était l'a
ciation des idées sur le pouvoir de laquelle je comptais.

Enfin, page 166, j'ai omis de dire — regardant le détail comme supe
vu l'en-tête *poses cataleptiques* — que B. tenait sa jambe en l'air.

Ces rectifications faites, j'aborde les questions qui me sont po
par M. Binet. Mon article y répond d'une manière dubitative, il est
« Il y aurait peut-être, dis-je (p. 170, comp. aussi p. 157), à compl
la démonstration de ma thèse en faisant prendre à J... ou à M..
habitudes des malades de la Salpêtrière, telle que la W..... J'ai l'in
conviction qu'il me suffirait de la leur faire voir, ou même simple
de leur raconter ce qui se passe avec elle pour qu'elles l'imitent,
peut-être en ce qui a rapport avec l'hyperesthésie neuro-muscu
et les états dimidiés. » Je me sens d'ailleurs incapable de *dresser*
sujets — s'ils peuvent être dressés — à reproduire les phénom
neuro-musculaires si étonnants dont j'ai été le témoin ainsi
M. Masius, parce que je ne suis pas anatomiste. Mais quand on
obtenus pour la première fois à la Salpêtrière, s'est-on rappelé, a

---

1. Étant à la campagne, j'ai corrigé de mémoire. Voici le texte de mes
: [il est en léthargie par conséquent. Je l'ai un peu excité; puis le bras s'est
en catalepsie]. Voici maintenant le texte de mon manuscrit : [il est en léth
Une légère excitation le met en catalepsie]. Si je n'introduis pas cette mo
tion insignifiante dans l'épreuve imprimée, c'est pour ne pas enlever aux
vations de M. Binet leur raison d'être.

même songé à se rappeler toutes les circonstances qui avaient présidé à leur apparition? Quand M. Masius et moi frottions avec conviction le vertex de la jeune malade aphone, nous ne nous faisions pas faute de lui dire : Réveillez-vous! réveillez-vous donc! Si nous avions continué nos expériences avec elle, nous en serions bien vite arrivés — je ne conserve aucun doute sur ce point — à la réveiller par la simple friction sans la parole; et nous aurions cru à l'efficacité absolue de la friction, et à l'inutilité de la parole. Aurions-nous été dans le vrai?

Les phénomènes de transfert, par exemple, me sont restés suspects, parce que je me défie des suggestions inconscientes données par l'hypnotiseur. J'ai fait sur ce point des expériences qui m'ont donné des résultats *absolument négatifs* et, j'oserais presque ajouter, *concluants*. Je les publierai prochainement. Il m'eût suffi de *bien peu de chose* pour obtenir des résultats diamétralement opposés.

Le lecteur voudra bien le remarquer, je ne nie pas; je doute. Je crains que le sujet — il s'agit toujours principalement de cette célèbre W..... — ne devine ce que l'on veut obtenir d'elle. Comment serait-elle arrivée à savoir deviner? Je n'en sais rien, et peut-être est-il impossible maintenant, pour le cas où il en serait ainsi, de le savoir.

Voilà pour les questions 1°, 2°, 4°. Quant au 3°, je ne suis pas embarrassé de donner la réponse. Mes sujets J. et M., ainsi que A., B et C., les sujets de M. Ch...., conservent indéfiniment, sans fatigue, sans tremblement, sans accélération du rythme respiratoire, les attitudes qu'on leur fait prendre. M. Masius a laissé pendre au bras de J..... une lourde chaise, pendant plus de 10 minutes, sans qu'elle fléchît. Seulement le lendemain elle accusait dans la hanche une gêne qu'elle ne savait à quelle cause attribuer.

M. Binet veut bien s'approprier mes paroles; je ne fais pas de difficulté de m'approprier les siennes : « Nous n'avons sur ces questions aucun parti pris, etc. »

Un mot encore cependant. M. Binet parle toujours de mes *malades*[1]. J.... et M.... sont loin d'être des malades, on peut m'en croire. Ce sont deux fortes filles, bien robustes, bien saines, et de mœurs absolument pures. Elles ont reçu une bonne éducation primaire, et J.... particulièrement est très intelligente. Entre parenthèses, elle essaye de se raisonner ce qui se passe en elle. Ce qui m'a conduit à des expériences des plus curieuses sur le raisonnement chez les hypnotisés. Mais depuis j'ai eu l'occasion d'hypnotiser dans le village où je passe mes vacances une solide campagnarde de dix-neuf ans (taille 1 mètre 53, poids 68 kilog.) dont je relaterai l'histoire à la prochaine occasion. Elle fut endormie pour la première fois en 4 ou 5 minutes. Je lui avais annoncé que j'allais l'endormir. Elle présenta *immédiatement* — mais je la prévenais toujours de ce qui allait se passer — les phénomènes ordinai-

---

[1]. Cette rectification n'a plus de sens, M. Binet ayant, partout dans sa réponse, biffé ce mot. Je la laisse pour ne pas perdre le bénéfice.

res, anesthésie, aphonie, impossibilité de dire son nom, amnésie
aux contractures et aux poses cataleptiques, je ne les obtenais
lui étendais le bras horizontalement ou je le ramenais sur la
et je lui disais qu'elle ne pourrait plus le ployer ou qu'un s
saurait le lui abaisser ou l'ouvrir; ma prédiction ne se réal
aucune façon. Il fallait voir l'air *étonné* de la fille en constatan
pouvait baisser le bras au moment où je lui disais le contrair
alors venir devant elle M.....; je lui fis expérimenter la raideu
membres, quand elle était hypnotisée et contracturée. Notre p
— j'oublie de dire qu'à ce moment elle était réveillée — comp
de suite ce que je lui voulais, et, rendormie, elle se laissa m
catalepsie sans la moindre hésitation.

J'ajoute que cette fille se souvient *spontanément* de ce que
dit ou fait faire pendant son sommeil, elle me répète mot p
mes paroles; — rares sont les lacunes de sa mémoire.

P.-S. Je viens de faire des expériences avec ma nouvelle
Pouls à l'état normal, 78; hypnotisée, je lui mets le bras droit
position horizontale. Elle est assise, sur une chaise ordinaire
non appuyée. Au bout de 6 minutes, je prends le pouls, il est i
bout de 8 minutes et demie, à 84. (Je note ici que je n'ai pas de o
secondes indépendantes, mes indications comportent donc une
incertitude.)

Je fais venir J.... Elle a mal aux bras d'avoir lessivé et elle es
mée. État du pouls, 84. Je l'hypnotise debout, lui fais étendre
droit, et pends à son poignet une chaise de 4 kilog. Au bout (
nute et demie, le bras fléchit un peu; le pouls est à 86.

Même expérience avec la première; *le bras tremble*, le poul
rapidement de 78 à 84.

Je fais venir M..... Chez elle l'état cataleptique n'a pas la ferm
u chez J.... Comme je l'ai dit, elle est, en général, plus lourde
molle que sa sœur. Pouls normal, 76. Je l'hypnotise *debout*, bras
sans chaise; le pouls monte rapidement à 92; et elle devient
J'attribue ces effets à la position mal assurée qu'elle a prise. Je
asseoir sans changer la position du bras; au bout d'une demi-
la rougeur a disparu, le pouls est à 82, et descend tout de suite

La suggestion peut, chez elle, accélérer ou ralentir les mouv
du pouls. Mon collègue, M. Van Aubel, professeur de pathologie
versité de Liège, a constaté que son pouls montait presque ins
ment de 18 à 25 sur la suggestion qu'elle avait beaucoup o
qu'elle était hors d'haleine. La suggestion qu'elle était repos
mait aussi vite cette exaltation des mouvements cardiaques.

Je rappelle, pour finir, que j'évite autant que possible de fai
J.... et M.... des expériences étrangères au sujet dont je m'occ
peur de leur donner des habitudes perturbatrices.

                                                J. DELBŒUF.

M. Delbœuf se défend avec vivacité du reproche que je lui ai adressé
de ne pas employer dans leur sens technique les termes de léthargie
et de catalepsie; il invoque pour sa défense une faute de typographie,
mais sa rectification n'est pas heureuse, car elle prouve qu'il s'est imaginé produire de la *catalepsie* chez sa malade en lui *contracturant* les
bras par le geste; il confond par conséquent la catalepsie et la contracture par suggestion. D'ailleurs à la page 165, l'auteur dit qu'il a produit chez J... des phénomènes de léthargie, catalepsie, somnambulisme;
c'est encore une erreur, la nommée J., qui me paraît être une somnambule vulgaire, ne présente pas trace de léthargie et de catalepsie dans
les descriptions de l'auteur.

Sur le fond du débat, mes observations subsistent. J'avais dit qu'avant
de soutenir que l'École de la Salpêtrière eût fait de la suggestion, il fallait
commencer par montrer que les phénomènes physiques de l'hypnose
constatés à la Salpêtrière peuvent être reproduits par la suggestion
seule. L'auteur se récuse en déclarant qu'il n'est pas anatomiste : son
incompétence lui interdit donc le problème qu'il s'était flatté d'avoir
résolu, la réconciliation des écoles rivales (p. 169, ligne 32). Il n'amé-
liore pas sa cause en insinuant que la suggestion a joué un grand rôle
à la Salpêtrière; ce n'est pas ainsi que j'ai posé le problème. En résumé,
M. Delbœuf a prouvé que la suggestion peut adoucir des sujets de
caractère agressif; il a insinué à ce propos que la suggestion explique
les autres effets hypnotiques. Cela ne suffit pas pour résoudre la question pendante entre la Salpêtrière et Nancy.

A. B.

P.-S. M. Binet — à qui j'ai communiqué le manuscrit de ma réponse
— persiste à faire état d'un lapsus typographique évident. Il tient apparemment beaucoup à faire accroire aux lecteurs que je confonds la
léthargie et la catalepsie. Il serait cruel à moi de chercher de nouveau
à le priver de ce plaisir. Il m'apprend dans un post-scriptum que par
ma défense j'ai aggravé ma faute. Je confonds maintenant la catalepsie
et la contracture. C'est jouer de malheur. Après cela, est-ce prudent à
moi d'essayer encore de me défendre, d'autant plus que, cette fois-ci,
le reproche est fondé ? Risquons-nous toutefois.

Je croyais m'être expliqué clairement, notamment à la page 153 pré-
rappelée. Si je dis au sujet, en lui mettant le bras dans une certaine
position : *Ne bougez pas*, il ne bouge pas; mais le bras n'est pas
pour cela contracturé, il reste souple comme cire, et je puis lui faire
prendre toutes les figures imaginables. N'est-ce pas là de la catalepsie?
si je lui dis au contraire : *Vous ne pouvez plus remuer le bras*, ou
encore : *Ne vous laissez pas abaisser le bras*, le sujet est flasque
ou raide, ou bien il se raidit, et alors il faut faire les plus grands efforts
pour vaincre sa résistance (à moins, bien entendu, de recourir à la suggestion). Je m'imaginais que c'était là de la paralysie ou de la contracture. J'ajoutais qu'aujourd'hui mes sujets reconnaissaient, à la qualité

de mon geste, si je voulais obtenir « une paralysie, une contracture, ou une simple figure (fallait-il ajouter *cataleptique?*) » N'était-ce pas là faire la distinction classique? Je le pensais. Il paraît que non; mon honorable contradicteur me l'affirme. Soit! Après tout, c'est bien possible. Je serais même fâché de ne pas m'être trompé de peur de diminuer son triomphe.

J'irai même plus loin. Je confesse ingénument que, dans mon idée, il n'y a aucune différence *fondamentale* entre la contracture et la catalepsie (ma lettre en fait foi), puisqu'une légère modification de syllabe ou de geste produit à volonté l'une ou l'autre. Mon ami me répond victorieusement que les effets que j'obtiens par là sont de nature psychique et non physique. Je m'en aperçois bien maintenant. C'est une nouvelle confusion à mettre à mon passif. J'aurai fait de la prose sans le savoir.

Au surplus, une chose est pour moi bien acquise : c'est que le fond du débat est au-dessus de ma compétence. Sganarelle bat Martine, et Martine veut être battue. Ne jouons pas les Robert. Je renvoie donc M. Binet à MM. Beaunis et Bernheim. *Ne sutor ultra crepidam.* En français *sutor* se traduit par *enclume*, et *crepidam* par *marteau*.

J. D.

ANALYSES ET COMPTES RENDUS

Paul Janet. — Victor Cousin et son œuvre, 1 vol. in-8. Paris, Calmann-Lévy, 1885.

Il a paru à M. Paul Janet que les nouvelles générations de philosophes témoignaient une sévérité excessive à l'égard de Victor Cousin, et il a estimé d'autre part que Cousin avait tenu une trop grande place dans la philosophie de son temps, exercé une influence trop considérable, pour ne pas mériter qu'on lui fît enfin justice, et qu'on le mît à son rang. Ce n'est pas toutefois un simple plaidoyer qu'il s'est proposé d'écrire, encore moins un panégyrique sans réserves : c'est un livre d'histoire qu'il a entendu faire, et qu'il a fait, recourant sans cesse aux documents les plus précis et les plus sûrs, s'entourant des renseignements les plus authentiques, disant le mal comme le bien, tel qu'il le voyait, poursuivant en un mot son enquête avec une impartialité, une loyauté qu'on ne trouvera pas, croyons-nous, une seule fois en défaut. Rien n'empêchait après cela qu'il laissât éclater en plus d'un endroit l'admiration, l'affection profonde, la reconnaissance dont son cœur est rempli. A vrai dire, malgré toutes ces qualités, il ne nous paraît pas probable que l'œuvre nouvelle de M. Janet réconcilie tout le monde avec la mémoire de Cousin, et efface toutes les dissidences. Cela ne s'est jamais vu. Mais ceux même qui n'approuveront pas son dessein reconnaîtront que son livre est un chef-d'œuvre de discussion clairement et savamment conduite. Ceux qui ne lui accorderont aucune de ses conclusions, ne pourront s'empêcher de rendre hommage au noble sentiment qui l'a inspiré, comme à l'impartialité dont il a fait preuve. Pour notre part, nous n'hésitons pas à déclarer, sauf quelques réserves sans grande importance, que M. Janet a atteint le but qu'il se proposait, et qu'il a fait, comme il le voulait, une œuvre de réparation et de justice.

Ce n'est pas toutefois, hâtons-nous de le dire, que les jeunes philosophes n'aient eu d'assez bonnes raisons de juger Cousin comme ils l'ont fait dans les derniers temps de sa vie, et même qu'ils n'aient eu partiellement raison. La plupart des griefs qu'ils avaient contre lui étaient fondés, et M. Janet, avec sa grande bonne foi, finit par le reconnaître. On lui reprochait son attitude à l'égard du clergé, devant lequel il paraissait trembler, et à qui il faisait trop de concessions. « Ce n'est un secret pour personne, dit son historien (p. 369), que les meilleurs et les plus fidèles de ses amis étaient eux-mêmes fatigués et quelque peu scandalisés, dans leur fierté rationaliste, de voir la philosophie si complètement sacrifiée à la religion. » On disait encore que sa philosophie était vague, superficielle, déclamatoire, au moins trop oratoire, que c'était une pauvre philosophie. M. Janet avoue (p. 368) que la philosophie de Cousin, jadis abstraite et transcendante, inspirée de Platon, de Hegel, de Descartes, s'était transformée en un spiritualisme théiste populaire, plus remarquable par la forme brillante et éloquente qu'il avait prise que par le fond des idées. « Cousin, dit-il (p. 393), retournait à la philosophie de Reid, qu'il avait lui-même autrefois si hautement dédaignée. » Quoi d'étonnant si d'autres jeunes gens le dédaignaient à son tour? Prises dans leur ensemble, M. Janet convient (p. 449) que les idées de Cousin manquaient de cohérence et de précision. Allons jusqu'à accorder que ce n'était pas une raison suffisante pour lui refuser absolument le nom de philosophe : c'en était assez du moins pour lui refuser le nom de grand philosophe. Or c'est le titre de grand philosophe que réclamaient pour lui des amis trop bien intentionnés. Aux yeux de bien des gens, il incarnait la philosophie : c'était un Platon !

Toutefois la pauvreté de sa doctrine n'aurait pas suffi à expliquer le jugement sévère qu'on portait sur lui. Les idées philosophiques de Jouffroy n'étaient ni plus profondes, ni peut-être mieux liées que celles de son maître. Les nouvelles générations ont-elles jamais eu pour lui les cruautés qu'on leur reproche envers Cousin? Elles ne lui ont témoigné que de la vénération, avec une sorte de tendresse respectueuse. C'est qu'on sentait chez lui une sincérité, une conviction, une bonne foi, une hauteur d'âme qui, bien mieux que les plus brillantes qualités de l'esprit, imposaient à tous l'admiration et la sympathie. Ces qualités, on les retrouvait chez d'autres philosophes dont il est inutile de rappeler ici les noms : on ne les apercevait pas chez le maître. Chez lui, au contraire, on voyait clairement, avec la pompe oratoire, une sorte de mise en scène et de parade, qui faisaient un singulier contraste avec la manière simple et modeste de ses continuateurs. Il avait changé d'avis, renié son passé philosophique, brûlé ce qu'il avait adoré. Accordons que la politique ne fut pour rien dans cette transformation accomplie sur le tard. Mais on lui soupçonnait des arrière-pensées qui n'avaient rien de philosophique, et on n'avait pas tort, puisque M. Janet reconnaît (p. 369) que c'est sous le coup de la polémique catholique qu'il changea son système après 1842. En fallait-il davantage pour encourir la défaveur d'une jeunesse éprise de science et de liberté? Si encore il avait accompli ce changement de front ouvertement et loyalement! Mais il fit tout le contraire. Quelle pitié de voir un homme comme lui recourir à de si pauvres ruses! En 1866, il réédite dans les *Fragments* une lettre publiée d'abord en 1827 sur son voyage en Allemagne et sa visite à Gœthe : il y fait des additions sans prévenir, et cela pour don-

pu commettre cette erreur, ne la pardonnera-t-il pas à ceux qui n'ont aperçu son maître que de loin, et ont dû le juger sur ses dernières paroles? Est-ce notre faute, si nous l'avons vu tel qu'il se montrait?

Mais ce n'est pas sur cet aspect défavorable de la vie de Cousin qu'il nous convient d'insister. Tous les reproches qu'on peut lui adresser sont connus : c'est un sujet rebattu. Nous n'en avons parlé que parce qu'il faut bien voir les ombres du tableau, et qu'en bonne justice nous ne pouvions faire autrement. Ce qui est plus intéressant et plus nouveau, c'est de rappeler qu'à côté de ce Cousin trop connu, il y en a un autre, méconnu et oublié. C'est cet autre Cousin, bien différent du dernier, bien supérieur aussi, sur qui nous devons arrêter nos yeux.

C'est une véritable évocation à laquelle nous assistons, lorsque M. Janet fait paraître devant nous un Cousin jeune, ardent, plein des aspirations les plus hautes et les plus hardies, tel qu'il était lorsque, en 1815, il succéda à Royer-Collard; puis, lorsqu'il se trouva parmi ses élèves de l'École normale, presque aussi ignorant qu'eux, mais comme eux aussi animé du désir de savoir, et enflammé d'enthousiasme pour la vérité. Avec quel zèle et quelle curiosité, sachant bien ce qui lui manque, il va puiser aux sources de la philosophie moderne! Il entreprend de faire connaître Kant à la France; il part pour l'Allemagne, entre en relations avec Hegel, Schelling, Schleiermacher, et tant d'autres. C'est alors qu'il noue avec Hegel cette étroite amitié, à laquelle il resta fidèle toute sa vie. Revenu en France il donne à la Faculté des lettres, à côté de Guizot et de Villemain, cet enseignement qui est resté si célèbre. M. Janet résume, année par année, toutes les leçons qu'il a faites pendant les deux périodes qui s'étendent de 1815 à 1820, puis de 1828 à 1830. Pièces en main, il démontre qu'il faut renoncer à la légende qui nous représente Cousin comme uniquement préoccupé de succès oratoires. C'est un vrai philosophe, qui cherche intrépidement la vérité, sans reculer ni devant les formules audacieuses, ni même devant les âpretés du langage métaphysique le plus abstrait. Il apparaît à ses contemporains, non comme un habile faiseur de phrases, mais comme « une sorte d'hiérophante, venant d'un monde invisible annoncer des choses inconnues ». Ironie de l'histoire! il y a eu un temps où l'on reprochait à l'auteur du *Vrai, du Beau et du Bien* sa subtilité, son audace, son langage hérissé de formules. On le traitait comme on fait aujourd'hui les Kantiens. Hegel lui-même, bon juge, loue « la profondeur (*die Grundlichkeit*) avec laquelle il entre dans la manière (allemande) plus abstraite d'entendre la philosophie. Augustin Thierry lui rend en 1820 ce témoignage : « Durant huit mois, son nombreux auditoire a marché à sa suite, au milieu des aridités de la science de l'homme, sans paraître un moment fatigué par les efforts du professeur, ni même par ses propres efforts. Avoir inspiré aux jeunes gens le goût de ces travaux austères, y avoir dévoué sa propre vie, avoir entrepris comme une dette envers la science et envers ses élèves deux voyages coûteux et pénibles pour visiter les écoles étrangères,

savoir répandre un intérêt nouveau sur la science de l'homme moral et
y rattacher comme à leur base les sentiments du patriotisme, voilà les
titres à l'estime publique que M. Cousin possède à l'âge de vingt-six
ans. » En un mot, il fut à cette époque tout ce que, plus tard, on lui
reprocha de ne pas être. C'est pourquoi on lui doit autant d'éloges
qu'on lui fait de reproches. Quoi qu'on puisse dire, il a trop aimé la
philosophie pour qu'il ne lui soit pas beaucoup pardonné.

Si on considère la doctrine enseignée par Cousin, on peut trouver
sans doute qu'elle pêche en bien des points et qu'il en est resté peu de
chose. Il est certain aussi qu'il s'est souvent inspiré des philosophes
allemands. « Il y a mis sa sauce, disait Hegel, mais il m'a pris les poissons. » Nous n'examinerons pas toutefois la question de savoir si sa philosophie est toute d'emprunt, et s'il n'y a rien mis de lui-même, question
difficile à résoudre, sinon à trancher. Au surplus, personne ne songe à
revendiquer une grande originalité de pensée pour le fondateur de
l'éclectisme. N'eût-il fait que bien comprendre Hegel et Schelling, il y
aurait quelque mérite. Encore aujourd'hui, nous saurions bon gré à
celui qui nous les expliquerait bien clairement. Mais s'il est aisé de
marquer les limites de la puissance intellectuelle de Cousin, on ne saurait contester ni la noblesse de ses intentions, ni la grandeur de son
effort, ni la sincérité de ses espérances. S'il a échoué, le même malheur est arrivé à bien d'autres : de lui aussi on peut dire : *Magnis
tamen excidit ausis.* Il ne faudrait pas croire cependant que tant de
peine ait été en pure perte. M. Janet, qui discute point par point avec
sa vigueur habituelle les théories parfois nuageuses de l'ami de Hegel,
a fort bien mis en lumière quelques idées qui méritent de ne pas
passer inaperçues. Il convient ici de se défendre d'une sorte d'injustice vers laquelle on glisse par une pente trop facile. Bien des vérités
qui nous sont aujourd'hui familières et sont devenues banales, étaient
nouvelles pour des esprits auxquels on ne les avait pas enseignées. Ils
ont eu le mérite de les découvrir, et ce mérite est aujourd'hui si peu
apparent qu'on est tenté de le nier. Ainsi Jouffroy fit une découverte
lorsqu'il s'aperçut que le problème de l'origine des idées n'est autre
chose que le problème de la certitude. « Ce que savent aujourd'hui les
derniers des bacheliers, dit très justement M. Janet, ces nobles esprits
l'ignoraient. » Mais, même en laissant de côté ces vérités moyennes, à
voir les choses de plus haut, il y a dans la philosophie de Cousin des
idées qui ont survécu. L'un de ses principes les plus chers était que la
philosophie doit appliquer la méthode d'observation, et par suite que
la métaphysique doit reposer sur la psychologie. Il l'a dit et redit : on
le redit encore aujourd'hui. Sa distinction de la spontanéité et de la
réflexion n'est pas sans valeur; on la retrouverait sous d'autres formes
dans des théories plus récentes. Il se montre fort supérieur à Maine de
Biran, psychologue trop vanté, quand il trouve le type de la causalité
dans la volonté pure, et non pas dans l'effort musculaire (p. 174). Ce
n'est pas peu de chose non plus d'avoir restauré l'étude scientifique de

la morale, négligée depuis plus d'un siècle, et initié ses
à la morale de Kant. Son petit livre *Justice et Charité* es
d'œuvre. S'il s'est laissé entraîner à d'impardonnables
fit l'apologie de la force et du succès, encore faut-il n
cette idée, qui n'est pas de lui, a fait une singulière fortu
retrouve encore aujourd'hui dans les théories fort à la mo
et de Darwin. Il n'est pas jusqu'à l'éclectisme, tant raillé,
sente dans la savante et exacte analyse de M. Janet s
assez nouveau. Peut-être M. Janet pousse-t-il un peu loi
et la sympathie, par exemple, lorsqu'il admire la cla
systèmes en quatre groupes. Mais il reste vrai que
conduit à l'éclectisme, non, comme on le croit géné
l'histoire de la philosophie, mais par l'application d
psychologique. Les diverses données que l'observat
dans la conscience ont été, suivant lui, isolées par
qui dès lors n'ont vu qu'une partie de la vérité;
fidèle à la méthode d'observation, tiendra compte de tous
il aura une base psychologique, avant de retrouver le
ments dans l'histoire. Il est vrai que le nom paraît sing
ne conçoit guère ce *choix* qui consiste à tout prendre.
cuter ce système: toujours est-il que l'éclectisme n'était
fondateur, un choix arbitraire à faire entre les doctrine
règle que le sens commun, ou le bon sens, c'est-à-dire
C'est plus tard qu'il est devenu cette chose ridicule.

Les travaux de Cousin en histoire de la philosophie so
moins contestable de son œuvre. Il est parmi nous le cré
science. La liste est longue des ouvrages qu'il a directe
rectement inspirés : là encore, pourtant, il ne semble p
pleinement rendu justice. « Si c'est l'honneur de ce siècle
(p. 348), d'avoir créé l'histoire de l'esprit humain, l'histoi
sation, si les Villemain, les Guizot, les Renan ont leur
parmi les créateurs de cette nouvelle science, par quel p
tice réserve-t-on à Victor Cousin le seul mérite d'avoir
services à l'érudition, comme si l'histoire de la philosoph
à faire avec la philosophie elle-même? » On lui a reproch
et le vague de ses premiers essais. M. Janet répond a
c'était le goût, et même le besoin du temps : on n'aimai
généralités, témoin les formules d'Auguste Comte, la loi
si superficielle, tant d'autres analogues. Pour fonder la s
autre chose que des monographies. Du reste, Cousin n
tenu aux théories générales : il n'a pas seulement indiqu
lait faire : il s'est mis à l'œuvre, avec un rare coura
patience méritoire. Il a prêché d'exemple et payé de sa
traduction de Platon et les arguments qui l'accompag
édition de Descartes, celle de Proclus, celle d'Abélard, so
considérables et qui resteront. Aujourd'hui encore nous

du moyen âge que ce qu'il nous en a appris. Ici, du moins, on ne dira
pas qu'il a été un littérateur plutôt qu'un historien : il serait plus vrai
de l'appeler un bénédictin.

Victor Cousin a encore rendu de grands services à la philosophie, par
l'action [1] qu'il a exercée, par les vocations qu'il a suscitées, par l'École
qu'il a créée. « L'histoire de la philosophie, dit M. Janet (p. 454), est
remplie de grands noms qui rappellent, non des créateurs de systèmes,
mais des promoteurs et des acteurs puissants. Pomponace, Marsile
Ficin, Ramus, Gassendi sont de ce genre; Victor Cousin est un de ces
hommes. Il représente toute une époque, tout un mouvement d'idées,
toute une direction spéculative et pratique. Il est lui-même, et ne se
confond avec aucun autre. N'est-ce pas là un titre suffisant pour vivre
dans la mémoire des hommes. » On conviendra que ce n'est pas trop
demander : son défenseur est même un peu timide. On peut se hasarder
à placer Cousin au-dessus de Pomponace et de Marsile Ficin.

Aucun de ceux que cite M. Janet n'a surpassé l'ardeur de Cousin :
aucun n'a eu au même degré le zèle de l'apôtre, la flamme qui éclaire
et qui échauffe. Si on veut mesurer exactement son influence, il faut
voir ce qu'était la philosophie en France au moment où son enseignement commença, ce qu'elle était quand il finit. Lorsque Cousin parut,
l'École condillacienne s'éteignait sans gloire; Maine de Biran était encore
inconnu. La philosophie à vrai dire était morte. Il l'a ressuscitée. As-

---

1. Pour montrer quelle était l'action de Cousin, et quelle influence il exerçait
sur la jeunesse, on pourrait à tous les faits que signale M. Janet ajouter un curieux
témoignage de Stendhal. Il vient de dire que quelques journaux disposent, en
fait de spectacles, de l'opinion de la jeunesse de Paris, et il continue : « Il n'y a
d'exception que pour les élèves, assez nombreux, il est vrai, d'un jeune professeur (M. Victor Cousin) plein de talent, et surtout d'éloquence, qui, pendant
quelques années, a donné un cours de philosophie, et auquel il était réservé de
faire paraître trop peu spacieuses les salles les plus vastes des collèges où on lui
permettait de paraître. Ce jeune philosophe, puissant par la parole, et l'on peut
dire digne émule du grand homme (Platon) qui est l'objet de son culte exclusif
et dont il prétend ressusciter la philosophie, ce jeune professeur, parlant de la
littérature avec bonne foi, et ne songeant nullement à se ménager une place à
l'Académie, disait à ses quinze cents auditeurs : « Quant au théâtre, mes élèves,
livrez-vous bonnement et simplement aux impressions de votre cœur; osez être
vous-mêmes, ne songez pas aux règles. Elles ne sont pas faites pour votre âge
heureux; vos cœurs sont remplis de passions brûlantes et généreuses. Placez-
vous hardiment sous les portiques des théâtres; vous en savez plus que tous les
rhéteurs; méprisez les La Harpe et leurs successeurs : ils n'ont écrit que pour
faire des livres. Vous, formés comme vous l'êtes, par dix ans de travaux sérieux et d'études approfondies, livrez-vous à vos impressions. Généreuse jeunesse,
vous aurez toujours raison quand vous pleurerez, et les choses dont vous rirez
auront toujours une tendance vraiment ridicule. »

« Ce qui précède n'est qu'une ombre, une contre-épreuve imparfaite, un souvenir effacé des brillantes leçons prononcées par cette voix éloquente qui se tait
aujourd'hui, et qui était écoutée avec tant de respect.

« L'on peut dire que ce jeune professeur a appris, à tout ce qu'il y a de distingué dans la jeunesse, à oser, au théâtre, être soi-même et n'écouter que ses
propres impressions. Mais le bienfait des hautes leçons du Platon moderne, etc. »
Stendhal, lettre du 1er septembre 1822 (Œuvres posthumes, t. I, p. 191. Paris, 1855).

surément je suis loin de vouloir dire que ce grand mouve
qui se continue encore de nos jours ne se serait pas prod
Il y a eu des penseurs indépendants en dehors de son Éc
ceux qui, tout en combattant ses doctrines, se rattachent di
indirectement à cette École, beaucoup n'avaient pas besoi
pulsion : on peut cependant lui savoir gré d'avoir frayé la
paré le terrain. Ceux mêmes qui l'ont le plus vivement atta
ils pu sans lui faire ce qu'ils ont fait, et le faire aussi ai
raient-ils eu si vite les connaissances préparatoires qui , o
à l'heure, manquaient si cruellement aux premiers disci
sin ? Auraient-ils trouvé un public préparé à les écouter et
Le grand mouvement philosophique dont notre temps a le
fier, aurait au moins, sans Cousin, été retardé : c'est bien C
provoqué. Royer-Collard n'y aurait pas suffi.

L'organisation de l'enseignement philosophique dan l'U
peut-être, de toutes les entreprises de Victor Cousin, celle
lieu aux plus nombreuses récriminations. Nous n'avons pa
cuter la question de savoir si l'État doit se mêler d'enseign
sophie, et si cet enseignement est bien à sa place dans le
ceux qui résolvent négativement ces deux questions, nous
à dire. Ce qui est certain, c'est qu'en 1830 il y avait pour le
s'il voulait que l'esprit laïque s'affranchît définitivement d
théologie, un intérêt capital à organiser un enseignement i
de la philosophie dans les lycées. C'est une bien juste r
M. Janet (p. 281) que « le même besoin qui a fait créer de
cours de morale dans les écoles primaires, a fait créer ou dé
1830 dans les établissements secondaires le cours de philos
surplus, l'enseignement philosophique n'était pas entièrem
il existait; seulement on le donnait en latin; il était purem
tique; le programme en avait été tracé par M. l'abbé Bu
nelle, doyen de la Faculté de théologie. Voilà où on en ét
Cousin changea tout cela.

Cette fois encore, nous sommes obligé de concéder que l'
a faussé les perspectives, altéré les physionomies. Des vieu
dont M. Janet a secoué la poussière, nous voyons sortir un
différent de celui que nous pensions connaître. Nous march
prise en surprise. Est-ce lui qui a donné à l'enseignem
phique ce caractère métaphysique et abstrait qu'on lui repr
parfois aujourd'hui? — Au contraire; outre qu'il se hâta de s
français au latin, c'est lui qui, pour la première fois, nouve
plaça la psychologie à la base de la philosophie, et par pa
entendait une science toute d'observation : c'est un emprunt
au XVIII° siècle. Plus tard seulement furent introduites le
métaphysiques relatives à la nature de l'âme. — Est-ce lui q
comme on le lui a reproché, la psychologie et la physiologie
entre ces deux sciences un abîme? — Pas le moins du mon

remonte aux empiriques, à Locke, à Condillac : aucun doute n'est possible sur ce point (p. 319). Stuart Mill est encore fidèle à cette idée. — Est-ce lui qui a surchargé la logique de questions métaphysiques relatives à la vérité, à l'erreur, à la certitude? — Loin de là. Il a réduit la logique à la théorie des méthodes, supprimé la logique formelle, exclu le syllogisme, et cela pour bien marquer qu'il prétendait rompre avec la scolastique. S'il parle de la vraie méthode en philosophie, imposant ici, et ici seulement, une doctrine déterminée (et il s'agit toujours de la méthode d'observation), c'est pour empêcher ces retours en arrière, toujours tant à redouter aux époques de réforme. Il n'a été autoritaire qu'une fois en sa vie (M. Janet est-il bien sûr de ne pas se faire la partie un peu trop belle?), et c'était pour combattre la scolastique! (p. 330). — Mais c'est sans doute en morale que s'est manifesté son esprit rétrograde et sa disposition à tout sacrifier aux dogmes établis? — Tant s'en faut. Dans son programme, la morale précède la théodicée. C'est l'éclectisme qui a inventé la morale indépendante (p. 324). — Enfin, dernier et suprême paradoxe, ou plutôt dernière vérité : c'était une nouveauté hardie et libérale d'introduire la théodicée dans l'enseignement philosophique. Les plus ardents adversaires de Cousin furent les partisans du clergé (p. 341). « Étrange revirement des temps et des tactiques politiques! Le parti qui proteste aujourd'hui contre la loi athée était alors celui qui voulait retrancher l'idée de Dieu du programme universitaire, et prétendait imposer à l'État un enseignement athée. » C'est malgré l'Église qu'on a démontré l'existence de Dieu dans les classes. Elle voulait chasser Dieu de nos lycées!

En admettant qu'il y ait dans cette curieuse restitution une certaine part d'exagération, il faut convenir que nous étions loin de compte avec Cousin. M. Janet a raison de rapprocher son œuvre de celle de Descartes. Il fut fort en avance sur son temps. On le vit bien quand, en 1844, il défendit l'Université contre le clergé [1], avec tant d'ardeur et une si infatigable éloquence, et contre quels adversaires : les hommes les plus libéraux de l'époque, les de Broglie, les Montalivet, plus tard, Thiers. Qu'on lui reproche, si l'on veut, les défaillances de la fin de sa vie. Mais il n'est pas bien juste, quand des jours meilleurs sont arrivés, d'oublier ceux qui ont livré, non sans péril, les premiers combats, et résisté aux plus rudes assauts. Cousin a droit à notre profonde reconnaissance.

Il resterait, si l'on voulait donner une idée complète de Victor Cousin,

1. Il savait la défendre de toutes façons. A tous les faits que cite M. Janet pour prouver le libéralisme de Cousin, nous pouvons en ajouter un dont nous garantissons l'authenticité. Il s'agit d'un jeune professeur fort distingué, qui a occupé depuis de très hautes fonctions universitaires : il enseignait en 1843 la philosophie au collège royal d'une grande ville de l'Ouest. Son enseignement fut dénoncé comme dangereux par l'évêque : on lui reprochait surtout ses leçons sur le témoignage humain : un de ses grands crimes était d'avoir prêté à ses élèves les *Nouveaux Mélanges* de Jouffroy. L'enquête conduite par les inspecteurs généraux fut favorable au professeur. Néanmoins, pendant deux ans, l'évêque, qui visiblement apportait en cette affaire beaucoup d'amour-propre et de passion,

à parler de ses œuvres littéraires. M. Janet a signalé ses mérites et caractérisé son talent avec bien de l'exactitude et de la modération. Nous n'avons pas à nous en occuper ici. Nous ne dirons rien non plus de ses grandes qualités personnelles, de la séduction qu'il exerçait sur tous ceux qui l'approchaient, de l'ineffaçable souvenir qu'il a laissé chez tous ceux qui l'ont connu. M. Janet nous apporte à cet égard un témoignage personnel d'un grand prix. Dans quelques pages charmantes de son *appendice*, il nous raconte qu'il fut loin de commencer vis-à-vis de Cousin par l'enthousiasme : il ne l'aborda au contraire qu'avec des préventions et peu de sympathie. Ces préventions s'affaiblirent et se fondirent peu à peu : à son tour, mais après une sage réserve et à bon escient, M. Janet fut sous le charme. Cette application de la méthode cartésienne à l'amitié est bien propre à nous éclairer définitivement sur le caractère de Cousin : il y a ici encore des légendes à rectifier.

Nous ne pouvions nous empêcher de penser en lisant ce livre si complet, qu'il y a quelque chose qui est à l'honneur de Victor Cousin plus encore que les documents si patiemment réunis, plus que tant de raisons si clairement déduites, plus que tant de témoignages et tant de preuves : c'est qu'il se soit trouvé quelqu'un pour réunir ces preuves et enchaîner ces raisons, pour donner à ce mort, avec un désintéressement absolu, une si touchante marque de fidélité et d'affection. Combien y a-t-il de philosophes à qui leurs disciples (j'entends des disciples indépendants et qui pensent) aient élevé un tel monument, et d'une main si pieuse ? Le plus bel éloge, peut-être, qu'on puisse faire de Victor Cousin, c'est de rappeler qu'il a laissé après lui de tels disciples et de tels amis.

VICTOR BROCHARD.

J. Novicow. — LA POLITIQUE INTERNATIONALE, in-8° (Alcan, 1886).

M. Novicow est Russe « et Russe vivant en Russie », nous dit son introduction. On ne s'en douterait pas à le voir si Français de style, si Français de libéralisme et d'optimisme impénitents, malgré l'épidémie pessimiste et autoritaire à la mode, si sympathique enfin à la France et à la civilisation française. Son livre n'est pas jeune seulement, il est rajeunissant, nourri et substantiel, et pourtant d'un seul jet, traversé

---

ne cessa d'adresser soit au ministre de l'instruction publique, soit au garde des sceaux, plaintes sur plaintes, menaces sur menaces. Le ministre (c'était Villemain, mais Cousin, conseiller royal, dirigeait tout ce qui touchait à la philosophie), sous les formes les plus courtoises, mais avec la plus grande énergie, ne cessa de défendre le jeune professeur. Les choses en vinrent à ce point que l'aumônier donna sa démission, et l'évêque refusa de le remplacer : on dut conduire les élèves à l'église paroissiale. Tout finit par s'arranger, mais il faut reconnaître que les professeurs étaient alors défendus avec une fermeté et une équité qu'ils n'ont pas toujours trouvées chez leurs chefs, même en des temps beaucoup plus rapprochés de nous.

n souffle généreux. Une foi profonde l'anime, le culte de notre civi-
tion européenne, et le respect de toutes ses manifestations. Il
ne aa point d'écrire que « même l'animal domestique d'un être
lisé est beaucoup plus heureux qu'un homme sauvage, » et que
ième les classes ouvrières d'une société civilisée possèdent des
ntages infiniment supérieurs à ceux des classes dirigeantes d'une
iété barbare ». La politique internationale, telle qu'il l'entend, ferait
globe une société de secours mutuels des diverses nationalités di-
s de ce nom. Il en compte 18 en Europe, et se persuade qu'elles
nt la peine de subsister dans l'avenir. Pourtant, il sait bien comment
nationalités périssent, et l'un des mérites de son ouvrage est de
nuler les lois de leur lutte destructive sous diverses formes. Il sait
leur destruction a lieu : spontanément, par le débordement du
ple rendu plus prolifique et le refoulement du peuple devenu moins
nd, ou par l'invasion des produits industriels d'un peuple sur un
re, ou par l'exportation conquérante de ses arts, de ses chefs-
uvre littéraires, de ses idées; coercitivement, par le massacre,
des traités de commerce qui créent des monopoles désastreux, par
ble obligatoire d'un certain genre ou l'imposition d'une langue offi-
le. Mais il croit que, plus les nationalités s'éloignent de leur ber-
u et approchent de l'état adulte, plus elles opposent de résistance
causes de destruction spontanée ou coercitive, plus même elles
t impropres à se fondre en une combinaison supérieure.
vant de lui exprimer nos doutes à cet égard, disons ce qu'il entend
nationalité. Pour lui, il y a trois stades du développement social :
ibu, l'État et la nationalité. Beaucoup de peuples s'arrêtent au pre-
r ou au second; ceux-là seuls se haussent au troisième, qui ont eu
floraison spéciale de génies littéraires, artistiques et scientifiques,
ui possèdent une littérature, un art, un épanouissement intellectuel
x. « La tribu et l'État vivent; la nationalité vit, sent et pense. »
ant de cette définition, il se croit le droit de traiter avec un souve-
mépris tous les non-civilisés et de justifier leur élimination ou leur
rption par les Européens colonisateurs. De quoi se plaindraient
indigènes? Ils manquaient de nationalité; on leur en fournit une. —
on voit par là ce qu'une telle définition a de défectueux et d'arbi-
e; car c'est une amère plaisanterie de dire à des Arabes, à des
x-Rouges même, mourant les armes à la main pour la défense de
idiome, de leurs dieux, de leurs vieilles mœurs, qu'ils sont dé-
vus de tout sentiment national. Et je me demande si le sentiment
nal est, à beaucoup près, aussi énergique chez les civilisés que
ces barbares ou ces sauvages.
est qu'en fait, si l'on y réfléchit, nationalité signifie non pas supé-
té mais bien originalité sociale, et circonscrit le domaine où se
rme le rayonnement imitatif d'un foyer séculaire d'idées ou de
tions originales. Quel est donc le peuple, même morcelé en tribus,
lasses, en *gentes*, qui, s'il parle une même langue et pratique une

même religion, n'ait conscience de son unité fondamentale, surtout si, comme il arrive toujours dès les âges les plus primitifs, il a ses bardes, ses jongleurs ou ses aèdes, qui lui tiennent lieu avantageusement de nos romanciers et de nos vaudevillistes? A l'époque des incursions normandes, et même beaucoup plus tard, « tous les hommes de langue danoise, si j'en crois la *Revue historique* (janvier-février 1880), c'est-à-dire non seulement les habitants du Danemark, mais aussi ceux de la Suède et de la Norvège, de diverses contrées des îles Britanniques et d'une partie de la Russie, *se regardaient comme frères;* on le sait par plusieurs dispositions et les fondations pieuses des rois Knut le Grand et Erik Eiagod *en faveur de tous les hommes de langue danoise.* » La nationalité, donc, à certaines époques, a été la communauté de langue; à d'autres époques, la communauté de religion. C'est en ce dernier sens qu'au moyen âge tous les chrétiens, par opposition aux Juifs et aux Musulmans, « se regardaient comme frères ». Or, de nos jours, ne serait-ce pas, avant tout, la communauté de civilisation? Dans ce nouveau sens, qui n'efface nullement les anciens, il est clair que l'Europe tout entière tend à devenir, notamment par la vulgarisation universelle d'une même science encyclopédique, non pas un damier de 18 nationalités, mais une seule et même nationalité débordante de toutes parts, et provisoirement morcelée en États distincts.

Comment M. Novicow en douterait-il, lui qui sait la disparition de tant de langues, de tant de cultes innombrables dans le passé et le petit nombre, toujours décroissant, des idiomes et des religions qui subsistent; lui qui prédit la fin probable et peut-être prochaine de la nationalité hollandaise, et en donne les raisons; lui qui nous montre si bien « trois poussées de nationalités en Europe, *les Allemands reculant devant les Latins* (hélas! puisse-t-il dire vrai!), les Slaves devant les Allemands, et la race jaune devant les Slaves? » Comment peut-il croire à la persistance indéfinie d'une multiplicité qui toujours change et toujours décroît? Il a beau nous signaler avec complaisance le retour de faveur avec lequel les *félibres* de divers pays (car le *félibrisme*, paraît-il, est contagieux) s'attachent à faire revivre partout à cette heure les vieux dialectes agonisants; il a beau nous apprendre que « des idiomes complètement oubliés, le norse, le flamand, le platt-deutsch, le gallois, le provençal, le petit-russien, le tchèque, le slovaque, le slovène, sont cultivés avec ardeur et cherchent à remonter à la dignité de langues littéraires », cette considération ne suffit pas à me persuader. Il y a beaucoup plus de dilettantisme philologique ou archéologique que de patriotisme national, voire même local, dans ce réchauffement amoureux des langues d'oc quelconques. Quel est l'anthropologiste qui, par amour de l'anthropologie, n'aurait pas empêché la race tasmanienne de s'éteindre, s'il l'avait pu? Les philologues ont aussi de ces sympathies d'artistes, parfaitement légitimes d'ailleurs, pour tout parler qui se meurt. Puis, la poésie fait reluire les vieux patois par la même raison qu'elle chante les vieilles mœurs, les vieux préjugés, les vieilles cou-

tumes, tout ce qui est en train de s'évanouir et n'en est que plus poétique. Mais elle sait bien qu'elle ne retarde pas d'un seul jour l'évanouissement fatal de tout cela.

L'objection tirée de ce que les nationalités adultes, comme les organismes adultes, résistent à la fusion mutuelle, ne saurait nous arrêter
davantage. Ici, l'assimilation des sociétés aux organismes a mal servi
notre auteur, quoique, en général, il n'abuse pas trop de cette métaphore épuisée et ne tombe pas souvent dans le naturalisme trompeur
où échouent tant de sociologues. Remarquons que, plus un peuple est
civilisé et atteint au prétendu état adulte, plus s'avive et se déploie en
lui la soif des nouveautés étrangères à importer et imiter. Nulle part
autant que dans les capitales des divers États d'Europe ne sévit la
passion d'imiter l'une d'entre elles momentanément dominante ou
de s'imiter réciproquement chacune sous un aspect spécial. Il est vrai
qu'il vient toujours un moment où, après s'être ouvertes largement au
dehors pour absorber les exemples étrangers, les nations se referment,
se reclaquemurent le mieux qu'elles peuvent, pour les digérer. Mais
elles le peuvent de moins en moins, et, avant que ce moment arrive
pour les nations européennes, il est possible qu'elles aient le temps
d'être englouties politiquement par l'une d'entre elles. Car le progrès
de l'imitation étrangère aboutit à l'assimilation sociale qui fatalement prépare l'unité politique. Toutes ces capitales de l'Europe, Paris,
Londres, Vienne, Berlin, Saint-Pétersbourg et autres, où brûle le génie
contemporain en foyers multicolores, alimentés par des mines de découvertes scientifiques et d'inventions industrielles non encore épuisées,
ressemblent à une illumination de lanternes vénitiennes qui, quoique
brillant ensemble, sont destinées à s'éteindre une à une pour le plus
grand éclat de la dernière. Elles rappellent, si l'on aime mieux, ces
étoiles urbaines de la civilisation hellénique qui constellaient les rivages
de l'Asie Mineure, de la Syrie, de l'Égypte, de la Grèce, au commencement de l'ère chrétienne. A la fin tout s'éteignit et il ne resta plus de
cette constellation que Byzance où l'épuisement du combustible de la
pensée se faisait moins sentir qu'ailleurs, et tout se byzantinisa forcément
dans ce qui restait alors de civilisé ou de civilisable. Je m'empare d'une
hypothèse faite sous forme d'exemple par M. Novicow. « Qu'un jour,
dit-il, le mouvement intellectuel se ralentisse à tel point en Espagne,
que ce pays ne produirait plus ni poètes, ni littérateurs, ni artistes originaux; que les Espagnols aillent chercher en France les livres, les
maîtres, en un mot tout ce qui est indispensable à la satisfaction de
leurs besoins intellectuels. Peu à peu, au midi des Pyrénées, les hautes
classes se mettront à parler le français; cette langue deviendra celle
de la justice, de l'administration et du gouvernement. Si, de plus, la
différence des sentiments n'oppose pas d'obstacle à la fusion, l'espagnol
tombera au niveau d'un patois populaire et l'Espagne fera partie désormais de la nationalité française. C'est exactement ainsi que ce sont
passées les choses dans le Languedoc après son annexion à la France. »

Nous ajouterons : c'est ainsi que les choses pourront se passer d
l'avenir sur une échelle plus grande encore. Car, s'il est permis d
mettre la possibilité d'un épuisement si complet à propos d'un pe
tel que ce grand peuple espagnol, dont l'exubérance inventive et pr
fique [1], il y a trois siècles à peine, éblouissait tout l'ancien monde
fécondait la moitié du nouveau, quelle est celle des nations actue
ment en relief et en combustion, voire la Prusse, voire l'Angleter
même, qui pourra se croire assurée contre l'impuissance et la stéri
de demain? Surtout, quelle est celle qui pourra se promettre de n'
jamais annexée par un voisin plus puissant au cours de cette « gue
formidable, de cette terrible conflagration qui est imminente aujo
d'hui »? D'ailleurs, même en admettant que toutes les nations eu
péennes restent progressives et fécondes, il suffira que l'une d'ell
en avant sur les autres, gagne le prix de la course dans ce *steep
chase* gigantesque, pour que le mouvement de ses rivales s'arrête co
devant son triomphe éclatant et définitif.

Triste prévision! dira-t-on. Mais, pour être optimiste avec no
auteur, tâchons de voir les choses du bon côté. Malgré la répuls
que doit éprouver une rétine d'artiste pour la perspective d'une ci
sation unique, unilingue, monotone et monochrome, étendue com
un vaste linceul sur tout le pittoresque social du passé, tâchons
habituer nos regards. Après tout, cette uniformité aura sa grandeur
est possible aussi, malgré tout, malgré notre population stationna
notre langue débordée, notre importance décrue, nos industries me
cées, que cette unité soit, non l'amoindrissement, mais l'élargissem
de la France en ce qu'elle a de meilleur; qu'elle ne soit point le déb
du germanisme ni de l'américanisme, mais du slavisme francisé d
nous serions l'âme et le ferment. Le volcan de notre génie fume enco
à sa prochaine éruption, nul ne sait jusqu'où ira sa lave, ni, par su
jusqu'où ira sa population remise en train de croître. Puis, cette u
grandiose, n'est-ce pas le seul moyen concevable, imaginable, de p
fier définitivement la terre? Ah! si ce rêve pouvait s'accomplir; si, [
dessus toutes les nationalités et tous les patriotismes en débris,
faisceau, la paix, une paix aussi supérieure en majesté à la *paix
maine* que l'Océan l'est à la Méditerranée, venait nous refaire
grande patrie commune, il y aurait bien là de quoi se consoler.
peut-être, s'ils pouvaient déjà y croire, les Français, dont la « natali
insuffisante est maintenant déplorée par tant de statisticiens (sou
célibataires), jugeraient-ils qu'il vaut la peine d'être père, et père
nombreux enfants, pour avoir quelque chance de voir par leurs y
et de hâter par leurs bras ce spectacle inouï, dénouement et dédom
gement des horreurs de l'histoire... Ce n'est pourtant pas bien sûr.

Mais laissons là les futurs contingents. Quand il s'agit d'expli
les faits réels, j'ai à louer M. Novicow d'avoir souvent égard, inc

---

1. Prolifique *parce que* inventive, remarquons-le, et non *vice versa*.

sciemment, je crois, en tous cas sans jamais le formuler, au principe de
l'imitation, que je me suis efforcé ici de mettre en lumière (voy. p. 197
de son ouvrage, par exemple). Il ne le formule pas ; il n'en a pas une
conscience précise, et c'est fâcheux ; car il lui arrive de côtoyer la vérité
sans y aborder. Citons ce passage entre autres (p. 45) : « Les sentiments
élaborés par l'élite sociale vont, *par le mécanisme de l'échange,* se
répandre peu à peu dans les autres classes et en élever le niveau. »
Ainsi, l'action dont il s'agit serait *mécanique,* et serait un *échange,* un
rapport économique! Mais l'auteur protestait, au début de son livre,
contre le point de vue mécaniste importé en science sociale. D'ailleurs,
où est l'*échange* ici? Est-ce que le gentleman imite à son tour le fer-
mier ou le paysan qui l'imite? Est-ce que le sénateur gallo-romain copie
ses colons dont il est imité? Il y a ici un rapport unilatéral, une sorte
de don, de don involontaire, mais gratuit et fécond, nullement un troc, et
c'est seulement, plus tard, que, par une suite et une complication naturelle, l'imitation devient réciproque. Il y a, à vrai dire, une action psychologique des plus délicates, des plus continues et des plus profondes,
que les moyens d'investigation les plus subtils et les plus indirects
peuvent seuls révéler peut-être. Au demeurant, M. Novicow a un grand
faible pour les aristocraties en général. Il ne se gêne pas pour écrire
que « le suffrage universel est une absurdité ». Il attache aussi une
grande importance, et non sans raison, à l'influence des salons. Mais il
aurait dû voir, et le principe de l'imitation lui eût appris que cette
influence mondaine, en somme, favorise la tendance démocratique des
sociétés. L'égalité qui règne dans les salons, fils des cours, et qui ne
règne nulle part aussi précoce et aussi complète que là, est le type
qui, généralisé, devient l'égalité des relations dans les démocraties
modernes. Il ne dissimule pas enfin son enthousiasme chevaleresque
pour la beauté et la grâce féminines. « L'homme, dit-il, qui, le premier, a aimé une femme d'un amour tendre autant que passionné, celui
qui l'a divinisée le premier, celui qui l'a placée sur un piédestal pour
l'adorer comme une déesse, a rendu un aussi grand service à l'humanité que l'homme qui a découvert le feu. » Quelque vieillard frileux
sera peut-être tenté de penser que c'est beaucoup dire. Mais tous les
jeunes gens et toutes les jolies femmes seront à coup sûr de l'avis de
M. Novicow.

En voilà assez pour donner une idée du charme et de l'intérêt de son
ouvrage, que nous recommandons sincèrement aux lecteurs de la
Revue.

G. TARDE.

Édouard Droz. — ÉTUDE SUR LE SCEPTICISME DE PASCAL CONSIDÉRÉ
DANS LE LIVRE DES « PENSÉES ». Paris, Félix Alcan, 384 p. in-8°.

Quelle entente du scepticisme avait Cousin, on le sait ; M. Droz ne

l'entend pas autrement; à la page 158 de son livre, après avoir dit tenir
Marpburius pour le petit-fils de Pyrrhon, il reproduit — puisque aussi
bien personne, au jugement de Pascal (*Pensées*, art. VIII, 1), n'est assez
fou pour douter si on le pince, si on le brûle — la définition qu'a donnée,
du scepticisme, le théoricien de la raison impersonnelle. Mais tandis que,
pour celui-ci le scepticisme qui résulterait du conflit des deux doctrines
sensualiste et idéaliste, trahissait surtout un état mental particulier,
pour M. Droz, il est surtout une activité intellectuelle (p. 102), le fait de
se piper soi-même ou de piper autrui; d'où, tandis que l'auteur des
Études sur Pascal constatait, avec regret, que le « scepticisme est le
principe du livre des *Pensées* », M. Droz veut laver Pascal du « reproche »
qu'on lui a fait, qu'on lui fait, d'avoir été sceptique.

Le livre des *Pensées* est-il sceptique par la méthode ? Est-il sceptique
par la doctrine ? Ce sont les deux questions qu'il se pose au début de
son étude critique, et de son étude critique, les deux premières parties,
— on en compte trois — sont consacrées à l'examen, et de la méthode
et de la doctrine de Pascal dans son Apologie.

Dans la première partie, quatre chapitres, qui sont intitulés : *Les
circonstances et le milieu où s'élabora l'Apologie; L'accommodation
de la méthode à la volonté de l'incrédule; L'accommodation de la
méthode à la nature de l'esprit à convaincre; L'accommodation de la
méthode à la nature de la chose à prouver.*

M. Droz se demande s'il peut exister un scepticisme théologique concluant de l'incertitude de la raison à la nécessité de la foi (p. 20 à 24);
avant d'en venir aux *Pensées*, il regarde à partie du jugement porté,
sur Épictète et sur Montaigne, par l'auteur de l'*Entretien*, et distinguant
entre le *propter hoc* et le *post hoc*, il fait cette remarque : Pascal n'a
pas pensé que, les philosophes se disputant entre eux, et tous avec
d'égales apparences de vérité, il faut embrasser la religion, mais que la
religion exprime toute la vérité, là où les philosophies sont muettes ou
parlent mal. — Soit, deux pensées différentes, dont l'une ne saurait être
attribuée à Pascal, et Pascal ne devait pas songer à « extorquer de la
raison, le désaveu de la raison », ni songer à faire tenir pour « raisonnable la recherche de la certitude ailleurs qu'en la raison, » préoccupations qui relèveraient du scepticisme théologique; mais la seconde
pensée n'implique pas assurément la non-adhésion au scepticisme
sans épithète : il ne faut que s'entendre sur le sens du mot vérité.

Avec M. Havet, M. Droz accepte le témoignage de Mme Périer, quant
à l'origine des *Pensées* : « Pascal part de la foi » (p. 21); et le miracle de
la Sainte Épine, voilà pour les circonstances. — Rien qui indique, sans
doute, que Pascal dût procéder, ou à peu près, de la façon que procéda
l'évêque d'Avranches.

M. Droz définit, mieux assurément que ne l'ont fait nombre de théistes
et de déistes, le mot *conversion* appliqué à Pascal : Pascal était chrétien
avant de se convertir, il ne s'est pas converti au christianisme. Qu'après
son acquisiton d'une foi vivante, en quoi a consisté sa conversion, Pascal

n'ait jamais eu d'hésitations, qu'il n'y ait pas eu, pour lui, après des jours
d'enthousiasme, des jours d'abattement, cela n'est pas contestable, quoi
qu'en pense M. Droz, mais ces sortes d'hésitations n'ont rien à faire avec
le scepticisme. Chrétien avant sa conversion et chrétien après, Pascal
a-t-il accepté les dogmes comme dogmes? c'est une autre question. Aux
pages 184, 185, et à quelques autres, M. Droz semble deviner quelque
peu que quelque chose comme le scepticisme [pourrait bien se trouver
au fond du christianisme; mais non : l'idée de la croyance procédant du
seul besoin de croire lui échappe; il distingue (p. 65 et 66), entre connaître
et croire, et, dans sa psychologie de la croyance, il ne fait pas de place
à la liberté de l'esprit pour la suspension du jugement. De fait, M. Droz
ne veut savoir qu'une façon d'être chrétien et la façon qu'il veut savoir
n'était pas celle de Pascal.

Le « milieu » répugnait au scepticisme, déclare M. Droz; c'est M. de Saci
qui goûtait peu les badinages de Montaigne et qui n'a pas pu ne pas
apprendre à Pascal que saint Augustin avait écrit contre les sceptiques;
c'est M. Singlin, qui, sur toutes choses, devait penser comme M. de Saci;
c'est Arnauld et Nicole, les grands ennemis du scepticisme, M. Cousin
l'a établi; c'est Port-Royal tout entier, et Port-Royal avait connu « le
sujet et la matière » de l'ouvrage, aussi « les raisons et les principes »,
c'est-à-dire la méthode, et il a publié les « fragments » de l'Apologie :
une direction, des influences, des conseils, une approbation après coup,
autant « de preuves indirectes », qui ne sont pas dépourvues de valeur :
Pascal n'a pas usé de la méthode sceptique. — La valeur de ces preuves ?
Mais M. Droz lui-même reconnaît qu'il y a une histoire de l'édition de
Port-Royal, que Pascal a parfois contredit Arnauld, que M. Singlin, que
M. de Saci, étaient, non pas des docteurs, mais des pénitents; et il a
écrit cette phrase : « Ni dans M. de Saint-Cyran, ni dans Jansénius, Pascal
ne put rien trouver qui lui interdît l'emploi de la méthode sceptique,
si ce n'est qu'il y trouva condamné l'emploi de toute méthode philosophique. » N'eût-il pas mieux fait de s'y tenir ?

Au ch. II, M. Droz affirme que, chrétien, Pascal eut la soumission
exigée par l'Église (?); il ajoute que, homme, il ne put fuir l'homme qu'il
était, et que ce qui lui était une habitude, à savoir : regarder moins au fond
des choses qu'aux procédés à employer pour leur démonstration, devait
lui devenir un devoir dans son Apologie. Il cite des passages de l'*Esprit
géométrique;* il cite quelques articles des *Pensées.* — Mais quoi! les
deux fragments de l'*Esprit géométrique* ne seraient que des discours sur
des méthodes? et les articles qui sont rapportés montreraient bien que
Pascal, « incapable d'ailleurs de prouver ce qu'on peut appeler l'esprit
de système ou d'invention », était seulement attaché aux moyens de faire
entendre la *vérité?* Sa terminologie, M. Droz la méconnaît en grande
partie (p. 106 à 108, p. 167); il définit bien le mot *raison* selon Pascal;
mais il définit mal le mot *cœur,* aussi celui de *volonté;* il ne voit pas
que le cœur, c'est peut-être bien la raison, mais la raison dont les
données sont objets de croyance, la certitude n'étant qu'une ferme

croyance; il ne voit pas que la volonté, « *l'un des principaux organes de la créance* », c'est la liberté de l'esprit.

Dans le pari, il ne trouve « ni l'emploi d'une méthode sceptique, ni l'emploi d'une doctrine sceptique » (p. 59 et sq.). Le pari est proposé, suivant lui, pour faire croire quelques athées, et Mitton, peut-être. Le fond, déclare-t-il, peut se ramener à ceci que l'espérance du ciel et la crainte de l'enfer déterminent à croire, et, ceci dit en réponse à ceux qui ont qualifié le pari de scandaleux, le conseil ne fait que reproduire cette parole sacrée : La crainte du Seigneur est le commencement de la sagesse. Il fallait gagner la volonté. Le pari n'est pas pour initier, il est pour préparer. — Eh bien ! non, le pari n'est pas pour amener à croire; il suppose la liberté de croire. L'on peut être embarqué sur un autre bâtiment; il est des situations pratiques différentes; encore un pour et un contre, il faut parier; autre enjeu, autre intérêt : toujours l'exercice de la liberté de l'esprit. Sans doute, Pascal a prétendu faire accepter de la volonté, par le moyen du pari, une religion particulière; en proposant au' libertin ce jeu à jouer : Dieu est ou il n'est pas, il savait tout le dessous du jeu; mais, avec le pari, le scepticisme est en fondement dans l'Apologie.

Que si, pour convaincre l'esprit, dit M. Droz au ch. III, Pascal n'a pas invoqué les preuves physiques, les preuves métaphysiques, et que si, uniquement, il a invoqué les preuves morales et historiques, il n'en dogmatisait pas moins pour lui-même. — Pour lui-même, mais cette « préférence » donnée aux preuves historiques, aux preuves morales surtout, n'est pas sans signification; avec la question de méthode, il y a une question de doctrine. Et pourtant, parlant de la preuve qui n'est pas démonstration, qui est vérification, parlant des fondements de la religion que Pascal aurait eu le dessein de dégager, M. Droz parle aussi du bel ouvrage de M. Lachelier, *le Fondement de l'induction;* le rapprochement est ingénieux.

La deuxième partie de la thèse est divisée en trois chapitres : *Le système des contradictions; Résolutions des contradictions logiques en faveur du dogmatisme; Opinions diverses de Pascal sur divers problèmes de philosophie.*

Dans le livre des *Pensées,* il en est de sceptiques, il en est de dogmatiques; celles-ci embarrassent ceux qui tiennent pour le scepticisme de Pascal; celles-là n'embarrassent pas M. Droz (p. 176 à 181): Là où l'on a vu dans les *Pensées* les contradictions d'un système, il faut voir un système de contradictions; la doctrine des contraires explique tout dans Pascal, parce qu'elle explique tout dans l'homme dont la nature est tenue pour monstrueuse par les jansénistes. « Opposant au scepticisme comme faux, un faux dogmatisme, Pascal tenait pour vrai le vrai dogmatisme. »

L'auteur recherche quelles ont été les pensées intimes de Pascal sur divers problèmes : Dieu, l'âme, la morale, la valeur de la science. Il reconnaît que le problème de l'existence de Dieu a été négligé par Pascal; il reconnaît que Pascal, qui se défiait de la morale des philosophes, tenait pour certaine celle de la conscience. M. Droz, qui fait ces concessions, cite des articles des *Pensées*, et puisque la spiritualité de l'âme y est postulée, il dit le problème de la spiritualité résolu dogmatiquement; il cite d'autres articles qu'il oppose les uns aux autres, et conclut : Pascal a professé des doutes quant à la certitude de la science, alors que, selon toute évidence, il ne les ressentait pas.

Dans chacun des trois chapitres de la troisième partie, qui porte pour titre général : *La conciliation des pensées sceptiques* — et ces chapitres sont intitulés : *La tradition au sujet de la philosophie et de la raison; La forme du livre et les défauts de la démonstration; Le tempérament, le caractère et la pénitence de Pascal* — M. Droz fait d'autres concessions; il revient, pour les amender, sur certains jugements. Il ne pense pas que le plan de l'Apologie était aussi bien arrêté qu'il l'a redit après Filleau de la Chaise, Étienne Périer, Mme Périer, du jour que Pascal commença d'écrire sur la religion; il ne pense pas non plus que les moyens afin de rendre les hommes religieux étaient tous délibérément choisis, tels moyens afin de gagner la volonté et tels, pour convaincre l'esprit, la chose à « prouver » étant d'ailleurs nettement et précisément définie. Il admet que, dans le livre des *Pensées*, nous n'avons pas des fragments à proprement parler; il admet que Pascal a pu songer à son édification, à lui, en même temps qu'à celle d'autrui. Sur le jansénisme et sur les tendances propres de Pascal, encore des aveux à retenir. Mais aveux et concessions sont pour M. Droz, qui a l'esprit délié, l'esprit subtil, des moyens de défense. Il avait dit à un certain endroit du volume : c'est le dogmatisme que l'auteur des *Pensées* croyait le vrai, puisque c'est le scepticisme qu'il a soutenu avec le plus d'effort; la phrase peut servir de conclusion à la thèse, nous serions tenté de dire à la plaidoirie.

Elle est habile; elle fait honneur d'une certaine manière à qui l'a soutenue. Mais que l'on impute à crime le fait d'être sceptique, et l'on ne pourra s'empêcher, fermant le livre, de tenir Pascal pour coupable.

F. GRINDELLE.

Bernheim. — DE LA SUGGESTION ET DE SES APPLICATIONS A LA THÉRAPEUTIQUE. Un vol. in-8°, 428 p. avec figures dans le texte. Paris, Doin, 1886.

Ce volume est la seconde édition, considérablement augmentée, du livre que M. Bernheim a fait paraître en 1884 sur la suggestion hypnotique. Comme la *Revue* a rendu compte, en son temps, de la première édition, nous n'avons à parler ici que des additions faites à la seconde. Aussi est-il inutile d'insister sur les procédés de l'auteur pour obtenir le sommeil et sur les caractères du somnambulisme qu'il a l'habitude de provoquer. On sait que M. Bernheim n'emploie et ne connaît que la suggestion. *La suggestion*, dit-il nettement dans sa préface, *est la clef du braidisme*. Toute cette partie a paru en 1884, et

l'auteur y a peu ajouté. D'ailleurs ses descriptions se confond‹
lument avec celles de M. Beaunis et de M. Liébeault, si bien
se demande quelle peut bien être dans tout cela la part de M. B
Il est peut-être utile, dans ces questions qui sont encore en pl
lution, de rapporter à chaque auteur la paternité de ses œuvı
ferons donc remarquer que les changements de personnalité eı
gestions à échéance éloignée appartiennent à M. Richet; les v
suggérées ont été découvertes par M. Focachon ; l'hémorrhagie s
par MM. Bourru et Burot; les phénomènes improprement appeı
cinations négatives sont déjà de date ancienne; les halluciı
illusions suggérées remontent encore plus loin (M. Richet les a
en 1875); les suggestions à l'état de veille, sans hypnotisme, a
nent à Braid; la division du somnambulisme en six degrés eı
beault; les suggestions criminelles et leurs applications poss‹
médecine légale ont été signalées pour la première fois par M.
mouvements par imitation ont été décrits par Heidenhain, Ric‹
la résistance de l'hypnotique aux ordres a été définie par M
Ce qui appartient en propre à M. Bernheim, c'est d'avoir
M. Beaunis, illustré par des exemples nouveaux ces faits conı
qu'il y a loin de ses recherches aux ingénieuses expérı‹
M. Beaunis, qui est vraiment un expérimentateur de race ! M.
n'a pas su renouveler la méthode, et nous trouvons un anac
dans le fait de recommencer la description pure et simple deı
nations provoquées. A quoi servent ces répétitions, si on n'ı
nouveau à nous apprendre sur le mécanisme du phénomène
vaudrait décrire toutes les formes que prend un morceau d'ar
la main qui le pétrit. A notre sens, la provocation d'un effet qu
par suggestion n'est pas toute l'expérience, elle n'en est qu‹
mencement; s'arrêter là, c'est avoir la clef en main pour ne
servir. Il faut de plus soumettre ces phénomènes subjectifs à
rimentation qui en dégage les signes objectifs.

L'absence de cette méthode d'objectivation entraine M. Be
nous donner des observations dont le moindre défaut est de
de preuve. Tels sont ses récits d'hallucinations provoquées; ce
ne les frappons pas d'un doute général; mais, mis en préseı
cas particulier, nous ne saurions être absolument certain qu‹
a réellement éprouvé une hallucination : scepticisme qui a
conséquences graves au point de vue médico-légal.

Ce qui domine ce livre, c'est une théorie de la suggestion p‹
loin qu'elle finit par se détruire elle-même. En effet, s'il est
tout est suggestion dans l'hypnotisme, cet état ne possè‹
caractère autre que les caractères suggérés : c'est dire qu'il ne
rien d'intéressant en dehors du fait même de la suggestibilité d
Quand M. Bernheim nous dit que le dormeur est seulement e
avec l'opérateur, on pourrait lui objecter ironiquement que
suggestion qu'on a persuadé à l'endormi de répondre seuleme

personne. — Quand le même auteur prétend que certains sujets se rappellent les faits de leur sommeil en fermant les yeux, on pourrait lui dire encore que c'est de la suggestion, et ainsi de suite. Telles sont les conséquences de la fausse position où l'auteur s'est placé. Au reste, nous aurons prochainement l'occasion de montrer que la suggestion ne saurait englober tout l'hypnotisme, car elle n'est que le renouvellement, sous forme idéale, d'une irritation périphérique antérieure; l'idée suggérée ne peut être que l'écho d'une sensation plus ancienne, et dès lors la méthode psychique ne peut venir qu'après la méthode physique. Sans aller plus loin, ne sait-on pas qu'un grand nombre de fonctions physiologiques, la secrétion de la sueur, du lait, des larmes, la colique, la diarrhée, etc., peuvent êtres mises en jeu *et* par des causes physiques *et* par des causes morales?

Le chapitre VI mérite de nous arrêter un moment, car il est nouveau. Il est consacré à une « réponse à quelques critiques » et dirigé en grande partie contre M. Charcot, M. Féré et moi. M. Bernheim se propose de montrer pourquoi les résultats qu'il a obtenus diffèrent de ceux de la Salpêtrière. Le pourquoi est très simple, et l'auteur le trouve tout de suite: c'est que M. Charcot et ses élèves se sont trompés. Tout d'abord, M. Bernheim constate qu'il n'a pas pu « par ses observations *confirmer* l'existence des trois phases de l'hypnotisme, telles que Charcot les a décrites » (p. 93) et qui, comme on le pense bien, ont grand besoin de confirmation. Le lecteur s'imaginera peut-être que cette différence des résultats tient à une différence des lieux. Vaine objection. M. Bernheim a eu l'occasion d'opérer à Paris, et pas plus à Paris qu'à Nancy, il n'a pu réaliser ce qu'il appelle dans un langage concis et énergique « les trois phases de la Salpêtrière ». Puisque M. Bernheim n'a pas constaté ces trois phases, donc « les trois phases n'existent pas » (p 93). Il faut louer l'auteur de s'exprimer avec autant de netteté.

Cependant, on ne peut pas se contenter de dire à une école : vous vous êtes trompée; il faut encore lui dire comment et pourquoi. M. Bernheim a eu la bonne fortune de tomber sur un de ces *casus rariores* qui font la lumière. Une fois, il a trouvé « un sujet qui réalisait à la perfection les trois périodes, mais cette personne avait passé trois ans à la Salpêtrière; elle avait appris par suggestion à imiter les phénomènes qu'elle voyait se produire chez les autres somnambules de la même école; elle était dressée par imitation; ce n'était plus une hypnotisée naturelle; c'était bien une névrose hypnotique suggestive. » A ce moment M. Bernheim découvre la cause de l'erreur dans laquelle M. Charcot est tombé avec toute son école : « Tout s'explique quand on sait que la suggestion est la clef de tous les phénomènes hypnotiques » (p 96). De tout cela, pas l'ombre d'une preuve. L'auteur ne se donne pas la peine de se demander si l'hyperexcitabilité neuro-musculaire peut être produite par suggestion. Il se contente de ce raisonnement très simple : « Je n'ai pas vu ce fait; donc il n'existe pas. » Au lieu d'affirmer avec vivacité que l'école de la Salpêtrière a été le jouet de la suggestion, l'auteur aurait mieux fait de commencer par reproduire, avec cette suggestion qu'il manie si bien, tous les phénomènes physiques des trois états, hyperexcitabilité, plasticité cataleptique avec les caractères que l'on sait, léthargie associée à la catalepsie ou au somnambulisme, etc. ; et quand ce résultat aurait été complètement obtenu, il aurait été temps de se demander si à la Salpêtrière la suggestion avait joué un rôle quelconque et si l'existence de la suggestion exclut nécessairement tous les autres procédés. Quant à nous, nous ne prenons aucun parti au milieu de ces controverses; plus patient que M. Bernheim, nous attendons la lumière de faits nouveaux, qui sont indispensables pour trancher un débat de cette nature.

Après avoir regretté que « tant d'esprits distingués égarés par une première conception erronée soient conduits à une série d'erreurs singulières qui ne leur permettent plus de reconnaître la vérité », M. Bernheim dirige l'attaque contre M. Féré et contre moi dans des pages qui portent le titre bien sévère de « Illusions expérimentales ». Rien ne lui paraît plus curieux à ce point de vue (au point de vue des erreurs des esprits distingués) que nos expériences de transfert. D'un bout à l'autre, c'est de la suggestion. Nous avions pensé éliminer cette cause d'erreur en faisant des expériences dans la léthargie et la catalepsie vraies, du type pur, états inconscients où le sujet est étranger à ce qui se passe autour de lui. Nous nous étions trompés. M. Bernheim affirme, bien qu'il n'ait jamais opéré que sur des somnambules, que *tous les* sujets restent conscients à *tous* les degrés de l'hypnotisation. Les expérimentateurs de la Salpêtrière, qui ont cru que la soi-disant léthargie présente une inconscience apparente, « ont en réalité élevé leur sujet dans cette *suggestion* de ne pas réagir dans cet état. Rien de plus facile que de créer artificiellement un état analogue chez tout somnambule. »

Mais comment l'auteur n'a-t-il pas compris que si sa supposition gratuite était vraie, nos léthargiques élevés dans la suggestion de ne rien voir et de ne rien entendre pendant l'état de léthargie seraient devenus bel et bien aveugles et sourds de par le fait de cette suggestion toute-puissante? Et dans ce cas, comment admettre que des sujets mutilés de la sorte pourraient éprouver les effets de l'attention empêchante quand on approche un aimant de leur bras?

Quittant les hypothèses, M. Bernheim expose les expériences qu'il a faites sur le transfert : il les a déjà publiées dans la *Revue philosophique*. Toute son argumentation revient à dire qu'il n'a pas pu produire de transfert autrement que par suggestion et que, par conséquent, la suggestion donne la clef de ce phénomène comme de tous les autres (p. 101).

Nous avions cependant énuméré les précautions que nous avions prises contre cette cause d'erreur; engagés dans des recherches nouvelles, nous étions incapables de prévoir dans la plupart des cas ce qui allait se produire; nous avons caché l'aimant sous un linge, et les mêmes effets se sont produits; nous avons rendu l'aimant invisible par suggestion, et l'effet a continué à se produire; nous avons employé un aimant en bois, et rien ne s'est passé : nous avons expérimenté sur des malades *complètement neufs* et obtenu les mêmes résultats. Tout cela importe peu à M. Bernheim.

Ses conclusions n'en arriveraient à rien moins qu'à nier complètement le grand fait du transfert démontré cependant par les recherches de Charcot, de Dumontpallier, de Gellé et de bien d'autres. M. Bernheim ignore-t-il l'existence de ces recherches?

Certes, nous sommes loin de prétendre qu'on doit défendre à un auteur de dire son opinion sur une question, sous prétexte que cette question a été définitivement jugée. Mais il n'en est pas moins vrai qu'on ne saurait traiter à la lumière de deux ou trois expériences manquées un problème qui a été aussi sérieusement étudié que celui du transfert. En somme, il n'y a rien de mystérieux dans l'action de l'aimant, quand on y regarde de près. L'aimant, assimilable à un solénoïde, agit physiologiquement comme un courant électrique faible. Nier l'action de l'aimant sur l'organisme, ce serait nier l'action de l'électricité. M. Bernheim ira-t-il jusque-là?

Mais concluons cette longue discussion. M. Bernheim n'a pas réussi à reproduire nos expériences de transfert. Qu'est-ce que cela prouve? C'est qu'il s'y est mal pris, ou bien que ses sujets ne sont pas sensibles à l'aimant. Nous n'avons expérimenté que sur de grandes hypnotiques. Pourquoi n'en a-t-il pas fait autant? Il n'y a rien de plus à dire à ce sujet. Avant de contester nos expériences, placez-vous dans les mêmes conditions. On ne peut pas plus étudier de phénomènes de la grande hypnose, quand on n'a pas de grandes hypnotiques à sa disposition, qu'on ne peut étudier de paralysie générale quand on n'a pas de paralytiques généraux dans sa clinique. Cela certes est une fâcheuse nécessité pratique; mais on ne peut pas s'insurger contre les faits.

Passant ensuite à nos expériences sur les hallucinations provoquées, M. Bernheim montre que nous sommes tombés dans les mêmes erreurs. Il choisit des malades analgésiques; « le chatouillement des narines ne les faisait pas sourciller », *donc* « il ne pouvait être question de simulation » (p. 102). Dans des expériences relatées d'une manière un peu diffuse, l'auteur montre que le prisme placé devant un des deux yeux ne dédouble pas l'hallucination visuelle, que la lorgnette et autres instruments d'optique ne produisent non plus aucune modification et qu'enfin tout s'explique par la même cause, la suggestion. Enfin, le chapitre se termine par une adjuration à laquelle je ne puis rester insensible : « J'aime à croire qu'après ces contre-épreuves expérimentales, le jeune écrivain de la *Revue philosophique* mieux éclairé sur la question, aura à cœur de rectifier certaines de ses appréciations critiques. »

Avant de répondre, je serais curieux de savoir si M. Bernheim connaît les articles sur l'hallucination que j'ai donnés à la *Revue philosophique*: Puisqu'il prétend critiquer les conclusions de ce travail, on est en droit de lui demander s'il a commencé par en prendre connaissance. Je n'ai jamais prétendu que le prisme dédoublait directement une image mentale; c'eût été absurde; j'ai montré au contraire, avec beaucoup de détails, que les instruments d'optique qui modifient les hallucinations visuelles ne le font qu'en modifiant les points de repère auxquels ces hallucinations sont associées. Je refuse donc de suivre M. Bernheim dans cette discussion et je me contente de le renvoyer simplement à mes écrits antérieurs. Quand il sera renseigné sur la question, nous pourrons reprendre ce débat avec plus de fruit.

Ce n'est pas tout. Nous avons publié, M. Féré et moi, un grand nombre d'expériences sur les effets chromatiques des hallucinations colorées. Ainsi, nous avons constaté *pour la première fois*, avec le concours de M. Richet, que l'image hallucinatoire d'une couleur produit une image consécutive de couleur complémentaire. Cette expérience fondamentale réussit avec une grande constance, et M. Charcot l'a répétée dans ses cours : elle a, de plus, l'avantage de confirmer un fait normal observé par Wundt. M. Bernheim essaye de la répéter, *une seule fois*, sur *un seul sujet*, et il s'y prend si mal qu'elle ne réussit pas; en effet, au lieu de donner l'hallucination d'un petit carré rouge, il colore par suggestion une surface beaucoup plus grande, un disque rotatif; de plus, il n'immobilise pas le regard du sujet en lui faisant fixer un point noir, et naturellement l'épreuve lui paraît suffisante pour conclure que nous nous sommes trompés (p. 103).

Ce n'est pas tout encore. Nous avions montré, M. Féré et moi, que si on suggère une photographie sur un carton blanc, l'image est si bien localisée et fixée sur ce carton que la malade la retrouve, entre six ou dix cartons pareils. Cette expérience qui est due, je crois, à M. Charcot, a été répétée certainement *plus de mille fois*, avec succès, sur plus de dix sujets. M. Bernheim essaye *quatre fois*, ne réussit pas, et déclare l'expérience fausse.

J'ai gardé pour la fin le meilleur exemple. Nous avions avancé que deux couleurs imaginaires superposées au moyen d'une lame de verre qui permet de voir l'une par réflexion et l'autre par transparence, donnent une teinte résultante conforme aux lois de l'optique. M. Bernheim ne refait pas cette expérience, et quand même il l'aurait refaite avec un résultat négatif, cela n'aurait rien prouvé; non, il en imagine une autre, tout à fait différente, que nous nous étions bien gardés de faire, et comme elle ne lui réussit pas plus que les précédentes, il en conclut pour la troisième fois que nous sommes dans l'erreur.

Je me suis attardé dans cette discussion; j'en livre au lecteur le résultat, car il est intéressant pour la psychologie de l'observation.

Nous ne dirons que deux mots de la seconde partie de l'ouvrage, consacrée à la thérapeutique par suggestion; l'auteur y rapporte un grand nombre d'observations, dont les plus intéressantes ont trait aux maladies organiques; la suggestion, même dans ces cas de lésions matérielles, peut avoir une grande efficacité, en agissant sur les troubles dynamiques qui accompagnent toujours la lésion matérielle. Il est seu-

lement à regretter que l'auteur ait dans quelques cas associé à la médication par idée des agents différents, par exemple l'aimant, de sorte
qu'il est difficile de faire la part de la suggestion.

A. BINET.

Ljubomir Nedich. — DIE LEHRE VON DER QUANTIFICATION DES PRAE-
DICATS IN DER NEUEREN ENGLISCHEN LOGIK (*Doctrine de la quantification du prédicat dans la logique anglaise moderne*), 40 pages.

Le but de cette brochure est d'exposer la quantification du prédicat
et les objections qu'elle a soulevées.

Deux systèmes de logique se trouvent aujourd'hui en présence en
Angleterre : la logique inductive de Mill, que l'on s'est accoutumé à
regarder comme le système anglais par excellence, et la logique de
Hamilton, qui, partant de la quantification du prédicat, a imprimé une
direction nouvelle aux études des logiciens anglais.

Hamilton s'est vu contester par Bentham la priorité de sa découverte.
A ce sujet, il s'est élevé une polémique assez vive en Angleterre. L'idée
de quantifier le prédicat ne semble pourtant pas dater de ce siècle.
Bentham l'a clairement exprimée. Mais Hamilton le premier en a saisi
toute la portée. Son dessein était vaste. Il voulait créer une analytique
nouvelle qui devait simplifier et compléter la logique d'Aristote. Ce
rêve ne s'est pas réalisé. Hamilton n'a même jamais fait un exposé systématique de ses idées. Spencer Baynes répara cet oubli du maître.

Il est un postulat fondamental qui, selon Hamilton, doit dominer
toute analyse scientifique en logique. C'est qu'il est permis d'exprimer
explicitement ce qu'on pense implicitement. Voici, par exemple, un jugement : les hommes sont des êtres vivants. On peut se demander si l'on
comprend tous les hommes ou simplement quelques hommes; et de
même, si l'on entend tous les êtres vivants ou bien quelques êtres
vivants. Le langage n'est pas tenu à une telle exactitude. Le sujet
seul captive l'attention, lui seul est quantifié. Il en est tout autrement
si l'on analyse scientifiquement la question. Un jugement exprime
qu'un concept fait ou non partie d'une classe déterminée de concepts.
Or, lorsqu'un concept est subordonné à un autre, il importe de savoir
quelle place il occupe dans la sphère de cet autre; ce qui exige que le
prédicat soit doué de quantité.

La quantification du prédicat ainsi établie, il convient de jeter un
regard sur une autre théorie de Hamilton qui s'y lie intimement:
la doctrine de l'extension et de la compréhension du syllogisme. Un
concept peut être envisagé sous deux points de vue bien différents.
Considéré comme type d'une série d'attributs, il est pris dans le sens
intensif ou compréhensif. Un concept rappelle aussi une série d'autres
concepts auxquels il est commun, et c'est le sens extensif qui domine
alors. De même les jugements sont compréhensifs ou extensifs. Si le
sujet contient le prédicat comme un de ses attributs, le jugement est

compréhensif; si le prédicat est le tout contenant le sujet, il est extensif. Un même jugement sera extensif ou compréhensif suivant que le
prédicat ou le sujet est le concept principal. Ainsi ce jugement : *les
hommes sont des êtres vivants*, est compréhensif, s'il doit exprimer
que la vie est un attribut de l'homme; il est extensif si le prédicat est
regardé comme une classe renfermant le concept homme. Dans le jugement compréhensif, le sujet seul est quantifié; il est le concept principal,
avantagé du jugement. Le prédicat lui est subordonné et ne sert qu'à
le déterminer. Si le jugement est extensif, le prédicat n'est pas un
simple attribut du sujet, c'est une classe qui contient le sujet; en
d'autres termes, le prédicat est alors quantifié tout comme le sujet. Le
jugement extensif est donc une égalité entre deux concepts. *Quelques
êtres vivants*, est égal à *tous les hommes*, et inversement. Il en résulte
qu'il n'existe qu'une espèce d'interversion du jugement : l'interversion
simple. Loi unique qui remplace les règles compliquées de la logique
d'Aristote.

La doctrine de la quantification du prédicat fut l'objet d'attaques
très vives, surtout de la part de J.-St. Mill. Selon Mill, le prédicat peut
parfois être quantifié, et le langage se fait alors le fidèle interprète de
la pensée. Mais il est inexact qu'il soit toujours et nécessairement quantifié. Il peut l'être implicitement, mais il ne l'est pas dans l'esprit de
celui qui énonce le jugement. Les mêmes objections, Mill les fait à la
théorie de l'extension et de la compréhension. Nos jugements seraient
toujours compréhensifs, bien que, le plus souvent, nous les énoncions
sous forme extensive. Si je dis : « Le ciel est bleu », pour prendre un
exemple familier à Mill, j'entends par là uniquement que le ciel est de
cette couleur. Je ne pense pas à la classe « bleu ». Je n'ai pas même
besoin de savoir qu'il existe encore d'autres objets bleus. La perception
du bleu est seule présente à mon esprit.

M. Nedich concède que le plus souvent nous jugeons compréhensive-
ment, comme le veut Mill. Seulement il pense que la logique ne doit
pas se borner à examiner ce qui se passe dans l'esprit de celui qui
énonce le jugement. Elle ne doit point, comme le fait Mill, se placer à
un point de vue purement subjectif, purement psychologique.

Mill fait encore une autre objection à la théorie de Hamilton. C'est
que le jugement notifié comporte non plus une, mais deux significations, et que, par suite, son contenu est altéré. Si nous énonçons, dit-il,
un jugement sous cette forme contrainte : « Tous les hommes sont tous
les êtres raisonnables », n'est-il pas évident que, pour saisir toute la
portée de cette proposition, deux jugements sont nécessaires : 1° que
tout homme possède les attributs de la raison; 2° que rien qui n'est
pas homme ne possède cet attribut ou, ce qui est la même chose, que
chaque être raisonnable a les attributs de l'homme. C'est là une objection à laquelle échappe difficilement la théorie de Hamilton. M. Nedich
y répond fort bien : « En supposant même l'objection de Mill fondée,
serait-ce un motif suffisant pour bannir le prédicat quantifié de la lo-

gique? L'indétermination est précisément le caractère du jugement non quantifié; l'avantage logique de la quantification, c'est d'écarter cette indétermination de la pensée. » Mais nous ne pouvons plus nous rallier à l'avis de M. Nedich lorsqu'il ajoute : « Le jugement quantifié ne contient, comme tout jugement, qu'une seule proposition, et ce que Mill regarde comme une seconde proposition n'est qu'une conséquence immédiate de la première; mais par cela même qu'elle s'en déduit immédiatement, elle semble faire partie intégrante du jugement. » On est tenté de répondre avec Mill : « Si le jugement *tous les triangles équilatéraux sont tous les triangles équiangles*, n'est qu'un seul jugement, qu'est alors la proposition *tous les triangles équilatéraux sont équiangles?* une demie peut-être? »

Nous ne suivrons pas M. Nedich dans son argumentation. Nous dirons deux mots de la nouvelle classification des jugements. Quand on quantifie le prédicat, chacune des anciennes divisions, désignées par les symboles bien connus, A, E, I, O, se subdivise en deux autres. Il en résulte huit formes de jugements, qui sont identiques avec celles indiquées par Bentham.

M. Nedich ne s'arrête pas à la théorie nouvelle du syllogisme, qui est d'un intérêt purement pratique. Il a hâte de montrer l'avantage théorique de la quantification, ses rapports avec la détermination de Wundt. Les idées de Hamilton ont conduit à regarder le jugement comme une équation logique, considération qui permit de créer une logique algorithmique. Boole le premier tenta un essai dans cette voie. Son but n'était pas de ramener la logique à l'algèbre, mais de fonder pour elle un calcul semblable au calcul mathématique. Un tel calcul présuppose nécessairement que l'on regarde les concepts comme des quantités logiques, et les jugements comme des équations entre ces quantités. Quoi qu'en dise M. Venn, disciple de Boole, cela n'est possible qu'en quantifiant le sujet et le prédicat. Avoir créé la quantification, tel sera l'éternel mérite de Hamilton et de sa doctrine.

ED. SCHMIDT.

Hugo Schuchardt. — UEBER DIE LAUTGESETZE GEGEN DIE JUNG-GRAMMATIKER (*Les lois phonétiques contre les néogrammairiens*).

Depuis longtemps, il existe un complet désaccord entre les néogrammairiens et les autres au sujet de différentes questions linguistiques. Dans le présent article, M. Schuchardt attaque les premiers à propos de la proposition que *les lois phonétiques n'admettent aucune exception dans un seul et même dialecte et dans une seule et même période.*

C'est au moyen de la méthode déductive qu'ils cherchent à justifier leur doctrine et à la faire entrer dans la science. Son travail a pour objet l'examen de cette assertion.

L'expression « lois phonétiques » est défectueuse, dit-il, sous un double rapport. D'abord on y voit, comme Wundt l'a fait, un postulat logique, tandis que ces lois ne sont qu'empiriques, et qu'avant de pouvoir entrer dans la science, elles doivent être transformées en lois causales. Ensuite elle donne lieu à un double sens; par lois phonétiques, en effet, on peut comprendre des lois relatives à la composition des sons, mais aussi, et le plus souvent, des lois relatives au changement des sons. Partant, ils feraient mieux d'adopter la formule que *le changement des sons s'effectue d'après des lois qui n'admettent pas d'exceptions.*

L'expression « un seul et même dialecte » est susceptible d'un pareil reproche; on ne sait si l'on doit la prendre a *priori* ou a *posteriori*. Ici, M. Delbrück, pour prouver l'unité (*Einheitlichkeit*) du langage, redescend jusqu'à la langue individuelle; cette unité lui paraît être une preuve suffisante de la doctrine néogrammairienne. Mais existe-t-elle, cette unité? Jamais, pour autant que l'observation nous permet de le constater, la prononciation de l'individu n'est exempte de changements. De plus, d'après Müller, le changement des sons est une opération plus ou moins consciente; or, M. Schuchardt, qui partage cet avis, la déclare incompatible avec la formule de ses adversaires. Le changement des sons chez un individu peut à coup sûr être conscient, et, pour ce motif seul, il est impossible de vouloir la limiter à la langue individuelle.

Jusqu'ici nous avons considéré la langue déterminée; voyons maintenant si les lois restent constantes dans le cours des temps. Sur ce point nous nous bornons à renvoyer le lecteur aux exemples de l'auteur (p. 21).

Ce n'est donc ni la méthode déductive ni la méthode inductive que les néogrammairiens peuvent invoquer à leur aide. Les partisans de cette doctrine sont forcés d'y adhérer comme à un dogme, et c'est de ce nom que la spécifient Mayer et notamment Bloomfield.

En présence des défauts formels que nous venons d'énumérer, nous ne dirons cependant pas : « Les lois phonétiques comportent des exceptions », mais plutôt : « Il y a des changements sporadiques de sons. »

. Par leur doctrine « infaillible », les néogrammairiens ont voulu introduire plus de rigueur dans la science, mais ils sont partis d'un faux point de vue en négligeant la loi de causalité sans laquelle il n'y a pas de science possible. Alors n'est-ce pas une merveilleuse inconséquence de ne pas s'attacher à comprendre *les lois phonétiques,* mais de prétendre avoir bien compris leurs *exceptions*, d'avoir cherché celles-ci surtout dans l'influence de l'association des idées et d'avoir négligé d'autres facteurs comme le mélange de dialectes, etc.?

V. WELTER.

REVUE DES PÉRIODIQUES

Rivista sperimentale di Freniatria
An XI, fasc. I, II, III, IV.

G. Buccola.*La réaction électrique du sens de l'ouïe chez les aliénés.*
Cet article d'électro-physiologie est le dernier qui soit sorti de la plume
de ce jeune et brillant physiologiste, mort en mars 1885. C'est moins un
article qu'un ouvrage, car il compte plus de 70 pages in-8°. Dans le diagnostic des maladies nerveuses de l'appareil auditif, l'excitation galvanique a acquis, grâce à Brenner, une importance considérable ; Brenner
fut le premier à démontrer que le nerf acoustique réagit au stimulus
électrique suivant certaines lois déterminées. On introduit un des pôles
du courant dans le conduit auditif externe rempli d'eau tiède, ou bien
on applique simplement l'électrode sur le pavillon de l'oreille ; l'autre
pôle est placé sur la nuque ou sur la main. On observe alors divers
phénomènes : douleur, contraction de certains muscles de la face, ver-
tiges, nausées, sensations lumineuses, mouvements de déglutition,
augmentation de la sécrétion salivaire, sensation de goût métallique,
accès de toux. Mais les phénomènes les plus importants sont ceux de
l'audition, qui se produisent tantôt à l'ouverture, tantôt à la fermeture
du courant. Quand l'appareil auditif est sain, l'application du pôle négatif sur l'oreille produit une sensation distincte de son à la fermeture ;
l'application du pôle positif sur l'oreille produit un phénomène sonore
à l'ouverture ; dans les autres cas, il ne se manifeste aucune réaction
acoustique. Ces résultats importants sont résumés dans les formules
suivantes, où A indique le pôle positif, Ka le pôle négatif, S la fermeture, O l'ouverture :

Ka S = son ; Ka O = rien ; AS = rien ; AO = son. Enfin si, après la fermeture, on laisse le courant fermé, et qu'on indique par D le temps pendant
lequel le courant passe, on a K a D = son ; A D = rien. Ces phénomènes
importants expriment une règle commune aux nerfs moteurs ; le pôle
positif excite seulement à l'ouverture, le pôle négatif seulement à la
fermeture. Il faut ajouter que, chez un certain nombre de sujets, la formule se modifie ; on a distingué : l'*hyperesthésie simple du nerf acoustique,* où l'intensité de la réaction sonore est seulement augmentée ;
l'*hyperesthésie avec changement qualitatif de la formule normale,*

où le son se produit non seulement aux moments normaux, mais à des moments anormaux ; l'*hyperesthésie avec renversement* de la formule, où le son ne se produit qu'à Ka O,A S, A D ; enfin la *réaction paradoxale*, où le son se produit dans l'oreille du côté opposé, etc. L'étude de la réaction électrique du nerf acoustique chez les aliénés a été faite pour la première et unique fois par Jolly, sur les conseils de Brenner. Les résultats sont intéressants, mais ils ont le défaut de ne porter que sur cinq sujets. Dans les quatre premiers cas, on a eu une réaction paradoxale, et dans le dernier, des hallucinations complexes de l'ouïe provoquées par le courant galvanique. Buccola a repris ces recherches, et les a considérablement développées ; les résultats qu'il nous donne proviennent d'expériences faites sur 50 malades. L'excitation électrique du nerf acoustique chez les aliénés présente un grand nombre d'anomalies, et les réactions normales sont rares; on peut diviser les aliénés en deux groupes; ceux qui ont des hallucinations de l'ouïe, ceux qui n'en ont pas. C'est chez les premiers que l'on rencontre les plus nombreuses anomalies, ce qui prouve que leur appareil nerveux auditif est profondément altéré, du fait de leurs hallucinations auditives; de plus, chez quatre hallucinés, on a vu se produire des hallucinations de l'ouïe au moment du passage du courant. Ces deux faits paraissent à l'auteur apporter une confirmation à la thèse de Tamburini sur le siège cortical des hallucinations; nous avouons que la légitimité de ce rapprochement nous échappe. Chez les paralytiques généraux, le phénomène qu'on observe le plus souvent est le vertige. D'autres formes d'aliénation présentent des anomalies différentes, trop longues à décrire. Ce qu'il faut retenir, c'est que l'appareil auditif des aliénés, alors qu'il n'est le siège d'aucune lésion matérielle, présente le plus souvent à l'excitation électrique des réactions qu'on peut qualifier de morbides.

Ce fascicule I contient encore un article de *Golgi* sur la fine anatomie des organes centraux du système nerveux, un article de *Musso* et *Bergesio* sur l'influence des applications hydrothérapiques sur la circulation cérébrale de l'homme, un travail de *Venturi* sur la locomotion du cerveau dans ses rapports avec les mouvements du crâne, et un compte rendu très exact d'un article de MM. Binet et Féré publié ici-même sur l'hypnotisme et la responsabilité. Les fascicules II et III sont consacrés à des études exclusivement médicales. Nous y relevons seulement une revue générale de Seppili sur les phénomènes de suggestion, où l'auteur résume les travaux récents, dont une bonne part a paru dans la *Revue philosophique*.

Le fascicule IV est consacré à la mémoire de Buccola, qui fut un des collaborateurs les plus actifs de la *Rivista di Freniatra*. Tous les psychologues s'associent aux regrets causés par cette mort prématurée.

MORSELLI. *La dynamographie et ses applications au diagnostic des désordres moteurs.* Appliqué à la pathologie, le dynamographe révèle des différences importantes entre les hypokinésies, les acrokinésies et les parakinésies ; il établit les caractères cliniques différentiels de la paralysie, du tremblement et de l'ataxie; il permet même de distinguer les diverses formes de paralysies (paralysie générale typique, pseudo-paralysie des alcooliques, etc.), et les diverses formes de tremblements (paralysie agitante, sclérose en plaques, alcoolisme, tremblement sénile , tremblement neurasthénique , tremblement émotif, etc.).

TAMBRONI ET ALGERI. *La durée du processus psychique, dans l'esthésiométrie tactile, chez les aliénés.* L'examen psychométrique, qui est une des plus belles conquêtes de la psychologie moderne, est peut-être destiné à remplir dans la psychiatrie un rôle important, bien que jusqu'ici les seules recherches psychométriques sur les aliénés aient été faites par Obersteiner et Buccola. Ce dernier auteur a étudié le temps nécessaire à percevoir une pointe unique ou les deux pointes d'un compas appliqué sur la peau. MM. Tambroni et Algeri ont employé la même méthode pour étudier la durée de la discrimination tactile chez les aliénés. Les résultats qu'ils ont obtenus se trouvent résumés très clairement dans le tableau suivant :

SUJETS D'EXPÉRIENCE	PERCEPTION				ERREURS Moyenne	PROPORTION des Erreurs	RÉACTION tactile simple	
	Double		Simple					
	Moyenne	Variation moyenne	Moyenne	Variation moyenne			Moyenne	Variation moyenne
1° Type paranoïque. .	174	20	177	20	188	4,4	136	11
2° Type sain	183	20	186	23	203	6,8	141	11
3° Type maniaque . .	312	38	327	41	355	4,0	209	23
4° Type dément . . .	344	48	344	54	365	7,2	225	33
5° Type épileptique. .	362	44	369	51	364	9,8	199	32
6° Type mélancolique.	374	58	376	62	368	8,2	245	33

L'excitation était portée sur un point unique du corps, sur l'extrémité de l'index de la main gauche : la distance en millimètres des deux pointes était de 2,2; l'esthésiomètre était appliqué transversalement. Les malades n'ont été soumis aux expériences qu'après avoir reçu une éducation préalable d'autant plus nécessaire qu'il s'agissait d'aliénés ; pour maintenir leur attention en éveil, on donnait un signal avant chaque expérience. Les séances duraient 40 minutes ; on faisait 20 expériences avec le contact unique et 20 avec le contact double; chaque fois le sujet devait répondre à l'excitation en prononçant suivant les cas le mot « simple » ou le mot « double » ou le mot « indécis ». Un dispositif expérimental qu'il serait trop long de décrire ici permettait de mesurer exactement le temps de la réaction; ce temps est exprimé dans le tableau en millièmes de secondes. Le nombre de malades examinés a

été de 4 pour chaque type, soit 24 au total ; sur chacun d'eux on
8 séries d'expériences, comprenant chacune 40 expériences, so
On voit donc que les auteurs ont opéré sur des moyennes considé
Pour obtenir chaque chiffre de la table on a pris : d'abord la m
d'une seule séance de 20 expériences ; ensuite la moyenne des n
nes des 8 séances; et enfin combinant ensemble les moyennes
individus examinés, on en a tiré une moyenne définitive.

Jetons maintenant un coup d'œil sur la table. On est tout éto
voir que, pour le type paranoïque, les chiffres sont tous inférieurs
du type sain, ce qui indique une plus grande rapidité dans la ré
ainsi, chez ces malades, non seulement la perception, mais l'aperc
(c'est-à-dire la distinction des deux pointes) est supérieure à ce
est dans l'état de santé. Ce résultat curieux est en rapport, dis
auteurs, avec le concept actuel de la paranoïe (délire systématisé
tif, etc.). Cet état n'est pas à proprement parler une maladie, mais
une forme dégénérative, une déviation du type normal, qui se
feste seulement dans les fonctions les plus complexes de l'orga
psychique; on comprend donc que, chez le paranoïque, la percep
l'aperception, qui représentent le seuil de l'intelligence, peuvent den
dans leur état normal. On remarquera à l'inverse que, dans le typ
niaque, les chiffres sont très supérieurs à la normale; ce qui n
que, malgré la vivacité des conceptions et des mouvements ch
malades, les fonctions perceptives sont atteintes. Divers autres ré
intéressants ressortent de l'inspection du tableau : ainsi le temp
pour la perception double est toujours supérieur au temps de l
ception simple, fait déjà constaté par Buccola. La durée de la p
tion erronée est en général supérieure à la durée de la perc
exacte. Nous nous bornons à regret à ces quelques détails. L'
contient encore un grand nombre d'observations intéressantes;
elles ne seraient comprises que si nous reproduisions les autres t

GUICCIARDI ET CIONINI. *Recherches psychométriques sur la r
tion*. Les lois de la répétition qu'on a exposées sont au nombre de
1° par la répétition, les états de conscience antécédents provo
plus facilement les états conséquents ; 2° les premières répé
sont plus efficaces que les dernières ; 3° après des gains de ten
plus en plus petits, on finit par atteindre une limite organique
montable. L'importance psychologique de la répétition a été r
par Spencer, Lewes, Hoffding, Ebbinghaus, etc. Les auteurs s
surtout attachés à étudier les rapports de la répétition avec la
plexité des processus psychiques. Leurs expériences se divisent e
groupes. Le premier groupe est composé de perceptions élémet
suivies d'actes très simples; par exemple, une légère impression
est faite sur le doigt du sujet qui, aussitôt qu'il a perçu l'impre
réagit avec la main en interrompant un courant; d'autres expér
sont faites sur la vue et sur l'ouïe. Même pour ces actes élémen

l'influence de la répétition se fait sentir dans les premières répétitions; on obtient des différences importantes, mais la limite est bientôt atteinte. Citons un exemple : les chiffres suivants expriment chacun la moyenne de 50 expériences; ils représentent des millièmes de seconde, et se réfèrent à la réaction à la suite d'une sensation tactile : 153, 148, 143, 137, 135. Ainsi le gain entier est de 18, après $50 \times 5 = 250$ expérience s. Le second groupe d'expériences est plus complexe : il consiste dans des perceptions associées que le sujet doit discerner. Par exemple, le sujet, avant d'interrompre le courant, doit discerner si on appuie sur sa peau deux pointes ou une seule; ici, le gain est beaucoup plus considérable; il est, après cinq séries d'expériences (comprenant chacune 50 expériences), de 121 pour une pointe, et de 194 pour deux pointes. Dans une autre expérience plus compliquée encore, et consistant dans l'écriture de trois lettres, la différence devient énorme; elle est, après dix séries d'expériences, de 1956. Ainsi la répétition non seulement rend les associations plus cohérentes, mais surtout elle se montre d'autant plus active que les associations elles-mêmes sont plus élevées; de plus, l'influence abréviative de la répétition ne se fait pas sentir après la première série d'expériences, mais surtout après la seconde; en effet, on obtient de la première série à la seconde un gain de 311, ou de 369, ou de 364, suivant les sujets; et de la seconde série à la troisième, 1130, ou 998, ou 865. Enfin, dans des expériences encore plus complexes, consistant dans des associations de mots avec des idées abstraites ou concrètes, les expérimentateurs ont constaté que l'économie de temps produite par la répétition est plus considérable encore. Après trente séries d'expériences, composées chacune de 50 expériences, ils ont obtenu pour les paroles abstraites le chiffre de 4869, et pour les paroles concrètes, 4994.

Nous disposons dans le tableau suivant ces différents résultats :

	Différence maximum	
Réaction tactile simple.	18	après 50×5 expériences
Discrimination d'une pointe. . . .	121	— —
— de deux pointes . .	194	— —
Écriture de trois lettres	1956	après 50×10 expériences
Paroles abstraites	4869	après 50×30 expériences
— concrètes	4994	— —

E. MORSELLI. *Paranoia rudimentaire impulsive d'origine neurasthénique. Note clinique.* L'auteur rapporte un cas intéressant et assez rare d'*idée fixe impulsive.* Il s'agit d'une femme de vingt-cinq ans, mariée à un commerçant qui a la manie d'élever des oiseaux, merles, perroquets, etc., et qui s'occupe tous les matins à couper avec des ciseaux de la viande, pour leur donner à manger. La malade étant devenue enceinte commença à se fatiguer de la monotonie de cette occupation, et ne comprenait pas qu'un homme sérieux pût s'occuper de pareilles

bagatelles ; le mari continua cependant à nourrir tous le¡
oiseaux, dans la chambre de sa femme. Sur ces entrefaite
donna le jour à un bel enfant, qu'elle voulut nourrir et pou
ressentit toute l'affection dont une mère est capable. Aprè
d'allaitement, un jour, le regard de la malade tomba sur
dont son mari se servait pour couper la viande de ses oi¡
lui vint aussitôt qu'avec ces ciseaux on pourrait couper la ¡
enfant; cette image devint obsédante, et bientôt la malade ¡
pourrait bien exécuter cet acte. Dans les premiers temp¡
ne s'éveillait en elle que lorsqu'elle voyait la bouche de
s'approcher de sa mamelle, ou lorsqu'elle voyait son mari c
ciseaux à la main sa fastidieuse opération. L'idée fixe s'in
à son esprit, et suspendait toutes ses autres pensées. Ma¡
n'était besoin d'aucune sollicitation extérieure pour réveille
La malade, fort intelligente, se rendait compte de l'absurdit¡
et même de son caractère odieux ; elle essaya de se distra
lecture, voyages, travail assidu, rien n'y fit. L'idée fixe s¡
sous forme de *crises*. D'abord, éveil automatique de l'idée, p¡
la crainte de ne pas pouvoir résister à l'impulsion, puis l'¡
la lutte, accompagnée de battements de cœur, et un besoi¡
de mouvements; puis des sueurs marquant la fin de l'accè¡

Cette malade n'avait aucun antécédent héréditaire conn¡
objectif ne donna que des résultats normaux; il y avait se¡
hyperesthésie générale, rendant la malade sensible aux moir¡
excitable par la lecture des romans et par le théâtre, et se¡
que jusquà la douleur pendant les rapports conjugaux.¡
malade paraissait peu capable d'attention. Un traitement¡
dans lequel tenait la première place l'*isolement*, amena la ¡

Le fascicule IV contient encore un curieux travail de Fa¡
sur la psychologie des lobes optiques chez les tortues pa¡
revue générale de Guicciardi sur la psychologie et la ps¡
enfin les comptes rendus du onzième congrès de l'associati¡
italienne, et du premier congrès international d'anthropolog¡
à Rome.

A. B.¡

SOCIÉTÉ DE PSYCHOLOGIE PHYSIOLOGIQUE

Note sur la combinaison des images consécutives [1].

I

EXP. I. — Sur un fond gris, je place un carré rouge, évidé ; au centre un carré bleu ; entre le carré bleu plein et le carré rouge évidé apparaît la couleur grise du fond, formant une surface qui enveloppe le carré bleu et est enveloppée par le carré rouge.

Image consécutive : Le carré rouge se change en carré vert, le bleu en jaune, la partie grise comprise dans la figure primitive entre le rouge et le bleu devient *violette* dans l'image consécutive.

En répétant l'expérience, j'ai vu la bande violette se nuancer de rouge du côté où se trouve primitivement le rouge, de bleu du côté où se trouve primitivement le bleu, de façon à se diviser presque en deux bandes, l'une bleue, l'autre rouge.

Quand la bande grise qui existe dans la donnée primitive entre le carré intérieur et le carré extérieur est très étroite, la couleur de l'image consécutive apparaît très nettement.

EXP. II. — Un carré vert évidé, le milieu sauf une petite bande à l'extrémité supérieure est rempli par deux rectangles, l'un jaune, l'autre bleu. Entre le vert d'une part, et le jaune et le bleu d'autre part, une bande grise [2].

Image consécutive : Le vert devient rose, le bleu jaune et le jaune bleu, le gris se change en vert jaune entre le jaune et le vert de la sensation primitive, il se change en vert bleu entre le vert et le bleu primitifs. Ces résultats ne sont pas toujours parfaitement nets dans les premières expériences.

1. Séance du 28 juin 1886 (M. Charcot, président).
2. Une condition de la réussite de cette expérience comme de la précédente est l'immobilité de l'œil aussi complète que possible pendant la préparation.

Voici l'interprétation qu'on doit, à mon avis, donner de ces expé
riences : On sait que l'image consécutive d'un carré moitié blanc moitié
rouge est moitié rouge moitié verte, le rouge correspondant à la partie
blanche et le vert correspondant à la partie rouge de l'image primitive.
Il résulte des expériences de M. Parinaud [1], que la couleur complémentaire perçue dans une image consécutive négative s'accompagne à son
tour d'une couleur complémentaire qui est la reproduction de la couleur
donnée primitivement dans la sensation.

Or, dans la première expérience que j'ai citée tout à l'heure, le carré
gris qui se trouve entre le carré rouge et le carré bleu, tend, dans
l'image consécutive négative, à prendre une couleur bleue parce qu'il
est auprès du bleu dans la sensation primitive, et en même temps,
il tend à prendre une teinte rouge parce qu'il était aussi près du
rouge. Le violet qui apparaît résulte évidemment de la combinaison de
l'image rouge et de l'image bleue. Il y a donc une véritable combinaison
de deux images subjectives donnant le résultat qu'aurait donné le
mélange de deux matières colorantes réelles. Nous avons vu de plus
que quelquefois la fusion ne se fait pas et que l'image que sa position
tend à faire prédominer efface entièrement l'autre. Dans les cas très
nombreux où il se produit, et si nous admettons que la couleur bleue
qui se développe à côté du jaune dans l'image négative d'une couleur
bleue est un effet de contraste simultané dans une image consécutive
négative, ce qui peut n'être après tout qu'une manière d'énoncer un fait
incontestable, nous trouvons que les images complémentaires nées
d'un contraste simultané projuit dans une image consécutive négative
peuvent se combiner de manière à donner une couleur composée analogue aux couleurs obtenues par le mélange des matières colorantes.
Nous verrons plus tard qu'il n'en est pas toujours ainsi et que le
résultat de la combinaison de deux images peut être, au contraire, analogue à celui qu'on obtiendrait par le mélange des rayons lumineux.

On voit que dans la seconde expérience rapportée plus haut le
résultat est produit par les mêmes causes que dans la première. La
partie grise comprise entre le vert et le bleu, devient vert bleu dans
l'image consécutive négative, la partie grise comprise entre le vert et
le jaune devient vert jaune. C'est évidemment ici encore le mélange
des deux couleurs primitives réapparaissant par contraste simultané
dans l'image consécutive qui produit la couleur composée. Nous avons
encore la combinaison de deux images subjectives.

Dans les expériences qui précèdent nous obtenons toujours le mélange
de deux images consécutives simultanées entre elles. On peut également obtenir un mélange d'images consécutives successives.

EXP. III. — Je regarde un carré de papier rouge, puis jetant les yeux sur
un carton gris, j'aperçois l'image consécutive négative verte, je reporte
immédiatement le regard sur un carré de papier jaune pendant une ou

1. Voy. *Comptes rendus et Mémoires de la Société de biologie*, année 1882, p. 35.

deux secondes. Dans l'image consécutive que j'obtiens, la couleur complémentaire primitive verte se teinte de bleu et je vois un carré vert bleu. Le vert complémentaire du rouge et le bleu complémentaire du jaune se sont donc mêlés pour produire du vert bleu dans l'image définitive.

Sur un carré jaune, je place un carré bleu plus petit, je le regarde fixement pendant le temps voulu pour avoir une image consécutive négative; j'enlève alors le carré bleu, et le carré jaune m'apparaît comme ayant au centre une tache d'un jaune plus vif, correspondante au carré bleu. Je dirige le regard, après deux ou trois secondes sur une surface grise et je vois un carré blanc grisâtre entouré de bleu. Le bleu correspond à l'excédent du papier jaune sur le papier bleu, le gris du milieu ou plutôt l'absence d'image consécutive colorée est l'effet de la combinaison des deux images consécutives qui tendent à se produire et qui seraient l'une jaune, l'autre bleue. Le jaune et le bleu s'unissent pour produire du blanc et les deux couleurs se détruisent par leur combinaison. Ici l'union des deux images produit le même effet que les combinaisons de rayons lumineux. — Pour que les résultats de ces deux dernières expériences apparaissent nettement, il est essentiel de bien combiner la durée de la fixation du regard sur chaque couleur. On y arrive par le tâtonnement.

Fr. PAULHAN.

LIVRES DÉPOSÉS AU BUREAU DE LA REVUE

J. SIMON. *L'École*, 11e édition, in-12. Paris, Hachette.

J.-F. DE LACERDA. *La crise économique*, in-18. Le Havre.

POULIN. *La religion sans culte ou le spiritualisme basé sur la science*, in-18. Paris et Poitiers, Blanchier.

D. CHAZARAIN. *Découverte de la polarité humaine*, in-8°. Paris, Doin.

DURVILLE. *Traité expérimental et pratique de magnétisme*, in-18. Paris, librairie du Magnétisme.

JORISSENNE. *Guérison des paralysies par la dynamogénie cérébrale*, in-8°. Liège, Vaillant-Carmanni.

BÉRILLON. *La suggestion au point de vue pédagogique*, in-8°. Paris, Delahaye et Lecrosnier.

ORGEAS. *La pathologie des races humaines et le problème de la colonisation*, in-8°. Paris, Doin.

NACIAN. *La Dobroudja économique et sociale*, in-8°. Paris, Guillaumin.

GUYAU. *L'irréligion de l'avenir : étude de sociologie*, in-8°. Paris, Alcan.

RABIER. *Leçons de philosophie*, tome II. *Logique*, in-8°. Paris, Hachette et Cie.

E. BURNOUF. *La vie et la pensée*, in-8°. Paris, Reinwald.

Dr LETOURNEAU. *L'évolution de la morale*, in-8°. Paris, Delahaye et Lecrosnier.

G. D'EICHTHAL. *Mélanges de critique biblique*, in-8°. Paris, Hachette.

Ch. Féré. *La médecine d'imagination*, in-8°. (Brochure.) Paris, Delahaye et Lecrosnier.

Pratt. *New aspects of Life and Religion*, in-12. London, Williams and Norgate.

Travers Smith. *Man's Knowledge of Man and of God*, in-12. London, Macmillan.

Keibel. *Werth und Ursprung der philosophischen Transcendenz*, in-8°. Berlin, Keibel.

W. Wundt. *Ethik, eine Untersuchung der Thatsachen und Gesetze des sittlichen Lebens*, in-8°. Stuttgard, Enke.

A. Elsas. *Ueber die Psychophysik*, in-8°. Marburg, Elwert.

O. Caspari. *Drei Essays über Grund und Lebensfragen der philosophischen Wissenschaft*, in-8°. Heidelberg, Burow.

H. Romundt. *Ein neuer Paulus. I. Kants Grundlegung zu einer sicheren Lehre von der Religion*, in-8°. Berlin, Nicolai.

L. Pusch. *Spiritualistiche Philosophie ist erweiterter Realismus*, in-12. Leipzig, Mutze.

Löwenthal. *Grundzüge einer Hygiene des Unterrichts*, in-8°. Wiesbaden, Bergmann.

Fisichella. *Il Metodo nella Scienza*, in-8°. Catania, Cocco.

E. Fazio. *Trattato d'igiene : Atavismo e mesologia*, in-8°. Napoli, Micillo.

Publications récentes ou très prochaines : La *Morale* de Wundt dont nous donnons ci-dessus le titre complet. Il en sera rendu compte à bref délai. Binet et Féré. *Le magnétisme animal*, dans la Bibliothèque scientifique internationale. Morselli. *Il magnetismo animale, la fascinazione e gli stati ipnotici*. (Roux et Favale, Turin.) Ochorowicz. *La suggestion mentale*. (Doin.)

M. Ferrier vient de publier une deuxième édition presque entièrement nouvelle de son livre *The Functions of the Brain*. (Smith, Elder and C°.)

Nous avons reçu de M. Garofalo, bien connu de nos lecteurs comme l'un des chefs de l'École de psychologie criminelle, en Italie, un travail sur *le délit naturel* qui sera publié très prochainement.

Signalons dans l'*Hommage à M. Chevreul* (Alcan) une étude de notre collaborateur M. Ch. Richet sur les mouvements inconscients.

La Société de psychologie physiologique a repris ses séances le 25 octobre et les continuera le dernier lundi de chaque mois à 8 heures et demie du soir.

Le propriétaire-gérant : Félix Alcan.

Coulommiers. — Imp. P. Brodard et Gallois

LES ACTES INCONSCIENTS
ET LE DÉDOUBLEMENT DE LA PERSONNALITÉ
PENDANT LE SOMNAMBULISME PROVOQUÉ

Les suggestions que l'on peut imposer à des sujets hypnotisés pendant le sommeil ou même pendant la veille ont déjà été étudiées et décrites d'une façon très complète par bien des observateurs ; cependant elles peuvent encore donner lieu à quelques remarques intéressantes pour la psychologie. Ayant eu l'occasion d'observer quelques faits de ce genre, je voudrais les exposer, afin qu'il soit possible de les critiquer et de les rapprocher de faits analogues, avant de les étudier d'une manière plus complète.

Le sujet sur lequel ces recherches ont été faites est une jeune femme âgée de dix-neuf ans que j'ai pu étudier avec précision et pendant assez longtemps, grâce à l'obligeance de M. le docteur Powilewicz : nous la désignerons par la lettre L. Cette personne était atteinte de grande hystérie et elle avait au moment où je l'ai connue des attaques tous les jours et pendant plusieurs heures ; le sommeil hypnotique et les suggestions ont eu d'ailleurs sur cette maladie une influence thérapeutique des plus évidentes [1]. C'est pendant une de ces crises que nous avons endormi L. pour la première fois ; quelques passes suffirent pour arrêter les convulsions et le délire et pour remplacer l'agitation par le sommeil hypnotique le plus complet.

Une fois endormie L. pouvait m'entendre et répondre à mes questions, ce qu'elle ne faisait pas l'instant précédent pendant la crise hystérique. Il était facile de provoquer par suggestion tous les phénomènes caractéristiques du somnambulisme. Contractures, mouvements, hallucinations, tout était réalisé au commandement, ce qui

---

1. Nous publierons dans la *Revue scientifique* une étude plus détaillée sur la maladie de L. et sur le traitement hypnotique que nous lui avons appliqué sous la direction de M. le Dr Powilewicz.

indiquait dès la première fois un somnambulisme assez profond. Il était facile de réveiller la malade par un mot et de la rendormir à un geste convenu, car les suggestions posthypnotiques réussissaient aussi fort bien. Tous les phénomènes que j'ai pu reproduire ainsi étant fort connus, je n'insisterai que sur un détail intéressant. Dans les premières séances les suggestions pour être exécutées semblaient devoir être comprises et acceptées par le sujet. Si je lui commandais de lever les bras, L. commençait par me répondre « oui » d'une voix très basse, puis elle levait les bras qui restaient contracturés au-dessus de sa tête ; si je lui commandais de faire une action ou d'éprouver une hallucination à son réveil, elle répondait encore « oui », puis à son réveil exécutait l'ordre donné et accepté. Cette acceptation était indispensable. Un jour je lui commandai pendant son sommeil un acte qui lui déplut sans doute beaucoup ; elle répondit « non » à plusieurs reprises et à son réveil n'exécuta pas l'acte commandé. A de certains moments L. avait ainsi une grande disposition à la résistance et répondait « non » à la plupart des suggestions qui alors ne se réalisaient pas. Cependant le sommeil ne s'interrompait pas et au réveil l'oubli était toujours complet.

Après quatre séances, L. eut pour la première fois une sorte de catalepsie qui se produisit naturellement au cours du sommeil quand j'essayai de le rendre plus profond en continuant les passes plus long-temps. Les membres restaient dans la position où on les plaçait ; les mouvements continuaient et l'expression du visage se mettait en harmonie avec eux. Cet état dura peu et fut bientôt remplacé par le somnambulisme ordinaire ; mais celui-ci semblait plus profond et la puissance de résistance aux suggestions était bien diminuée. Non seulement il ne lui arrive plus de refuser l'obéissance, mais maintenant elle ne fait plus de signe d'acceptation, ne répond rien à la suggestion et l'exécute de suite. Des actes plus compliqués, associés à des hallu-cinations, peuvent être ainsi exécutés pendant le sommeil ou après le réveil. C'est à ce moment que j'ai essayé de vérifier les expériences de M. Delbœuf [1] sur la conservation du souvenir après le sommeil hypnotique et que je suis arrivé à des résultats identiques : quand on réveille brusquement le sujet au milieu d'un acte suggéré, il en garde, en effet, le souvenir comme d'un rêve. Il en est de même d'ailleurs lorsqu'il s'agit, non pas d'un acte, d'un mouvement, mais d'une simple hallucination. Je dis à L. qu'il y a dans la chambre un feu de Bengale vert et elle l'admire, puis, choisissant un moment où elle est tout à fait immobile dans sa contemplation, je la réveille brusquement. Il

_____

1. *Revue philosophique*, 1886, tome II, p. 411.

suffisait pour cela de frapper dans mes mains, c'était un signal convenu, et à son réveil elle cherche partout avec étonnement : « Pourquoi avez-vous éteint le feu de Bengale vert... ah! c'était un rêve. » Il me semble qu'il y a cependant une exception à cette loi indiquée par M. Delbœuf. Quand le sujet a déjà été endormi brusquement au milieu d'un acte de la veille, l'idée qui apparaît dans la conscience après un réveil également brusque, ce n'est pas le souvenir du somnambulisme, c'est la suite de l'acte commencé et interrompu pendant la veille. Le somnambulisme est comme s'il n'avait pas existé et les deux moments de la veille semblent se rejoindre [1]. Au milieu d'une conversation, L. est endormie avant d'avoir pu achever sa phrase. Après un quart d'heure de sommeil elle est réveillée et alors achève tranquillement la conversation commencée sans se douter qu'elle a dormi. Le même phénomène a lieu d'ailleurs pour les somnambulismes. Une fois rendormie, L. continue quelquefois l'acte commencé pendant le somnambulisme précédent. On pouvait avoir ainsi avec elle deux conversations très bizarrement interrompues et reprises, l'une pendant les états de veille, l'autre pendant les somnambulismes.

II

A ce moment il n'était pas difficile de s'apercevoir que la plupart des suggestions ne se présentaient plus de la même manière qu'au début : elles étaient devenues inconscientes. Auparavant L. savait ce que je commandais et savait ce qu'elle faisait en exécutant, puisqu'il lui arrivait de discuter le commandement. Maintenant elle n'entend plus ce commandement ou du moins répond toujours et avec sincérité qu'elle ne l'a pas entendu, et cependant elle l'exécute avec une grande précision, mais sans savoir ce qu'elle fait. Je lui commande brusquement : « Faites un pied de nez » ; les mains se placent au bout de son nez. On l'interroge sur ce qu'elle fait ; elle répond toujours qu'elle ne fait rien et continue à causer pendant longtemps sans se douter que ses mains continuent à s'agiter au bout de son nez. Je la fais marcher au travers de la chambre, elle continue à parler et croit être assise. Chose curieuse, elle m'entend parfaitement quand je cause avec elle et me répond sensément, mais si j'interromps une phrase pour faire brusquement un commandement, elle entend la phrase et

---

1. Pour vérifier ce détail, il faut se servir de sujets très sensibles à la suggestion, que l'on peut endormir tout d'un coup sans aucune pratique, rien que par un signe convenu pendant l'un des somnambulismes précédents. J'endormais L en quelques secondes rien qu'en levant la main.

n'entend pas le commandement qui s'exécute à son insu. Naturellement elle n'avait pas non plus le moindre souvenir de la suggestion
ainsi exécutée : ainsi je lui commandais de pleurer et elle sanglotait
réellement, mais elle continuait au milieu de ses pleurs à parler de
choses très gaies, et, les sanglots arrêtés, il ne restait plus trace de ce
chagrin qui n'avait jamais été conscient. Je la priai même un jour de
faire tous ses efforts pour me résister ; elle ne parut pas très bien
comprendre, car elle ne se souvenait pas de son obéissance. Elle m'assura en riant qu'elle ne ferait certainement pas l'acte que j'allais
dire. Je commande quelque chose et mon commandement est aussitôt exécuté ; mais elle continue à rire en disant toujours : « Essayez
donc de me commander, je ne ferai rien du tout. » En un mot tout ce
qui avait rapport à la suggestion ne pénétrait plus dans sa conscience.

Peut-être faut-il rapprocher de cette inconscience des suggestions
un détail du même genre qui m'avait frappé dès le début et que je ne
pouvais comprendre. L. pendant la veille comme pendant le somnambulisme, était complètement anesthésique ; elle n'avait aucune sensibilité cutanée ni à droite ni à gauche et n'appréciait ni la douleur, ni
la chaleur, ni le contact [1]. Elle n'avait pas non plus de sens musculaire et les yeux fermés elle ne savait pas la position de ses membres ;
ainsi qu'elle le disait elle-même, elle perdait ses jambes dans son lit,
mais elle était persuadée qu'il en était ainsi pour tout le monde. J'ai
même remarqué que cette perte du sens musculaire était accompagnée
d'une diminution très évidente dans l'appréciation des distances par
la vue. Cependant, si on mettait L. dans un état cataleptique [2], les
membres gardaient les positions où on les mettait ; les mouvements
se continuaient ; le visage prenait une expression correspondante. N'y
avait-il pas là des suggestions par le sens musculaire. Si je serre son
poing, le visage prend un air de fureur et le bras lance des coups de
poing ; il semble qu'elle ait su que son poing était serré et cependant
dans le somnambulisme ou dans la veille, elle ne sait jamais si je serre
son poing ou si je lève son bras. Est-ce encore une suggestion inconsciente comme précédemment ? Cette anesthésie des hystériques ne
serait-elle, comme M. Bernheim le disait très bien pour l'amaurose
hystérique [3], qu'une « anesthésie purement psychique ? » La sensation entre-t-elle réellement dans son cerveau, tandis que « l'hystérique

---

1. C'est sans doute pour cette raison que pendant l'état de somnambulisme, L.
n'a jamais eu de contractures produites par frictions superficielles de la peau.
2. On y parvenait par la compression des globes oculaires pendant le somnambulisme avec les yeux fermés, beaucoup plus sûrement que par l'ouverture des yeux
à la lumière, ce qui produisait le somnambulisme avec les yeux ouverts.
3. *Revue de l'hypnotisme*, 1886, p. 68.

la neutralise inconsciemment avec son imagination » et continue-t-elle à produire les mêmes effets que si elle était réellement perçue?

Remarquons enfin, comme l'ont déjà observé M. Bernheim et M. Richet, que le même genre de suggestions était encore possible à l'état de veille. Si je commandais un acte à L. avant de l'endormir elle ne semblait pas entendre l'ordre, quoiqu'elle fût éveillée, et exécutait l'acte machinalement. Bien plus, j'essayai un jour sans l'avoir prévenue une autre expérience; je priai une autre personne, M. M..., de lui commander un acte en mon absence, mais en mon nom. Au milieu de la journée M. M..., causant avec elle, s'interrompt brusquement et lui dit : « M. Janet veut que vos deux bras se lèvent en l'air et restent paralysés ». Ce fut fait immédiatement; les deux bras restèrent contracturés au-dessus de sa tête, mais L. n'en fut aucunement émue et continua ce qu'elle disait. Quand on produisait ainsi une action permanente comme la contracture des bras, on pouvait forcer L. à s'en apercevoir en la contraignant à chercher ses bras, à les regarder, à essayer de les mouvoir. Alors elle s'effrayait, gémissait et aurait commencé une crise, si par un mot on ne supprimait tout le mal. Mais une fois guérie et les larmes encore dans les yeux, elle ne se souvenait plus de rien et reprenait ses occupations au point où on l'avait interrompue.

Tout ce que je viens de dire s'applique aux suggestions d'actes, dans l'exécution desquels on ne pouvait remarquer aucune espèce de conscience. Quand, au contraire, on faisait une suggestion d'hallucination, le commandement n'était pas entendu davantage, mais l'hallucination elle-même était consciente, c'est-à-dire qu'elle envahissait brusquement la conscience, sans que L. pût savoir d'où elle venait. « Vous allez, lui dis-je, boire un verre de cognac. » Elle n'a rien entendu et son bras se lève automatiquement; mais quand il s'approche de ses lèvres, elle goûte et, interrogée, dit qu'elle boit du cognac, ce dont elle est bien contente, parce que le médecin le lui a défendu. L'oubli d'ailleurs est très rapide et il faut interroger assez vite pour constater cette conscience passagère de l'hallucination. Sauf dans ce cas, où la suggestion ne pouvait évidemment pas s'exécuter sans une certaine perception, la conscience semblait complètement abolie.

III

Une fois convaincu de cette inconscience qui sans doute a déjà été remarquée par bien des observateurs, mais que je n'avais pas encore constatée à ce degré, j'ai essayé de déterminer jusqu'où elle s'étendait, c'est-à-dire quels étaient les actes des phénomènes psycholo-

giques qui pouvaient revêtir ce caractère; en même temps j'ai essayé
d'apporter quelque lumière sur un petit problème de psychologie qui
a été signalé autrefois à propos de la suggestion hypnotique.

M. Paul Janet dans les articles qu'il a publiés sur l'hypnotisme [1] et
par lesquels il a fait connaître aux philosophes ces phénomènes
curieux et trop négligés de la pensée humaine, avait élevé quelques
doutes sur un genre particulier de suggestion. MM. Richet et Bernheim
avaient cité des exemples de suggestions que le sujet devait accomplir non à son réveil mais au bout d'un certain nombre de jours. « A
S..., dit M. Bernheim, j'ai fait dire en somnambulisme qu'il reviendrait
me voir au bout de treize jours; réveillé il ne se souvient de rien. Le
treizième jour à dix heures il était présent. » M. Paul Janet écrit à ce
propos : « J'admets que ces souvenirs ignorés, comme les appelle
M. Ch. Richet, puissent se réveiller à une époque quelconque suivant
telle ou telle circonstance. Je comprendrais encore le retour même
à une époque fixe de ces images et des actes qui en sont la suite, si
l'opérateur les associait à l'apparition d'une sensation vive; par exemple : « Le jour où vous verrez M. un tel, vous l'embrasserez », la vue
de M. un tel devant servir de stimulant au réveil de l'idée. Mais ce
que je ne comprends absolument pas, c'est le réveil à jour fixe sans
autre point de rattache que la numération du temps, par exemple
dans treize jours. Treize jours ne représentent pas une sensation;
c'est une abstraction. Pour rendre compte de ces faits, il faut supposer
une faculté inconsciente de mesurer le temps; or, c'est là une faculté
inconnue. » M. Ch. Richet répondit quelques mots [2], mais, si je ne me
trompe, il ne fit guère que confirmer l'exactitude du fait et le rattacha
assez vaguement à d'autres du même genre : « L'intelligence, dit-il,
peut travailler en dehors du moi et, puisqu'elle travaille, elle peut
mesurer le temps; c'est une opération évidemment plus simple que
de trouver un nom, de faire des vers, de résoudre un problème de
géométrie, toutes choses qu'elle peut accomplir sans que le moi y
participe. »

Pour éclaircir un peu cette question, j'avoue que je ne poserais
pas le problème de la même manière que M. Paul Janet. « C'est là,
dit-il [3], un fait nouveau d'un tout autre ordre que les précédents et
qui, s'il était vrai, nous ferait entrer dans le domaine des facultés
mystérieuses et inconnues, semblables à celles du magnétisme animal, double vue, pressentiment, etc. » Je ne puis partager ce senti-

1. *Revue littéraire*, 26 juillet, 2, 9, 16 août 1884.
2. *Ibid.*, 23 août 1884.
3. Réponse à M. Richet. *Ibidem.*

ment : le somnambule à qui on a suggéré d'accomplir un acte dans treize jours n'a pas besoin d'une faculté particulière et mystérieuse pour mesurer le temps; il se trouve dans les mêmes conditions que nous tous; il voit le jour et la nuit; il voit l'heure sur les horloges et je ne comprends pas pourquoi il mesurerait le temps d'une façon mystérieure, quand rien ne l'empêche de le mesurer de la façon ordinaire. Mais, dira-t-on, il n'a pas souvenir, il n'a pas conscience de la suggestion; cela n'empêche pas que le jour et la nuit ne fassent impression sur lui, et, pour exécuter la suggestion à l'heure dite, il n'a qu'à *les compter*. Il est vrai que ce compte doit être fait sans conscience, puisque le sujet dans sa conscience ordinaire ne sait pas qu'il a une action à accomplir dans treize jours. Mais, de toute façon, ce n'est qu'une faculté de *compter inconsciemment* des choses parfaitement réelles et non une faculté mystérieuse de *mesurer le temps* qui me paraît ici inutile. Cela dit, je trouve que M. Paul Janet a parfaitement raison d'autre part de distinguer cette opération-là d'un souvenir ordinaire, et ce genre particulier de suggestion de tous les autres. Quand on fait une suggestion ordinaire : « Dès que vous verrez M. X... vous l'embrasserez », le somnambule, une fois réveillé, ne garde rien dans sa conscience, ou plutôt il conserve une association d'idées latente qui n'a pas besoin de se traduire actuellement en phénomène psychologique. Nous-mêmes, nous ne savons pas toutes les associations latentes qu'il y a dans notre esprit; la vue de telle personne doit peut-être réveiller en nous une idée triste ou gaie dont nous ne nous doutons pas maintenant. Le somnambule réveillé a dans sa tête une association latente de plus : la vue de M. X... éveillera en lui l'idée de l'embrasser. Il n'y a rien là qui sorte de la psychologie la plus normale. Mais, dans le second cas, quand on lui a dit : « Vous ferez tel acte dans treize jours, » sa pensée ne peut pas oublier entièrement la suggestion au réveil; celle-ci ne peut pas rester latente jusqu'au treizième jour, car ce treizième jour n'étant pas en lui-même différent des autres n'éveillerait pas en lui l'idée de la suggestion plus que le douzième ou le quatorzième. Il faut que depuis son réveil et dans tout l'intervalle il pense sans cesse : « C'est aujourd'hui le premier jour, ou le second... » puis, quand il pensera : « C'est le treizième », l'association se fera. Or, il est évident pour tout le monde que les somnambules réveillés n'ont pas un tel souvenir et n'ont pas conscience de faire ces remarques et ce compte. Cependant le compte doit être fait. Nous avons ici non pas une association, c'est-à-dire une pure possibilité persistant à l'état latent, mais de véritables phénomènes psychologiques, des remarques, des comptes, en un mot des jugements persistant pendant treize jours dans la tête d'un individu sans qu'il en ait conscience : un jugement inconscient est toute autre chose qu'une association latente.

Le problème ainsi ramené à des termes qui me paraissaient plus simples, j'ai essayé avant tout de vérifier la réalité du fait en question. Le sujet dont je m'occupais me présentait bien des exemples d'associations latentes; la manière même dont je l'endormais en levant le bras en était un excellent. Je l'interrogeai un jour à l'état de veille pour voir si elle savait la façon dont je l'endormais; elle l'ignorait absolument; je lui parlai d'un signe, du bras levé : elle crut à une plaisanterie et cependant le bras levé l'endormit immédiatement. Eh bien! pouvait-elle avoir de même des jugements inconscients et faire des comptes sans le savoir?

L. étant en état de somnambulisme constaté, je lui dis du ton de la suggestion : « Quand j'aurai frappé douze coups dans mes mains, vous vous rendormirez. » Ainsi que nous l'avons déjà constaté ce commandement ne parut pas entrer dans sa conscience. Au réveil l'oubli était complet; il aurait été singulier d'ailleurs qu'elle eût conservé au réveil le souvenir d'une chose qui n'avait pas été consciente pendant le somnambulisme. Cet oubli, chose importante ici, m'était garanti, d'abord par l'état de sommeil précédent qui était un véritable sommeil hypnotique avec tous les signes caractéristiques; par l'accord de tous ceux qui se sont occupés de ces questions et qui ont tous constaté l'oubli au réveil de semblables suggestions; enfin par la suite de toutes les expériences précédentes où j'avais vu cette inconscience se former peu à peu. D'autres personnes entourèrent L. et lui parlèrent de différentes choses; cependant, retiré à quelques pas, je frappai dans mes mains cinq coups assez espacés et assez faibles. Remarquant alors que le sujet ne faisait aucune attention à moi et parlait vivement, je m'approchai et lui dis : « Avez-vous entendu ce que je viens de faire? — Quoi donc, je ne faisais pas attention. — Et cela? (je frappe dans mes mains). — Vous venez de frapper dans vos mains. — Combien de fois? — Une seule. » Je me retire et continue à frapper un coup plus faible de temps en temps; L, distraite, ne m'écoute plus. Quand j'ai ainsi frappé 6 coups qui, avec les précédents, faisaient 12, L s'arrête immédiatement, ferme les yeux et tombe en arrière endormie. « Pourquoi dormez-vous? lui dis-je. — Je n'en sais rien, cela m'est venu tout d'un coup. » Si je ne me trompe, c'est là l'expérience de MM. Richet et Bernheim, mais réduite à une plus grande simplicité. La somnambule avait aussi dû compter, mais au lieu de compter des jours, ce qui faisait croire à une mesure du temps, elle avait compté des bruits. Il n'y avait aucune faculté nouvelle, car tous les coups étaient faciles à entendre, quoiqu'elle prétendît n'en avoir entendu qu'un seul : elle avait dû les écouter et les compter, mais sans le savoir, inconsciemment. L'expérience était facile à répéter, et je l'ai refaite de bien des manières : L. a compté ainsi inconsciemment jusqu'à 43 et les coups furent tantôt réguliers tantôt irréguliers, sans que jamais elle se soit trompée sur le résultat. Une expérience des plus frappantes fut celle-ci. Je lui commande : « Au 3ᵉ coup vos mains se lèveront ; au 5ᵉ elles se baisseront ; au 6ᵉ vous ferez un pied de nez ; au 9ᵉ vous marcherez dans la chambre ; au 16ᵉ vous vous endormirez dans un fauteuil. » Nul souvenir au réveil et tous ces actes s'accomplissent au nombre voulu, tandis que pendant tout le temps L. répond aux questions qu'on lui adresse et n'a aucune conscience qu'elle compte des bruits, qu'elle fait un pied de nez ou qu'elle se promène.

Après avoir répété l'expérience, il fallait songer à la varier. J'ai essayé d'obtenir ainsi des jugements inconscients très simples. « Quand je dirai deux lettres pareilles l'une après l'autre, vous serez paralysée[1]. » Après le réveil, je murmure les lettres « a... c... d... e... a... a». L. demeure immobile et entièrement contracturée. C'est là un jugement de ressemblance inconscient ; voici des jugements de différence : « Vous vous endormirez quand je dirai un nombre impair » ou bien « vos mains se mettront à tourner l'une sur l'autre quand je prononcerai un nom de femme ». Le résultat est le même : tant que je murmure des nombres pairs ou des noms d'homme, rien n'arrive ; la suggestion est exécutée quand je donne le signe. L. a donc inconsciemment écouté, comparé et apprécié ces différences.

J'essaye ensuite de compliquer l'expérience pour voir jusqu'où allait cette faculté inconsciente de jugement. « Quand la somme des nombres que je vais prononcer fera 10, vos mains enverront des baisers » : mêmes précautions ; elle est réveillée ; l'oubli est constaté, et loin d'elle pendant qu'elle cause avec d'autres qui la distraient le plus possible, je murmure 2... 3... 1... 4, et le mouvement est fait. Puis j'essaye des sommes plus compliquées ou d'autres opérations : « Quand les nombres que je vais prononcer deux par deux, soustraits l'un de l'autre, donneront comme reste 6... » ou des multiplications et même des divisions très simples. Le tout s'exécute presque sans erreur, sauf quand l'opération devient trop compliquée et ne pourrait plus être faite de tête ; comme je l'ai remarqué, il n'y avait là aucune

---

1. Les suggestions sont toujours faites pendant le sommeil hypnotique bien constaté, puis L est complètement réveillée quelque temps après. Les signes et l'exécution ont lieu pendant la veille. L'expérience peut très bien se faire entièrement pendant la veille et elle a, à mon avis, les mêmes caractères ; mais l'oubli est encore plus certain quand le sujet a été réveillé après la suggestion.

faculté nouvelle, mais des phénomènes ordinaires s'exécutant inconsciemment.

Il me semble que ces expériences se rapportent assez directement au problème soulevé dans la *Revue littéraire*. Les faits signalés étaient parfaitement exacts : les somnambules peuvent compter les jours et les heures qui les séparent de l'accomplissement d'une suggestion, quoiqu'ils n'aient aucun souvenir de cette suggestion elle-même. En dehors de leur conscience, nous ne savons comment, il y a un souvenir qui persiste, une attention toujours éveillée et un jugement bien capable de compter des jours, puisqu'il peut même faire des multiplications et des divisions. Mais il n'en est pas moins vrai qu'on ne s'attendait guère à trouver de pareils phénomènes automatiques et sans conscience, et que leur étude peut avoir les conséquences les plus importantes pour la psychologie.

IV

Les expériences précédentes une fois expliquées, nous arrivons tout naturellement à un nouveau phénomène qui a été bien souvent présenté comme mystérieux, qui a été le point de départ de toute la doctrine du spiritisme et qui me semble cependant la suite, le développement prévu des faits déjà observés. Il existait évidemment dans la tête de L. des opérations psychologiques importantes en dehors de sa conscience normale. Comment les rendre sensibles par un signe, un langage quelconque. Les paroles ne me révélaient rien ; essayons d'un autre genre de signe, de l'écriture[1]. « Quand j'aurai frappé dans mes mains, vous prendrez sur la table un crayon et du papier et vous écrirez le mot « bonjour ». Au signe donné, le mot est écrit rapidement, mais d'une écriture lisible ; L. ne s'est pas aperçue de ce qu'elle faisait. « Vous écrirez cette phrase : « Je fais tout ce que je fais sans le savoir ; » la phrase est écrite, mais ce n'est toujours là que du pur automatisme qui ne manifeste pas grande intelligence. « Vous allez multiplier par écrit 739 par 42. » La main droite écrit régulièrement les chiffres, fait l'opération et ne s'arrête que lorsque tout est fini. Pendant tout ce temps, L. bien éveillée me racontait l'emploi de sa journée et ne s'est pas arrêtée une fois de parler pendant que sa main droite calculait correctement. Je voulus laisser plus d'indépendance à cette intelligence sans conscience. « Vous écrirez une lettre quelconque. » Voici ce qu'elle écrivit inconsciemment, une fois réveillée : « Madame, je ne puis venir dimanche comme il était entendu ; je vous prie de

1. La disposition de l'expérience est toujours la même.

m'excuser. Je me ferais un plaisir de venir avec vous, mais je ne puis accepter pour ce jour. Votre amie. L. — P.-S. Bien des choses aux enfants, s. v. p. » Cette lettre automatique est correcte et indique une certaine réflexion. L. parlait de toute autre chose et répondait à plusieurs personnes pendant qu'elle l'écrivait. D'ailleurs elle ne comprit rien à cette lettre quand je la lui montrai et soutint que j'avais copié sa signature. Chose assez curieuse, quand je voulus recommencer cette expérience, L. écrivit une seconde fois exactement la même lettre sans changer un mot ; il semblait que la machine fût montée dans ce sens et ne pût être dérangée. L'écriture de ces lettres est intéressante ; elle est analogue à l'écriture normale de L, mais non identique ; c'est une écriture penchée et très lâche ; les mots ont une tendance à s'allonger indéfiniment. M. Ch. Richet, à qui j'ai montré ces fragments d'écriture automatique, m'a appris que ce caractère était constant dans les écritures de médiums qu'il a eu l'occasion de voir et que dans leurs lettres souvent un mot remplissait toute une ligne.

L'écriture automatique est un fait bien connu : on me permettra de rappeler à ce propos une page très remarquable de M. Taine qui montre très bien la possibilité et l'intérêt de ce phénomène : « Plus un fait est bizarre, plus il est instructif. A cet égard, les manifestations spirites elles-mêmes nous mettent sur la voie de ces découvertes, en nous montrant la coexistence, au même instant, dans le même individu, de deux pensées, de deux volontés, de deux actions distinctes, l'une dont il a conscience, l'autre dont il n'a pas conscience et qu'il attribue à des êtres invisibles..... Il y a une personne qui en causant, en chantant écrit, sans regarder son papier, des phrases suivies et même des pages entières sans avoir conscience de ce qu'elle écrit. A mes yeux, sa sincérité est parfaite ; or, elle déclare qu'au bout de sa page elle n'a aucune idée de ce qu'elle a tracé sur le papier ; quand elle le lit elle en est étonnée, parfois alarmée..... Certainement on constate ici un dédoublement du moi, la présence simultanée de deux séries d'idées parallèles et indépendantes, de deux centres d'action ou, si l'on veut, de deux personnes morales juxtaposées dans le même cerveau, chacune a une œuvre et une œuvre différente, l'une sur la scène, l'autre dans la coulisse..... [1] » Ce phénomène a

1. Taine: *De l'intelligence*, préface, I, p. 16. Ce passage est déjà cité dans la thèse si intéressante de M. le Dr Bérillon sur « la dualité cérébrale ou l'indépendance fonctionelle des deux hémisphères cérébraux ». Les faits que j'ai rapportés ne mènent peut-être pas exactement à la conclusion soutenue dans cet ouvrage, mais il est incontestable que les expériences précédentes viennent en grande partie confirmer celles que M. le Dr Bérillon a faites avec M. le Dr Dumont-pallier sur « les suggestions bilatérales simultanées de caractère différent pour chaque côté dans l'état cataleptique ».

aussi été très bien étudié par un psychologue anglais de mérite, M. Fr. Myers, qui s'est consacré à l'étude difficile de ces phénomènes psychologiques inconnus [1]. Mais ce qui me paraît intéressant dans les cas que j'ai rapportés, c'est que j'ai pu assister au développement de cette écriture automatique et, pour ainsi dire, à sa formation ; c'est aussi que j'ai pu pendant quelque temps en voir les conséquences.

Après avoir fait écrire à L. plusieurs lettres automatiques de ce genre, j'eus l'idée de l'interroger au moment où je lui faisais la suggestion et de lui commander de me répondre par écrit. J'ai commencé par poser la question pendant le sommeil ; puis je réveillais le sujet afin d'être plus certain de l'oubli et de l'inconscience et pour avoir une réponse vraiment automatique. A un signal convenu, L. prenait la plume et écrivait la réponse sans le savoir. Je ne tardai pas à m'apercevoir qu'il n'était pas nécessaire de la rendormir pour chaque question. Il suffisait de lui suggérer une fois pendant le sommeil de répondre par écrit à mes questions, pour que, une fois réveillée, elle le fît toujours et de la même manière automatique. A ce moment L., quoique éveillée, semblait ne plus me voir ni m'entendre consciemment ; elle ne me regardait pas et parlait à tout le monde, mais non à moi ; si je lui adressais une question, elle me répondait par écrit et sans interrompre ce qu'elle disait à d'autres. Il me fallait changer de ton entièrement et même lui prendre la main pour la forcer à m'écouter de nouveau de la façon ordinaire. Alors elle frissonnait légèrement et paraissait un peu surprise de me revoir. « Tiens, j'avais oublié que vous étiez là. » Mais dès que je m'éloignais un peu, elle m'oubliait de nouveau et recommençait à me répondre par écrit.

V

En présence de ces faits nouveaux il n'était plus guère possible de maintenir entièrement nos affirmations précédentes sur l'*inconscience* des suggestions. Cette expression appliquée aux faits précédents n'a plus guère de sens : Qu'est-ce qu'un jugement inconscient, une multiplication inconsciente ? Si la parole est pour nous le signe de la conscience d'autrui, pourquoi l'écriture n'en serait-elle pas aussi un signe caractéristique ? On ne pouvait plus dire qu'il y eût en L. absence de conscience, mais plutôt deux consciences. Le sujet étant préparé comme il est dit précédemment et répondant par l'écriture automa-

1. *Automatic writing* by Frederic W. H. Myers, in *Proceedings of the society for psychical research*. Ce travail très ingénieux demanderait une étude sérieuse, si dans cet article je ne voulais uniquement mentionner les faits sans discuter leur interprétation.

tique, nous avons la conversation suivante : « M'entendez-vous? —
(Elle répond par écrit) Non. — Mais pour répondre il faut entendre.
— Oui, absolument. — Alors, comment faites-vous? — Je ne sais. —
Il faut bien qu'il y ait quelqu'un qui m'entende. — Oui. — Qui cela?
— Autre que L. — Ah bien ! une autre personne; voulez-vous que
nous l'appelions Blanche? — Oui, Blanche. — Alors, Blanche, m'entendez-vous? — Oui. » Sans doute c'est moi qui ai suggéré le nom de
ce personnage et lui ai donné ainsi une sorte d'individualité, mais on
a vu combien il s'était développé spontanément : je n'ai guère fait
que le baptiser. Quand je montrai le papier précédent à L, il se produisit un petit incident. Elle avait des raisons personnelles pour avoir
en horreur ce nom de Blanche et voulait déchirer le papier où ce
nom était écrit. Ce détail avec mille autres nous prouve la sincérité
du sujet et l'inconscience absolue avec laquelle elle avait écrit ce
nom de Blanche qu'elle ne voulait même pas lire. Il fallut recommencer la dénomination : « Quel nom voulez-vous avoir? — Pas de
nom. — Si, ce sera plus commode. — Eh bien, Adrienne [1]. » Les somnambules ont leurs caprices, il fallut se conformer à celui-ci. Depuis
j'entretins des conversations soit avec L. qui me répondait par la
parole ou avec Adrienne qui répondait par l'écriture. Il suffisait de
changer de nom pour qu'il n'y eût jamais d'erreur, il n'était plus
nécessaire d'endormir, le nom seul d'Adrienne suffisait pour commander des actes ou des réponses automatiques, c'est-à-dire ignorées de L.

Les réponses que j'ai ainsi obtenues n'ont pas grand intérêt; la
façon dont elles ont été écrites est plus curieuse que leur contenu.
Elles étaient presque toujours très simples, « oui », « non » et très
fréquemment « je ne sais ». Je n'ai pas vu dans ces réponses la moindre
trace d'une lucidité quelconque; je n'ai pas non plus observé de suggestion mentale qui, d'après M. Myers, ne serait pas rare dans les cas
d'écriture automatique. Il n'y avait dans ces réponses qu'un petit
nombre d'indications intéressantes que je vais résumer.

1° Les suggestions que j'avais toujours considérées comme inconscientes ne l'étaient en réalité que pour L ; Adrienne les savait toujours,
elle pouvait les écrire même après le réveil. C'est elle qui levait les
bras, c'est elle qui comptait les signaux. « L., écrivait Adrienne,
n'entendait pas, ou si elle entendait un peu, elle résistait et il y avait
dispute. » J'ai eu un jour une preuve curieuse de cette obéissance

---

1. Au lieu de désigner ainsi le personnage automatique, il est clair que j'aurais
pu lui suggérer qu'il était l'esprit de César ou de Bossuet : il est très probable
que la suggestion n'aurait pas rencontré de résistance et L. serait devenue un
véritable *médium écrivant.*

d'Adrienne à l'insu de L. Je suggère un jour à Adrienne de venir le
lendemain à deux heures chez M. le docteur Powilewicz. Le lendemain à l'heure dite L. entrait chez le docteur. Je l'attendais et je l'ai
interrogée. Mais lorsqu'elle me parlait (par la bouche) elle semblait
éprouver une singulière hallucination ; elle croyait être chez elle,
prenant les meubles du cabinet pour les siens et soutenait n'être pas
sortie. Adrienne que j'interrogeai alors me répondit sensément par
écrit qu'elle était venue sur mon ordre, mais que L. n'en savait rien.
Tout s'était passé comme dans les suggestions ordinaires, mais je ne
l'avais pas compris tout d'abord. Inutile d'ajouter que le soir L. ignorait entièrement sa visite au docteur, tandis qu'Adrienne s'en souvenait très bien.

2° Voici une autre remarque que j'ai pu faire par le même procédé.
L. était, comme je l'ai dit, une grande hystérique ; quoique ses crises
aient beaucoup diminué d'intensité et de fréquence depuis le début
de ses séances d'hypnotisme, elle en avait encore de temps en temps.
Lorsqu'elle était sous le coup d'une crise d'hystérie, quelque temps
même après la crise, l'automatisme avait presque disparu. L. m'entendait encore bien, mais Adrienne n'obéissait plus ou si je parvenais
à la faire écrire par suggestion, elle écrivait sans cesse : « J'ai peur, j'ai
peur, » et ne répondait pas. Il me vint à l'esprit que dans la crise hystérique, c'était ce second personnage, Adrienne, qui était occupé et
j'en ai obtenu facilement une sorte de démonstration. L. avait des crises
assez compliquées ; après les convulsions du début, elle était poursuivie par des hallucinations terrifiantes dans lesquelles des hommes
cachés jouaient un grand rôle ; je n'avais jamais obtenu une explication de ces terreurs, car à l'état de veille ou même en somnambulisme
L. n'avait pas le moindre souvenir des incidents de la crise. Je m'avisai
un jour d'interroger Adrienne à ce sujet et par écrit ; celle-ci me
raconta tous les incidents de la crise et leur origine : « Je vois d'abord
un rideau, puis des hommes cachés qui me font peur... à la campagne,
un soir d'été, chez grand'mère, pendant les vacances, deux hommes
étaient venus, puis dans le jardin un grand rideau qu'ils avaient mis
aux arbres et se mirent derrière, ce qui nous fit peur, et depuis j'ai
toujours eu peur. » Il faut remarquer que l'instant suivant L., interrogée avec soin, ignorait ces détails et savait vaguement avoir eu une
maladie grave à l'âge de sept ans à la suite d'une frayeur.

3° Le sujet était susceptible de catalepsie vraie ; il pouvait entrer
dans cet état singulier où la position des membres suggèrent des
expressions de tout le corps, étonnantes d'harmonie et de vérité.
Depuis longtemps on a cherché à saisir ce qui se passe dans la conscience d'une cataleptique ou même à établir s'il y a ou non des phé-

nomènes de conscience. L. étant en catalepsie ne me répondait absolument rien ou quelquefois répétait les paroles en écho ; je m'adresse
à Adrienne et lui commande de prendre un crayon ; elle le fait et
cependant tout le corps reste en catalepsie. Je prends la main
gauche et je lui serre le poing ; immédiatement sa figure prend une
expression de colère et le bras gauche lance des coups de poing.
« Adrienne, que faites-vous donc ? — (Le bras droit écrit sans que
l'expression du corps se modifie). Je suis furieuse. — Contre qui ? —
Contre F. — Pourquoi ? — Je n'en sais rien... mais je suis colère. »
Je prends la main gauche, je la desserre et la porte aux lèvres, elle
envoie des baisers et le visage sourit : « Adrienne, êtes-vous encore
en colère? — Non, c'est passé. — Et maintenant ? — Oh, je suis contente. — Et L. — Elle n'en sait rien, elle dort. » Je crie bonjour, la
bouche répond en écho : bonjour. « Adrienne, que venez-vous de
dire? — Bonjour. — L. le sait-elle? — Non, puisqu'elle ne sait rien. »

4° L. était aussi susceptible de léthargie, beaucoup plus rare, il est
vrai, et moins nette que les états précédents ; on ne pouvait guère la
provoquer artificiellement ; L. y tombait spontanément au milieu du
somnambulisme. Cet état débutait par une contracture générale qui se
dissipait d'elle-même, le sujet restait dans un état de sommeil profond
avec résolution musculaire. Les muscles gardaient une certaine hyperexcitabilité tantôt très forte, la pression provoquant la contracture,
tantôt faible, la pression ne provoquant qu'une contraction passagère
du muscle touché. Dans cet état, je savais depuis longtemps que L.
ne bougeait pas et ne paraissait pas entendre. Un jour, je parlai à
Adrienne pendant cette léthargie : « Adrienne, serrez-moi la main. »
Elle le fit. « Ecrivez. Entendez-vous ? — Oui. — Levez-vous. — La force
me manque. » Elle répondit encore quelques monosyllabes, et la
léthargie se dissipa.

Il me restait beaucoup d'expériences et d'études à faire sur cette
question si intéressante et sur cette personnalité créée pour ainsi dire
expérimentalement, quand un incident fort heureux pour la malade
vint tout interrompre. Il était tout naturel de faire servir la domination
que j'avais acquise sur L. à son propre intérêt et à sa guérison, et peu
à peu par des commandements précis, répétés pendant le somnambulisme, j'avais fait disparaître les symptômes les plus graves de l'hystérie, les maux de tête, les convulsions, les points hystérogènes, etc.
La maladie diminuait de jour en jour, mais à mon grand étonnement
le sommeil hypnotique diminua en même temps. La léthargie et la
catalepsie disparurent; les suggestions devinrent de moins en moins
nettes. L. commença de nouveau à les entendre, puis à répondre
« oui » comme au début, puis à les discuter.

Un jour je prononçai le nom d'Adrienne, ce fut L. qui répondit en riant beaucoup et demandant qui j'appelais de ce nom. Adrienne avait vécu ; je n'ai pu depuis la ressusciter ni obtenir d'écriture automatique. Peu de jours après, d'ailleurs, le sommeil hypnotique qui avait cessé d'être intéressant disparut entièrement et il me fut impossible d'endormir le sujet par aucun procédé.

L. depuis ce jour se porte fort bien et n'a pas eu une crise depuis trois mois ; les expériences psychologiques ont donc été faites ici pour le plus grand bien du sujet lui-même.

Les faits que je viens de raconter sont encore fort incomplets, puisque mes expériences ont été interrompues trop brusquement, mais il est fort vraisemblable qu'on doit les retrouver assez facilement. Toutes les suggestions doivent s'accompagner d'un certain degré d'inconscience ou plutôt, si je généralise ce que j'ai vu, d'un certain dédoublement de la conscience. Tous les phénomènes du spiritisme qui sont fréquents, ne sont que le développement de faits analogues. J'espère qu'il ne sera pas difficile de vérifier et de discuter par d'autres expériences celles que j'ai rapportées ; il sera plus facile alors de tirer de ces observations toutes les conséquences qu'elles contiennent.

PIERRE JANET

APPLICATIONS DE LA PSYCHOLOGIE

A LA CLASSIFICATION DES RACES

Les races de l'Inde.

I

Les agglomérations d'hommes répandues à la surface du globe ont été divisées en un certain nombre de groupes auxquels on a donné le nom de races. Dans l'état actuel de la science, ce terme de race appliqué à l'homme doit être considéré comme l'équivalent du mot *espèce* appliqué à l'animal. Les diverses races d'hommes sont séparées en effet par des caractères distinctifs aussi tranchés que ceux qui séparent des espèces animales voisines. Ces caractères possèdent cette particularité fondamentale de se reproduire par l'hérédité avec régularité et constance.

Si le terme de race est synonyme du mot espèce, il n'est en aucune façon l'équivalent de celui de peuple. Un peuple n'est le plus souvent qu'une agglomération de races diverses que la politique, la géographie ou d'autres causes ont réunies sous un seul gouvernement. Des termes comme ceux d'Hindous, de Français, d'Autrichiens, etc., désignent simplement des groupes de races fort différentes, mais habitant une même contrée, possédant un certain nombre d'institutions politiques communes, et ayant par conséquent des intérêts communs.

On peut constater chez toutes les races humaines, de même d'ailleurs que chez les diverses espèces animales, deux ordres de caractères d'importance très inégale. Ce sont, d'une part, les caractères ancestraux légués par l'hérédité, et apportés par conséquent en naissant; et, d'autre part, les caractères acquis pendant la courte durée de la vie de l'individu, sous l'influence du milieu, de l'éducation et de diverses autres causes. Les premiers représentent l'héritage de toute une race, c'est-à-dire le poids d'un passé d'une immense longueur. L'individu les apporte avec lui en venant à la lumière; ce qu'il pourra leur ajouter pendant le cours de son existence sera toujours bien faible. Les aptitudes nouvelles acquises par chaque génération ne peuvent lutter contre le poids formidable du passé que lorsqu'elles ont été accumulées dans le même sens pendant des siècles. C'est à ces additions successives, triées par la sélection et accumulées par elle pendant le cours des âges, qu'est due l'évolution lente, mais profonde des espèces.

Nous avons recherché dans divers ouvrages comment les races différentes dont les circonstances politiques forment un seul peuple, peuvent arriver à la longue à ne former qu'une seule race. Nous avons vu qu'elles y parviennent seulement lorsque le milieu, les croisements et l'hérédité ont fixé en elles, par l'action des siècles, un certain nombre de caractères physiques, moraux et intellectuels communs.

Nous avons montré que deux conditions fondamentales étaient nécessaires pour réaliser cette fixation, la première, que les changements aient été accomplis lentement par l'hérédité; la seconde, qu'il n'y ait pas inégalité trop grande dans la proportion des races mélangées.

Cette seconde condition est d'une importance très grande. Un petit groupe de blancs, transporté dans une masse de nègres, disparaît rapidement. Ainsi ont disparu, sans exception, tous les conquérants qui ont envahi des populations trop nombreuses, les Arabes en Égypte, par exemple. Arabe par la langue, la religion et les institutions, l'Égyptien de nos jours est, en réalité, le descendant de ses devanciers primitifs du temps des Pharaons, ainsi que le démontre sa ressemblance avec les images gravées sur les bas-reliefs des temples et des tombeaux.

L'influence tant invoquée autrefois des milieux pour expliquer les transformations des races humaines est, en réalité, bien faible; elle n'a guère agi qu'après des accumulations de siècles, qui nous reportent à ces âges lointains où il n'y a pas d'histoire. L'action des milieux est trop faible aujourd'hui pour modifier les caractères fixés solidement par l'hérédité : c'est pour cette raison que sous toutes les latitudes les fils d'Israël conservent leur type invariable.

Les caractères fixés par l'hérédité sont tellement stables que, si une race ancienne est transportée dans un milieu nécessitant des transformations profondes, elle périt plutôt que de se transformer. L'acclimatement est une vaine chimère. Jamais, malgré toutes les règles d'hygiène qu'il observe, l'Anglais n'a pu s'acclimater aux Indes, et, s'il ne pouvait pas faire élever ses enfants en Europe, l'immense péninsule ne compterait plus un seul Européen après la troisième génération. L'hérédité seule peut lutter contre l'hérédité. Jamais les milieux n'ont eu une telle puissance.

Si faible que soit l'action des milieux, elle existe pourtant, mais alors seulement que l'hérédité leur apporte son puissant concours. Lorsque, suivant la seconde des conditions indiquées plus haut, pour permettre la fusion de deux races, les éléments mis en présence ne sont pas disproportionnés, les influences si lourdes du passé se trouvent dissociées par des influences héréditaires contraires d'un poids égal, et les milieux, n'ayant plus à lutter contre elles, peuvent librement agir.

Nous voici donc conduits à cette première conclusion, que ce n'est que par le mélange de races différentes, et nullement par l'action du milieu seul, que peuvent se former des races nouvelles. Mais ici nous nous trouvons en présence d'une question dont l'intérêt pratique est considérable, car de sa solution dépend le plus souvent l'avenir d'un peuple. Cette question est la suivante : Quelle sera la valeur de la race nouvelle ainsi formée? Si elle est égale ou supérieure à la plus élevée des races mises en présence, il est évident que le mélange est avantageux. Il n'est pas moins évident qu'il sera nuisible, au moins pour la race supérieure, dans le cas contraire.

Nous avons examiné en détail cette question fondamentale dans de précédentes recherches, et n'avons qu'à en rappeler ici les conclusions. En nous appuyant sur l'étude des résultats amenés par ces mélanges dans les diverses contrées du globe, nous avons fait voir qu'ils pouvaient être, suivant les circonstances, avantageux ou nuisibles. Ils sont avantageux, si les éléments mis en présence, au lieu d'être en opposition, se complètent de façon à former un tout homogène. Tels sont les éléments dont la réunion a formé la race anglaise et l'américaine par exemple. Ils sont tout à fait nuisibles, si les éléments qui s'unissent sont fort différents par leur civilisation, leur passé et leur caractère. Les mélanges du blanc et du noir, de l'Hindou et de l'Européen, se trouvent dans ce dernier cas. Les résultats funestes engendrés par des mélanges entre peuples trop différents étaient parfaitement connus d'ailleurs des anciens conquérants de l'Inde, et furent probablement l'origine du régime des castes, base des institutions sociales de la péninsule depuis 2000 ans.

Nous avons étudié ailleurs ces mélanges dans leurs conséquences politiques et sociales suivant les différents cas qui peuvent se présenter, et nous avons vu qu'ils sont les plus énergiques facteurs de la décadence des peuples et des empires. Nous avons recherché également ce qui pouvait résulter de la mise en présence de deux races dont l'une a asservi l'autre, et fait voir pourquoi avec un certain degré d'écart existant entre les deux peuples, la domination étrangère peut être acceptée facilement, ce qui fut le cas des Musulmans

dans l'Inde, puisque 50 millions d'Hindous ont adopté la loi du [
phète ; et comment, au contraire, avec un degré d'écart différ
elle peut être très difficilement supportée. Ce dernier cas est c
des Anglais dans l'Inde. Malgré un siècle d'occupation ils n'ont
faire encore accepter à leurs sujets ces deux éléments par lesqu
commence toujours l'assimilation d'un peuple : la religion et la lang

Je n'insisterai pas davantage sur des généralités applicables à t
les peuples, et développées suffisamment dans l'ouvrage que n
avons écrit pour servir d'introduction à notre histoire des civilisation
Laissant donc de côté ce qui concerne la formation des races, n
nous bornerons à rechercher maintenant les caractères qui perm
tent de les différencier.

II

Il semble évident, au premier abord, que les plus importants
caractères qui permettent de différencier les races humaines doive
être les caractères anatomiques, la couleur de la peau, celle
cheveux, la forme du crâne, par exemple. Cela semble évident pa
que ces caractères sont immédiatement visibles. Mais quand
cherche à approfondir leur valeur, on reconnaît bien vite qu'ils
permettent que des divisions tout à fait grossières. Avec la coule
de la peau et celle des cheveux, on peut diviser tous les habita
du globe en quatre ou cinq groupes à peine. Avec la forme du crâ
on subdivise chacun de ces groupes en deux ou trois autres, et il
vient ensuite impossible d'aller plus loin. Diviser les blancs, c'est
dire tous les peuples de l'Europe, en brachycéphales et dolichocéph
les, en blonds et en bruns, ne nous dit à peu près rien sur eux,
ces divisions réunissent dans le même groupe des peuples aussi d
férents que les Français, les Anglais, les Russes, les Allemands, e

Les caractères anatomiques sont donc absolument insuffisa
pour différencier les races humaines. Ce que nous savons de
diversité des races qui contribuent souvent à former un seul peup
prouve que la langue, la religion, les groupements politiques ne s
pas des éléments de classification meilleurs.

Ces éléments de classification que la religion, la langue, les gr
pements politiques et les caractères anatomiques ne sauraient n
fournir, les caractères moraux et intellectuels pourront seuls nous
donner. Ils sont l'expression de la constitution mentale d'un peup
constitution en rapport avec une structure anatomique spéciale

1. *L'homme et les sociétés. Leurs origines et leur histoire.* 2 vol. in-8. 1881.

cerveau trop délicate pour être appréciée aujourd'hui par nos instruments.

Il importe peu, d'ailleurs, au point de vue qui nous occupe, que nous puissions voir cette structure, pour peu que nous puissions apprécier nettement les aptitudes intellectuelles et morales qui en sont la traduction.

Ces caractères moraux et intellectuels déterminent l'évolution d'un peuple et le rôle qu'il joue dans l'histoire. Leur importance est par conséquent fondamentale. C'est donc à leur étude, beaucoup plus qu'à celle des caractères anatomiques, que doit s'attacher l'observateur qui veut connaître un peuple.

Ce n'est pas la forme du crâne ni son indice céphalique qui nous permettraient de distinguer un vaillant Rajpout d'un lâche Bengali; l'étude de leurs sentiments peut seule nous révéler immédiatement la profondeur de l'abîme qui existe entre eux. On pourrait comparer pendant longtemps des crânes d'Anglais et d'Hindous sans arriver à découvrir comment 250 millions des derniers ont pu être dominés par quelques milliers des premiers, alors que l'étude des caractères moraux et intellectuels des deux peuples nous révèle immédiatement une des principales causes de cette domination, en nous montrant à quel point la persévérance et la volonté sont développées chez les uns et faibles, au contraire, chez les autres.

Les aptitudes intellectuelles et morales représentent l'héritage de toute une race, ce que j'ai appelé ailleurs la voix des morts, et sont par conséquent les mobiles fondamentaux de la conduite. Les institutions sont créées par ces mobiles, mais ce ne sont pas elles qui pourraient les former. Ils sont variables sans doute chez les individus d'une même race, comme sont variables aussi les traits du visage; mais la majorité des individus d'une race possède toujours un certain nombre de caractères moraux et intellectuels communs, aussi stables que les caractères anatomiques qui permettent de déterminer une espèce.

L'anatomie moderne nous enseigne que le corps des êtres vivants est composé de millions de cellules dont chacune a une vie indépendante, se renouvelant sans cesse, et dont la durée est par conséquent toujours inférieure à celle de l'être qu'elle contribue à former. Une race, elle aussi, peut être considérée comme un seul être constitué par la réunion des milliers d'individus toujours renouvelés qui la composent. Chacun de ces individus a sa vie propre comme une cellule du corps, mais l'être collectif qui forme une race possède lui aussi une vie générale, des caractères généraux, et c'est à eux qu'il faut s'attacher quand on étudie son histoire.

Lorsque la psychologie comparée des peuples, science qui n'exi
pas encore, sera constituée, l'observateur s'attachera surtout
dégager des caractères particuliers les caractères généraux qui pe
mettent de créer le type moyen idéal, l'incarnation d'un peuple; ty
moyen dont tous les individus s'écartent plus ou moins, mais dor
par une loi fatale, ils tendent à se rapprocher toujours [1]. L'homm
n'est pas seulement en effet le fils de ses parents, il est encore
surtout l'héritier de sa race.

Les caractères communs aux divers individus composant u
peuple sont évidemment d'autant plus nombreux que ce peuple e
composé d'éléments plus homogènes. Si les éléments sont hétér
gènes et faiblement mélangés, les caractères communs sont nature
lement beaucoup moins nombreux. Empruntant nos comparaiso
aux classifications de l'histoire naturelle, nous dirons que les group
dont se compose un peuple homogène peuvent être comparés at
variétés d'une même espèce, alors que les groupes dont se compo
un peuple peu homogène représentent les espèces plus ou moi
distinctes d'un même genre.

La réunion de ces caractères communs, qu'on rencontre chez
plus grand nombre d'individus dont se compose un peuple, forme l
type moyen de ce peuple. 1 000 Français ou 1 000 Anglais pris au hasar
diffèrent beaucoup sans doute entre eux, mais ils possèdent des cara

---

1. On pourrait supposer que ce type moyen doit s'élever rapidement par suit
de la sélection qui trie à chaque génération les individus supérieurs et d
l'hérédité qui accumule leurs qualités chez leurs descendants; mais la tendanc
à la différenciation progressive des individus entre eux, qui est la conséquenc
immédiate du progrès de la civilisation, doit constamment lutter contre les lo
de l'hérédité qui tendent précisément à faire disparaître ou tout au moins
ramener au type moyen du groupe inférieur le plus nombreux tous les ind
vidus qui le dépassent. Un des faits les plus intéressants et en même temp
les plus tristes, mis en évidence par les recherches modernes, est celui-ci
que les couches les plus élevées des sociétés — j'entends les plus élevées p
l'intelligence et le talent — s'épuisent et disparaissent bientôt, soit par défa
de descendants, soit surtout par une de ces évolutions régressives qui ont co
duit tant de grandes familles à l'imbécillité et à la folie. Ce fait s'expliquer
peut-être en admettant qu'une supériorité dans un sens ne s'obtient qu'
prix d'une infériorité et par suite d'une dégénérescence dans d'autres ser
Cette déséquilibration s'exagérant bientôt chez les descendants amène fatal
ment leur disparition. L'histoire nous montre que les sociétés semblent éga
ment soumises à cette loi fatale de ne pouvoir dépasser pendant une périe
bien longue un certain niveau. Elles obéissent, elles aussi, à la loi suprême q
régit tous les êtres : naître, grandir, décliner et mourir. La déséquilibrati
élève les individus, mais tend, quand elle s'accentue, à abaisser les sociétés
les détruit rapidement. Lorsque la déséquilibration devient trop générale
par l'action de causes morales, soit par suite de croisements entre individ
trop semblables ou trop différents, soit par l'influence de tout autre facte
l'heure de la décadence est proche. Pour certaines nations européennes elle
sonner.

tères communs permettant de construire un type idéal du Français ou
de l'Anglais, analogue au type idéal que le naturaliste a en vue lorsqu'il décrit d'une façon générale le genre chien ou cheval. Applicable à tous les chiens et à tous les chevaux, sa description ne comprend que les caractères communs à tous et nullement ceux qui
permettent de différencier leurs nombreuses variétés.

III

Avant d'examiner les ressources que les caractères psychologiques
peuvent nous fournir pour la classification des Hindous, recherchons
les indications que les caractères anatomiques peuvent fournir.

Il n'y a pas encore bien longtemps que l'on considérait l'Inde
comme un seul pays, offrant partout les mêmes caractères généraux,
et habité par une seule race, dont la religion, la civilisation, les arts
semblaient partout identiques et immuables depuis des siècles.

Cette opinion erronée ne saurait plus subsister aujourd'hui. Une
étude plus approfondie a prouvé combien est grande la variété des
aspects, des climats de l'Inde et des conditions d'existence dans ce
vaste pays. L'homme, avec ses divers types, ses idées, ses mœurs,
ses degrés de civilisation, y est aussi multiple et différent que le
milieu qui l'entoure; et, si nous pouvons dire de l'Inde qu'elle est
par ses contrastes un abrégé de l'univers, nous pouvons dire aussi
que ses habitants actuels résument et réunissent côte à côte, avec
des contrastes non moins frappants, toutes les époques successives
de l'histoire de l'humanité.

L'être humain s'y présente dans ses types les plus opposés, puisqu'on y voit à côté des sauvages à la peau noire des populations
presque aussi blanches que les Européens. On peut y étudier toutes
les phases de l'évolution du monde, depuis la barbarie primitive de
certaines régions montagneuses du centre, jusqu'à la brillante civilisation des villes somptueuses et lettrées des bords du Gange, et jusqu'aux raffinements des temps modernes apportés par les derniers
vainqueurs.

Les 250 millions d'hommes que nous désignons en Europe sous
la dénomination générale d'Hindous, peuvent être anatomiquement
groupés en grandes familles de races absolument différentes : la
race nègre, la race jaune, la race touranienne et la race aryenne.
Mais les croisements en proportions très diverses de ces quatre
éléments fondamentaux, combinés avec des influences de milieux

très variés, ont fait naître dans l'Inde une foule de races secondaires, plus nombreuses et plus distinctes que celles qui peuplent,
par exemple, le continent européen tout entier.

Le terme d'*Hindou*, n'a donc, au point de vue ethnologique,
absolument aucun sens. Dans l'Inde même, il désigne simplement
tout individu qui n'est ni musulman, ni chrétien, ni juif, ni parsi, et
qui peut se rattacher à l'une des castes créées par la religion brahma-
nique et reconnues de fait, sinon en principe, par les Bouddhistes
eux-mêmes. Ces castes innombrables aujourd'hui n'étaient qu'au
nombre de quatre à l'origine, celle des Brahmanes ou prêtres, des
Kchatryas ou guerriers, des Vaïsyas ou marchands, et des Soudras
ou agriculteurs. Sans correspondre absolument aux divisions de
race, elles fournissent des indications utiles sur leur origine. Le
Brahmane est plutôt aryen ; le Kchatrya, rajpout ; le Vaïsya, touranien ; et le Soudra, descendant de Touraniens mêlés à des abori-
gènes.

Les plus anciens habitants de l'Inde étaient noirs. Il semble que,
dès les temps les plus reculés, ils se divisaient en deux groupes : les
négritos, petits de taille, à la chevelure laineuse et aux traits
écrasés, habitant l'est et le centre, et les nègres, au type australien,
plus grands, plus intelligents, aux cheveux plus lisses, habitant le
sud et l'ouest. Les premiers se retrouvent encore dans quelques
régions sauvages et montagneuses du Gondwana, et les seconds
dans les vallées des Nilghirris. Ces races incultes et primitives, qui
ne s'élevèrent jamais au développement le plus élémentaire, occupè-
rent les forêts et les rivages de l'Inde pendant la période préhistorique ; refoulées chaque jour par les progrès de la civilisation,
elles tendent de plus en plus à disparaître.

L'Inde est un pays fermé, d'un accès fort difficile. L'Himalaya et
la mer l'isolent presque entièrement du monde. Ses côtes, sur le
golfe du Bengale, sont rendues inabordables par un formidable
ressac ; du côté de la mer d'Oman ou d'Arabie, les vents de la
mousson ont pu quelquefois chasser vers ses bords des barques
d'aventuriers africains ; mais ces étrangers se sont trouvés arrêtés
dès leurs premiers pas par le mur des Ghats occidentales, à l'abri
duquel les populations, même très imparfaitement armées, des plateaux, pouvaient les braver sans danger.

Toute idée d'une invasion maritime de l'Inde à aucune époque
devant être d'abord écartée, on voit que les conquérants étrangers
n'ont pu pénétrer dans la péninsule que par l'Himalaya. Ce gigantesque rempart la protège sur une immense longueur, mais il
s'abaisse à ses deux extrémités ; deux vallées, celle du Brahma-

poutre à l'est, celle de la rivière de Kaboul à l'ouest, s'élargissent à sa base, et tournent son mur colossal; c'est par elles que pendant des siècles des flots de conquérants asiatiques se sont rués dans les plaines fertiles de l'Hindoustan. Les plus nombreux, les plus terribles, sont descendus de l'Occident; car des deux voies, la plus facile à suivre, c'est celle que forment les bords de la rivière de Kaboul; le cours à peine connu encore du Brahmapoutre traverse des régions où la nature farouche arrête la marche de l'homme par sa végétation désordonnée et par son énervant climat.

Malgré cette différence entre les deux vallées, les Anglais leur ont donné une double dénomination, qui, sans être absolument exacte, marque d'une façon frappante leur caractère si important au point de vue de la géographie de l'Inde et de la façon dont ce grand pays s'est peuplé; ils les ont appelées : la *porte aryenne* et la *porte touranienne*.

La *porte touranienne*, ou vallée du Brahmapoutre, n'a point donné passage aux Touraniens dans le sens restreint, mais dans le sens général de ce mot. La dénomination de Touraniens, qui désigne plus spécialement les peuples du Turkestan ou Touran et ceux qui leur ressemblent, est parfois en effet étendue jusqu'à la race jaune tout entière. Ce sont de vrais jaunes, à la face glabre, aux yeux obliques, qui franchirent la *porte touranienne* de l'Inde à une époque préhistorique, et apportèrent dans la péninsule le premier élément étranger. Les Touraniens proprement dits, dont les cheveux sont lisses, la barbe assez fournie et les yeux horizontaux, n'arrivèrent que plus tard, et c'est par la *porte aryenne* que s'engouffra dans les plaines le torrent de leurs invasions.

Mais avant de parler de ces derniers, voyons ce que devint dans l'Inde l'élément jaune pur, et quelles traces il y a laissées.

S'éloignant de la vallée du Brahmapoutre et se dirigeant vers le' sud, les premiers envahisseurs de l'Inde se trouvèrent arrêtés par l'obstacle que leur opposait le massif central. Cette région montagneuse, point culminant de la péninsule, est celle qui porte aujourd'hui le nom de Gondwana. Elle servit de refuge aux populations noires trop faibles pour se défendre; l'abri qu'elles y trouvèrent empruntait sa sûreté moins encore à la nature sauvage et hérissée du sol qu'aux dangers du climat, mortel aux étrangers.

L'invasion jaune, ainsi arrêtée, se partagea en deux branches, dont l'une remonta la vallée du Gange, tandis que l'autre continua sa marche vers le sud en suivant les côtes du golfe du Bengale.

Des premiers mélanges entre les conquérants asiatiques et les nègres de l'Inde, résultèrent les populations dites protodravidiennes,

que l'on considère comme presque autochthones, ~~et les préparât~~ rance de l'élément primitif. Des flots nouveaux d'envahisseurs refou lèrent à leur tour ces populations dans les montagnes, et se répan dirent dans toute la partie méridionale de la péninsule, amenant une autre série de combinaisons parmi les races. Cette fois, l'union n'ayant plus lieu directement avec les noirs, mais avec les Protodra vidiens, donna naissance à des peuples qui s'éloignèrent davantage du type primitif, et que l'on appelle Dravidiens ou Tamouls.

Si donc l'on considère dans ses grands traits l'influence de l'inva sion jaune sur les races de l'Inde, on verra que cette influence pré domine au nord, dans la vallée de Brahmapoutre, où se pressèrent sans doute pendant des siècles les multitudes qu'envoyait l'Asie orientale. Les habitants de l'Assam, au nombre de 2 000 000, appar tiennent à la race jaune presque absolument pure. Le Bengale, bien qu'offrant une population extrêmement mêlée, garde des traces pro fondes de ses premières invasions qui durent se répandre sans obs tacle dans ses plaines fertiles. A mesure que l'on descend vers le sud, en longeant le golfe du Bengale, on voit l'élément jaune se noyer de plus en plus au sein des antiques couches noires; cepen dant il est plus reconnaissable dans les plaines, chez les Sontals, par exemple, que dans les pays montagneux du centre, où les Khonds, les Malers, les Gonds restent plus voisins du type primitif, et où l'on trouverait peut-être encore d'authentiques descendants des négritos des anciens âges.

Enfin, dans l'Inde méridionale, depuis la Godavéry jusqu'au cap Comorin, vivent les nombreuses populations dravidiennes, avec leurs différents groupes, dont les plus importants sont le groupe tamoul et le groupe télégou. Elles représentent le mélange des peu ples jaunes avec les nègres, mais auquel vinrent s'ajouter plus tard d'autres éléments encore et surtout l'élément touranien.

Avant de parler des invasions touraniennes venues par l'ouest de l'Inde, et pour en finir avec les races jaunes, disons que les habi tants des hauts plateaux de l'Himalaya et des vallées situées entre cette chaîne et le Karakoroum, si l'on en excepte celle de Cache mire, sont des Thibétains, absolument semblables à leurs voisins de la Chine occidentale. Mais ici nous n'avons pas affaire aux résultats d'une invasion violente et soudaine. Ces vallées et ces plateaux font moins partie de l'Inde que du Thibet, au point de vue géographique, et les peuples qui les habitent ont la même origine, les mêmes mœurs, la même religion que ceux de ce dernier pays. Le Ladak, le Dardistan, le pays des Baltis, le Bhoutan et une partie du Népal sont occupés par des Thibétains, aux pommettes saillantes et aux paupières bridées.

Tandis qu'on ne peut faire remonter à aucune époque exacte les invasions qui pénétrèrent dans l'Inde par la *porte touranienne*, et que l'on n'en voit aucune descendre par ce chemin depuis le début des temps historiques, on connaît, avec leur date et leur détail, beaucoup de celles qui vinrent de l'Asie occidentale et qui franchirent la *porte aryenne*. Cependant les plus reculées se perdent aussi dans la nuit des temps et ne sont connues, comme celles des peoples jaunes, que par leurs résultats ethnologiques.

Les Touraniens et les Aryens sont les envahisseurs qui ont laissé les traces civilisatrices les plus profondes. D'une façon générale, on peut dire que les populations de l'Hindoustan tiennent des premiers les proportions de leur corps et les traits de leur visage, alors qu'ils doivent aux seconds leur langue, leur caractère, leur religion et leurs mœurs. 170 000 000 d'Hindous parlent des langues aryennes, et pourtant une bien faible fraction de cette multitude se rattache par le sang à la pure race blanche.

Les Touraniens vinrent les premiers. Ils établirent d'abord leur domination dans tout le bassin de l'Indus et dans une partie de celui du Gange ; puis, à mesure que leur nombre s'accroissait par l'arrivée de nouvelles bandes, ils s'avancèrent toujours davantage dans l'intérieur de la péninsule, et enfin pénétrèrent dans le Dekkan. Devant eux, comme autrefois devant les peoples jaunes, un refoulement se produisit, et les populations qu'ils attaquaient, trop faibles pour leur résister victorieusement, se réfugièrent en foule dans les régions montagneuses et boisées qui forment le centre du Dekkan.

C'est, nous l'avons dit, dans ce massif élevé du centre qu'il faut chercher les derniers représentants des habitants primitifs de l'Inde, Protodravidiens ou nègres purs. Le plus nombreux et le plus important de ces peoples d'antique origine porte le nom de Kohl. Il occupe le Chota-Nagpore dans le haut bassin de la Mahanuddi. Il se divise en plusieurs tribus plus ou moins indianisées, mais les véritables Kohls, au nombre d'environ 1 000 000, n'ont encore adopté aucune des coutumes, aucune des croyances des Dravidiens qui habitent les vallées et les plaines.

Les dénominations de *groupe kohlarien*, *langue kohlarienne*, empruntées au nom du plus remarquable parmi les peoples autochthones, s'étendent à la plupart des habitants et des idiomes compris dans la région de montagnes qui traversent la péninsule depuis le golfe de Cambay jusqu'au Gange. C'est surtout vers l'orient de cette zone qu'apparaissent en grand nombre et sans mélange les peoples primitifs. Vers les sources de la Brahmani, au nord de la Mahanuddi, vivent les Douangs, Djungalès ou « gens de la jungle » qui se disent eux-mêmes les plus anciens des hommes, et sont absolument sauvages.

Nous venons de parler de la langue kohlarienne. Hâtons-nous d'ajouter que les langues ne peuvent pas plus dans l'Inde qu'ailleurs servir à la délimitation des races; le peuple qui parle le plus pur idiome kohlarien n'est point un peuple autochthone; c'est le groupe des Sontals très fortement imprégné par l'élément jaune. Quant aux langues dravidiennes, elles dominent dans le sud, et pourtant ce n'est pas là qu'il faut chercher les plus nombreux représentants de la race asiatique orientale qui les importa dans l'Inde. Enfin, nous avons vu que, tandis que les idiomes d'origine aryenne sont de beaucoup les plus répandus, les peuples qui peuvent se glorifier d'avoir pour ancêtres les Aryens sont de beaucoup les moins nombreux.

Lorsque la race blanche, que nous désignons sous le nom de race aryenne, pénétra à son tour dans l'Inde, elle eut à combattre, non plus des populations sauvages, timides et à peine armées, mais les puissants États, fortement organisés, qu'avaient fondés les Touraniens. Elle soumit d'abord ceux du bassin de l'Indus, et y demeura longtemps avant de se hasarder dans l'ouest ou le sud de la péninsule.

Quinze siècles avant Jésus-Christ, les Aryens n'avaient pas encore dépassé la région protégée par les monts Vindhya. Ils avaient imposé leur joug aux Touraniens du nord, pour lequel ils créèrent une troisième caste, celle des Vaïsyas, qui vient après celles des Brahmanes et des Kchatryas, tandis que les indigènes entraient tous dans une quatrième caste inférieure, celle des Soudras.

Ce fut quinze siècles environ avant Jésus-Christ que les Aryens entreprirent la grande expédition qui fait le sujet de Ramayana, l'Iliade hindoue. Ils pénétrèrent dans le Dekkan, sous la conduite de leur chef Rama. Après mille exploits, ils arrivèrent à l'extrémité même de la péninsule, et forcèrent jusqu'aux habitants de Ceylan à reconnaître leurs lois.

Les héroïques récits du Ramayana racontent que les Aryens eurent à combattre des géants formidables qui renversèrent avec l'aide des singes les trônes des puissants et magnifiques monarques des Nagas ou adorateurs de serpents. Il faut voir sans doute dans ces Nagas les premiers conquérants touraniens qui avaient établi dans le sud de l'Inde de brillants empires, et qui s'adonnaient en effet, avec les anciennes populations dravidiennes dont ils étaient les maîtres, au culte des serpents; et l'on peut croire que les singes qui prêtèrent à Rama un fort utile concours furent les populations primitives.

Cette expédition des Aryens dans le sud de l'Inde fut beaucoup plus d'ailleurs une marche militaire qu'une invasion, et elle ne laissa guère de traces dans le pays envahi.

Au II° siècle de notre ère se produisit la première invasion touranienne qui appartienne à l'histoire; ce fut celle des Scythes, suivie, dans le courant du IV° siècle, par celle d'un nouveau peuple, probablement aryen, ou du moins de famille aryenne, les Rajpouts.

Ces Rajpouts, ou fils de rois, ainsi que le signifie leur nom, guerriers vaillants, tous égaux entre eux, se firent reconnaître comme Kchatryas, et s'établirent dans le pays qui s'étend à l'est de l'Indus jusqu'au delà des Aravulli, et qui s'appelle encore aujourd'hui le Rajpoutana.

Nous avons vu que dans le nord-est et dans l'est de l'Inde les invasions venues par la *porte touranienne* avaient fait prédominer la race jaune, qui s'était mêlée plus ou moins aux nègres, et avait subi plus tard, dans le bassin du Gange et dans le sud du Dokkan, le contact des Touraniens. Nous résumerons de même les résultats des invasions arrivées jusqu'au IX° siècle de notre ère par la *porte aryenne*, en disant qu'elles livrèrent le nord-ouest et l'ouest de l'Inde aux races touraniennes, soumises bientôt à une élite aryenne, et produisirent, ainsi que nous l'avons indiqué, des effets moraux absolument distincts des effets physiques et matériels.

Si, partant du nord pour la région occidentale, comme nous l'avons fait pour l'orientale, nous considérons le Pundjab, nous voyons que les Jâts, les Goujars et les Sikhs, qui paraissent être des peuples touraniens, forment plus des trois cinquièmes de la population, et que le reste seulement se rapproche, par la couleur de la peau, des Aryens. Plus bas, nous trouvons les Rajpouts, qui se rattachent à la famille aryenne, mais n'en sont point une branche pure. La population du Guzerat est très mêlée, mais les Touraniens y dominent. Les plateaux élevés que renferme au sud le bassin du Gange, et les monts Vindhya auxquels ils touchent, marquent la limite de l'élément aryen. Il disparaît presque entièrement au-dessous de cette région; mais s'il n'intervient plus dans l'apparence extérieure des peuples, les institutions et les croyances aryennes restent souvent prépondérantes. Au delà de Bombay, sur le double flanc des Ghats, est établi un peuple belliqueux, dont le rôle fut très important, les Mahrattes, d'origine touranienne, au nombre de plusieurs millions. A mesure que l'on s'avance vers le centre ou que l'on descend vers le sud, la civilisation aryenne et la physionomie touranienne se fondent de plus

en plus dans la masse de la population dravidienne. Des mé
en proportions très différentes, de ces éléments, sont nés : le
que l'invasion rajpoute refoula dans les montagnes, et qui ≤
Protodravidiens très peu modifiés par les Touraniens ; on r
même dans quelques-unes de leurs tribus les types des populati
mitives ; ils occupent les Vindhya occidentaux, et comptent 2 o
lions d'hommes ; — les Mhairs, tenant beaucoup des Jâts tou
et habitant dans la chaîne septentrionale de l'Aravulli ; ils ≤
nombre d'environ 600 000 ; — les Minas, qui occupent le r
de Jaïpour dans le haut bassin du Gange au nombre de 2 à S
— les Ramousis, les Dhângs, qui occupent les versants de
occidentales, et qui doivent beaucoup sans doute à l'élémen
dien que rappellent leur peau foncée, leur nez écrasé et leu
mettes saillantes.

Au XIᵉ siècle de notre ère, commencèrent dans l'Inde les ir
des peuples musulmans. Appartenant eux-mêmes à des ≤
très différentes, Arabes, Persans, Afghans, Mogols, ces
augmentèrent la confusion extrême de races qui exist
dans le nord de l'Inde. Leur domination changea considéral
les mœurs, les croyances, la civilisation, dans les bassins de
et du Gange, mais ils ne se sont pas mêlés assez complèteme
assez grand nombre avec les anciennes populations pour q
triomphe ait marqué la naissance d'aucun groupe ethnique nc
On les reconnaît encore individuellement, de même que l'≤
tingue, sans pouvoir cependant les compter au nombre de
de l'Inde, les Parsis du Guzerat et les Juifs de Cochin.

Nous bornerons au classement des populations de l'Inde en
groupes : kohlarien, dravidien, touranc-aryen et thibétain, nos
tions générales relatives aux races de l'Inde. Par leurs combi
en proportions diverses, ces quatre groupes ont formé u
nombre de races importantes que nous avons longuement ≤
ailleurs, mais que, faute de place, nous ne pourrions songer
tionner ici.

Avec les données précédentes, ce qu'on saurait des races d
se limiterait vraiment à bien peu de chose, puisque cette conn≤
se bornerait en définitive à connaître à peu près d'où elles ≤
et la couleur de leur peau. Toutes les mensurations des anti
gistes de profession n'ajouteraient guère à ces notions superf
Nous allons voir maintenant, en choisissant parmi les groupe
dents un exemple, combien seront autrement précis les doc
fournis par les caractères psychologiques.

IV

Le court aperçu qui précède a suffi à montrer combien sont profondes les différences qui séparent les races de l'Inde. L'immense péninsule ne peut être considérée que comme une vaste mosaïque composée de peuples les plus divers, depuis le sauvage le plus primitif jusqu'à l'homme civilisé, en passant par toutes les phases intermédiaires. Ce nom ·générique d'Hindous comprend une collection d'hommes où l'on rencontre toutes les couleurs de la peau, depuis le nègre jusqu'au blanc, ainsi que tous les types possibles de physionomie entre la suprême beauté et l'extrême laideur.

Les caractères moraux et intellectuels de ces races ne sont pas moins variés que leurs caractères physiques. Il y a un abîme entre le Rajpout, renommé pour son incomparable bravoure, et le Bengali, connu par son ignominieuse lâcheté; entre les montagnards du Rajmahal qui ne mentent jamais et certains Hindous qui mentent toujours.

Il doit donc sembler légitime de conclure, au premier abord, qu'il n'existe aucun caractère commun entre des races si dissemblables, mais nous verrons bientôt·que cette conclusion serait erronée, et que la communauté des milieux physiques et intellectuels a produit certains caractères généraux. Ce sont ces caractères communs qui permettent de réunir certaines races en une même famille, de même que le naturaliste réunit dans une même classe des êtres aussi dissemblables que l'éléphant et la souris.

Laissant donc de côté les différences de détail, nous allons rechercher maintenant les caractères psychologiques communs que possèdent certaines populations de l'Inde. Nous verrons alors que ces caractères permettent de donner à l'expression d'Hindou un sens déterminé. Il ne faut pas croire cependant que cette expression puisse avoir aujourd'hui la valeur précise et arrêtée qu'ont, par exemple, les noms de Français, Anglais ou Allemand. La fusion entre les éléments divers n'est pas assez complète. Pour rendre clairement notre pensée, nous rappellerons ce qu'était la France sous les Carlovingiens et quelle aurait été alors la valeur du nom de Français appliqué en général à ces mélanges de Goths, de Francs, de Gallo-Romains, qui commençaient à peine à se fusionner et à posséder par conséquent quelques grands traits généraux.

. Avant de décrire les caractères communs à la majorité de la popu-

lation hindoue et d'indiquer les causes de leur formation, nous essaye-
rons tout d'abord de faire rentrer, au point de vue psychologique, dans
un petit nombre de divisions fondamentales, toutes les races nombreuses de la péninsule.

Un examen rapide montre bientôt que toutes ces races peuvent
être psychologiquement groupées dans trois grandes divisions principales. La première comprend celles qu'aucune civilisation n'a
encore pénétrées et qui représentent les derniers vestiges des populations primitives de l'Inde. Ces populations, que l'on ne rencontre
plus que dans les montagnes ou dans des districts isolés, forment une
faible minorité, et sont trop différentes des autres habitants de la
péninsule pour qu'on puisse les réunir à eux. Nous n'aurons donc
pas à nous en occuper ici.

Une seconde classe est formée par les Hindous proprement dits,
résultant, comme nous le savons, de l'union des races blanches ou
jaunes avec les primitifs habitants du sol à peau noire. Plus ou moins
profondément mélangées par l'action des siècles, elles constituent,
suivant les proportions des éléments divers entrant dans le mélange,
des groupes assez dissemblables; mais les conditions identiques des
milieux physiques et intellectuels auxquels elles ont été soumises
pendant longtemps, et la communauté de leurs croyances, leur ont
imprimé un certain nombre de caractères communs. C'est à ces populations formant la grande majorité des habitants de l'Inde que
s'appliqueront les caractères généraux que nous nous proposons de
rechercher.

Une troisième division renferme ces populations musulmanes composées d'un mélange d'Afghans, d'Arabes, de Persans, de Turco-
mans, de Mogols, etc., qui envahirent l'Inde à diverses époques et
finirent par la conquérir. Il serait difficile, si elles étaient restées
pures de tout mélange, de les confondre avec les populations de la
classe précédente ; mais, sur les cinquante millions d'hommes qui
professent l'islamisme dans l'Inde, il en est très peu sans doute qui
soient exempts de tout mélange de sang hindou. Bien qu'ils diffèrent
en beaucoup de points des populations précédentes, ils ont été plus
influencés en réalité par elles qu'ils ne les ont influencées, et si tous
les caractères généraux qui vont être énumérés bientôt ne leur sont
pas aussi applicables qu'à elles, beaucoup de ces caractères sont cependant communs aux deux groupes.

Les influences qui ont engendré des caractères communs aux deux
derniers groupes qui précèdent sont à la fois physiques et intellectuelles.

Les influences physiques peuvent être rappelées en quelques mots :

ce sont, d'une part, un climat généralement très chaud, ne prédisposant pas à de rudes travaux, mais rendant facile la culture du sol à laquelle la plus grande partie de la population est vouée, et, de l'autre, un régime alimentaire à peu près exclusivement végétal. Un Hindou se couvre à peine, fait son repas de quelques végétaux, se désaltère avec de l'eau claire, et vit largement avec quelques sous par jour. La température élevée de son pays réduisant pour lui le vêtement et la nourriture à leur plus simple expression, il n'a pas, pour secouer son indolence naturelle, l'aiguillon de besoins pressants.

Ces influences de milieux physiques semblables et d'occupations identiques ont engendré nécessairement des conditions d'existence semblables. Elles ont été puissamment fortifiées d'ailleurs par des influences d'ordre moral également identiques; les plus importantes sont le régime des castes, la constitution politique et les croyances religieuses.

Le régime des castes est la pierre angulaire de toutes les institutions sociales de l'Inde depuis plus de 2000 ans; il a une importance telle que nous avons dû lui consacrer un paragraphe spécial dans notre Histoire des Civilisations de l'Inde. Nous y avons montré quelles sont les origines ethnologiques qui lui donnèrent naissance dans les temps antiques, et les autres causes qui, se substituant graduellement aux premières, ont continué à le maintenir dans toute sa rigueur à travers les âges. Nous y avons fait voir comment il a divisé l'Inde en milliers de petites républiques indifférentes ou hostiles les unes aux autres, et trop profondément séparées par la divergence de leurs sentiments pour avoir jamais eu des intérêts communs; comment ce n'est pas l'Inde, mais sa caste, qui est la véritable patrie de l'Hindou, et comment elle l'a enfermé dans un réseau de traditions et de coutumes que l'hérédité a rendu trop stable pour qu'il en puisse aisément sortir.

La seconde des influences mentionnées plus haut, la constitution politique, contribue depuis une longue série de siècles à façonner de la même manière le cerveau de l'Hindou. On peut définir simplement le régime politique de l'Inde depuis longtemps en disant qu'elle se compose de petits groupes : les castes, réunies en petites républiques; les villages, soumis à l'autorité d'un maître unique dont le pouvoir est absolu. Le nom du maître a varié, mais le régime n'a pas changé. Il a trop duré pour ne pas avoir assoupli toutes les résistances, et ne pas avoir accoutumé l'Hindou à l'idée, confirmée d'ailleurs par les croyances religieuses, qu'il doit une obéissance absolue à la loi d'un maître.

La troisième des influences qui a contribué à donner aux Hindous des caractères semblables est celle des prescriptions religieuses. Un Européen ne peut comprendre la toute-puissance de cette influence sans l'avoir constatée de ses propres yeux. Le plus religieux des hommes de l'Occident établit toujours une certaine séparation entre le sacré et le profane; mais une telle distinction est inintelligible à un Hindou. Pour ce dernier, la divinité intervient dans les moindres actes de son existence, et les prescriptions de la religion constituent l'autorité suprême qui administre toutes les affaires. La religion fait tellement partie de sa vie que l'on peut dire qu'elle est sa vie tout entière. Le travail, les repas, le sommeil, sont des actes religieux. Tout ce qui n'est pas prescrit par la religion n'existe pas pour lui; elle seule lui fournit des règles fixes de conduite, et c'est avec raison qu'on a pu dire que la vaccine n'aura de chance d'être adoptée dans l'Inde que lorsqu'elle sera devenue une prescription théologique. En traçant, dans notre ouvrage sur l'Inde, la genèse des religions, nous avons eu occasion de montrer à quel point elles remplissent la vie de l'Hindou, et à quel point, également, tout ce qui représente une puissance quelconque est considéré par lui comme l'expression d'un pouvoir divin. A ce point de vue — comme d'ailleurs à tant d'autres — il y a entre l'Orient et l'Occident un immense abîme, et cet abîme ne fait que se creuser davantage chaque jour.

Étant données la résignation de l'Hindou et son obéissance passive aux ordres de ses dieux, étant donné également que les mêmes prescriptions religieuses agissent sur lui depuis des siècles, puisque les lois religieuses de Manou sont les lois suprêmes de l'Inde depuis 2000 ans, on comprendra à quel point des cerveaux soumis à un joug aussi uniforme ont dû se couler dans le même moule.

L'action des grands facteurs qui précèdent étant mise en évidence, recherchons maintenant quels sont les caractères généraux que leur influence a créés.

V

On ne peut s'attendre assurément à rencontrer, chez un peuple soumis depuis tant de siècles aux conditions d'existence physiques et intellectuelles que nous avons indiquées, les qualités de vigueur et de caractère qui appartiennent à des hommes libres. S'ils les avaient possédées au plus faible degré, il y a longtemps qu'ils auraient secoué toute influence étrangère. Il ne faudra donc pas nous étonner de rencontrer chez les Hindous les défauts que l'on ren-

contre invariablement chez tous les peuples soumis depuis des siècles au joug d'un maître. En règle générale, l'Hindou est faible,
timide, rusé, insinuant et dissimulé au plus haut degré. Ses manières sont adulatrices et importunes; il est entièrement dépourvu
de sentiments de patriotisme. Des siècles de tyrannie l'ont habitué
à l'idée qu'il doit avoir un maître, et pourvu que ce maître respecte
les lois de sa caste et ses croyances religieuses, l'Hindou est résigné
d'avance à subir toutes ses volontés, et se trouve heureux si on lui
laisse à peu près la poignée de riz dont il a besoin pour vivre.

Les Hindous forment une population douce, patiente, absolument
résignée à son sort. Leurs défauts les plus frappants, pour un Européen, sont l'indolence, l'absence de prévoyance et l'absence plus
grande encore d'énergie.

L'absence d'énergie est le point capital de leur caractère; elle
seule suffirait à expliquer comment 250 millions d'hommes suppor-
tent sans murmurer le joug de 60 000 Européens, c'est-à-dire d'une
poignée d'individus qu'ils anéantiraient en un jour aussi facilement
qu'une nuée de sauterelles détruit un champ de blé, s'ils avaient
jamais l'idée de se soulever en masse; mais une telle idée, les Hindous ne sauraient l'avoir. Que quelques régiments de cipayes, exas-
pérés par de mauvais traitements, s'insurgent, comme ils l'ont fait
en 1857, ce n'est qu'une simple échauffourée localisée, à laquelle
l'immense masse du peuple assiste indifférente.

Nous verrons plus loin qu'en général la moyenne intellectuelle des
Hindous n'est en aucune façon inférieure à la moyenne des Européens qui les dominent, mais qu'ils leur sont immensément inférieurs
par le caractère. Cette seule raison assurera toujours leur soumission à la domination des Occidentaux. Je dis qu'elle l'assurera toujours, car plus on approfondit l'histoire, plus on étudie les hommes,
plus on constate que le caractère — ou, pour parler plus clairement,
la persévérance et la volonté — joue dans la vie des individus et
des peuples un rôle bien autrement important que celui qu'y exerce
l'intelligence. C'est avec le caractère surtout, bien plus qu'avec l'intelligence, qu'on fonde des religions et des empires. Une lutte entre
deux peuples, l'un composé d'hommes intelligents et instruits, mais
ayant nécessairement la prudence et la réserve que donne l'intelligence, connaissant la vanité de tout idéal, et peu disposés par con-
quent à de grands sacrifices pour en faire triompher aucun, et un
peuple composé d'hommes bornés, mais tenaces, prêts à sacrifier
leur vie sans hésiter pour le triomphe d'une croyance, une telle
lutte, dis-je, aboutira infailliblement aux succès des derniers. J'ai
plusieurs fois insisté sur cette idée dans divers ouvrages, mais je ne

saurais trop y insister encore, car elle donne la clef de bien des phé-. nomènes historiques incompréhensibles sans elle. Si les Romains ont dominé la Grèce, si des tribus arabes demi-barbares, sorties de leurs déserts, ont conquis le monde gréco-romain, si les Musulmans ont dominé l'Inde, et si, de nos jours, une poignée d'Anglais maintient cet immense empire sous sa loi, les vainqueurs l'ont dû à l'énergie de leur volonté bien plus qu'à leur intelligence. La plus puissante des forces humaines sera toujours la volonté.

A cette absence d'énergie, si caractéristique chez l'Hindou, se joint encore une sorte d'indifférence fataliste qui lui fait considérer de l'œil le plus tranquille ce qui ne touche pas les lois de sa caste ou ses croyances religieuses, et lui permet de supporter comme une chose absolument inévitable la plus dure tyrannie. L'Hindou n'est pas brave comme nous comprenons la bravoure en Europe; pourtant il a le plus grand mépris de la vie, et la crainte de la mort ne l'ébranle pas. Il ne cherche pas à l'éviter, la chose ne lui semblant pas en valoir la peine. Sa persuasion que toute tentative pour s'y soustraire serait inutile est d'ailleurs complète.

Cette indifférence de l'Hindou pour la plupart des choses de ce monde a pour résultat l'impossibilité d'agir sur lui en mettant en jeu les facteurs qui ont une influence si puissante sur un homme de l'Occident. Quel moyen d'action aurait prise sur des. individus aussi indifférents à la vie qu'à la mort, qui ne se sentent déshonorés par aucune des punitions qu'infligent nos codes, la prison notamment, et dont toute l'ambition est satisfaite lorsqu'ils ont gagné la ration de riz nécessaire à leur alimentation journalière? Lorsqu'ils la possèdent, il n'est pas de promesse de récompense qui puisse les faire sortir de leur apathie. Offrez à un ouvrier hindou telle somme que vous voudrez pour un travail à livrer à époque fixe, il vous promettra tout ce que vous désirez, mais il vous manquera infailliblement de parole. Demain appartient à un avenir trop lointain et trop incertain, suivant lui, pour qu'il songe à s'en occuper. L'Européen qui a un peu pratiqué les Hindous sait bien que, s'il veut compter sur des porteurs, arrêtés par lui d'un jour à l'autre, le seul moyen de les trouver sûrement au moment voulu est de les obliger à passer la nuit couchés devant sa porte.

Il faut avoir étudié les Hindous à ce point de vue, pour comprendre combien certains sentiments qui nous paraissent fort simples, parce que l'hérédité les a fixés en nous, tels que ceux de la précision et de l'exactitude, sont inconnus à certaines races. Au début des chemins de fer, les Hindous arrivaient généralement aux stations deux ou trois heures après le moment fixé pour le départ des trains. L'expérience

leur ayant solidement prouvé que les trains partaient sans les attendre, ils arrivent maintenant deux ou trois heures à l'avance. Leur
défaut d'exactitude ne s'est pas modifié; mais on peut dire, en employant le langage des algébristes, qu'il a simplement changé de
signe. J'ai eu affaire à des Hindous de tout rang et de toute classe —
quelques-uns même sortant des universités européennes — il ne
m'est jamais arrivé d'en trouver un seul qui fût exact à un rendez-
vous, tandis qu'il ne m'est jamais arrivé de rencontrer un Anglais
dans l'Inde qui ait manqué d'exactitude.

Si nous considérons maintenant les caractères généraux des Hindous au point de vue de la moralité, nous devons, pour porter un jugement équitable, les examiner successivement dans leurs relations
avec les Européens et dans leurs relations entre eux.

Les Européens en rapport avec les Hindous se plaignent justement
de leur dissimulation et de leur absence complète de véracité; mais
ils oublient que ce sont des défauts fatalement inhérents à des relations d'esclave à maître. Dans leur commerce entre eux, les natifs
sont tout autres. Si on prend comme critérium de la moralité le degré de respect de l'individu pour les mœurs, les coutumes et les lois
de son pays joint à l'esprit de tolérance et de charité, on peut dire
que les Hindous des classes populaires sont bien supérieurs aux Européens des mêmes classes. J'ai soin de dire l'Hindou des classes
populaires, parce que j'ai observé bien des fois ce fait, contraire à
ce qu'on voit en Europe, mais qui est loin d'être exceptionnel en
Orient, que le niveau de la moralité diminue à mesure qu'on s'élève
dans l'échelle sociale. Elle est absolument nulle chez une classe
particulière, celle des Babous formée des Hindous élevés par les
Européens. Ce dernier fait est très intéressant à constater comme
montrant, d'une part combien est vain le préjugé qui veut que l'instruction élève la moralité des hommes, et de l'autre combien un
système d'éducation adapté aux besoins d'un peuple est détestable
quand on l'applique à un autre peuple arrivé à une phase d'évolution différente.

La charité de l'Hindou est absolument limitée aux gens de sa caste,
mais en agissant ainsi il ne fait qu'obéir à ses prescriptions religieuses.
Ce sont ces mêmes prescriptions qui proportionnent le degré de criminalité des actes à la valeur de l'individu offensé. D'après le code de
Manou, la moindre offense contre un Brahmane est un crime alors
que le crime le plus grave à l'égard d'un Soudra n'est qu'une faible
offense.

Pour résumer ce qui concerne la moralité de la masse du peuple
hindou, je ne saurais mieux faire que d'invoquer le jugement, que

j'adopte entièrement, d'un Anglais, M. le professeur Monier Williams,
qui a fort bien étudié les indigènes de la péninsule.

« Je n'ai nulle part trouvé en Europe, dit cet auteur, de peuple
plus religieux, plus fidèle à ses devoirs, plus docile devant l'autorité,
plus courtois et respectueux devant l'âge et le savoir, plus soumis à
ses parents. Les Hindous ont des défauts et des vices, mais pas plus
que les Européens.

« Je doute que les pires des Hindous soient aussi vicieux et aussi
dangereux que les membres des couches européennes correspondantes. Un capitaine de la Péninsule, à qui je demandais ce qu'il
préférait d'un équipage d'Hindous ou d'un équipage de matelots
anglais, me répondit sans hésiter qu'il préférait de beaucoup les premiers, parce qu'ils sont plus dociles, plus obéissants, moins brutaux
dans leurs habitudes et ne s'adonnent jamais à l'ivrognerie. »

Nous venons de rechercher quels sont les caractères généraux
qu'on rencontre le plus fréquemment chez les Hindous ; il nous reste
maintenant à apprécier le niveau de leurs aptitudes intellectuelles.
La mesure de ces aptitudes exigeant naturellement une échelle de
comparaison ; nous prendrons l'Européen pour type.

Pour que cette comparaison soit possible, nous devons nécessairement la faire porter sur des éléments semblables et comparables
entre eux ; nous devrons donc comparer l'Hindou des classes moyennes et l'Européen des mêmes classes, l'Hindou des classes supérieures
et l'Européen des classes correspondantes.

En ce qui concerne les classes moyennes, je doute que la comparaison la plus attentive puisse révéler une supériorité notable au
profit de l'Européen. L'Hindou a moins d'esprit d'initiative, il travaille moins vite que l'Européen, mais tout ce que ce dernier exécute
il peut l'exécuter sans difficulté, et le plus souvent avec moins d'instruments : le bois, la pierre, le métal, sont travaillés par lui tout aussi
bien que pourrait le faire le meilleur ouvrier européen. La spéciali-
sation du travail, qui tend à atrophier de plus en plus l'intelligence
du second, n'a pas encore agi sur celle du premier. En ce qui concerne le niveau artistique, les Hindous ont égalé et quelquefois
dépassé les Européens dans certains arts, tels que l'architecture.

Dans la plupart des occupations sociales n'exigeant que des capacités intellectuelles moyennes, les Hindous sont à peu près les égaux
des Européens ; on trouve chez eux des avocats, des médecins, des
ingénieurs qui valent la moyenne des nôtres. Un Hindou lèvera un
plan, conduira une locomotive, maniera un télégraphe comme un
Européen. Dans les administrations du gouvernement anglais :

postes, banques, finances, chemins de fer, etc., l'immense majorité
des emplois est remplie par des Hindous.

Ce n'est qu'en nous élevant aux régions tout à fait supérieures de
l'échelle intellectuelle et en arrivant à ces fonctions où l'initiative,
l'aptitude à associer des idées nombreuses, à saisir leurs analogies
et leurs différences, c'est-à-dire le jugement et l'esprit créateur,
doivent être développées, que l'infériorité de l'Hindou éclate d'une
façon visible. Diriger une grande entreprise industrielle, conduire des
hommes, exécuter des recherches scientifiques, accomplir des
découvertes, en un mot, avancer sans autre guide que soi-même,
lui est impossible. Il manœuvrera aussi bien que l'Européen la locomotive ou le télégraphe, mais jamais il ne les eût créés.

Pour résumer ce qui précède d'une façon bien claire, je dirai que
sur 1 000 Européens pris au hasard, il y en aura 995 au moins qui ne
seront pas intellectuellement supérieurs au même nombre d'Hindous
également choisis au hasard; mais ce qu'on trouvera chez les 1000
Européens, et ce qu'on ne rencontrera pas chez le même nombre
d'Hindous, ce sera un ou plusieurs hommes supérieurs doués d'aptitudes exceptionnelles.

J'ai déjà insisté ailleurs sur ce point important, que les différences
existant entre les races supérieures et les races demi-civilisées ne
consistent pas du tout en ce que la moyenne intellectuelle des individus des deux races est inégale, mais en ce que la race inférieure
ne renferme pas d'individus capables de dépasser un certain niveau.
C'est là un point fondamental dont on pourrait trouver les preuves
uniquement dans des raisons psychologiques, mais que j'ai tenté de
baser aussi sur des raisons anatomiques. J'ai démontré autrefois, en
effet, par des recherches effectuées sur un nombre considérable de
crânes appartenant à des individus de races différentes, que les races
supérieures possèdent toujours un certain nombre de crânes d'une
vaste capacité alors que les races inférieures n'en possèdent pas.

Si, descendant de ces généralités philosophiques, nous voulions
déterminer en quoi l'Hindou des classes supérieures diffère des
classes européennes correspondantes, nous verrions qu'il s'en distingue surtout par le défaut de précision et d'exactitude qu'il apporte
en toutes choses, par son absence d'esprit critique, par son manque
d'initiative, par la faiblesse de son jugement et de son raisonnement,
par l'exagération d[...] gination et par son étonnante incapacité
à voir les choses   •   fauts que ne compensent absolument son pr[...]   on et une certaine dose de
logique. Cette   liée à l'aptitude à tirer d'un
fait unique to[...]   ices [...] étend pas jusqu'à

l'aptitude, mère des jugements exacts, à saisir les analogies et les différences qu'on peut tirer de la comparaison de plusieurs faits.

L'abîme qui sépare la pensée d'un homme de l'Occident moderne de celle d'un homme de l'Orient est véritablement immense. La précision, la fixité des contours de la première diffère étrangement des formes fugitives et ondoyantes de la seconde. C'est en vain que de l'immutabilité des coutumes chez les Orientaux on conclurait à l'immobilité de la pensée. Pour l'Hindou en particulier, les idées et les croyances forment une masse nuageuse aux lignes tellement flottantes et indécises que dans nos langues latines, pauvres en épithètes mais précises, le terme manque le plus souvent pour les exprimer.

Le défaut de précision de la pensée hindoue est tout à fait caractéristique. Non seulement les choses flottent pour elle sans contours déterminés dans une sorte de brouillard, mais de plus on dirait qu'elles sont vues à travers des lentilles déformantes ayant des propriétés analogues à celles de ces miroirs à anamorphoses bien connus des physiciens. Les systèmes religieux de l'Hindou, ses récits historiques, ses épopées littéraires, sont vagues et hérissés de contradictions qu'il n'aperçoit même pas. Ces contradictions, ces conceptions aux contours toujours fuyants, ont rendu ses systèmes religieux, le bouddhisme surtout, totalement inintelligibles aux savants européens, habitués à une logique rigoureuse et pour lesquels les mots ont un sens précis. Des conceptions telles que l'athéisme et le polythéisme semblent à un esprit de l'Occident séparées, par un infranchissable abîme ; pour un Hindou, elles ne le sont pas du tout, et des conceptions en apparence aussi inconciliables se trouvent parfois enseignées dans les mêmes livres.

Ce défaut de précision, ces formes flottantes de la pensée, supportables à la rigueur, quand il s'agit de spéculations métaphysiques, de .poésies, d'épopées religieuses, deviennent, quand elles sont appliquées à des sujets où la précision est indispensable, tout à fait choquantes. Elles ont empêché les Hindous de dépasser dans les sciences exactes la plus vulgaire médiocrité. Ils se sont assimilé aisément sans doute ce que les Arabes autrefois, les Européens aujourd'hui, leur ont appris, mais ils n'ont jamais réalisé aucune découverte dans cet ordre de connaissances.

Le manque de précision que je viens de signaler est tel que, sur les milliers de volumes que les Hindous ont composés pendant leurs 3000 ans de civilisation, il n'en est pas un seul contenant quelques dates exactes et qu'on puisse qualifier d'histoire. Ce n'est que par des moyens détournés que la science moderne a réussi à déterminer à quelques siècles près l'époque à laquelle leurs plus célèbres souverains ont vécu. Quant aux récits historiques proprement dits, l'étonnante aptitude des Hindous à voir les choses comme elles ne sont pas, faculté qui ne leur est pas d'ailleurs spéciale et pour laquelle je créerais volontiers le terme de psychologie déformante, les conduit à transformer avec la plus parfaite bonne foi les faits dont ils ont été cependant témoins. Si nous cherchons par exemple, dans les livres hindous, le récit de la chute de l'empire de Bijanagar, tombé, comme on sait, devant la coalition des rois musulmans du Dekkan, nous y lisons que ces rois musulmans étaient des gouverneurs nommés par le Rajah de Bijanagar qui se soulevèrent contre leur souverain et l'assassinèrent. C'est toujours d'une façon analogue que les Hindous écrivent l'histoire.

Les défauts psychologiques qui précèdent n'ont nullement empêché les Hindous d'atteindre à une très grande supériorité dans les arts. Ils sont donc en même temps très supérieurs dans certaines branches de connaissances et très inférieurs dans d'autres. Rien, d'ailleurs, n'est plus fréquent. Il n'y a guère que dans les livres d'histoire et dans l'opinion des foules que l'on puisse voir un individu ou un peuple présenter une supériorité universelle dans toutes les branches des connaissances humaines. Une observation un peu attentive montre combien de tels jugements sont erronés. Il n'est aucune supériorité qui les implique toutes, et il en est bien peu dans l'ordre intellectuel entre lesquelles il soit possible d'établir une hiérarchie. Je vois bien en quoi un mammifère est supérieur à un poisson, parce que je vois clairement que le système nerveux du premier est plus développé que celui du second; mais si je compare entre elles des supériorités telles que celles de Phidias et de Newton, de Descartes et de César, je ne vois aucun moyen de démontrer quelle est celle qui l'emporte. La supériorité artistique est tout à fait indépendante de la supériorité scientifique et lui est même généralement assez incompatible. Elle implique en effet des habitudes de penser et de sentir, des modes de conception de la vie et des choses tout à fait différents.

Ces deux supériorités se rencontrent donc fort rarement chez un seul peuple.

Le savant analyse les phénomènes et tâche de voir les choses telles qu'elles sont, sans nul souci de leur beauté ou de leur laideur. L'artiste et le poète tâchent au contraire de les embellir, et leur tendance naturelle, tendance sans laquelle ils ne seraient ni artiste ni poète, est de nous les montrer comme elles ne sont pas, ou tout au moins comme elles sont fort rarement. A ce dernier point de vue, les Hindous sont de véritables maîtres; aucun peuple n'a jamais possédé une telle exubérance d'imagination, ou, pour être plus exact, d'amplification.

Résumant ce que nous avons dit dans cet article des caractères communs à la majorité des Hindous, nous pouvons avancer que la masse de la population n'est pas inférieure à la masse correspondante des populations européennes, mais que la première ne possède pas, comme la seconde, un certain. nombre d'esprits supérieurs; que le peuple hindou est en majorité totalement dépourvu d'énergie, de persévérance et de volonté; qu'il est divisé en une série de castes formant des milliers de groupes, représentant chacun une nationalité différente dominée par des intérêts différents. Des conditions semblables suffisent à expliquer le rôle que l'Inde a joué dans le monde et celui qu'elle est appelée à y jouer encore. Esclave éternelle, elle est fatalement condamnée à toujours obéir à des maîtres étrangers.

Limité étroitement par l'espace dont je dispose dans cette Revue, j'ai dû me borner forcément, dans ce qui précède, à des indications générales, renvoyant le lecteur, pour les détails, à mon ouvrage : *Les Civilisations de l'Inde* [1]. J'ai supposé d'ailleurs le problème résolu, mais je n'ai pas indiqué les moyens de le résoudre. J'ai esquissé sommairement, en effet, la constitution mentale de l'Hindou, ou du moins d'une certaine classe d'Hindous, sans parler des moyens à mettre en action pour arriver à découvrir cette constitution mentale. Il y aurait là ample matière à un second article, mais j'épargnerai la patience du lecteur et me bornerai à indiquer en quelques lignes les méthodes d'étude dont je fais habituellement usage.

La première de ces méthodes¸ consiste naturellement dans l'observation systématique des individus au milieu desquels on vit. Je dis : observation systématique, car ce n'est que par une série d'observations judicieuses qu'il est possible d'arriver à connaître les traits principaux de la psychologie des individus que l'on fréquente. En attendant un questionnaire qui sera, pour l'étude de la psychologie comparée, ce qu'est le thermomètre pour le physicien, c'est à chacun de se faire ce questionnaire. Il peut tenir aisément en six pages, mais ces six pages n'auront chance de valoir quelque chose que si leur auteur a d'abord consacré une quinzaine d'années à aller observer les différents peuples du globe. Sur ces quinze années, il en emploiera bien dix, d'ailleurs, à tâcher de se déshabituer de penser

1. Un vol. in-4° de 750 pages, avec 350 gravures en noir et en couleur, d'après les photographies et les aquarelles de l'auteur. (Librairie Firmin-Didot).

sur toutes choses avec les idées de son pays et de son temps, et
d'arriver à raisonner comme un Chinois avec un Chinois, comme un
Arabe avec un Arabe; en un mot à voir sous les mots les idées qu'y
mettent le Chinois et l'Arabe, et non pas celle qu'il est habitué à y
mettre lui-même. Il devra tâcher surtout de comprendre — chose
particulièrement difficile pour un Français — que les institutions
sont le résultat de nécessités indépendantes des fantaisies des hommes, que celles qui conviennent à un peuple peuvent être détestables
pour un autre, et qu'il est, par conséquent, enfantin de vouloir les
lui imposer. Cette dernière vérité devrait être bien banale, mais il
ne paraît pas qu'elle le soit suffisamment encore, puisque tant d'Européens persistent à vouloir doter les Orientaux — les Japonais par
exemple — de nos institutions et de nos codes.

La seconde méthode consiste à étudier soigneusement les œuvres
littéraires populaires du peuple dont on veut connaître la psychologie. Je dis : populaires, car les épopées, les œuvres religieuses sont
des conceptions toujours plus ou moins fantaisistes, produits
de cerveaux excités, qui réfléchissent sans doute les temps où ils
vivent, mais en les déformant considérablement. On peut y puiser,
assurément, car, en définitive, l'écrivain, quel qu'il soit, est toujours
l'expression du monde qui l'entoure, mais il faut n'y recourir qu'avec
une extrême réserve. Il en est tout autrement des œuvres populaires :
contes, légendes, apologues et proverbes. Ce sont les œuvres collectives d'un peuple; et elles ne sont populaires, précisément, que
parce qu'elles sont les échos de l'expérience de chacun sur un sujet
donné. Ce n'est que dans de telles œuvres qu'on peut découvrir
l'âme d'une époque, les idées mortes d'un peuple mort. Nous avons
consacré tout un chapitre de notre Histoire des Civilisations de
l'Inde à reconstituer, avec cette source d'informations, la psychologie mentale des anciens Hindous.

Pour appliquer les méthodes qui viennent d'être exposées, il n'est
pas besoin d'entreprendre des voyages lointains : la psychologie
comparée des peuples européens est toujours à faire. Elle seule peut
faire comprendre leur destinée et leur histoire.

                                        Dr GUSTAVE LE BON.

SEXUALITÉ ET ALTRUISME

La séparation des sexes, nous le savons tous, a été un important moment dans l'évolution des tendances, ou impulsions instinctives fondamentales des êtres vivants. La sympathie, ou plutôt les sentiments tendres y ont leur origine. C'est à ce moment, pour le dire en d'autres termes, que les tendances premières ont commencé de prendre les formes de l'altruisme, et la sexualité semble donc avoir été un caractère dominateur, qui entraînait après soi les caractères qualifiés altruistes. Ces caractères altruistes, il est vrai, ne laissent pas voir au premier coup d'œil la marque de la sexualité, et le mot d'altruisme recouvre des situations assez différentes, dont les plus hautes, et aussi les plus inférieures paraissent entièrement affranchies d'elle. Mais il reste toujours à rechercher si la relation, dans le temps, des formes tendres de la sympathie à la sexualité ne serait pas une relation d'effet à cause, et comment, en ce cas, une impulsion organique spéciale aurait concouru à produire, en s'étendant ou en s'idéalisant, ce phénomène tout à fait nouveau, l'altruisme social.

M. Ch. Féré a touché incidemment à ces questions, en un beau travail publié ici même sous le titre de *Sensation et Mouvement* (*Rev. philos.*, oct. 1885). Il y montre que « l'induction psycho-motrice », constatée en de véritables expériences, multiplie les émotions, quand elle est réciproque, et il ajoute : « L'expression du plaisir, peinte sur un autre visage, augmente notre propre plaisir; d'où il résulte que l'on a intérêt à provoquer le plaisir de l'autre pour augmenter le sien. L'origine égoïste de l'altruisme peut s'expliquer ainsi physiologiquement; et les considérations qui précèdent font soupçonner que si, comme l'a dit Littré, l'altruisme est en corrélation avec la sexualité, c'est par un procédé différent de celui qu'il indique. »

Ce procédé, on ne l'ignore point, est la *dépense* exigée pour la subsistance de l'espèce. On ne voit pas tout de suite, j'en conviens, comment cette dépense reproductrice sera le moment altruiste de la vie, dont la nutrition conservatrice serait le moment égoïste. Cette qualité attachée à l'instinct y semble un pur symbole, et la difficulté grande est de découvrir dans l'impulsion sexuelle étroite un sentiment qui dépasse l'intérêt du couple. Mais cette difficulté reste la même dans l'explication de M. Féré. La circonstance dont il parle, si remarquable soit-elle, regarde surtout l'exaltation momentanée du plaisir de l'individu, et il nous faudrait maintenant tenter de rattacher les formes supérieures de la sympathie au désir même de l'espèce, pris en bloc avec les conditions différentes qu'il enferme.

Bain a fait une tentative de ce genre (*les Émotions et la Volonté*). Il réduit toutes nos émotions tendres, intérêt social, sexe, sentiments de famille, affections bienveillantes, à la sensation primitive du contact animal, à ce qu'il appelle le plaisir de l'embrassement et il leur donne ainsi ce plaisir, ou cette tendance, pour une sorte de commun dénominateur. Cette théorie nous met au seuil de notre sujet.

Le toucher, écrit Bain, est le sens fondamental et générique. Le désir du contact est toujours sous-entendu dans les émotions tendres. La plus haute joie de l'intérêt social, celle même du bienfait gracieux trouve, d'après lui, sa raison en ce fait, que « chaque créature est disposée à donner quelque chose pour le plaisir premier de l'embrassement animal, même lorsqu'il n'est que paternel. » Dans l'amour, où ce plaisir atteint à sa plus haute puissance, le charme de la disparité va au delà des différences fixes de sexe, et l'attrait des contrastes de tempérament, de stature, s'explique ainsi. La disparité introduit enfin le type nouveau du parent. Bain ne ramène pas l'amour paternel à cet « amour du faible » où Spencer trouve le fait central de la bienveillance. La « faiblesse » du nouveau-né est le trait constant, selon Spencer. Bain objecte que les parents ne comprennent pas toujours l'impuissance de leur progéniture, et il reconnaît dans « l'étreinte du petit » l'origine du sentiment paternel, purement physique comme celle de l'amour. L'être faible, dit-il, s'attache à qui le protège, et sa faiblesse augmente la réciprocité dans l'étreinte animale. « L'enfant, ajoute-t-il, possède à un grand degré quelques-unes des beautés les plus fines de la personnalité, celles qui augmentent le charme des deux sexes, et les charmes féminins en particulier. »

Mais cette analyse, qui montre la puissance du toucher, laisse ouverte la question de savoir pourquoi il se trouve associé aux émotions tendres simples et non sexuelles, et d'où il prend cette nouvelle valeur. Or, écrit Bain lui-même, « la souffrance suprême et dernière de l'enfantement ne contribue en rien (chez la mère) à la puissance de l'étreinte, et cependant les opérations précédentes de la conception ont pu préparer le système à jouir mieux du plaisir de l'embrassement. » Le souvenir de ces opérations prendrait un rôle beaucoup plus important, si on le considérait dans la vie de l'espèce entière. Un évolutionniste s'interdirait-il de porter au bénéfice du sens du toucher le retentissement de la vive jouissance qui y est attachée dans la fonction reproductrice de l'espèce? N'y aurait-il pas là quelque chose d'analogue au choix spontané de la nourriture par le jeune animal, sans instruction préalable des parents, à l'attrait marqué du carnassier, par exemple, pour les proies préférées de son espèce?

Il est curieux, en tout cas, d'observer à quel point le cachet de la sexualité se reconnaît en des amitiés où l'appétit spécial n'a rien à faire et transforme en affections chaudes et entières les relations de simple convenance ou d'intérêt peu profond. J'ai entendu une femme d'âge, très distinguée et parfaitement saine, dire quelquefois : « J'estime bien M. X. ou M. Y., mais je ne voudrais pas le recevoir familièrement, *son corps me déplaît.* » Ces mots n'avaient rien de malséant en sa bouche, mais ils marquaient bien la frontière qui borne pour elle le pays de la complète amitié. On trouverait à citer nombre d'exemples de cette sorte. Ils témoigneraient au moins en faveur de la doctrine de Bain ; et tout en s'arrêtant, avec lui, au plaisir indéfini du toucher, en notant le signe sans chercher la chose signifiée, on pourrait ajouter peut-être que le plus simple contact agréable est susceptible d'intéresser de proche en proche tout notre sytème, où les parties les plus sensibles à l'ébranlement vibreront alors, et si obscurément qu'on le veuille, avec une énergie appréciable.

Bref, cette discussion préliminaire établirait la prédominance, dans les émotions tendres, du désir de l'embrassement, de l'étreinte sympathique, et elle conduirait encore à rechercher dans l'instinct sexuel le germe de cette tendresse par où le toucher prend une valeur altruiste qu'il n'enfermait pas en soi.

La qualité de la *dépense* attachée à l'instinct n'y apparaît, écrivais-je plus haut, qu'un pur symbole, et l'on ne peut guère assimiler la dépense exigée pour la reproduction de l'espèce à celle que s'impose l'homme pitoyable en faveur d'un malheureux. Spencer constate, il est vrai (*les Bases de la morale*), que « l'altruisme, à la fin comme au commencement, implique une perte de substance corporelle. » Mais je ne veux pas tirer d'abord trop d'avantage de cette citation. Il suffit à mon dessein de faire remarquer que la dépense considérée ici possède du moins la qualité éminente, entre toutes les dépenses

analogues, d'être reproductrice. Dès lors elle peut devenir le point
de centre autour duquel d'autres qualités favorables viendront se
grouper, et le procédé indiqué par Littré semblerait capable de
fournir un plus riche développement que la circonstance, quoique
très intéressante, mise en lumière par M. Féré.

La qualité qu'on ferait valoir, en premier lieu, est le souci de
faire prospérer sa dépense en la continuant sous la forme des soins
et des sacrifices personnels. On observerait dans l'allaitement une
sorte d'état intermédiaire où la dépense organique, tout en soula-
geant la mamelle gonflée de lait, ressemble à un sacrifice joyeuse-
ment accepté, et la proposition de Spencer en serait presque justifiée.

Si Schopenhauer a qualifié l'amour de grand piège de la nature,
parce qu'elle conduit l'homme, par l'attrait d'un plaisir intense, à
accomplir l'acte le plus fertile pour lui en mésaventures, il faut dire
que la mère, quand elle offre son sein au nourrisson, se fait complice de la piperie et y consent. Elle ne cherche plus seulement le
plaisir, au risque de la douleur d'enfanter; elle veut la peine, et les
émotions qui l'en payent sont pures de tout sentiment grossier. On
sait, d'ailleurs, que l'amour maternel se montre plus puissant chez
les espèces animales où les petits réclament les soins continués de
la mère, chez celles surtout où elle donne son lait. Même dans l'espèce humaine, « l'attachement de la mère, observe Houzeau (*Etudes
sur les facultés mentales des animaux*, etc.), a quelque chose de
plus intime et de plus vif durant la période de la lactation », et il se
croit autorisé à dire « que la durée de l'allaitement, chez les divers
peuples, marque le degré de sollicitude des mères pour leurs
enfants. »

On a souvent argué, pour définir la fonction sociale de la femme,
de ces devoirs premiers qui lui incombent d'être épouse, mère et
nourrice. Mais les pédagogues et les économistes ont envisagé surtout l'assujettissement où les actes de son sexe mettent la femme, qui
emploie à les accomplir l'activité dont l'homme dispose pour les
œuvres collectives. Le psychologue va tout droit à la raison de ces
actes, à la continuation de la dépense organique, et je pense qu'une
étude plus attentive de ce caractère spécial fournirait à une psychologie de la femme des indications précieuses et nouvelles.

Je reviens à l'instinct, et je rencontre ici la critique de M. Fouillée
(*Critique des systèmes de morale contemporains*). Ce philosophe
accepte, avec Littré, que nos sentiments égoïstes et altruistes ont
leur origine dans ces deux besoins de la substance vivante elle-
même : se nourrir pour se conserver, se reproduire pour subsister
comme espèce. Mais l'idée de sexualité lui paraît trop étroite. Il

eût été préférable, dit-il, de s'en tenir à cette proposition plus
générale, « que l'égoïsme est la force de concentration due au besoin
de se nourrir, et l'altruisme la force d'expansion due au besoin d'engendrer. » On a tout loisir, en effet, de comprendre sous cette
expression plus générale la « dépense de vie continuée » dont
l'allaitement offre le cas singulier et remarquable. L'instinct de la
reproduction, il convient de le remarquer en passant, comporte
d'ailleurs, aussi bien que l'instinct de la nutrition, une prévoyance
et des qualités appropriées, et ces qualités témoignent déjà d'une
expansion de l'instinct hors des limites de l'appétit immédiat. Dans
nos basses-cours, le coq ménage sa part de grain et de pâtée à
chacune de ses poules. Le monde animal nous offre des exemples,
à l'instar des sociétés humaines, des soins réciproques du mâle et de
la femelle. Nous voyons, parmi nous, que l'homme s'efforce de plaire
à toute femme. Notre galanterie, en la plus courte rencontre, sera
plus vive peut-être, si la femme est jeune ; mais elle s'exerce gratuitement et sans rien attendre ; l'instinct dépasse la personne, et il
va au sexe.

Cette force d'expansion dont parle M. Fouillée, on pourra donc
chercher à la définir par des qualités qui dépassent le couple et
anticipent l'œuvre du couple ; mais la sexualité en représentera toujours le moment le plus important. La critique de M. Fouillée touchant l'esprit de jalousie et d'exclusion qu'entraîne la possession
sexuelle, nécessairement restreinte, ne diminue pas la valeur sociale
de l'amour ; la jalousie se montre pareillement dans les affections
non sexuelles, et ce trait s'efface seulement à mesure que la chaleur
de l'affection décroît. S'il objecte, après M. Espinas (*les Sociétés
animales*), que ce n'est pas par l'amour mutuel des sexes, mais par
l'affection réciproque des frères, des jeunes animaux, que la sociabilité des peuplades se fonde, on peut répondre que la puissance de
ces affections latérales est en raison de la puissance émotive de
l'instinct dans l'espèce considérée. Si la sympathie, enfin, lui paraît
ne pas dépendre de l'instinct sexuel et le précéder même, c'est peut-
être bien une simple apparence, et c'est confondre le pouvoir avec
l'instinct. L'instinct se manifeste sans le pouvoir chez l'enfant, c'est-
à-dire avant l'achèvement des mécanismes spéciaux qu'il mettra plus
tard en jeu, et les cas, des cas non morbides, ne manquent point
pour le prouver.

Tels seraient les arguments où la doctrine que j'examine se pourrait appuyer, et cependant elle n'aurait pas encore fourni la preuve
du retentissement de la sexualité dans les affections ordinaires de la
vie. Peut-être l'observation des faits pathologiques aiderait-elle à

comprendre l'existence de telles affections affranchies de l'appétit, mais où toute influence de l'instinct ne serait pas, malgré cela, effacée.

L'étude des anomalies sexuelles, chez les aliénés héréditaires ou dégénérés, a permis, en effet, de reconnaître plusieurs moments en une fonction qui se montre une et simple à l'état normal. Ces malades [1] se distribuent en quatre groupes. nettement tranchés, selon que l'impulsion sexuelle apparaît : chez les spinaux, un simple réflexe placé sous la dépendance exclusive du centre génito-spinal de Büdge; chez les spino-cérébraux postérieurs et antérieurs, un réflexe sortant de l'écorce cérébrale, soit postérieure, soit antérieure, pour aboutir à la moelle; et enfin chez les cérébraux antérieurs ou psychiques, un réflexe partant du centre d'idéation, sans que la moelle se trouve intéressée. On voit, chez les simples spinaux, l'orgasme génital se produire spontanément, sans manœuvres extérieures, sans influence morale d'aucune sorte. L'excitation s'étendant à la région postérieure du cerveau, la vue d'un homme jeune ou vieux, laid ou beau, suffit à éveiller, chez une femme, un besoin purement physique, que n'apaise ni la cure *ab homine* ni la résistance de la malade à l'excitation dont elle souffre : et ces faits attestent l'existence d'un centre localisé des réactions réflexes nécessaires à l'acte physiologique, en même temps que les rôles distincts, dans la fonction totale, de l'idée morale et des réflexes. Puis la région cérébrale intervient et reprend la direction fonctionnelle, mais l'exerce mal. On voit l'homme porté vers l'homme, la femme vers la femme, comme si, remarque Magnan, le cerveau d'une femme se trouvait dans le corps d'un homme et le cerveau d'un homme dans le corps d'une femme.

Interprétées au sens de Lombroso (*L'uomo delinquente*), c'est-à-dire comme un arrêt de développement, ces inversions ne signifieraient-elles pas aussi que l'impulsion sexuelle, en tant que fait primitif, est indépendante de la reconnaissance du sexe? Un enfant ne distingue pas d'abord le sexe, et ses sympathies les plus vives, ce qu'on pourrait appeler, sans équivoque, ses premières amours, sont éveillées par des attraits sensibles, qui sont indépendants de la marque mâle ou femelle, mais non pas sans doute de la sexualité comme force d'expansion spontanée et vague.

A l'autre bout de cette série ouverte par les spinaux simples, se

---

1. Je prends les faits au point où M. Magnan en a su porter l'étude. Voir sa brochure : *Des anomalies, des aberrations et des perversions sexuelles*, P. Delahaye, 1885. — Voir aussi l'article de E. Gley, *Des aberrations de l'instinct sexuel*, dans la *Revue philosophique* de janvier 1884.

placent les psychiques ou érotomanes, extatiques, chez
la moelle, ni le cerveau postérieur ne révèlent plus leu
l'idée domine l'amour sans le désir de la chair. Les (
sous quelques rapports, sont des enfants. Une demoise
rante-sept ans a refusé autrefois l'offre d'un jeune homm
reproche aujourd'hui, elle cherche l'absent, qu'elle se
heureux, obstinément, et le médecin ne surprend pas e
de relations intimes ni avec ce jeune homme ni avec d
tailleur de trente-deux ans, marié, est éperdument an
Mlle van Zandt, et il n'a jamais eu de pensées charnelle
droit. Un élève de l'école des Beaux-Arts adore une pers
naire, qu'il nomme Myrtho et loge dans une étoile. Si
sont des sensuels naïfs, les psychiques ne nous présentent-
excès, la situation de l'amour sans l'appétit, qui est pourta
Chez ceux-là, le mécanisme spécial n'est pas achevé, et
ci il reste soustrait à l'influence du penchant, du sentime

Ainsi la maladie a fait pour nous une véritable analyse
mène normal, et ces cas pathologiques pourraient nous
concevoir comment nos sentiments tendres s'ordonnera
série où l'appétit brutal décroît jusqu'à disparaître. Mais
d'insister davantage sur certains points de cette discussio

La situation du couple se passe de commentaire. Est-
faire remarquer à quel degré le sens génésique augmente
crète influence, le plaisir du plus léger contact de la perse
Le toucher même d'un objet lui appartenant excite en ne
missement agréable, et les impressions de nos autres sen
oulier celles de l'odorat, aboutissent toujours à provoq
positive de l'embrassement. Notre jalousie exerce autour
active vigilance; on la veut garder du contact, des rega
étranger. Un jeune homme aliéné s'imagine que sa fiancé
mée en son propre corps, qu'elle est son double; à l'heu
cher, dans le dortoir de l'asile, il est pris de honte, il se d
vêtements avec des précautions infinies et ne veut pas lai
nudité, tant il redoute d'exposer son amante imaginaire a
indiscrets dont elle serait offensée!

L'amour des parents pour leurs enfants est une situatic
férente. Le langage de l'instinct qui l'a fait naître n'y e
pas entièrement oublié. L'amour des petits, chez la mèr
émotif, plus ardent, en raison de la dépense de vie qu'ell
et la constitution morale de la femme semble relever su
doux sacrifice où la nature l'engage. L'amour paternel ne

qu'avec le progrès des espèces. « Il est remarquable, j'emprunte encore à Houzeau cette observation, que la sollicitude du mâle pour les jeunes animaux de son espèce paraît purement subordonnée à l'amour conjugal » ; et cet amour est nécessairement plus marqué dans les espèces monogames. En l'état de nos mœurs, le père est jaloux de sa fille, plus encore que la mère n'est jalouse de son fils ; quand il la marie, l'agression du mâle est un fait brutal dont il la voudrait garder et dont la pensée le rend quelquefois très malheureux. La violence peut être subie à regret, comme une nécessité. Il est des femmes, par exemple, qui se dispenseraient volontiers de subir l'homme, dès qu'elles ont l'enfant. On a observé souvent la'crainte d'être mères, chez des femmes sensuelles (telle M. Zola a peint la Christine de son dernier roman, *L'œuvre*), et l'ardeur du sentiment maternel chez d'autres femmes qui ne sont pas sensuelles.

Les petits enfants sont déjà sensibles au plaisir du toucher. Le sein de la jeune mère se gonfle, se fait beau, comme pour fêter la venue du nouveau-né, et le nourrisson éprouve sans doute quelque jouissance au contact de la peau satinée et chaude. Un nouveau-né, observé par M. Espinas (*Annales de la faculté des lettres de Bordeaux*, 5ᵉ année), suce le biberon avec autant d'avidité qu'il sucerait le sein. L'appétition de la nourriture, avec les mouvements appropriés pour la saisir, est en effet « le fonds primitif » ; mais ces mouvements sont ordonnés d'une manière bien remarquable. L'enfant, dès le premier jour, tend la tête en bâillant vers la poitrine de la personne qui le tient, « cherchant le sein sans doute » ; il répète, pendant plusieurs semaines, ce mouvement vers le sein, bien que jamais la nourriture ne vienne de ce côté, et ses mains « sont ramenées l'une en face de l'autre, pour saisir le biberon, comme pour saisir le sein ». A l'hérédité qui a préétabli ces mouvements est peut-être due aussi, hasarde M. Espinas, « le sourire automatique de la bouche », surpris dès le quatrième jour chez son nouveau-né, et la doctrine que j'examine ici ne s'interdirait pas non plus d'y recourir, en un besoin extrême, pour compléter Bain.

L'observation suivante convient seulement au quatrième mois (12 mars-21 juin) du sujet de M. Espinas : « Étant dans son berceau bas, la sœur de dix-huit mois est venue le caresser ; il l'a reconnue en quelque sorte, l'a laissée lui prendre la main et a ri tout le temps qu'elle la tenait, d'un air tout à fait content. » De jour en jour, le plaisir de l'embrassement acquerra plus d'énergie. « Crispons-nous », disait un enfant de deux ans, observé par M. Pérez (*Psychologie de l'enfant, les trois premières années*), à une personne amie, en l'étreignant fortement. J'ai cité, de mon côté, l'exemple d'une fillette de six à sept ans, qui se roulait dans le linge sale que son père absent envoyait à la maison pour être lavé, en disant : « Ça sent papa! » C'est le cri d'une sensualité naïve, et elle se taira quand l'éducation aura réprimé l'élan de la nature, quand la puberté aura apporté ses hontes et ses désirs. M. Pérez parle encore, dans le nouveau volume de sa psychologie (*L'enfant de trois à sept ans*), « d'enfants des deux sexes, qui éprouvèrent réellement, dès l'âge de quatre ou cinq ans, des affections inconsciemment amoureuses, non seulement pour des enfants, mais pour des adultes de l'autre sexe ». Houzeau avait conclu, un peu légèrement, de ce que les fonctions sexuelles ne commencent pas à la naissance, que les affections mentales se rapportant à l'instinct sexuel ne se manifestent pas non plus. Les faits, on le voit, parlent décidément contre lui.

Dans le mutuel amour des frères et des sœurs, le plaisir de l'embrassement est parfois d'une vivacité singulière, et le croisement des sexes qu'on y remarque d'ordinaire montre assez que la sexualité y entre pour quelque chose. Sans doute il faut toujours s'enquérir, en telle matière, si l'on a affaire à des sujets dégénérés ou présentant accidentellement, temporairement, un des syndromes de la folie des dégénérés. Mais les faits invoqués plus haut ne sont pas du domaine de la pathologie, et d'ailleurs les cas mêmes d'impulsion sexuelle précoce qui sont vraiment pathologiques n'auraient pas un sens différent des premiers pour le psychologue.

Un dernier exemple pour clore cette revue des situations tendres (il n'est besoin de l'épuiser), où j'espère bien n'avoir pas choqué la délicatesse des lecteurs. Une dame, que je vois souvent, s'émeut pour un rien et ne se montre pourtant pas toujours sensible à des misères qui me touchent moi-même. Elle est très attachée à son mari et aux personnes de son entourage. Mais ses affections, quoique solides, ne sont pas *vives*, et j'observe chez elle avec étonnement un singulier mélange de froideur et d'émotivité presque maladive. Une sorte de crainte du contact, de répulsion à donner la main, que je remarque aussi chez elle, explique peut-être cette apparente contradiction. On pourrait rattacher cette particularité, en effet, à la pauvreté du sens génésique chez cette femme, que la passion n'a jamais touchée, qui est presque frigide, et son cas nous fournirait une contre-épreuve du fait de l'apport de la sexualité dans le « toucher affectif », dont tant d'autres exemples, si peu qu'on y soit facile, ne laissent guère douter.

Il est permis, certes, de se refuser à accepter l'intervention du sens génésique en des moments où il n'a proprement rien à faire et à porter ainsi un état spécial hors des limites où la nature semble l'avoir confiné. Ne pourrait-on, cependant, en vertu de la critique précédente, considérer l'acte sexuel comme un simple moment de l'instinct lui-même, et cet instinct comme une tendance plus générale? Ne tient-il pas, d'autre part, dans la sphère de l'altruisme plus que cette tendance toute brute ne saurait nous donner? Comment passer maintenant de l'inférieur au supérieur?

M. Féré, en son article précité, nous apprend que le plaisir et la douleur sont en corrélation, d'après les expériences, avec l'énergie potentielle du sujet, et c'est un nouveau fait d'où il conclut à l'origine égoïste de l'altruisme. « Être utile à autrui, dit-il, contribue à augmenter le sentiment de la puissance, et par conséquent est agréable en soi; il est meilleur de donner que de recevoir. » C'était déjà une vérité d'observation commune. Mais cet égoïsme qui se dépense pour autrui est une forme, il en faut bien convenir, qui mérite d'être distinguée. M. Guyau, lui, en appelle au plaisir du risque pour justifier le sacrifice de la personne. Nous préférons alors, dit-il (*Esquisse d'une morale sans obligation ni sanction*), la joie intense d'un moment à la durée de la vie, et nous portons ainsi, ajouterais-je dans le sens de M. Féré, le sentiment de notre pouvoir jusqu'à l'extrême. Si l'égoïsme reste donc la vraie nature du moi, la situation de l'homme qui se dépense pour autrui, sans rien attendre, n'en est pas moins très remarquable. Ni le sentiment de la puissance, ni le plaisir du risque ne suffisent à l'expliquer d'une manière complète, car ce sentiment peut s'éprouver indifféremment à écraser autrui comme à le relever, et il faudrait savoir pourquoi l'on met le plaisir du pouvoir, le plaisir du risque à faire cette action plutôt que celle-là.

Je veux bien que l'acte de vivre, le plaisir de vivre et le but de vivre, considérés par abstraction en un moment initial tout logique, coïncident; mais le fait de vivre dans le temps et dans l'espace produit des motifs nouveaux de vivre et attache à de certaines fins le plaisir de vivre. C'est pourquoi M. Guyau nous parle d'un risque métaphysique, où il découvre le dernier équivalent possible du devoir; et si « la fusion croissante des sensibilités, le caractère toujours plus élevé des plaisirs sociaux », qui en est pour lui le troisième équivalent, peut s'entendre d'un altruisme élargi ayant son fond dans la fécondité, l'hypothèse dont dépend le risque métaphysique introduit enfin dans la question un élément intellectuel.

Notre terme d'altruisme recouvre, je l'ai déjà dit, des situations assez différentes; et celle, par exemple, d'une mère qui se dévoue à son enfant n'est pas celle du soldat qui se fait tuer sur un champ de bataille. Parlons-nous, pour qualifier la seconde, d'un altruisme

social, nous n'aurons pas créé pour cela un altruisme nouveau.
Il est vrai seulement que certaines impulsions sortent directement de l'instinct, et que d'autres arrivent à effet par le chemin
d'un raisonnement. Que ce raisonnement ait fait naître un sentiment,
et que l'amour de la patrie agisse à la fin à la manière d'un sentiment, cela n'empêche point qu'un fait de raison ne s'interpose entre
des émotions premières et un sentiment final. Nous pouvons bien
admettre que la sexualité, dans le cas du dévouement maternel, a
donné la direction. Mais l'altruisme social porte plus loin, et la sexualité nous abandonnerait ici. Elle nous fournirait peut-être le type de
l'acte, en vertu de son caractère qui est d'être une dépense; la
matière de l'acte ne pourrait se trouver que dans l'*idée*, dans le
« sentiment intellectuel » qui veut se réaliser.

Je n'ai pas à analyser le fonds idéal de l'altruisme. Je note simplement le rôle des idées dans le développement de nos passions, en
particulier de l'amour, et j'en prends occasion de revenir, pour terminer, à la critique des faits pathologiques invoqués au courant de
ce travail.

Il entre dans l'amour, ces faits nous l'ont montré, trois sortes
d'éléments qui composent ensemble l'aspect du phénomène normal,
c'est-à-dire : le besoin organique, le choix de la personne physique,
le choix de la personne morale, ce dernier choix impliquant la représentation tout intellectuelle de la beauté de la personne et des joies
qu'elle nous promet [1]. L'amour de nos érotomanes mérite-t-il donc
vraiment ce nom d'amour? L'état mental de ces malades est bien
celui de l'amoureux. Le tailleur follement épris de Mlle Van Zandt
croit que la cantatrice, sur la scène, porte sans cesse les regards dans
sa direction; très ému, il rentre chez lui et ne dort pas; il revient, afin
de la revoir, tous les jours au théâtre; il l'attend à la sortie, « il va se
poster à côté de sa demeure pour la voir quand elle rentrera chez elle,
pour apercevoir aussi son ombre sur les rideaux quand elle sera dans
son appartement; » il essaye d'entrer dans son appartement et puis
il craint de l'avoir compromise. Il n'a pourtant nulle envie d'abuser
de la passion si vive qu'il s'imagine lui avoir inspirée, et il ne réussit
pas d'abord à persuader sa femme, à qui il en a fait l'aveu, de la
pureté de cet amour extraordinaire. Il est un malade, justement
parce que ces phénomènes intellectuels si aigus ne s'accompagnent
pas chez lui, cette fois, des autres phénomènes de l'amour.

1. F. Paulhan (*Rev. philos.*, nov. 1885) distingue dans l'amour : 1° des sentiments immédiats ; 2° des sentiments médiats ; 3° des phénomènes intellectuels.
Il écrit même qu'il est difficile de définir bien nettement ce qui reste dans le
phénomène de l'amour, si on lui enlève sa partie intellectuelle, soit les images,
les idées, etc., qui l'accompagnent.

L'amour platonique, disons-le en passant, est profondément distinct de cet état pathologique. Les phénomènes intellectuels n'y sont pas assez puissants pour décider les autres sentiments à se produire; ils le feraient, s'ils acquéraient un peu plus de force. Quels mensonges délicats retiennent souvent une pure amitié d'aller se fondre dans le courant plus large de l'amour! Quant au don-juanisme, l'appétition idéale de ses héros porte sur trop d'objets pour trouver toujours à se satisfaire. La passion de don Juan n'est jamais affranchie du désir de la chair; le malheur pour lui est que la chair ne s'offre pas en toute rencontre à son désir.

Ces deux états sont intéressants. Ils peuvent aider à comprendre la situation de cet altruisme sexuel sans l'appétit, en faveur duquel nous demandons des arguments à la pathologie. Elle les fournirait en effet, puisque les phénomènes intellectuels présentés par l'érotomane avec un grossissement demeurent conditionnés, après tout, par la sexualité. Il importe peu que les mécanismes inférieurs entrent en jeu, dès que le moment isolé par la maladie repose sur l'existence de la fonction générale, sur la possibilité de l'acte fonctionnel. Et l'on supprimerait l'état morbide, s'il était possible de supprimer le sexe du malade.

Mais ne supprimerait-on pas aussi, avec le sexe, les qualités altruistes que la doctrine ici débattue en fait dépendre? Ne serait-il pas possible de concevoir que ces qualités reposent sur le fond de la sexualité, à la manière des phénomènes intellectuels de l'amour que présentent les érotomanes? Les cas pathologiques n'autoriseraient-ils pas enfin à ordonner sous le titre de l'altruisme sentimental les diverses situations exposées plus haut, et à s'élever par degrés des émotions dont le caractère est franchement sexuel jusqu'à celles où l'appétit spécial a cessé de retentir, ou plutôt d'être aperçu?

Telles sont les questions que ce court article avait pour objet de préciser. Elles enferment déjà, on a pu le remarquer, la théorie proposée en des bornes plus étroites. Je viens de faire une réserve touchant les formes supérieures de l'altruisme, et j'ai laissé aux « idées » le rôle considérable qui leur appartient dans le développement de l'instinct social. J'en avais fait une autre, au début, touchant les formes inférieures de cet instinct, formes où l'on reconnaît l'altruisme, si l'on veut, mais non pas encore la sympathie, la tendresse.

Les carnassiers nous offrent la dualité sexuelle avec les affections qui s'y rapportent directement. Cependant ils vivent isolés, ne vont pas en troupes. La sexualité ne suffit donc pas seule à créer la sociabilité. Le fait de vivre en commun a précédé, dit très bien Maudsley, le fait de sentir en commun et de penser en commun. L'état grégaire, en un mot, a donné à la sexualité le milieu où elle pouvait produire tous ses effets. Que l'utilité de la vie en commun ait amené à cet état certaines espèces et les y ait retenues, comme les évolutionnistes le supposent, cela est très vraisemblable. Mais il est à croire que les sentiments tendres dérivant de l'instinct sexuel ont concouru à faire naître et à assurer l'état grégaire, aussitôt que cette condition d'utilité se rencontrait pour une espèce. Il est à croire aussi que le même progrès de l'intelligence qui a servi dans l'espèce humaine le développement d'une sociabilité supérieure, a été servi à son tour, en cet office, par des qualités sexuelles meilleures et en a provoqué l'affinement.

Beaucoup de mes lecteurs hésiteront sans doute à accepter, réduite même à ces termes, la théorie dont j'ai tenté la critique, et mon argumentation leur semblera trop subtile et hasardeuse. D'autres, du moins, y auront motif d'apporter à cette théorie des preuves nouvelles. Quant à ceux qui l'acceptaient un peu légèrement (et je suis du nombre 1), ils connaîtront mieux à quoi elle les engage et quelles difficultés elle rencontre. Mon dessein n'était pas tant de l'approuver que de l'éprouver.

LUCIEN ARRÉAT.

---

1. Au premier chapitre de mon livre, *La morale dans le drame, l'épopée et le roman*. Alcan, 1884.

LE DEVOIR ET LA SCIENCE MORALE

(*Fin* [1].)

II

L'IDÉAL ET LA PRATIQUE

La recherche de l'idéal n'est pas toujours considérée comme une recherche positive par les partisans de la méthode scientifique en philosophie. Cependant, la morale ne peut se distinguer de la psychologie et de la sociologie, comme l'hygiène ne peut se distinguer de la physiologie, et la thérapeutique de la pathologie que par la recherche d'un idéal. Les sciences de l'idéal, comme les sciences du réel, n'étudient d'ailleurs et n'ont pour objet de recherches que des faits et des lois, et si la recherche du bien et du beau a donné lieu à des théories trop fantaisistes, ce n'est peut-être pas une raison de les proscrire plus que nous ne proscrivons l'hygiène et la médecine, dont les aberrations n'ont pas été moins rares, ni moins éclatantes que celles de la philosophie. Au surplus, si le mot idéal a été trop compromis, il suffit, il me semble, pour le rendre acceptable de penser aux équivalents qu'il représente. La recherche de l'idéal en morale c'est la recherche des conditions qui permettent à un être de vivre à un degré aussi élevé que possible, de manière à ce que les diverses parties de l'être et les diverses conditions d'existence de cet être forment un système aussi parfait que possible. Je ne prétends pas au reste que la solution du problème soit possible et que nous puissions construire l'homme idéal, mais son énoncé ne paraît nullement impliquer contradiction ou sortir des limites de la science : c'est assez pour que le problème demeure et qu'on ait le droit d'en chercher la solution.

Supposons le problème résolu, et le corps de règles, c'est-à-dire de faits idéaux et de lois idéales, trouvé, il reste à l'appliquer; mais on a souvent fait remarquer que la morale parfaite, absolue ne peut convenir qu'à l'homme parfait, et l'on a remarqué aussi que l'homme que nous connaissons était loin de cet état. Reste donc à trouver un

1. Voir le numéro précédent de la *Revue philosophique.*

autre système provisoire de règles qui permette de passer (
actuel d'imperfection à un état de perfection complète, ou a
de tendre vers ce dernier état. La même question ne s'en [
pas moins Une fois l'idéal absolu ou relatif, c'est-à-dire le
déterminé, l'homme l'accomplira-t-il ? Et importe-t-il à la
morale qu'il l'accomplisse ou qu'il ne l'accomplisse pas ?

Pour éclaircir les idées, je prendrai d'abord des exemples en
de la morale dans le domaine de deux autres sciences de l'i
thérapeutique et la logique.

Nous savons, je suppose, les conditions pour qu'un corps s
sain que possible, mais nous nous adressons à des malades.
ici non pas de leur prêcher ce qui conviendrait à un homn
pour entretenir sa santé et lui recommander les lois qui main[
un corps robuste et bien portant, mais d'abord de les faire [
à cet état de perfection relative, et pour cela de leur pres[
régime et des pratiques convenables pour améliorer leur sant
tenant, que le malade suive ces pratiques ou qu'il ne les su
qu'il guérisse ou qu'il meure, cela ne change absolument [
lois de la santé, à la physiologie normale.

Il peut même arriver que le malade soit assez gravemen
pour qu'il ne puisse jamais revenir à la santé et qu'il doive
promptement ou continuer à vivre dans la maladie. Dans le
cas, tout ce que l'on pourra prescrire au malade ne servira
et, qu'il suive ou non les prescriptions, il est perdu ; mais
cela importe-t-il aux lois de la physiologie normale ? Elles n'e[
pas moins les mêmes, de même que les règles de l'hygièn
prescriptions de la thérapeutique qui peuvent être utiles en
cas. Il n'y a rien à conclure contre les sciences de l'idéal si l'[
irréalisable, il n'en est pas moins l'idéal. Les conditions de
n'en sont pas moins les conditions de la santé parce qu'il
malades incurables. Quelquefois, un remède sauverait le ma[
pouvait le prendre ou le supporter, mais cela lui est imposs
encore le fait et la loi idéale n'en subsistent pas moins d[
domaine propre ; seulement, les conditions de leur manifes[
se présentent pas, c'est-à-dire qu'ils restent dans leur domai
passent pas dans le domaine du réel.

De même, qu'il y ait des hommes qui raisonnent mal, e[
peuvent raisonner autrement, cela n'empêche point les règl
logique d'exister et de continuer à être ce qu'elles sont. E
importe-t-il à la logique qu'elles soient inapplicables pour u
nombre de gens, en un grand nombre de cas ? C'est l'aff
logicien de déterminer ces règles, et de voir à quelles co[

on peut bien raisonner, il formule ces conditions et les donne. C'est un devoir pour tous de les suivre, mais cela n'empêche pas que la majorité ne les suivra pas souvent, et que personne ne les suivra toujours ; l'idéal est inaccessible, mais il n'en est pas moins l'idéal, et notre devoir n'en est pas moins de l'atteindre ; car quelle raison y a-t-il que le devoir soit forcément une chose que l'on puisse accomplir ? Il n'y en a pas d'autre, sans doute, que l'habitude prise de le considérer ainsi.

De même en morale, il se peut très bien que les préceptes auxquels arrivera le philosophe ne soient pas applicables. C'est même là une objection que l'on fait journellement aux théories naturalistes, et nous retrouvons ici la critique de M. Guyau beaucoup plus approfondie d'ailleurs que la plupart des critiques.

L'objection est celle-ci : sans une raison supérieure de faire le bien l'homme recherchera son plaisir qui est une chose bien différente, toutes les écoles en conviennent. Il faut, pour que la morale puisse se maintenir, soit la croyance en Dieu et à la vie future, soit au moins la foi dans une loi absolue, objective du devoir. Une philosophie naturaliste d'après cela ne peut avoir une morale.

Il y a ici une confusion. Autre chose est dire qu'une philosophie sans surnaturel et sans métaphysique ne peut faire appliquer sa morale, autre chose est dire qu'elle n'en a point. En fait, une philosophie de ce genre a une morale, car se faisant une certaine conception de l'univers, elle peut imaginer des êtres ayant avec leur milieu et entre eux des rapports mieux systématisés que ceux qui existent aujourd'hui, et elle peut considérer cet idéal comme l'objet d'une morale. Mais il est possible que cette morale ne soit pas applicable et que l'homme soit incapable de se conformer aux préceptes qui lui sont ainsi donnés. J'oserai dire que si ce dernier cas se réalise, la morale naturaliste sera de tout point semblable à cet égard aux morales religieuses et à la morale métaphysique, qui ne sont pas observées, que je sache, universellement, et qui, en fait, ne peuvent pas l'être.

D'abord l'instinct de l'obligation n'est pas un juge sûr dans l'homme et nous pouvons aussi bien commettre réellement une action déplorable en suivant les impulsions de notre sens moral, que faire des erreurs énormes en cherchant à raisonner logiquement. De là vient que, si le sentiment de l'obligation paraît devoir être permanent, la morale ne doit pas plus en triompher que la logique ne triomphe de ce que l'homme est poussé à rechercher le vrai. Il y a pour cela bien des raisons.

Nous avons vu que le sentiment de l'obligation dépend des croyances et des tendances fondamentales de l'homme; or, ces tendances

peuvent être mauvaises et ces croyances peuvent être erronées : les
exemples n'en manquent pas, les circonstances qui jointes au pouvoir synthétique de l'esprit font naître chez un homme le sentiment de l'obligation le font naître de telle sorte que l'homme sera
moralement poussé à des actes qu'une raison éclairée réprouverait
et considérerait comme immoraux. C'est là le fait que l'on appelle
en général la conscience non éclairée. Seulement, il faut remarquer que le sens moral ne se forme pas en qualité indépendante
que l'on applique où l'on veut et comme l'on veut. S'il est permis en
traitant de psychologie générale de séparer la forme du fond et de
reconnaître dans les diverses conceptions morales les plus opposées
un procédé mental analogue que l'on peut appeler du même nom partout où on le rencontre, il ne faut pas oublier que dans la réalité la
forme et le fond ne se peuvent séparer bien souvent, et qu'ils
sont étroitement liés parce qu'ils se rattachent précisément, l'un
et l'autre, aux tendances, aux idées et aux sentiments les plus
tenaces et les plus stables. Nous avons donc ici une première cause
très sérieuse de désaccord entre l'obligation morale telle que les conditions de l'existence la font naître, et l'obligation morale que les
lois de l'idéal prescriraient non point comme loi définitive, mais
comme loi de transition vers un état plus parfait.

Enfin, alors même que l'on pourrait convertir tous les hommes à
un même idéal moral, ou, ce qui reviendrait au même, à des types
harmoniques de l'idéal, il n'y aurait rien de fait encore, la pression de
l'obligation morale n'étant pas suffisante toujours pour déterminer
l'homme à agir dans le sens indiqué. Les circonstances ont développé
en lui bien des désirs, bien des appétits qui viennent contrarier l'influence de l'idéal et de la pression exercée par les tendances profondes qui correspondent au devoir vrai. Je n'insiste pas sur ce fait,
assez évident par lui-même. D'après ce que nous avons vu plus haut
de la nature du sentiment de l'obligation, il résulte forcément que ce
sentiment ne peut être un guide sûr, et que, d'ailleurs, il ne serait pas
toujours un guide efficace. C'est pourquoi on aime à lui donner pour
appui des sentiments différents, soit l'intérêt comme lorsqu'on
essaye de faire concorder l'intérêt et le devoir, en essayant de montrer que l'être qui fait du bien aux autres se fait aussi du bien à lui-
même, en ce monde ou dans l'autre — la croyance à la vie future
pourrait être un auxiliaire précieux pour la théorie utilitaire — soit la
crainte quand on fait appel à un dieu juste et terrible et aux flammes
de l'enfer, ou simplement aux gendarmes et aux tribunaux, et aux
conséquences fâcheuses pour l'auteur qui dérivent souvent d'un acte
coupable. Tout cela me paraît rentrer dans la catégorie des expé-

dients, et peut certainement avoir sa place dans un système complet de morale, mais non dans un essai de morale générale. En effet, pour que ces questions eussent une importance prépondérante, il faudrait qu'on eût prouvé que la morale doit être praticable : c'est ce qu'on n'a jamais fait. Je crois d'ailleurs qu'on ne s'est guère soucié de le faire parce que cela paraissait trop évident.

Et, cependant, il n'y a aucune raison d'admettre cette proposition. On propose un idéal à l'homme en lui disant : « Voilà ce qu'il faut faire pour être un homme moral. » C'est à lui ensuite à voir s'il peut et s'il veut s'y conformer. Mais, qu'il puisse ou qu'il ne puisse pas, qu'il veuille ou qu'il ne veuille pas, si l'idéal a été scientifiquement établi, on ne peut le changer.

Personne ne voudra nier sans doute qu'il est du devoir d'un peintre de faire de bons tableaux, et du devoir d'un soldat d'avoir du courage à la guerre. Cependant, il n'est pas donné à tout le monde d'avoir du génie ou du talent ni même d'avoir du courage. On dira sans doute que lorsqu'on n'est pas suffisamment doué, pour la peinture, on a le devoir de ne pas prendre l'état de peintre. Dira-t-on aussi que lors-qu'on n'est pas suffisamment doué pour l'état de soldat, on ne doit pas embrasser la carrière militaire? Mais on ne l'embrasse pas tou-jours de plein gré. Et dira-t-on également que si l'on ne possède pas et si l'on ne peut pas acquérir les qualités qu'un homme doit possé-der, on ne doit pas continuer à vouloir être un homme, c'est-à-dire qu'il ne reste plus qu'à se tuer? Sans doute cette opinion peut se soutenir, et même je la crois juste ; seulement, le nouveau devoir que l'on impose n'est peut-être pas plus praticable que l'autre, et il peut très bien se faire qu'on ne soit suffisamment doué ni pour accomplir ses devoirs d'homme, ni pour sortir des conditions d'existence qui nous imposent ces devoirs. Je pense que les partisans du libre arbi-tre qui paraissent en général restreindre beaucoup la fréquence des actes indéterminés pourraient accepter eux-mêmes ces conclusions. Mais soutiendra-t-on que le devoir est supprimé par cela seul qu'il ne peut être rempli, et parce qu'un homme sera menteur ou voleur, faudra-t-il en conclure qu'il n'a pas le devoir d'être honnête ou de dire la vérité? Au point de vue de la conception du devoir que j'ai exposée, cela ne peut évidemment se soutenir. Le devoir est la réa-lisation de l'idéal établi par des procédés scientifiques. De ce que cet idéal ne peut être réalisé, on ne peut rien conclure contre sa valeur. Il est évident que, pour qu'une société puisse durer, il faut que certaines conditions d'harmonie intérieure ou extérieure soient réali-sées. Si les membres de cette société ne réalisent pas ces conditions, cela n'enlève absolument rien au fait que ces conditions sont nécessaires à l'existence de cette société : seulement la société périra. Le fait prouve contre la valeur de la société, mais non contre la valeur de la règle. Il n'y a donc aucune bonne raison à tirer contre une morale athée de ce qu'une pareille morale serait inapplicable, et que l'adoption des théories sur lesquelles elle se fonde entraînerait la ruine de la société actuelle.

Il peut arriver que dans certaines circonstances et par l'effet de certaines doctrines, les tendances fondamentales de l'homme deviennent opposées les unes aux autres. On ne peut nier que la suppression de Dieu et de la vie future ne mette les tendances égoïstes en opposition plus marquée, chez bien des gens au moins, avec les tendances qui ont pour objet la réalisation du bien. L'homme est alors amené à se créer plusieurs types d'idéal — un idéal de vie égoïste, un idéal de vie élevée — qui ne concordent pas, et qui tendent à déterminer des actes absolument opposés et contradictoires. Le sentiment de l'obligation ne disparaît pas, mais il s'amoindrit, et surtout il est moins efficace. Mais remarquons qu'il n'y a rien de rationnel dans cet amoindrissement, et que, au contraire, il est psychologiquement impossible qu'un homme chez qui l'exercice de la raison a toute sa puissance ne se fasse pas un certain idéal de vie et ne se croie pas en quelque sorte obligé de le réaliser.

A ce point de vue, comme nous l'avons déjà dit, l'obligation morale et le devoir ne disparaîtront pas, mais on voit en quoi se justifient jusqu'à un certain point en ce cas les objections adressées à la morale naturaliste.

Que faut-il en conclure ? Il peut arriver, je suppose, que si une philosophie sans Dieu ni métaphysique vient à s'établir, un idéal véritablement moral ne puisse s'imposer à l'homme assez fortement pour se faire accepter, et que l'idéal qui s'imposera sera tel qu'il doive mener promptement la société à sa ruine. Je mets les choses au pis. Analysons le cas.

« Selon le naturalisme de MM. Darwin et Spencer, dit M. Guyau, lorsque nous invoquons un prétendu principe de moralité d'après lequel nous jugeons, et au nom duquel nous nous obligeons nous-mêmes, nous sommes des hallucinés qui prennent leurs idées fixes pour des réalités. La seule différence entre l'halluciné et l'être moral, c'est que le premier n'est utile à personne (encore faudrait-il excepter Jeanne d'Arc par exemple), tandis que, sans l'être moral, la société ne saurait subsister. On a dit de la sensation en général qu'elle était une hallucination vraie; on pourrait dire de la sensation morale et de l'obligation subjective qu'elle produit, qu'elle est une hallucination utile.

« L'homme, par la raison, peut ainsi se rendre compte du mécanisme de ses idées morales ou de ses hallucinations morales, et les naturalistes anglais se donnent précisément pour tâche d'aider l'homme à comprendre ce mécanisme. Reste à savoir si, quand il l'aura compris, il le laissera fonctionner comme auparavant.....

« Pour emprunter un exemple à l'histoire naturelle elle-même, sur laquelle s'appuie M. Darwin, ne voit-on pas des fourmis paresseuses qui, dégoûtées du travail et de la vie active, enlèvent les larves des fourmis plus petites, les élèvent, les plient à la servitude, et, désormais oisives, perdent à ce point leurs instincts primitifs qu'elles mourraient de faim si elles étaient abandonnées à elles-mêmes? Qui empêchera l'être moral d'agir d'une manière analogue, de se débarrasser de cet instinct par lequel vous espérez le retenir? Vous-mêmes, vous l'y aidez, vous-mêmes, vous l'en débarrassez.

« En fait il y a dès ce moment des gens chez qui l'instinct moral dont parle MM. Darwin et Spencer s'amoindrit considérablement, parfois même semble disparaître. Il serait intéressant d'observer si cet obscurcissement de la moralité, qui d'ailleurs n'est jamais définitif, n'est pas dû précisément à des doctrines et à des raisonnements analogues.

« Nous voulons parler des coupables intelligents, qui savent ce qu'ils font, qui ont reçu une certaine instruction, qui sont capables de réflexion, qui enfin ne représentent pas seulement l'homme physiquement abruti, mais l'homme moralement dégradé. Ceux-là ne sont autre chose que des sceptiques qui pratiquent. La moralité est pour eux une chimère, le bien et le mal, un préjugé; chacun suit son intérêt, et eux, ils le cherchent où ils le trouvent; tous les hommes sont égoïstes autrement qu'eux, mais non moins qu'eux : ainsi pourrait-on formuler la pensée générale qui se dégage de leurs actes et de leurs paroles, et cette pensée, en dernière analyse, constitue le fond primitif et essentiel de toute doctrine exclusivement utilitaire. De là sans doute cette ironie que l'on s'étonne de rencontrer chez certains coupables, cette raillerie amère à l'égard du bien idéal; de là vient même ce cynisme qui parfois touche au stoïcisme, cette persévérance dans le vice qui implique parfois courage, et apparaît ainsi comme l'image lointaine de la persévérance dans le bien; en un mot, cette affirmation suprême dans la souffrance et la mort, que tout est négation et néant [1]. »

Comme on peut le conclure de ce qui précède, je n'accepte pas la théorie de l'obligation — hallucination utile, et à cet égard je pourrais

1. Guyau. *La morale anglaise contemporaine*, p. 323 et 332-333.

trouver à critiquer dans les lignes que je cite, mais ce serait revenir au sujet du chapitre précédent ; je me bornerai à faire remarquer que les termes mêmes dont se sert M. Guyau, dans le dernier chapitre que je cite, paraissent impliquer que l'immoralité complète est encore une sorte de morale, je veux dire de système de conduite, qui entraîne avec lui l'idée d'une certaine obligation, et qui représente une conception idéale au moins analogue à celle du devoir. Mais je laisse ce point de vue, et je suppose que toutes les conséquences les plus pessimistes indiquées dans le passage que je cite viennent à se réaliser, et le fait peut bien après tout être supposé possible ; si donc la société ne peut subsister avec une philosophie qui n'admet ni Dieu, ni une certaine réalité métaphysique du devoir, réalité qu'on a peine à se représenter de quelque manière que ce soit, et si, d'un autre côté, les doctrines qui entraînent ainsi la ruine de la société sont des doctrines vraies, il n'y a rien à en conclure contre la morale naturaliste [1], mais il y a en revanche beaucoup à conclure contre la nature de l'homme, telle que l'ont façonnée les siècles d'évolution et de progrès prétendu pendant lesquels l'homme a pris l'habitude de faire dépendre son idéal de conceptions sans réalité. Si, au point où nous en sommes arrivés, l'homme n'a pas acquis assez de sens esthétique ou de sens moral pour pouvoir agir contre son plaisir et contre son intérêt en ayant seulement en vue la réalisation du bien considéré en lui-même, il n'y a qu'à désespérer de lui, et si une société composée de tels individus vient à disparaître, elle n'a que ce qu'elle mérite ; je dirai même que c'est un devoir pour elle de ne pas continuer à subsister.

Car, enfin, c'est encore un postulat presque universellement admis et dont je cherche en vain les preuves, que la morale consiste à préserver et à conserver la société que nous connaissons. Mais peut-être faudrait-il savoir auparavant si cette société vaut la peine d'être conservée et si elle est digne de vivre. La plupart des moralistes ne paraissent pas avoir songé à se le demander. Ils ont pris la société sans rechercher si elle a des droits suffisants à l'existence et la question vaut cependant la peine qu'on se la pose. Supposez une bande de brigands bien organisée ; sans doute, en tant que membres de cette compagnie, tous les brigands ont certains devoirs les uns envers les autres, et même ces devoirs sont de voler ou d'assassiner les gens qui n'en font pas partie, mais ne serait-ce pas une question morale

---

1. L'idée de la morale que je défends ici, diffère essentiellement en plusieurs points des théories de Darwin et de Spencer, mais elle peut être exposée à certaines objections dirigées contre les théories des philosophes anglais : ce sont ces objections que j'examine.

pour eux que de se demander si par hasard la société dont ils font partie a droit à l'existence et si c'est un devoir pour eux d'en faire partie ou s'il ne vaudrait pas mieux la dissoudre? De même, chacun de nous est membre tout au moins de quelques sociétés, de quelques associations, en tout cas d'une patrie, et à coup sûr de l'humanité. Ces positions imposent des devoirs; seulement, ce qui n'est pas évident et ce qu'on n'examine guère, c'est si nous avons le devoir d'être membres de ces associations diverses, et, au cas où cette qualité nous est imposée par la naissance, si nous ne devons pas nous en affranchir. Il est impossible d'attacher une valeur quelconque à tous les lieux communs qui ont été débités avec plus ou moins d'éloquence sur la famille, la patrie et l'humanité ; je ne crois pas que la question ait été souvent examinée à fond. Cette critique serait difficile à faire d'ailleurs pour beaucoup de raisons. Mais nous trouvons une épreuve indirecte dans la façon dont la société résisterait à l'établissement de théories qui seraient vraies et du genre de celles qu'on regarde encore comme désolantes. Si elle n'y survivait pas, comme on nous le fait craindre, il n'y aurait pas lieu de le regretter. Cela prouverait simplement qu'elle ne pouvait s'harmoniser avec les conditions d'existence que lui faisaient les lois générales du monde, qu'elle ne reposait que sur des principes faux et une organisation mal faite, c'est-à-dire que l'humanité avait manqué sa voie et pris une mauvaise direction sans espoir de retour. Quel mal, en ce cas, qu'elle disparaisse?

Ainsi, de ce que les préceptes et les lois trouvées par la morale ne seraient en aucune façon praticables pour l'humanité, nous ne nous croirions pas le droit de les rejeter, si ces lois sont scientifiquement déduites de la nature de l'homme et de ses conditions d'existence. S'il en est ainsi, l'homme est un être mauvais, voilà tout ce que nous en conclurons. Mais, comme on a déjà pu le voir, ce n'est pas le seul point sur lequel les idées reçues me paraissent inacceptables : si l'école anglaise me paraît avoir fait une louable tentative en essayant de fonder une morale sans religion et sans métaphysique, je ne puis trouver qu'elle ait été heureuse en prescrivant à la morale la recherche du bonheur et de l'utilité générale, et même chez M. Spencer qui s'est élevé au-dessus de l'utilitarisme de Mill, l'esprit utilitaire me paraît dominer beaucoup trop; en fait, il n'y a que des rapports passagers entre le bien et le bonheur. Le bonheur n'est pas plus le but de la morale qu'il n'est le but de la logique. Croire que la règle de la conduite doit être la recherche des actes qui sont susceptibles de produire dans le monde le plus de bonheur, n'est pas plus soutenable que croire que la logique a pour but de nous faire découvrir des propositions agréables. Cette question se rattache étroitement à celle dont je viens de m'occuper. Elle est due comme la première à une préoccupation beaucoup trop grande de l'homme dans la recherche scientifique du bien. Je vois bien l'objection, que l'homme ne peut pas en définitive sortir de lui-même. Sans doute, il est tout à fait vain en philosophie de prétendre trouver une vérité absolue, existant en soi, et en dehors de tout rapport avec l'esprit qui la trouve. Aussi serait-il vain en morale de chercher des règles de conduite absolues, ne se rapportant en rien à la nature de l'homme. Mais ce n'est pas là ce dont il s'agit, et ce n'est pas ce que je demande. Il faut seulement prendre dans l'homme les tendances essentielles de l'homme, et voir comment ces tendances peuvent agir et se combiner avec d'autres tendances, de manière à ce que l'organisation devienne parfaite. Si nous ne pouvons pas arriver théoriquement à réaliser cette harmonie, c'est que l'idéal de l'homme implique contradiction, car le principe de contradiction a la même valeur en morale et en logique et est susceptible non pas des mêmes applications, mais d'applications analogues, et nous retombons dans le cas précédemment examiné. Si nous pouvons y arriver, il ne faut pas hésiter devant le sacrifice de tendances accessoires qui, sans être essentielles à l'homme, tiennent une grande place dans sa nature actuelle. Or, beaucoup de moralistes ont été enclins à exagérer l'importance de sentiments qui se trouvent actuellement dans l'homme, mais qui ne sont nullement une partie nécessaire de sa nature, et cela provient de l'erreur qui fait prendre pour des sentiments essentiels ceux que nous discernons dans la plupart des hommes que nous connaissons ou que nous imaginons.

De même que l'homme avait jadis fait Dieu à son image, il a abusé de l'anthropomorphisme dans la construction de son idéal moral. On peut se rendre compte facilement, en écoutant parler les gens, que chacun se fait un idéal particulier de l'homme. Vous entendez souvent émettre des aphorismes convaincus sur les actes qu'on doit et sur ceux qu'on ne doit pas faire, sur les sentiments qu'on doit et sur ceux qu'on ne doit pas éprouver, et naturellement chacun croit que son idéal, dont il est généralement assez aisé de déterminer la formation, est valable pour tous les hommes. L'histoire montrerait également des types plus généraux correspondant aux diverses civilisations. Mais, au milieu de tout cela, on a oublié l'homme en général. Je sais bien que, de nos jours, et principalement dans les écoles qui ont combattu la vieille métaphysique et la vieille théologie, on s'est habitué à ne considérer que les hommes en particulier, tout au plus chaque groupe concret, et que l'homme en général paraît une abstraction sans valeur. Il s'agit de s'entendre; sans doute, l'homme en général n'existe pas, au sens ordinaire du mot, mais si l'homme en général n'existe pas, l'acide prussique en général n'existe pas davantage, il n'y a que des molécules diverses; cela n'empêche pas les chimistes d'étudier les propriétés de l'acide prussique. C'est qu'apparemment toutes ces molécules ont les mêmes propriétés et offrent des réactions semblables. De même, si tous les hommes, à côté de différences nombreuses, possèdent certains caractères communs essentiels, c'est l'ensemble de ces caractères que nous désignerons par le nom d'homme.

Remarquons bien qu'il ne suffit pas que ces caractères soient communs à tous les hommes; il faut encore qu'ils soient essentiels. C'est que nous savons que les types sont variables et que des caractères généraux peuvent n'avoir qu'une importance transitoire, et être condamnés à disparaître pour le bien même de l'espèce. Au point de vue anatomique, par exemple, l'homme possède des rudiments de muscles qui ne lui sont d'aucune utilité; c'est là un caractère général, mais non essentiel. Au point de vue psychologique, il est possible que la religiosité ait été un fait commun à tous les hommes. C'est encore là un fait général, mais non essentiel, car la religiosité pourrait disparaître sans que l'homme cessât d'être un homme. Il n'en est pas de même, si nous envisageons, par exemple, le fait que l'homme a le pouvoir de comparer et d'organiser ses expériences. On ne peut le supprimer sans supprimer en lui la qualité qui le fait homme. De même pour le langage. Le degré d'importance d'un caractère se mesure au nombre et à la complexité des phénomènes dont il détermine nécessairement l'organisation. C'est à ce point de vue qu'il faut se placer, et, si nous nous servons ici du mot type, c'est seulement pour la commodité du langage et en ne lui attribuant qu'une valeur relative. On pourrait objecter en effet autrement que le développement de caractères essentiels qui constituent actuellement le type de l'homme aurait pour effet de modifier ce type, et de le remplacer par un type différent. En somme, c'est seulement en tant que les caractères généraux de l'homme peuvent s'accorder et s'harmoniser, qu'il importe de les retenir pour en faire la base ou l'objet d'une morale.

Si nous trouvons des lois de groupement de ces caractères essentiels qui les unissent en un système harmonieux, ce sont ces lois que nous appellerons la morale générale. Il est bien entendu que ces lois générales peuvent se compléter pour chaque individu, selon les temps et les lieux, par des lois plus particulières, mais la morale générale indique au moins la tendance, la disposition que doivent suivre les actes de l'homme, alors même que les circonstances les obligent à s'en écarter momentanément.

L'utilitarisme est une généralisation mal faite, résultant de ce que les philosophes qui l'ont prôné ont pris comme fondamental et introduit dans leur idéal, un caractère de l'homme qui ne méritait pas cet honneur. Le plaisir est désiré, donc il est désirable, donc il doit être le but de l'activité : tel est le raisonnement des utilitaires. On en a souvent montré la fragilité; ce n'est pas être désirable qu'être désiré, ou si l'on emploie le mot, désirable aura avec le sens de « qui peut être désiré », on n'a pas le droit de faire de ce qui est désirable la fin de la conduite de l'homme. On a bien souvent montré le côté faible de l'utilitarisme sous toutes ses formes ; je ne crois pas devoir y revenir. D'ailleurs il n'est pas prouvé que le désir de l'agréable soit le fonds même de l'homme, je pense même que la négative de cette proposition est plus vraie qu'elle-même. En fait, l'homme est très susceptible de chercher autre chose que son plaisir, et il abandonne parfois son plaisir pour son devoir. Je sais bien que l'on prétend que l'homme n'abandonne jamais son plaisir que pour un plaisir plus considérable, mais il me paraît qu'il y a là une confusion, et que l'on confond le degré de force de l'impulsion avec le degré de plaisir que doit procurer l'accomplissement de l'acte. L'expérience même me semble prouver directement que nous ne suivons pas toujours la voie qui nous paraît la plus agréable, et que nous pourrions trouver plus de plaisir que nous n'en goûtons.

La faculté générale de l'homme, qui peut être retenue comme fondamentale, est peut-être cette tendance à l'organisation qui, comme nous l'avons vu dans le chapitre précédent, produit le sentiment de l'obligation morale : étendre, compliquer, unifier les actes psycho-physiologiques me paraît être la loi la plus générale, la fin la plus permanente que l'on puisse donner à l'homme. Cette loi ressort d'ailleurs de la nature même de la morale. Je n'ai pas ici à construire le type idéal qui la réaliserait, en tant qu'il se peut, mais nous pouvons croire qu'elle est en contradiction complète avec la loi qui admet le bonheur comme fin dernière de la morale.

Il y a bien sans doute, et c'est là ce qui a pu causer l'erreur de quelques philosophes, un certain rapport de concomitance entre la perfection croissante d'un organisme, et le bonheur qu'il éprouve. Mais ce rapport entre le bonheur et la perfection est purement transitoire. Nous avons tout lieu de croire non pas que la perfection complète s'accompagnerait d'un état de conscience agréable, mais qu'elle ne s'accompagnerait d'aucun état de conscience. La conscience ne paraît jamais être en effet qu'une résultante du trouble de l'organisme et de la complexité relativement incohérente des processus psycho-physiologiques; ce qui peut la faire considérer comme un signe de perfection, c'est qu'on la voit souvent apparaître, quand les actions psychiques se compliquent et acquièrent une variété plus grande, mais ce qui montre bien qu'elle est en somme le signe d'une imperfection, c'est qu'elle disparaît quand l'unification psycho-nerveuse est devenue plus complète, et qu'elle ne reparaît plus que si l'habitude automatique acquise est troublée par des circonstances particulières qui l'empêchent de fonctionner avec sa perfection ordinaire. C'est à cette conclusion que paraissent conduire à la fois les données de la physiologie et celles du sens intime. La physiologie nous montre que la production de la conscience s'accompagne d'un afflux de sang plus considérable, d'une chaleur plus intense, d'un trouble moléculaire plus marqué, et que ces phénomènes disparaissent à mesure que la systématisation des actes se fait plus facilement à la suite de l'habitude. L'observation interne nous montre une série décroissante d'états de conscience allant depuis l'émotion intense jusqu'à la conscience très affaiblie, et nous apprend que l'habitude, en facilitant l'organisation psychique, fait décroître le degré de vivacité et d'intensité de la conscience, en passant par l'émotion vive, la connaissance accompagnée de sentiment, la connaissance indifférente, et la conscience vague qui se résout souvent en une habitude automatique. Sans doute, cette loi de la conscience n'est pas toujours facile à reconnaître, et ne se manifeste pas avec la régularité que j'indique, mais on peut la retrouver et la démêler à travers les exceptions apparentes.

Supposer à l'homme le degré de perfection le plus élevé que nous puissions imaginer, c'est le supposer arrivé à un état complet d'automatisme, les actes intellectuels et les sentiments étant réduits à des réflexes de plus en plus complexes et automatiques à la fois. Tout fait de conscience, toute pensée, tout sentiment suppose une imperfection, un retard, un arrêt, un défaut d'organisation; si donc nous prenons pour former le type de l'homme idéal cette qualité que toutes les autres supposent et qui ne suppose pas les autres, l'organisation, et si nous l'élevons par la pensée au plus haut degré possible, notre idéal de l'homme est un automate inconscient, merveilleusement compliqué et unifié. Je ne puis ici m'attarder à développer et à défendre cette conception qui est, comme on le voit, absolument incompatible avec l'idée courante que la perfection s'accompagne du bonheur et que le bonheur est la fin dernière de la morale.

La théorie morale exposée dans ce travail se rattache au groupe des théories qui admettent que l'objet de la morale est le bien ou la perfection. En même temps elle entend par ces mots non une entité métaphysique, mais une loi, un mode de groupement des phénomènes, à savoir le mode de groupement qui manifeste au plus haut degré possible un caractère d'harmonie, de finalité immanente, de systématisation. On a fait plusieurs objections à ce procédé qui consiste à prendre la perfection comme fin de la morale. J'examinerai ici celles que M. Spencer a faites en s'appuyant sur une sorte d'utilitarisme rationnel et qui rentrent dans le sujet de ce chapitre.

« Il est étrange, dit M. Spencer, qu'une notion aussi abstraite que celle de perfection, ou d'un certain achèvement idéal de la nature ait jamais pu être choisie comme point de départ pour le développement d'un système de morale. Elle a été acceptée cependant d'une manière générale par Platon, et avec plus de précision par Jonathan Edwards. Perfection est synonyme de bonté au plus haut degré. Définir la bonne conduite par le mot de perfection, c'est donc indirectement la définir par elle-même. Il en résulte naturellement que l'idée de perfection, comme celle de bonté, ne peut être formée que par la considération des fins.

« Nous disons d'un objet inanimé, d'un outil, par exemple, qu'il est imparfait, quand il manque d'une partie nécessaire pour exercer une action efficace, ou lorsqu'une de ses parties est conformée de manière à l'empêcher de servir de la façon la plus convenable à l'usage auquel il est destiné.

« Appliqué aux êtres vivants le mot perfection a le même sens.....

« Nous n'avons pas d'autre moyen de mesurer la perfection quand il s'agit de nature mentale.....｜

« Aussi la perfection d'un homme considéré comme agent veut dire qu'il est constitué de manière à effectuer une complète adaptation des actes aux fins de tout genre. Or, comme nous l'avons montré plus haut, la complète adaptation des actes aux fins est à la fois ce qui assure et ce qui constitue la vie à son plus haut degré de développement, aussi bien en largeur qu'un longueur. D'un autre côté, ce qui justifie tout acte destiné à accroître la vie, c'est que nous recueillons de la vie plus de bonheur que de misère. Il résulte de ces deux propositions que l'aptitude à procurer le bonheur est le dernier critérium de la perfection dans la nature humaine. Pour en être pleinement convaincu il suffit de considérer combien serait étrange la proposition contraire. Supposez un instant que tout progrès vers la perfection implique un accroissement de misère pour l'individu ou pour les autres ou pour l'un et l'autre à la fois, puis essayez de mettre en regard cette affirmation que le progrès vers la perfection signifie véritablement un progrès [vers ce qui assure un plus grand bonheur [1]. »

M. Spencer examine dans ce passage l'idée de la perfection considérée seulement dans l'agent. Bien que la perfection ne doive pas être seulement considérée à ce point de vue, nous pouvons nous contenter d'examiner ici ces objections qui pourraient être généralisées, comme l'a fait d'ailleurs M. Spencer dans les pages qui suivent celles que je viens de citer. Je citerai encore le dernier paragraphe du chapitre.

« Aucune école ne peut donc éviter de prendre pour dernier terme de l'effort moral, un état désirable de sentiment, quelque nom d'ailleurs qu'on lui donne : récompense, jouissance ou bonheur. Le plaisir, de quelque nature qu'il soit, à quelque moment que ce soit et pour n'importe quel être ou quels êtres, voilà l'élément essentiel de toute conception de moralité. C'est une forme aussi nécessaire de l'intuition morale que l'espace est une forme nécessaire de l'intuition intellectuelle. »

Je négligerai les observations de détail qu'on pourrait adresser au philosophe anglais — je ne vois pas trop, par exemple, pourquoi le point de départ du développement d'un système de morale ne serait pas une notion abstraite, et à vrai dire, je ne puis guère supposer qu'on en adopte d'autre — et j'arrive à ce qui me paraît la question importante. M. Spencer, d'un côté, voit la perfection dans l'adaptation des moyens aux fins; cette théorie peut se défendre et il la soutient très bien; mais, d'un autre côté, il voit dans le bonheur le critérium dernier de la perfection. Il en résulte naturellement cette conclusion inévitable que, pour M. Spencer, le bonheur est d'autant plus grand que l'adaptation des moyens aux fins est plus complète.

Sans doute, il arrive bien des fois qu'un accroissement dans l'adaptation des moyens aux fins est accompagné d'une émotion agréable. On pourrait en multiplier les exemples. Mais cela ne prouverait absolument rien, pour considérer comme vraie la proposition qui est essentielle à la théorie de M. Spencer; il faudrait qu'une loi invariable liât la perfection et le bonheur. C'est ce qui n'a pas lieu.

Nous voyons d'abord que, dans les actes réflexes les mieux organisés, où l'adaptation des moyens aux fins est presque parfaite, il ne se produit aucune émotion agréable. On pourrait ici aussi multiplier les exemples. Je crois que c'est inutile. Il en est de même dans un grand nombre d'actes volontaires des mieux organisés, c'est-à-dire dans ceux où le caractère d'appropriation des moyens aux fins est porté à son maximum. Enfin nous voyons que l'habitude, en déve-

1. Spencer. *Morale évolutionniste*, p. 27-28.

loppant l'adaptation des moyens aux fins, diminue souvent l'émotion agréable. Enfin, le phénomène inverse est également vrai, et l'on peut éprouver une émotion agréable quand l'habitude qui l'avait fait disparaître a été interrompue et que l'adaptation des moyens aux fins est devenue moins parfaite. En restant donc dans les termes de la définition de la perfection de M. Spencer qui ne me paraît pas la meilleure, bien qu'elle s'en rapproche, nous trouvons que la proposition fondamentale de son système ne peut être acceptée et que sa théorie aboutit à des contradictions.

Les arguments par lesquels M. Spencer réfute la théorie qui n'est pas la sienne ne sembleront pas, je crois, bien solides; un des principaux consiste à supposer que si l'on n'adopte pas le bonheur pour critérium, on est forcément conduit à admettre que le malheur le plus grand peut accompagner la meilleure conduite. En l'état actuel, d'ailleurs, il n'y a rien d'inacceptable dans cette dernière supposition, mais si nous supposons une société morale idéale, il est facile de voir que cette conséquence doit être repoussée. Si en effet l'émotion agréable correspond à un état d'organisation qui n'est pas parfait, l'émotion désagréable correspond à un état encore plus imparfait, mais il y a une autre solution possible qui est la suppression de toute émotion, et que M. Spencer n'a pas examinée. C'est cependant celle-là que les données de la psychologie paraissent nous donner comme convenant à l'état de perfection. Les utilitaristes et les évolutionnistes hédonistes se sont trompés en voulant donner à la morale comme base et comme critérium un fait qui, au point de vue de la psychologie générale, est aussi peu essentiel que l'émotion agréable. C'était subordonner toutes les facultés de l'homme, et la mise en jeu de ces facultés, sa conduite, à un fait transitoire, et qui est l'expression non pas de la perfection elle-même, mais d'une tendance vers la perfection qui est en voie d'aboutir et n'a pas encore abouti. C'est donc dans l'organisation seule et dans le mode d'association des phénomènes qu'il faut chercher notre loi morale et notre devoir. Et nous arrivons à cette conclusion qui nous sépare à la fois des spiritualistes, des utilitaristes et des évolutionnistes, que le devoir peut n'être nullement praticable pour nous, et que fût-il praticable et pratiqué, il ne nous conduirait pas au bonheur.

Donc, la fin morale est pour nous la perfection, non le bonheur, et les lois de l'idéal doivent être bien différentes de celles qui exprimeraient la nature d'un être jouissant d'un bonheur continu. Il ne faut pas se dissimuler que la pratique de la vertu devient plus difficile encore si nous enlevons au sentiment moral non seulement l'appui des tendances que peuvent mettre en jeu la croyance en Dieu, à la vie future et à la nature absolue du devoir, mais encore l'appui du désir du bonheur et de la tendance à rechercher le bien-être; car, non seulement le bonheur de l'individu est souvent en désaccord avec les actes que le devoir exige de lui, mais ni ce bonheur ni tout autre bonheur, pas même le bonheur général de l'humanité et des autres êtres, s'il en existe en dehors du monde que nous connaissons, ne peut être pris pour fin dernière et pour idéal de la morale. C'est-à-dire que la morale que je présente est encore plus impraticable que la morale utilitaire et que la morale évolutionniste de Spencer. J'ai déjà dit les raisons pour lesquelles je ne croyais pas nécessaire que le devoir fût forcément à la portée de tout le monde et qu'il fût même à la portée de n'importe qui. Mais je tiens à constater cependant que l'homme possède une certaine tendance à rechercher le bien pour le bien. C'est cette tendance qui constitue l'obligation morale bien comprise et que j'ai étudiée dans le premier chapitre de cette étude; cette tendance spontanée à l'organisation, voilà la base sur laquelle toute la morale humaine repose, et c'est en elle que réside la seule chance pour que l'homme se rapproche de l'idéal. Malheureusement, cette tendance, produit de circonstances incohérentes est souvent assez faible, ou plutôt, elle s'exerce dans des sens différents. Elle est aussi bien nuisible qu'utile. Cette tendance à organiser et à systématiser peut, selon les circonstances, conduire à un crime bien combiné ou à une grande découverte. L'homme est un composé de systèmes incohérents et chacun des systèmes qui le composent travaille pour lui-même. De là des luttes et des régressions qui probablement empêcheront toujours l'idéal de se réaliser, et le devoir de s'accomplir. Cela n'empêche pas l'idéal et le devoir d'être et de rester ce qu'ils sont.

Il pourrait sembler, d'après ce qui précède, que le devoir et la pratique n'ont aucun rapport. Ce serait une exagération très forte de la doctrine qui me paraît vraie. Le devoir n'est pas renfermé dans un domaine purement théorique. En fait, l'idéal, par cela seul qu'il est conçu, exerce une certaine action, c'est par ce fait, que M. Fouillée a pris comme une des bases de sa philosophie, que s'opère la communication du monde idéal et du monde réel. Mais il est bien évident que l'obligation morale n'oblige psychologiquement que ceux qui la ressentent, et qu'elle les oblige selon qu'ils la ressentent. Il en est de même d'ailleurs, quelle que soit la théorie qu'on adopte. Assurément la croyance à la nature métaphysique du devoir ne peut guère obliger ceux qui ne l'admettent pas, ou, si elle les oblige, c'est d'une obligation purement théorique et idéale, et cette obligation-là, nous la retrouvons dans un système purement naturaliste.

La conception du devoir qui résulte de l'étude qui précède diffère évidemment de la notion ordinaire. Le devoir est pour nous la logique dans les actes, en appliquant le nom de logique aux lois idéales qui déterminent non seulement les conditions du raisonnement juste, mais aussi les conditions des expériences justes et des perceptions justes. Je veux dire que le devoir n'est pas seulement l'unification des fins dans l'individu, mais aussi l'harmonie entre les fins d'un individu et les fins des autres individus et les conditions de leur existence à tous. Le devoir est encore secondairement la recherche de cette unification, la marche vers ce « règne des fins », nous pouvons considérer comme commandées par lui toutes les actions qui dérivent logiquement de cette conception de l'idéal moral. Mais le devoir moral ainsi compris est un idéal et un idéal souvent irréalisable. Il n'est pas plus donné à tout le monde de bien agir qu'il n'est donné de bien raisonner ou d'avoir l'oreille juste. Sans doute nous avons reconnu que les conditions psychologiques de l'obligation morale, comme celles de l'obligation intellectuelle se trouvent chez tous les êtres réfléchis, mais nous avons dû reconnaître aussi que les sentiments d'obligation et les idées de devoir qui naissaient ainsi pouvaient s'appliquer à toute autre chose qu'à ce qui est en réalité le devoir et le bien, de même que la force de la logique qui nous pousse à admettre comme vraies certaines propositions peut bien souvent nous entraîner à l'erreur. Il faut donc distinguer aussi bien le devoir et l'idée que nous en avons, qu'il faut distinguer ce qui est vrai de la croyance en général. Et il y a ainsi forcément une inégalité profonde entre les hommes au point de vue de la moralité possible, comme il y en a une au point de vue de la logique et de la raison. Il y a des idiots en morale, comme il y a des idiots pour l'intelligence, et de même qu'il y a des esprits actifs qui, avec les meilleures intentions du monde, faute de réflexion, ou faute de justesse naturelle de l'esprit, commettent erreurs sur erreurs, de même il y a des hommes qui, avec du zèle et de la bonne volonté, sont en réalité d'une immoralité inconsciente très remarquable. La moralité a son aristocratie comme l'intelligence, et tout le monde ne peut être vertueux. Cependant tout le monde *doit* bien agir comme tout le monde *doit* raisonner juste; ces propositions ne s'excluent pas; le devoir, en effet, est seulement un idéal, il indique ce qui serait si ce qui est était bien. Dire que mon devoir est d'agir de telle ou telle façon, et ajouter que mon devoir est de bien agir, ce n'est rien autre chose que formuler sous une forme voilée cette tautologie: « Si j'agissais bien, j'agirais bien, ce qu'on exprimerait encore en disant que nous avons le devoir d'accomplir notre devoir. FR. PAULHAN.

ANALYSES ET COMPTES RENDUS

LA FOLIE DES DÉGÉNÉRÉS

H. Saury : Étude clinique sur la folie héréditaire (*les Dégénérés*) : Adrien Delahaye et Émile Lecrosnier, éditeurs, 1886, iv-233 p. in-8.

M. Legrain : Du délire chez les dégénérés; *Observations prises à l'asile Sainte-Anne, 1885-1886*. Librairie du *Progrès médical*, 1886, xii-291 p. in-8.

Les maîtres les plus autorisés de la psychologie expérimentale comptent aujourd'hui parmi leurs principaux moyens d'investigation l'étude des maladies mentales et des anomalies intellectuelles ou morales. D'importants ouvrages ont déjà démontré quel excellent parti on peut tirer des observations de la psychiatrie.

Mais, pour obtenir tout le fruit possible de ces études, il faut se soumettre à la méthode des expérimentateurs. Nous ne sommes plus au temps d'Esquirol où l'on croyait encore à l'existence séparée des facultés de l'âme et à la production de lésions distinctes pour chacune d'elles. Nous voyons aujourd'hui dans la volonté, dans la personnalité, comme l'a si bien démontré M. Ribot, des résultantes du fonctionnement cérébral tout entier. Leurs modifications tiennent donc à des lésions ou à des troubles fonctionnels complexes qu'il importe d'observer dans leur processus clinique.

On ne peut plus faire de la psychiatrie abstraite et tirer des conclusions valables de la ressemblance souvent fortuite des effets de maladies très diverses. Il faut examiner chaque groupe naturel de maladies mentales et en étudier les répercussions sur le fonctionnement intellectuel et moral.

Du moment où l'on observe les faits, il faut les interroger tels qu'ils sont et non pas tels qu'on se les imagine. Aussi le guide le plus sûr en psychiatrie sera-t-il toujours l'aliéniste le moins idéologue et le plus naturaliste, si je puis ainsi dire. M. Magnan, le médecin en chef du service de l'admission à l'asile Saint-Anne, est un de ceux qui répondent le mieux à ces conditions. Comme il est avant tout clinicien, ses observations ont beaucoup de valeur et les travaux de ses élèves méritent toujours une grande attention.

Nous avons à en signaler aujourd'hui deux fort intéressants : une étude clinique du docteur H. Saury sur la « Folie héréditaire » des dégénérés; une thèse inaugurale du docteur Legrain sur le « Délire des dégénérés. » Ces deux mémoires ont trait à ce même groupe clinique des dégénérés que M. Magnan étudie avec une attention particulière depuis plusieurs années et qu'il paraît avoir réussi à constituer d'une manière définitive.

Rappelons d'abord la place qu'occupe ce groupe dans la classification des maladies mentales.

M. Magnan a proposé en 1884 de répartir ces maladies en deux grandes séries :

1º La série des *états mixtes* qui tiennent à la fois de la pathologie ordinaire et de la psychiatrie; ce sont : la paralysie générale, la démence sénile (athérome cérébral), les lésions circonscrites (aphasie, etc.), l'hystérie, l'épilepsie, l'alcoolisme et les états consécutifs aux intoxications diverses.

2º La série des folies proprement dites ou *psychoses*, comprenant : a, les éléments simples, manie et mélancolie; b, le délire chronique; c, les folies intermittentes; d, la folie des dégénérés ou des héréditaires avec ses syndromes épisodiques.

Dans cette seconde série, les folies sont classées suivant l'ordre croissant des influences héréditaires et, par conséquent, suivant l'ordre décroissant des influences occasionnelles. Cependant il faut mentionner de suite une réserve de M. Magnan que MM. Saury et Legrain n'ont pas reproduite; c'est que, en dehors de toute hérédité, des accidents cérébraux survenus chez l'enfant, dans sa vie utérine ou dans le jeune âge, peuvent lui créer un état mental tout à fait analogue, sinon identique, à celui de la dégénérescence par hérédité.

Ainsi, le fait de l'accumulation héréditaire des infirmités cérébro-spinales léguées par les ascendants, ou bien le fait équivalent d'accidents utérins ou infantiles, crée parmi les hommes une nombreuse catégorie d'irréguliers, d'anormaux qu'on nomme, en psychiatrie, les héréditaires par excellence ou les dégénérés.

E n uionsiste cette dégénérescence? Essentiellement, dans la déséquilibration des centres nerveux.

« Au point de vue physiologique, dit M. Legrain, l'axe cérébro-spinal peut se diviser en trois segments : la moelle, le cerveau postérieur, le cerveau antérieur; la moelle, réservée aux actions réflexes simples dont le point de départ réside dans les centres gris, le cerveau postérieur présidant aux appétits, le cerveau antérieur restant le siège [1] du jugement et du fonctionnement supérieur de l'intelligence. Chez l'homme normal, un équilibre parfait règne entre le fonctionnement de ces trois grandes régions, la moelle et le cerveau postérieur n'agissant pas sans

1. Il ne faut pas prendre ce mot *siège* au pied de la lettre. Il s'agit seulement d'une réaction nécessaire des lobes antérieurs du cerveau sur les lobes postérieure. Ad. C.

la haute intervention du cerveau antérieur. Mais, chez le dégénéré, qui
héréditairement est déséquilibré, l'harmonie est rompue; les centres
peuvent fonctionner isolément et l'on voit prédominer chez les uns
l'action de la moelle, chez les autres l'action du cerveau postérieur, etc. »
— En d'autres termes, on assiste à une véritable dissection vivante du
système cérébro-spinal : tantôt ce sont les instincts et les appétits qui
fonctionnent isolément, tantôt les sentiments affectifs, tantôt les facultés
intellectuelles et, parmi celles-ci, l'on observera encore des développements anormaux à côté de lacunes graves, soit dans la mémoire, soit
dans l'imagination, soit dans le jugement, etc. »

Il faut d'ailleurs bien comprendre que cet état de déséquilibration
n'implique pas forcément l'inintelligence absolue. Ce qu'on entend vul-
gairement par intelligence, c'est-à-dire l'aptitude générale à comprendre,
à retenir, à profiter d'une culture, à s'adapter aux circonstances, est
comparable à la force physique, laquelle résulte à la fois de la masse
musculaire et de la puissance des centres d'innervation, et laquelle se
manifeste aussi parfois très inégalement dans les différentes parties du
corps : tel homme étant fort des bras, tel autre des reins, tel autre des
jambes, etc. On conçoit dès lors qu'un déséquilibré puisse avoir une
intelligence partielle supérieure, qu'il puisse même avoir du génie. Et
nversement, il faudra bien admettre qu'un homme inculte, inintelligent,
puisse être fort bien pondéré, ses instincts, ses sentiments, sa raison
coopérant harmonieusement pour la conduite de sa vie, malgré leur faible
développement respectif. Au bas de l'échelle, tel est, par exemple,
l'animal qui est un être inintelligent comparativement à l'homme, mais
bien pondéré. A ce sujet, je me rappelle que M. Magnan, il y a quelques années, soutint une discussion contre M. Carl Vogt qui avait prétendu que l'idiotie pouvait être considérée comme un cas d'atavisme,
un retour à l'état de quelque ancêtre animal. M. Magnan démontra que
le cerveau de l'idiot, en dépit de quelques ressemblances fortuites
dans les lignes extérieures, n'est jamais anatomiquement et histologi-
quement comparable à celui d'un animal, parce qu'il renferme toujours,
outre les défauts de structure, des éléments ou des produits pathologiques.

Il semble donc que l'on pourrait dresser une double série progressive
de réguliers et d'irréguliers à peu près comme suit :

Réguliers.	*Irréguliers.*
ANIMAL.	IDIOT.
HOMME ININTELLIGENT.	IMBÉCILE.
H. D'INTELLIGENCE ORDINAIRE.	DÉBILE.
H. D'INTELLIGENCE SUPÉRIEURE.	DÉGÉNÉRÉ SUPÉRIEUR.

On trouvera dans les deux mémoires de M. Saury et de M. Legrain de
bonnes descriptions des caractères distinctifs de ces différents types
de dégénérés. Ce qui paraît marquer surtout la démarcation entre
l'idiot et l'imbécile, c'est la parole : l'imbécile a le langage complet,
l'idiot, quand il parle, n'a qu'un langage incomplet. Entre l'imbécile et le

débile, c'est la conscience et la faculté d'abstraction. Entre le débile et le dégénéré supérieur, c'est le degré de l'intelligence.

Quant à la différenciation à établir entre, d'une part, les débiles et les dégénérés supérieurs et, d'autre part, les intelligences régulières, on la trouve, du côté des dégénérés, dans la spécialité des aptitudes, dans l'existence de lacunes ou de *trous*, soit dans les facultés soit dans les sentiments, enfin d'une manière générale dans la faiblesse du raisonnement malgré quelquefois de très hautes facultés de perception et d'imagination.

Ces deux séries de réguliers ou d'irréguliers, qui ont ainsi des caractères distincts même dans la période du fonctionnement tranquille, se comportent aussi très différemment dès qu'ils entrent sur le terrain de la pathologie mentale.

Les réguliers ne délirent que sous l'influence de causes toxiques ou occasionnelles puissantes. Ils ne sont généralement passibles que de la folie simple : manie (excitation) ou mélancolie (dépression). Quand ils ont quelque cause prédisposante d'une nature particulière, ils vont jusqu'au délire chronique, qui se développe alors lentement, suivant son évolution régulière en quatre périodes, telles que les a remarquablement décrites M. Magnan : 1° période d'inquiétude ; 2° délire de persécution ; 3° délire ambitieux ; 4° démence et dissolution du délire.

Les dégénérés, au contraire, ont des allures tout opposées. Ils n'ont besoin que de causes occasionnelles assez faibles pour avoir brusquement, sans préparation, des accès de manie ou de mélancolie, dont les débuts rappellent parfois les délires épileptiques et hystériques, et dont la terminaison est souvent aussi brusque que le début. Quand le délire est systématisé, la systématisation, au lieu d'être le résultat d'une longue évolution comme dans le délire chronique des réguliers, se produit d'emblée, mais elle n'a pas non plus la ténacité ni la cohésion rigoureuse des délires chroniques ordinaires. Sans doute, ce délire systématisé des dégénérés pourra devenir chronique en ce sens qu'il se prolongera longtemps, mais, et c'est là un point *important* où M. Legrain ne paraît pas avoir suivi exactement l'expérience de M. Magnan, il n'évoluera pas suivant la progression régulière, invincible, des délirants chroniques ordinaires : il restera stationnaire ou bien il aura des variations, des rétrogradations, des rémittences momentanées, on pourrait dire des distractions, des défaillances. Un hypochondriaque, par exemple, aura subitement une bouffée ambitieuse de quelques jours, de quelques heures ; un ambitieux oubliera un instant son rôle d'empereur ou de président de la république pour obtenir une satisfaction incidente, etc.

Le polymorphisme du délire, et c'est un point que M. Legrain a parfaitement mis en lumière, est la règle des dégénérés, soit qu'il se manifeste simultanément dans le même accès, soit qu'il se déroule dans des accès successifs, séparés ou non, par des intermittences. Dans tous les cas, ce polymorphisme du délire est incontestablement l'indice d'une aptitude très grande à délirer.

La manière de délirer, comme la manière de penser, différencie donc nettement les deux séries des réguliers et des dégénérés, mais ce qui les différencie encore plus ce sont les états subdélirants et les syndromes.

M. Magnan a appelé « syndromes épisodiques de la dégénérescence, » toutes ces anomalies intellectuelles ou sensorielles dont on a fait le plus souvent, dans l'école d'Esquirol, des monomanies ou des folies avec conscience. La liste en est déjà longue et n'est pas près d'être achevée, car la matière peut se diversifier à l'infini. Je me contenterai d'énumérer les principales : folie du doute, aboulie, agoraphobie ou crainte des espaces, aichmophobie ou terreur des épingles et des pointes, dipsomanie (impulsion à boire), pyromanie (à incendier), kleptomanie (à voler), impulsions homicides et suicides, onomatomanie (obsession des mots), arithmomanie (obsession des nombres), anomalies, perversions, aberrations sexuelles, etc.

Il y aura évidemment toute une classification à faire parmi ces scrupules, ces craintes, ces obsessions, ces impulsions, ces perversions ; elles procèdent toutes d'un état d'émotivité exagérée qui est propre aux dégénérés.

M. Legrain a résumé ingénieusement dans le petit tableau suivant les principaux caractères de ces syndromes :

$$a \begin{cases} 1^o \text{ Obsession} \\ 2^o \text{ Impulsion.} \end{cases} 3^o \text{ Irrésistibilité.}$$
$$b \begin{cases} 4^o \text{ Conscience complète de l'état.} \\ 5^o \text{ Angoisse concomitante.} \end{cases}$$
$$c \quad 6^o \text{ Satisfaction consécutive.}$$

Ce cadre n'est cependant complètement rempli que par les syndromes des débiles ou des dégénérés supérieurs, car il va sans dire que le groupe *b* de la conscience et de l'angoisse fait défaut dans les obsessions ou impulsions des demi-idiots ou des imbéciles, dont la conscience est obtuse ou n'existe pour ainsi dire pas.

Quoi qu'il en soit, cette impulsivité des actes, qui est caractéristique de l'idiotie ou de l'imbécillité et que l'on retrouve chez les dégénérés supérieurs, prouve bien évidemment l'étroite parenté qui relie toute la série des irréguliers.

Quant aux états subdélirants, comme les qualifie très justement M. Legrain, ils ne sont pas moins caractéristiques de la dégénérescence. Ils comprennent deux modalités psychiatriques qui, de tout temps, ont fait le désespoir des aliénistes, à savoir : la manie raisonnante et la folie morale.

Ce qui caractérise la manie raisonnante, c'est une surexcitabilité de tout le système cérébro-spinal qui se manifeste par des paroles et des actes désordonnés. C'est une sorte d'ébriété continuelle dans laquelle le sujet conserve encore cependant une espèce d'instinct social et sait

s'accommoder, quoique insuffisamment, aux nécessités qui s'imposent
à lui. Il a beau friser incessamment le délire et dépasser à chaque instant la frontière de la folie, comme il revient aisément en arrière, il y a
un doute continuel sur la nécessité de sa séquestration. Ces fous lucides
sont les pires de tous les malades.

Quant à la folie morale qui bien souvent se combine avec la précédente, elle consiste surtout dans un manque absolu de sens moral.
Les individus atteints de folie morale, qui sont tous des dégénérés,
peuvent être intelligents; ils peuvent être affectueux à certains égards;
ils peuvent rester corrects par habitude ou par tel ou tel autre motif ex
trinsèque; mais, quelle que soit la culture qui leur est donnée, ils ignorent la moralité. Que toute culture leur manque; que leur milieu ne les
retienne pas; que leurs habitudes soient mauvaises, et vous aurez la
plupart des vicieux et des criminels.

M. Legrain a très bien fait ressortir cette perversité propre à la folie
morale en la mettant en parallèle avec les syndromes, pour tous les
cas homologues. Ainsi, il a rapproché les ivrognes des dipsomanes; les
voleurs, des kleptomanes; les incendiaires, des pyromanes; les joueurs
de profession, des maniaques du jeu; les assassins, des impulsifs au
meurtre, etc. Les uns sont des pervertis dont la conscience est tout à
fait obscurcie; les autres sont des obsédés, des impulsifs, qui gardent
encore la conscience de leurs actes même lorsqu'ils succombent à leur
incitation morbide. Il y a là toute une série de comparaisons intéressantes qui mériterait d'être approfondie.

M. Legrain, en conséquence, croit que la manie raisonnante et la folie
morale sont déjà du délire, parce que la conscience a disparu. On voit
que, d'après lui, c'est la perte de la conscience qui caractérise le délire.
L'idée paraît juste; mais, à ce compte, les demi-idiots, les imbéciles,
les demi-imbéciles, dont la conscience est nulle ou faible, ne pourraient
pas délirer ou délireraient moins que les autres; ils délirent cependant.
Il semble donc que l'idée, vraie au fond, de M. Legrain gagnerait à être
formulée dans des termes plus généraux. On pourrait peut-être alors
définir le délire : une obnubilation des centres supérieurs par suite de
la suractivité des centres inférieurs.

Le délire est comme l'emballement du cheval dès que le cavalier
cesse d'avoir une action sur lui. Tant que le coursier obéit aux rênes et
à la cravache, quelle que soit son allure endiablée, il n'y a pas délire;
dès qu'il ne sent plus le mors, dès qu'il n'a plus peur du fouet, il est
emporté, c'est-à-dire fou, délirant. Or, le cheval représente ici les lobes
postérieurs et inférieurs du cerveau et, dans une certaine mesure, la
moelle; le cavalier, ce sont les lobes antérieurs; les rênes, ce sont les
fibres de transmission qui servent d'organes de réaction de toutes les
parties du cerveau les unes sur les autres.

J'ai cru devoir faire l'esquisse du groupe clinique de la folie des dégénérés pour montrer comme il est complexe et riche en démonstrations
de tout genre pour la psychologie expérimentale. Il me sera facile main.

ANALYSES. — *La folie des dégénérés.* 637

tenant de rendre compte en peu de mots des deux mémoires de M. Saury
et de M. Legrain. Ils portent sur le même sujet, mais ils sont loin de
faire double emploi; ils se complètent au contraire l'un l'autre.

M. Saury (*Étude clinique sur la folie des héréditaires*) fait d'abord
l'historique des hésitations des aliénistes sur ce sujet des monomanies
et des folies lucides. Il montre l'influence énorme de l'hérédité sur ces
maladies et il fait à cette occasion une distinction très utile entre l'héréditaire simple et l'héréditaire dégénéré. Il s'appuie sur des statistiques
intéressantes de Krafft-Ebing et du docteur Knecht.

Son exposé des syndromes épisodiques est excellent, très complet;
il renferme une série nombreuse d'observations fondamentales. Je ne
ferai qu'une légère critique de terminologie. M. Saury voit dans ces
syndromes un état délirant. Je crois qu'il faut préférer sur ce point le
vocabulaire de M. Legrain. Il n'y a pas délire tant qu'il y a conscience.

Je reprocherai aussi à M. Saury une tendance à rapprocher le génie
de la folie, comme l'a fait Moreau (de Tours). M. Magnan n'est pas tombé
dans cette erreur; il admet qu'il y a des déséquilibrés de génie, surtout
dans les arts, dans les grandes spécialités; mais le génie véritable est
la pondération même dans la puissance créatrice.

La partie du mémoire de M. Saury consacrée proprement au délire
des dégénérés n'est pas aussi étendue que chez M. Legrain, mais elle
renferme des observations très complètes, qui sont interprétées avec
beaucoup de sens clinique.

La thèse de M. Legrain (*Du délire chez les dégénérés*) est plus étendue que le mémoire de M. Saury.

Dans la première partie qui, pour moi, est la meilleure, l'auteur traite
de l'hérédité qu'il démontre fréquemment par les tables généalogiques
de ses malades; il énumère les signes physiques de la dégénérescence
et décrit parfaitement, en les distinguant avec soin : l'état mental essentiel, l'état syndromique et l'état subdélirant des dégénérés. Il y a là, ce
me semble, une terminologie qu'il faudra dorénavant conserver. La théorie du syndrome est très bien faite dans le travail de M. Legrain, mais
les syndromes particuliers ne sont pour ainsi dire qu'énumérés; il n'y
a pas, comme dans le mémoire de M. Saury, d'observations qui leur
soient exclusivement relatives. C'est surtout l'état subdélirant (manie
raisonnante et folie morale) qui est le mieux étudié, comme je l'ai déjà
indiqué plus haut.

Toute la seconde partie de la thèse est consacrée aux délires. Ici, j'ai
quelques réserves à faire. C'est un travail très riche, mais un peu confus. L'auteur a eu le tort de multiplier un peu trop des observations ou
plutôt des fragments d'observations, qui ne sont pas concluants. Quand
il s'agit de différencier un délire systématisé de dégénéré d'avec un
délire chronique ordinaire, il faut évidemment prendre des observations
qui nous conduisent jusqu'à la guérison ou à la terminaison du délire.
Sinon, ce sont des faits accumulés qui n'apportent aucune conviction
dans l'esprit du lecteur.

donc une série de propriétés déterminée par la série des propriétés de ses parties. Ce sont les relations entre ces deux séries qui constituent l'objet de la science sociale.

Mais, fait très justement remarquer M. de Greef, s'il en était vraiment ainsi, il s'ensuivrait tout simplement que la sociologie n'a pas droit à une existence indépendante. Car si les propriétés de l'organisme social dérivent des propriétés de l'organisme individuel, les premières se ramènent aux secondes et la sociologie à la biologie et à la psychologie. La vie collective ne présente plus rien de nouveau qui la distingue de toute autre chose; mais elle n'est plus qu'une amplification de la vie individuelle. Et en effet, quelques réserves que fasse M. Spencer, on ne trouvera guère signalées dans ses *Principes de sociologie* que les analogies, très réelles d'ailleurs, qu'il y a entre les sociétés et les êtres vivants. On n'y trouve ni un fait ni une loi qui soit spécial à la sociologie proprement dite. Celle-ci, telle que la présente M. Spencer, semble n'être qu'une biologie transformée.

Mais généraliser une science n'est pas l'expliquer. On ne peut rendre compte de faits spéciaux qu'au moyen de lois spéciales. C'est une tendance erronée de l'esprit philosophique que de faire ainsi rentrer tout dans tout, en effaçant artificiellement les différences et en confondant les contraires. Pour que la sociologie ait le droit d'être, il ne suffit pas qu'elle ressemble aux sciences antérieures et y puisse être ramenée. Tout au contraire elle ne peut exister que si elle s'en distingue. Pour qu'il y ait une science sociale positive, il faut que les faits sociaux présentent un signe particulier qui les rende irréductibls à tous les autres. Le problème que nous avons posé en commençant se transforme donc et peut se formuler en ces termes : Quels sont les caractères distinctifs des faits sociologiques?

Mais si, par son point culminant, la sociologie s'élève au-dessus des autres sciences, elle ne laisse pas d'y plonger par ses racines. Pour mieux comprendre par où elle s'en sépare, voyons par où elle s'y rattache et comment elle s'en dégage.

« Le corps social est une véritable surcroissance du cosmos en général.... Il naît de l'union opérée entre le monde inorganique et le monde organique » (page 47). Il se rattache au premier par le territoire, au second par la population. N'est-il pas évident en effet que l'évolution des sociétés dépend du milieu physique où elles sont placées? La sociologie devra commencer par l'étude des conditions géométriques, numériques, astronomiques, physiques et chimiques, au milieu desquelles la population du globe en général ou chaque groupe particulier se meut nécessairement. Par là elle se rattache à la météorologie, à la climatologie, à la géographie, à la géologie, à la minéralogie, l'orologie, l'hydrographie. L'étude du second facteur, c'est-à-dire des influences physiologiques et psychologiques, suivra naturellement. Il est certain en effet que la nature de l'organisme social a ses conditions dernières dans la nature de l'organisme individuel. C'est dans les lois de la bio-

logie et de la psychologie qu'on trouve l'origine de la tendance qui
pousse les hommes à former des sociétés. Par là donc la sociologie se
rattache à ces deux sciences.

Nous nous rapprochons peu à peu de la sociologie. Mais jusqu'ici
nous n'en avons atteint que les conditions externes. Faisons un pas de
plus et passons à l'étude des combinaisons sociales externes « dont la
correspondance avec les conditions sociales externes constitue l'objet
propre de la sociologie » (page 66). Autrement dit de quoi sont composés
les phénomènes sociaux ?

Comte refusait de se poser la question. Suivant lui, l'étude des
sociétés n'est pas possible « si on la sépare en portions diverses et qu'on
en étudie les divisions isolément », parce qu'ici, contrairement à ce qui
se passe dans les sciences physico-chimiques, le tout est mieux
connu et plus accessible que les éléments dont il est formé. Mais cette
théorie est l'erreur fondamentale de la philosophie de Comte. Ces vues
d'ensemble dont il parle ne sont que des représentations vagues dont
la science ne peut se contenter. L'analyse s'impose en sociologie comme
ailleurs. Ces synthèses confuses sont le commencement de la connaissance scientifique, mais n'en sont pas l'achèvement. Si donc on décompose les phénomènes sociaux, on trouvera qu'ils se divisent en faits
économiques, artistiques, intellectuels, moraux, juridiques et politiques.
Chacune de ces grandes classes représente une fonction sociale. Chacune
de ces fonctions a son organe. Ces organes à leur tour sont impliqués
dans des organismes. Les organismes sociaux dont nous pouvons
observer l'existence sont les suivants : 1° l'agrégat sexuel ou couple
androgyne, forme première de toute société; 2° la famille; 3° la tribu;
4° les communes et les nations; 5° les agrégats internationaux.

Nous sommes maintenant en état d'établir entre la sociologie et les
autres sciences une différenciation vraiment qualitative. Ce qui caractérise les faits sociaux qui viennent d'être énumérés, c'est qu'ils sont
réfléchis et voulus. Les cellules de l'organisme ne sont pas douées de
raisonnement et n'agissent pas volontairement. « Au contraire les unités
sociologiques sont toutes — et prises isolément — pourvues d'une certaine sensibilité allant jusqu'aux formes les plus complexes de l'intelligence. » Aussi un fait nouveau apparaît-il dans les sociétés d'individus
qu'on ne rencontre nulle part dans les sociétés de cellules : c'est le consentement réciproque. Voilà ce qui fait de la sociologie une science indépendante. Tout fait vraiment social résulte d'un contrat. Sans doute ce
caractère contractuel est à peine discernable dans les sociétés primitives, où la force brutale prédomine. Il n'y existe qu'à l'état de germe
indistinct. Mais ce germe se développe par la suite; cette propriété
devient de plus en plus apparente à mesure que les sociétés deviennent plus parfaites. Si le contrat n'est pas, comme le croyait Rousseau,
à l'origine des sociétés, il est à leur apogée.

Pour que la question posée au début soit tout entière résolue, il ne
reste plus qu'à classer hiérarchiquement les différentes sciences sociales.

Parmi les faits sociaux énumérés plus haut, il en est qui ont des rapports immédiats avec les phénomènes physiques, d'autres qui dépendent plus directement de la matière organique, d'autres enfin qui sont caractérisés par la prédominance des caractères émotionnels et intellectuels. De là résulte toute une classification. Les faits sociaux primaires sont les plus généraux. Ce sont ceux qui s'éloignent le moins du monde matériel. Les phénomènes sociaux supérieurs sont au contraire ceux qui présentent les qualités les plus complexes et les plus spéciales. Cela posé l'auteur propose la classification suivante : En premier lieu il met les phénomènes économiques, car il n'y a point de fait social qui ne contienne des éléments économiques ; en deuxième lieu les phénomènes génésiques (famille, mariage), car le besoin de reproduction est postérieur au besoin de nutrition ; puis viennent les faits relatifs aux croyances, les phénomènes moraux, juridiques, et enfin politiques. Naturellement, les sciences correspondantes devront être classées dans le même ordre.

Comme on le voit, il y a beaucoup de choses et d'idées dans ce livre qu'on lit avec intérêt, malgré des répétitions sans nombre qui parfois fatiguent l'attention. Il y a bien des tours et des détours dans l'exposition de l'idée qui sans cesse revient sur elle-même, mais finit toujours par se retrouver. L'auteur ne perd jamais complètement de vue le problème particulier qu'il s'est posé. Il faut ajouter à cela une assez grande abondance de faits et une certaine variété d'informations. Néanmoins on peut reprocher à M. de Greef de faire imparfaitement connaître la littérature de son sujet. Ainsi on ne trouve pas un mot sur Schaeffle qui pourtant a pris, lui aussi, soin de distinguer les sociétés des organismes et de la même manière à peu près que fait M. de Greef. Enfin la théorie du contrat social, telle qu'elle est exposée dans le livre, rappelle singulièrement la théorie de l'organisme contractuel de Fouillée. Or le nom de Fouillée n'est pas, croyons-nous, prononcé une seule fois. Pour ce qui est de la manière dont le problème est traité, on trouvera en général dans la discussion des théories combattues par l'auteur une grande justesse dialectique. Mais la partie positive de sa thèse nous semble être beaucoup plus faible.

Et en effet, nous ne voyons pas pourquoi la distinction qu'il établit entre la sociologie et les autres sciences constituerait une différenciation vraiment qualitative. Qui empêche d'admettre et même tout n'induit-il pas à supposer que les cellules ont, elles aussi, une conscience à leur manière ? Le cerveau ne crée pas la vie psychique, mais la concentre. Suivant un mot célèbre, ce n'est pas lui qui pense, mais le corps tout entier. On dira que cette conscience est bien obscure et bien rudimentaire ; qu'elle n'est qu'une partie infime de la conscience collective de l'être vivant. Mais la conscience de l'individu est, elle aussi, une très modeste fraction de la conscience sociale, et l'analogie se soutient par cela même. Que saisissons-nous de la vie sociale à laquelle nous participons ? Bien peu de chose, et à mesure que les sociétés deviennent plus complexes, une part plus grande nous en échappe. L'argument sera-t-il meilleur si au mot d'intelligence nous substituons celui de consentement mutuel et de contrat? Nullement; car si on met toute métaphysique de côté, un contrat n'est rien autre chose qu'une adaptation spontanée de deux ou plusieurs individus les uns aux autres, dans des conditions déterminées par le milieu social et physique où ils se trouvent placés. Or il n'y a rien là de bien nouveau. La spontanéité y est rès réfléchie au lieu d'être obscurément consciente, voilà tout. Enfin l'auteur lui-même reconnaît que sa théorie du contrat social ne se trouve réalisée que dans les sociétés les plus élevées, si bien qu'il refuse le titre de sociétés aux agrégats sociaux d'ordre inférieur. Un pareil aveu condamne la définition proposée qui se trouve ne plus convenir *toti definito*. Il ne s'agit pas de définir les sociétés idéales, mais les sociétés en général. Si on dit en biologie que la substance vivante a pour attributs distinctifs la double propriété de se nourrir et de se reproduire, c'est que ces propriétés se retrouvent également à tous les degrés de l'échelle animale. Que dirait-on d'un biologiste qui définirait la vie par sa qualité la plus élevée, l'intelligence?

Au reste, nous ne songeons pas à nier que la biologie et la sociologie soient indépendantes l'une de l'autre, ni qu'il y ait lieu de chercher la caractéristique essentielle des faits sociaux. Mais nous ne croyons pas que la science soit encore en état de résoudre ce problème. Ce qu'il faut d'abord, c'est étudier les faits en eux-mêmes; en déterminer les lois et les propriétés spéciales. C'est seulement quand nous les connaîtrons mieux que nous pourrons nous mettre à la recherche de leur qualité fondamentale et distinctive. Ajoutons d'ailleurs qu'on peut accorder à la sociologie le droit d'exister, avant d'avoir résolu ce problème transcendant. Pour que deux sciences soient indépendantes il n'est pas nécessaire que les phénomènes étudiés par elles soient substantiellement distincts; il suffit qu'ils soient assez différents pour ne pouvoir être étudiés au moyen des mêmes procédés. Or il est clair que la méthode qui peut servir à étudier les faits physiques ou psychiques qui se passent chez un individu, ne nous permet pas d'atteindre ceux qui résultent de l'action de ces individus les uns sur les autres. Le droit, les mœurs, les faits économiques ne peuvent être observés de la même manière que l'association des idées ou que la digestion.

Quant à la classification des faits sociaux, qui nous est proposée, elle pèche par excès de simplisme. Là encore il nous semble que M. de Greef s'est posé une question prématurée. Ce n'est ni d'après un principe abstrait, ni d'après quelques documents heureusement choisis qu'on peut déterminer les rapports d'interdépendance qui unissent des phénomènes aussi complexes, mais à la suite d'observations minutieuses et accumulées. Aussi rien n'est plus contestable que la place prépondérante accordée par l'auteur aux faits économiques. Il n'est pas exact de dire que l'objet essentiel de la vie sociale soit « la recherche en commun de la subsistance » (p. 172). Les phénomènes de sympathie ne sont pas postérieurs au besoin de se nourrir et ne sont pas moins forts. Au reste l'auteur reconnaît lui-même dans « le couple androgyne », dans la famille, le type primitif de la société. Or il est évident que le besoin économique n'est pas le ciment de la société domestique si rudimentaire soit-elle. Combien il est peu vraisemblable d'ailleurs que tous ces faits se soient développés suivant une série linéaire! Tout au contraire l'histoire nous apprend qu'ils se pénètrent mutuellement, sont sans cesse enchevêtrés les uns dans les autres, à tel point qu'il est malaisé de les distinguer, à plus forte raison de les classer. Les formes rectilignes ne se rencontrent guère dans la nature.

Mais il ne faut pas oublier que le livre de M. De Greef n'est qu'une *Introduction à la Sociologie*. Il aura sans doute dans la suite de son ouvrage l'occasion d'éclaircir quelques-uns des points restés obscurs. Toujours est-il que cette première partie laisse au lecteur le désir de voir bientôt paraître le reste.

ÉMILE DURKHEIM.

Paul Kipper, GEISTESLEBEN UND DESCENDENZLEHRE (*Vie intellectuelle et théorie de la descendance*). Naumbourg, 1885.

Qu'est-ce que l'esprit? — Qu'est-ce que le sujet transcendantal des pensées, cet *x* autour duquel nous tournons dans un cercle perpétuel? (Kant). Le problème a reçu des solutions différentes, aux différentes époques de l'histoire. Passons sur les philosophes de l'antiquité, les Anaxagore, les Platon et les Aristote, et écoutons une secte moderne, celle des matérialistes. Satisfont-ils notre esprit? donnent-ils une solution admissible pour tout le monde? C'est ce que l'auteur examine dans la première partie du travail que nous allons résumer aussi fidèlement que possible.

Les matérialistes, loin d'admettre l'esprit comme une chose, disent qu'il n'est qu'une apparence concomitante du principe opposé, de la matière; de plus ils s'appuient sur un nombre considérable de faits pour soutenir la dépendance causale de l'âme à l'égard du corps. Non seulement l'opium fait dormir, le vin enivre, un ramollissement du cerveau entraîne la folie, etc., etc., mais, observations plus délicates, le caractère et les mœurs d'une nation sont le produit du climat, de la nourriture et du sol. En dernière analyse, la vie de l'âme dépend de l'état du cerveau, déterminé par des influences extérieures. Telle est la proposition fondamentale de tout matérialisme.

Leibnitz et Kant remplacent les atomes corporels par des dynamides; ils résolvent donc entièrement la matière en force, de sorte que, conséquemment, ce n'est plus la matière, mais la force qui devient substance du monde; l'idéaliste a donc un droit égal à réclamer cette substance force comme esprit, puisque les hylozoïstes (Fechner, Zöllner, Hartmann) accordent déjà aux atomes, comme propriété fondamentale, la sensibilité. D'un côté, le matérialisme, non plus qu'une autre doctrine, ne nous explique pas le phénomène de la conscience ; de l'autre côté, sans entreprendre une explication de la puissance universelle de l'esprit religieux qu'il rejette comme une erreur, il n'essaye même pas d'expliquer le culte et l'art ; un sourire méprisant, voilà ce qui lui reste pour tout enthousiasme, comme si ce n'étaient pas là des réalités empiriques de la plus haute signification et réclamant une investigation scientifique.

Il est hors de doute que le mécanisme du cerveau et sa régénération par la nourriture sont les conditions essentielles du phénomène de l'âme ; le contenu de la conscience est d'autant plus grand et la présence du cerveau d'autant plus indispensable que nous remontons plus haut dans le règne animal. C'est ce que Munck a démontré expérimentalement. Après avoir enlevé à des poissons, à des amphibies, à des oiseaux et à des mammifères les hémisphères du cerveau, il a constaté : 1º que les poissons et les amphibies continuent parfaitement leur mode de reproduction et de digestion, qu'ils accomplissent des mouvements volontaires appropriés au but et que leur sensibilité est restée visiblement la même ; 2º que les oiseaux, tout en gardant la sensibilité, deviennent incapables de faire des mouvements qui répondent à un but ; 3º que les mammifères perdent en outre la sensibilité.

On peut donc dire que le débat sur l'âme forme le point culminant des questions qui intéressent l'humanité.

La théorie de la descendance explique tout comme quelque chose de devenu ; l'esprit par conséquent, pris dans son sens le plus étendu et pour autant qu'il est phénomène, est aussi un devenu ; et elle doit pouvoir expliquer son devenir et sa croissance, elle doit nous renseigner sur les racines de la sensibilité, de la raison, sur la source et le développement de l'organisme psychique, sur la valeur et la signification de l'idéalisme. L'intelligence, nous ne l'admettons que là où se révèle anatomiquement un appareil nerveux ; nous donnons le nom d'actions instinctives à celles qui s'accomplissent immédiatement et sans le concours nécessaire de la conscience pour la conservation de l'individu et de l'espèce. La conscience n'est pas, comme on a voulu le dire, un développement de l'instinct, car l'instinct est une fonction de l'organisme. Chez les animaux inférieurs, la conscience apparaît le plus sûrement quand les conditions de nourriture deviennent subitement défavorables. Si, par une cause quelconque, un être habitant le fond de la mer est jeté à la lumière du soleil et qu'il soit obligé de prendre une nourriture de plus en plus sporadique, ses mouvements deviendront de plus en plus complets et les centres sensibles de la peau auront de plus en plus le caractère d'organes sensibles, si cet être est destiné à propager sa race. Ontogénétiquement parlant, l'enfant suit la même marche dans ses diverses phases de développement : au début, il n'a que la sensation de la lumière ; puis il commence à distinguer la forme au moyen d'excitations inaccoutumées et d'une attention éveillée ; en un mot, le perfectionnement des organes de la sensibilité marche de pair avec le développement du cerveau.

Le premier pas phylogénétique de la conscience dans le monde s'est fait sous forme de sensation; or la forme de la sensation est le nombre. A chaque excitation externe correspond dans certaines limites une sensation; à chaque sensations subjective un objet empirique.

a). Il existe une identité numérique entre nos perceptions et le monde des phénomènes; le monde entier repose sur la causalité; tout phénomène est conditionné par un autre. Si par exemple je dis: « la pierre meut le bois », j'exprime un rapport causal entre la pierre et le bois. Comment suis-je arrivé à cette proposition? Évidemment par analogie, en remplaçant le sujet primitif moi par « la pierre ». Je sais par expérience que si je pousse du doigt contre le bois, celui-ci balancera; j'en conclus que la même chose arrivera si je le touche avec d'autres objets. Si cette conclusion avait été inexacte, l'état des choses m'en aurait convaincu, de plus il m'aurait été impossible de tirer une conclusion, car le langage, comme expression des relations réglées, serait impossible.

b). A la synthèse transcendantale de la pensée pure correspond une synthèse transcendantale des phénomènes. D'où les deux propositions suivantes:

I. L'esprit dans son ensemble est un produit développé en harmonie avec le reste du monde;

II. La théorie de la descendance nous donne seulement le « comment » des phénomènes et non le « par quoi » ou le « de quoi »; elle est une science descriptive, elle décrit le « quand » et l'occasion par laquelle les phénomènes se manifestent. Mais dire pourquoi l'esprit existe, de quoi il se compose, quelle est son essence, ce sont là autant de questions qu'elle ne saurait résoudre. Elle n'est pas en état de renverser le criticisme de Kant.   Em. Namur.

—————

Dr **Fritz Kœgel.** — Lotzes Æsthetik, in-8°, Leipzig.

L'auteur a eu dessein de donner un exposé systématique des vues de Lotze sur l'esthétique. Un pareil exposé ne se trouve pas dans les ouvrages mêmes de Lotze, et n'avait pas encore été fait par d'autres.

Les sources principales sont les suivantes: 1° Histoire de l'esthétique en Allemagne, 1868; — 2° Sur le concept du beau, 1845; — 3° Des conditions de la beauté dans les arts, 1847; — 4° Le Microcosme, notamment un chapitre sur l'art et le beau.

Si l'esthétique de Lotze n'est pas systématiquement exposée, elle est sans aucun doute systématiquement conçue. Lotze n'appartient proprement ni à l'école idéaliste, ni à l'école formaliste: il appartient à toutes deux. A l'idéalisme il reproche d'avoir négligé l'étude des caractères formels en vertu desquels les objets beaux nous paraissent beaux; au formalisme, d'avoir méconnu les raisons dernières de la beauté: ses attaques contre Herbart sont encore plus rudes que celles qu'il dirige contre Hegel. Pour faire comprendre la position prise par Lotze, on peut dire que son esthétique repose sur les principes métaphysiques de

Schelling, et qu'elle subit essentiellement l'influence de W
cherche avec Kant un fondement psychologique subjectif, e
brasse des analyses formelles analogues à celles de Herbart.

L'étude de cette esthétique se divise en trois parties : 1°
que du beau; — 2° Formes particulières du beau; — 3° L'art

I. *Métaphysique du beau.* — Suivant Lotze, la beauté
résultat d'un hasard, mais elle est liée à l'existence du bie
principe de la réalité. Le bien doit être : il se donne une forn
et cette forme se revêt de beauté. Le beau est ce qui nous
passer des formes particulières de l'être aux idées supérieu
formes réalisent. Ces idées, celles du bien, du saint, peuven
plendir de beauté les objets les plus différents; mais la be
jours la même signification : elle est l'indice du bien.

D'après cela, quoiqu'il n'y ait pas un beau en soi comm
bien en soi, la beauté a une valeur objective. Cependant Lo
la subjectivité du sentiment esthétique. Supprimez le cœur
sera supprimée : elle n'a de réalité que dans l'âme sentan
sensibilité, qui fonde ainsi la possibilité du jugement esth
nous révèle pas seulement ce que valent nos sentiments
elle nous révèle aussi ce qu'ils valent en eux-mêmes. La ré
tive et la réalité objective coïncident, et on peut dire que
résulte d'une harmonie entre l'objet et le sujet.

Le bien, dont le beau est la forme apparente, et l'âme qui s
voilà les termes auxquels aboutit la métaphysique de l'esthé
s'ils sont seuls, comment expliquer le laid ? Lotze ne veut pa
comme Hegel, une opposition originelle entre le bien, ou l
la matière. Pourtant le mécanisme des lois de la nature ne
toujours, selon lui, aux exigences des idées supérieures du
saint. Si ce mécanisme agissait seul, il n'y aurait pas de b
pourquoi tout n'est-il pas beauté? Il est vrai que si tout était
beau, rien ne serait beau; que la beauté résulte d'une con
s'opère entre la matière et la pensée, nécessairement op
conséquent l'une à l'autre. Mais ce qu'il faudrait expliquer,
sément l'indépendance qui s'affirme ainsi de la matière à
bien. Ce point du système de Lotze n'est pas élucidé.

II. *Des formes particulières du beau.* — Les belles fo
chées toutes à un même principe, ne produisent pas toutefo
une impression égale.

Au plus bas degré se trouve la sensation, qui contient, su
et contrairement à l'idéalisme, un élément de beauté. Même
tions du goût, du toucher, de l'odorat, doivent être analysée
de vue esthétique. Il est vrai pourtant que l'importance des
à ce point de vue vient surtout de ce qu'elles préparent la p
ligence de toute autre beauté; par exemple, à qui ne connai
chatouillement, l'effort, la fatigue, les mouvements qui s'acc
dans le monde seraient inintelligibles.

Au-dessus de la sensation se placent des formes dont la beauté vient de l'unité dans la multiplicité. Cette multiplicité et cette unité sont réalisées dans le temps et dans l'espace; mais, au fond, ce que l'esprit envisage dans ces formes et qui cause la jouissance esthétique, c'est l'unité et le déploiement d'une force. A cause de cela il devrait exister, en vers, au lieu d'une métrique fondée sur la quantité, un rythme fondé sur l'accent. A cause de cela encore, dans les figures dont la proportion fait la beauté, le mouvement d'où sont sorties les lignes reste, même la figure tracée, l'élément essentiel que tous considèrent. Ainsi, le charme du sentiment esthétique ne vient pas de la forme de l'objet en elle-même, mais de la force agissante, de la pensée, et en définitive du bien que cette forme révèle.

La beauté des formes des êtres vivants s'explique facilement par les mêmes principes. Il faut seulement remarquer que Lotze, contrairement à Kant, place la beauté *adhérente* au-dessus de la beauté *libre*, parce que dans la beauté adhérente on saisit plus directement, en même temps que la forme, la pensée à laquelle la forme obéit.

Il va de soi que la beauté la plus haute est pour Lotze la beauté morale. Mais il n'y a pas à insister ici, car Lotze se trouvant dans le domaine exploré en tous sens, depuis Kant, par l'idéalisme, se contente de rapporter les opinions les plus importantes de ses devanciers en y joignant des remarques critiques. On doit prendre note, chemin faisant, d'une théorie originale du ridicule : un agent doué de volonté prétend-il dominer la nature, il peut arriver que celle-ci lui joue des tours : alors naît chez le spectateur le sentiment du ridicule.

L'examen détaillé de toutes les formes du beau donne à Lotze cette conviction, que la tendance sentimentale dans l'art, condamnée par Schiller comme opposée à la naïveté primitive, est au contraire une heureuse disposition des modernes. Les Grecs arrivaient à la perfection des formes plastiques, mais ils n'exprimaient pas les sentiments que ces formes doivent évoquer.

Quant à la conception d'un idéal esthétique qui s'élève au-dessus des formes connues de la beauté, Lotze croit qu'elle dépend en dernière analyse des aspirations générales de l'humanité et de l'état de la civilisation à chaque époque. Il distingue l'idéal antique, l'idéal romantique et l'idéal moderne. Le trait caractéristique de la conception moderne est la conscience du mécanisme universel de la nature, considéré, ou non, comme la réalité dernière. Aussi relions-nous chaque objet à l'ensemble dont il fait partie. Un élément mathématique de précision se mêle au formalisme esthétique contemporain. Chaque beauté doit exprimer l'harmonie de toutes les formes.

III. *L'art.* — L'art imite la pensée créatrice. Ainsi qu'elle, il traduit le bien, le saint, dans les belles formes. Il serait inutile si notre vue était assez puissante pour nous permettre de saisir toute la signification des faits. Mais notre vue est courte : c'est pourquoi l'art intervient, afin de nous faire comprendre ce que nous n'aurions pas compris. Il doit être

réaliste, car sa tâche est de scruter le monde dans lequel nous vivons;
mais il doit aussi idéaliser la nature, car celle-ci ne peut pas toujours
être ce qu'elle voudrait être, à cause des conditions défavorables qu'elle
rencontre.

La source de la production artistique est l'imagination. Mais l'imagination n'est pas pour Lotze une faculté spéciale, un pouvoir inné de
l'âme : elle a pour éléments la perception et la mémoire. Il ne faut pas
non plus voir dans l'imagination simplement la faculté de former des
images : elle est aussi la faculté de juger de leur valeur. Le tempérament esthétique par excellence est aux yeux de Lotze celui de la
femme; mais la femme ne peut pas produire des œuvres d'art, parce que
le côté technique de l'art ne lui offre aucun intérêt.

Lotze borne le nombre des arts aux cinq anciennement connus. C'est
qu'il considère l'art comme étant essentiellement un moyen d'élévation
morale. La danse, la toilette, etc., ne peuvent lui paraître des arts
véritables, bien qu'elles soient subordonnées aux règles de l'esthétique.
Il n'attribue du reste nulle importance aux classifications des arts, et il
estime qu'il suffit à l'esthétique, au lieu de se perdre dans les derniers
détails, de déterminer les principes universels qui font la beauté des
manifestations particulières.

Pour conclure sur l'esthétique de Lotze, aujourd'hui l'opposition n'est
plus entre les formalistes et les idéalistes, mais entre l'esthétique logique ancienne et l'esthétique psychologique moderne. Les partisans de
la première sont les hégéliens; la seconde revient au principe de Kant,
et progresse en se conformant à la psychologie de Herbart : Lotze est
un précurseur de cette dernière esthétique; il a notamment inspiré
Fechner en tâchant de déterminer quelques-unes des conditions psychologiques auxquelles doit satisfaire toute œuvre d'art. Toutefois, en
principe, sa conception générale, qui appuie l'esthétique sur une vue
philosophique du monde, le sépare de cette esthétique purement psychologique.

F. C.

Adrien Desprez. — LA FEMME, ESCLAVE, COURTISANE ET REINE. —
Paris, Dentu, 1885. II-364 p. in-12.

Ce livre est de la main d'un littérateur délicat, et la critique spéciale
du philosophe ne s'y peut appliquer exactement. Mais le philosophe est
aussi un curieux, qui ne néglige pas de puiser au livre d'un curieux
comme M. Desprez sait l'être. S'il n'y doit pas chercher de lumières
directes sur la physiologie de la femme, ni certaines notions générales
dont se fût préoccupé un esprit autrement orienté, il aurait grand tort
de n'y pas reconnaître une manière d'enseignement historique assez
précieux à la connaissance du caractère féminin, et notre ingénieux
auteur a su promener ses filets, pour en retirer les faits les plus ins-
tructifs, dans le bavardage amusant et léger de l'anecdote.

Il y a dans ce livre de bonnes pages. Je citerai celles, par exemple, touchant *la dot*, où M. Desprez a fort bien vu l'instrument d'affranchissement de la femme. Je m'étonne seulement, érudit comme il est, qu'il ait négligé d'emprunter à ce propos quelques traits piquants à la comédie latine, où la femme dotale joue un personnage si intéressant. Car il est vraiment un érudit à sa façon, rarement en faute (pourquoi attribuer à Roy le quatrain de Sainte-Aulaire?) et qui nous montre la femme dans les situations sociales les plus diverses, sous le pagne d'Océanie et sous la dentelle de Venise.

Quant à l'idée de son livre, elle est de donner à la compagne obligée de notre vie « égalité de droit, égalité d'instruction, égalité de responsabilité. » Il ne lui paraît pas que le danger de faire des basbleus soit un argument plus sérieux que le serait le danger de faire des cuistres, et il ne voudrait pas laisser le mariage être une entreprise si périlleuse, « que l'on voit des femmes imiter la comtesse de Suze, qui change de religion afin de ne se trouver avec son mari ni dans ce monde ni dans l'autre. »

LUCIEN ARRÉAT.

REVUE DES PÉRIODIQUES ÉTRANGERS

Philosophische Studien.

Tome III, fascicules 3 et 4.

L. Lange. *Le développement historique du concept de mouvement et ses principaux résultats.* Contribution à la critique historique des principes de la mécanique. — Le concept de mouvement, même de nos jours, n'est pas encore arrivé au terme de son développement. L'auteur s'attache surtout à étudier les concepts de mouvement réel et apparent, absolu et relatif. Quant aux principales opinions au sujet de ce concept, les voici : ou bien on admet que l'essence du mouvement consiste en un changement de position; ou bien le changement de position est considéré comme un résultat extérieur du mouvement, considéré lui-même comme un phénomène intérieur inconnaissable, se passant dans le corps mû. Le premier cas, en outre, contient deux opinions. L'une admet que le mouvement est un changement de position relativement à un objet quelconque pensé ou donné. L'autre considère les changements de position par rapport à un espace infini, vide, absolu. — L'auteur expose son étude historique sous les titres suivants : Concept du mouvement dans l'antiquité et au moyen âge; Copernic et ses adversaires; Galilée; Descartes et Henri More; Newton, ses adversaires; Leibniz, Huygens, Berkeley. Dans un dernier article, il étudie la question de Newton jusqu'à nos jours : Euler, Kant et les contemporains : Thompson, Maxwell, etc.

Selver. *Le développement de la monadologie de Leibniz jusqu'en 1693* (suite et fin). — Discussions contre le concept de corps dans le cartésianisme. — Formation des principes généraux de la métaphysique de Leibniz. — Critique de la mesure des forces dans le cartésianisme. — Substantialisation du concept de force. — Développement du principe des substances individuelles.

Wundt. *Qui est le législateur des lois de la nature?* — Question posée à Wundt à propos d'un article publié dans le précédent numéro (voir l'analyse dans la *Revue philosophique*, juillet 1886, p. 107), et qu'il résout ainsi, après diverses considérations historiques : « Au XVIIe siècle, c'est Dieu qui donne des lois à la nature; au XVIIIe siècle, c'est la nature qui les constitue; au XIXe siècle, ce sont les investigateurs de la nature qui s'en chargent. » C'est ainsi qu'on parle des lois de Mariotte,

Gay-Lussac, Dulong et Petit, Avogadro, Ohm, etc., et que l'on considère avec raison ces inventeurs comme des législateurs de la nature.

J. MACKEEN CATTELL. *Recherches psychométriques* (suite et fin). — 1° Recherches sur le temps nécessaire pour la perception. L'auteur désigne par là l'intervalle entre la sensation et la perception, c'est-à-dire le temps qui s'écoule après que l'impression a atteint la conscience et avant qu'elle soit distinguée. Wundt emploie la méthode suivante : faire réagir le sujet aussi vite que possible; puis, dans une deuxième série d'expériences, ne réagir que quand il a bien distingué l'impression; puis noter la différence. L'auteur suit d'autres méthodes. Le temps de réaction pour la lumière lui paraît, d'après ses recherches, se réduire à 30σ et 50σ pour les deux opérateurs. Lorsque, au lieu de lumière blanche, il y a une couleur, le temps est un peu plus long. — Cas où il faut distinguer la couleur et non plus seulement la percevoir : 100σ et 110σ. — Cas où il faut distinguer une lettre des autres : Ce temps diffère suivant la forme plus ou moins compliquée des lettres : l'auteur n'a pas encore pu déterminer d'une manière précise le temps afférent à chaque lettre. — Cas où il faut distinguer des mots ; s'ils sont courts : 132σ et 141σ; s'ils sont longs : 154σ et 158σ. Nous ne percevons pas séparément les lettres d'un mot, mais le mot comme tout. — Cas où l'on perçoit un dessin (un arbre, un navire et autres objets de la vie ordinaire) : 96σ et 117σ.

L'auteur a ensuite étudié le temps nécessaire pour choisir (*Wahlzeit*) et il l'a fait dans des conditions diverses. Il a trouvé que, pour les deux expérimentateurs, le temps était : pour des couleurs, 280 et 400; pour des dessins, 250 et 280; pour des lettres, 140 et 170; pour des mots, 100 et 110.

Entre les cas où l'attention est à son comble et ceux où elle n'est qu'à demi préparée, il y a une différence sensible : dans le dernier cas, il y a en plus 75σ et 15σ pour percevoir une surface blanche et réagir; 29σ et 25σ pour voir et nommer une lettre. — En ce qui concerne la fatigue, l'auteur prétend qu'on aurait beaucoup exagéré son influence. Il n'a trouvé, dans aucun cas, une augmentation de plus de 2/100 de seconde. De plus, il est arrivé à ce résultat inattendu que les processus les plus automatiques sont affectés davantage par la fatigue.

A. LEHMANN. *Sur l'application de la méthode des gradations moyennes aux sensations lumineuses.* — Nous nous bornons à donner le titre de ce travail dont la *Revue* s'occupera plus longuement sans tarder.

WOLFE. *Recherches sur la mémoire des sons.* — Ces recherches se rattachent à celles d'Ebbinghaus « Ueber das Gedachtniss : Untersuchungen zur experimentellen Psychologie » dont il a été précédemment rendu compte dans ce recueil. La méthode employée est celle des cas vrais et faux. On produit un son; puis, après un intervalle de temps déterminé d'avance, on répète ou bien le même son ou bien un autre qui est tantôt plus haut tantôt plus bas. L'auditeur doit écrire immédiatement son jugement sous l'une de ces deux rubriques : égal, différent. Si les deux sons sont dissemblables, on doit dire si le second est plus haut, plus bas, ou si le cas reste équivoque. Dans une première série de recherches, l'auteur n'a opéré que sur 5 sons différents. On juge bien plus exactement les cas de ressemblance que les cas de différence : un intervalle de 2″ donne la plus grande sûreté de jugement; à 30″ elle disparaît complètement. — Dans une seconde série de recherches, on a opéré avec 11 sons différents. — L'auteur arrive finalement à ces résultats : 1º que l'intervalle de temps entre le premier et le second son a une grande importance et que les erreurs croissent avec l'intervalle; 2º qu'il en est de même pour la différence de hauteur entre deux sons; l'erreur tendant à devenir nulle, quand les deux sons sont égaux. L'influence de la fatigue et de l'exercice est étudiée dans la dernière partie de ce mémoire.

Köhler. *Sur les principaux essais pour formuler mathématiquement la loi de Weber.* — Étude critique très soignée sur les diverses formules qu'on a données de cette loi. Après avoir traité la question de la possibilité d'une mesure de la sensation, l'auteur classe sous deux titres les formules qu'il passe en revue : 1º les lois psycho-physiques fondamentales : ce sont celles qui se placent surtout à un point de vue mathématique et par suite d'une grande généralité ; sous ce titre, il comprend Fechner, Wundt; Delbœuf, Bernstein, Brentano et Plateau, — 2º les lois psycho-physiques expérimentales qui s'attachent le plus possible aux faits observés et essayent de les comprendre dans une formule exacte; sous ce titre, il examine les théories de Helmholtz, Langer et G.-E. Müller.

Kosmos [1],

Zeitschrift für die gesammte Entwickelungslehre
1884, 1ᵉʳ vol. 5º et 6º fascicules, 2º volume, fascicules 1, 2, 3, 4, 5, 6.

A. Herzen. *Les changements de la conscience du moi.* L'auteur avait établi dans un travail antérieur : 1º que la conscience (*Bewusstsein*) est unie à la décomposition fonctionnelle des éléments nerveux; 2º que l'activité de la conscience est en rapport direct de l'activité avec laquelle s'opère la décomposition fonctionnelle des éléments nerveux qui sont actifs; 3º que l'activité de la conscience est en rapport inverse de la rapidité et de la facilité avec lesquelles se produit la direction (*Fortleitung*) centrale. De là il avait tiré ce qu'il appelle la *loi physique de la conscience* : La conscience est exclusivement attachée à la décomposition des éléments nerveux du centre; son activité

1. *Rev. ph.* 1885. IV, p. 475.

est en rapport direct de cette décomposition, en rapport inverse de la facilité avec laquelle chacun de ces éléments fait commencer dans les autres la décomposition qui s'est emparée de lui-même et avec laquelle il procède dans la phase de reconstruction.

La conscience du moi (*Selbstbewusstsein*) n'est qu'un cas particulier de la conscience en général et doit être soumise aux mêmes lois, c'est-à-dire qu'elle doit se produire ou manquer selon que les éléments centraux sont ou non sur le point de se décomposer, qu'elle doit subir des changements, quand change le mode d'activité de ces éléments. C'est ce qui se produit d'une façon évidente dans les cas extrêmes de maladie mentale, moins clairement dans les circonstances normales et dans les états intermédiaires, amenés par des troubles mentaux qui sont légers, transitoires, qui reviennent périodiquement ou durent un certain temps. C'est ce que l'auteur s'occupe d'établir dans le présent article en s'appuyant surtout sur les cas étudiés par Krishaber (Taine, *Rev. ph.*, II, 1876), par Azam, par Maudsley, etc.

L'organisme, conclut-il, est la personnalité elle-même; l'unité du moi n'est par conséquent jamais parfaite; elle subit toujours une division plus ou moins complète. Chaque *moi* partiel écrase, pour ainsi dire, une des tendances dominantes de l'individu. On pourrait presque dire que l'âme se masque comme le corps, qu'elle montre tantôt l'uniforme et tantôt la soutane. L'homme atteint une unité d'autant plus parfaite que son caractère forme un tout plus complet; qu'il a subi pendant sa vie des changements moins profonds; que la différence est moins grande entre le *moi* unique, habituel, et le *moi* professionnel, entre l'activité politique ou la direction religieuse; que l'harmonie enfin est plus complète entre ses idées morales et sa façon d'agir. Développer cette harmonie et par conséquent fortifier et faire durer cette unité, doit être le but essentiel de l'éducation au sens large du mot.

MORITZ WAGNER. *Controverses sur le Darwinisme.* — L'auteur, répondant à des observations qui lui ont été faites par un savant sur la finalité et le progrès des êtres organisés, trouve qu'on pourrait exprimer de la manière suivante la loi qui régit l'un et l'autre : La conformation, aussi finaliste que possible des organismes, est une conséquence nécessaire de l'exercice, en vue d'un but, de leurs organes particuliers. Le progrès morphologique résulte du concours accidentel des variations favorables à l'individu et d'un changement favorable des conditions vitales dans un nouveau lieu d'habitation.

B. CARNERI. *L'évolution de l'idée de moralité.* — Carneri, qui trouve que Darwin est le penseur auquel, depuis Kant, on doit le plus pour la connaissance de l'humanité, examine, dans un article intéressant, l'évolution de l'idée de moralité. Elle s'est montrée à l'homme dans la lutte pour l'existence et elle demeurera sa propriété, quoique, de temps en temps, comme le comportent les alternatives de toute évolution, sa

lumière s'obscurcisse. Elle est la propriété de l'humanité, non de
l'homme ; et comme l'humanité doit l'acquérir, les individus doivent eux-
mêmes l'acquérir, les uns plus difficilement, les autres plus facilement,
selon qu'ils sont malades et faibles, ou sains et forts. Les moralistes
peuvent dire à l'homme adulte : « Fais ce que tu dois. » Nous ne pouvons
que lui dire : « Fais ce que tu peux. » C'est pourquoi il faut s'occuper
surtout des enfants qui sont encore flexibles comme la cire, et de ce que
les parents les éducateurs, les politiques pourraient en faire. L'individu
qui a conscience de lui-même se sent libre, s'il peut vivre conformément
à sa nature... La loi de l'homme élevé moralement est la loi de la société
élevée moralement. Si l'individu est formé selon cette loi de manière à
ce qu'elle devienne pour lui une seconde nature, il n'est pas douteux
que, vivant selon sa nature, il ne se sente libre comme homme moral. Et
s'il a une fois goûté à cette liberté qui lui donne son perfectionnement,
il prend la perfection pour but constant de sa vie. Mais personne n'est
quelque chose par lui-même, et celui qui est quelque chose ne l'est que
par le concours de beaucoup d'autres hommes. Ne prescrivons donc
rien à personne, mais disons seulement ce qui se produirait si un large
pont réunissait le bonheur à la moralité et celle-ci à la liberté. En chaque
homme se trouve enracinée la tendance (*der Trieb*) au bonheur, et le vrai
bonheur ne se trouve que dans un monde moral. Si donc la vertu devient
naturelle pour l'homme vraiment heureux, si elle donne le plus de bonheur possible, nous travaillons admirablement à la développer. Tous
ceux qui regardent comme un beau rêve le projet de rendre l'humanité
heureuse peuvent se borner à diminuer, dans la limite de leur pouvoir,
la misère qui est dans le monde, et s'en rapporter à l'individu pour la
recherche de son propre bonheur.

CHARLES DARWIN. *Dissertation posthume sur l'instinct.* — C'est la
traduction allemande d'un travail que Darwin avait confié à Romanes
et que celui-ci a publié à la suite de son ouvrage intitulé « *Mental Evo-
lutions in Animals* ».

EMIL YUNG. *L'influence de la nourriture sur le développement de
la rana esculenta.* — Nous signalons cet article, qui nous paraît un
excellent point de départ pour amener un jour la détermination expérimentale de l'influence précise qu'exerce le milieu physico-chimique,
température, lumière, pression, tension électrique, nourriture, etc., sur
le développement et la constitution des êtres vivants aux différents
moments de leur existence.

N. DELLINGSHAUSEN. — *La pesanteur ou le passage à l'acte de
l'énergie potentielle.* — Il nous semble intéressant de signaler les conclusions auxquelles est arrivé l'auteur après avoir examiné, dans plusieurs articles dont nous ne saurions trop recommander la lecture, une
des questions les plus importantes de la philosophie des sciences. L'atomistique, dit-il, et la théorie de l'attraction sont étroitement liées et

l'une ne peut subsister sans l'autre : l'atomistique, parce que les atomes ont besoin de forces pour leurs actions réciproques; l'attraction, parce que les forces ont besoin des atomes pour s'attacher à eux. Si la théorie de la force disparaît de la science, il doit en être immédiatement de même de l'atomistique. Il est donc plaisant d'observer comment les savants (*Naturforscher*) qui croient encore aux atomes, en combattant les forces, c'est-à-dire les atomistiques cinétiques et les auteurs de la théorie de l'éther, travaillent eux-mêmes à la destruction de leur doctrine préférée. On peut, dès maintenant, prévoir avec certitude la destruction de l'atomistique. Qu'on se représente une génération de jeunes savants élevés sans la croyance à des forces qui agissent de loin; elle sentira le besoin de pouvoir expliquer les phénomènes naturels, mais en même temps elle connaîtra qu'une telle explication n'est possible qu'avec le secours de l'énergie potentielle et que, sans forces moléculaires agissant au loin, l'énergie potentielle ne peut subsister dans les corps réunis atomistiquement. Les savants futurs abandonneront l'atomistique et s'attacheront à la doctrine qui, sans intermédiaires, atomes, forces ou fluides impondérables, peut faire ce que n'a pu accomplir depuis trois mille ans la théorie atomistique. Cette doctrine est la pure physique cinétique : elle considère le mouvement d'un point comme la résultante de tous les mouvements qui lui sont communiqués par les ondulations; elle reconnaît dans les corps une énergie cinétique et une énergie potentielle; elle est par suite en état de représenter tous les phénomènes naturels ou comme des transmissions (*Uebertragungen*) ou comme des changements (*Umwandlungen*). En retour de l'avantage que la physique cinétique assure aux savants par cette simplification de la connaissance, elle ne leur demande que la reconnaisance d'un fait — le mouvement — et une modestie suffisante pour avouer que nous ne savons rien et ne pouvons rien savoir de la matière, c'est-à-dire de ce qui est mû dans les corps.

K. W. von DALLA TORRE fait le compte rendu d'un ouvrage très intéressant de Vitus Graber (sur le sens de la lumière et des couleurs chez les animaux) où sont exposés et critiqués les travaux de Bert, de Lubbock, de Bonnier, etc., et où sont examinées un certain nombre de questions qui ont une assez grande importance pour la psychologie comparée.

La rédaction du *Kosmos* publie une lettre de DARWIN communiquée par M. A. Panchin, de Kiew. Elle est adressée à l'auteur d'une brochure qui avait paru en 1880 sous le titre : *Quelques mots sur l'éternité du corps humain.* « Personne, lui écrit Darwin, ne peut positivement prouver que la mort soit inévitable, mais les témoignages en faveur de cette opinion ont une force tout à fait accablante, puisqu'elle s'appuie sur l'exemple de toutes les autres créatures vivantes. Je ne tiens non plus en aucune façon pour absolument exact que les organismes plus élevés doivent subsister plus longtemps que les organismes inférieurs.

Les éléphants, les perroquets, les corbeaux, les tortues
sons vivent plus longtemps que l'homme. Toute évolu
(*Weiterentwickelung*) exige une longue série de géné
dant les unes aux autres, ce qui suppose l'existence
semble donc vraisemblable au plus haut point que l'h
jamais de suivre la loi générale de l'évolution, ce qui e
le cas s'il devenait immortel. Voilà tout ce que je puis

K. Fuchs. *Titus Lucretius Carus* (3 articles). —
dans ces dernières années que nous avons créé un
l'univers reposant sur la science de la nature. On sa
la conception de l'univers tel que se le représentaien
plaçant au point de vue de la nature, était supérieure
philosophes, supérieure à celle qui régnait parmi nou
ans. Malheureusement nous n'avons qu'un seul ouvrage
cette théorie : ce sont les livres de Lucrèce sur la
heureusement un abrégé (*Auszug*) des ouvrages spéci
plus grande autorité en cette matière. Ce qui fait
ouvrage est peu connu, c'est que la science actuelle
divisions et emploie des expressions toutes différen
empêche bien souvent de reconnaître chez Lucrèce n
habituelles. Aussi l'auteur croit-il rendre service à bea
en traduisant ces anciennes idées sous une forme mc
successivement : 1° la chimie ; 2° la mécanique ; 3° la
(*die Reizstoffe*) ; 4° la cosmologie ; 5° la météorologie et
physiologie ; 7° la psychologie.

Nous nous bornerons à indiquer, pour faire compre
dont il procède, ce qu'il retrouve dans la cosmolog
L'univers est infini ; les corps célestes, les animaux et
sont, que des complexus résultant de combinaisons
changements sont déterminés par les lois de la chimi
nique : aussi reconnaît-on toujours les mêmes mo
(*Erscheinungstypen*) dans le cours de leur évolution.
les plus marquants sont le changement matériel, le m
production (*Muttermedium*) et le produit séminal (*Se*
sélection par la lutte pour l'existence ; la destructi
(*Selbstvernichtung*), la concordance des organes et
l'organisme.

Il a omis entre autres choses, dit-il, l'anthropologi
schichte, la théorie du vide, la météorologie, la théorie
la théorie de l'origine de la religion ; mais il espère qu
qué suffira à montrer qu'au point de vue de la connaissa
les Grecs avaient une meilleure direction que nos pr
au lieu d'Aristote, on avait pris autrefois un Lucrèce
comme *Bible de la nature*, on aurait placé la scier

sur un terrain ferme; on aurait ainsi amené les sciences à un degré de développement que verront à peine nos derniers neveux.

CARNERI rend compte de la traduction allemande, qu'a donnée Kirchmann, de l'abrégé en 2 volumes dans lequel Jules Rig a condensé la *Philosophie positive* d'Aug. Comte. M. Jules Rig (qu'il prend en partie pour un pseudonyme) a fait avec beaucoup de talent, dit-il, ce travail de condensation, et l'infatigable Kirchmann a transporté dans sa traduction la clarté parfaite de l'original.

B. CARNERI. *Le problème du beau.* — Le beau est la transfiguration de la vie terrestre... Si on poursuit dans les arts plastiques la spiritualisation de la forme jusqu'à ce qu'on arrive à exprimer complètement l'âme; si on épie dans la poésie le cœur humain changé en langage (*zur Sprache gewordenen*); si dans la musique on se sent ébranlé jusqu'au fond de l'âme par des idées que les mots sont impuissants à reproduire, on arrive à reconnaître que le secret du beau consiste dans l'identité de contenu (*Inhalt*) et de forme; que c'est là ce qui nous élève au-dessus du particulier jusqu'au général. La dissonance de tous les détails se résout dans une harmonie de l'ensemble; le grand Tout nous parle dans son unité et l'homme nous apparaît comme son interprète. Dans le beau se maintient le concept du divin comme un concept humain, et le sentiment (*Gemüth*) complètement satisfait respire librement dans une quiétude (*Wunschlosigkeit*) céleste. C'est pourquoi les beaux-arts, qui ne peuvent se développer qu'avec une civilisation et une moralité (*Gesittung*) assez avancées, adoucissent eux-mêmes les mœurs : l'accord du vrai, du bien et du beau est un trio dans lequel *cesse de résonner* (*ausklingt*) la perfection terrestre. Le beau, en effet, qui permet à la puissance humaine de se surpasser elle-même, nous apparaît comme éternel et en même temps il se montre la chose la plus passagère. C'est, comme l'a dit Schiller, un *jeu;* mais c'est un noble jeu de l'esprit, qui ne se donne que pour ce qu'il est, et qui assure une *résignation triomphante* à celui qui s'y abandonne en toute liberté d'esprit.

THEODOR CURTI. *L'origine du langage d'après l'imitation du son* (2 articles). — L'auteur essaye de montrer comment il est possible que les racines qui ne sont pas regardées comme des onomatopées, aient cependant des onomatopées pour origine, de sorte que toute la matière primitive de laquelle se sont formés les concepts du langage, apparaisse comme créée par l'imitation du son. Pour établir qu'il en est ainsi, il faut reviser les formes et les significations des racines qui sont semblables comme imitations de sons. L'auteur croit que l'homonymie (et la synonymie) des racines qui fait que le même bruit peut désigner différents concepts (et que différents bruits peuvent désigner la même idée) peut s'expliquer sans difficultés, si l'on accorde que la langue s'est formée par l'imitation du son, car le même bruit sert souvent à l'enfant pour désigner des concepts différents. L'observation des enfants l'a mis sur la voie et il a ensuite trouvé, dans les vocabulaires des racines différentes, une confirmation de sa conjecture.

L'onomatopée a été appelée à jouer un rôle import
miers temps de la formation du langage; de plus, les
(*Verwandtschaftsnamen*) qui rentrent dans les plu
doivent leur origine à l'onomatopée; un monde du lang
a pu se former avec des sons de cette espèce et suffi
aux tendances des hommes primitifs. Mais commer
toutes les racines ne soient pas des imitations de son
mot quand il fut rapporté à une série de représentat
pondaient à une série de perceptions. Le mot désignai
tions et les comprenait en lui. Lorsque deux mots s'u
les représentations qui n'étaient pas essentielles à la f
veau concept furent mises à l'écart et il se forma, ave
tions essentielles à cette formation, une nouvelle sér
tions qui constituaient dans leur totalité le nouveau con
mot avait une autre signification, était un autre *conc*
parce que les représentations n'étaient plus qu'en p
ensuite parce que l'étendue des représentations av
apprenons la signification d'un mot en le commentai
en indiquant les représentations qu'il implique, en
séparément. Du concept ainsi resserré doivent avoir d
sentations qui avaient rapport au son (*von einer Sch*
mot ne peut plus les signifier. Ainsi les mots perden
qu'ils devaient à l'onomatopée. Le son demeure, ma
comme mot à d'autres représentations.

CARNERI fait le compte rendu d'un livre important e
du Prel (*Philosophie der Mystik*). Il en avait déjà co
assertions, contenues dans trois articles du *Kosmos*
place dans l'ouvrage anoncé. Du Prel est moniste e
mais il entend le monisme et le darwinisme dans un
c'est ainsi qu'il n'applique son darwinisme qu'à l'évolu
futures (*Kampf ums Dasein am Himmel*). Si ce que l'
somnambulisme se réalise, si son opinion sur la tran
sujet résiste à l'examen, la vérité absolue devien
l'homme, l'obscurité mystique (*mystische Dunkel*),
encore enveloppe ce qu'on nomme le magnétisme ani
et il n'y aura plus de place pour une philosophie mysti
se plaçant à ce point de vue. — Carneri reconnaît le ta
mais combat les idées qui font le fond de l'ouvrage.

1. *Revue philosophique.* 1885. IV. p. 475.

SOCIÉTÉ DE PSYCHOLOGIE PHYSIOLOGIQUE

LE MÉCANISME DE LA SUGGESTION MENTALE HYPNOTIQUE [1]

PAR LE Dr ALBERT RUAULT.

Une tentative d'interprétation du mécanisme de la suggestion mentale hypnotique semblera peut-être prématurée. Multiplier les faits, afin d'en établir indiscutablement l'authenticité, paraît évidemment plus logique, de prime abord. Cependant si l'on veut bien tenir compte du nombre considérable de faits de cet ordre déjà rapportés par des observateurs dignes de foi, on doit penser que personne aujourd'hui ne peut plus, à bon droit, opposer à ces témoignages une incrédulité systématique. Chacun est bien obligé d'admettre que, dans certaines conditions encore indéterminées, ces phénomènes peuvent se présenter à l'observation. Il m'a donc paru légitime d'essayer, dès maintenant, de les interpréter à l'aide des enseignements de la physiologie et de la psychologie, et de montrer que le plus grand nombre de ceux qui paraissent encore inexplicables dans l'état actuel de nos connaissances sont probablement susceptibles d'une explication scientifique assez simple. Avant d'entrer en matière, je chercherai d'abord à préciser nettement les faits dont j'entends parler, et à donner une définition claire de la suggestion mentale, ce qui ne me paraît avoir été fait encore. Enfin, après avoir exposé l'hypothèse que je propose pour expliquer le mécanisme du phénomène, je montrerai quelles sont les conditions expérimentales qui permettent de le constater le plus souvent possible, et même de le reproduire presque à volonté chez certains sujets.

1

Je m'occuperai uniquement, dans ce travail, de la suggestion mentale dans ses rapports avec l'hypnotisme. Ainsi je suppose connus et admis les faits de suggestion verbale dans l'état hypnotique et à l'état de veille dont les travaux contemporains ont indiscutablement établi l'authenticité; mais par suggestion à l'état de veille, j'entends expressément la suggestion produite chez les hypnotisables en dehors des états hypnotiques définis.

[1]. Séance du 29 juin 1885. Présidence de M. Charcot, président.

La suggestion mentale ainsi comprise est aujourd'hui définie par tous les observateurs, aussi bien ceux qui affirment que ceux qui nient son existence, de la façon suivante :

La suggestion mentale hypnotique est l'influence que la pensée de l'hypnotiseur exerce, dans un sens déterminé, soit sur la pensée de l'hypnotisé, soit sur l'apparition chez cet hypnotisé de phénomènes somatiques de nature hypnotique, sans que la pensée de l'hypnotiseur soit accompagnée de phénomènes extérieurs appréciables pour l'hypnotisé, et pouvant lui servir de signes ou même d'indices.

Cette définition, lorsqu'on y réfléchit, apparaît vraiment très spécieuse. Que, dans les faits de suggestion mentale observés, les assistants n'aient perçu aucune manifestation extérieure de la pensée de l'hypnotiseur; que celui-ci n'ait eu conscience d'aucune manifestation de sa propre pensée; cela peut être indiscutable, mais ne prouve en aucune façon que cette manifestation n'ait pas existé, et que l'hypnotisé n'ait pas pu la percevoir : conclure de l'homme à l'état normal à l'homme en état d'hypnotisme, c'est une hardiesse que tout condamne aujourd'hui. On peut bien considérer comme évident que la pensée de l'hypnotiseur *peut* se produire sans signes extérieurs perceptibles pour l'hypnotisé; mais c'est un tort grave d'affirmer, comme le fait la définition ci-dessus, que, *dans les cas où la suggestion mentale s'est réalisée*, la pensée de l'hypnotiseur n'a pas été accompagnée de manifestations extérieures perceptibles par le sujet, chose actuellement impossible à démontrer. Cette affirmation, que rien n'autorise, défend implicitement à ceux qui ne tiennent compte que des faits de chercher une interprétation du phénomène en rapport avec les données actuelles de la science, en même temps qu'elle amène forcément les partisans de la suggestion purement mentale à des hypothèses gratuites sur la manière dont elle s'exerce. Ainsi l'un d'eux, M. Charles Richet [1], qui a traité la question dans un récent travail, dit d'abord qu'il laissera de côté toute théorie et toute tentative d'explication, et qu'il se contentera d'indiquer les faits et de les déterminer aussi rigoureusement que possible. Mais bientôt, après avoir reconnu « qu'il est assez peu vraisemblable de supposer que la pensée humaine se projette en dehors du cerveau, et qu'elle va, par un procédé tout à fait inconnu encore, retentir sur la pensée de l'individu voisin », il finit par tirer de ses expériences la conclusion suivante : « que la force intellectuelle se projette au dehors du cerveau pour retentir sur la pensée voisine, à présent cela nous semble probable. » Du reste, l'auteur insiste longuement sur ce fait que son hypothèse est légitime, et qu'elle n'est nullement en contradiction avec la science. J'avoue n'avoir pas saisi la portée de cette discussion sur la possibilité d'une chose dont je ne puis même pas me faire une idée si j'admets que la pensée n'est qu'une fonction du cerveau, exigeant, pour se mani-

1. Ch. Richet. *La suggestion mentale et le calcul des probabilités (Revue philosophique.* T. XVIII, 1884, p. 609 et suivantes).

fester, l'influence actuelle ou antérieure, par l'intermédiaire des sens,
des agents extérieurs. Moins accommodant que M. Charles Richet,
M. Beaunis, rapportant un fait de suggestion mentale, dit nettement :
« Il y a là évidemment quelque chose qui bouleverse toutes les idées
reçues sur les fonctions du cerveau [1]. » Ce « quelque chose » qui bou-
leverse toutes les idées reçues sur les |fonctions du cerveau n'est pas
le fait lui-même, mais bien la définition qu'on en donne. C'est pour cela
qu'elle est mauvaise, à mon avis, et qu'il est de toute nécessité de la
modifier, si l'on veut |faire quelque progrès dans l'étude de la ques-
tion.

Pour ne rien préjuger de la nature du phénomène, il conviendrait,
je pense, d'adopter la définition suivante :

*La suggestion hypnotique dite « mentale » est l'influence que la
pensée de l'hypnotiseur exerce, dans un sens déterminé, soit sur la
pensée de l'hypnotisé, soit sur l'apparition chez cet hypnotisé de
phénomènes somatiques de nature hypnotique, sans que la pensée
de l'hypnotiseur soit accompagnée de signes extérieurs dont il ait
conscience et qui soient appréciables aux sens des assistants.*

Cette définition a l'avantage de ne pas contenir l'affirmation d'un fait
dont la preuve n'est pas établie, et de ne pas exclure non plus la possibilité de ce fait. Elle ne suppose pas le problème résolu, et tous les
observateurs compétents, quelles que soient leurs tendances, admettent l'existence des faits qu'elle désigne. Elle n'est évidemment que
provisoire : du jour où l'on aura réalisé un certain nombre de cas de
suggestion mentale et démontré que, dans chacun de ces cas, la pensée
de l'hypnotiseur n'a été accompagnée d'aucun signe extérieur perçu par
l'hypnotisé, on devra revenir à la première définition. Si au contraire,
on arrive à montrer que, dans chacun de ces faits, il y a eu une manifestation extérieure accompagnant la pensée de l'hypnotiseur, manifestation appréciable sinon à nos sens seuls, du moins à l'aide d'appareils
spéciaux pouvant l'amplifier et déceler ainsi son existence; si l'on
peut établir en même temps que l'hypnotisé se trouve dans des conditions sensitivo-sensorielles spéciales qui peuvent, à un moment
donné, lui permettre de percevoir ces manifestations extérieures si peu
apparentes, et aussi dans des conditions psychiques spéciales lui permettant de les interpréter et de s'en servir comme signes, de ce jour-
là la suggestion mentale ne sera plus pour personne un phénomène
d'un ordre particulier, mais bien une variante, une manière d'être de
la suggestion verbale; elle se confondra avec elle. Si, dès maintenant,
nous comparons entre elles les deux formes de suggestion, nous pouvons déjà nous rendre compte que les différences qu'elles présentent
ne sont pas si profondes qu'on pourrait le croire avant tout examen.
D'abord, elles ne diffèrent pas par les résultats qu'elles donnent. Tout
ce qu'on obtient par la suggestion verbale, on peut l'obtenir par la

1. Beaunis. *Revue philosophique*. T. XXI, 1886, p. 204.

suggestion mentale, si le sujet est sensible et bien éduqué; états hypnotiques divers, contractures, paralysies, hyperesthésies, anesthésies, transferts, etc.; ou encore illusions, hallucinations, troubles de la personnalité, actes illogiques ou non, etc. Le phénomène le plus remarquable de la suggestion, la tendance irrésistible, inconsciente, de l'hypnotisé à la réalisation de l'idée suggérée, est la même dans les deux formes. Elles ne diffèrent pas non plus par leur origine, leur cause déterminante : dans les deux cas, cette cause est l'idée de l'hypnotiseur. Leur différence, apparente ou réelle, est dans le mécanisme de la transmission de l'idée de l'hypnotiseur à l'hypnotisé; dans la manière dont le premier la manifeste et le second la recueille. Dans la première forme, l'hypnotiseur manifeste sa pensée à l'aide du langage. S'il s'agit du langage parlé, par exemple, les mots prononcés frappent l'oreille du sujet; le centre des images auditives des mots reçoit l'impression sensorielle, puis de ce centre, qui est en communication avec les autres centres des images visuelles et motrices des mots, celle-ci se transmet aux centres d'idéation qui l'interprètent. Dans la deuxième forme de suggestion, l'hypnotiseur ne parle pas, mais comme, au dire de tous les expérimentateurs, il faut que la pensée soit nette pour que la suggestion réussisse bien, il donne à sa pensée cette netteté nécessaire en la formulant à l'aide de la parole intérieure. Comment l'hypnotisé recueille-t-il cette pensée, ou plutôt cette parole intérieure de l'hypnotiseur? Là est l'inconnue. Il est évident que les centres d'idéation, et très probablement aussi les centres des images des mots sont impressionnés, mais cette impression ne paraît pas se faire, comme dans la suggestion verbale, par l'intermédiaire des sens.

II

Si j'ai réussi, dans les considérations qui précèdent, à préciser la manière dont doit être posé le problème, je dois maintenant chercher quels éléments nous possédons pour le résoudre. Examinons d'abord l'état des sens chez l'hypnotisé en état de somnambulisme. Par une contradiction au moins étrange, ce somnambule qui n'aurait pas besoin de ses sens pour subir la suggestion mentale, est souvent doué, nous le savons parfaitement bien, d'une hyperacuité sensorielle extrême. Il ne semble pas, il est vrai, que cet état de la sensibilité soit un des caractères constants du somnambulisme : les physiologistes [1] qui ont tenté de mesurer cette acuité sensorielle ont trouvé tantôt une augmentation, tantôt une diminution, en la comparant à celle du même sujet à l'état normal. Mais ils ont pu, dans la majorité des cas, l'augmenter sensiblement, quelquefois même énormément, par la suggestion; et je suis tenté de croire, pour ma part, que le somnambule bien dressé, en état d'attention expectante, augmente aussi son acuité sensorielle par auto-suggestion. Que ce soit ainsi ou d'une autre façon qu'elle s'éta-

1. Voyez Beaunis, *Le somnambulisme provoqué*. Paris, 1886, p. 93.

blisse, il n'en est pas moins vrai qu'on peut souvent la constater, bien
qu'elle soit très variable chez les différents sujets, et aussi chez le même
sujet, suivant les jours, et même pendant le cours d'une même expérience. Quant à l'apprécier *psychologiquement*, cela me semble absolument impossible. Pouvons-nous, par exemple, nous faire une idée de
ce que nous entendrions autour de nous, si nous entendions quatre, six,
dix fois mieux? Je sais bien que, dans certains cas, par exemple dans
la période d'excitation de l'intoxication chloroformique, ou après l'absorption du hachisch, l'acuité auditive est quelquefois très augmentée,
mais ces exemples ne nous apprennent rien. Cette exagération de
l'ouïe, se présentant d'emblée et à l'improviste sous l'influence d'un
poison, ne réussit qu'à causer des erreurs d'interprétation des bruits,
de véritables illusions, ou même à produire une hyperesthésie sensorielle douloureuse; elle n'est nullement comparable à celle du somnambule. Elle ne peut nous faire connaître ce que vaudrait, pour notre
esprit, une acuité auditive beaucoup plus grande que la normale, c'est-à-
dire quels renseignements un tel état de l'ouïe pourrait nous donner sur
le monde extérieur. Pouvons-nous, en effet, nous faire une idée du
phénomène qui suffirait à nous donner l'impression d'un bruit distinct,
si, ayant une acuité auditive quatre, six, dix fois plus grande, nous
étions capables d'arriver, par l'attention, à la différencier des autres
bruits arrivant en même temps à notre oreille, ainsi que nous faisons
lorsqu'au milieu d'une rue où passent à foison voitures et piétons, nous
approchons notre montre de l'oreille pour nous assurer qu'elle n'est
pas arrêtée? Nous ne pouvons évidemment nous faire aucune idée de ce
que nous pourrions arriver à entendre dans de telles conditions. Mais
il est clair que si ces conditions se trouvent réalisées chez le somnambule, nous devons admettre qu'il possède alors une puissance auditive
énorme. Le bruit d'une légère contraction musculaire, insaisissable au
microphone, lui devient peut-être nettement appréciable. Ce que je
viens de dire de l'ouïe, je pourrais tout aussi légitimement l'appliquer
aux autres sens, avec quelques variantes. Le caractère principal de cette
exagération de la sensibilité est d'être susceptible d'une augmentation
progressive par le fait de la répétition des mêmes manœuvres hypnotiques suggestives, de l'éducation, du dressage. Ceci n'a rien qui puisse
étonner, si l'on songe à quels résultats mène l'éducation des sens chez
les individus à l'état normal, et surtout chez les infirmes qui, privés
d'un ou plusieurs sens, sont obligés d'établir une suppléance à l'aide
de ceux qui leur restent. Je rappellerai la perfection à laquelle peut
atteindre le sens du toucher chez les aveugles, et la facilité avec
laquelle les sourds-muets instruits par la méthode dite « méthode orale
pure » peuvent lire la parole sur les lèvres.

L'acuité sensorielle n'est pas seule à s'accroître ainsi chez les hypnotisés; souvent leur acuité intellectuelle s'accroît également dans la
même proportion. Ainsi que chez les sujets qui sont sous l'influence
du hachisch, et beaucoup plus que chez eux, on peut constater chez

les somnambules une hyperexcitabilité extrême de cette modalité de la mémoire appelée *recollection* par les Anglais, qui permet l'évocation des souvenirs anciens. La mémoire de fixation, permettant à une image, à une idée, de se graver profondément dans l'esprit, finit aussi par s'accroître, chez les sujets bien éduqués, en même temps que l'attention, qui peut acquérir une très remarquable puissance. Ces sujets se rappellent parfaitement bien, pendant le somnambulisme, ce qu'ils ont fait ou plutôt ce qu'on leur a fait faire toutes les fois où on les a plongés dans cet état; et l'on conçoit que s'il n'en était pas ainsi, ils ne seraient pas susceptibles d'éducation hypnotique. D'ordinaire, le sujet a oublié au réveil ce qui lui est arrivé pendant la période de somnambulisme, mais pendant cette période il peut posséder les souvenirs les plus précis et les plus étendus de tout ce qu'il a perçu, non seulement à l'état de veille depuis son enfance, mais encore dans toutes les périodes de somnambulisme antérieures.

Le somnambule attentif a donc bien une aptitude toute spéciale à saisir et à comprendre les signes de l'hypnotiseur. Mais il faut évidemment que celui-ci en produise pour que cette acuité extrême des sens et de l'intelligence du sujet trouve à s'exercer. Or, dans l'état actuel de la science, il est permis de considérer comme infiniment probable que la pensée n'existe pas sans manifestation extérieure. Celle-ci passe la plupart du temps inaperçue, il est vrai, mais on peut quelquefois l'enregistrer par des procédés spéciaux. Qui peut affirmer que cette manifestation extérieure de la pensée, réelle bien qu'inaperçue par nous, n'est pas perceptible pour le somnambule? On peut, au contraire, dans un grand nombre de cas, se convaincre aisément qu'elle est bien le signe extérieur perçu par l'hypnotisé. Dernièrement, M. Paul Tannery [1] a proposé ce mode d'interprétation de la suggestion mentale, en supposant que les bruits musculaires très faibles de la parole intérieure pouvaient avoir quelque importance comme mode de transmission de la pensée; M. Ch. Féré [2], dans un travail plus récent, a émis une hypothèse analogue tendant à établir que cette transmission de la pensée se fait aussi à l'aide de la parole intérieure, perçue, *non* par l'ouïe, mais par la vue, qui en saisit les mouvements d'articulation extrêmement faibles provoqués par les images motrices des mots. Examinons, en premier lieu, comment la parole intérieure peut se révéler à la vue du somnambule. Rappelons-nous d'abord que l'hypnotiseur, dans les expériences de suggestion mentale, fait toujours un effort volontaire, c'est-à-dire fixe énergiquement son esprit sur ce qu'il veut suggérer à son sujet. Or, c'est une loi généralement admise aujourd'hui en psychologie que l'idée d'un acte volontaire est une tendance à cet acte, tendance d'autant plus forte que la volition l'est aussi davantage. A un moment donné, cette tendance devient une ébauche de cet acte

1. P. Tannery. *Revue philosophique*. t. XIX, 1885, p. 113.
2. Ch. Féré. *Revue philosophique*, t. XXI, 1886, p. 247.

même. Lorsque l'expérimentateur veut suggérer mentalement à son somnambule de lever la jambe, par exemple, il dit en lui-même : « Levez la jambe. — Je veux que vous leviez la jambe », et plus il veut donner cet ordre, plus il tend à articuler ses mots. On conçoit donc que le sujet puisse, comme le fait le sourd-muet, mais avec beaucoup plus de délicatesse, discerner ces mots presque articulés, par l'observation des mouvements extérieurs que détermine chez l'hypnotiseur le jeu très atténué des organes de la parole. Il n'y aura pas lieu de s'en étonner, si l'on songe d'une part à l'acuité sensorielle et intellectuelle extrême du somnambule, et, d'autre part, à la possibilité, chez le sourd-muet bien éduqué, de comprendre aisément, à l'aide de la vue, ce que dit un homme dont le visage est caché par une moustache et une barbe épaisses, de répéter exactement, avec toutes les nuances de prononciation, les mots d'une langue à lui inconnue, de distinguer à merveille les vibrations du larynx ou leur absence, de façon à reconnaître si l'interlocuteur parle à voix haute ou à voix basse, enfin de deviner quelquefois la pensée de la personne avec qui il a l'habitude de converser sans que celle-ci en ait conscience, et rien qu'en saisissant les quelques mots à peine articulés qui forment, chez beaucoup de gens, la charpente du langage intérieur. Or, il importe de le remarquer, l'hypnotiseur qui fait des expériences de suggestion mentale s'adresse à un sujet qu'il connaît déjà, et sur lequel il fait, souvent depuis longtemps, des expériences de suggestion verbale, beaucoup moins variées en réalité qu'en apparence. Ce qu'il veut suggérer mentalement, il l'a souvent déjà suggéré plus d'une fois. L'habitude et l'éducation interviennent ici puissamment; les séries différentes d'idées énoncées amènent avec elles chez l'hypnotiseur des séries parallèles de gestes, d'attitudes, de jeux de physionomie, lesquelles persistent, bien qu'à l'état d'ébauche, lorsque les paroles ne sont plus prononcées. Il finit par s'établir ainsi entre le sujet et l'opérateur une sorte de langage des signes, rudimentaire il est vrai, et dont l'opérateur n'a pas conscience, mais réel, et dans lequel les séries de mouvements, d'attitudes, de jeux de physionomie en question se décomposent en groupes dont chacun représente une idée. C'est là une variante du langage des signes de l'abbé de l'Épée, dans lequel chaque groupe de signes représente une idée indépendamment de toute expression phonétique donnée, tandis que dans celui-ci la mimique est associée aux mouvements musculaires très faibles de la parole intérieure. Ce langage, autant naturel que conventionnel, doit varier dans des limites assez peu étendues : certains des groupes de signes qui le constituent doivent se retrouver à peu près les mêmes chez des individus différents, qui se rapprochent les uns des autres par le caractère, l'éducation, ou les études auxquelles ils se livrent. Dès lors, le sujet qui aura appris à le comprendre d'un hypnotiseur pourra aisément aussi le comprendre, au moins en partie, chez un autre.

On me dira que cette hypothèse suppose au moins chez le sujet l'exercice du sens de la vue, et qu'elle tombe devant ce fait que la sug-

gestion mentale peut tout aussi bien être obtenue, alors que l'hypnotisé tourne le dos à l'hypnotiseur. Je répondrai qu'on doit alors tenir
compte des bruits qui accompagnent inévitablement les mouvements
musculaires associés à la parole intérieure, et se demander, comme l'a
fait M. Paul Tannery, si le sujet ne perçoit pas ces bruits imperceptibles pour les autres et n'est pas capable de leur assigner une signification. Quant à moi, je me rends très bien compte qu'il puisse y
arriver aisément. Si je suppose, en effet, que le sujet se trouvant dans
les conditions d'acuité auditive où la perception de ces bruits musculaires lui est possible, on lui fasse une suggestion verbale, je dois croire
qu'à ce moment le sujet entend à la fois et la voix articulée et les
bruits musculaires en question; si donc on lui fait la suggestion verbale
à voix assez basse pour qu'elle ne couvre pas ces bruits au point de
l'empêcher de les différencier des bruits vocaux, il entendra, en même
temps que chaque syllabe articulée, un bruit musculaire composé particulier. Ce dernier, lorsqu'il est entendu seul, ne devient-il pas, dès
lors, le substitut de la syllabe articulée qu'il accompagne d'ordinaire?
Et ne conçoit-on pas que le somnambule comprenne bientôt ce langage
aussi bien que l'autre?

Que penser maintenant de la valeur des précautions qu'on prend
d'ordinaire dans les expériences du suggestion mentale, pour éviter
que la transmission de pensée se fasse par l'intermédiaire des sens du
sujet? Peut-on jamais savoir si ces précautions sont suffisantes? Évidemment non; et l'on est, quoi qu'on fasse, environné de causes d'erreur nombreuses dont on n'est jamais sûr de se garantir. Et si, laissant
maintenant de côté les sens de l'ouïe et de la vue, qui sont les appareils
ordinaires de réception du langage, je cherche à analyser les renseignements que peuvent donner au somnambule les sens de l'odorat,
du toucher, de la température, etc., je vois nettement que, dans bien
des cas, il peut, à l'aide de ces sens, arriver indirectement à savoir ce
qu'on exige de lui. Il s'agit là de faits de suggestion mentale apparente.
Je n'ai pas à m'en occuper ici, puisque l'interprétation que je propose
s'applique aux cas où l'on voit le sujet obéir à un ordre simple, net,
imprévu, direct, donné mentalement par l'hypnotiseur. Je me bornerai
à signaler une des causes d'erreur les plus fréquentes : la suggestion
verbale indirecte involontaire. Dans l'immense majorité des cas donnés
comme exemples de suggestion mentale, on voit que l'hypnotiseur a
avisé verbalement, avant l'expérience, un ou plusieurs des assistants
de la suggestion qu'il allait tenter. Or, il n'est pas douteux que le sujet
présente très fréquemment une acuité auditive suffisante pour entendre
ce qui a été dit, bien qu'on ait parlé à voix basse et loin de lui. On a
donc pu prendre pour de la suggestion mentale ce qui n'était que de
la suggestion verbale. Cette suggestion indirecte est évidemment tout
aussi efficace que si elle s'était adressée directement au somnambule :
il suffit d'affirmer ainsi devant le sujet qu'on va lui suggérer quelque
chose, pour que la suggestion s'effectue. D'ailleurs, dans quelques cas

de ce genre, si l'on peut supposer que le sujet a obéi à la suggestion verbale et indirecte et non à la suggestion mentale directe, on ne peut pas l'affirmer d'une façon certaine.

Un phénomène capital relie tous ces faits, c'est *l'inconscience de la perception sensorielle du sujet*. Dans le cas où, immédiatement après qu'il a constaté nettement un fait de suggestion mentale, l'hypnotiseur interroge le sujet et lui demande, ainsi que je l'ai fait bien des fois, comment il a deviné sa pensée, la réponse est invariablement celle-ci : « Je n'en sais rien. J'ai bien senti ce que vous vouliez; mais je ne sais pas comment. » Il est très important de remarquer qu'on peut obtenir la même réponse après une suggestion verbale. Il ne s'agit pas d'un oubli, le sujet se rappelle parfaitement le moment où la suggestion a été faite, et il se rappelle qu'il n'a pas senti comment elle lui a été faite. C'est bien là une perception inconsciente; le sujet reçoit la sensation sans y prendre garde, cette sensation arrive à ses centres d'idéation, qui l'interprètent sans qu'il en ait conscience, et l'on est obligé d'admettre ce fait remarquable, que chez l'hypnotisé sensible à la suggestion mentale, le somnambule *lucide* des magnétiseurs, il y a à côté du moi conscient une personnalité psychique distincte, susceptible d'attention, de mémoire, d'intelligence et d'éducabilité, douée quelquefois d'une grande finesse et d'une grande puissance d'analyse, qui agit absolument en dehors du moi et à laquelle le moi obéit sans le savoir. Cet *inconscient* se perfectionne, chez le somnambule, en même temps que le moi conscient perd de sa netteté; il y a rupture d'équilibre entre le conscient et l'inconscient au bénéfice de celui-ci, et l'on assiste à une interversion des rôles de chaque partie de cette dualité cérébrale psychologique normale.

Les développements dans lesquels je viens d'entrer en exposant la conception du mécanisme de la suggestion mentale que je considère comme la plus légitime, me permettent maintenant de la résumer dans les deux propositions suivantes :

1° *La pensée de l'hypnotiseur qui fait une suggestion mentale se manifeste à l'aide de sa parole intérieure, qui est toujours accompagnée de mouvements, souvent très atténués, mais réels ;*

2° *Ces mouvements sont perçus inconsciemment par le sujet, dont l'hyperacuité sensorielle est alors extrême, surtout à l'aide de l'ouïe et de la vue. Inconsciemment aussi, ils sont interprétés et traduits en langage ordinaire ; car si le sujet a conscience de l'idée formulée, s'il sait souvent de qui elle vient, il ignore absolument comment elle lui a été communiquée.*

Ce ne sont là, je le sais, que des hypothèses, mais au moins elles sont d'accord avec la science actuelle, et en particulier avec ce que l'on sait aujourd'hui des relations des sensations et du mouvement. Elles tendent à assigner des processus analogues à deux phénomènes qui ont d'ailleurs la même origine et la même fin. Si elles sont vraies, au moins dans leur ensemble, la limite entre la suggestion mentale et la

suggestion verbale s'efface, là première se confond avec la seconde.
Eh bien! je le demande, ne pouvait-on pas prévoir ce résultat en se
rappelant ce qui s'est passé depuis qu'on a commencé l'étude scientifique de l'hypnotisme? Les partisans de la suggestion purement mentale ont déjà vu son domaine décroître à mesure que les observations
étaient mieux faites; ils ont déjà rayé du cadre de la suggestion mentale tous les cas où l'hypnotiseur est en contact, si peu que ce soit, avec
l'hypnotisé, au moment de la suggestion [1]. Ils ne citent même plus
aujourd'hui comme tout à fait probants les cas où l'hypnotiseur est en
présence du sujet; leur suprême argument, ce sont les suggestions
mentales à grande distance. Or, si je suppose que les faits de ce genre
sont à l'abri de toute critique, ce qui d'ailleurs n'est nullement démontré, je ne les trouve pas cependant en contradiction *absolue* avec l'interprétation de la suggestion mentale que je propose. Du reste, tant que
les faits de ce genre resteront isolés, exceptionnels, et plus ou moins
douteux, on devra se borner à les enregistrer avec le plus de détails
possible, en attendant que l'état de la science permette d'en trouver
l'explication. C'est par l'étude patiente des faits les plus simples qu'on
s'élèvera peu à peu à celle des phénomènes plus complexes dont l'interprétation nous échappe encore. Or, les hypothèses que je viens d'exposer s'appliquent sans difficulté à l'immense majorité des faits connus, ceux où la suggestion mentale a eu lieu à petite distance. Rien
n'empêche dès lors d'admettre qu'exceptionnellement la perception
inconsciente du sujet puisse se faire à des distances sensiblement plus
grandes. Supposer que le somnambule lit la parole intérieure sur le
visage, ou qu'il l'entend, même d'assez loin, me semble assez naturel.
Est-il naturel, au contraire, de penser que ses cellules cérébrales reçoivent, par un mécanisme inimaginable, une sorte de reflet des images
emmagasinées dans les cellules du cerveau de l'hypnotiseur, en même
temps que l'excitation nécessaire pour produire l'association de ces
images de telle façon que l'idée du second se reproduise identiquement
chez le premier?

III

La suggestion mentale est aujourd'hui notée comme un phénomène
exceptionnel, et l'on admet qu'elle ne peut être observée que chez quelques rares sujets, doués d'une sensibilité extrême aux manœuvres
hypnotiques. Bon nombre de savants qui se sont beaucoup occupés
d'hypnotisme n'en ont jamais constaté un seul exemple. J'ai tout lieu
de croire cependant que bien des sujets susceptibles d'être mis en état
de somnambulisme profond et d'obéir à la suggestion verbale hypnotique et post-hypnotique, peuvent également apprendre à obéir à la
suggestion mentale. Si l'on se donnait la peine de renouveler les
essais avec plus de persévérance, au lieu de passer outre après quel-

1. Ch. Richet. *Société de Biologie;* avril 1884.

ques échecs, on arriverait peut-être à réussir l'expérience assez fréquemment.

Bien plus, je considère comme infiniment probable que les sujets dont je viens de parler obéissent très souvent, à l'insu de leurs hypnotiseurs, à des suggestions mentales involontaires; et c'est là, à mon sens, une des causes d'erreur les plus fréquentes et les plus difficiles à éviter dans l'étude des phénomènes physiques de l'hypnotisme, lorsque les séries d'expériences sont longtemps poursuivies et répétées sur un même sujet par un même hypnotiseur. Je ne pense donc pas que la suggestion mentale soit, d'une manière absolue, aussi rare qu'on le croit généralement, mais je la considère comme un phénomène fugace, insaisissable, difficile à reproduire à volonté par l'expérimentation, et dont les conditions d'apparition nous échappent encore en grande partie. Toutefois, si-l'on veut bien remarquer que la suggestion mentale, rare. ment observée par les savants d'aujourd'hui, est au contraire considérée par les magnétiseurs empiriques comme un fait très ordinaire, on peut se demander si le mode opératoire employé par ces derniers n'est pas pour une grande part dans ce résultat. Il n'est donc pas inutile de rechercher, comme je vais le faire, en quoi ce mode opératoire diffère de celui que les hommes de science mettent d'ordinaire en usage aujourd'hui.

Le point de départ des recherches contemporaines sur l'hypnotisme a été l'œuvre de Braid. Or cet auteur avait conclu de ses expériences que, en pareille matière, les observations devaient porter uniquement sur l'hypnotisé, et que l'hypnotiseur, pouvant être souvent remplacé par un objet inanimé, n'était pour rien dans les phénomènes observés. On a donc négligé, a *priori*, toute influence de la personnalité de l'hypnotiseur, même dans les faits de suggestion, qui peuvent être provoqués successivement par tous les expérimentateurs chez le même sujet, et ne résultent en somme que de l'automatisme de ce dernier. Aussi, dans presque toutes les expériences qu'on poursuit actuellement, voit-on le ou les sujets endormis, interrogés, suggestionnés indifféremment par plusieurs des personnes présentes. Chacun s'y prend à sa manière, et tout le monde y met du sien. En définitive, le dressage du sujet réalise de plus en plus l'automatisme absolu, à mesure qu'il devient plus parfait. Dans ces conditions, si quelqu'un tente une expérience de suggestion mentale et que cette suggestion soit perçue par le sujet, celui-ci peut évidemment percevoir en même temps les suggestions mentales involontaires de ceux des assistants qui doutent des résultats de l'expérience. Mis ainsi en présence de suggestions contradictoires, il n'obéit d'ordinaire à aucune. La non-réussite de l'expérience est la règle, et sa réussite une exception infiniment rare.

Qu'on veuille bien maintenant se rappeler la manière de faire des magnétiseurs empiriques. Dans leurs expériences, il s'agit presque toujours d'un magnétiseur opérant sur *son* sujet. Ce sujet, dressé par l'expérimentateur, se croit en sa puissance unique. Il n'obéit qu'à lui, les assistants sont neutres, et n'ont d'autre influence sur le sujet que celle qu'il plaît au magnétiseur de leur laisser prendre, ce qui revient à dire, pour me servir du mot employé d'ordinaire, qu'il est en *rapport magnétique* avec son magnétiseur seul, ou bien (et cela seulement pendant le cours d'une même expérience) avec son magnétiseur et ceux des assistants avec lesquels il plaît à celui-ci de l'y mettre. Pour obtenir ce résultat, le magnétiseur empirique ne fait que de l'hypnotisme par suggestion, mais ses premières suggestions sont persistantes et dominent toutes les autres. Il commence, avant toute manœuvre hypnotique, par convaincre son sujet de bonne volonté qu'il va le « magnétiser ». Ce mot *magnétiser* signifie pour le patient quelque chose de vague, de merveilleux, un état surnaturel dont un sommeil spécial n'est que la première phase. Dès le début, le sujet s'attend à tout en même temps qu'il se livre tout entier. Après quelques hypnotisations, le magnétiseur lui suggère, pendant le somnambulisme, qu'il ne pourra dorénavant être endormi par aucune autre personne que lui-même, et pour donner à cette suggestion plus de corps et de *force, l'opé*rateur l'appuie souvent sur un souvenir matériel. Il donne à son sujet un talisman, bague, boucle d'oreilles, pièce de monnaie ou autre petit objet, lui ordonne de toujours le porter sur lui et lui suggère que, tant qu'il en sera possesseur, il ne pourra en aucun cas être *magnétisé* par aucune autre personne que celle dont il le tient. Beaucoup de magnétiseurs de profession, jaloux de rester maîtres de leurs sujets, renouvellent cette suggestion à chaque séance, avant de les réveiller. Cette suggestion, que j'appellerai *suggestion fondamentale* en raison de son importance, domine toutes les autres et donne à l'opérateur une influence exclusive sur le patient, tant qu'elle s'exerce. Celui-ci, véritable machine, mais machine spéciale, ne pouvant être manœuvrée que par un seul mécanicien, appartient en propre au magnétiseur, qui en fait absolument ce qu'il veut. On comprend bien dès lors que le somnambule, suggestionné constamment par la même personne, arrive aisément à comprendre les suggestions à demi-mot. Le dressage atteint une perfection *extrême*. La suggestion mentale proprement dite n'est pas toujours *possible* chez le sujet ainsi éduqué, mais l'hypnotiseur peut presque constamment obtenir des faits qui du moins s'en rapprochent singulièrement, et peuvent même être considérés comme le premier degré de cette forme de la suggestion.

J'entends parler de l'influence apparente de la volonté de l'hypnotiseur sur l'hypnotisé, de ce que les magnétiseurs appellent le *rapport magnétique*. Ces faits sont beaucoup plus faciles à observer que la suggestion mentale vraie, et tous les observateurs qui les ont constatés ne doutent en aucune façon de leur réalité. Lorsque cette influence personnelle de l'hypnotiseur sur son sujet s'est une fois manifestée, elle est constante, ou tout au moins durable, et l'hypnotiseur, aussi bien que le sujet éveillé et les témoins des expériences, peuvent toujours la constater très nettement. M. J. Héricourt a rapporté, à la Société de psychologie

voulait l'endormir, et qui ressentait une sensation douloureuse
région précordiale lorsqu'il *pensait* à elle. Les faits du même
abondent, et si j'ai cité celui de M. J. Héricourt, c'est parce que l
a bien exposé la différence de degré qu'il y a entre les phénomè
cet ordre, si nets et si faciles à constater sur son sujet, et la r
tion mentale vraie, à laquelle celui-ci était au contraire très réfr
J'ai observé moi-même un certain nombre de sujets, et notamm
homme de 27 ans et une femme de 24 ou 25 ans, chez lesque
influence spéciale était parfaitement nette. J'ai pu m'en convainc
pas une fois, mais constamment; tant que j'ai été en relatio
eux. Lorsque je me trouvais quelque part avec l'une de ces de
sonnes et plusieurs autres, et que la conversation, se portant
sujets tout à fait différents de l'hypnotisme, personne n'y pensa
venait quelquefois l'idée de faire à l'improviste quelque expéri
somnambulisme, pour étonner un peu les assistants, et surto
qui n'avaient encore rien vu de ces phénomènes. Mais aussitô
m'arrêtais sur cette idée, mon sujet, parfaitement éveillé, vena
tement à moi et me priait instamment de le laisser tranquille. «
parfaitement bien, disait-il, que vous allez me faire quelque c
Dans les deux cas, il s'agissait seulement d'une sensation vagu
finissable, et non pas d'une douleur précordiale, comme chez
de M. J. Héricourt, ou de quelque autre sensation organique déte
Le sujet se rendait bien compte qu'il « me sentait », mais c'é
et je ne pouvais arriver à une analyse de sa sensation. Je
aisément, surtout chez le jeune homme, provoquer le sommei
simple effort de volonté. Ce n'était pas là de la suggestion
car j'ai bientôt reconnu qu'il arrivait au sommeil uniquement
tensité et la durée de l'impression qu'il ressentait lorsque je f
effort de volonté en pensant à lui. J'entends dire par là qu'il ne
mait pas parce que je voulais qu'il dormît, mais seulement pa
sentait vivement que je m'occupais de lui mentalement : le
hypnotique léthargique était l'aboutissant de cette sensation va
j'ai parlé tout à l'heure. Bien plus, au bout de quelques moi
arrivé à l'endormir malgré moi; ainsi, malgré le désir que j'av
de le rendre témoin des expériences d'hypnotisme que je fai
un de nos amis communs connus, je ne pus y parvenir : il s'er
lui-même dès que je cherchais à hypnotiser l'autre.

Ces phénomènes, étranges au premier abord, doivent nou
raître comme une chose assez naturelle, si nous tenons con
considérations que j'ai exposées plus haut. On remarquera q
ces faits, il s'agit presque toujours de sujets n'ayant été hypno

1. J. Héricourt. *Revue philosophique*, t. XXI, 1886, p. 200.

par la seule personne dont ils disent ressentir l'influence. Il en était ainsi dans le cas de M. J. Héricourt, et dans les deux miens. Il me semble donc fort légitime de les attribuer à l'influence de cette suggestion primitive, dominant toutes les autres, que j'ai appelée *suggestion fondamentale*. Le sujet y obéit à l'état de veille, à l'aide et par l'intermédiaire de *l'inconscient*, de cette personnalité psychique *distincte du moi*, qui est toujours en éveil chez lui, dès qu'elle a été étendue, perfectionnée, éduquée par les hypnotisations antérieures. C'est là une de ces suggestions faites pendant le sommeil hypnotique et auxquelles le sujet obéit plus tard, étant éveillé, sans s'en douter, phénomènes bien connus aujourd'hui et dont la possibilité ne fait plus de doute pour personne. Des observateurs dont le témoignage est indiscutable ont d'ailleurs pu la réaliser plusieurs fois [1]. Dans ce cas particulier, le sujet obéit à une suggestion qu'on pourrait formuler ainsi : « Toutes les fois où je voudrai que vous *me sentiez*, que vous ressentiez mon influence hypnotique, vous la ressentirez. » Comme toutes les suggestions possibles, celle-ci peut venir de l'hypnotiseur, ou bien encore, et c'est le cas de beaucoup le plus fréquent, s'établir directement chez le sujet même, par auto-suggestion. On va m'objecter que rien ne m'autorise à affirmer la possibilité de la réalisation d'une suggestion pareille. Je répondrai que l'on connaît des faits de suggestion semblant au contraire beaucoup plus difficiles que celle-ci à réaliser, et que l'on ne peut cependant révoquer en doute. Il s'agit de ces faits si remarquables de suggestions à longue échéance, ou plutôt à *échéances échelonnées*. J'en emprunte une à M. Beaunis. Cet auteur fait à un de ses sujets la suggestion suivante : « Cet après-midi vous dormirez cinq minutes toutes les heures. — La suggestion se réalise, et le lendemain la malade se rappelle très bien qu'elle a été surprise toutes les heures par le sommeil et que chaque fois elle a dormi cinq minutes, comme l'a constaté du reste son amie, qui travaillait dans la même pièce qu'elle [2]. » Ces faits, qui semblent impliquer une sorte de faculté inconsciente de mesurer le temps, sont évidemment très curieux. A propos d'une suggestion à longue échéance, se réalisant treize jours après avoir été faite, M. Paul Janet, effrayé de cette faculté inconnue de mesure du temps, qui lui semblait nécessaire pour l'explication du fait, voyait avec étonnement et chagrin les physiologistes rouler « sur la pente des facultés mystérieuses du magnétisme animal » [3]. M. Beaunis est arrivé cependant à une interprétation satisfaisante de ces faits. Il a fort à propos fait observer qu'un intervalle de temps déterminé, un jour par exemple, correspondait à une série d'impressions et de sensations successives en permettant jusqu'à un certain point la mesure inconsciente : le réveil volontaire, à heure fixe, fait absolument bien constaté, en est

---

1. Beaunis. *Le somnambulisme provoqué.* Paris, 1886, p. 36.
2. Beaunis. *Loc. cit.* p. 128 et 129.
3. P. Janet. *Revue politique et littéraire*, 16 août 1884.

la preuve [1]. J'ajouterai que chez l'hypnotique qui ne dort que cinq minutes, ces cinq minutes correspondent à des sensations organiques déterminées, la sensation des mouvements respiratoires, par exemple, et que la mesure inconsciente du temps devient dès lors possible. La suggestion que je considère comme la cause du phénomène dit « rapport magnétique » est évidemment une suggestion à échéances échelonnées, comparable à celle que je viens de citer, mais d'une interprétation beaucoup plus facile, car il y a dans ces cas plus qu'un souvenir ignoré des ordres reçus, et chaque échéance de la suggestion est déterminée par des signes actuels : le fait d'une volition plus ou moins intense chez l'hypnotiseur se traduit chez lui par des phénomènes physiques appréciables. Chez moi, du moins, ainsi que je l'ai dit déjà à la Société de psychologie physiologique, un effort de volonté purement psychique amène rapidement une notable accélération des mouvements du cœur, et je passe en moins d'une minute de 76 à 100 et même 120 pulsations. J'ai donc le droit de supposer que chez d'autres personnes le même phénomène, plus ou moins accusé suivant les cas, peut se produire dans les mêmes circonstances. N'est-il pas dès lors légitime de supposer que les phénomènes vasomoteurs, ou autres signes inconnus de nous, peuvent être inconsciemment perçus par le sujet, et produire chez lui ces sensations vagues qu'il attribue en effet à une influence personnelle de l'hypnotiseur? Il s'agirait donc bien là, à mon avis, de phénomènes de même ordre que la suggestion mentale, mais infiniment moins délicats et moins complexes, et exigeant d'ailleurs du sujet une moindre sensibilité et une éducation moins parfaite.

Les développements dans lesquels je viens d'entrer m'ont paru nécessaires pour bien spécifier ce que les magnétiseurs appellent le *rapport magnétique*, et montrer que cette appellation s'applique à des phénomènes parfaitement réels. Or il nous faut remarquer qu'ils ne considèrent la suggestion mentale, qu'ils appellent la *transmission de pensée*, comme possible que sur des sujets avec lesquels ils sont « en rapport magnétique. » Ils ne la tentent pas en dehors de ces conditions, et ils la réussissent fréquemment. Comment s'étonner dès lors que le magnétiseur empirique, se voyant si constamment et si facilement obéi de son sujet, arrive à être convaincu de la puissance de sa volonté et de la transmission de la pensée sous l'influence de sa seule volonté? Un grand nombre de gens instruits et cultivés qui s'occupent d'hypnotisme ont encore aujourd'hui cette conviction, car ils n'ont jusqu'ici rien trouvé, dans les écrits scientifiques, qui puisse les éclairer. Ce sont eux du reste qui réussissent le mieux leurs expériences : ce qui fait la force du magnétiseur empirique, c'est qu'il est de bonne foi; il croit profondément à sa puissance, il espère fermement la réussite de ses suggestions; cette confiance perce dans ses gestes, dans l'expression de sa physionomie, dans le ton de ses paroles, et, comme il est

1. Beaunis. *Loc. cit.* p. 139, 140.

vrai qu'un orateur convaincu parvient plus aisément qu'un autre à convaincre son auditoire, s'il est éloquent, de même l'hypnotiseur convaincu de la réussite de sa suggestion, suggestionne mieux son sujet qu'un sceptique, s'il est doué de quelque éloquence, c'est-à-dire s'il a quelque autorité dans l'attitude, le geste, la parole ou le regard. Il résulte de là que nous, médecins, physiologistes ou psychologues, sommes peu aptes à ce genre d'expériences, pour lesquelles le scepticisme scientifique nous nuit dans une certaine mesure. Quant à moi, il m'a semblé que j'avais toujours eu plus de profit à observer à la fois l'hypnotiseur et le sujet qu'à expérimenter par moi-même. Je me suis donc astreint à suivre, pendant des années, à titre de spectateur, divers « cercles magnétiques, sociétés magnétiques », et aussi un grand nombre de réunions où les expériences étaient faites par des gens du monde. J'y ai acquis la conviction que ces gens, qui pourraient être fort dangereux, du reste, si l'on suppose quelques-uns d'entre eux capables de faire de leurs pratiques un criminel usage, sont de bonne foi en ce qui concerne leurs idées sur le magnétisme animal. J'en excepte, bien entendu, ceux qui sont magnétiseurs de profession et qui, se donnant en spectacle au public, s'arrangent toujours de façon à ne manquer aucune expérience. A cette exception près, il n'y a guère plus à tenir compte de la supercherie, dans tous les faits observés, que du « coup de pouce » inconscient donné quelquefois par des hommes d'une bonne foi scientifique incontestable dans des expériences de physiologie ou de pathologie expérimentales. Encore la supercherie vient-elle presque toujours du sujet, et non du magnétiseur. On peut, en somme, affirmer que la majorité des faits servant de base à la doctrine ancienne du magnétisme animal (doctrine qui s'appuie sur des traditions séculaires), est vraie; l'interprétation de ces faits seule est erronée et basée sur des illusions.

On reconnaîtra peut-être maintenant que j'ai quelques raisons de croire que si les magnétiseurs empiriques réussissent des expériences que d'autres ne peuvent mener à bonne fin, cela tient à leur mode opératoire, et l'on ne s'étonnera pas si je conseille de s'en rapprocher le plus possible, afin d'arriver aux mêmes résultats. Je puis donc, avant d'aller plus loin, indiquer la marche à suivre pour arriver à se placer dans de bonnes conditions expérimentales, avant de tenter des expériences de suggestion mentale. On devra :

1º Choisir un sujet *neuf*, n'ayant été encore hypnotisé par personne. Peut-être vaut-il mieux qu'il ait été témoin de quelques expériences d'hypnotisme faites sur d'autres, à condition qu'il y ait cru. Cela le disposera favorablement à la suggestion.

2º Acquérir d'abord la confiance du sujet, l'amener soi-même à croire et lui faire répéter par d'autres qu'on est un magnétiseur irrésistible, et en même temps incapable d'abuser de son pouvoir.

3º L'endormir par suggestion (le mode opératoire est indifférent), et répéter cette manœuvre jusqu'à ce que le sommeil très profond puisse être obtenu instantanément.

4° Le faire passer alors, pendant le sommeil, à l'état somnambulique; et dès qu'il répondra nettement et sans effort ni hésitation aux questions qu'on lui posera dans cet état, lui faire la suggestion verbale que j'ai appelée plus haut *suggestion fondamentale*, avant de le réveiller. (Cette suggestion devra, par la suite, être répétée très fréquemment.)

5° Au réveil, prier d'autres personnes d'essayer d'endormir le sujet, afin de voir si la suggestion fondamentale se réalise bien. Afin d'être plus sûr du résultat, j'ai l'habitude d'affirmer encore, préalablement, au sujet réveillé, que personne autre que moi ne réussira à l'endormir.

6° Multiplier ensuite les expériences de suggestion verbale dans les états hypnotiques où elle est possible, en passant des phénomènes somatiques aux phénomènes psychiques et réciproquement, afin de perfectionner de plus en plus l'éducation du sujet. Accroître le plus possible, par suggestion verbale, l'acuité sensorielle du somnambule.

7° On devra alors passer aux suggestions faites à l'état de veille, et réaliser ainsi les divers phénomènes somatiques ou psychiques obtenus précédemment. Le mot « à l'état de veille » est évidemment mauvais : si le sujet est dans son état normal au moment où la suggestion est faite, il est évident qu'il en sort au moment où elle se réalise. Il s'agit là d'un état hypnotique spécial, encore assez mal défini, et si j'emploie cette expression tout en la trouvant mal choisie, c'est que tout le monde s'entend aujourd'hui sur ce qu'elle signifie. Je crois que les expériences de cet ordre ne doivent être entreprises que si l'on a préalablement suggéré au sujet endormi qu'il perdra immédiatement tout souvenir des illusions, hallucinations, et surtout des changements de personnalité qu'on provoquera chez lui à l'état de veille. Sans cette précaution, ces souvenirs se perdent, il est vrai, assez rapidement, mais il m'a semblé qu'après chaque hallucination il restait momentanément au sujet une sorte d'étonnement cérébral particulier qui m'a quelquefois effrayé.

8° Lorsqu'on sera bien maître de son sujet, que son éducation hypnotique sera aussi complète que possible, on lui fera à plusieurs reprises, pendant le sommeil et à l'état de veille, la suggestion à échéances échelonnées que j'ai dit être la cause de l'état dit « rapport magnétique », et l'on s'assurera que cette suggestion à réussi. Je le répète, cet état est le plus souvent le résultat d'une auto-suggestion; mais on ne devra pas négliger l'emploi de la suggestion pour l'obtenir plus nettement.

Telles sont les manœuvres qui, à mon sens, doivent précéder les tentatives de suggestion mentale. Ce dressage exigera évidemment un temps variable suivant les sujets. Certes, beaucoup d'entre eux ne pourront être amenés à ce point, et, parmi ceux qui y arriveront, il s'en trouvera qui n'obéiront pas à la suggestion mentale. Mais je ne crains pas d'affirmer que beaucoup d'autres, ainsi préparés, seront susceptibles d'y obéir assez souvent. Les deux sujets dont j'ai parlé plus haut avaient acquis une sensibilité telle, que mes expériences réussissaient dans plus du tiers des cas. Les résultats variaient du reste suivant les jours. Je ne citerai ici aucune de ces expériences, car elles ne me paraissent rien présenter de plus intéressant que celles, si nombreuses, qui ont déjà été publiées par d'autres. Je me bornerai à conseiller aux expérimentateurs qui formulent mentalement une suggestion de *vouloir* fermement ce qu'ils tentent de suggérer, et de répéter plusieurs fois, mentalement, leur suggestion, jusqu'à ce que le sujet ait obéi, ou, en cas d'insuccès, jusqu'à ce que la fatigue les oblige à renoncer à l'expérience. Lorsque celle-ci réussit, on voit d'ordinaire le sujet en état de somnambulisme indiquer d'abord par quelques signes extérieurs variables (légers mouvements convulsifs, inspirations précipitées et profondes, mouvements de déglutition, etc., qu'il a *senti la volonté* de l'hypnotiseur, et ce n'est qu'après quelque hésitation qu'il finit par obéir à la suggestion. Quelquefois il n'obéit qu'après une résistance manifeste. Il m'a semblé que la suggestion mentale réussissait mieux et plus souvent quand elle était faite à l'état de veille, et qu'elle avait été précédée de quelques autres expériences destinées, si l'on veut me pardonner l'expression, à mettre le sujet « en train ».

En général, les expériences de suggestion mentale réussissent beaucoup mieux lorsque l'hypnotiseur est en présence du sujet que lorsqu'il en est éloigné de quelque distance. Toutefois, les deux personnes que j'ai citées tout à l'heure me sentaient quelquefois manifestement d'une pièce à l'autre du même appartement, lorsque je le voulais, et j'ai pu les endormir ainsi, alors que vraisemblablement ils ne soupçonnaient pas ma présence. L'une d'elles me sentait quelquefois très bien, lorsque je le voulais fermement, alors que j'étais dans la rue et elle à l'entresol d'une maison de la rue Cujas. Cette expérience, bien souvent répétée, réussissait assez fréquemment. Enfin, un soir que je sortais accompagné d'un de mes amis de chez l'un de ces sujets, étudiant en médecine, sur lequel je venais de faire quelques expériences d'hypnotisme, j'ai essayé, du palier de l'étage inférieur, à lui suggérer mentalement une paraplégie complète, et il m'a semblé y être parvenu. En effet, je ne pensais nullement à tenter l'expérience alors que j'étais près de lui, et l'idée ne m'en était venue qu'au moment même où j'allais la mettre à exécution. Aussitôt ma tentative faite, je remontai chez mon somnambule pour voir si la suggestion avait réussi. Je le trouvai assis dans un fauteuil, se plaignant d'avoir les jambes engourdies, et incapable de se lever. Mais ce fait est resté isolé, bien que j'aie essayé maintes fois d'en produire d'analogues; aussi me garderai-je bien de lui accorder plus d'importance qu'il n'en mérite; car, en pareil cas, il est au moins prudent de toujours se méfier des coincidences fortuites.

Avant de terminer ce travail, je tiens à appeler l'attention sur un fait dont l'intérêt me semble indéniable. Je n'ai jamais guère cherché à le produire que sur un seul de mes sujets, l'étudiant en médecine cité plus haut; mais d'autres expérimentateurs, M. Liebault entre autres, en ont produit d'analogues [1]. Voici ce dont il s'agit. Il est possible de suggérer à un sujet sensible à la suggestion mentale d'obéir pendant un temps donné aux suggestions mentales que lui fera une personne indiquée. Ainsi il me suffisait de dire à mon sujet : « A partir du moment présent et *jusqu'à telle heure*, M. X., que voici, pourra obtenir de vous par l'hypnotisme tout ce que j'en obtiens moi-même, » pour que cette suggestion se réalisât parfaitement. L'attention du sujet se portait alors sur son nouveau maître intérimaire, et si celui-ci prenait soin de conduire ses expériences avec méthode et netteté, en suivant mes conseils, il arrivait presque toujours à réussir un certain nombre de suggestions mentales. Or, il faut remarquer que j'ignorais absolument quelles suggestions il tentait; la scène se passait uniquement entre lui et le sujet, sans confident. Dès que l'heure fixée arrivait, il ne pouvait plus rien obtenir du sujet; la *suggestion fondamentale*, un moment suspendue, reprenait toute sa force. J'ai renouvelé cette expérience un nombre considérable de fois pendant dix-huit mois, avec le même sujet que je confiai ainsi à plus de vingt personnes différentes, et j'ai obtenu une faible proportion d'insuccès, survenant du reste presque toujours avec les mêmes personnes, et très probablement de leur faute. Cette expérience, très élégante, a le grand avantage de démontrer immédiatement la réalité de la suggestion mentale hypnotique à la personne à laquelle l'hypnotiseur transmet momentanément son pouvoir. Lorsqu'elle a vu le sujet obéir nettement, plusieurs fois de suite, à des ordres connus d'elle seule et qu'elle lui a donnés mentalement, elle est bien obligée de se rendre à l'évidence.

28 juin 1886.

RECHERCHES SERVANT A ÉTABLIR QUE CERTAINES MANIFESTATIONS HYSTÉRIQUES PEUVENT ÊTRE TRANSFÉRÉES D'UN SUJET A UN AUTRE SUJET SOUS L'INFLUENCE DE L'AIMANT [2],

Par le Dr J. BABINSKI,
Chef de clinique de la Faculté de médecine, à la Salpêtrière.

Sous l'influence de l'application de métaux, ou bien encore de l'aimant, on peut voir chez certains sujets quelques manifestations de l'hystérie telles que l'anesthésie sensitive et sensorielle, les paralysies, les contractures, les arthralgies, lorsqu'elles sont limitées à un côté du corps, disparaître de ce côté et apparaître du côté opposé. C'est là, comme on e sait, le phénomène *du transfert* constaté par la Commission de la Société de Biologie [3] à l'occasion d'un fait remarqué par M. Gellé dans

1. Beaunis. *Revue philosophique*, t. XXI, 1886, p. 204.
2. Séance du 25 octobre 1885. Présidence de M. Ribot, vice-président.
3 Commission nommée en 1876 par la Société de Biologie pour contrôler les expériences de M. Burq sur la métalloscopie.

la mensuration qu'il faisait de la distance de l'audition distincte pendant l'application des métaux ; souvent ce transfert d'un côté à l'autre du corps recommence en quelque sorte spontanément sans nouvelle application métallique et se répète un certain nombre de fois de suite. Ce phénomène a été indiqué pour la première fois par M. Charcot, qui lui a donné le nom d'*oscillations consécutives*.

Des recherches nouvelles que nous avons faites dans le service de notre maître M. Charcot, nous ont montré que deux sujets peuvent jouer, au point de vue du transfert, l'un par rapport à l'autre, un rôle analogue à celui que joue chez un seul sujet un côté du corps par rapport au côté opposé. Dans nos expériences, les malades ont été placés dans la situation assise, tournés dos à dos. Il n'est pas nécessaire qu'il y ait contact entre eux ; mais, s'il y a contact, le transfert est plus rapide que lorsque les malades sont à une certaine distance l'un de l'autre.

Les expériences que nous avons faites doivent être divisées en deux catégories :

A la première catégorie appartiennent des expériences qui ont porté sur deux jeunes filles hystéro-épileptiques, ayant chacune une hémianesthésie sensitive sensorielle, toutes deux sujettes à des attaques d'hystéro-épilepsie et présentant au complet les phénomènes du grand hypnotisme, tels qu'ils ont été décrits par M. Charcot. Voici les diverses expériences que nous avons faites sur ces deux malades, et qui, toutes, ont été répétées un grand nombre de fois.

Nous les avons d'abord mises simplement en rapport l'une avec l'autre comme il a été dit plus haut, et nous avons placé un aimant à côté de l'une d'elles. Nous avons alors observé qu'une des deux malades, d'hémianesthésique qu'elle était, devient au bout de quelques instants anesthésique totale, et en même temps l'autre malade recouvre la sensibilité dans son côté anesthésié, tout en la conservant dans le côté opposé. Puis un nouveau transfert s'opère, même si l'on éloigne l'aimant ; la première malade, devenue anesthésique totale, recouvre la sensibilité dans toute l'étendue de son corps, et la seconde malade devient à son tour anesthésique totale, et il se fait ainsi une série d'oscillations consécutives. Lorsqu'on éloigne les deux malades l'une de l'autre, elles reviennent très rapidement à l'état qu'elles présentaient avant l'expérience, c'est-à-dire qu'elles redeviennent toutes deux hémianesthésiques.

Nous avons ensuite produit chez ces malades, tantôt chez l'une, tantôt chez l'autre, des paralysies soit flasques, soit avec contracture ; c'est ainsi que nous avons produit tour à tour des monoplégies brachiales, des monoplégies crurales, des hémiplégies, des paraplégies, les unes flasques, les autres spasmodiques. La malade paralysée était mise alors en contact avec sa compagne, près de laquelle on plaçait l'aimant. Au bout de quelques instants, le transfert se produit ; la paralysie disparaît chez la première malade, et se manifeste en même temps chez la seconde. Le transfert se fait généralement avec la plus grande pureté ; la paralysie se transfère avec ses caractères et sa localisation exacts ; il nous est arrivé pourtant une fois de voir une monoplégie brachiale simple se transférer sous forme de monoplégie brachiale double. Généralement, la paralysie se transfère chez la seconde malade du côté où l'aimant a été appliqué, mais cela n'est pas constant. Il se fait ensuite une série d'oscillations consécutives d'un sujet à l'autre sujet, comme pour l'anesthésie. Si l'on éloigne les malades l'une de l'autre, la malade paralysée au moment où l'éloignement se fait, reste paralysée, et il faut agir de nouveau par suggestion pour faire disparaître la paralysie.

Puis nous avons produit par suggestion des coxalgies ayant les caractères des coxalgies hystériques. Les coxalgies se comporten t, au point de vue du transfert, exactement comme les paralysies.

Voici maintenant une expérience qui diffère des précédentes en ce qu'elle n'a pas son pendant dans les expériences de tranfert que l'on pratique chez des sujets isolés : on provoque par suggestion le mutisme hystérique; le phénomène se transfère avec la même facilité que les paralysies et les coxalgies.

Ces diverses expériences ont été d'abord pratiquées lorsque les malades se trouvaient dans la période somnambulique du grand hypnotisme. Mais nous les avons répétées lorsque les malades étaient à l'état de veille, et nous avons obtenu les mêmes résultats. Il a été toutefois indispensable, lorsque nous voulions obtenir par suggestion un phénomène hystérique pour le soumettre au transfert, d'hypnotiser préalablement les malades.

Nous avons enfin plongé un des deux sujets dans la période somnambulique du grand hypnotisme, en laissant le second dans l'état de veille. Sous l'influence de l'aimant, il se fait un transfert de ces deux états ; au bout de très peu de temps le premier sujet se réveille et le second devient somnambule. Pour constater la réalité du somnambulisme, nous nous sommes fondé sur le caractère somatique de cette période : la contracture somnambulique.

Passons maintenant à la *seconde catégorie* de nos expériences. Nous avons pris des malades hystériques, hommes ou femmes, présentant des manifestations hystériques telles que des paralysies flasques ou spasmodiques, non plus artificielles, mais naturelles, c'est-à-dire survenues indépendamment de toute suggestion de notre part et qui ont motivé l'admission de ces malades à l'hospice. Ces malades, pour la plupart, n'ont jamais été hypnotisés, et, dans les expériences suivantes, ils ont été laissés à l'état de veille. Nous avons placé les malades en rapport avec l'un ou l'autre des deux sujets dont nous avons parlé plus haut que nous plongions dans la période somnambulique du grand hypnotisme et à côté duquel nous mettion s l'aimant.

Nous avons alors observé que le sujet hypnotisé ne tarde pas, sous cette influence, à présenter les mêmes accidents que l'hystérique à côté duquel il se trouve. Pourtant la transmission de ces paralysies se fait parfois avec moins de pureté que dans les expériences de la première catégorie.

Mais une différence beaucoup plus grande sépare les ⟨
la première catégorie de celles de la seconde. En e
dernières, il n'y a pas à proprement parler de transfert.
hystériques se transmettent au sujet hypnotisé, mais persi
eurs caractères chez les malades qui en sont primitivem

Toutefois, en répétant un certain nombre de fois ces e
arriverait peut-être à faire disparaître ces paralysies, et il
méthode de traitement. Nous avons observé, en effet, d:
suite de deux expériences consécutives, une contracture
membre inférieur s'atténuer notablement. Nous nous
reste, de poursuivre ces recherches.

Nous ferons remarquer que les faits que nous venons ⟨
fèrent essentiellement de certaines observations déjà :
démontrent seulement que l'aimant peut agir à distance ⟨
mis en rapport avec un autre malade *dont le corps sert* ⟨
Voici, par exemple, une des expériences de MM. Pr⟨
« Deux hystériques, l'une hémianesthésique gauche, l'a⟨
thésique droite, se tiennent par la main; on applique des
de la première; au bout d'une heure, les deux malade⟨
sensibilité générale dans leur côté anesthésié. » — Ce
n'ont aucune analogie avec les nôtres.

Nous ferons remarquer, en terminant, que nous nous
dans des conditions telles que toute idée de simulation o⟨
doit être absolument écartée.

Il faut noter d'abord que ces expériences ont donné d⟨
mêmes résultats que lorsqu'elles ont été répétées :
Lorsque nous produisions par suggestion chez un sujet
tel que paralysie ou mutisme que nous nous proposions ⟨
transfert, l'autre sujet était éloigné de façon à ce qu'il lui
de savoir ce qui avait été fait, et nous couvrions le pre⟨
voile dissimulant complètement les différentes parties de

Lorsque nous mettions en contact avec les malades at⟨
lysie spontanée une hystérique hypnotisée, nous preni⟨
précautions nécessaires pour que celle-ci ignorât complète
le malade en rapport avec elle et ne pût savoir de que⟨
était atteint. Enfin l'aimant a toujours été appliqué à c⟨
supérieur, même lorsqu'il s'agissait de phénomènes lo⟨
membre inférieur [2].

1. Voir à ce sujet l'ouvrage de Maggiorani : *Influenza del m⟨
vita animale*, et le travail de MM. Proust et Ballet : *l'Action
quelques troubles nerveux et spécialement sur les anesthésies*, in J⟨
peutique*, 1879.
2. Une nouvelle communication sur *la transmission de phé⟨
d'un sujet à un autre sujet*, a été faite par M. Babinski à la So⟨
(séance du 6 novembre 1886).

LIVRES DÉPOSÉS AU BUREAU DE LA REVUE

C. MALAN. *La conscience morale*, in-12. Paris, Fischbacher.

T. LŒWENTHAL. *Le cogitantisme ou la religion scientifique*, in-8°. Paris, Lanier.

JANET (P). *Histoire de la science politique dans ses rapports avec la morale*, 3e édition, 2 vol. in-8°. Paris, F. Alcan.

J. SOURY. *Les fonctions du cerveau : doctrines de Goltz*, in-8°. Paris, J.-B. Baillière.

BOYER. *L'audition colorée*, in-8°. Bourges, Sire.

DOMET DE VORGES. *La constitution de l'être suivant la doctrine péripatéticienne*, in-8°. Paris, Didier.

A DE QUATREFAGES. *Histoire générale des races humaines. Introduction à l'étude des races humaines : questions générales.* Gr. in-8°. Paris, Hennuyer.

A. HOVELACQUE et G. HERVÉ. *Précis d'anthropologie*, in-8°. Paris, Delahaye et Lecrosnier.

GIBIER. *Le spiritisme (Fakirisme occidental) : étude historique, critique et expérimentale*, in-18. Paris, Doin.

P. BRANDA. *Réflexions*, 7 fascicules, in-18. Paris, Fischbacher.

GRAHAM (W). *The social problem*, in-8°. London, Kegan Paul.

W. KNIGHT. *Hume.* in-18. Edinburgh, Blackwood.

H. VON STEIN. *Die Entstehung der neueren Æsthetik*, in-8°. Stuttgart, Cotta.

A. MENGER. *Das Recht auf den vollen Arbeitsertrage in geschichtlicher Darstellung*, in-8°. Stuttgart, Cotta.

THODEN VAN VELZEN. *Ueber die Geistesfreiheit, vulgo Willensfreiheit*, in-8°. Leipzig, Fues (Reisland).

ALONGE. *La Maffia, nei suoi fattori e nelle sue manifestazioni*, in-8°. Torino, Bocca.

P. ELLERO. *La sovranità popolare*, in-8°. Bologna, Garagnani.

Correspondance

Monsieur le Directeur,

Cuique suum. Dans son article sur le *Victor Cousin* de M. Paul Janet, publié dans le précédent numéro, M. Brochard fait honneur au père de l'éclectisme d'avoir reçu à l'agrégation en 1848 une liste « vraiment éclectique », en tête de laquelle figuraient MM. Renan, Beaussire, Caro, Frédéric Morin. Le président du jury d'agrégation, en 1848, n'était pas M. Cousin, mais M. Ozaneaux. M. Cousin en avait été écarté par la révolution comme il devait l'être trois ans plus tard par la réaction. Il n'est donc pour rien ni dans le succès de M. Renan en 1848, ni dans l'échec de M. Taine en 1851; mais, comme l'a très justement rappelé M. Janet, sa nouvelle et courte présidence du jury d'agrégation, en 1849 et 1850, a été brillamment inaugurée par la réception au premier rang d'un esprit également indépendant, M. Challemel-Lacour.

Agréez, etc.   X.

Le propriétaire-gérant : FÉLIX ALCAN.

TABLE ALPHABÉTIQUE DU TOME XXII

REVUE DES PÉRIODIQUES

··· Coulommiers. — Imprimerie P. BRODARD et GALLOIS.

Lightning Source UK Ltd.
Milton Keynes UK
UKHW021131211118
332624UK00011B/1449/P